हिन्दोस्तां हमारा-2

हिन्दोस्तां हमारा

2

सम्पादक

जां निसार अख़्तर

हिन्दी शब्दावली

मुग़नी अब्बासी

ज़ोया अब्बासी

हिन्दुस्तानी बुक ट्रस्ट

मुम्बई-20

ISBN : 978-93-90971-79-4

मूल्य : ₹2999
(दो खंडों का सम्पूर्ण सेट)

पहला संस्करण : 1973
छठा संस्करण : 2026

प्रकाशक : राजकमल प्रकाशन प्रा. लि.
1-बी, नेताजी सुभाष मार्ग, दरियागंज
नई दिल्ली-110 002
शाखाएँ : अशोक राजपथ, साइंस कॉलेज के सामने, पटना-800 006
पहली मंजिल, दरबारी बिल्डिंग, महात्मा गांधी मार्ग, प्रयागराज-211 001
1, अनमोल सोराबजी सन्तुक लेन, धोबी तलाव, मरीन लाइंस, मुम्बई-400 002
वेबसाइट : www.rajkamalprakashan.com
ई-मेल : info@rajkamalprakashan.com

मुद्रक : यश प्रिंटोग्राफिक्स
नोएडा-201 301 (उत्तर प्रदेश)

HINDOSTAN HAMARA-2
Edited by Jaan Nisar Akhtar

विषय-सूची

तीसरा अध्याय

पहला भाग

हुब्बे-वतन और एहसासे-ग़ुलामी

दूसरा भाग

मुसलमानों में अंग्रेज़-दुश्मनी का जज़्बा

चौथा अध्याय

पहला भाग

(सन् 1914 से सन् 1921 तक)

पहली जंगे-अज़ीम और उसके नताइज

दूसरा भाग

तहरीके-ख़िलाफ़त और तर्के-मवालात

पांचवां अध्याय

पहला भाग

(सन् 1921 से सन् 1935 तक)

सिविल नाफ़रमानी की तहरीक और नया क़ानून

दूसरा भाग

अवामी बेदारी की लहर

छठा अध्याय

पहला भाग

(सन् 1935 से सन् 1946 तक)

सिविल नाफ़रमानी की तहरीक : नया क़ानून और उसके बाद

दूसरा भाग

दूसरी जंगे-अज़ीम

तीसरा भाग

अगस्त सन् 1942 की बग़ावत और उसके बाद

सातवां अध्याय

आज़ादी का एलान : सन् 1947

आठवां अध्याय

आज़ादी के बाद से आज़ादी की रजत जयन्ती तक

ज़मीमा (परिशिष्ट)

हमारे क़ौमी रहनुमा

भूमिका

'हिन्दोस्तां हमारा' के इस दूसरे भाग में हमने उर्दू की उन नज़्मों का एक संकलन दिया है जो शुरू से लेकर आज तक के राजनीतिक आन्दोलनों से संबंध रखती हैं। यह सच है कि उर्दू शाइरी ने हिन्दुस्तान के राजनीतिक इतिहास को पूर्ण रूप से अपने सीने में सुरक्षित कर रखा है। साथ ही, यह बात भी याद रखने योग्य है कि उर्दू शाइरी ने केवल राजनीतिक घटनाओं और स्थितियों के चित्र ही हमारे सामने पेश नहीं किए बल्कि हर युग के सामाजिक और राजनीतिक आन्दोलनों को बढ़ावा देने में उसका ज़बर्दस्त हाथ रहा है। प्रोफ़ेसर आले-अहमद सुरूर ने अपने एक लेख में लिखा है कि साहित्यिक और शाइर सामयिक राजनीति में बह सकता है मगर वह राजनीतिक आन्दोलनों के तूफ़ान में तिनके की तरह नहीं बह जाता। वह दरियाओं का रुख़ मोड़ता और मौजों को अपने क़ाबू में लाता है—वह तूफ़ान और इंक़िलाब के लिए वातावरण तैयार करता है। वह भूतकाल का अमीन, वर्तमान का इशारिया और भविष्य का पयम्बर होता है। वह दिलों की गहराई में उतरता है जहां आरज़ूएं मचलती और करवट लेती हैं और इन अंधेरी वादियों में एक बड़े उद्देश्य की शमा जलाता है। अतएव हम देखते हैं कि जैसे-जैसे ज़माने के साथ सामाजिक और राजनीतिक चेतना बढ़ती गयी, उर्दू शाइरी उससे अधिक शक्ति प्राप्त करती गयी। इस पूरी सम्पत्ति में हमको विभिन्न मानसिक स्तरों पर नज़्में मिलेंगी। वह नज़्में, जो अंग्रेज़ी सरकार के ख़िलाफ़ एलाने-जंग की हैसियत रखती हैं, इसलिए भी महत्त्वपूर्ण हैं कि उनके कहनेवालों ने जिस साहस और बाग़ियाना अमल का इज़्हार किया है वह अनुकरण मात्र न था बल्कि उनमें कुछ ऐसी ही लगन थी कि वह हर ख़तरा मोल लेने के लिए तैयार हो गए थे। आज़ादी की वह भावना, जो फांसी के फन्दे को तुच्छ समझती है, उनमें वर्तमान थी। हमारे एक समालोचक ने बहुत ख़ूबसूरत बात कही है कि 'सियासी शाइरी और इबादत में कोई ख़ास फ़र्क़ नहीं।' अपनी जान पर खेलकर शेर कहना असली सियासी शाइर ही का काम है।

कभी-कभी यह सवाल उठाया जाता है कि वह अदीब और शाइर, जो प्रत्यक्ष रूप में राजनीति में भाग नहीं लेते, राजनीतिक शाइरी कैसे कर सकते हैं। लेकिन

हम समझते हैं कि यह सही नहीं। यह बात शाइर की चेतना और विवेक से संबंध रखती है। एक समालोचक ने कहा है कि राजनीतिक विषयों या राजनीतिक व्यक्तियों के साथ शाइर का वह रिश्ता अधिकतर स्थापित नहीं होता जो शाइरी की बुनियाद होता है। शायद उसके कहने का यही मतलब है कि ऐसे शाइरों को, जो व्यावहारिक राजनीति में नहीं हैं, राजनीतिक विषयों पर कविता नहीं कहनी चाहिए। शम्सुर्रहमान फ़ारूक़ी ने अपने लेख 'हिन्दुस्तान की जंगे-आज़ादी में उर्दू शाइरों का हिस्सा' में इस बात का जवाब दिया है। वह कहते हैं कि 'राजनीतिक शाइरी के अच्छे या बुरे होने का आधार शाइर के निजी चरित्र या उसके शाइराना व्यक्तित्व या उसकी सियासी सरगर्मियों पर नहीं बल्कि उस शक्ति पर है जो उसके शाइराना व्यक्तित्व को प्रभावित करती है। मुम्किन है कि राजनीतिक और जन आन्दोलनों और व्यक्तित्वों के साथ निजी सम्पर्क स्थापित करने के बावजूद कोई शाइर उन्हें अपनी शाइरी का विषय बनाने में कामयाब न हो, और मुम्किन है कि कोई शाइर तूफ़ान से दूर रहकर भी अपने काल्पनिक अनुभव की शक्ति और आनन्द के बल पर तूफ़ान के वेग को शेर का रूप प्रदान कर दे।' इस संबंध में एक और सवाल भी हमारे सामने आता है कि क्या इस तरह की शाइरी राजनीतिक प्रचार मात्र होकर नहीं रह जाती ? यह सवाल बुनियादी तौर पर उस हक़ीक़तनिगारी के अन्तर्गत आता है जो जन-साधारण को राजनीतिक और सौंदर्यशास्त्र की शिक्षा देने का दावा करती है। हम समझते हैं कि जन-साधारण हर उस साहित्य को रद्द कर देते हैं जो राजनीतिक सूझ-बूझ तो दे, लेकिन सौंदर्य-भावना को तृप्त न कर सके। साथ ही वह उस सौंदर्यशास्त्रीय या विशुद्ध कलात्मक स्तर को भी महत्त्व नहीं देते जो अदब या शाइरी को उनके जीवन से दूर ले जानेवाला हो। शाइरी, चाहे वह राजनीतिक विषयों पर ही क्यों न हो, जीवन-चेतना और जीवन-सौंदर्य को उजालने वाली होनी चाहिए। हम यह दावा तो नहीं करते कि उर्दू की सारी सियासी शाइरी इस स्तर पर पूरी उतरती है, लेकिन एक बड़ा हिस्सा ऐसा ज़रूर है जिसे किसी भी प्रकार से नज़रअन्दाज़ नहीं किया जा सकता। ज़ाहिर है कि उर्दू के प्रारंभिक दौर की शाइरी में हम राष्ट्रीयता या देशभक्ति का वह तसव्वुर तो नहीं पा सकते जो वास्तव में यूरोप की देन है और अट्ठारहवीं सदी की पैदावार है। उस दौर में जो कुछ लिखा गया अपने ढंग से लिखा गया। प्राचीन शाइरों ने जो शहर-आशोब लिखे हैं उनमें अपने युग के चित्रण पर ही सन्तोष नहीं किया गया बल्कि कहीं-कहीं आलोचनात्मक दृष्टि भी डाली है। जैसे-जैसे उर्दू शाइरी आगे क़दम बढ़ाती गयी उसमें वह मूल्य पैदा होते गए जो कल्पना और कला दोनों दृष्टि से उच्चस्तरीय शाइरी को जन्म देते हैं। यही नहीं, बल्कि सरदार जाफ़री के कथनानुसार—'उर्दू वालों ने आज़ादी के संघर्ष को

राष्ट्रीय परिधि तक सीमित नहीं रखा। उसके दायरे अन्तर्राष्ट्रीयता से मिलाए और इस प्रकार एक ज़्यादा जानदार और व्यापक चेतना को आम किया।'

हम उर्दू शाइरी पर यक़ीनन गर्व कर सकते हैं जो सही अर्थों में हिन्दुस्तानी राजनीतिक आन्दोलनों का एक विश्वसनीय ऐतिहासिक भंडार भी है और कला की कसौटी पर भी सच्चा उतरता है। आइए, इस भाग के हर अध्याय पर एक नज़र डाली जाए ताकि हर युग के राजनीतिक आन्दोलनों के साथ-साथ उर्दू शाइरी में राजनीतिक चेतना और जमालियाती मूल्यों की तरक़्क़ी और रफ़्तार को हम पूरी तरह समझ सकें।

पहला अध्याय

हमने पहले अध्याय में उन शहर-आशोबों का संकलन दिया है जो 1857 से पहले लिखे गए हैं। औरंगज़ेब की मृत्यु (सन् 1707 ई.) के बाद ही से मुग़ल साम्राज्य छिन्न-भिन्न होने लगा था। उर्दू शाइरी ने इसी युग से सामाजिक और राजनीतिक स्थिति को अपने अन्दर समोना शुरू कर दिया था। अतएव इसी के फलस्वरूप शाइरी की एक प्रकार, जिसे शहर-आशोब का नाम दिया गया, अट्ठारहवीं सदी के आरम्भ में पैदा हुई जिसमें सामाजिक, राजनीतिक और आर्थिक हालात लिखे जाने लगे। हर तरफ़ पतन और दुर्दशा के लक्षण दिखाई देने लगे थे और जन-साधारण से लेकर जन-विशेष पर जो बरबादी मंडराने लगी थी उसके चित्रण के लिए यह सिंफ़ (प्रकार) सुरक्षित हो गयी। शेख़ ज़हूरुद्दीन 'हातिम' (मृत्यु 1781 ई.), अशरफ़ अली 'फ़ुग़ां' (मृत्यु 1772 ई.), मिर्ज़ा महम्मद रफ़ी 'सौदा' (मृत्यु 1780 ई.), मीर तक़ी 'मीर' (मृत्यु 1810 ई.) के लिखे हुए शहर-आशोबों के उद्धरण इस अध्याय में शामिल हैं। इन शहर-आशोबों में एक तरफ़ सरकारी अधिकारियों की अकर्मण्यता का ज़िक्र है तो दूसरी तरफ़ राजनीतिक पतन, रिश्वत की गरमबाज़ारी, राजघराने की दुर्दशा, फ़ौजी लश्करों की बरबादी, पेशावरों की परेशानहाली, कलाकारों की नाक़दरी का विस्तृत वर्णन हमें मिलता है। यही नहीं, बल्कि डॉ. नईम अहमद के कथनानुसार– 'व्यक्तिगत शासन के इस युग में भी हमारे शाइरों में इतना नैतिक साहस था कि वह बादशाह की दुर्बलताओं पर भी आलोचना कर सकते थे।' 'क़ायम' के शहर-आशोबों में जहांदारशाह, आलमगीर द्वितीय और शाहआलम द्वितीय पर अयोग्यता का इल्ज़ाम है। यह सच है कि औरंगज़ेब के बाद मुग़ल साम्राज्य हर तरह अपना वक़ार खोने लगा। उस समय अंग्रेज़ व्यापारियों के षड्यंत्रों

और दोरुख़ी नीति से देश में अराजकता फैलती गयी। मुहम्मदशाह के ज़माने में नादिरशाह का हमला (सन् 1739 ई.) एक और चोट साबित हुआ। नादिरशाह के इस हमले और उसके तख़्ते-ताऊस ले जाने पर एक प्राचीन शेर हमें अब्दुल हई 'ताबां' के कलाम में मिलता है–

दाग़ हो हाथ से नादिर के मिरा दिल 'ताबां'
नहीं मक़दूर कि जा छीन लूं तख़्ते-ताऊस

शाहआलम के अहद तक पहुंचते-पहुंचते देश की दुर्दशा और अराजकता अपनी चरम सीमा तक पहुंच गयी।

1857 ई. हिन्दुस्तान की सियासी तारीख़ में वह साल है जब बंगाल के नवाब सिराजुद्दौला से अंग्रेज़ों का मुक़ाबला पलासी के युद्ध में हुआ और नवाब पराजित हो गया। यह पराजय दरअसल अमीनचन्द की साज़िश से हुई जिसके द्वारा अंग्रेज़ों ने नवाब के फ़ौजी कमांडर मीर जाफ़र, उसके ख़ज़ांची राय दुर्लाब और जगत सेठ को, जो बंगाल का समृद्ध साहूकार था, अपने साथ मिला लिया था। नवाब सिराजुद्दौला को अंग्रेज़ों ने मीर जाफ़र के बेटे मीरन के हाथ से शहीद करवा डाला। इस मारके से दरअसल अंग्रेज़ी शासन की शुरुआत हुई। उर्दू ग़ज़ल में जो प्राचीनतम सियासी शेर मिलते हैं उनमें राजा रामनारायन 'मौज़ूं' का कहा हुआ यह शेर भी है जो सिराजुद्दौला की शहादत पर उन्होंने कहा था–

ग़ज़ालां तुम तो वाक़िफ़ हो, कहो मजनूं के मरने की
दिवाना मर गया आख़िर को वीराने पे क्या गुज़री

पलासी के युद्ध से भी अधिक जिस युद्ध के नतीजे में हिन्दुस्तान ग़ुलामी की ज़ंजीरों में जकड़ा गया, वह बक्सर की लड़ाई है। अधिकांश इतिहासकार जिनमें सर ब्रूम जेम्ज़ स्टीफ़न (Sir Broome James Stephen) और रेम्ज़े म्यूर (Ramsey Muir) भी शामिल हैं, पलासी के युद्ध से अधिक बक्सर की लड़ाई (अक्तूबर 1764 ई.) को महत्त्व देते हैं। कारण स्पष्ट है क्योंकि इस लड़ाई में शाह आलम, मीर क़ासिम और अवध के नवाब वज़ीर को एक साथ अंग्रेज़ों से पराजित होना पड़ा। अतएव इसके बाद अंग्रेज़ों का प्रभुत्व हिन्दुस्तान के एक सिरे से दूसरे सिरे तक फैल गया।

सन् 1773 ई. में जब ईस्ट इंडिया कम्पनी ब्रिटिश पार्लियामेंट के फ़रमान के अन्तर्गत आ गयी तो क्लाइव की जगह वारेन हेस्टिंग्ज़ को पहले बंगाल का गवर्नर और बाद में गवर्नर-जनरल नियुक्त कर दिया गया। इसी के ज़माने में मैसूर के नवाब हैदर अली को अंग्रेज़ों से जूझना पड़ा। सन् 1782 ई. में हैदर अली की मृत्यु के बाद उसके बेटे टीपू सुल्तान से अंग्रेज़ों की लगातार लड़ाइयां होती रहीं। यहां तक कि लार्ड वेलेज़्ली के अहद में टीपू सुल्तान को मैसूर की चौथी लड़ाई

(सन् 1799 ई.) में अंग्रेज़ों से न केवल पराजित होना पड़ा बल्कि टीपू सुल्तान एक बहादुर जनरल की तरह सरंगापट्टम के क़िले के दरवाज़े पर लड़ता हुआ शहीद हो गया। उर्दू शाइरी में टीपू सुल्तान पर कई नज़्में मौजूद हैं जिनमें से कुछ नज़्में हमने इस किताब के नवें अध्याय 'हमारे क़ौमी रहनुमा' में शामिल की हैं। लेकिन ये सब बहुत बाद की कही हुई हैं। लतीफ़ी की नज़्म जो हमें पूर्ण रूप में प्राप्त नहीं हो सकी और जो इस संकलन में सम्मिलित नहीं है, उसके चन्द शेर देखिए—

अय हिन्द के सवादे जुनूबी के रहनवर्द
मैसूर का फ़साना-ए-ख़ूनी न हमसे पूछ
ख़ुद बन गया कमान का जो आख़री ख़दंग
अज़्मे सतेज़ो मार के उसके अलम से पूछ
बर्क़ उनमें बेक़रार है किस इत्तेहाब की
यह ज़र्राहाए ख़ाके सरंगापटम से पूछ

वेलेज़्ली ही के शासनकाल में अंग्रेज़ों ने लखनऊ, पूना, हैदराबाद और मैसूर में अपने क़दम अच्छी तरह जमा लिए थे।

अवध का स्वतंत्र अस्तित्व मुग़ल साम्राज्य के पतन के दौर से शुरू हुआ था लेकिन इसके बावजूद उन्हें दिल्ली सम्राट का वज़ीर माना जाता था। लार्ड हेस्टिंग्ज़ के ज़माने में अवध के नवाब को 'शाह' का ख़िताब दिया गया और मौलाना सैयद मुहम्मद मियां के कथनानुसार, 'वज़ारत से शाहियत ज़्यादा ग़ुलामाना साबित हुई।' आसिफ़ुद्दौला का देहांत सन् 1797 ई. में हो चुका था। उनके बाद वज़ीर अली की तख़्तनशीनी हुई लेकिन अंग्रेज़ों ने सआदत अली ख़ां की हिमायत की और वज़ीर अली को उतारकर गद्दी उनके सुपुर्द कर दी। शाह कमालुद्दीन 'कमाल' का जो शहर-आशोब हमने इस अध्याय में शामिल किया है, वह इन्हीं हालात की पृष्ठभूमि में कहा गया है। 'जुराअत' का यह मशहूर क़ता भी उसी दौर की यादगार है—

समझें न अमीर उनकी अहले तौक़ीर
अंग्रेज़ों के हाथ से क़फ़स में हैं असीर
जो कुछ वह पढ़ाएं वही मुंह से बोलें
बंगाले की मैना हैं ये पूरब के अमीर

मुस्हफ़ी का शहर-आशोब लखनऊ आने से पहले का है—अतएव इसमें शाह आलम द्वितीय के अहद में दिल्ली का अहवाल क़लमबन्द है।

लार्ड हेस्टिंग्ज़ से लेकर लार्ड हार्डिंग (1844 से 1848 तक) के शासनकाल तक अंग्रेज़ों का प्रभुत्व बढ़ता ही चला गया। लार्ड डलहौज़ी के ज़माने में बर्मा और पंजाब

भी व्यावहारिक रूप से कम्पनी के राज्य में शामिल हो गए। इस ज़माने में अवध के हालात और नाज़ुक हो गए। डलहौज़ी अवध की सल्तनत का ख़ात्मा करने पर तुला हुआ था। अतएव 7 फ़रवरी, 1856 में वाजिद अली शाह को पदच्युत करके रंगून भेज दिया गया। अवध का आख़िरी ताजदार वाजिद अली शाह 'अख़्तर' अरबी, फ़ारसी और उर्दू का विद्वान था और शाइरी से बेहद लगाव रखता था। (वाजिद अली शाह भाषा और संस्कृत में भी शेर कहता था और उसमें बजाय अख़्तर के अपना तख़ल्लुस 'अखतर' लिखता था।) इस अध्याय में हमने उसकी वह नज़्म शामिल की है जो उसने लखनऊ से विदा लेते वक़्त कही थी। दूसरे कुछ शेर मस्नवी 'हज़्ने अख़्तर' से लिए गए हैं जो उसने क़ैद में लिखी थी। आख़िर में 'मर्सियः-ए-लखनऊ' के शीर्षक से मिर्ज़ा मुहम्मद रज़ा 'बर्क़' का मुसद्दस है जिसका विषय लखनऊ की तबाही और वाजिदअली शाह का अपदस्थ होना है।

हमने इस अध्याय में 1857 से पूर्व की उर्दू शाइरी से जो शहर-आशोब दिए हैं वह नमूने के तौर पर हैं, वरना डॉ. नईम अहमद ने लगभग उस दौर के चालीस शहर-आशोबों का संकलन अपनी किताब 'शहर-आशोब' में दिया है। यही नहीं, बल्कि उस दौर की उर्दू ग़ज़लों में भी सियासी और मुल्की हालात और घटनाओं के बारे में सैकड़ों शेर पाए जाते हैं। इस दृष्टिकोण से यदि ग़ज़लों पर शोध-कार्य किया जाए तो एक बहुमूल्य भंडार हमारे सामने आ सकता है जो उर्दू ग़ज़ल पर लगाए गए आरोपों को धोकर रख देगा। उदाहरण के लिए हम दो शेर मुस्हफ़ी के देते हैं—

लानत है ऐसे सिक्के पे और ज़र चलाने में
सर कम्पनी का कट के बिका सोलह आने में

या

हिन्दुस्तान की दौलतो-हश्मत जो कुछ कि थी
काफ़िर फिरंगियों ने बतदबीर लूट ली

बहरकैफ़ इस संकलन में हमने पूर्णरूप से उर्दू नज़्म और उसके प्रकार ही को सामने रखा है।

दूसरा अध्याय

इस अध्याय में सन् 1857 के स्वातन्त्र्य-युद्ध से संबंधित नज़्में हैं। प्रोफ़ेसर बारी ने अपनी किताब 'कम्पनी की हुकूमत' में 1857 की जंगे-आज़ादी को 'मिटती हुई जागीरशाही की अंगड़ाई' कहा है। यह किसी ख़ास दृष्टिकोण से ठीक भी है। फिर

भी यह बुनियादी तौर पर हिन्दुस्तानी जनता का अंग्रेज़ी शासन के विरुद्ध पहला जंगी क़दम था। ईस्ट इंडिया कम्पनी ने अपने शासनकाल में हिन्दुस्तान को नष्ट करने में कसर न उठा रखी थी। उद्योग-धन्धों को बुरी तरह तबाह कर डाला था। किसान और मज़दूर वर्ग हैरान और परेशान हो चुका था। मौलाना हुसैन अहमद मदनी की रचना 'नक़्शे हयात' और मौलवी तुफ़ैल अहमद की किताब 'रौशन मुस्तक़बिल' में यह मसाला बड़ी हद तक एकत्र है। सर सैयद ने 'अस्बाबे-बग़ावते-हिन्द' में साफ़ तौर पर लिखा है कि 'हिन्दुस्तानी अमलदारियों से हिन्दुस्तानियों को बहुत आसूदगी थी, नौकरियां अक्सर हाथ आती थीं, हर प्रकार की हिन्दुस्तानी चीज़ों का व्यापार था। इन अमलदारियों के ख़राब होने से दरिद्रता और निर्भरता बढ़ती जा रही थी।'

यही नहीं, बल्कि जन-साधारण को अपने धार्मिक मामलों में अंग्रेज़ों का हस्तक्षेप भी खटकने लगा था और वह दिन-प्रतिदिन अधिक बेचैनी और क्रोध का कारण बन रहा था। अतएव मौलवी ज़क़ाउल्ला ने 'तारीख़े-उरूजे-अहदे-इंग्लिशिया' में मुसलमानों और हिन्दुओं, दोनों की भावनाओं को विस्तार से बयान किया है। इसके अलावा हिन्दुस्तान की इज़्ज़त और ख़ुद्दारी 1757 की जंगे-पलासी से लेकर इस वक़्त तक अंग्रेज़ों के पैरों तले कुचली जा रही थी। वह सब मुल्की हालात भी, जिसमें अंग्रेज़ों का विभिन्न सूबों और इलाक़ों को ईस्ट इंडिया कम्पनी के अन्तर्गत लाना था, इस जंगे आज़ादी के प्रेरक साबित हुए। यह लावा, जो सौ साल बल्कि और भी ज़्यादा अरसे से हिन्दुस्तान के सीने में पक रहा था, आख़िरकार फूट पड़ा।

जनवरी, 57 ई. में इस बेचैनी ने दमदम में अमली सूरत इख़्तियार कर ली थी और बैरेकपुर तथा बहरामपुर की रेजीमेंटें बग़ावत पर उतर आईं। बैरेकपुर ही की एक रेजीमेंट के फ़ौजी मंगल पांडे ने अंग्रेज़ों पर गोली चला दी जिसे फांसी की सज़ा दे दी गयी। यही ख़बरें जब मेरठ पहुंचीं तो सिपाहियों ने उन कारतूसों को, जिन्हें दांत से काटना होता था, चलाने से इनकार कर दिया। 9 मई को 85 फ़ौजियों को क़ैद की सज़ा सुनाई गयी और दूसरे ही दिन बग़ावत का शोला भड़क उठा। बैरेकें फूंक दी गईं, जेलख़ाने तोड़कर क़ैदियों को छुड़ा लिया गया और 'दिल्ली चलो' का नारा हर तरफ़ गूंजने लगा। 11 मई को इंक़िलाबी फ़ौज दिल्ली पहुंच गयी। बहादुरशाह को राज़ी कर लिया गया। दिल्ली छावनी में हिन्दुस्तानी फ़ौजियों के तेवर भी बदल गए और उन्होंने भी बग़ावत का ऐलान कर दिया। दिल्ली में लूटमार, क़त्ल और ख़ून का बाज़ार गर्म हो गया। चार महीने तक जंगे आज़ादी के मतवाले अंग्रेज़ी फ़ौज का मुक़ाबला करते रहे जिसमें जनरल बख़्त ख़ां की बहादुरी और साहस का बहुत बड़ा हिस्सा था। कश्मीरी गेट से जब अंग्रेज़ी फ़ौजें लाल क़िले की तरफ़ बढ़ने लगीं

तो एक-एक क़दम पर ख़ूंरेज़ मुक़ाबला हुआ और लाल क़िले तक पहुंचने में पांच दिन लग गए। जनरल बख़्त ने जब दिल्ली से निकलकर रुहेलखंड में मोर्चा जमा लिया तो बहादुरशाह ज़फ़र ने लाल क़िले से निकलकर हुमायूं के मक़बरे में पनाह ली, लेकिन दूसरे ही दिन गिरफ़्तार कर लिए गए। जवां बख़्त के अलावा जो शहज़ादे मिले क़त्ल कर दिए गए और उनके सर बहादुरशाह ज़फ़र के सामने लाए गए–

तीसरे फ़ाक़े में इक गिरते हुए को थामने
किसके सर लाए थे तुम शाहे ज़फ़र के सामने
–जोश

जंगे-आज़ादी के शोले हिन्दुस्तान के कोने-कोने में भड़क उठे थे। यद्यपि एक हद तक यह सही है कि यह आन्दोलन अनुशासन से अपरिचित था लेकिन सावरकर ने जंगे-आज़ादी का इतिहास सम्पादित करते हुए लिखा है कि गुप्त संगठनों ने इस आन्दोलन को परवान चढ़ाया था। उनका कहना है कि ढोंडू पन्त, नाना और उनके सलाहकार अज़ीमुल्ला ख़ां ने इस आन्दोलन का बीज बोया था। अज़ीमुल्ला ख़ां सन् '57 की इंक़िलाबी जंग का एक बहुत ही महत्त्वपूर्ण किरदार है। आज़ादी की जंग छिड़ते ही जगह-जगह हंगामे उठने लगे थे, उनमें एक महत्त्वपूर्ण स्थान कानपुर भी था। इस महाज़ पर अज़ीमुल्ला ख़ां के कारनामे कभी नहीं भुलाए जा सकते। कुछ समय तक उसने तांत्या टोपे से मिलकर अंग्रेज़ों का मुक़ाबला किया। मुफ़्ती इन्तिज़ामुल्ला ने अपनी किताब 'ग़दर के चन्द उलेमा' में लिखा है कि वह लखनऊ भी पहुंचा था और कुछ दिन तक मौलवी अहमदुल्ला का दाहिना हाथ रहा, फिर नेपाल चला गया। अज़ीमुल्ला ख़ां ने 1856 में 'पयामे-आज़ादी' के नाम से एक अख़बार भी निकाला था। बाद में उसकी एक प्रति भी किसी के क़ब्ज़े में होना उसे मौत की सज़ा दिलवाने के लिए काफ़ी था। सैयद अहमदशाह मद्रासी भी इस जंगे-आज़ादी के बड़े हीरो थे। उनके हालात मौलाना फ़तेह मुहम्मद 'ताइब' लखनवी ने एक मस्नवी की सूरत में नज़्म भी किए थे जिसका नाम 'सवानेह अहमदी' रखा था–

जो मकतब से उनको फ़राग़त मिली
बढ़ा सूए शमशीर शौक़े दिली

फ़ैज़ाबाद में फ़ौजियों ने जब अंग्रेज़ों के ख़िलाफ़ हंगामा बरपा किया तो उस वक़्त मौलवी अहमदुल्ला, जिन्हें 'फ़ैज़ाबाद का मौलवी' भी कहा जाता था, अंग्रेज़ों की क़ैद में थे। इस बाग़ी फ़ौज के सरदार सूबेदार दिलीपसिंह थे जो अंग्रेज़ी क़ैदख़ाने की दीवारें तोड़कर मौलवी अहमदुल्ला को निकाल लाए और फ़ैज़ाबाद की हुकूमत अहमदुल्ला के सुपुर्द कर दी। लेकिन मौलवी अहमदुल्ला ने एलान किया कि असली

बादशाह मैं नहीं, वाजिद अली शाह हैं। लखनऊ में इस धर्मयुद्ध का आरम्भ 30 मई, 1857 को हुआ। जुलाई में बिरजीस क़दर की गद्दीनशीनी के एलान के बाद इसमें तेज़ी आ गयी। उस वक़्त अहमदुल्ला ही वह व्यक्ति थे जो लखनऊ में जिहादियों का न केवल मार्ग-दर्शन कर रहे थे बल्कि तलवार हाथ में लेकर मैदान में उतर आये थे। मार्च 1858 में जब लखनऊ फ़तह हुआ तो पहले बाड़ी में और बाद में शाहजहांपुर में उन्होंने मोर्चा बनाया जो एक विचार से उनकी मुजाहिदाना सरगर्मियों का आख़िरी मैदान था। मौलवी अहमदुल्ला को धोखे से शहीद किया गया। मौलाना अबुल कलाम आज़ाद ने सेन की किताब के दीबाचे में लिखा है कि 'चन्द अपवादों को छोड़कर सब लोगों ने निजी कारणों से 1857 के हंगामे में हिस्सा लिया और अपवादों में दो व्यक्ति प्रमुख हैं। एक अहमदुल्ला और दूसरा तांत्या टोपे।' अवध की लड़ाई में हज़रतमहल के भी शानदार कारनामे हैं। गुलाम रसूल महर ने '1857 के मुजाहिद' में लिखा है कि 'नाज़ुक से नाज़ुक मौक़े पर भी हज़रतमहल के इरादों और साहस में फ़र्क़ नहीं आया और एक मौक़े पर वह परदादारी के बावजूद मैदाने जंग में भी पहुंचीं।'

लार्ड डलहौज़ी ही के ज़माने में झांसी को मिलाने का मसला उठ खड़ा हुआ था। जिस बहादुरी से झांसी की रानी ने अंग्रेज़ों का मुक़ाबला किया उसे इतिहास नहीं भुला सकता। जनरल ह्यूरोज़ ने, जिसका लक्ष्मीबाई से कई लड़ाइयों में मुक़ाबला हुआ, ख़ुद स्वीकार किया है कि 'बाग़ियों में रानी बड़ी योग्य और साहसी फ़ौजी सालार थी।' पश्चिमी मालवे में अंग्रेज़ों के ख़िलाफ़ जो आग भड़क उठी थी और जो फ़ौज उठ खड़ी हुई थी, उसका नेता शहज़ादा फ़ीरोज़शाह था। यह मुग़ल ख़ानदान का शहज़ादा जल्दी-से-जल्दी दिल्ली पहुंचना चाहता था लेकिन यह मुम्किन न हुआ। इसी तरह मौलवी लियाक़त अली इलाहाबादी ने इलाहाबाद में जिहाद का नेतृत्व किया। इन मुजाहिदों के अलावा न जाने कितने हीरो हैं जिन्होंने जंगे-आज़ादी में हिस्सा लिया। इनमें मौलाना रहमतुल्ला हैं जिन्होंने मुज़फ़्फ़रनगर, विशेषतः किराना में मुजाहिदों की फ़ौज की सिपहसालारी की। डॉ. वज़ीर ख़ां हैं जो आगरे पहुंचे और वहां से मौलवी फ़ैज़ अहमद बदायुंनी के साथ जंगे-आज़ादी में हिस्सा लेने के लिए दिल्ली जा पहुंचे। बांदा के नवाब अली बहादुर ने कालपी की जंग में हिस्सा लिया और रानी झांसी, नानाराव और तांत्या टोपे के साथ-साथ लड़े। फ़र्रुख़ाबाद के नवाब तफ़ज़्ज़ुल हुसैन ख़ां ने फ़तेहगढ़ की बाग़ी फ़ौज का नेतृत्व किया। उन्हें यद्यपि फांसी की सज़ा का हुक्म हुआ था लेकिन सिर्फ़ राज्य छीनकर हिन्दुस्तान बदर कर दिया गया। यह नवाब तजम्मुल हुसैन ख़ां के भतीजे थे जिनके बारे में ग़ालिब का मशहूर शेर है—

दिया है और को भी ता उसे नज़र न लगे
बना है ऐश तजम्मुल हुसैन ख़ां के लिए

इनके छोटे भाई नवाब सख़ावत हुसैन ख़ां को फांसी दी गयी। मुनीर शिकोहाबादी ने उनकी तारीख़े शहादत कही है–

रियाज़े ख़ल्क़, सख़ावत हुसैन ख़ां नवाब
निहाले बाग़े करम, ज़ेबे मसनदे शौकत
वह बेगुनाह हुआ तेग़ेमर्ग से मक़तूल
इनायत उसको किया हक़ ने गुलशने जन्नत
मुनीर ने यह कही उसके क़त्ल की तारीख़
हुआ शहीद अमीर, दिलेर बा हिम्मत

इसी तरह मुनीर ने नवाब इक़बाल मन्द ख़ां और ग़ज़नफ़र हुसैन ख़ां की भी तारीख़े-शहादत कही है, जिन्हें फांसी पर लटका दिया गया था–

इक़बाल मन्द ख़ां व ग़ज़नफ़र हुसैन ख़ां
दोनों दुरमुहीते अता, आह आह हाय
तारीख़ उनके क़त्ल की काफ़ी है यह मुनीर
दोनों शहीद राह ख़ुदा आह आह हाय

बरेली में ख़ान बहादुर ख़ां की हुक्मरानी का एलान हो चुका था और लगभग सालभर उनकी हुकूमत क़ायम रही। अंग्रेज़ों से बराबर लड़ाइयां होती रहीं। गिरफ़्तारी के बाद बरेली की कोतवाली के सामने ही उन्हें फांसी दी गयी। ज़िला बिजनौर का शासन नवाब महमूद ख़ां ने संभाल लिया था और मुक़ाबले पर उतर आया था। अंग्रेज़ों के क़ब्ज़े के बाद उसे समुद्रपार आजीवन कारावास की सज़ा दी गयी लेकिन रवाना होने से पहले ही उसका देहांत हो गया। इन्हीं नामवर मुजाहिदों में से मौलाना किफ़ायत अली काफ़ी भी थे जिनका वतन मुरादाबाद था। इसी तरह कुंवरसिंह ने आरा, मिर्ज़ापुर और आज़मगढ़ में अंग्रेज़ों के छक्के छुड़ा रखे थे। वह आख़िरी दम तक लड़ता रहा। उसके बाद उसके भाई अमरसिंह ने जंग जारी रखी। उसके साथियों में अमरसिंह, निशान, दिलावर ख़ां और सरनामसिंह के नाम अमर हैं जिन पर आज भी शाहाबाद के राजपूत गर्व करते हैं। मतलब यह कि हज़ारों जांबाज़ों ने जंगे-आज़ादी में क़ुर्बानियां पेश कीं। इस सूची में नवाब वलीदाद ख़ां मालागढ़ ज़िला बुलन्दशहर के रईस और मुफ़्ती इनायत अहमद काकोरवी के नाम भी शामिल हैं। इस सूची में लालबहादुर ख़ां मेवाती और राजा बेनीमाधव बख़्श, राजा लालसिंह, नवाब मुहम्मद हसन ख़ां, हकीम मुहम्मद अब्दुल हक़, जनरल नियाज़ मुहम्मद ख़ां, मिर्ज़ा बेदार बख़्त जो बहादुरशाह के पोते थे, ये और अनेक नाम गिनाए

जा सकते हैं। यही वह व्यक्ति थे जिन्हें आज भी हिन्दुस्तान की आबरू के रखवाले कहा जा सकता है।

इस जगह वलीउल्ही जमात का ज़िक्र भी ज़रूरी है जिसे शाह वलीउल्लाह ने आरम्भ किया था। यह आन्दोलन बज़ाहिर धार्मिक था लेकिन वास्तव में आर्थिक और राजनीतिक। इस आन्दोलन का राजनीतिक उद्‌देश्य अंग्रेज़ों को हिन्दुस्तान से बाहर निकाल देना, आर्थिक संतुलन क़ायम करना और मज़दूर वर्ग के पूरे अधिकार दिलाना था। शाह वलीउल्लाह के देहांत के बाद सैयद अहमद बरेलवी और शाह इस्माईल शहीद के ज़माने में यह आन्दोलन अपनी चरम सीमा तक पहुंच गया था। इससे प्रभावित होनेवाले अदीबों और शाइरों में हकीम मोमिन ख़ां 'मोमिन' का नाम विशेष महत्त्व रखता है। उनकी मस्नवी 'जिहादया' का हमने उद्धरण नहीं दिया, सिर्फ़ इस ख़याल से कि इस पर मज़हबी रंग छाया हुआ है जिससे कोई ग़लतफ़हमी न पैदा हो। इस आन्दोलन के अनुयायी तहरीक के राजनीतिक पहलू में हिन्दुओं को साथ रखने की कोशिश करते रहे। ख़्वाजा अहमद फ़ारूक़ी ने अपनी किताब 'उर्दू में वहाबी अदब' में सैयद अहमद बरेलवी के उन पत्रों के उद्धरण दिए हैं जो उन्होंने राजा हिन्दूराय और दौलतराव सिन्धिया के नाम लिखे थे। अतएव 1857 के इंक़िलाब में भी वहाबी तहरीक के माननेवालों ने अमली हिस्सा लिया जिसके नतीजे में सन् '64 से सन् '71 ई. तक वहाबी नेताओं पर अंग्रेज़ों ने सरकारी मुक़दमे चलाए और उन्हें मौत या आजीवन कारावास की सज़ाएं भुगतनी पड़ीं। उनके अलावा दूसरे उलेमा का भी बहुत बड़ा हिस्सा रहा है। मौलाना फ़ज़्ल हक़ ख़ैराबादी ने मुसलमानों को जंग के लिए तैयार करने के लिए जो फ़तवा तैयार किया था और जिस पर दिल्ली के उलेमा के दस्तख़त लिए गए थे, उन पर विपत्तियां आने का कारण बना और उन्हें समुद्रपार आजीवन कारावास की सज़ा दी गयी, जहां 19 अगस्त, 1861 ई. में उनका देहांत हुआ। मुफ़्ती सदरुद्दीन आज़ुर्दा जिन्होंने अंग्रेज़ों की जेल काटी, नवाब मुस्तुफ़ा ख़ां शेफ़्ता जो नवाब वलीदाद ख़ां, रईस मालागढ़ से संबंधित थे, हंगामा दबने के बाद गिरफ़्तार किए गए और सात साल की सज़ा के पात्र क़रार पाए। मौलाना इमामबख़्श सहबाई, जिन्हें जमुना किनारे गोली का निशाना बनाया गया, यहां तक कि उनकी लाश का भी पता न चला, आज़ुर्दा ने फ़ारसी में उनका मर्सिया कहा है। उर्दू में यह शेर मशहूर है–

> क्योंकि आज़ुर्दा निकल जाए न सौदाई हो
> क़त्ल इस तरह से बेजुर्म जो सहबाई हो

मौलवी इमामबख़्श सहबाई के अलावा सन् '57 ई. के शहीद शाइरों की एक लम्बी सूची है। मिर्ज़ा आग़ा ख़ां 'आग़ा' देहलवी, मिर्ज़ा अहमद बेग अहमद, मिर्ज़ा

गुलाम मोहिउद्दीन अश्की, अब्दुल हलीम बिस्मिल, मिर्ज़ा प्यारे रिफ़अत, इकरामुद्दीन रिन्द, अब्दुल करीम सोज़, अमीर ख़ां ज़ब्त, मुहम्मद हुसैन ज़िया शाहजहांपुरी, मुंशी घनश्यामदास आसी, मिर्ज़ा आलीबख़्त आली, मौलवी अब्दुल अज़ीज़ 'अज़ीज़' देहलवी जो इमामबख़्श सहबाई के सुपुत्र थे, मिर्ज़ा ख़ुदाबख़्श क़ैसर, मीर अहमद हुसैन मैकश जिन्हें ग़ालिब कभी नहीं भूले और अपने विभिन्न पत्रों में उनका ज़िक्र किया है, और मिर्ज़ा ख़िज़र सुल्तान ख़िज़र, जो बहादुरशाह ज़फ़र के सबसे छोटे बेटे थे जिनकी पैदाइश पर ग़ालिब ने यह शेर कहा था–

ख़िज़र के सुल्तां को रखे ख़ालिक़े अकबर सरसब्ज़
शाह के बाग़ में यह ताज़ा निहाल अच्छा है

ये और न जाने कितने उर्दू के शाइर अंग्रेज़ों की गोली का निशाना बने। उर्दू के वे शाइर जिन्हें बाद में गिरफ़्तार करके फांसी पर लटकाया गया उनमें शहज़ादा रहीमुद्दीन इजाद, नवाब ज़फ़रयार ख़ां रासिख़, नवाब ग़ज़नफ़र हुसैन सईद, मुंशी महाराजसिंह अज़ीज़ देहलवी, मिर्ज़ा अज़ीज़ुद्दीन सुरूर गोरगांवी, मिर्ज़ा गयासुद्दीन शरर, मिर्ज़ा क़मरुद्दीन शैदा, इमामुद्दीन हादी सम्बली और मुहम्मद इस्माईल फ़ौक़, जो उस्ताद ज़ौक़ के इकलौते सुपुत्र थे, ये और ख़ुदा जाने कितने दूसरे शामिल हैं।

इस जगह यह स्पष्ट करना भी ज़रूरी है कि उर्दू के शाइरों पर बग़ावत का ही आरोप नहीं लगा बल्कि उनमें से कितनों ने मैदाने-जंग में अपनी तलवार के जौहर भी दिखाए और अपने देश के लिए अपने प्राण न्योछावर कर दिए। ऐसे शाइरों में हम नवाब मुशीर अली ख़ां 'आजिज़' मुरादाबादी का नाम ले सकते हैं जो मुरादाबाद की जंग में जनरल बख़्त ख़ां के साथ थे। हम नाम ले सकते हैं मौलवी फ़ैज़ अहमद 'रुस्वा' बदायुंनी का जिन्होंने जनरल बख़्त ख़ां और डॉक्टर वज़ीर ख़ां के साथ-साथ लड़ाइयां लड़ीं और फ़िरंगियों की गोलियों का निशाना बने। हम नाम ले सकते हैं मौलवी किफ़ायत अली 'काफ़ी' मुरादाबादी का, नासिर ख़ां 'नासिर' फ़र्रुख़ाबादी का, नसीमुल्ला नसीम कोलवी का, मिर्ज़ा आशोकबेग सनाई का जो बांक पर्वत पर गोरों का मुक़ाबला करते हुए मारे गए। ख़ानबहादुर ख़ां बरेलवी ख़ुद भी शाइर थे और मसरूफ़ तख़ल्लुस करते थे। उनका जो हिस्सा जंगे-आज़ादी में रहा है उसकी तरफ़ हम पहले इशारा कर आये हैं। ये चन्द नाम हैं वरना कितने शाइर इस धरती को अपने ख़ून से सींचकर चिर निद्रा में सो गए। मौलाना इम्दाद साबरी ने '1857 के मुजाहिद शोरा' के नाम से जो किताब प्रकाशित की है, इस सिलसिले में उसका अध्ययन महत्त्वपूर्ण है।

हमने जंगे-आज़ादी पर कुछ विस्तार से इसलिए बात की है कि बहुत-से गुमनाम मुजाहिद और उनके कारनामे, जो हमारे इतिहास की नज़र से छुपे हुए हैं,

सामने आ सकें।

इस अध्याय में हमने सबसे पहले बहादुरशाह ज़फ़र के कलाम से एक मुसद्दस नौहा-ए-ग़म दिया है। इसमें उस लाचारी और बेबसी का इज़हार है जिसने बहादुरशाह ज़फ़र को एक मजबूर की हैसियत दे दी थी। बहादुरशाह को इसका एहसास था। अतएव उनका मशहूर शेर है–

है ज़फ़र बस अब तुझी तक इन्तिज़ामे सल्तनत
बाद तेरे नै वलीअहदी न नामे सल्तनत

'बयाने ग़म' बहादुरशाह ज़फ़र की उस दौर की ग़ज़ल है जो अंग्रेज़ों की क़ैद में गुज़रा। उसके बाद हमने मुहम्मद हुसैन आज़ाद की नज़्म 'फ़तह अफ़वाजे-शर्क़' को शामिल किया है। जंगे-आज़ादी के प्रारंभ में हिन्दुस्तानी फ़ौजों को जो विजय अंग्रेज़ों पर प्राप्त हुई उससे न सिर्फ़ मेरठ में बल्कि हर तरफ़ ख़ुशी महसूस की जाने लगी थी। यह नज़्म 24 मई, 1857 ई. के 'उर्दू अख़बार' में प्रकाशित हुई थी। इस अख़बार के एडीटर मौलाना आज़ाद के वालिद मुहम्मद बाक़र थे, जिन्हें अंग्रेज़ों ने टेलर के क़त्ल का इल्ज़ाम लगाकर फांसी पर चढ़ा दिया। मुहम्मद हुसैन आज़ाद की तलाश की गयी लेकिन ये किसी तरह बच निकले।

दिल्ली की तबाही और बरबादी का विवरण हमें ज़हीर देहलवी की 'दास्ताने-ग़दर' और मौलवी ज़काउल्ला की 'तारीख़ उरूजे-इंग्लिशिया' में मिल सकता है। ग़ालिब के पत्रों में भी दिल्ली की बरबादी की बहुत-सी झलकियां मौजूद हैं। उनका एक क़ता 'दाग़े-हिज्रां' के नाम से शामिल है, जो अलाउद्दीन अहमद ख़ां के नाम लिखे हुए एक ख़त से लिया गया है। हमने मुफ़्ती सदरुद्दीन 'आज़ुर्दा', ज़हीरुद्दीन 'ज़हीर' देहलवी, मिर्ज़ा क़ुरबान अली बेग 'सालिक', मुहम्मद अली 'तिश्ना', हकीम आग़ाजान 'ऐश', मिर्ज़ा दाग़ देहलवी के शहर-आशोबों के उद्धरण भी दिए हैं जो इस दौर की उजड़ी हुई दिल्ली की तस्वीरें हैं। मुनीर शिकोहाबादी की जेल की यातनाओं के बारे में ग़ुलाम रसूल मेहर का कहना है कि मुनीर को नवाबजान वेश्या के क़त्ल के मुक़दमे में उलझा दिया गया था और काले पानी की सज़ा इसी सिलसिले में उन्हें भुगतनी पड़ी थी। यह ठीक है लेकिन यह जाल भी दरअसल अंग्रेज़ अधिकारियों का बिछाया हुआ था। बहरकैफ़ मुनीर ने अंग्रेज़ी क़ैद की यातनाएं झेलीं और उसे नज़्म में बयान किया। आख़िर में मीर मेहदी 'मजरूह' और ख़्वाजा अल्ताफ़ हुसैन 'हाली' की नज़्में हैं। विशेषतः हाली की नज़्म 'देहली-ए-मरहूम' बेहद दर्दनाक है।

तीसरा अध्याय

इस किताब के तीसरे अध्याय को हमने दो भागों में बांट दिया है। पहला भाग देशभक्ति और एहसासे-ग़ुलामी है। सन् '57 की जंगे-आज़ादी के बाद कुछ समय के लिए शान्ति का वातावरण स्थापित हो गया था। धीरे-धीरे देश में विभिन्न सामाजिक और धार्मिक संस्थाएं उभरने लगीं। वैसे तो राजा राममोहन राय ने सन् 1828 ई. ही में ब्रह्म समाज की स्थापना कर दी थी, महर्षि टैगोर और केशवचन्द्र सेन भी धार्मिक और सामाजिक सुधार की तरफ़ ध्यान दे रहे थे। मुसलमानों में जो आन्दोलन सैयद अहमद बरेलवी, शाह अब्दुल अज़ीज़ देहलवी और मौलवी करामत अली जौनपुरी के आभारी थे, उन्होंने धार्मिक सुधारों के लिए मुसलमानों को बड़ी हद तक तैयार किया हुआ था। सुधारवाद का यह दौर जो जंगे-आज़ादी की नाकामी के बाद दुबारा शुरू हुआ था, उसमें मुसलमानों की हद तक सर सैयद की तहरीक को, जो सुलहपसन्दी पर आधारित थी, बड़ा महत्त्व प्राप्त है। सर सैयद का रिश्ता अगर एक तरफ़ वलीउल्ही तहरीक से मिलता था जो धार्मिक मामलों में सुधार की समर्थक थी, तो दूसरी तरफ़ यह उस राष्ट्रीय भावना की पैदावार था जिसने जंगे-आज़ादी के शुरू होने से कहीं पहले ब्रिटिश इंडिया सोसायटी (सन् 1843 ई.), मुम्बई एसोसिएशन, जिसे सन् 1850 में दादाभाई नौरोजी और जगन्नाथ शंकर शेट का संरक्षण प्राप्त था या फिर राजेन्द्रलाल मित्र और रामगोपाल की ब्रिटिश इंडिया एसोसिएशन जो 1851 ई. में स्थापित हुई थी और ऐसी दूसरी जमातों को जन्म दिया था। सर सैयद के बारे में आमतौर पर ऐसा समझा जाता है कि वह कोई राष्ट्रीय तसव्वुर नहीं रखते थे, लेकिन यह सही नहीं है। 26 जनवरी, 1882 को अमृतसर की अंजुमने-इस्लामिया में तक़रीर करते हुए उन्होंने कहा था कि 'क़ौम से मेरा मतलब सिर्फ़ मुसलमानों ही से नहीं है बल्कि हिन्दू और मुसलमान दोनों से है...हिन्दुओं के अपमान से मुसलमानों का और मुसलमानों के अपमान से हिन्दुओं का अपमान है। ऐसी हालत में जब तक यह दोनों भाई एकसाथ परवरिश न पावें, एक ही साथ शिक्षा न पावें, एक ही प्रकार के उन्नति के साधन दोनों के लिए उपलब्ध न किए जायें, हमारी इज़्ज़त नहीं हो सकती।'

आगे चलकर यद्यपि सर सैयद का ज़्यादा ध्यान मुसलमानों की मांगों की तरफ़ जाने लगा था लेकिन वास्तव में वह नतीजा था अंग्रेज़ों के इस बर्ताव का कि वह हिन्दुओं और मुसलमानों के बीच भेद करके मुसलमानों को पीछे डालना चाहते थे।

सर सैयद ने जिस तालीमी और इस्लाही आन्दोलन की शुरुआत की उसने उर्दू अदब को एक नया मोड़ दिया। उनके आसपास साहित्यकारों का एक बड़ा गिरोह

जमा हो गया था जिसने अदब की उपादेयता पर ज़ोर दिया और अदब और ज़िन्दगी के रिश्ते को उजागर करना शुरू किया, यद्यपि इसकी शुरुआत कर्नल हालराइड की 'अंजुमने-पंजाब', 1874 ई. ही से हो गयी थी। हाली मुसलमानों की तबाही के मर्सिये से चलकर देशभक्ति तक आये, लेकिन मौलाना मुहम्मद हुसैन आज़ाद ने शुरू ही से आम देशभक्ति की चेतना को नज़्म का विषय बनाया। यही वह दौर है जहां से उर्दू शाइरी में राष्ट्रीयता का नवीन तसव्वुर दाख़िल हुआ। देशभक्ति पर आज़ाद और हाली की नज़्मों के उद्धरण हमने इस अध्याय में शामिल किए हैं। अली जव्वाद ज़ैदी ने 'उर्दू में क़ौमी शाइरी के सौ साल' में इन नज़्मों पर तबसिरा करते हुए लिखा है, 'शायद हाली के यहां तीव्रता इसलिए कम थी कि वह सर सैयद से प्रभावित थे और उनके अधीन थे और आज़ाद इस निकट प्रभाव से अपेक्षाकृत आज़ाद थे।' मगर हमारे विचार में यह उनके सोचने का ढंग और स्वभाव का फ़र्क़ है।

उन्नीसवीं सदी के ख़ात्मे तक पहुंचते-पहुंचते न जाने कितनी संस्थाएं मैदाने-अमल में आ चुकी थीं जिनमें हिमायते-इस्लाम, लाहौर; अंजुमने-तहज़ीब, लखनऊ; प्रार्थना-समाज, दकन एजुकेशनल सोसायटी, देहली सोसायटी वग़ैरा सामाजिक सुधार के कामों में प्रमुख होने लगी थीं। पश्चिमी शिक्षा के असर से जो राष्ट्रीयता की भावना उभरने लगी थी उसने धार्मिक और सामाजिक आन्दोलनों के डांडे धीरे-धीरे राजनीतिक जागृति से मिला दिए। धीरे-धीरे एक ऐसे देशव्यापी संगठन के लक्षण दिखाई देने लगे थे जो राजनीतिक विचारों को प्रकट कर सके। इसमें ह्यूम का बड़ा हाथ था। 28 दिसम्बर, 1885 ई. में मुम्बई में इंडियन नेशनल कांग्रेस का पहला इजलास हुआ और हुकूमत से मांगों का दौर शुरू हुआ। शुरू में कांग्रेस पर नरमदलीय लोगों का क़ब्ज़ा था। बहुत-से अख़बार भी इनके समर्थक थे। कुछ ही दिनों बाद एक गरम दल भी धीरे-धीरे उभरना शुरू हो गया।

इन हालात से उर्दू अदब बराबर प्रभावित हो रहा था। 'अवध पंच' का पूरा गिरोह ही राष्ट्रीय विचार रखता था, जिनमें मुंशी सज्जाद हुसैन, मिर्ज़ा मच्छू बेग, रतननाथ सरशार, त्रिभुवननाथ हिज्र, ब्रजनारायण चकबस्त ख़ास नाम हैं। इस अध्याय में आज़ाद और हाली की नज़्मों के अलावा इस्माइल मेरठी की नज़्म 'अच्छा ज़माना आनेवाला है' और 'कोराना अंग्रेज़परस्ती' भी शामिल है। अकबर इलाहाबादी अंग्रेज़ी हुकूमत के मुलाज़िम होते हुए विदेशी शासन के ख़िलाफ़ थे। उनकी तीन नज़्में 'जल्वा-ए-देहली दरबार' जो 1901 ई. में एडवर्ड सप्तम के जश्ने-ताजपोशी के सिलसिले में कही गयी थी, जिसमें ड्यूक ऑफ़ कनाट ने शिरकत की थी, दूसरी नज़्म जो 1911 ई. में पंचम जार्ज की ताजपोशी के मौक़े पर कही गयी और तीसरी नज़्म 'ब्रिटिशराज' शामिल की गयी हैं। इनमें अकबर के व्यंग्य

की काट स्पष्ट है–

महफ़िल उनकी, साक़ी उनका
आंखें मेरी, बाक़ी उनका

प्रोफ़ेसर एहतिशाम हुसैन ने अपनी किताब 'रिवायत और बग़ावत' में लिखा है कि 'जिस तरह अकबर ने सियासी हालत को समझा था, उस तरह कम लोग समझते हैं और जिस तरह उन्होंने इन समस्याओं को अपनी शाइरी का अंग बनाया, उस तरह और कोई न बना सका।'

चकबस्त और सुरूर जहानाबादी की जो नज़्में देशभक्ति के अन्तर्गत आती हैं वह हमने इस किताब के पहले भाग के अध्याय 'हिन्दुस्तान की अज़्मत' में शामिल कर दी हैं। अतएव इस जगह उनकी पुनरावृत्ति अनावश्यक थी। अलबत्ता डॉ. इक़बाल की एक नज़्म 'शुआ-ए-उम्मीद' इसमें मौजूद है जो अपने ख़ुलूस और तडप की मिसाल आप है।

इस अध्याय के दूसरे भाग में हमने वह नज़्में दी हैं जिनमें मुसलमानों की अंग्रेज़ दुश्मनी का खुला परिचय है। मुसलमान यद्यपि सार्वजनिक रूप में राजनीति से दूर थे लेकिन वह राजनीतिक समस्याओं से दिलचस्पी ज़रूर रखते थे। सर सैयद पर तो ख़ैर ढंके-छुपे कांग्रेस की मुख़ालिफ़त का इल्ज़ाम आया, लेकिन डिप्टी नज़ीर अहमद ने बाक़ायदा कांग्रेस का विरोध किया। इसका तोड़ शिबली नोमानी ने ज़ोरदार तरीक़े पर किया। अतएव जब 1906 ई. में मुस्लिम लीग की बुनियाद पड़ी तो शिबली ने उसकी सरकारी सरपरस्ती के बुरी तरह परख़्वे उड़ाए। यह सच है कि मुसलमानों में अंग्रेज़ दुश्मनी का जज़्बा उस वक़्त पूरी तीव्रता के साथ उभरा जब अंग्रेज़ों ने तुर्कों के विरुद्ध षड्यंत्र शुरू किए। 1911 ई. में जब बल्क़ान युद्ध छिड़ा तो ब्रिटिश साम्राज्य के विरुद्ध शिबली ने अपनी मशहूर नज़्म 'शहर-आशोब इस्लाम' लिखी। इसी ज़माने की यादगार इक़बाल की 'हुज़ूर रिसालत मआब' में भी है। हसरत मुहानी और सैयद हाशमी फ़रीदाबादी की भी चन्द नज़्में हमने शामिल की हैं।

इसी ज़माने में जब बल्क़ान और तुर्की की लड़ाई जारी थी, कानपुर की मस्जिद की घटना पेश आई, जिसने हिन्दुस्तानी मुसलमानों को अंग्रेज़ों के ख़िलाफ़ और ज़्यादा भड़का दिया। इस मौक़े पर शिबली ने 'मार्का-ए-कानपुर' और 'हम हैं मज़लूम' जैसी नज़्में कहीं। सैयद सुलेमान नदवी का मज़मून 'शुद्ध अकबर', जिस पर 'अलहिलाल' की ज़मानत ज़ब्त कर ली गयी, मुसलमानों को क्रोधित करने में बेहद सहायक साबित हुआ था। आज़ादी का आन्दोलन मुसलमानों के दिलों में तो मौजें मारने ही लगा था, इस मौक़े पर हिन्दू जन-साधारण ने भी यह अनुभव कर लिया था कि साम्राज्यवादी राज्यों का पूर्वी देशों पर क़ाबिज़ होना हिन्दुस्तान की

गुलामी की ज़ंजीर को और कस देगा। अकबर जैसे शाइर ने इस मौक़े पर कहा था–

बहम्दोलिल्लाह अब ख़ूने शहीदां रंग लाया है

चौथा अध्याय

हम ऊपर बता चुके हैं कि कांग्रेस में एक जमात गरमदलीय लोगों की पैदा होने लगी थी। धीरे-धीरे इसका ज़ोर बढ़ता गया। इसने 'अमली कार्रवाई' पर ज़ोर दिया। इसके नेता बाल गंगाधर तिलक, लाजपत राय, चन्द्रपाल और अरविन्द घोष थे। दूसरा गिरोह जो नरमदलीय लोगों का था, उसका नेतृत्व दादाभाई नौरोजी, सुरेन्द्रनाथ बनर्जी, गोखले और बदरुद्दीन तैयबजी कर रहे थे। 1906 ई. के कलकत्ता अधिवेशन में हुकूमत से स्वराज्य की मांग की गयी और विदेशी चीज़ों के बहिष्कार का प्रस्ताव मंज़ूर हुआ। इसी साल आतंकवादियों का आन्दोलन भी शुरू हुआ, लेकिन यह ज़्यादातर बंगाल तक ही सीमित रहा, यद्यपि उत्तरी भारत में भी कई आतंकवादी पार्टियों ने जन्म लिया था। आतंकवादियों की इस विचारधारा को बंगभंग के 1905 के आन्दोलन से भी बढ़ावा मिला था। इस दौर में बहुत-सी राष्ट्रीय नज़्में लिखी गईं। हसरत मुहानी का संबंध गरम दल से था, अतएव उनके शेरों में यह झलक हमें स्पष्ट दिखाई देती है। अकबर ने जो नज़्म दिल्ली-दरबार 1911 पर कही थी, वह हम 1901 ई. के जश्ने ताजपोशी के साथ ही दे चुके हैं, ताकि पूर्णरूप से अकबर की व्यंग्यात्मक प्रवृत्ति का पता चल सके। हम उस दौर के उर्दू रिसाले उठाकर देखें तो पता चलता है कि क़ौमी नज़्मों की एक बाढ़ आई हुई थी। चकबस्त, ज़फ़रअली ख़ां और बर्क़ देहलवी की नज़्में हमारी सियासी शाइरी की बहुमूल्य सम्पत्ति हैं। 1914 का साल आया तो इंग्लैंड और जर्मनी में युद्ध छिड़ गया। इस समय हिन्दुस्तानियों ने अंग्रेज़ों का साथ दिया, लेकिन शिबली ने उस मौक़े पर भी वार किया। उनकी नज़्म 'जंगे यूरोप और हिन्दुस्तानी', जो इसमें शामिल है और जिस पर उनके नाम गिरफ़्तारी का वारंट भी जारी किया गया, उनकी बरतानवी हुकूमत से दुश्मनी की बड़ी साफ़ मिसाल है।

1915 ई. के कांग्रेस अधिवेशन में हुकूमत ख़ुद इख़्तियारी की मांग की गयी जिस पर बहुत-से लीडरों को नज़रबन्द कर दिया गया। 1916 में होमरूल के आन्दोलन ने इतना ज़ोर पकड़ा कि होमरूल लीग की स्थापना हुई। चकबस्त की 'आवाज़-ए-क़ौम, वतन का राग' इसी आन्दोलन की द्योतक है। सन् 1917 ई. में

मांटेग्यू सुधार और 1918 ई. में मांटेग्यू-चेम्सफ़ोर्ड योजना का एलान भी हुआ, लेकिन हिन्दुस्तानी इसे मानने के लिए तैयार न हुए। हसरत मुहानी की जो नज़्म हमने दी है वह इसका प्रत्यक्ष सबूत है। 1918 ई. में महायुद्ध ख़त्म होने पर रोलेट एक्ट पास हुआ, जिसके विरुद्ध देशभर में आवाज़ उठाई गयी। इस विरोध पर अंग्रेज़ों की तरफ़ से जिस बर्बरता का प्रदर्शन किया गया उसे अब्दुल माजिद बदायुंनी के लेख 'रोलेट बिल' में पढ़ा जा सकता है और उन्हीं के कथनानुसार, 'यह लेख इस उद्देश्य से लिखा गया है कि आनेवाली नस्लें हिन्द के पीड़ित और लाचार लोगों की याद ताज़ा रखें।' उस ज़माने में गांधीजी के नेतृत्व में जो आन्दोलन चला उसमें हिन्दू और मुसलमान दोनों शरीक थे। अप्रैल 1919 ई. में जलियानवाला बाग़ की घटना घटी जिसने मुल्क में ग़म और ग़ुस्से की लहर दौड़ा दी। महात्मा गांधी ने बरतानवी सरकार को शैतानी सरकार के नाम से पुकारा और उसके शासन को लानत की उपाधि दी। सैकड़ों निहत्थे लोग शहीद हुए। देशभक्ति की यह शानदार मिसाल हमारे दिलों में हमेशा ताज़ा रहेगी कि गढ़वाल रेजीमेंट ने हिन्दुस्तानी नेताओं और उस निहत्थे जनसमूह पर गोली चलाने से इनकार कर दिया, जिस पर बग़ावत का आरोप लगाया गया और सारी रेजीमेंट गिरफ़्तार कर ली गयी–

अभी तो दास्तां ताज़ा है गढ़वाली जवानों की
मुसीबत जिनका तकिया, ख़ाके ज़िन्दां जिनका बिस्तर है
न सर होंगी ये बन्दूक़ें वतन के पास्बानों पर
यह जुरअत आज़्मा इनकार कितना रूहपरवर है।

–सरदार जाफ़री

उर्दू ज़बान में सैकड़ों नज़्में इस घटना से प्रभावित होकर लिखी गईं। ज़फ़र अली ख़ां की 'मज़ालिमे-पंजाब और शोला-ए-फ़ानूसे-हिन्द', तिलोकचन्द 'महरूम' की 'शिकवा-ए-सैयाद', डॉक्टर इक़बाल की 'जलियानवाला बाग़' हमने इस अध्याय में शामिल की हैं। मौलाना मुहम्मद अली ने ग़ज़ल के शेरों में जगह-जगह इसकी तरफ़ इशारा किया है लेकिन उनकी वह तक़रीर, जो उन्होंने 13 दिसम्बर, 1919 ई. को अमृतसर कांग्रेस के अधिवेशन में की है, हमेशा याद रहेगी। उसी के साथ उनका लेख 'इम्पीरियलिज़्म की रूह' भी एक महत्त्वपूर्ण लेख है। इनके अलावा इस भाग में मुहम्मद अली जौहर की नज़्म 'रद्दे-सहर' भी शामिल है जो उन्होंने अपनी पहली नज़रबन्दी (सन् 1915 ई. से 1917 ई. तक) पर कही थी। इक़बाल की नज़्म 'तस्वीरे दर्द' का एक लम्बा उद्धरण भी दिया गया है, जिसमें वतन का दर्द एक-एक शब्द से झलकता है। दो नज़्में अहमक़ फफूंदवी की अपने रंग में हैं जिन्होंने शाइरी ही नहीं, वतन की मुहब्बत में हसरत की तरह जेल भी काटी थी।

इसमें शक नहीं कि जलियानवाला बाग़ की घटना के बाद हिन्दुस्तान का वातावरण शोला-अंगेज़ (विस्फोटक) हो चुका था और 'नवा-ए-आज़ादी' के लेखक के कथनानुसार, 'लीडरों के बयानात, मुक़र्रिरों की शोला-बयानियों और शाइरों की आतिशनवाइयों ने वह काम नहीं किया जो इस घटना ने किया।' इसके अलावा इस मौक़े पर ख़िलाफ़त आन्दोलन और असहयोग आन्दोलन उठ खड़े हुए। गांधीजी और अली बिरादरान ने देशभर का दौरा किया और देश के एक सिरे से दूसरे सिरे तक आग लगा दी। मौलाना मुहम्मद अली और मौलाना अबुल कलाम आज़ाद इस दौर में उभरकर हमारे सामने आये। मौलाना मुहम्मद अली की वह तक़रीर, जो उन्होंने अक्तूबर 1920 ई. में लाहौर में की और जो 'राहे-अमल' के नाम से प्रकाशित हुई और मौलाना आज़ाद का मज़्मून 'सूरबेदारी' और 'आख़री मंज़िल और हमारा फ़र्ज़' ख़ास महत्त्व रखते हैं। सन् 1921 में बग़ावत के अपराध में आज़ाद पर मुक़दमा चलाया गया। उन्होंने जो बयान अदालत में दिया और जो 'क़ौलो-फ़ैसल' के नाम से मशहूर है, सियासी ही नहीं अदबी हैसियत से भी शाहकार कहा जा सकता है। इनके अलावा लाला लाजपतराय, ज़फ़र अली ख़ां और चौधरी अब्दुलग़नी वग़ैरा के लेख भी बड़ा महत्त्व रखते हैं। जहां तक शाइरी का संबंध है, ज़फ़र अली ख़ां की जोशीली नज़्में बड़ा महत्त्व रखती हैं। 'दावते-अमल', 'एलाने-जंग' और 'इंक़िलाब' इस अध्याय में शामिल हैं। हसरत मुहानी की 'जौरे-ग़ुलामाने-वक़्त', मीर ग़ुलाम नैरंग की 'दावते-अमल', मुहम्मद अली जौहर की 'काम करना है यही, चश्मे ख़ूंनाबाबार, आशियां बरबाद और ख़ूगरे-सितम', लाला लालचन्द फ़लक की 'बेदारी-ए-हिन्द', महवी लखनवी की 'वक़्ते-बेदारी', आग़ा हश्र काश्मीरी की नज़्म 'शुक्रिया-ए-यूरोप', इक़बाल अहमद सुहेल की 'बन जाए नशेमन तो', महमूद इस्राईली की 'नाला-ए-अन्दलीब', साग़र निज़ामी की 'पैग़ामे-अमल', एहसान दानिश का 'तराना-ए-जिहाद' इस अहद की सैकड़ों नज़्मों में से चन्द नज़्में हैं जिनसे उस सियासी बेदारी का अन्दाज़ा लगाया जा सकता है जो उर्दू शाइरी की रग-रग में समा गयी थी।

पांचवां अध्याय

सन् 1921 से 1935 ई. तक का ज़माना भी हिन्दुस्तान की सियासी तारीख़ में बड़ी अहमियत रखता है। इस विप्लवग्रस्त ज़माने में न जाने कितने लोगों को फांसी पर लटका दिया गया। मालेगांव ज़िला नासिक से सुलेमान शाह, मधु फ़रीदन, मुहम्मद

शाबान और असरील अल्लारखा को यरवदा जेल में फांसी दी गयी। इससे पूरे हिन्दुस्तान की कल्पना की जा सकती है। सन् 1925 ई. में काकोरी केस चला। 8 अगस्त, 1925 ई. को शाहजहांपुर में क्रान्तिकारियों का एक जलसा हुआ जिसकी सदारत रामप्रसाद बिस्मिल ने की जिसमें इन्क़िलाब के लिए दरकार पूंजी हासिल करने के लिए ख़ज़ाना ले जानेवाली ट्रेन को लूटने का निश्चय किया गया। यह काम अशफ़ाक़ुल्ला ख़ां के सुपुर्द हुआ और काकोरी मेल को लूट लिया गया। अशफ़ाक़ुल्ला ख़ां शहीद और रामप्रसाद बिस्मिल दोनों को गिरफ़्तार किया गया और फांसी दे दी गयी। अशफ़ाक़ुल्ला ख़ां, जो फ़ैज़ाबाद जेल में 18 दिसम्बर को फांसी पर झूल गए, उर्दू के अच्छे ग़ज़लगो शाइर थे। उनके चन्द शेर देखिए—

सभी सामाने इश्रत थे मज़े से अपनी कटती थी
वतन के इश्क़ ने हमको हवा खिलवाई ज़िन्दां की
वह गुलशन जो कभी आबाद था गुज़रे ज़माने में
मैं शाख़े ख़ुश्क हूं हां हां उसी उजड़े गुलिस्तां की
ये झगड़े और बखेड़े मेटकर आपस में मिल जाओ
ये तफ़रीक़े अबस मैं हूं हिन्दू मैं मुसलमां की

इस तरह रामप्रसाद बिस्मिल भी उर्दू के वह शाइर थे जिनकी ग़ज़लों में वतनी जज़्बात कूट-कूटकर भरे थे। उनकी वह ग़ज़ल जो एक वक़्त हिन्दुस्तान के बच्चे-बच्चे की ज़बान पर थी, आज भी उस अहद की यादगार बनकर हमारे ज़हनों में ज़िन्दा है—

सरफ़रोशी की तमन्ना अब हमारे दिल में है
देखना है ज़ोर कितना बाज़ू-ए-क़ातिल में है[1]

बेलगाम के कांग्रेस अधिवेशन सन् 1924 ई. में महात्मा गांधी के ये शब्द कि 'मैं सल्तनत के अन्दर रहकर स्वराज्य के लिए संघर्ष करूंगा—लेकिन अगर बरतानिया की ग़लती से ज़रूरत आ पड़ी तो मैं सल्तनते बरतानिया से तमाम संबंध तोड़ लूंगा।' बड़े महत्त्वपूर्ण थे और एक अर्थ में सम्पूर्ण आज़ादी की मांग की बुनियाद बननेवाले थे। सन् 1928 ई. में सायमन कमीशन की आमद पर और भी हंगामा उठा। ज़फ़र अली ख़ां की नज़्म 'सायमन कमीशन का मुक़ाअता' और जोश मलीहाबादी की नज़्म 'सायमन कमीशन' वग़ैरा इस दौर की यादगार नज़्में हैं। इसी साल कांग्रेस के कलकत्ता अधिवेशन में जवाहरलाल नेहरू और सुभाषचन्द्र बोस ने सम्पूर्ण आज़ादी के लिए आवाज़ उठाई। आख़िरकार सन् 1930 ई. में कांग्रेस में

1. कुछ लोगों के अनुसार यह ग़ज़ल शाह अहमद हुसैन बिस्मिल इलाहाबादी की है जो शाद अज़ीमाबादी के शागिर्द थे और असहयोग आन्दोलन के सरगर्म कार्यकर्ता थे।

गरमदलीय लोग हावी हो गए और सम्पूर्ण आज़ादी कांग्रेस का आदर्श मान लिया गया। अतएव इसी साल मार्च में सिविल नाफ़रमानी का आन्दोलन शुरू हुआ। हज़ारों को जेल भेज दिया गया, हज़ारों गोली से मारे गए, लेकिन आन्दोलन जारी रहा।

इसी साल बरतानवी हुकूमत ने पहली गोलमेज़ कान्फ्रेंस की, लेकिन कांग्रेस ने शिरकत से इन्कार कर दिया। दूसरी कान्फ्रेंस से पहले महात्मा गांधी और दूसरे लीडरों को रिहा कर दिया गया। कांग्रेस ने इसमें भाग लिया, लेकिन जो साम्प्रदायिक समस्या मुस्लिम लीग ने खड़ी कर रखी थी उसके कारण कोई हल न निकल सका। तीसरी कान्फ्रेंस के नतीजे में 'ह्वाइट पेपर' प्रकाशित हुआ लेकिन गांधीजी इससे सन्तुष्ट न थे। उन्होंने दुबारा सिविल नाफ़रमानी का आन्दोलन शुरू किया जो सन् 1934 तक जारी रहा। आख़िरकार 1935 ई. में नया क़ानून बना और देश में कांग्रेस और मुस्लिम लीग के मन्त्रिमंडल बने। इस दौर में उर्दू शाइरी बराबर अपना रोल अदा करती रही। तिलोकचन्द महरूम, ज़फ़रअली ख़ां, जोश मलीहाबादी, रविश सिद्दीक़ी, हफ़ीज़ जालन्धरी, जमील मज़्हरी, आनन्दनारायण मुल्ला, आज़ाद अंसारी, जाफ़र अली ख़ां असर, एहसान दानिश, अली जव्वाद ज़ैदी, जिनकी विभिन्न नज़्में इस भाग में शामिल हैं, इसका स्पष्ट सबूत हैं। यह सच है कि उर्दू अदब ने जंगे आज़ादी की पूर्ण रूप से तरजुमानी की है। हम इस वक़्त उर्दू के सिर्फ़ शेरी अदब से बहस कर रहे हैं, वरना उर्दू की अफ़सानानिगारी भी आज़ादी के आन्दोलन का साथ देने में बराबर अग्रसर रही है।

मन्त्रिमंडलों की स्थापना के बाद बहुत-कुछ पाबन्दियां उठने लगी थीं और दूसरी तरफ़ कृषि-सुधार पर भी ध्यान दिया जाने लगा था। पहले महायुद्ध के दौरान रूस में साम्यवादी दृष्टिकोण अमली रूप धारण करने लगा था। सन् 1917 ई. में ज़ार की हुकूमत का ख़ात्मा हुआ और मार्क्सवादी सिद्धान्तों ने विश्वव्यापी लोकप्रियता प्राप्त करनी आरम्भ कर दी। हिन्दुस्तान में सन् 1919 ही में मज़दूर वर्ग अपना संगठन कर चुका था और धीरे-धीरे उनका आन्दोलन ज़ोर पकड़ रहा था। इस आन्दोलन पर अगर एक तरफ़ रूसी इन्क़िलाब का प्रभाव पड़ा तो दूसरी ओर विभिन्न समाजवादी और प्रगतिशील संस्थाएं ख़ुद हिन्दुस्तान में जन्म ले रही थीं। इन विभिन्न पार्टियों को पंडित जवाहरलाल नेहरू, अशोक मेहता, सुभाषचन्द्र बोस, पी.सी. जोशी, अजय घोष, सोहन सिंह जोश, एम.एन. राय वग़ैरा की सरपरस्ती प्राप्त थी। सन् 1935 ई. में प्रगतिशील लेखक संघ की स्थापना हिन्दुस्तान में हुई जिसकी पहली कान्फ्रेंस अप्रैल 1936 ई. में लखनऊ में मुंशी प्रेमचन्द की अध्यक्षता में हुई। इस संस्था को पंडित नेहरू, जयप्रकाश नारायण, आचार्य नरेन्द्र देव, यूसुफ़

मेहर अली, सज्जाद ज़हीर, डॉक्टर अलीम जैसे मार्क्सवादी दोस्तों ने बढ़ावा दिया। टैगोर, प्रेमचन्द और डॉक्टर अब्दुल हक़ का सहयोग प्राप्त हुआ। टैगोर ने प्रगतिशीलता के नाम जो सन्देश दिया था उसमें कहा था—'देश का कण-कण दुख की तस्वीर बना हुआ है। हमें इस ग़म और क्षोभ को दूर करना है और फिर से जीवन के उपवन की सिंचाई करना है।'

जहां तक उर्दू शाइरी का संबंध है, एक बहुत बड़ा गिरोह शाइरों का उभरा जो उर्दू अदब पर छाकर रह गया। इसमें मजाज़, जज़्बी, जांनिसार अख़्तर, फ़ैज़ अहमद फ़ैज़, मख़दूम, अली सरदार जाफ़री, अली जव्वाद ज़ैदी, शमीम किरहानी, सलाम मछलीशहरी वग़ैरा अहम नाम हैं। आज़ादी की इच्छा और ग़ुलामी के खिलाफ़ नफ़रत के साथ-साथ उस वक़्त उर्दू शाइरी में आर्थिक और सामाजिक समस्याएं भी उभरकर आने लगीं। साम्राज्यवाद और पूंजीवाद के ख़िलाफ़ खुल्लमखुल्ला एलाने-जंग हुआ। यद्यपि आरम्भ में साहित्य में नारेबाज़ी ज़्यादा हुई लेकिन धीरे-धीरे वर्ग-संघर्ष और आर्थिक स्थिति के विश्लेषण पर ध्यान दिया जाने लगा। हमने इस अध्याय के दूसरे भाग में उन नज़्मों का एक छोटा-सा संकलन दिया है जो साम्यवादी प्रभाव के अन्तर्गत कही गईं। यह बात कम महत्त्व नहीं रखती कि मार्क्सिज़्म का प्रभाव रूसी क्रान्ति से भी पहले उर्दू शाइरी पर पड़ने लगा था। इक़बाल की नज़्म 'ख़िज़्रे-राह' में, जिसका एक उद्धरण हमने 'सरमाया व मेहनत' के नाम से दिया है, जो दर्दमन्दी और जो मुजाहिदाना लहजा है और जिस अन्दाज़ में बेदारी और अमल का पैग़ाम दिया गया है वह उर्दू की कम नज़्मों में नज़र आता है। आले अहमद सुरूर ने ठीक कहा है कि 'यह नज़्म New Testament की हैसियत रखती है।'

हसरत मोहानी बेशक रूसी क्रान्ति के बाद ही मार्क्सिज़्म से प्रभावित हुए। उन्होंने 1926 ई. में स्वागताध्यक्ष की हैसियत से जो भाषण पहली अखिल भारतीय कम्युनिस्ट कान्फ्रेंस, कानपुर में दिया था उसकी एक तारीख़ी हैसियत है। इक़बाल की 'ख़िज़्रे-राह' ही से हमने एक और उद्धरण 'सल्तनत' शीर्षक से दिया है। इसके अलावा 'लेनिन ख़ुदा के हुज़ूर में', 'अलअर्ज़ अल्लाह', 'फ़रमाने ख़ुदा' उनकी इस सिलसिले की नज़्में हैं।

जोश की नज़्म 'ज़वाले जहांबानी, किसान, निज़ामे नौ' में जोश का जोशीला लहजा और दबंग आवाज़ हमें सुनाई देती है। इसके अलावा हामिदुल्ला अफ़सर, शोरिश काश्मीरी वग़ैरा की चन्द नज़्में इसमें शामिल हैं।

छठा अध्याय

यद्यपि 1935 के गवर्नमेंट ऑफ़ इंडिया एक्ट के अन्तर्गत प्रान्तों में सीमित ख़ुदमुख़्तारी दी गयी थी लेकिन कितने अदीब और शाइर ऐसे थे जो इस एक्ट से ख़ुश नज़र नहीं आते थे। मौलाना जफ़र अली ख़ां की नज़्म 'इंडिया एक्ट 1935 ई.', अहमक़ फफूंदवी की नज़्म 'आईने जदीद', जोश की नज़्म 'वफ़ाक़' वग़ैरा इस बात का स्पष्ट सबूत हैं। बहरकैफ़ 1935 से लेकर 1942 तक विदेशी शासन की मुख़ालिफ़त और सामाजिक और आर्थिक दृष्टिकोण पर आधारित बेशुमार नज़्में हमारे सामने आती हैं। इसमें एक तरफ़ अगर जोश, सीमाब, ज़फ़र अली ख़ां, फ़िराक़ गोरखपुरी, शोरिश काश्मीरी, जमील मज़्हरी, रविश सिद्दीक़ी, इक़बाल अहमद सुहैल वग़ैरा की रचनाएं हैं, तो दूसरी तरफ़ नए प्रगतिशील शाइर इस्रारुलहक़ मजाज़, जां निसार अख़्तर, मख़दूम, फ़ैज़, जज़्बी, जाफ़री, एहतिशाम, नदीम क़ासमी, मसऊद अख़्तर जमाल और साहिर वग़ैरा की तरक़्क़ीपसन्द नज़्में हैं जो हिन्दुस्तान की आज़ादी के जज़्बे और साम्यवादी दृष्टिकोण से परिपूर्ण नज़र आती हैं। इस अध्याय के इस भाग में जोश मलीहाबादी की नज़्म 'वफ़ादाराने अज़ली का पयाम शहंशाहे हिन्दुस्तान के नाम' भी शामिल है जो उन्होंने जार्ज के जश्ने ताजपोशी पर कही थी। सरदार जाफ़री ने अपनी किताब 'तरक़्क़ीपसन्द अदब' में इस नज़्म का ज़िक्र करते हुए लिखा है कि 'इसके एक-एक मिसरे से वह नफ़रत टपकती है जो अंग्रेज़ी हुकूमत के लिए हर हिन्दुस्तानी के दिल में थी। इसमें बज़ाहिर व्यंग्य है लेकिन दरअसल बड़ी तीव्र और गहरी नफ़रत है।' 1939 ई. में जब दूसरा महायुद्ध छिड़ा और वायसराय ने लेजिस्लेटिव असेम्बली से परामर्श किए बिना एलान किया कि हिन्दुस्तान जंग में शरीक है जो दरअसल नियम-विरुद्ध था, तो कांग्रेसी मन्त्रिमंडलों ने विरोधस्वरूप त्यागपत्र दे दिया। जोश मलीहाबादी ने उस वक़्त जंगे अज़ीम पर अंग्रेज़ों की बौखलाहट पर एक तंज़िया नज़्म 'ईस्ट इंडिया कम्पनी के फ़रज़न्दों के नाम' से कही जिसमें हिन्दुस्तान के जज़्बात को समो दिया है। यह नज़्म ज़ब्त कर ली गयी और जोश के घर की तलाशी ली गयी, जिस पर जोश ने एक नज़्म 'तलाश' शीर्षक से भी कह डाली। जोश की 'ईस्ट इंडिया कम्पनी के फ़रज़न्दों के नाम' के अलावा उस दौर की चन्द यादगार नज़्में, मजाज़ की 'अन्धेरी रात का मुसाफ़िर', मख़दूम की 'अंधेरा' और 'ज़ुल्फ़े चलीपा', सरदार जाफ़री की 'जंग और इन्क़िलाब', अल्ताफ़ मशहदी की 'वतन आज़ाद करने के लिए', जां निसार अख़्तर की 'सवेरा' हैं जिन्हें उस वक़्त काफ़ी लोकप्रियता प्राप्त हुई। उस समय हुकूमत ने तहरीर और तक़रीर पर पाबन्दियां लगा दी थीं और जन-साधारण की आवाज़ को दबाने के लिए

जेलख़ानों के दरवाज़े खोल दिए थे। तमाम बड़े-बड़े कांग्रेसी नेता गिरफ़्तार कर लिए गए थे। जब बरतानवी हुकूमत हिटलर की लगातार विजय से घबराई तो हिन्दुस्तान को जंग के बाद नौआबादयाती दर्जा देने का वादा किया। सन् 1941 ई. में हिन्दुस्तान की आज़ादी का वादा किया गया और गिरफ़्तारशुदा नेताओं को रिहा कर दिया गया, लेकिन आज़ादी का स्पष्टीकरण नहीं किया गया। कांग्रेस ने दुबारा अंग्रेज़ों से युद्ध के मामले में सहयोग करने से इन्कार कर दिया तो क्रिप्स मिशन आया, लेकिन नाकाम रहा। इसके बाद ही 'हिन्दुस्तान छोड़ो' आन्दोलन शुरू हुआ। अगस्त, 1942 ई. में आन्दोलन शुरू होते ही तमाम लीडर गिरफ़्तार कर लिए गए। सिर्फ़ सुभाषचन्द्र बोस हिन्दुस्तान से फ़रार होने में कामयाब हुए जिन्होंने आज़ाद हिन्द फ़ौज बनाई जो अंग्रेज़ों के लिए वबालेजान बन गयी। इस अध्याय के तीसरे भाग में जां निसार अख़्तर की नज़्म 'अय हमरिहाने क़ाफ़ला' उस समय की स्थिति का सच्चा चित्र पेश करती है। जव्वाद ज़ैदी की 'क़ैद की तलाश' महादेव देसाई की मौत पर है जिसके पीछे बरतानवी साज़िश का हाथ था। शमीम किरहानी की 'कुछ देर सो लेने दो' महात्मा गांधी की गिरफ़्तारी से संबंधित है और कैफ़ी आज़मी की नज़्म 'क़िला-ए-अहमदनगर' है जहां कांग्रेसी नेता नज़रबन्द थे। इनके अलावा मजाज़ की 'बिदेसी मेहमान से' और 'ख़्वाबे सहर', जमील अहमद मज़्हरी की 'मौसम के इशारे' और फ़ैज़ की 'बोल' इस भाग में शामिल हैं जो उस वक़्त शाइरों के तेवर के ग़म्माज़ हैं। जन-साधारण के दिलों की आग पूरी तेज़ी से भड़क रही थी कि बंगाल का अकाल टूट पड़ा, जिसमें लाखों हिन्दुस्तानियों की जानें गईं। इसके पीछे क्या था ? शायद जिगर का यह शेर पढ़ना काफ़ी है—

इक तेग़ की जुम्बिश सी नज़र आती है मुझको
इक हाथ पसे परदा-ए-दर देख रहा हूं

बंगाल के अकाल पर उर्दू शाइरी में अनगिनत नज़्में कही गयी हैं जिनमें से हमने इस अध्याय में सिर्फ़ तिलोकचन्द महरूम, जिगर मुरादाबादी, आनन्दनारायण मुल्ला, अख़्तरुल ईमान, वामिक़ जौनपुरी और साहिर लुधियानवी की नज़्में शामिल की हैं।

सन् 45 ई. में जब महायुद्ध समाप्त हुआ तो केबिनेट मिशन हिन्दुस्तान आया, जिस पर जोश की नज़्म 'वज़ारती वफ़्द का फ़रेब' और अहमद नदीम क़ासमी की नज़्म में हिन्दुस्तान की आवाज़ छुपी हुई सुनाई देती है। इस दरमियान में गांधी-जिन्ना मुलाक़ात से अवाम को बड़ी-बड़ी आशाएं थीं जिसका इज़्हार जां निसार अख़्तर और कैफ़ी आज़मी की नज़्मों से होता है। लेकिन वह उम्मीद भी बेकार साबित हुई और गांधी और जिन्ना किसी समझौते पर न पहुंच सके। मुस्लिम लीग

की बंटवारे की मांग क़ायम रही। शमीम किरहानी की नज़्म 'पाकिस्तान चाहनेवालों से' एक वतनपरस्त के दिल की सदा है। सन् 1946 ई. में जब आज़ादी का आन्दोलन हर क्षण अपनी मंज़िल के क़रीब होता जा रहा था, जहाज़ियों की बग़ावत ने अंग्रेज़ों के छक्के छुड़ा दिए। इसके बाद ही इंग्लिस्तान के प्रधानमन्त्री एटली ने एलान किया कि 1947 ई. में शासन हिन्दुस्तानियों के सुपुर्द कर दिया जाएगा। उस वक़्त हिन्दुस्तान के वायसराय लार्ड माउंटबेटन थे। जब किसी तरह कांग्रेस और मुस्लिम लीग में कोई समझौता न हो सका तो मुल्क हिन्दुस्तान और पाकिस्तान में बांट दिया गया। इस भाग में कई और नज़्में हमने दी हैं। सीमाब अकबराबादी की 'मंज़िल क़रीबतर है', फ़िराक़ की 'आज़ादी', मख़दूम की 'आज़ादी-ए-वतन', मसऊद अख़्तर जमाल की 'एहसासे कामरां', कैफ़ी आज़मी की 'आख़िरी मरहला', इक़बाल अहमद सुहैल की 'मंज़रे रुख़्सत' और सिकन्दर अली वज्द की 'बशारत' इस पूरे दौर की तस्वीर पेश करती हैं।

अलावा इनके जगन्नाथ आज़ाद और तिलोकचन्द महरूम की नज़्में, जो 'आज़ाद हिन्द फ़ौज' के शीर्षक से हैं, इसमें शामिल हैं। 'सुभाषचन्द्र बोस बहादुरशाह ज़फ़र के मज़ार पर' भी आज़ाद की एक लोकप्रिय नज़्म है।

सातवां अध्याय

इस अध्याय में उन नज़्मों का एक संक्षिप्त संकलन है जो जश्ने आज़ादी के मौक़े पर कही गईं। 14-15 अगस्त की दरमियानी रात हिन्दुस्तान के लिए सूरज से ज़्यादा रौशन थी। जिस आज़ादी के लिए हमारे अवाम ने अनगिनत क़ुर्बानियां दी थीं—

सीने से आधी रात के
फूटी वह सूरज की किरन

अगर हम पीछे की तरफ़ नज़र डालें तो मालूम होगा कि आज़ादी की प्राप्ति के लिए प्रारंभिक संघर्ष से लेकर आज़ादी की प्राप्ति तक उर्दू शाइरी में अशफ़ाक़ुल्ला शहीद और रामप्रसाद बिस्मिल तो फांसी पर ही झूल गए, जिन्होंने अंग्रेज़ों के हाथ क़ैद की यातनाएं झेलीं, उनमें मौलाना हसरत मोहानी, मौलाना मुहम्मदअली जौहर, जमील मज़्हरी, गोपीनाथ अमन, मेलाराम वफ़ा, फ़िराक़ गोरखपुरी, अहमक़ फफूंदवी, सरदार जाफ़री, मख़दूम मोहिउद्दीन और न जाने कितने अदीब और शाइर हैं।

इस मौक़े पर बेशुमार नज़्में कही गईं जिनमें से हमने जां निसार अख़्तर, सिराज लखनवी, इक़बाल अहमद सुहैल, आनन्दनारायण मुल्ला, साग़र निज़ामी, अमीन

सलोनवी, मजाज़ लखनवी, याह्या आज़मी, कमाल अहमद सिद्दीक़ी, सिकन्दर अली वज्द की नज़्में या उनका उद्धरण दिया है। ये नज़्में सचमुच दिली जज़्बात का जगमगाता आईना हैं। इनमें शाइरों के दिल की उमंग और तवानाई बेदार नज़र आती है।

आठवां अध्याय

इस अध्याय में हमने उन चन्द अहम तारीख़ी घटनाओं से संबंधित नज़्में दी हैं जो आज़ादी के पच्चीस सालों में घटीं। अक्तूबर 1949 ई. में पाकिस्तानियों ने काश्मीर में छेड़छाड़ शुरू की। क़बाइलियों को काश्मीरियों के भेस में समावेली और ठाढ़ूचक के रास्तों से काश्मीर की वादी में दाख़िल किया गया जिसका मक़सद इस इलाक़े में अराजकता फैलाना था। शेख़ अब्दुल्ला ने हिन्दुस्तानी हुकूमत से मदद चाही और 27 सितम्बर को हिन्दुस्तानी फ़ौज हरकत में आई और अक्तूबर में यह हमला पस्त कर दिया गया। ब्रिगेडियर उस्मान जो इस जंग में शहीद हुए, सही मानों में हीरो की हैसियत रखते हैं। इस मौक़े पर जो नज़्में उर्दू शाइरों ने कहीं, उनमें से हमने रिफ़अत सरोश की 'वादिए गुल', नज़ीर बनारसी की 'मादरे हिन्द से' और तिलोकचन्द महरूम की नज़्म 'पयामे सुलह' शामिल की हैं।

दूसरी महत्त्वपूर्ण घटना फ्रांसीसी शासन के अधीन भारतीय भागों का दुबारा हिन्दुस्तानी शासन में आना था।

सन् 1664 ई. में फ्रेंच ईस्ट इंडिया कम्पनी क़ायम हुई थी और सूरत तथा मसूलीपट्टम में उन्होंने अपनी फ़ैक्टरियां क़ायम की थीं। फ्रांसिस मार्टिन के ज़माने में पांडिचेरी पर फ्रांसीसियों का क़ब्ज़ा हुआ और उसे हिन्दुस्तान में फ्रांसीसी कालोनियों की राजधानी बनाया गया। फ्रांसीसियों का सबसे योग्य गवर्नर डूप्ले (DUPLEIX) था, लेकिन वह क्लाइव की तुलना में कुछ भी न था जिसने हिन्दुस्तान में अंग्रेज़ी साम्राज्य की बुनियाद डाली। हिन्दुस्तान की आज़ादी के बाद फ्रांसीसियों ने एक सन्धि के द्वारा अपनी कालोनियों को आज़ाद कर देना ख़ुद पसन्द किया, अतएव 28 मई 1956 ई. को ये इलाक़े भी हिन्दुस्तानी शासन का अंग बन गए।

तीसरी महत्त्वपूर्ण घटना पोर्तुग़ीज़ नौआबादियों की मुक्ति थी। हिन्दुस्तान में जिस पहली यूरोपियन क़ौम ने क़दम रखा था वह पुर्तगाली ही थे। ये लोग भी व्यापारी के रूप में ही आये थे। उन्होंने कालीकट, कोचीन और काननूर में अपने व्यापार-केन्द्र स्थापित किए थे। धीरे-धीरे भारत की धरती पर अपनी नौआबादियां

बना लीं। उनका पहला वायसराय, जिसे हिन्दुस्तान में पुर्तगाली शासन का संस्थापक कहा जाता है, अलफ़ांसो था। उसी ने गोवा को बीजापुर की सल्तनत से छीनकर पुर्तगाली राज्य में शामिल किया था। इस वायसराय के बाद हिन्दुस्तान के और भी हिस्से दीव, बसीन और दमन पुर्तगालियों के अधीन आ गए। सन् 1526 ई. में जब बाबर ने मुग़ल शासन की नींव रखी तो पुर्तगालियों को एक हद तक मुंह की खानी पड़ी। इसी तरह जब डच और अंग्रेज़ हिन्दुस्तान में आये तो पुर्तगालियों की ताक़त को और धक्का पहुंचा। डच भारत में अपना राज्य स्थापित न कर सके। सिर्फ़ चन्द व्यापार-केन्द्र ही अस्थायी रूप से उनके अधिकार में रहे। डेनिस जिन्होंने सत्रहवीं सदी के प्रारंभ में अपने व्यापार-केन्द्र तंजौर (मद्रास) और सीरमपुर (बंगाल) में क़ायम किए थे वह केन्द्र सन् 1845 ई. में उन्होंने अंग्रेज़ों के हाथ बेच दिए।

हिन्दुस्तान की आज़ादी के बाद जो आन्दोलन हिन्दुस्तानी वालंटियरों ने पुर्तगालियों से दीव, दमन और गोवा को ख़ाली कराने के लिए चलाया, वह 11 दिसम्बर 1961 को रंग लाया जब हिन्दुस्तानी फ़ौज की मदद से इन इलाक़ों को विदेशी गुलामी से आज़ादी मिली। क़ैसरुल जाफ़री की नज़्म 'पांच सौ बरस लम्बी रात' की यही तारीख़ी पृष्ठभूमि है। त्रिलोकचन्द महरूम की नज़्म 'गोवा के सितमशिआर' उन अत्याचारों का हवाला देती है जो पुर्तगाली शासकों ने निहत्थे स्वयंसेवकों पर ढाए थे।

1962 ई. में हिन्दुस्तान और चीन के बीच लड़ाई की नौबत आई। हिन्दुस्तान और चीन के व्यापारिक और मैत्री संबंध दो हज़ार साल से भी पुराने रहे हैं। हिन्दुस्तान की प्राचीन किताबों में चीन की मित्रता का ज़िक्र मिलता है। पहली सदी ईस्वी में बौद्ध धर्म चीन में फैलना शुरू हो गया था। कितने ही चीनी बौद्ध धर्म की शिक्षा प्राप्त करने हिन्दुस्तान आते रहे। बुद्ध बद्धरा और बुद्ध धर्मा ने प्राचीन काल में चीन में बौद्ध आराधना-गृह स्थापित किए। यद्यपि बीच की कई सदियों का इतिहास हमारी नज़रों से ओझल है, लेकिन हिन्दुस्तान में अंग्रेज़ी शासन स्थापित होने के बाद इन संबंधों ने राजनैतिक रूप धारण कर लिया था। सन् 1913 में जो कान्फ्रेंस बरतानिया, चीन और तिब्बत के बीच अंग्रेज़ों ने बुलाई थी उसमें चीन की भारत-तिब्बत सीमा के मसले पर इख़्तिलाफ़ था। इस मौक़े पर मैकमोहन लाइन भारत और तिब्बत के बीच अस्तित्व में आई। भारत की आज़ादी के बाद भारतीय नेताओं ने भारत-चीन संबंधों को मैत्रीपूर्ण बनाने की पूरी कोशिश की। रवीन्द्रनाथ टैगोर और पंडित नेहरू उन लोगों में से थे जिन्होंने हिन्द-चीन के संबंधों को बड़ा महत्त्व दिया। अतएव टैगोर ने शान्तिनिकेतन में एक चीनी भवन भी बना डाला था। सन् 1949 ई. में माओत्सेतुंग के शासन की बागडोर संभालते ही हिन्दुस्तान उन चन्द

पहले देशों में से था जिसने चीनी गणतंत्र को तस्लीम किया, यहां तक कि पंचशील के सिद्धान्तों को दोनों देशों ने मिलकर माना और उसे बढ़ावा देने की कोशिश की।

सन् 1950 ई. में जब चीनी हुकूमत ने तिब्बत को अपने में शामिल कर लिया तो भारत ने उस समय भी चीन का हक़ तिब्बत पर मान लिया। सन् 1957 ई. में जो चीनी नक़्शे प्रकाशित हुए उनमें नेफ़ा, लद्दाख़ और उत्तर प्रदेश के कुछ हिस्सों को चीनी सीमा में दिखाया गया था और यहीं से भारत के दिल में चीनियों की तरफ़ से सन्देह पैदा होने लगा। सन् 1959 में चीनी फ़ौजों ने भारत की सीमा को पार करके लांगचू पर फ़ायरिंग की। नेहरू और चाओ एन लाई के बीच पत्र-व्यवहार का सिलसिला जारी ही था कि जुलाई 1962. ई. में गुलवान वादी में जंग छिड़ गयी।

20 अक्तूबर को चीन का ज़बरदस्त हमला हुआ। भारत इस अचानक आफ़त का मुक़ाबला करने के लिए उठ खड़ा हुआ। एकता और देशभक्ति की लहर देश के एक सिरे से दूसरे सिरे तक दौड़ गयी। उर्दू शाइरों ने सैकड़ों नज़्में लिखीं जिनमें इस जंग के मौक़े पर देश की एकता पर ज़ोर दिया। जां निसार अख़्तर की 'हम एक हैं', क़ैफ़ी आज़मी की 'बुतशिकनी', आनन्दनारायण मुल्ला की 'लहू का टीका', हुर्मतुल इकराम की 'हिमालय की जानिब चलो', अजमल अजमली की 'फूल ज़ख़्मी हैं', मजरूह की 'चीन की पैमांशिकनी के नाम', नरेशकुमार शाद की 'शाख़े गुल ही नहीं', ज़फ़र गोरखपुरी की 'दोस्तो आओ सूए हिमाला चलें', क़ाज़ी सलीम की 'मेरे आज़ाद वतन', एजाज़ सिद्दीक़ी की 'नागुज़ीर'—ये चन्द मुंतख़ब नज़्में हैं जो उस वक़्त उर्दू में कही गईं।

21 नवम्बर, सन् 1962 ई. को यद्यपि चीन ने युद्धबन्दी का एलान कर दिया लेकिन कई हज़ार मील का इलाक़ा उनके क़ब्ज़े में रह गया।

इस युद्ध को ज़्यादा अरसा नहीं गुज़रा था कि पाकिस्तान ने फिर जंगी ढंग इख़्तियार किया और सितम्बर 1965 ई. में छम्ब जौरियां से काश्मीर को पूरी तरह काट देने की कोशिश की। भारतीय फ़ौजों ने मजबूर होकर लाहौर का महाज़ खोल दिया। 14 दिन के बाद लड़ाई बन्द हो गयी। अक्तूबर में ताशक़न्द में लालबहादुर शास्त्री और अय्यूब ख़ां के बीच समझौता हुआ जो ताशक़न्द-सन्धि के नाम से मशहूर हुआ। इस हिन्द-पाक जंग के दौरान जो नज़्में विशेष महत्त्वपूर्ण हैं, वह कैफ़ी आज़मी की 'फ़र्ज़', अली सरदार जाफ़री की 'कौन दुश्मन है ?' और 'सुब्हे फ़रदा' हैं। ताशक़न्द-सन्धि की तरजुमानी सरदार जाफ़री की 'ताशक़न्द की शाम' और रिफ़अत सरोश की 'रूहे ताशक़न्द' करती हैं। एक नज़्म जगन्नाथ आज़ाद की 'अहबाबे पाकिस्तान के नाम' भी शामिल है जो उस दोस्ती की भावना की प्रतिनिधि है जिसके लिए हिन्दुस्तान और पाकिस्तान की जनता हमेशा बेचैन रही है।

पश्चिमी पाकिस्तान ने शुरू से ही पूर्वी पाकिस्तान के साथ जो भेदभाव बरता और जिस तरह वहां की जनता को दबाकर रखने की कोशिश की, वह एक खुला हुआ सत्य है। सन् 1958 ई. में जनरल अय्यूब ख़ां ने पाकिस्तान के डिक्टेटर की हैसियत प्राप्त की तो उनका रवैया भी बंगालियों के साथ भेदभाव का रहा। उनकी किताब 'Friends not Masters' का अध्ययन इसे स्पष्ट करता है। सन् 1962 ई. में मार्शल लॉ के उठ जाने और 'बुनियादी जम्हूरियत' के नाम पर अपनी स्कीम को लागू करने पर जो क़दम अय्यूब ख़ां की हुकूमत ने उठाए वह पश्चिमी पाकिस्तान के लिए कितने ही लाभदायक हों, पूर्वी पाकिस्तान उससे कुछ भी प्राप्त न कर सका। अय्यूब ख़ां के बाद याह्या ख़ां के शासनकाल में भी पूर्वी पाकिस्तान के साथ वही बर्ताव जारी रखा गया। लेकिन जब याह्या ख़ां ने पाकिस्तान में पहले आम चुनाव का निश्चय किया और उसके नतीजे में मुजीबुर्रहमान और उनकी अवामी लीग जीत गयी तो याह्या ख़ां को दुबारा 'ग़ौर' करना पड़ा। 25 मार्च, 1961 को बंगालियों को समाप्त कर देने की ठान ली गयी। बंगालियों के उलेमा, प्रोफ़ेसर, विद्यार्थी और जन-साधारण का ख़ून बहाया जाने लगा। यहां तक कि ईस्ट पाकिस्तान रेजीमेंट भी याह्या ख़ां के गुस्से से न बच सकी। यह आग इतनी भड़की कि लाखों की संख्या में बंगाली शरणार्थियों ने भारत में पनाह ली। भारत को मजबूरन इस जंग में हस्तक्षेप करना पड़ा। बंगलादेश की मदद हमारे देश ने अपने ऊंचे आदर्शों के आधार पर की। पाकिस्तानी फ़ौज के हथियार डालने के बाद हिन्दुस्तान ने 6 दिसम्बर, 1971 ई. को बंगलादेश गणतंत्र को स्वीकार कर लिया। बंगाल के कितने शाइर हैं जिनकी नज़्मों और गीतों में भारत दोस्ती और मेलजोल की भावना भरी हुई है। शम्सुर्रहमान, दाऊद हबीब, बेगम आतिफ़ा, जहांआरा, क़ारी लतीफ़ा हक़, ज़ैबुन्निसां जमाल, अस्मा अब्बासी और मेहरुन्निसा के नाम क़ाबिले ज़िक्र हैं। बेगम सोफ़िया कमाल ने क़ाज़ी नज़रुल इस्लाम के बारे में लिखा है कि 'आप वह हैं जिन्होंने हमें नया रास्ता दिखाया।' यह दरअसल इशारा है क़ाज़ी नज़रुल इस्लाम के उस गीत की तरफ़ जिसमें उन्होंने कहा है–

'हिन्दू और मुसलमान एक ही डाल के दो फूल हैं, एक ही मां की दो आंखें हैं।'

आज बंगलादेश एक यथार्थ है। बंगलादेश की जंगे-आज़ादी के मौक़े पर उर्दू शाइरों ने जो नज़्में कहीं, उनमें जां निसार अख़्तर की नज़्म 'फ़तह बंगला' और कैफ़ी आज़मी की 'बंगलादेश' विशेष महत्त्व रखती हैं। मैकश और ज़िया सरहदी की नज़्में भी इस सिलसिले में दी गयी हैं। इस समय जो समस्याएं भारत, पाकिस्तान और बंगलादेश के परस्पर सहयोग से हल होना ज़रूरी हैं और जिसके लिए पहला क़दम

'शिमला कान्फ्रेंस' के रूप में उठाया जा चुका है, यह एक शुभ लक्षण है। यूसुफ़ नाज़िम की नज़्म 'रौशनी' शिमला कान्फ्रेंस के मौक़े पर कही गयी है। जमील ताबां की 'शिमला समझौता' और न जाने कितनी नज़्में इस मोड़ पर उर्दू ज़बान में हमारे सामने आती हैं।

15 अगस्त, 1972 ई. हमारी आज़ादी की पच्चीसवीं सालगिरह लेकर आया। यह बक़ौल साग़र निज़ामी, 'ख़ुशी का साल भी है और सोच का लम्हा भी।' इस समारोह पर साग़र की नज़्म 'पच्चीसवीं सालगिरह', जां निसार अख़्तर की नज़्म 'जश्ने सीमीं पर', नुशूर वाहिदी की 'बहारे आज़ादी', शमीम किरहानी की 'दौलते सीमीं', फ़ज़ा इब्ने फ़ैज़ी की 'शजरे नूर', रिफ़अत सरोश की 'मंज़िल ब मंज़िल', वक़ार की 'जश्ने सीमीं' वह चन्द नज़्में हैं जो इस अध्याय में शामिल की गयी हैं।

हमारे मुल्क ने इन पच्चीस सालों में जो उन्नति की तरफ़ क़दम बढ़ाया है उसके विवरण का यह मौक़ा नहीं, फिर भी हम भविष्य पर नज़र जमाए हुए हैं और ऐसे शानदार भविष्य की ओर बढ़ने की प्रतिज्ञा किए हुए हैं जो हमारे राष्ट्र को आर्थिक दृष्टि से स्वावलम्बी बना दे। यह आर्थिक स्वतंत्रता किसी देश के लिए भी बड़ा महत्त्व रखती है। हमारी प्रधानमन्त्री श्रीमती इन्दिरा गांधी ने आज़ादी-ए-हिन्द की इस पच्चीसवीं सालगिरह पर अपने सन्देश में कहा था कि 'यदि हमें एक ऐसे नए सर्जक समाज की रचना करनी है जहां सबके लिए न्याय हो, सबके लिए समान अवसर हों, जहां हर शहरी को अपने व्यक्तित्व का विकास करने का अवसर प्राप्त हो, जहां सबके-सब मर्द और औरतें जम्हूरी तरीक़ों पर कारबन्द हों, जहां सबके-सब नागरिक अपने साथियों और इन्सानों के प्रति ज़िम्मेदारी की भावना रखते हों तो हमें इस लक्ष्य की प्राप्ति में आत्मविश्वास और साहस को अपना रफ़ीक़े सफ़र बनाना होगा।' समाजवाद के लिए, इस संघर्ष के लिए यक़ीनन हमारा देश तैयार हो चुका है। लेकिन हमें मार्ग की कठिनाइयों का सामना भी करना होगा। बहुत-से मसले हैं और हम समझते हैं कि इनमें सबसे अहम राष्ट्रीय एकता को बरक़रार रखना है जो हमारे इतिहास और संस्कृति की सबसे मूल्यवान धरोहर है। जां निसार अख़्तर की नज़्म 'हमारी तारीख़' इस विचार से एक महत्त्वपूर्ण नज़्म है क्योंकि यह हमारे इस आदर्श पर रौशनी डालती है। राष्ट्रीय एकता की समस्या एक तरह बुनियादी समस्या बन जाती है क्योंकि परस्पर एकता के बिना उन्नति की रफ़्तार तेज़ नहीं हो सकती। यदि हम अपने प्राचीन सांस्कृतिक इतिहास पर दृष्टि डालें तो हमें मालूम होगा कि महान भारतीय राष्ट्रीयता की शक्ति का रहस्य यह रहा है कि हिन्दुस्तान के सब लोग अपने मज़हब, नस्ल और ज़बान के फ़र्क़ के बावजूद एक ऐसे देशव्यापी समाज की रचना हमेशा से करते आये हैं जिसमें धार्मिक, जातीय और भाषा संबंधी

दायरे में सब आज़ाद रहे हैं और राष्ट्रीयता के बड़े दायरे में एक-दूसरे के पाबन्द। आज इसकी ज़रूरत है कि एक सन्तुलित और मैत्रीपूर्ण रवैया इख़्तियार किया जाए जिसमें सब सम्प्रदाय स्वयं को सुरक्षित समझें। कुछ राजनीतिक सम्प्रदायवादी व्यक्ति और संस्थाएं अपने सीमित उद्‌देश्य प्राप्त करने के लिए संगठित योजनाएं अपनाती रहती हैं और साम्प्रदायिकता के ज़हर को फैलाना चाहती हैं। हमें उनसे सावधान रहने की ज़रूरत है। रवीन्द्रनाथ टैगोर ने राष्ट्रीय अखंडता पर ज़ोर दिया था। उनका यह वाक्य कि 'जहां दुनिया तंग घरेलू दीवारों में बंटकर टुकड़े-टुकड़े न हो चुकी हो।' उनके आइडियल को स्पष्ट करता है। पंडित जवाहरलाल नेहरू ने खुले शब्दों में यह बात दोहराई थी–

> There is only one India of which all of us are
> inheritors. It belongs to all of us.

उर्दू शाइरी में इस क़ौमी वहदत और एकता की आवाज़ हमेशा बलन्द रही है और इस किताब 'हिन्दोस्तां हमारा' की पहली जिल्द के दीबाचे में हम इस विषय पर बहुत कुछ प्रकाश डाल चुके हैं।

गांधीजी ने एक जगह कहा था कि 'भारत के सब धर्मों और जातियों के लोगों को एक ही झंडे के नीचे लाकर जमा कर दो और उनमें एकता की भावना इस तीव्रता से पैदा कर दो कि उनके दिमाग़ों से साम्प्रदायिकता और तंगनज़री का नामोनिशान तक मिट जाए।' उर्दू शाइरी का भंडार खोलकर देखें तो ऐसा महसूस होता है मानो वह महात्मा गांधी के इस उपदेश पर सदियों से अमल करती आ रही है।

इस जगह भी हमने कुछ ऐसी नज़्में दी हैं जो उस शाइरी की इस प्रवृत्ति को स्पष्ट करती हैं। शमीम किरहानी की 'नदी की आवाज़', रिफ़अत सरोश की 'उरूसे यकजिहती', सरदार जाफ़री की 'नफ़रतों की सपर', कैफ़ी आज़मी की 'बहुरूपिनी' जो साम्प्रदायिकता के विरुद्ध एक एहतिजाज है, और असरार अकबराबादी की नज़्म 'दिल के अन्दर जो रावण है' जो दो दिलों और दो रूहों को मिलाने की दीक्षा देती है, इस भाग में शामिल हैं–

> अन्दर का संसार सजाकर बाहर का संसार सजाओ

इसके बाद कुछ नज़्में ऐसी भी दी गयी हैं जो हमारे भविष्य के इरादों की तरफ़ इशारा करती हैं और हमारे दिलों को शक्ति देती हैं। ख़ुर्शीद अहमद जामनी, हुर्मतुल इकराम, शमीम किरहानी, नाज़िश प्रतापगढ़ी, ख़लीलुर्रहमान आज़मी की नज़्में इसी विषय पर हैं।

अन्त में 'हमारे क़ौमी रहनुमा' शीर्षक से एक परिशिष्ट शामिल है जिसमें उन

तमाम महत्त्वपूर्ण व्यक्तित्वों पर उर्दू शाइरों की नज़्में हैं जो हिन्दुस्तान की तक़दीर के बनानेवाले रहे हैं। सुल्तान टीपू, बहादुरशाह ज़फ़र, महारानी लक्ष्मीबाई, मिसेज़ बेसेंट, बाल गंगाधर तिलक, गोपालकृष्ण गोखले, शहीद भगतसिंह, जीतेन्द्रदास, सी.आर. दास, लाला लाजपत राय, मौलाना मुहम्मद अली, मोतीलाल नेहरू, डॉक्टर अंसारी, सुभाषचन्द्र बोस, महात्मा गांधी, एम.एन. राय, सरोजिनी नायडू, रफ़ी अहमद क़िदवई, मौलाना अबुल कलाम आज़ाद, पंडित जवाहरलाल नेहरू, लालबहादुर शास्त्री और डॉक्टर ज़ाकिर हुसैन सभी को उर्दू शाइरी ने श्रद्धा के फूल पेश किए हैं और उनकी यादों को अपने सीने में सुरक्षित कर रखा है।

इस किताब को पेश करते हुए हम इसकी कमियां और त्रुटियां अनुभव करते हैं। फिर भी यह उस वतनी शाइरी की एक झलक ज़रूर है जो उर्दू ज़बान में की गयी। इस संकलन में अनेक महत्त्वपूर्ण नज़्में शामिल होने से रह गयी होंगी जिसके लिए हम अपने सीमित साधनों से मजबूर थे। कई ऐसे शाइरों का कलाम भी शामिल न हो सका जिनके प्रकाशित संग्रह उपलब्ध न हुए। मिसाल के तौर पर नियाज़ हैदर का नाम लिया जा सकता है, जिसका हमें अफ़सोस है। इस किताब के लिए सामग्री एकत्रित करने में जिन सज्जनों ने हमारी मदद की है, ख़ासतौर पर डॉक्टर अब्दुल सत्तार दलवी के हम विशेष रूप से आभारी हैं।

9 जनवरी 1973

–जां निसार अख़्तर

पहला अध्याय

सन् 1857 से पहले

वीरानिए-आलम

शाह ज़हूरुद्दीन 'हातिम'

क्या बयां कीजिए नैरंगिए - औज़ाए - जहां[1]
कि बयक चश्म ज़दन[2] हो गया आलम वीरां

जिन के हाथी थे सवारी को स्यो अब नंगे पांव
फिरे हैं जूते को मुहताज पड़े सरगदां[3]

नेमतें जिन को मुयस्सर[4] थीं हमेशा हर वक़्त
रोज़ फिरते हैं यहां क़ूत[5] को अपने हैरां

जिन के पोशाक से मामूर[6] थे तोशाख़ाने[7]
सो वह पैवन्द को फिरते हैं तरसते उरियां[8]

पर्चःए - नान[9] को रख हाथ में खाते हैं अमीर
जिसको देखूं हूं सो है फ़िक्र में ग़ल्तां पेचां[10]

ख़्वाने-अल्वान[11] कहां और वह कहां दस्तरख़्वां
यानी चे मीरो-चे मिर्ज़ा-ओ-चे नवाब, चे ख़ां

पूछता कोई नहीं हाल किसी का इस वक़्त
है अदम[12] दहर की आंखों से मुरव्वत का निशां

कान धर बात किसू की नहीं सुनता कोई
आंख से आंख मिलाना तो यहां क्या इम्कां

---

1. दुनियावालों के व्यवहार की परिवर्तनशीलता, 2. पलक झपकते ही, 3. व्याकुल, परेशान, 4. प्राप्त, 5. आहार, 6. भरे हुए, 7. गोदाम, 8. नंगे, 9. रोटी का टुकड़ा, 10. डूबा हुआ, 11. विभिन्न प्रकार के खानों की थालियां, 12. अनुपलब्ध।

वे जो बेकार हैं उनका तो ख़ुदा हाफ़िज़ है
वे नहीं नाम को नौकर उन्हें तनख़्वाह कहां

क्या ज़माने की हवा हो गयी सुब्हान अल्लाह
ज़िन्दगानी हुई हर एक की अब दुश्मने - जां

ज़न-ओ-बच्चों[1] से छुपा खाते हैं टुकड़े के तईं
ग़ज़ब आये जो कोई जाए किसी के मेहमां

वे जो ठंडे को तरसते थे सो इस दौर में आज
हुए हैं साहिबे - मालो - महलो - फ़ीलो - निशां[2]

रुत्बा शेरों का हुआ हैगा शग़ालों[3] को नसीब
जाए - बुलबुल हैं चमन बीच ग़ज़लख़्वां ज़ाग़ां[4]

अय ख़ुदा ! ख़ूब कहा है यह किसू ने मिसरा
'यानी नेमत बसगां बख़्शी - ओ - दौलत बख़रां'[5]

शहर-आशोब[6]

शाह ज़हूरुद्दीन 'हातिम'

तू खोल चश्मे-दिल[7] और देख क़ुदरते-हक़[8] यार
कि जिन्ने अर्ज़ो-समा[9] और किया है लैलो नहार[10]
न खो तू उम्र को ग़फ़लत में टुक तू हो हुशियार
कि दौर बारह सदी का है सख़्त कज रफ़्तार[11]
जहां के बाग़ में यकसां है अब बहारो-ख़िज़ां[12]

---

1. औरत और बच्चे, 2. माल, महल, हाथी और निशानवाले, 3. सियार, 4. कौवे, 5. कुत्तों के लिए नेमत और गधों को दौलत बख़्शी जाती है, 6. छन्द का प्रकार, 7. दिल की आंखें, 8. ख़ुदा की क़ुदरत, 9. धरती और आकाश, 10. रात-दिन, 11. टेढ़ी चालवाला, 12. वसन्त और पतझड़।

शहों के बीच, अदालत की कुछ निशानी नहीं
अमीरों बीच, सिपाही की क़द्रदानी नहीं
बुज़ुर्गों बीच कहीं, कोई मेहरबानी नहीं
तवाज़ो[1] खाने की चाहो कहीं, तो पानी नहीं
गोया जहां से जाता रहा सख़ावतो-प्यार[2]

यहां के क़ाज़ी-ओ-मुफ़्ती[3] हुए हैं रिश्वतख़ोर
यहां के देख लो सब, अहले-कार[4] हैंगे चोर
यहां करम से नहीं देखते हैं और की ओर
यहां सभों ने भुलाई है दिल से मौत और गोर
यहां नहीं है मदारा[5], बग़ैर दारोमदार

अमीरज़ादे हैं हैरान अपने हाल के बीच
थे आफ़्ताब[6] पर, अब आ गए ज़वाल[7] के बीच
फिरे हैं चर्ख़ी से हर दिन, तलाशे-माल के बीच
वही घमंडे-इमारत है, हर ख़याल के बीच
ख़ुदा जो चाहे तो फिर हो, पर अब तो है दुश्वार

रज़ाले[8] आज नशे बीच ज़र के माते हैं
पहन लिबासे-ज़री[9], सबको सज दिखाते हैं
मिस्सी पे पान को खा सुर्ख़रू[10] कहाते हैं
कभू सितार, कभी ढोलकी बजाते हैं
ग़ुरूरो-ग़फ़्लतो-जोबन के मध में हैं सरशार[11]

---

1. स्वागत, अतिथि-सत्कार, 2. उदारता और मुहब्बत, 3. धर्मगुरु, 4. कर्मचारी, 5. गुज़ारा, 6. सूर्य, 7. पतन, 8. नीच, 9. स्वर्णवस्त्र, 10. कामयाब, 11. डूबे हुए।

शिकायते-ज़माना

अशरफ़अली ख़ां 'फ़ुग़ां'

क्योंकर कटेंगे यारब, यह बेशुमार फ़ाक़ा
मुझको तो दूसरा है, नफ़रों[1] को चार फ़ाक़ा

शाहो-गदा[2] की हालत यकसां है मीर साहब
तनख़्वाहदार भूके, रोज़ीनादार फ़ाक़ा

मुर्ग़े-चमन को अब तो मिलता नहीं दरे-गुल[3]
बुलबुल ने इस चमन में, काटे हज़ार फ़ाक़ा

बन्दे सभी ख़ुदा के कहते फिरे हैं अलजूअ[4]
आगे फ़ुग़ां[5] कहूं क्या, सारा दयार[6] फ़ाक़ा

आईने-दावरी [7]

मिर्ज़ा मुहम्मद रफ़ी 'सौदा'

किसी गदा ने सुना है यह एक शह से कहा
करूं मैं अर्ज़ गर इसको न सरसरी[8] जाने

उमूरे-मुल्की[9] में अव्वल है शह को यह लाज़िम
गदा नवाज़ी[10]-ओ-दरवेश पर्वरी[11] जाने

मक़ामे-अदल[12] पे जिस दम सरीर आरा[13] हो
हर एक ख़ुर्दो-कलां[14] में बराबरी जाने

---

1. व्यक्ति, 2. राजा और रंक, 3. फूल का दरवाज़ा, 4. भूख-भूख, 5. हाहाकार, 6. घर, 7. विधि का विधान, 8. साधारण, 9. राजकाज, 10. दरिद्र की सेवा, 11. फ़क़ीरों की परवरिश, 12. न्याय-स्थल, 13. विराजमान, 14. छोटे-बड़े।

वही हो राए मुबारक में उसके गोश नशीं[1]
कि जिसमें आमःए-ख़िल्क़त[2] की बेहतरी जाने

मुलाज़िमों से यह लावे उसी को बरसरे-कार[3]
कि जिससे कारे-ख़लाइक़[4] की बेहतरी जाने

चमन में मुल्को-रैयत[5] है गुल उन्हूं के लिए
बिसाने-अब्रे-सियह[6] साया गुस्तरी[7] जाने

हमेशा जूदो-करम[8] में समझ हर एक की क़द्र
मसावी अज़ उमरा ता ब लश्करी[9] जाने

बजा जो तरह सिपाही हो उसके समझे मर्द
न यह कि मरने को बेजा सिपहगरी[10] जाने

जो शख़्स नाइब दावर[11] कहाये आलम में
यह क्या सितम है न आईने-दावरी जाने

सिवाए इन सुख़नों[12] के नो ताजे ज़र्रीं को
ख़याल अपने में सर धर के सरवरी[13] जाने

यह फ़ख़्रे-ताज[14] तो यूं निज़्दे-फ़हम[15] है जिस तरह
ख़ुरूस[16] अपने को सुल्ताने-ख़ावरी[17] जाने

ग़रज़ यह वह ग़ज़ले क़तअबन्द[18] है सौदा
कि इसकी क़द्र कोई क्या जुज़ अनवरी[19] जाने

---

1. कान पर डालना, 2. जनसाधारण, 3. काम में लगा हुआ, 4. जनता के काम, 5. देश और जनता, 6. काले बादल की तरह, 7. छांव करना, 8. उदारता, 9. अमीरों से सिपाही तक, 10. सिपाही की कला, 11. ख़ुदा का प्रतिनिधि, 12. उपदेश, 13. बादशाहत, 14. ताज का गर्व, 15. मेरी अक़्ल के अनुसार, 16. मुर्ग़ा, 17. पूर्व का बादशाह, 18. कविताबद्ध, 19. अनवरी (ईरानी शहर) के सिवा।

वीरानिए-शाहजहानाबाद

मिर्ज़ा मुहम्मद रफ़ी 'सौदा'

सुख़न[1] जो शहर की वीरानी से करूं आग़ाज़[2]
तो इसको सुन के करें होश, चुग़द[3] के परवाज़
नहीं वह घर, न हो जिसमें, शग़ाल[4] की आवाज़
कोई जो शाम को, मस्जिद में जाए बहरे-नमाज़
तो वां चराग़ नहीं है, बजुज़ चराग़े - ग़ोल[5]

किसी के यां न रहा, आसिया[6] से ताब अजाग़[7]
हज़ार घर में कहीं एक घर, जले है चराग़
सो क्या चराग़, वह घर है घरों के ग़म से दाग़
और इन मकानों में हर सम्त रेंगते हैं अलाग़[8]
जहां बहार में सुनते थे बैठकर हिंडोल

यह बाग़ खा गयी किस की नज़र, नहीं मालूम
न जाने किन ने रखा यहां क़दम, वह कौन था सूम[9]
जहां थे सर्वो-सनोबर, है उस जगह में ज़क़ूम[10]
मचे है ज़ाग़ो-ज़ग़न[11] से अब उस चमन में धूम
गुलों के साथ जहां बुलबुलें करें थीं किलोल

रखें थे सैर यह पनघट के गिर्द के देहात
कि लब जहां की थे पन्हारियों के आबे-हयात
और इन दरख़्तों की वे छाएं, वे घने-घने पात
न वे दरख़्त हैं अब वहां, न आदमी की ज़ात
कुओं में मुर्दे पड़े हैं, न रेसमां[12] है न डोल

---

1. बातचीत, कलाम, 2. प्रारंभ, 3. उल्लू, 4. सियार, 5. भूत-प्रेतों का चिराग़, 6. चक्की, 7. चूल्हा, 8. गधा, 9. मनहूस, अभागा, 10. विषैला दरख़्त, 11. चील-कौवे, 12. रस्सी।

जहानाबाद तू कब इस सितम के क़ाबिल था
मगर कभू किसी आशिक़ का, यह नगर दिल था
कि यूं मिटा दिया गोया कि नक़्शे-बातिल[1] था
अजब तरह का यह, बहरे-जहां में साहिल था
कि जिसकी ख़ाक से लेती थी ख़ल्क़[2] मोती रोल

दिया भी वहां नहीं रौशन थे, थे जिस जगह फ़ानूस
पड़े हैं खंडरों में, आईनाख़ानों के मानूस[3]
करोड़ दिल पुर अज़ उम्मीद, हो गया मायूस
घरों से यूं नुजबा[4] के निकल गयी नामूस[5]
मिली न डोली उन्हें, थे जो साहबे चंडोल

नजीबज़ादियों का इन दिनों है यह मामूल[6]
वह बुर्क़ा सर पे कि जिसका, क़दम तलक है तूल
है एक गोद में लड़का, गुलाब का-सा फूल
और उनके हुस्ने-तलब का, हर एक से यह उसूल
कि ख़ाके-पाक की तस्बीह है जो लीजिए मोल

अगर मुहिब हुआ मुस्तमअ[7] तो सुन यह नाम
दिया कुछ उसने बमक़दूर[8], करके नज़्रे-इमाम[9]
पड़ा जो शामते-ताले से ख़ारजी से काम
दरोग़ दर अस्त का लाया, वह दरमियां में कलाम
यह आगे और चलीं, कह के ज़ेरे-लब[10] लाहौल

ग़रज़ मैं क्या कहूं यारो, कि देखकर यह क़हर[11]
करोड़ मर्तबा ख़ातिर[12] में गुज़रे है यूं लहर
जो टुक ही अम्ने-दिल[13] अपने को, देवे गर्दिशे-दहर[14]
कि बैठकर कहीं पे रोइए, कि मर्दुमे-शहर[15]
घरों से पानी को बाहर करें झकोल झकोल

---

1. झूठ का निशान, 2. जनसाधारण, 3. परिचित, 4. शरीफ़ लोग, 5. इज़्ज़त, 6. नियम, 7. सुनने को तैयार, 8. भाग्यवश, 9. इमाम की भेंट, 10. होंठों ही होंठों में, 11. विपत्ति, 12. दिल, 13. दिल की शान्ति, 14. दुनिया का चक्कर, 15. शहर के मर्द।

बस अब ख़ामोश हो सौदा, कि आगे ताब[1] नहीं
वह दिल नहीं कि अब इस ग़म से जो कबाब नहीं
किसी की चश्म न होगी कि वह, पुर आब[2] नहीं
सिवाए इसके तिरी बात का जवाब नहीं
कि यह ज़माना है बेतरह का, ज़्यादा न बोल

(इक़्तिबास)

शहर-आशोब

मीर तक़ी 'मीर'

मुश्किल अपनी हुई जो बूदो-बाश[3]
आये लश्कर[4] में हम बराए - तलाश[5]
आन के देखी यां की तुर्फ़ा मआश[6]
है लबे-नान पे सौ जगह ख़राश
न दमे - आब है न चमचः-ए-आश[7]

मरने के मर्तबे में हैं अहबाब[8]
जो शनासा मिला सो बेअस्बाब
तंगदस्ती से सब बहाले - ख़राब
जिस के है बाल तो नहीं है तनाब[9]
जिस के है फ़र्श तो नहीं है फ़र्राश[10]

ज़िन्दगानी हुई है सब पे वबाल[11]
कुंजड़ से झींके हैं रोते हैं बक़ाल[12]
पूछ मत कुछ सिपाहियों का हाल
एक तलवार नीचे है इक ढाल
बादशाहो - वज़ीर सब क़ल्लाश[13]

1. शक्ति, 2. अश्रुभरी, 3. रहन-सहन, 4. सेना, फ़ौज, 5. खोज के लिए, 6. रहन-सहन का विचित्र ढंग, 7. चमचाभर दलिया, 8. यार-दोस्त, 9. तम्बू की डोरी, 10. फ़र्श बिछानेवाले, 11. बोझ, 12. बनिये, 13. निर्धन।

पैसे वाले जो थे हुए हैं फ़क़ीर
तन से ज़ाहिर रगें हैं जैसी लकीर
हैं मुअज़्ज़ब[1] ग़रज़ सग़ीरो-कबीर[2]
मक्खियां-सी गिरें हज़ारों फ़क़ीर
देखें टुकड़ा अगर बराबर माश

शोर मुत्लक़[3] नहीं किसू सर में
ज़ोर बाक़ी नहीं अस्पो-अश्तर[4] में
भूक का ज़िक्र अक़्लो-अक्सर[5] में
ख़ानाजंगी से अम्न लश्कर में
न कोई रिन्द है न कोई औबाश[6]

जितने हैं यां अमीर बेदस्तूर[7]
फिर यह हुस्ने सुलूक सब मश्हूर
पहुंचना उन तलक बहुत है दूर
बात कहने का वां किसे मक़दूर
हासिल उनसे न दिल को ग़ैर ख़राश

यारों के जूद[8] का बयां क्या है
वहम में उनके भी जहां क्या है
आशकार[9] है सब निहां क्या है
देखते हैं कहीं कि यां क्या है
ऐसी सुहबत में हम न होते काश[10]

बस क़लम अब ज़बां को अपनी संभाल
ख़ुशनुमा कब है ऐसी क़ालो-मुक़ाल[11]
है कुढब चर्ख़े-रू सियह[12] की चाल
मसलिहत है कि रहिए होकर लाल
फ़ायदा क्या जो राज़ करिए फ़ाश

(इक़्तिबास)

---

1. अज़ाब में फंसे हुए, 2. छोटे-बड़े, 3. बिल्कुल, 4. घोड़े और ऊंट, 5. कम और ज़्यादा लोगों में, 6. आवारा, 7. बेक़ायदा, 8. उदारता, 9. प्रकट, 10. क्या ही अच्छा होता, 11. बातचीत, 12. काला आकाश।

शहर-आशोब

शाह कमालुद्दीन 'कमाल'

ज़िबस्के[1] है फ़लके-दूं परस्त[2], नाहंजार[3]
रहे है नित नजीबाओं[4] के दर प आज़ार[5]
हर एक शख़्स है हाथों से उसके ज़ारो-नज़ार[6]
अजब तरह से गुज़रता है आह, लैलो-नहार[7]
न चैन जी को किसी के, न एक जा है क़रार

जो शख़्स अहले-कमाल[8] और हैंगे अहले-हुनर[9]
वह फ़िक्रे-क़ूत[10] में इतना हैं शशदरो-मुज़्तर[11]
कि तन को जां की, न जां को है तन की ख़बर
फिराता हर कसो-नाकस[12] के उनको है दर दर
वज़ीरो-शाह[13] से मिलना था जिनको नंगो-आर[14]

बसद तलाश[15] मुयस्सर[16] जो आये भी है तुआम[17]
क़लील[18] इतना कि सूझे है मौत का अंजाम
तो एक जा पे ज़नो-मर्द[19] जमा होके तमाम
वह खाते उसको हैं यूं आह, यूं बमाहे-सियाम[20]
करे हैं शाम को रोज़े को, रोज़ादार अफ़्तार[21]

वो ही यह शहर है और वो ही है यह हिन्दोस्तान
कि जिसको रश्के-जिनां[22] जानते हैं सब इंसान
फ़िरंगियों की सो कसरत[23] से, होके सब वीरान
नज़र पड़े है बस अब सूरते-फ़िरंगिस्तान[24]
नहीं सवार रहे यहां सिवाए तुर्क सवार

---

1. चूंकि, 2. कमीनों का साथी, 3. बदज़ात, कमीना, 4. शरीफ़ लोग, 5. सताने पर तैयार, 6. परेशान, कमज़ोर, 7. दिन-रात, 8. कलाकार, 9. गुणी, 10. रोटी की चिन्ता, 11. हैरान और बेचैन, 12. दुर्बल और शक्तिशाली, 13. राजा और मन्त्री, 14. शर्म की बात, 15. सैकड़ों तलाश के बाद, 16. प्राप्त, 17. भोजन, 18. कम, 19. स्त्री-पुरुष, 20. रोज़ों का महीना, रमज़ान, 21. रोज़ा खोलना, 22. जन्नत को शरमानेवाला, 23. अधिकता, 24. इंग्लैंड की तरह।

जहां कि नौबतो-शहनाई, झांझ की थी सदा
फ़िरंगियों का है इस जा[1] पे अब टमटम बजता
इसी से समझो, रहा सल्तनत का क्या रुत्बा
हो जबकि महलसराओं[2] में गोरों का पहरा
न शाह है न वज़ीर, अब फ़िरंगी हैं मुख़्तार[3]

सिपाहो - मुल्क,[4] रैयत[5] से है न आगाही[6]
वज़ीर हैं, पे न समझें मरातिबे - शाही[7]
जो ख़र्च देखिए, सो ख़र्च है वह सब वाही
चले जो आगे तो क्या मरातिबो - माही[8]
कि दाम में है गिरफ़्तार ख़ुद यह माहीदार[9]

सिपाहियों ने जो दे सूद, फ़ी रुपए आना
किया है हर्ब[10] जो रख रख के खाना और दाना
हर एक बनिये का यां के जो देखो काशाना[11]
तो यूं नज़र पड़े है, कि जैसे हो अस्लिहाख़ाना[12]
हर एक तरह के हथियार का है इक अम्बार

वह बीबियां, जो हैं अशराफ़ज़ादियां[13] हैहात
कि जिनकी इफ़्फ़तो-इस्मत[14] की हो सके न सिफ़ात[15]
दरों पे उनके क़र्ज़ख़्वाह बनिए आ दिन-रात
तलब में ज़र[16] की सुना जाते, लाखों हैं सल्वात[17]
कि तू का कहना था शौहर का जिनको तेग़ का वार

करे हैं बनिये की दो-चार दिन यह जब मिन्नत
तब एक दिन करे है, जिंस देने की हिम्मत
सो इतनी जिससे न हो दफ़अ[18] भूक की शिद्दत[19]
न पहुंचे आक़ा से हर्गिज़ ग़ुलाम की नौबत
जो बीबी खाए तो बांदी रहे है मुंह को पसार

---

1. जगह, 2. अन्तःपुर, रनिवास, 3. मालिक, 4. फ़ौज और देश, 5. प्रजा, 6. जानकारी, 7. बादशाह का रुत्बा, 8. बादशाहों के जुलूस के निशान, 9. इज़्ज़त वाले, 10. युद्ध, 11. घर, 12. हथियारों का गोदाम, 13. शरीफ़ ख़ानदान की लड़कियां, 14. सतीत्व, 15. तारीफ़, 16. सोना, 17. गालियां, 18. दूर, 19. तीव्रता।

वकील बख़्शी से कहता है जब सिपाह का हाल
कि अब तो दीजिए तनख़्वाह, यह है तीसरा साल
सवार, पियादों की फ़ाक़ों से ज़िन्दगी है वबाल[1]
तो बख़्शी देता है कहकर बस इसको, अच्छा टाल
हैं अहलकार, सो ऐसे हैं वह ख़ुदाईख़्वार[2]

जो इस ज़माने में हैं अमीर इब्ने - अमीर[3]
सो वह तलाशे-मईशत[4] में हो गए हैं फ़क़ीर
कुछ इस क़दर हुई हालत है उनकी यहां तग़ईर[5]
नहीं है सोने को घर में, अब एक कुहना हसीर[6]
कि जिनको मसनदे-दीबा[7] पे ख़्वाब था दुश्वार

जो जानशीं[8] था हुआ बादे आसिफ़ुद्दौला
कि ख़ुश थे जिस पे सब, अदना[9] से ता आला[10]
नमक हरामों का होवे ख़ुदा करे कि बुरा
दिया था क़ैद में ज़ालिम की उसको, आह फंसा
निकल गया पे वह मर्दानगी से बस एक बार

वह यानी सफ़्ह-ए-आलम[11] पे जिसका हैगा नाम
लिखा वज़ीरअली ख़ां बहादुर उसका नाम
रहा तो चन्दे, पे कुछ कर गया ऐसा काम
कि यादगार रहेगा वह, ता ब रोज़े क़याम[12]
नहीं तजल्ली[13] को हक़ की ही शेख़ है, कुछ तकरार

हुआ था बैठने से उसके जितना ख़ुश आलम[14]
हुआ है उठने का उसके अब आह इतना ग़म
उसी का रहता है बस, बाग़े - दहर[15] में मातम[16]
कि यक ब यक यह किया है क्या फ़लक[17] ने सितम[18]
कि मुज़्महिल[19] हो वह गुल, जो हो रौनक़े-गुलज़ार[20]

---

1. विपत्ति, दैवी कष्ट, 2. अपमानित, 3. धनवानों के पुत्र, 4. आजीविका की खोज, 5. बदली हुई, 6. पुरानी चटाई, 7. मख़मल की सेज, 8. उत्तराधिकारी, 9. ग़रीब, 10. श्रेष्ठ, 11. संसार-भर में, 12. आख़िर दिन तक, क़यामत तक, 13. प्रकाश, 14. संसार, 15. दुनिया का बाग़, 16. शोक, 17. आकाश, 18. अत्याचार, 19. उदास, 20. उपवन की शोभा।

'कमाल' अपनी तो बस आरज़ू है मुदाम[1]
कि चैन से रहे आलम, ब किशवरे - आराम[2]
यही है विर्दे - ज़बां[3] अपनी, सुब्ह से ता शाम
कि होवे मसनदे-सरवत[4] पे अब उसी का क़याम
जो हो करीम ब इम्दादे - हैदरे - कर्रार[5]

(इक़्तिबास)

शहर-आशोब

ग़ुलाम हमदानी 'मुस्हफ़ी'

कहती है उसे ख़ल्क़े - जहां[6] सब शहे - आलम
शाही जो कुछ उसकी है सो आलम पे अयां है

अतराफ़[7] में दिल्ली के यह लठमारों का है शोर
जो आये है बाहर से वह बशिकस्ता[8] दहां है

और पड़ते हैं रातों को जो नित शहर में डाके
बाशिन्दा जो वां का है बफ़रियादो-फ़ुग़ां[9] है

बेदाद[10] से नाइब की यह है अहवाल[11] वहां का
हर रोज़ नया क़ाफ़ला पूरब को रवां है

---

1. सतत, सदा, 2. आराम की दुनिया में, 3. ज़बान का जाप, 4. राजसिंहासन, 5. हज़रतअली की मदद से, 6. संसार के जनसाधारण, 7. आसपास, 8. पराजित मुख, 9. फ़रियाद करता हुआ, 10. ज़ुल्म, अत्याचार, 11. हाल।

* बन्द नम्बर 58, 59, 60 और 61 में वज़ीरअली ख़ां की तारीफ़ की गयी है अगर्चे ख़वास इससे नालां थे मगर वह अपनी शुजाअत और सख़ावत की वजह से सिपाह और अवाम में बहुत मक़बूल था और लोगों को उसकी बेदख़ली का बहुत दुख हुआ था। कई शाइरों ने उसकी माज़ूली की तारीख़ों में उन लोगों की सख़्त मज़म्मत की थी जो इस सूरते-हाल के ज़िम्मेदार थे। मसलन तफ़ज़्ज़ुल हुसैन ख़ां, हसन रज़ा ख़ां, महाराजा टकैट राय, अल्मासअली ख़ां, और बहू बेगम यानी आसिफ़ुद्दौला की वाल्दा। तारीख़े-अवध : जिल्द दोम, सफ़्हा 375।

दो चार तलंगे जो खड़े रहते हैं उनसे
बस क़िले के नीचे ही टुक टुक अम्नो-अमां[1] है

आता है नज़र जूं दिले - उश्शाक़[2] शिकस्ता
इस शहर में जो क़स्रे - फ़लां[3] इब्ने - फ़लां[4] है

रोता हुआ गुज़रे है जो कोई अब्र का टुकड़ा
अहवाले - ग़रीबां ही पे वह अश्कफ़शां है

इस शहर के बाशिन्दों से जाकर कोई पूछे
जुज़ ख़ूने-जिगर कुछ भी ग़िज़ाए-दिलो-जां[5] है

मिलता है बसद रंज उन्हें रिज़्क़[6] कमोबेश
और चाहें फ़राग़त, सो फ़राग़त तो कहां है

अहवाले - सलातीन[7] की लिखूं क्या मैं ख़राबी
यानी कि महे - ईद[8] अब उनको लबे - नां है

फ़ाक़ों की ज़िबस[9] मार है बेचारों के ऊपर
जो माह कि आता है वह माहे - रमज़ां है

गल जाए ज़बां मेरी करूं हज्व[10] गर उनकी
यह तंग मआशी[11] का सलातीं की बयां है

अब मुस्हफ़ी इसका करूं मज़कूर[12] कहां तक
है साफ़ तो यह गुलशने-देहली में ख़िज़ां है

(इक़्तिबास)

1. शान्ति, 2. प्रेमियों का दिल, 3. अमुक महल, 4. अमुक बेटा, 5. दिल और जान का आहार, 6. भोजन, अन्न, 7. सुल्तानों का हाल, 8. ईद का चांद, 9. बस कि, 10. अपमान, 11. दरिद्रता, 12. ज़िक्र।

दर-बयाने-इंक़िलाबे-ज़माना

शेख़ ग़ुलाम अली 'रासिख़'

अब इस बाग़ का कुछ अजब[1] रंग है
क़फ़स[2] से भी तारीक[3] है, तंग है

अजब तरह की कुछ चली है हवा
नहीं है किसू का कोई आशना[4]

हसद[5] बुग़्ज़ है, कीना है या निफ़ाक़[6]
कि वह दोस्ती है न वह इत्तिफ़ाक़[7]

कोई इस चमन में तवंगर[8] नहीं
कोई ग़ुंचा सां, साहबे - ज़र[9] नहीं

हर इक तंगदस्ती का है पायमाल[10]
सभी अपने - अपने गिरफ़्तारे–हाल

हुए बादशाह और वज़ीर अब फ़क़ीर
नहीं मिलती भीक उनको, थे जो अमीर

जो क़स्र[11] और ऐवान[12] से थे बहरावर
है अब ख़ानः-ए-अनकबूत[13] उनका घर

थी मतबख़[14] पे जिनके हर इक की नज़र
खिलाते थे भूकों को हल्वाए - तर[15]

---

1. विचित्र, 2. पिंजरा, 3. अंधेरा, 4. परिचित, 5. ईर्ष्या, 6. फूट, 7. मेलजोल, 8. धनवान, 9. मालदार, 10. नष्ट, मारा हुआ, 11. महल, 12. प्रासाद, 13. मकड़ी का जाला, 14. भोजनालय, 15. तर माल।

सो यूं बेज़री[1] से हुए हैं तबाह[2]
कि वे साइले - नाने - ख़ुश्क[3] अब हैं वाह

जो उरियानों[4] को बख़्शते थे रिदा[5]
है उरियानी[6] अब उनके तन की क़बा[7]

मुअत्तल[8] है हर कोई बेकार है
फ़क़त मुफ़्लिसी[9] बर सरे कार[10] है

गदाई[11] का कासा लिए दर ब दर
हैं आवारा अरबाबे - फ़ज़लो - हुनर[12]

मशायख़[13] जो ज़ी इज़्ज़ो - ताज़ीम[14] हैं
दिल उनके भी सदमा कशे बीम[15] हैं

गए सारे दरूदो - वज़ाइफ़[16] को भूल
किया ऐसा फ़िक्रे - शिकम[17] ने मलूल[18]

लबों पर उन्हूं के अगर कीजे ग़ौर
बजुज़ नानो - हल्वा[19] नहीं ज़िक्र और

जो हैं शाइरे - कामिले - नामदार[20]
है उनका वले वक्र[21] और इक़्तिदार[22]

क़नाअत[23] में उनकी न आया ख़लल
नज़र में किसू की नहीं मुब्तज़ल[24]

---

1. निर्धनता, 2. बरबाद, 3. सूखी रोटी के भिखारी, 4. नंगों को, 5. चादर, 6. नग्नता, 7. पोशाक, वस्त्र, 8. आलसी, 9. दरिद्रता, 10. काम में लगा हुआ, 11. फ़क़ीरी, 12. कलाकार, 13. दर्शक, 14. इज़्ज़त के योग्य, 15. भयभीत, डरे हुए, 16. दरूद और वज़ीफ़े, 17. पेट की चिन्ता, 18. दुखी, 19. रोटी और हलवा, 20. नामवर शहर, 21. गुरुत्व, 22. शासन, 23. सन्तोष, 24. नीच।

उन्हें गैरते - शाइरी है ज़िबस[1]
नहीं है दराज़ उनका दस्ते - हवस[2]

है अब तक यह ज़ुमरा दुरे - बेबहा[3]
पर इनका शनासा न कोई रहा

हुए कामिल इस फ़न में जो दोस्तां
यह है वक़्रो - इज़्ज़त[4] का उनके बयां

न वे जिन पे है तुहमते - शाइरी[5]
कहां दे कहां दौलते - शाइरी

गदा तबअ,[6] दूं हिम्मतो - नासज़ा[7]
हरीसो - शिकम बन्दा-ओ - बेहया[8]

नहीं शाइरी का उन्हें रंग ढंग
कि हैं शाइरों की मजालिस के नंग[9]

हैं अकसर यही दरमियां आजकल
कोई फ़िरक़ा[10] इतना नहीं मुब्तज़ल[11]

वकालत का बाज़ार भी सर्द है
वकील अब जो है वह बड़ा मर्द है

वह पेशा था आगे बहुत ख़ुशनुमा
वकीलों की क्या बंध रही थी हवा

कहां अब वकालत हो रौनक़ पज़ीर
मुवक्किल ही सब हो गए हैं फ़क़ीर

---

1. बस कि, 2. लोलुपता का हाथ, 3. अनमोल मोती जैसे लोगों का समूह, 4. सम्मान, 5. शाइरी का इल्ज़ाम, 6. भिखारी के स्वभाव का, 7. कायर और दुष्ट, 8. लोभी, पेट का गुलाम और निर्लज्ज, 9. इज़्ज़त, 10. सम्प्रदाय, 11. नीच।

तबाबत[1] में भी कुछ नहीं अब हुसूल[2]
अतिब्बा[3] हैं इस अहद में सब मलूल[4]

हर इक को मरज़, मुफ़्लिसी का है आज
तबीब अब बेचारे करें क्या इलाज

सिपाही की मिट्टी भी अब है ख़राब
कि तेग़ा[5] हुआ नौकरी का तो बाब

हैं इफ़्लास[6] से ऐसे अंदोहगीं[7]
कि मिट्टी का घोड़ा मुयस्सर[8] नहीं

न शमशीर पास उनके है, न सिपर[9]
नहीं रखते क़ब्ज़े में एक मुश्ते-ज़र[10]

कहां की कमां, हो रहे हैं तबाह
अगर तीर है तो फ़क़त तीरे - आह

ग़रज़ क्या कहूं अहले-आलम का हाल
अजब कुछ है चर्ख़[11] की चाल ढाल

बयां क्या हो, बेमहरिए - अस्मा[12]
हैं अहले - ज़मीं उसके हाथों बजां

सभों पर है आराम का हल्क़ा तंग
बुरे हैं बहुत उस सितमगर के ढंग

जब आता है यह बरसरे - इंक़िलाब
तो हो जाए है कारे - आलम[13] ख़राब

---

1. हिकमत, 2. प्राप्ति, 3. इलाज करनेवाला (तबीब का बहुवचन), 4. दुखी, 5. तलवार, 6. दरिद्रता, 7. पीड़ा, 8. प्राप्त, 9. दाल, 10. मुट्ठीभर सोना, 11. आसमान, 12. आकाश की निर्दयता, 13. संसार का कामकाज।

रुख़्सत अय अहले-वतन

वाजिदअली शाह 'अख़्तर'

शबे - अंदोह[1] में रो - रो के बसर करते हैं
दिन को किस रंजो-तरद्दुद[2] में गुज़र करते हैं
नाला - ओ - आह[3] ग़रज़ आठ पहर करते हैं
दरो - दीवार पे हसरत से नज़र करते हैं
रुख़्सत अय अहले-वतन ! हम तो सफ़र करते हैं

दोस्तो शाद[4] रहो तुम को ख़ुदा को सौंपा
क़ैसर बाग़ जो है उसको सबा[5] को सौंपा
हमने अपने दिले-नाज़ुक को जफ़ा को सौंपा
दरो-दीवार पे हसरत से नज़र करते हैं
रुख़्सत अय अहले-वतन ! हम तो सफ़र करते हैं

शिकवा किससे करूं यां दोस्त ने मारा मुझको
जुज़ ख़ुदा के नहीं अब कोई सहारा मुझको
नज़र आता नहीं बिन जाए गुज़ारा मुझको
दरो - दीवार पे हसरत से नज़र करते हैं
रुख़्सत अय अहले-वतन ! हम तो सफ़र करते हैं

गर्दिशे-चर्ख़[6] ने यह बात भी सुनवाई है
अपने मालिक को, यह नौकर कहे सौदाई है
अब तो दरपेश[7] हमें वादिया - पैमाई[8] है
दरो - दीवार पे हसरत से नज़र करते हैं
रुख़्सत अय अहले-वतन ! हम तो सफ़र करते हैं

---

1. पीड़ा की रात, 2. शोक और चिन्ता, 3. आर्तनाद, 4. ख़ुश, 5. हवा, 6. आकाश की गर्दिश, 7. सामने, 8. जंगल में भटकनेवाला।

* यह वाजिदअली शाह की एक ग़ैर-मतबूआ नज़्म है जो मुमताज़ हुसैन साहब जौनपुर के पास महफ़ूज़ है। इस नज़्म में ग्यारह बन्द हैं जिनमें से सात बन्द यहां दिए जा रहे हैं।

किस से फ़रियाद करूं है यही रिक़्क़त[1] का मक़ाम
कैसा कैसा मिरा अस्बाब[2] हुआ है नीलाम
मेरे जाने से हर इक घर में पड़ा है कुहराम[3]
दरो - दीवार पे हसरत से नज़र करते हैं
रुख़्सत अय अहले-वतन ! हम तो सफ़र करते हैं

रंज जो है उसे अब अय दिले - पुरदर्द[4] उठा
ताज़ियाख़ानों तलक का मिरा अस्बाब लुटा
फ़स्ले-गर्मी में तास्सुफ़[5] ! मिरा घर तक है छुटा
दरो - दीवार पे हसरत से नज़र करते हैं
रुख़्सत अय अहले-वतन ! हम तो सफ़र करते हैं

सारे अब शहर से होता है यह 'अख़्तर' रुख़्सत
आगे बस अब नहीं कहने की है मुझको फ़ुर्सत
हो न बरबाद मिरे मुल्क की यारब ख़िल्क़त[6]
दरो - दीवार पे हसरत से नज़र करते हैं
रुख़्सत अय अहले-वतन ! हम तो सफ़र करते हैं

हुज़्ने-अख़्तर

वाजिदअली शाह 'अख़्तर'

कोई रंज ज़िन्दां[7] में ऐसा नहीं
जो इस बेसरो- पा[8] को पहुंचा नहीं

दिले - ज़ार हर्गिज़ संभलता नहीं
वह कोहे - गरां[9] है कि टलता नहीं

---

1. रुदन, 2. सामान, 3. कोलाहल, 4. दर्द-भरा दिल, 5. खेद, 6. जनता, 7. जेलख़ाना, 8. बिना सिर-पैर, 9. बड़ा पहाड़।

हर इक सम्त[1] पहरा हर इक सम्त यास
रफ़ीक़ो - मुलाज़िम[2] में ख़ौफ़ो - हिरास[3]

कभी सर पे रखता था मैं कजकुलाह[4]
अवध का कभी मैं भी था बादशाह

मुलाज़िम मिरे थे कभी सौ हज़ार
मिरे हुक्म में थे पियादा, सवार

हुए क़ैद इस तरह हम बेगुनाह
असीरों[5] में हूं, नाम है बादशाह

मर्सिय:-ए-लखनऊ

मिर्ज़ा मुहम्मद रज़ा 'बर्क़'

कल के मज़कूर यह हैं, अपने भी अफ़साने थे
रश्के - फ़िर्दौसे - बरीं,[6] शहर के मैख़ाने थे
थालियां हीरों की थीं, लालों के पैमाने थे
माहो - ख़ुर्शीद[7] रुख़े - शमूअ के परवाने थे

सब हवा ख़्वाहे - सुलेमान कहा करते थे
रात दिन परियों के झुरमुट में रहा करते थे

क़हक़हे उड़ते थे, जमघट थे परीज़ादों के
मेले हर रोज़ हुआ करते थे, आज़ादों के
शोर सुनते थे न हर्गिज़ कभी फ़रियादों के
कभी आगाह न थे नाम से बेदादों[8] के

क्या कहें किस से कहें हाय वह सुहबत[9] क्या थी
राजा इन्दर के अखाड़े की हक़ीक़त क्या थी

---

1. दिशा, 2. दोस्त और नौकर, 3. भय, 4. टेढ़ी टोपी, 5. क़ैदी, बन्दी, 6. जन्नत को शरमाने वाले, 7. चांद और सूरज, 8. ज़ुल्म, अत्याचार, 9. संगति।

हर तरफ़ फूलों के अम्बार रहा करते थे
गुलफ़शां, गुलशने - रुख़सार रहा करते थे
फूल, ख़ारे - सरे - दीवार रहा करते थे
सामने मिस्र के बाज़ार रहा करते थे

शहर में अपने गुलाम आके जहां बिकते थे
खोटे दामों को भी युसुफ़ न वहां बिकते थे

बोतलों इत्र लुंढाते थे, लगाना कैसा
हमनशीं आप से आते थे, बुलाना कैसा
बात सच पेश न जाती थी, बहाना कैसा
तीर मिज़गानों[1] के खाते थे, निशाना कैसा

एक से एक को, मुत्लक़[2] न ख़बर होती थी
इन्हीं चुहलों, इन्हीं जलसों में बसर होती थी

अपना होली में अजब रंग हुआ करता था
अर्सःए - रूए - ज़मीं तंग हुआ करता था
हौज़ों में, नहरों में, सब रंग हुआ करता था
सैर से स्वांगों की दिल दंग हुआ करता था

चेहरों पे मोतियों की राख मली जाती थी
देख के जोगिनों को जान चली जाती थी

बग्घियां नूर की तैयार रहा करती थीं
क़िस्मतें सोतों की बेदार रहा करती थीं
आंखें मस्ती में भी हुशियार रहा करती थीं
कोठियां बाग़ की गुलज़ार रहा करती थीं

सैरें रहती थीं, दिले - तंग के बहलाने को
रोज़ हर सुबह को जाते थे हवा खाने को

---

1. भृकुटी, भवें, 2. बिल्कुल।

सक़्क़े[1] क्योड़े से छिड़कते थे हमारी सड़कें
आंखों से झाड़ती थीं बादे - बहारी[2] सड़कें
ग़ैरते - गुलशने - फ़िर्दौस थीं सारी सड़कें
रहती हैं पेशे - नज़र, हाय वह प्यारी सड़कें

लखनऊ की इन्हीं गलियों में फिरा करते थे
ग़श में आ आ के तमाशाई गिरा करते थे

बेड़े हम छोड़ते थे, गोमती पर भादों में
जलसे रहते थे शबो - रोज़ परीज़ादों में
मश्क़[3] करते थे फ़ने-इश्क़[4] की उस्तादों में
शब गुज़रती थी हमें ज़ुल्फ़ के आज़ादों में

बेफ़िरंगी महल, उन रोज़ों में आराम न था
रात दिन सैर सपाटे के सिवा काम न था

जानते थे कि इसी तरह गुज़र जाएगी
चमने - इश्क़ में हर्गिज़ न ख़िज़ां आयेगी
आरज़ू नख़्ले - मुहब्बत[5] से समर पाएगी
यह न समझे थे क़ज़ा रंग नया लाएगी

'हैफ़[6] दरचश्म ज़दन[7] सुहबते-यार आख़िर शुद[8]
रूए-गुल सैर न दीदम-ओ-बहार आख़िर शुद'

अब भी आ जायें जो वह,[9] फिर वही सूरत हो जाए
वही हंसियां, वही चुहलें, वही इशरत हो जाए
रंज सब दूर रहें, रूह को राहत हो जाए
फिर वही शान हो अपनी वही शौकत हो जाए

फिर वही सैरें करें फिर वही आबादी हो
फिर वही नाच वही रंग वही शादी हो

---

1. भिश्ती, 2. वसन्त की हवा, 3. अभ्यास, 4. प्रेमकला, 5. प्रेम का वृक्ष, 6. आश्चर्य, 7. पलक झपकते ही, 8. समाप्त, 9. वालिए-अवध वाजिदअली शाह की तरफ़ इशारा है।

कोई इस रंजे - ग़म अंदोह[1] की तदबीर[2] नहीं
जीते जी उनसे मिलें, अपनी यह तक़दीर नहीं
दौर अपना हो, यह दौरे - फ़लके - पीर[3] नहीं
दिल में ताक़त न रही, आह में तासीर[4] नहीं

किसने आराम तहे - चर्ख़े - कुहन[5] पाया है
रोज़े - अव्वल से इसी तरह चला आया है

1. शोक, 2. उपाय, 3. बूढ़े आकाश का दौर, 4. असर, 5. पुराने आकाश के नीचे।

* बर्क़ की वासोख़्त के यह बन्द 'जल्वः-ए-ख़िज़्र' से लिए गए हैं। लखनऊ की तबाही और वाजिदअली शाह की माज़ूली इसका मौज़ू है। बर्क़ का इंतिक़ाल सन् 1857 में हुआ था।

दूसरा अध्याय

जंगे-आज़ादी और देहली-ए-मरहूम

नौहः-ए-ग़म[1]

बहादुरशाह ज़फ़र

क्या पूछते हो कजरविए - चर्ख़े - चम्बरी[2]
है इस सितमशिआर[3] का शेवा सितमगरी
करता है ख़्वारतर[4] उन्हें जिनको है बर्तरी[5]
इसके मिज़ाज[6] में है यह क्या सिफ़ला पर्वरी[7]

खाए है गोश्त ज़ाग़,[8] फ़क़त इस्तख़्वां[9] हुमा[10]
क्या मुंसिफ़ी है ज़ाग़ कहां और कहां हुमा

बिलअक्स[11] हैं ज़माने में जितने हैं कारोबार
शेवा किया है उलटा ज़माने ने इख़्तियार[12]
है मौसमे-बहार ख़िज़ां, और ख़िज़ां बहार
आई नज़र अजब रविशे - बाग़े - रोज़गार[13]

जो नख़्ले-पुर-समर[14] हैं उठा सकते सर नहीं
सरकश[15] हैं वह दरख़्त कि जिनमें समर नहीं

बादे-सबा[16] उड़ाती चमन में है सर पे ख़ाक
मलते हैं दम ब दम कफ़े-अफ़सोस[17] बर्गे-ताक[18]
ग़ुंचे[19] हैं दिल गिरफ़्ता,[20] गुलों के जिगर हैं चाक
करती हैं बुलबुलें यही फ़रियादे - दर्दनाक

---

1. शोकगीत, 2. आकाश का टेढ़ापन, 3. अत्याचारी, 4. अपमानित, 5. श्रेष्ठता, 6. स्वभाव, 7. कमीनों को बढ़ावा देना, 8. कौवा, 9. हड्डियां, 10. एक कल्पित पक्षी–जिसके सिर पर बैठ जाता है वह बादशाह हो जाता है। यह केवल हड्डियां खाता है। 11. विपरीत, 12. धारण, 13. रोज़गार के बाग़ का चलन, 14. फलों से लदे वृक्ष, 15. बाग़ी, 16. प्रातः-समीर, 17. दुख से हाथ मलना, 18. अंगूर की बेल के पत्ते, 19. कलियां, 20. दुखी।

शादाब हैफ़[1] ख़ार हों, गुल पायमाल[2] हों
गुलशन हों ख़्वार, नख़्ले - मुग़ीलां[3] निहाल हों

नज़दीक अपने आपको जो खींचते हैं दूर
देखा तो साफ़ फ़हम[4] में इनकी है कुछ क़ुसूर
वरना जो बासफ़ा[5] हैं, ख़िरदमन्द,[6] ज़ी शऊर[7]
क्या दख़्ल उनको आवे कभी नख़्वतो-ग़ुरूर[8]

रखते ग़ुबारे-कीना[9] से वह सीना साफ़ हैं
हर नेको-बद से सूरते-आईना साफ़ हैं

जायें निकल फ़लक के अहाते से हम कहां
होवेगा सर पे चर्ख़ भी जावेंगे हम जहां
कोई बला है ख़ानःए - ज़िन्दां[10] यह आस्मां
छुटना मुहाल इससे है, जब तक है तन में जां

जो आ गया इस महले - तीरा रंग[11] में
क़ैदे - हयात[12] से है वह क़ैदे - फ़िरंग[13] में

यह गुम्बदे-फ़लक[14] है अजब तरह का क़फ़स[15]
ताक़त नहीं है नाले की भी जिसमें इक नफ़स[16]
जुम्बिश हो एक पर की तो पर टूट जायें दस
रह जाए दिल की दिल में न किस तरह हवस

क्या ताइरे - असीर[17] वह परवाज़ कर सके
जिसमें न इतना दम हो कि आवाज़ कर सके

---

1. आश्चर्य, 2. दलित, 3. बबूल का झाड़, 4. बुद्धि, 5. पवित्र, 6. बुद्धिमान, 7. ज्ञानी, 8. घमंड, 9. द्वेष का मैल, 10. जेलख़ाना, 11. अन्धकारपूर्ण महल, 12. जीवन-बन्धन, 13. अंग्रेज़ों की क़ैद, 14. आकाश का गुम्बद, 15. पिंजरा, 16. सांस, 17. बंधा हुआ पक्षी।

क्या क्या जहान में हुए शाहाने - ज़ी करम[1]
किस किस तरह से रखते थे साथ अपने वह चशम
आख़िर गए जहान से तन्हा सूए - अदम[2]
दारा कहां, कहां है सिकन्दर, कहां है जम

कोई न यां रहा है न कोई यहां रहे
कुछ अय 'ज़फ़र' रहे तो निकोई यहां रहे

बयाने-ग़म

बहादुरशाह ज़फ़र

गयी यक ब यक जो हवा पलट नहीं दिल को मेरे क़रार है
करूं इस सितम[3] का मैं क्या बयां, मिरा ग़म से सीना फ़िगार[4] है

यह रिआया-ए-हिन्द तबाह हुई कहो क्या-क्या इन पे जफ़ा हुई
जिसे देखा हाकिमे - वक़्त[5] ने, कहा यह भी क़ाबिले - दार[6] है

यह किसी ने ज़ुल्म भी है सुना कि दो फांसी लोगों को बेगुनाह
वले कल्मागोयों[7] की सिम्त से अभी उनके दिल में गुबार[8] है

न था शहर देहली, यह था चमन, कहो किस तरह का था यां अमन
जो ख़िताब था वह मिटा दिया, फ़क़त अब तो उजड़ा दयार है

यही तंग हाल जो सबका है, यह करिश्मा[9] क़ुदरते रब का है
जो बहार थी सो ख़िज़ां हुई जो ख़िज़ां थी अब वह बहार है

---

1. दयालु बादशाह, 2. परलोक की तरफ़, 3. अत्याचार, 4. विकृत, 5. अधिकारी वर्ग, 6. फांसी पर लटकाने के क़ाबिल, 7. कलमा पढ़नेवाले—मुसलमान, 8. मैल, 9. चमत्कार।

शबो - रोज़ फूल में जो तुले, कहो ख़ारे - ग़म को वह क्या सहे
मिले तौक़ क़ैद में जब उन्हें, कहा गुल के बदले यह हार है

सभी जा[1] वह मातमे - सख़्त[2] है, कहो कैसी गर्दिशे - बख़्त[3] है
न वह ताज है न वह तख़्त है, न वह शाह है न दयार है

न वबाल तन पे है सर मिरा नहीं जान जाने का डर ज़रा
कटे ग़म ही निकले जो दम मिरा, मुझे अपनी ज़िन्दगी बार है

फ़त्हे-अफ़वाजे-शर्क़[4]

मुहम्मद हुसैन आज़ाद

कू मुल्के - सुलेमानो - कुजा हुक्मे - सिकन्दर[5]
शाहाने - ऊलिलअज़्मो - सलातीने - जहांदार[6]

कू सतवने - हज्जाजो - कुजा सौलते - चंगेज़[7]
कू ख़ाने - हलाकू - ओ - कुजा नादिरे - ख़ूंख़्वार[8]

यह शौक़तो - हश्मत[9] है न वह हुक्म न हासिल
किस जा है जहां और कहां हैं वह जहांदार

होता है अभी कुछ से कुछ इक चश्मे-ज़दन[10] में
हां दीदः-ए-दिल खोल दे अय साहबे-अबसार[11]

---

1. जगह, 2. शोक, विलाप, 3. भाग्यचक्र, 4. पूर्वी सेनाओं की विजय, 5. सिकन्दर की आज्ञा, 6. ऊंचे इरादे रखनेवाले सम्राट और संसार के रखवाले सुल्तान, 7. कहां है हज्जाज का ज़ुल्म और कहां है चंगेज़ की शानो-शौकत, 8. कहां है हलाकू ख़ान और कहां है ख़ूंख़्वार नादिरशाह, 9. शान-शौकत, 10. आंख झपकते ही, 11. दूरदर्शी।

है कल का अभी ज़िक्र कि जो क़ौमे - नसारा[1]
थी साहबे - इक़बालो - जहां बख़्शो - जहांदार[2]

थे साहबे - इल्मो - हुनरो - हिकमतो - फ़ितरत[3]
थे साहबे - जाहो - हशमो - लश्करे - जर्रार[4]

अल्लाह ही अल्लाह है जिस वक़्त कि निकले
आफ़ाक़ में तेग़े - ग़ज़ब[5] हज़रते - क़हहार[6]

सब जौहरे - अक़्ल[7] उनके रहे ताक़ पे रक्खे
सब नाख़ुने - तदबीरो - ख़िरद[8] हो गए बेकार

काम आये न इल्मो - हुनरो - हिकमतो - फ़ितरत[9]
पूरब के तलंगों ने लिया सबको वहीं मार

यह सानिहा[10] वह है कि न देखा न सुना था
है गर्दिशे - गर्दूं भी अजब गर्दिशे - दव्वार[11]

नैरंग[12] पे ग़ौर इसके जो कीजै तो अयां है
हर शोबदः - ए - ताज़ा[13] में सद बाज़िए - ऐयार[14]

यां दीदः - ए - इब्रत[15] को ज़रा खोल तो ग़ाफ़िल
हैं बन्द यहां अहले - ज़बां के लबो - गुफ़्तार[16]

क्या कहिए कि दम मारने की जाए नहीं है
हैरां हैं सब आईना सिफ़त पुश्त ब दीवार[17]

हुक्कामे - नसारा[18] का बदीं दानिशो - बीनिश[19]
मिट जाए निशां ख़ल्क़ में इस तरह से यक बार

---

1. ईसाई क़ौम, 2. दुनिया पर शासन करनेवाली, 3. ज्ञान, कला, राजनीति और प्रकृति को समझनेवाले, 4. प्रतापी, साहसी और योद्धा, 5. तलवार, 6. अल्लाह, बड़ा दयालु, 7. बुद्धि के जौहर, 8. बुद्धि, 9. ज्ञान, कला, प्रकृति, 10. घटना, 11. चक्र, 12, इन्द्रजाल, माया, 13. चमत्कार, 14, धूर्त, 15. शिक्षा देनेवाली आंख, 16. होंठ और बातचीत, 17. दीवार से पीठ लगाए हुए, 18. ईसाई शासक, 19. बुद्धि और दृष्टि।

दाग़े-हिज्रां[1]

मिर्ज़ा असदुल्ला ख़ां 'ग़ालिब'

बस्कि फ़आले मायुरीद[2] है आज
हर सुलह - शोर[3] इंगलिस्तां का

घर से बाज़ार में निकलते हुए
ज़हरा[4] होता है आब[5] इंसां का

चौक जिसको कहें वह मक़्तल[6] है
घर बना है नमूना ज़िन्दां[7] का

शहरे - देहली है ज़र्रा ज़र्रः - ए - ख़ाक
तिश्नः - ए - ख़ूं[8] है हर मुसल्मां का

कोई वां से न आ सके यां तक
आदमी वां न जा सके यां का

मैंने माना कि मिल गए फिर क्या
वही रोना तनो - दिलो - जां का

गाह जलकर किया किए शिकवा
सोज़िशे - दाग़ हाए - पिन्हां[9] का

गाह रोकर कहा किए बाहम[10]
माजरा दीदः हाए - गिरियां[11] का

इस तरह के विसाल[12] से 'ग़ालिब'
क्या मिटे दिल से दाग़ हिज्रां[13] का

---

1. विरह का दाग़, 2. जो चाहे वह कर सकनेवाला, 3. सिपाही, 4. पित्ताशय, 5. पानी, 6. वधस्थल, 7. जेलख़ाना, 8. ख़ून का प्यासा, 9. छुपे हुए दाग़ों की जलन, 10. परस्पर, 11. अश्रुयुक्त आंखों की कहानी, 12. मिलन, 13. विरह।

* यह अशआर ग़ालिब ने अलाउद्दीन अहमद ख़ां को सन् 1858 में एक ख़त में लिखकर भेजे थे जो बाद में दीवान में शामिल कर लिए गए।

फ़ुग़ाने-देहली

मुहम्मद सदरुद्दीन ख़ां 'आज़ुर्दा'

आफ़त इस शहर में क़िले की बदौलत आई
वाली के आमाल[1] से दिल्ली की भी शामत आई
रोज़े - मौऊद[2] से पहले ही क़यामत आई
काले मेरठ से यह क्या आये कि आफ़त आई

गोश ज़द[3] था जो फ़सानों से, वह आंखों देखा
जो सुना करते थे कानों से, वह आंखों देखा

जिनको दुनिया में किसी से भी सरोकार न था
अहल ना अहल से कुछ ख़ुलत[4] इन्हें ज़िन्हार[5] न था
इनकी ख़िल्वत से कोई वाक़िफ़ो - हमराज़ न था
आदमी क्या है फ़रिश्ते का भी वां बार न था

वह गली कूचों में फिरते हैं परेशां, दर दर
ख़ाक भी मिलती नहीं इनको कि डालें सर पर

ज़ेवर अल्मास[6] का भी जिन से न पहना जाता
भारी झूमर भी कभी सर पे न रक्खा जाता
गाच का जिनसे दुपट्टा न संभाला जाता
लाख हिकमत से उढ़ाते न उढ़ाया जाता

सर पे वह बोझ लिए चार तरफ़ फिरते हैं
दो क़दम चलते हैं मुश्किल से, तो फिर गिरते हैं

---

1. कर्म, 2. निश्चित दिन, 3. सुना था, 4. प्रेम, दोस्ती, 5. हरगिज़, 6. हीरक।

ऐशो - इशरत[1] के सिवा जिनको न था कुछ भी याद
लुट गए कुछ न रहा, हो गए बिल्कुल बरबाद
टुकड़े होता है जिगर सुनके यह इनकी फ़रियाद
फिर भी देखेंगे इलाही कभू देहली आबाद

कब तलक दाग़े - दिल एक इक को दिखलाएं हम
काश हो जाए ज़मीं शक़[2] तो समा जायें हम

रोज़ वहशत[3] मुझे सहरा की तरफ़ लाती है
सर है और जोशे - जुनूं,[4] संग[5] है और छाती है
टुकड़े होता है जिगर जी ही पे बंन जाती है
मुस्तफ़ा ख़ां की मुलाक़ात जो याद आती है

क्योंकि आज़ुर्दा निकल जाए न सौदाई हो
क़त्ल इस तरह से बजुर्म जो सहबाई हो

मरसियः-ए-देहली

ज़हीरुद्दीन 'ज़हीर' देहलवी

बल बे देहली-ओ-ज़हे शौकतो-शाने-देहली
ला मकां बन गया इक एक मकाने-देहली

मिल गयी ख़ाक में सब शौकतो - शाने - देहली
न रहा नाम को भी नामो - निशाने - देहली

अय फ़लक ! अपने गरीबां में मुंह डाल ज़रा
हाए यह ज़ुल्मो - सितम और किसाने - देहली

---

1. भोग-विलास, 2. फट जाए, 3. घबराहट, 4. पागलपन, उन्माद, 5. पत्थर।

ज़मज़मे[1] भूल गए नग़्मा तराज़ाने - चमन
है हर इक नौहागरो - मरसियाख़्वाने[2] - देहली

रह गए कहने को कुछ कुछ हैं फ़साने बाक़ी
अब न देहली ही रही और न ज़बाने - देहली

फ़लके - पीर[3] ने मिट्टी में मिलाया सबको
फिरते हैं ख़ाक बसर पीरो - जवाने - देहली

चर्ख़े - बदबीं यह ग़ज़ब है न उन्हें देख सका
चन्द इशख़ास थे बाक़ी जो निशाने - देहली

रात दिन गिरिया है और संग है और सीना है
और ज़हीरे - जिगर अफ़गारो - बयाने - देहली

हंगाम:-ए-दारो-गीर*

'ज़हीर' देहलवी

निहाले - गुलशने - इक़बाल[4] पायमाल[5] हुए
गुले - रियाज़े - ख़िलाफ़त[6] लहू में लाल हुए
यह क्या कमाल हुए और क्या ज़वाल[7] हुए
कमाल को भी न पहुंचे थे जो ज़वाल हुए

जो इत्र गुल का न मलते मिले वह मिट्टी में
जो फ़र्शे - गुल पे न चलते, मिले वह मिट्टी में

---

1. गीत, 2. शोकगीत गानेवाला, 3. बूढ़ा आकाश, 4. प्रताप के उपवन का पौधा, 5. कष्ट, 6. ख़िलाफ़त के फूल, 7. पतन।

* मिर्ज़ा इलाही बख़्श शाहज़ादे की निशानदेही पर तक़रीबन तीस शाहज़ादे, जिनमें बादशाह के बेटे, पोते, नवासे और दामाद शामिल थे, गिरफ़्तार किए गए। बैरूने-देहली दरवाज़ा लाकर उन्हें क़त्ल किया गया, बेटों के सर बादशाह बहादुरशाह ज़फ़र को भेजे गए।

जहां की तिश्नः - ए - ख़ूं तेग़[1] आबदार हुई
सिनाने - नेज़ा[2] हर इक सीने से दो चार हुई
रसन[3] हर एक बशर के गले का हार हुई
हर एक सम्त से फ़रियादे - गीरो - दार[4] हुई

हर एक दश्ते-बला[5] में कुशां कुशां पहुंचा
जहां की ख़ाक थी जिस जिसकी की वह वहां पहुंचा

हर एक शहर का पीरो - जवान क़त्ल हुआ
हर एक क़बीला - ओ - ख़ानदान क़त्ल हुआ
हर एक अहले - ज़बान ख़ुश बयान क़त्ल हुआ
ग़रज़ ख़ुलासा यह है इक जहान क़त्ल हुआ

घरों से खींच के कुश्तों[6] के कुश्ते डाले हैं
न गोर है, न कफ़न है, न रोने वाले हैं

इंक़िलाबे-देहली

मिर्ज़ा क़ुर्बान अली बेग 'सालिक'

यह इंक़िलाब है या है क़यामते - सुग़रा[7]
कोई नहीं है कि जिसके रहे हों होश बजा
हुई है आदमी की शक्ल शहर में अंक़ा[8]
बना है हू का मकां बस हर इक गली कूचा

हुए हैं लोग यहां के कहां-कहां आबाद
हर एक पांव बना है मगर जहां आबाद[9]

---

1. ख़ून की प्यासी तलवार, 2. बर्छी, 3. फांसी, 4. क़त्ल के ख़िलाफ़ फ़रियाद, 5. विपत्तियों का मैदान, 6. क़त्ल किए हुए, 7. छोटा प्रलय, 8. दुष्प्राप्य, 9. दिल्ली।

समझ के अपना ठिकाना गए जहां हम लोग
ज़लील[1] यां से ज़ियादा हुए वहां हम लोग
बने हैं ताइरे-गुमगश्ता[2] आशियां हम लोग
फिरे हैं अम्न के तालिब[3] कहां कहां हम लोग

ज़मीन हो गयी दुश्मन न पाई जाए-सबात[4]
ठहर सका न किसी जाए अपना पाए-सबात[5]

किसी के लब[6] पे है नाला,[7] किसी की चश्म[8] है तर
किसी का चाक गरीबां है और कोई मुज़्तर[9]
किसी का हाथ है दिल पर, कोई है थामे जिगर
ग़रज़ कि रंज से ख़ाली नहीं है कोई बशर[10]

बजाए ज़मज़मा[11] हर जाए शेवने-ग़म[12] है
महले-ऐश था या अब सराए-मातम है

लिखूं मैं पर्दानशीनों का हाल क्या, है है
बयान मुझसे हो क्योंकर यह माजरा है है
न आई जिनकी कभी दूर तक सदा है है
निकल के घर से चली हैं प्यादा पा है है

कभी न गुस्से में भी जामे से जो बाहर हों
ग़ज़ब है यह कि वह यूं बेरिदा-ओ-चादर[13] हों

वह जिनकी तबा[14] आसूदगी[15] पे माइल है
प्यादा क्योंकि चलें, नाक़ा[16] है न महमिल[17] है
उठाएं एक क़दम भी अगर तो मुश्किल है
क़दम कहे कि ठहर जाओ यह ही मंज़िल है

सरों पे बोझ है, गठरी है, लड़खड़ाते हैं
बस अपने जी की तरह बैठ-बैठ जाते हैं

---

1. अपमानित, 2. भटके हुए पक्षी, 3. इच्छुक, 4. स्थायित्व का स्थान, 5. दृढ़ता का पांव, 6. होंठ, 7. आर्तनाद, 8. आंख, 9. व्याकुल, 10. व्यक्ति, 11. गीत, 12. शोकालाप, 13. बिना चादर, 14. स्वभाव, 15. तृप्ति, 16. ऊंटनी, 17. ऊंट का हौदा।

नौहः-ए-देहली

मुहम्मद अली 'तिश्ना'

अजीब कूचः - ए - रश्के - जिनां[1] था देहली का
बिहिश्त कहते हैं जिसको मकां था देहली का
दिमाग़ बरसरे - हफ़्त आस्मां[2] था देहली का
ख़िताब[3] खित्तः - ए - हिन्दोस्तां था देहली का

ग़ज़ब है इसको कोई शादमां[4] न देख सका
ज़मीं न देख सकी, आस्मां न देख सका

वह तख़्ते - सल्तनतो - बारगाहे - सुल्तानी[5]
कि जिसमें बैठते आके ज़िल्ले - सुबहानी
परों से सर पे हुमा[6] करता था मगसरानी[7]
बजा इस औज पे दावः - ए - सुलेमानी

हर एक क़स्र[8] को दावा था ताक़े - किसरा[9] का
दिमाग़ अर्श पे था क़िलः - ए - मुअल्ला का

किसी ज़माने में ऐसा था यां का तख़्तनशीं
ख़िराज देते थे सब बादशाहे - रूए - ज़मीं[10]
ख़ता-ओ-मुल्के-ख़ुतन सब थे इसके ज़ेरे-नगीं[11]
तमाम कांपते थे इससे, चीन और माचीं

दयारे - हिन्द था मशहूरे - ख़ल्क़,[12] नाम इसका
चराग़ रोम से जलता था ता ब शाम इसका

---

1. स्वर्ग को शरमानेवाली गलियां, 2. सातवें आसमान पर, 3. उपाधि, 4. ख़ुश, 5. बादशाहों की पेशी, 6. एक कल्पित पक्षी, 7. मक्खी उड़ाना, 8. महल, 9. ईरान के एक बादशाह का महल, 10. धरती के बादशाह, 11. अधीन, 12. जगत-प्रसिद्ध।

ज़ुहल[1] की आंख पड़ी, इत्तिफ़ाक़[2] से नागाह[3]
तमाम हो गया ताराज[4] मुल्को-माल और जाह
कि इससे हो गए बदतर ग़रीब शहंशाह
रैयत इनकी हुई इनसे भी ज़्यादा तबाह

वह साहूकार, न था जिसकी साख में बट्टा
अब उसके नाम पे लगता है लाख में बट्टा

रही न जिंसे - मुहब्बत[5] की अब ख़रीदारी
जो यूसुफ़ आयें, न हो तो भी गर्मबाज़ारी
उठाए कौन हसीनों की नाज़बरदारी
लगाए दिल कोई, ऐसी है किसको जां भारी

बक़ौले - शख़्स अजब मुल्के - हुस्न बस्ती है
कि दिल सी चीज़ यहां कौड़ियों को सस्ती है

किसी का दिल नहीं इस दर्द में ठिकाने से
रहा न गाने से शौक़ और न बजाने से
ग़रज़ न ग़ैर से मतलब, न है बेगाने से
वफ़ा - ओ - महर तलक उठ गयी ज़माने से

कहां से लाएं वह पहली-सी अब अदा माशूक़
इसी सबब से हैं मशहूर बेवफ़ा माशूक़

कोई फ़क़ीर जो कौड़ी दुकान मांगे है
तो इससे कहते हैं क्या तू हर आन मांगे है
तेरी तरह से यहां सब जहान मांगे है
चल अपनी राह ले, क्या हमसे दान मांगे है

जो माल बढ़ता ही जाता था, घट गया बिल्कुल
दुकानदारों का तबक़ा उलट गया बिल्कुल

---

1. शनि ग्रह, 2. संयोग, 3. अचानक, 4. नष्ट, 5. प्रेम की जिंस।

कोई कहे कि 'तपे-ग़म[1] की बस्कि शिद्दत[2] है'
तो यूं कहें कि 'हमें आप ही हरारत है
चढ़ा हुआ है बुख़ार आजकल यह नौबत है
तुम अपना काम करो जाओ तुमको सेहत है'
मरीज़ जाके करे क्या कि तान करते हैं
तबीब अपना मरज़ ख़ुद बयान करते हैं

यह शेर कहते हैं और लोगों को सुनाते हैं
वह बैठे रहते हैं, आते हैं और न जाते हैं
जो क़द्रदां नहीं अपना किसी को पाते हैं
तो दिल ही दिल में वह ख़ूने-जिगर को खाते हैं
ग़ज़ल का ज़िक्र न चर्चा किसी यगाने से
मज़ाक़े - शेरो - सुख़न उठ गया ज़माने से

देहली-ओ-लखनऊ

हकीम आग़ाजान 'ऐश'

हो गए वीरान देहली - ओ - दयारे - लखनऊ
अब कहां वह लुत्फ़े-देहली-ओ-बहारे-लखनऊ

था हुस्ने-ख़ाशाके-देहली[3] ग़ैरते-सद लालाज़ार[4]
रश्के-सद गुलज़ार[5] था एक एक ख़ारे-लखनऊ[6]

सो फ़लक ने यूं किया देहली को तो पामाले-जौर[7]
और किया वक़्फ़े-जफ़ा[8] हर बर्गो-बारे-लखनऊ[9]

ग़म में देहली के गुलों के तो गरीबां चाक हैं
और सोसन है चमन में सोगवारे-लखनऊ

टुकड़े होता है जिगर देहली के सदमे सुनके ऐश
और दिल फटता है सुनकर हाले-ज़ारे-लखनऊ

---

1. ग़म की आग, 2. तीव्रता, 3. दिल्ली के कूड़े-करकट का सौंदर्य, 4. उपवन, 5. उपवन को शरमानेवाला, 6. लखनऊ का कांटा, 7. अत्याचार से नष्ट, 8. बेवफ़ाई के लिए सुरक्षित, 9. लखनऊ का पत्ता और फल।

मसाइबे-क़ैद

मुनीर शिकोहाबादी

फ़र्रुख़ाबाद[1] और याराने - शफ़ीक़[2]
छुट गए सब गर्दिशे - तक़दीर से

आये बांदा में मुक़ैयद[3] होके हम
सौ तरह की ज़िल्लतो - तहक़ीर[4] से

जिस क़दर अहबाबे - ख़ालिस[5] थे वहां
दर गुज़र करते न थे तदबीर[6] से

पर कहूं क्या काविशे-अहले-नफ़ाक़[7]
थे वह ख़ूरेज़ी[8] में बढ़के तीर से

बांदा के ज़िन्दां[9] में लाखों सितम
सहते थे हम गर्दिशे - तक़दीर[10] से

कोठरी गर्मी में दोज़ख़ से फ़ुज़ूं[11]
दस्तो - पा[12] बदतर थे आतशगीर[13] से

था बिछौना टाट, कम्बल ओढ़ना
गर्म तर पश्मीनः - ए - कश्मीर से

मेहनत-ओ-मज़दूरी-ओ-तकलीफ़-ओ-रंज
था ज़्यादा हैतः - ए - तहरीर[14] से

1. एक शहर, 2. मेहरबान दोस्त, 3. क़ैद, 4. अपमान, 5. सच्चे मित्र, 6. उपाय, 7. दुश्मनों की कोशिश, 8. रक्तपात, 9. क़ैदख़ाना, 10. भाग्यचक्र, 11. अधिक, 12. हाथ-पांव, 13. विस्फोटक, 14. लेखनी।

इस जहन्नुम के मुवक्किल[1] सब के सब
दुश्मनी रखते थे बेतक़्सीर[2] से

क़ातिल अशराफ़ो - अहले - इल्म[3] थे
रंज पहुंचाते थे हर तदबीर से

फिर इलाहाबाद में भिजवा दिया
ज़ुल्म से तल्बीस[4] से, तज़्वीर[5] से

नंगी तलवारें खिंची थीं गिर्दो-पेश[6]
नोकें संगीनों की बदतर तीर से

जो इलाहाबाद में गुज़रे सितम
हैं फ़ुज़ूं[7] तक़रीर से, तहरीर से

फिर हुए कलकत्ते को पैदल रवां
गिरते पड़ते पांव की ज़ंजीर से

हथकड़ी हाथों में बेड़ी पांव में
नातवां[8] तर क़ैस की तस्वीर से

बेहवासो - बेलिबासो - बेदयार
दिल - गिरफ़्ता जौरे - चर्ख़े - पीर[9] से

सूए - मश्रिक़[10] लाए मग़्रिब[11] से मुझे
थी ग़रज़ तक़दीर को तशहीर[12] से

काले पानी में जो पहुंचे, यक ब यक
कट गयी क़ैदे - सितम तक़दीर से

---

1. असामी, 2. निरपराध, 3. शरीफ़, पढ़े-लिखे, 4. छल, कपट, 5. धोखा, 6. इधर-उधर, 7. अधिक, 8. दुर्बल, 9. बूढ़े आकाश का अत्याचार, 10. पूर्व की ओर, 11. पश्चिम, 12. प्रसिद्धि।

दाग़े-ग़म

मुनीर शिकोहाबादी*

दिल तो पज़मुर्दा[1] है, दाग़े - ग़म गुलिस्तां हों तो क्या
आंखें रोती हैं, दहाने - ज़ख़्म[2] ख़न्दां[3] हों तो क्या

हो गए बरबाद शाहाने - सुलेमां मंज़िलत[4]
अब बलाएं हों तो क्या, दुनिया में परियां हों तो क्या

पड़ गए पत्थर जवाहरपोशों पर अय आस्मां
कौड़ियों के मोल अब लाले - बदख़्शां[5] हों तो क्या

मस्जिदें टूटी पड़ी हैं, सूमेआ[6] वीरान हैं
यादे - हक़ में एक दो दिल हाए सोज़ां[7] हों तो क्या

जां ब लब[8] हैं ग़म से उस्तादाने - फ़न्ने - नज़्मो - नस्र
मुतमईं[9] इस अहद में दस बीस नादां हों तो क्या

मुनइमो - फ़ैयाज़[10] हैं मुहताज नाने - ख़ुश्क[11] के
ख़ाकरोबों[12] को मुयस्सर[13] ख़्वाने - अल्वां[14] हों तो क्या

पेशवायाने - रहे - दीं[15] डर से हैं उज़्लतगुज़ीं[16]
गंज[17] के मानिन्द वीरानों में पिन्हां[18] हों तो क्या

---

1. उदास, 2. घाव का मुंह, 3. मुस्कुराता हुआ, 4. प्रतिष्ठा, 5. बदख़्शां (एक शहर) के लाल, 6. ख़ानक़ाह (सूफ़ियों के रहने का घर), 7. जलते हुए दिल, 8. होंठों का प्राण, 9. सन्तुष्ट, 10. धनाढ्य और उदार, 11. सूखी रोटी का इच्छुक, 12. झाड़ू देनेवाला, 13. प्राप्त, 14. तरह-तरह के खाने, 15. धार्मिक मार्ग-दर्शक, 16. एकान्तवासी, 17. ख़ज़ाना, 18. गुप्त।

* मुनीर शिकोहाबादी का दीवान नायाब है। दीवान का एक नुस्ख़ा अलबत्ता रामपुर ट्रस्ट लाइब्रेरी में मौजूद है।

नौहागर[1] हैं क़ाज़ियानो - मुफ़्तियानो - अहले - अद्‌ल[2]
चन्द नामुंसिफ़,[3] पनाहे - अहले - दौरां[4] हों तो क्या

रोइए किस किस मज़े को याद करके अय फ़लक
ज़ख़्म दिल पर सैकड़ों, ख़ाली नमकदां हों तो क्या

यह ग़ज़ल है हस्बे - हाले - दहर[5] मिस्ले क़तअबन्द[6]
सुस्त बैते सूरते - ख़्वाबे - परेशां[7] हों तो क्या

मरसियः-ए-देहली[8]

मिर्ज़ा दाग़

फ़लकज़मीं - ओ - मलायक[9] जनाब थी दिल्ली
बिहिश्त-ओ-ख़ुल्द[10] में भी इंतिख़ाब[11] थी दिल्ली
जवाब काहे को था लाजवाब थी दिल्ली
मगर ख़याल से देखा तो ख़्वाब थी दिल्ली

पड़ी हैं आंखें वहां जो जगह थी नर्गिस की
ख़बर नहीं कि इसे खा गयी नज़र किसकी

फ़लक ने क़हरो - ग़ज़ब[12] ताक ताक कर डाला
तमाम पर्दःए - नामूस[13] चाक कर डाला
किया यक एक जहां को हलाक[14] कर डाला
ग़रज़ कि लाख का घर उसने ख़ाक कर डाला

जली हैं धूप में शक्लें जो माहताब[15] की थीं
खिंचीं हैं कांटों में जो पत्तियां गुलाब की थीं

1. शोकगीत गानेवाले, 2. न्यायी, मुफ़्ती, क़ाज़ी, 3. अन्यायी, 4. समय के प्रतिष्ठित लोगों की शरण में, 5. दुनिया की दशा के अनुकूल, 6. लगातार नज़्म की तरह, 7. बिखरे हुए सपनों की तरह के शेर, 8. देहली का शोकगीत, 9. फ़रिश्ते, 10. स्वर्ग, 11. चुनी हुई, श्रेष्ठ, 12. प्रकोप, 13. लज्जा का पर्दा, 14. क़त्ल, 15. चन्द्रमा।

लहू के चश्मे[1] हैं चश्मे - पुर आब[2] की सूरत
शिकस्ता[3] कासःए - सर[4] हैं, हुबाब[5] की सूरत
लुटे हैं घर, दिले ख़ानाख़राब की सूरत
कहां यह हश्र[6] में तौबा इताब[7] की सूरत

ज़बाने - तेग़[8] से पुर्सिश है दादख़्वाहों[9] की
रसन[10] है, तौक़ है, गर्दन है बेगुनाहों की

ज़मीं के हाल पे अब आस्मान रोता है
हर इक फ़िराक़े - मकीं[11] में मकान रोता है
कि तिफ़्लो,[12] औरतो, पीरो,[13] जवान रोता है
ग़रज़ यहां के लिए इक जहान रोता है

जो कहिए जोशिशे - तूफ़ां[14] कही नहीं जाती
यहां तो नूह की कश्ती भी डूब ही जाती

बरंगे - बूए - गुल,[15] अहले - चमन, चमन से चले
ग़रीब छोड़ के अपना वतन वतन से चले
न पूछो ज़िन्दों को बेचारे किस चलन से चले
क़यामत आई कि मुर्दे निकल कफ़न से चले

मक़ामे - अम्न[16] जो ढूंढा तो राह भी न मिली
यह क़हर था कि ख़ुदा की पनाह[17] भी न मिली

बना है ख़ाले - सियह,[18] रंग महजमालों[19] का
दुता हुआ है क़दे - रास्त[20] नौनिहालों का
जो ज़ोर आहों का लब पर तो शोर नालों का
अजीब हाल दिगरगूं है दिल्ली वालों का

---

1. स्रोत, 2. अश्रु-भरी आंख, 3. टूटा हुआ, 4. सर का प्याला, 5. बुलबुला, 6. प्रलय, 7. क्रोध, प्रकोप, 8. तलवार की ज़बान, 9. वादी, मुद्दई, 10. रस्सी, 11. मकान में रहनेवालों का विरह, 12. बच्चा, 13. बूढ़े, 14. तूफ़ान का आवेग, 15. फूल की सुगन्ध की तरह, 16. शान्ति का स्थान, 17. शरण, 18. काला तिल, 19. सुन्दरियां, 20. सीधा क़द।

कोई मुराद जो चाही हुसूल[1] भी न हुई
दुआए - मर्ग[2] जो मांगी क़ुबूल भी न हुई

पे मुहासिबा[3] पुर्सिश है नुक्तादानों[4] की
तलाश बहरे - सियासत है ख़ुश ज़बानों की
जो नौकरी है तो अब यह है नौजवानों की
कि हुक्म आम है भरती हो क़ैदख़ानों की

यह अहले-सैफ़ो-क़लम[5] का हो जबकि हाले-तबाह
कमाल क्यों न फिरे दर-ब-दर कमाल-तबाह[6]

ग़ज़ब है बख़्त बद[7] ऐसे हमारे हो जायें
कि हैं जो लालो - गुहर,[8] संगपारे[9] हो जायें
जो दाने चाहें तो, ख़िर्मन[10] शरारे[11] हो जायें
जो पानी मांगें तो दरिया किनारे हो जायें

पिएं जो आबे - बक़ा[12] भी तो ज़हर हो जाए
जो चाहें रहमते - बारी[13] तो क़हर[14] हो जाए

मरसियः-ए-देहली

मीर मेहदी 'मजरूह'

ज़िक्र बरबादिए - देहली का सुनाकर हमदम
नेश्तर[15] ज़ख़्मे - कुहन[16] पर न लगाना हर्गिज़

आबे-रफ़्ता[17] नहीं फिर बहर में फिरकर आता
देहली आबाद हो यह ध्यान न लाना हर्गिज़

---

1. प्राप्त, 2. मरने की दुआ, 3. हिसाब लेने के लिए, 4. मर्मज्ञ, 5. तलवार और क़लम वाले, 6. पूर्ण रूप से बरबाद, 7. दुर्भाग्य, 8. लाल और मोती, 9. पत्थर के टुकड़े, 10. खलियान, 11. अंगारे, 12. अमृत, 13. ख़ुदा की रहमत, 14. प्रकोप, 15. चाक़ू, 16. पुराना घाव, 17. प्रवाहित जल।

वह तो बाक़ी ही नहीं जिनसे कि देहली थी मुराद
धोका अब नाम पे देहली के न खाना हर्गिज़

गेती अफ़रोज़[1] अगर हज़रते - नैयर रहते
इतना तारीक[2] न होता यह ज़माना हर्गिज़

अब तो यह शहर है इक क़ालिबे-बेजा[3] हमदम
कुछ यहां रहने की ख़ुशियां न मनाना हर्गिज़

दरे-मैख़ाना हुआ बन्द, सदा हो यह बलन्द
यां हरीफ़ाने - क़दह ख़्वार[4] न आना हर्गिज़

रही याराने - गुज़श्ता[5] की कहानी बाक़ी
यह तो भूला है, न भूलेगा फ़साना हर्गिज़

देहली-ए-मरहूम

ख़्वाजा अल्ताफ़ हुसैन 'हाली'

तज़किरा देहलि-ए-मरहूम का अय दोस्त न छेड़
न सुना जाएगा हम से यह फ़साना हर्गिज़

दास्तां गुल की ख़िज़ां[6] में न सुना अय बुलबुल
हंसते हंसते हमें ज़ालिम न रुलाना हर्गिज़

ढूंढता है दिले - शोरीदा[7] बहाने मुतरिब[8]
दर्द अंगेज़ ग़ज़ल कोई न गाना हर्गिज़

---

1. धरती को चमकानेवाले, 2. अन्धकारमय, 3. निर्जीव शरीर, 4. पीनेवालों के दुश्मन, 5. पुराने दोस्त, दोस्त जो गुज़र गए, 6. पतझड़, 7. परेशान दिल, 8. गायक।

सुहबतें अगली मुसव्विर हमें याद आयेंगी
कोई दिलचस्प मुरक़्क़ा[1] न दिखाना हर्गिज़

लेके दाग़ आयेगा सीने पे बहुत अय सैयाह
देख इस शहर के खंडरों में न जाना हर्गिज़

चप्पे चप्पे पे हैं यां गौहरे - यकता[2] तहे - ख़ाक[3]
दफ़्न होगा कहीं इतना न ख़ज़ाना हर्गिज़

मिट गए तेरे मिटाने के निशां भी अब तो
अय फ़लक[4] इससे ज़ियादा न मिटाना हर्गिज़

हमको गर तूने रुलाया तो रुलाया अय चर्ख़[5]
हमपे ग़ैरों को तू ज़ालिम न हंसाना हर्गिज़

कभी अय इल्मो - हुनर[6] घर था तुम्हारा दिल्ली
हम को भूले हो तो घर भूल न जाना हर्गिज़

शाइरी मर चुकी अब ज़िन्दा न होगी यारो
याद कर करके इसे जी न कुढ़ाना हर्गिज़

ग़ालिब-ओ-शेफ़्ता-ओ-नैयर-ओ-आज़ुर्दा-ओ-ज़ौक़
अब दिखाएगा यह शक्लें न ज़माना हर्गिज़

मोमिन-ओ-उलवी-ओ-सहबाई-ओ-ममनून के वाद
शेर का नाम न लेगा कोई दाना[7] हर्गिज़

कर दिया मर के यगानों ने यगाना[8] हमको
वरना यां कोई न था हम में यगाना हर्गिज़

---

1. चित्र, 2. बहुमूल्य मोती, 3. ख़ाक के नीचे, 4. आकाश, 5. आकाश, 6. ज्ञान और कला, 7. समझदार, 8. यकता, अद्वितीय।

दाग़ो-मजरूह को सुन लो कि फिर इस गुलशन में
न सुनेगा कोई बुलबुल का तराना हर्गिज़

रात आख़िर हुई और बज़्म हुई ज़ेरो ज़बर[1]
अब न देखोगे कभी लुत्फ़े - शबाना[2] हर्गिज़

बज़्मे - मातम[3] तो नहीं बज़्मे - सुख़न[4] है 'हाली'
यां मुनासिब नहीं रो रो के रुलाना हर्गिज़

1. अस्त-व्यस्त, 2. रात का आनन्द, 3. शोक सभा, 4. अदबी महफ़िल।

तीसरा अध्याय

(पहला भाग)

हुब्बे-वतन और एहसासे-गुलामी

हुब्बे-वतन[1]

मुहम्मद हुसैन आज़ाद

अय आफ़्ताबे - सुब्हे-वतन[2] ! तू किधर है आज
तू है किधर कि कुछ नहीं आता नज़र है आज

तुझ बिन जहां है आंखों में अन्धेर हो रहा
और इंतिज़ामे - दिल[3] ज़बर - ओ - ज़ेर[4] हो रहा

तुझ बिन सब अहले-दर्द[5] दिले-मुर्दा[6] हो रहे
और दिल के शौक़ सीनों में अफ़सुर्दा[7] हो रहे

ठंडे हैं क्यों दिलों में तिरे जोश हो गए
क्यों सब तिरे चराग़ हैं ख़ामोश हो गए

हुब्बे-वतन की जिंस[8] का है क़हतसाल[9] क्यों
हैरां हूं आजकल पड़ा है इसका काल क्यों

कुछ हो गया ज़माने का उलटा चलन यहां
हुब्बुल वतन के बदले है बुग़ज़ुल वतन[10] यहां

बिन तेरे मुल्के - हिन्द के घर बेचराग़ हैं
जलते एवज़[11] चराग़ के सीनों में दाग़ हैं

कब तक शबे-सियाह[12] में आलम तबाह[13] हो
अय आफ़्ताब[14] इधर भी करम[15] की निगाह हो

---

1. देशप्रेम, 2. देश के प्रभात के सूर्य, 3. दिल की व्यवस्था, 4. ऊपर-नीचे, अस्त-व्यस्त, 5. दर्द उठानेवाले, 6. उदास, मुरदा दिल, 7. उदासीन, 8. अनाज, वस्तु, 9. अकाल, 10. देश से द्वेष रखनेवाले, 11. बदले, 12. अंधेरी रात, काली रात, 13. बरबाद, 14. सूर्य, 15. दया।

आलम[1] से ताकि तीरा दिली[2] दूर हो तमाम[3]
और हिन्द तेरे नूर[4] से मामूर[5] हो मुदाम[6]

उल्फ़त[7] से गर्म सबके दिल हों सर्द हों बहम[8]
और जोकि हमवतन हों वह हमदर्द हों बहम

लबरेज़े - जोशे - हुब्बे - वतन[9] सब के जाम हों
सरशारे-ज़ौक़-ओ-शौक़,[10] दिले-ख़ास-ओ-आम हों[11]

हुब्बे-वतन

ख़्वाजा अल्ताफ़ हुसैन हाली

अय वतन ! अय मिरे बिहिश्ते-बरीं[12]
क्या हुए तेरे आस्मानो - ज़मीं
रात और दिन का वह समां न रहा
वह ज़मीं और वह आस्मां न रहा
सच बता तू सभी को भाता है ?
याकि मुझसे ही तेरा नाता है
मैं ही करता हूं तुझपे जां निसार[13]
याकि दुनिया है तेरी आशिक़ेज़ार[14]
क्या ज़माने को तू अज़ीज़[15] नहीं ?
अय वतन ? तू तो ऐसी चीज़ नहीं
जिन्नो-इंसान की हयात[16] है तू
मुर्ग़ो-माही[17] की कायनात[18] है तू
है नबातात[19] का नमू[20] तुझसे
रूख[21] तुझ बिन हरे नहीं होते

---

1. संसार, 2. दिल का मैल, दिल का अंधेरा, 3. ख़त्म, 4. प्रकाश, 5. परिपूर्ण, 6. हमेशा, 7. प्रेम, 8. परस्पर, 9. देशप्रेम के जोश से परिपूर्ण, 10. जौक़ शौक़ से परिपूर्ण 11. सब के दिल, 12. स्वर्ग, 13. न्योछावर, 14. प्रेमी, 15. प्रिय, 16. जीवन, 17. मछली, 18. ब्रह्माण्ड, 19. वनस्पति, 20. विकास, 21. वृक्ष।

सबको होता है तुझसे नश्वो-नुमा[1]
सबको भाती है तेरी आबो-हवा[2]
तेरी इक मुश्ते-ख़ाक[3] के बदले
न लूं हर्गिज़ अगर बिहिश्त[4] मिले
जान जब तक न हो बदन से जुदा
कोई दुश्मन न हो वतन से जुदा
बैठे बेफ़िक्र क्या हो हमवतनो !
उठो अहले-वतन के दोस्त बनो
तुम अगर चाहते हो मुल्क की ख़ैर[5]
न किसी हमवतन को समझो ग़ैर
हों मुसलमान इसमें या हिन्दू
बौद्ध मज़हब हो या कि हो ब्रहमू
सबको मीठी निगाह से देखो
समझो आंखों की पुतलियां सबको
मुल्क हैं इत्तिफ़ाक़[6] से आज़ाद
शहर हैं इत्तिफ़ाक़ से आज़ाद
हिन्द में इत्तिफ़ाक़ होता अगर
खाते ग़ैरों की ठोकरें क्योंकर
क़ौम जब इत्तिफ़ाक़ खो बैठी
अपनी पूंजी से हाथ धो बैठी
एक का एक हो गया बदख़्वाह[7]
लगी ग़ैरों की तुमपे पड़ने निगाह
फिर गए भाइयों से जब भाई
जो न आनी थी वह बला आई
पांव इक़बाल[8] के उखड़ने लगे
मुल्क पर सबके हाथ पड़ने लगे
कभी तूरानियों ने घर लूटा
कभी दुर्रानियों ने ज़र[9] लूटा
कभी नादिर ने क़त्ले - आम किया
कभी महमूद ने ग़ुलाम किया

---

1. प्रकटन, बढ़वार, 2. जलवायु, 3. मुट्ठी-भर धूल, 4. स्वर्ग, 5. कुशल, 6. एकता, 7. बुरा चाहनेवाला, 8. प्रताप, 9. सोना।

सबसे आख़िर में ले गयी बाज़ी
एक शाइस्ता[1] क़ौम मग़्रिब[2] की
मुल्क रौंदे गए हैं पैरों से
चैन किसको मिला है ग़ैरों[3] से
छोड़ो अफ़सुर्दगी[4] को जोश में आओ
बस बहुत सोए, उठो होश में आओ
क़ाफ़ले तुमसे बढ़ गए कोसों
रहे जाते हो सबसे पीछे क्यों
क़ाफ़लों से अगर मिला चाहो
मुल्क और क़ौम का भला चाहो
गर रहा चाहते हो इज़्ज़त से
भाइयों को निकालो ज़िल्लत[5] से
क़ौम का मुब्तज़ल[6] है जो इंसां
बेहक़ीक़त है गर्चे है सुल्तां
क़ौम दुनिया में जिसकी हो मुम्ताज़[7]
है फ़क़ीरी में भी वह बाएजाज़[8]
इज़्ज़ते-क़ौम चाहते हो अगर
जाके फैलाओ उनमें इल्मो-हुनर[9]
ज़ात का फ़ख़्र और नसब का ग़ुरूर
उठ गए अब जहां से यह दस्तूर
अब न सैयद का इफ़्तिख़ार[10] सही
न बरहमन को शूद्र पर तर्जीह[11]
क़ौम की इज़्ज़त अब हुनर से है
इल्म से याकि सीमो-ज़र[12] से है
कोई दिन में वह दौर आयेगा
बेहुनर भीख तक न पाएगा
न रहेंगे सदा यही दिन रात
याद रखना हमारी आज की बात
गर नहीं सुनते क़ौल 'हाली' का
फिर न कहना कि कोई कहता था

1. सभ्य, सुशील, 2. पश्चिम, 3. दुश्मन, पराए, 4. उदासीनता, 5. अपमान, 6. नीच, अधम, 7. श्रेष्ठ, 8. विलक्षण, 9. ज्ञान और शिल्प, 10. गर्व, 11. श्रेष्ठता, 12. सोना-चांदी।

आज़ादी की क़द्र

ख़्वाजा अल्ताफ़ हुसैन 'हाली'

एक हिन्दी ने कहा हासिल है आज़ादी जिन्हें
क़द्रदां उनसे बहुत बढ़कर हैं आज़ादी के हम

हम कि ग़ैरों के सदा महकूम[1] रहते आये हैं
क़द्र आज़ादी की जितनी हमको हो उतनी है कम

आफ़ियत[2] की क़द्र होती है मुसीबत में सिवा[3]
बेनवा[4] को है ज़ियादा क़द्रे-दीनार-ओ-दिरम[5]

तारिफिल अशियाए-बिल अज़दाद[6] है क़ौले-हकीम
देगा क़ैदी से ज़ियादा कौन आज़ादी पे दम

सुन के इक आज़ाद ने यह लाफ़[7] चुपके से कहा
है सुक़र[8] मोरी के कीड़े के लिए बाग़े-इरम[9]

इंग्लिस्तान की आज़ादी और हिन्दुस्तान की गुलामी

ख़्वाजा अल्ताफ़ हुसैन 'हाली'

कहते हैं आज़ाद हो जाता है जब लेता है सांस
यां गुलाम आकर, करामत है यह इंग्लिस्तान की

इसकी सरहद में गुलामों ने जो है रक्खा क़दम
और कटकर पांव से इक इक के बेड़ी गिर पड़ी

---

1. गुलाम, 2. शान्ति, कुशलता, 3. अधिक, 4. दरिद्र, 5. रुपए-पैसे की क़द्र, 6. चीज़ें प्रतिकूलता से पहचानी जाती हैं, 7. ताना, व्यंग्य, 8. नर्क, दोज़ख, 9. स्वर्ग का बाग़।

क़ल्बे-माहीयत[1] में इंग्लिस्तान है गर कीमिया[2]
कम नहीं कुछ क़ल्बे-माहीयत में हिन्दुस्तान भी

आन कर आज़ाद, यां आज़ाद रह सकता नहीं
वह रहे होकर ग़ुलाम, उसकी हवा जिनको लगी

अच्छा ज़माना आनेवाला है

इस्माईल मेरठी

तनेगा मसर्रत[3] का अब शामियाना
बजेगा महब्बत का नक़्क़ारख़ाना
हिमायत का गाएंगे मिलकर तराना
करो सब्र आता है अच्छा ज़माना

न हम रौशनी दिन की देखेंगे लेकिन
चमक अपनी दिखालाएंगे अब भले दिन
रुकेगा न आलम तरक़्क़ी किए बिन
करो सब्र आता है अच्छा ज़माना

हर इक तोप सच की मददगार होगी
ख़यालात की तेज़ तलवार होगी
इसी पर फ़क़त जीत और हार होगी
करो सब्र आता है अच्छा ज़माना

ज़बाने-क़लम[4] सैफ़[5] पर होगी ग़ालिब
दबेंगे न ताक़त से फिर हक़ के तालिब[6]
कि महकूमे-हक़ होगा दुनिया का तालिब
करो सब्र आता है अच्छा ज़माना

1. परिवर्तन, 2. रसायन, 3. ख़ुशी, 4. क़लम की ज़बान, 5. तलवार, 6. सत्य पर मरनेवाले।

ज़माना नसब को न पूछेगा है क्या
मगर वस्फ़े - ज़ाती[1] का डंका बजेगा
इसी को बड़ा सबसे मानेगी दुनिया
करो सब्र आता है अच्छा ज़माना

लड़ाई को इंसान समझेंगे डायन
तफ़ाख़ुर[2] पे होगी न क़ौमों में अनबन
मशीख़त[3] की ख़ातिर उड़ेगी न गर्दन
करो सब्र आता है अच्छा ज़माना

अक़ीदों[4] की मिट जाएगी जब रक़ाबत[5]
मज़ाहिब[6] को होगी तअस्सुब[7] से फ़ुर्सत
मगर इनकी बढ़ जाएगी और ताक़त
करो सब्र आता है अच्छा ज़माना

करें सब मदद एक की एक मिलकर
यही बात वाजिब[8] है हर मर्दो-ज़न[9] पर
लगे हाथ सबका तो उठ जाए छप्पर
करो सब्र आता है अच्छा ज़माना

कोराना अंग्रेज़परस्ती[10]

इस्माईल मेरठी

रहा वह जरगा[11] जिसे चर गयी है अंग्रेज़ी
सो वां ख़ुदा की ज़रूरत न अम्बिया[12] दरकार

वह आंख मीच के बरखुद ग़लत बने ऐसे
कि एशिया की हर इक चीज़ पर पड़ी धितकार

1. निजी गुण, 2. अभिमान, गर्व, 3. श्रेष्ठता, गुरुत्व, 4. विश्वास, 5. दुश्मनी, 6. धर्म (बहुवचन), 7. संकीर्णता, 8. उचित, 9. नर-नारी, 10. अंधी अंग्रेज़-भक्ति, 11. समूह, 12. नबी।

जो पोशिशों[1] में है पोशिश तो पस दरीदा[2] कोट
सवारियों में सवारी तो दुम कटा रहवार[3]

जो अर्दली में है कुत्ता तो हाथ में इक बेत
बजाते जाते हैं सीटी सुलग रहा है सिगार

वह अपने आपको समझे हुए हैं जंटलमैन
और अपनी क़ौम के लोगों को जानते हैं गंवार

न कुछ अदब है न अख़्लाक़,[4] न ख़ुदातरसी[5]
गए हैं इनके ख़यालात सब समन्दर पार

वह अपने ज़ोम[6] में लिब्रल हैं या रेडिकल हैं
मगर हैं क़ौम के हक़ में बसूरते-अग़ियार[7]

न इंडियन में रहे वह न वह बने इंग्लिश
न इनको चर्च में आनर न मस्जिदों में बार

न कोई इल्म न सिफ़त न कुछ हुनर न कमाल
तमाम क़ौम के सर पर सवार है अदबार[8]

जल्वः-ए-देहली-दरबार*

अकबर इलाहाबादी

सर में शौक़ का सौदा देखा
देहली को हमने भी जा देखा
जो कुछ देखा अच्छा देखा
क्या बतलाएं क्या-क्या देखा

---

1. वस्त्र, 2. फटा हुआ, 3. घोड़ा, 4. नैतिकता, 5. दया, 6. घमंड, 7. दुश्मन के रूप में, 8. दुर्दशा, दुर्भाग्य।

*पहली जनवरी सन् 1901 को एडवर्ड सप्तम के जश्ने-ताजपोशी के सिलसिले में यह दरबार हुआ था। जश्न में एडवर्ड ने शिरकत नहीं की थी। उनके नुमाइन्दे के तौर पर ड्यूक ऑफ़ कनाट शरीक हुए थे।

जमुनाजी के पाट को देखा
अच्छे सुधरे घाट को देखा
सबसे ऊंचे लाट को देखा
हज़रत डियुक कनाट को देखा

पलटन और रिसाले देखे
गोरे देखे काले देखे
संगीनें और भाले देखे
बैंड बजाने वाले देखे

ख़ेमों[1] का इक जंगल देखा
इस जंगल में मंगल देखा
बरमहा और वरंगल देखा
इज़्ज़तख़्वाहों[2] का दंगल देखा

कुछ चेहरों पर मर्दी देखी
कुछ चेहरों पर ज़र्दी देखी
अच्छी ख़ासी सर्दी देखी
दिल ने जो हालत कर दी देखी

अच्छे अच्छों को भटका देखा
भीड़ में खाते झटका देखा
मुंह को अगर्चे लटका देखा
दिल दरबार से अटका देखा

हाथी देखे भारी भरकम
उनका चलना कम कम थम थम
ज़र्री[3] झूलें, नूर[4] का आलम
मीलों तक वह चम चम चम चम

सुर्ख़ी सड़क पर कुटती देखी
सांस भी भीड़ में घुटती देखी
आतिशबाज़ी छुटती देखी
मुफ़्त की दौलत लुटती देखी

एक का हिस्सा मन-ओ-सलवा[5]
एक का हिस्सा थोड़ा हल्वा

1. तम्बू, 2. मान चाहनेवाले, 3. सुनहरी, 4. प्रकाश, 5. स्वर्ग का भोजन।

एक का हिस्सा भीड़ और बल्वा
मेरा हिस्सा दूर का जल्वा
औज[1] ब्रिटिश राज का देखा
परतौ[2] तख़्त-ओ-ताज का देखा
रंगे - ज़माना आज का देखा
रुख़ कर्ज़न महाराज का देखा
पहुंचे फांद के सात समन्दर
तहत में उनके लाखों बन्दर
हिक्मत-ओ-दानिश इनके अन्दर
अपनी जगह हर एक सिकन्दर
औजे - बख़्त मुलाकी[3] उनका
चर्ख़े - हफ़्त तबाक़ी[4] उनका
महफ़िल उनकी साक़ी उनका
आंखें मेरी बाक़ी उनका

ब्रिटिश राज*

अकबर इलाहाबादी

बहुत ही उम्दा है अब हमनशीं ब्रिटिश राज
कि हर तरह के ज़वाबित[5] भी हैं उसूल भी हैं

जो चाहे खोल ले दरवाज़ः-ए-अदालत को
कि तेल पेच में है ढीली इसकी चूल भी है

निगाह करते हैं हाकिम बहुत तअम्मुक़[6] से
तुम्हारी अर्ज़ में गो कुछ ज़ियादा तूल[7] भी है

1. उत्थान, 2. प्रतिबिम्ब, 3. मुलाकात करनेवाला, 4. सात परत का आसमान, 5. ज़ाब्ते, 6. चिन्तन, ध्यान, 7. लम्बाई।

* नोट : अंग्रेज़ी राज पर एक तंज़िया नज़्म की हैसियत है।

जगह भी मिलती है कौंसिल में आनरेबुल की
जो इल्तमास[1] हो उम्दा तो वह क़बूल[2] भी है

तरह तरह के बना लो लिबासे-रंगारंग
अलावा रूई के, रेशम भी और वूल भी है

चमक दमक की वह चीज़ें हैं हर तरफ़ फैलीं
कि महवे-दीद[3] है ख़ातिर[4] अगर मलूल[5] भी है

अंधेरी रात में जंगल में है अयां[6] इंजन
कि जिसको देख के हैरान चश्मे-गोल[7] भी है

शिगुफ़्ता[8] पार्क हैं हर सम्त रहरवों[9] के लिए
नज़र नवाज़ है पत्ती, हसीन फूल भी है

जब इतनी नेमतें मौजूद हैं यहां अकबर
तो हर्ज क्या है अगर एक डैमफ़ूल भी है

देहली दरबार*

अकबर इलाहाबादी

देख आये हम भी दो दिन रह के देहली की बहार
हुक्मे - हाकिम से हुआ था इज्तमाए - इंतिशार[10]

आदमी और जानवर और घर मुज़य्यन[11] और मशीन
फूल और सब्ज़ा, चमक और रौशनी, रेल और तार

---

1. प्रार्थना, अनुरोध, 2. स्वीकार, 3. देखने में लीन, 4. दिल, 5. उदास, 6. प्रकट, 7. प्रेत की आंख, 8. ताज़ा, 9. मुसाफ़िर, राहगीर, 10. व्याकुलता का जमघट, 11. सुसज्जित।

*यह दरबार 1911 में जार्ज पंचम के जश्ने-ताजपोशी के मौक़े पर हुआ था जिसमें ख़ुद जार्ज और उसकी मलिका मेरी ने शिरकत की थी।

कैरोसिन और बर्क़[1] और पेट्रोलियम और तारपीन
मोटर, ऐरोप्लेन और जमघटे और इक़्तिदार[2]

मश्क़िी पतलून में थी ख़िदमत गुज़ारी की उमंग
मग़्रिबी[3] शक्लों से शाने-ख़ुद पसन्दी आशकार[4]

शौकत - ओ - इक़्बाल[5] के मर्क़ज़[6] हुज़ूरे इम्परर[7]
ज़ीनत - ओ - दौलत[8] की देवी इम्परस आली तबार[9]

बहरे - हस्ती[10] ले रहा था बेदरेग़ अंगड़ाइयां
टेम्ज़ की अम्वाज[11] जमना से हुई थी हमकनार

इंक़िलाबे-दहर के रंगीन नक़्शे पेश थे
थी पै अहले-बसीरत[12] बाग़े-इब्रत[13] में बहार

ज़र्रे वीरानों से उठे थे तमाशा देखने
चश्मे - हैरत[14] बन गयी थी गर्दिशे - लैलो - नहार[15]

मस्लिहत आमेज़[16] हर तर्ज़ो - तरीक़े - इंतिज़ाम[17]
हिक्मत आगीं हर अदाए - हाकिमाने - नामदार

जामे से बाहर निगाहे - नाज़ फ़ातेहाने - हिन्द[18]
हदे - क़ानूनी के अन्दर आनरेबुलों की क़तार

ख़र्च का टोटल दिलों में चुटकियां लेता हुआ
फ़िक्रे - ज़ाती में ख़याले - क़ौम ग़ायब फ़िलमज़ार

---

1. बिजली, 2. आधिपत्य, 3. पश्चिमी, 4. प्रकट, 5. शान-शौकत, 6. केन्द्र, 7. सम्राट, 8. शोभा और सम्पत्ति, 9. श्रेष्ठ कुल की सम्राज्ञी, 10. हस्ती का समुद्र, 11. मौजें, 12. समझदार लोग, 13. शिक्षा का बाग़, 14. आश्चर्य की आंख, 15. सुबह-शाम का चक्र, 16. शिक्षाप्रद, 17. व्यवस्था का नियम, 18. भारत के विजेताओं की गर्व-भरी निगाह।

दावतें, इनाम, स्पीचें, क़वाअद,[1] फ़ौज, कैम्प
इज़्ज़तें, ख़ुशियां, उमीदें, एहतियातें,[2] एतबार[3]

पेश रौ[4] शाही थी, फिर हिज़ हाईनिस, फिर अहले-जाह
बाद इसके शेख़ साहब उनके पीछे ख़ाकसार

शुआ-ए-उमीद

डॉ. मुहम्मद इक़बाल

सूरज ने दिया अपनी शुआओं को यह पैग़ाम
दुनिया है अजब चीज़ कभी सुबह कभी शाम
मुद्दत से तुम आवारा हो पहनाए - फ़ज़ा[5] में
बढ़ती ही चली जाती है बेमहरिए - ऐयाम[6]
ने रेत के ज़र्रों पे चमकने में है राहत[7]
ने मिस्ले - सबा[8] तौफ़े - गुलो - लाला[9] में आराम
फिर मेरे तजल्ली कदः-ए-दिल[10] में समा जाओ
छोड़ो चमनिस्तानो - बयाबानो - दरो - बाम

आफ़ाक़[11] के हर गोशे से उठती हैं शुआएं[12]
बिछड़े हुए ख़ुर्शीद[13] से होती हैं हमआग़ोश[14]
इक शोर है मग़्रिब[15] में उजाला नहीं मुमिकन
अफ़रंग मशीनों के धुएं से है सियहपोश[16]
मश्रिक़[17] नहीं गो लज़्ज़ते - नज़्ज़ारा[18] से महरूम[19]
लेकिन सिफ़ते - आलमे - लाहूत[20] है ख़ामोश
फिर हमको इसी सीनः-ए-रौशन में छुपा ले
अय महरे-जहां ताब,[21] न कर हमको फ़रामोश[22]

1. परेड, 2. सावधानी, 3. विश्वास, 4. आगे-आगे, 5. वातावरण, शून्य का विस्तार, 6. ज़माने की निर्दयता, 7. सुख, 8. प्रातः-समीर की भांति, 9. फूलों का चक्र, 10. दिल का तजल्ली घर, 11. संसार क्षितिज (ब. व.), 12. किरणें, 13. सूरज, 14. आलिंगन में लेना, 15. पश्चिम, 16. काले, 17. पूर्व, 18. दृश्य का आनन्द, 19. वंचित, 20. शून्य, 21. संसार को प्रकाशमान करनेवाला सूरज, 22. भूलना।

इक शोख़ किरन, शोख़ मिसाले-निगाहे-हूर[1]
आराम से फ़ारिग़ सिफ़ते - जौहरे - सीमाब[2]
बोली कि मुझे रुख़्सते - तनवीर[3] अता हो
जब तक न हो मश्रिक़ का हर इक ज़र्रा जहांताब[4]
छोड़ूंगी न मैं हिन्द की तारीक फ़ज़ा[5] को
जब तक न उठें ख़्वाब से मर्दाने - गरां ख़्वाब[6]
ख़ावर[7] की उमीदों का यही ख़ाक है मर्कज़[8]
इक़बाल के अश्कों से यही ख़ाक है सैराब[9]
चश्मे-मह-ओ-परवीं[10] है इसी ख़ाक से रौशन
यह ख़ाक कि है जिसका हज़फ़रेज़ा[11] दुरे-नाब[12]
इस ख़ाक से उठे हैं वह ग़व्वासे-मआनी[13]
जिनके लिए हर बहरे-पुर-आशोब[14] है पायाब[15]
जिस साज़ के नग़्मों से हरारत[16] थी दिलों में
महफ़िल में वही साज़ है बेगानाए - मिज़्राब[17]
बुतख़ाने के दरवाज़े पे सोता है बिरहमन
तक़दीर को रोता है मुसलमां तहे-महराब[18]
मश्रिक़ से हो बेज़ार न मग़्रिब से हज़र[19] कर
फ़ितरत का तक़ाज़ा है कि हर शब को सहर कर

---

1. अप्सरा की निगाह, 2. पारे के जौहर की तरह, 3. चमक की रुख़्सत, 4. संसार को प्रकाश देनेवाला, 5. अन्धकारमय वातावरण, 6. निद्राग्रस्त मर्द, 7. पूर्व, 8. केन्द्र, 9. तृप्त, हरा-भरा, 10. परवीन और चन्द्रमा की आंख, 11. कण, 12. मोती, 13. अर्थ के मोती निकालनेवाले, 14. तूफ़ान से पूर्ण समुद्र, 15. उथला, 16. गर्मी, 17. मिज़्राब से अपरिचित, 18. मेहराब के नीचे, 19. परहेज़।

(दूसरा भाग)

मुसलमानों में अंग्रेज़-दुश्मनी का जज़्बा

शहर आशोबे-इस्लाम*

शिबली नोमानी

हुकूमत पर ज़वाल[1] आया तो फिर नामो-निशां कब तक
चराग़े - कुश्तः - ए - महफ़िल[2] से उट्ठेगा धुआं कब तक

क़बाए - सल्तनत[3] के गर फ़लक[4] ने कर दिए पुर्ज़े[5]
फ़ज़ाए - आस्मानी से उड़ेंगी धज्जियां कब तक

मराक़श जा चुका, फ़ारस गया, अब देखना यह है
कि जीता है यह टर्की का मरीज़े - सख़्त जां कब तक

यह सैलाबे - बला बल्क़ान से जो बढ़ता आता है
इसे रोकेगा मज़लूमों की आहों का धुआं कब तक

यह वह हैं, नालः-ए-मज़लूम[6] की लै जिनको भाती है
यह राग उनको सुनाएगा यतीमे-नातवां[7] कब तक

कोई पूछे कि अय तहज़ीबे - इंसानी के उस्तादो !
यह ज़ुल्म आराइयां ताके, यह हश्र अंगेज़ियां कब तक

यह माना तुमको तल्वारों की तेज़ी आज़मानी है
हमारी गर्दनों पर होगा इसका इम्तिहां कब तक

---

1. पतन, 2. महफ़िल में बुझनेवाला चराग़, 3. हुकूमत का लिबास, 4. आकाश, 5. टुकड़े-टुकड़े, 6. पीड़ित का आर्तनाद, 7. अनाथ, दुर्बल।

*यह नज़्म मौलाना शिबली ने लखनऊ के एक आम जलसे में, जो टर्की की फ़राहमिए-चन्दा के लिए हुआ था, पढ़ी, ख़ुद भी रोए और दूसरों को भी रुलाया—मालूम होता था कि यह भी लखनऊ की कोई मातमी मज्लिस हो। (हयाते-शिबली, पृष्ठ 592)

निगारिस्ताने - ख़ूं[1] की सैर गर तुमने नहीं देखी
तो हम दिखलाएं तुमको ज़ख़्म हाए - ख़ूंचकां[2] कब तक

यह माना गर्मिए - महफ़िल के सामां चाहिएं तुमको
दिखाएं हम तुम्हें हंगामः-ए-आह-ओ-फ़ुग़ां[3] कब तक

यह माना क़िस्सः-ए-ग़म से तुम्हारा दिल बहलता है
सुनाएं तुमको अपने दर्दे-दिल की दास्तां कब तक

यह माना तुमको शिकवा है फ़लक से ख़ुश्कसाली[4] का
हम अपने ख़ून से सींचें तुम्हारी खेतियां कब तक

उरूसे-बख़्त[5] की ख़ातिर तुम्हें दरकार है अफ़शां[6]
हमारे ज़र्रःहा - ए - ख़ाक होंगे ज़र फ़शां[7] कब तक

कहां तक लोगे हमसे इंतिक़ामे - फ़तहे - अय्यूबी[8]
दिखाओगे हमें जंगे - सलीबी[9] का समां कब तक

समझकर यह कि धुंदले से निशाने - रफ़्तगां[10] हम हैं
मिटाओगे हमारा इस तरह नामो - निशां कब तक

ज़वाले - दौलते उस्मां[11] ज़वाले - शरओ - मिल्लत[12] है
अज़ीज़ो फ़िक्रे-फ़र्ज़न्द-ओ-अयाल-ओ-ख़ानमां[13] कब तक

ख़ुदारा तुम यह समझे भी कि यह तैयारियां क्या हैं
न समझे अब तो फिर समझोगे तुम यह चीस्तां[14] कब तक

परस्ताराने - ख़ाके - काबा[15] दुनिया से अगर उट्ठे
तो फिर यह एहतरामे-सज्दागाहे-क़ुदसियां[16] कब तक

---

1. ख़ून की चित्रशाला, 2. ख़ून में डूबे हुए ज़ख़्म, 3. आर्तनाद का हंगामा, 4. सूखा, 5. भाग्य की दुल्हन, 6. चमक, सिन्दूर, 7. सोना बिखेरनेवाले, 8. अय्यूबी विजय का बदला (ईसाइयों और मुसलमानों के बीच हुई लड़ाई में मुसलमानों की जीत), 9. ईसाइयत के लिए लड़ी जानेवाली जंगें, 10. गुज़रनेवालों के चिह्न, 11. तुर्कों की दौलत का पतन, 12. धार्मिक नियमों का पतन, 13. घर, औलाद और बेटे की चिन्ता, 14. पहेली, 15. काबे की धूल के परस्तार, 16. उस जगह का आदर जहां फ़रिश्ते सज्दा करते हों।

बिखरते जाते हैं शीराज़ः - ए - औराक़े - इस्लामी[1]
चलेंगी तुन्द बादे - कुफ़्र[2] की यह आंधियां कब तक

कहीं उड़कर यह दामाने-हरम[3] को भी न छू आये
ग़ुबारे - कुफ़्र[4] की यह बेमुहाबा शोख़ियां कब तक

हरम की सम्त भी सद अफ़्ग़नों[5] की जब निगाहें हैं
तो फिर समझो कि मुर्ग़ाने - हरम[6] का आशियां कब तक

जो हिज्रत करके भी जायें तो 'शिबली' अब कहां जायें
कि अम्नो-अमाने-शामो-नजदो-क़ीरवां कब तक

हज़रत रिसालत मआब में

डॉ. मुहम्मद इक़बाल

गरां[7] जो मुझपे यह हंगामः-ए-ज़माना[8] हुआ
जहां से बान्ध के रख़्ते-सफ़र रवाना हुआ

क़ैदे - शामो - सहर[9] में बसर तो की लेकिन
निज़ामे-कुहनः-ए-आलम[10] से आशना न हुआ

फ़रिश्ते - बज़्मे - रिसालत[11] में ले गए मुझको
हुज़ूरे - आयः - ए - एहमत[12] में ले गए मुझको

कहा हुज़ूर ने अय अन्दलीबे - बाग़े - हिजाज़[13] !
कली कली है तिरी गर्मिए - नवा[14] से गुदाज़

---

1. इस्लामी औराक़ का शीराज़ा, 2. कुफ़्र की तीव्र हवा, 3. हरम का दामन, 4. कुफ़्र का ग़ुबार, 5. सैकड़ों अफ़्ग़न, 6. हरम के पक्षी, 7. कठिन, महंगा, 8. ज़माने का हंगामा, 9. सुबह-शाम की क़ैद, 10. प्राचीन संसार का विधान, 11. हज़रत मुहम्मद सलअम के सामने, 12. रसूल अल्लाह के हुज़ूर में, 13. हिजाज़ के बाग़ के बुलबुल, 14. आवाज़ की गर्मी।

हमेशा सरख़ुशे - जामे - विला[1] है दिल तेरा
फ़ुतादगी[2] है तिरी ग़ैरते - सजूद - ओ - नियाज़[3]

उड़ा जो पस्तिए - दुनिया[4] से तो सरे गर्दूं[5]
सिखाई तुझको मालाइक[6] ने रफ़अते - परवाज़[7]

निकल के बाग़े - जहां से बरंगे - बू आया
हमारे वास्ते क्या तुहफ़ा लेके तू आया

हुज़ूर ! दहर में आसूदगी[8] नहीं मिलती
तलाश जिसकी है वह ज़िन्दगी नहीं मिलती

हज़ार लाला - ओ - गुल हैं रियाज़े - हस्ती[9] में
वफ़ा की जिसमें हो बू वह कली नहीं मिलती

मगर मैं नज़्र[10] को इक आबगीना[11] लाया हूं
जो चीज़ इसमें है जन्नत में भी नहीं मिलती

झलकती है तिरी उम्मत[12] की आबरू इसमें
तराबलस के शहीदों का है लहू इसमें

बेदारिए-इस्लाम

हसरत मोहानी

क़ब्ज़:-ए-यसरब[13] का सौदा दुश्मनों के सर में है
अब तो इंसाफ़ इस सितम का दस्ते-पैग़म्बर[14] में है

---

1. मुहब्बत के जाम से मसरूर, 2. पतन, 3. सजदों और श्रद्धा की लज्जा, 4. दुनिया की गहराई, 5. आकाश पर, 6. फ़रिश्ते, 7. उड़ान की ऊंचाई, 8. सन्तोष, 9. अस्तित्व का बाग़, 10. भेंट, 11. शीशे का जाम, 12. अनुयायी, 13. मक्के मदीने पर अधिकार करने की धुन, 14. पैग़म्बर के हाथ।

जौरे - योरप[1] है बिनो[2] बेदारिए - इस्लाम[3] की
ख़ैर है दरअस्ल यह बा आंकि शक्ले-शर[4] में है

ख़ातिरे-अफ़सुर्दा[5] में बाक़ी है अब तक यादे-इश्क़
गर्मिए-आतिश[6] हनोज़[7] इस मुश्ते-ख़ाकस्तर[8] में है

क़िल्लते-अफ़वाजे-टर्की[9] पर न हो इटली दिलेर[10]
एक है सौ के लिए काफ़ी जो इस लश्कर में है

अब ख़ुदा चाहे तो 'हसरत' जल्द होता है बलन्द
रायते-हुर्रियत-ओ-हक़[11] तो कफ़े अनवर[12] में है

तकाज़ाए-ग़ैरत

हसरत मोहानी

ग़ज़ब है कि पाबन्दे - अग़ियार[13] होकर
मुसल्मान रह जाए यूं ख़्वार[14] होकर

समझते हैं सब अहले-मग़्रिब[15] की चालें
मगर फिर भी बैठे हैं बेकार होकर

तक़ाज़ाए - ग़ैरत[16] यही है अज़ीज़ो
कि हम भी रहें इनसे बेज़ार होकर

अभी हमको समझे नहीं अहले-मग़्रिब
बता दो इन्हें गर्म पैकार[17] होकर

---

1. यूरोप के अत्याचार, 2. कारण, 3. इस्लाम की जागृति, 4. बदी की सूरत में, 5. दुखी दिल, 6. आग की गर्मी, 7. अभी तक, 8. मुट्ठी-भर ख़ाक, 9. तुर्की की फ़ौजों की कमी, 10. बहादुर, 11. आज़ादी और सत्य का झंडा, 12. अनवर के हाथ में, 13. ग़ैरों के पाबन्द, 14. अपमानित, 15. पश्चिमी लोग (अंग्रेज़), 16. आत्मसम्मान का तक़ाज़ा, 17. युद्ध करके।

फ़रेब-ओ-दग़ा के मुक़ाबले में तुम भी
निकल आओ बेरहम ख़ूंख़्वार होकर

कहीं सुलह-ओ-नर्मी[1] से रह जाए देखो
न यह उक़्दः-ए-जंग[2] दुश्वार होकर

वह हमको समझते हैं अहमक़ जो 'हसरत'
वफ़ा के हैं तालिब दिल आज़ार होकर

चल बल्क़ान चल

सैयद हाशमी फ़रीदाबादी

ता ब कै रुख़ ज़र्द[3] आंखें ख़ूंचकां[4], दिल मुज़महिल[5]
ता ब कै साज़े-जुनूं[6] मुश्ताक़े-आहंगे-अमल[7]
दावः-ए-ईमान रखता है तो अय मोमिन निकल
शम्मा ग़ैरत[8] का है गर बाक़ी तो चल बल्क़ान चल

जान से लाखों गुनी महंगी है तेरी आबरू
हो फ़ना, गर है बक़ाए जाविदां[9] की आरज़ू
सोगवारी हाए-ज़ाहिर[10] की न कर तल्क़ीन[11] तू
शम्मा ग़ैरत का है गर बाक़ी तो चल बल्क़ान चल

छोड़ दे बेरूह लोगों के लिए यह एतिदाल[12]
मौत हासिल कर कि जो इस ज़िन्दगी का है मआल[13]
मुश्किलें किसकी ? कहां की रोक और कैसा मआल
लुत्फ़ मरने का अगर चाहे तो चल, बल्क़ान चल

---

1. समझौता और विनम्रता, 2. युद्ध की समस्या, 3. पीला चेहरा, 4. ख़ून टपकाती हुई आंखें, 5. उदास दिल, 6. उन्माद का वाद्य, 7. अमल और आवाज़ का इच्छुक, 8. थोड़ी-सी ग़ैरत, 9. अस्तित्व की अमरता, 10. प्रत्यक्ष शोक, 11. उपदेश, 12. समता, संतुलन, 13. हासिल. प्राप्ति।

ता कुजा यकसां रवी[1] अब सुन पयामे - इंक़िलाब
छोड़ बेरंगी सुकूं की, हो रहीने - इज़्तिराब[2]
वह भी क्या मरना कि ख़ुद फ़ितरत तुझे दे दे जवाब
लुत्फ़ मरने का अगर चाहे तो चल बल्क़ान चल

कारफ़र्माई

सैयद हाशमी फ़रीदाबादी

बहुत समझा किया मैं सब्रो-ख़ामोशी को दानाई[3]
बहुत कहता रहा कुछ न कर सकने को शकीबाई[4]

बहुत दिन ज़िल्लतों[5] को मस्लिहत[6] जाना किया लेकिन
बस अब अय हमनशीं ! मेरी तबीअत जोश पर आई

मिरे हर सांस से इक इंक़िलाबे - हुर्रियत[7] उट्ठा
मिरे इक एक रोएं ने हमीयत[8] की क़सम खाई

ब यक हेजाने - ख़ूं[9] पारा हुआ मल्बूसे - नामर्दी[10]
मुझे ख़ुद एतमादी[11] ने पिन्हाया ताजे - दाराई[12]

बस अब मैं अपने मुल्के-नफ़्स[13] का सुल्ताने-मुतलक़[14] हूं
बस अब है आज से आग़ाज़ मेरी कारफ़र्माई

---

1. एक जैसा बहना, 2. बेचैन, 3. बुद्धिमानी, 4. सन्तोष, 5. अपमान, 6. दूरदर्शिता, 7. आज़ादी का इंक़िलाब, 8. लज्जा, गैरत, 9. ख़ून का हेजान, 10. नामर्दी से सना हुआ, 11. आत्मविश्वास, 12. दारा का ताज, 13. सांसों का देश, 14. निरंकुश सम्राट।

इंक़िलाबे-चर्ख़े-गर्दूं[1]

शिबली नोमानी

तुम्हारा दर्दे - दिल समझेंगे क्या हिन्दोस्तां वाले
कि तुमने वह मज़ालिम-हाए-गोनागों[2] भी देखे हैं

यतीमों[3] के सुने हैं नाला हाए जां गुज़ा[4] तुमने
ज़माने-बेनवा[5] के चेहरः-ए-महज़ूं[6] भी देखे हैं

घरों को लूटने के बाद ज़िन्दों को जला देना
बलादे-मग़्रिबी[7] के यह नए क़ानूं भी देखे हैं

मुसलमानों के क़त्ले - आम और तुर्कों की बरबादी
नताइज[8] हाए - उमीद ग्लैडस्टों भी देखे हैं

तुम्हीं ने ग़ाज़ियों[9] के जिस्म पर टांके लगाए हैं
शहीदाने-वतन के जामः-ए-पुर[10] ख़ूं भी देखे हैं

तुम्हारी चश्मे-इब्रतगीर[11] ख़ुद हमसे यह कहती है
कि हमने वह मसाइब हाए - गोनागूं[12] भी देखे हैं

लहू की चादरें देखी हैं रुख़्सारे - शहीदां[13] पर
ज़मीं पर पारा हाए-सीनः-ए-पुरख़ूं[14] भी देखे हैं

निगार-आराईयां[15] देखी हैं चश्मे-गौहर-अफ़शां[16] की
शहीदाने-वफ़ा के आरिज़े-गुलगूं[17] भी देखे हैं

---

1. आकाश-चक्र की क्रान्ति, 2. विभिन्न प्रकार के अत्याचार, 3. अनाथ, 4. जानलेवा आर्तनाद, 5. दरिद्र ज़माना, 6. बीमार, दुखी चेहरे, 7. पश्चिम के शहर, 8. नतीजे, 9. धर्म-योद्धा, 10. ख़ून में डूबे हुए कपड़े, 11. सबक़ देनेवाली आंख, 12. विभिन्न प्रकार की मुसीबतें, 13. शहीदों के चेहरों पर, 14. ख़ून में डूबे हुए दिल के टुकड़े, 15. सजावट, 16. मोती जैसी चमकवाली आंखें, 17. फूल जैसे कपोल।

तुम्हीं से कुछ पता मिलता है शैदायाने-मिल्लत[1] का
कि तुमने शाहिदे-इस्लाम के मफ़्तूं भी देखे हैं

जुनूने-जोशे-इस्लामी कोई समझा तो तुम समझे
कि तुमने लैलः-ए-इस्लाम के मजनूं भी देखे हैं

सहारा है अगर उम्मीद का अब भी कोई बाक़ी
तो तुमने वह रमूज़े-क़ूवते-मकनूं[2] भी देखे हैं

अजब क्या है यह बेड़ा ग़र्क़ होकर फिर उछल आये
कि हमने इंक़िलाबे-चर्ख़े-गर्दूं[3] यूं भी देखे हैं

दुआए - कुहना सालां[4] है अगर मक़बूले - यज़दानी[5]
तो अब दस्ते - दुआ[6] है और यह शिबलीए - नोमानी *

मारक:-ए-कानपूर

शिबली नोमानी

कल मुझको चन्द लाशः - ए - बेजां[7] नज़र पड़े
देखा क़रीब जाके तो ज़ख़्मों से चूर हैं

कुछ तिफ़्ले - ख़ुर्द साल[8] हैं जो चुप हैं ख़ुद मगर
बचपन यह कह रहा है कि हम बेक़ुसूर हैं

---

1. धर्म पर मरनेवाले, 2. गुप्त शक्ति के रहस्य, 3. आसमान का इंक़िलाब, 4. पुरानी दुआ, 5. ख़ुदा स्वीकार करे, 6. दुआ के लिए उठे हुए हाथ, 7. निर्जीव लाशें, 8. बच्चे।

* नोट : मुहम्मदअली मरहूम की कोशिशों से बल्क़ान की लड़ाई में हिन्दुस्तान से एक तिब्बी वफ़्द भेजा गया था जिसके रहबर डॉक्टर मुख़्तार अहमद अंसारी मरहूम थे। इस वफ़्द के सारे इख़राजात हिन्दुस्तान के मुसलमानों ने बरदाश्त किए। जंग ख़त्म होने पर जब यह वफ़्द हिन्दुस्तान वापस आया तो शिबली ने अपने जज़्बाते-मुहब्बत का इज़हार एक नज़्म में किया। ऊपर के अशआर इसी नज़्म से लिए गए हैं।

आये थे इसलिए कि बनाएं ख़ुदा का घर
नींद आ गयी है मुंतज़िरे - नफ़ख़े - सूर[1] हैं

कुछ नौजवां हैं बेख़बरे - नशः - ए - शबाब[2]
ज़ाहिर में गर्चे साहबे - अक़्लो - शऊर[3] हैं

उठता हुआ शबाब यह कहता है बेदरेग़
मुजरिम कोई नहीं· है मगर हम ज़रूर हैं

सीने पे हमने रोक लिए बर्छियों के वार
अज़ बस कि मस्ते - बादः - ए - नाज़ो-गुरूर[4] हैं

हम अपना काट के रख देते हैं जो सर
लज़्ज़त शनासे - ज़ौक़े - दिले - नासुबूर[5] हैं

कुछ पीरे - कुहना साल[6] है दिलदादः - ए - फ़ना[7]
जो ख़ाको - ख़ूं[8] में भी हमा-तन ग़र्क़े - नूर[9] हैं

पूछा जो मैंने कौन हो तुम ? आई यह सदा
हम कुश्तगाने - मारकः - ए - कानपूर[10] हैं

हम हैं मज़लूम

शिबली नोमानी

हम ग़रीबों को न पहले था न अब है इनकार
कि हर इक शहर में है आपके इंसाफ़ की धूम

1. सूर फूंकने की प्रतीक्षा में, 2. यौवन के नशे में बेख़बर, 3. समझदार, 4. गर्व के नशे में मस्त, 5. आतुर दिल के ज़ौक़ को पहचानने का आनन्द, 6. बूढ़े, 7. नाश के चाहनेवाले, 8. ख़ाक और ख़ून, 9. प्रकाश में डूबे हुए, 10. कानपुर के मारके में क़त्ल होनेवाले।

यह भी तस्लीम[1] है हमको कि यह जो कुछ भी हुआ
इसमें मलहूज़[2] रहे अद्ल[3] के आदाबो - रसूम[4]

आप क़ानून की हद से न बढ़े यक सरे - मू[5]
फ़ैर का हुक्म दिया आपने जब बहरे - हुजूम[6]

यह हक़ीक़त[7] भी मगर क़ाबिले - इनकार नहीं
कि बयक चश्मे - ज़दन[8] मौत को था इज़्ने अमूम[9]

गोलियां खा के जो गिरते थे जवानाने - हुसैन[10]
सब यह कहते थे क़यामत है कि झड़ते हैं नुजूम[11]

गोलियों के थे निशां मम्बरो - महराब पे भी
बसकि दरकार है मस्जिद के लिए नक़्शो - रसूम

जाबजा ख़ून से मस्जिद है निगारीं[12] अब तक
यह वह सनअत[13] है कि ताहश्त[14] न होगी मादूम[15]

पा ब ज़ंजीर[16] थे मुजरिम भी तमाशाई भी
और पुलिस को यह था उज़्र कि 'हम हैं महकूम'

वाक़िआ[17] यह है ग़रज़ कोई न माने न सही
आप ज़ालिम नहीं ज़िन्हार,[18] पै हम हैं मज़लूम[19]

---

1. स्वीकार, 2. लिहाज़ रखा गया, 3. इंसाफ़, 4. रीति-रिवाज, 5. बाल बराबर, 6. जन-समूह पर, 7. सत्य, 8. आंख झपकते ही, 9. आम निमन्त्रण, 10. हुसैन के जवान, 11. तारे, 12. चित्रित, 13. उद्योग, कला, 14. प्रलय तक, 15. धुंधली, 16. ज़ंजीर से बंधे हुए, 17. सच्चाई, 18. हरगिज़, 19. पीड़ित, जिस पर ज़ुल्म किया जाए।

चौथा अध्याय

(पहला भाग)

(1914 से 1921 तक)

पहली जंगे-अज़ीम और उसके नताइज

जंगे-यूरोप और हिन्दुस्तानी*

शिबली नोमानी

इक जर्मनी ने मुझसे कहा अज़रहे ग़ुरूर[1]
आसां नहीं है फ़त्ह[2] तो दुश्वार[3] भी नहीं

बरतानिया की फ़ौज है दस लाख से भी कम
और इस पे लुत्फ़[4] यह है कि तैयार भी नहीं

बाक़ी रहा फ़रांस तो वह रिन्दे - लमयज़ल[5]
आईं शनासे - शीवः - ए - पैकार[6] भी नहीं

मैंने कहा ग़लत है तिरा दावए - ग़ुरूर[7]
दीवाना तू नहीं है तो हुशियार भी नहीं

हम लोग अहले-हिन्द[8] हैं जर्मन से दस गुने
तुझको तमीज़े अन्दक-ओ-बिसियार[9] भी नहीं

सुनता रहा वह ग़ौर से मेरा कलाम और
फिर वह कहा जो लायक़े - इज़्हार[10] भी नहीं

'इस सादगी पे कौन न मर जाए अय ख़ुदा
लड़ते हैं और हाथ में तलवार भी नहीं'

1. घमंड से, 2. विजय, 3. कठिन, 4. मज़ा, 5. अनश्वर मदिरापायी, 6. लड़ने के ढंग से परिचित, 7. घमंडी दावा, 8. भारतवासी, 9. कम और ज़्यादा, 10. प्रकट करने योग्य।

*इस नज़्म पर शिबली के नाम गिरफ़्तारी का वारंट जारी हो चुका था लेकिन उस पर अमल होने से पहले ही उनकी मृत्यु हो गयी।

आवाज़-ए-क़ौम

ब्रजनारायण चकबस्त

यह ख़ाके-हिन्द[1] से पैदा हैं जोश के आसार[2]
हिमालया से उठे जैसे अब्रे-दरियाबार[3]
लहू रगों में दिखाता है बर्क़[4] की रफ़्तार
हुई हैं ख़ाक[5] के पर्दे में हड्डियां बेदार[6]
ज़मीं से अर्श[7] तलक शोर होमरूल का है
शबाब[8] क़ौम का है, ज़ोर होमरूल का है

निगाहे - शौक़[9] है इस रंग की तमाशाई[10]
है जिससे शेख़ - ओ - बिरहमन पे बेख़ुदी छाई
हर एक गाम पे करते हुए जबीं साई[11]
चले हैं बहरे - ज़ियारत[12] वफ़ा के सौदाई
वतन के ऐश का बुत[13] बेनक़ाब निकला है
नए उफ़क़[14] पे नया आफ़्ताब[15] निकला है

यह आरज़ू[16] है कि मेहर-ओ-वफ़ा[17] से काम रहे
वतन के बाग़ में अपना ही इंतिज़ाम रहे
गुलों की फ़िक्र में गुलचीं[18] न सुब्हो - शाम रहे
न कोई मुर्ग़ - ख़ुशइल्हां[19] असीरे - दाम[20] रहे
सरीरे-शाह[21] का इक़बाल[22] हो बहारे - चमन
रहे चमन का मुहाफ़िज़[23] यह ताजदारे - चमन

---

1. भारत की धूल, 2. लक्षण, 3. दरिया बरसानेवाला बादल, 4. बिजली, 5. धूल, 6. जाग्रत, 7. आकाश, 8. यौवन, 9. शौक़ की दृष्टि, 10. तमाशा देखनेवाला, 11. माथा घिसना, 12. दर्शन के लिए, 13. मूर्ति, 14. क्षितिज, 15. सूर्य, 16. अभिलाषा, 17. दया और प्रेम-निर्वाह, 18. फूल तोड़नेवाला, 19. गायक पक्षी, 20. जाल में बन्द, 21. राजसिंहासन, 22. प्रताप, 23. रक्षक।

है आजकल की हवा में वफ़ा की बरबादी
सुने जो कोई तो सारा चमन है फ़रियादी
क़फ़स[1] में बन्द हैं जो आशियां[2] के थे आदी
उड़ी हर एक बाग़ से बू होके रंगे-आज़ादी
हवाए - शौक़[3] में गुंचे[4] बिकस नहीं सकते
हमारे फूल भी चाहें तो हंस नहीं सकते

जो आजकल है मुहब्बत वतन की आलमगीर[5]
यही गुनाह, यही जुर्म है, यही तक़सीर[6]
ज़बां है बन्द, क़लम को पिनहाई है ज़ंजीर
बयाने - दर्द[7] की बाक़ी नहीं कोई तदबीर[8]
है दिल में दर्द, मगर ताक़ते - कलाम[9] नहीं
लगे हैं ज़ख़्म, तड़पने का इंतिज़ाम नहीं

रहा है रात की सुहबत[10] में क्या मज़ा बाक़ी
निगाहे-शौक़ को है दौरे-नौ[11] की मुश्ताक़ी[12]
नई शराब, नया दौर और नया साक़ी
मैए-सुरूर[13] में दैर-ओ-हरम[14] की नाचाक़ी[15]
यही किसी का हरम हो किसी का दैर रहे
यह मैकदा रहे आबाद ख़ुम[16] की ख़ैर[17] रहे

जो दिल से क़ौम के निकली है वह दुआ है यही
था जिस पे नाज़[18] मसीहा को वह सदा है यही
दिलों को मस्त जो करती है वह हवा है यही
ग़रीब हिन्द के आज़ार[19] की दवा है यही
न चैन आयेगा बे होमरूल पाए हुए
फ़क़ीर क़ौम के बैठे हैं लौ लगाए हुए

---

1. पिंजरा, 2. घोंसला, 3. इच्छित हवा, 4. कलियां, 5. विश्वव्यापी, 6. अपराध, न्यूनता, 7. दर्द का बयान, 8. उपाय, 9. बोलने की शक्ति, 10. संगति, 11. नया ज़माना, 12. जिज्ञासा, 13. नशीली मदिरा, 14. मन्दिर-मस्जिद, 15. दुश्मनी, 16. प्याला, 17. कुशल, 18. गर्व, 19. बीमारी।

वतन का राग

ब्रजनारायण चकबस्त

ज़मीने - हिन्द के रुतबे[1] में अर्शे - आला[2] है
यह होमरूल की उम्मीद का उजाला है
मिसेज़ बेसेन्ट ने इस आरज़ू को पाला है
फ़क़ीर क़ौम के हैं और यह रागमाला है
तलब फ़ुज़ूल है कांटे की फूल के बदले
न लें बिहिश्त भी हम होमरूल के बदले

वतनपरस्त[3] शहीदों की ख़ाक लाएंगे
हम अपनी आंख का सुरमा उसे बनाएंगे
ग़रीब मां के लिए दर्द दुख उठाएंगे
यही पयामे - वफ़ा[4] क़ौम को सुनाएंगे
तलब फ़ुज़ूल है कांटे की फूल के बदले
न लें बिहिश्त भी हम होमरूल के बदले

पिनहाने वाले अगर बेड़ियां पिनहाएंगे
ख़ुशी से क़ैद के गोशे[5] को हम बसाएंगे
जो सन्तरी दरेज़िन्दां[6] के सो भी जायेंगे
यह राग गाके उन्हें नींद से जगाएंगे
तलब फ़ुज़ूल है कांटे की फूल के बदले
न लें बिहिश्त भी हम होमरूल के बदले

ज़बां को बन्द किया है यह ग़ाफ़िलों[7] को है नाज़
ज़रा रगों में लहू का यही देख ले अन्दाज़
रहेगा जान के हमराह दिल का सोज़-ओ-गुदाज़[8]
चिता से आयेगी मरने के बाद यह आवाज़
तलब फ़ुज़ूल है कांटे की फूल के बदले
न लें बिहिश्त भी हम होमरूल के बदले

---

1. दर्जा, ओहदा, 2. ऊंचा आकाश, 3. देशभक्त, 4. वफ़ा का सन्देश, 5. कोना, 6. क़ैदख़ाने का द्वार, 7. नासमझ, 8. जलन।

यही पयाम है कोयल का बाग़ के अन्दर
इसी हवा में है गंगा का ज़ोर आठ पहर
हिलाले - ईद[1] ने दी है यही दिलों को ख़बर
पुकारता है हिमाला से अब्र[2] उठ-उठकर
तलब फ़ुज़ूल है कांटे की फूल के बदले
न लें बिहिश्त भी हम होमरूल के बदले

मांटेग्यू रिफ़ार्म

हसरत मोहानी

किस दर्जा फ़रेब[3] है ममलू[4]
तजवीज़े - रिफ़ार्मे - मांटेग्यू[5]

मशहूरे - ज़माना[6] हैं मुसल्लम
दस्तूर[7] के हस्बे - ज़ेल[8] पहलू

क़ानून पे इख़्तियारे - कामिल[9]
अम्माल पे ज़ोर,[10] ज़र पे क़ाबू[11]

इनमें से न हो जब एक की भी
गुलहाए रिफ़ार्म[12] में कहीं बू

काग़ज़ के समझिए फूल इनको
जिनमें नहीं नाम को भी ख़ुशबू

मद्रास के डॉक्टर का यह क़ौल
किस दर्जा है दिलपज़ीर - ओ - नेकू[13]

---

1. ईद का चांद, 2. बादल, 3. धोखा, 4. उदास, 5. मांटेग्यू सुधार का प्रस्ताव, 6. जगत-प्रसिद्ध, 7. विधान, 8. निम्नलिखित, 9. सम्पूर्ण अधिकार, 10. बल, 11. अधिकार, 12. सुधार के फूल, 13. आकर्षक और नेक।

मक़सूद[1] है सिर्फ़ यह कि ता जंग[2]
हम सब रहें सिर्फ़े - ईं 'तगापू'[3]

अय हिन्दीए-सादा दिल,[4] ख़बरदार !
हरगिज़ न चले तुझपे यह जादू

मज़ालिमे-पंजाब[5]

ज़फ़र अली ख़ां

मैंने अमृतसर में इक दिन अपने ख़्वाजा से कहा
पेट के बल रेंग लीजे बन्दापर्वर आप भी

एक तह मास की ता फ़रबही[6] पर जाए चढ़
खाइए हर रोज़ सुब्हो - शाम हंटर आप भी

नाक से कुछ दिन ज़मीं पर खींचते रहिए लकीर
फेरिए कूंची सफ़ेदी की बदन पर आप भी

बाद-मग़्रिब[7] जाइए मस्जिद को और इस जुर्म में
पीठ पर खिंचवाइए चाबुक से मसतर[8] आप भी

चलिए सोलह मील दिन में हांपते और कांपते
पांव में कुछ रोज़ डाले रहिए चक्कर आप भी

बसिए जाकर जेल में और खाइए अरहर की दाल
मेहमां रहिए ज़रा सरकार के घर आप भी

---

1. उद्देश्य, 2. युद्ध तक, 3. भाग-दौड़ में व्यस्त, 4. सीधे-सादे भारतीय, 5. पंजाब के अत्याचार, 6. मुटापा, 7. मग़्रिब के बाद (सूर्यास्त के बाद), 8. रेखाएं।

फिर यह कहिए मारशल ला हश्र[1] तक क़ायम रहे
वरना होंगे मुनकिरे-जनरल ओडायर[2] आप भी

शोलः-ए-फ़ानूसे-हिन्द[3]

ज़फ़र अली ख़ां

ज़िन्दाबाद अय इंक़िलाब ! अय शोलः-ए-फ़ानूसे-हिन्द
गरमियां जिसकी फ़रोग़े - मशअले - जां[4] हो गईं

बस्तियों पर छा रही थीं मौत की तारीकियां[5]
तूने सूर अपना जो फूंका महशरिस्तां[6] हो गईं

जिन बलाओं[7] से घिरे रहते थे सुब्हो-शाम हम
तेरे आते ही वह अंगरेज़ों की दरबां हो गईं

जितनी बूंदें थीं शहीदाने - वतन के ख़ून की
क़स्रे - आज़ादी[8] की आराइश[9] का सामां हो गईं

मरहबा ! अय नौ गिरफ़्ताराने - बेदादे - फ़िरंग[10]
जिनकी ज़ंजीरें ख़रोश अफ़ज़ाए - ज़िन्दां[11] हो गईं

ज़िन्दगी उनकी है, दिन उनका है, दुनिया उनकी है
जिनकी जानें क़ौम की इज़्ज़त पे क़ुर्बां हो गईं

---

1. प्रलय, 2. जनरल ओडायर से इनकार करनेवाले, 3. हिन्द के फ़ानूस की ज्वाला, 4. प्राणों की मशाल का प्रकाश, 5. अन्धकार, 6. प्रलय का मैदान, 7. विपत्ति, 8. स्वतंत्रता का महल, 9. सजावट, 10. अंग्रेज़ों की प्रशंसा में रत, 11. जेल का कोलाहल बढ़ानेवाली।

शिकवः-ए-सैयाद[1]

(हादसा-ए-जलियानवाला बाग़ से मुतास्सिर होकर)

तिलोकचन्द महरूम

मौसमे - गुल[2] में जो रह रह के चमन याद आये
हमनवा[3] ! लब[4] पे न क्यों शिकव - ए - सैयाद आये
फिर सूए - कुंजे - क़फ़स[5] नकहते - बरबाद[6] आये
आये फिर बूए गुबारे-दिले-नाशाद[7] आये
आतिशे - हसरते - गुलगश्त[8] सिवा[9] होती है
उजड़े गुलशन की भी क्या ख़ूब हवा होती है

यादे - अय्यामे - बहारां[10] कि चमन था हम थे
बाग़बां बरसरे - कीं[11] हमसे न था, बेग़म थे
रू नुमा[12] शाम-ओ-सहर ऐश-ओ-तरब[13] पैहम[14] थे
अपने जलसे भी कभी ग़ैरते-जश्ने-जम[15] थे
मस्ते - सहबाए - मसर्रत[16] थे कि आज़ाद थे हम
उड़ते फिरते थे हर इक सिम्त कि दिलशाद[17] थे हम

था मकीं[18] मैं, मगर अय वाए मुक़द्दर[19] सैयाद
दुश्मने - मेहर[20] जफ़ा पेशा,[21] सितमगर सैयाद
आ गया दामे - बला[22] दोश पे[23] लेकर सैयाद
हो गया बहरे - चमन[24] फ़ितनःए - महशर[25] सैयाद
नग़मःए - बुलबुले - शैदा[26] से फ़क़त लाग न थी
कौन सा बर्ग[27] वह था जिसके लिए आग न थी

---

1. बहेलिया की शिकायत, 2. वसन्त, 3. साथी, 4. होंठ, 5. पिंजरे के कुंज की तरफ़, 6. गन्ध जो नष्ट हो गयी, 7. दुखी दिल के मैल की गन्ध, 8. फूलों की सैर की लालसा की आग, 9. अधिक, 10. वसन्त के दिनों की याद, 11. द्वेष रखनेवाला, 12. मार्गदर्शक, 13. भोग-विलास, 14. लगातार, 15. सम्राट जम के जश्न के समान, 16. ख़ुशी की मदिरा में मस्त, 17. ख़ुश, 18. रहनेवाला, 19. भाग्य, 20. दया का शत्रु, 21. अत्याचारी, 22. विपत्तियों का जाल, 23. कन्धे पर, 24. उपवन में, 25. प्रलय का फ़ित्ना, 26. बुलबुल का गीत, 27. पत्ता।

ख़लिशे - ख़ार[1] जिन्हें ज़ीस्त[2] से कर देती तंग
उन पे ख़ाली किए सफ़्फ़ाक[3] ने भर भर के तफ़ंग[4]
आज़मा डाले हज़ारों सितम - ओ - जौर[5] के ढंग
जां-सितानी[6] में ताम्मुल,[7] न तवक्कुफ़,[8] न दरंग[9]
मौत से बचके जो अन्दोहे क़फ़स[10] सहते हैं
अब वह यूं नालाकशे - जौर - ओ - जफ़ा[11] रहते हैं

बदले तूने यह लिए हमसे भला किस दिन के
ज़िब्ह कर डाले हैं मुग़नि-चमन[12] गिन गिन के
आशियानों[13] के उड़ाए हैं सितमगर ! तिनके
अब तिरी क़ैदे - मुसीबत में मकीं[14] हैं जिनके[15]
बेख़ताओं पे यह ग़ुस्सा, यह इताब,[16] अय ज़ालिम !
कभी देना है ख़ुदा को भी जवाब अय ज़ालिम

सर्वे शमशाद को बेमेहर उखाड़ा तूने
ज़रे - गुल[17] दामने - गुलज़ार से झाड़ा तूने
सब्ज़ा बेगाना था, उसको भी लताड़ा तूने
नक़्शःए - हुस्ने - चमन[18] आह ! बिगाड़ा तूने
दिल तिरे सीने में था पासे-वफ़ा से ख़ाली
तेरे जज़्बात[19] थे एहसासे - वफ़ा[20] से ख़ाली

जल उठा फूल से क्यों ? दाग़े-तपां[21] था कोई ?
ख़ार[22] खटका तेरी नज़रों में सिनां[23] था कोई ?
कज हुआ सर्व से क्यों ? ग़ैर चमां था कोई ?
लपका साए पे अबस[24] इसमें निहां[25] था कोई ?
ख़फ़्क़ां[26] था यह तिरा जिसने डराया तुझको
सायाः - ए - शाख़े - गुल[27] अफ़ई[28] नज़र आया तुझको

---

1. कांटों की चुभन, 2. जीवन, 3. निर्दयी, 4. बन्दूक़, 5. अत्याचार, 6. जान लेना, 7. झिझक, 8. विलम्ब, 9. विलम्ब, 10. पिंजरे का दुख, 11. अत्याचार पर आर्त्तनाद करते हुए, 12. उपवन के पक्षी, 13. घोंसला, 14. निवासी, 15. मिसरे में कोई ग़लती है, 16. क्रोध, 17. फूल का सोना, 18. उपवन के सौंदर्य का नक़्शा, 19. भावनाएं, 20. प्रेम-निर्वाह की भावना, 21. तड़पता हुआ दाग़, 22. कांटा, 23. तीर की नोक, 24. व्यर्थ, 25. छुपा हुआ, 26. दिल धड़कने का रोग, 27. फूल की डाली का साया, 28. सांप।

हाय वह सहने - चमन सुहबते - याराने - चमन[1]
शाहिदे - बज़्मे - तरब[2] वह गुले - ख़ंदाने - चमन[3]
और वह लाला कि था शमए - शबिस्ताने - चमन[4]
हो गया दाग़ दिले - ख़ानः - ए - वीराने - चमन[5]
ता सहर गाते थे जिस बाग़ में गाने वाले
अब उठा करते हैं रातों को वहीं से नाले[6]

हुक्म तेरा है कि फ़रियाद न होने पाए
कोई बुलबुल कहीं आज़ाद न होने पाए
दहर में शुहरते - बेदाद[7] न होने पाए
और मशहूर यह रूदाद[8] न होने पाए
'न तड़पने की इजाज़त है न फ़रियाद की है
घुट के मर जाऊं यह मरज़ी मिरे सैयाद की है'

जलियानवाला बाग़

डॉ. मुहम्मद इक़बाल

हर ज़ाइरे - चमन[9] से यह कहती है ख़ाके - बाग़[10]
ग़ाफ़िल न रह जहान में गर्दूं[11] की चाल से
सींचा गया है ख़ूने - शहीदां से इसका तुख़्म[12]
तू आंसुओं का बुख़्ल[13] न कर इस निहाल[14] से

1. उपवन के साथियों की संगति, 2. ऐश की महफ़िल की गवाह, 3. मुस्कुराते हुए फूल, 4. उपवन के शयनागार की शमा, 5. उपवन की वीरानी का दिल, 6. आर्त्तनाद, 7. अत्याचार की प्रसिद्धि, 8. कहानी, 9. उपवन में घूमनेवाला, 10. उपवन की धूल, 11. आकाश, 12. बीज, 13. कंजूसी, 14. पौधा।

इंक़िलाबे-ज़माना

अकबर इलाहाबादी

जब यास[1] हुई तो आहों ने सीने से निकलना छोड़ दिया
अब ख़ुश्क मिज़ाज[2] आंखें भी हुईं दिल ने भी मचलना छोड़ दिया

नावकफ़िगनी[3] से ज़ालिम की जंगल में है इक सन्नाटा सा
मुर्ग़ाने-ख़ुशइल्हां[4] हो गए चुप आहू[5] ने उछलना छोड़ दिया

क्यों किब्र-ओ-ग़ुरूर[6] इस दौर पे है क्यों दोस्त फ़लक[7] को समझा है
गर्दिश से यह अपनी बाज़ आया या रंग बदलना छोड़ दिया

बदली वह हवा गुज़रा वह समां वह राह नहीं वह लोग नहीं
तफ़रीह[8] कहां और सैर कुजा घर से भी निकलना छोड़ दिया

वह सोज़ो-गुदाज़[9] इस महफ़िल में बाक़ी न रहा अंधेर हुआ
परवानों ने जलना छोड़ दिया शमओं ने पिघलना छोड़ दिया

हर काम पे चन्द आंखें निगरां[10] हर मोड़ पे इक लैसेंस तलब
इस पार्क में आख़िर अकबर मैंने तो टहलना छोड़ दिया

क्या दीन[11] को क़ूव्वत[12] दें यह जवां जब हौसला अफ़ज़ा[13] कोई नहीं
क्या होश संभालें यह लड़के ख़ुद उसने संभलना छोड़ दिया

अल्लाह की राह अब तक है खुली आसारो-निशां[14] सब क़ायम हैं
अल्लाह के बन्दों ने लेकिन इस राह पे चलना छोड़ दिया

जब सर में हवाए-ताअत[15] थी सरसब्ज़ शजर[16] उम्मीद का था
जब सरसरे-इसयां[17] चलने लगी इस पेड़ ने फलना छोड़ दिया

---

1. निराशा, 2. शुष्क स्वभाव, 3. तीर छोड़ना, 4. मधुरकंठ पक्षी, 5. हिरन, मृग, 6. घमंड, 7. आकाश, 8. मनोरंजन, 9. मीठी चुभन, 10. नज़र रखनेवाली, 11. मज़हब, धर्म, 12. शक्ति, 13. हिम्मत बढ़ानेवाला, 14. निशान, चिह्न, 15. आज्ञा मानने की शक्ति, 16. वृक्ष, 17. पाप की आंधी।

रद्दे-सहर[1]

मुहम्मद अली जौहर

ताक़ते - परवाज़[2] ही जब खो चुके
फिर हुआ क्या गर हुए भी पर खुले

चाक कर सीने को पहलू चीर डाल
यूं ही कुछ हाले - दिले - मुज़्तर[3] खुले

लो वह आ पहुंचा जुनूं[4] का क़ाफ़ला
पांव ज़ख़्मी, ख़ाक मुंह पर सर खुले

अब तो कश्ती के मुआफ़िक़[5] है हवा
नाख़ुदा[6] क्या देर है लंगर खुले

यह नज़रबन्दी* तो निकली रद्दे-सहर
दीदः - हाए - होश[7] अब जाकर खुले

फ़ैज़[8] से तेरे ही अय क़ैदे - फ़िरंग[9]
बाल-ओ-पर निकले क़फ़स[10] के दर खुले

जीते जी तो कुछ न दिखलाया मगर
मर के जौहर आपके जौहर खुले

---

1. जादू का तोड़, 2. उड़ने की शक्ति, 3. व्याकुल दिल का हाल, 4. उन्माद, 5. अनुकूल, 6. नाविक, 7. चेतना की आंखें, 8. उदारता, 9. अंग्रेज़ की क़ैद, 10. पिंजरा।

*मौलाना जौहर की पहली नज़रबन्दी : सन् 1915 से 1917

तस्वीरे-दर्द

डॉ. मुहम्मद इक़बाल

1

नहीं मिन्नतकशे - ताबे - शुनीदन[1] दास्तां मेरी
ख़मोशी गुफ़्तुगू है बेज़बानी है ज़बां मेरी

यह दस्तूरे - ज़बांबन्दी[2] है कैसा तेरी महफ़िल में
यहां तो बात करने को तरसती है ज़बां मेरी

टपक अय शमअ आंसू बन के परवाने की आंखों से
सरापा[3] दर्द हूं हसरत भरी है दास्तां मेरी

इलाही फिर मज़ा क्या है यहां दुनिया में रहने का
हयाते जाविदां[4] मेरी न मर्गे - नागहां[5] मेरी

मिरा रोना नहीं रोना है यह सारे गुलिस्तां का
वह गुल हूं मैं कि हर इक गुल की है गोया ख़िज़ां[6] मेरी

2

रुलाता है तिरा नज़्ज़ारा[7] अय हिन्दोस्तां ! मुझको
कि इब्रतख़ेज़[8] है तेरा फ़साना सब फ़सानों में

निशाने-बर्गे-गुल[9] तक भी न छोड़ा बाग़ में गुलचीं
तिरी क़िस्मत से रज़्म आराइयां[10] हैं बाग़बानों में

छुपाकर आस्तीं में बिजलियां रक्खी हैं गर्दूं[11] ने
अनादिल[12] बाग़ के ग़ाफ़िल[13] न बैठें आशियानों[14] में

---

1. सुनने की शक्ति की प्रार्थी, 2. ज़बान बन्द करने का नियम, 3. साक्षात्, सर से पैर तक, 4. शाश्वत जीवन, 5. आकस्मिक मृत्यु, 6. पतझड़, 7. दृश्य, 8. शिक्षाप्रद, 9. फूल की पत्ती का निशान, 10. युद्ध, 11. आकाश, 12. बुलबुलें, 13. बेहोश, निश्चिन्त, 14. घोंसला।

वतन की फ़िक्र कर नादां ! मुसीबत आनेवाली है
तिरी बरबादियों के मश्वरे हैं आसमानों में

ज़रा देख इसको जो कुछ हो रहा है होनेवाला है
धरा क्या है भला अहदे - कुहन[1] की दास्तानों में

न समझोगे तो मिट जाओगे अय हिन्दोस्तां वालो
तुम्हारी दास्तां तक भी न होगी दास्तानों में

3

हुवैदा[2] आज अपने ज़ख़्मे - पिन्हां[3] करके छोड़ूंगा
लहू रो रो के महफ़िल को गुलिस्तां करके छोड़ूंगा

जलाना है मुझे हर शम्अे-दिल[4] को सोज़े-पिन्हां[5] से
तिरी तारीक[6] रातों को चराग़ां करके छोड़ूंगा

मगर गुंचों की सूरत हो दिले-दर्द आशना[7] पैदा
चमन में मुश्ते-ख़ाक[8] अपनी परेशां करके छोड़ूंगा

पिरोना एक ही तस्बीह[9] में है इन बिखरे दानों को
जो मुश्किल है तो इस मुश्किल को आसां करके छोड़ूंगा

4

तिरा नज़्ज़ारा ही अय बुलहवस[10] ! मक़सद नहीं इसका
बनाया है किसी ने कुछ समझकर चश्मे-आदम[11] को

शजर[12] है फ़िरक़ा आराई,[13] तअस्सुब है समर[14] इसका
यह वह फल है कि जन्नत से निकलवाता है आदम को

फिरा करते नहीं मजरूहे-उल्फ़त[15] फ़िक्रे-दरमां[16] में
यह जख़्मी आप कर लेते हैं पैदा अपने मरहम को

---

1. अतीत, 2. प्रकट, 3. छुपे हुए घाव, 4. दिल का दिया, 5. गुप्त जलन, 6. अंधेरी, 7. दर्द समझनेवाला दिल, 8. मुट्ठीभर धूल, 9. माला, 10. लोलुप, 11. इंसान की आंख, 12. वृक्ष, 13. साम्प्रदायिकता, 14. फल, 15. प्रेम के घायल, 16. इलाज की चिन्ता।

5

बयाबाने - मुहब्बत[1] दश्ते - गुर्बत[2] भी वतन भी है
यह वीराना क़फ़स[3] भी, आशियाना[4] भी, चमन भी है

मुहब्बत ही वह मंज़िल है कि मंज़िल भी है सहरा भी
जरस[5] भी, कारवां भी, राहबर भी, राहज़न[6] भी है

मरज़[7] कहते हैं सब इसको यह है लेकिन मरज़ ऐसा
छुपा इसमें इलाजे - गर्दिशे - चर्ख़े - कुहन[8] भी है

उजाड़ा है तमीज़े-मिल्लत-ओ-आई[9] ने क़ौमों को
मिरे अहले-वतन के दिल में कुछ फ़िक्रे-वतन भी है ?

सुकूत आमेज़[10] तूले - दास्ताने - दर्द[11] है वरना
ज़बां भी है हमारे मुंह में और ताबे - सुख़न[12] भी है

अंग्रेज़ी ज़िहन[13] की तेजी

अहमक़ फफूंदवी

किस तरह बपा हों हंगामे,[14] आपस में हों क्योंकर ख़ूंरेज़ी[15]
है ख़त्म इन्हीं स्कीमों में अंग्रेज़ी ज़िहन की सब तेज़ी

यह क़त्ल-ओ-ख़ूं यह जंग-ओ-जदल, यह जौर-ओ-सितम[16] यह बुग़्ज़ो-हसद[17]
बाक़ी ही रहेंगे मुल्क में सब, बाक़ी है अगर राज अंग्रेज़ी

---

1. प्रेम का जंगल, 2. विदेश, 3. पिंजरा, 4. घोंसला, 5. घंटा (जो कारवां के आगे बजाया जाता है), 6. चोर, 7. बीमारी, 8. बूढ़े आकाश के चक्र का इलाज, 9. धर्म और समाज का अन्तर, 10. शान्त, 11. दर्द की कहानी का विस्तार, 12. बोलने की शक्ति, 13. बुद्धि, 14. उपद्रव, 15. रक्तपात, 16. अत्याचार, 17. ईर्ष्या, द्वेष।

गुलज़ारे-वतन इक बंजर है या ख़ाक है अब या सरसर[1] है
क्या फूल यहां और कैसे फल, क्या शादाबी[2] क्या ज़रख़ेज़ी[3]

हरसू है बपा हंगामः-ए-ख़ूं[4] हर सिम्त है ढेर इक लाशों का
ओडायर-ओ-डायर के दम से, क़ायम है निशाने-चंगेज़ी

शुद्धी है कहीं, तबलीग़ कहीं, नाक़ूस[5] कहीं, तकबीर[6] कहीं
यह बीच न हों तो मुश्किल है, दम भर के लिए राज अंग्रेज़ी

अहदे-फ़िरंग[7]

अहमक़ फफूंदवी

हमनशीं इसकी तफ़ासील[8] में है तूल[9] बहुत
बर्कतें[10] अपने में रखता है जो कुछ अहदे-फ़िरंग

ख़ैर से एक सदी भी नहीं गुज़री अब तक
मिल गया ख़ाक में सब मुल्क के इक़बाल[11] का रंग

अब न दौलत के वह चश्मे[12] हैं न सितवत[13] के निशां
हर तरफ़ क़हत[14] है हर सिम्त है इफ़लासः[15] से जंग

अब न मर्दानगी-ओ-अज़्म[16] न वह जोश-ओ-ख़रोश
न वह हिम्मत न शुजाअत[17] न वह जुरअत[18] न उमंग

न इरादों में बलन्दी[19] न ख़यालात[20] वसी[21]
सग-ओ-रोबाह[22] हैं अब, थे जो कभी शेर-ओ-पलंग

---

1. आंधी, 2. लहलहाहट, सुसिक्त, 3. उपजाऊपन, 4. ख़ूनी उपद्रव, 5. शंख, 6. अज़ान, 7. अंग्रेज़ी शासनकाल, 8. विवरण, 9. विस्तार, 10. विभूति, 11. प्रताप, 12. स्रोत, 13. दबदबा, 14. अकाल, 15. दरिद्रता, 16. इरादा, 17. बहादुरी, 18. साहस, 19. ऊंचाई, 20. विचार, 21. उच्च, 22. कुत्ते और लोमड़ी।

न वह पहली सी मुहब्बत न वह अगला सा ख़ुलूस[1]
न बिरहमन में वह अन्दाज़, न वह शेख़ में ढंग

क्या रवादारी - ओ - हमदर्दी - ओ - इख़्लास[2] का ज़िक्र
देखिए जिसको नज़र आता है गोया वह निहंग[3]

ईद आती है तो लाती है क़यामत[4] सर पर
होली आती है तो बरसाती ख़िश्त[5] और संग[6]

न दसहरे में वह रौनक़ न मुहर्रम में वह शान
बर्छियां सीनों में पिन्हां[7] हैं निगाहों में ख़दंग[8]

इक हंगामः - ए - महशर[9] है बपा चार तरफ़
गर्म है मारकः - ए - दश्नः - ओ - शमशीर - ओ - तुफ़ंग[10]

हैं जड़ें फ़ितना-ओ-तफ़रीक़[11] की इतनी मज़बूत
कोई खोदे तो वह पाताल में दे जाके सुरंग

वादिए-सुलह[12] का तै होना है इक अम्रे-मुहाल[13]
अहले तदबीर[14] के भी पांव हैं इस राह में लंग[15]

मिट गए आश्ती-ओ-अम्न-ओ-अमां[16] के नक़्शे
खा गया शीशः-ए-दिल को हसद-ओ-बुग़्ज़[17] का ज़ंग

हर तरफ़ फैली है बेग़ैरती - ओ - बेशर्मी
फिर रही है नए फ़ैशन की दुल्हन नंग - धड़ंग

पाई ढील इस क़दर आज़ादी और ख़ुद्दारी[18] ने
कट गयी ग़ैरत-ओ-नामूस-ओ-हमीयत[19] की पतंग

---

1. निष्ठा, 2. निष्ठा, 3. मगरमच्छ, 4. प्रलय, 5. ईंट, 6. पत्थर, 7. छुपी हुई, 8. बाण, तीर, 9. प्रलय का कोलाहल, 10. बन्दूक़, 11. अदावत, लड़ाई, 12. समझौते की वादी, 13. कठिन काम, 14. उपाय ढूंढ़नेवाले, 15. लंगड़े, 16. मित्रता और शान्ति, 17. ईर्ष्या और द्वेष, 18. स्वाभिमान, 19. लज्जा, नाम और इज़्ज़त।

अब हैं बेबाकी - ओ - उरियानी[1] के मानी नेचर
दौरे - तहज़ीब[2] ने बिल्कुल ही बदल दी फ़रहंग[3]

अब न आंखों में हया है न दिलों में एहसास
डाल दी है दिल - ओ - दीदा ने अजब रंग में भंग

इक तरफ़ फ़क्र-ओ-फ़लाकत[4] के हैं अशदर[5] सर पर
इक तरफ़ खोले हैं मुंह जौरे - हुकूमत[6] के नहंग[7]

आज दुनिया में नहीं कोई बजुज़ यास[8] अपना
हमदम - ओ - हमनफ़स - ओ - हमक़दम - ओ - हमआहंग[9]

या यह हालत थी कि दुनिया में कोई मुल्क न था
सनअत - ओ - हिर्फ़त - ओ - ईजाद[10] में अपना पासंग

या यह आलम है कि जापान अगर रहम न खाए
अपनी मैयत को कफ़न के भी है मिलने में दरंग[11]

अब वहां नौहः - ए - मातम[12] है कि आवाज़े - फ़ुग़ां[13]
गोशपरवर[14] थे जहां साज़-ओ-दफ़-ओ-नग़मए-चंग[15]

फ़ाक़ामस्ती ने कुछ इस दर्जा किया नशा हिरन
न रहा ताक[16] में वह कैफ़ न मै में वह तरंग

खा गया बहरे - तफ़क्कुर[17] में अदब भी ग़ोता
फ़ाक़ा - ओ - गुर्सनगी[18] ने किया वह क़ाफ़िया तंग

या यह नक़्शा था कि रूए - ज़मीं[19] पर ज़िन्हार[20]
न तो अपना सा जरी[21] और न अपना सा दबंग[22]

---

1. नग्नता, 2. सभ्यता का युग, 3. बुद्धि, 4. भूख और दरिद्रता, 5. अजगर, 6. हुकूमत के ज़ुल्म, 7. मगरमच्छ, 8. निराशा, 9. एक स्वर, 10. उद्योग, कला और अन्वेषण, 11. विलम्ब, देर, 12. शोक का गीत, 13. फ़रियाद की आवाज़, 14. कानों को सुख देनेवाले, 15. चंग का गीत, 16. अंगूर, 17. चिन्ताओं का सागर, 18. फ़ाक़ा और भूख, 19. धरती पर, 20. हरगिज़, 21. साहसी, 22. निर्भय।

या यह सूरत है कि अग़ियार[1] तो हैं फिर अग़ियार
आप ही अपनी निगाहों में हम मूजिबे - नंग[2]

बढ़ती ही जा रही हैं अबतरियां[3] रोज़ ब रोज़
चर्ख़ की तफ़रिक़ा साज़ी[4] के हैं क्या क्या नैरंग[5]

इस क़दर पस्ती - ओ - अउबार[6] के होते हुए भी
मुख़लिसी के नज़र आते नहीं हमको कोई ढंग

फिर भी एहसास नहीं है हमें इसका अफ़सोस
याद रक्खो कि यह जुमले हैं नक़ूशे - अरज़ंग[7]

सर खुजाने की भी इक दिन न इजाज़त होगी
हैं मुसल्लत[8] जो सरों पर यूंही बरकाते - फ़िरंग[9]

---

1. ग़ैर, दुश्मन, 2. लज्जा का कारण, 3. अस्त-व्यस्तता, 4. साम्प्रदायिकता, 5. इन्द्रजाल, 6. गिरावट और दुर्दशा, 7. तस्वीरों की किताब के नक़्श, 8. छाया हुआ, 9. अंग्रेज़ी शासन की बरकतें।

(दूसरा भाग)

तहरीके-ख़िलाफ़त और तर्के-मवालात

दावते-अमल

ज़फ़र अली ख़ां

अगर तुमको हक़[1] से है कुछ लगाव
तो बातिल[2] के आगे न गर्दन झुकाओ
हुकूमत को तुमने लिया आज़मा
अब अपने मुक़द्दर[3] को भी आज़माओ
हो तुम जिसके ज़र्रे[4] वह है ख़ाके-हिन्द
छुपे हैं जो इसमें वह जौहर दिखाओ
फ़लक[5] पर मह-ओ-महर[6] पड़ जायें मान्द
ज़मीं पर इस अन्दाज़ से जगमगाओ
हिमाला भी आ जाए गर राह में
तो ठुकराके आगे से उसको हटाओ
करे तुमसे गंगा भी गर बेरुख़ी
पलटकर उलट दो तुम उसका बहाव
ज़माने में रौशन करो नामे-हिन्द
हर इक़लीम[7] में इसका सिक्का चलाओ
हर इक मुल्क का हाथ में लेके दिल
हर इक क़ौम से अपनी इज़्ज़त कराओ
पसीना गिरे हिन्दुओं का जहां
वहां तुम मुसलमानों का ख़ूं बहाओ
ज़मीं हो जब इस ख़ून से लालाज़ार[8]
तो उस पर बिसाते-उख़ूवत[9] बिछाओ

---

1. सत्य, ख़ुदा, 2. झूठ, 3. भाग्य, 4. कण, 5. आकाश, 6. चांद-सूरज, 7. महाद्वीप, 8. उपवन, 9. बराबरी की बिसात।

पुराना हुआ दफ़्तरी इक़्तिदार[1]
समझ लो अब इसका भी है चलचलाव
किसी रोज़ ख़ुद ग़र्क़[2] हो जाएगी
बहुत बह चुकी है यह काग़ज़ की नाव

एलाने-जंग

ज़फ़र अली ख़ां

गांधी ने आज जंग का एलान कर दिया
बातिल[3] से हक़[4] को दस्त-ओ-गरीबान[5] कर दिया

सर रख दिया रज़ाए - ख़ुदा[6] की हरीम[7] पर
ख़ंजर को फिर हवालः - ए - शैतान कर दिया

हिन्दोस्तां में इक नई रूह फूंक कर
आज़ादि - ए - हयात[8] का सामान कर दिया

दुश्मन में और दोस्त में होने लगी तमीज़[9]
कितना बड़ा यह मुल्क पे एहसान कर दिया

देकर वतन को तर्के - मवालात[10] का सबक़[11]
मिल्लत[12] की मुश्किलात[13] को आसान कर दिया

शेख़ और बिरहमन में बढ़ाया वह इत्तिहाद[14]
गोया उन्हें दो क़ालिब - ओ - यकजान कर दिया

औराक़े-जब्र-ओ-जौर-ओ-जफ़ा[15] को बिखेर के
शीराज़ा सल्तनत[16] को परेशान कर दिया

---

1. शासन, आधिपत्य, 2. डूब जाएगी, 3. झूठ, 4. सच, 5. लड़ा दिया, 6. ईश्वरेच्छा, 7. काबे की चारदीवारी, 8. जीवन की आज़ादी, 9. अन्तर, फ़र्क़, 10. असहयोग आन्दोलन, 11. पाठ, 12. समाज, मज़हब, 13. कठिनाइयां, 14. एकता, 15. अत्याचार और ज़ुल्म के पन्ने, 16. शासन, राज्य।

ज़ुल्म - ओ - सितम की नाव डुबोने के वास्ते
क़तरे को आंखों आंखों में तूफ़ान कर दिया

तन मन किया निसार ख़िलाफ़त के नाम पर
सब कुछ ख़ुदा के नाम पर क़ुर्बान कर दिया

पर्वरदिगार ने कि वह है आदमी शनास[1]
गांधी को भी यह मरतबा[2] पहचान कर दिया

इंक़िलाब

ज़फ़र अली ख़ां

गर हमारी तरह तुम भी ग़ैर के महकूम[3] हो
फिर ज़रा तुमको भी क़द्रे - आफ़ियत[4] मालूम हो

ज़ुल्म को इंसाफ़ कह लेना तो आसां है मगर
क़ायल इस मंतिक़[5] के हम जब हों कि तुम मज़लूम[6] हो

वक़्त आ पहुंचा कि बरपा हो नया इक इंक़िलाब
और यह नज़्मे - ज़िन्दगी[7] बारे - दिगर[8] मंज़ूम[9] हो

वक़्त आ पहुंचा कि हो तक़सीम[10] क़ौमों की नई
इक नई दुनिया हो और इसका नया मक़सूम[11] हो

वक़्त आ पहुंचा कि हो नाबूद[12] तहज़ीबे - जदीद[13]
हस्त-ओ-बूद[14] इसका वुजूदे-नुक़्तए-मौहूम[15] हो

वक़्त आ पहुंचा कि मेहनत का मिले बन्दों को अज्र[16]
साअत[17] आ पहुंची कि जो ख़ादिम है वो मख़्दूम[18] हो

1. मानव का पारखी, 2. दर्जा, रुतबा, स्थान, 3. दास, 4. कुशलता, 5. तर्क, 6. पीड़ित, 7. जीवन का विधान, 8. औरों का बोझ, 9. कविताबद्ध, 10. बंटवारा, 11. भाग्य, 12. नष्ट, 13. आधुनिक सभ्यता, 14. नफ़ा-नुक़सान, 15. मिटते हुए बिन्दु का अस्तित्व, 16. इनाम, सिला, 17. घड़ी, 18. मालिक।

जौरे-गुलामाने वक़्त[1]

हसरत मोहानी

रस्मे-जफ़ा[2] कामियाब देखिए कब तक रहे
हुब्बे-वतन[3] मस्ते-ख़्वाब[4] देखिए कब तक रहे

दिल पे रहा मुद्दतों ग़लबः-ए-यास-ओ-हिरास[5]
क़बज़ः-ए-हज़्म-ओ-हिजाब[6] देखिए कब तक रहे

ता ब कुजा[7] हों दराज़[8] सिलसिलाहाए-फ़रेब[9]
ज़ब्त[10] की लोगों में ताब[11] देखिए कब तक रहे

पर्दः - ए - इस्लाह[12] में कोशिशे तख़रीब[13] का
ख़ल्क़े-ख़ुदा[14] पर अज़ाब[15] देखिए कब तक रहे

नाम से क़ानून के होते हैं क्या-क्या सितम
जब्र ब ज़ेरे - नक़ाब[16] देखिए कब तक रहे

दौलते - हिन्दोस्तां क़बज़ः - ए - अग़ियार[17] में
बेअदद - ओ - बेहिसाब[18] देखिए कब तक रहे

है तो कुछ उखड़ा हुआ बज़्मे-हरीफ़ां[19] का रंग
अब यह शराब-ओ-कबाब देखिए तब तक रहे

हसरते - आज़ाद पर जौरे - ग़ुलामाने - वक़्त[20]
अज़रहे-बुग़ज़-ओ-इताब[21] देखिए कब तक रहे

---

1. वक़्त के ग़ुलामों का अत्याचार, 2. धोका देने की रस्म, 3. देशभक्ति, 4. नींदग्रस्त, 5. निराशा का अधिकार, 6. दूरदर्शिता और शर्म का क़ब्ज़ा, 7. कब तक, 8. लम्बे, 9. धोके के सिलसिले, 10. सहनशीलता, 11. शक्ति, 12. सुधार का पर्दा, 13. विनाश, 14. अल्लाह के बन्दे, 15. विपत्तियां, 16. नक़ाब के अन्दर, 17. ग़ैरों के क़ब्ज़े में, 18. अनगिनत, 19. दुश्मन की बज़्म, 20. वक़्त के ग़ुलामों का अत्याचार, 21. द्वेष और क्रोध।

दावते-अमल

मीर ग़ुलाम भीक नैरंग

तुझे अय बुलबुले रंगीं नवां सूझी है गाने की
मगर मुझको पड़ी है फ़िक्र तेरे आशियाने की

यह तेरे आड़े तिरछे चार तिनके शाख़े-गुलबन पर
कभी से बिजलियां हैं फ़िक्र में इनके जलाने की

यह गुलचीं, बाग़बां, सैयाद, यह तेरे करम फ़रमा[1]
लिए बैठे हैं दिल में हसरतें तेरे मिटाने की

संभाले अपने पर पुर्ज़े तिरे सब हमसफ़ीरों[2] ने
हर इक ने फ़िक्र की है अपने-अपने आशियाने की

मगर इक तू ही ग़ाफ़िल है, मआले-कारे-गुलशन[3] से
तिरे हिस्से में आईं ग़फ़लतें सारे ज़माने की

पुराने-बर्ग-ओ-गुल[4] सब छांटे जायेंगे ख़याबां[5] से
लगी है बाग़बां को धुन नया गुलशन बनाने की

नए पौदे, नए बूटे, नए गुलबन, नए तख़्ते
नई शर्तें बनेंगी अब चमन में आने जाने की

क़फ़स भी दाम[6] भी मिक़राज़[7] भी बिल्कुल नए होंगे
नई तर्कीब होगी तुझको फन्दे में फंसाने की

अगर गुलशन में रहना है बदल ले तू भी ढंग अपना
समाअत[8] अब नहीं होगी किसी हीले बहाने की

---

1. दयालु, मेहरबान, 2. मित्र, सखा, 3. गुलशन के काम का नतीजा, 4. फूल और पत्ते, 5. चमन, 6. जाल, 7. कैंची, 8. सुनवाई।

न बायस्ती तिरा दरबाग़ साज़े - आशियां कर्दन[1]
बो करदी ज़िन्दगी बायद बहुक्मे - बाग़बां कर्दन[2]

समझ ले हमनफ़स जो कुछ कहा मैंने इशारों में
सुनाई है तुझे तेरी कहानी इस्तआरों[3] में

नई हालत है दुनिया की, निराला रंगे-हस्ती है
नए गुल खिल रहे हैं गुलशनों में लालाज़ारों में

जहां कल ख़ार-ओ-ख़स[4] थे वह जगह अब सहने-बुस्तां[5] है
मुबद्दल[6] हो गया है सहने - बुस्तां ख़ारज़ारों[7] में

मगर तेरी वही आदत, वही हालत वही धुन है
न वह महफ़िल न वह साक़ी, मगर तू है ख़ुमारों[8] में

हर इक किश्ते-अमल[9] शादाब[10] है फ़ैज़े-तमद्दुन[11] से
चमन तेरा ही कुम्हलाया गया है इन बहारों में

न समझे अब भी जो कोई वह समझे अपनी ख़ुशफ़हमी
ज़माना कह चुका सबकुछ, किनायों में इशारों में

नए हालात को देख और संभल गर ज़िन्दा रहना है
नहीं तो ख़ुद को ज़िन्दा गाड़ना होगा हज़ारों में

ग़ज़ब है आज तेरी ग़लफ़तें रुस्वाए-आलम[12] हों
समझते थे तुझे हमचश्म कल तक होशियारों में

ख़ुदा ही हाफ़िज-ओ-नासिर[13] है तेरी क़ौमे-बेकस[14] का
शुमार[15] इसका है मुद्दत से हवादिस[16] के शिकारों में

1-2. इस बाग़ में तुझे आशियाना नहीं बनाना चाहिए, जहां ज़िन्दगी बाग़बान के हुक्म पर गुज़ारनी पड़े, 3. रूपक, लक्षण, 4. घास-फूस और कांटे, 5. बाग़ का आंगन, 6. परिवर्तित, 7. कांटों का बाग़, 8. मदिरालस में रत, 9. अमल की खेती, 10. हरी-भरी, तृप्त, 11. सभ्यता की दया, 12. संसार में बदनाम, 13. संरक्षक, सहायक, 14. दुर्बल राष्ट्र, 15. गिनती, 16. दुर्घटनाएं।

काम करना है यही

मुहम्मद अली जौहर

ख़ाक जीना है अगर मौत से डरना है यही
हवसे - ज़ीस्त[1] हो इस दर्जा तो मरना है यही

क़ुलज़ुमे - इश्क़[2] में हैं नफ़ा - ओ - सलामत[3] दोनों
इसमें डूबे भी तो क्या पार उतरना है यही

और किस वज़आ[4] की जोया[5] हैं उरुसाने-बिहिश्त[6]
है कफ़न सुर्ख़, शहीदों का संवरना है यही

हद है पस्ती[7] की कि पस्ती को बलन्दी[8] जाना
अब भी एहसास हो इसका तो उभरना है यही

हो न मायूस[9] कि है फ़तह[10] की तक़रीबे - शिकस्त[11]
क़ल्बे - मोमिन[12] का मिरी जान निखरना है यही

नक़्दे-जां[13] नज़्र करो सोचते क्यों हो 'जौहर'
काम करने का यही है, तुम्हें करना है यही

चश्मे-ख़ूंनाबा-बार[14]

मुहम्मद अली जौहर

सीना हमारा फ़िगार[15] देखिए कब तक रहे
चश्म[16] यह ख़ूंनाबा-बार[17] देखिए कब तक रहे

हक़[18] की कुमक[19] एक दिन आ ही रहेगी वले
गर्द[20] में पिन्हा[21] सवार देखिए कब तक रहे

---

1. जीवन का लोभ, 2. प्रेम का दरिया, 3. लाभ और कुशल, 4. वेशभूषा, 5. जिज्ञासु, 6. स्वर्ग की दुल्हनें, 7. पतन, गिरावट, 8. ऊंचाई, 9. निराश, 10. विजय, 11. हार का समारोह, 12. ईमानवाले का दिल, 13. जीवन, 14. ख़ून के आंसू बहानेवाली आंख, 15. घायल, 16. आंख, 17. ख़ून बहानेवाली, 18. सत्य, 19. मदद, सहायता, 20. धूल में, 21. छुपी हुई।

यूं तो है हर सू अयां[1] आमदे - फ़स्ले - ख़िज़ां[2]
जौर - ओ - जफ़ा[3] की बहार देखिए कब तक रहे

रौनक़े - देहली पे रश्क था कभी जन्नत को भी
यूं ही यह उजड़ा दयार देखिए कब तक रहे

जौर[4] का पहले ही दिन नश्शा हरन हो गया
ज़ोम[5] का बाक़ी ख़ुमार[6] देखिए कब तक रहे

आशियां बरबाद

मुहम्मद अली जौहर

हैं यह अन्दाज़ ज़माने के
और ही ढंग हैं सताने के

घर छुटा यूं कि छोड़ने वाले
थे न हम उसके आस्ताने[7] के

एक इक करके सबके सब तिनके
किए बरबाद आशियाने के

कुछ दिनों घूमता मुक़द्दर था
साथ-साथ अपने आब-ओ-दाने[8] के

देखिए अब यह गर्दिशे - तक़दीर[9]
कहीं आने के हैं न जाने के

पूछते क्या हो बूद-ओ-बाश[10] का हाल
हम हैं बाशिन्दे[11] जेलख़ाने के

---

1. प्रकट, 2. पतझड़ का आगमन, 3. अत्याचार, 4. ज़ुल्म, 5. घमंड, 6. मदिरालस, 7. चौखट, 8. अन्न-जल, 9. भाग्यचक्र, 10. रहन-सहन, 11. निवासी।

ख़ूगरे-सितम[1]

मुहम्मद अली जौहर

न उड़ जायें कहीं क़ैदी क़फ़स[2] के
ज़रा पर बांधना सैयाद[3] कस के

निशाने - आशियां[4] क्या जिस चमन में
लगे हों ढेर हर सू ख़ार-ओ-ख़स[5] के

मिले इक ख़ुम[6] तो मैख़ाने से साक़ी
कि हम छूटे हुए हैं दो बरस के

गरां[7] हो अब तो शायद सैरे - गुल[8] भी
कुछ ऐसे हो गए ख़ूगर[9] क़फ़स के

मिली है क़ैद आज़ादी की ख़ातिर
न पड़ जायें कहीं दोनों के चस्के

चमन तो हमने ख़ुद छोड़ा है गुलचीं[10]
गिले[11] फिर क्या करें क़ैद-ओ-क़फ़स[12] के

बेदारिए-हिन्द[13]

लाला लालचन्द 'फ़लक'

मुबारक हिन्द की बेदार[14] क़िस्मत होती जाती है
नुमाया[15] हिन्दियों में अब उख़ूवत[16] होती जाती है

जगाया है हमें शबनम[17] ने छींटे मुंह पे दे दे कर
दिलों से अब हमारे दूर ग़फ़लत[18] होती जाती है

---

1. अत्याचार का आदी, 2. पिंजरा, 3. बहेलिया, 4. घोंसले का निशान, 5. घास और कांटे, 6. प्याला, 7. महंगा, कठिन, 8. चमन की सैर, 9. आदी, 10. फूल चुननेवाला, 11. शिकायत, 12. क़ैद और पिंजरा, 13. भारत की जागृति, 14. जाग्रत, 15. प्रकट, 16. भाईचारा, 17. ओस, 18. बेहोशी।

शुआएं[1] आन पहुंचीं हिन्द में महरे - तरक़्क़ी[2] की
रफ़ूचक्कर हमारे घर से ज़ुल्मत[3] होती जाती है

समझ लो मुश्किलें सब दूर अपनी होने वाली हैं
कि माइल[4] क़ौम पर अपनी तबीअत होती जाती है

उठा ग़फ़लत का पर्दा अपने दिल से बाद मुद्दत[5] के
नुमायां मुल्क की अब हम में उल्फ़त[6] होती जाती है

तरक़्क़ी पर है इन रोज़ों 'फ़लक' परचार देसी का
पराए देश की चीज़ों से नफ़रत होती जाती है

वक़्ते-बेदारी[7]

मुहम्मद हुसैन 'महवी' लखनवी

हमारी बेज़बानी[8] हिम्मत अफ़ज़ाए-सितम[9] ठहरी
कि चुप रहने पे भी मिलता है अब इल्ज़ामे-ग़द्दारी[10]
शहीदों का तड़पना लोटना देखा नहीं जाता
मगर ममनूअ[11] है इस दौर में इज़्हारे-ग़मख़्वारी[12]
हुकूमत हम पे हो सकती है दिल पर हो नहीं सकती
कोई रोके तो क्योंकर चश्मे-दिल[13] की गिरया-ओ-ज़ारी[14]
मिटाए अपनी हस्ती को कहां तक कोई घुट घुटकर
नहीं है सब्र की अब ताब[15] अय आईने-ख़ुद्दारी[16]
कहां तक कोई ख़ामोशी से दुनिया के सितम[17] झेले
कहां तक कोई देखे जाए अपनी ज़िल्लत-ओ-ख़्वारी[18]
यह जीना भी कोई जीना है अय जोयाए-असाइश[19]
बस अब ख़्वाबे-गरां[20] से चौंके है यह वक़्ते-बेदारी
तिरी बरबादियां देखी नहीं जाती हैं अब हमसे
ख़ुदा के वास्ते उठ और हो आज़ाद इस ग़म से

---

1. किरणें, 2. उन्नति का सूर्य, 3. अन्धकार, 4. आकृष्ट, 5. लम्बा समय, 6. प्रेम, 7. जागने का समय, 8. ख़ामोशी, 9. अत्याचार को बढ़ावा देना, 10. ग़द्दारी का आरोप, 11. निषिद्ध, 12. सांत्वना का इज़हार, 13. दिल की आंख, 14. रोना-पीटना, 15. शक्ति, 16. आत्मसम्मान का विधान, 17. अत्याचार, 18. अपमान, 19. आराम के इच्छुक, 20. घोर निद्रा।

शुक्रियः-ए-यूरोप

आग़ा हश्र कश्मीरी

अय ज़मीने-यूरप, अय मिक़राज़े-पैराहन नवाज़[1]
अय हरीफ़े-एशिया,[2] अय शोलः-ए-ख़िर्मन नवाज़[3]

चारासाज़ी[4] तेरी बुनियाद-अफ़गने-काशाना[5] है
तेरे दम से आज दुनिया एक मातमख़ाना[6] है

अश्के-हसरतज़ा[7] से चश्मे-हुर्रियत[8] नमनाक[9] है
ख़ूंचकां[10] रूदादे - अक़वामे - गरीबां चाक[11] है

सिर्फ़ तसनीफ़े-सितम[12] है फ़ल्सफ़ादानी[13] तिरी
आदमीयत सोज़[14] है तहज़ीबे - हैवानी[15] तिरी

अज़्मते - देरीना[16] नाला[17] है तिरे बरताव से
धुल गया हुस्ने - क़दामत[18] ख़ून के छिड़काव से

जल्वागाहे - शौकते - मश्रिक़[19] को सूना कर दिया
जन्नते-दुनिया को दोज़ख़ का नमूना कर दिया

उठ रहा है शोरे - ग़म[20] ख़ाकस्तरे - पामाल[21] से
कह रहा है एशिया रोकर ज़बाने - हाल से

बर मज़ारे - मा ग़रीबां ने चराग़े ने गुले
ने परे परवाना सोज़द ने सदाए - बुलबुले[22]

---

1. वस्त्रों को मान देनेवाली कैंची (व्यंग्य), 2. एशिया का प्रतिद्वन्द्वी, 3. खलियान की सेवा करनेवाली ज्वाला, 4. उपचार, इलाज, 5. घर की बुनियाद उखाड़ फेंकनेवाली, 6. शोकगृह, 7. निराशा के अश्रु, 8. स्वतंत्रता की आंख, 9. भीगी हुई, 10. ख़ून में डूबी हुई, 11. कटे गरीबान वाली क़ौमों की कहानी, 12. अत्याचार लेखन, 13. दार्शनिकता, 14. मानवता को जाननेवाली, 15. पाशविक सभ्यता, 16. प्राचीन महानता, 17. नाख़ुश, असन्तुष्ट, 18. रूढ़िवाद का सौंदर्य, 19. पूर्व की शान की जल्वागाह, 20. शोक का कोलाहल, 21. बरबाद लोगों की धूल, 22. ग़रीब की क़ब्र पर न फूल हैं न चराग़, न जले हुए परवाने के पर हैं और न बुलबुल की सदा।

गर्चे[1] इक दुनिया का दिल तेरी तरफ़ से ख़ून है
उम्मते - ख़ैरुलवरा[2] लेकिन तिरी ममनून[3] है

चोट खाकर भर गया दिल लज़्ज़ते - ईसार[4] से
जल्वे जागे शीश - ए - बिश्कस्ता[5] की झंकार से

यक ब यक ख़ूने-तने-बेजां में हैजां[6] आ गया
क़तरा दरिया बन गया, दरिया में तूफ़ां आ गया

चौंक उठी रूहे उख़ूवत,[7] एक दिल-ख़स्ता[8] हुए
पत्तियां गुल बन गईं, गुल मिलके गुलदस्ता हुए

हो गईं बिखरी हुई ईंटें बहम[9] तामीर[10] की
मिल गयी हर इक कड़ी टूटी हुई ज़ंजीर की

अज़ करम बपज़ीर यारब जोशे-बेअन्दाज़ारा
ता क़यामत ज़िन्दादार ईं ज़िन्दगी-ए ताज़ा रा[11]

बन जाए नशेमन[12] तो

इक़बाल अहमद 'सुहेल'

माना कि क़फ़स[13] में है बहुत चैन मुयस्सर[14]
ने बर्क़े - चमन[15] सोज़ न सैयादे - सितमगर[16]
है ज़ीस्त[17] ग़ुलामी की मगर मौत से बदतर
क़ाबू में रहे अपने पर - ओ - बाल तो क्या डर
बन जाए नशेमन तो कोई आग लगा दे

1. यद्यपि, 2. हज़रत मुहम्मद की उम्मत, 3. आभारी, 4. त्याग का आनन्द, 5. टूटा हुआ जाम, 6. जोश, 7. समता का जोश, 8. दुखे हुए दिलवाले, 9. एक, 10. निर्माण, 11. अय ख़ुदा ! हमारे जोशो-ख़रोश को प्रेम की निगाह से देखना ! क़यामत तक हमारी ज़िन्दगी को ताज़ा रखना, 12. घोंसला, 13. पिंजरा, 14. प्राप्त, 15. चमन को जला देनेवाली बिजली, 16. अत्याचारी सैयाद, 17. जीवन।

गाएंगे हम आज़ादि-ए-गुलशन का तराना
बेकार है अय बर्क़े - बला[1] हमको डराना
काफ़ी है बहुत वुसअते - सहराए - ज़माना[2]
हम और कहीं ढूंढ निकालेंगे ठिकाना
बन जाए नशेमन तो कोई आग लगा दे

जां इस वतने-ख़्वाजा-ओ-जयपाल[3] पे सदक़े[4]
दिल इस चमने हशमत-ओ-इजलाल[5] पे सदक़े
सर मश्हदे-आज़ादी-ओ-इक़बाल[6] पे सदक़े
कर देंगे इसे अपने पर-ओ-बाल पे सदक़े
बन जाए नशेमन तो कोई आग लगा दे

माना कि निशेमन से है बिजली की अदावत[7]
माना कि मिरी सई[8] का अंजाम[9] है हसरत[10]
फिर भी मिरी कोशिश नहीं जाने की अकारत[11]
बाज़ू तो हैं इस मश्क़[12] से आ जाएगी ताक़त
बन जाए नशेमन तो कोई आग लगा दे

है मारिका[13] हरचन्द 'सुहेल' अहले-जफ़ा[14] से
जांबाज़े-वतन[15] डरते हैं कब अहले-जफ़ा से
हटने को नहीं मंज़िले-तस्लीम-ओ-रज़ा[16] से
जो कुछ भी गुज़रनी है गुज़र जाए बला से
बन जाए नशेमन तो कोई आग लगा दे

---

1. बिजली, 2. समय के मैदान का विस्तार, 3. जयपाल और ख़्वाजा का देश, 4. न्यौछावर, 5. तेज और प्रताप का चमन, 6. आज़ादी और प्रताप का वधस्थल, 7. दुश्मनी, 8. कोशिश, 9. नतीजा, 10. निराशा, 11. व्यर्थ, 12. अभ्यास, 13. युद्ध, मुक़ाबला, 14. बेवफ़ा लोग, 15. वतन पर जान देनेवाले, 16. स्वीकृति की मंज़िल।

नाल:-ए-अन्दलीब[1]

महमूद इसराईली

ज़ख़्मे-दिल[2] को अब नमकपाशी[3] की लज़्ज़त[4] चाहिए
फ़िक्रे-मरहम[5] हो चुकी, फ़िक्रे - तबीबां[6] हो चुकी

जादः-ए-मक़्सद[7] पे चलता है तो उठ हिम्मत दिखा
दस्ते-हसरत[8] मल चुका और चश्मे-गिरियां[9] हो चुकी

वहशत आबादे - जुनूं[10] भी दीदः - ए - बीना[11] से देख
फ़िक्रे-दामां[12] हो चुकी, फ़िक्रे - गरीबां[13] हो चुकी

अब मिसाले-गुल[14] ज़रा तू भी तो हो सीनाफ़िगार[15]
अब फ़िदाए - रंगो - बू[16] सैरे - गुलिस्तां हो चुकी

इंक़िलाब आया, नए सैयारे[17] अब गर्दिश में हैं
अपनी आंखें खोल, वह रफ़्तारे - दौरां[18] हो चुकी

अब तू अपनी दास्ताने - सुब्हे - महशर[19] भी सुना
ख़त्म वह ग़ैरों की इशरत की शबिस्तां[20] हो चुकी

★

ख़ूने-दिल से आबियारी[21] कर जो दिल में दर्द है
मर्दे - मैदाने - शुजाअत[22] बन अगर तू मर्द है

ग़ैरते - अफ़लाक[23] फिर यह गुलसितां हो जाएगा
इसका ज़र्रा ज़र्रा[24] महरे - ज़ौ - फ़शां[25] हो जाएगा

---

1. बुलबुल का आर्तनाद, 2. दिल का ज़ख़्म, 3. नमक छिड़कना, 4. स्वाद, 5. मरहम की चिन्ता, 6. चिकित्सकों की चिन्ता, 7. उद्देश्य का मार्ग, 8. निराशा के हाथ, 9. अश्रुभरी आंखें, 10. उन्माद की व्याकुल बस्ती, 11. समझदार की आंखें, 12. दामन की चिन्ता, 13. गरेबान की चिन्ता, 14. फूल की तरह, 15. फटी हुई छाती, 16. रंग और सुगन्ध पर मरनेवाले, 17. नक्षत्र, 18. समय की गति, 19. महशर के प्रभात की कहानी, 20. विलास का शयनागार, 21. सिंचाई, 22. बहादुरी के मैदान का मर्द, 23. आकाश को शरमानेवाला, 24. कण-कण, 25. प्रकाशमान सूर्य।

मुर्दा दिल फिर आतिशे - गुल[1] से हरारत[2] पाएंगे
माइले - ज़ौक़े - अमल[3] पीर - ओ - जवां[4] हो जायेंगे

ज़ुल्मते - दिल[5] नूरे - हक़[6] से फिर फ़ना[7] हो जाएगी
दौरे - बातिल[8] चश्मे - आलम[9] से निहां[10] हो जाएगी

हुर्रियत[11] इंसान की मट्टी में डाली जाएगी
जज़्बः - ए - हुब्बे - वतन[12] घर घर अयां[13] हो जाएगा

यह सितम[14] के तीर तर्कश में पड़े रह जायेंगे
फिर तवाना[15] दस्तगीरे - नातवां[16] हो जाएगा

दौरे-गेती[17] से अयां है औज-ओ-पस्ती[18] का मआल[19]
हर कमाले - रा ज़वाल हर ज़वाले - रा कमाल[20]

★

मायःदारे - ऐश[21] होंगे आज जो कुल्फ़त[22] में हैं
साहबे - इक़्बाल[23] होंगे आज जो उसरत[24] में हैं

अब हुकूमत के लिए उनको बुलाया जाएगा
आज जो बर्गश्ता - क़िस्मत[25] ग़ैर की ताअत[26] में हैं

वक़्ते - बेदारी[27] है अय हिन्दोस्तां बेदार हो
देख नेमत - हा - ए - गूनागूं[28] तिरी क़िस्मत में हैं

हस्बे-मंशा[29] तू भी चुन ले अपने दामन के लिए
सैकड़ों गुलहाए मक़सद[30] गुलशने - कुदरत में हैं

महर[31] पुरतनवीर[32] बनकर चर्ख़े-मश्रिक़[33] पर निकल
तेरी ज़ुल्मत[34] से हज़ारों हस्तियां ज़ुल्मत में हैं

---

1. फूल की आग, 2. गर्मी, 3. अमल की ओर आकृष्ट, 4. बूढ़े और जवान, 5. दिल का अंधेरा, 6. सत्य का प्रकाश, 7. नष्ट, 8. झूठ का ज़माना, 9. संसार की आंख, 10. विलीन, ओझल, 11. आज़ादी, 12. देशभक्ति की भावना, 13. प्रकट, 14. अत्याचार, 15. शक्तिशाली, 16. कमज़ोर, 17. धरती का चक्र, 18. उत्थान और पतन, 19. अन्त और प्राप्ति, 20. हर उत्थान का पतन और हर पतन का उत्थान होता है, 21. ऐश्वर्य के धनी, 22. तकलीफ़, 23. प्रतापी, 24. निर्धनता, 25. अभागे, 26. आज्ञाकारिता, 27. जागृति का समय, 28. तरह-तरह की नेमतें, 29. इच्छानुसार, 30. उद्देश्य के फूल, 31. सूर्य, 32. प्रकाशमान, 33. पूर्व का आकाश, 34. अन्धकार।

तेरी हस्ती गर्दिशे - दौरां[1] से मिट सकती नहीं
कुछ अनासिर[2] ग़ैरफ़ानी[3] भी तिरी फ़ितरत[4] में हैं

दस्ते क़ुदरत[5] कारफ़र्मा[6] है तिरी तदबीर[7] में
मुन्हमिक[8] हो आने वाले दौर की तामीर[9] में

पैग़ामे-अमल[10]

साग़र निज़ामी

उठ अय मश्रिक़[11] और अपने हक़्क़े-फ़ितरत[12] की हिफ़ाज़त[13] कर
जो आज़ादी तिरा मक़सूम[14] है उसकी हिमायत[15] कर

फ़ज़ा पर ग़ौर कर हर चीज़ को हासिल है आज़ादी
बलन्द[16] अपनी नज़र, अपनी तबीअत, अपनी फ़ितरत[17] कर

हिला दे जौर - ओ - इस्तबदाद[18] की संगीन बुनियादें
ग़ुलामी के बुतों को गुर्ज़े - हुर्रियत[19] से ग़ारत[20] कर

अगर बेदार बख़्ती[21] की सनद लेनी है दुनिया में
तसाहुल[22] को मिटा और इंसिदादे - ख़्वाबे - ग़फ़्लत[23] कर

ग़ुलामी मुस्तक़िल[24] लानत[25] है और तौहीने - इंसां[26] है
ग़ुलामी से रिहा हो और आज़ादों में शिरकत कर

---

1. समय का चक्र, 2. तत्त्व, 3. नश्वर, 4. प्रकृति, 5. प्रकृति का हाथ, 6. लगा हुआ, 7. उपाय, 8. डूबा हुआ, 9. निर्माण, 10. अमल का सन्देश, 11. पूर्व, 12. प्राकृतिक अधिकार, 13. रक्षा, 14. भाग्य, 15. समर्थक, 16. ऊंची, 17. प्रकृति, स्वभाव, 18. अत्याचार, 19. आज़ादी का हथियार, 20. कष्ट, 21. भाग्य जागना, 22. आलस्य, 23. बेहोशी की नींद का उन्मूलन, 24. स्थायी, 25. धिक्कार, 26. मानव का अपमान।

तिरा मज़हब भी देता है तुझे तालीमे - आज़ादी
अगर दावा - ए - मज़हब है तो मज़हब की इताअत[1] कर

तिरी क़ुर्बानियां ज़िन्हार[2] ज़ाया[3] जा नहीं सकतीं
मगर पैदा दिले - बैकैफ़[4] में कैफ़े - शहादत[5] कर

जो मुस्तक़्बिल[6] में फ़िक्रे - एहतिमामे - सुर्ख़रूई[7] है
तो अपने ख़ून से रंगीं बयाज़े-मुल्क-ओ-मिल्लत[8] कर

क़दम हैं, चन्द बाक़ी हद्दे - मंज़िल तक पहुंचने में
अभी कुछ और कोशिश कर, अभी कुछ और हिम्मत कर

क़रीब ऐवाने - आज़ादी है क्यों मायूस[9] होता है
तबस्सुम[10] कामियाबी का मुझे महसूस[11] होता है

तरानः-ए-जिहाद[12]

एहसान दानिश

मुजाहिदीने-सफ़शिकन,[13] बढ़े चलो, बढ़े चलो
रविश रविश, चमन चमन, बढ़े चलो, बढ़े चलो
जबल जबल,[14] दिमन दिमन,[15] बढ़े चलो, बढ़े चलो
बिकुश बिकुश,[16] बिज़न बिज़न,[17] बढ़े चलो, बढ़े चलो
मुजाहिदीने - सफ़शिकन, बढ़े चलो, बढ़े चलो

1. आज्ञाकारिता, 2. कदापि, हरगिज़, 3. व्यर्थ, 4. नीरस, 5. शहादत का नशा, 6. भविष्य, 7. सफलता के आयोजन की चिन्ता, 8. देश और समाज की बयाज़, 9. निराश, 10. मुस्कान, 11. अनुभव, 12. धर्मयुद्ध का गीत, 13. सफ़ तोड़नेवाले, 14. पहाड़, 15. घूरा, 16. मारो-मारो, 17. मारो-मारो।

ज़मीन रश्के- आस्मां[1] तुम्हारी अंजुमन[2] से है
रगे - जहां में ख़ूं रवां[3] तुम्हारे बांकपन से है
रहे तुम्हारा बांकपन, बढ़े चलो, बढ़े चलो
मुजाहिदीने - सफ़शिकन, बढ़े चलो, बढ़े चलो

क़दम उठाओ इस तरह ज़मीं का दिल दहल उठे
वह नाराहाए - गर्म हों कि रंगे - चर्ख़[4] जल उठे
यह नाज़िशे-कमाले-फ़न,[5] बढ़े चलो, बढ़े चलो
मुजाहिदीने - सफ़शिकन, बढ़े चलो, बढ़े चलो

डरा जो मौत से नहीं वह शादकामे - ज़िन्दगी[6]
डरो न मौत से कि मौत है दवामे - ज़िन्दगी[7]
है दिल की ज़िन्दगी लगन, बढ़े चलो, बढ़े चलो
मुजाहिदीने - सफ़शिकन, बढ़े चलो, बढ़े चलो

फ़ज़ा ख़िलाफ़ है तो हो, शिकोह[8] से अलम[9] उठे
है धड़कनों की जो रविश उसी तरह क़दम उठे
ख़ुशी ख़ुशी, मगन मगन, बढ़े चलो, बढ़े चलो
मुजाहिदीने - सफ़शिकन, बढ़े चलो, बढ़े चलो

जो राह में पहाड़ हों तो बेदरेग़[10] उखाड़ दो
उठाओ इस तरह निशां फ़लक के दिल में गाड़ दो
है खेल दार और रसन,[11] बढ़े चलो, बढ़े चलो
मुजाहिदीने - सफ़शिकन, बढ़े चलो, बढ़े चलो

वफ़ा का अहद[12] बांधकर वफ़ा से खेलते हुए
लहू में तैरते हुए, फ़ज़ा से खेलते हुए
दिलावराने - तेग़ज़न,[13] बढ़े चलो, बढ़े चलो
मुजाहिदीने - सफ़शिकन, बढ़े चलो, बढ़े चलो

---

1. आस्मां जिस पर रश्क करे, 2. गोष्ठी, 3. प्रवाहित, 4. आकाश का रंग, 5. कला का कमाल, 6. ख़ुश, 7. जीवन की नित्यता, 8. शान, 9. झंडा, 10. निर्भय, बेझिझक, 11. फांसी का फन्दा, 12. प्रेम-निर्वाह का युग, 13. तलवार चलानेवाले बहादुरो।

बलन्द बर्छियां करो वह रहमते - ख़ुदा[1] झुकी
वह ज़िन्दगी का दर खुला वह सर के बल क़ज़ा[2] झुकी
सिपासख़्वाने - ज़ुलमनन,[3] बढ़े चलो, बढ़े चलो
मुजाहिदीने - सफ़शिकन, बढ़े चलो, बढ़े चलो

1. ख़ुदा की रहमत, 2. मौत, 3. ख़ुदा के एहसान की तारीफ़ करनेवालो।

पांचवां अध्याय

(पहला भाग)

(सन् 1921 से सन् 1935 तक)

सिविल नाफ़रमानी की तहरीक और नया क़ानून

मुक़ावमिते-मज्हूल[1]

तिलोकचन्द 'महरूम'

यह नहीं है शाने-वफ़ा[2] सनम कि करें बजोश[3] मुक़ाबला
तिरी सख़्तियों[4] से करेंगे हम बख़ुदा[5] ख़ामोश मुक़ाबला

तिरे पायमाले-सितम[6] हैं गो[7] मगर उनमें ताब-ओ-तवां[8] नहीं
शब-ओ-रोज़[9] करते हैं मौत से तिरे सरफ़रोश[10] मुक़ाबला

तू जो ख़ूं[11] हुआ है तो क्या हुआ कि दमे-अख़ीर[12] तलक किया
ग़मे-बेहिसाब[13] से तूने अय दिले-सब्रकोश[14] मुक़ाबला

जो अदा है तेग़ बकफ़[15] है वह, जो सुख़न[16] ख़ंजरे-जांसितां[17]
तिरी फ़ौजे-नाज़[18] से ता कुजा,[19] करें चश्म-ओ-गोश[20] मुक़ाबला

गयी जान हसरते-दीद[21] में, मगर उफ़ न आई ज़बान पर
'तिलक' इसको कहते हैं ज़ब्ते-ग़म[22] यह है बेख़रोश[23] मुक़ाबला

---

1. अज्ञात विरोध, 2. वफ़ा की शान, 3. जोश के साथ, 4. अत्याचार, 5. ख़ुदा की क़सम, 6. अत्याचार से पीड़ित, 7. यद्यपि, 8. शक्ति, 9. दिन-रात, 10. बहादुर, 11. क़त्ल, 12. अन्त समय तक, 13. असीम दुख, 14. सब्र करनेवाला दिल, 15. तलवार हाथ में लिए हुए, 16. कथन, बोल, 17. जान लेनेवाला ख़ंजर, 18. नाज़ की फ़ौज, गर्व की सेना, 19. कब तक, 20. आंखें और कान, 21. दर्शनाभिलाषा, 22. शोक सहन करना, 23. शान्त, बिना शोरग़ुल।

स्वदेशी तहरीक

तिलोकचन्द 'महरूम'

वतन के दर्दे-निहां[1] की दवा स्वदेशी है
ग़रीब क़ौम की हाजत रवा[2] स्वदेशी है

तमाम दहर[3] की रूहे - रवां[4] है यह तहरीक[5]
शरीके हुस्ने - अमल[6] जा ब जा स्वदेशी है

क़रारे - ख़ातिरे - आशुफ़्ता[7] है फ़ज़ा[8] इसकी
निशाने - मंज़िले - सिदक़ो - सफ़ा[9] स्वदेशी है

वतन से जिनको महब्बत नहीं वह क्या जानें
कि चीज़ कौन विदेशी है क्या स्वदेशी है

इसी के साए में पाता है परवरिश[10] इक़बाल[11]
मिसाले - सायः - ए - बाले - हुमा[12] स्वदेशी है

इसी ने ख़ाक को सोना बना दिया अक्सर
जहां में गर है कोई कीमिया[13] स्वदेशी है

फ़ना[14] के हाथ में है जाने-नातवाने-वतन[15]
बक़ा[16] जो चाहो तो राज़े-बक़ा[17] स्वदेशी है

हो अपने मुल्क की चीज़ों से क्यों हमें नफ़रत
हर एक क़ौम का जब मुद्दआ[18] स्वदेशी है

---

1. छुपा हुआ दर्द, 2. ज़रूरत पूरी करनेवाली, 3. दुनिया, 4. प्राणवायु, 5. आन्दोलन, 6. व्यावहारिकता, 7. बेक़रार दिल का क़रार, 8. वातावरण, 9. पवित्रता और सत्य की मंज़िल का निशान, 10. पालन-पोषण, 11. प्रताप, 12. हुमा (एक काल्पनिक पक्षी) के बाल के साए की तरह (कहते हैं कि यह पक्षी जिसके सर पर बैठ जाए, वह बादशाह बन जाता है), 13. रसायन, 14. मृत्यु, 15. दुर्बल देश के प्राण, 16. अनश्वरता, 17. अनश्वरता का रहस्य, 18. उद्‌देश्य।

स्वराज

ज़फ़र अली ख़ां

है कल की अभी बात कि ये हिन्द के सरताज
देते थे तुम्हें आके सलातीने-ज़मन[1] बाज

या रंग ज़माने ने यह बदला है कि तुमको
दुनिया की हर एक क़ौम समझती है ज़लील[2] आज

दामाने-निगह[3] जिसकी फ़ज़ा[4] के लिए था तंग
वह बाग़ हुआ देखते ही देखते ताराज[5]

जब तक रहे तुम दस्तनिगर[6] अपने ख़ुदा के
होने न दिया उसने तुम्हें ग़ैर का मुहताज[7]

जो हो गए उसके वह हुआ उनका निगहबां[8]
उसकी है जिन्हें शर्म, है उनकी भी उसे लाज

मिट जाओ मगर हक़[9] को न मिटते हुए देखो
सीखो यह रविश[10] गर तुम्हें लेना ही है स्वराज

सायमन कमीशन

ज़फ़र अली ख़ां

सायमन साहब के इस्तक़बाल[11] का वक़्त आ गया
जाग अय लाहौर अपने फ़र्ज़[12] को पहचान कर

उनके रस्ते में कई आंखें बिछाई जा चुकीं
तू भी अय ख़ूने-जिगर[13] छिड़काव का सामान कर

---

1. दुनिया के सम्राट, 2. अपमानित, 3. निगाह का दामन, 4. वातावरण, 5. बरबाद, 6. दया के पात्र, 7. आश्रित, 8. रक्षक, 9. सच्चाई, 10. ढंग, आचरण, 11. स्वागत, 12. धर्म, कर्त्तव्य, 13. जिगर का ख़ून।

चैन ख़ुद लेंगे न लेने देंगे उनको एक दम
घर से अय पंजाबियो निकलो यह दिल में ठान कर

रेल से उतरें तो काली झंडियां हों सामने
जिनके अन्दर तुम खड़े हो सीना अपना तान कर

तुझको अय पंजाब गर कुछ भी है पासे-आबरू[1]
अपनी इस इज़्ज़त पर अपनी जान को क़ुर्बान कर

तालिबुलइल्मों के ख़ूने - गर्म[2] के खौलाव से
जोशे - आज़ादी का बरपा आतिशी[3] तूफ़ान कर

नौजवानों को पिला जामे - शराबे - ज़िन्दगी[4]
मुश्किलें रिन्दाने - दुर्द आशाम[5] की आसान कर

हर क़दम पर हो कमीशन का मुकम्मल बाईकाट
तूल - ओ - अर्ज़े - मुल्क[6] में डंके की चोट एलान कर

सायमन कमीशन

जोश मलीहाबादी

सहर होते ही मख़्मूरे - शबाना[7]
कहा यूं चश्मे-साक़ी[8] ने फ़साना
कि अय ज़िन्दानिए-दैर-ओ-हरम[9] चौंक
ज़मीं से ता फ़लक[10] है आस्ताना
तुझे रस्मों से क्या हो रुस्तगारी[11]
तिरा ईमान तो है काफ़िराना[12]
तिरा सैदे - ज़ुबूने[13] बज़्मे - हस्ती[14]

---

1. इज़्ज़त का ख़याल, 2. गर्म रक्त, 3. आग का, 4. जीवन-मदिरा का जाम, 5. तलछट पीने वाले रिन्द, 6. देशभर में, 7. रात के ख़ुमार से पूर्ण, 8. साक़ी की आंख, 9. मन्दिर और काबे के क़ैदी, 10. आकाश, 11. मुक्ति, 12. काफ़िर जैसा विधर्मी, 13. निकृष्ट शिकार, 14. दुनिया।

वराए - लामकां[1] है आशियाना

तुझे क़तरे[2] का है अपने पे धोका
तू इक दरिया है ना पैदाकराना[3]
कहां तक यह सुकूते - बेनवाई[4]
कहां तक यह जमूदे-आमियाना[5]
तुझे है मौत का डर, मौत क्या है
हक़ीक़ी[6] ज़िन्दगानी का बहाना
हमेशा से है ज़द में बिजलियों की
शिकस्ता ख़ातिरी[7] का आशियाना[8]
कहीं है धूप से नादान बदतर[9]
गुलामी की घटा का शामियाना
जहां में कुछ न रह जाएगा बाक़ी
मगर हां एक मर्दों का फ़साना
जगाया है अगर सीने में दिल को
तो बन तीरे - हवादिस[10] का निशाना
लगी है घात में मुद्दत से तेरी
फ़िरंगी की निगाहे - जादुआना[11]
अदू[12] तेरी गिरफ़्तारी की ख़ातिर
मुहैया[13] कर रहा है आब-ओ-दाना[14]
अगर जीना है आज़ादी से तुझको
सुना दुश्मन को बढ़कर यह तराना
'बिरौ इंदाम बर मुर्ग़े-दिगर नेह
कि उन्क़ारा बलन्द अस्त आशियाना'[15]

---

1. शून्य से परे, 2. बूंद, 3. जिसका किनारा नहीं है, 4. मौन स्थिरता, 5. आम स्थिरता, 6. वास्तविक, 7. टूटा हुआ दिल, 8. घोंसला, 9. निकृष्ट, 10. घटनाओं के तीर, 11. जादू कर देनेवाली, 12. दुश्मन, 13. उपलब्ध, 14. अन्न-जल, 15. यह जाल किसी दूसरी चिड़िया के लिए बिछा, उन्क़ा (अन्क़ा) का घोंसला बहुत ऊंची डाल पर है।

सर मैलकम हेली के मल्फ़ूज़ात[1]

ज़फ़र अली ख़ां

जनाबे-हज़रते-हेली को यह ग़म खाए जाता है
न कर दे सर नगूं[2] मश्रिक़[3] कहीं मग़्रिब[4] के परचम[5] को
छिड़ी आज़ादिए-हिन्दोस्तां की बहस कौंसिल में
तो ज़ाहिर यूं किया हज़रत ने अपने इस छुपे ग़म को
हमारी भी वही ग़ायत[6] है जो मक़सद[7] तुम्हारा है
ख़ुदा वह दिन करे गर्दू[8] के तारे बनके तुम चमको
अलमबरदार[9] हैं अंग्रेज़ इस तहज़ीब[10] के जिसने
दिया है दरसे-आज़ादी[11] तमाम अक़वामे-आलम[12] को
हुकूमत आज तुमको सौंपकर हो जायें हम रुख़्सत
मगर अंदेशा[13] इसमें है फ़क़त इस बात का हमको
हमारे बाद कौन इस हाथ की शोख़ी को रोकेगा
जो बेकल है तो लाकर डाल दे गंगा में ज़मज़म[14] को
मुसलमां हिन्दुओं को एक हमले में मिटा देंगे
उड़ा ले जाएगा यह आफ़्ताब[15] आते ही शबनम[16] को
किसी ने काश यह तक़रीर[17] सुनकर कह दिया होता
कि दे सकते नहीं हो तुम अब इन फ़िक़रों[18] से दम हम को
मुसलमां भोले - भाले और हिन्दू सीधे-सादे हों
नहीं अहमक़[19] मगर ऐसे कि समझें अंगबीं[20] सम[21] को
निपटते आये हैं आपस में और अब भी निपट लेंगे
अगर तुम बनके सालिस[22] बीच में इनके न आ धमको

---

1. प्रवचन, उपदेश, 2. नीचा, 3. पूर्व, 4. पश्चिम, 5. झंडा, 6. इच्छा, 7. उद्देश्य, 8. आकाश, 9. प्रतिनिधि, 10. सभ्यता, 11. आज़ादी का मन्त्र, 12. संसार के राष्ट्र, 13. डर, 14. एक कुएं का नाम, 15. सूर्य, 16. ओस, 17. भाषण, 18. वाक्य, 19. मूर्ख, 20. शहद, मधु, 21. विष, ज़हर, 22. मध्यस्थ, पंच।

फूल बरसाओ

तिलोकचन्द 'महरूम'

जिन सरफ़राज़ों[1] की रूहें आज हैं अफ़लाक[2] पर
मौत ख़ुद हैरां थी जिनकी जुरअते - बेबाक[3] पर
नक़्श[4] जिनके नाम हैं अब तक दिले - ग़मनाक[5] पर
रहमते - एज़द[6] हो दायम[7] उनकी जाने - पाक पर
फूल बरसाओ शहीदाने - वतन[8] की ख़ाक पर

फूल बरसाओ कि फूलों में है ख़ुशबूए - वफ़ा[9]
थी सिरिश्ते - पाक[10] उनकी आशिक़े - जूए - वफ़ा[11]
मौत पर उनकी, गए जो रूए - दर - रूए - वफ़ा[12]
क्यों न हों अहले - वतन[13] के अश्के - ख़ूं[14] जूए - वफ़ा[15]
फूल बरसाओ शहीदाने - वतन की ख़ाक पर

थे वह फ़ख़्रे - आदमीयत[16] इफ़्तिख़ारे - ज़िन्दगी[17]
थे वह इंसां तुर्रः - ए - ताजे - वक़ारे - ज़िन्दगी[18]
उनके दम से था चमन यह ख़ारज़ारे - ज़िन्दगी[19]
था नफ़स[20] उनका नसीमे - ख़ुशगवारे - ज़िन्दगी[21]
फूल बरसाओ शहीदाने - वतन की ख़ाक पर

चश्मे - ज़ाहिरबीं[22] समझती है कि बस वह मर गए
दर हक़ीक़त[23] मौत को फ़ानी[24] वह साबित[25] कर गए
जो वतन के वास्ते कटवा के अपने सर गए
ख़ूं से अपने रंग तस्वीरे - वफ़ा[26] में भर गए
फूल बरसाओ शहीदाने - वफ़ा की ख़ाक पर

---

1. उन्नत मस्तक, 2. आकाश, 3. निस्संकोच साहस, 4. अंकित, 5. शोकग्रस्त दिल, 6. ख़ुदा की रहमत, 7. निरन्तर, लगातार, नित्य, 8. देश पर शहीद होनेवाले, 9. वफ़ा की सुगन्ध, 10. पवित्र प्रकृति, स्वभाव, 11. वफ़ा खोजनेवाला प्रेमी, 12. वफ़ा की आंखों में आंखें डालकर, 13. देशवासी, 14. ख़ून के आंसू, 15. वफ़ा की नदी, 16. मानवता का गर्व, 17. जीवन का गर्व, सम्मान, 18. जीवन का प्रताप और मुकुट, 19. कांटों की वादी, 20. सांस, 21. जीवन की सुहानी सुगन्ध, 22. प्रत्यक्ष देखनेवाली आंख, 23. वास्तव में, 24. नश्वर, 25. सिद्ध, 26. प्रेम-निर्वाह का चित्र।

देख लेना ख़ूने - नाहक़[1] रंग इक दिन लाएगा
ख़ुदग़रज़[2] ज़ालिम किए पर अपने ख़ुद पछताएगा
राह पर दौरे - ज़मां[3] आख़िर कभी तो आयेगा
आस्मां इस ख़ाक की तक़दीर को चमकाएगा
फूल बरसाओ शहीदाने - वतन की ख़ाक पर

हिन्दी नौजवानों से

तिलोकचन्द 'महरूम'

मुहब्बत को मसर्रत[4] को सुरूरे-शादमानी[5] को
तनउम[6] को तमव्वुल[7] को तऐयुश[8] को जवानी को
वजाहत[9] को अमारत[10] को वक़ारे - ख़ानदानी[11] को
तन आसानी[12] की ख़्वाहिश[13] को नशाते-ज़िंदगानी[14] को
वतन पर कर दिया क़ुर्बां[15] जवाहरलाल नेहरू ने

जवाहरलाल नेहरू भी जवां है और जवां तू भी
जवां है और उम्मीदे - मादरे - हिन्दोस्तां[16] तू भी
इसी उजड़े चमन का एक है सर्वे - रवां[17] तू भी
जवानाने - वतन[18] के साथ है वक़्फ़े - ख़िज़ां[19] तू भी
कि सारे बाग़ को झुलसा दिया है बिस भरी बू ने

तू मुस्लिम है कि हिन्दू है ग़रज़[20] इससे नहीं मुझको
मुहब्बत है वतन से तुझको इतना है यक़ीं[21] मुझको
तिरी हालत न हो हसरतफ़ज़ा यासआफ़रीं[22] मुझको
अगर मिल जाए कुछ इसका जवाबे-दिलनशीं[23] मुझको
किया है क्या वतन के वास्ते अय नौजवां तूने

---

1. अनुचित वध, 2. स्वार्थी, 3. समय का चक्र, 4. ख़ुशी, 5. उल्लास का नशा, 6. सुख-चैन, 7. मालदार होना, 8. भोग-विलास, 9. प्रतिष्ठा, 10. धनाढ्यता, 11. ख़ानदानी प्रतिष्ठा, 12. आराम, 13. इच्छा, 14. जीवन-सुख, 15. न्यौछावर, 16. भारत माता की आशा, 17. प्रवाहित सरो का पेड़, 18. देश के युवक, 19. पतझड़ के लिए समर्पित, 20. मतलब, 21. विश्वास, 22. निराशाप्रद, 23. दिल में बैठ जानेवाला जवाब।

वतन जिसका हो पाबंदे-अलम[1] वह शादमां[2] क्यों हो
क़फ़स[3] हो आशियां[4] जिसका वह बुलबुल नग़माख़्वां[5] क्यों हो
गुलामों का वतन तेरा वतन अय नौजवां क्यों हो
जहां आज़ाद है, हिन्दोस्तां नंगे-जहां[6] क्यों हो
मिटाने की इसे क्यों ठान ली चर्ख़े जफ़ा जू[7] ने

हमीयत[8] का तक़ाज़ा है कि हो कुछ इंसिदाद[9] इसका
ख़ुद आराई[10] तन आसानी[11] से उक्दा[12] वा[13] नहीं होगा
स्वदेशी, सादगी, पाकीज़गी[14] पर अमल पैरा हो
जवांमर्दी वतन की हो रही है आज क्यों रुस्वा[15]
इसे रुस्वा किया आराइशे रुख़्सार-ओ-गेसू[16] ने

बारदोली

रविश सिद्दीक़ी

अज़्मते-जल्वागहे[17] सिद्क़ो-सफ़ा[18] क्या कहिए
शिद्दते-जज़्बः-ए-तस्लीम-ओ-रज़ा[19] क्या कहिए
दूर तक सिलसिलः-ए-अहले-वफ़ा[20] क्या कहिए
मंज़िले-क़ाफ़िलः[21]-ए-मक़सदे-हस्ती[22] है तू
सरफ़रोशों की बसाई हुई बस्ती है तू

नौनिहालों[23] को शुजाअत[24] का धनी देख लिया
जोश पुर वलवलः-ए-कोहकनी[25] देख लिया
मरहबा[26] जज़्ब-ए-हुब्बुल-वतनी[27] देख लिया
नातवां[28] ताक़ते-अग़ियार[29] से टकराते हैं
तेरे बच्चे रसन - ओ - दार[30] से टकराते हैं

---

1. ग़म का पाबन्द, 2. ख़ुश, 3. पिंजरा, 4. घोंसला, 5. गीत गाना, 6. संसार में बदनाम, 7. निर्दयी आकाश, 8. आत्मसम्मान, 9. निराकरण, अवरोध, 10. श्रृंगार, 11. आराम, 12. ग्रन्थि, 13. खुलना, 14. पवित्रता, 15. बदनाम, 16. कपोल और लटों की सजावट, 17. दर्शनस्थल की महानता, 18. सत्य और पवित्रता, 19. स्वीकृति की भावना की तीव्रता, 20. वफ़ादारों का सिलसिला, 21. क़ाफ़िले की मंज़िल, 22. अस्तित्व का उपदेश, 23. नए पौधे, 24. बहादुरी, 25. कोहकन जैसा जोश, 26. वाह, धन्य, 27. देशभक्ति की भावना, 28. दुर्बल, 29. दुश्मन, 30 फांसी।

वह बहादुर, यह फ़िदाई,[1] यह रज़ाकार[2] किसान
यह ऊलिलअज़्म,[3] यह जांबाज़,[4] यह ख़ुद्दार[5] किसान
तेरी इज़्ज़त के निगहबान-ओ-निगहदार[6] किसान
लड़खड़ाते हैं न आलाम[7] से घबराते हैं
मुस्कुराते हुए बढ़ते ही चले जाते हैं

ज़ुल्म-ओ-बेदाद[8] की शिद्दत[9] है मगर फिर ख़ुश हैं
जोशे-तूफ़ाने-शक़ावत[10] है मगर फिर ख़ुश हैं
हां मुसीबत पे मुसीबत है मगर फिर ख़ुश हैं
जानते हैं कि भलाई से भला होता है
सब्र वालों का मददगार ख़ुदा होता है

घर जो लुट जाए तो अबरू[11] पे शिकन क्यों आए
क़ैद में लब पे कोई तल्ख़ सुख़न[12] क्यों आए
न रुकें अश्क[13] तो फिर यादे-वतन क्यों आए
यही शेवा[14] है सदाक़त[15] के परस्तारों[16] का
शुक्र[17] हर हाल में मज़हब है रज़ाकारों[18] का

कुछ नहीं है तो न हो हां दिले-बेदार[19] तो है
हाथ ख़ाली हैं तो क्या सब्र[20] की तलवार तो है
हुस्ने-किरदार[21] से ख़म[22] ज़ुल्म की दीवार तो है
हैं निहत्ते मगर उम्मीदे - ज़फ़र[23] रखते हैं
यह जरी अदम-तशद्दुद[24] की सिपर[25] रखते हैं

हौसला पस्त हो मग़रूर[26] सितमगारों[27] का
बोलबाला हो सदाक़त[28] के परस्तारों[29] का
इब्रतअंगेज़[30] हो अंजाम[31] जफ़ाकारों[32] का
हक़ तआला[33] तुझे इस जंग में मंसूर[34] करे
अर्ज़े-गुजरात[35] से ग़ैरों के क़दम दूर करे

---

1. क़ुरबान होनेवाले, 2. स्वयंसेवक, 3. पक्का इरादा रखनेवाले, 4. बहादुर, 5. स्वाभिमानी, 6. पहरेदार, 7. दुख, 8. अत्याचार, 9. तीव्रता, 10. निर्दयता के तूफ़ान का जोश, 11. भौं, भृकुटि, 12. बात, कलाम, 13. आंसू, 14. आचरण, 15. सच्चाई, 16. पूजा करनेवाले, 17. संतोष, 18. स्वयंसेवक, 19. जागता हुआ दिल, 20. संतोष, ढाढ़स, 21. चरित्र का सौंदर्य, 22. झुकी हुई, 23. सफलता की आशा, 24. अहिंसा, 25. ढाल, 26. घमंडी, 27. अत्याचारी, 28. सच, 29. पुजारी, 30. शिक्षाप्रद, 31. नतीजा, 32. बेवफ़ा, 33. ख़ुदा, 34. विजेता, 35. गुजरात की धरती।

आसारे-इंक़िलाब[1]

जोश मलीहाबादी

क़सम इस दिल की, चस्का है जिसे सहबापरस्ती[2] का
यह दिल पहचानता है जो मिज़ाज अशियाए - हस्ती[3] का

क़सम इन तेज़ किरनों की कि हंगामे - क़दहनौशी[4]
सुना करते हैं जो रातों को बहर-ओ-बर[5] की सरगोशी[6]

क़सम उस रूह की, ख़ू[7] है जिसे फ़ितरतपरस्ती[8] की
गिना करती है रातों को जो ज़र्बें[9] क़ल्बे - हस्ती[10] की

क़सम उस ज़ौक़[11] की हावी[12] है जो आसारे - कुदरत[13] पर
ज़मीरे-कायनात[14] आईना है जिसकी लताफ़त[15] पर

क़सम उस हिस की जो पहचान के तेवर हवाओं के
सुनाती है ख़बर तूफ़ान की तूफ़ान से पहले

क़सम उस नूर की कश्ती जो इन आंखों की खेता है
जो नक़्शे-पा[16] के अन्दर अज़्मे-रहरौ[17] देख लेता है

क़सम उस फ़िक्र[18] की, सौगन्द उस तख़इले-मुह्कम[19] की
जो सुनती है सदाएं जुम्बिशे-मिज़गाने-आलम[20] की

क़सम उस रूह की जो अर्श[21] को रिफ़अत[22] सिखाती है
कि रातों को मिरे कानों में यह आवाज़ आती है

---

1. क्रान्ति के लक्षण, 2. मदिरापान, 3. वुजूद, 4. मदिरापान के हंगामे, 5. धरती और समुद्र, 6. कानाफूसी, 7. आदत, 8. प्रकृति की पूजा, 9. चोटें, 10. वुजूद का दिल, 11. अभिलाषा, रुचि, 12. छाया हुआ, 13. प्रकृति के आसार, 14. ब्रह्मांड का अन्तःकरण, 15. कोमलता, 16. पांव के निशान, 17. पथिक का इरादा, 18. चिन्तन, 19. दृढ़ विचार, 20. संसार की पलकों की झपक, 21. आकाश, 22. ऊंचाई।

'उठो वह सुबह का ग़ुर्फ़ा[1] खुला ज़ंजीरे-शब[2] टूटी
वह देखो पौ फटी, ग़ुंचे खिले, पहली किरन फूटी

उठो, चौंको, बढ़ो मुंह हाथ धो, आंखों को मल डालो
हवाए - इंक़िलाब आने को है हिन्दोस्तां वालो'

शिकस्ते-ज़िन्दां का ख़्वाब[3]

जोश मलीहाबादी

क्या हिन्द का ज़िन्दां[4] कांप रहा है, गूंज रही हैं तकबीरें[5]
उकताए हैं शायद कुछ क़ैदी और तोड़ रहे हैं ज़ंजीरें

दीवारों के नीचे आ आ कर यूं जमा हुए हैं ज़िन्दानी[6]
सीनों में तलातुम[7] बिजली की, आंखों में झलकती शमशीरें[8]

भूकों की नज़र में बिजली है तोपों के दहाने ठंडे हैं
तक़दीर के लब को जुम्बिश है दम तोड़ रही हैं तदबीरें[9]

आंखों में गदा[10] की सुर्ख़ी है, बेनूर है चेहरा सुलतां[11] का
तख़रीब[12] ने परचम[13] खोला है, सजदे में पड़ी हैं तामीरें[14]

क्या उनको ख़बर थी ज़ेर-ओ-ज़बर[15] रखते थे जो रूहे-मिल्लत[16] को
उबलेंगे ज़मीं से मारे-सियह[17] बरसेंगी फ़लक से शमशीरें

क्या उनको ख़बर थी सीनों से जो ख़ून चुराया करते थे
इक रोज़ इसी बेरंगी से झलकेंगी हज़ारों तस्वीरें

---

1. झरोखा, 2. रात की शृंखला, 3. जेल टूटने का स्वप्न, 4. जेलख़ाना, 5. 'अल्ला हु अकबर' का नारा, 6. क़ैदी, 7. जोश, तूफ़ान, 8. तलवारें, 9. उपाय, 10. ग़रीब, दरिद्र, 11. सम्राट, 12. विनाश, 13. झंडा, 14. निर्माण, 15. ऊपर-नीचे, 16. धर्म की आत्मा, 17. काले सांप।

क्या उनको ख़बर थी होंठों पर जो क़ुफ़्ल[1] लगाया करते थे
इक रोज़ इसी ख़ामोशी से टपकेंगी दहकती तक़रीरें

संभलो कि वह ज़िन्दां गूंज उठा, झपटो कि वह क़ैदी छूट गए
उट्ठो कि वह बैठीं दीवारें, दौड़ो कि वह टूटीं ज़ंजीरें

आज़ादी

हफ़ीज़ जालंधरी

शेरों को आज़ादी है आज़ादी के पाबन्द रहें
जिसको चाहें चीरें फाड़ें खाएं पिएं आनन्द रहें

शाहीं[2] को आज़ादी है आज़ादी से परवाज़ करे
नन्ही-मुन्ही चिड़ियों पर जब चाहे मश्क़े-नाज़[3] करे

सांपों को आज़ादी है हर बस्ते घर में बसने की
इनके सर में ज़हर भी है और आदत भी है डसने की

पानी में आज़ादी है घड़ियालों और नहंगों[4] को
जैसे चाहें पालें पोसें अपनी तुन्द[5] उमंगों को

इंसां ने भी शोख़ी सीखी वहशत के इन रंगों से
शेरों, सांपों, शाहीनों, घड़ियालों और नहंगों से

इंसान भी कुछ शेर हैं बाक़ी भेड़ों की आबादी है
भेड़ें सब पाबन्द हैं लेकिन शेरों को आज़ादी है

शेर के आगे भेड़ें क्या हैं इक मनभाता खाजा है
बाक़ी सारी दुनिया परजा शेर अकेला राजा है

---

1. ताला, 2. बाज़, 3. गर्व का अभ्यास, 4. मगरमच्छ, 5. तेज़, तीव्र।

भेड़ें लातादाद हैं लेकिन सबको जान के लाले हैं
इनको यह तालीम मिली है भेड़िए ताक़त वाले हैं

मांस भी खाएं खाल भी नोचें हरदम लागू जानों के
भेड़ें काटें दौरे - गुलामी बल पर गल्लाबानों के

भेड़ियों से गोया क़ायम अमन है इस आबादी का
भेड़ें जब तक शेर न बन लें नाम न लें आज़ादी का

इंसानों में सांप बहुत हैं क़ातिल भी ज़हरीले भी
इनसे बचना मुश्किल है, आज़ाद भी हैं फुर्तीले भी

सांप तो बनना मुश्किल है इस ख़स्लत[1] से माज़ूर[2] हैं हम
मंतर जाननेवालों की मुहताजी पर मजबूर हैं हम

शाहीं भी हैं चिड़ियां भी हैं इंसानों की बस्ती में
वह नाज़ां[3] अपनी रिफ़अत[4] पर यह नालां[5] अपनी पस्ती[6] में

शाहीं[7] को तादीब[8] करो या चिड़ियों को शाहीन करो
यूं इस बाग़े-आलम में आज़ादी की तलक़ीन[9] करो

बहरे-जहां[10] में ज़ाहिर-ओ-पिनहां[11] इंसानी घड़ियाल भी हैं
तालिबे-जान-ओ-जिस्म[12] भी हैं शैदाए-जान-ओ-माल[13] भी हैं

यह इंसानी हस्ती को सोने की मछली जानते हैं
मछली में भी जान है लेकिन ज़ालिम कब गर्दानते हैं

सरमाए का ज़िक्र करो मज़दूरों की इनको फ़िक्र नहीं
मुख़्तारी[14] पर मरते हैं मजबूरों की इनको फ़िक्र नहीं

---

1. आदत, 2. मजबूर, असमर्थ, 3. गर्वित, 4. ऊंचाई, 5. रोता हुआ, 6. गिरावट, 7. बाज़, 8. अदब सिखाओ, 9. उपदेश, 10. संसार रूपी समुद्र, 11. प्रत्यक्ष और छुपे हुए, 12. शरीर और प्राण के इच्छुक, 13. जानोमाल पर मरनेवाले, 14. आज़ादी।

आज यह किसका मुंह है आए मुंह सरमायादारों के
इनके मुंह में दांत नहीं फल हैं ख़ूनी तलवारों के

खा जाने का कौन-सा गुर है जो इन सबको याद नहीं
जब तक इनको आज़ादी है कोई भी आज़ाद नहीं

ज़र का बन्दा अक़्ल-ओ-ख़िरद[1] पर जितना चाहे नाज़ करे
ज़ेरे - ज़मीं धंस जाए या बालाए - फ़लक परवाज़[2] करे

इसकी आज़ादी की बातें सारी झूठी बातें हैं
मज़दूरों को मजबूरों को खा जाने की घातें हैं

जब तक चोरों-राहज़नों[3] का डर दुनिया पर ग़ालिब[4] है
पहले मुझसे बात करे जो आज़ादी का तालिब है

नवा-ए-जरस

जमील मज़हरी

बढ़े चलो, बढ़े चलो, बढ़े चलो, बढ़े चलो

बिरादराने - नौजवां,[5] ग़ुरूरे - कारवां[6] हो तुम
जहाने - पीर[7] के लिए शबाबे - जाविदां[8] हो तुम
तुम्हारे हौसले जवां, बढ़े चलो, बढ़े चलो
बिरादराने - नौजवां, बढ़े चलो, बढ़े चलो

उठाए सर बढ़े चलो, तने हुए ग़ुरूर[9] से
तुम्हारे क़ाफ़ले की शान देखती है दूर से
हिमालया की चोटियां, बढ़े चलो, बढ़े चलो
बिरादराने - नौजवां, बढ़े चलो, बढ़े चलो

---
1. बुद्धि और विवेक, 2. उड़ान, 3. डाकू, लुटेरा, 4. छाया हुआ, 5. नवयुवक भाइयो, 6. कारवां के गर्व, 7. बूढ़ा संसार, 8. शाश्वत यौवन, 9. गर्व।

सलामे - मौजे - गंग[1] लो, मुजाहिदाने हुर्रियत[2]
हैं गुलफ़शां[3] बिहिश्त[4] से पयम्बराने - हुर्रियत[5]
खुला है अर्सः - ए - जहां,[6] बढ़े चलो, बढ़े चलो
बिरादराने - नौजवां, बढ़े चलो, बढ़े चलो

ख़राबे - बादः - ए - ख़ुदी,[7] मए-अमल[8] पिए हुए
अलम बदोश-ओ-सफ़ ब सफ़[9] कुलाह कज[10] किए हुए
मिसाले - बहरे - बेकरां,[11] बढ़े चलो, बढ़े चलो
बिरादराने - नौजवां, बढ़े चलो, बढ़े चलो

बढ़े हुए हों हौसले, चढ़ी हुई हो आस्तीं
बदल दो सूरते - जहां उलट दो सफ़हः - ए - ज़मीं
पलट दो दौरे - आस्मां,[12] बढ़े चलो, बढ़े चलो
बिरादराने - नौजवां, बढ़े चलो, बढ़े चलो

क़सम तुम्हारे अज़्म[13] की, फ़िदा तुम्हारी शान के
बढ़ाके हाथ तोड़ लो सितारे आस्मान के
झुका दो शाख़े - कहकशां,[14] बढ़े चलो, बढ़े चलो
बिरादराने - नौजवां, बढ़े चलो, बढ़े चलो

बिनाए - कुहना[15] तोड़ दो, बनाओ इक जहाने-नौ
जहाने - नौ, जहाने - नौ पे सुक़्फ़े - आस्माने-नौ[16]
नए मकीं नए मकां, बढ़े चलो, बढ़े चलो
बिरादराने - नौजवां, बढ़े चलो, बढ़े चलो

न हो सवाले-ईं-ओ-आं, न हो तमीज़े-बहरोबर[17]
अबस[18] है ख़ौफ़े - तीरगी,[19] सितारे छुप गए अगर
चमक रही हैं बिजलियां, बढ़े चलो, बढ़े चलो
बिरादराने - नौजवां, बढ़े चलो, बढ़े चलो

---

1. गंगा की मौज का सलाम, 2. आज़ादी के सैनिक, 3. फूल बरसाता हुआ, 4. स्वर्ग, 5. आज़ादी के पैग़म्बर, 6. संसार की धरती, 7. ख़ुदी की शराब का वीराना, 8. अमल की शराब, 9. कन्धे पर झंडा और क़तार-अन्दर-क़तार, 10. टोपी, तिरछी, 11. असीम समुद्र की तरह, 12. आकाश का चक्र, 13. इरादा, संकल्प, 14. आकाश-गंगा की डाली, 15. पुरानी बुनियाद, 16. नए आकाश की छत, 17. धरती और समुद्र का अन्तर, 18. व्यर्थ, 19. अन्धकार का भय।

बुझे न शमए - दिल कहीं हवा है तेज़ बाग़ की
अगर अंधेरी रात है, बढ़ा दो लौ चराग़ की
गरज रही हैं आंधियां, बढ़े चलो, बढ़े चलो
बिरादराने - नौजवां, बढ़े चलो, बढ़े चलो

रुके न पाए - जुस्तुजू[1] बिछे हैं ख़ार[2] राह में
झुके न परचम-ओ-अलम,[3] खड़े हैं दार[4] राह में
मिसाले - गर्दे - कारवां,[5] बढ़े चलो, बढ़े चलो
बिरादराने - नौजवां, बढ़े चलो, बढ़े चलो

जनाबे - ख़िज़्र[6] पीर[7] हैं, लकीर के फ़क़ीर हैं
कमां के साथ क्यों रहें वह हौसले जो तीर हैं
चो तीरे - जस्ता अज़ कमां,[8] बढ़े चलो, बढ़े चलो
बिरादराने - नौजवां, बढ़े चलो, बढ़े चलो

जो अक़्ल राह रोक दे तो उसका साथ छोड़ दो
जो मज़हब आके टोक दे तो उसकी क़ैद तोड़ दो
हवा की तरह सरगरां,[9] बढ़े चलो, बढ़े चलो
बिरादराने - नौजवां, बढ़े चलो, बढ़े चलो

खिले हैं फूल ज़ख़्म के, अजल[10] गले का हार है
लहू से सुर्ख़ है कफ़न यह मुज़दः - ए - बहार[11] है
निसारे - तेग़े - ख़ूं - फ़शां,[12] बढ़े चलो, बढ़े चलो
बिरादराने - नौजवां, बढ़े चलो, बढ़े चलो

दराए - कारवां[13] हूं मैं दराए - कारवां सुनो
मुख़द्दराते - फ़ाक़ाकश[14] की दुखभरी ज़बां सुनो
सुनो पयामे - बेकसां,[15] बढ़े चलो, बढ़े चलो
बिरादराने - नौजवां, बढ़े चलो, बढ़े चलो

---

1. जिज्ञासा के क़दम, 2. कांटे, 3. झंडे, 4. फांसी, 5. कारवां की धूल की तरह, 6. एक कल्पित पैग़म्बर जो मार्गदर्शक कहलाते हैं, 7. बूढ़े, 8. धनुष से निकले हुए तीर की तरह, 9. रुष्ट, नाराज़, 10. मौत, 11. बहार की ख़ुशख़बरी, 12. ख़ून टपकाती हुई तलवार पर न्यौछावर, 13. कारवां की घंटी की आवाज़, 14. फ़ाक़ा करनेवाली महिलाएं, 15. निर्बलों का संदेश।

ग़रीब लाल क़ौम के बिलख रहे हैं भूक से
ख़ुदा का अर्श[1] हिल रहा है मामता की हूक से
गिरे न सर पे आस्मां, बढ़े चलो, बढ़े चलो
बिरादराने - नौजवां, बढ़े चलो, बढ़े चलो

सरों से बांध के कफ़न, बढ़े चलो, बढ़े चलो
उमीदे - मादरे - वतन,[2] बढ़े चलो, बढ़े चलो
दुआएं दे रही है मां, बढ़े चलो, बढ़े चलो
बिरादराने - नौजवां, बढ़े चलो, बढ़े चलो

जो राह में ठहर गए, नहीं मुक़ामे - पेश - पस[3]
जो हमसफ़र बिछड़ गए तो छेड़ो नालः - ए - जरस[4]
सुनो जमील की फ़ुग़ां, बढ़े चलो, बढ़े चलो
बिरादराने - नौजवां, बढ़े चलो, बढ़े चलो

मुहिब्बाने-वतन का नारा

आनन्दनारायण मुल्ला

शहीदे-जौरे-गुलचीं[5] हैं असीर-ओ-ख़स्तातन[6] हम हैं
हमारा जुर्म इतना है हवा - ख़्वाहे - चमन[7] हम हैं

सताने को सता ले आज ज़ालिम जितना जी चाहे
मगर इतना कहे देते हैं फ़र्दा - ए - वतन[8] हम हैं

हमारे ही लहू की बू सबा ले जाएगी किनआं[9]
मिलेगा जिससे यूसुफ़ का पता वह पैरहन हम हैं

हमें यह फ़ख़्र हासिल है पयामे - नूर लाए हैं
ज़मीं पहले पहल चूमी है जिसने वह किरन हम हैं

---

1. आकाश, 2. भारतमाता की आशा, 3. आगे-पीछे की जगह, 4. घंटे का आर्तनाद, 5. गुलचीं के अत्याचार से शहीद, 6. दुर्बल और गिरफ़्तार, 7. चमन की हवा खानेवाले, 8. देश का आनेवाला कल, 9. एक कुआं, जिसमें हज़रत यूसुफ़ क़ैद थे।

सुलाएगी हमें ख़ाके - वतन आग़ोश में अपनी
न फ़िक्रे - गोर[1] है हमको न मुहताजे कफ़न हम हैं

बना लेंगे तिरे ज़िन्दां[2] को भी हम ग़ैरते - महफ़िल[3]
लिए अपनी निगाहों में जमाले - अंजुमन[4] हम हैं

नहीं तेशा[5] तो सर टकराके जूए - शीर[6] लाएंगे
बयाबाने - जुनूं में जानशीने - कोहकन[7] हम हैं

ज़माना कर रहा है कोशिशें हमको मिटाने की
हिला पाता नहीं जिसको वह बुनियादे - कुहन[8] हम हैं

न दौलत है न सर्वत[9] है न उहदा है न ताक़त है
मगर कुछ बात है हममें कि जाने - अंजुमन हम हैं

तिरे ख़ंजर से अपने दिल की ताक़त आज़माना है
मुहब्बत एक अपनी है तिरा सारा ज़माना है

फ़िदाए - मुल्क होना हासिले - क़िस्मत समझते हैं
वतन पर जान देने ही को हम जन्नत समझते हैं

कुछ ऐसे आ गए हैं तंग हम कुंजे - असीरी[10] से
कि अब इससे तो बेहतर गोशः - ए - तुरबत[11] समझते हैं

हमारे शौक़ की वारफ़्तगी[12] है दीद[13] के क़ाबिल
पहुंचती है अगर ईज़ा[14] उसे राहत[15] समझते हैं

निगाहे - क़हर[16] की मुश्ताक़[17] हैं दिल की तमन्नाएं
ख़ते - चीने - जबीं[18] ही को ख़ते - क़िस्मत[19] समझते हैं

वतन का ज़र्रा-ज़र्रा हमको अपनी जां से प्यारा है
न हम मज़हब समझते हैं न हम मिल्लत समझते हैं

---

1. क़ब्र की चिन्ता, 2. जेलख़ाना, 3. महफ़िल का सम्मान, 4. महफ़िल, 5. कुदाल, 6. दूध की नदी, 7. कोहकन के उत्तराधिकारी, 8. पुरानी बुनियाद, 9. धन-दौलत, समृद्धि, 10. क़ैद का कुंज, 11. क़ब्र का कोना, 12. संज्ञाहीनता, बेहोशी, 13. देखना, 14. कष्ट, 15. सुख, 16. प्रकोप की दृष्टि, 17. इच्छुक, 18. ललाट की झुर्रियां, 19. भाग्य-रेखा।

हयाते - आरज़ी[1] सदक़े[2] हयाते - जाविदानी[3] पर
फ़ना[4] होना ही अब इक ज़ीस्त[5] की सूरत समझते हैं

हमें मालूम है अच्छी तरह ताबे - ख़फ़ा[6] तेरी
मगर इससे सिवा अपनी हदे - उल्फ़त समझते हैं

ग़म - ओ - गुस्सा दिखाना इक दलीले-नातवानी[7] है
जो हंसकर चोट खाती है उसे ताक़त समझते हैं

ग़ुलामी और आज़ादी बस इतना जानते हैं हम
न हम दोज़ख़ समझते हैं न हम जन्नत समझते हैं

दिखाना है कि लड़ते हैं जहां में· बावफ़ा क्योंकर
निकलती है ज़बां से ज़ख़्म खाकर मरहबा क्योंकर

पैग़ामे-वतन

आज़ाद अंसारी

अय मुअज़्ज़िज़[8] तबक़ः - ए - हुक्काम[9] रस
अय गरोहे - कामगार - ओ - कामरस
अय हुकूमत की नज़र में लायक़ो
अय वफ़ाकेशी में सब पर फ़ाइक़ो[10]
अय उसूले - ज़रकशी[11] पर आमिलो[12]
अय हुसूले मुनफ़अत[13] में कामिलो[14]
अय ख़ुशामद के सुरों से वाक़िफ़ो[15]
अय ग़ुलामी के गुरों से वाक़िफ़ो

1. अस्थायी जीवन, 2. न्यौछावर, 3. अनश्वर जीवन, 4. नष्ट, 5. जीवन, 6. नाराज़गी की सीमा, 7. कमज़ोरी की दलील, 8. प्रतिष्ठित, 9. अधिकारी वर्ग, 10. आगे निकल जानेवाले, 11. पैसा कमाने का उसूल, 12. अमल करनेवाले, 13. लाभ 14. कुशल, माहिर, 15. परिचित।

अय अजानिब से वफ़ा पर मायलो
अय वतन की मुख़लिसी के हायलो[1]
अय ख़लासी की लगन के दुश्मनो
अय ख़ुद अपने ही वतन के दुश्मनो
अय बिदेसी जाल से नावाक़िफ़ो
अय ख़ुद अपने हाल से नावाक़िफ़ो
अय हमारे दुश्मनों के दोस्तो
अय हमारे गोश्तो अय पोस्तो[2]

मैंने यह माना कि तुम लायक़ भी हो
फ़र्द भी, मुम्ताज़[3] भी, फ़ाइक़[4] भी हो
तुम ख़िताबों से भी सरफ़राज़ हो
मुक़्तदिर उह्दों पे भी मुमताज़ हो
तुम किसी से माल में भी कम नहीं
औज या इक़बाल[5] में भी कम नहीं
मुल्क के साहब वक़ारों[6] में भी हो
सल्तनत के दोस्तदारों में भी हो
मूरिदे - अल्ताफ़े - सरकारी[7] भी हो
आलः - ए - कारे - सितमगारी[8] भी हो
इख़्तियाराते - सितमरानी[9] भी हैं
फ़ौजदारी भी हैं दीवानी भी हैं
इस तरफ़ तक़दीरे-सीम-ओ-ज़रफ़शां[10]
उस तरफ़ साहब बहादुर मेहरबां
ठीक हैं जो - जो उमंगें दिल में हैं
ख़ूबिए - क़िस्मत से पांचों घी में हैं
लेकिन इक तश्वीश इक उलझन में हूं
क्या इजाज़त है कि इतना पूछ लूं

---

1. बाधको, 2. हड्डी, 3. श्रेष्ठ, 4. प्रधान, 5. प्रताप, 6. प्रतिष्ठा, 7. सरकार की दया के पात्र, 8. अत्याचार में सहायक, 9. जिसके पास अत्याचार करने का हक़ हो, 10. सोना और चांदी बरसानेवाली तक़दीर।

तुम में सौ गुन तुम में लाखों रख-रखाव
तुम सभी कुछ हो मगर यह तो बताओ
लब पे आहे - सर्द भी है या नहीं
दिल में क़ौमी दर्द भी है या नहीं
क़ौम मुद्दत से ज़लील - ओ - ख़्वार[1] है
मुल्क मुद्दत से मसायब - ज़ार[2] है
इब्तला[3] पर इब्तला है और मुल्क
अज़्दहामे - सद बला[4] है और मुल्क
आफ़तें हैं और दुनियाए - वतन
शामतें हैं और अबनाए - वतन[5]
जिसको देखो बन्द आफ़त का असीर[6]
जिसको पूछो बेनवा, मुफ़्लिस फ़क़ीर
कोई बेकारी के ग़म से जां ब लब
कोई नादारी के सम[7] से जां ब लब
मुल्क का मुल्क आफ़तों से अधमुआ
क़ौम की क़ौम और ग़ुलामी का जुआ
दोस्तो वह पासे-इज़्ज़त क्या हुआ
वह सरे-एहसासे-इज़्ज़त क्या हुआ
यूं न बेशर्मी की ठानी चाहिए
अब तुम्हें भी ग़ैरत आनी चाहिए
शर्म खोकर वक़्त टाला भी तो क्या
पत डुबोकर पेट पाला भी तो क्या
ज़ीस्त का लुत्फ़ आबरू के साथ है
और अपनी इज़्ज़त अपने हाथ है
ख़ुदकुशी करने से कुछ हासिल नहीं
जीते जी मरने से कुछ हासिल नहीं
जौरे-बातिल[8] से न डरना चाहिए
हक़ पे जीना हक़ पे मरना चाहिए
क़ौम के यारो मदद का वक़्त है

1. अपमानित, 2. मुसीबतों में फंसा हुआ, 3. विपत्ति, मुसीबत, 4. सैकड़ों बलाओं का जमघट, 5. देश के बेटे, 6. विपत्तिग्रस्त, 7. ज़हर, 8. झूठा अत्याचार।

मुल्क के प्यारो मदद का वक़्त है
आओ कारे-नेक में सबक़त[1] करें
आओ मुल्की मुश्किलें आसां करें
आओ हर बंदे-फ़लाकत[2] काट दें
आओ हर ग़ारे - हलाकत[3] पाट दें
आओ फिर ता - मंज़िले - मक़सद[4] बढ़ें
आओ फिर ता - बामे - आज़ादी[5] चढ़ें
आओ फिर मिलजुल के जानें आड़ दें
आओ फिर इज़्ज़त के झंडे गाड़ दें
आओ क़ौमी ग़म की शब दिन कर दिखाएं
आओ नामुमकिन को मुमकिन कर दिखाएं
दोस्तो आज़ाद ने बिल्कुल खुला
तुमको पैग़ामे - वतन पहुंचा दिया
अब क़बूल-ओ-रद[6] के तुम मुख़्तार[7] हो
अपने नेक-ओ-बद[8] के तुम मुख़्तार हो

दरसे-इत्तिहाद[9]

जाफ़र अली ख़ां 'असर'

अब हम हैं कहां अर्बाबे-हुमम[10]
जुरअत[11] न इरादे मुस्तहकम[12]

हंगामा ख़ुदी का बरपा है
ग़ौग़ा[13] नफ़्सी नफ़्सी का है

ईसार-ओ-वफ़ा[14] का नाम नहीं
मतलब से ग़रज़ फिर काम नहीं

---

1. आगे बढ़ें, 2. दरिद्रता के बन्धन, 3. क़त्ल का गड्ढा, 4. गंतव्य की ओर, 5. आज़ादी की छत पर, 6. स्वीकार या अस्वीकार करना, 7. मालिक, 8. अच्छा-बुरा, 9. एकता का पाठ, 10. हिम्मतवाले, 11. साहस, 12. दृढ़, 13. शोर, 14. त्याग और वफ़ा।

उल्फ़त हुई रस्मे - पारीना[1]
है उसकी जगह दिल में कीना[2]

अगलों के चलन हम भूल गए
वह रस्मे - कुहन हम भूल गए

अख़्लाक़े - निकू[3] भी खो बैठे
इक साथ सभी को रो बैठे

आपस की रवादारी उठी
उल्फ़त उठी यारी उठी

बदमस्त मए - पिंदार[4] हुए
दौलत की तरंग में ख़्वार हुए

मज्हूल हुए बेकार हुए
महकूम हुए नादार हुए

ऐयार हुए मक्कार हुए
क्या थे और क्या सरकार हुए

हममें हैं निकम्मे, या खोटे
बस नाम बड़ा दर्शन छोटे

क्यों तंग न आयें जीने से
फ़ुर्सत ही न हो जब कीने से

मंज़िल की ख़बर है न अपनी ख़बर
मालूम नहीं जाते हैं किधर

हैं ख़ैर के बदले मायले - शर[5]
करते हैं वही जिसमें है ज़रर[6]

1. प्राचीन रिवाज, 2. द्वेष, 3. उत्तम शिष्टाचार, 4. अहंकार की मदिरा, 5. उपद्रव की तरफ़ माइल, 6. नुक़सान।

इक दूसरे के ग़मख़्वार नहीं
वह चाह नहीं वह प्यार नहीं

वह युग रहा न वह प्रीत रही
बस इक नफ़रत की रीत रही

पस्ती उफ़ कैसी पस्ती है
ख़ुद पस्ती हम पर हंसती है

हम सा भी ज़ुबूं-ओ-ज़ार[1] न हो
मजबूर न हो नाचार न हो

अल्लाह यह कैसा वक़्त पड़ा
है साया हमारा हमसे जुदा

☆

क्यों हम पे न आफ़त टूट पड़े
आपस में जब ऐसी फूट पड़े

यकजिहती[2] भी मफ़क़ूद[3] हुई
और फ़िक्रे - ज़ियां - ओ-सूद[4] हुई

वह जज़्ब की ताक़त[5] सल्ब[6] हुई
तौफ़ीक़े - हिदायत[7] सल्ब हुई

अब सई - ए - अमल[8] मशकूर नहीं
वह दौरे - नशात - ओ - सुरूर[9] नहीं

सद हैफ़ हम ऐसे खोए गए
दिन डूब गया और सोए गए

समझें जो यह कलवल टूट जाए
अब से आए घर से आए

☆

1. दुबला-पतला, 2. एकता, 3. अप्राप्य, 4. लाभ-हानि, 5. शक्ति, 6. ख़त्म, 7. आदेश की शक्ति, 8. अमल की कोशिश, 9. मस्ती और ख़ुशी का युग।

काश ऐसा कोई शाइर होता
मोजिज़[1] न सही साहिर[2] होता

जो लफ़्ज़ों में जादू भर देता
मुर्दों को ज़िन्दा कर देता

मलते हुए आंखें जाग उठते
सब नींद के माते मतवाले

यूं ख़ून रगों में रवां होता
सैलाब में धारा गंगा का

सब गर्दे - कदूरत[3] धो जाती
नफ़रत अफ़साना हो जाती

फिर भाई से भाई मिल जाता
बेख़ौफ़े - जुदाई मिल जाता

★

काश ऐसी कोई सूरत निकले
ग़फ़लत बेदारी से बदले

इस तरह यह रूठे मिल जायें
ग़ैर इनकी वफ़ा की क़स्में खाएं

हो दूर निफ़ाक़[4] और मेल बढ़े
इक बार मंढे यह बेल चढ़े

मिल मिल के रहें सब छोटे बड़े
फिर सूखे धानों पानी पड़े

फूलों से लदी हर डाली हो
बाग़ अपना हो अपना माली हो

---

1. चमत्कार दिखानेवाला, 2. जादूगर, 3. दुश्मनी का मैल, 4. दुश्मनी।

ख़ुशवक़्ती हो ख़ुशहाली हो
ता हद्दे- नज़र हरियाली हो

इक दूसरे के आड़े आयें
हों दूर- दलिद्दर सुख पाएं

मट्टी में रुली अज़्मत मिल जाए
फिर खोई हुई दौलत मिल जाए

तहज़ीब के चश्मे फिर उबलें
रस्में टूटें आईं बदलें

वह रूप सिंगार वतन का हो
जो ताज़ा उरूसे-चमन का हो

सब इसके सुहाग की लाज करें
क्यों उठ रहे कल पर, आज करें

नारा-ए-शबाब

जोश मलीहाबादी

होशियार ! अपनी मताए - रहबरी[1] से होशियार
अय ख़लिश[2] नाआशना[3] पीरी - ओ - शैबे - हिरज़ाकार[4]

उड़ गया रू - ए - ज़मीं - ओ - आस्मां से रंगे - ख़्वाब[5]
झिलमिलाती शमअ रुख़्सत हो कि उभरा आफ़्ताब[6]

हट कि सई-ओ-अमल[7] की राह में आता हूं मैं
ख़ल्क़[8] वाक़िफ़[9] है कि जब आता हूं छा जाता हूं मैं

---

1. मार्ग प्रदर्शन की दौलत, 2-3. अय चुभन से अपरिचित बुढ़ापे, 4. बकवास करनेवाला बुढ़ापा, 5. नींद का रंग, 6. सूरज, 7. अमल की कोशिश, 8. दुनिया, 9. परिचित।

अय क़दामत[1] ! यह खुली है सामने राहे - फ़रार[2]
भाग वह आया नई तहज़ीब[3] का पर्वरदिगार[4]

काम है मेरा तग़ैयुर,[5] नाम है मेरा शबाब[6]
मेरा नाम इंक़िलाब - ओ - इंक़िलाब - ओ - इंक़िलाब

कोई क़ूवत[7] राह से मुझको हटा सकती नहीं
कोई ज़र्बत[8] मेरी गर्दन को झुका सकती नहीं

रंग सूरज का उड़ाता है मिरे सीने का दाग़
बादे - सरसर[9] का बदल देता है रुख़ मेरा चराग़

संग-ओ-आहन[10] में मिरी नज़रों से चुभ जाती है फांस
आंधियों की मेरे मैदां में उखड़ जाती है सांस

देखकर मेरे जुनूं[11] को नाज़[12] फ़रमाते हुए
मौत शर्माती है मेरे सामने आते हुए

अल अमां किब्र-ओ-रिया[13] आलूदापीरी[14] अल अमां[15]
अब कड़कती है तिरे सर पर जवानी की कमां[16]

हां तू ही है वह, जुनूं ने जिसके टुकड़े कर दिया
सुब्ह - ओ - ज़ुन्नार[17] की उलझन में रिश्ता क़ौम का

हो जो ग़ैरत[18] डूब मर, यह उम्र, यह दर्से - जुनूं[19]
दुश्मनों की ख़्वाहिशे - तक़सीम[20] के सैदे - ज़बूं[21]

यह सितम क्या अय कनीज़े-कुफ़्र-ओ-ईमां[22] कर दिया
भाइयों को गाय और बाजे पे क़ुर्बां कर दिया

---

1. प्राचीनता, 2. पलायन-मार्ग, 3. सभ्यता, 4. ख़ुदा, 5. विभिन्नता, 6. यौवन, 7. शक्ति, 8. मार, वार, 9. आंधी, 10. पत्थर और लोहा, 11. उन्माद, 12. गर्व, नख़रा, 13. अहंकार और ढोंग, 14. बुढ़ापे में सना हुआ, 15. अल्लाह अपनी सुरक्षा में रखे, 16. धनुष, 17. तसबीह और जनेऊ, 18. लज्जा, 19. उन्माद का पाठ, 20. बंटवारे की इच्छा, 21. अशुभ शिकार, 22. कुफ़्र और ईमान की दासी।

कर दिया तूले - ग़ुलामी[1] ने तुझे कोतह ख़याल[2]
झुर्रियां हैं यह तिरे मुंह पर कि ग़द्दारी का जाल

देखती है सिर्फ़ अपने ही को अय धुंधली निगाह
सर भड़क उठता है लेकिन है अभी तक दिल सियाह[3]

इब्ने - आदम[4] और रेंगे - ख़ाक पर ! अल्लाह रे क़हर[5]
सांप का इस रेंगने से आ गया है मुझमें ज़हर

पोपले मुंह ख़त्म कर यह आक़िबत[6] बीनी[7] का शोर
देख अब बुज़दिल मिरे नाआक़िबत[8] बीनी का ज़ोर

चेहरः - ए - इमरोज़[9] है मेरे लिए माहे - तमाम[10]
ख़ौफ़े - फ़र्दा[11] है मिरी रंगीं शरीअत[12] में हराम

तैर जाती है दिले - फ़ौलाद[13] में मेरी नज़र
ख़ून मेरा ख़ंदाज़न[14] रहता है मौजे - बर्क़[15] पर

और तमन्नाएं हैं तेरी सिसकियां भरती हुई
ऊंघती, कुढ़ती, बिलखती, कांपती, डरती हुई

तेरी बातों से पड़ी जाती है कानों में ख़राश
'कुफ़्र-ओ-ईमां' 'कुफ़्र-ओ-ईमां'[16] ताकुजा ख़ामोशबाश[17]

हुब्बे-इंसां,[18] ज़ौक़े-हक़,[19] ख़ौफ़े-ख़ुदा कुछ भी नहीं
तेरा ईमां चन्द वहमों के सिवा कुछ भी नहीं

तेरे झूठे कुफ़्र-ओ-ईमां को मिटा डालूंगा मैं
हड्डियां इस कुफ़्र-ओ-ईमां की चबा डालूंगा मैं

---

1. लम्बी ग़ुलामी, 2. संकीर्ण विचार, 3. काला, 4. मानव, 5. प्रकोप, 6. अंजाम, परिणाम, परलोक, 7. देखना, 8. अदूरदर्शिता, 9. आज का चेहरा, 10. पूर्ण चन्द्र, 11. कल का भय, 12. धर्मशास्त्र, 13. फ़ौलाद का दिल, 14. मुस्कुराता हुआ, 15. बिजली की मौज, 16. धर्म और अधर्म, 17. चुप बैठना, 18. मानव-प्रेम, 19. सत्य-प्रेम।

वलवले[1] मेरे बढ़ेंगे नाज़ फ़रमाते हुए
फ़िर्क़ाबन्दी[2] का सरे- नापाक ठुकराते हुए

डाल दूंगा तर्हे - नौ[3] 'अजमेर' और 'परयाग' में
झोंक दूंगा कुफ़्र-ओ-ईमां को दहकती आग में

एक दीने - नौ[4] की लिखूंगा किताबे - ज़रफ़शा[5]
सब्त[6] होगा जिसकी ज़र्री जिल्द पर 'हिन्दोस्तां'

इस नए मज़हब पे सारे तफ़रिक़े[7] वारूंगा मैं
तुझ पे फिर गर्दन हिलाकर क़हक़हे मारूंगा मैं

फिर उठूंगा अब्र[8] के मानिंद बल खाता हुआ
घूमता, घिरता, गरजता, गूंजता, गाता हुआ

वलवलों से बर्क़[9] के मानिंद लहराया हुआ
मौत के साए में रहकर, मौत पर छाया हुआ

ख़ून में लिथड़ी बिसाते - कुफ़्र - ओ - दीं[10] उलटे हुए
फ़ख़्र से सीने को ताने, आस्तीं उलटे हुए

कौसर-ओ-गंगा को इस मर्कज़[11] पे लाऊं तो सही
इक नया संगम ज़माने में बनाऊं तो सही

---

1. जोश, 2. साम्प्रदायिकता, 3. नई आधारशिला, 4. नया धर्म, 5. सोना बिखेरती हुई, 6. अंकित, 7. भेदभाव, 8. बादल, 9. बिजली, 10. कुफ़्र और दीन की बिसात, 11. केन्द्र।

नाक़ूसे-बेदारी[1]

एहसान दानिश

होशियार अय हिन्द, अय ग़फ़लतशिआरों[2] के दयार[3]
नाला बर लब[4] हैं तिरे उलझे हुए लैल-ओ-नहार[5]

अब तिरे सर में तरक़्क़ी का जुनूं[6] बाक़ी नहीं
अब तिरे इंसाफ़ की नब्ज़ों[7] में ख़ूं बाक़ी नहीं

साया है अब्रे - तअत्तुल[8] का तिरी तंज़ीम[9] पर
चल गया तख़रीब[10] का अफ़सूं[11] तिरी तालीम पर

पीसते हैं दांत सन्नाटे तरानों पर तिरे
ख़ारज़ारों की नज़र है गुलिस्तानों पर तिरे

शाहराहों[12] पर भयानक ख़ामुशी[13] छाने को है
ख़ून हर ज़र्रे की आंखों में उबल आने को है

आ गया ख़ुर्शीद[14] सर पर खोल आंखें बेख़बर
अपनी ग़फ़लत ग़ैर की बेदारियों पर कर नज़र

नाख़ुदा[15] तेरे नहंगाने - अजल[16] हैं सरबसर
अपनी ग़र्क़ाबी[17] से पहले उनके बेड़े ग़र्क़ कर

जिस क़दर है पेशवायाने - तमद्दुन[18] फ़ितना - ख़ू[19]
तेरे दरमां[20] के लिए इकसीर है उनका लहू

जिनकी ख़्वाहिश है कि बुझ जाए उख़ूवत[21] का चराग़
पीस दे घोड़ों की टापों के तले उनके दिमाग़

---

1. जागृति का शंख, 2. अचेतन लोक, 3. घर, 4. होंठों पर आर्तनाद, 5. रात-दिन, 6. उन्माद, 7. नाड़ी, 8. गत्यवरोध, 9. संगठन, 10. विनाश, 11. जादू, 12. राजमार्ग 13. सन्नाटा, 14. सूरज, 15. नाविक, 16. मौत, 17. डूबना, 18. सभ्यता के नेता, 19. उपद्रव की आदत वाले, 20. इलाज, 21. बराबरी।

दिल का कीना रातभर बेताब रखता है उन्हें
दीदः - ए - दौलत तलब बेताब रखता है उन्हें

शौक़े - सुल्तानी[1] बना देता है उनको हरज़ाकार[2]
उनके मज़हब का न उनकी दोस्ती का एतबार

बेकसी मज़दूर की जुरअत[3] दिलाती है उन्हें
आंसुओं की शबनमी में नींद आती है उन्हें

यह वह मुहसिन[4] हैं जो कर देते हैं क़ौमों को हलाक[5]
इनके दम से हर शराफ़त का गरीबां चाक चाक

मोर्चे यह किब्र-ओ-नख़्वत[6] के उड़ाकर फेंक दे
दमदमे[7] उनकी सियासत के उड़ाकर फेंक दे

हयात[8]

अली जव्वाद ज़ैदी

गुनूदगी[9] है क़ज़ा[10] की निगाहे - दुनिया में
झलक हयात की शहरों में है न सहरा में
नसीमे - सुब्ह[11] की रफ़्तार में गरानी[12] है
दिलों का दर्द भरा है ख़रोशे - दरिया[13] में
फ़ज़ा-ए-काबा-ओ-मस्जिद[14] ख़िज़ां[15] से बोझल है
सुकूते - मर्ग[16] है बुतख़ाना - ओ - कलीसा में
इधर है मौत की ज़ुल्मत[17] उधर मुसाफ़िर ने
किया है अज़्मे-सफ़र[18] ज़ीस्त[19] की तमन्ना में
हयाते-गुमशुदा[20] ! आख़िर तिरा मकां है कहां ?
तिरा मकां है जहां वह हसीं जहां है कहां ?

---

1. राजपाट का शौक़, 2. मिथ्याकारी, 3. साहस, 4. एहसान करनेवाला, 5. क़त्ल, 6. अहंकार, 7. मोरचे, 8. ज़िन्दगी, 9. बेहोशी, 10. मौत, 11. प्रातः समीर, 12. भारीपन, 13. दरिया का जोश, 14. मस्जिद और काबे का वातावरण, 15. पतझड़, 16. मौत की ख़ामोशी, 17. अन्धकार, 18. सफ़र का संकल्प, 19. ज़िन्दगी, 20. दुखी जीवन।

जो तू नहीं है तो हर सम्त इक उदासी है
है दिल में शौक़ का तूफ़ां निगाह प्यासी है
तलाशे - ज़ीस्त में सर मारते हैं दीवाने
हर एक सम्त अजब ख़ौफ़-ओ-बदहवासी है
बहुत अज़ीम बनाया फ़लक को मज़हब ने
मगर वहां भी तो कुछ ऐसी ही फ़ज़ा सी है
ग़रज़ हवाओं में सुनता हूं बस यही हर दम
कि ज़िन्दगी ही का मसला यहां असासी[1] है
सुना है अर्श भी है महवे-गुफ़्तगू-ए-हयात[2]
मलायका[3] भी हैं मसरूफ़े जुस्तुजू-ए-हयात[4]

यह वही[5] उतरी है मुल्ला के पाक सीने पर
'सुकूं हराम है लानत है ऐसे जीने पर'
यह कौन हज़रते-मुल्ला, वही जो कहते थे
'रखो न पांव कभी ज़िन्दगी के सीने पर'
कि ज़ीस्त बन्दः-ए-मुस्लिम को ग़र्क़ करती है
'बिठाके भूक के हिर्स - आफ़रीं[6] सफ़ीने[7] पर'
नज़र बिरहमन-ओ-राहिब की कल थी तालिबे-रूह
जमी है आज मगर जिस्म के पसीने पर
हयात तेरी बुज़ुर्गी का बोलबाला है
मिरे मकां के सिवा हर तरफ़ उजाला है

यहां तू कहती हुई आ कि मैं 'उमंग में हूं'
ज़रा यह गीत भी गा दे कि 'शौक़े-जंग में हूं'
यह कह दे कान में सोई हुई तमन्ना के
कि 'होशियार हो मैं आज फिर तरंग में हूं'
सुना दे ज़ुल्म-ओ-तअद्दी[8] के कोहसारों को
कि मैं शरारे-निहफ़्ता[9] दिमाग़े-संग[10] में हूं
ज़रा वसीअ बना दे कि दम उलझता है
कई सदी से गिरफ़्तार सहने-तंग में हूं

---

1. बुनियादी, 2. जीवन-चर्चा में लीन, 3. फ़रिश्ते, 4. जीवन की खोज में व्यस्त, 5. ख़ुदा का हुक्म, 6. लोभी, 7. नाव, 8. अत्याचार और अन्याय, 9. गुप्त चिंगारी, 10. पत्थर का दिमाग़।

निज़ामे - नौ[1] से बदलकर निज़ामे - देरीना[2]
मिटा दे सफ़हः - ए - दिल[3] से पयामे - देरीना[4]

तुलूअ[5] हो कि अंधेरा है मेरी मंज़िल में
बुझी हुई है हर इक शमअ मेरी महफ़िल में
जो तू मिले तो बदल दूं हवा ज़माने की
कई बरस से है यह आरज़ू मिरे दिल की
चमक में जिसकी तड़पती हो इशरते-जावेद[6]
तुझे बनाऊं मैं वह शमशीर[7] दस्ते-क़ातिल में[8]
भंवर में डूबनेवालों को भी सहारा दूं
तुझे उमीद बनाकर कनारे - साहिल में
कभी मिरी रगे-जां में नज़र से फ़स्द[9] तो कर
कभी ज़रा मिरी बज़्मे-अमल का क़स्द[10] तो कर

नक़ाब रुख़ से उलट दे दिखा दे हुस्ने-कमाल
तिरा उरूज[11] हो सतही[12] रक़ाबतों[13] का ज़वाल[14]
तिरे निज़ाम में दैर-ओ-हरम[15] की क़ैद कहां ?
यह सारी जंग हराम और एक जंग हलाल
यह जंग वह है कि इंसान सर उठाएगा
हयात-ओ-मौत की दो ताक़तों में होगी जदाल[16]
उरूसे-ज़ीस्त[17] के हिज्रां नसीब[18] आशिक़ को
ज़माना देगा नवेदे-ख़ुशी,[19] पयामे-विसाल[20]
बहुत ही जल्द वह साअत[21] भी आनेवाली है
कि तेरे रुख़ पे नमू[22] की हसीन लाली है

---

1. नयी व्यवस्था, 2. पुरानी व्यवस्था, 3. दिल का पृष्ठ, 4. पुराना सन्देश, 5. उदय, 6. शाश्वत ऐश्वर्य, 7. तलवार, 8. क़ातिल का हाथ, 9. रग खोलना, 10. इरादा, 11. उत्थान, 12. छिछला, 13. दुश्मनी, 14. पतन, 15. मन्दिर-मस्जिद, 16. जंग, 17. ज़िन्दगी की दुल्हन, 18. जिसके भाग्य में विरह लिखा हो, 19. ख़ुशी का निमन्त्रण, 20. मिलन का सन्देश, 21. घड़ी, पल, 22. विकास।

(दूसरा भाग)

अवामी बेदारी की लहर

सरमाया-ओ-मेहनत

डॉ. मुहम्मद इक़बाल

बन्दः - ए - मज़दूर को जाकर मिरा पैग़ाम दे
ख़िज़्र[1] का पैग़ाम क्या है यह पयामे - कायनात

अय कि तुझको खा गया सरमायादारे - हीलागर[2]
शाख़े - आहू[3] पर रही सदियों तलक तेरी बरात

दस्ते - दौलत आफ़रीं[4] को मुज़्द[5] यूं मिलती रही
अहले - सरवत[6] जैसे देते हों ग़रीबों को ज़कात

साहिरे - अलमूत[7] ने तुझको दिया बर्गे - हशीश[8]
और तू अय बेख़बर समझा इसे शाख़े - नबात[9]

नस्ल, क़ौमियत, कलीसा, सल्तनत, तहज़ीब, रंग
ख़्वाजगी[10] ने ख़ूब चुन चुन कर बनाए मुस्किरात[11]

कट मरा नादां ख़याली देवताओं के लिए
सुक्र[12] की लज़्ज़त में तू लुटवा गया नक़्दे - हयात[13]

मक्र[14] की चालों से बाज़ी ले गया सरमायादार
इंतिहा - ए - सादगी[15] से खा गया मज़दूर मात

उठ कि अब बज़्मे - जहां का और ही अंदाज़ है
मश्रिक़-ओ-मग़्रिब में तेरे दौर का आग़ाज़[16] है

हिम्मते - आली तो दरिया भी नहीं करती क़बूल
ग़ुंचा-सां[17] ग़ाफ़िल तिरे दामन में शबनम कब तलक

---

1. एक कल्पित पैग़म्बर जो दुनिया का मार्ग-दर्शन करते हैं, 2. बहानेबाज़ सरमायादार, 3. झूठा वादा, 4. धन कमानेवाला हाथ, 5. मज़दूरी, 6. धनवान, 7. दाढ़ीवाला जादूगर, 8. घास के पत्ते, 9. वनस्पति की डाली, 10. स्वामित्व, 11. नशीली वस्तुएं, 12. नशा, 13. जीवन-धन, 14. फ़रेब, धोखा, 15. असीम सादगी, 16. आरम्भ, 17. कली की तरह।

नग़मः - ए - बेदारिए - जम्हूर[1] है सामाने ऐश
क़िस्सः - ए - ख़्वाब - आवर इस्कंदरो - जम कब तलक[2]

आफ़्ताबे - ताज़ा पैदा बत्ने - गेती[3] से हुआ
आस्मां डूबे हुए तारों का मातम कब तलक

तोड़ डालीं फ़ितरते - इंसां ने ज़ंजीरें तमाम
दूरिए - जन्नत से रोती चश्मे - आदम कब तलक

बाग़बाने - चाराफ़रमा[4] से यह कहती है बहार
ज़ख़्मे - गुल के वास्ते तदबीरे-मरहम कब तलक

कर्मके - नादां[5] तवाफ़े - शमअ[6] से आज़ाद हो
अपनी फ़ितरत के तजल्लीज़ार में आबाद हो

अल अर्ज़ो लिल्लाह[7]

डॉ. मुहम्मद इक़बाल

पालता है बीज को मिट्टी की तारीकी[8] में कौन ?
कौन दरियाओं की मौजों से उठाता है सहाब[9] ?

कौन लाया खींचकर पच्छिम से बादे-साज़गार[10] ?
ख़ाक यह किसकी है ? किसका है यह नूरे-आफ़्ताब[11] ?

किसने भर दी मोतियों से ख़ोशः-ए-गन्दुम[12] की जेब ?
मौसमों को किसने सिखलाई है ख़ू - ए - इंक़िलाब[13] ?

दह ख़ुदाया,[14] यह ज़मीं तेरी नहीं तेरी नहीं
तेरे आबा की नहीं, तेरी नहीं मेरी नहीं

---

1. गणतंत्र की जागृति का गीत, 2. सिकन्दर और जमशेद की वह कहानियां कब तक, जिनसे नींद आ जाए, 3. धरती का पेट, 4. इलाज करनेवाला बाग़वान, 5. नादान कीड़े, 6. शमा की परिक्रमा, 7. सारी धरती अल्लाह की है, 8. अन्धकार, 9. बादल, 10. अनुकूल हवा, 11. सूर्य का प्रकाश, 12. गेहू की बाली, 13. इंक़िलाब की आदत, 14. अय देहात के मालिक।

सल्तनत

डॉ. मुहम्मद इक़बाल

आ बताऊं तुझको रम्ज़े - आयः - ए - इन्नलमलूक[1]
सल्तनते - अक़्वामे - ग़ालिब[2] की है इक जादूगरी

ख़्वाब[3] से बेदार होता है ज़रा महकूम[4] अगर
फिर सुला देती है इसको हुक्मरां[5] की साहिरी[6]

जादुए - महमूद[7] की तासीर[8] से चश्मे - अयाज़[9]
देखती है हल्क़ः -ए - गर्दन में साज़े - दिलबरी[10]

ख़ूने - इस्राईल आ जाता है आख़िर जोश में
तोड़ देता है कोई मूसा तिलिस्मे - सामरी[11]

सरवरी[12] ज़ेबा[13] फ़क़त उस ज़ाते-बेहम्ता[14] को है
हुक्मरां[15] है इक वही बाक़ी बुताने - आज़री[16]

अज़ ग़ुलामी फ़ितरते - आज़ाद रा रुसवा मकुन[17]
ता तराशी ख़्वाजई अज़ बरहमन काफ़िर तरी[18]

है वही साज़े-कुहन[19] मग़्रिब का जम्हूरी निज़ाम
जिसके पर्दों में नहीं ग़ैर अज़ नवाए - क़ैसरी[20]

देवे - इस्तिब्दाद[21] जम्हूरी क़बा[22] में पाए कोब[23]
तू समझता है यह आज़ादी की है नीलम परी

---

1. क़ुरान की एक आयत की तरफ़ इशारा है जिसमें बादशाहों का ज़िक्र है, 2. शक्तिशाली राष्ट्रों की सल्तनत, 3. नींद, 4. दास, ग़ुलाम, 5. शासक, 6. जादूगरी, 7. महमूद का जादू, 8. प्रभाव, 9. अयाज़ की आंख (अयाज़ महमूद ग़ज़नवी का ग़ुलाम था), 10. दिलबरी का साज़, 11. मिस्र के पुराने जादूगरों का जादू, 12. सरदारी, 13. शोभा, 14. वह हस्ती जिसका कोई मुक़ाबिल न हो, 15. शासक, 16. आज़र के बुत, 17. ग़ुलामी से अपनी आज़ाद प्रकृति को गन्दा न कर, 18. अगर तू अपने लिए मालिक बनाता रहता है तो ब्राह्मण काफ़िर नहीं है, तू काफ़िर है, 19. पुराना साज़, 20. शाही आवाज़, 21. अत्याचार का राक्षस, 22. लम्बा चोग़ा, 23. चोट।

मज्लिसे-आईन-ओ-इसलाह-ओ-रिआयत-ओ-हुक़ूक़[1]
तिब्बे - मश्रिक़[2] में मज़े मीठे, असर ख़्वाब - आवरी[3]

गर्मिए - गुफ़्तारे - आज़ाए - मजालिस[4] अलअमां
यह भी एक सरमायादारों की है जंगे - ज़रगरी[5]

इस सराबे-रंग-ओ-बू[6] को गुलिस्तां समझा है तू
आह अय नादां क़फ़स को आशियां समझा है तू

लेनिन

(ख़ुदा के हुज़ूर में)

डॉ. मुहम्मद इक़बाल

अय अंफ़स-ओ-आफ़ाक़[7] में पैदा तिरे आयात[8]
हक़ यह है कि ज़िन्दा - ओ - पाइंदा तिरी ज़ात

मैं कैसे समझता कि तू है या कि नहीं है
हरदम मुतग़ैयर[9] थे ख़िरद[10] के नज़रियात[11]

महरम[12] नहीं फ़ितरत के सरोदे - अज़ली[13] से
बीनाए - कवाकिब[14] हों कि दानाए - नबातात[15]

आज आंख ने देखा तो वह आलम हुआ साबित
मैं जिसको समझता था कलीसा[16] के ख़ुराफ़ात[17]

हम बंदे - शब - ओ - रोज़[18] में जकड़े हुए बंदे
तू ख़ालिक़े - असार - ओ -निगारिंदः - ए - आनात[19]

---

1. अधिकार, जनता, सुधार, विधान की मजलिस, 2. पूर्व का आयुर्वेद, 3. नींदप्रद, 4. असेम्बलियों में गरम-गरम बातें करना, 5. सरमायादारी का युद्ध, 6. रंग और सुगन्ध की मरीचिका, 7. जीव और दिशाएं, 8. निशानियां, 9. बदलते हुए, 10. बुद्धि, 11. दृष्टिकोण, 12. परिचित, 13. आदिकाल का गीत, 14. देखनेवाले नक्षत्र, 15. समझदार वनस्पति, 16. गिरजाघर, 17. बकवासें, 18. दिन-रात, 19. समय और युग का स्रष्टा और क्षणों को लिखनेवाला।

इक बात अगर मुझको इजाज़त हो तो पूछूं
हल कर न सके जिसको हकीमों के मक़ालात[1]

जब तक मैं जिया ख़ेमः - ए - अफ़लाक[2] के नीचे
कांटे की तरह दिल में खटकती रही यह बात

गुफ़्तार[3] के उस्लूब[4] पे क़ाबू नहीं रहता
जब रूह के अन्दर मुतलातुम[5] हों ख़यालात

वह कौन-सा आदम है कि तू जिसका है माबूद[6] ?
वह आदमे-ख़ाकी कि जो है ज़ेरे-समावात[7] ?

मश्रिक़ के ख़ुदावंद सफ़ेदाने - फ़िरंगी
मग्रिब के ख़ुदावंद दरख़शंदः - ए - फ़लिज़्ज़ात[8]

यूरुप में बहुत रौशनिए - इल्म - ओ - हुनर है
हक़ यह है कि बेचश्मः - ए - हैवां[9] है यह ज़ुल्मात[10]

रानाई - ए - तामीर[11] में, रौनक़ में, सफ़ा[12] में
गिरजों से कहीं बढ़के हैं बैंकों के इमारात

ज़ाहिर में तिजारत है हक़ीक़त में जुआ है
सूद एक का लाखों के लिए मर्गे - मफ़ाजात[13]

यह इल्म, यह हिकमत, यह तदब्बुर[14] यह हुकूमत
पीते हैं लहू, देते हैं तालीमे - मसावात[15]

बेकारी - ओ - उरियानी - ओ - मैख़्वारी - ओ - इफ़लास
क्या कम हैं फ़िरंगी मदनियत[16] के फ़ुतूहात[17]

---

1. निबन्ध, लेख, 2. आकाश का तम्बू, 3. बातचीत, 4. ढंग, तरीक़ा, 5. जोश मारते हुए, 6. ख़ुदा, 7. बराबरी के नीचे, 8. अष्टधातुओं की चमक, 9. अमृत के स्रोत के बिना, 10. अंधेरे (अमृत का स्रोत अंधेरे में बहता है), 11. निर्माण की शोभा, 12. पवित्रता, 13. आकस्मिक मृत्यु, 14. सोच-विचार, 15. बराबरी की शिक्षा, 16. शहरियत, नागरिकता, 17. विजय।

वह क़ौम जो फ़ैज़ाने - समावी[1] से हो महरूम
हद इसके कमालात की है बर्क़ - ओ - बुख़ारात[2]

है दिल के लिए मौत मशीनों की हुकूमत
एहसास - ओ - मुरव्वत को कुचल देते हैं आलात[3]

आसार तो कुछ कुछ नज़र आते हैं कि आख़िर
तदबीर को तक़दीर के शातिर ने किया मात

मैख़ाने की बुनियाद में आया है तज़लज़ुल[4]
बैठे हैं इसी फ़िक्र में पीराने-ख़राबात[5]

चेहरों पे जो सुर्ख़ी नज़र आती है सरे-शाम
या ग़ाज़ा है या साग़र-ओ-मीना की करामात

वह क़ादिर - ओ - आदिल[6] है मगर तेरे जहां में
हैं तल्ख़ बहुत बन्दः - ए - मज़दूर के औक़ात

कब डूबेगा सरमायापरस्ती का सफ़ीना
दुनिया है तिरी मुंतज़रे - रोज़े - मुकाफ़ात[7]

फ़रमाने-ख़ुदा

(फ़रिश्तों से)

डॉ. मुहम्मद इक़बाल

उट्ठो, मिरी दुनिया के ग़रीबों को जगा दो
काख़े - उमरा[8] के दर - ओ - दीवार हिला दो

गर्माओ ग़रीबों का लहू सोज़े - यक़ीं[9] से
कुंजिश्के - फ़रोमाया[10] को शाहीं[11] से लड़ा दो

1. बराबरी का लाभ, 2. बिजली और भाप, 3. यंत्र, 4. भूकम्प, 5. मदिरालय के बुज़ुर्ग, 6. शक्तिशाली और न्यायी, 7. बदले के दिन की प्रतीक्षक, 8. अमीरों के महल, 9. विश्वास की गर्मी, 10. तुच्छ गौरैया, 11. बाज़।

सुल्तानिए - जम्हूर[1] का आता है ज़माना
जो नक़्शे - कुहन[2] तुमको नज़र आए मिटा दो

जिस खेत से दहक़ां[3] को मुयस्सर[4] नहीं रोज़ी
उस खेत के हर ख़ोशः - ए - गंदुम[5] को जला दो

क्यों ख़ालिक - ओ - मख़लूक़[6] में हाइल[7] रहें पर्दे
पीराने - कलीसा[8] को कलीसा से उठा दो

हक़रा बसुजूदी, सनमारा व तवाफ़ी[9]
बेहतर है चराग़े - हरम - ओ - दैर बुझा दो

मैं नाखुश-ओ-बेज़ार हूं मरमर की सिलों से
मेरे लिए मिट्टी का हरम और बना दो

तहज़ीबे - नवी[10] कारगहे - शीशागरां[11] है
आदाबे - जुनूं[12] शाइरे - मश्रिक़ को सिखा दो

ज़वाले-जहांबानी[13]

जोश मलीहाबादी

जहांबानी दहकती आग है गिरती हुई बिजली
हमेशा इसने दुनिया में किया दौरे - सिहन[14] पैदा

न हो चीने-जफ़ा[15] जब तक जबीने-शहरे-यारी[16] पर
नहीं होता कुलाहे - ख़ुसरवी[17] में बांकपन पैदा

---

1. गणतंत्र, 2. पुराने चिह्न, 3. किसान, 4. प्राप्त, 5. गेहूं की बाली, 6. ख़ुदा और बंदे, 7. बाधक, 8. मन्दिर की पुरानी मूर्तियां, 9. ख़ुदा को सजदा और मूर्तियों की परिक्रमा, 10. आधुनिक सभ्यता, 11. शीशागरों की, 12. उन्माद के आदाब, 13. बादशाहत का पतन, 14. तकलीफ़ों का दौर, 15. जफ़ा के शल, 16. बादशाहत का ललाट, 17. बादशाह की टोपी, राजमुकुट।

उमीद इससे न रख नादान, मुर्ग़ाने-ख़ुश-इलहां[1] की
हमेशा जिस बयाबां से हुए ज़ाग़ - ओ - ज़ग़न[2] पैदा

तिरा, अय हामिए-ताज-ओ-इल्म,[3] क्या यह अक़ीदा[4] है ?
कि हो सकती है नाफ़े-गर्ग[5] से मुश्के-ख़ुतन[6] पैदा

समझता है कि वह हक़[7] बात की तलख़ी[8] को सह लेगा ?
ख़ुशामद से भी जिस माथे पे हो अकसर शिकन पैदा

सुन अय ग़ाफ़िल कि ता रोज़े-क़यामत[9] नस्ले-शाही[10] से
न होगा बज़्मे - इंसानी[11] का सद्रे - अंजुमन[12] पैदा

उठाएगा कहां तक जूतियां सरमायादारी की
जो ग़ैरत[13] हो तो बुनियादें हिला दे शहरयारी[14] की

तने-नाज़ुक[15] पे तेरे रहम[16] आता है मुझे लेकिन
न दूं दावत तुझे किस तरह क़ूवत आज़माने[17] की

तुझे अय काश ! शाइर की तरह महसूस[18] हो सकता
नज़र पड़ती है तुझ पर किस हिक़ारत[19] से ज़माने की

अज़ल[20] से नौए-इंसानी[21] के हक़ में तौक़े-लानत[22] है
किसी हमजिंस की चौखट पे आदत सर झुकाने की

न हो मग़रूर[23] अगर माइल ब नर्मी[24] भी हो सुल्तानी[25]
कि यह भी एक सूरत है तुझे ग़ाफ़िल[26] बनाने की

गए वह दिन कि तू ज़िन्दां[27] में जब आंसू बहाता था
ज़रूरत है क़फ़स[28] पर अब तुझे बिजली गिराने की

---

1. मधुर-कंठ पक्षी, 2. चील और कौवे, 3. ताज और ज्ञान के समर्थक, 4. विश्वास, 5. भेड़िए की नाभि, 6. कस्तूरी, 7. सच, 8. कटुता, 9. क़यामत के दिन तक, 10. शाही ख़ानदान, 11. इंसान की बज़्म, 12. अध्यक्ष, 13. लज्जा, 14. बादशाहत, 15. कोमल शरीर, 16. दया, 17. शक्ति की परीक्षा, 18. अनुभव, 19. अपमान, 20. आदिकाल, 21. मानव जाति, 22. धिक्कार का हार, 23. घमंडी, 24. नम्रता की ओर झुका हुआ, 25. बादशाहत, 26. बेहोश, 27. जेलख़ाना, 28. पिंजरा।

गए वह दिन कि तू महरूमिए-क़िस्मत[1] पे रोता था
ज़रूरत है तुझे अब आफ़तों[2] पर मुस्कुराने की

तड़प, पैहम तड़प, इतना तड़प बर्क़े - तवां[3] बन जा
ख़ुदारा अय ज़मीने - बेहक़ीक़त[4] आस्मां बन जा

किसान

जोश मलीहाबादी

तिफ़्ले - बारां,[5] ताजदारे - ख़ाक,[6] अमीरे - बोस्तां[7]
माहिरे - आईने - क़ुदरत,[8] नाज़िमे - बज़्मे - जहां[9]

नाज़िमे - गुल,[10] पासबाने - रंग - ओ - बू,[11] गुलशन - पनाह[12]
नाज़परवर[13] लहलहाती खेतियों का बादशाह

क़ल्ब[14] पर जिनके नुमायां[15] नूरो - ज़ुल्मत[16] का निज़ाम
मुंकशिफ़[17] जिसकी फ़रासत[18] पर मिज़ाजे - सुब्ह - ओ - शाम[19]

ख़ून है जिसकी जवानी का बहारे - रोज़गार[20]
जिसके अश्कों[21] पर फ़राग़त[22] के तबस्सुम का मदार[23]

जिसकी मेहनत का अरक़[24] तैयार करता है शराब
उड़के जिसका रंग बन जाता है जां - पर्वर[25] गुलाब

साज़े - दौलत[26] को अता करती है नग़्मे जिसकी आह
मांगता है भीक ताबानी[27] की जिससे रूए - शाह[28]

---

1. भाग्यहीनता, 2. कठिनाइयां, 3. बिजली, 4. तुच्छ, 5. वर्षा का बच्चा, 6. ख़ाक का ताजदार, 7. उपवन का अमीर, 8. प्रकृति के विधान का माहिर, 9. संसार की बज़्म का नाज़िम, 10. फूलों का प्रबन्धक, 11. रंग और सुगन्ध का रखवाला, 12. उपवन को शरण देनेवाला, 13. गर्वीली, 14. दिल, 15. प्रकट, 16. अन्धकार का नूर, 17. प्रकट, 18. निपुणता, ज़हानत, 19. सुबहो-शाम का स्वभाव, 20. समय का वसन्त, 21. आंसू, 22. निश्चिंतता, 23. आधार, 24. पसीना, 25. जीवनदायक, 26. दौलत का साज़, 27. चमक, 28. बादशाह का चेहरा।

सरनिगूं[1] रहती है जिससे क़ूवतें[2] तख़रीब[3] की
जिसके बूते पर लचकती है कमर तहज़ीब[4] की

जिसकी मेहनत से भबकता है तनआसानी का बाग़
जिसकी ज़ुल्मत[5] की हथेली पर तमद्दुन[6] का चराग़

धूप के झुलसे हुए रुख़ पर मशक़्क़त[7] का निशां
खेत से फेरे हुए मुंह घर की जानिब है रवां

उस सियासी रथ के पहियों पर जमाए है नज़र
जिसमें आ जाती है तेज़ी खेतियों को रौंद कर

अपनी दौलत को जिगर पर नैशे - ग़म[8] खाते हुए
देखता है मुल्के - दुश्मन की तरफ़ जाते हुए

क़तअ[9] होती ही नहीं तारीकिए - हुर्मा[10] से राह
फ़ाक़ाकश बच्चों के धुंदले आंसुओं पर है निगाह

फिर रहा है ख़ूंचका[11] आंखों के नीचे बार-बार
घर की नाउम्मीद देवी का शबाबे - सोगवार[12]

सोचता जाता है किन आंखों से देखा जाएगा
बेरिदा[13] बीवी का सर, बच्चों का मुंह उतरा हुआ

सीम-ओ-ज़र[14] नान-ओ-नमक,[15] आब-ओ-ग़िज़ा[16] कुछ भी नहीं
घर में इक ख़ामोश मातम[17] के सिवा कुछ भी नहीं

एक दिल और यह हुजूमे - सोगवारी[18] हाय हाय
यह सितम अय संगदिल सरमायादारी हाय हाय

---

1. नतमस्तक, 2. शक्तियां, 3. विनाश, 4. सभ्यता, 5. अंधेरा, 6. सभ्यता, 7. परिश्रम, 8. ग़म का डंक, 9. कटना, 10. निराशा का अन्धकार, 11. ख़ून टपकाता हुआ, 12. शोकग्रस्त यौवन, 13. बिना चादर, 14. सोना-चांदी, 15. रोटी और नमक, 16. पानी और अन्न, 17. शोक, 18. ग़मों का जमघट।

बेकसों के ख़ून में डूबे हुए हैं तेरे हात
क्या चबा डालेगी ओ कमबख़्त सारी कायनात[1]

ज़ुल्म और इतना कोई हद भी है इस तूफ़ान की
बोटियां हैं तेरे जबड़ों में ग़रीब इंसान की

इद्दाए - पैरविए - इब्ने - मरियम[2] और तू
देख अपनी कुहनियां जिनसे टपकता है लहू

हां संभल जा अब कि ज़हरे अहले - दिल[3] के आब हैं
कितने तूफ़ां तेरी कश्ती के लिए बेताब हैं

निज़ामे-नौ[4]

जोश मलीहाबादी

खेल, हां अय नौए - इंसां[5] इन सियह रातों से खेल
आज अगर तू ज़ुल्मतों[6] में पा ब जौलां[7] है तो क्या

मुस्कुराने के लिए बेचैन है सुब्हे - वतन[8]
और चन्दे ज़ुल्मते - शामे - ग़रीबां[9] है तो क्या

चल चुकी है पेशवाई को नसीमे - बाग़े - मिस्र[10]
आज यूसुफ़ मुब्तिलाए - चाहे - किनआं[11] है तो क्या

अब खुला ही चाहता है परचमे - बादे - मुराद[12]
आज हस्ती का सफ़ीना[13] वक़्फ़े - तूफ़ां[14] है तो क्या

ख़त्म हो जाएगा कल यह नारवा[15] पस्त - ओ - बलन्द[16]
आज नाहमवार[17] सतहे - बज़्मे - इमकां है तो क्या

---

1. ब्रह्मांड, 2. हज़रत ईसा की पैरवी का दावा, 3. दोस्तों के दिल 4. नयी व्यवस्था, 5. मानव, 6. अन्धकार, 7. पैर में बेड़ी लिए हुए, 8. वतन की सुबह, 9. परदेस की शाम का अंधकार, 10. मिस्र के बागों की हवा, 11. किनआं के कुएं में क़ैद, 12. अभिलाषा की हवा का झंडा, 13. नाव, 14. तूफ़ान के लिए समर्पित, 15. अनुचित, 16. ऊंच-नीच, 17. ऊंची-नीची।

मुट्ठियों में भर के अफ़शां[1] चल चुका है इंक़िलाब
अब्रे-ग़म,[2] ज़ुल्फ़े - जहां[3] पर बाले - जुम्बां[4] है तो क्या

साया - अफ़गन[5] है हयूला[6] बर्क़े - ऐवां - सोज़[7] का
आज सर्फ़े - बाग़े - सुल्तां[8] ख़ूने - दहक़ां[9] है तो क्या

तुलूए-ख़ुर्शीदे-नौ[10]

हामिदुल्ला अफ़सर मेरठी

अम्न के मश्रिक़[11] से फिर ज़ाहिर सहर होने को है
आफ़्ताबे - आफ़ियत[12] फिर जल्वागर होने को है

अहदे - गुल आने को है फूलों की बारिश के लिए
ख़त्म दौरे - बर्क़ - ओ - बारूद - ओ - शरर[13] होने को है

जल्वागर होने को है सुब्हे - बहारे - आश्ती[14]
ज़ुल्म से आज़ाद कुल नौए - बशर[15] होने को है

ख़िज़्र[16] के औसाफ़[17] हर रहरौ[18], को बख़्शे जायेंगे
रहज़नों[19] से पाक अब हर रहगुज़र[20] होने को है

ज़ुल्मो - ख़ुदग़र्ज़ी[21] का परचम हो रहा है सरनगूं
अम्न-ओ-राहत[22] का निशां पेशे-नज़र[23] होने को है

जीस्त[24] की लज़्ज़त[25] से होगी आशना[26] नौए-बशर[27]
यानी हर इक तल्ख़[28] अब शहद-ओ-शकर होने को है

---

1. चमक, 2. ग़म का बादल, 3. संसार की ज़ुल्फ़ें, 4. कम्पित, 5. साया किए हुए, 6. मूल तत्त्व, 7. महलों पर गिरनेवाली बिजली, 8. बादशाह का बाग़, 9. किसान का ख़ून, 10. नया सूर्योदय, 11. पूर्व, 12. शान्ति का सूरज, 13. बिजली, बारूद और आग का युग, 14. दोस्ती के वसन्त का प्रातःकाल, 15. मानव-जाति, 16. मार्ग-प्रदर्शक, 17. गुण, 18. पथिक, 19. चोर, 20. रास्ता, 21. अत्याचार और स्वार्थ, 22. सुख-शान्ति, 23. नज़र के सामने, 24. ज़िन्दगी, 25. आनन्द, स्वाद, 26. परिचित, 27. मानव-जाति, 28. कटु।

फ़र्क़ मिट जाने को है इंसान और इंसान का
वहदते - अक़्वामे - आलम[1] जल्वागर होने को है

मिल रहा है ख़ाक में क़स्रे - रवायाते - क़दीम[2]
मतलए - ख़ुर्शीदे - नौहर[3] बाम - ओ - दर होने को है

नए दौर का फ़रमान

शोरिश काश्मीरी

देख कौनैन[4] का जी डूब रहा है साक़ी
शाख़सारों[5] से लहू बहता है
ख़ूने-अहरार[6] सफ़ीहों[7] को रवां[8] है साक़ी
मुर्ग़ज़ारों[9] से लहू रिसता है

दूर साहिल[10] से बहुत दूर उफ़क़[11] से भी परे
नाव ग़र्क़ाब[12] हुई जाती है
इन घटाटोप अंधेरों में शफ़क़[13] से भी परे
मौज गिर्दाब[14] हुई जाती है

आज तक गर्दिशे-हालात[15] की संगीनी पर[16]
रूहे-कौनैन[17] भड़कती ही रही
सुरमई शब में झलकती हुई रंगीनी पर
नब्ज़े-ऐयाम[18] धड़कती ही रही

बाग़बां रस्मे-गुलिस्तां को बदलते ही रहे
हाय अफ़सोस ! अज़ीज़ाने-चमन
रहनुमा जादः-ए-मंज़िल[19] से भटकते ही रहे
आह ! अय सिफ़्लगिए-चर्ख़े-कुहन[20]

---

1. संसार के राष्ट्रों की एकता, 2. पुरानी रिवायतों का महल, 3. जहां से नया सूरज निकलता है, 4. दोनों दुनियाएं, 5. डालियां, 6. स्वयंसेवकों का ख़ून, 7. कमीनों, 8. जाइज़, 9. उपवन, 10. किनारा, 11. क्षितिज, 12. डूबना, 13. लालिमा, 14. भंवर, 15. समय का चक्र, 16. गम्भीरता, 17. उभयलोक की आत्मा, 18. समय की नाड़ी, 19. मंज़िल का मार्ग, 20. बूढ़े आकाश की नीचता।

अहले-महफ़िल का लहू बादः-ए-गुलफ़ाम[1] बना
जगमगाते हुए पैमानों में
नालः-ए-दर्दकशां ख़ंदः-ए-समसाम[2] बना
झिलमिलाते हुए ऐवानों[3] में

वक़्त के साथ बदलते हुए धारे की सदा
•जंगे-जम्हूर[4] का उनवान[5] बनी
टूटती शब के सहरताब सितारे की सदा
इक नए दौर का फ़रमान बनी

कुछ दिनों और अंधेरे की फ़रावानी[6] है
तिलअते-सुब्हे-दरख़्शां[7] की क़सम
कुछ दिनों और अज़ीज़ों पे सितमरानी है
कजकुलाहों[8] के गरीबां की क़सम

आख़िर इक रोज़ यह दौलत का फ़ुसूं[9] टूटेगा
रंगमहलों के दरीचों से लहू फूटेगा

ज़रा सब्र

शोरिश काश्मीरी

इक नए दौर की तरतीब[10] के सामां होंगे
दस्ते - जम्हूर[11] में शाहों के गरीबां होंगे

बर्क़[12] ख़ुद अपनी तजल्ली की मुहाफ़िज़[13] होगी
फूल ख़ुद अपनी लताफ़त[14] के निगहबां होंगे

नग़्मा - ओ - शेर[15] का सैलाब उमड आएगा
वक़्त के सहर[16] से गुंचे भी ग़ज़लख़्वां होंगे

---

1. फूलों के रंग की शराब, 2. तलवार की हंसी, 3. महल, 4. गणतंत्र की लड़ाई, 5. शीर्षक, 6. अधिकता, 7. प्रकाशमान सुबह की किरण, 8. टेढ़ी टोपी वाले, 9. जादू, 10. क्रम, 11. गणतंत्र के हाथ, 12. बिजली, 13. रक्षा करनेवाली, 14. कोमलता, 15. शेर और संगीत, 16. जादू।

नाव मंझधार से बेख़ौफ़ - ओ - ख़तर खेलेगी
नाख़ुदा[1] बर्बते - तूफ़ां[2] पे रजज़ख़्वां[3] होंगे

राहरौ[4] अपनी मुसाफ़त[5] का सिला[6] मांगेंगे
रहनुमा अपनी सियासत पे पशेमां[7] होंगे

---

1. नाविक, 2. तूफ़ान का वाद्य, 3. युद्धगीत गाते हुए, 4. यात्री, पथिक, 5. यात्रा, 6. इनाम, 7. शर्मिंदा।

छठा अध्याय

(पहला भाग)

(सन् 1935 से सन् 1946 तक)

सिविल नाफ़रमानी की तहरीक नया क़ानून और उसके बाद

इंडिया ऐक्ट '35

ज़फ़र अली ख़ां

सद्रे-आज़म[1] की सख़ावत[2] में नहीं हमको कलाम[3]
लेकिन उनसे पूछते हैं हम कि हमको क्या मिला

काग़ज़ी घोड़ा दिया हमको सवारी के लिए
इक खिलौना भेजकर बच्चों का दिल बहला दिया

अपने पीने के लिए शैमपेन भर ली जाम में
हिन्द के रिंदाने - दौर - आशाम[4] को ठर्रा दिया

मेवाख़ोरी[5] के लिए चुनने लगे जब गोलमेज़
रख लिया ख़ुद मग़्ज़[6], छिलकों पर हमें टरख़ा दिया

आईने-जदीद[7]

अहमक़ फफूंदवी

हिन्द के सर पर मुसल्लत[8] हो गया आईने - नौ[9]
मक्रो - इस्तिबदाद[10] की चोटी से फ़रमाकर नुज़ूल[11]

1. अध्यक्ष महोदय, 2. उदारता, 3. शक, 4. शराब पीनेवाले, 5. मेवा खाना, 6. बीज, 7. नया विधान, 8. थोपना, 9. नया विधान, 10. धोखा और अत्याचार, 11. उतरना।

मग़्रिबी[1] काग़ज़तराशों[2] ने कम - ओ - बेश[3] इक सदी
सर्फ़[4] की है तब बना पाया है यह ख़ुशरंग[5] फूल

यह वह चश्मा[6] है कि जिसके सामने आबे-फ़ुरात[7]
अपनी ख़िस्सत[8] अहले - हक़[9] के वास्ते जाएगा भूल

जॉन बुल साहब हैं कितने शुक्रिये[10] के मुस्तहक़[11]
दे दिया हिन्दोस्तानी वहशियों[12] को होमरूल

उनका फ़रमाना[13] अगर सच है तो सच कहते हैं वह
यह वह नेमत[14] है बहुत दुश्वार[15] था जिसका हुसूल[16]

है हुकूमत की यह फ़ैयाज़ी[17] बहुत ही शानदार
इस रिआया-पर्वरी[18] पर दंग[19] है अक़्ले-ग़फ़ूल[20]

उनको हैरत[21] है कि इतनी ख़ूबियों के बावजूद
मुल्क वाले किसलिए हैं इसके इजरा[22] से मलूल[23]

किसलिए धरते हैं इसके नाम से कानों पे हाथ
क्यों नहीं करते बिला चून-ओ-चरा[24] इसको क़ुबूल[25]

है कहीं जलसों में पास इसके लिए लानत[26] का वोट
है जुलूसों में किसी जा[27] इसके सर पे ख़ाक धूल

कोई देता है इसे तशबीह[28] ख़ारिस्तान[29] से
कोई कहता है इसे बाग़े-सियासत[30] का बबूल

मैं यह कहता हूं यह सब हंगामः-ए-बहस-ओ-निज़ाअ[31]
देखिए चश्मे-हक़ीक़त[32] से तो है बिल्कुल फ़ुज़ूल[33]

मुल्क वालों से हुकूमत की है यह इक दिललगी
आज उसको हक़ भी है इसका कि है 'अप्रेल फ़ूल'

---

1. पश्चिमी, 2. काग़ज़ काटनेवाले, 3. कम-ज़्यादा, लगभग, 4. व्यतीत, ख़र्च, 5. सुन्दर, 6. स्रोत, 7. फ़ुरात का पानी, 8. कंजूसी, 9. सत्य के पुजारी, 10. धन्यवाद, 11. पात्र, 12. जंगली, असभ्य, 13. कहना, 14. सम्पत्ति, 15. कठिन, 16. प्राप्ति, 17. उदारता, 18. प्रजा-पोषण, 19. आश्चर्यचकित, 20. निकृष्ट बुद्धि, 21. आश्चर्य, 22. संचालन, प्रारंभ, 23. दुखी, 24. आनाकानी, 25. स्वीकार, 26. धिक्कार, 27. जगह, 28. उपमा, 29. कांटों का वन, 30. राजनीति का उपवन, 31. वैमनस्य और बहस का हंगामा, 32. यथार्थ की आंख, 33. व्यर्थ।

विफ़ाक[1]

जोश मलीहाबादी

इस नौहः - ए - ख़िज़ां[2] को समझना नवेदे - गुल[3]
इक बेपनाह चूक है, इक सख़्त भूल है

यह बोस्तां,[4] यह अहले - सियासत[5] की शाख़े-गुल
शैतां[6] के पास बाग़ की सूखी बबूल है

है यह नया निकाह[7] कि दूल्हा तो है ख़मोश
क़ाज़ी यह कह रहा है कि जी से क़ुबूल[8] है

हुशियार अहले - हिन्द कि फिर इस ज़मीन पर
गर्दू[9] से एक ताज़ा बला[10] का नुज़ूल[11] है

कहते हैं जिसको दौलते - बेदार[12] अहले - ग़र्ब[13]
वह इक मताए - कासः - ए - जिंसे - फ़ुज़ूल[14] है

नादां[15] अकड़ रहे हैं कि हासिल[16] हुआ विफ़ाक़[17]
दाना[18] समझ रहे हैं कि अप्रेल फ़ूल है

नवेदे-आजादि-ए-हिन्द[19]

ज़फ़र अली ख़ां

वह दिन आने को है आज़ाद जब हिन्दोस्तां होगा
मुबारकबाद उसको दे रहा सारा जहां होगा

---

1. एकता, 2. पतझड़ का मातम, 3. फूल का निमन्त्रण, 4. उपवन, 5. राजनीतिज्ञ, 6. शैतान, 7. विवाह, 8. स्वीकार, 9. आकाश, 10. विपत्ति, 11. अवतरण, 12. जाग्रत सम्पत्ति, 13. यूरोप के लोग, 14. व्यर्थ की वस्तु के पियाले की सम्पत्ति, 15. नासमझ, 16. प्राप्त, 17. एकता, 18. समझदार, 19. भारत की आज़ादी की शुभ सूचना।

अलम[1] लहरा रहा होगा हमारा रायेसीना पर
और ऊंचा सब निशानों से हमारा यह निशां होगा

ज़मीं वालों के सर ख़म[2] इसके आगे हो रहे होंगे
सलामी दे रहा झुक-झुक के उसको आस्मां होगा

ब्रहमन मन्दिरों में अपनी पूजा कर रहे होंगे
मुसलमां दे रहा अपनी मस्जिद में अज़ां होगा

जिन्हें दो वक़्त की रोटी मुयस्सर[3] अब नहीं होती
बिछा उनके लिए दुनिया की हर नेमत[4] का ख़्वां[5] होगा

मन-ओ-तू[6] के यह जितने ख़ख़ शे[7] हैं मिट चुके होंगे
नसीब[8] उस वक़्त हिन्दू और मुसलमां का जवां होगा

तवाना[9] जब ख़ुदा के फ़ज़्ल[10] से हम नातवां[11] होंगे
ग़ुरूर[12] उस वक़्त अंग्रेज़ी हुकूमत का कहां होगा

ज़माने का चैलेंज

फ़िराक़ गोरखपुरी

हुस्ने - माज़ी[13] से जो लिपटा है वह सौदाई[14] है
कि बदल जाने की दुनिया ने क़सम खाई है

दास्तां[15] अपनी ही तारीख़[16] ने दुहराई है
हो ख़बर तुझको तो होती भी यही आई है

मोत सौ मर्तबा जिस राह में त्योराई है
वहीं दर्राती हयाते - बशरी[17] आई है

1. ध्वजा, पताका, 2. नतमस्तक, 3. प्राप्त, 4. स्वादिष्ट पदार्थ, 5. थाली, 6. मैं और तू, 7. विघ्न, बाधा, 8. भाग्य, 9. शक्तिशाली, 10. दया, 11. दुर्बल, 12. घमंड, 13. भूतकाल का सौंदर्य, 14. पागल, 15. कहानी, 16. इतिहास, 17. मानव-जीवन।

राजहठ से जो प्रजाहठ कभी टकराई है
वक़्त के दिल के धड़कने की सदा[1] आई है

इस तमद्दुन[2] ने खिलाए हैं गुलिस्ताँ[3] क्या क्या
ख़ूने - मुफ़्लिस[4] से यह सारी चमनआराई[5] है

देख बफरी हुई दुनिया को दबाने की न सोच
बाज़ आएगी बग़ावत से न बाज़ आई है

इंक़िलाब और किसे कहते हैं यह रंग तो देख
ज़िन्दगी मौत को भी साथ लगा लाई है

नहीं ख़ैर अब तिरी अय नज़्मे - कुहन,[6] मेरी भी
कुछ न कुछ रंगे - ज़माना से शनासाई[7] है

देखना यह है बरसती है कि बरसाती है आज
दामने - बर्क़[8] को लहरा के घटा छाई है

रुपया राज करे आदमी बन जाए गुलाम
ऐसी तहज़ीब[9] तो तहज़ीब की रुस्वाई[10] है

चन्द ख़ामोश शरारे[11] थे हवा में जिनको
ख़िर्मने - नज़्मे - कुहन[12] देख के थर्राई है

आज ख़मियाज़े[13] से सदियों की फ़ज़ा[14] है लर्ज़ां[15]
नई दुनिया की यह आई हुई अंगड़ाई है

कैसी परछाइयां दुनिया पे पड़ी हैं जिस वक़्त
मौत की ज़ुल्फ़े - सियह[16] ज़ीस्त[17] पे लहराई है

दौलत-ओ-इल्म[18] की साज़िश[19] है जो इंसां के ख़िलाफ़
वक़्त की रूह ख़बर इसकी उड़ा लाई है

---

1. आवाज़, 2. सभ्यता, 3. उपवन, 4. ग़रीब का ख़ून, 5. उपवन की सजावट, 6. पुराना विधान, 7. जान-पहचान, 8. बिजली का आंचल, 9. सभ्यता, 10. बदनामी, 11. चिंगारी, 12. पुरानी व्यवस्था का खलियान, 13. पश्चात्ताप, 14. वातावरण, 15. कम्पायमान, 16. काली लटें, 17. जीवन, 18. धन और ज्ञान, 19. षड्यंत्र।

अश्के - ख़ूनीं[1] से है मज़दूर के रंगीन फ़ज़ा
यह गुलाबी[2] भी इन्हीं आंखों ने छलकाई है

क्यों न हो सीनः - ए - मुफ़्लिस[3] से चुराया है लहू
सेठ जी ख़ुश भी हैं, रंगत भी निखर आई है

अभी मिट्टी में मिला आए हैं नाज़ियत[4] को
साम्राजों की भी सुनते हैं ख़बर आई है

आलमे - नज़अ[5] है आईने - शहंशाही[6] का
चारागर[7] अब तिरी बेकार मसीहाई है

मुझमें यह जुरअते - इंकार[8] सुन अय शेख़े - ज़मां
तोड़ती ताड़ती हर हद्दे - यक़ीं[9] आई है

नौजवानों से ख़िताब

शोरिश काश्मीरी

अय लश्करे - मिल्लत[10] के रज़ाकार[11] जवानो
आज़ादि- ए - कामिल[12] के तलबगार[13] जवानो

तक़दीर को तदबीर[14] के बाज़ू पे झुका दो
नामूसे - वतन[15] के लिए जानों को लड़ा दो

ख़ुर्शीदे - शहंशाही[16] को ढलते हुए देखूं
सीने में अज़ाइम[17] को मचलते हुए देखूं

यह मुल्क हुआ जिसके तशद्दुद[18] का निशाना
अब उसकी तबाही[19] का भी आया है ज़माना

---

1. ख़ून के आंसू, 2. शराब, 3. ग़रीब का सीना, 4. नाज़ीवाद, 5. मौत का समय, 6. साम्राज्य का विधान, 7. चिकित्सक, 8. इंकार का साहस, 9. विश्वास की सीमा, 10. धर्म-सेना, 11. स्वयंसेवक, 12. पूर्ण स्वतंत्रता, 13. इच्छुक, 14. उपाय, 15. देश का सतीत्व, 16. साम्राज्य का सूर्य, 17. संकल्प, साहस, 18. हिंसा, 19. बरबादी।

योरप की फ़ज़ाओं में क़ज़ा[1] जाग उठी है
अब जंग कफ़नचोर लुटेरों में ठनी है

हिटलर के इरादों का बदलना नहीं मुमकिन
लन्दन के ख़ुदाओं का संभलना नहीं मुमकिन

उजड़े हुए बाग़ों की बहारों को पुकारो
अफ़लाके - शहादत[2] के सितारों को पुकारो

कहता हूं सुनो, जोशे - जवानी को पुकारो
चलती हुई तेग़ों[3] की रवानी[4] को पुकारो

मक़्तल[5] से उठा लाओ शहीदों के सरों को
आवाज़ दो आवाज़ तबाह हाल[6] घरों को

लेना है मुझे हिन्द की तज़लील[7] का बदला
नामूस[8] की बुझती हुई क़ंदील का बदला

मश्रिक़[9] के जवानों को संभलते हुए देखूं
यह हिन्द की सरकार बदलते हुए देखूं

भारतमाता

जमील मज़हरी

माता माता प्यारी माता
बच्चे तुझ पर वारी माता
ओ माता ! ओ भारत माता
तुझपे ख़ुदा की रहमत माता
सुन्दरी तू हरियाली तू है
धानी आंचल वाली तू है

---

1. मौत, 2. शहादत के आकाश, 3. तलवार, 4. प्रवाह, 5. वधस्थल, 6. बरबाद, 7. अपमान, 8. सतीत्व, इज़्ज़त, 9. पूर्व।

फूल खिलाएं तेरी हवाएं
हुन[1] बरसाएं तेरी घटाएं
शहद की नहरें दूध की धारें
गोदी में जन्नत की बहारें
मीठे मीठे फल देती है
अन्न देती है जल देती है
कंगन और चूड़ी की झनाझन
शाइर के दिल की हर धड़कन
नाम तिरा जपती है माता
तू कितनी प्यारी है माता
चांदनी रातों के जल्वे में
बिंद्राबन के सन्नाटे में
जब तारों की सभा सजती है
हिरदय की बंसी बजती है
आधी रात को काली कोयल
मौसम की मतवाली कोयल
फैलती है जब आम की ख़ुशबू
गीत तिरा गाती है कू कू
जग देता है तुझको दुआएं
हम तेरा गुण किस तरह न गाएं
है मशहूर तिरी मेहमानी
पूरब पच्छिम तेरी कहानी
तबरेज़ी,[2] तूसी,[3] शीराज़ी[4]
मिस्री,[5] रोमी[6] और हिजाज़ी[7]
आर्मीनी, चीनी, जापानी
पीकर तेरा मीठा पानी
हो गए सौ जी जान से तेरे
डाल दिए गंगा पर डेरे
घर को छोड़ा दर को छोड़ा
तुझसे अपना नाता जोड़ा

1. सोना, 2. तबरेज़ के वासी, 3. तूस के वासी, 4. शीराज़ के वासी, 5. मिस्र के वासी, 6. रोम के वासी, 7. हिजाज़ के वासी।

तूने उन्हें गोदी में उठाया
पाला और परवान चढ़ाया

तेरा घर है सबको प्यारा
सर ऊंचा क्यों हो न हमारा
सबकी माता हमारी माता
प्यारी माता प्यारी माता

जग माता भारत महरानी
सतवंती, धनवंती, ज्ञानी
तुझपे सलाम अय सोहनी माता
जग माता, जग मोहनी माता

हिन्दू, मुस्लिम, सिख, ईसाई
तेरी गोद में भाई भाई
छींटों में तेरे बादल के
साए में तेरे आंचल के

मस्जिद, गिरजा और शिवाला
लंका से ता कोहे - हिमाला
गंगा और जमुना की रवानी
कहती है माता तेरी कहानी

अमरीका के ऐवानों में
अफ़्रीक़ा के मैदानों में
मिस्र - ओ - अजम के बाज़ारों में
यूरप के दौलतज़ारों में

मुल्के - अरब की पाक फ़ज़ा में
मक्के के तपते सहरा में
तेरी सबीलें जारी माता
प्यारी माता प्यारी माता

ओ दयालु मां ओ दानी मां
सतवंती मां, कल्याणी मां
आंचल में तेरे हुन बरसें
और तेरे बच्चे उनको तरसें

मन के रोगी पेट के मारे
जीते हैं ग़ैरों के सहारे

ज़िल्लत,[1] रुस्वाई,[2] बदनामी
सौ धुतकारें एक ग़ुलामी
कैसी हवा पच्छिम से आई
जल गयी तेरी खेती माई
वीरानी हर सम्त[3] बरसती
उजड़ी नगरी सूनी बस्ती
क्या हुई वो मामूर[4] फ़ज़ाएं
दौलत की बहती गंगाएं
नौरतनी दरबार कहां है
परतापी तलवार कहां है
मां तेरी तक़दीर है कैसी
हाथों में ज़ंजीर है कैसी
हाथ बंधे हैं बाल खुला है
मांग उजड़ी है सर नंगा है
वह तैमूरी ताज कहां है
चन्द्र वंशी राज कहां है
मुखड़ा क्यों मैला मैला है
काजल क्यों फैला फैला है
आंसू क्यों हैं जारी माता
प्यारी माता प्यारी माता
आ, हम तेरे बाल संवारें
तुझ पर अपनी जानें वारें
सीस तिरे चरणों पे नवाएं
प्रीत के मीठे मन्तर गाएं
क़ौमियत[5] की कड़ियां जोड़ें
लानत[6] की ज़ंजीरें तोड़ें
नाम तिरा ले ले के पुकारें
सोती ग़ैरत[7] को ललकारें
प्यारी मां मन क्यों मैला कर
सर ऊंचा कर और ऊंचा कर

1. अपमान, 2. बदनामी, 3. दिशा, 4. परिपूर्ण, 5. राष्ट्रीयता, 6. धिक्कार, 7. आत्मसम्मान।

देख अपने बच्चों का लश्कर[1]
ठाठें ले जिस तरह समन्दर
देख खड़े हैं तेरे सिपाही
रुख़[2] पे जलाले - शाहंशाही[3]
जनता उनको क्यों न दुआ दे
चितवन से ज़ाहिर हैं इरादे
लहराता है हाथ में जमजम
मां तेरे इक़बाल[4] का परचम[5]
जब कहते हैं जय माता की
दुनिया गूंज उठती है ख़ुदा की
माता तेरे दूध की धारें
क्यों न रगों में मौजें मारें
घर को तजे तन-मन को त्यागे
नारे हैं आकाश से आगे
जीवट हैं यह जियाले हैं यह
तेरी गोद के पाले हैं यह
तेरे लिए जानों पर खेले
ले ले इनकी बलाएं ले ले
यह तुझको आज़ाद करेंगे
घर तेरा आबाद करेंगे
मत रो अय दुखियारी माता
प्यारी माता प्यारी माता
याद है मां वह तेरा ज़माना
तख़्त शहाना, ताज शहाना
गिर्द तिरे भगतों की क़तारें[6]
हाथों में नंगी तलवारें
क्या हुए मां वह तेरे जियाले
टेढ़ी तिरछी पगड़ी वाले

---

1. सेना, फ़ौज, 2. चेहरा, 3. साम्राज्य का प्रताप, 4. प्रताप, तेज, 5. झंडा, 6. पंक्तियां।

कांधे जिनके तख़्त के पाए
परजा पर भगवान के साए
तूफ़ानों को झेलने वाले
मौत से अपनी खेलने वाले
नज़रें इस मंज़र[1] की प्यासी
आंखों में है जंगे - पलासी
याद हैं वह चलती तलवारें
वह झंकारें वह ललकारें
सीने ताने तेरे प्यारे
जी को तोड़े जान को हारे
गूंजे, गरजे, बरसे, कड़के
मर गए तेरे नाम पे लड़के
गूंगी दुनिया बोल रही है
धरती अब तक डोल रही है
ललकारें इस गूंजते रण की
मोहन लाल और मीर मदन की
हैं अब तक बेचैन फ़ज़ा में
भटकी फिरती हैं सहरा में
टकराती रहती हैं दिलों से
जैसे हवा उठते पौदों से
मां वह तेरी कोख के बच्चे
धुन के पक्के क़ौल[2] के सच्चे
हो गए तेरी लाज पे क़ुर्बां[3]
तेरे मुक़द्दस[4] ताज पे क़ुर्बां
अब है हमारी बारी माता
माता माता प्यारी माता
ओ माता गौतम की माता
अर्जुन और भीषम की माता

1. दृश्य, 2. वचन, 3. न्यौछावर, 4. पवित्र।

टीपू की मां, अकबर की मां
सतवंती मां, बलवंती मां
शक्ती तुझसे सत तुझसे है
मत तुझसे हिम्मत तुझसे है
शोरिश[1] दे सौदा[2] दे सर दे
दिल का दिया फिर रौशन कर दे

दार-ओ-रसन[3] का खेल सिखा दे
नाम पे अपने भेंट चढ़ा दे
टीपू और पोरस पैदा कर
एक उठे तो दस पैदा कर

देस का हर सेवक हो आंधी
हर बच्चा आज़ाद और गांधी
हर पुत्री हो सरोजनी माई
हर माई हो लक्ष्मी बाई

हर दिल में इक तूफ़ां कर दे
शोला[4] भर दे, बिजली भर दे
जी में अपने लगन पैदा कर
मन उजला कर तन उजला कर

जीवन दे जीवन का फल दे
शक्ती दे हिम्मत दे बल दे
ज़ंजीरें हैं भारी माता
प्यारी माता प्यारी माता
माता माता प्यारी माता
बच्चे तुझ पर वारी माता

---

1. विप्लव, 2. उन्माद, 3. फांसी का फन्दा, 4. ज्वाला।

वफ़ादाराने-अज़ली[1] का पैग़ाम[2] शहंशाहे-हिन्दोस्तां के नाम

जोश मलीहाबादी

ताजपोशी[3] का मुबारक दिन है अय आलम पनाह[4]
अय ग़रीबों के अमीर अय मुफ़्लिसों के बादशाह

अय गदा - पेशों[5] के सुल्तां[6] जाहिलों के ताजदार
बेज़रों[7] के शाह, दरयूज़ागरों[8] के शह्‌रयार[9]

अय रईसे - पाकदिल अय शहर यारे - नेक नाम
भूख की मारी हुई मख़लूक़[10] का लीजे सलाम

रास कल आई थी जैसे आपके मां बाप को
यूं ही रस्मे - ताजपोशी हो मुबारक आप को

दिल के दरिया नुत्क़[11] की वादी में बह सकते नहीं
आप की हैबत[12] से हम कुछ खुल के कह सकते नहीं

लेकिन इतना डरते डरते अर्ज़ करते हैं ज़रूर
हिन्द से वाक़िफ़ किए जाते नहीं शायद हुज़ूर

आपके हिन्दोस्तां के जिस्म पर बोटी नहीं
तन पे इक धज्जी नहीं, पेट को रोटी नहीं

ताजपोशी ने जो दी हैं भीख में दो रोटियां
शुक्रिया इन रोटियों का अय शहे - गर्दूं - निशां[13]

---

1. आदिकाल से वफ़ादार, 2. सन्देश, 3. राज्याभिषेक, 4. संसार को शरण देनेवाले, 5. ग़रीब, 6. बादशाह, 7. निर्धन, 8. भिखारी, 9. राजा, 10. जनता, 11. ज़बान, वाणी, 12. भय, डर, 13. आकाश तक के बादशाह।

रोटियां लेकिन जो दी हैं आपके ख़ुद्दाम[1] ने
आ सकेंगी क्या यह कल की इश्तहा[2] के सामने

आज की दो रोटियों से चैन हम पाएंगे क्या
खा भी लें आज अगर डटकर तो कल खाएंगे क्या

सिर्फ़ सड़कों के चराग़ां[3] से नहीं चलता है काम
कुछ दिलों की रौशनी का भी किया है एहतिमाम[4]

आपके परचम[5] के नीचे है जो क़ौमे-नामुराद[6]
खाए जाता है इसे ख़ुद्दामे-आली[7] का इनाद[8]

मेदा महरूमे-ग़िज़ा[9] है कीसा[10] है महरूमे-ज़र[11]
आपके उम्माल[12] ने लूटा है हमको इस क़दर

आपके फ़र्क़े - मुबारक[13] को दिया है जिसने ताज
आज इस भारत का सर है और तेग़े-एहतियाज[14]

हर जबीं[15] पर है शिकन, इस कजकुलाही[16] की क़सम
हर मकां इक मक़बरा[17] है क़स्रे-शाही[18] की क़सम

आपके सर पर है ताज, अय फ़ातहे - रूए - ज़मीं[19]
और हम अहले - वफ़ा[20] के पांव में जूती नहीं

हम वफ़ाकेश[21] आपकी नज़रों से भी गिर जायेंगे
आप भी हमसे ख़ुदा की तरह क्या फिर जायेंगे

हमसे बाग़ी क़िस्म के अफ़राद[22] कहते हैं यह बात
सिर्फ़ मूसा बनके फ़िरऔनों से मुमकिन है निजात[23]

---

1. सेवक, 2. भूख, 3. रौशनी, दीपोत्सव, 4. प्रबन्ध, 5. झंडा, 6. असफल राष्ट्र, 7. आपके नौकर, 8. दुश्मनी, 9. अन्न से वंचित, 10. जेब, 11. धन से वंचित, 12. कर्मचारी वर्ग, 13. सिर, 14. आवश्यकता की तलवार, 15. ललाट, 16. ताज का टेढ़ापन, 17. क़बर, 18. राजमहल, 19. धरती के विजेता, 20. वफ़ादार लोग, 21. वफ़ादार, 22. व्यक्ति, 23. मुक्ति।

हम तो मूसा बन नहीं सकते किसी तदबीर[1] से
फिर भी ख़ाइफ़[2] है सियासी ख़्वाब की ताबीर से

नौजवां बिफरे हुए हैं भूक से दिल तंग हैं
ज़र्रे - ज़र्रे से अयां आसारे - हर्ब - ओ - जंग[3] हैं

किश्वरे - हिन्दोस्तां में रात को हंगामे - ख़्वाब
करवटें रह रह के लेता है फ़ज़ा में इंक़िलाब

गर्म है सोज़े - बग़ावत[4] से जवानों का दमाग़
आंधियां आने को हैं अय बादशाही के चराग़

हम वफ़ादाराने - पेशीं,[5] हम ग़ुलामाने - कुहन[6]
क़ब्र जिनकी खुद चुकी तैयार है जिनका कफ़न

तुन्द रौ[7] दरिया के धारे को हटा सकते नहीं
नौजवानों की उमंगों को दबा सकते नहीं

मदह[8] अब डर डर के हम करते हैं यूं सरकार की
जैसे कोई धार छूता है उपी[9] तलवार की

आप से क्यों कर कहें, हिन्दोस्तां पुरहौल[10] है
आपका नाम आग है और कांग्रेस पिट्रोल है

वह सुरंगें खुद रही हैं अलहफ़ीज़ - ओ - अलअमां[11]
सिर्फ़ इंगलिस्तान क्या यूरप समा जाए जहां

नौजवां करते हैं जब सरगोशियां[12] पैकार[13] की
साफ़ आती है सदा चलती हुई तलवार की

आपके ऐवान[14] में रक़्सां[15] हैं लपटें ऊद की
हिन्दियों की सांस से आती है बू बारूद की

---

1. उपाय, 2. भयभीत, 3. युद्ध के लक्षण, 4. बग़ावत की गर्मी, 5. पुराने वफ़ादार, 6. पुराने गुलाम, 7. तीव्रगति, 8. प्रशंसा, 9. तेज़, 10. भयानक, 11. अल्लाह अपनी शरण में रखे, 12. कानाफूसी, 13. जंग, लड़ाई, 14. महल, 15. नृत्य करती हुई।

ग़ौर से सुन लीजिए अय ख़्वाजः - ए - आली - नज़ाद[1]
आपको धोके में रख सकते नहीं हम ख़ानाज़ाद[2]

कीजिए दरमां[3] में उजलत[4] वरना दिल डर जायेंगे
हाकिम अपने घर चले जायेंगे हम मर जायेंगे

चौंकिए जल्दी हवा - ए - तुन्द - ओ - गर्म[5] आने को है
ज़र्रा ज़र्रा आग में तब्दील हो जाने को है

ज़िन्दगी की ललकार

फ़िराक़ गोरखपुरी

आओ और सब्रो-सुकूं[6] की सूरतों को छीन लो
आज फिर से मेरे दिल की राहतों[7] को छीन लो

कुछ इरादे भी तो चमकें क्या क़ज़ा[8] और क्या क़दर[9]
बत्ने-मुस्तक़्बिल[10] से अपनी क़िस्मतों को छीन लो

ज़िन्दगी को क्यों बना रक्खा है इक ज़िन्दाने - तंग[11]
इस फ़ज़ा इस बहरोबर[12] की वुसअतों[13] को छीन लो

देखना फिर किस तरह मिलती है वह काफ़िर निगाह
ख़्वाब आलूद[14] अंखड़ियों से ग़फ़लतों[15] को छीन लो

देखना काशानः - ए - इंसां[16] के बाम - ओ - दर[17] की शान
अहले - दुनिया आस्मां की रिफ़अतों[18] को छीन लो

---

1. उच्चवंश के, 2. दासी की औलाद, 3. इलाज, 4. शीघ्रता, 5. तीव्र और गरम, 6. शान्ति और साहस, 7. सुख-चैन, 8. मौत, 9. इज़्ज़त, 10. भविष्य का गर्भ, 11. जेलख़ाना, 12. समुद्र, 13 विस्तार, 14. नींद भरी, 15. नींद, बेहोशी, 16. मानव का घर, 17. दरवाज़े और छत, 18. ऊंचाइयां।

बढ़के धावा बोल दो खुल जायेंगे गंजे - निहां[1]
बल्ले - गेती[2] में दफ़ीना[3] दौलतों को छीन लो

उसका खिंचना उसका मिलना उसके बस में क्यों रहे
हुस्न[4] की सब दूरियों सब क़ुर्बतों[5] को छीन लो

जौरे - गुलचीं[6] बरतरफ़ आ क़ाफ़लों से डर भी क्या
उनके रंगों और उनकी नकहतों[7] को छीन लो

राह खोटी कर रही है मंज़िले - देरीं की याद
ज़िन्दगी से ज़िन्दगी की रजअतों[8] को छीन लो

जीते मुर्दे देर तक मुर्दों के वारिस रह चुके
इनसे अब अहले-सलफ़[9] की क़ुर्बतों[10] को छीन लो

ज़िन्दगी और मौत से अय अहले - दिल कुछ ले मरो
ज़िन्दगी और मौत की सब बर्कतों को छीन लो

कर दो इक बज़्मे - चराग़ां शामे - हिज्रां[11] को 'फ़िराक़'
कारवां दर कारवां इन ज़ुल्मतों[12] को छीन लो

बेदारि-ए-मश्रिक़[13]

रविश सिद्दीक़ी

इंक़िलाब ! अय साकिनाने-अर्ज़े-मश्रिक़[14] ! इंक़िलाब
वक़्त आया है कि उठे रूए-गेती[15] से निक़ाब
इंक़िलाब ! अय साकिनाने-अर्ज़े-मश्रिक़ ! इंक़िलाब

1. गुप्त ख़ज़ाने, 2. धरती का गर्भ, 3. दफ़्न की हुई, 4. सौंदर्य, 5. निकटता, 6. गुलचीं का अत्याचार, 7. सुगन्ध, 8. प्रत्यागमन, वापस आना, 9. पूर्वज, 10. निकटता, 11. विरह की शाम, 12. अन्धकार, 13. पूर्व की जागृति, 14. पूर्व की धरती के वासियो, 15. धरती का मुख।

अय जमाले - शमए - आज़ादी[1] के परवानो ! उठो
सो चुके अय क़स्रे - मिल्लत[2] के निगहबानो[3] ! उठो
बादः - ए - बेदारिए - मश्रिक़[4] के मस्तानो ! उठो

अब जगा भी दो बहुत कुछ सो चुका है आफ़्ताब[5]
इंक़िलाब ! अय साकिनाने - अर्ज़े - मश्रिक़ ! इंक़िलाब

नौजवानो ! अब नशाते - कुंजे - तन्हाई[6] कहां ?
अय शुजाओ[7] ! तुम कहां यह ऐश पैमाई[8] कहां ?
फूंक दो महफ़िल को, वक़्ते - महफ़िल - आराई[9] कहां

दूर फेंको साग़र - ओ - पैमाना[10] - ओ - चंग - ओ - रबाब[11]
इंक़िलाब ! अय साकिनाने - अर्ज़े - मश्रिक़[12] ! इंक़िलाब

ज़िन्दगी ताबिन्दगी[13] है रूहे -आज़ादी के साथ
ज़िन्दगी पाइन्दगी[14] है रूहे - आज़ादी के साथ
ज़िन्दगी ही ज़िन्दगी है रूहे - आज़ादी के साथ

ज़िन्दा रहना है तो आज़ादी से कैसा इजतिनाब[15]
इंक़िलाब ! अय साकिनाने-अर्ज़े-मश्रिक़ इंक़िलाब

अब भी आंखों में तुम्हारी रंगे-ग़फ़लत दीदा है
ख़्वाबे-मुस्तक़्बिल[16] की हर ताबीर नापोशीदा है
इंतिज़ारे-सुबह कैसा ! सुबह ख़ुद ख़्वाबीदा[17] है

तुम ही ख़ुद बढ़कर उलट दो महरे-ज़र्री[18] का नक़ाब
इंक़िलाब ! अय साकिनाने - अर्ज़े - मश्रिक़ ! इंक़िलाब

बर्क़ हो आंखों में, दिल में आतिशे-परवाना[19] हो
होश भी आए तो लब पर नारः-ए-मस्ताना हो
ख़ामुशी में जुरअते - बेदार[20] का अफ़साना हो

---

1. आज़ादी की शमा का सौंदर्य, 2. धर्म का महल, 3. पहरेदार, 4. पूर्व की जागृति की मदिरा, 5. सूर्य, 6. एकान्त कुंज का सुख, 7. बहादुरों, 8. ऐश्वर्य, 9. महफ़िल सजाने का समय, 10. मधुकलश, 11. वीणा, 12. पूरब के वासी, 13. आभा, प्रकाश, 14. अनश्वरता, 15. विरक्ति, 16. भविष्य का स्वप्न, 17. सोया हुआ, 18. सुनहरा सूर्य, 19. परवाने की आग, 20. जाग्रत साहस।

ज़िन्दगी कब तक असीरे - एतिकाफ़ - ओ - एहतिसाब[1]
इंक़िलाब ! अय साकिनाने - अर्ज़े - मश्रिक़ ! इंक़िलाब

ज़ीस्त की क़ीमत ही क्या है पेशे मर्दाने - वफ़ा[2]
कोई पूछे कर्बला से राज़े - पैमाने - वफ़ा
हां दिखा दो अय शुजाओ[3] ! जोशे - अर्मानें - वफ़ा

बेहदूद - ओ - बेकनार - ओ - बेशुमार - ओ - बेहिसाब
इंक़िलाब ! अय साकिनाने - अर्ज़े - मश्रिक़ ! इंक़िलाब

दर्दे-मिल्लत लेके अय मिल्लत के ग़मख़्वारो चलो
अय जवानो ! अय दिलेरो ! अय रज़ाकारो, चलो
मुन्तज़र है रहमते - यज़दां वफ़ादारो, चलो

यूं ही खुल जाते हैं अकसर क़स्रे - आज़ादी के बाब
इंक़िलाब ! अय साकिनाने-अर्ज़े-मश्रिक़ ! इंक़िलाब

सुर्ख़िए - ख़ूने - वफ़ा से ज़िन्दगी गुलरेज़ है
ग़ैरते - मज़दूर बर्क़े - ख़िर्मने - परवेज़ है !
जिसका तेग़ा आज शोलाबार - ओ - आतिशखेज़[4] है !

हां वही है काम्रान - ओ - कामगार - ओ - कामियाब
इंक़िलाब ! अय साकिनाने - अर्ज़े - मश्रिक़ - इंक़िलाब

शर्म आए अपनी नाकामी पे इस्तिबदाद[5] को
अब न सैयादी की जुरअत हो किसी सैयाद को
तेज़ कर दो शोलः - हाए - फ़ितरते - आज़ाद को

बिजलियों से सीख लो राज़े - सुकून - ओ - इज़्तिराब[6]
इंक़िलाब ! अय साकिनाने - अर्ज़े - मश्रिक़ ! इंक़िलाब

---

1. निरीक्षण और गिनती की गुलाम, 2. मर्दों की वफ़ादारी, 3. बहादुरों, 4. आग बरसानेवाला, 5. ज़ुल्म, अत्याचार, 6. शान्ति और व्याकुलता।

आस्माने - सरफ़रोशी के सितारों की क़सम
पाकबाज़ों की क़सम, शब - ज़िन्दादारों की क़सम
तुमको नामूसे - वतन के जांनिसारों की क़सम

जाग उठो, देखोगे कब तक यूंही उम्मीदों के ख़्वाब
इंक़िलाब ! अय साकिनाने-अर्ज़े-मश्रिक़ ! इंक़िलाब

जांनिसाराने - वतन हैं वारिसे - दारुस्सलाम[1]
है बहुत ऊंचा वतन पर मरने वालों का मक़ाम
लेकिन इस मंज़िल में इक़दामे - तशद्दुद[2] है हराम

तेग़े-इख़्लास - ओ - सदाक़त[3] ही है तेग़े - कामियाब
इंक़िलाब ! अय साकिनाने - अर्ज़े - मश्रिक़ ! इंक़िलाब

होशियार ! अय ग़ाफ़िलाने - हाले - बरबादे - वतन
ढूंढती फिरती है तुमको रूहे - नाशादे - वतन[4]
गर हुआ अब भी न तुमको पासे - फ़रियादे - वतन

आह क्या दोगे वतन के ज़र्रे ज़र्रे को जवाब
इंक़िलाब ! अय साकिनाने - अर्ज़े - मश्रिक़ ! इंक़िलाब

ज़मींदार और किसान*

इक़बाल अहमद सुहेल

ज़ियारत[5] कल अभी मुश्किल थी जिनके आस्तानों की
वही अब जाके चौखट चूमते हैं क़ुल्बारानों[6] की

---

1. सलामती का घर, स्वर्ग, 2. हिंसा का क़दम, 3. निष्ठा और सत्य की तलवार, 4. दुखी देश की रूह, 5. दर्शन, 6. हल जोतनेवाला।

*पहली कांग्रेसी वज़ारत ने इस्लाहे-मज़ारिईन के लिए कई क़वानीन मुरत्तिब किए, सुहेल ने इस मौज़ू पर एक मंज़ूम तक़रीर की थी जिसका कुछ हिस्सा यहां दिया जा रहा है।

जो अपने ज़ुल्म की फ़रियाद कल हमसे न सुनते थे
वही अब हमको मज़लूमी सुनाते हैं किसानों की

फ़ज़ा मामूर है जिनके सितम की दास्तानों से
भला क्या दाद दे सकते हैं बेकस बेज़बानों की

अगर राजे महाराजे भी हामी हैं रिआया के
तो बेशक बिजलियां भी पासबां हैं आशियानों की

महाजन दोस्ती का वह हमें इल्ज़ाम देते हैं
कोई देखे तो यह अबलाफ़रेबी इन सियानों की

ज़मीनें जिनकी थीं पहले ज़मींदार अब कहां वह हैं
हुई नज़्रे - महाजन जायदाद अगले घरानों की

बहुत वह हैं जिन्होंने मुल्क से ग़द्दारियां की हैं
ज़मीनें लीं मिटाकर आबरूएं ख़ानदानों की

ख़ुदा की शान आज इंसाफ़ के तालिब हैं वह हमसे
सियाही तक अभी सूखी नहीं जिनके फ़सानों की

जमाअत जिनकी ब्रिटिश पहले है और इंडियन पीछे
वह उट्ठे हैं हिमायत को वतन के नातवानों की

यह ब्रिटिश इंडियन की दो रुख़ी तर्कीब क्या कहना
वतन से लाग भी है और लगन भी हुक्मरानों की

रिआया को साए के लिए छप्पर नहीं मिलता
मुनक़्क़श[1] पर, उधर छत बन रही है फ़ीलख़ानों[2] की

इधर घर में कफ़न तक के लिए पैसा नहीं मिलता
उधर तहसील जारी हो रही है मोटरानों की

1. चित्रित, 2. हाथीख़ानों।

इन्हीं की हमनवा है वह जमाअत भी ख़ुदा रक्खे
फ़लाहे-मुल्क-ओ-मिल्लत रट है जिनके ख़ुश बयानों की

इधर रोना कि आज़ूक़ा[1] हमारा है ज़मींदारी
उधर शिकवा की हसरत अब भी बाक़ी है किसानों की

ज़मीन अल्लाह की पैदा हुई जम्हूर[2] की ख़ातिर
मगर दावा कि मिलकीयत यह है ख़ुल्द - आशियानों[3] की

छुपाए से यह दो रंगी अदाएं छुप नहीं सकतीं
दिलों की आरज़ू कुछ है सदा कुछ ख़ुश - बयानों की

रहे इंसाफ़ परवर नेक दिल अर्बाबे - आराज़ी
उन्हें हाजत नहीं कुछ अब भी क़ानूनी बहानों की

बला से कुछ कमी आ जाएगी उनके मुहासिल[4] में
मुसीबत कुछ तो कम हो जाएगी आशुफ़्ता जानों[5] की

ज़मींदार अपने सूबे में ज़राअत - पेशा[6] हैं लाखों
वही इनकी भी सूरत है जो हालत है किसानों की

हिमायत इनकी फ़र्ज़े-अव्वलीं[7] ख़ुद कांग्रेस का है
इन्हें परवा नहीं है आप जैसे मेहरबानों की

फ़रेब - आराइयों का दांव इन पर चल नहीं सकता
हक़ीक़त इनको सब मालूम है रंगीं तरानों की

भला इस शोर और हंगामा - आराई से क्या हासिल
हवाओं से कहीं हिलती हैं बुनियादें चटानों की

वह राजाओं की धमकी में भला कब आने वाले हैं
जिन्हें मरऊब[8] कर सकती नहीं नोकें सिनानों[9] की

---

1. जीविका, 2. गणतंत्र, 3. स्वर्गवासी, 4. प्राप्ति, 5. दुर्बल, 6. किसान, 7. प्रथम कर्त्तव्य, 8. आतंकित, प्रभावित, 9. तीर, बाण।

नहीं अच्छी यह मश्क़े - ख़िश्त - बारी[1] सख़्त जानों पर
ख़बर लीजिए कि ख़ैरियत नहीं आईनाख़ानों की

पयामे - इंक़िलाबे - नौ[2] ज़माना देने वाला है
बदल देगी ज़मीं का रंग गर्दिश आस्मानों की

हुसूले - हक़[3] की ख़ातिर लशकरे - जम्हूर उठा है
जिलौ में लेके हैबतनाकियां आतशफ़शानों की

भला नव्वाब-ओ-राजा क्या मुक़ाबिल इसके आयेंगे
शहंशाही मिटा कर रख दी जिसने क़हरनामों की

क़दम लेगी ज़राअत पर्वरी ख़ुद सरनिगूं होकर
सफ़ें आगे बढ़ेंगी जब वतन के नौजवानों की

मज़दूर की बांसुरी

जमील मज़हरी

हमसे बाज़ार की रौनक़[4] है, हमसे चेहरों की लाली है
जलता है हमारे दिल का दिया, दुनिया की सभा उजियाली है

दौलत[5] की सेवा करते हैं ठुकराए हुए हम दौलत के
मज़दूर हैं हम, मज़दूर हैं हम, सौतेले बेटे क़िस्मत के

सोने को चटाई तक भी नहीं हम ज़ात के इतने हेटे हैं
यह सेजों पर सोने वाले शायद भगवान के बेटे हैं

वह भूखों के अनदाता हैं हक़ उनका है बेदाद[6] करें
हम किस दरवाज़े पर जायें किससे जाकर फ़रियाद करें

---

1. ईंट बरसाने का अभ्यास, 2. नए इंक़िलाब का सन्देश, 3. सत्य की प्राप्ति, 4. शोभा, 5. धन-सम्पत्ति, 6. अन्याय, अत्याचार।

बाज़ारे-तमद्दुन[1] भी उनका, दुनियाए-सियासत[2] भी उनकी
मज़्हब का इदारा[3] भी उनका, आदिल[1] की अदालत भी उनकी

पाबन्द हमें करने के लिए सौ राहें निकाली जाती हैं
क़ानून बनाए जाते हैं, ज़ंजीरें ढाली जाती हैं

फिर भी आग़ाज़[5] की शोख़ी में अंजाम[6] दिखाई देता है
हम चुप हैं लेकिन फ़ितरत[7] का इंसाफ़ दिखाई देता है

एहसासे-ख़ुदी[8] मज़लूमों[9] का अब चौंक के करवट लेता है
जो वक़्त कि आने वाला है दिल उसकी आहट लेता है

तूफ़ान की लहरें जाग उठीं सोकर अपने गहवारे[10] से
कुछ तिनके शोख़ी करते हैं सैलाब के सरकश धारे से

मंदील[11] सरों से गिरती है और पांव से रौंदी जाती है
सीने में घटाओं के बिजली बेचैन है कौंदी जाती है

मंज़र[12] की कुदूरत[13] धो देगी, धरती की प्यास बुझाएगी
मौसम के इशारे कहते हैं यह बदली कुछ बरसाएगी

यह अब्र[14] जो घिर कर आता है गर आज नहीं कल बरसेगा
सब खेत हरे हो जायेंगे जब टूट के बादल बरसेगा

इंक़िलाब

असरारुल हक़ 'मजाज़'

आ रहे हैं जंग के बादल वह मंडलाते हुए
आग दामन में छुपाए ख़ून बरसाते हुए

---

1. सभ्यता का बाज़ार, 2. राजनीति की दुनिया, 3. संगठन, 4. न्यायी, 5. प्रारंभ, 6. अन्त, 7. प्रकृति, 8. अहं का एहसास, 9. पीड़ित, 10. पालना, 11. सर पर बांधने का रूमाल, 12. दृश्य, 13. मैल, 14. बादल।

कोहो-सहरा[1] में ज़मीं[2] से ख़ून उबलेगा अभी
रंग के बदले गुलों से ख़ून टपकेगा अभी

बढ़ रहे हैं देख वह मज़दूर दराँते हुए
इक जुनूं - अंगेज़[3] लय में जाने क्या गाते हुए

सरकशी[4] की तुन्द[5] आंधी दम-ब-दम बढ़ती हुई
हर तरफ़ यलग़ार[6] करती, हर तरफ़ बढ़ती हुई

भूख के मारे हुए इंसां की फ़रियादों के साथ
फ़ाक़ा - मस्तों के जिलौ[7] में ख़ाना - बरबादों के साथ

ख़त्म हो जाएगा यह सरमायादारी का निज़ाम[8]
रंग लाने को है मज़दूरों का जोशे - इंतिक़ाम[9]

गिर पड़ेंगे ख़ौफ़[10] से ऐवाने-इशरत[11] के सुतूं[12]
ख़ून बन जाएगी शीशों में शराबे-लालागूं[13]

ख़ून के दरिया नज़र आयेंगे हर मैदान में
डूब जायेंगी चटानें ख़ून के तूफ़ान में

ख़ून की रंगीनियों में डूब जाएगी बहार
रेगे - सहरा[14] पर नज़र आयेंगे लाखों लालाज़ार[15]

कोहसारों[16] की तरफ़ से सुर्ख़ आंधी आएगी
जा ब जा आबादियों में आग-सी लग जाएगी

सुर्ख़ होंगे ख़ून के छींटों से बाम-ओ-दर तमाम
ग़र्क़ होंगे आतशीं मलबूस[17] में मंज़र तमाम

---

1. पहाड़ और जंगल, 2. धरती, 3. उन्मादप्रद, 4. बग़ावत, 5. तेज़, 6. हमला, 7. पहलू, दामन, 8. व्यवस्था, 9. बदले का जोश, 10. भय, 11. ऐश्वर्य का महल, 12. खम्बे, 13. लाल रंग की शराब, 14. रेगिस्तान, 15. उपवन, 16. पहाड़, 17. वस्त्र, कपड़े।

इस तरह लेगा ज़माना जंग का ख़ूनीं सबक़
आस्मां पर ख़ाक होगी, फ़र्श पर रंगे-शफ़क़[1]

और इस रंगे-शफ़क़ में बा हज़ारां आबो-ताब[2]
जगमगाएगा वतन की हुर्रियत[3] का आफ़ताब[4]

नौजवानों से

अस्रारुल हक़ 'मजाज़'

जलाले - आतिश - ओ - बर्क़ - ओ - सहाब[5] पैदा कर
अजल[6] भी कांप उठे वह शबाब[7] पैदा कर

तिरे ख़िराम[8] में है ज़लज़लों[9] का राज़ निहां[10]
हर एक गाम पे इक इंक़िलाब पैदा कर

सदा - ए - तेशः - ए - मज़दूर[11] है तिरा नग़्मा
तू संग-ओ-ख़िश्त[12] से चंग-ओ-रबाब[13] पैदा कर

शराब खींची है सब ने ग़रीब के ख़ूं से
तू अब अमीर के ख़ूं से शराब पैदा कर

गिरा दे क़स्रे-तमद्दुन[14] कि इक फ़रेब है यह
उठा दे रस्मे-महब्बत, अज़ाब[15] पैदा कर

तू इंक़िलाब की आमद[16] का इंतिज़ार न कर
जो हो सके तो अभी इंक़िलाब पैदा कर

---

1. अरुणिमा, 2. चमक, प्रकाश, 3. स्वतंत्रता, 4. सूर्य, 5. आग, बिजली और बादल का प्रलाप, 6. मौत, 7. यौवन, 8. मन्द गति, 9. भूकम्प, 10. छुपा हुआ, 11. मज़दूर के कुदाल की आवाज़, 12. ईंट और पत्थर, 13. वीणा और सितार, 14. सभ्यता का महल, 15. कष्ट, तकलीफ़, 16. आगमन।

साक़ी

जां निसार अख़्तर

यह किसने खटखटाया आज मैख़ाने का दरवाज़ा
हर इक मैकश[1] यकायक बे पिये बरहम[2] उठा साक़ी

यह कैसा मै[3] के बदले ख़ून छलका तेरे शोशे से
यह कैसा साज़ से इक नालः-ए-मातम[4] उठा साक़ी

हवा - ए - ज़हर - आगीं[5] चल उठी शायद गुलिस्तां में
यह पैमाने उलट साक़ी, यह जामे-जम उठा साक़ी

अगर मुमकिन हो, तू भी आज रंगीं जाम के बदले
लहू के रंग में डूबा हुआ परचम[6] उठा साक़ी

जहाने-नौ[7]

मख़दूम मोहिउद्दीन

नग़मे शरर - फ़शां[8] हों उठा आतशीं रबाब
मिज़राबे - बेख़ुदी से बजा साज़े - इंक़िलाब
मेमारे - अहदे - नौ[9] हो तिरा दस्ते - पुर - शबाब
बातिल[10] की गर्दनों पे चमक ज़ुलफ़िक़ार बन

ऐसा जहान जिसका अछूता निज़ाम हो
ऐसा जहान जिसका उख़ूवत[11] पयाम हो
ऐसा जहान जिसकी नई सुब्हो-शाम हो
ऐसे जहाने-नौ का तू परवरदिगार[12] बन

---

1. मदिरा पीनेवाला, 2. क्रोधित, 3. शराब, 4. शोक का आर्तनाद, 5. विषैली हवा, 6. झंडा, 7. नया संसार, 8. आग बरसानेवाला गीत, 9. नए युग के निर्माता, 10. झूठ, 11. बराबरी, 12. ख़ुदा।

मश्रिक़

मख़दूम मोहिउद्दीन

जेल, फ़ाक़ा, भीख, बीमारी, नजासत[1] का मकां
ज़िन्दगानी, हौसला, अक़्लो-फ़रासत[2] का मकां

वहम ज़ाईदा ख़ुदाओं का रिवायत का ग़ुलाम
परवरिश पाता रहा है जिसमें सदियों का जुज़ाम[3]

कट चुके हैं दस्त-ओ-बाज़ू जिसके उस मश्रिक़ को देख
रुक रही है सांस सीने में मरीज़े - दिक़ को देख

एक नंगी लाश बेगोरो - कफ़न ठिठरी हुई
मग़्रिबी चीलों का लुक़्मा ख़ून में लिथड़ी हुई

एक क़बरिस्तान जिसमें नौहाख़्वां कोई नहीं
इक भटकती रूह है जिसका मकां कोई नहीं

पैकरे - माज़ी[4] का इक बेरंग और बेरूह ख़ोल
एक मर्गे - बेक़यामत[5] एक बेआवाज़ ढोल

इस ज़मीने - मौत पर्वरदा[6] को ढाया जाएगा
इक नई दुनिया, नया आदम बनाया जाएगा

---

1. गन्दगी, 2. बुद्धि और विवेक, 3. कोढ़, 4. भूतकाल की आकृति, 5. बिना प्रलय की मौत, 6. मौत का पोषण करनेवाली धरती।

तसल्ली

फ़ैज़ अहमद फ़ैज़

चन्द रोज़ और मिरी जान फ़क़त चन्द ही रोज़

ज़ुल्म की छांव में दम लेने पे मजबूर हैं हम
और कुछ देर सितम सह लें, तड़प लें, रो लें
अपने अजदाद[1] की मीरास[2] है, माज़ूर हैं हम
जिस्म पर क़ैद है जज़्बात पे ज़ंजीरें हैं
फ़िक्र महबूस[3] है, गुफ़्तार पे ताज़ीरें[4] हैं
अपनी हिम्मत है कि हम फिर भी जिए जाते हैं

ज़िन्दगी क्या, किसी मुफ़्लिस की क़बा[5] है जिसमें
हर घड़ी दर्द के पैवन्द सिए जाते हैं
लेकिन अब ज़ुल्म की मीआद के दिन थोड़े हैं
इक ज़रा सब्र कि फ़रियाद के दिन थोड़े हैं

अर्सः-ए-दहर[6] की झुलसी हुई वीरानी में
हमको रहना है पे यूंही तो नहीं रहना है
अजनबी हाथों का बेनाम गरांबार सितम[7]
आज सहना है हमेशा तो नहीं सहना है

यह तिरे हुस्न से लिपटी हुई आलाम[8] की गर्द
अपनी दोरोज़ा जवानी की शिकस्तों का शुमार
चांदनी रातों का बेकार दहकता हुआ दर्द
दिल की बेसूद तड़प, जिस्म की मायूस पुकार

चन्द रोज़ और मिरी जान फ़क़त चन्द ही रोज़

---

1. पूर्वज, 2. दाय, रिक्थ, 3. बंदी, 4. सज़ा, 5. पैरहन, लम्बा चोग़ा, 6. समय, 7. अत्याचार, 8. दुख।

अय काश

मुईन अहसन 'जज़्बी'

शग़्ले-मै[1] करता, पर अय काश न होता महसूस
तल्ख़िए-ज़हर[2] भी तल्ख़िए-मैनाब[3] में है

छेड़ता साज़, पर आगाह न होता अय काश
इक शरारा[4] सा भी हर जुम्बिशे - मिज़राब में है

काश दरिया की ख़मोशी से न आती आवाज़
इक तलातुम सा भी हर मौजे-तहे-आब में है

अब्रे-नैसां[5] का बुरा हो न बताता अय काश
आबरू नाम की, हर गौहरे-नायाब[6] में है

चांदनी रातों में यह इल्म न होता अय काश
दाग़े - दरयुज़ागरी[7] सीनः - ए - महताब में है

महफ़िले - ऐश में अय काश न होता वाक़िफ़
किस क़दर रंगे-वफ़ा फ़ितरते-अहबाब[8] में है

काश कहती न यह मज़दूर की गुलरंग नज़र
हसरते - ख़्वाब[9] अभी दीदः-ए-बेख़्वाब[10] में है

काश मुफ़्लिस के तबस्सुम से न चलता यह पता
कितने फ़ाक़ों की सकत ग़ैरते-बेताब में है

काश तोपों की गरज में न सुनाई देता
जज़्बः-ए-ग़ैरते-मज़लूम[11] अभी ख़्वाब[12] में है

काश उमडे हुए अश्कों से न होता ज़ाहिर
इक क़यामत-सी दिले-शाइरे-बेताब में है

---

1. मदिरा-पान, 2. विष की कटुता, 3. शराब की तल्ख़ी, 4. चिंगारी, 5. चैत के महीने का बादल, 6. अप्राप्य मोती, 7. भीख मांगने का दाग़, 8. दोस्तों का स्वभाव, 9. नींद की इच्छा, 10. उनींदी आंखें, 11. अत्याचार सहनेवाले के स्वाभिमान का जज़्बा, 12. नींद।

आज़ादी

अली सरदार जाफ़री

पूछता है तू कि कब और किस तरह आती हूं मैं
गोद में नाकामियों के परवरिश पाती हूं मैं

सिर्फ़ वह मख़सूस सीने हैं मिरी आरामगाह
आरज़ू की तरह रह जाती है जिनमें घुट के आह

अहले-ग़म के साथ उनका दर्द-ओ-ग़म सहती हूं मैं
कांपते होंठों पे बनकर बद - दुआ रहती हूं मैं

रक़्स करती हैं इशारों पर मिरे मौत - ओ - हयात[1]
देखती रहती हूं मैं हर वक़्त - नब्ज़े - कायनात[2]

ख़ुद - फ़रेबी बढ़के जब बनती है एहसासे-शऊर[3]
जब जवां होता है अहले-ज़र[4] के तेवर में ग़ुरूर

मुफ़्लिसी[5] से करते हैं जब आदमीयत को जुदा
जब लहू पीते हैं तहज़ीब-ओ-तमद्दुन[6] के ख़ुदा

रास्ते जब बन्द होते हैं दुआओं के लिए
आदमी लड़ता है जब झूठे ख़ुदाओं के लिए

ज़िन्दगी इंसां की कर देता है जब इंसां हराम
जब इसे क़ानूने-फ़ितरत[7] का अता होता है नाम

अहरमन[8] फिरता है जब अपना दहन[9] खोले हुए
आस्मां से मौत जब आती है पर तोले हुए

जब किसानों की निगाहों से टपकता है हिरास[10]
फूटने लगती है जब मज़दूर के ज़ख़्मों से यास[11]

---

1. जीवन-मृत्यु, 2. ब्रह्मांड की नाड़ी, 3. चेतना की अनुभूति, 4. धनवान, 5. ग़रीबी, दरिद्रता, 6. सभ्यता और संस्कृति, 7. क़ुदरत का क़ानून, 8. बुराई का ख़ुदा (अग्निपूजकों का), 9. मुंह, 10. निराशा, 11. निराशा।

सब्रे - अय्यूबी[1] का जब लबरेज़ होता है सुबू[2]
सोज़े-ग़म[3] से खौलता है जब गुलामों का लहू

ग़ासिबों से बढ़के जब करता है हक़ अपना सवाल
जब नज़र आता है मज़लूमों के चेहरों पर जलाल[4]

तफ़रिक़ा[5] पड़ता है जब दुनिया में नस्ल-ओ-रंग का
लेके मैं आती हूं परचम इंक़िलाब - ओ - जंग का

हां मगर जब टूट जाती है हवादिस[6] की कमन्द
जब कुचल देता है हर शै को बग़ावत का समन्द[7]

जब निगल लेता है तूफ़ां बढ़ के कश्ती नूह की
घुट के जब इंसां में रह जाती है अज़्मत[8] रूह की

दूर हो जाती है जब मज़दूर के दिल की जलन
जब तबस्सुम बन के होंठों पर सिमटती है थकन

जब उभरता है[9] उफ़क़ से ज़िन्दगी का आफ़ताब[10]
जब निखरता है लहू की आग में तपकर शबाब[11]

नस्ल, क़ौमीयत, कलीसा, सल्तनत, तहज़ीब, रंग
रौंद चुकती है जब इन सबको जवानी की उमंग

सुबह के ज़र्रीं[12] तबस्सुम में अयां[13] होती हूं, मैं
रिफ़अते - अर्शे - बरीं[14] से परफ़शां होती हूं मैं

---

1. हज़रत अय्यूब का सब्र, 2. पाप का घड़ा, 3. ग़म की जलन, 4. तेज, प्रताप, 5. फूट, 6. घटनाएं, 7. घोड़ा, 8. महानता, 9. क्षितिज, 10. सूर्य, 11. यौवन, 12. सुनहरा, 13. प्रकट, 14. आकाश की ऊंचाई।

वक़्त का तराना

अली सरदार जाफ़री

क़ाफ़ला इंक़िलाब का है रवां[1]
बज रही है ख़ुशी की शहनाई
ज़लज़लों[2] से दहल रही है ज़मीं
ले रहे हैं पहाड़ अंगड़ाई

सुलग उठी है इंतिक़ाम[3] की आग
बर्फ़ की चोटियां दहकती हैं
जुल्म और जब्र[4] के अंधेरे में
सैकड़ों बिजलियां चमकती हैं

जिनको कुचला गया है सदियों से
आज तक उनके दिल धड़कते हैं
ज़िन्दगी के बुझे हुए शोले
इक नई शान से भड़कते हैं

फ़स्ल के साथ-साथ खेतों से
उग रही है बग़ावतों की सिपाह[5]
जगमगाती है अद्ल[6] की शमशीर[7]
मिल सकेगी न ज़ालिमों को पनाह

कारख़ानों के आहनी[8] दिल से
एक सैलाब - सा उबलता है
सुर्ख़ परचम हवा के सीने पर
बनके रंगे - शफ़क़[9] मचलता है

बादबां खुल गए बग़ावत के
बम्बई के जहाज़ियों को सलाम
जो शहंशाहियत से टकराए
ऐसे जांबाज़ ग़ाज़ियों को सलाम

---

1. गतिमान, 2. भूकम्प, 3. बदला, 4. ज़बरदस्ती, 5. फ़ौज, 6. न्याय, 7. तलवार, 8. लोहे के, 9. अरुणिमा, लालिमा।

दीदनी[1] अहले - शहर का है शिकोह[2]
गोलियां रोकते हैं सीनों पर
लब पे नारे, निगह में अज़्मे - जिहाद[3]
हुर्रियत[4] ज़ौफ़िगन[5] जबीनों[6] पर

हर सड़क पर समन्दरों का उबाल
हर गली में है जोशे - तूफ़ानी
ग़र्क़[7] कर देगी बादशाही को
आदमी के लहू की तुग़ियानी[8]

एक सवाल

अली सरदार जाफ़री

मालूम नहीं अक़्ल की परवाज़[9] की ज़द में
सरसब्ज़ उमीदों का चमन है कि नहीं है

लेकिन यह बता वक़्त का बहता हुआ धारा
तूफ़ानगर - ओ - कोहशिकन[10] है कि नहीं है

सरमाए के सिमटे हुए होंठों का तबस्सुम
मज़दूर के चेहरे की थकन है कि नहीं है

वह ज़ेरे - उफ़क़[11] सुबह की हल्की - सी सफ़ेदी
ढलते हुए तारों का कफ़न है कि नहीं है

पेशानिए - अफ़लाक[12] से जो फूट रही है
उठते हुए सूरज की किरन है कि नहीं है

सन् 1938

---

1. देखने योग्य, 2. शानो-शौकत, 3. धर्मयुद्ध का संकल्प, 4. आज़ादी, 5. प्रकाशमान, 6. ललाट, 7. डुबो देना, 8. जोश, 9. उड़ान, 10. तूफ़ान उठानेवाला और पहाड़ काटनेवाला, 11. क्षितिज के नीचे, 12. आकाश का ललाट।

शफ़क़े-सुर्ख़[1]

अहमद नदीम क़ासमी

हर नई पौद ने इक ताज़ा सनम ढाल लिया
नित नए बुत, नए मन्दिर, नए पूजा के उसूल
शंख बजते रहे, जलते रहे रंगीं फ़ानूस
रूह खिलती रही होता रहा इंसान मलूल[2]

क़स्रे - शाही[3] से गिराए गए नीलम पुखराज
संगरेज़ों को निगलते रहे मजबूर अवाम
ख़ुश्क कांटों में बदलते रहे ख़ैरात के फूल
सूखे जबड़ों को जकड़ती रही ज़रतार[4] लगाम

हुस्न बिकता रहा ज़रबफ़्त के पर्दों से उधर
इश्क़ सुनता रहा बजते हुए फ़ौलाद का शोर
क़ाफ़ले लुटते रहे मंज़िलें बेगाना रहीं
चांद बुझते रहे, तकते रहे महबूस[5] चकोर

हर नया दौर सद उमीद ब दामां[6] आया
ज़िन्दगी ख़स्ता - ओ - दरमान्दा - ओ - मजबूर रही
इक शहंशाह उठा इक शहंशाह बढ़ा
इसी चक्कर में अज़ल से यह ज़मीं चूर रही

नागहां एक धुआंधार दरीचा खड़का
शोख़ - सी शमअ बढ़ी, लौ की ज़बां लहराती
सरसराती हुई ज़ुल्मत[7] के नशेबों से उठी
शफ़क़े - सुर्ख़ नई सुबह के नग़्मे गाती

---

1. लालिमा, 2. उदास, 3. शाही महल, 4. सुनहरी, 5. बन्दी, 6. अपने दामन में सैकड़ों उम्मीदें लिए, 7. अन्धकार।

इक नए दौर का परतौ[1] है उफ़क़ की लाली
इक नए हुस्न की ख़ातिर यह हिना बन्दी है
एक ही सतह पे उतरे हैं निशेब और फ़राज़
अब किस इंसान को दावा - ए - ख़ुदावन्दी है

इब्ने - आदम तिरी झुलसी हुई शिरियानों[2] में
ख़ूने - ताज़ा की नई लहर है चलने वाली
यह हुकूमत है, यह क़ूवत है, संभल और संभाल
अब नए रूप में तक़दीर है ढलनेवाली

नई दुनिया

मसूद अख़्तर जमाल

जज़्बात ने करवट बदली है, एहसास ने अंगड़ाई ली है
आज़ाद - रवी से इंसां ने तामीर नई दुनिया की है
फ़ितरत[3] के हसीं मैख़ाने से, बेदारी[4] की सहबा[5] पी है

उस दुनिया के इंसानों की, हर बात पयामे-दिल[6] होगी
हर सांस में इक नग़मा होगा, हर गाम पे इक मंज़िल होगी
साहिल[7] कैसा, तूफ़ां कैसा, हर मौज वहां साहिल होगी

मग़मूम[8] किसानों के चेहरे, शादाब[9] वहां हो जायेंगे
राहत की फ़ज़ा में, ग़ुर्बत के तूफ़ान वहां हो जायेंगे
शोरिश[10] भी वहां मिट जाएगी, फ़ितने[11] भी वहां सो जायेंगे

अब शेख़-ओ-बिरहमन में कोई, तफ़रीक़[12] न होने पाएगी
अब हूर-ओ-परी के क़िस्सों की तस्दीक़ न होने पाएगी
औहाम - परस्ती[13] की दुनिया, तख़्लीक़[14] न होने पाएगी

---

1. अक्स, 2. नाड़ियां, 3. प्रकृति, 4. जागृति, 5. शराब, 6. दिल का सन्देश, 7. किनारा, 8. दुखी, 9. प्रसन्न, 10. बग़ावत, 11. उपद्रव, 12. मनमुटाव, 13. भ्रम-पूजा, 14. सृष्टि।

क़िस्मत की हदें मिट जायेंगी, बेआब[1] सितारे टूटेंगे
अब इल्मो - यक़ीं[2] के सरचश्मे,[3] आग़ोशे - ज़मीं से फूटेंगे
पाबन्दे-सलासिल[4] इंसां अब ज़िन्दाने-बला[5] से छूटेंगे

अब तक तो जहालत में अपनी दुख दर्द बहुत झेले हमने
मज़्हब की तमाशागाहों में देखे हैं बहुत मेले हमने
उक़बा[6] की हवस में ख़ूंरेज़ी के खेल बहुत खेले हमने

देखी हैं बहुत दिन तक हमने पीराने-कलीसा[7] की घातें
हैवान सिफ़त सुन-सुन के हुए हम शेख़ो-बिरहमन की बातें
गुज़री हैं इन्हीं के झगड़ों में, बेकैफ़ जवानी की रातें

लेकिन वह ज़माना ख़त्म हुआ, अब और ज़माना है साक़ी
मुफ़्लिस की निगाहों में पिन्हां,[8] अब क़ैफ़े-शबाना[9] है साक़ी
मज़दूर के होंठों पर रक़्सां, इशरत[10] का फ़साना है साक़ी

दुश्मन की हिरासां[11] फ़ौजों में, तंज़ीम[12] नहीं हो सकती अब
यह दुनिया हिर्स[13] के बन्दों में तक़्सीम नहीं हो सकती अब
इंसानों में ख़ूंरेज़ी[14] की, तालीम नहीं हो सकती अब

वह अहदे-कुहन[15] अब ख़त्म हुआ, वह बात गयी यह दौर गया
अस्रारे-मज़ाहिब[16] फ़ाश हुए, आज़ार - दही का तौर गया
वह अहले-तसव्वुफ़[17] अब न रहे, वह फ़िक्र गयी वह ग़ौर गया

शमशीरे-हुकूमत[18] कुन्द हुई, दामाने तवह्हुम[19] छूट गया
मश्रिक़ का तिलिस्मी रंग उड़ा मग़्रिब का फुसूं[20] भी टूट गया
तहज़ीबे - हवस[21] के नश्तर से नासूरे - तमद्दुन[22] फूट गया

रफ़्तारे-ज़माना तेज़ हुई, अब रंग बदलने वाला है
ख़ुद ज़ुल्म अब अपने पंजे में ज़ालिम को मसलने वाला है
इक मारे-सियह[23] 'फ़िर्औन-अदा शाहीं'[24] को निगलने वाला है

---

1. निस्तेज, 2. विश्वास और ज्ञान, 3. स्रोत, 4. ज़ंजीरों से जकड़ा हुआ, 5. विपत्तियों का जेलख़ाना, 6. परलोक, 7. मन्दिर के रखवाले, 8. छुपा हुआ, 9. रात का नशा, 10. ऐश्वर्य, 11. निराश, 12. संगठन, 13. लोभ, 14. रक्तपात, 15. प्राचीनकाल, 16. धर्मों का रहस्य, 17. सूफ़ी लोग, 18. शासन की तलवार, 19. भ्रम का दामन, 20. जादू, 21. लोभी सभ्यता, 22. संस्कृति का नासूर, 23. काला सांप, 24. फ़िरऔन की अदा रखनेवाला बाज़।

अंगुश्त - बदन्दां[1] है दुनिया, मिटती ही नहीं है हैरानी
इस क़ौम को शायद रास आई, इंसां के लहू की अर्ज़ानी[2]
तदबीर है जिसकी शैतानी, जज़्बात हैं जिसके हैवानी[3]

ग़र्क़ाब ज़िरह[4] में योरप है, अर्बाबे-ख़िरद[5] की साज़िश से
तारीक[6] फ़ज़ाए-आलम[7] है अस्हाबे-दुवल[8] की काविश से
शमशीरे-हवस[9] में तेज़ी है, तस्ख़ीरे-जहां[10] की ख़्वाहिश से

लेकिन यह दिगरगूं[11] हालत भी है राज़े-निहां मुस्तक़्बिल का
पर्दे में इन्हीं तूफ़ानों के जल्वा है अयां मुस्तक़्बिल का
रौशन है इसी तारीकी में ख़ुर्शीदे - रवां मुस्तक़्बिल का

यह मौजे-हवादिस[12] के रेले, यह बहरे-सियासत के नश्तर
डूबे हैं नवा - ए - तूफ़ां में बिखरे हैं फ़राज़े - साहिल पर
ग़र्क़ाब जो मौजें हैं तह में देते हैं उन्हें पैग़ामे - सफ़र[13]

जागो कि नसीमे - इत्रफ़शां[14] लाई है नवेदे-सुब्हे-तरब[15]
उट्ठो कि शफ़क़ की रानाई देती है पयामे-हुस्ने-तलब
देखो कि फ़ज़ा-ए-अम्न-ओ-अमां है रक़्स बजां आहंग ब लब[16]

मंज़िल वह क़रीब आ पहुंची है बढ़ते ही रहो बढ़ते ही रहो
हर कोहो-दिमन[17] के सीने पर, दरिया की तरह चढ़ते ही रहो
मौजों से लड़ो, तूफ़ां से लड़ो, आईने-अमल पढ़ते ही रहो

मुद्दत से जो सोचा करते थे, अब वह भी ज़माना आएगा
हर मुश्किल अब आसां होगी, हर नक़्शे-कुहन[18] मिट जाएगा
अब कोई नया फ़ितना हर्गिज़, तस्नीफ़ न होने पाएगा

---

1. दांतों तले अंगुली लिए हुए, 2. सस्तापन, 3. पाशविक, 4. जिरह-बख़्तर, 5. बुद्धिमान, 6. अंधेरी, 7. संसार का वातावरण, 8. फ़रेबी, मक्कार, 9. लालच की तलवार, 10. विश्व-विजय, 11. अस्त-व्यस्त, 12. घटनाओं की मौज, 13. यात्रा का सन्देश, 14. सुगन्ध बिखेरती हुई हवा, 15. ख़ुशी के प्रभात का निमन्त्रण, 16. होंठों पर आवाज़, 17. पर्वत, 18. पुराने चिह्न।

क़तरों में रवां हैं जो लहरें अब उनकी तड़प दरिया होगी
ज़र्रों में फ़ज़ा जो पिन्हां है वुसअत[1] में वही सहरा होगी
इफ़लास-ज़दह[2] मज़दूरों की, आबाद नई दुनिया होगी

आपस में यह ख़ूंआशमी क्या, यह वक़्त नहीं जल्लादी का
तख़रीब नुमा मज़्हब कैसा लम्हा यह नहीं बरबादी का
तोड़ो भी क़फ़स की ज़ंजीरें, मौक़ा है यही आज़ादी का

किसानों का गीत

मसूद अख़्तर जमाल

यह धरती, यह जीवन सागर, यह संसार हमारा

अमृत बादल बनके उठे हैं, पर्बत से टकराएंगे
खेतों की हरियाली बनकर, छब अपनी दिखलाएंगे
दुनिया का दुख-सुख अपना कर दुनिया पर छा जायेंगे

ज़र्रा ज़र्रा इस दुनिया का आज गगन का तारा है
यह धरती, यह जीवन सागर, यह संसार हमारा है

दुख के बन्धन कट जायेंगे, सुख का संदेसा आएगा
मिट्टी अब सोना उगलेगी, बादल हुन[3] बरसाएगा
मेहनत पर है जिसका भरोसा, मेहनत का फल पाएगा

अपने ही कस बल का समन्दर वक़्त का बहता धारा है
यह धरती, यह जीवन सागर, यह संसार हमारा है

सपनों के सुन्दर आंचल से आशा रूप दिखाती है
अपनी ही आवाज़ की लै पर सारी दुनिया गाती है
आज तिरंगे की लहरों में, बिजली-सी लहराती है

1. विस्तार, 2. दरिद्रता-ग्रस्त, 3. सोना।

एक ही वार में अब अय साथी दुश्मन से छुटकारा है
यह धरती, यह जीवन सागर, यह संसार हमारा है

सात रंग

सलाम मछली शहरी

तस्वीर वह बनाऊं कि मसहूर[1] हो सकूं
ऐसे ख़ुतूत[2] खींचूं कि मग़रूर[3] हो सकूं

इक नौजवां को शहर में तशवीशे-रोज़गार[4]
और दूर–एक गांव में बरसात की बहार
हाथों में इक हसीना के टूटा हुआ सितार

दरिया से हटके, सामने छोटा-सा एक गांव
पगडंडियों से दूर–वहां पीपलों की छांव
वह धुंदली धुंदली सूरतें, वह मैले मैले पांव

मौजों के रुख़ पे छोटी-सी कश्ती रवां दवां
दरिया के इस बहाव से मल्लाह बदगुमां[5]
साहिल के एक झोंपड़े में मौत का समां[6]

कुछ लोग महवे - सैरे - चमनज़ारे - शालीमार[7]
हंसता है साम्राज पे उल्फ़त का शाहकार
फाटक पे हटके, मैले फ़क़ीरों की इक क़तार

सोने का माहताब[8] मिनारों के दरमियां
चांदी का आफ़ताब चिनारों के दरमियां
और इक 'ख़ुदा' फ़ज़ाई[9] नज़ारों के दरमियां

---

1. मस्त, 2. रेखाएं, 3. गर्वित, 4. आजीविका की चिन्ता, 5. सन्देह रखनेवाला, 6. दृश्य, 7. शालीमार के उपवन में सैर-सपाटे में रत, 8. चांद, 9. शून्य के।

ज़िन्दां[1] की एक शमअ पर परवाने मुज़्तरिब[2]
और अपनी अपनी फ़िक्र में दीवाने मुज़्तरिब
बाहर हयाते-ताज़ा के अफ़साने मुज़्तरिब

सड़कों पे इंक़िलाब की गूंजी हुई सदा
कॉलेज के 'हाल' में हुआ दुनिया पे तबसिरा[3]
इक नौजवां के हाथ में अख़बार आज का

मौज़ूअ[4] इतने जैसे कि घबरा रहा हूं मैं
शायद कि अपनी फ़िक्र[5] पे ख़ुद छा रहा हूं मैं

तुलूए-इश्तिराकियत[6]

साहिर लुधियानवी

जश्न[7] बपा है कुटियाओं में ऊंचे ऐवां[8] कांप रहे हैं
मज़दूरों के बिगड़े तेवर देख के सुल्ता[9] कांप रहे हैं

जागे हैं इफ़लास[10] के मारे, उट्ठे हैं बेबस दुखियारे
सीनों में तूफ़ां का तलातुम,[11] आंखों में बिजली के शरारे[12]

चौक चौक में गली गली में सुर्ख़ फरैरा लहराते हैं
मज़लूमों के बाग़ी लशकर सैल सिफ़त उमडे आते हैं

शाही दरबारों के दर से फ़ौजी पहरे ख़त्म हुए
ज़ाती जागीरों के हक़ और मुहमल[13] दावे ख़त्म हुए

शोर मचा है बाज़ारों में टूट गए दर ज़िन्दानों[14] के
वापस मांग रही है दुनिया ग़स्बशुदा[15] हक़ इंसानों के

1. क़ैदख़ाना, 2. बेचैन, 3. टीका, 4. विषय, 5. चिन्तन, 6. साम्यवाद का उदय, 7. समारोह, 8. महल, 9. बादशाह, 10. दरिद्रता, 11. जोश, 12. अंगारे, 13. अर्थहीन, बेहूदा, 14. जेल, 15. छीना हुआ।

रुस्वा बाज़ारी ख़ातूनें[1] हक़्क़े-निसाई[2] मांग रही हैं
सदियों की ख़ामोश ज़बानें सहर नवाई मांग रही हैं

रौंदी कुचली आवाज़ों के शोर से धरती गूंज उठी है
दुनिया के अन्याय नगर में हक़ की पहली गूंज उठी है

जमा हुए हैं चौराहों पर आकर भूखे और गदागर[3]
एक लपकती आंधी बनकर एक भभकता शोला होकर

कांधों पर संगीन कुदालें, होंठों पर बेबाक तराने
दहक़ानों[4] के दल निकले हैं अपनी बिगड़ी आप बनाने

आज पुरानी तदबीरों[5] से आग के शोले थम न सकेंगे
उभरे जज़्बे दब न सकेंगे उखड़े परचम[6] जम न सकेंगे

राजमहल के दरबानों से यह सरकश[7] तूफ़ां न रुकेगा
चन्द किराए के तिनकों से सैले-बेपायां रुक न सकेगा

कांप रहे हैं ज़ालिम सुल्तां टूट गए दल जब्बारों[8] के
भाग रहे हैं ज़िल्ले-इलाही,[9] मुंह उतरे हैं ग़द्दारों के

एक नया सूरज चमका है एक अनोखी ज़ौबारी[10] है
ख़त्म हुई अफ़राद[11] की शाही, अब जम्हूर[12] की सालारी[13] है

महिलाएं, 2. स्त्रियों का हक़, 3. भिक्षुक, 4. किसान, 5. उपाय, 6. झंडा, 7. बाग़ी, ज़ालिम, 9. जिस पर ख़ुदा का साया हो, 10. प्रकाश का फैलना, 11. व्यक्ति, 12. गणतंत्र, . सेनापतित्व।

(दूसरा भाग)

दूसरी जंगे-अज़ीम

ईस्ट इंडिया कम्पनी के फ़रज़न्दों से ख़िताब

जोश मलीहाबादी

किस ज़बां से कह रहे हो आज अय सौदागरो
दहर[1] में इंसानियत के नाम को ऊंचा करो

जिसको सब कहते हैं हिटलर भेड़िया है भेड़िया
भेड़िए को मार दो गोली पे अम्न - ओ - बक़ा[2]

बाग़े - इंसानी में चलने ही पे है बादे-ख़िज़ां[3]
आदमीयत ले रही है हिचकियों पर हिचकियां

हात है हिटलर का रख़्शे-ख़ुदसरी[4] की बाग पर
तेग़ का पानी छिड़क दो जर्मनी की आग पर'

सख़्त हैरां हूं कि महफ़िल में तुम्हारी और यह ज़िक्र
नौए-इंसानी[5] के मुस्तक़्बिल[6] की अब करते हो फ़िक्र

जब यहां आए थे तुम सौदागरी के वास्ते
नौए-इंसानी के मुस्तक़्बिल से क्या वाक़िफ़[7] न थे

हिन्दियों के जिस्म में क्या रूहे-आज़ादी न थी
सच बताओ क्या वह इंसानों की आबादी न थी

अपने ज़ुल्मे - बेनिहायत[8] का फ़साना याद है
कम्पनी का फिर वह दौरे - मुजरिमाना याद है !

---

1. दुनिया, 2. शान्ति और स्थिरता, 3. पतझड़ की हवा, 4. उद्दंडता का घोड़ा, 5. मानव-जाति, 6. भविष्य, 7. परिचित, 8. असीम अत्याचार।

लूटते फिरते थे तुम जब कारवां - दर - कारवां
सर बरहना[1] फिर रही थी दौलते - हिन्दोस्तां

दस्तकारों के अंगूठे काटते फिरते थे तुम
सर्द लाशों से घरों को पाटते फिरते थे तुम

सनअते - हिन्दोस्तां[2] पर मौत थी छाई हुई
मौत भी कैसी, तुम्हारे हाथ की लाई हुई

अल्लाह-अल्लाह किस क़दर इंसाफ़ के तालिब हो आज
'मीर जाफ़र' की क़सम क्या दुश्मने-हक़[3] था सिराज ?

क्या अवध की बेगमों का भी सताना याद है ?
याद है झांसी की रानी का ज़माना याद है ?

हिज्रते - सुल्ताने - देहली[4] का समां भी याद है ?
शेरदिल टीपू की ख़ूनीं दास्तां भी याद है ?

तीसरे फ़ाक़े में इक गिरते हुए को थामने
किसके सर लाए थे तुम शाह ज़फ़र के सामने

याद तो होगी वह मटिया बुर्ज की भी दास्तां
अब भी जिसकी ख़ाक से रह रह के उठता है धुआं

तुमने क़ैसर बाग़ को देखा तो होगा बारहा
आज भी आती है जिससे हाय अख़्तर की सदा

सच कहो क्या हाफ़ज़े[5] में है वह ज़ुल्मे-बेपनाह[6]
आज तक रंगून में इक क़ब्र है जिसकी गवाह

ज़िहन में होगा यह ताज़ा हिन्दियों का दाग़ भी
याद तो होगा तुम्हें जलियान वाला बाग़ भी

1. नंगे सर, 2. हिन्दोस्तान का उद्योग और कला, 3. सच्चाई के दुश्मन, 4. देहली का बादशाह (बहादुरशाह ज़फ़र) का प्रवास, 5. स्मरण-शक्ति, 6. असीम अत्याचार।

पूछ लो उससे तुम्हारा नाम क्यों ताबिन्दा[1] है
डायरे - गुर्गे - दहन[2] आलूद अब भी ज़िन्दा है

वह भगतसिंह अब भी जिसके ग़म में दिल नाशाद है
उसकी गर्दन में जो डाला था वह फन्दा याद है ?

अहले-आज़ादी रहा करते थे किस हंजार[3] से
पूछ लो यह क़ैदख़ानों की दरो-दीवार से

अब भी है महफ़ूज़[4] जिस पर तंतना[5] सरकार का
आज भी गूंजी हुई है जिनमें कोड़ों की सदा

आज कश्ती अम्न की अम्वाज[6] पर खेते हो क्यों
सख़्त हैरां हूं कि अब तुम दर्से-हक़[7] देते हो क्यों

अहले - क़ूवत,[8] दामे-हक़[9] में तो कभी आते नहीं
'बैंकी' अख़्लाक़[10] को ख़तरे में भी लाते नहीं

लेकिन आज अख़्लाक़ की तल्क़ीन फ़रमाते हो तुम
हो न हो अपने में अब क़ूवत[11] नहीं पाते हो तुम

अहले-हक़[12] रौशन नज़र[13] हैं, अहले-बातिल[14] कोर[15] हैं
यह तो हैं अक़्वाल[16] उन क़ौमों के जो कमज़ोर हैं

आज शायद मंज़िले-क़ूवत में तुम रहते नहीं
जिसकी लाठी उसकी भैंस, अब किसलिए कहते नहीं

क्या कहा, इंसाफ़ है, इंसां का फ़र्ज़े - अव्वलीं[17]
क्या फ़सादो-ज़ुल्म का अब तुम में कस बाक़ी नहीं

देर से बैठे हो नख़्ले - रास्ती[18] की छांव में
क्या ख़ुदा - नाकर्दा कुछ मोच आ गयी है पांव में ?

---

1. चमकदार, 2. भेड़िए जैसे मुंह वाला डायर, 3. पद्धति, 4. सुरक्षित, 5. गुरूर, 6. मौजें, 7. सच्चाई का पाठ, 8. शक्तिशाली, 9. सच्चाई का जाल, 10. सरमायादारी का शिष्टाचार, 11. क़ूवत, 12. सच्चाई के समर्थक, 13. दूरदर्शी, 14. झूठे, 15. अन्धे, 16. प्रथम कर्त्तव्य, 17. क़ौल, कथन, 18. मित्रता का वृक्ष।

गूंज टापों की न आबादी न वीराने में है
ख़ैर तो है अस्पे-ताज़ी[1] क्या शफ़ाख़ाने[2] में है ?

आजकल तो हर नज़र में रहम का अन्दाज़ है
कुछ तबीअत क्या नसीबे - दुश्मनां नासाज़ है ?

सांस क्या उखड़ी कि हक़ के नाम पर मरने लगे
नौए - इंसां की हवाख़्वाही[3] का दम भरने लगे

ज़ुल्म भूले, रागिनी इंसाफ़ की गाने लगे
लग गयी है आग क्या घर में कि चिल्लाने लगे

मुजरिमों के वास्ते ज़ेबा[4] नहीं यह शोरिशें[5]
कल यज़ीद - ओ - शिम्र थे आज बनते हो हुसैन

ख़ैर[6] अय सौदागरो अब है तो बस इस बात में
वक़्त के फ़र्मान के आगे झुका दो गर्दनें

इक कहानी वक़्त लिक्खेगा नए मज़मून[7] की
जिसकी सुर्ख़ी[8] को ज़रूरत है तुम्हारे ख़ून की

वक़्त का फ़र्मान अपना रुख़ बदल सकता नहीं
मौत टल सकती है अब फ़र्मान टल सकता नहीं

1. शाही घोड़ा, 2. अस्पताल, 3. हमदर्दी, 4. शोभा, 5. बग़ावत, 6. कुशलता, 7. विषय, 8. शीर्षक।

अंधेरी रात का मुसाफ़िर

असरारुल हक़ 'मजाज़'

जवानी की अंधेरी रात है, ज़ुल्मत[1] का तूफ़ां है
मिरी राहों से नूरे - माहो - अंजुम[2] तक गुरेज़ां[3] है
ख़ुदा सोया हुआ है, अहिरमन[4] महशर बदामां[5] है
मगर मैं अपनी मंज़िल की तरफ़ बढ़ता ही जाता हूं

ग़मो-हुर्मा[6] की यूरिश[7] है, मसाइब[8] की घटाएं हैं
जुनूं की फ़ितनाख़ेज़ी[9] हुस्न की ख़ूनीं अदाएं हैं
बड़ी पुरज़ोर आंधी है, बड़ी काफ़िर बलाएं हैं
मगर मैं अपनी मंज़िल की तरफ़ बढ़ता ही जाता हूं

फ़ज़ा में मौत के तारीक[10] साए थरथराते हैं
हवा के सर्द झोंके क़ल्ब[11] पर ख़ंजर चलाते हैं
गुज़श्ता इशरतों[12] के ख़्वाब आईना दिखाते हैं
मगर मैं अपनी मंज़िल की तरफ़ बढ़ता ही जाता हूं

ज़मीं चीं बर जबीं[13] है, आस्मां तख़रीब[14] पर मायल[15]
रफ़ीक़ाने-सफ़र[16] में कोई बिस्मिल है कोई घायल
तआक़ुब[17] में लुटेरे हैं, चटानें राह में हायल[18]
मगर मैं अपनी मंज़िल की तरफ़ बढ़ता ही जाता हूं

उफ़क़[19] पर ज़िन्दगी के, लश्करे-ज़ुल्मत[20] का डेरा है
हवादिस[21] के क़यामतख़ेज़[22] तूफ़ानों ने घेरा है
जहां तक देख सकता हूं अंधेरा ही अंधेरा है
मगर मैं अपनी मंज़िल की तरफ़ बढ़ता ही जाता हूं

---

1. अन्धकार, 2. चांद-सितारों का प्रकाश, 3. विरक्त, 4. बदी का देवता, 5. दामन में प्रलय लिए हुए, 6. दुख और कष्ट, 7. वर्षा, 8. विपत्तियां, 9. उपद्रव करना, 10. काले, 11. अंधेरे, 12. विलास, 13. अस्तव्यस्त, 14. विनाश, 15. उद्धत, 16. सफ़र के साथी, 17. पीछे, 18. बादल, 19. क्षितिज, 20. अन्धकार की फ़ौज, 21. घटनाएं, 22. प्रलयकारी।

चराग़े - दैर[1] फ़ानूसे - हरम,[2] क़न्दीले - रुहबानी[3]
यह सब हैं मुद्दतों से बेनियाज़े - नूरे - इरफ़ानी[4]
न नाक़ूसे - बिरहमन[5] है, न आहंगे - हुदी - ख़्वानी[6]
मगर मैं अपनी मंज़िल की तरफ़ बढ़ता ही जाता हूं

तलातुमख़ेज़[7] दरिया, आग के मैदान हायल हैं
गरजती आंधियां, बिफरे हुए तूफ़ान हायल हैं
तबाही[8] के फ़रिश्ते जब्र के शैतान हायल हैं
मगर मैं अपनी मंज़िल की तरफ़ बढ़ता ही जाता हूं

फ़ज़ा में शोला - अफ़शां[9] देवे-इस्तिब्दाद[10] का ख़ंजर
सियासत की सिनानें,[11] अहले - ज़र[12] के ख़ूंचकां[13] तेवर
फ़रेबे - बेख़ुदी देते हुए बिल्लौर के साग़र
मगर मैं अपनी मंज़िल की तरफ़ बढ़ता ही जाता हूं

बदी[14] पर बारिशे-लुत्फ़ो-करम,[15] नेकी पे ताज़ीरें[16]
जवानी के हसीं ख़्वाबों की हैबतनाक[17] ताबीरें
नुकीली तेज़ संगीनें हैं ख़ून - आशाम[18] शमशीरें
मगर मैं अपनी मंज़िल की तरफ़ बढ़ता ही जाता हूं

हुकूमत के मज़ालिम,[19] जंग के पुरहौल[20] नक़्शे हैं
कुदालों के मुक़ाबिल तोप, बन्दूक़ें हैं नेज़े हैं
सलासिल,[21] ताज़ियाने,[22] बेड़ियां, फांसी के तख़्ते हैं
मगर मैं अपनी मंज़िल की तरफ़ बढ़ता ही जाता हूं

उफ़क़ पर जंग का ख़ूनीं सितारा जगमगाता है
हर इक झोंका हवा का मौत का पैग़ाम लाता है
घटा की घन गरज से क़ल्बे-गेती[23] कांप जाता है
मगर मैं अपनी मंज़िल की तरफ़ बढ़ता ही जाता हूं

1. मन्दिर का चिराग़, 2. काबे का फ़ानूस, 3. गिरजे का चिराग़, 4. ज्ञान के प्रकाश से बेनियाज, 5. ब्राह्मण का शंख, 6. हुदीख़्वानी की आवाज़, 7. तूफ़ानी, 8. विनाश, 9. शोले बिखेरता हुआ, 10. अत्याचार का राक्षस, 11. तीर की नोक, 12. धनवान, 13. ख़ून टपकाते हुए, 14. बुराई, 15. दया की वर्षा, 16. सज़ा देना, 17. डरावनी, 18. ख़ून पीनेवाली, 19. अत्याचार, 20. भयानक, 21. ज़ंजीर, 22. कोड़ा, 23. धरती का दिल।

फ़ना[1] के आहनी[2] वहशत असर[3] क़दमों की आहट है
धुएं की बदलियां हैं गोलियों की सनसनाहट है
अजल[4] के क़हक़हे हैं ज़लज़लों की गड़गड़ाहट है
मगर मैं अपनी मंज़िल की तरफ़ बढ़ता ही जाता हूं

अंधेरा

मख़दूम मोहिउद्दीन

रात के हाथ में इक कासः-ए-दरयूज़ागरी[5]
यह चमकते हुए तारे यह दमकता हुआ चांद
भीक के नूर में, मांगे हुए उजाले में मगन
यही मलबूसे-उरूसी[6] है यही इनका कफ़न
इस अंधेरे में वह मरते हुए जिस्मों की कराह
वह अज़ाज़ील के कुत्तों की कमींगाह[7]
वह तहज़ीब के ज़ख़्म
ख़न्दकें
बाढ़ के तार
बाढ़ के तारों में उलझे हुए इंसानों के जिस्म
और इंसानों के जिस्मों पे वह बैठे हुए गिध
वह तड़ख़ते हुए सर
मैयतें हाथ कटी पांव कटी
लाश के ढांचे के इस पार से उस पार तलक
सर्द हवा
नौहा-ओ-नाला-ओ-फ़रियाद-कुनां[8]
शब के सन्नाटे में रोने की सदा
कभी बच्चों की कभी मांओं की
चांद के तारों के मातम[9] की सदा

---

1. मौत, 2. लोहे का, 3. वहशत पैदा करनेवाले, 4. मौत, 5. भीख मांगने का कमंडल, 6. शादी का जोड़ा, 7. दुश्मन की घात में छुपकर बैठने की जगह, 8. आर्तनाद करते हुए, 9. शोक।

रात के माथे पे आज़ुर्दा[1] सितारों का हुजूम
सिर्फ़ ख़ुर्शीदे-दरख़्शा[2] के निकलने तक हैं
रात के पास अंधेरे के सिवा कुछ भी नहीं

जंग और इंक़िलाब

सरदार जाफ़री

रक़्स कर अय रूहे-आज़ादी कि रक़्सां है हयात
घूमती है वक़्त के महवर[3] पे सारी कायनात

ज़िन्दगी मीना-ओ-साग़र से उबल जाने को है
कामरानी[4] के नए सांचे में ढल जाने को है

उड़ रहा है ज़ुल्मो - इस्तिबदाद[5] के चेहरे से रंग
छंट रहा है वक़्त की तलवार के माथे से ज़ंग

है फ़ज़ाओं में नवेदे - शादमानी[6] का सुरूर
पड़ रहा है इशरते - फ़र्दा[7] की पेशानी पे नूर

मौत हंस कर देखती है आईना तलवार में
ज़रपरस्ती का सफ़ीना आ गया मंझधार में

वाहमी नफ़रत के गोले जंग की पुरहौल[8] आग
पीरज़न[9] सरमायादारी है कि बेवा का सुहाग

ख़ून की बू से मशामे - ज़िन्दगी मख़मूर[10] है
गोलियों की सनसनाहट से फ़ज़ा मामूर है

---

1. उदास, 2. प्रकाशमान सूर्य, 3. धुरि, 4. सफलता, 5. अत्याचार, 6. ख़ुशी की शुभ सूचना, 7. कल का ऐश्वर्य, 8. भयानक, 9. बूढ़ी, 10. नशे में।

यह है वह ज़ंजीर ख़ुद हाथों से ढाला था जिसे
यह है वह बिजली कि ख़ुद ख़िर्मन[1] ने पाला था जिसे

तीर जो चुटकी में था पैवस्त[2] अब बाज़ू में है
आस्तीं में था जो ख़ंजर आज वह पहलू में है

आ गया है वक़्त वह जो आके टलता ही नहीं
अपना लंगर आज अपने से संभलता ही नहीं

हिल चुका है तख़्ते-शाही, गिर चुका है सर से ताज
हर क़दम पर डगमगाया जा रहा है साम्राज

ढल रही है ज़रगरी की रात के तारों की छांव
मुफ़्लिसी फैला रही है वक़्त की चादर में पांव

इंक़िलाबे - दहर में चढ़ता हुआ पारा है जंग
वक़्त की रफ़्तार का मुड़ता हुआ धारा है जंग

हमसे आज़ादों का इस दम गीत गाना ख़ूब है
सरफ़िरे बाग़ी जवानों का तराना ख़ूब है

ग़म के सीने में ख़ुशी की आग भरने दो हमें
ख़ूं भरे परचम के नीचे रक़्स करने दो हमें

वतन आज़ाद करने के लिए

अल्ताफ़ मुश्हदी

हिन्द का उजड़ा चमन आबाद करने के लिए
दर्द के मारे हुओं को शाद करने के लिए
इक नया अहदे-जहां आबाद करने के लिए
क़स्रे-इस्तिबदाद[3] को बरबाद करने के लिए
झूम कर उट्ठो वतन आज़ाद करने के लिए

1. खलियान, 2. घुटता हुआ, 3. अत्याचार का महल।

सफ़हः-ए-हस्ती से बातिल[1] को मिटाने के लिए
ख़िर्मने-एदा[2] पे अब बिजली गिराने के लिए
अहले-ज़र[3] की बेकसी पर मुस्कुराने के लिए
यानी अर्वाहि-सलफ़[4] को शाद करने के लिए
झूमकर उट्ठो वतन आज़ाद करने के लिए

फिर से भड़काओ दिलों में ग़ैरतों की आग को
रज़्म[5] की जानिब बढ़ाओ जुरअतों[6] की बाग को
पांव के नीचे कुचल दो सीमो-ज़र[7] के नाग को
ज़िन्दगानी को सरापा शाद[8] करने के लिए
झूमकर उट्ठो वतन आज़ाद करने के लिए

मस्तिए-सहबाए-आज़ादी[9] से लहराते चलो
अब्र[10] की सूरत बलन्द-ओ-पस्त[11] पर छाते चलो
क़हक़हों से लैलः-ए-मग़्रिब[12] को शर्माते चलो
फिर दयारे-हिन्द को आबाद करने के लिए
झूमकर उट्ठो वतन आज़ाद करने के लिए

सवालिया निशान

अख़्तरुल ईमान

दहक़ां[13] संवारता है मिट्टी
चुन चुन के बिखेरता है दाने
और सोचता जा रहा है जी में
फिर आएगी जंग आज़माने
और दिल को टटोलता है रुककर
फिर दूर उफ़क़ को देखता है
कुछ रंग से तीरगी में डूबे
मजबूर उफ़क़ को देखता है

---

1. झूठ, 2. अमानत का खलियान, 3. धनवान, 4. पूर्वजों की आत्मा, 5. युद्ध, 6. साहस, 7. सोना-चांदी, 8. पूर्णरूपेण ख़ुश, 9. आज़ादी की मदिरा का नशा, 10. बादल, 11. ऊंचे-नीचे, 12. पश्चिम की माशूक़ा, 13. किसान।

आंखों में लहू की बूंद कांपी
गिरते ही ज़मीं पे खो गयी फिर
परवान चढ़ाए थे जो पौदे
वह जल गए रात हो गयी फिर
ख़ाली कई गोशे हो गए हैं
तन्हा तो न था, पै रह गया है
करना पड़ा नेशे-ग़म[1] गवारा
किस-किस का न ख़ून बह गया है

फिर दूर उफ़क़ को देखता है
यह खेत, वुसअते-बयाबां[2]
सरसब्ज़ ज़मीं के यह फूल
यह सब्ज़ः-ए-नौरस्ता,[3] यह ख़याबां[4]
सब आग में जल रहे हैं गोया
थम थम के पिघल रहे हैं गोया

दहक़ां संवारता है मिट्टी
रुक-रुक के बिखेरता है दाने
और सोचता जा रहा है जी में
फिर आएगी जंग आज़माने

लम्हः-ए-ग़नीमत

साहिर लुधियानवी

मुस्कुरा अय ज़मीने तीरा-ओ-तार[5]
सर उठा, अय दबी हुई मख़लूक़[6]
देख वह मग़्रिबी उफ़क़[7] के क़रीब
आंधियां पेचो-ताब खाने लगीं

---

1. ग़म का ज़हर, 2. जंगल का विस्तार, 3. नई हरियाली, 4. क्यारी, 5. अस्त-व्यस्त, 6. जनता, 7. पूर्वी क्षितिज।

और पुराने क़िमारख़ाने[1] में
कुहना शातिर[2] बहम[3] उलझने लगे
कोई तेरी तरफ़ नहीं निगरां
यह गरांबार सर्द ज़ंजीरें
ज़ंग-ख़ुर्दा हैं आहनी ही सही
आज मौक़ा है टूट सकती हैं
फ़ुर्सते-यक नफ़स ग़नीमत जान
सर उठा, अय दबी हुई मख़लूक़

सवेरा

जां निसार अख़्तर

तारीक उफ़क़ के माथे से सदियों की सियाही छूट गयी
ज़ुल्मात[4] का सीना चाक हुआ, लो सांस भी शब की टूट गयी
लो सुबह की लौ भी फूट गयी

मौजों ने कोई करवट बदली, ख़्वाबीदा[5] किनारे जाग उठे
दरिया के अंधेरे सीने में सोए हुए धारे जाग उठे
तूफ़ां के किनारे जाग उठे

ज़ालिम का सफ़ीना डूब गया ख़ूंनाबा-फ़शां[6] तुग़ियानों में
मज़लूम की कश्ती तैर गयी इन सुर्ख़-ओ-सियह तूफ़ानों में
सैलाब उठा अरमानों में

इक ख़ूं-सा बरसा दौलत के गुलपोश हसीं काशानों[7] पर
इक आग-सी लपकी सहबा[8] में डूबे हुए इशरतख़ानों पर
इक बर्क़ गिरी ऐवानों पर

सदियों के सुलगते आदम[9] का वह सोज़े-दरूं[10] अफ़साना हुआ
इबलीस का जादू टूट गया, यज़दां[11] का फ़सूं[12] अफ़साना हुआ
वह दौरे-जुनूं अफ़साना हुआ

---

1. जुआख़ाना, 2. पुराने शतरंजबाज़, 3. आपस में, 4. अंधेरा, 5. सोए हुए, 6. ख़ून के आंसू बहाते हुए, 7. महल, 8. शराब, 9. मानव, 10. दिल की जलन, 11. नेकी का ख़ुदा, 12. जादू।

इफ़्लास की बेरंग आंखों में उम्मीद की लाली छाने लगी
मज़दूर के सादा माथे पर गुलरंग शफ़क़ लहराने लगी
रंगीन किरन बल खाने लगी

ताजों की ज़ियाएं[1] ख़्वाब हुईं मेहनत की कुलाहें[2] जाग गईं
तक़दीर की ज़ुल्मत दूर हुई तारीख़ की राहें जाग गईं
ख़्वाबीदा निगाहें जाग गईं

तख़रीब[3] की चीख़ें डूब गईं तामीर[4] का सरगम लहराया
एहसास की दुनिया जाग उठी, जज़्बात का आलम लहराया
लो ज़ीस्त का परचम लहराया

इक और नज़ारा जाग उठा, इक और समां बेदार हुआ
इक और ज़मीं, इक और फ़लक, इक और जहां बेदार हुआ
गुलरंग निशां बेदार हुआ

---

1. चमक, 2. टोपियां, 3. विनाश, 4. निर्माण।

(तीसरा भाग)

अगस्त सन् 1942 की बग़ावत और उसके बाद

अय हमरहाने-क़ाफ़ला[1]

जां निसार अख़्तर

आज आ पहुंचे यह किस वादि-ए-ज़ुल्मत[2] में हम
पै ब पै उठते नहीं हैं किसलिए अपने क़दम

बढ़ गया क्या और भी मंज़िल का अपनी फ़ासला
हमरहाने - क़ाफ़ला अय हमरहाने - क़ाफ़ला

कारवां में आज पैदा हो चला है इंतिशार[3]
अब भी क्या रहबर[4] का हम करते रहेंगे इंतिज़ार

क्यों न कर लें आज हम ख़ुद रास्ते का फ़ैसला
हमरहाने - क़ाफ़ला अय हमरहाने - क़ाफ़ला

रहज़नों[5] के हाथ से हम लुट गए तो क्या हुआ
रास्ते में चन्द साथी छुट गए तो क्या हुआ

अब भी वही जुरअतें[6] हैं अब भी वही हौसला
हमरहाने - क़ाफ़ला अय हमरहाने - क़ाफ़ला

रोक क्या सकते हैं हमको दश्तो-दरिया[7] बहरो - बर[8]
सीनः - ए - कुहसार[9] में आओ तराशें रहगुज़र

हिम्मतों के रूबरू क्या कोई संगीं मरहला[10]
हमरहाने - क़ाफ़ला अय हमरहाने - क़ाफ़ला

कुछ नहीं सूदो-ज़ियां[11]-ओ-बेशो-कम[12] आगे बढ़ो
लहज़ा लहज़ा लम्हा लम्हा,[13] दम ब दम आगे बढ़ो

---

1. क़ाफ़ले के साथियो, 2. अन्धकार की वादी, 3. अस्त-व्यस्तता, 4. मार्गदर्शक, 5. चोर, 6. हिम्मत, साहस, 7. जंगल और दरिया, 8. समुद्र, 9. पर्वत का सीना, 10. समस्या, 11. लाभ और हानि, 12. कम-ज़्यादा, 13. क्षण-क्षण।

ज़िन्दगी में गर्म - रफ़्तारी[1] है ख़ुद अपना सिला[2]
हमरहाने - क़ाफ़ला अय हमरहाने - क़ाफ़ला

ज़ुल्मतें[3] मैदां से आख़िर भागनेवाली हैं अब
दफ़अतन[4] मंज़िल की राहें जागनेवाली हैं अब

ख़त्म है अब इन अंधेरी वादियों का सिलसिला
हमरहाने - क़ाफ़ला अय हमरहाने - क़ाफ़ला

अभी नहीं

जां निसार अख़्तर

बहार है तो क्या, हराम है नशाते - गुलिस्तां[5]
अभी तो ख़ुद ही सीनः - ए - चमन में आग है निहां[6]
यह जश्ने - गुल[7] अभी नहीं, यह रंगो-बू अभी नहीं

अभी तो परफ़शां[8] दिले-बशर[9] में ग़म की आग है
अभी तो वक़्त के लबों[10] पे शोलाबार[11] राग है
नवाए - मुतरिबाने - ख़ुशगुलू अभी नहीं

अभी तो चर्ख़े-ज़िन्दगी[12] पे ज़ुल्मतों[13] का दूद[14] है
अभी तो बिजलियों की ज़द पे ख़िर्मने-वजूद[15] है
नज़ारा सोज़[16] महविशों[17] की आरज़ू अभी नहीं

अभी तलातुमे - हयात[18] है कमाले - औज[19] पर
अभी सफ़ीनः - ए - बशर[20] है ज़ुल्मतों की मौज पर
चराग़े - माहताबो - सैरे - आबजू[21] अभी नहीं

---

1. तीव्र गति, 2. पुरस्कार, 3. अन्धकार, 4. सहसा, 5. उपवन का सुख, 6. छुपी हुई, 7. फूलों का समारोह, 8. चमकती हुई, 9. मानव-हृदय, 10. होंठ, 11. शोले बरसाती हुई, 12. जीवन का आकाश, 13. अन्धकार, 14. धुआं, 15. अस्तित्व का खलियान, 16. दृश्य को जलानेवाला, 17. सुन्दरियों, 18. जीवन का तूफ़ान, 19. जोश, 20. मानव की नाव, 21. चांद का चराग़ और नदी की सैर।

अभी तो ग़ैरमोतबर[1] है शरह[2] कायनात[3] की
अभी तो बहस गर्म है मसाइले-हयात[4] की
नियाज़ो-नाज़[5] की लतीफ़ गुफ़्तगू अभी नहीं

अभी तो दौरे-नौ[6] है ग़र्क़े-शोरे-नावको-कमन्द[7]
अभी तो जामे-अर्ज़[8] से है एक मौजे-ख़ू[9] बलन्द
मए-कुहन[10] अभी नहीं, ख़ुमो-सुबू[11] अभी नहीं

झुका वह फ़र्क़े-आस्मां[12] उठी वह तेग़े-बेनियाम[13]
हम अपने मुल्को-क़ौम को रखेंगे क्या सदा गुलाम
जवानियों का सर्द[14] इस क़दर लहू अभी नहीं

क़ैदी की लाश*

अली जव्वाद ज़ैदी

यह किसने लाश फेंक दी जवानियों की राह में
अभी नुमूदे-ज़िन्दगी[15] बसी न थी निगाह में
अभी दरीचःए-सहर[16] खुला न था

अभी फ़ुसूने-तीरगी[17] मिटा न था
सुकूत[18] में ज़माना था
अभी गुज़रे थे हम जवारे-रज़्मगाह[19] में
यह किसने लाश फेंक दी जवानियों की राह में

---

1. अविश्वसनीय, 2. टीका, व्याख्या, 3. ब्रह्मांड, 4. जीवन की समस्याएं, 5. गर्व, 6. नया ज़माना, 7. बाण और कमन्द के कोलाहल में डूबा हुआ, 8. धरती का जाम, 9. ख़ून की मौज, 10. पुरानी शराब, 11. सुराही और प्याला, 12. आकाश का सर, 13. बिना मियान की तलवार, 14. ठंडा, 15. जीवन का आविर्भाव, 16. प्रभात की खिड़की, 17. अन्धकार का जादू, 18. मौन, 19. युद्ध का मैदान।

*यह नज़्म महादेव देसाई की मौत से मुतास्सिर होकर लिखी गयी है।

यह ख़ौफ़े-अश्को-आह[1] था
यह शामे-ग़म का अक्स था, यह एक इन्तिबाह[2] था
सितमगरों के तर्कशों का तीर था
मगर बराहे-मस्लिहत[3]
अभी यह सख़्त चुटकियों के बीच में असीर[4] था
कि अब गुज़र रहे थे हम नुमाइशे-सिपाह[5] में
हुजूमे-अश्को-आह में
यह किसने लाश फेंक दी जवानियों की राह में

हमीं इसे कुचल न दें अभी यहीं
यह रौंदने की चीज़ क्यों बने अमानते-ज़मीं[6]
नहीं नहीं !
बढ़े चलो बढ़े चलो कुचल भी दो
ख़िज़ां का ग़ुंचा है यह लाश, हां इसे मसल भी दो
मगर यह किस की लाश थी कि बेड़ियां
पड़ी हैं अब भी पांव में।
यह किसने लाश फेंक दी है अजनबी से गांव में
सितम की धूप छांव में
बढ़े चलो बढ़े चलो कुचल भी दो
ख़िज़ां का ग़ुंचा है यह लाश, हां इसे मसल भी दो
यह मौत का मुजस्समा[7] डरा रहा है देर से
लहू में तर-बतर है सर से पांव तक
जमे हुए लहू में है मिरे ही ख़ून की महक

कोई अज़ीज़ तो नहीं
मगर कटे हुए सरों में कुछ तमीज़ तो नहीं
कोई भी हो अज़ीज़ है !
कि इस जरी[8] ने जान दी है जश्ने-रज़्मगाह[9] में
यह किसने लाश फेंक दी जवानियों की राह में

1. आंसू और आह का भय, 2. चेतावनी, 3. भलाई की ख़ातिर, 4. क़ैद, 5. फ़ौज का प्रदर्शन, 6. ज़मीन की अमानत, 7. मूर्ति, 8. बहादुर, 9. युद्ध के मैदान का समारोह।

यह दूर अपने आश्रम को छोड़कर
यह अपने टूटे झोंपड़े से अपने मुंह को मोड़कर
यह ज़ुल्मो-जौर की भरी कलाइयां मरोड़कर
निकल पड़ा
अंधेरी रात थी मगर यह चल पड़ा
कोई भी हो अज़ीज़ है
कि इस जरी ने जान दी है जश्ने-रज़्मगाह में
यह किसने लाश फेंक दी जवानियों की राह में

कुछ देर ज़रा सो लेने दो*

शमीम किरहानी

कुछ देर ज़रा सो लेने दो
तुम जेल जिसे ले जाते हो वह दर्द का मारा है देखो
मज़लूम, अहिंसा का हामी, बेबस दुखियारा है देखो
बेचैन सा उसकी आंखों में पिछले का सितारा है देखो
कुछ देर ज़रा सो लेने दो

आया है अमल की वादी से दिनभर का थका मांदा हारा
अफ़्कार[1] के कांटों का छेड़ा, आलाम[2] की आंधी का मारा
वह जलती रेग[3] थी सहरा की, लेटा है अभी तो दुखियारा
कुछ देर ज़रा सो लेने दो

कुछ ख़ाक पड़ी है माथे पर कुछ गर्द जमी है बालों में
तशवीश[4] की नीली शिकनें[5] हैं संवलाए हुए से गालों में
ठंडक भी नहीं आने पाई तल्वों के तपकते छालों में
कुछ देर ज़रा सो लेने दो

---

1. विचार, 2. शोक, ग़म, 3. रेत, 4. चिन्ता, 5. बल, झुर्रियां।

*सन् 1942 में महात्मा गांधी की गिरफ़्तारी सोती रात को अमल में आई थी।

अफ़्लाक[1] के रुख़ पर आब[2] कहां ग़ुर्बत[3] की नज़र में ताब[4] कहां
पलकों में जो भर दे मस्त किरन आकाश पे वह महताब[5] कहां
माना कि ग़ुलाम आंखों के लिए, आज़ाद ख़ुशी का ख़्वाब कहां
कुछ देर ज़रा सो लेने दो

ज़िन्दां[6] की भयानक रातों में जो ज़ुल्म पड़े सहना होगा
तूफ़ाने - सितम[7] में, टूटी हुई कश्ती की तरह बहना होगा
आज़ाद घड़ी की हसरत में बेख़्वाब[8] सदा रहना होगा
कुछ देर ज़रा सो लेने दो

हम उसके अज़ीज़ सिपाही वह सरदार हमारा है सुन लो
कुल हिन्द फ़िदा है उस पर वह कुल हिन्द का प्यारा है सुन लो
जिस मौज को छेड़ रहे हो तुम वह आग का धारा है सुन लो
कुछ देर ज़रा सो लेने दो

हम तुमको बताए देते हैं इक रोज़ बहुत पछताओगे
मज़लूम के होंठों पर जिस दम बन्दिश की मुहर लगाओगे
वह शोर उठेगा हर दिल से उस शोर में गुम हो जाओगे
कुछ देर ज़रा सो लेने दो

क़िला अहमदनगर

(जहां कांग्रेसी रहनुमा नज़रबन्द थे)

कैफ़ी आज़मी

यह बुझी सी शाम, यह सहमी हुई परछाइयां
ख़ूने-दिल भी इस फ़ज़ा में रंग भर सकता नहीं

आ उतर आ कांपते होंठों पे अय मायूस[9] आह
सक़्फ़े-ज़िन्दां[10] पर कोई परवाज़ कर सकता नहीं

1. आकाश, 2. चमक, 3. दरिद्रता, 4. शक्ति, 5. चांद, 6. क़ैद, जेलख़ाना, 7. अत्याचार का तूफ़ान, 8. जाग्रत, 9. निराश, 10. जेल की छत।

झिलमिलाए मेरी पलकों पर महो-ख़ुर[1] भी तो क्या
इस अंधेरे घर में इक तारा उतर सकता नहीं

लूट ली ज़ुल्मत[2] ने रूए - हिन्द की ताबिन्दगी[3]
रात के कांधे पे सर रखकर सितारे सो गए

वह भयानक आंधियां, वह अबतरी[4] वह ख़ल्फ़िशार[5]
कारवां बेराह हो निकला मुसाफ़िर खो गए

हैं इसी ऐवाने - बेदर[6] में यक़ीनन रहनुमा
आके क्यों दीवार तक नक़्शे - क़दम गुम हो गए

देख अय जोशे-अमल वह सक़्फ़[7] यह दीवार है
एक रौज़न[8] खोल देना भी कोई दुश्वार है

बिदेसी मेहमान से

अस्रारुल हक़ 'मजाज़'

मुसाफ़िर ! भाग वक़्ते-बेकसी है
तिरे सर पर अजल[9] मंडला रही है
तिरी जेबों में हैं सोने के तोड़े
यहां पर जेब ख़ाली हो चुकी है
यह आलम हो गया है मुफ़्लिसी का
कि रस्मे-मेज़बानी[10] उठ गयी है
न दे ज़ालिम फ़रेबे-चारासाज़ी[11]
यह बस्ती तुझसे अब तंग आ चुकी है
मुनासिब है कि अपना रास्ता ले
वह कश्ती देख साहिल[12] से लगी है
घटा जो इस समन्दर से उठी है

---

1. चांद-सूरज, 2. अन्धकार, 3. आभा, चमक, 4. बुरा हाल, 5. व्याकुलता, बेचैनी, 6. बिना दरवाज़े का महल, 7. छत, 8. छिद्र, 9. मृत्यु, 10. अतिथि-सत्कार की रस्म, 11. इलाज का धोखा, 12. किनारा।

दुरे-ख़ुश[1] आब भी बरसा चुकी है
मगर अब इसका आलम है जुदा ही
यह बदली आग बरसाती उठी है
सितारा सुबह का बेनूर[2] है अब
दरो-दीवार पर धूप आ चुकी है
नसीमे-नर्म-रौ[3] इस गुलिस्तां की
समूमे-दश्त-पैमा[4] बन चुकी है
बगूले उठ रहे हैं बढ़ रहे हैं
फ़ज़ा-ए-दहर में हलचल मची है
यहां हर शाख़ शमशीरे-बरहना[5]
गुलों से ख़ून की बू आ रही है
मुरत्तब इक नया दस्तूर होगा
बिना[6] इक दौरे-नौ[7] की पड़ रही है
हिली जाती है बुनियादे-क़दामत[8]
जवानी होश में आई हुई है
यहां के आस्माने-आतिशी[9] पर
बग़ावत की घटा मंडला रही है
यहां से एक तूफ़ां चल रहा है
यहां से एक आंधी उठ रही है

मौसम के इशारे

जमील मज़हरी

मल्लाह अगर बने हो प्यारे
समझो मौसम के भी इशारे
पतवार न तोड़ दें तुम्हारी
हालात के तुन्दो-तेज़ धारे

1. चमकदार मोती, 2. आभाहीन, 3. धीरे-धीरे बहनेवाली हवा, 4. लू, ज़हरीली हवा, 5. नंगी तलवार, 6. नींव, 7. नया युग, 8. प्राचीनता की नींव, 9. आग बरसानेवाला आकाश।

सुन सुन के यह इख़्तियार के सग
हिम्मत मजबूरों की बढ़ रही है
गो तुमने बना बना के क़ानून
ज़ंजीर नई नई गढ़ी है

मीज़ाने-अमल[1] में इनके जज़्बात[2]
हरचन्द अभी तुले नहीं हैं
तूफ़ान हुमक रहा है इनमें
पानी के यह बुलबुले नहीं हैं

लंगर भारी सही तुम्हारा
कश्ती लेकिन उछल रही है
मौजें न हों बेक़रार क्योंकर
नद्दी करवट बदल रही है

बहकी बहकी हुई हवाएं
टुकड़े बादल के ला रही हैं
मौजों के गले में बांहें डाले
तूफ़ान के गीत गा रही हैं

मौसम आंखें दिखा रहा है
मंज़र तेवर बदल रहे हैं
छोटे-छोटे हुबाब[3] भी आज
मुंह से तूफ़ां उगल रहे हैं

यह किसने बता दिया है तुमको
बादल हैं बहार की निशानी
इन काली घटाओं पर न फूलो
बरसेगा इन्हीं से लाल पानी

मौजें कफ़-दर-दहां[4] हैं तुम पर
फ़ितरत[5] चीं-बर-जबीं[6] है तुमसे

---

1. व्यावहारिकता का तराज़ू, 2. भावनाएं, 3. बुलबुले, 4. मुंह में झाग लिए हुए (क्रोधित), 5. प्रकृति, 6. नाराज़।

कश्ती वाले मचाते हैं ग़ुल[1]
कश्ती चलती नहीं है तुमसे

अब ख़ैर इसी में है कि आओ
कश्ती को डुबो के भाग जाओ

ख़्वाबे-सहर

अस्रारुल हक़ 'मजाज़'

महर[2] सदियों से चमकता ही रहा अफ़्लाक[3] पर
रात ही तारी रही इंसान के इदराक[4] पर

अक़्ल के मैदान में ज़ुल्मत[5] का डेरा ही रहा
दिल में तारीकी[6] दिमाग़ों में अंधेरा ही रहा

इक न इक मज़हब की सई-ए-ख़ाम[7] भी होती रही
अहले-दिल पर बारिशे - इल्हाम भी होती रही

आस्मानों से फ़रिश्ते भी उतरते ही रहे
नेक बन्दे भी ख़ुदा के काम करते ही रहे

इब्ने - मरियम[8] भी उठे मूसा - ए - इम्रां[9] भी उठे
रामो - गौतम भी उठे फ़िरऔनो - हामां भी उठे

अहले-सैफ़[10] उठते रहे अहले - किताब आते रहे
ईं जनाब उठते रहे और आं जनाब आते रहे

हुक्मरां[11] दिल पर रहे सदियों तलक अस्नाम[12] भी
अब्रे - रहमत[13] बनके छाया दहर[14] पर इस्लाम भी

---

1. शोर, 2. सूरज, 3. आकाश, 4. विवेक, 5. अन्धकार, 6. अंधेरा, 7. अधूरी कोशिश, 8. हज़रत ईसा, 9. हज़रत मूसा, 10. तलवार के धनी, 11. शासक, 12. मूर्तियां, 13. रहमत का बादल, 14. संसार।

मस्जिदों में मौलवी ख़ुतबे सुनाते ही रहे
मन्दिरों में बिरहमन अशलोक गाते ही रहे

आदमी मिन्नत - कशे - अरबाबे - इरफ़ां[1] ही रहा
दर्दे - इंसानी मगर महरूमे - दर्मां[2] ही रहा

इक न इक दर पर जबीने - शौक़[3] घिसती ही रही
आदमीयत ज़ुल्म की चक्की में पिसती ही रही

रहबरी जारी रही पैग़म्बरी जारी रही
दीन के पर्दे में जंगे - ज़रगरी[4] जारी रही

अहले - बातिन[5] इल्म[6] से सीनों को गर्माते रहे
जहल[7] के तारीक[8] साए हाथ फैलाते रहे

यह मुसलसल आफ़तें, यह यूरिशें,[9] यह क़त्ले-आम
आदमी कब तक रहे औहामे - बातिल[10] का गुलाम

ज़िहने-इंसानी[11] है अब औहाम[12] के ज़ुल्मात[13] में
ज़िन्दगी की सख़्त तूफ़ानी अंधेरी रात में

कुछ नहीं तो कम-से-कम ख़्वाबे-सहर[14] देखा तो है
जिस तरफ़ देखा न था अब तक उधर देखा तो है

गांधी-जिनाह मुलाक़ात पर

जां निसार 'अख़्तर'

यह मीठे सुरों में फिर किसने जीवन का मधुर नग़्मा गाया
सोया हुआ दीपक चौंक पड़ा इक मस्त सा शोला लहराया

---

1. ज्ञानी लोगों की मिन्नत करता हुआ, 2. इलाज से वंचित, 3. प्रेम भरा ललाट, 4. सरमायादारी की जंग, 5. ज्ञानी, 6. ज्ञान, 7. अज्ञान, 8. अंधेरे, 9. आक्रमण, 10. झूठे भ्रम, 11. मानव मस्तिष्क, 12. भ्रम, 13. सागर, 14. सुबह का ख़्वाब।

फिर रात ने दामन खींच लिया फिर सुबह ने आंचल सरकाया
आशा के मनोहर फूल खिले, हिरदय का कंवल भी मुस्काया
यह मीठे सुरों में फिर किसने जीवन का मधुर नग़्मा गाया

फिर आज वतन की देवी के माथे पे दमकता है तारा
फिर आज अंधेरी राहों में हर सिम्त हुआ है उजियारा
जीवन के उफ़क़[1] से बह निकला अनवार[2] का इक चंचल धारा
हर ज़र्रे में ज्योती जाग उठी, टूटा हुआ जैसे महपारा[3]
फिर आज वतन की देवी के माथे पे दमकता है तारा

बिछड़े हुए साथी मुद्दत के लो आज गले फिर मिलते हैं
लो फिर से बहारें लौट आईं, लो फूल दुबारा खिलते हैं
अब तक जो गरीबां चाक रहे वह आज गरीबां सिलते हैं
फिर प्रेम भरे जयकारों से गर्दूं[4] के कगारे हिलते हैं
बिछड़े हुए साथी मुद्दत के लो आज गले फिर मिलते हैं

वह वक़्त भी कोई दूर नहीं वह वक़्त भी अब आ जाएगा
इक शमअ नई जल जाएगी इक रूप नया छा जाएगा
किरनों का झलकता इक सागर, इस ख़ाक पे लहरा जाएगा
धरती के दमकते मुखड़े से ख़ुर्शीद[5] भी शरमा जाएगा
बिछुड़े हुए साथी मुद्दत के लो आज गले फिर मिलते हैं

किरन

(गांधी-जिनाह मुलाक़ात)

कैफ़ी आज़मी

मुत्मइन[6] कोई नफ़स[7] अय दिले-रंजूर[8] नहीं
अब अलग बैठ के जी लेने का मक़्दूर[9] नहीं

---

1. क्षितिज, 2. प्रकाश, 3. चांद का टुकड़ा, 4. आकाश, 5. सूरज, 6. सन्तुष्ट, 7. सांस, 8. दुखी दिल, 9. शक्ति।

तजर्बों ने वह लगाए हैं दिलों में चर्के
रूठे मिल जायें गले आज तो कुछ दूर नहीं
ज़िन्दगी सुलह पे मजबूर हुई जाती है

रुख़ सम - आलूद[1] हवाओं का बदलने सा लगा
शौक़ पज़मुर्दा[2] अनासिर[3] में मचलने सा लगा
किसने यह साज़े उख़ूवत[4] पे अलापा दीपक
इक दिया रात के आग़ोश[5] में जलने सा लगा
तीरगी[6] रात की काफ़ूर हुई जाती है

ख़ार[7] क्या चीज़ हैं दो दोस्त जो मिलना चाहें
सोज़े-रफ़्तार[8] से लौ देने लगी हैं राहें
वक़्त ने सीनः-ए-एहसास[9] में ले ली चुटकी
डाल दीं गर्म तक़ाज़ों ने गले में बांहें
आख़िरी शर्त भी मंज़ूर हुई जाती है

मिल गईं उठके निगाहें जो निगहबानों की
नब्ज़[10] उभर आई सिसकते हुए अरमानों की
नाख़ुदा[11] जोड़ के सर बैठने वाले हैं इधर
और उधर सांस उखड़ने लगी तूफ़ानों की
मौज कश्ती[12] के तले चूर हुई जाती है

—5 अगस्त, 1944

1. ज़हरीली, 2. उदास, 3. तत्त्व, 4. बराबरी का साज़, 5. गोद, 6. अन्धकार, 7. कांटा, 8. गति की जलन, 9. एहसास का सीना, 10. नाड़ी, 11. नाविक, 12. नाव।

समन्दर पार के फ़रिश्ताहाए-रहमत से

(वज़ारती मिशन सन् 1946 की वापसी पर)

अहमद नदीम क़ासमी

अज़ाबे-जां[1] था अगर मुम्लिकत[2] का इस्तक़बाल[3]
तो क्या ज़रूर कि हंगामाहाए - गुफ़्तो - शुनीद[4]

मुअल्लिमीने - सियासत,[5] तकल्लुफ़ात[6] हैं यह
कि ख़ुदशनास[7] है इंसानियत का दौरे - जदीद[8]

न जाने कब से यह तिफ़्लाना[9] खेल जारी है
तुम्हारी उक़्दा - कुशाई,[10] हमारी महरूमी[11]
मज़ाक़ पर उतर आती है जब शहंशाही[12]
तो अपने आपको पहचानती है महकूमी[13]

तुम्हारे ज़िहन[14] की यह मूशिगाफ़ियां[15] ही तो हैं
कि हुर्रियत[16] की ख़रीदो - फ़रोख़्त[17] है दुश्वार[18]
ख़िज़ां[19] के बाद यक़ीनन बहार आती है
नहीं है आदते - फ़ितरत[20] को मस्लिहत[21] दरकार

मुअर्रिख़ों[22] से कहो, ख़ून में डुबोएं क़लम
बदल चुका है इरादे में इज़्तिराब[23] अपना
ख़िज़ां रहे कि बहार आए, हरचे - बादाबाद[24]
अब इक ज़क़न्द[25] का है मुन्तज़िर[26] शबाब अपना

---

1. शारीरिक यातना, 2. देश, 3. स्वागत, 4. कहने-सुनने के हंगामे, 5. राजनीति के उस्ताद, 6. शिष्टाचार, 7. स्वयं को पहचाननेवाला, 8. नया युग, 9. बच्चों का खेल, 10. गांठ खोलना, 11. हीनता, वंचितता, 12. बादशाहत, 13. दासता, ग़ुलामी, 14. बुद्धि, 15. बाल की खाल निकालना, 16. आज़ादी, 17. क्रय-विक्रय, 18. कठिन, 19. पतझड़, 20. प्रकृति का स्वभाव, 21. भलाई, 22. इतिहासकार, 23. व्याकुलता, 24. जो हो सो हो, 25. छलांग, 26. प्रतीक्षक।

पाकिस्तान चाहनेवालों से

शमीम किरहानी

हमको बतलाओ तो क्या मतलब है पाकिस्तान का
जिस जगह इस वक़्त मुस्लिम हैं, नजिस[1] है क्या वह जा[2]

नेशे-तुहमत[3] से तिरे, चिश्ती[4] का सीना चाक है
जल्द बतला क्या ज़मीं अजमेर की नापाक है

कुफ़्र की वादी में ईमां का नगीना खो गया
हाए क्या ख़ाके-नजिस[5] में शाहे-मीना सो गया

दीन का मख़दूम जो कलियर की आबादी में है
आह उसका आस्ताना क्या नजिस वादी में है

हैं इमामों के जो रौज़े लखनऊ की ख़ाक पर
बन गए क्या तौबा - तौबा ख़ित्तः-ए-नापाक[6] पर

बात यह कैसी कही तूने कि दिल ने आह की
क्या ज़मीं ताहिर[7] नहीं दरगाहे-नूरुल्लाह की

आह उस पाकीज़ा गंगा को नजिस कहता है तू
जिसके पानी से किया मुस्लिम शहीदों ने वज़ू[8]

नामे-पाकिस्तां न ले गर तुझको पासे-दीन[9] है
यह गुज़श्ता[10] नस्ले-मुस्लिम[11] की बड़ी तौहीन[12] है

टुकड़े-टुकड़े कर नहीं सकते वतन को अहले-दिल
किस तरह ताराज[13] देखेंगे चमन को अहले-दिल

---

1. अपवित्र, 2. जगह, 3. झूठे आरोप का ज़हर, 4. ख़्वाजा मुईनुद्दीन चिश्ती, 5. अपवित्र धूल, 6. अपवित्र धरती, 7. पवित्र, 8. नमाज़ के लिए नियमपूर्वक मुंह और हाथ-पांव धोना, 9. धर्म का ख़याल, 10. गुज़री हुई, 11. मुसलमानों की नस्ल, 12. अपमान, 13. नष्ट।

क्या यह मतलब है कि हम महरूमे-आज़ादी[1] रहें
मुंक़सिम[2] होकर अरब की तरह फ़रयादी रहें

टुकड़े-टुकड़े होके मुस्लिम ख़स्तादिल हो जाएगा
नख़्ले-जमीअत[3] सरासर मुज़्महिल[4] हो जाएगा

मंज़िल क़रीबतर है

सीमाब अकबराबादी

अय अहले-कारवां क्या तुमको भी यह ख़बर है ? मंज़िल क़रीबतर है
है ख़त्म जादः-ए-शब[5] और आमदे-सहर[6] है–मंज़िल क़रीबतर है

अल्लाह रे वह जज़्बा[7] जो कामियाब निकला
जादा-शनास[8] निकला, मक़सद-मआब[9] निकला
बेदार-कुन, मआले-तजदीदे-ख़्वाब निकला[10]
लो मश्रिक़े-तलब[11] से वह आफ़्ताब[12] निकला

वह आफ़्ताब जिसमें उम्मीद जल्वागर[13] है–मंज़िल क़रीबतर है

जो शोरिशे-तमाम[14] महफ़िल बनी हुई है
हर गुफ़्तगू का जुज़्वे-हासिल बनी हुई है
लाहल[15] जो एक फ़िक्रे-बातिल[16] बनी हुई है
सदियों से जो हदीसे-मुश्किल[17] बनी हुई है

वह दास्ताने-मंज़िल फ़िलजुमला[18] मुख़्तसर[19] है–मंज़िल क़रीबतर है

---

1. आज़ादी से वंचित, 2. टुकड़े-टुकड़े, 3. जनसमूह का वृक्ष, 4. उदास, 5. रात का मार्ग, 6. प्रातःकाल का आगमन, 7. भावना, 8. मार्ग पहचाननेवाला, 9. उद्देश्य की पूर्ति करनेवाला, 10. जाग जा, नये सपने का परिणाम निकला, 11. तलब का क्षितिज, 12. सूरज, 13. जल्वा दिखाती हुई, 14. राजक्रान्ति, ग़दर, 15. जो हल न हो सके, 16. झूठी चिन्ता, 17. कठिनाई की हदीस, 18. सब मिलाकर, 19. संक्षिप्त।

अय अहले - कारवां हो तुम पर सलाम मेरा
आसूदगी[1] मुबारक है ख़त्म काम मेरा
हूं रहनुमाए - मंज़िल,[2] शाइर है नाम मेरा
लाया है ता-ब-मंज़िल तुमको पयाम मेरा

पहले जो हमसफ़र था अब हासिले-सफ़र है—मंज़िल क़रीबतर है

आज़ादी

फ़िराक़ गोरखपुरी

मिरी सदा[3] है गुले-शमअे - शामे - आज़ादी[4]
सुना रहा हूं दिलों को पयामे - आज़ादी[5]

लहू वतन के शहीदों का रंग लाया है
उछल रहा है ज़माने में नामे - आज़ादी

मुझे बक़ा[6] की ज़रूरत नहीं कि फ़ानी[7] हूं
मिरी फ़ना से है पैदा दवामे - आज़ादी[8]

जो राज करते हैं जम्हूरियत[9] के पर्दे में
उन्हें भी है सरो-सौदाए-ख़ामे-आज़ादी[10]

बनाएंगे नई दुनिया किसान और मज़दूर
यही सजायेंगे दीवाने - आमे - आज़ादी[11]

फ़ज़ा में जलते दिलों से धुआं सा उठता है
अरे यह सुब्हे - ग़ुलामी ! यह शामे - आज़ादी

---

1. सम्पन्नता, 2. मार्ग-प्रदर्शक, 3. आवाज़, 4. आज़ादी की शाम की शमा का फूल, 5. आज़ादी का सन्देश, 6. अमरता, 7. नश्वर, 8. आज़ादी की नित्यता, 9. गणतंत्र, 10. आज़ादी का झूठा उन्माद, 11. आज़ादी का दीवाने-आम।

यह महरो-माह[1] यह तारे यह बामे-हफ़्त अफ़्लाक[2]
बहुत बलन्द है इनसे मुक़ामे - आज़ादी

फ़ज़ाए-शामो-सहर[3] में शफ़क़ झलकती है
कि जाम में है मए - लालाफ़ामे - आज़ादी[4]

सियाह ख़ानः-ए-दुनिया[5] की ज़ुल्मतें[6] हैं दो रंग
निहां[7] है सुब्हे-असीरी[8] में शामे-आज़ादी

सुकूं का नाम न ले, है वह क़ैदे - बेमीआद[9]
है पै-ब-पै हरकत में क़यामे-आज़ादी

यह कारवां हैं पस्मान्दगाने - मंज़िल[10] के
कि रहरवों[11] में यही हैं इमामे - आज़ादी[12]

दिलों में अहले-ज़मीं के है नींव इसकी मगर
क़सूरे - ख़ुल्द[13] से ऊंचा है बामे - आज़ादी[14]

वहां भी ख़ाकनशीनों ने झंडे गाड़ दिए
मिला न अहले - दुवल[15] को मक़ामे-आज़ादी

हमारे ज़ोर से ज़ंजीरे - तीरगी[16] टूटी
हमारा सोज़[17] है माहे - तमामे - आज़ादी[18]

तरन्नुमे - सहरी[19] दे रहा है जो छुपकर
हरीफ़े - सुब्हे - वतन[20] है यह शामे - आज़ादी

हमारे सीने में शोले भड़क रहे हैं 'फ़िराक़'
हमारी सांस से रौशन है नामे - आज़ादी

---

1. चांद-सूरज, 2. सातवें आसमान की छत, 3. सुबह-शाम का वातावरण, 4. आज़ादी की लाल रंग की शराब, 5. दुनिया का काला घर, 6. अन्धकार, 7. छुपा हुआ, 8. क़ैद की सुबह, 9. असीम क़ैद, 10. मंज़िल से पिछड़े हुए, 11. पथिक, 12. आज़ादी का नेता, 13. स्वर्ग का महल, 14. आज़ादी की छत, 15. मक्कार, 16. अन्धकार की ज़ंजीर, 17. जलन, 18. आज़ादी का पूर्ण चन्द्र, 19. सुबह का राग, 20. वतन की सुबह की प्रतिद्वन्द्वी।

आज़ादि-ए-वतन

मख़दूम मोहिउद्दीन

कहो हिन्दोस्तां की जय
कहो हिन्दोस्तां की जय

क़सम है ख़ून से सींचे हुए रंगीं गुलिस्तां की
क़सम है ख़ूने-दहक़ां[1] की, क़सम ख़ूने - शहीदां[2] की

यह मुमकिन है कि दुनिया के समन्दर ख़ुश्क[3] हो जायें
यह मुमकिन है कि दरिया बहते-बहते थक के सो जायें

जलाना छोड़ दें दोज़ख़[4] के अंगारे यह मुमकिन है
रवानी[5] तर्क[6] कर दें बर्क़[7] के तारे यह मुमकिन है

ज़मीने-पाक[8] अब नापाकियों को ढो नहीं सकती
वतन की शमअे-आज़ादी[9] कभी गुल हो नहीं सकती

कहो हिन्दोस्तां की जय
कहो हिन्दोस्तां की जय

वह हिन्दी नौजवानों यानी अलम-बरदारे-आज़ादी[10]
वतन का पास्बां, वह तेग़े - जौहरदारे - आज़ादी[11]

वह पाकीज़ा शरारा[12] बिजलियों ने जिसको धोया है
वह अंगारा कि जिसमें ज़ीस्त[13] ने ख़ुद को समोया है

वह शमअे-ज़िन्दगानी आंधियों ने जिसको पाला है
इक ऐसी नाव तूफ़ानों ने ख़ुद जिसको संभाला है

---

1. किसान का ख़ून, 2. शहीदों का ख़ून, 3. सूखे, 4. नर्क, 5. प्रवाह, 6. त्यागना, 7. बिजली, 8. पवित्र धरती, 9. आज़ादी का चिराग़, 10. आज़ादी का झंडा उठानेवाले, 11. आज़ादी की तेज़ धार तलवार, 12. चिंगारी, 13. ज़िन्दगी।

वह ठोकर जिससे गेती[1] लर्ज़ा - बर - अन्दाम[2] रहती है
वह धारा जिसके सीने पर अमल की नाव बहती है

छुपी ख़ामोश आहें शोरे - महशर[3] बनके निकली हैं
दबी चिंगारियां ख़ुर्शीदे - ख़ावर बनके निकली हैं

बदल दी नौजवाने - हिन्द ने तक़दीर ज़िन्दां[4] की
मुजाहिद की नज़र से कट गयी ज़ंजीर ज़िन्दां की

कहो हिन्दोस्तां की जय
कहो हिन्दोस्तां की जय

बोल

फ़ैज़ अहमद 'फ़ैज़'

बोल कि लब आज़ाद हैं तेरे
बोल, ज़बां अब तक तेरी है

तेरा सुतवां जिस्म है तेरा
बोल कि जां अब तक तेरी है

देख कि आहनगर[5] की दुकां[6] में
तुन्द[7] हैं शोले सुर्ख़ है आहन[8]

खुलने लगे क़ुफ़्लों[9] के दहाने[10]
फैला हर इक ज़ंजीर का दामन

बोल यह थोड़ा वक़्त बहुत है
जिस्मो - ज़बां की मौत से पहले

बोल कि सच ज़िन्दा है अब तक
बोल जो कुछ कहना हो कह ले

1. धरती, 2. कम्पित, 3. प्रलय का कोलाहल, 4. क़ैदख़ाना, 5. आहों का शहर, 6. दुकान, 7. तेज़, तीव्र, 8. लोहा, 9. ताला, 10. मुंह।

क़हते-बंगाल[1]

(दूसरी जंगे-अज़ीम के मौक़े पर)

तिलोकचन्द 'महरूम'

गुलामी में नहीं है इनसे बचने का कोई चारा[2]
यह लड़ते हैं जहां से और हम पर बोझ है सारा
बजाने के लिए अपनी जहांगीरी का नक़्क़ारा
हमारी खाल खिंचवाते हैं, देखो तो यह नज़्ज़ारा
ब ज़ाहिर[3] हैं करमपर्वर,[4] ब बातिन[5] हैं सितमआरा[6]

यह अपनी ज़ात की ख़ातिर हैं सबकी जान के दुश्मन
हैं ख़ूं-आशाम[7] हर हैवान के, इंसान के दुश्मन
कभी हैं चीन के दुश्मन कभी ईरान के दुश्मन
हमारे दोस्त भी कब हैं जो हैं जापान के दुश्मन
उसे बन्दूक़ से मारा तो हमको भूख से मारा

क़हते-बंगाल

जिगर मुरादाबादी

बंगाल कि मैं शामो - सहर देख रहा हूं
हरचन्द कि हूं दूर मगर देख रहा हूं

इफ़्लास[8] की मारी हुई मख़लूक़[9] सरे-राह[10]
बेगोरो - कफ़न[11] ख़ाक-बसर देख रहा हूं

बच्चों का तड़पना वह बिलखना वह सिसकना
मां-बाप की मायूस[12] नज़र देख रहा हूं

---

1. बंगाल का अकाल, 2. इलाज, 3. प्रत्यक्ष रूप में, 4. दयालु, 5. पीठ पीछे, 6. अत्याचारी, 7. ख़ून पीनेवाला, 8. दरिद्रता, 9. जनता, 10. रास्ते पर, 11. जिन्हें कफ़न और क़ब्र नसीब न हुआ, 12. निराश।

इंसान के होते हुए इंसान का यह हश्र[1]
देखा नहीं जाता है मगर देख रहा हूं

रहमत[2] का चमकने को है फिर नैयरे-ताबां[3]
होने को है इस शब की सहर देख रहा हूं

ख़ामोश निगाहों में उमडते हुए जज़्बात[4]
जज़्बात में तूफ़ाने-शरर[5] देख रहा हूं

बेदारिए - एहसास[6] है हर सिम्त[7] नुमायां[8]
बेताबिए - अरबाबे - नज़र[9] देख रहा हूं

अंजामे-सितम[10] अब कोई देखे कि न देखे
मैं साफ़ इन आंखों से मगर देख रहा हूं

सैयाद ने लूटा था अनादिल[11] का नशेमन[12]
सैयाद के जलते हुए घर देख रहा हूं

इक तेग़ की जुम्बिश[13] सी नज़र आती है मुझको
इक हाथ पसे-पर्दः-ए-दर[14] देख रहा हूं

क़हते-कलकत्ता

आनन्दनारायण मुल्ला

अर्ज़े-बंगाल[15] का नाज़ों का वह पाला हुआ शहर
शाहे-ख़ावर[16] की शुआओं[17] का उजाला हुआ शहर
चश्मः-ए-मुश्क-ओ-गुल-ओ-ऊद[18] में पाला हुआ शहर
रौज़ः-ए-ख़ुल्द[19] के सांचे में वह ढाला हुआ शहर

---

1. अंजाम, स्थिति, 2. दया, 3. प्रकाशमान सूर्य, 4. भावनाएं, 5. आग का तूफ़ान, 6. जागृति, 7. दिशा, 8. प्रकट, 9. दृष्टि वालों की बेताबी, 10. अत्याचार का नतीजा, 11. बुलबुल, 12. घोंसला, 13. तलवार, 14. पर्दे के पीछे, 15. बंगाल की धरती, 16. पूर्व का बादशाह (सूर्य) 17. किरणें, 18. फूल, कस्तूरी और ऊद के स्रोत, 19. स्वर्ग का रौज़ा।

आज सुनसान उसी शहर की हर बस्ती है
अर्सः - ए - जंग[1] से भी मौत वहां सस्ती है।

जंग की मौत में इक हुस्ने - मुकाफ़ात[2] तो है
एक यकसानियते - सदमा - ओ - आफ़ात[3] तो है
झोंपड़ी में जो है महलों में वही रात तो है
ग़म की तक़्सीम[4] में इक रंगे-मसावात[5] तो है
इसमें कुछ तफ़र्क़ - ए - मुफ़्लिसो - ज़रदार[6] नहीं
एक गोली किसी फ़िर्क़े[7] की तरफ़दार नहीं

है मगर क़हर[8] यह बेमौत बुलाई हुई मौत
नातवानों[9] पे तवानाओं[10] की लाई हुई मौत
शहनशीनों से ज़मीनों पे गिराई हुई मौत
चोर बाज़ार के सिक्कों की चलाई हुई मौत
क़त्ल कर दे किसी बेकस[11] को हलाकू जैसे
लूट ले ख़ानः-ए-बेवा[12] कोई डाकू जैसे

आज बंगाल में जारी है यह फ़र्माने - अजल[13]
गोशे गोशे में है इक गोरे - ग़रीबाने - अजल[14]
क़ाफ़ला राम का है और राहे - बयाबाने - अजल[15]
फ़ाक़ामस्ती का फ़साना है ब उन्वाने - अजल[16]
तीराबख़्ती[17] की हर इक सिम्त जहांदारी[18] है
सिपहे - यास[19] है और भूक की सालारी[20] है

मुंह से निकली हुई वह सुर्ख़ ज़बां ख़ून से तर
काले जौशन[21] वह संपोलों[22] के, सियह बाज़ू पर
पहने गुंधे हुए इक हार में कुछ कासः - ए - सर[23]
खड़ग इक हाथ में, इक हाथ में ख़ूं का साग़र[24]

---

1. युद्ध का मैदान, 2. बदले का सौंदर्य, 3. विपत्ति और शोक की एकरूपता, 4. बंटवारा, 5. बराबरी का रंग, 6. धनवान और ग़रीब का फ़र्क़, 7. सम्प्रदाय, 8. प्रकोप, 9. दुर्बल, 10. शक्तिशाली, 11. दुर्बल, 12. विधवा का घर, 13. मौत का फ़रमान, 14. ग़रीब की क़ब्र, 15. मौत के जंगल का मार्ग, 16. मौत का शीर्षक, 17. दुर्भाग्य, 18. राज्य, 19. निराशा की फ़ौज, 20. भूख जिसकी सेनापति हो, 21. बाज़ू पर बांधने का ज़ेवर, 22. सांप का बच्चा, 23. सरों के कमंडल, 24. प्याला।

रक़्स करती हुई लाशों पे भवानी आई
आज फिर जोश पे काली की जवानी आई

आज गन्दुम की बहा अर्श[1] के ख़ोशों से सिवा
ताजे - शाही के चमकते हुए हीरों से सिवा
हर्फ़े - क़ुआं से सिवा, वेद के शब्दों से सिवा
मां की नज़रों में भरी गोद के फूलों से सिवा
ख़्वाहिशे - अव्वले - इंसां[2] के मुक़ाबिल सब हेच[3]
अक़्लो-दीं हेच, निज़ा-ए-हक़-ओ-बातिल सब हेच

ख़ाके - बंगाल में अब भी है वही हरियाली
अब भी घिर - घिर के बरसती हैं घटाएं काली
क्या क़यामत है, वही जिसने यह खेती पाली
उसके हिस्से में नहीं एक भी सूखी बाली
वह हुकूमत की ज़रूरत कि ठिकाना ही नहीं
और बेचारे किसां के लिए दाना ही नहीं

हाजते - फ़ौज[4] मुसल्लम मगर अन्दाज़ के साथ
जंग बरहक़ मगर आईने - जहांसाज़ के साथ
नग़्मः - ए - फ़त्ह[5] तो है ख़ल्क़[6] की आवाज़ के साथ
न कि उखड़े हुए अनफ़ास[7] की परवाज़[8] के साथ
जीत धोका है अगर जीत की सूरत है यही
तीन हर्फ़[9] इसपे अगर फ़तह की क़ीमत है यही

1. आकाश, 2. मानव की प्रथम इच्छा, 3. तुच्छ, 4. सेना की आवश्यकता, 5. विजय का गीत, 6. जनता, 7. सांस, 8. उड़ान, 9. लानत, धिक्कार।

एक सवाल

अख़्तरुल ईमान

ज़मीं के तारीक[1] गहरे सीने में फेंक दो इसका जिस्मे-ख़ाकी[2]
यह सीमगूं नर्म नर्म किरनें
जो माहो-अंजुम[3] से फूटती हैं
यह नीलगूं आस्मां की दुनिया
यह शर्क़[4] और ग़र्ब[5] के किनारे
यह मेवाहाए लज़ीज़ो - शीरीं[6]
यह हुस्ने बेनाम के इशारे
कभी न इसको जगा सकेंगे
जवान, दिलकश, हसीन चेहरे से छीन ली ग़म ने ताबनाकी[7]

खुली हुई बदनसीब आंखें
यह देखती थीं कि आदमी ने
इक अपने ही जैसे आदमी पर
तमाम दरवाज़े बन्द करके
बोहीमियत को जगा दिया है
लज़ीज़ अम्बार नेमतों[8] के
सियाह पर्दों में दब गए हैं
और आख़िरश रांदः-ए-जहां से ज़मीं की आग़ोश[9] ने वफ़ा की

इसीलिए क्या उगा करेंगे
यह नर्म पौदे यह नर्म शाख़ें
कि इनको इक रोज़ हम उठाकर
ख़िज़ां की आग़ोश में सुला दें

---

1. अन्धकारमय, 2. मिट्टी का शरीर, 3. चांद-तारे, 4. पूर्व, 5. पश्चिम, 6. स्वादिष्ट और मीठे, 7. चमक, 8. स्वादिष्ट पदार्थ, 9. गोद।

भूका है बंगाल

वामिक़ जौनपुरी

पूरब देस कि डुग्गी बाजी फैला दुख का जाल
दुख की अगनी कौन बुझाए सूख गए सब ताल
जिन हाथों ने मोती रोले आज वही कंगाल
रे साथी आज वही कंगाल
भूका है बंगाल रे साथी भूका है बंगाल

पेट से अपने पीठ लगाए लाखों उलटे खाट
भीकमंगाई से थक-थक कर उतरे मौत के घाट
जियन मरन के डांडे मिलाए बैठे हैं चंडाल
रे साथी बैठे हैं चंडाल
भूका है बंगाल रे साथी भूखा है बंगाल

नद्दी, नाला, गली, डगर पर लाशों के अम्बार
जान की ऐसी महंगी शै का उलट गया ब्योपार
मुट्ठी भर चावल से बढ़कर सस्ता है यह माल
रे साथी सस्ता है यह माल
भूका है बंगाल रे साथी भूका है बंगाल

कोठरियों में गांजे बैठे बनिये सारा अनाज
सुन्दर नारी भूक की मारी बेचे घर घर लाज
चौपट नगरी कौन संभाले चार तरफ़ भूचाल
रे साथी चार तरफ़ भूचाल
भूका है बंगाल रे साथी भूका है बंगाल

पुरखों ने घर-बार लुटाए छोड़ के सबके साथ
माएं रोएं बिलख बिलखकर बच्चे भये अनाथ
सदा सुहागन विधवा बाजे खोले सर के बाल
रे साथी खोले सर के बाल
भूका है बंगाल रे साथी भूका है बंगाल

अत्ती पत्ती चबा चबाकर जूझ रहा है देस
मौत ने कितने घूंघट मारे बदले सौ सौ भेस
काल बिकट फैलाय रहा है बीमारी का जाल
रे साथी बीमारी का जाल
भूका है बंगाल रे साथी भूका है बंगाल

धरती माता के सीने में चोट लगी है कारी
माया काली के फन्दे में वक़्त पड़ा है भारी
अब भी उठ जा नींद के माते देख तू जग का हाल
रे साथी देख तू जग का हाल
भूका है बंगाल रे साथी भूका है बंगाल

कलकत्ते के बाज़ारों में

साहिर लुधियानवी

जहाने-कुहना[1] के मफ़लूज[2] फ़ल्सफ़ादानो[3]
निज़ामे-नौ[4] के तक़ाज़े सवाल करते हैं

यह शाहराहें[5] इसी वास्ते बनी थीं क्या
कि इनपे देस की जनता सिसक सिसक के मरे

ज़मीं ने क्या इसी कारन अनाज उगला था
कि नस्ले-आदमो-हौआ बिलख बिलख के मरे

मिलें इसीलिए रेशम का ढेर बुनती हैं
कि दुख़्तराने-वतन[6] तार तार को तरसें

चमन को इसलिए माली ने ख़ूं से सींचा था
कि उसकी अपनी निगाहें बहार को तरसें

---

1. पुराना संसार, 2. अपंग, 3. दार्शनिको, 4. नया विधान, 5. राजमार्ग, 6. देश की बेटियां।

ज़मीं की क़ूवते-तख़लीक़[1] के ख़ुदावन्दो
मिलों के मुन्तज़िमो,[2] सल्तनत के फ़र्ज़न्दो

पचास लाख फ़सुर्दा गली सड़ी लाशें
निज़ामे-ज़र[3] के ख़िलाफ़ एहतिजाज[4] करते हैं

ख़मोश होंठों से दम तोड़ती निगाहों से
बशर बशर[5] के ख़िलाफ़ एहतिजाज करते हैं

वज़ारती वफ़्द का फ़रेब

जोश मलीहाबादी

बहुत ही ताक़[6] हैं तूले - अमल[7] में अहले - मिशन
बला के तेज़ हैं रद्दो-बदल में अहले - मिशन
वतन को पीस रहे हैं खरल में अहले - मिशन
छुरी दबाए हुए हैं बग़ल में अहले - मिशन
शफ़ीक़ बन के मगर मुस्कुराए जाते हैं

कभी डरे ही न थे जो किसी तबाही से
शदीद तर थे जो दुनिया के हर सिपाही से
कभी दबे ही न थे शाने - कज - कुलाही से
जो सर कभी न झुके थे जलाले-शाही[8] से
हुज़ूरे - हज़रते - वेवल झुकाए जाते हैं

बशर के वास्ते ज़ालिम नहीं जो अज़लम[9] हैं
दिलों के ख़ून से रंगीन जिनके परचम हैं
ज़मीन पर जो भड़कते हुए जहन्नम[10] हैं
वह वालियाने - रियासत[11] जो नंगे - आलम[12] हैं
नज़र बचा के गले से लगाए जाते हैं

---

1. उर्वरा शक्ति, 2. प्रबन्धक, 3. सरमायादारी; पूंजीवाद, 4. विरोध, 5. मानव, 6. कुशल, 7. अमल को खींचने में, 8. साम्राज्य का प्रताप, 9. घोर अत्याचारी, 10. नर्क, 11. राजा-महाराजा, 12. संसार में बदनाम।

निगाहे - नाज़[1] में राज़ो - नियाज़े - आज़ादी
हर एक हर्फ़ में सोज़ो - गुदाज़े - आज़ादी
खुली है दोश पे ज़ुल्फ़े - दराज़े - आज़ादी
बजा रहे हैं बलन्दी पे साज़े - आज़ादी
वीटो की हांक भी लेकिन लगाए जाते हैं

हर एक में हैं निहां बेपनाह शमशीरें
हर एक मौज में गिर्दाब की हैं तस्वीरें
हर एक लोच पर पेचीदगी की तहरीरें
हर एक लट में बटी जा रही हैं ज़ंजीरें
नए उसूल से गेसू बनाए जाते हैं

ज़हे तबस्सुमे - रंगीने - शाहिदे - तहज़ीब[2]
जो तुर्फ़ा नाज़ जो दिलदारियां अजीबो - गरीब
अनोखी चाल निराली रविश नई तर्कीब
मुदब्बिराने - कुहनसाल[3] को पै - तर्ग़ीब[4]
तरह तरह के खिलौने दिखाए जाते हैं

ज़मीं से फूट रहे हैं दग़ाओं के सोते
वह दे रहे हैं जो सबकुछ वह कुछ नहीं खोते
ख़ुलूस होता तो फ़ितनों के बीज क्यों बोते
दयारे- हिन्द में गोरों की फ़ौज के होते
सरीरे - अम्न[5] पे काले बिठाए जाते हैं

एहसासे-कामरां[6]

मसूद अख़्तर जमाल

तुझे मुसाफ़िरे-शब[7] सोच क्या है फ़िक्र है क्या
फ़रेबे - राह[8] से गुम क्यों निशाने - मंज़िल हो

---

1. गर्व भरी आंख, 2. सभ्यता की प्रेमिका की रंगीन मुस्कुराहट का क्या कहना, 3. पुराने राजनीतिज्ञ, 4. लुभाने के लिए, 5. शान्ति का सिंहासन, 6. सफलता का एहसास, 7. रात के मुसाफ़िर, 8. रास्ते का फ़रेब।

हज़ार मौत के तूफ़ां उठा करें लेकिन
ग़मे - हयात से क्यों चूर मौजे-साहिल हो

मुझे यक़ीं नहीं आता कि तेरे होते हुए
हदीसे - ज़ुल्मो - हवस[1] ज़िन्दगी का हासिल हो

अगरचे रात है तारीक हौलनाक फ़ज़ा[2]
पर इसके ख़ौफ़ से क्यों ज़र्द शमअे-महफ़िल हो

बहारे - शौक़ से शादाब[3] है चमन तेरा
ख़िज़ां के आने से मायूस[4] क्यों तिरा दिल हो

नक़ूश तेरे ज़माना मिटा नहीं सकता
यह इर्तिक़ाए - तमद्दुन[5] भुला नहीं सकता

यह बात और है इन्सानियत की महफ़िल में
बहीमियत[6] के ख़ुदा का है इक़्तिदार[7] अभी

फ़ज़ा-ए-होश पे तारी है क़ौमियत का जुनूँ[8]
ख़िज़ां के रूप में है मौसमे-बहार अभी

यह नाज़ियत हो कि फ़स्ताइयत बहर सूरत
फ़रेबे-शौक़ दिए जायेंगे हज़ार अभी

अभी है नादिरो - चंगेज़ का असर बाक़ी
उठेंगे और भी तूफ़ाने - रोज़गार[9] अभी

मिटाए कैसे कोई ज़ुल्मो - जौर[10] की रस्में
कि ज़ालिमों पे है दुनिया को एतबार[11] अभी

वही है महफ़िले-अक़्लो-ख़िरद[12] में बेरब्ती[13]
वही है बज़्मे - तमन्ना में इंतिशार[14] अभी

मगर हयात का ज़ामिन शबाब होगा ज़रूर
हरीफ़े - ज़ुल्मते - शब[15] आफ़्ताब होगा ज़रूर

---

1. लोभ और अत्याचार की कहानी, 2. वातावरण, 3. हरा-भरा, 4. निराश, 5. सभ्यता का विकास, 6. पशुता, 7. अधिकार, 8. उन्माद, 9. समय का तूफ़ान, 10. अत्याचार, 11. विश्वास, 12. बुद्धि और विवेक की महफ़िल, 13. अस्त-व्यस्तता, 14. बग़ावत, अशान्ति, 15. रात के अन्धकार का हरीफ़।

आख़री मर्हला

कैफ़ी आज़मी

हिसार बांधे हुए त्योरियां चढ़ाए हुए
खड़े हैं हिन्द के सरदार सर उठाए हुए

बढ़े हैं झेले हुए क़ैदो-बन्द के आज़ार[1]
उठे हैं जंगे-ख़िलाफ़त के आज़माए हुए

शुजाए - हैदर - ओ - टीपू[2] की गोद के पाले
दिलेर नानक - ओ - रंजीत के सिखाए हुए

ख़ुमार बादः - ए - इक़बाल[3] का निगाहों में
लबों पे नग़्मः - ए - टैगोर मुस्कुराए हुए

नफ़स में आंच गरजती हुई मशीनों की
क़दम पे आतिशो-आहन[4] का सर झुकाए हुए

जबीं[5] पे धान के खेतों की नर्म हरियाली
नज़र में क़हत[6] की परछाइयां छुपाए हुए

भड़क के दोशे-हवा[7] पर बिछा रहे हैं कमन्द
शरर[8] जो सर्द किताबों में थे दबाए हुए

फ़ज़ा में सुर्ख़ फरैरा लुटा रहा है हयात[9]
हवा की ज़द पे चराग़े-अमल जलाए हुए

तड़प के गिरने ही वाली है बर्क़ ज़िन्दां[10] पर
खड़े हैं दर पे असीर[11] आसरा लगाए हुए

---

1. कष्ट, 2. हैदर और टीपू का साहस, 3. प्रताप की शराब का ख़ुमार, 4. आग और लोहा, 5. ललाट, 6. अकाल, 7. हवा के कन्धे, 8. आग, 9. ज़िन्दगी, 10. जेलख़ाना, 11. क़ैदी।

अभी खुलेंगे न परचम, अभी पड़ेगा न रन[1]
कि मुश्तइल[2] है मगर मुत्तहिद[3] नहीं है वतन

पुकारता है उफ़क़ से लहू शहीदों का
कि एक हाथ से खुलती नहीं गले की रसन[4]

यह इन्तिशार,[5] यह हलचल यह मोर्चों में शिगाफ़[6]
मज़ाक़ उड़ाते हैं अज़्मे-जिहाद[7] का, दुश्मन

निकल के सफ़ से खड़े हो गए हैं कुछ सावन्त
बढ़ा के हाथ महब्बत से थाम लो दामन

फिर एक बार बढ़ो लेके सुलह का पैग़ाम
फिर एक बार जला दो शकूक[8] के ख़िर्मन

यह यास[9] क्यों यह तमन्ना-ए-ख़ुदकशी कैसी
नवेदे-फ़तह[10] है क़ल्बे-अवाम[11] की धड़कन

मिटा दो, मिलके मिटा दो निशां ग़ुलामी का
ज़मीन छोड़ चुका कारवां ग़ुलामी का

आज़ाद हिन्द फ़ौज

जगन्नाथ 'आज़ाद'

पाइन्दाबाद हिन्द की अय फ़ौजे-ख़ुशनिहाद
वह दिन ख़ुदा करे कि बर आए तिरी मुराद
मिट जाए बज़्मे-दहर से यह जंग यह फ़साद
ज़िन्दां को तोड़ फोड़ दे अय हुर्रियत निज़ाद[12]

---

1. युद्ध, 2. बिफरा हुआ, 3. संगठित, 4. रस्सी, 5. व्याकुलता, 6. दरार, 7. धर्मयुद्ध का संकल्प, 8. शक, 9. निराशा, 10. विजय की शुभ-सूचना, 11. जनसाधारण का दिल, 12. आज़ाद नस्ल से संबंधित।

अब वक़्त आ गया है कि हो आज़िमे - जिहाद[1]
हिन्दोस्तां की फ़ौजे - ज़फ़र - मौज ज़िन्दाबाद
परचम[2] तिरा हो चांद सितारों से भी बलन्द
पहुंचा सके न दौरे-ज़माना तुझे गज़न्द[3]
अग़ियार[4] कर सकें न कभी तुझ पे राह बन्द
पस्पाइयां[5] हों तेरे जवानों को नापसन्द
तू कामरां[6] हो और अदू[7] तेरे नामुराद[8]
हिन्दोस्तां की फ़ौजे - ज़फ़र- मौज ज़िन्दाबाद

'जयहिन्द' की सदाओं में तेरे जवां बढ़ें
हाथों में लेके अम्नो - अमां के निशां बढ़ें
नुसरत - नसीब[9] उनके क़दम हों जहां बढ़ें
बहरे - वक़ारो - अज़्मते - हिन्दोस्तां[10] बढ़ें
दुनिया को भी वह शाद करें, हिन्द को भी शाद
हिन्दोस्तां की फ़ौजे-ज़फ़र - मौज ज़िन्दाबाद

आज़ाद हिन्द फ़ौज

तिलोकचन्द 'महरूम'

(अज़ीज़ जगन्नाथ आज़ाद की नज़्म इसी उन्वान से किसी जरीदे में शाया हुई। टीप का मिस्रा मुझे बहुत पसन्द आया। इसी को लेकर यह चन्द बन्द मौज़ूं हो गए। दोनों नज़्में उस वक़्त कही गईं जब यह फ़ौज बर्मा में मसरूफ़े-अमल थी।)

अय जैशे - सरफ़रोशे - जवानाने - ख़ुशनिहाद[11]
सीने पे तेरे कुन्द हुई तेग़े - इश्तिदाद[12]

1. जिहाद का संकल्प कर, 2. झंडा, 3. कष्ट, 4. दुश्मन, 5. हार, 6. सफल, 7. दुश्मन, 8. अभागा, 9. सहायक, 10. हिन्दुस्तान की महानता और प्रतिष्ठा का समुद्र, 11. जियाले नौजवानों की सर कटा देनेवाली सेना, 12. प्रचंडता की तलवार।

गु़र्बत[1] में तूने दी है शुजाअत[2] की ख़ूब दाद
अक़्वामे - दहर[3] करती है जुरअत पे तेरी साद

तू कामरां रहे, तिरे दुश्मन हों नामुराद
हिन्दोस्तां की फ़ौजे - ज़फ़र[4] - मौज ज़िन्दाबाद

दरिया-ओ-दश्त-ओ-कोह में तेरा बिगुल बजे
जिसकी सदा से गुम्बदे-गर्दूं[5] भी गूंज उठे
मैदां में मौत भी जो मुजस्सम[6] हो सामने
तेरे दिलावरों के न हों पस्त हौसले

हो बल्कि उनका और भी जोशे - अमल ज़ियाद[7]
हिन्दोस्तां की फ़ौजे - ज़फ़र - मौज ज़िन्दाबाद

परदेस में जो खेत[8] रहे हैं जवां तिरे
हैं दफ़्न ज़ेरे - ख़ाक ख़ज़ाने वहां तिरे
बर्मा के जंगलों में लहू के निशां तिरे
नक़्शे - दवाम[9] हैं वह तहे - आस्मां तिरे

ता रोज़े - हश्र[10] अहले - वतन को रहेंगे याद
हिन्दोस्तां की फ़ौजे - ज़फ़र - मौज ज़िन्दाबाद

आज़ादिए - वतन की तमन्नाए - दिल नवाज़
ज़िन्दां में घुट के रह गयी या दिल में मिस्ले-राज़[11]
कहते थे जुर्म जिसको हुकूमत के हीलासाज़[12]
तेरे अमल हो उसको मिली ख़िलअते-जवाज़[13]

अब 'हक़' है जिसका नाम रहा 'ग़दर और फ़साद'
हिन्दोस्तां की फ़ौजे - ज़फ़र - मौज ज़िन्दाबाद

ग़ालिब था बस्कि साहिरे - अफ़रंग[14] का फ़सूं[15]
दो सौ बरस से था इल्मे - हिन्द[16] सरनगूं[17]

---

1. विदेश, 2. बहादुरी, 3. दुनिया की क़ौमें, 4. विजयी सेना, 5. आकाश का गुम्बद, 6. साक्षात, 7. अधिक, 8. मारे गए, 9. न मिटनेवाले चिह्न, 10. हश्र के दिन तक, 11. रहस्य की तरह, 12. बहानेबाज़, 13. औचित्य की ख़िलअत, 14. गोरा जादूगर, 15. जादू, 16. भारत का ज्ञान, 17. नत-मस्तक।

तूने दयारे - ग़ैर[1] में दिखला दिया कि यूं
मर्दाने - कार करते हैं बातिल[2] को ग़र्क़े - ख़ूं[3]
बातिल हो ख़्वाह कोहे - गरां ख़्वाह गर्दबाद
हिन्दोस्तां की फ़ौजे - ज़फ़र - मौज ज़िन्दाबाद

जय हिन्द

तिलोकचन्द 'महरूम'

पैदा उफ़क़े - हिन्द[4] से हैं सुब्ह के आसार
है मंज़िले - आख़िर में गुलामी की शबे - तार[5]
आमद सहरे - नौ[6] की मुबारक हो वतन को
पामाले-महन[7] को

मश्रिक़ में ज़ियारेज़[8] हुआ सुबह का तारा
फ़र्ख़न्दा - ओ - ताबिन्दा - ओ - जांबख़्श - ओ - दिलआरा[9]
रौशन हुए जाते हैं दरो - बाम वतन के
ज़िन्दाने-कुहन[10] के

'जय हिन्द' के नारों से फ़ज़ा गूंज रही है
जय हिन्द की आलम में सदा गूंज रही है
यह वलवला यह जोश यह तूफ़ान मुबारक
हर आन मुबारक

अहले - वतन आपस में उलझने का नहीं वक़्त
ऐसा न हो गफ़लत में गुज़र जाए कहीं वक़्त
लाज़िम[11] है कि मंज़िल के निशां पर हों निगाहें
पुरपेच[12] हैं राहें

1. दुश्मन का घर, 2. झूठ, 3. ख़ून में डूबा हुआ, 4. हिन्दुस्तान का क्षितिज, 5. अंधेरी रात, 6. नई सुबह का आगमन, 7. दुख से कुचला हुआ, 8. प्रकाश फैलानेवाला, 9. प्राणदायक, आकर्षक और ख़ुश, 10. पुराना जेलख़ाना, 11. अनिवार्य, 12. पेचदार।

वह सामने आज़ादिए - कामिल का निशां है
मक़सूद वही है, वही मंज़िल का निशां है
दरकार है हिम्मत का सहारा कोई दम और
दो चार क़दम और

आज़ादी

तिलोकचन्द 'महरूम'

फ़ज़ा की आबरू है परचमे-गर्दू[1] वक़ार[2] अपना
कि है इस दौर की आज़ाद क़ौमों में शुमार[3] अपना

गुलामी और नाकामी का दौरे इब्तिला[4] गुज़रा
मुसाइद - बख़्त[5] है अब और हामी[6] रोज़गार अपना

छुटे दामन से अपने दाग़ हाए - रंगे - महकूमी[7]
वतन अपना है, अपनी सल्तनत है, इक़्तिदार[8] अपना

न गुलचीं ग़ैर है कोई न है सैयाद का खटका
चमन अपना है, अपने बाग़बां, लुत्फ़े - बहार अपना

अब अय अहले-वतन ! इसको बिगाड़ें या बनाएं हम
मुक़द्दर पर है अपने हमको हासिल इख़्तियार अपना

1. आकाश का झंडा, 2. गरिमा, 3. गिनती, 4. विपत्तियों का दौर, 5. अनुकूल भाग्य, 6. सहायक, 7. गुलामी की बदनामी के दाग़, 8. अधिकार।

सुभाषचन्द्र बोस

(बहादुरशाह ज़फ़र के मज़ार पर)

जगन्नाथ 'आज़ाद'

अय शहे - हिन्दोस्तां, अय लाल क़िले के मकीं
आस्मां होने को है फिर इस वतन की सरज़मीं

यह वतन रौंदा है जिसको मुद्दतों अग़ियार[1] ने
जिस पे ढाए ज़ुल्म लाखों चर्ख़े - नाहंजार[2] ने

मुद्दतों जिसको रखा क़िस्मत ने ज़िल्लत - आशना[3]
जिसके हर पहलू में पैदा पस्तियों की इंतिहा

आज फिर उस मुल्क में इक ज़िन्दगी की लहर है
ख़ाक से अफ़लाक[4] तक ताबिन्दगी[5] की लहर है

आज फिर इस मुल्क के लाखों जवां बेदार हैं
हुर्रियत[6] की राह में मिटने को जो तैयार हैं

आज है फिर बेनियाम इस मुल्क की शमशीर[7] देख
सोने वाले जाग, अपने ख़्वाब की ताबीर देख

इस तरह लर्ज़े में है बुनियादे - ऐवाने - फ़िरंग[8]
खा चुके हैं मात गोया शीशाबाज़ाने - फ़िरंग

हुब्बे - क़ौमी के तरानों से हवा लबरेज़[9] है
और तोपों की दनादन से फ़ज़ा लबरेज़ है

---

1. दुश्मन, 2. बदज़ात आकाश, 3. अपमान से परिचित, 4. आकाश, 5. आभा, 6. आज़ादी, 7. तलवार, 8. अंग्रेज़ों के महल की बुनियाद, 9. भरा हुआ।

शोर गीरोदार[1] का है फिर फ़ज़ाओं में बलन्द
आज फिर हिम्मत ने फेंकी है सितारों पर कमन्द

फिर उमंगें, आरज़ूएं हैं दिलों में बेक़रार
क़ौम को याद आ गया है अपना गुमगश्ता वक़ार[2]

नौजवानों के दिलों में सरफ़रोशी की उमंग
इश्क़ बाज़ी ले गया है, अक़्ल बेचारी है दंग[3]

आज फिर इस देस में झंकार तलवारों की है
ज़र्रे ज़र्रे में निहां ताबिन्दगी तारों की है

यह नज़ारा आह लफ़्ज़ों में समा सकता नहीं
'आंख जो कुछ देखती है लब पे आ सकता नहीं'

फ़त्हो-नुसरत[4] की दुआओं से हवा मामूर[5] है
नारः-ए-'जयहिन्द' से सारी फ़ज़ा मामूर है

मुझको अय शाहे-वतन ! अपने इरादों की क़सम
जिनके सर काटे गए उन शाहज़ादों की क़सम

तेरे मर्क़द[6] की मुक़द्दस[7] ख़ाक की मुझको क़सम
मैं जहां हूं उस फ़ज़ा-ए-पाक की मुझको क़सम

अपने भूके जां - ब - लब बंगाल की मुझको क़सम
हाकिमों के दस्त - पर्वर काल की मुझको क़सम

लाल क़िले की, ज़वाले-शहरे-देहली[8] की क़सम
मुहसिने-देहली ! मआले-शहरे-दहली की क़सम

मैं तिरी खोई हुई अज़्मत को वापस लाऊंगा
और तिरे मर्क़द पे नुसरतयाब[9] होकर आऊंगा

---

1. पकड़-धकड़, 2. महिमा, 3. आश्चर्यचकित, 4. विजय, 5. पूर्ण, 6. समाधि, 7. पवित्र, 8. देहली शहर का पतन, 9. विजयी।

यह किसका लहू है ?

(जहाज़ियों की बग़ावत, सन् 1943)

साहिर लुधियानवी

अय रहबरे - मुल्को - क़ौम बता
आंखें तो उठा, नज़रें तो मिला
कुछ हम भी सुनें, हमको भी सुना
यह किसका लहू है, कौन मरा ?

धरती की सुलगती छाती के बेचैन शरारे[1] पूछते हैं
तुम लोग जिन्हें अपना न सके वह ख़ून के धारे पूछते हैं
सड़कों की ज़बां चिल्लाती है सागर के किनारे पूछते हैं

यह किसका लहू है, कौन मरा
अय रहबरे - मुल्को - क़ौम बता
यह किसका लहू है, कौन मरा ?

यह कौन सा जज़्बा था जिससे फ़र्सूदा[2] निज़ामे-ज़ीस्त[3] हिला
झुलसे हुए वीरां गुलशन में इक आस उमीद का फूल खिला
जनता का लहू फ़ौजों से मिला, फ़ौजों का लहू जनता से मिला

यह किसका लहू है, कौन मरा
अय रहबरे - मुल्को - क़ौम बता
यह किसका लहू है, कौन मरा ?

अय अज़्मे - फ़ना[4] देने वालो पैग़ामे - बक़ा[5] देने वालो
अब आग से क्यों कतराते हो, शोलों को हवा देने वालो
तूफ़ान से अब डरते क्यों हो, मौजों को सदा देने वालो

1. चिंगारी, 2. पुराना, 3. ज़िन्दगी, 4. विनाश का संकल्प, 5. अनश्वरता का सन्देश।

क्या भूल गए अपना नारा
अय रहबरे - मुल्को - क़ौम बता
यह किसका लहू है, कौन मरा ?

हम ठान चुके हैं अब जी में, हर ज़ालिम से टकराएंगे
तुम समझौते की आस रखो, हम आगे बढ़ते जायेंगे
हर मंज़िले-आज़ादी की क़सम, हर मंज़िल पर दोहराएंगे

यह किसका लहू है, कौन मरा
अय रहबरे - मुल्को - क़ौम बता
यह किसका लहू है, कौन मरा ?

मंज़रे-रुख़्सत

इक़बाल अहमद 'सुहेल'

अय अहले-वफ़ा मातम न करो वह वादाशिकन गर जाता है
जाता है मुसाफ़िर ग़म न करो, मेहमान ही था घर जाता है

वह दौरे - मसर्रत[1] आने दो, क़ौमी परचम[2] लहराने दो
जाती है ग़ुलामी जाने दो, सदियों का दलिद्दर जाता है

जिसने यह चमन बरबाद किया, मश्रिक़ को ग़ुलाम आबाद किया
वह क़हरे-मुजस्सम[3] जाता है, वह सहरे-मुसव्विर[4] जाता है

कुछ सर्व नहीं शमशाद नहीं, अजनब[5] है गुलिस्तांज़ाद[6] नहीं
क्या उसके मज़ालिम याद नहीं, जाने दो सितमगर जाता है

---

1. ख़ुशी का दौर, 2. राष्ट्रीय झंडा, 3. साकार प्रकोप, 4. चित्रकार का जादू, 5. अनजान, ग़ैर, 6. गुलिस्तान में पैदा होनेवाले।

दीवाने समझते थे जो हमें, अब वह भी समझते जाते हैं
ऐवाने-हुकूमत[1] का रस्ता ज़िन्दां[2] से भी होकर जाता है

हर तार बिखरता जाता है, सैयाद के दामे - रंगीं[3] का
कुछ देर नहीं सैयाद भी ख़ुद अब बांध के बिस्तर जाता है

लाले को दबाया सुम्बुल से क़ुमरी को लड़ाया बुलबुल से
जाता तो है अब सैयाद मगर गुलशन को लुटाकर जाता है

बरपा किया हरसू रक़्से - शरर, ख़िर्मन[4] को बनाया ख़ाकस्तर[5]
अब बर्क़े-तवां[6] है गर्मे-सफ़र, अब शोलः-ए-मुज़्तर[7] जाता है

अज़ साहिले-जावा ता ब हलब, हर सिम्त बपा है बज़्मे-तरब[8]
ईरानो-फ़लस्तीनो-मिस्रो-अरब ख़ुश हैं कि सितमगर जाता है

रग रग में छुपा हो जो नश्तर निकलेगा ब आसानी क्योंकर
देखो तो अभी ता-वक़्ते-सफ़र क्या और करम कर जाता है

अब दौरे-मै गुलरंग[9] चले या बादाकशों में जंग चले
साक़ी तो इस मैख़ाने से बेशीशा - ओ - साग़र जाता है

दोहराओ न गुज़रे क़िस्सों को, भड़काओ न बुझते शोलों को
इख़्लास[10] वह मरहम है जिससे हर ज़ख़्मे-कुहन[11] भर जाता है

मिल जुल के बढ़ाओ शाने-वतन, तामीर करो ऐवाने-वतन[12]
मां जाए हैं फ़र्ज़न्दाने-वतन जो ग़ैर था बाहर जाता है

हम-तुमको बसर करना है यहीं जीना है यहीं मरना है यहीं
उट्ठो यह चमन शादाब[13] करो, अब ग़ासिबे-ख़ुदसर[14] जाता है

अंजाम से ग़ाफ़िल नादानो, मानो कि न मानो तुम जानो
इक दर्से-हक़ीक़त[15] देके तुम्हें इक़बाले-सुख़नवर जाता है

---

1. हुकूमत का महल, 2. जेलख़ाना, 3. रंगीन जाल, 4. खलियान, 5. राख, 6. जलती हुई बिजली, 7. बेचैन अंगारे, 8. हंसी-ख़ुशी की महफ़िल, 9. लाल रंग की शराब का दौर, 10. निष्ठा, निःस्वार्थता, 11. पुराना ज़ख़्म, 12. देश का महल, 13. हरा-भरा, 14. दूसरों का हक़ छीननेवाला, 15. सच्चाई का पाठ।

बशारत

सिकन्दरअली वज्द

चेहरे पे बिखर जायेंगे अनवारे - तबस्सुम[1]
पेशानिए - गेती[2] की शिकन कल न रहेगी

उठती है नक़ाबे - रुख़े - लैला - ए - हक़ीक़त[3]
तारीकिए - औहामे - कुहन[4] कल न रहेगी

पाएगी दिल - आवेज़िए - मलबूसे - उरूसी[5]
बेनूर सहर मिस्ले - कफ़न कल न रहेगी

खुल जाएगा सब पर दरे - मैख़ानः - ए - इशरत[6]
इफ़राते - ग़मो - रंजो - मुहन[7] कल न रहेगी

हो जाएगी इंसान की फ़ितरत[8] मुतवाज़िन[9]
बेगानगिए - रूहो - बदन[10] कल न रहेगी

आज़ादि - ए - अफ़्कार[11] के गुल दिल में खिलेंगे
यह ख़ारे - गुलामी[12] की चुभन कल न रहेगी

गाने के लिए क़ुमरी - ओ - बुलबुल को चमन में
मिन्नत - कशीए - ज़ाग़ो - ज़ग़न[13] कल न रहेगी

शमशाद सिफ़त[14] बस्तः-ए-आईने-गुलिस्तां[15]
बूए - गुलो - नसरीनो - समन कल न रहेगी

---

1. मुस्कुराहट की चमक, 2. धरती का ललाट, 3. सच्चाई की प्रेमिका के चेहरे का मुखपट, 4. पुराने भ्रमों का अन्धकार, 5. शादी का जोड़ा, 6. ऐश्वर्य के मैख़ाने का दरवाज़ा, 7. ग़म, रंज और कठिनाइयों का बाहुल्य, 8. स्वभाव, 9. सन्तुलित, 10. शरीर और आत्मा की बेगानगी, 11. सोचने की आज़ादी, 12. गुलामी के कांटे, 13. चील-कौवों से प्रार्थना करना, 14. शमशाद की तरह, 15. गुलिस्तान के विधान का दफ़्तर।

अफ़सुर्दा शगूफ़ों[1] के जनाज़ों में परेशां
मानिन्दे - सबा, रूहे - चमन कल न रहेगी

यह दुश्मने - इंसाफ़ो - करम ज़ुल्म की देवी
बेकस का लहू पी के मगन कल न रहेगी

अरबाबे - हिमम[2] शादो - सरअफ़राज़[3] रहेंगे
यह सरकशिए - दारो - रसन[4] कल न रहेगी

फ़रियाद कुनां सीनः - ए - ख़ावर में मुक़ैयद[5]
आज़ादिए - मश्रिक़ की किरन कल न रहेगी

पुरहौल[6] फ़ज़ा, हसरते - सद शामे - ग़रीबां
यह कैफ़ीयते - सुब्हे - वतन कल न रहेगी

---

1. कलियां, 2. साहसी, हिम्मत वाले, 3. ख़ुश और सर उठाकर, 4. फांसी का अहंकार, 5. सूर्य के सीने में क़ैद फ़रियाद करती हुई, 6. भयानक।

सातवां अध्याय

आज़ादी का एलान
सन् 1947

जश्ने-आज़ादी

जां निसार अख़्तर

सीने से आधी रात के
फूटी वह सूरज की किरन
बरसे वह तारों के कंवल
वह रक़्स[1] में आया गगन
आए मुबारकबाद को
कितने शहीदाने - वतन[2]
आज़ाद है, आज़ाद है, आज़ाद है अपना वतन
आज़ाद है अपना वतन

अय रोदे - गंगा[3] गीत गा
इठला के चल मौजे - जमन[4]
हां, अय हिमाला झूम जा
रक़्सां हो अय दश्तो - दिमन[5]
हां, अय इलौरा के बुतों[6]
नग़्मासरा हो, नग़्माज़न[7]
आज़ाद है, आज़ाद है, आज़ाद है अपना वतन
आज़ाद है अपना वतन

अय परचमे - सहरंग[8] तू
अपने वतन की आबरू
तू है हमारा नंगो - नाम[9]
हम तुझको करते हैं सलाम

---

1. नृत्य, 2. वतन पर शहीद हुए, 3. गंगा नदी, 4. यमुना की मौज, 5. जंगल और धूरा, 6. मूर्तियों, 7. गीत गा, 8. तिरंगा झंडा, 9. लज्जा।

ज़र्दी से तेरी रूनुमा[1]
बेलौस[2] ख़िदमत की लगन

सब्ज़ी से तेरी जल्वागर[3]
हिम्मत, जवानी, बांकपन
तेरी सफ़ेदी से अयां
इंसानियत, पाकीज़ापन[4]

अय परचमे - सहरंग तू
अपने वतन की आबरू
तू है हमारा नंगो - नाम
हम तुझको करते हैं सलाम
हम तुझको करते हैं सलाम

यौमे-आज़ादी[5]

सिराज लखनवी

ज़मीने-हिन्द है और आस्माने - आज़ादी
यक़ीन बन गया अब तो गुमाने - आज़ादी
सुनो बलन्द हुई फिर अज़ाने - आज़ादी
सरे-नियाज़[6] है और आस्ताने - आज़ादी[7]

पहाड़ कट गया और नूरे - सहर[8] से रात मिली
ख़ुदा का शुक्र ग़ुलामी से तो निजात[9] मिली

हवा - ए - ऐशो - तरब[10] बादबान बन के चली
ज़मीं वतन की नया आस्मान बन के चली
नसीमे - सुब्ह[11] फिर अर्जुन का बान बन के चली
बहारे - हिन्द तिरंगा निशान बन के चली

1 प्रकट, 2. निःस्वार्थ, 3. प्रकट, 4. पवित्रता, 5. आज़ादी का दिन, 6. श्रद्धापूर्ण ललाट, 7. आज़ादी की चौखट, 8. प्रातःकाल का प्रकाश, 9. मुक्ति, 10. सुख और ऐश्वर्य की हवा, 11. प्रातः समीर।

सिपाही देश का अपने हर इक जवान बना
बल अबरूओं[1] का कड़कती हुई कमान बना

नज़रनवाज़[2] है रंगे - बहारे - आज़ादी[3]
हर एक जरी है आईनादारे - आज़ादी
है सरज़मीने - वतन जल्वाज़ारे - आज़ादी
सरों के साथ है अब तो वक़ारे - आज़ादी[4]

कहां हैं आज वह शमए - वतन के परवाने
बने हैं आज हक़ीक़त उन्हीं के अफ़साने

ज़मीं अपनी, फ़ज़ा अपनी, आस्मां अपना
हुकूमत अपनी, अलम अपना, निशां अपना
हैं फूल अपने, चमन अपना, बाग़बां अपना
इताअत[5] अपनी है, सर अपना, आस्तां अपना

जमाले - काबा[6] नहीं या जमाले - दैर[7] नहीं
सब अपने ही नज़र आते हैं कोई ग़ैर नहीं

मुबारकबाद आज़ादी

इक़बाल अहमद 'सुहेल'

गुलज़ारे - वतन की कोई देखे तो फबन[8] आज
सरशार[9] है ख़ुशबू से हर इक दश्तो-चमन[10] आज
ग़ुंचों[11] का सबा तोड़ गयी क़ुफ़्ले - दहन[12] आज
है हर गुले - ख़न्दां[13] की ज़बां पर यह सुख़न[14] आज
सद शुक्र कि टूटा दरे - ज़िन्दाने - मिहन[15] आज

---

1. भृकुटी, 2. आंखों को प्यारा लगनेवाला, 3. आज़ादी की बहार का रंग, 4. आज़ादी का प्रताप, 5. आराधना, 6. काबे का सौंदर्य, 7. मन्दिर का सौंदर्य, 8. शोभा, 9. डूबा हुआ, तृप्त, 10. कानन और उपवन, 11. कली, 12. मुंह का ताला, 13. मुस्कुराता हुआ फूल, 14. बातचीत, 15. कष्ट के जेलख़ाने का दरवाज़ा।

फिर मौज ने डूबी हुई कश्ती को उभारा
बिगड़ी हुई तक़दीर को हिम्मत ने संवारा
खोई हुई अज़्मत[1] वह मिली हमको दुबारा
रौशन है फिर आज़ादिए - मश्रिक़[2] का सितारा
यह ख़ुशख़बरी लाती है सूरज की किरन आज

रुख़सत है शबे - तार[3] गुलामी का अंधेरा
वह सामने है सुब्हे - सआदत[4] का सवेरा
भारत से बिदेसी का उखड़ने लगा डेरा
लहराए न क्यों अज़्मते - क़ौमी[5] का फरैरा
आज़ाद हुआ क़ैदे - गुलामी से वतन आज

ग़ालिब हुई ताक़त के मुक़ाबिल में सचाई
सैयाद से छीनी है असीरों[6] ने रिहाई
जीती है निहत्तों ने अहिंसा की लड़ाई
आज़ाद को तबरीक[7] जवाहर को बधाई
सच हो के रहा दहर[8] में गांधी का बचन आज

वह ज़िन्दः - ए - जावेद,[9] वतन के वह फ़िदाई
जां अपनी जिन्होंने रहे - मिल्लत[10] में गंवाई
हिम्मत ने उन्हीं की, हमें साअत[11] यह दिखाई
अंसारी - ओ - अजमल हो, तिलक हों कि देसाई
याद आते हैं हम सबको शहीदाने - वतन आज

सरमाया - ए - मिल्लत[12] हुई जांबाज़िए - इफ़राद[13]
क़ुर्बानी - ओ - ईसार की आख़िर में मिली दाद
कहते हैं यह अश्फ़ाक़ - ओ - भगत, बिस्मिल - ओ - आज़ाद
अल्लाह ने सुन ली दिले - मज़लूम[14] की फ़रियाद
ज़ीना है हुकूमत का वही दारो - रसन[15] आज

---

1. महानता, 2. पूर्व की आज़ादी, 3. अंधेरी रात, 4. सौभाग्य का प्रभात, 5. राष्ट्रीय महानता, 6. क़ैदी, 7. मुबारकबाद, 8. दुनिया, 9. शाश्वत, 10. धर्म की राह, 11. घड़ी, 12. धर्म की सम्पत्ति, 13. व्यक्तियों की क़ुर्बानी, 14. दुखी दिल, 15. फांसी का फंदा।

जिस पांव से कल आती थी ज़ंजीर की झंकार
आज उसने किया मश्रिक़े - ख़्वाबीदा[1] को बेदार[2]
वह हाथ जो कल हथकड़ियों में थे गिरफ़्तार
आज़ादिए - अक़्वाम[3] के हैं आज अलमबरदार[4]
हीरे से भी वज़नी है 'जवाहर' का सुख़न[5] आज

अय बादे - सबा[6] ख़्वाब से टीपू को जगा दे
मरहूम ज़फ़रशाह के शाने[7] को हिला दे
पहले तो अदब से सरे - तस्लीम[8] झुका दे
फिर दोनों को यह मुज़्दः - ए - जांबख़्श[9] सुना दे
आज़ाद है कश्मीर से ले ता - ब - दकन आज

होंगी उसी दुनिया में कहीं झांसी की रानी
वह ख़ाल्दः - ए - हिन्द[10] वह नौशाबः - ए - सानी[11]
है फ़ख़्रे - वतन[12] जिनकी शुजाअत[13] की कहानी
उनको सुनाओ जाके यह पैग़ाम ज़बानी
पूरी हुई आज़ादिए - क़ौमी[14] की लगन आज

है याद हमें हज़रते - जौहर[15] का वह इर्शाद[16]
आएंगे न वह हिन्द में जब तक न हो आज़ाद
कह दे कोई उनसे कि हुई ख़त्म वह मीआद[17]
उजड़ी हुई महफ़िल है करें उसको फिर आबाद
आ जायें कि पूरा हुआ वह अह्दे - कुहन[18] आज

रफ़्तारे - सियासत[19] के जो नब्बाज़[20] हैं माहिर[21]
कहते हैं नए दौर के आसार[22] हैं ज़ाहिर
मिटने को हैं सैयादिए - मग़्रिब[23] के मज़ाहिर[24]
मश्रिक़ के सिपहदारे - असाकिर[25] हैं जवाहिर
जावा के हमआवाज़ हैं क़फ़्क़ाज़ो-यमन[26] आज

---

1. सोया हुआ पूर्व, 2. जाग्रत, 3. क़ौमों की आज़ादी, 4. झंडा उठानेवाले, 5. कलाम, वचन, 6. प्रातः समीर, 7. कन्धे, 8. स्वीकृति का सर, 9. जीवनदायक शुभ सूचना, 10. भारत की अमर नारी, 11. द्वितीय अमृत, 12. देश का गर्व, 13. बहादुरी, 14. राष्ट्रीय आज़ादी, 15. महम्मदअली जौहर, 16. वचन, 17. मुद्दत, 18. पुराना ज़माना, 19. राजनीति की रफ़्तार, 20. नाड़ी परखने वाला, 21. कुशल, 22. लक्षण, 23. पश्चिम के सैयाद, 24. प्रदर्शन, 25. सेनापति, 26. दक्षिण यूरोपीय रूस और यमन।

अरबाबे - वतन[1] तुमको मुबारक हो यह महफ़िल
हां जश्न मना लो कि है मौक़ा इसी क़ाबिल
हो जाना न तुम जोशे - तरब[2] में कहीं ग़ाफ़िल
तख़रीब[3] तो आसान थी, तामीर[4] है मुश्किल
है सामने मंज़िल अभी, कल से भी कठिन आज

गौतम ने चराग़ां किया कुल मुल्क में यकसर
रौशन करो उल्फ़त का दिया दिल के भी अन्दर
क्यों हर्फ़ 'सुहेल' आज न हो फैल के दफ़्तर
इक शाइरः - ए - हिन्द* है सूबे की गवर्नर
उट्ठे दिले - शाइर से न क्यों मौजे - सुख़न[5] आज

आ ही गया

आनन्दनारायण मुल्ला

हुक्मे - माज़ूली[6] बनामे - तीरगी[7] आ ही गया
वादिए - शब[8] में पयामे - रौशनी[9] आ ही गया

चीरता ज़ुल्मत[10] को तह दर तह सहाब अन्दर सहाब[11]
फिर उफ़क़[12] पर आफ़ताबे - ज़िन्दगी[13] आ ही गया

अंजुमन में तिश्नाकामों[14] की बसद - मीना - ओ - जाम[15]
आज साक़ी लेके इज़्ने - मैकशी[16] आ ही गया

तेशः - ए - फ़र्हाद[17] बहरे - क़स्रे - ख़ुसरो[18] ता ब के
कोहकन[19] की ज़द में क़स्रे - ख़ुसरवी[20] आ ही गया

---

1. देशवासी, 2. सुख का जोश, 3. विनाश, 4. निर्माण, 5. कलाम की मौज, 6. पद से हटाने का हुक्म, 7. अन्धकार के नाम, 8. रात की वादी, 9. प्रकाश का सन्देश, 10. अन्धकार, 11. बादल, 12. क्षितिज, 13. जीवन का सूर्य, 14. प्यासा, 15. सुराही और प्याला, 16. मदिरा-पान का निमन्त्रण, 17. फ़रहाद की कुदाल, 18. ख़ुसरो के महल के लिए, 19. पहाड़ काटनेवाला, फ़रहाद, 20. ख़ुसरो का महल।

*श्रीमती सरोजनी नायडू।

अय उरूसे - हिन्द[1] के बिखरे हुए मोती के हार
गूंधने फिर तुझको तेरा जौहरी आ ही गया
शमअ रखी जा रही है हिन्दे - नौ[2] के सामने
नज़्मे - अफ़रंगी[3] का शेरे - आख़री[4] आ ही गया

इक हक़ीक़त[5] बन के 'मुल्ला' ख़्वाबे-अर्माने-वतन[6]
अय ज़िहे क़िस्मत[7] कि अपने जीते जी आ ही गया

अय सुब्हे-वतन[8]

साग़र निज़ामी

अय सुब्हे - वतन अय सुब्हे - वतन
अय रूहे - बहार[9] अय जाने - चमन[10]
अय मुतरिबे-मन[11] अय साक़िए-मन[12]
अय सुब्हे - वतन अय सुब्हे - वतन

ले जोशे - जुनूं[13] की ज़र्बों[14] ने ज़ंजीरे - गुलामी तोड़ ही दी
जम्हूर[15] के संगी[16] पंजे ने शाही की कलाई मोड़ ही दी
तारीख़ के ख़ूनी हाथों से छीना है तिरा सीमीं दामन[17]
अय सुब्हे - वतन अय सुब्हे - वतन

फिर लौट के आया सदियों में इक़बालो-तरब[18] का सैयारा[19]
किरनों में उफ़क़[20] पर फिर चमका पस्ती[21] के अंधेरों का मारा
हैरां हैरां, नाज़ां नाज़ां,[22] ख़न्दां ख़न्दां,[23] रौशन रौशन[24]
अय सुब्हे - वतन अय सुब्हे - वतन

---

1. भारत की दुल्हन, 2. नवीन भारत, 3. अंग्रेज़ों का क़ानून, 4. अन्तिम शेर, 5. सच्चाई, 6. देश के अरमानों का स्वप्न, 7. सौभाग्य, 8. देश का प्रभात, 9. बहार की आभा, 10. उपवन की जान, 11. मन के गायक, 12. मन के साक़ी, 13. उन्माद का जोश, 14. चोट, 15. गणतंत्र, 16. पत्थर के, 17. चांदी का दाम, 18. प्रताप और सुख, 19. नक्षत्र, 20. क्षितिज, 21. पतन, गिरावट, 22. गर्वित, 23. मुसकराता हुआ, 24. प्रकाशमान।

सोए हुए ज़र्रे[1] जाग उठे अनवारे - सहर[2] बेदार[3] हुए
एहसासे - ज़मीं[4] बेदार हुआ, अफ़्कारे - बशर[5] बेदार हुए
बिस्तर से ख़ज़फ़रेज़े[6] उठे और लालो - गुहर बेदार हुए
आंखों को मला गुलज़ारों ने, शाख़ों पे समर[7] बेदार हुए
नैनों से मस्ती बरसाती, ले जाग उठी हस्ती की दुल्हन
अय सुब्हे - वतन अय सुब्हे - वतन

पर्बत - पर्बत, सागर - सागर, परचम अपना लहराता है
महलों पे, मिलों पे, क़िलों पर अज़्मत[8] के तराने गाता है
गुलबार रिदाए - आज़ादी,[9] सरशार[10] जवानी का परचम
यह अम्न के नग़्मों का मुतरिब[11] इन्साफ़ो-सदाक़त[12] का यह अलम[13]
तहज़ीब का यह ज़र्रीं आंचल,[14] तामीर[15] का यह रंगीं दामन
अय सुब्हे - वतन अय सुब्हे - वतन

एलाने-आज़ादी

अमीन सलोनवी

आज यह महसूस होता है जहां आज़ाद है
यह ज़मीं आज़ाद है यह आस्मां आज़ाद है

आज छूटे हैं तिलिस्मे - क़ैदे - अफ़रंगी[16] से हम
आज अपनी आरज़ूओं की ज़बां आज़ाद है

चूमती है मंज़िले - मक़सद[17] मुसाफ़िर के क़दम
आज गर्दे - कारवां से कारवां आज़ाद है

---

1. कण, 2. सुबह के प्रकाश, 3. जाग्रत, 4. धरती का एहसास, 5. मानव चेतना, 6. कण, 7. फल, 8. महानता, 9. आज़ादी की चादर, 10. तृप्त, सन्तुष्ट, 11. गायक, 12. न्याय और सच्चाई, 13. झंडा, 14. सुनहरा आंचल, 15. निर्माण, 16. अंग्रेज़ों की क़ैद का जादू, 17. उद्देश्य की मंज़िल।

सैद[1] और सैयाद दोनों हो गए हैं मुतमईन[2]
दर क़फ़स[3] के खुल गए हैं पास्बां[4] आज़ाद है

नग़्मासंजाने - चमन[5] को मुज़्दा[6] हो आई बहार
बाग़बां ख़ुद कह रहा है गुलिस्तां आज़ाद है

देखता हूं रौनक़ें कौनैन[7] की बिखरी हुई
हर फ़ज़ा आज़ाद है हर आस्मां आज़ाद है

दिल नशाते - रंगो - बू[8] में आज है डूबा हुआ
अब वतन मिस्ले - नसीमे - बोस्तां[9] आज़ाद है

ख़ूं शहीदाने - वतन[10] का रंग लाकर ही रहा
आज यह जन्नतनिशां हिन्दोस्तां आज़ाद है

जश्ने-आजादी

अस्रारुल हक़ 'मजाज़'

बसद[11] गुरूर बसद फ़ख़्रो - नाज़े - आज़ादी[12]
मचल के खुल गयी ज़ुल्फ़े - दराज़े - आज़ादी[13]
महो - नजूम[14] हैं नग़्मा - तराज़े - आज़ादी[15]
वतन ने छेड़ा है इस तरह साज़े - आज़ादी[16]
ज़माना रक़्स[17] में है, ज़िन्दगी ग़ज़लख़्वां है

हर इक जबीं[18] पे है इक मौजे - नूरे - आज़ादी[19]
हर एक आंख में कैफ़ो - सुरूरे - आज़ादी[20]
ग़ुलामी ख़ाक - बसर[21] है हुज़ूरे - आज़ादी[22]

1. शिकार, 2. सन्तुष्ट, 3. पिंजरा, 4. पहरेदार, 5. चमन के गायक, 6. ख़ुशख़बरी, 7. संसार, 8. रंग और सुगन्ध के ऐश में, 9. उपवन की हवा की तरह, 10. वतन पर शहीद होनेवाले, 11. सैकड़ों, 12. आज़ादी का गर्व, 13. आज़ादी की लम्बी लटें, 14. चांद-तारे, 15. आज़ादी का गीत गाते हुए, 16. आज़ादी का वाद्य, 17. नृत्य, 18. ललाट, 19. आज़ादी के प्रकाश की मौज, 20. आज़ादी का नशा, 21. धूल-धूसरित, 22. आज़ादी के चरणों में।

हर एक क़स्र[1] है, इक बामे - तूरे - आज़ादी[2]
हर एक बाम पे इक परचमे - ज़र - अफ़्शा[3] है

हर एक सिम्त निगाराने - यासमीं पैकर[4]
निकल पड़े हैं दरो - बाम से महो - अख़्तर[5]
वह सैले - नूर[6] है ख़ीरा[7] है आदमी की नज़र
बसद गुरूरो - अदा ख़न्दाज़न है गर्दूं[8] पर
ज़मीने - हिन्द कि जौलांगहे - ग़ज़ालां[9] है

सदा दो अंजुमे - अफ़्लाक[10] रक़्स फ़रमाएं
बुताने - काफ़िरो - सफ़्फ़ाक[11] रक़्स फ़रमाएं
शरीके - हल्क़ः - ए - इदराक[12] रक़्स फ़रमाएं
तरब[13] का वक़्त है, बेबाक रक़्स फ़रमाएं
अब ऐसे में कि तक़ाज़ा - ए - बज़्मे - रिन्दां है[14]

यह इंक़िलाब का मुज्दा[15] है, इंक़िलाब नहीं
यह आफ़्ताब का परतौ[16] है, आफ़्ताब नहीं
वह जिसकी ताबो - तवानाई[17] का जवाब नहीं
अभी वह सईए - जुनूंख़ेज़[18] कामियाब नहीं
यह इंतिहा[19] नहीं, आग़ाज़े - कारे - मर्दां[20] है

---

1. महल, 2. आज़ादी के तूर की छत, 3. सोना बिखेरता हुआ झंडा, 4. चमेली जैसे आकार की मूर्तियां, 5. चांद-सितारे, 6. प्रकाश की बाढ़, 7. चकाचौंध, 8. मुस्कुराता हुआ आकाश, 9. हिरनों के दौड़ने का मैदान, 10. आकाश के तारे, 11. क़ातिल और काफ़िर बुत, 12. ज्ञान-गोष्ठी के शरीक, 13. आनन्द, 14. मदिरा पीनेवालों की बज़्म का तक़ाज़ा, 15. ख़ुशख़बरी, 16. अक्स, 17. चमक और शक्ति, 18. उन्मादप्रद कोशिश, 19. अन्त, 20. मर्दों के काम का आरम्भ।

सुब्हे-आज़ादी का तुलूअ[1]

याह्या आज़मी

इक नैयरे - नौ[2] सीनः - ए - मश्रिक़[3] ने उछाला
है जिसकी शुआओं[4] से हर इक सम्त[5] उजाला

लहराएगा आज़ादिए - किश्वर[6] का फरैरा
अब साहिले - मदरास से ता - कोहे - हिमाला

मुद्दत से जो अफ़सुर्दा - ओ - ग़मगीनो - हज़ीं[7] था
है रंग ही अब उस रुख़े - गेती[8] का निराला

सदियों की ग़ुलामी की शबे - तार[9] है रुख़्सत[10]
मश्रिक़[11] के शबिस्तानों[12] में छाया है उजाला

है महरे - जहांताब[13] की अब मद्दे - मुक़ाबिल
जो शमअ, सहर तक अभी लेती थी संभाला

ज़ुल्मतकदः - ए - हिन्द[14] में क्यों हो न चराग़ां
सर जैबे - उफ़क़[15] से महे - ताबां[16] ने निकाला

मामूर[17] है हर गोशः - ए - दामाने - वतन[18] आज
करता है निसार औजे - फ़लक[19] लूलूए - लाला

आसां न था जिस बारे - अमानत[20] का तहम्मुल[21]
सद शुक्र वतन ने है उसे आज संभाला

---

1. आज़ादी के प्रभात का उदय, 2. नया सितारा, 3. पूर्व का सीना, 4. किरणें, 5. चारों ओर, 6. देश की स्वतंत्रता, 7. दुखी, उदास और शोकातुर, 8. धरती का चेहरा, 9. अंधेरी रात, 10. बिदा, 11. पूर्व, 12. शयनागार, 13. प्रकाशमान सूर्य, 14. भारत का अन्धकार गृह, 15. क्षितिज का गरेबान, 16. प्रकाशमान सूर्य, 17. परिपूर्ण, 18. वतन के दामन का हर कोना, 19. आकाश की ऊंचाई, 20. अमानत का बोझ, 21. सहनशीलता।

हमारी कहानी

कमाल अहमद सिद्दीक़ी

तीन सौ साल से हावी था गुलामी का निज़ाम
अजनबी हाथों ने तोड़े जो सितम मत पूछ
ज़ुल्म सहते थे, पै फ़रियाद न कर सकते थे
पूजना पड़ते थे ग़ैरों के सनम मत पूछ

ज़िन्दगी के लिए बेरहम क़वानीन[1] की मुहर
अज़्म[2] पर क़ैद थी, होंठों के लिए ताले थे
सर उठाने की इजाज़त भी नहीं थी हमको
जुर्म इतना था कि वह गोरे थे हम काले थे

ज़िन्दगी जब्रे - गरांबार[3] से पज़मुर्दा,[4] निढाल
अजनबी हाकिमे-वक़्त,[5] अहले-वतन थे महकूम[6]
हाय ऐयामे - असीरी,[7] वह अज़ीयत[8] वह अज़ाब
हर तरफ़ मौत का सन्नाटा, फ़ज़ाएं मस्मूम[9]

हम तरसते थे बहारों में बहारों के लिए
फूल खिलते थे गुलिस्तानों में मुर्झाए हुए
कभी फ़ाक़े की हिकायत[10] कभी इफ़्लास[11] की बात
ज़िन्दा रहते थे मगर ज़ीस्त से उकताए हुए

यह भी कहने की इजाज़त न थी मज़्लूम[12] हैं हम
होंठ सीने के क़वानीन थे, सौ पहरे थे
हुक्म था इनको छुपाओ, न करो इनका इलाज
सीनः - ए - ज़ीस्त[13] में जो घाव बहुत गहरे थे

---

1. क़ानून (ब. व.), 2. इरादा, 3. अत्याचार से पीड़ित, 4. उदास, 5. शासक, 6. ग़ुलाम, 7. जेल के दिन, 8. कष्ट, 9. विषाक्त, ज़हरीली, 10. कहानी, 11. दरिद्रता, 12. पीड़ित, 13. ज़िन्दगी के सीने में।

हर क़दम पर नए मक़तल[1] थे, नए ज़िन्दां[2] थे
ज़िन्दगानी के लिए दारो-रसन[3] थे क्या क्या
ज़ुल्म और जब्र से ताराज[4] न था अय काश
अपने गुलशन में गुलो-सर्वो-समन थे क्या क्या

ज़िन्दगी मुज़्तरिबो - नौहाकुनां[5] रहती थी
ज़ुल्म की दाद न थी, जौर की फ़रियाद न थी
बन्दिशें इतनी कि जी जलता था दम घुटता था
नज़र आज़ाद न थी, सांस भी आज़ाद न थी

मक़्सदे - ज़ीस्त[6] थी आज़ादिए - जम्हूरे - वतन[7]
सर में सौदा था यही, दिल में यही एक लगन
यह तमन्ना थी कि आज़ाद हो अपना गुलशन
वक़्फ़[8] थी इसके लिए क़ल्ब[9] की इक इक धड़कन

दिल में जो आग भड़कती थी, भड़कती ही रही
अपनी मंज़िल से किसी वक़्त भी ग़ाफ़िल न रहे
हुर्रियतसोज़,[10] सितम पेशा[11] हुकूमत के ख़िलाफ़
हमने हर वक़्त बग़ावत के अलम लहराए

आज आज़ादिए - जम्हूर कोई ख़्वाब नहीं
आज आईन हमारा है हमारा है निज़ाम
मोतबर[12] आज है दुनिया में हमारी आवाज़
आज चढ़ता हुआ सूरज हमें करता है सलाम

•

1. वधस्थल, 2. क़ैदख़ाना, 3. फांसी के फन्दे, 4. लूट, बरबादी, 5. बेचैन और आर्तनाद में लीन, 6. जीवन का उद्‌देश्य, 7. देश की आज़ादी, 8. सुरक्षित, 9. दिल, 10. आज़ादी को जलानेवाला, 11. अत्याचारी, 12. विश्वसनीय।

आफ़्ताबे-ताज़ा[1]

सिकन्दर अली 'वज्द'

दामाने - चाक[2] अश्के - मसर्रत[3] से तर है आज
दो सौ बरस के बाद तुलूए - सहर[4] है आज

शमए - यक़ीं[5] के दम से शिकस्तों[6] की शब[7] कटी
महरे - मुबीं[8] पैग़म्बरे - फ़त्हो - ज़फ़र[9] है आज

सामाने - सद - हज़ार - बहारां लिए हुए
अपनी जिलौ[10] में गर्दिशे - शम्सो - क़मर[11] है आज

मुर्दा दिलों में दौड़ गया ख़ूने - ज़िन्दगी
चेहरों पे हुर्रियत[12] की शफ़क़[13] जल्वागर[14] है आज

पानी की बूंद क़तरः - ए - आबे - हयात[15] है
मौजे - हवा में मरहमे - ज़ख़्मे - जिगर है आज

गुलचीं के साथ दौरे - तिही - दामनी[16] गया
हर शाख़े - गुल से बारिशे - लालो - गुहर है आज

गुलशन का इंक़िलाब ने नक़्शा बदल दिया
शाहीं[17] शिकारे - बुलबुले - बेबालो - पर है आज

उड़ती हैं गर्दे - राह[18] की मानिन्द मंज़िलें
बेबाक रख़्शे - उम्र[19] जो गर्मे - सफ़र है आज

---

1. नया सूरज, 2. फटा हुआ दामन, 3. ख़ुशी के आंसू, 4. प्रभात का उदय, 5. विश्वास की शमा, 6. पराजय, 7. रात, 8. प्रकाशमान सूर्य, 9. विजय का सन्देश लानेवाला, 10. सवारी के सामने का रुख़, 11. चन्द्र और सूर्य का चक्र, 12. आज़ादी, 13. लाली, 14. जल्वा दिखा रही है, 15. अमृत की बूंद, 16. ख़ाली दामन का ज़माना, 17. बाज़, 18. मार्ग की धूल, 19. उम्र का घोड़ा।

इक दिलनवाज़ ख़्वाब हक़ीक़त[1] में ढल गया
नख़्ले - उमीदे - अहले - नज़र[2] बारवर[3] है आज

महसूस हो रहा है अनोखा सुहानापन
इक सादा झोंपड़ा ही सही अपना घर है आज

सब ताजिराने - तौक़ो - सलासिल[4] चले गए
अय 'वज्द' लुत्फ़े - अर्ज़े - मताए - हुनर[5] है आज

---

1. सच्चाई, 2. नज़रवालों की आशा का वृक्ष, 3. फलों से लदा हुआ, 4. हार और ज़ंजीरों के व्यापारी, 5. हुनर की दौलत का आनन्द।

आठवां अध्याय

आज़ादी के बाद से आज़ादी की रजत जयन्ती तक

पांच सौ बरस तवील[1] रात*

क़ैसरुल जाफ़री

वह रात पांच सौ बरस जो ज़हर ढालती रही
जो सब्ज़ सब्ज़ वादियों में सांप पालती रही
जो नारियल की छांव में लहू उछालती रही

पहाड़ बन के जो खड़ी थी रौशनी की राह में
वह रात बह गयी सहर के सैले - बेपनाह[2] में

वह सैले-बेपनाह क्या ? दिलों का अज़्मे-आहनी[3]
वह सैले-बेपनाह क्या ? नज़र की शोला-अफ़गनी[4]
वह सैले - बेपनाह क्या ? जुनूं की पाक दामनी

जुनूं की पाक दामनी से हर रविश चमन बनी
संवर के हर ख़िज़ां-नसीब शाख़े-गुलबदन बनी

धुआं नई सहर की शोख़ रौशनी में घुल गया
फ़ज़ा में आज परचमे - नशातो - रंग[5] खुल गया
जज़ीराहाए - दीव, दमन, गोवा का दाग़ धुल गया

जबीने - अर्ज़े - कायनात[6] पर हैं दाग़ और भी
सिसक रहे हैं तीरगी में कुछ चराग़ और भी

---

1. लम्बी, 2. प्रचंड बाढ़, 3. दृढ़ संकल्प, 4. शोले बरसाना, 5. सुख और सुन्दरता का झंडा, 6. दुनिया की धरती का ललाट।

* **नोट :** दीव, दमन और गोवा के दुबारा हिन्दुस्तानी हुकूमत में शामिल होने पर यह नज़्म कही गयी है।

गोवा के सितमशिआर

तिलोकचन्द 'महरूम'

घोड़ों पे हैं सवार हवा के सितमशिआर[1]
क़ायल नहीं हैं रोज़े - जज़ा[2] के सितमशिआर
क्या सामने न होंगे ख़ुदा के सितमशिआर ?
ठहरेंगे मुस्तहक़[3] न सज़ा के सितमशिआर ?
दुश्मन हैं गर्चे सिद्क़ो-सफ़ा[4] के सितमशिआर
कब तक सितम करेंगे गोवा के सितमशिआर

कब तक रहेंगे ख़ूने - शहीदां से सुर्ख़रू[5]
सारा जहान उन पे करेगा तुफ़ू तुफ़ू[6]
हिन्दोस्तान पर यह हुकूमत की आरज़ू
होकर ज़लील खोएगी मग़्रिब की आबरू
जायेंगे इज़्ज़त अपनी गंवा के सितमशिआर
कब तक सितम करेंगे गोवा के सितमशिआर

ग़ासिब[7] को ज़ेरे-चर्ख़[8] मिली है अमां[9] कभी ?
क्या रुक गयी है गर्दिशे - हफ़्त - आस्मां कभी ?
आएगा इनको रास न दौरे - ज़मां कभी
मिट जायेंगे यह दुश्मने - अम्नो - अमां कभी
कब तक रखेंगे ख़ुद को छुपा के सितमशिआर
कब तक सितम करेंगे गोवा के सितमशिआर

बरसाई हैं उन्होंने निहत्तों पे गोलियां
डायर की तरह ख़ुद को समझते हैं कामरां[10]
लेते हैं अहले-हिन्द की ग़ैरत का इम्तिहां
इक आग भी है बहरे - अहिंसा[11] के दर्मियां
सुन लें यह बात कान लगा के सितमशिआर
कब तक सितम करेंगे गोवा के सितमशिआर

---

1. ज़ालिम, 2. क़यामत का दिन, 3. पात्र, 4. सच्चाई और पाकीज़गी, 5. ख़ुश, 6. धिक्-धिक्, 7. दूसरों का हक़ मारनेवाला, 8. आकाश के नीचे, 9. शरण, 10. कामयाब, 11. अहिंसा का समुद्र।

वादिए-गुल

रिफ़अत सरोश

जाग अय वादिए-गुल
देख वह बर्फ़ के चश्मों के क़रीब
कितने सैयाद कमींगाह में घुस आए हैं
कितने गुलचीं तिरी अज़्मत को हरीसाना[1] निगाहों से खड़े तकते हैं
कितने जल्लाद लिए तेग़े-हवस[2]
सर क़लम करने को आए हैं गुलो-लाला के
जाग अय वादिए-गुल

तेरी पाकीज़ा फ़ज़ा
आज फिर हो गयी बारूद की बू से बोझल
आज फिर मकरो-तशद्दुद[3] के क़दम
रौंदने सब्ज़ः-ए-नौरस को बढ़े आते हैं
जाग अय वादिए-गुल

जाग इस तरह कि हर ग़ुंचा बने शोलः-ए-अज़्म[4]
जाग इस तरह कि हर फूल शरर[5] बन जाए
हर शरर दामने-गुलचीं को जलाकर रख दे
जाग इस तरह कि गुलज़ार के सीने में दबी आग लहक कर जागे

हर लपट नाग बने
और सैयाद को बढ़कर डस ले
जाग अय वादिए-गुल

---

1. लोभी, 2. लोभ की तलवार, 3. फ़रेब और हिंसा, 4. संकल्प का शोला, 5. चिंगारी।

मादरे-हिन्द से

नज़ीर बनारसी

क्यों न हो नाज़ ख़ाकसारी पर
तेरे क़दमों की धूल हैं हम लोग
आज आए हैं तेरे चरणों में
तू जो छू दे तो फूल हैं हम लोग
देश भगति भी हम पे नाज़ करे
हम को आज ऐसी देश भगति दे
तेरी जानिब है दुश्मनों की नज़र
अपने बेटों को अपनी शक्ति दे
मां हमें रण में सुर्ख़रू[1] रखना
अपने बेटों की आबरू रखना

तूने हम सब की लाज रख ली है
देशमाता तुझे हज़ारों सलाम
चाहिए हमको तेरा आशीर्वाद
शस्त्र उठाते हैं लेके तेरा नाम
लड़खड़ाएं अगर हमारे क़दम
रण में आकर संभालना माता
बिजलियां दुश्मनों के दिल पे गिरें
इस तरह से उछालना माता
मां हमें रण में सुर्ख़रू रखना
अपने बेटों की आबरू रखना

हो गयी बन्द आज जिनकी ज़बां
कल का इतिहास उन्हें पुकारेगा
जो बहादुर लहू में डूब गए
वक़्त उन्हें और भी उभारेगा
सांस टूटे तो ग़म नहीं माता

1. विजयी।

जंग में दिल न टूटने पाए
हाथ कट जायें जब भी हाथों से
तेरा दामन न छूटने पाए
मां हमें रण में सुर्ख़रू रखना
अपने बेटों की आबरू रखना

पयामे-सुलह[1]

तिलोकचन्द 'महरूम'

लाई पैग़ाम मौजे - बादे - बहार[2]
कि हुई ख़त्म शोरिशे - कश्मीर[3]

दिल हुए शाद अम्न - केशों के
है यह गांधी के ख़्वाब की ताबीर

सुलहजोई में अम्नकोशी में
काश होती न इस क़दर ताख़ीर

ताकि होता न इस क़दर नुक़्सां
और होती न दहर में तश्हीर[4]

बच गए होते नौजवां कितने
जिनको मरवा दिया बसर्फ़े - कसीर[5]

ज़िक्र क्या उसका, जो हुआ सो हुआ
उन बेचारों की थी यही तक़दीर

काम लें अब ज़रा तहम्मुल[6] से
दोनों मुल्कों के साहबे - तदबीर[7]

---

1. शान्ति का सन्देश, 2. वसन्त की हवा की मौज, 3. कश्मीर की बग़ावत, 4. प्रसिद्धि, 5. अधिक धन ख़र्च करके, 6. शान्ति, 7. समझदार लोग।

दिल से तख़रीब[1] का ख़याल हो दूर
और हो जायें माइले - तामीर[2]

रंग इस में ख़ुलूस[3] का भर दें
खिंच रही है जो अम्न की तस्वीर

अहदो - पैमां[4] हों वक़्फ़े - इस्तक़लाल[5]
उनकी तकमील[6] में नहीं तक़्सीर[7]

अहले - अख़बार हों वफ़ा - आमेज़[8]
क़ातए - दोस्ती[9] न हो तहरीर[10]

आम्मतुन्नास[11] हों इधर न उधर
किसी उन्वान इश्तिआल पज़ीर[12]

अलमे - आश्ती[13] बलन्द रहे
अन्दरूने - नियाम[14] हो शमशीर

हर दो जानिब की बेटियां बहनें
हैं जो मजबूरे - क़ैदे - बेज़ंजीर

जिस क़दर जल्द हो रिहा हो जायें
उनका क्या जुर्म ? क्यों रहें वह असीर

है तक़ाज़ा यही शराफ़त का
दोनों मुल्कों की इसमें है तौक़ीर[15]

रहें आबाद हिन्दो - पाकिस्तां
तेरी रहमत से अय ख़ुदाए - क़दीर

ग़रज़ परवाज़ हो चुका 'महरूम'
अब कहें कुछ 'हफ़ीज़' और 'तासीर'

1. विनाश, 2. निर्माण में रत, 3. निष्ठा, 4. वचन, 5. स्थायित्व के लिए, 6. पूरा करना, 7. कमी, 8. वफ़ा सिखानेवाले, 9. दोस्ती को काटनेवाली, 10. लेखनी, 11. जन-साधारण, 12. उत्तेजित, 13. दोस्ती का झंडा, 14. म्यान के अन्दर, 15. प्रतिष्ठा।

हम एक हैं

जां निसार 'अख़्तर'

एक है अपनी ज़मीं एक है अपना गगन
एक है अपना जहां एक है अपना वतन
अपने सभी सुख एक हैं अपने सभी ग़म एक हैं
आवाज़ दो हम एक हैं

यह वक़्त खोने का नहीं यह वक़्त सोने का नहीं
जागो वतन ख़तरे में है सारा चमन ख़तरे में है
फूलों के चेहरे ज़र्द हैं ज़ुल्फ़ें फ़ज़ा की गर्द हैं
उमडा हुआ तूफ़ान है नर्ग़े में हिन्दोस्तान है
दुश्मन से नफ़रत फ़र्ज़ है घर की हिफ़ाज़त फ़र्ज़ है
बेदार हो बेदार हो आमादः - ए - पैकार[1] हो
आवाज़ दो हम एक हैं

यह है हिमाला की ज़मीं ताजो - अजन्ता की ज़मीं
संगम हमारी आन है चित्तौड़ अपनी शान है
गुलमर्ग का महका चमन जमना का तट गोकुल का बन
गंगा के धारे अपने हैं यह सब हमारे अपने हैं
कह दो कोई दुश्मन नज़र उट्ठे न भूले से इधर
कह दो कि हम बेदार हैं कह दो कि हम तैयार हैं
आवाज़ दो हम एक हैं

उट्ठो जवानाने - वतन बांधे हुए सर से कफ़न
उट्ठो दकन की ओर से गंगो - जमन की ओर से
पंजाब के दिल से उठो सतलज के साहिल से उठो
महाराष्ट्र की ख़ाक से देहली की अर्ज़े - पाक से
बंगाल से गुजरात से कश्मीर के बाग़ात से
नेफ़ा से राजस्थान से कुल ख़ाके - हिन्दुस्तान से
आवाज़ दो हम एक हैं
हम एक हैं
हम एक हैं

बुतशिकनी

(चीनी जारहियत[1] से मुतास्सिर)

कैफ़ी आज़मी

पूजा था तुम्हें बुत की तरह हमने किसी दिन
गो जां पे अक़ीदत में कई बार बनी भी

माथे से कई बार लहू सजदे में टपका
आंखों से मए - दर्द कई बार छनी भी

तुम साज़े-वफ़ा को कभी ख़ातिर में न लाए
गर्दन थी झुकाना जिसे अकड़ी भी तनी भी

घबरा गयी साज़िश भी अगर तुम रहे ख़ामोश
की बात तो शर्मा गयी नावक - फ़िगनी भी

इक बात समझ लोगे तो खुल जायेंगी आंखें
पूजा है तो आती है हमें बुतशिकनी भी

जां दी है सदा, देंगे सदा अपने वतन पर
गो आज बहुत सस्ती है हुब्बलवतनी भी

लहू का टीका

आनन्दनारायण 'मुल्ला'

वतन फिर तुझको पैमाने - वफ़ा[2] देने का वक़्त आया
तिरे नामूस[3] पर सब कुछ लुटा देने का वक़्त आया

वह ख़ित्ता[4] देवताओं की जहां आरामगाहें थीं
जहां बेदाग़ नक़्शे - पाए - इंसानी से राहें थीं

1. आक्रमण, 2. वफ़ा का वचन, 3. इज़्ज़त, 4. धरती का टुकड़ा।

जहां दुनिया की चीख़ें थीं, न आंसू थे न आहें थीं
उसी को जंग का मैदां बना देने का वक़्त आया
वतन फिर तुझको पैमाने-वफ़ा देने का वक़्त आया

रुपहली बर्फ़ पर है सुर्ख़ ख़ूं की आज इक धारी
सहर की नर्म किरनों ने यहां दोशीज़गी[1] खोई
हुई आलूदा यह मासूम दुनिया अप्सराओं की
अब इन नापाक धब्बों को मिटा देने का वक़्त आया
वतन फिर तुझको पैमाने-वफ़ा देने का वक़्त आया

गिराकर हर निज़ाए - दर्मियां[2] की चारदीवारी
सियासत की धड़ेबाज़ी, ज़बां की तफ़रिक़ाकारी[3]
मिटा कर सूबा-ओ-ईमानो-मिल्लत की हदें सारी
हिमाला पर नई सरहद बना देने का वक़्त आया
वतन फिर तुझको पैमाने-वफ़ा देने का वक़्त आया

हर इक आंसू का शोला[4] जज़्ब करके दिल के ख़िर्मन[5] में
हर इक फ़रियाद की लय ढाल कर इक अज़्मे-आहन[6] में
हर इक नारे की बिजली करके आसूदा नशेमन[7] में
फिर इस बिजली को दुश्मन पर गिरा देने का वक़्त आया
वतन फिर तुझको पैमाने-वफ़ा देने का वक़्त आया

हर इक बाज़ारो-कू[8] को रज़्मगह[9] शायद बनाना हो
हर इक दीवारो - दर पर मोर्चा शायद बनाना हो
ख़ुद अपनी किश्त[10] को आतिशकदा[11] शायद बनाना हो
हर इक चप्पे पे आहूती चढ़ा देने का वक़्त आया
वतन फिर तुझको पैमाने - वफ़ा देने का वक़्त आया

यह अहले - ख़ाना[12] की ग़ासिब[13] लुटेरों से लड़ाई है
यह चढ़ती रात की रौशन सवेरों से लड़ाई है

---

1. कुंवारापन, 2. बीच का वैमनस्य, 3. भेदभाव, 4. ज्वाला, 5. खलियान, 6. दृढ़ संकल्प, 7. घोंसला, 8. बाज़ार और कूचे, 9. युद्ध का मैदान, 10. खेती, 11. आग का घर, 12. घर के मालिक, 13. दूसरों का हक़ मारनेवाला।

चराग़े - आदमीयत की, अंधेरों से लड़ाई है
हर इक बस्ती में इंसां को सदा देने का वक़्त आया
वतन फिर तुझको पैमाने - वफ़ा देने का वक़्त आया

निक़ाबे - सुर्ख़[1] के पीछे है पीली शक्ले - ख़ाक़ानी[2]
वही सफ़्फ़ाक[3] नज़रें हैं, वही है चीने - पेशानी[4]
वही चंगेज़ का जज़्बा, वही ख़्वाबे - जहांबानी[5]
अब इन ख़्वाबों को मिट्टी में मिला देने का वक़्त आया
वतन फिर तुझको पैमाने - वफ़ा देने का वक़्त आया

जवानाने - वतन आओ क़तार अन्दर क़तार आओ
दिलों में आग, नज़रों में लिए बर्क़ो - शरार[6] आओ
बढ़ो, क़हरे - ख़ुदा[7] अब बन के सूए - कारज़ार[8] आओ
जलाले - ग़ैरते - क़ौमी[9] दिखा देने का वक़्त आया
वतन फिर तुझको पैमाने - वफ़ा देने का वक़्त आया

बहादुर हिन्द के लड़ते हैं कैसे आज दिखलाओ
रिवायाते - शुजाअत[10] को नए कुछ बाब[11] दे जाओ
मिटो तो दास्तानें हों, जियो तो ताजदार आओ
लहू का, मां को फिर टीका लगा देने का वक़्त आया
वतन फिर तुझको पैमाने-वफ़ा देने का वक़्त आया

हिमाला की जानिब चलो

सैयद हुर्मतुल इकराम

चलो, हिमाला की जानिब चलो कि तेग़ज़नो[12] !
उबल रहे हैं चटानों से बिजलियों के शरार[13]
फ़ज़ा के दोश[14] पे लर्ज़ा[15] है साअतों की पुकार

1. लाल मुखपट, 2. बादशाह की सूरत, 3. निर्दयी, 4. ललाट की रेखाएं, 5. बादशाह का ख़्वाब, 6. बिजली और चिंगारियां, 7. ख़ुदा का प्रकोप, 8. युद्ध की तरफ़, 9. राष्ट्रीयता के सम्मान का प्रताप, 10. बहादुरी की परम्परा, 11. अध्याय, 12. तलवार चलानेवाला, 13. चिंगारी, 14. कंधा, 15. कंपायमान।

वफ़ा के गिर्द है फ़ितनातराज़ियों[1] का हिसार[2]
वतन की आन पे मिटना है तुमको हमवतनो !

यह सरज़मीन है वलियों, महात्माओं की
अज़ल[3] से एक हसीं छांव ख़ेमाज़न[4] है यहां
सदाक़तों[5] की तरावत चमन चमन है यहां
क़दम क़दम पे महब्बत का बांकपन है यहां
यह सरज़मीं है अहिंसा के देवताओं की

मजाल क्या कि किसी का क़दम इधर आए
पुकारते हैं हुमकते हुए से ख़्वाब हमें
पुकारते हैं महकते हुए गुलाब हमें
पुकारते हैं खनकते हुए रबाब हमें
बढ़ो कि आंच न रंगे- हयात पर आए

उठो कि रूह शहीदों की बेक़रार न हो
नसीम आई है लेकर धमक बगूलों[6] की
अरक़ अरक़ है जबीं सोगवार फूलों की
न झुकने पाए नज़र प्यार के उसूलों की
उठो कि आत्मा गांधी की शर्मसार न हो

हयात प्यार की आग़ोश में निखरती है
रिया - ओ - मक्र[7] का ग़ाज़ा[8] न चाहिए इसको
गरजती तोपों का नग़्मा न चाहिए इसको
बिगुल का बैंड का तुहफ़ा न चाहिए इसको
ज़मीन कृष्ण की बंसी से प्यार करती है

बढ़ो कि सहमा हुआ इर्तिक़ा[9] का जादू है
सदाएं देता है हिन्दोस्तां का मुस्तक़्बिल[10]
पुकारता है उमंगों को जल्वः - ए - मंज़िल
बुला रहा है तुम्हें वक़्त का धड़कता दिल
बढ़ो कि क़ाफ़िलासालार अपना नेहरू है

---

1. उपद्रवकारियों, 2. चारदिवारी, 3. आदिकाल, 4. डेरा डाले हुए, 5. सच्चाई, 6. धूल का भंवर, 7. दिखावा और ढोंग, 8. पाउडर, 9. विकास, 10. भविष्य।

बढ़ो, हयात को ज़राबरो - गुलफ़शां[1] कर दो
धुआं धुआं है जुलेख़ा - ए - अम्न[2] का रुख़्सार[3]
बुझा बुझा है यूसुफ़ के हुस्न का पिन्दार[4]
बढ़ो कि लुटती है किनआने - ज़िन्दगी की बहार
लहू चढ़ा के महब्बत को जाविदां[5] कर दो

फूल ज़ख़्मी हैं

अजमल अजमली

मैं आज सोच रहा हूं कि क्या कहूं तुमको
रफ़ीक़[6] कहता हूं यारो, तो शर्म आती है

यह वार सिर्फ़ हमारे वतन पे वार नहीं
निगारे - हुजलः - ए - गंगो - जमन[7] पे वार नहीं

यह वार वह है महब्बत के फूल ज़ख़्मी हैं
सुहाने ख़्वाब, सजीले उसूल ज़ख़्मी हैं

रिवायतों से लहू बूंद बनके टपका है
समाजवाद के सीने में हश्र[8] बरपा है

मैं आज सोच रहा हूं कि क्या कहूं तुमको
रफ़ीक़ कहता हूं यारो, तो शर्म आती है

---

1. सोने और फूलों से ढंक दो, 2. अम्न की जुलैखा, 3. कपोल, 4. घमंड, 5. अमर, 6. दोस्त, 7. गंगा और जमना के छपकरट के बेलबूटे, 8. प्रलय।

चीन की पैमांशिकनी[1] के नाम

मजरूह सुल्तानपुरी

दस्ते - पुर - ख़ूं[2] को कफ़े - दस्ते - निगारा[3] समझे
क़त्लगह[4] थी जिसे हम महफ़िले - यारां समझे

कुछ भी दामन में नहीं ख़ारे - मलामत[5] के सिवा
अय जुनूं हम भी किसे कू - ए - बहारां समझे

हां वह बेदर्द तो बेगाना ही अच्छा यारो
जो न तौक़ीरे - ग़मे - दर्द - गुसारां[6] समझे

ख़न्दाज़न[7] इस पे रहे हल्क़ः - ए - ज़ंजीरे - जुनूं[8]
जो न कुछ मंज़िलते - सिलसिला - दारां[9] समझे

तोड़ दें हम जो न तलवार तो कहिए 'मजरूह'
तेग़ज़न[10] क्या हुनरे - रहम - शिआरां[11] समझे

शाख़े-गुल ही नहीं

नरेश कुमार 'शाद'

चीन की जाबिरो - मग़रूर[12] हुकूमत से कहो
इंकिसारी[13] ही सही मेरे वतन का दस्तूर
वक़्त पड़ने पे यह बाग़ैरतो - ख़ुद्दार[14] वतन
तोड़ सकता है हर इक मद्दे - मुक़ाबिल[15] का ग़ुरूर

---

1. वादा-ख़िलाफ़ी, 2. ख़ून में डूबा हुआ हाथ, 3. माशूक़ा के हाथ का पंजा, 4. वध-स्थल, 5. धिक्कार के कांटे, 6. दर्दो-ग़म खानेवालों की इज़्ज़त, 7. मुस्कुराते, 8. उन्माद की ज़ंजीर की कड़ी, 9. फांसी के सिलसिले की प्रतिष्ठा, 10. तलवार का धनी, 11. दयालुओं का गुण, 12. अत्याचारी और घमंडी, 13. नम्रता, 14. स्वाभिमानी, 15. सामने आनेवाला।

बावजूद इसके इसे ज़ोम[1] नहीं क़ूवत का
क्योंकि यह अम्नो-महब्बत का नुमाइन्दा है
इक दिलआवेज़ जहांताब सितारे की तरह
ऐटमी दौर की जुल्मत[2] में दरख़शन्दा[3] है

यह वतन वह है कि हर फ़र्दे-बशर[4] की ख़ातिर
काकुले - बरहमे - गेती[5] को संवारा जिसने
पंचशील ऐसे उसूलों की ज़ियापाशी[6] से
आलमी अम्न के चेहरे को निखारा जिसने

तूने तो अहदे-रफ़ाक़त[7] का उड़ाया है मज़ाक़
तूने तो अम्न को तल्वों से मसल डाला है
तूने तो अपनी हवसनाक[8] सियासत के तुफ़ैल
मेरे फूलों को शरारों[9] में बदल डाला है

फूल अहिंसा के यही मेरे जवानाने-वतन
रज़्मगाहों[10] में जो तनते हैं कमानों की तरह
टूट पड़ते हैं जो बिजली की तरह नख़वत[11] से
और टकराते हैं दुश्मन से चटानों की तरह

मुल्कगीरी की हवस अपनी निगाहों में लिए
एक ही रुख़ देखा है बस मेरे वतन का तूने
आज वह बाग़ नहीं आग का दरिया है मगर
तुझको ललचाया है जिस बाग़ के रंगो-बू[12] ने

बेशक इख़्लास[13] में अज़्मत[14] है हिमाला की-सी
और फ़ितरत[15] में है पाकीज़गिए-गंगो-जमन[16]
लेकिन अब तुझको यह एहसास भी हो जाएगा
शाख़े-गुल ही नहीं तलवार भी है मेरा वतन

1. घमंड, 2. अंधेरे, 3. चमकदार, 4. व्यक्ति, 5. धरती की बिखरी हुई लटें, 6. चमक, 7. दोस्ती का वचन, 8. लोभी, 9. चिंगारियां, 10. युद्ध का मैदान, 11. अहंकार, 12. रंग और सुगन्ध, 13. दोस्ती, निःस्वार्थता, 14. महानता, 15. प्रकृति, 16. गंगा-जमुना की पवित्रता।

दोस्तो, आओ सूए-हिमाला चलें

ज़फ़र गोरखपुरी

दोस्तो आओ सूए - हिमाला चलें
देर से है परेशां - परेशां फ़ना ![1]

हम अंधेरों में पैग़म्बराने - सहर[2]
हम उजालों के रौशन निशां दोस्तो

हम बहारों का मुस्तक़्बिले - ज़रफ़शां[3]
लाला - ओ - गुल के हम पास्बां दोस्तो

आओ तूफ़ां की सूरत दिलों में उठें
आओ हो जायें बर्क़े - तपां[4] दोस्तो

तोप के रुख़ पे बन्दूक़ के सामने
आओ बन जायें कोहे - गरां दोस्तो

दोस्तो आओ सूए - हिमाला चलें
ख़ूं उगलती डगर शोलाज़न[5] राह से

नकहतो - रंग[6] बनकर उबलते चलें
ज़ुल्म की ख़ूंफ़शां[7] ख़ूंफ़शां रात में

शमअ के साथ ख़ुद भी पिघलते चलें
अपनी आंखों में फूलों के सपने लिए

एक इक ख़ार का सर कुचलते चलें
तेग़ उठा लें जुनूं[8] की क़यादत[9] में हम

---

1. वातावरण, 2. सुबह के सन्देशवाहक, 3. सुनहरा भविष्य, 4. बिजली की लपक, 5. आग बरसाती हुई, 6. रंग और सुगन्ध, 7. ख़ून बरसानेवाली, 8. उन्माद, 9. नेतृत्व।

और जुनूं से भी आगे निकलते चलें
दोस्तो आओ सूए - हिमाला चलें

जहद[1] को, अज़्म[2] को, शोलः-ए-रूह[3] को
अपनी दौलत कहें अपनी क़ूवत कहें !

दार[4] से ज़िन्दगानी को आवाज़ दें
सरफ़रोशी को जीने की क़ीमत कहें !
राइफ़ल से सुनें नग़्मः - ए - आरज़ू[5]
ज़ख़्म को फूल से ख़ूबसूरत कहें
बज़्मे - पैमाना - ओ - साज़ो - शमशीर[6] में
सिर्फ़ शमशीर को अपनी क़िस्मत कहें
दोस्तो आओ सूए - हिमाला चलें
आंधियों से कहो आज इक इक दिया
ज़िन्दा रहने की ख़ातिर शररबार[7] है
ज़ुल्मतों[8] से कहो आज इक इक नज़र
घात और साज़िशों से ख़बरदार है
ज़ालिमों से कहो आज एक एक दिल
जितना दीवाना है उतना हुशियार है
क़ातिलों से कहो आज इक इक जिगर
सख़्त होकर हिमाला की दीवार है
दोस्तो आओ सूए - हिमाला चलें

मेरे आज़ाद वतन

क़ाज़ी सलीम

मेरे आज़ाद वतन मेरी उमीदों के चमन
तू मिरा ख़्वाब[9] है और ख़्वाब की ताबीर भी है

1. संघर्ष, 2. संकल्प, 3. रूह का शोला, 4. फांसी का फंदा, 5. अभिलाषा का गीत, 6. तलवार, साज़ और पैमाने की बज़्म, 7. चिंगारी बरसानेवाली, 8. अन्धकार, 9. स्वप्न।

आज अय जाने - जहां तूने पुकारा है मुझे
तेरी आवाज़ में जादू भी है तासीर भी है

तेरी ललकार पे सब फ़र्क़ मिटे एक हुए
यह सियह रात नई सुबह की तनवीर[1] भी है

हो मुबारक तुझे मंज़िल का तसव्वुर तो मिला
वह तसव्वुर जो चराग़े - रहे - तामीर[2] भी है

हम अगर आज असीरे - ग़मे - दौरां[3] हैं तो क्या
इसमें कुछ शाइबः - ए - ख़ूबिए - तक़दीर[4] भी है

क़िस्मते - दीदः - ए - तर[5] ख़ूने - जिगर जानते हैं
आज़माइश है जहां अज़्मते - शब्बीर[6] भी है

सर उठाया है जो बातिल[7] ने हमेशा की तरह
हक़परस्ती में वही क़ूवते - तसख़ीर[8] भी है

हम वह दिल वाले हैं करते हैं जो ताज़ीमे-वफ़ा[9]
दोस्ती जिनके लिए दोस्त की तौक़ीर[10] भी है

जिसने तोड़े हैं महब्बत की शरीअत के उसूल
वह गुनहगार भी है क़ाबिले-ताज़ीर[11] भी है

इस ख़ताकार से कह दो कि अगर वक़्त पड़े
बांसुरी कृष्ण की अर्जुन का कड़ा तीर भी है

---

1. प्रकाश, 2. निर्माण-मार्ग का चिराग़, 3. ज़माने के ग़म में गिरफ़्तार, 4. तक़दीर की ख़ूबी की झलक, 5. अश्रु भरी आंख का भाग्य, 6. इमाम हुसैन की महानता, 7. झूठ, 8. वशीकरण शक्ति, 9. वफ़ा का सम्मान, 10. इज़्ज़त, 11. दंड देने योग्य।

नागुज़ीर[1]

(एक हक़ीक़त - पसन्दाना नुक़्तः-ए-निगाह)

एजाज़ सिद्दीक़ी

जंग इक जब्र[2] है हम अम्न पसन्दों के लिए
इस हक़ीक़त से कोई है जो ख़बरदार न हो

कौन ऐसा है सरे - बिस्तरे - एहसासो - शऊर[3]
धूप सर पर हो मगर ख़्वाब से बेदार न हो

है सरासर तपिशो-सोज़[4] की फ़ितरत के ख़िलाफ़
आग सीने में लगे आंख शररबार[5] न हो

पत्थरों को तो बहरहाल कुचलना होगा
क्या करे कोई अगर रास्ता हमवार न हो

दोस्तो हम नहीं इस रक़्से-जुनूं[6] के क़ायल
जो सरे-बज़्म[7] तो हो और सरे-दार[8] न हो

इश्क़ झूटा है, ग़ज़ल झूटी है, फ़न झूटा है
यह अगर वक़्त की धड़कन से ख़बरदार न हो

जंग इक जब्र है हम अम्न पसन्दों के लिए
काट मौजूद है दुश्मन की कमन्दों के लिए

---

1. अनिवार्य, 2. ज़बरदस्ती, 3. चेतना और अनुभूति की शैया पर, 4. गर्मी और जलन, 5. चिंगारी बरसानेवाली, 6. उन्माद का नृत्य, 7. बज़्म में, 8. फांसी के तख़्ते पर।

फ़र्ज़

कैफ़ी आज़मी

और फिर कृष्ण ने अर्जुन से कहा
न कोई भाई न बेटा न भतीजा न गुरु
एक ही शक्ल उभरती है हर आईने में
आत्मा करती नहीं जिस्म बदल लेती है
धड़कन इस सीने की जा छुपती है उस सीने में

जिस्म लेते हैं जनम जिस्म फ़ना[1] होते हैं
और जो इक रोज़ फ़ना होगा वह पैदा होगा
इक कड़ी टूटती है दूसरी बन जाती है
ख़त्म यह सिलसिला-ए-ज़ीस्त[2] भला क्या होगा

रिश्ते सौ, जज़्बे भी सौ, चेहरे भी सौ होते हैं
फ़र्ज़ सौ चेहरों में शक्ल अपनी ही पहचानता है
वही महबूब वही दोस्त वही एक अज़ीज़
दिल जिसे इश्क़ और इदराक[3] अमल मानता है

ज़िन्दगी सिर्फ़ अमल सिर्फ़ अमल सिर्फ़ अमल
और यह बेदर्द अमल सुलह भी है जंग भी है
अम्न की मोहनी तस्वीर में हैं जितने रंग
उन्हीं रंगों में छुपा ख़ून का इक रंग भी है

जंग रहमत है कि लानत, यह सवाल अब न उठा
जंग जब आ ही गयी सर पे तो रहमत होगी
दूर से देख न भड़के हुए शोलों का जलाल[4]
इसी दोज़ख़ के किसी कोने में जन्नत होगी

---

1. नष्ट, 2. जीवन-क्रम, 3. बुद्धि, 4. प्रताप, तेज।

ज़ख़्म खा ज़ख़्म लगा ज़ख़्म हैं किस गिनती में
फ़र्ज़ ज़ख़्मों को भी चुन लेता है फूलों की तरह
न कोई रंज न राहत न सिले की परवा
पाक हर गर्द से रख दिल को रसूलों की तरह

ख़ौफ़ के रूप कई होते हैं अन्दाज़ कई
प्यार समझा है जिसे ख़ौफ़ है वह प्यार नहीं
उंगलियां और गड़ा और पकड़ और पकड़
आज महबूब का बाज़ू है यह तलवार नहीं

साथियो दोस्तो हम आज के अर्जुन ही तो हैं

कौन दुश्मन है

सरदार जाफ़री

यह टैंक, तोप, यह बम्बार आग बन्दूक़ें
कहां से लाए हो, किसकी तरफ़ है रुख़ इनका
दयारे - वारिस - ओ - इक़बाल का यह तुह्फ़ा है
जगा के जंग के तूफ़ां ज़मीने - नानक से
उठे हो बर्क़ गिराने कबीर के घर पर

ग़ुलाम तुम भी थे कल तक, ग़ुलाम हम भी थे
नहा के ख़ून में आई थी फ़स्ले-आज़ादी
अभी तो सुबह की पहली हवाएं सनकी हैं
अभी शगूफ़ों ने खोली नहीं है आंख अपनी
अभी बहार के लब पर हंसी नहीं आई
न जाने कितने सितारे बुझी सी आंखों के
न जाने कितने फ़सुर्दा हथेलियों के गुलाब
तरस रहे हैं अभी रंगो - रौशनी के लिए

हमारे पास है क्या दर्दे - मुश्तरक के सिवा
मज़ा तो जब था कि मिलकर इलाजे - जां करते

ख़ुद अपने हाथ से तामीरे - गुलिस्तां करते
हमारे दर्द में तुम और तुम्हारे दर्द में हम
शरीक होते तो फिर जश्ने - आशियां करते

मगर तुम्हारी निगाहों का तौर है कुछ और
यह बहके बहके क़दम उठ रहे हैं किस जानिब
किधर चले हो यह शमशीर आज़माने को
समझ लिया है जिसे तुमने मुल्क की सरहद
वह सरहदे - दिलो - जां है, हमारा जिस्म है वह
हसीं, बलन्द, मक़द्दस, जवान, पाकीज़ा
है इसका नाम ख़याबाने - जन्नते - कश्मीर
है इसका नाम गुलिस्ताने-दिल्ली-ओ-पंजाब
हम उसको प्यार से कहते हैं लखनऊ भी कभी

तुम उसको तेग़ के होंठों से छू नहीं सकते
अदब से आओ कि ग़ालिब की सरज़मीं है यह
अदब से आओ कि है मीर का मज़ार यहां
निज़ाम-ओ-काकी-ओ-चिश्ती के आस्ताने हैं
झुका दो तेग़ों के सर बारगाहे - रहमत में

हमारे दिल में रफ़ाक़त[1] भी और प्यार भी है
तुम्हारे वास्ते यह रूह - बेक़रार भी है
अगर्चे कहने को जी चाहता नहीं लेकिन
जवाबे - अहले - हवस,[2] तेग़े - आबदार[3] भी है
उधर बहन है कोई, कोई भाई, कोई अज़ीज़
गुज़श्ता बादापरस्तों[4] की यादगार कोई
रफ़ीक़े-महबस-ओ-ज़िन्दां,[5] रफ़ीक़े-दार[6] कोई
हमारी तरह से रुसवाए - कूए - यार कोई
लबों पे जिनके तबस्सुम है अहदे - रफ़्ता[7] का
नज़र में ख़्वाब हैं बीते हुए ज़माने के

---

1. दोस्ती, 2. लोभियों का जवाब, 3. तेज़ तलवार, 4. पुराने मदिरापायी, 5. जेल के साथी, 6. साथ फांसी पर चढ़नेवाले, 7. अतीत।

दिलों में नूर चराग़े - उमीदे - फ़र्दा[1] के
वह सब जो ग़ैर नज़र आ रहे हैं अपने हैं

उधर भी हल्क़ः - ए - यारां,[2] हुजूमे - मुश्ताक़ां[3]
इधर भी चाहनेवालों की कुछ कमी ही नहीं
हज़ारों साल की तारीख़ है सबूत इसका
खड़े हैं सीने पे ज़ख़्मों के गुल खिलाए हुए
दयारे - हीर की यादों से दिल जलाए हुए
चिनाबो - झेलमो - रावी से लौ लगाए हुए

हमारे बीच में हाइल हैं आग के दरिया
तुम्हारे और हमारे लहू के सागर हैं
बहुत बलन्द सियह नफ़रतों की दीवारें
हम उनको एक नज़र में गिरा भी सकते हैं
तमाम ज़ुल्म की बातें भुला भी सकते हैं
तुम्हें फिर अपने गले से लगा भी सकते हैं
मगर यह शर्त है तेग़ों को तोड़ना होगा
लहू भरा हुआ दामन निचोड़ना होगा
फिर इसके बाद न तुम ग़ैर हो न ग़ैर हैं हम

तुम आओ गुलशने - लाहौर से चमन - बर - दोश[4]
हम आयें सुब्हे - बनारस की रौशनी लेकर
हिमालया की हवाओं की ताज़गी लेकर
और उसके बाद यह पूछें कि कौन दुश्मन है

---

1. कल की आशा के दिये का प्रकाश, 2. दोस्तों का हल्क़ा, 3. जिज्ञासुओं का जमघट, 4. उपवन कांधे पर उठाए हुए।

सुब्हे-फ़र्दा[1]

अली सरदार जाफ़री

(1)

इसी सरहद पे कल डूबा था सूरज होके दो टुकड़े
इसी सरहद पे कल ज़ख़्मी हुई थी सुब्हे - आज़ादी[2]
यह सरहद ख़ून की, अश्कों की, आहों की, शरारों की
जहां बोई थी नफ़रत और तलवारें उगाई थीं

यहां महबूब आंखों के सितारे तिलमिलाए थे
यहां माशूक़ चेहरे आंसुओं से झिलमिलाए थे
यहां बेटों से मां, प्यारी बहन भाई से बिछड़ी थी

यह सरहद जो लहू पीती है और शोले[3] उगलती है
हमारी ख़ाक के सीने पे नागन बन के चलती है
सजाकर जंग के हथियार मैदां में निकलती है
मैं इस सरहद पे कब से मुन्तज़िर हूं सुब्हे-फ़र्दा का

(2)

यह सरहद फूल की, ख़ुशबू की, रंगों की, बहारों की
धनक[4] की तरह हंसती, नदियों की तरह बल खाती
वतन के आरिज़ों[5] पर ज़ुल्फ़ के मानिन्द लहराती
महकती, जगमगाती, इक दुल्हन की मांग की सूरत
कि जो बालों को दो हिस्सों में तो तक़सीम करती है
मगर सिन्दूर की तलवार से, सन्दल की उंगली से

यह सरहद दिलबरों की, आशिक़ों की, बेक़रारों की
यह सरहद दोस्तों की, भाइयों की, ग़मगुसारों की

---

1. आगामी कल की सुबह, 2. आज़ादी की सुबह, 3. ज्वाला, 4. इन्द्र-धनुष, 5. कपोल।

सहर को आए ख़ुर्शीदे - दरख़्शां[1] पास्बां बनकर
निगहबानी हो शब को आस्मां के चांद तारों की
ज़मीं पामाल[2] हो जाए भरे खेतों की युरिश[3] से
सिपाहें[4] हमलाआवर हों दरख़्तों की क़तारों की
ख़ुदा महफ़ूज़[5] रक्खे इसको ग़ैरों की निगाहों से
पड़ें नज़रें न इस पर ख़ूं के ताजिर[6] ताजदारों की
कुचल दें इसको फ़ौलादी क़दम भारी मशीनों के
करे यलग़ार[7] इस पर ज़र्बे - कारी[8] दस्तकारों की
उड़ें चिंगारियों के फूल पत्थर के कलेजे से
झुके तेग़ों[9] की महराबों में गर्दन कोहसारों[10] की
लबों की प्यास ढाले अपने साक़ी अपने पैमाने
चमक उट्ठें मसर्रत से निगाहें सोगवारों[11] की
महब्बत हुक्मरां[12] हो, हुस्ने क़ातिल, दिल मसीहा[13] हो
चमन में आग बरसे शोला - पैकर गुलअज़ारों के
वह दिन आए कि आंसू होके नफ़रत दिल से बह जाए
वह दिन आए यह सरहद बोसः-ए-लब बनके रह जाए

(3)

यह सरहद मनचलों की, दिलजलों की, जांनिसारों की
यह सरहद सरज़मीने-दिल के बांके शहसवारों की
यह सरहद कजकुलाहों[14] की, यह सरहद कजअदाओं[15] की
यह सरहद गुलशने-लहौर-ओ-दिल्ली की हवाओं की
यह सरहद अम्नो-आज़ादी के दिल-अफ़रोज़ ख़्वाबों की
यह सरहद डूबते तारों, उभरते आफ़्ताबों की
यह सरहद ख़ूं में लिथड़े प्यार के ज़ख़्मी गुलाबों की

मैं इस सरहद पे कब से मुन्तज़िर हूं सुब्हे-फ़र्दा का

1. प्रकाशमान सूर्य, 2. नष्ट, 3. हमला, 4. फ़ौजें, 5. सुरक्षित, 6. व्यापारी, 7. हमला, 8. प्रबल चोट, 9. कुदाल, 10. पहाड़, 11. दुखी, 12. शासक, 13. चिकित्सक, 14. टोपी, 15. तिरछी अदाएं।

ताशक़न्द की शाम

सरदार जाफ़री

मनाओ जश्ने - महब्बत कि ख़ूं की बू न रही
बरस के खुल गए बारूद के सियह बादल
बुझी - बुझी - सी है जंगों की आख़री बिजली
महक रही है गुलाबों से ताशक़न्द की शाम

जगाओ गेसुए - जानां[1] की अम्बरीं[2] रातें
जलाओ साइदे - सीमीं[3] की शम्अे - काफ़ूरी
तवील[4] बोसों के गुलरंग जाम छलकाओ

यह सुर्ख़ जाम है ख़ूबाने-ताशक़न्द[5] के नाम
यह सब्ज़ जाम है लाहौर के हसीनों का
सफ़ेद जाम है दिल्ली के दिलबरों के लिए
घुला है जिसमें महब्बत के आफ़ताब का रंग

खिली हुई है उफ़ुक़ पर शफ़क़[6] तबस्सुम की
नसीमे - शौक़ चली मेहरबां तकल्लुम[7] की
लबों की शोला - फ़शानी है शबनम - अफ़शानी
इसी में सुब्हे - तमन्ना नहा के निकलेगी

किसी की ज़ुल्फ़ न अब शामे - ग़म में बिखरेगी
जवान ख़ौफ़[8] की वादी से अब न गुज़रेंगे
जियाले मौत के साहिल पे अब न उतरेंगे
भरी न जाएगी अब ख़ाको - ख़ूं से मांग कभी
मिलेगी मां को न मर्गे - पिसर[9] की 'ख़ुशख़बरी'
कोई न देगा यतीमों को अब 'मुबारकबाद'

---

1. प्रेमिका की लटें, 2. सुगन्धित, 3. चांदी की कलाई, 4. लम्बी, 5. ताशक़न्द की सुन्दरियां, 6. लालिमा, 7. बातचीत, 8. भय, 9. पुत्र की मृत्यु।

खिलेंगे फूल बहुत सरहदे - तमन्ना पर
ख़बर न होगी यह नर्गिस है किसकी आंखों की
यह गुल है किसकी जबीं,[1] किसका लब है यह लाला
यह शाख़ किसके जवां बाज़ुओं की अंगड़ाई

बस इतना होगा, यह धरती है शहसवारों की
जहाने - हुस्न के गुमनाम ताजदारों की
यह सरज़मीं है महब्बत के ख़ास्तगारों[2] की
जो गुल पे मरते थे शबनम से प्यार करते थे

ख़ुदा करे यह शबनम यूं ही बरसती रहे
ज़मीं हमेशा लहू के लिए तरसती रहे

रूहे-ताशक़न्द

रिफ़अत सरोश

जाम छलकाओ बनामे - ताशक़न्द
फिर सबा लाई पयामे - ताशक़न्द

अय मिरे हुस्ने - तख़ैयुल[3] झूम जा
अय मिरी फ़िक्रे - रसा[4] बरबत उठा

अहले-दिल को राहे-उल्फ़त मिल गयी
मशअले-अम्नो-सदाक़त[5] मिल गयी

शल हुए फिर दस्तो-बाज़ू जंग के
ताज़ादम हैं ज़िन्दगी के वलवले

---

1. ललाट, 2. अभिलाषी, 3. कल्पना, 4. दूर तक जानेवाली फ़िक्र, 5. शान्ति और सच्चाई की मशाल।

अम्न का चेहरा हुआ फिर ताबनाक[1]
फिर महाज़े-जंग[2] पर उड़ती है ख़ाक

फिर हुए ख़ामोश तोपों के दहन
घुट गयी है फिर सदा - ए - अहरमन[3]

जंगबन्दी अम्न की तज्दीद[4] है
एक ज़र्रीं[5] बाब की तम्हीद[6] है

इक नया परचम खुला है अम्न का
इक नया नग़मा सुना है अम्न का

अम्न हुस्ने - एशिया के वास्ते
अम्न इंसां की बक़ा के वास्ते

अम्न चश्मे - हक़ - निगर की रौशनी
अम्न हुस्ने - शेर की ताबिन्दगी[7]

अम्न रक़्स - ओ - नग़मा - ओ - चंग - ओ - रबाब
अम्न 'मीर'-ओ-'ग़ालिब'-ओ-'ख़ुसरौ' का ख़्वाब

वीर-ओ-गौतम की नवा-ए-दिल है अम्न
ज़िन्दगी का हाल-ओ-मुस्तक़्बिल है अम्न

नानक-ओ-चिश्ती के दिल की है सदा
अम्न है गांधी का दर्से - हक़नुमा[8]

अम्न ही पैग़ाम है इक़बाल का
अम्न है नग़मा जवाहरलाल का

हिन्दो - पाकिस्तान का दिल एक है
कारवां दो और मंज़िल एक है

---

1. रौशन, 2. युद्ध का मोर्चा, 3. शैतान की आवाज़, 4. नवीनता, 5. सुनहरा, 6. भूमिका, 7. चमक, 8. सत्य का पाठ।

एक ही चश्मे[1] की दो नहरें हैं यह
एक ही सागर की दो लहरें हैं यह

अम्ने - आलम के निगहबानो ! उठो
आमरियत[2] की कलाई मोड़ दो

जाग उठो अय अहले-फ़न ! अहले-क़लम
इक नई तारीख़ करनी है रक़म[3]

मिल्लतो - मज़हब की तफ़रीक़ें[4] मिटाओ
आदमीयत को नए मर्क़ज़ पे लाओ

जाम छलकाओ बनामे - ताशक़न्द
फिर सबा लाई पयामे - ताशक़न्द

अहबाबे-पाकिस्तान के नाम

जगन्नाथ 'आज़ाद'

एक नया माहौल, इक ताज़ा समां पैदा करें
दोस्तो ! आओ महब्बत की ज़बां पैदा करें

हो सके तो इक बहारे - गुलिस्तां पैदा करें
अपने हाथों से न अब दौरे - ख़िज़ां पैदा करें

ताब के बेगानगी एहसास पर तारी रहे
एक माहौले - वफ़ा - ए - दोस्तां[5] पैदा करें

अय रफ़ीक़ो ! जंग के शोले तो ठंडे हो चुके
आओ अब इनकी जगह इक गुलिस्तां पैदा करें

1. स्रोत, 2. निरंकुशता, 3. क़लमबद्ध, 4. भेदभाव, 5. दोस्तों की वफ़ा का वातावरण।

दोस्तो ! जिस पर हमें भी नाज़ था तुमको भी फ़ख़्र
फ़िर वही सरमायः - ए - दर्दे - निहां[1] पैदा करें

बू कभी बारूद की जिसके क़रीब आने न पाए
एक ऐसा आलमे - अम्नो - अमां[2] पैदा करें

कल लिखी थी हमने औरों के लहू से दास्तां
अपने ख़ूने-दिल से अब इक दास्तां पैदा करें

कह रहा है हमसे यह मुस्तक़्बिले - बर्रे - सग़ीर[3]
हिन्दो - पाक इक इत्तिहादे - जिस्मो - जां[4] पैदा करें

जज़्बः - ए - नफ़रत अगर दिल में निहां[5] हो जाएगा
एक दिन आएगा दोनों का ज़ियां[6] हो जाएगा

क्या कहूं मैं अब जो हाले - गुलिस्तां हो जाएगा
शोलः-ए-बेबाक अगर ख़स[7] में रवां हो जाएगा

हंस रही है आज इक दुनिया हमारे हाल पर
दोस्तो ! इस तरह तो दिल ख़ूंचकां[8] हो जाएगा

हम अगर इक दूसरे पर मेहरबां हो जायें आज
हम पे गोया इक ज़माना मेहरबां हो जाएगा

जादः - ए - महरो - वफ़ा[9] पर हम न गर मिलकर चले
जो है ज़र्रा राह का संगे - गरां हो जाएगा

इक हमारी और तुम्हारी दोस्ती की देर है
जो मुख़ालिफ़ आज है कल हमज़बां हो जाएगा

फिर ग़ज़ल को लौट जाएगी मिरी फ़िक्रे - जमील[10]
और ही मेरा कुछ अन्दाज़े - बयां हो जाएगा

और अगर यारो ! ज़रा भी हमने इसमें देर की
हर गुले - तर[11] एक चश्मे - ख़ूंफ़शां[12] हो जाएगा

---

1. छुपे हुए दर्द की दौलत, 2. शान्ति का संसार, 3. महाद्वीप का भविष्य, 4. शरीर और आत्मा की एकता, 5. छुपा हुआ, 6. नुक़सान, 7. सूखी घास, 8. ख़ून में डूबा हुआ, 9. मेहरबानी और वफ़ा का मार्ग, 10. सुन्दर चिन्तन, 11. ताज़ा फूल, 12. ख़ून टपकाती हुई आंख।

मुझको हैरत है तुम्हें इसका ज़रा भी ग़म नहीं
जिस क़दर क़द्रें[1] हमारी थीं परेशां हो गईं

कुछ ख़बर भी है कि इस आतिश - नवाई[2] के तुफ़ैल
'ख़ाक में क्या सूरतें होंगी कि पिन्हां हो गईं'

याद भी हैं कुछ वह रंगारंग बज़्म आराइयां
'आज जो नक़्शो-निगारे-ताक़े-निसियां[3] हो गईं'

दोस्तो ! तुमने दिया जब साथ इस्तिब्दाद[4] का
ग़ालिब - ओ - इक़बाल की रूहें परेशां हो गईं

परचमे - इख़्लास[5] गर्दूं[6] से ज़मीं पर गिर गया
अय कई बरसों की मेहनत ! तुझ पे पानी फिर गया

मेरी नज़रों से जो मुस्तक़्बिल[7] को देखो दोस्तो
वह अंधेरा जो मुसल्लत[8] था हवा होने को है

मुद्दतों जो सीनः - ए - माज़ी[9] में सरबस्ता[10] रहा
अब वह मुस्तक़्बिल के हाथों राज़ वा[11] होने को है

कह रही है मुझसे आज अय दोस्तो तस्वीरे - हाल
आदमी पर आदमी का हक़ अदा होने को है

नालः - ए - सैयाद ही इस दौर की मंज़िल नहीं
ख़ूने - गुलचीं से कली रंगीं क़बा होने को है

मुद्दतों जो नेहरू - ओ - लेनिन के होंटों पर रही
आज दुनिया उस नवा से आशना होने को है

'आंख जो कुछ देखती है लब पे आ सकता नहीं'
क्या कहूं मैं आज मश्रिक़ क्या से क्या होने को है

1. मूल्य, 2. अग्निस्वर, 3. विस्मृति के ताक़ के बेलबूटे, 4. जुल्म, 5. दोस्ती का झंडा, 6. आकाश, 7. भविष्य, 8. छुपा हुआ, 9. भूतकाल का गर्भ, 10. छुपा हुआ, 11. खुलना।

सीनाचाकों की जुदाई का ज़माना जा चुका
'बज़्मे - गुल की हमनफ़स' बादे - सबा होने को है

सुबह की ज़ौ[1] से दमक उठने को है बर्रे - सग़ीर
और ज़ुल्मत रात की सीमाब - पा[2] होने को है

बंगलादेश

कैफ़ी आज़मी

मैं कोई मुल्क नहीं हूं कि जला दोगे मुझे
कोई दीवार नहीं हूं कि गिरा दोगे मुझे
कोई सरहद भी नहीं हूं कि मिटा दोगे मुझे
यह जो दुनिया का पुराना नक़्शा
मेज़ पर तुमने बिछा रक्खा है
इसमें कावाक[3] लकीरों के सिवा कुछ नहीं
तुम मुझे इसमें कहां ढूंढते हो
मैं इक अर्मान हूं दीवानों का
सख़्तजां ख़्वाब हूं कुचले हुए इंसानों का
पीने लगता है जब इंसान का इंसान लहू
लूट जब हद से सिवा होती है
ज़ुल्म जब हद से गुज़र जाता है
मैं अचानक किसी कोने में नज़र आता हूं
किसी कोने से उभर आता हूं
आज से पहले भी तुमने मुझे देखा होगा
कभी मश्रिक़[4] में कभी मग़्रिब[5] में
कभी शहरों में कभी गांवों में
कभी बस्ती में कभी जंगल में
मेरी तारीख़ ही तारीख़ है

1. चमक, प्रकाश, 2. पारे की तरह, 3. टेढ़ी, वक्र, 4. पूर्व, 5. पश्चिम।

जुग़राफ़िया[1] कोई भी नहीं
और तारीख़ भी ऐसी
जो पढ़ाई तो नहीं जा सकती
लोग छुप छुप के पढ़ा करते हैं
कि मैं ग़ालिब[2] कभी मग़लूब[3] हुआ
क़ातिलों को कभी सूली पे चढ़ाया मैंने
और कभी आप ही मस्लूब[4] हुआ
फ़र्क़ इतना है कि क़ातिल मिरे मर जाते हैं
मैं न मरता हूं
न मर सकता हूं
कितने नादान हो तुम
तुमने ख़ैरात में पाए हैं जो टैंक
उनको लेकर मिरे सीने पे चढ़े आते हो
रात-दिन करते हो नापाम बमों की बारिश
देखो थक जाओगे
कौन से हाथ में पहनाओगे ज़ंजीर बताओ
कि मिरे हाथ तो हैं सात करोड़
कौन-सा सर मिरी गर्दन से जुदा कर दोगे
मेरी गर्दन पे हैं सर सात करोड़

फ़त्हे-बंगला

जां निसार अख़्तर

किसी कोने में भी दुनिया के अगर जुल्म हुआ
हमने आवाज़ उठाई कि यह जुल्म बन्द करो
अपनी नापाक सियासत का फ़ुसूं[5] बन्द करो
यह तशद्दुद,[6] यह मज़ालिम, यह जुनूं[7] बन्द करो

---

1. भूगोल, 2. छाया हुआ, बलवान, 3. पराजित, 4. सलीब पर चढ़ा हुआ, 5. जादू, 6. हिंसा, 7. उन्माद, पागलपन।

अर्ज़े - बंगला[1] तुझे मिटते हुए देखा न गया
अपनी रग रग में हमीयत[2] का लहू जाग उठा
फ़र्ज़ की आंच से ग़ैरत का लहू जाग उठा

तू कि टैगोर की, नज़रुल की जन्मभूमि है
कल भी थी आज भी है, तुझसे अक़ीदत[3] हमको

तेरे गीतों से महब्बत का चलन सीखा है
तेरी नज़्मों ने सिखाई है बग़ावत हमको

तुझसे बेगाना[4] जो रहते तो रहते कैसे
अपनी सरहद से मिली है तिरी सरहद ऐसे
बांहें बांहों में महब्बत से पड़ी हों जैसे

हमने सीने से कलेजे से लगाया बढ़कर
तेरे रौंदे हुए कुचले हुए इंसानों को
हम उठे तेरे लिए तेरी महब्बत के लिए
हमने सोचा भी नहीं आग के तूफ़ानों को

तेरा दुख बांट लिया, दर्द तिरा बांट लिया
तुझ से हर शर्त रफ़ाक़त[5] की निभा दी हमने
सिर्फ़ अल्फ़ाज़[6] नहीं, अपना लहू नज़्र किया
आदमीयत[7] ! तिरी तौक़ीर[8] बढ़ा दी हमने
किस तरह साथ दिया जाता है मज़लूमों[9] का
इक नई राह ज़माने को दिखा दी हमने

हम लड़े हैं तिरे शाने से मिलाकर शाना[10]
हौसले तेरे जवानों के अटल देखे हैं
जब भी चमके हैं तिरे हाथ सियह रातों में
हमने जलते हुए बारूद महल देखे हैं

1. बंगाल की धरती, 2. ख़ुद्दारी, 3. श्रद्धा, 4. अनजान, ग़ैर, 5. दोस्ती, 6. शब्द, 7. मानवता, 8. इज़्ज़त, 9. पीड़ित, 10. कन्धा।

जिस जगह ख़ून गिरा है तिरे नौख़ेज़ों[1] का
हमने उगते हुए मट्टी से कंवल देखे हैं

चप्पा चप्पा तिरी धरती का गवाही देगा
दोनों देसों के जवानों का लहू साथ बहा
ख़ून और ख़ून में तफ़रीक़[2] भी क्यों हो, लेकिन
आदमी एक रहा, उसका लहू एक रहा

कल छिड़ा था जो फ़साना तिरी आज़ादी का
सिर्फ़ इतना नहीं उस बात की तक्मील है तू

क़ाफ़ले खोज में निकले हैं जो आज़ादी की
उनके रस्ते में नया संगे-सरे-मील है तू

अर्ज़े-बंगला ! तिरी नौख़ेज़ बहारों को सलाम
गुनगुनाते हुए पदमा के किनारों को सलाम
तेरी ख़ुशियों से भरी राहगुज़ारों को सलाम

आज हमको तिरी धरती से चले जाना है
तेरे फूलों तिरी कलियों को दुआएं देकर
तेरी महकी हुई ज़ुल्फ़ों की बलाएं लेकर

तू हसीं है, तिरी महकी हुई ज़ुल्फ़ें भी हसीं
तेरे अबरू भी हसीं, तेरी आंखें भी हसीं

अर्ज़े - बंगला ! तुझे कल और हसीं बनना है
कितने तारों से सजेंगे तेरे गेसू जाने
कल तिरे बाग़ में झूमेंगी बहारें क्या क्या
हम तलक आए न आए तिरी ख़ुशबू जाने
हम तुझे याद रहें या न रहें, तू जाने

1. नए पौधे, 2. भेदभाव, वैमनस्य।

बंगलादेश

मैकश अकबराबादी

क्या किया ख़ून शहीदाने - वतन का पूछो
फ़स्ले - गुल बाग़ में आई हुई लगती है मुझे

लड़खड़ाती हुई आती है नसीमे - सहरी[1]
चोट सीने पे यह खाई हुई लगती है मुझे

रुख़े-ख़ुर्शीद[2] का मश्रिक़ में यह क्या हाल हुआ
हर तरफ़ आग लगाई हुई लगती है मुझे

ज़ुल्फ़े - बंगाल परेशां, रुख़े - नमकीं[3] ज़ख़्मी
बूए - गुल ख़ूं में नहाई हुई लगती है मुझे

यह घटा आग जो बरसाती है गुलशन पे मगर
बंगलादेश से आई हुई लगती है मुझे

जान दी जिसने वतन के लिए मुजरिम[4] है वही
यह भी क़ातिल की उड़ाई हुई लगती है मुझे

अब कोई दिन में हुआ जाता है तर्कश[5] ख़ाली
मौत क़ातिल की भी आई हुई लगती है मुझे

जाने वाले हैं जो अब चांद से भी दूर परे
यह ज़मीं उनकी सताई हुई लगती है मुझे

हाल क्या हो गया यह मेरे वतन का 'मैकश'
ग़म की एक छावनी छाई हुई लगती है मुझे

---

1. प्रातः समीर, 2. सूर्य का चेहरा, 3. नमकीन चेहरा, 4. अपराधी, 5. तूण (जिसमें तीर रखे जाते हैं।)

बंगलादेश की कहानी बंगलादेश की ज़बानी

ज़िया सरहदी

मैं शहरे-अहले-वफ़ा,[1] रंगो-नूर[2] का चश्मा[3]
तमाम हुस्ने - मुजस्सम,[4] तमाम शौक़ो - जुनूं[5]

है मेरा इश्क़ नुमायां दिलों की धड़कन में
जहां में आम है मेरी निगाह की अफ़सूं[6]

बहार मुझसे ख़फ़ा है हयात मुझसे ख़फ़ा
मुझे तो मजमए - क़ातिल[7] ने आके घेरा है

है शहर शहर तबाही की धूल में ग़ल्तां[8]
गली गली में जहालत का आज फेरा है

हयात मौत की बांहों में कसमसाती है
कि मेरी सुब्हों पे छाया हुआ अंधेरा है

लहू की फ़स्ल उगाई गयी मिरे दिल पर
मिरे वजूद को ज़ख़्मों ने अब बिखेरा है

लुटे लुटे से हैं सब रास्ते यहां मेरे
जो राहबर है वही अस्ल में लुटेरा है

यह किसने अम्नो - सुकूं कर दिया तहो - बाला[9]
है आज ख़ून में लरज़ां ख़लीजे - बंगाला[10]

---

1. वफ़ादार लोगों का शहर, 2. रंग और प्रकाश, 3. स्रोत, 4. साकार सौंदर्य, 5. उन्माद और अभिलाषा, 6. जादू, 7. क़ातिलों का समूह, 8. डूबा हुआ, 9. नष्ट, 10. बंगाल की खाड़ी।

उगे हुए हैं बहुत आज मेरे चेहरे पर
हज़ारों ज़ख़्म, बयाबां में बालियों की तरह

तड़प रहे हैं कहीं आज अधखिले गुंचे
ख़िज़ां की गोद में मजरूह[1] पंछियों की तरह

ज़मीं पे ढेर हैं अब इल्मो-फ़न[2] के सब मीनार
हयात चीख़ रही है तबाहियों[3] की तरह

सुलग रही हैं कई बस्तियां उजालों की
सियाह रात में शैतानी मशअलों की तरह

हरेक राह पे हैं ख़ंजरों की दीवारें
मुहीब[4] सायों की सूरत, जुनूनियों[5] की तरह

बदल न जाए कहीं अब हयात का अन्दाज़
यह ख़ामुशी ही न हो इंक़िलाब का आग़ाज़[6]

लहू की मांग घटा दी है आज इंसां ने
मताए - शीशः - ए - दिल[7] और हो गयी अर्ज़ां[8]

ज़माना वक़्त के क़ातिल से आज कहता है
अगर हो प्यास तो पी ले लहू का सैले-रवां[9]

मगर लहू की यही तिशनगी[10] बता देगी
जबीने - वक़्त[11] पे तारीख़ इक बना देगी

इसी ज़मीं से इसी ख़ाक से उभरते चलो
बढ़ो दिलेरो ! अंधेरों से जंग करते चलो

सिसकती रात का ढांचा पिघलने वाला है
सहर क़रीब है सूरज निकलने वाला है

---

1. घायल, 2. ज्ञान और कला, 3. बरबादियां, 4. भयानक, 5. पागल, 6. आरम्भ, 7. दिल के शीशे की दौलत, 8. सस्ती, 9. बहता हुआ सैलाब, 10. प्यास, 11. समय का ललाट।

रौशनी

(शिमला कान्फ्रेंस के मौक़े पर)

यूसुफ़ नाज़िम

ज़िहन[1] के ताक़ में ख़ुशियों के दिये जल उठे
दिक़[2] के वीराने में संगीत की लहरें उभरीं
आरज़ूओं के हसीं ताजमहल बनने लगे
हसरतें दौड़ के आईं कि बलाएं ले लें
अम्न का जब भी कहीं ज़िक्र हुआ बात चली

जब से इंसान ने धरती पे क़दम रक्खा है
कोई दिन ऐसा न आया कि यहां क़त्ल न हो
कोई साल ऐसा न गुज़रा कि यहां जंग न हो

अपने इस मंतिक़ो-मज़्हब[3] के अजायबघर में
लोग आते रहे इंसान मगर कम आए

इल्मो-तहज़ीबो-तमद्दुन[4] की नुमाइशगह में
कितने चंगेज़ लिए अम्न का परचम आए

अपनी दुनिया में यही खेल हुआ है बरसों
कितने क़ातिल यहां बा-दीदः-ए-पुरनम[5] आए

ज़िन्दगी सदियों से ज़ख़्मों के सियहख़ानों[6] में
सर पटकती है कोई लेके तो मरहम आए

ज़ीस्त सहराओं में हर सम्त पुकार आई है
ज़ुल्मते-शब[7] में कोई इसका भी हमदम आए
आग के शोले तो दुनिया में बहुत पहुंचे हैं
अब तमन्ना है कोई तुहफ़ः-ए-शबनम[8] आए

ज़िहन के ताक़ में ख़ुशियों के दिये जल उठे
अम्न का जब भी कहीं ज़िक्र हुआ बात चली

---

1. बुद्धि, 2. क्षय, 3. धर्म, 4. ज्ञान, सभ्यता और संस्कृति, 5. अश्रुभरी आंख, 6. अंधेरे घर, 7. रात का अन्धकार, 8. ओस की भेंट।

शिमला समझौता

जमील ताबां

हम वतन के हैं हक़ीक़त में हमारा है वतन
सच तो यह है कि हमें जान से प्यारा है वतन
हमने मिलजुल के महब्बत से संवारा है वतन

क़ौमी यकजहती-ओ-वहदत[1] की क़सम खाते हैं
अय वतन हम तिरी अज़्मत[2] की क़सम खाते हैं
सरनिगूं हम तिरे परचम को न होने देंगे

मुख़्तलिफ़ साज़ भी हैं और हमआवाज़ भी हैं
वक़्त पड़ जाए तो हम मार का अन्दाज़ भी हैं
जंगजू भी हैं, मुजाहिद भी हैं, जांबाज़ भी हैं

जज़्बः - ए - शौक़े - शहादत की क़सम खाते हैं
अय वतन हम तिरी अज़्मत की क़सम खाते हैं
सरनिगूं हम तिरे परचम को न होने देंगे

अम्न का दर्स ज़माने को दिया है हमने
चाके - हरदिल को महब्बत से सिया है हमने
ऐसी बुनियाद पे समझौता किया है हमने

जज़्बः - ए - ईसारो - मुरव्वत[3] की क़सम खाते हैं
अय वतन हम तिरी अज़्मत की क़सम खाते हैं
सरनिगूं हम तिरे परचम को न होने देंगे

दोस्त के दोस्त हैं अग़ियार[4] के अग़ियार हैं हम
जो महब्बत से मिले उसके परस्तार हैं हम
अम्ने - मुहकम[5] के ज़माने में तलबगार हैं हम

---

1. एकता, 2. महानता, 3. मुरव्वत और त्याग का जज़्बा, 4. दुश्मन, 5. स्थायी शान्ति।

अपने पैग़ामे - महब्बत की क़सम खाते हैं
अय वतन हम तिरी अज़्मत की क़सम खाते हैं
सरनिगूं हम तिरे परचम को न होने देंगे

अय वतन तेरी तरफ़ जो भी उठाएगा नज़र
सरज़मीं पर तिरी रक्खेगा क़दम जो बढ़कर
हम क़लम कर देंगे उस दुश्मने - बदबख़्त[1] का सर

हम जवां मर्द शुजाअत[2] की क़सम खाते हैं
अय वतन हम तिरी अज़्मत की क़सम खाते हैं
सरनिगूं हम तिरे परचम को न होने देंगे

आज़ादी की पच्चीसवीं सालगिरह

(ख़ुशी का साल, सोच के लम्हे)

सागर निज़ामी

मुबारक मेरे दर्दे - नातमामी[3] तुझे जश्ने - सीमीं - ओ - शहाना[4]
कि नाले दहल रहे हैं ज़मज़मों में है आहे - सुब्हगाही[5] इक तराना

मुबारक-सुब्हे-सीमीं का तरन्नुम[6] मुबारक जश्ने-इशरत[7] का तराना
कि हर साज़े-शिकस्ता[8] बन गया है नए दिलदोज़ नग़्मों का ख़ज़ाना

कभी जिस तरह अपने ख़ूं की जमना बहाई थी शहीदाने-वतन ने
बहा दे तू भी साक़ी अंजुमन में शराबे-अहमरी[9] के सुर्ख़ दरिया

लुटा दी जिस तरह अपनी जवानी चमन पर अन्दलीबाने-चमन[10] ने
लुटा दे तू भी अपने मस्त नग़्मे मेरे मुतरिब हो तेरा बोलबाला

1. अभागा दुश्मन, 2. बहादुरी, 3. अधूरा दर्द, 4. रजत और महान जश्न, 5. सुबह के वक़्त का आर्तनाद, 6. स्वर-माधुर्य, 7. ऐश्वर्य का समारोह, 8. टूटा हुआ आज, 9. लाल रंग की शराब, 10. चमन के बुलबुल।

अंधेरों की चटानों को हटाकर नए ख़ुर्शीद को हमने उभारा
अंधेरे फिर बढ़े तो हम पलट कर उलट देंगे अंधेरों पर उजाला

दिले-सैलाब[1] से उभरे हैं हम तो किनारा क्या हमें देगा सहारा
हैं वह पर्वरदः-ए-तूफ़ां[2] कि हम तो भंवर में ढूंढ लेते हैं किनारा

तलातुम[3] से हुई है अपनी कुश्ती भंवर को तोड़कर निकली है कश्ती
भंवर ने अब अगर गुस्ताख़ियां[4] कीं तो फिर कर देंगे इसको पारा पारा[5]

चरण धरती के अपनी हमने पूजे सरों के फूल राहों में बिछाए
उदासी जब भी इसके रुख़ पे छाई दिले-पुरख़ू[6] का आईना दिखाया

हज़ारों लाला-ओ-गुल का लहू किया है ग़ल्तां इसमें बापू का लहू भी
हुई है ख़ून रूहे-बाग़बां भी तो है अपना चमन कुछ मुस्कुराया

अबद[7] की सरहदों से भी उधर है शहीदाने-वफ़ा का क़स्रे - आली[8]
नहीं गंजे-शहीदां[9] अस्ल में है नए काख़े-अजल[10] का आस्ताना

कहां है ताजो-तख़्तो-तब्लो-परचम दफ़ो-नक़्क़ारा - ओ - चंगो - चुग़ाना
नसीमे - सुब्ह[11] ने फूंक डाला बिल आख़िर हर निशाने - ज़ालिमाना

दिया उनको तग़ैयुर[12] की तड़प ने सबक़ तिश्नालबी-ओ-बेबसी[13] का
कभी थे जिनके दस्ते-नाज़नीं[14] में सुबू-ओ-साग़रो-चंगो-चुग़ाना[15]

नहीं यह अहदे-अफ़्सूं-ओ-फ़साना,[16] न अगले हक़्क़ो-बातिल[17] का ज़माना
जिसे कहती है दुनिया हक़्क़ो-बातिल, वह है सदियों के अफ़सानों का मलबा

नए ख़ुर्शीद की हर इक किरन है मचलती सुब्ह का रंगीं तराना
तराने की हर इक मौजे-तरब में तड़पते हैं नए नग़्माते-फ़र्दा[18]

---

1. सैलाब का दिल, 2. तूफ़ान में पले हुए, 3. जोश, 4. उद्दंडता, 5. टुकड़े-टुकड़े, 6. ख़ून में डूबा हुआ दिल, 7. अनन्तकाल, 8. भव्य महल, 9. शहीदों का ख़ज़ाना, 10. मौत के महल की चौखट, 11. प्रातः समीर, 12. परिवर्तन, 13. बेबसी और प्यास का पाठ, 14. सुन्दरियों के हाथ, 15. सुराही, प्याला और साज़, 16. टोना-टोटका और कहानियां, 17. सच और झूठ, 18. कल के गीत।

नहीं बुलबुल तरन्नुम ही तरन्नुम सबा में है तमाज़त[1] का तलातुम
हर इक कोयल के दिल में मौजज़न है नए असरार के शोलों का दरिया

चमन के बाग़बां कम जानते हैं मिज़ाजे-फ़स्ले-गुल हम जानते हैं
कि हर पत्ते की रूहे-शबनमीं में है पोशीदा शरारों का ख़ज़ाना

मुसाफ़िर के लिए इक गाम चलना ख़िरामे-सुब्ह[2] है अज़्मे-सफ़र[3] का
कि मंज़िल अस्ल में मंज़िल नहीं है फ़क़त मंज़िल का है इक इस्तिआरा[4]

यह साहिल का सुकूं तो इक फ़ुसूं[5] है सुकूं पे अपनी मदहोशी जुनूं[6] है
कि है अंजान तूफ़ानों का मख़्ज़न[7] सफ़र में नर्म रफ़्तारिए - दरिया[8]

जो दलदल में नहीं दिल में खिला है मुअत्तर[9] और.ख़ुनक[10] मैं वह कंवल हूं
महक मेरी कमन्दे-हर-ज़मां है कहां जायेंगे बचकर हालो - फ़र्दा[11]

वही तेग़ो-तफ़ंग और ख़ूं के दरिया वही सहरा वही तहज़ीबे-सहरा
उन्हें कलियां जलाने का जुनूं है हमें गुंचे खिलाने की तमन्ना

मिरे फ़िक्रो-नज़र पे क्यों नहीं है जनाबे-मुहतसिब[12] की हुक्मरानी
कि है लौहो-क़लम पे उनका क़ब्ज़ा उन्हीं का जामे-जम पर है इजारा[13]

तलातुम[14] की लताफ़त उसने खो दी ख़ुद अपने हाथ से कश्ती डुबो दी
तलातुम से लरज़ के जिस किसी ने मुनाफ़िक़[15] नाख़ुदाओं को पुकारा

उसे हक़ है न ज़र्फ़े - बादबां[16] पर न कश्ती पर न बहरे - बेकरां[17] पर
ख़ुदी को अपनी तूफ़ां में डुबोकर ख़ुदा को भी कभी जिसने पुकारा

सितारे में चमक उस वक़्त तक है तिरी पर्वर ज़मीने-दम जब तलक है
अगर पर्वर ज़मीन कोताहियां कीं उसी दिन डूब जाएगा सितारा

---

1. गर्मी, 2. सुबह की मन्द गति, 3. यात्रा का संकल्प, 4. रूपक, 5. जादू, 6. पागलपन, 7. केन्द्र, 8. दरिया की नर्म गति, 9. सुगन्धित, 10. ठंडा, 11. आज और कल, 12. धर्म-उपदेश, 13. अधिकार, 14. तूफ़ान, 15. कपटी, मक्कार, 16. बादबान की सहनशक्ति, 17. असीम समुद्र।

उतरने दो उफ़क़ की सीढ़ियों से नई किरनों के ताज़ा क़ाफ़ले को
अभी तो सुबह - दम डाली है हमने फ़ज़ा पर इक निगाहे-ताइराना

अभी वह शोख़ी-ओ-मस्ती कहां है, मिरे कमसिन[1] बुताने-सादा-रू में
कि ख़ुद ज़ह्हाद[2] की आंखें पुकारें कहां है वह हुजूमे - काफ़िराना

किया ख़ूने - जिगर से गर चराग़ां तो हर ज़र्रा बनेगा माहपारा
अबद तक जगमगाता ही रहेगा मेरी धरती की अज़्मत का तारा

सुरूरे - बादः - ए - हुब्बे - वतन[3] से नहीं बढ़कर नशाते-जामो-'साग़र'
अगर मदहोशियों ने राह रोकी उलट देंगे बिसाते - जामो - मीना

—16 अगस्त, 1972

जश्ने-सीमीं पर

जां निसार अख़्तर

उफ़क़े - वक़्त से फूटी हैं शुआएं[4] क्या क्या
रौशनी है कि सरे - हद्दे - नज़र आ पहुंची

हमने जिस मौजे-गुले-तर की क़सम खाई थी
आज नज़दीक वह मौजे-गुले-तर आ पहुंची

कहकशां[5] बनके जो ख़्वाबों में झलकती थी कभी
ज़ेरे-पा[6] आज वही राहगुज़र आ पहुंची

ऐसा लगता है कि बनवास के दिन बीत गए
राम के लौट के आने की ख़बर आ पहुंची

और कुछ देर की है बात कि एलान करें
अपने ख़्वाबों की जवांसाल सहर आ पहुंची

1. कमउम्र, 2. ज़ाहिद का बहुवचन, 3. देशभक्ति की शराब का नशा, 4. किरणें, 5. आकाशगंगा, 6. पैर के नीचे।

रूहे-फ़न[1] जाग ज़रा रूहे-सुख़न जाग ज़रा
फ़िक्रे - नौ[2] लेके कोई मिसरः-ए-तर आ पहुंची
नज़र नज़र को जो है तेरा इन्तिज़ार तो हो
उरूसे-सुब्ह ! मुकम्मल तिरा सिंगार तो हो

कोई कसर न रहे तेरे ज़ेबो - ज़ीनत में
बहारे - ख़ुल्द ज़रा जी में शर्मसार तो हो

हरम हो दैर हो तेरे असीर[3] ठहरेंगे
यह तेरी ज़ुल्फ़ ज़रा और ताबदार तो हो

अभी तो गोशः - ए - तर्फ़े - नक़ाब[4] उट्ठा है
जहां - फ़रोज़ तिरा हुस्ने - ताज़ाकार तो हो

बहुत हैं तुझको सियासत से चाहने वाले
हमारी तरह कोई तेरा जां निसार तो हो
अय वतन ! मेरे लिए अर्सः-ए-पुरख़ार[5] में भी
अपनी पलकों पे चुने ख़्वाबे - बहारीं हमने

तेरी तारीख़[6] लिखी अपने लहू से बरसों
बाज़ियां तेरे लिए जान की हारीं हमने

देके माथे पे तिरे अपने लहू का टीका
तेरी ज़ुल्फ़ें तिरे माथे पे संवारीं हमने

आज भी तुझसे वही अहदे-वफ़ा है अपना
थाम रक्खा है तिरा दस्ते - निगारीं हमने
चलो कि हर्फ़े - वफ़ा आज फिर से दुहराएं
चलो कि अहदे - वफ़ा फिर से उस्तुवार करें[7]

---

1. कला की आत्मा, 2. नया चिन्तन, 3. क़ैदी, 4. नक़ाब का कोना, 5. कंटीली धरती, 6. इतिहास, 7. मज़बूत, दृढ़।

हमीं ने मौसमे-बर्क़ो-बला[1] को बदला था
चमन की आबो - हवा और साज़गार करें

नहीं कि चारः - ए - ग़महाए - रोज़गार[2] नहीं
उठो कि चारः - ए - ग़महाए - रोज़गार करें

चमन के फूल न हों चन्द दामनों के लिए
नए तरीक़ से गुलशन का कारोबार करें

कहां वह दौर कि फ़ुर्सत के रात दिन ढूंढें
हरएक लम्हा को वक़्फ़े - नशातकार करें

यक़ीं है वक़्त का पहिया हमीं से घूमेगा
कुछ और क़ूवते-बाज़ू पे एतबार करें

छलक उठेंगे फ़ज़ा में हज़ार मैख़ाने
ज़रा सी देर तो मैख़्वार इन्तिज़ार करें

क़ौमों की ज़िन्दगी में हैं कुछ माहो-साल क्या
अब तक मिला जो वक़्त बहुत मुख़्तसर[3] मिला

अब जाके हममें आई हैं ख़ुद एतिमादियां[4]
अब जाके ज़िन्दगी का हमें कुछ हुनर मिला

अय रहरवो नवेद[5] कि राहें संवर गईं
कितना हसीन आज हमें राहबर मिला

अब तक संभल संभल के उठाते रहे क़दम
लगता है अब कहीं हमें इज़्ने-सफ़र[6] मिला

सदक़े तिरे निगारे - वतन[7] देख तो इधर
हमसे भी एक बार नज़र से नज़र मिला

---

1. बिजली और विपत्तियों का मौसम, 2. रोज़गार के ग़म का इलाज, 3. थोड़ा-सा, 4. आत्मविश्वास, 5. ख़ुशख़बरी, 6. यात्रा का निमन्त्रण, 7. देश के चित्र।

अय काश तेरा हुस्न, महो - माहताब[1] हो
माथे से तेरे बारिशे - रंगे - गुलाब हो

तेरा हरएक अज़्मे - जवां[2] कामियाब हो
कुछ और भी सिवा तिरा ज़ोरे - शबाब[3] हो

बहारे-आज़ादी

नुशूर वाहिदी

यह जश्ने-सीमीं[4] है इस दौर के अवाम[5] का जश्न
ज़मीं से ता-ब-फ़लक[6] इस नए निज़ाम का जश्न

यह जश्न मुल्क की इक ख़ुश सलीक़गी[7] का ज़ुहूर[8]
यह जश्न अपनी हक़ीक़त के इन्तिज़ाम का जश्न

यह जामे-जम की हसीं महफ़िलों का रक़्स नहीं
यह जश्न नग़्मागराने-शिकस्ता-जाम[9] का जश्न

यह जश्न कुहना[10] इमारत की साज़िशों से अलग
है ज़िन्दगी में ग़रीबों की एक शाम का जश्न

यह जश्न वहदते-हस्ती[11] के एतिराफ़[12] के साथ
है अम्नो-सुलह के परचम के एहतिमाम का जश्न

अभी है दूर महब्बत में पुख़्तगी[13] का मक़ाम
अभी है जश्न भी दुनिया के ज़ौक़े-ख़ाम[14] का जश्न

अभी तो चलते हैं लेकिन बहकते चलते हैं
अभी तो क़ाफ़ले वाले भटकते चलते हैं

---

1. चांद-सूरज, 2. जवान संकल्प, 3. यौवन-बल, 4. रजत समारोह, 5. जन-साधारण, 6. आकाश, 7. शिष्टता, 8. प्रकटन, 9. टूटे हुए जाम के गीत गानेवाले, 10. पुराना, 11. अस्तित्व का एकत्व, 12. स्वीकृति, 13. मज़बूती, 14. कच्ची अभिलाषा।

यह जश्न वह है कि जिसका नहीं जवाब कोई
जले है शब के चराग़ों में इंक़िलाब कोई

यह शहर बाग़ है हज़रत महल की यादों का
हर एक कूचा है खिलता हुआ गुलाब कोई

नज़र नवाज़ है दिल्ली की चांदनी भी मगर
अवध की शाम का मिलता नहीं जवाब कोई

हसीं तसव्वुरे - माज़ी[1] नक़ूशे - मुस्तक़्बिल[2]
यह लखनऊ है कि है गोमती का ख़्वाब कोई

पिऊं हरम[3] की कि लूं दैर[4] की मए-रंगीं[5]
दरूने - मैकदा[6] मुश्किल है इन्तिख़ाब कोई

मुझे यक़ीं है हर आदमी की नेकी का
हुजूमे - शर[7] से नहीं मुझमें इज़्तिराब[8] कोई

पिघलती जाती है दीवारे - बर्फ़े - सरमाया[9]
निकलने वाला है शायद कि आफ़ताब कोई

तज़ाद[10] क़ौलो - अमल[11] का है मैकदे की शिकस्त[12]
उलट के जाम को पीता है कब शराब कोई

ज़माना अहले - अदब[13] का मक़ाम पूछे है
यह आप कौन हैं हर शख़्स नाम पूछे है

1. भूतकाल की कल्पना, 2. भविष्य के चिह्न, 3. काबा, 4. मन्दिर, 5. रंगीन शराब, 6. मदिरालय के अन्दर, 7. उपद्रवों का जमघट, 8. तकलीफ़, व्याकुलता, 9. सरमाए के बर्फ़ की दीवार, 10. प्रतिकूलता, 11. कथन और व्यवहार, 12. हार, 13. साहित्यकार।

दौलते-सीमीं[1]

शमीम किरहानी

नज़र नज़र को मुबारक हो यह अज़ीम सहर
जो ज़ुल्मतों[2] के क़फ़स[3] से गुज़र के आई है
किरन किरन पे है मुहरे - तबस्सुमे - अबदी[4]
कि मक़्तले - शहदा[5] से निकल के आई है
सियाह-ख़ानः-ए-जम्हूरे - वक़्त[6] की क़न्दील
फ़राज़े - दारो - रसन[7] से उतर के आई है

सहर के नाम से दिल जिसको याद करता है
वह जामे-सुर्ख़ है रिन्दाने-तिश्ना लब[8] के लिए
बराए-चेहरः-ए-आलम[9] है बोसः-ए-इख़्लास[10]
तो हर्फ़े - नर्म है बीमारे-नीमशब[11] के लिए
जो क़ैदख़ानः-ए-माज़ी[12] से फूट निकला है
वह ज़िन्दगी का उजाला है और सबके लिए

ख़ुदा करे कि उफ़क़ की यह दौलते-सीमीं[13]
जहां में सूरते - कैफ़े - शराब[14] और बढ़े
ज़मीन प्यार की शबनम से भीगती जाए
सुकूं की नींद, महब्बत का ख़्वाब और बढ़े
निगाहे - बद से रहे दूर सुब्हे - आज़ादी
जमाल[15] और फ़ुज़ूं[16] हो शबाब और बढ़े

---

1. चांदी की दौलत, 2. अंधेरा, 3. पिंजरा, 4. अनन्तकाल की मुस्कुराहट की मौत, 5. शहीदों का वधस्थल, 6. वक़्त के जम्हूर का अंधेरा-घर, 7. फांसी की रस्सी की ऊंचाई, 8. प्यासे होंठों वाले मदिरापायी, 9. संसार के चेहरे के लिए, 10. निष्ठा का चुम्बन, 11. आधी रात का रोगी, 12. अतीत का कारागार, 13. चांदी की दौलत, 14. शराब के नशे की तरह, 15. सौंदर्य, 16. अधिक।

शजरे-नूर[1]

फ़ज़ा इब्ने-फ़ैज़ी

निशाने-फ़तह[2] है पन्द्रह अगस्त का यह दिन
नए निज़ाम, नए बन्दोबस्त का यह दिन

यह दिन तो इक शजरे-नूर है सहरज़ादो
इसे लहू की हरारत[3] से तुमने सींचा था
यह हंसती सुबहों का मंशूर[4] है क़मरज़ादो
जिसे निढाल शबों की थकी जबीनों[5] पर
ख़ते-शुआअ[6] की सूरत में तुमने लिखा था

उफ़क़[7] संवरते रहे और सहर दमकती रही
चराग़ जलते रहे तीरगी[8] पिघलती रही
ज़मीने-शब[9] से उजालों की फ़स्ल उगती रही
कली चटकती रही, ज़िन्दगी महकती रही

यह मेरे अहद के जम्हूर[10] की नई दुनिया
नए शऊर[11] के क़दमों की चाप सुनती है
जराहतों[12] के ख़याबां[13] से फूल चुनती रही
दरीदा-जिस्म[14] रही और गीत बुनती रही

बड़े शऊर,[15] बड़ी आगही[16] से लोगों ने
दमकते जागते ख़्वाबों की पास्बानी[17] की
ख़ुमार हद से बढ़ा तो नशे को छलकाया
सुबू में लेके शराबों की पास्बानी की
सबा[18] को नज़्र[19] किया ख़ुशबुओं का सरमाया
बहार बनके गुलाबों की पास्बानी की
मगर-ब-ई हमा[20] गुलरेज़ी - ओ - हिनाबन्दी[21]

---

1. प्रकाश का वृक्ष, 2. विजय-पताका, 3. गर्मी, 4. मेनिफ़ेस्टो, 5. ललाट, 6. किरण की लकीर, 7. क्षितिज, 8. अन्धकार, 9. रात की धरती, 10. गणतंत्र, 11. शिष्टता, 12. घाव, 13. उपवन, 14. फटा हुआ शरीर, 15. शिष्टता, 16. बुद्धिमानी, 17. रखवाली, 18. हवा, 19. भेंट, 20. इस सबके बावजूद, 21. फूल बरसाना और मेहंदी लगाना।

ब वस्फ़े - शोख़ी - ओ - तम्कीनो - आरज़ूमन्दी[1]
कभी कभी बड़ी शिद्दत से सोचता हूं मैं
कहीं कहीं मिरे माहौल की जबीनों[2] पर
ख़राशो-सोज़ो-जराहत[3] का यह ग़ुबार है क्यों
नफ़स[4] नफ़स में वही शोला क्यों पिघलता है
क़दम क़दम पे वही हश्रे-रोज़गार हैं क्यों
मिरे क़दम के अमीनो ! रफ़ीक़ो ![5] हमनफ़सो !
कुछ ऐसा रास्ता सोचो, कुछ ऐसा काम करो
जो क़ल्बो-रूह[6] के ज़ख़्मों को मुन्दमिल[7] कर दे
वह शेर लिखो जो इस दौर के तक़ाज़ों को
हसीं-ओ-ख़ूबरू लफ़्ज़ों में मुन्तक़िल[8] कर दे
वह जज़्बा ढूंढ के लाओ सुलगते सीनों से
जो बर्फ़े-वक़्त को शोलों के मुत्तसिल[9] कर दे
दयारे-शौक़[10] में नाफ़िज़[11] करो वह इस्लाहात[12]
फ़सादे-ज़िहनो-नज़र[13] को जो मुज़्महिल[14] कर दे
जो ज़िन्दगी को संवारे, नज़र को दिल कर दे
शबाब करवटें ले, नींद से बदन जागे
ख़ुमार टूटे, नशा चहके, अंजुमन जागे
बक़द्रे - शौक़ चले कारोबारे - हमनफ़सां[15]
ग़ज़ल की आंख खुले, ग़मज़ः-ए-सुख़न जागे
हदीसे - लुत्फ़ की ख़ुशबू से महफ़िलें महकें
नवाए-गर्म से महराबे - फ़िक्रो - फ़न जागे
नया लहू मिले तहज़ीब की उमंगों को
बुझे बुझे हुए ख़्वाबों का बांकपन जागे
नज़र समझ सके हालात के तक़ाज़ों को
जबीने - वक़्त[16] की सोई हुई शिकन जागे
खिलाए फूल ज़मीरो - ज़बां[17] की आज़ादी

---

1. आरज़ूमंदी, शोख़ी के गुण के कारण, 2. ललाट, 3. ज़ख़्म की जलन और ख़राश, 4. सांस, 5. दोस्तो, 6. दिल और आत्मा, 7. भरना, 8. परिवर्तित, 9. निकट, 10. अभिलाषा का नगर, 11. लागू, 12. सुधार, 13. नज़र और दिमाग़ के फ़साद, 14. उदास, 15. दोस्तों का कारोबार, 16. समय का ललाट, 17. ज़बान और अन्तःकरण।

शऊरे - ख़ुशनफ़सी का चमन चमन जागे
सलीबो - दार[1] की आवाज़ गीत में ढल जाए
बुझा बुझा सा है जो सोज़े-जानो-तन[2] जागे
यही है ज़िन्दादिलाने - जुनूं का मंशा भी
ग़िज़ाल[3] के आहंग[4] से ख़ुतन[5] जागे

जो तुम गुज़र गए इन मंज़िलों से आसूदा[6]
तो जब भी कोई मुअर्रिख़[7] क़लम उठाएगा
तुम्हारी फ़हमो - फ़रासत[8] के गीत गाएगा
लिखेगा तुमको कि यह फ़ातहे - ज़माना[9] थे
नक़ीबे - सुल्ह[10] थे, इंसाफ़ का ख़ज़ाना थे
सदाक़तों[11] का मुरक़्क़ा,[12] वफ़ा का पैकर[13] थे
उख़ूवत और मसावात[14] के पयम्बर थे
वगरना सोच लो यह भी कि वक़्त और तारीख़
कभी किसी ग़लती को माफ़ करते नहीं
यह ढूंढ लेते हैं सच्चाइयों के क़ातिल को
जुनूने - कमनज़री[15] को माफ़ करते नहीं
लिहाज़ करते नहीं नामो-ताजो-मंसब[16] का
वह कोई हो, यह किसी को माफ़ करते नहीं

यह दिन तो इक शजरे - नूर[17] है सहरज़ादो
इसे लहू की हरारत से तुमने सींचा था
यह हंसती सुब्हों का मंशूर है क़मरज़ादो
ख़ते - शुआअ की सूरत में तुमने लिखा था

---

1. क्रॉस और फांसी, 2. शरीर और प्राण की जलन, 3. हिरन, 4. आवाज़, 5. मध्य एशिया में एक जगह जहां के मृग बहुत मशहूर हैं, 6. सम्पन्न, 7. इतिहासकार, 8. बुद्धिमानी, 9. विश्व-विजेता, 10. शान्ति-दूत, 11. सच्चाई, 12. चित्र, 13. आकृति, 14. बराबरी, 15. संकीर्णता का उन्माद, 16. मान-मर्यादा, 17. प्रकाश का वृक्ष।

मंज़िल-ब-मंज़िल

रिफ़अत सरोश

मुबारक जश्ने - आज़ादी कि मंज़िल मुस्कुराती है
कि रूहे - इर्तिक़ा[1] इक नग़्मः - ए - दिलकश मुनाती है
तबस्सुम है फ़ज़ाओं में, तरन्नुम है हवाओं में
मगर इस दम शहीदाने-वतन की याद आती है

वह जिनके नक़्शे-पा[2] हैं संगे-मील अब अपनी राहों के
हयाते-जाविदां[3] ने ले लिया है जिनको बांहों में
उन्हीं का फ़ैज़[4] है मंज़िल ब मंज़िल बढ़ रहे हैं हम
न जाने किस क़दर नादीदा[5] मंज़र हैं निगाहों में

हम इंसां को महब्बत की नई राहें दिखाते हैं
ग़ुलामों को नई तहज़ीबे - आज़ादी सिखाते हैं
वही हम थे सरे-मंज़िल जो थक कर बैठ जाते थे
वही हम हैं कि अब मंज़िल ब मंज़िल बढ़ते जाते हैं

जश्ने-सीमीं

वक़ार वासक़ी

हमसे पूछो कि लहू कितने शहीदों का बहा
कितने दीवाने चढ़े दार पे हक़ की ख़ातिर
कितनी आंखों ने बहाए यहां अश्कों के गुहर[6]

ग़दर के नाम पे कितनों के जनाज़े निकले
कितने दिल टूट गए कितने जिगर चाक हुए
क़ाफ़ले कितने लुटे, कितने ही घर ख़ाक हुए
तब कहीं जाके मसर्रत[7] की घड़ी आई है

---

1. विकास की आत्मा, 2. पद-चिह्न, 3. अमर जीवन, 4. दया, 5. अनदेखा, 6. मोती, 7. ख़ुशी।

अपनी तारीख़ फ़क़त जंग की तारीख़ नहीं
यह महब्बत के हसीं फूलों से गुलनार भी है
दोस्ती और रवादारी का शहकार भी है
इसमें जांबाज़ों की क़ुर्बानी - ओ - ईसार भी है

हम कि तूफ़ां भी हैं, आंधी भी हैं, हंगामे - रजज़[1]
बज़्म में पहुंचें तो हम गुचां सिफ़त खिलते हैं
दोस्त बन जायें तो दुश्मन से गले मिलते हैं

हम बग़ावत में भगत हैं तो महब्बत में हैं हीर
हम शुजाअत[2] में हैं टीपू तो हैं ख़ुसरौ से फ़क़ीर

आबरू की हो अगर बात सो शोला हम हैं
अम्न का ज़िक्र जो छिड़ जाए तो नग़्मा हम हैं

सरहदों के हैं मुहाफ़िज़[3] तो बहारों के अमीं
हमको ताक़त पे भरोसा है अहिंसा पे यक़ीं[4]

जंगे - आज़ादि - ए - गुलशन का तराना हैं हम
दोस्तदारी - ओ - महब्बत का फ़साना हैं हम

ख़ुद जिओ, जीने दो, उल्फ़त का सलीक़ा[5] है यही
जश्ने - सीमीं के मनाने का तरीक़ा है यही

अहद

ज़किया सुल्ताना नैयर

अय वतन क्यों है तिरे चांद से माथे पे शिकन
हमने तोड़े हैं न तोड़ेंगे वफ़ा के बन्धन
फिर तिरी ख़ाक से हम अहदे-वफ़ा करते हैं

---

1. युद्ध का हंगामा, 2. बहादुरी, 3. रक्षक, 4. विश्वास, 5. योग्यता, शिष्टता।

तुझपे मर मिटने की फिर आज दुआ करते हैं
फिर महब्बत को तिरी राहनुमा करते हैं
फिर तिरी ख़ाक से हम अहदे-वफ़ा करते हैं

फिर तिरी ख़ाक को हम रंगे-हिना[1] कर देंगे
अपना सब कुछ तिरी इज़्ज़त पे फ़िदा कर देंगे
जो तिरी राह में मरते हैं जिया करते हैं
फिर तिरी ख़ाक से हम अहदे-वफ़ा करते हैं

किसी गुस्ताख़[2] को गुलशन में न आने देंगे
पैरहन लाला-ओ-गुल का न जलाने देंगे
हम वह हैं बर्क़[3] को जो मौजे-सबा करते हैं
फिर तिरी ख़ाक से हम अहदे-वफ़ा करते हैं

बर्क़ है अब्र[4] है और शोलाफ़शां[5] बादे-समूम[6]
है फ़सीलों पे तिरी लाख बलाओं[7] का हुजूम[8]
ऐसे तूफ़ां में कोई नींद लिया करते हैं
फिर तिरी ख़ाक से हम अहदे-वफ़ा करते हैं

इनके सोए हुए एहसास की वादी पे न जा
अपने दीवानों की तारीफ़[9] सवादी[10] पे न जा
कि अंधेरे में भी सौ दीप जला करते हैं
फिर तिरी ख़ाक से हम अहदे-वफ़ा करते हैं

बादाकश तेरे ज़माने को दिखा देंगे वतन
राज़े - मैख़ानः - ए - ईसार[11] बता देंगे वतन
किस तरह जाम शहादत का पिया करते हैं
फिर तिरी ख़ाक से हम अहदे - वफ़ा करते हैं

ज़िन्दगी का तुझे फ़िर्दौस[12] बना दें तो सही
अपने सज्दों से तुझे और सना दें तो सही

---

1. मेहंदी का रंग, 2. उद्दंड, 3. बिजली, 4. बादल, 5. शोले बरसाती हुई, 6. आंधी, 7. विपत्तियां, 8. समूह, जमघट, 9. अन्धकारमय, 10. कालिमा, 11. त्याग के मदिरालय का रहस्य, 12. स्वर्ग।

काबः-ए-अम्न[1] रहे तू यह दुआ करते हैं
फिर तिरी ख़ाक से हम अहदे-वफ़ा करते हैं

तेरे गाते हुए दरियाओं के धारों की क़सम
तेरे सूरज तेरे चन्दा तिरे तारों की क़सम
दिल के दाग़ों के कहीं दीप बुझा करते हैं
फिर तिरी ख़ाक से हम अहदे-वफ़ा करते हैं

हमने जो ख़ून के धारों से किए हैं रौशन
जिनकी ज़ौ[2] से हर इक दिल में सितारों की लगन
वह दिये क्या किसी सरसर[3] से बुझा करते हैं
फिर तिरी ख़ाक से हम अहदे-वफ़ा करते हैं

माहो-अंजुम[4] से बलन्दी में बढ़ा देंगे तुझे
हैं तो नाचीज़ मगर अर्श[5] बना देंगे तुझे
हैं वह बन्दे जो चट्टानों को ख़ुदा करते हैं
फिर तिरी ख़ाक से हम अहदे-वफ़ा करते हैं

जिनका मक़्सूद[6] तिरी आन पे मिट जाना है
और फिर मिट के हयातें-अबदी[7] पाना है
वह कहीं मौत से मरऊब[8] हुआ करते हैं

अय वतन क्यों है तिरे चांद से माथे पे शिकन
हमने तोड़े हैं न तोड़ेंगे वफ़ा के बन्धन

फिर तिरी ख़ाक से हम अहदे-वफ़ा करते हैं

---

1. शान्ति का काबा, 2. चमक, 3. तेज़ हवा, 4. चांद-तारे, 5. आकाश, 6. उद्देश्य, 7. अनश्वर जीवन, 8. प्रभावित।

हमारी तारीख़[1]

जां निसार अख़्तर

अय वतन ! अय मिरी गंगा की, हिमाला की ज़मीं
सैकड़ों साल फ़रोज़ा[2] हैं तिरी याद के साथ
यह नहीं है कि नज़ारे ही हसीं हों तेरे
हुस्ने-तहज़ीब[3] भी है, हुस्ने-ख़ुदादाद[4] के साथ

कितने सूरज तिरे माथे से उगे क्या कहिए
अब भी ज़र्रों में निहां जिनकी चमक लगती है
कितनी तहज़ीबों के गुलज़ार खिले हैं तुझमें
तेरी धरती कोई सतरंग धनक[5] लगती है

कितनी धाराओं के संगम से बनी यह धारा
कितनी सदियों की कहानी यह फ़ज़ा कहती है
मौज दर मौज कोई जज़्बे-निहां[6] हैं क्या है
या तहे - आब[7] कोई सरस्वती बहती है

कोई रिश्ता है मगर फ़िक्र की यकजहती का
एक ही रंग में हर ज़िहन ढला है बरसों
बादाकश भूल न जायेंगे कि मैख़ाने में
मए-वहदत[8] का कोई दौर चला है बरसों

बुतकदों में नज़र आ जाते हैं मस्जिद के नक़ूश
अक्स मस्जिद में भी मिल जाते हैं बुतख़ानों* के
यह जो पैवन्द पे पैवन्द लगा रक्खे हैं
यही अन्दाज़ हसीं हैं तिरे दीवानों के

एक ही गीत में संगीत में ढलने के लिए
पर्दः-ए-रूह से निकली थीं सदाएं छन कर

---

1. इतिहास, 2. प्रकाशमान, 3. सभ्यता का सौंदर्य, 4. स्वाभाविक सौंदर्य, 5. इन्द्र-धनुष, 6. छुपा हुआ जज़्बा, 7. पानी के नीचे, 8. अद्वैत की मदिरा।

*हिन्दी और ईरानी तर्ज़े-तामीर के मिलाप की तरफ़ इशारा है जो आगे चलकर हिन्दुस्तानी फ़ने-तामीर कहलाया।

जुम्बिशें हाथ की यकसां सी नज़र आती थीं
साज़ की लय कहीं रंगों की लकीरें बनकर*

क़ल्ब[1] बेचैन थे इक रंग में ढल जाने को
कौन सा दिल था जो चाहत का परस्तार[2] न था
अपनी हर एक ख़ुशी बांट लिया करते थे
कोई त्योहार किसी एक का त्योहार न था

कोई भी घर हो, दिवाली के दिए जलते थे
ईद भर देती थी सीनों में उजाले क्या क्या
रंग होली का हर इक दिल में बिखर जाता था
चेहरे चेहरे पे दमक उठते थे लाले क्या क्या

अजनबी[3] हाथों ने लिक्खी थी जो तारीख़ तिरी
उसको क्या नाम दें 'सोची हुई तुहमत[4] के सिवा'
अपने हर प्यार को नफ़रत में बदलना चाहा
क्या पुकारें उसे चालाक सियासत के सिवा

अय वतन हम तिरी तारीख़ लिखेंगे फिर से
तेरी तारीख़ है दिलजोई-ओ-दिलदारी की
तेरी तारीख़ महब्बत की, वफ़ा की तारीख़
तेरी तारीख़ उख़ूवत की रवादारी की

तेरी तारीख़ सदाक़त की हसीं क़दरों की
दिल के रिश्तों की, मुरव्वत में बसी नज़रों की
तेरी तारीख़ है भगती के अमर नग़्मों की
तेरी तारीख़ है ख़ुद रूह के आदर्शों की

तेरी तारीख़ है क़ुरआन का, गीता का वरक़
आश्ती,[5] अम्न, अहिंसा के उसूलों का सबक़

---

1. दिल, 2. पूजक, 3. अपरिचित, 4. इल्ज़ाम, आरोप, 5. दोस्ती।

*मूसीक़ी और मुसव्वरी के फ़न में जो रुजहान हिन्दुओं और मुसलमानों के इश्तिराक से वजूदपज़ीर हुआ उसकी तरफ़ इशारा है।

दहर से अपना मुक़ाबिल कोई अब तक न उठा
कोई गौतम, कोई चिश्ती, कोई नानक न उठा

तफ़रिक़ाबाज़[1] सियासत ने बहुत खेल रचे
अपना आदर्श था पर जान से प्यारा हमको
तूने देखा है कि हम मिलके उठे मिलके बढ़े
तूने जब चौंक के इक बार पुकारा हमको

जल उठे तेरे लिए हम किसी जंगल की तरह
बर्क़ पर बर्क़ गिराते हुए बादल की तरह
ख़ूने-आदा[2] से सुलगती हुई मशअल की तरह

आज आज़ाद हैं हम, ज़िहन हमारा आज़ाद
तंग जज़्बात[3] के घेरों से निकल आए हैं
जो फ़िरंगी की सियासत ने कभी बोए थे
उन तअस्सुब[4] के अंधेरों से निकल आए हैं

कुछ अंधेरों के परस्तार अगर हैं भी तो क्या
रौशनी हो तो अंधेरों की कहां चलती है
सैकड़ों साल के माथे पे दमक है जिसकी
अपने सीनों में वही शमए-हसीं जलती है

एक है अपना वतन, एक ज़मीं, एक हैं हम
एक है फ़िक्रो-अमल, एक यक़ीं, एक हैं हम
कौन कहता है कि हम एक नहीं, एक हैं हम

1. साम्प्रदायिकता फैलानेवाली, 2. दुश्मनों का ख़ून, 3. संकीर्ण भावना, 4. भेदभाव।

नदी की आवाज़

शमीम किरहानी

हसीन नागिन सी एक नद्दी
न जाने कितने हज़ारों सालों से बह रही है
कोई कहानी सी कह रही है

मिरे किनारे पड़े हुए थरथरा रहे हैं
हयाते-गौतम के शाहपारे
अशोक की शान्ति के कत्बे[1]
वह हार संजोगिता ने डाला जो पृथ्वीराज के गले में
वह नर्म कोरा घड़ा जो तूफ़ान में सहारा था सोहिनी का
जो लेके महिवाल की ख़ुशी को नदी में ग़र्क़ाब हो गया था
वह टूटा-फूटा सितार जिस पर ग़रीब मीरा ने अपने गीत गाए
वह बीन जिस पर महान तुलसी ने अपने रघुपत के राग छेड़े
कबीर का आरिफ़ाना[2] बरबत
जो हमको देता था यह सन्देसा कि राम-ओ-रहमान एक ही हैं
सब एक अल्लाह के हैं बन्दे यह सारे इंसान एक ही हैं
यही किनारा है वह किनारा
कि जिस पे तारीख़े-ज़िन्दगी[3] के हसीं नज़ारे चमक चुके हैं
अज़ीम अकबर के आस्माने-वफ़ा के तारे चमक चुके हैं
जमाले-मुमताज़ के पुजारी का मरमरीं ख़्वाब जल्वागर है
यह ताजमहलों की रहगुज़र है
हरएक प्यासे को मेरे साहिल ने साग़रे-रंगो-बू[4] दिया है
मिरे ही पाकीज़ा जल में अक्सर नमाज़ियों ने वज़ू किया है
मिरे ही किनारे एक एक मस्जिद हर एक मन्दिर की नुक़रई[5] बत्तियां जली हैं
मिरी रवादारियों की लहरों में मुख़्तलिफ़[6] कश्तियां चली हैं
इधर से गुज़रा है आरिफ़ों[7] का गिरोह अक्सर
संभाले अपने अमल के हाथों में अपनी हस्ती का सब्ज़ परचम[8]
वह सब्ज़ परचम कि जिसके आंचल में चांद तारे मचल रहे थे

---

1. क़ब्र पर लगा हुआ पत्थर, 2. ज्ञानपूर्ण, 3. जीवन का इतिहास, 4. रंग और सुगन्ध का साग़र, 5. चांदी की, 6. विभिन्न, 7. ज्ञानियों, 8. झंडा।

ख़ुदाए-वाहिद के पाक नग़मे हवा में करवट बदल रहे थे
नवाए-शंकर से दिल के शीशों में शोलः-ए-इश्क़ ढल रहे थे
फ़क़ीर नानक के सोज़े-दिल से चराग़ राहों में जल रहे थे
पयामे-चिश्ती की रौशनी में मिले जुले पांव चल रहे थे
यह मुत्तहिद पांव के निशां हैं

हवा के नासाज़गार[1] हाथों ने ख़ाक सी डाल दी है लेकिन
यह सारे नक़्शे-दवामे-उल्फ़त[2] अभी हसीं हैं अभी जवां हैं
चले चलें इस डगर पे हम तुम तो यह डगर हासिले-सफ़र है
इसी डगर की अंधेरी वादी के पार ही मंज़िले-सहर है

उरूसे-यकजहती

रिफ़अत सरोश

मैं यकजहती[3] हूं
क़ौमी इत्तिहाद और एकता का पैकरे-रंगीं[4]
वतन हिन्दोस्तां मेरा
यहां हर अहले-फ़न है तर्जुमां[5] मेरा
यहां का हर बशर है पास्बां[6] मेरा
मुझे तारीख़ ने ख़ुद अपने हाथों से संवारा है
अवामी क़ूवतों[7] ने रूप को मेरे निखारा है
मुझे अकबर ने ताजे-ख़ुसरवी[8] बख़्शा
जहांगीर और ख़ुर्रम ने किया सिक्का मिरा जारी
ज़फ़र ने ताजे-ज़र[9] ठुकरा दिया मेरी महब्बत में
वह टीपू हों, कि नाना फ़रनवीस-ओ-लक्ष्मीबाई
सभी ने हक़ के परचम को उठाया मेरी उल्फ़त में
मिरी ख़ातिर शहीदाने-वतन ने ख़ूं बहाया है
संवारा है मुझे किस प्यार से, कितनी महब्बत से

1. प्रतिकूल, 2. प्रेम के स्थायी चिह्न, 3. एकता, 4. सुन्दर आकृति, 5. प्रतिनिधि, 6. रखवाला, 7. जनता की शक्ति, 8. राजमुकुट, 9. सोने का ताज।

कि नानक की सदा हूं मैं
कि चिश्ती की नवा हूं मैं
लबे-ख़ुसरौ पे मेरा ज़िक्र आकर बन गया नग़्मा
कबीरो-ग़ालिबो-टैगोर ने मेरी हयाते-जाविदां[1] के ज़मज़मे[2] गायें

फ़ज़ाओं में वतन की
मेरे हुस्नो-इर्तिक़ा[3] के गीत लहराए
हज़ारों आंधियां आईं मिरा गुलशन जलाने को
वतन के पास्बानों ने बचाया आशियाने को
वह दादाभाई नौरोजी, तिलक और गोखले
भगतसिंह, बोस, आज़ादो-जवाहरलाल, मौलाना हुसैन आज़ाद
सभी मुशफ़िक़ रहे मेरे, सभी मुह्‌सिन[4] रहे मेरे
सभी ने आबियारी[5] की मिरी किश्ते-तमन्ना[6] की
सभी ने बांकपन बख़्शा मिरे दिल की उमंगों को
रवादारी के चश्मे उनके फ़ैज़े-नूर से जारी
दिलों की ममलिकत में अब भी है इनकी अमलदारी

ज़मीन-ओ-आस्मां बदले
मगर कुछ और निखरा इंक़िलाबाते-जहां से हुस्न मेरा, दिलकशी मेरी

मैं यकजहती हूं
क़ौमी इत्तिहाद और एकता का पैकरे-रंगीं
मैं नाक़ूसो-अज़ां[7] की रूह हूं, वहदत[8] मिरा मस्लक[9]
मुझे सब मज़्हबों से प्यार है, मैं सबका आईना
मैं रूहे-गीता-ओ-क़ुरआं
मिरा मसकन दिले-इंसां

हर एक लब पर रवां मेरी अक़ीदत[10] के तराने हैं
ज़बाने-अहदे-हाज़िर पर मिरे दिलकश फ़साने हैं
उरूसे-ज़िन्दगी[11] हूं मैं दरख़्शां[12] मेरा मुस्तक़्बिल[13]
मैं इंसानों के ज़र्रीं ख़्वाब का हासिल

---

1. अनश्वर जीवन, 2. गीत, 3. विकास और सौंदर्य, 4. एहसान करनेवाला, 5. सिंचाई, 6. अभिलाषा की खेती, 7. शंख और अज़ान, 8. अद्वैत, 9. उद्‌देश्य, 10. श्रद्धा, 11. ज़िन्दगी की दुल्हन, 12. उज्ज्वल, 13. भविष्य।

नफ़रतों की सिपर[1]

सरदार जाफ़री

वह नफ़रतों की सिपर रख के दिल पे आते हैं
वह बदनसीब वह महरूमे-दर्दे-इंसानी[2]
उन्हें मिली ही नहीं चश्मे-तर[3] की ताबानी[4]
न उनकी बात में लुकनत न आंख में नम है
न ज़ौक़े-चाके-गरीबां न चाक-दामानी
लबों पे नारः-ए-वहशत निगाह बरहम है
क़लम है हाथ में, तलवार दस्ते-क़ातिल में
बस अपना जौहरे-तेग़े-ज़बां[5] दिखाते हैं
बयाने-ख़ूनो-कफ़न[6] करके मुस्कुराते हैं
उन्हें ख़बर नहीं इक चीज़ ज़ख़्मे-दिल भी है
कि जिससे होती है तहज़ीबे-नफ़्से-इंसानी[7]

बहरूपनी

कैफ़ी आज़मी

एक गर्दन पे सैकड़ों चेहरे
और हर चेहरे पर हज़ारों दाग़
और हर दाग़ बन्द दरवाज़ा
रौशनी इनसे आ नहीं सकती
रौशनी इनसे जा नहीं सकती

तंग सीना है हौज़ मस्जिद का
दिल वो दोना पुजारियों के बाद
चाटते रहते हैं जिसे कुत्ते

---

1. ढाल, 2. मानवता के दर्द से वंचित, 3. अश्रु-भरी आंख, 4. चमक, 5. ज़बान की तलवार का जौहर, 6. ख़ून और कफ़न का बयान, 7. मानव-सभ्यता।

कुत्ते दोना जो चाट लेते हैं
देवताओं को काट लेते हैं

जाने किस कोख ने जना इसको
जाने किस सहन में जवान हुई
जाने किस देश से चली कमबख़्त
वैसे यह हर ज़बान बोलती है
ज़ख़्म खिड़की की तरह खोलती है
और कहती है झांक कर दिल में
तेरा मज़्हब तिरा अज़ीम ख़ुदा
तेरी तहज़ीब के हसीन सनम[1]
सबको ख़तरों ने आज घेरा है
बाद इनके जहां अंधेरा है

सर्द हो जाता है लहू मेरा
बन्द हो जाती हैं खुली आंखें
ऐसा लगता है जैसे दुनिया में
सभी दुश्मन हैं कोई दोस्त नहीं
मुझको ज़िन्दा निगल रही है ज़मीं

ऐसा लगता है राक्षस कोई
एक गागर कमर में लटकाए
आस्मां पर चढ़ेगा आख़िर शब
नूर सारा निचोड़ लाएगा
मेरे तारे भी तोड़ लाएगा

यह जो धरती का फट गया सीना
और बाहर निकल पड़े हैं जुलूस
मुझसे कहते हैं 'तुम हमारे हो'
मैं अगर इनका हूं तो मैं क्या हूं
मैं किसी का नहीं हूं अपना हूं

---

1. बुत, मूर्तियां।

मुझको तन्हाई[1] ने दिया है जन्म
मेरा सबकुछ अकेलेपन से है
कौन पूछेगा मुझको मेले में
साथ जिस दिन क़दम बढ़ाऊंगा
चाल मैं अपनी भूल जाऊंगा

यह और ऐसे ही चन्द ख़याल
ढूंढने पर भी आज तक मुझको
जिनके मां बाप का मिला न सुराग़[2]
ज़िहन में यह उंडेल देती है
मुझको मुट्ठी में भींच लेती है

चाहता हूं कि क़त्ल कर दूं इसे
वार लेकिन जब इस पे करता हूं
मेरे सीने पे ज़ख़्म उभरते हैं
मेरे माथे से ख़ूं टपकता है
जाने क्या मेरा इसका रिश्ता है

आंधियों में अज़ान दी मैंने
शंख फूंका अंधेरी रातों में
घर के बाहर सलीब लटकाई
एक इक दर से उसको ठुकराया
शहर से दूर जाके फेंक दिया

और एलान कर दिया कि उठो
बर्फ़ सी जम गयी है सीनों पर
गर्म बोसों से इसको पिघला दो
कर लो जो भी गुनाह वह कम है
आज की रात जश्ने-आदम है

यह मिरी आस्तीन से निकली
दौड़ के रख दिया चराग़ पे हाथ

1. अकेलापन, 2. पता।

मल दिया फिर अंधेरा चेहरे पर
होंट से दिल की बात लौट गयी
दूर तक आके बरात लौट गयी

उसने मुझको अलग बुला के कहा
आज की ज़िन्दगी का नाम है ख़ौफ़
ख़ौफ़ ही वह ज़मीं है जिसमें
फ़िरक़े[1] उगते हैं फ़िरक़े पलते हैं
धारे सागर से कट के चलते हैं

ख़ौफ़ जब तक दिलों में बाक़ी है
सिर्फ़ चेहरा बदलता रहता है
सिर्फ़ लहजा बदलता रहता है
कोई मुझको मिटा नहीं सकता
जश्ने-आदम मना नहीं सकता

दिल के अन्दर जो रावण है

असरार अकबराबादी

उम्मीदों के बाग़ सजाकर अरमानों के फूल खिलाओ
सच्चाई के किरदारों से दिलदारों के दिल गरमाओ
तदबीरों से तक़दीरों की तस्वीरों में रंग सजाओ

ख़ुशियों का सूरज चमका कर अंधियारों का ज़ोर घटाओ
दिल के अन्दर जो रावण है उस रावण में आग लगाओ

सागर के मैले पानी से अम्बर भी मैला होता है
अन्दर ही जब जंग छिड़ी हो बाहर अम्न से क्या होता है
फूलों के मन की ज़ुल्मत[2] से गुलशन भी काला होता है

1. सम्प्रदाय, 2. अन्धकार।

रूहों के काले शोलों पर नेकी का अमृत बरसाओ
दिल के अन्दर जो रावण है उस रावण में आग लगाओ

दिल के अंगारों में जलकर आंखों में आंसू आते हैं
अपने निर्मल पैमानों में अन्दर की ज्वाला लाते हैं
धरती पर गिरने से पहले अपना राज़ बता जाते हैं

नर्मी की गर्मी से अपने सीने के पत्थर पिघलाओ
दिल के अन्दर जो रावण है उस रावण में आग लगाओ

धुंधला हो जब मन का दर्पण फिर दर्शन से क्या होता है
जिस बन्धन से बांध न टूटें उस बन्धन से क्या होता है
नफ़रत का जो विष बरसाए उस सावन से क्या होता है

बदहाली को दूर भगाकर ख़ुशहाली को पास बुलाओ
दिल के अन्दर जो रावण है उस रावण में आग लगाओ

दिल के अन्दर की शक्ति से कट जाती हैं ज़ंजीरें भी
दिल के अन्दर की नर्मी से झुक जाती हैं शमशीरें भी
दिल के अन्दर की गर्मी से बन जाती हैं तक़दीरें भी

अन्दर का संसार बसाकर बाहर का संसार सजाओ
दिल के अन्दर जो रावण है उस रावण में आग लगाओ

मुस्तक़्बिल के ख़्वाब

ख़ुर्शीद अहमद जामी

हमारे अज़्म से पैदा नया हिन्दोस्तां होगा
मुक़द्दर[1] वक़्त के आग़ोश में पलकर जवां होगा

---

1. भाग्य।

रुख़े-तहज़ीब[1] का ग़ाज़ा[2] शफ़क़ की सुर्ख़ियां होंगी
तमद्दुन[3] के हसीं आरिज़[4] पे नूरे-कहकशां[5] होगा

ज़मीं खेतों की सूरत में ख़ज़ानों को उगाएगी
हक़ाइक़ पर सुनहरे मस्त ख़्वाबों का गुमां होगा

दिले-फ़ौलाद पिघलेगा मशीनें गड़गड़ाएंगी
हयातो-इर्तिक़ा[6] का नक़्श नक़्शे-जाविदां[7] होगा

टटोला जाएगा ज़र्रों का दिल कुहसार[8] का सीना
शऊरे-ज़िन्दगानी[9] बिजलियों पर हुक्मरां[10] होगा

दिलआरा ख़म ब ख़म जैसे किसी महबूब के गेसू
नशाअंगेज़[11] यूं ही कारख़ानों का धुआं होगा

बदल जायेंगे दरियाओं के रुख़ मौसम के अफ़साने
ग़ुरूरे-वक़्त[12] पर छाया हुआ अज़्मे-जवां[13] होगा

वतन की सरज़मीं पे सनअतों[14] का बांकपन होगा
निगाहे - शौक़ के आगे बहारों का समां होगा

नज़र अफ़रोज़ सहराओं में तालाबों के होंटों पर
सुरूरो-कैफ़[15] का नग़्मों का सैलाबे-रवां होगा

चमन शादाब होगा सुब्हे - इशरत गुनगुनाएगी
न ग़म की बिजलियां होंगी न फ़ाक़ों का निशां होगा

---

1. सभ्यता का चेहरा, 2. पाउडर, 3. संस्कृति, 4. कपोल, 5. आकाशगंगा का प्रकाश, 6. जीवन और विकास, 7. अमर चिह्न, 8. आहार, 9. जीवन-चित्र, 10. शासक, 11. सुखप्रद, 12. समय का ग़ुरूर, 13. दृढ़ संकल्प, 14. उद्योग-धन्धे, 15. नशा।

मुस्तक़्बिल के ख़्वाब

हुर्मतुल इकराम

क़ाफ़ले वालो ! ज़रा तेज़ चलो, तेज़ चलो
कितने दिलदार हैं आग़ाज़े-सफ़र[1] के लम्हात[2]
बामे - गर्दूं[3] से उतरती है सितारों की बरात
अपने शोलों से उलझने लगी तारीख़ की लौ
नूर अफ़गन[4] हैं जबीनों[5] पे दिलों के परतौ[6]
ज़िन्दगी सजती है किस शोख़ अदा का महमिल
ख़म ब ख़म राहगुज़ारों के धड़कने लगे दिल
वुसअते - नज्द[7] में बेदार हुआ ज़ौक़े - जुनूं[8]
इश्क़ की नब्ज़ों में भड़की नए अन्दाज़ से आग
दिल के हर तार पे लहराते हैं अंगारों के राग
कितना है शोख़ ज़बां[9] काकुलो-रुख़[10] का अफ़सूं[11]
हुस्न ने भेजा है दीवानों को पैग़ाम नया
बढ़ गयी कहके सबा तेज़ चलो, तेज़ चलो
क़ाफ़ले वालो ! ज़रा तेज़ चलो, तेज़ चलो

बढ़ते क़दमों के दिये जलते चले जाते हैं
सांसों की आंच से कुहसार गले जाते हैं

जरसे-वक़्त[12] की आवाज़ खिलाती है कंवल
मौजे - इनफ़ास[13] है या बजते हैं सीनों में दुहुल[14]

हौसले, शोरिशे - तूफ़ां को सदा देते हैं
क़तरे को मंज़िले - गौहर[15] का पता देते हैं

मुंजमिद[16] लम्हों के ख़िर्मन[17] पे लपकते हैं शरार
झिलमिलाता हुआ उड़ता है मराहिल[18] का ग़ुबार

---

1. यात्रा का आरम्भ, 2. क्षण, 3. आकाश की छत, 4. प्रकाश फैलाते हुए, 5. ललाट, 6. अक्स, 7. नज्द (अरब का एक प्रदेश) का विस्तार, 8. उन्माद का ज़ौक़, 9. चर्ब ज़बान, 10. चेहरा और लटें, 11. जादू, 12. समय की घंटी, 13. सांसों की मौज, 14. नक़्क़ारा, 15. मोती की मंज़िल, 16. स्थिर, 17. खलियान, 18. समस्याएं।

सोज़े-पिन्हां की तड़प कब हुई पाबन्दे-रसूम[1]
किसको बतलाइए कलियों की चटक का मफ़हूम[2]

आई आवाज़े-दिरा[3] ! तेज़ चलो, तेज़ चलो
क़ाफ़ले वालो ! ज़रा तेज़ चलो, तेज़ चलो

इर्तिक़ा[4] का सफ़र

हुर्मतुल इकराम

फ़साना मंज़िले - दुश्वार[5] का न दुहराओ
लगा के जान की बाज़ी क़दम बढ़ाए हैं
यह राह कितनी ही पुरख़ार[6] है तो ग़म कैसा
कि हम तो लोगों पे चलकर यहां तक आए हैं

अज़ीम राहरवो[7] ! है यह इर्तिक़ा का सफ़र
फ़राज़े - वक़्त[8] पे सूरज की तरह बढ़ना है
दिलों की ज़ख़्म - नसीबी बजा सही लेकिन
गुबारे - राह को मरहम समझ के बढ़ना है

नई फ़ज़ाएं, नई ज़िन्दगी, नया माहौल
यह एहतिमाम ज़रूरी है दौरे - नौ[9] के लिए
निचोड़नी है ज़िया[10] माहताबो - अंजुम[11] की
हरएक शमअ की अफ़सूंतराज़[12] लौ के लिए

यह कह रही हैं ज़माने की मुल्तजी[13] नज़रें
हक़ीक़तों को नई ज़िन्दगी अता कर दो

---

1. रीति-रिवाज की पाबन्द, 2. अर्थ, मतलब, 3. घंटे की आवाज़, 4. विकास, 5. कठिन मंजिल, 6. कटीली, 7. यात्रियो, 8. समय की ऊंचाई, 9. नया युग, 10. चमक, प्रकाश, 11. चांद-तारे, 12. जादू-भरी, 13. प्रार्थी।

तक़ाज़ा है सहरे - ताज़ा की शुआओं का
हमारे जल्वों की पाइन्दगी अता कर दो

तड़प रही हैं उमंगों की बिजलियां दिल में
सितारे नाच रहे हैं दमकते माथों पर
अज़ाइम[1] अपनी बलन्दी पे नाज़फ़रमा[2] हैं
हयात करती है बैत हमारे हाथों पर

ग़मे-हयात के मारे हुओ ! न घबराओ
तुम्हारे होंटों को हम मुश्तइल[3] हंसी देंगे
उठो और उठ के करो सुब्हे-नौ का इस्तिक़बाल[4]
हम आफ़्ताब[5] हैं दुनिया को रौशनी देंगे

मुस्तक़्बिल[6] के ख़्वाब

शमीम किरहानी

नमे - सबा[7] से न जोशे - नमू से है बेदार
चमन की ख़ाक हमारे लहू से है बेदार
लहू जो विर्सः-ए-दिल[8] है अज़ीम माज़ी[9] का
लहू जो मौजे-नमू[10] है नख़्ले-हक़[11] के लिए
लहू जो कातिबे - तारीख़े - नौबहारां[12] है
लहू जो हर्फ़े-अबद है वरक़ वरक़ के लिए

उसी लहू का तबस्सुम वह तलअते-सहरी[13]
जुलूसे-दीदा-ओ-दिल[14] जिसकी रहगुज़र में है

---

1. संकल्प, 2. गर्वित, 3. उत्तेजित, 4. स्वागत, 5. सूर्य, 6. भविष्य, 7. आर्द्र हवा, 8. दिल का विरसा, 9. महान भूत, 10. विकास की मौज, 11. सत्य का पौधा, 12. प्रभात-दर्शन, 13. दिल और आंख का जुलूस।

लगामे - नैयरे - दौरां[1] है जिसके हाथों में
वह शहसवारे - सहर[2] मंज़िले - बहार में है

शरीके - जज़्बः - ए - मंज़िल[3] हैं बेशुमार क़दम
मिला है जिनको तमन्ना का अज़्मे - सीमाबी[4]
नवेदे - क़तए - मसाफ़त[5] है कारवां के लिए
दिनों की कुल्फ़तें[6] - गुर्बत, शबों की बेख़्वाबी

सफ़र की राह कोई राहे - कहकशां[7] तो नहीं
क़दम क़दम पे यहां संगे - राह मिलते हैं
मगर इसी रहे - जुल्मत[8] में, पा बरहना[9] सही
अमीरे क़ाफ़लः - ए - महरो - माह[10] मिलते हैं

नवाए - अम्न[11] है बांगे - दराए - अहले - सफ़र[12]
नहीं पसन्द तशद्दुद[13] का लहने - शोर आमेज़[14]
वह एक हर्फ़े - मुलाइम जिसे वफ़ा कहिए
सदाए - तुन्दे - जरस[15] से ज़्यादा ज़ौक़ अंगेज़[16]

तमीज़े-बन्दा-ओ-आक़ा[17] न फ़र्क़े-रंगो-नसब[18]
यह इक जहाने-मुसावात[19] है बशर के लिए
रवां है क़ाफ़लः - ए - नौबहारे - जम्हूरी[20]
ज़मीं पे एक अबद - आशना[21] सहर के लिए

---

1. समय के सूर्य की लगाम, 2. सुबह के सवार, 3. मंज़िल की भावना में शरीक, 4. तड़पता हुआ संकल्प, 5. रास्ता पूरा करने की ख़ुशख़बरी, 6. कष्ट, 7. आकाशगंगा का मार्ग, 8. अन्धकार का मार्ग, 9. नंगे पांव, 10. चांद-सूरज के क़ाफ़ले का सरदार, 11. शान्ति की आवाज़, 12. सहयात्रियों के घंटे की आवाज़, 13. हिंसा, 14. कोलाहलयुक्त गीत, 15. घंटी की तेज़ी की आवाज़, 16. अभिलाषापूर्ण, 17. मालिक और सेवक का अन्तर, 18. रंग और ख़ानदान का फ़र्क़, 19. बराबरी की दुनिया, 20. गणतंत्र की बहार का कारवां, 21. अन्तकाल से परिचित।

पयाम

नाज़िश परताबगढ़ी

मिरा यक़ीं, मिरा अज़्म,[1] मेरी बेबाकी
मिरा ज़मीर[2] - अमानत है सुब्हे - फ़र्दा[3] की
मिरे ख़ुलूसे - सुख़न[4] को बचाके रखना मगर
मिरी हयात को हर्गिज़ न रहगुज़र देना
मिरे क़लम को मिरे साथ दफ़्न कर देना
कि यह अज़ाब नई नस्ल तक पहुंच न सके

यह नौबहारे - वतन, ताज़ा वारिदाने - चमन
सियाहियों का जिगर इनको चाक करना है
दिलों में अज़्मो - इरादे की रौशनी लेकर
संवारना है इन्हें आरिज़े - उरूसे - वतन[5]
मिज़ाजे - लाला - ओ - गुल की शिगुफ़्तगी लेकर
सफ़र को जादा-ओ-सम्ते-सफ़र[6] की हाजत है
हयाते - क़ौम को ख़ूने - जिगर की हाजत है

मैं चाहता हूं मिरे बाद जो क़लम उट्ठे
चमन की बात करे, गुल - की दास्तां लिक्खे
हदीसे - हुस्न बहर्फ़े - दिले - जवां लिक्खे
न यह कि मेरी तरह मेरे बाद भी शाइर
तमाम दर्दो - अज़ीयत की दास्तां लिक्खे
तमाम उम्र हिकायाते - ख़ूंचकां[7] लिक्खे
मैं इसलिए बसद इसरार[8] सबसे कहता हूं
मिरी हयात को हर्गिज़ न रहगुज़र देना
कि यह अज़ाब नई नस्ल तक पहुंच न सके

(इक़्तिबास)

---

1. संकल्प, 2. अन्तःकरण, 3. आगामी कल की सुबह, 4. कथन की निष्ठा, 5. वतन की दुल्हन के कपोल, 6. यात्रा का मार्ग और दिशा, 7. ख़ून में डूबी हुई कथा, 8. आग्रह करके।

बेदारिए-हिन्द

ख़लीलुर्रहमान आज़मी

इस गुम्बदे - नीलगूं[1] के नीचे
हर रोज़ ख़ला[2] की वुसअतों[3] में
रथ पर अपने सवार होकर
सूरज आता है और ज़मीं के
चेहरे के नक़ूश हैं उभरते
किरनों में नहा के हैं निखरते
अस्नामे - हसीं[4] जिन्हें अजन्ता
सदियों से है गोद में छुपाए
पड़ती है यही शुआए - रंगीं[5]
सांची के अज़ीम माबदों[6] पर
रुकती है कोनार्क के ऊपर
लेते हैं जहां पे सांस अब भी
बन बन के बुताने - माह - पैकर[7]
रेतीली ज़मीं पे सर्द पत्थर
है देखती चश्मे - मरमरी से
गिरते हुए अश्के - शबनमीं को
टकराती हैं गाह यह ज़ियाएं[8]

मीनारों से इस मिनाक्शी के
उड़ती हुई बदलियां जहां पर
फैलाए हुए परों को अपने
डूबी हुई कुहर में पड़ी हैं

मिटने की नहीं यह शानो - शौकत
बेमिस्ल यह पाक सरज़मीं है

---

1. नीला गुम्बद—आकाश, 2. शून्य, 3. फैलाव, 4. सुन्दर मूर्तियां, 5. रंगीन किरण, 6. आराधना-घर, 7. चांद जैसे आकार वाली मूर्तियां, 8. चमक।

इस साज़े - सुकूत[1] में फ़ुसूं[2] है
बेदारिए - रूह पे सुकूं है
उड़ता है हवा में आज देखो
आज़ादिए - हिन्द का फरैरा

फिर अब्रे - करम[3] उठा है हर सू
भर जायेंगे कोहो - दश्तो - दरिया[4]
प्यासा न रहेगा आज कोई
जी भर के पिएगी आज जनता
मंज़िल की तरफ़ चलो रफ़ीक़ो ![5]
हर ज़र्रा है यह पयाम देता
हां आगे बढ़े चलो अज़ीज़ो
जिस सम्त नवाए - ज़िन्दगी हो
जिस सम्त कि अम्नो - शान्ति हो
यकजिहती - ओ - आश्ती[6] हो जिस जा
हर इक को नसीब सरखुशी हो
जन्नत का रहे न हमको अर्मां
धरती इतनी बदल गयी हो
क़िस्सा न हो रामराज कोई
आंख अपनी अब इसको देखती हो
आशा के खिले हों फूल हरसू
हर सम्त बसन्त आ गया हो
हर रंज को हम भुला चुके हों
दुख की तस्वीर मिट चली हो

आओ सुनो गीत अब ख़ुशी के
दामोदर और महानदी के
रक़्सां है सदाए - बर्क़ो - फ़ौलाद[7]
वीराने भी हो रहे हैं आबाद
पंजाब हो याकि आन्धरा हो

---

1. निस्तब्धता का साज़, 2. जादू, 3. दया के बादल, 4. जंगल और नदियां, 5. दोस्तो, 6. एकता और दोस्ती, 7. बिजली और फ़ौलाद।

दुर्गापुर हो कि हो भिलाई
हर सिम्त मशीन गा रही हो
आया अब अहदे - आहनी[1] है
दोशीज़ः - ए - कुहसार[2] भी अब
दुल्हन की तरह से सज रही है
माथे पे चमक रहा है झूमर
सचमुच की कोई यह लक्ष्मी है
लब पर नहीं कोई आहो - फ़रियाद
अब ग़म की बिसात उठ रही है

क़दमों में है अपने फ़त्हो - नुसरत[3]
हर लहज़ा है जश्न अहदे - नौ[4] का
लहराती हैं बंसरी की तानें
आंखों में बसा है फिर कन्हैया
अग़ियार[5] का हाल अब ज़ुबूं[6] है
जो अपना अदू[7] है सरनिगूं[8] है
जागो जागो मिरे रफ़ीक़ो !
सूरज निकला है इसकी किरनें
अपनी रूहों में आज भर लो
हाथों में अब अपने जाम उठाओ
इस जाम में हुर्रियत[9] की मै है
जी भरके उछालो और पी लो
यह कैसी हवाएं चल रही हैं

अब दूर नहीं वह लम्हः - ए - ऐश
वीरानों के भाग फिर खुलेंगे
टप टप टपकेंगी रस की बूंदें
बरखा अमृत की ख़ूब होगी

(उड़िया से अनुवाद)

---

1. दृढ़ संकल्प, 2. पहाड़ी कुमारी, 3. विजय, 4. नया युग, 5. दुश्मन, 6. बुरा, 7. दुश्मन, 8. नतमस्तक, 9. आज़ादी।

ज़मीमा (परिशिष्ट)

हमारे क़ौमी रहनुमा

सुल्तान शहीद

सीमाब अकबराबादी

पूछ अय मैसूर अपने माज़िए - ज़ौनाक[1] से
बरहना शमशीर[2] इक चमकी थी तेरी ख़ाक से

अय सरंगापटम अय महदे - कमाले - हैदरी[3]
है अमानत तुझमें तस्वीरे - जलाले - हैदरी[4]

वह शहीदे-ज़ौक़े-आज़ादी, वह ग़ाज़ी वह जवां
जो बदलना चाहता था नक़्शः - ए - हिन्दोस्तां

जिनकी नज़रों में वतन का हालो-इस्तिक़्बाल[5] था
जो दकन की गोद में इक आतिशे-सैयाल[6] था

अय शहीद अय मर्दे-मैदाने-वफ़ा तुझ पर सलाम
तुझ पे लाखों रहमतें, लाइन्तिहा[7] तुझ पर सलाम

उड़ रहे हैं आज जो माहौल में सैलाब के
यह भी कुछ ज़र्रे हैं तेरी ख़ाके - आतिश - ताब के

आह, कैसा बाग़बां शामे-चमन ने खो दिया
अपने हाथों ख़ुद तुझे अहले-वतन ने खो दिया

आहनी पैकर[8] तिरा अब हाथ आ सकता नहीं
लेके मश्अल भी कोई ढूंढे तो पा सकता नहीं

---

1. उज्ज्वल भूतकाल, 2. नंगी तलवार, 3. हज़रत अली की बहादुरी के कमाल का पालना, 4. हैदरी जलाल की तस्वीर, 5. स्वागत, 6. बहती हुई आग, 7. असीम, 8. लोहे की आकृति।

ऐन बेदारी है यह ख़्वाबे - गरां[1] तेरे लिए
है शहादत इक हयाते - जाविदां[2] तेरे लिए

आ, फिर अरबाबे-वतन[3] की मुश्किलें आसान कर
फिर शरीके-जंगे-आज़ादी हो, सीना तान कर

टीपू सुल्तान

इज्तबा रिज़वी

नज़र से आज जो गुज़री हैं चन्द तस्वीरें
वह दिल पे नक़्श हैं जैसे लहू की तहरीरें

बसी है जंगे - सरंगापटाम आंखों में
किसी शहीद पे साया किए हैं शमशीरें

गुलाम क़ौम तुझे कुछ हया भी आती है
हैं तेरे चांद पे ख़ाक - अफ़गनी[4] की तदबीरें[5]

तिरा चराग़ सरे-शाम बुझ गया, लेकिन
सहर के भेस में फैलेंगी इसकी तन्वीरें[6]

मिरे शहीद ! तिरे नामे - पाक से क़ौमें
करेंगी आयः - ए - हुब्बे - वतन की तफ़्सीरें

पयामे - सई - ए - सरफ़राज़िए - वतन[7] है तू
शहीदो - ग़ाज़ी - ओ - जर्रारो - सफ़शिकन[8] है तू

सियासते - वतनी की फ़ज़ा थी ज़हर - आलूद[9]
हवाए - ग़र्ब[10] थी नासाज़गारो - ना मसऊद[11]

---

1. गहरी नींद, 2. अमर जीवन, 3. देशवासी, 4. धूल फेंकना, 5. उपाय, 6. प्रकाश, 7. वतन के सर उठाने की कोशिश का सन्देश, 8. शहीद, ग़ाज़ी और बहादुर, 9. ज़हर में सना हुआ, 10. पश्चिम की हवा, 11. अशुभ और प्रतिकूल।

सबाहे - दौलते - तैमूरिया की आई थी शाम
पड़ा था नैयरे - इक़बाले - हिन्द[1] सर - बसजूद[2]

गुलों को लोरियां देता था एतबारे - बहार[3]
चमन में सब्ज़: - ए - बेगाना पा रहा था नुमूद[4]

है तेरे बाद तेरी याद इफ़्तिख़ारे - वतन[5]
तिरा मज़ार है शमए - सरे - मज़ारे - वतन

पुकारती हैं सरंगापटम की दीवारें
कि हमको याद हैं वह गोलियों की बौछारें

दहन कुशादा[6] हैं चोटों के घाव क्या मालूम
यह कब हमीयते - हुब्बे - वतन[7] को ललकारें

शहीद ज़िन्दः - ए - जावेद[8] हैं वही सावन्त
जो नामे - पाके - वतन[9] पर लड़ें, मरें मारें

इस एक जाने - गरामी[10] पे लाख जां सदक़े
इस एक मौत पे सौ उम्रे - जाविदां[11] सदक़े

टीपू की आवाज़

आले अहमद सुरूर

गो रात की जबीं[12] से सियाही न धुल सकी
लेकिन मिरा चराग़ बराबर जला किया

जिससे दिलों में अब भी हरारत[13] की है नुमूद[14]
बरसों मिरी लहद[15] से वह शोला उठा किया

1. हिन्द प्रताप का सूर्य, 2. सजदे में, 3. बहार का विश्वास, 4. आविर्भाव, 5. देश का गर्व, 6. फैला हुआ मुंह, 7. देश-भक्ति की ग़ैरत, 8. अमर शहीद, 9. देश का पवित्र नाम, 10. आदरणीय व्यक्ति, 11. अनश्वर आयु, 12. ललाट, 13. गर्मी, 14. आविर्भाव, 15. क़ब्र।

फीका है जिसके सामने अक्से जमाले - यार[1]
अज़्मे - जवां[2] को मैंने वह ग़ाज़ा[3] अता किया

मेरे लहू की बूंद में ग़ल्तां[4] थीं बिजलियां
ख़ाके - दकन[5] को मैंने शरर - आशना[6] किया

साहिल की आंख में मगर आई न कुछ नमी
दरिया में लाल लाल तलातुम हुआ किया

ख़्वाबे-गरां[7] से ग़ुंचों की आंखें न खुल सकीं
गो शाख़े - गुल से नग़्मा बराबर उठा किया

यह बज़्म ऐसी सोई कि जागी न आज तक
फ़ितरत का कारवां है कि आगे बढ़ा किया

मारा हुआ हूं गो ख़लिशे - इन्तिज़ार[8] का
मुश्ताक़ आज भी हूं पयामे - बहार का

चांद सुल्ताना

अफ़सर सीमाबी अहमदनगरी

उख़्वत[9] के परस्तारों की इक रंगीं दुनिया थी
हरीमे - नूरो - नग़्मा,[10] बज़्मे - नाहीदो - सुरैया[11] थी

वह दुनिया शमए-आज़ादी के परवानों की बस्ती थी
जहां फ़ितरत संवरती थी, जहां मस्ती बरसती थी

वह दुनिया ज़िन्दगी के फूल बरसाती हुई दुनिया
मुलायम नुज़्हतों[12] की रक़्स फ़रमाती हुई दुनिया

---

1. प्रेमिका के सौंदर्य का प्रतिबिम्ब, 2. दृढ़ संकल्प, 3. पाउडर, 4. डूबी हुई, 5. दक्खन की धूल, 6. आग से परिचित, 7. गहरी नींद, 8. इंतिज़ार की चुभन, 9. बराबरी, 10. प्रकाश और गीत की चारदिवारी, 11. नाहीद और सुरैया की बज़्म (शुक्र ग्रह और परवीन) 12. कोमल पवित्रता।

जहां इक सांस भी लेने से घबराते थे हंगामे
जलाले - बेअमां[1] से डर के सो जाते थे हंगामे

वह दुनिया रश्के - फ़िर्दौसे - बरीं[2] मालूम होती थी
ख़ुदा का शाहकारे - बेहतरीं[3] मालूम होती थी

जहां इश्क़ो - जुनूं[4] हुस्नो - वफ़ा की राजधानी थी
महब्बत मसनद - आरा थी, महब्बत पर जवानी थी

जहां ईसारो-ख़ुद्दारी[5] के परचम लहलहाते थे
जहां मासूम बच्चे मौत से आंखें लड़ाते थे

मुसलसल बादः - ए - आसूदगी[6] के दौर चलते थे
लहू से परवरिश पाए हुए अर्मां निकलते थे

अदू जिसका ख़राबे - ग़म,[7] शिकारे - नामुरादी[8] था
हर इक साहिल - नशीं जांसोज़ तूफ़ानों का आदी था

वही गुलशन अब इक वीरानः-ए-आबाद है गोया
ग़िलाफ़े - साज़ में लिपटी हुई फ़रियाद है गोया

अभी क़िले की दीवारों में वह अनवार[9] बाक़ी हैं
तिरे ज़ौक़े-तपिश[10] के मुज़्महिल[11] आसार बाक़ी हैं

यह दीवारें तिरी जुरअत[12] का अफ़साना सुनाती हैं
हनोज़[13] इनमें हिमाला की अदाएं पाई जाती हैं

हनोज़ उन सरफ़रोशों के तराने हैं फ़ज़ाओं में
तिरी आवाज़े-पा[14] महफ़ूज़ है अब तक हवाओं में

दिले-वीरां को मुद्दत से है तेरा इन्तिज़ार आ जा
ख़ुदारा अय बहादुर इंक़िलाबी शहसवार आ जा

---

1. प्रताप, 2. स्वर्ग से अधिक सुन्दर, 3. सर्वश्रेष्ठ शाहकार, 4. प्रेम का उन्माद, 5. राजगद्दी पर आसन जमाए हुए, 6. तृप्त कर देनेवाली मदिरा, 7. ग़म में बर्बाद, 8. दुर्भाग्य का शिकार, 9. प्रकाश, 10. अभिलाषा की आग, 11. कमज़ोर, 12. साहस, 13. अभी तक, 14. पैरों की आहट।

बहादुरशाह ज़फ़र

अर्श मलसियानी

सुब्ह फ़र्ग़ाना[1] में थी और हुई रंगून में शाम
आले - तैमूर[2] की आशुफ़्ता-सरी[3] तुझको सलाम

लम्हः - ए - आख़िरे - ख़ुर्शीद[4] सिराजुद्दीन था
मक़्तः - ए - दर्द[5] फ़ज़ाए - ग़ज़ले - रंगीन था

वह शहे - नेक नफ़स, नेक नसब, नेक नज़ाद[6]
वह शहे - नेक नज़र, नेक निशां, नेक निहाद[7]

पैकरे - ख़ुल्क़ो - वफ़ा,[8] ख़ूगरे - आमाले - हसन[9]
ख़ुसरवे - फ़िक्रे - रसा,[10] बादशहे-फ़हमो-फ़तन[11]

साहिबे - तर्ज़े - नवी,[12] मालिके-अन्दाज़े-कुहन[13]
फ़ख़्रे-दीं,[14] फ़ख़्रे-ज़मीं, फ़ख़्रो-ज़मां, फ़ख़्रो-ज़मन

लाल क़िले का वह सूफ़ी, वह महब्बत का अमीं[15]
जिसकी मिट्‌टी से भी महरूम है दिल्ली की ज़मीं

मर्दे-दरवेश शराफ़त का गुनहगार भी था
पारसा रिन्द भी था शाइरे - दींदार भी था

जिसका दरबार था इक मजमए-आली-नफ़सां[16]
जिस जगह कौसरो-तस्नीम[17] से ढलती थी ज़बां

---

1. एक शहर (बाबर का जन्म-स्थान), 2. तैमूरलंग की सन्तान, 3. सिरफिरापन, 4. सूर्यास्त का समय, 5. दर्द का अन्त, 6. शरीफ़ नस्ल, 7. अच्छी आदत वाला, 8. शील और वफ़ा की मूर्ति, 9. अच्छे कामों का आदी, 10. दीर्घ चिन्तन का बादशाह, 11. विवेक का बादशाह, 12. नए तर्ज़ का देनेवाला, 13. पुराने अंदाज़ का माहिर, 14. दीन का गौरव, 15. अमानतदार, 16. श्रेष्ठ नफ़स वालों का जमघट, 17. जन्नत की नहरें।

मर्तबादाने - अदीबानो - हकीमाने - वतन[1]
हम नशीने - शुअरा - ओ - हमादानो - हमाफ़न[2]

ग़ालिबो-ज़ौक़ के अफ़्कार[3] का वह क़द्रशनास
जिसको था मोमिनो-आर्ज़ू की अज़्मत का पास

जिसके अशआर से आती थी उख़ूवत[4] की निदा[5]
साज़े - हिन्दी की नवा, नग़्मः - ए - उर्दू की सदा

मुश्किल अस्नाफ़े-सुख़न जिसके लिए थे आसां
जिसको कहते हैं ज़मीनों का शहे-अर्श-निशां

जब बिदेसी की हुकूमत से ज़मीं तंग हुई
इसी क़ाइद[6] की क़यादत में बड़ी जंग हुई

न हुआ गर्चे ज़फ़रमन्दो - ज़फ़रयाब[7] मगर
फ़लके - हिन्द पे ताबिन्दा है अज़ नामे - ज़फ़र

लक्ष्मीबाई

मख़्मूर जालन्धरी

जिनका दिल दर्द का सरचश्मा है गहवारा है
जिनका आंसू फ़क़त आंसू नहीं सैयारा[8] है

हमदमी जिनकी बहारों की सहर होती है
हमरही जिनकी सितारों की सहर होती है

जिनके अफ़्कार शरारे[9] नहीं शबनम के गुहर[10]
जिनका आदर्श अंधेरा नहीं राहत की सहर

1. देश के हकीम, अदीब और प्रतिष्ठित, 2. शाइरों के साथ बैठनेवाला, हर फ़न का जाननेवाला, 3. चिन्तन, 4. बराबरी, 5. आवाज़, 6. नेता, 7. विजयी, 8. नक्षत्र, 9. चिंगारी, 10. मोती।

जिनकी तख़लीक़[1] में ग़म, ग़म भी ख़िरदमन्दी[2] का
जिनकी तामीर[3] में एहसास चमनबन्दी का

जिनका पैग़ाम तबस्सुम ही तबस्सुम हर सू
जिनकी आवाज़ तरन्नुम ही तरन्नुम हर सू

उनसे गेसू भी परेशां नहीं देखे जाते
चाके - दिल दीदः - ए - गिरियां[4] नहीं देखे जाते

उनसे उजड़ा हुआ गुलशन नहीं देखा जाता
बर्क़ की ज़द में नशेमन नहीं देखा जाता

जिस्म पर बन्दे - सलासल[5] नहीं देखा जाता
शहद में ज़हरे - हलाहल नहीं देखा जाता

उनसे बेदादो - शक़ावत[6] नहीं देखी जाती
ज़ेरे - पा फूल की मैयत नहीं देखी जाती

चूर ज़ख़्मों से सरापा नहीं देखा जाता
ख़ूने - नाहक़ का तमाशा नहीं देखा जाता

उनसे तौहीने - सदाक़त[7] नहीं देखी जाती
उनसे इंसाफ़ की ज़िल्लत नहीं देखी जाती

जब कोई ज़ुल्म के अम्बार लगा देता है
दोस्त दुश्मन के लबादे में दग़ा देता है

रूहे - आज़ाद को सूली पे चढ़ा देता है
जब कोई मांग का सिन्दूर मिटा देता है

---

1. रचना, 2. बुद्धिमानी, 3. निर्माण, 4. अश्रु-भरी आंख, 5. ज़ंजीरों का बन्धन, 6. अन्याय और अत्याचार, 7. सत्य का अपमान।

लब तक आई हुई फ़रियाद दबा देता है
जब कोई आतिशो - आहन को हवा देता है

हुस्न है नूरो - ज़िया,[1] हुस्न है ख़ुर्शीदो - क़मर[2]
हुस्न है सब्ज़ा - ओ - गुल हुस्न है बर्ग और समर[3]

हुस्न है अज़्मो - अमल हुस्न है बर्क़ और शरर
हुस्न है शामे - अवध हुस्न बनारस की सहर

हुस्न है प्यार की तारों भरी इक राहगुज़र
हुस्न है सज्दे का नज़राना •दरे - उल्फ़त पर

हुस्न है जज़्बः - ए - ईसार[4] का रौशन पैकर
हुस्न है फ़िक्र की परवाज़े - नज़र[5] का शहपर[6]

लक्ष्मी बाई तिरे हाथ में तेग़ और सिपर[7]
हुस्न की सारी रिवायात की थी सिल्के - गुहर[8]

तेरी यलग़ार[9] में तामीर[10] थी तख़रीब[11] न थी
तेरे ईसार[12] में तर्ग़ीब[13] थी तादीब[14] न थी

तेरी तलवार पे ख़ूने - दिले - मज़लूम न था
तेरे राहवार की ज़द में कोई मासूम न था

हुर्रियत[15] थी तिरे इक़्दाम में तहक़ीर न थी
मुज़्दः - ए - जहदे - बक़ा[16] थी तिरी शमशीर न थी

सरकशी तेरी कोई हिर्से - फ़ुतूहात[17] न थी
ग़ारते - ज़ुल्म[18] थी नामाबरे -आफ़ात[19] न थी

---

1. प्रकाश और चमक, 2. चांद-सूरज, 3. पत्ता और फल, 4. क़ुर्बानी की भावना, 5. नज़र की उड़ान, 6. परिन्दे के बाज़ू का सबसे मज़बूत पर, 7. ढाल, 8. मोती का धागा, 9. हमला, 10. निर्माण, 11. विनाश, 12. क़ुर्बानी, 13. उपदेश, 14. सज़ा देना, 15. आज़ादी, 16. अमरता और संघर्ष की ख़ुशख़बरी, 17. विजय का लोभ, 18. अत्याचार का नाश करनेवाली, 19. विपत्तियों की सन्देशवाहक।

तेरी यलग़ार तिरी अज़्मते - देरीना[1] है
तेरी पैकार इस आदर्श का आईना है

कोई औरत जो नज़ाकत में कंवल होती है
वक़्त आ जाए तो दुश्मन की अजल[2] होती है

झांसी की रानी

राही मासूम रज़ा

नागहां[3] चुप हुए सब, आ गईं बाहर रानी
फ़ौज थी एक सदफ़,[4] उसमें थीं गौहर[5] रानी
मतलए - जहद[6] पे थीं ग़ैरते - अख़्तर[7] रानी
अज़्मे - पैकार[8] में मर्दों के बराबर रानी
है भला जंग से यह शौक़े मुलाक़ात[9] कहां
किसी चलती हुई तलवार में यह बात कहां

आ गए शमए-शुजाअत[10] के क़रीं[11] परवाने
दिल में तूफ़ान हैं कैसे, यह कोई क्या जाने
खाएंगे आज जराहत[12] की हवा, दीवाने
आज तारीख़ को मिल जायेंगे कुछ अफ़साने
अगले वक़्तों का जो क़िस्सा कोई दुहराता है
सबका क़ब्ज़े की तरफ़ हाथ चला जाता है

रानी कहती है कि यह बात तो मैं जानती हूं
जैसा तुम कहते हो वैसा ही तुम्हें मानती हूं
मैं तो इन हाथों को इक अर्से से पहचानती हूं
तुम भी वाक़िफ़[13] हो, वही करती हूं जो ठानती हूं
सर उठाए हुए आऊंगी, अगर आऊंगी
वरना लड़ते हुए मैदान में मर जाऊंगी

1. पुरानी प्रतिष्ठा, 2. मौत, 3. सहसा, 4. सीप, 5. मोती, 6. संघर्ष के उदय होने का स्थान, 7. तारों को शरमानेवाली, 8. युद्ध का संकल्प, 9. मिलने की अभिलाषा, 10. बहादुरी की शमा, 11. निकट, 12. ज़ख़्म, 13. परिचित।

फ़स्ले - गुल शेरों से शरमा गयी, मौसम बदला
सांवले चेहरों पे धूप आ गयी, मौसम बदला
एक ख़ुशरंग घटा छा गयी, मौसम बदला
मौत ऐवानों से शरमा गयी, मौसम बदला
इब्तिदा ग़ौस[1] ने की, उसको बजा नाज़ हुआ
'धन गरज'[2] कहने लगी जंग का आग़ाज़ हुआ

यह लड़ाई तो है बस काम जिगर वालों का
मुंह खुला रह गया हैरत से नज़र वालों का
हौसला देखिए इन राहगुज़र वालों का
शबे-अफ़रंग[3] पे हमला है सहर वालों का
ज़ख़्म खिल उट्ठे हैं, जिस सम्त नज़र जाती है
फ़ौज झांसी की नहीं बादे-सहर[4] जाती है

कई रातों की सहर आई, लड़ाई न रुकी
दोपहर बारहा कजलाई, लड़ाई न रुकी
वक़्त लेता रहा अंगड़ाई, लड़ाई न रुकी
मौत की काली घटा छाई, लड़ाई न रुकी
राह है एक, जवां और मुसिन[5] गुज़रे हैं
एक सी रातें हुईं, एक से दिन गुज़रे हैं

दूर इक रोज़ हुआ इक तुतुक़े-गर्द[6] बलन्द
क़िले वालों पे कई दिन से थी हर राह जो बन्द
देख के गर्द का बादल, हुई हिम्मत दो चन्द
शौक़ से फेंकी हर इक शख़्स ने नज़रों की कमन्द
खिल उठी दिल की कली, ऐसी हवा आने लगी
तांतिया टोपे के नारों की सदा आने लगी

खलबली पड़ गयी गोरों में, वह जर्रार[7] आया
जिसकी चालाकी है मशहूर वह सालार[8] आया

---

1. रानी झांसी का एक सरदार, 2. एक तोप का नाम, 3. अंग्रेज़ों की रात, 4. सुबह की हवा, 5. वृद्ध, 6. धूल का भंवर, 7. वीर, महान, 8. सेनापति।

लो सजाने के लिए मौत का बाज़ार आया
नक़्दे-जां लेके वह मैदां का ख़रीदार आया
अब बिगड़ जाएगी इस जंग की सूरत मानो
सर जो कांधों से न भागें तो ग़नीमत जानो

गोरे सरदारों ने मौक़े की नज़ाकत देखी
तांतिया टोपे के हमराह क़यामत देखी
रज़्मगह[1] में थी लड़ाई की जो हालत देखी
यूनियन जैक की आती हुई शामत[2] देखी
तांतिया आ गया, अब कोई सहारा न रहा
लड़के मरने के अलावा कोई चारा न रहा

जीतकर हो गयी अंग्रेज़ों की हिम्मत दोचन्द[3]
गोरे सीनों में हुई दिल की हरारत[4] दोचन्द
यक बयक हो गयी रफ़्तारे-क़यामत[5] दोचन्द
क़िलेवालों में हुआ जोशे-शहादत दोचन्द
जान देकर उन्हें मरने का क़रीना आया
मौत के माथे पे दहशत से पसीना आया

एक दर पर किया ग़द्दारों ने आख़िर क़ब्ज़ा
उसी दरवाज़े से अंग्रेज़ों ने हल्ला बोला
उनसे आंगन लड़े, कमरे लड़े, दालान लड़ा
अब बहुत गर्म है रानी, तिरी झांसी की हवा
चल यहां से, यहां रुकने में भलाई नहीं अब
क्या फ़िरंगी से कहीं और लड़ाई नहीं अब

अय फरैरे[6] की हवा, तुझसे बिछड़ती हूं मैं
मेरी मानूस[7] फ़ज़ा, तुझसे बिछड़ती हूं मैं
देख तो हाल मिरा, तुझसे बिछड़ती हूं मैं
रुख़सत अय शहरे-वफ़ा, तुझसे बिछड़ती हूं मैं
मुन्दमिल[8] ज़ख़्मे-ग़रीबुलवतनी[9] हो कि न हो
क्या पता रास्ते में छांव घनी हो कि न हो

---

1. युद्ध-स्थल, 2. मौत, 3. अधिक, 4. गर्मी, 5. प्रलय की गति, 6. झंडा, 7. परिचित, 8. भरना, 9. विदेश का ज़ख़्म।

आज बेजान है झांसी की हर इक ज़िन्दा गली
है किसी कुचले हुए नाग की मानिन्द पड़ी
न किसी ताक़ में परवाना, न आंगन में हंसी
डमरू वाला है किधर, कुछ तो कहो पार्बती
धूल सी उड़ती है ज़िहनों के शबिस्तानों[1] में
देवता भी नहीं मौजूद सनमख़ानों[2] में

चमक आवेज़ों की, चूड़ी की खनक जलती है
लोरियां जलती हैं, कुन्दन की दमक जलती है
कहीं पैराहने-यूसुफ़ की महक जलती है
लक्ष्मीबाई नहीं अब यहां हुशियार रहो
अब यह सर रोज़[3] की झांसी है ख़बरदार रहो

अय ख़ज़फ़रेज़ो,[4] ज़रा राह से हो जाओ परे
अय ज़मीं ! लक्ष्मीबाई है इसे रास्ता दे
आस्मां देख शहाबों[5] की भी मशअल न जले
अब शबे - तार[6] ! ख़बरदार, अंधेरा ही रहे
लक्ष्मीबाई ज़रा घोड़े को महमेज़[7] करो
अपनी रफ़्तार को अब तेज़ बहुत तेज़ करो

है तआक़ुब[8] में फ़िरंगी का रिसाला, हुशियार
रास्ते में भी लड़ाई के हैं इम्कान[9] हज़ार
यह ज़माना तिरी जुरअत[10] तिरी सौलत[11] पे निसार
लक्ष्मीबाई तू इस वक़्त है दुर्गा अवतार
अपनी क़ीमत को ज़रा जान ले कामयाब[12] है तू
मादरे-हिन्द की तारीख़ का इक बाब है तू

अय फ़रस तुझ पे है अंजाम का अब दारोमदार
पीछे बूकर का रिसाला है, ज़रा रह हुशियार
बढ़ कि दुनिया के वफ़ादारों में हो तेरा भी शुमार
तेरी रफ़्तार पे शाइर का तख़ैयुल[13] भी निसार

---

1. शयनागार, 2. मन्दिर, 3. अंग्रेज़ सेनापति, 4. धूल के कण, 5. उल्का, 6. अंधेरी रात, 7. घोड़े को एड़ देने का कांटा जो सवारों की एड़ी में लगा रहता है, 8. पीछा, 9. सम्भावना, 10. साहस, 11. रोब, 12. दुर्लभ, 13. कल्पना।

है यही फ़िक्र कि पहुंचाए इसे जल्दी से
तेरा तो पेट मिला जाता है पगडंडी से

पहले आवाज़ थी, फिर दूर उठा एक गुबार
और फिर उससे बरामद हुए अंग्रेज़ सवार
रानी ने अपने वफ़ादारों को देखा इक बार
और फिर सूत के तलवार हुई वह तैयार
चोट वह खाई, तआक़ुब[1] का नशा टूट गया
पहले ही वार में सरदार[2] का जी छूट गया

दोपहर आई, गयी, शाम हुई, रात आई
दिल में रानी के न दम लेने की पर बात आई
कालपी जाग कि तेरे लिए सौग़ात आई
मुन्तज़िर जिसका था तू, देख कि वह ज़ात आई
दुर्गा आई है, बअन्दाज़े-दिगर[3] आई है
कह दो दरवाज़ों से जागें कि सहर आई है

पेशवाओं की रिवायत[4] ने भी बांधा है कफ़न
और यह नव्वाब हैं बांदे के, जबीं पर है शिकन
यह है झांसी की मुसाफ़िर कि नहीं जिसको थकन
तांतिया टोपे हैं बेचैन, पड़े फिर कोई रण
यह बहादुर भी अब इक बार बहम निकलेंगे
कालपी से भी बग़ावत के अलम निकलेंगे

कालपी में भी मगर जम न सके उनके क़दम
अपने हिस्से में वहां भी रहा बस हार का ग़म
आफ़्ताबों के हुए सर सरे - मैदान क़लम
सरनिगूं फिर भी न हो पाया बग़ावत का अलम
मौक़ा आता है, पे यह सुन ले कि कम आता है
ग्वालियर उठ, तिरी जानिब से अलम आता है

1. पीछा, 2. एक अंग्रेज़ सेनापति (बूकर), 3. नए ढंग से, 4. परम्परा।

सिन्धिया ने जो चपोरास्त[1] की ली अपने ख़बर
देखी बदली हुई ख़ुद अपनी ही फ़ौजों की नज़र
जंग के नाम पे हर इक था झुकाए हुए सर
याद आई उसे तब आगरे की राहगुज़र
वक़्त था सख़्त बहुत थोड़े से ग़द्दारों पर
झांसी वालों ने उन्हें रख लिया तलवारों पर

ग्वालियर ! देख फ़िरंगी का निशां आ पहुंचा
सिन्धिया के लिए सर रोज़ यहां आ पहुंचा
अपनी तोपें लिए वह शोला - ज़बां आ पहुंचा
दामने-निकहते-गुल तक वह धुआं आ पहुंचा
चलो मैदां में गुलिस्तां की हिफ़ाज़त के लिए
हां उठो फ़स्ले-बहारां की हिफ़ाज़त के लिए

ग़ुल हुआ रानी ने तलवार निकाली, भागो
वार रानी का है, जाएगा न ख़ाली, भागो
टालने से न अजल[2] जाएगी टाली, भागो
सबसे कहती है यह बहती हुई लाली, भागो
याद इस तेग़ को हैं मारने के कितने हाथ
एक मकतब में रही है मलकुल-मौत[3] के साथ

जिस तरफ़ तेग़ का मुंह उठ गया आफ़त आई
ज़ख़्मों के फूल खिले फ़स्ले-जराहत[4] आई
जो भी सर उठ गया, उस सर पे मुसीबत आई
लाश पर लाश गिरी, एक क़यामत आई
काश हर मोर्चे पर लक्ष्मीबाई होती
तब फ़िरंगी से बराबर की लड़ाई होती

यह वह रानी है जिसे अपना नहीं है कोई ग़म
ज़ख़्म के वास्ते बहता हुआ ख़ूं है मरहम
उसने मैदान में लड़ मरने की खाई है क़सम
साथ वाले गो हर इक हमले में हो जाते हैं कम

1. दाहिने-बाएं, 2. मौत, 3. मौत का फ़रिश्ता, 4. ज़ख़्मों की फ़सल।

लाशे जब देखती हैं अपने वफ़ादारों के
और बढ़ जाती है यह साए में तलवारों के

ज़ख़्मे-सर[1] बांध ले, इतनी इसे फ़ुर्सत ही नहीं
देख ले मुड़के कभी, इसकी यह आदत ही नहीं
यह समझती है कि पीछे कोई आफ़त ही नहीं
अब किसी मोर्चे पे हार की सूरत ही नहीं
पर फ़िरंगी ने जवां मर्दों का मुंह फेर दिया
मोर्चा तोड़ लिया, लक्ष्मी को घेर लिया

मुट्ठी भर लोग मगर भाग के जायेंगे कहां
ग्वालियर दूर है, रुककर उसे अब देखें जहां
पास हर लहज़ा चला आता है गोरों का निशां
रानी ने रुक के कहा एक लड़ाई हो यहां
अपनी तारीख़[2] को हम लाशों से आबाद रखें
वह लड़ाई हो कि अंग्रेज़ जिसे याद रखें

एक इक करके अदा कर गए सब हक़्क़े-वफ़ा[3]
अब फ़िरंगियों के मजमे में है रानी तन्हा
माना अंग्रेज़ ने तलवार का उसकी लोहा
हाथ उसके न रुके, और न सर उसका झुका
लड़ती इस शान से है लड़ते हैं अफ़सर जैसे
मुतमइन[4] यूं है कि हमराह हो लश्कर जैसे

नागहां पुश्त[5] की जानिब से किया एक ने वार
सर पे रानी के पड़ी धोके से कारी तलवार
दाहिनी आंख तलक पहुंची जो तलवार की धार
बेख़बर हो गया अब अपनी सवारी से सवार
सीने पर ज़ख़्म लगा घोड़े पे संभला न गया
गिरके भी हाथ से तलवार का क़ब्ज़ा न गया

1. सर का घाव, 2. इतिहास, 3. वफ़ा का हक़, 4. निश्चिन्त, 5. पीठ।

अय ज़मीं देख तिरी सम्त यह कौन आता है
तुझमें यह किसका लहू जज़्ब[1] हुआ जाता है
जंग के शोर में सन्नाटा सा सन्नाटा है
यह फरैरा है कि लाशा है, यह आख़िर क्या है
हम न इसको कभी यूं जां से गुज़रने देंगे
हम इसे याद बना लेंगे, न मरने देंगे

इन्तिज़ार इसका है फ़र्दा[2] के परीख़ानों[3] को
एक बाब और मिला, जहद के अफ़सानों को
रोकता मैं नहीं आंखों के छलक जाने को
भर ले इस चीज़ से अब शेर के पैमाने को
टूटकर बरसेगी, यह ऐसी घटा है शाइर
अब तो उस जंग का आग़ाज़ हुआ है शाइर

पयामे-वफ़ा

(मिसेज़ बेसेन्ट की ख़िदमत में)

ब्रजनारायण 'चकबस्त'

हिन्द बेदार हुआ यूं तिरी बेदारी से
जैसे बरसों का मरीज़ उठता है बीमारी से
क़ौम आज़ाद हुई तेरी गिरफ़्तारी से
चांदनी फैल गयी हुस्ने - वफ़ादारी से
तू नज़रबन्द है जल्वा है तिरा हर घर में
शमअ फ़ानूस में है नूर है महफ़िल भर में

हुक्म हाकिम का है फ़रियादे-ज़बानी रुक जाए
दिल की बहती हुई गंगा की रवानी रुक जाए
क़ौम कहती है हवा बन्द हो, पानी रुक जाए
पर यह मुम्किन नहीं अब जोशे-जवानी रुक जाए

---

1. शुष्क, 2. कल (आगामी), 3. सुन्दरता का घर।

हों ख़बरदार जिन्होंने यह अज़ीयत[1] दी है
कुछ तमाशा यह नहीं क़ौम ने करवट ली है

आज से शौक़े-वफ़ा[2] का यही जौहर होगा
फ़र्श कांटों का कहीं फूलों का बिस्तर होगा
फूल हो जाएगा छाती पे जो पत्थर होगा
क़ैदख़ाना जिसे कहते हैं वही घर होगा
सन्तरी देख के इस जोश को शरमाएंगे
गीत ज़ंजीर की झंकार पे हम गाएंगे

बाल गंगाधर तिलक

ब्रजनारायण 'चकबस्त'

मौत ने रात के पर्दे में किया कैसा वार
रौशनी सुब्हे-वतन की है कि मातम का ग़ुबार[3]
मारिका सर्द है, सोया है वतन का सरदार
तंतना शेर का बाक़ी नहीं सूनी है कछार
बेकसी छाई है तक़दीर फिरी जाती है
क़ौम के हाथ से तलवार गिरी जाती है

उठ गया दौलते-नामूसे-वतन[4] का वारिस
क़ौमे - मरहूम के एजाज़े - कुहन[5] का वारिस
जांनिसारे - अज़ली[6] शेरे - दकन का वारिस
पेशवाओं के गरजते हुए रण का वारिस
थी समाई हुई पूना की बहार आंखों में
आख़री दौर का बाक़ी था ख़ुमार आंखों में

मौत महाराष्ट्र की या तिरे मरने की ख़बर
मुर्दनी छा गयी इंसान तो क्या पत्थर पर

---

1. कष्ट, 2. वफ़ा की अभिलाषा, 3. शोकालाप का अंधेरा, 4. देश के सम्मान की दौलत, 5. प्राचीन चमत्कार, 6. वृक्ष।

डालियां झुक गईं, मुर्झा गए सहरा के शजर
रह गए जोश में बहते हुए दरिया थमकर
सर्दो - शादाब[1] हवा रुक गयी कुहसारों की
रौशनी घट गयी दो - चार घड़ी तारों की

था निगहबाने - वतन[2] दबदबः - ए - आम[3] तिरा
न डिगें पांव यह था क़ौम को पैग़ाम तिरा
दिल रक़ीबों[4] के लरज़ते थे यह था काम तिरा
नींद से चौंक पड़े सुन जो लिया नाम तिरा
याद करके तुझे मज़लूमे - वतन[5] रोएंगे
बन्दः - ए - रस्मे - जफ़ा[6] चैन से अब सोएंगे

ज़िन्दगी तेरी बहारे - चमनिस्ताने - वफ़ा
आबरू तेरे लिए क़ौम से पैमाने-वफ़ा
आशिक़े - नामे - वतन कुश्तः - ए - अर्माने - वफ़ा
मर्दे - मैदाने - वफ़ा, जिस्मे - वफ़ा, जाने - वफ़ा
हो गयी नज़्रे-वतन हस्तिए - फ़ानी[7] तेरी
न तो पीरी[8] रही तेरी न जवानी तेरी

औजे-हिम्मत[9] पे रहा तेरी वफ़ा का ख़ुर्शीद
मौत के ख़ौफ़ पे ग़ालिब रही ख़िदमत की उमीद
बन गया क़ैद का फ़र्मान भी राहत की नवेद[10]
हुए तारीकिए-ज़िन्दां[11] में तिरे बाल सपेद
फिर रहा है मिरी नज़रों में सरापा[12] तेरा
आह वह क़ैदे - सितम और बुढ़ापा तेरा

मोजिज़ा[13] अश्के - महब्बत[14] का दिखाया तूने
एक क़तरे से यह तूफ़ान उठाया तूने
मुल्क को हस्तिए - बेदार बनाया तूने
जज़्बः - ए - क़ौम के जादू को जगाया तूने

1. ठंडे और हरे-भरे, 2. संरक्षक, 3. जलाल, प्रताप, 4. दुश्मन, 5. देश के पीड़ित, 6. अत्याचारी, 7. नश्वर अस्तित्व, 8. बुढ़ापा, 9. हिम्मत की चरम सीमा, 10. शुभ सूचना, 11. जेलख़ाने का अंधेरा, 12. आकार, 13. चमत्कार, 14. प्रेम के आंसू।

इक तड़प आ गयी सोते हुए अर्मानों में
बिजलियां कौंद गईं क़ौम के वीरानों में

लाश को तेरी संवारें न रक़ीबाने - कुहन[1]
हो जबीं के लिए सन्दल की जगह ख़ाके-वतन
तर हुआ है जो शहीदों के लहू से दामन
दें उसी का तुझे पंजाब के मज़लूम[2] कफ़न
शोरे - मातम[3] न हो झंकार हो ज़ंजीरों की
चाहिए क़ौम के भीषम को चिता तीरों की

तिलक

हसरत मोहानी

अय तिलक अय इफ़्तिख़ारे-जज़्बः-ए-हुब्बे-वतन[4]
हक़ शनासो-हक़ पसन्दो-हक़ यक़ीनो-हक़ सुख़न[5]

तुझसे क़ायम है बिना[6] आज़ादिए-बेबाक[7] की
तुझसे रौशन अहले-इख़लासो-वफ़ा[8] की अंजुमन

सबसे पहले तूने की बरदाश्त अय फ़र्ज़न्दे-हिन्द[9]
ख़िदमते - हिन्दोस्तां में कुल्फ़ते - क़ैदे - मुहन[10]

ज़ात तेरी रहनुमाए - राहे - आज़ादी[11] हुई
थे गिरफ़्तारे - गुलामी वरना याराने - वतन[12]

---

1. पुराने दुश्मन, 2. पीड़ित, 3. शोकालाप, 4. देशभक्ति की भावना का गर्व, 5. सत्य को पहचाननेवाला, समझनेवाला, बोलनेवाला और विश्वास करनेवाला, 6. आधार, 7. स्वतंत्रता, 8. निष्ठावान और वफ़ादार, 9. भारत के सपूत, 10. कारावास की तकलीफ़ें, 11. आज़ादी का पथ-प्रदर्शक, 12. देशवासी।

तूने ख़ुद्दारी का फूंका अय तिलक ऐसा फ़ुसूं
यक क़लम जिस से ख़ुशामद की मिटी रस्मे-कुहन[1]

नाज़ तेरी पैरवी[2] पर 'हसरते - आज़ाद' को
अय तुझे क़ायम रखे ता देर रब्बे - जुलमनन[3]

गोपालकृष्ण गोखले

ब्रजनारायण 'चकबस्त'

लरज़ रहा था वतन जिस ख़याल के डर से
वह आज ख़ूं रुलाता है दीदः - ए - तर[4] से
सदा यह आती है फल फूल और पत्थर से
ज़मीं पे ताज गिरा क़ौमे - हिन्द के सर से
हबीब क़ौम का दुनिया से यूं रवाना हुआ
ज़मीं उलट गयी, क्या मुंक़लिब[5] ज़माना हुआ

बढ़ी हुई थी नहूसत, ज़वाले - पैहम[6] की
तिरे ज़हूर से तक़दीर क़ौम की चमकी
निगाहे - यास[7] थी हिन्दोस्तां पे आलम की
अजीब रौ थी मगर रौशनी तिरे दम की

तुझी को मुल्क में रौशन दिमाग़ समझे थे
तुझे ग़रीब के घर का चराग़ समझे थे

वतन को तूने संवारा किस आबो-ताब के साथ
सहर का नूर बढ़े जैसे आफ़्ताब के साथ
चुने रिफ़ाह[8] के गुल हुस्ने-इंतिख़ाब[9] के साथ
शबाब क़ौम का चमका तिरे शबाब के साथ

1. पुराने रीति-रिवाज, 2. पीछे चलना, 3. ख़ुदा, 4. अश्रु-भरी आंख, 5. परिवर्तित, 6. निरन्तर पतन, 7. निराश दृष्टि, 8. भलाई, 9. सलीक़े से।

जो आज नश्वो - नमा[1] का नया ज़माना है
यह इंक़िलाब तिरी उम्र का फ़साना है

रहा मिज़ाज में सौदाए - क़ौम[2] ख़ू बनकर
वतन का इश्क़ रहा दिल की आरज़ू बनकर
बदन में जान रही वक़्फ़े - आबरू[3] बनकर
रगों में जोशे - महब्बत रहा लहू बनकर
ख़ुदा के हुक्म से जब आबो - गिल बना तेरा
किसी शहीद की मिट्टी से दिल बना तेरा

वतन की जान पे क्या क्या तबाहियां आईं
उमंड उमंड के जहालत की बदलियां आईं
चराग़े - अम्न बुझाने को आंधियां आईं
दिलों में आग लगाने को बिजलियां आईं
इस इंतिशार[4] में जिस नूर का सहारा था
उफ़क़ पे क़ौम के वह एक ही सितारा था

हदीसे - क़ौम[5] बनी थी तिरी ज़बां के लिए
ज़बां मिली थी महब्बत की दास्तां के लिए
ख़ुदा ने तुझको पयम्बर किया यहां के लिए
कि तेरे हाथ में नाक़ूस[6] था अज़ां के लिए
वतन की ख़ाक तिरी बारगाहे - आला है
हमें यही नई मस्जिद नया शिवाला है

दिलों पे नक़्श हैं अब तक तिरी ज़बां के सुख़न
हमारी राह में गोया चराग़ हैं रौशन
फ़क़ीर थे जो तिरे दर के ख़ादिमाने - वतन[7]
उन्हें नसीब कहां होगा अब तिरा दामन
तिरे अलम में वह इस तरह जान खोते हैं
कि जैसे बाप से छुटकर यतीम रोते हैं

1. प्रकटन, 2. क़ौम का उन्माद, 3. इज़्ज़त के लिए समर्पित, 4. बेचैनी, 5. क़ौम की हदीस, 6. शंख 7. देश-सेवक।

अजल[1] के दाम में आना है यूं तो आलम को
मगर यह दिल नहीं तैयार तेरे मातम को
पहाड़ कहते हैं दुनिया में ऐसे ही ग़म को
मिटा के तुझको अजल ने मिटा दिया हमको
जनाज़ा हिन्द का दर से तिरे निकलता है
सुहाग क़ौम का तेरी चिता में जलता है

रहेगा रंज ज़माने में यादगार तिरा
वह कौन दिल है कि जिसमें नहीं मज़ार तिरा
जो कल रक़ीब[2] था, है आज सोगवार तिरा
ख़ुदा के सामने है मुल्क शर्मसार[3] तिरा
पली है क़ौम तिरे सायः - ए - करम[4] के तले
हमें नसीब थी जन्नत तिरे क़दम के तले

शहीद भगतसिंह

तिलोकचन्द 'महरूम'

ज़िन्दों में शहीदों का वह सरदार आया
शैदाए - वतन[5], पैकरे - ईसार[6] आया
है दारो - रसन[7] की सरफ़राज़ी का दिन
सरदार भगतसिंह सरे - दार[8] आया

ता दारो - रसन शौक़ से इठला के गया
तू शाने - शहादत अपनी दिखला के गया
टुकड़े होता है दिल तेरे मातम[9] में
लाशे का तू अंग - अंग कटवा के गया

---

1. मौत, 2. दुश्मन, 3. लज्जित, 4. दया की छाया, 5. देश पर मरनेवाली, 6. क़ुर्बानी की मूर्ति, 7. फांसी का तख़्ता, 8. फांसी पर, 9. शोक।

पीकर मए - शौक़[1] झूमना वह तेरा
बेपरवायाना घूमना वह तेरा
है नक़्श तिरे अहले - वतन के दिल पर
फांसी की रसन को चूमना वह तेरा

देख अय हिलाले-शाम

(भगतसिंह की फांसी पर)

तिलोकचन्द 'महरूम'

दौरे - फ़लक[2] ने हमको बनाया है गो गुलाम
आज़ादियां हैं वह, न तजम्मुल[3], न एहतिशाम[4]
उजड़ी हुई अगर्चे है बज़्मे - वतन[5] मगर
छलका नहीं अभी मए - हुब्बे - वतन[6] का जाम
देख अय हिलाले-शाम[7]

ज़िन्दां में हो रहा है वह फांसी का एहतिमाम[8]
पैदा सुकूते - मर्ग[9] के आसार हैं तमाम
दरवाज़े काल कोठरियों के वह खुल गए
निकले हैं उनसे आज जवानाने - ख़ुशख़िराम[10]
देख अय हिलाले-शाम

खोले हुए है अपना दहन देवे - इन्तिक़ाम
जल्लाद की निगाह है शमशीरे - बेनियाम[11]
वह बढ़के मरने वालों ने नारा किया बलन्द
जिससे लरज़ उठे दरो - दीवारो - सक़्फ़ो - बाम[12]
देख अय हिलाले-शाम

1. आरज़ुओं की शराब, 2. आकाश का दौर, 3. ऐश्वर्य, 4. वैभव, 5. देश की महफ़िल, 6. देश-प्रेम, 7. सन्ध्या का चांद, 8. प्रबन्ध, 9. मृत्यु की शान्ति, 10. मतवाली चालवाले नौजवान, 11. नंगी तलवार, 12. अट्टालिका की छत।

यूं आ रहे हैं जैसे हो नौशाहे - शादकाम[1]
अहले - वतन को करते हुए आख़री सलाम
फांसी की रस्सियों को दिया बोसा शौक़ से
चेहरे हैं रंगे - ज़ौक़े - शहादत से लालाफ़ाम[2]
देख अय हिलाले-शाम

अब आगे क्या बताऊं मैं नाज़ुक है यह मक़ाम
अय सुनने वाले अश्क बहा और जिगर को थाम
फन्दे गले में डाल के तख़्ते निकाल के
जल्लाद कर चुका है, जो करना था उसको काम
देख अय हिलाले-शाम

नज़्रे - फ़ना[3] हुईं वह मचलती जवानियां
तीनों का एक लहज़े में क़िस्सा हुआ तमाम
मातम का शोर हिन्द में हर सू बपा हुआ
तारों ने आंखों आंखों में दी इत्तिलाए - आम[4]
गुम है हिलाले-शाम

कटता है अज़्व - अज़्व[5] शहीदाने - ज़ेरे - दाम[6]
होता है आह उनके ठिकाने का एहतिमाम[7]
रहना गवाह बियास की मौजों कि किस तरह
लाशों के नीमसोख़्ता[8] टुकड़े हुए तमाम
तू भी हिलाले-शाम

—सन् 1931

---

1. ख़ुश मन, 2. सुर्ख़, 3. मौत की दृष्टि, 4. आम सूचना, 5. अंग, 6. जाल में फंसे हुए शहीद, 7. प्रबन्ध, 8. अधजला।

नौहः-ए-सी.आर. दास

तिलोकचन्द 'महरूम'

आलम न पूछिए दिले - हसरत असास[1] का
पैकर है कुल्फ़तो - ग़मो - हिर्मानो - यास[2] का

वक़्फ़े - हज़ार - दर्द है फिर जाने - नातवां[3]
फिर दिल को सामना है ग़मे - बेक़ियास[4] का

लेकर रहेगा कश्ति - ए - सब्रो - क़रार[5] को
तूफ़ां उठा है आज वह बीमो - हिरास[6] का

ज़ालिम को लाग जौहरे - मर्दानगी से है
शिकवा है गर्दिशे - फ़लके - नाशनास[7] का

डूबा है आज कौकबे - उम्मीदे - हुर्रियत[8]
मातम बपा है हिन्द में सी.आर. दास का

वह फ़ख्रे - हिन्द, नाज़िशे - बंगाल[9] चल बसा
क़ौमो-वतन को छोड़ के बदहाल चल बसा

महबूबे - जाने - क़ौम, मुहिब्बे - वतन[10] गया
हिन्दोस्तां तमाम अज़ाख़ाना[11] बन गया

सोज़े - ग़मे - फ़िराक़[12] मिला हमको, और वह
सूए - बिहिश्त[13] छोड़ के दारुलमुहन[14] गया

बादे-बहार ताज़ा करेगी चमन को क्या
वह फूल था जो नाज़िशे - सहने - चमन[15] गया

---

1. निराश दिल, 2. कष्ट, दुख और निराशा, 3. दुर्बल शरीर, 4. असीम ग़म, 5. सब्र और सन्तोष की नाव, 6. भय और निराशा, 7. अपरिचित आकाश की गर्दिश, 8. आज़ादी की आशा का सितारा, 9. बंगाल का गर्व, 10. देश-प्रेमी, 11. शोकघर, 12. विरह के ग़म की जलन, 13. स्वर्ग की ओर, 14. आज़माइश की जगह, 15. चमन के आंगन का फ़ख्र।

आज़ाद था वह मर्दे - जरी[1] इस क़दर कि हाय
बेबस हुआ तो तोड़ के ज़िन्दाने - तन[2] गया

जां आ गयी वतन की लबों पर मगर तिरा
ख़ाली न एक वार भी चर्ख़े - कुहन[3] गया

जिसके लिए फ़ज़ाए - वतन क़ैदख़ाना हो
जुज़ - मर्ग[4] क्या रिहाई का उसकी बहाना हो

.ख़ुशियां मनाओ, ऐश करो दुश्मनाने - हिन्द
रुख़्सत हुई है दास के हमराह जाने - हिन्द

मरने से उसके पैकरे - बेजां[5] हुआ यह मुल्क
सी.आर. दास था दिलो - जानो - ज़बाने - हिन्द

जोशो - ख़रोशे - वलवलः - ए - हुर्रियत[6] गया
बाक़ी कहां है ताक़तो-ताबो-तवाने-हिन्द[7]

था मीरे - कारवां वही और राहबर वही
उसके बग़ैर जाए किधर कारवाने - हिन्द

मारा है सारे हिन्द को मारा नहीं उसे
अय मौत ! था वह चार-ए-दर्दे-निहाने-हिन्द[8]

यारब अदम में उसकी ज़रूरत पड़ी थी क्या
पैदा वहां भी दोअमली हो गयी थी क्या

अय रहनवर्दे - आलमे - बाला[9] यह क्या किया
पस्ती से क़ौम को न निकाला यह क्या किया

दो एक हल्क़े तौक़े - ग़ुलामी[10] के तोड़ कर
फिर उसपे तूने हाथ न डाला, यह क्या किया

---

1. बहादुरी, 2. शरीर रूपी कारावास, 3. बूढ़ा आकाश, 4. मौत के सिवा, 5. निर्जीव शरीर, 6. आज़ादी का जोश, 7. भारत की शक्ति, 8. भारत के छुपे हुए दर्द का इलाज, 9. परलोक के मार्ग पर जानेवाले, 10. ग़ुलामी की ज़ंजीर की कड़ियां।

था दोस्तों को तेरी सवारी का इन्तिज़ार
उतरा जनाज़ा ज़ेरे - हिमाला, यह क्या किया

दरमान्दगी[1] में छोड़ गया बेकसों को तू
अय सरफ़राज़े-हिम्मते-वाला[2], यह क्या किया

ढारस बंधा बंधा के ग़रीबों की चल बसा
संभला न आह लेके संभाला, यह क्या किया

रूपोश[3] आख़री झलक उम्मीद की हुई
चारों तरफ़ है यास की आंधी उठी हुई

लरज़ां थे मुद्दई[4] तिरी जुरअत[5] के सामने
ख़स[6] थे वह मौजे - बहरे - तबीअत[7] के सामने

जैसे तवा हो महरे - मुनव्वर[8] के रूबरू
यू हीलाजू थे तेरी सदाक़त[9] के सामने

सीना सिपर हुआ न कोई सरफ़रोशे - क़ौम
तेरी तरह हर एक मुसीबत के सामने

कुहना फ़ुसूं - तराज़े - सियासत[10] फ़िरंग के
थे तिफ़्ल[11] तेरी फ़हमो - फ़रासत[12] के सामने

दी क्या समझ ख़ुदा ने कि नाज़ो-निअम[13] को हेच
समझा तू मुल्को-क़ौम की ख़िदमत के सामने

तड़पेंगे आह ! जब न सुनेंगे सदा तिरी
पुर होगी बज़्मे - हुब्बे - वतन[14] में न जा तिरी

—सन् 1952

1. दुख, 2. बहादुर, साहसी, 3. छुपा हुआ, 4. वादी, 5. साहस, 6. घास, 7. तबीयत के समुद्र की मौज, 8. प्रकाशमान सूरज, 9. सच्चाई, 10. नाज़ और नेमत, 11. बच्चे, 12. बुद्धिमानी, 13. धन-दौलत, 14. देश-भक्तों की बज़्म।

अश्के-ख़ूं

(नौहः-ए-वफ़ाते-शेरे-पंजाब लाला लाजपत राय)

तिलोकचन्द महरूम

अपनी क़िस्मत पर बहाओ अश्के-ख़ूं, अय अहले-हिन्द
आज टूटा बख़ियः-ए-ज़ख़्मे-दरूं[1], अय अहले-हिन्द

चाराकार अपने हुए जाते हैं सब पैवन्दे - ख़ाक[2]
आस्मां है शामिले - बख़्ते - ज़ुबूं[3], अय अहले - हिन्द

क़ौम में ताज़ा अभी था मातमे-सी.आर. दास
थी फ़ज़ाए-मुल्क[4] अब तक नीलगूं[5] अय अहले-हिन्द[6]

मादरे - हिन्दोस्तां ने दिल पे खाया और ज़ख़्म
वार कारी[7] कर गया फिर चर्ख़े - दूं[8], अय अहले - हिन्द

मुद्दतों तड़पाएगा हम बेकसों को आह आह
लाजपत राय के दिल का यह सुकूं, अय अहले-हिन्द

सख़्तियां सह सह के दौरे-आस्मां[9] की, गिर गया
क़स्रे-आज़ादी[10] का वह संगीं सतूं[11], अय अहले-हिन्द

दूर मंज़िल और हम आवारः - ए - दश्ते - बला[12]
अब किधर को जायेंगे बेरहनुमा[13] अय अहले - हिन्द

शाद अगर चाहो कि हो रूहे - शहीदे - हुर्रियत[14]
जज़्बः - ए - ईसार[15] को कर दो फ़ुज़ूं[16] अय अहले - हिन्द

---

1. छुपे हुए दर्द के टांके, 2. मिट्टी में मिलना, 3. दुर्भाग्य में शरीक, 4. देश का वातावरण, 5. नीला, 6. भारतवासी, 7. तगड़ी चोट, 8. कमीना आसमान, 9. आसमान का दौर, 10. आज़ादी का महल, 11. मज़बूत खम्भा, 12. विपत्तियों के जंगल में भटकनेवाले, 13. पथ-प्रदर्शक के बिना, 14. आज़ादी के नाम पर मरनेवाले, 15. क़ुर्बानी की भावना, 16. अधिक।

अक़्ले - दूरअन्देश[1], आज़ादी दिला सकती नहीं
चाहिए इस दश्त[2] में जोशे - जुनूं, अय अहले - हिन्द

भेंट आज़ादी की कैसे कैसे रहबर हो गए
बारहा जागे नसीबे अपने और फिर सो गए

मिट गयी आख़िर तिलक और गोखले की यादगार
हो गया अहले-वतन की आरज़ुओं का फ़िशार[3]

चल दिया वह आह जिसने बज़्मे-हुब्बे-क़ौम[4] में
किश्वरे - पंजाब का क़ायम रखा इज़्ज़ो - वक़ार[5]

यूरोप और अमरीका में थी धाक जिसके नाम की
तुझ पे अय ख़ाके - वतन क़ुर्बां हुआ वह नामदार

आह वह ख़िदमत गुज़ारे - क़ौम[6], वह सरदारे - क़ौम
जांसिपारो - दर्दमंदो - दिलनवाज़ो - दिलफ़िगार[7]

लाजपतराय तिरा नेमुलबदल[8] मुम्किन नहीं
दुश्मने - हिन्दोस्तां है गर्दिशे - लैलो - नहार[9]

आह तेरी मौत पर जिनके जिगर टुकड़े हुए
उनको ढारस कौन दे अय बेकसों के ग़मगुसार

गोश बर - आवाज़[10] हैं बैठे हुए तेरे रफ़ीक़[11]
तेरे दर्शन के लिए मुज़्तर[12] है चश्मे - अश्कबार[13]

यास की तस्वीरे - हैबतख़ेज़[14] है पेशे - नज़र[15]
मिट मिटा कर रह गए उम्मीद के नक़्शो - निगार

नाव है मंझधार में और नाख़ुदा कोई नहीं
अब ख़ुदा का आसरा है जो लगा दे उसको पार

---

1. दूरदर्शी बुद्धि, 2. जंगल, 3. निचोड़ देना, 4. देशभक्तों की बज़्म, 5. विनम्रता और प्रतिष्ठा, 6. देश-सेवक, 7. जान देनेवाला, हमदर्द, दिल रखनेवाला, जख़्मी दिल वाला, 8. ख़ाली जगह को भरनेवाला, 9. सुबह-शाम का चक्र, 10. आवाज़ पर कान लगाए हुए, 11. दोस्त, 12. बेचैन, 13. अश्रु-भरी आंख, 14. भयानक तस्वीर, 15. नज़र के सामने।

अय कि तेरी ज़ात थी सुब्हे - तमन्नाए - वतन[1]
कुछ तसल्ली दे उन्हें, बेकल हैं अबनाए - वतन[2]

सो गया तू आह ! अय शेरे - नयस्ताने - वतन[3]
थी तिरी इक इक गरज सरमायः - ए - शाने - वतन[4]

देख लेती कामियाब अपने इरादों में तुझे
मुन्तज़िर उस रोज़ की थी चश्मे - हैराने - वतन[5]

दिल तिरे पहलू में धड़का, हो गयी बेताब क़ौम
जां तिरे क़ालिब[6] से निकली और गयी जाने - वतन

तेरे मिटने से पता मंज़िल का मिट कर रह गया
अय निशाने - मंज़िले - ख़िदमत गुज़ाराने - वतन[7]

आएगी क्योंकर हरारत फिर तने - अफ़सुर्दा[8] में
किससे भर पाएगी रौनक़ बज़्मे - वीराने - वतन[9]

कौन होगा जंगे - आज़ादी में रहकर पेश पेश
सर-ब-कफ़[10] तेरी तरह अय मर्दे - मैदाने - वतन

तेरे छुपने से अंधेरी रात का आलम हुआ
कौन सी बदली में है अय माहे - ताबाने - वतन[11]

मांडले से जिस तरह आया था, फिर इक बार आ
ताकि हो जाए बहारीं फिर गुलिस्ताने - वतन

फिर चमन का पत्ता पत्ता तहनिय तख़्वानी[12] करे
महवे-इस्तिक़बाल[13] हों फिर सर्वो - रेहाने - वतन[14]

दुश्मने - तासीर[15] है यह नालः - ए - हसरत[16] असर
नौहाख़्वानी[17], नौहाख़्वानी अय दिले - ग़मदीदा[18] कर

---

1. वतन की आरज़ुओं की सुबह, 2. वतन के बेटे, 3. देश के शेर, 4. वतन की शान की सम्पत्ति, 5. व्याकुल देश की आंखें, 6. शरीर, 7. देश की सेवा करनेवालों की मंज़िल का निशान, 8. उदास शरीर, 9. देश के वीराने की बज़्म की रौनक़, 10. सर हथेली पर लिए हुए, 11. देश का चांद, 12. स्तुति करना, 13. स्वागत में व्यस्त, 14. देश के सरो और घास, 15. तासीर का दुश्मन, 16. निराशा का आर्तनाद, 17. शोकगीत, 18. शोक-भरा दिल।

लालः-ए-खूनीं-जिगर[1] जिगर अपना हुआ वक़्फ़े - ख़िज़ां[2]
मुन्तज़िर तेरे रहे हम अय बहारे - जाविदां[3]

'इस चमन में मुर्ग़े - दिल[4] गाए न आज़ादी के गीत'
यह तराना आह ! गोशे - बाग़बां[5] पर है गरां[6]

नग़्मः-ए-साज़े मसर्रत[7] रास क्या आए उन्हें
जिन ग़रीबों के मुक़द्दर में हो फ़रियादो - फ़ुग़ां[8]

ख़ाक पर गिरता है ताजे - आबरूए - हिन्द[9] आज
उठ गया अफ़सोस, नामूसे - वतन[10] का पास्बां[11]

नामलेवा आरियन तहज़ीब का जाता रहा
यादगारे - अज़्मते - देरीनःए - हिन्दोस्तां[12]

बेशः - ए - हुब्बे - वतन[13] का शेरे - ग़रां[14] मर गया
बाइसे - सदगूना - हसरत[15] है ख़मोशी का समां

लिखने बैठे गर कोई तेरी जिगरसोज़ी का हाल
यक बयक उट्ठे क़लम से और काग़ज़ से धुआं

कारनामे जिसमें होंगे तेरे अय जांबाज़े - क़ौम[16]
ख़ूने - दिल से लिक्खी जाएगी वह रंगीं दास्तां

जो हुआ करता है इनआमे - मुहिब्बाने - वतन[17]
तूने पाया सबसे बढ़ चढ़कर बवक़्ते - इम्तिहां[18]

सख़्तियां अग़ियार[19] की, अपनों की बेपरवाइयां
जेलख़ाने, ज़िल्लतें,[20] पाबन्दियां, रुस्वाइयां

---

1. ख़ून के रंग का लाला, 2. पतझड़ की भेंट, 3. अनश्वर बहार, 4. दिल का पक्षी, 5. बाग़बान के कान, 6. भारी, 7. ख़ुशी के साज़ का गीत, 8. फ़र्याद और आर्तनाद, 9. हिन्द की इज़्ज़त का ताज, 10. देश की लाज, 11. पहरेदार, 12. हिन्दुस्तान की प्राचीनता की यादगार, 13. देशभक्ति, 14. सिंह, 15. सैकड़ों निराशाओं का कारण, 16. क़ौम पर मरनेवाला, 17. देशभक्ति का इनाम, 18. परीक्षा के समय, 19. दुश्मन, 20. अपमान।

मरने वाले ! अब न होगी कुछ परेशानी तुझे
अब कोई मुजरिम बनाएगा न ज़िन्दानी[1] तुझे

देस से अपने न तुझको अब निकालेगा कोई
देखना होगा न दाग़े - ख़ानावीरानी[2] तुझे

अब बना सकता नहीं कोई तुझे शाही असीर[3]
खेंचनी होगी न अब ज़ंजीरे - तूलानी[4] तुझे

उड़ गया तू तोड़कर अपने क़फ़स की तीलियां
कौन पकड़ेगा अब अय मुर्ग़े - गुलिस्तानी[5] तुझे

लाठियों से अब तिरी तहक़ीर[6] कर सकता है कौन
कौन दे सकता है अब ताने - गरांजानी तुझे

कौन है जो तुझ पे अब पाबन्दियां आइद करे
छू नहीं सकते क़वानीने - जहांबानी[7] तुझे

साहिले - हिन्दोस्तां को अब न तरसेगी नज़र[8]
अब न दुख देगा दयारे - ग़ैर[9] का पानी तुझे

तेरे मरने पर न ख़ुश हों बदसगालाने - वतन[10]
ज़ोम[11] में अपने समझकर पैकरे - फ़ानी[12] तुझे

ज़िन्दः - ए - जावेद[13] तू, पाइन्दः - ए - जावेद[14] तू
लाजपतराय मुबारक हो यह क़ुर्बानी तुझे

ज़िन्दगानी थी तिरी शमए - फ़ुरोज़ाने - वतन[15]
मौत हो जाएगी तेरी शोलः - ए - जाने - वतन[16]

—सन् 1928

---

1. क़ैदी, 2. घर की बर्बादी का दाग़, 3. क़ैदी, 4. लम्बी ज़ंजीर, 5. चमन के पक्षी, 6. अपमान, 7. शासन के क़ानून, 8. दृष्टि, 9. दुश्मन के घर का पानी, 10. देश के लिए बुरी भावना रखनेवाला, 11. घमंड, 12. नश्वर शरीर, 13. अमर, 14. सदा रहनेवाला, 15. देश की जलती हुई शमा, 16. देश की जान का शोला।

पयामे-हुर्रियत[1]

तिलोकचन्द महरूम

यह जो शोरे - मातमे - दास[2] है ब सबीले - शेवः - ए - आम[3] है
यही मौत वरना है ज़िन्दगी, यही शै हयाते - दवाम[4] है

वह ज़बां से अपनी सुना गया वह अमल से अपने दिखा गया
कि वफ़ापरस्ते - वतन[5] है जो ख़ुरो - ख़्वाब[6] उसपे हराम है

वह शबाब जिसको है यह अलम कि वतन है वक़्फ़े-हज़ार[7] ग़म
न हरीफ़े-शाहिदो-नग़्मा[8] है, न हरीसे-बादा-ओ-जाम[9] है

इसी कशमकश में जो मर गया, वही दामे-ग़म से रिहा हुआ
जो न फड़फड़ाए तो क्या करे वह परिन्द जो तहे-दाम[10] है

यह हैं मक्रो - हीला के सिलसिले इन्हें 'दास' जैसे हैं तोड़ते
न कोई वारिसे - साहबी,[11] न कोई किसी का ग़ुलाम है

यह वतन का दौरे - सियाह भी न रहेगा दौरे - ज़माना में
न हमेशा जल्वः - ए - सुब्ह[12] है न हमेशा परतवे - शाम[13] है

तिलके - हज़ीं[14] ने जो कुछ कहा, नहीं शाइराना मुबालिग़ा[15]
सुनो इसको अहले - वतन ज़रा कि यह हुर्रियत का पयाम है

---

1. आज़ादी का सन्देश, 2. जीतेन्द्रनाथ दास जिसने भूख हड़ताल करके सन् 1931 में जान दी, 3. आम दस्तूर के अनुसार, 4. अमर जीवन, 5. वतन के वफ़ादार, 6. नींद और भोजन, 7. सुन्दरियों और गीतों का हरीफ़, 8. शराब और प्याले का लोलुप, 9. शोकातुर तिलक, 10. अतिशयोक्ति।

मोतीलाल नेहरू

आनन्दनारायण मुल्ला

मौजज़न[1] होने लगा था जब ज़रा दरियाए-क़ौम[2]
कुछ असर जब कर चला था नश्शः-ए-सहबाए-क़ौम[3]
जब नज़र आने लगी थी मंज़िले-फ़र्दाए-क़ौम[4]
उठ गया दुनिया से अपना रहनुमा अय वाए-क़ौम[5]
फूल जब खिलने को थे सहने-चमन वीरां हुआ
महर[6] अपना, जब सहर होने को थी पिन्हां हुआ

जब मुरत्तब[7] होगा अफ़साना तिरा हिन्दोस्तां
नामे-नेहरू सुर्ख़ हर्फ़ों में रक़म होगा वहां
जहदे-आज़ादी की दो जिल्दों में होगी दास्तां
यानी तेरी और जवाहर की सवानेह-उम्रियां[8]
कुछ तिरी बातें हैं कुछ तेरे पिसर[9] का ज़िक्र है
क़ौम की तारीख़ भी तेरे ही घर का ज़िक्र है

तेरी क़िस्मत में निहां था कौन सा ऐसा गुहर[10]
हाथ जिस ज़र्रे पे रक्खा वह हुआ रश्के-क़मर[11]
बन गया खद्दर भी तेरे जिस्म पर मल्बूसे-ज़र[12]
अजीब ख़ूबी बन के खिलते थे तिरे अन्दाज़ पर
इक अदाए-दिलबरी[13] थी फ़ितनासामानी[14] तिरी
एक शाने-खुसरवी[15] थी चीने-पेशानी[16] तिरी

यूं तबीअत में तिरी क्या-क्या उबाल आता न था
बहस में क्या क्या तुझे ग़ैज़ो-जलाल[17] आता न था

---

1. मौजें मारना, 2. क़ौम का समुद्र, 3. क़ौम की शराब का नशा, 4. क़ौम के भविष्य की मंज़िल, 5. अय राष्ट्र, 6. चांद, 7. सम्पादित, 8. आत्मकथाएं, 9. पुत्र, 10. मोती, 11. चांद को शरमाने वाला, 12. सोने के वस्त्र, 13. मोह लेनेवाली अदा, 14. उपद्रव मचानेवाली, 15. बादशाहों की शान, 16. ललाट के बल, 17. क्रोध।

हां मगर दिल में कभी तेरे मलाल[1] आता न था
ख़ातिरे-नाजुक[2] के आईने में बाल आता न था
एक ही छींटे में सब गर्दे - कुदूरत[3] धुल गयी
इक घटा आई, घिरी, गरजी, बरसकर खुल गयी

अपने ज़ख़्मों के लिए तू तालिबे-मरहम[4] न था
जुज़ ख़याले-क़ौम[5] तेरे दिल में कोई ग़म न था
बेख़बर फ़िक्रे-वतन से तू कभी इक दम न था
हमको एक एक दम तिरा इक ज़िन्दगी से कम न था
तेरे ख़ुम[6] में चार क़तरों के सिवा बाक़ी न था
हां मगर उनका बदल महफ़िल में अय साक़ी न था

कौन कहता है हमें इस सानिहे[7] का ग़म नहीं
मौत तेरी इक बलाए - नागहां[8] से कम नहीं
जहदे - आज़ादी[9] में लेकिन फ़ुर्सते - इकदम नहीं
हां सफ़े-मैदां के शाया[10] महफ़िले-मातम नहीं
अपने सीनों में अभी जोशे - तमन्ना है वही
चश्म पुरनम है मगर ताबे - तमाशा[11] है वही

अहद हुब्बे-क़ौम का बांधा है दिल से उस्तुवार[12]
अब तो आज़ादी मुक़द्दर में है या कुंजे-मज़ार[13]
आ रहे हैं लफ़्ज़ यह अपनी ज़बां पे बार बार
पढ़के तेरी लाश पर, जाते हैं सूए - कारज़ार[14]
शुद फ़िदा बरमुल्क, ता नामे - वतन पाइन्दाबाद[15]
मुर्द - मीरे - लश्करे - मा, मीरे - लश्कर ज़िन्दाबाद

---

1. अफ़सोस, 2. कोमल दिल, 3. मलिनता की धूल, 4. मरहम का इच्छुक, 5. राष्ट्र के ध्यान के अलावा, 6. प्याला, 7. दुर्घटना, 8. अचानक टूटनेवाली विपत्ति, 9. आज़ादी की जंग, 10. की तरह, 11. तमाशा देखने की शक्ति, 12. दृढ़, 13. क़ब्र का एकान्त, 14. समर की तरफ़, 15. उसने देश पर प्राण न्यौछावर कर दिए ताकि वतन का नाम बाक़ी रहे। सेनापति मर गया, सेनापति ज़िन्दाबाद।

आह मोतीलाल

तिलोकचन्द महरूम

आह ! अय नामदार मोतीलाल
नाज़िशे - रोज़गार[1] मोतीलाल
मातमी है तेरा जहां सारा
फ़ख़्रे - शहरो - दयार[2] मोतीलाल

लाल था बदनसीब भारत का
बाइसे - इफ़्तिख़ार[3] मोतीलाल
था सरताजे - आबरूए - वतन[4]
गौहरे - शाहवार[5] मोतीलाल

हुक्म उसका रवां दिलों पर था
गो न था ताजदार मोतीलाल
बाग़े - हुब्बे - वतन[6] में आया था
बन के बादे-बहार[7] मोतीलाल

जोग तूने लिया वतन के लिए
अय सदाक़त-शिआर[8] मोतीलाल
ज़िन्दगी तूने अपने हाथों से
की वतन पर निसार[9] मोतीलाल

चल दिया, और बदनसीबों को
कर गया अश्कबार[10] मोतीलाल
रहबरे-आज़मे-वतन[11] न रहा
आह ! वह आलमे-वतन[12] न रहा

अय मुहिब्बे-वतन,[13] फ़िदाए-वतन
दर्द में तू हुआ दवाए-वतन

---

1. समय की सज़ा, 2. शहर और घर का गर्व, 3. गर्व का कारण, 4. वतन की इज़्ज़त का सरताज, 5. बादशाहों के योग्य मोती, 6. देशभक्ति का उपवन, 7. बहार की हवा, 8. सच्चा, 9. न्यौछावर, 10. रुला दिया, 11. देश का महान नेता, 12. देश की दशा, 13. देशभक्त।

हो सका और किस की हिम्मत से
तूने जो कुछ किया बराए-वतन
हुई नज़दीक मंज़िले - मक़्सूद[1]
तू हुआ जब से रहनुमाए - वतन
तेरी जुरअत[2] पे नाज़ था इसको
सरनिगूं[3] क्यों न हो लवाए-वतन[4]
हर नए मरहले[5] पे मातमे-नौ[6]
आह ! अब बख़्ते-नारसाए-वतन[7]
देखिए कब हो दौरे - आलम[8] में
ख़त्म दौराने - इब्तिलाए - वतन[9]
तेरा जल्वा था इक शुआए-उम्मीद[10]
हो गयी तीरा[11] फिर फ़ज़ाए-वतन[12]
कहीं जन्नत में तू न हो मुज़्तर[13]
कि फ़लक-रस[14] हैं नालाहाए-वतन[15]
वह जो है तेरी यादगारे - अज़ीज़[16]
उसके हक़ में है यह दुआए-वतन
कि सलामत रहे जवाहरलाल
ता क़यामत[17] रहे जवाहरलाल

मोतीलाल नेहरू

आले अहमद सुरूर

हम मस्त ज़माने के सितम भूल भी जायें
था पीरे - मुग़ां[18] का जो काम याद रहेगा

---

1. गंतव्य स्थल, 2. साहस, 3. नतमस्तक, 4. देश का झंडा, 5. समस्या, 6. शोकालाप, 7. वतन का दुर्भाग्य, 8. संसार-चक्र, 9. देश की विपत्तियों का समय, 10. आशा की किरण, 11. अंधियारी, 12. देश का वातावरण, 13. बेचैन, 14. आकाश तक पहुंचने वाली, 15. देश की चीत्कारें, 16. प्रिय यादगार, 17. प्रलय तक, 18. गुरू।

जो वादिए - ज़ुल्मत[1] में था शमए - हिदायत[2]
उश्शाक़[3] को वह नक़्शे - क़दम[4] याद रहेगा

संगम के सनमख़ाने[5] का इक पैकरे - ख़ूबी[6]
था महरमे - असरारे - हरम[7] याद रहेगा

इक शोलः - ए - बेबाक[8] की लौ नक़्श रहेगी
इक नालः - ए - शबगीर[9] का दम याद रहेगा

गो ताज़ा निहालाने - चमन[10] पर हैं निगाहें
हां अगले शगूफ़ों[11] का भरम याद रहेगा

हम इश्क़े - जुनूं - पेशा[12] से रखते हैं अक़ीदत[13]
इस इश्क़ का इक एक क़दम, याद रहेगा

गुलज़ार में गो मौजे - सबा[14] ख़ूब है लेकिन
वीराने पे वह अब्रे - करम[15] याद रहेगा

रहलते-मुहम्मद अली[16]

जोश मलीहाबादी

अय मताए - बुर्दः - ए - हिन्दोस्तान - ओ - एशिया[17]
अय कि था नाख़ुन पे तेरे उक़्दः - ए - हक़[18] का मदार

ग़श था काविश[19] पर तिरी अन्दाज़ः - ए - सुब्हो - शाम[20]
ख़म थी क़दमों पर तिरे नैरंगिए - लैलो - निहार[21]

---

1. अंधेरी वादी, 2. आदेश की शमा, 3. प्रेमी का बहुवचन, 4. पदचिह्न, 5. मन्दिर, 6. गुणों की आकृति, 7. हरम के राज़ जाननेवाला, 8. लपकती हुई ज्वाला, 9. रात को उठनेवाला आर्तनाद, 10. उपवन के पौधे, 11. फूल, 12. प्रेमोन्माद जिनका पेशा हो, 13. श्रद्धा, 14. हवा की मौज, 15. दया का बादल, 16. मुहम्मद अली की मृत्यु, 17. सच्चाई की गिरह, 18. सत्य की गुत्थी, 19. छानबीन, 20. सुबह-शाम का अंदाज़ा, 21. समय का जादू।

अय ग़ुरूरे - मुल्को - मिल्लत[1] ! तू वहां लेता था सांस
मौत जिस मंज़िल पे बनती है हयाते - पायदार[2]

वक़्त के सैलाब से तेरा सफ़ीना है बलन्द
सीरते - पैग़म्बरे - इस्लाम[3] के आईनादार

तुझको बख़्शी थी मशीयत[4] ने इक ऐसी ज़िन्दगी
जिस बहादुर ज़िन्दगी को मौत पर आता है प्यार

तेरे आगे लर्ज़ा - बर - अन्दाम[5] थी रूहे - फ़िरंग[6]
अय दिले - हिन्दोस्तां के अज़्मे - तुन्दो - उस्तुवार[7]

तंतने से तेरी हैबत - आफ़रीं[8] आवाज़ के
थी हुसैन इब्ने - अली की इस्तिक़ामत[9] आशकार

डूब जाती थी दिले - बातिल में लहराती हुई
तेरे लहजे की लचकती थी वह तेग़े - आबदार[10]

मोड़कर रख दी थी तूने जंग के मैदान में
अहले - बिदअत[11] की कलाई, ख़ंजरे - बातिल[12] की धार

तुझसे आता था पसीना अफ़सरो - औरंग[13] को
अय कि हिम्मत थी तिरी क़ूवत शिकन,[14] सुल्तां शिकार

ख़ून में तेरे निहां थी जुम्बिशे - तेग़े - अली[15]
ख़ाक में तेरी वदीअत[16] था मिज़ाजे - ज़ुलफ़िक़ार[17]

तेरी सीरत में थी मुज़मिर[18] सौलते - पैग़म्बरी[19]
तेरी फ़ितरत में थी पिन्हां[20] सितवते - पर्वरदिगार[21]

क़ौम को बख़्शा है तेरी मौत ने वह बांकपन
कज[22] हुई जाती है माथे पर कुलाहे - इफ़्तिख़ार[23]

---

1. देश और धर्म के गर्व, 2. स्थायी जीवन, 3. इस्लाम के पैग़म्बर की सीरत, 4. ईश्वर इच्छा, 5. कंपायमान, 6. अंग्रेज़ों की रूह, 7. दृढ़ और मज़बूत संकल्प, 8. भयानक, 9. दृढ़ता, 10. तेज़धार तलवार, 11. विधर्मी, 12. झूठ का ख़ंजर, 13. अधिकारियों और अंग्रेज़ों, 14. शक्ति तोड़ देनेवाली, 15. हज़रत अली की तलवार की लचक, 16. अमानत, 17. क़ुदरती शराफ़त, 18. छुपी हुई, 19. पैग़म्बरों का रोबदाब, 20. छुपा हुआ, 21. ख़ुदा का आतंक, 22. टेढ़ी, 23. गर्व की पगड़ी।

मज़ारे-रहनुमा[1]

(बर मज़ारे-डॉक्टर अंसारी मरहूम)

अस्रारुल हक़ 'मजाज़'

सुनें अरबाबे - दिल[2] अहले - नज़र[3] भी
निहां[4] है संगपारों[5] में गुहर[6] भी

जमाले - क़ौम[7] भी, साहब नज़र भी
मुसाफ़िर भी ख़िज़्र[8] भी चारागार भी

ख़ुनक[9] और मरमरीं मदफ़न[10] में पिन्हां[11]
ख़रोशे - बर्क़ - ओ - तूफ़ाने - शरर[12] भी

सकूने - दैर,[13] तक़्दीसे - कलीसा[14]
गुदाज़े - उम्मते - ख़ैरुलबशर[15] भी

यह तुर्बत[16] है अमीरे - कारवां की
यह मंज़िल भी है शमए - रहगुज़र[17] भी

नेताजी

तिलोकचन्द 'महरूम'

ग़ुलामी में अबतर थी हालत वतन की
हुई रूह - फ़र्सा[18] अज़ियत[19] वतन की

---

1. मार्गदर्शक की क़ब्र, 2. दिलवाले, 3. गहरी नज़र रखनेवाले, 4. छुपा हुआ, 5. पत्थर के टुकड़े, 6. मोती, 7. क़ौम का सौंदर्य, 8. एक कल्पित फ़रिश्ता (मार्गदर्शक), 9. ठंडी, 10. क़ब्र, 11. छुपा हुआ, दफ़्न, 12. बिजली का जोश और आग का तूफ़ान, 13. मन्दिर की शान्ति, 14. मन्दिर की पवित्रता, 15. ख़ैरुलबशर के अनुयायियों-जैसी नरमी, 16. क़ब्र, 17. मार्ग का चिराग़, 18. घातक, 19. कष्ट।

कहां चैन तुझसे मुहिब्बे-वतन[1] को
लुटेरों ने लूटी जो राहत वतन की

किया मुज़्तरिब[2] तेरी ग़ैरत[3] ने तुझको
न देखी गयी तुझसे ज़िल्लत[4] वतन की

दिले - पुर हमीयत[5] से पाकर इशारा
किया रंजे - ग़ुर्बत[6] को तूने गवारा

वतन के लिए बेवतन होके निकला
सरापा असीरे-मिहन[7] होके निकला

वक़ारे-वतन[8] तुझसे फैला जहां में
चमन से शमीमे-चमन[9] होके निकला

यहीं राहते-क़स्रो-ऐवां[10] को छोड़ा
तलबगारे-गोरो-कफ़न[11] होके निकला

हुई कारगर[12] तेरी तदबीर[13] आख़िर
कि टूटी ग़ुलामी की ज़ंजीर आख़िर

सुभाषचन्द्र बोस

दर्शनसिंह दुग्गल

अज़ाइम[14] का तूफ़ां भला कब रुका है
कोई कहदे बातिल[15] की आंधी से बढ़कर
कि इंसान की रूह सोई नहीं है

---

1. देश-प्रेमी, 2. बेचैन, 3. लज्जा, 4. अपमान, 5. स्वाभिमानी दिल, 6. विदेश के रंज, 7. दुखों में गिरफ़्तार, 8. वतन की गरिमा, 9. चमन की सुगन्ध, 10. महलों का ऐश्वर्य, 11. क़ब्र और कफ़न का इच्छुक, 12. सफल, 13. उपाय, 14. संकल्प, 15. झूठ।

यह शेवन का मसकन[1] यह वीरों की धरती
क़वी आत्माओं से ख़ाली नहीं है
अभी इसके ज़र्रों में है वह हरारत[2]
जो बातिल[3] के शोलों को ख़ामोश कर दे

वह आशिक़ वतन का वह धरती का शैदा
वह राना का सानी,[4] वह टीपू का पैकर[5]
तशद्दुद[6] के आगे भला सर झुकाता ?

वह बंगाल की सरज़मीं[7] का सितारा
लहू में जो डूबा तो कुछ और निखरा
वतन की हवाओं का आज़ाद नग़्मा
ज़मीं का तराना सुनाता रहेगा

गांधीजी

(एक तम्सील)

असर लखनवी

तू फूल है कंवल का असरार[8] का ख़ज़ाना
तेरा जो दम न होता अन्धेर था ज़माना

पाकी - ओ - सरबलन्दी[9] तुझको हुई वदीअत[10]
अय सरख़ुशे - हक़ीक़त,[11] अय आरिफ़े-यगाना[12]

इक एक पंखड़ी में हैं जमा हुस्न[13] लाखों
मौजे - हज़ार - नग़्मा तर्तीबे - सद[14] - तराना

बादे - समूम[15] तुझको छू ले, मजाल क्या है
तेरी बहार दाइम,[16] अय नक़्शे - जाविदाना[17]

---

1. स्थान, 2. गर्मी, 3. झूठ, 4. तरह का जवाब, 5. आकृति, 6. हिंसा, 7. धरती, 8. रहस्य, 9. पवित्रता और सर ऊंचा करना, 10. दी गयी (ख़ुदा की तरफ़ से), 11. सच्चाई के नशे में चूर, 12. आत्मज्ञानी, 13. सौंदर्य, 14. सौ गानों का क्रम, 15. आंधी, 16. स्थिर, 17. अमर चिह्न।

तूफ़ान सर से गुज़रें खाए नसीब पलटा
हर इंक़िलाब[1] तेरा बन जाएगा फ़साना

अल्लाह रे पा - सबाती[2] क़ायम है तू जहा था
क्या क्या नहीं निकाला बदबीं[3] ने शाख़्साना[4]

तेरी जड़ें दर आईं ख़ुद वक़्त के जिगर में
ख़ुद वक़्त भी हुआ है तम्कीन[5] का निशाना

भौंरों के ग़ोल आए दिल में छुपाए लूके[6]
थे जिनके होंठ प्यासे, रस के नहीं लहू के

वहशी हवाएं दौड़ीं ताराजे[7] आबरू को
देती हुई थपेड़े मोजिज़नुमा[8] उलुव्व[9] को

रानाईए - अदब[10] की रंगीनियां झुलसने
शोलों की नज़्र करने शादाबिए - नुमू[11] को

चाहा कि फिर न उबले चश्मा[12] शिगुफ़्तगी[13] का
फुंकार[14] कर दे ठंडा खौले हुए लहू को

हीले[15] तराशे क्या क्या इज़्ज़त के होके दरपै
अंजामकार[16] ख़ुद ही खो बैठे आबरू को

क्या क्या न सर खपाया, पाया न भेद तेरा
मकड़ाई चाल वाले निकले थे जुस्तजू[17] को

हरचन्द तू हमेशा सच और शान्ति का
पैग़ाम लहज़ा लहज़ा देता रहा अदू[18] को

लाफ़ानियत[19] की मूर्ति, इंसानियत के देवता
जो पाक दिल नहीं है, क्या समझे तेरी ख़ू[20] को

अपना हुआ निशाना, हर शातिरे - ज़माना[21]
'तू फूल है कंवल का, असरार[22] का ख़ज़ाना'

---

1. क्रान्ति, 2. अमरता, 3. बुरा चाहनेवाला, 4. वाद-विवाद, 5. सब्र की शक्ति, सहनशीलता, 6. शोला, 7. बरबाद, 8. चमत्कार दिखानेवाली, 9. ऊंचाई, 10. अनन्तकाल की सजावट, 11. प्रकटन का हराभरापन, 12. स्रोत, 13. ताज़गी, 14. फूंक मारना, 15. बहाने, 16. अन्त में, 17. खोज, 18. दुश्मन, 19. अमरता, 20. आदत, स्वभाव, 21. ज़माने का शातिर, 22. रहस्य।

महात्मा गांधी का क़त्ल

आनन्दनारायण मुल्ला

मश्रिक़[1] का दिया गुल होता है, मग़्रिब[2] पे सियाही छाती है
हर दिल सुन्न-सा हो जाता है, हर सांस की लौ थर्राती है
उत्तर, दक्षिण, पूरब, पश्चिम, हर सम्त[3] से इक चीख़ आती है
नौए - इंसां शानों[4] पे लिए गांधी की अर्थी जाती है

आकाश के तारे बुझते हैं, धरती से धुआं-सा उठता है
दुनिया को यह लगता है जैसे सर से कोई साया उठता है

कुछ देर को नब्ज़े-आलम[5] भी चलते-चलते रुक जाती है
हर मुल्क का परचम[6] गिरता है हर क़ौम को हिचकी आती है
तहज़ीबे - जहां[7] थर्राती है तारीख़े - बशर[8] शर्माती है
मौत अपने किए पर ख़ुद जैसे दिल ही दिल में पछताती है

इंसां वह उठा जिसका सानी[9] सदियों में भी दुनिया जन न सकी
मूरत वह मिटी नक़्क़ाश[10] से भी जो, बन के दुबारा बन न सकी

देखा नहीं जाता आंखों से यह मंज़रे - इब्रतनाके - वतन[11]
फूलों के लहू से प्यासे हैं अपने ही ख़सो - ख़ाशाके - वतन[12]
हाथों से बुझाया ख़ुद अपने वह शोलः - ए - रूहे - पाके - वतन
दाग़ इससे सियहतर[13] कोई नहीं दामन पे तिरे अय ख़ाके-वतन

पैग़ाम अजल[14] लाई अपने इस सबसे बड़े मुहसिन के लिए
अय वाए तुलूए-आज़ादी,[15] आज़ाद हुए इस दिन के लिए

---

1. पूर्व, 2. पश्चिम, 3. दिशा, 4. कन्धा, 5. संसार की नाड़ी, 6. झंडा, 7. संसार की सभ्यता, 8. मानव का इतिहास, 9. जवाब, 10. मूर्तिकार, 11. देश की दयनीय दशा, 12. घास-फूस, 13. काला, 14. मौत का सन्देश, 15. आज़ादी का उदय।

जब नाख़ुने - हिकमत[1] ही टूटे, दुश्वार[2] को आसां कौन करे
जब ख़ुश्क हो अब्रे - बारां[3] ही शाख़ों को गुलअफ़शां कौन करे
जब शोलः - ए - मीना सर्द हो ख़ुद जामों को फ़ुरोज़ां[4] कौन करे
जब सूरज ही गुल हो जाए, तारों में चराग़ां कौन करे

नाशादे-वतन[5] ! अफ़सोस तिरी क़िस्मत का सितारा टूट गया
उंगली को पकड़कर चलते थे जिसकी वही रहबर[6] छूट गया

इस हुस्न से कुछ हस्ती में तिरी अज्दाद[7] हुए थे आके बहम[8]
इक ख़्वाबो - हक़ीक़त[9] का संगम, मिट्टी पे क़दम, नज़रों में इरम[10]
इक जिस्म नहीफ़ो-ज़ार[11] मगर इक अज़्मे-जवानो-मुस्तहकम[12]
चश्मे-बीना, मासूम का दिल, ख़ुर्शीद नफ़स,[13] ज़ौक़े-शबनम[14]

वह इज्ज़,[15] गुरूरे - सुल्तां[16] भी जिसके आगे झुक जाता था
वह मोम कि जिससे टकराकर लोहे को पसीना आता था

सीने में जो दे कांटों को भी जा[17] उस गुल की लताफ़त[18] क्या कहिए
जो ज़हर पिए अमृत करके उस लब की हलावत[19] क्या कहिए
जिस सांस से दुनिया जां[20] पाए उस सांस की निकहत[21] क्या कहिए
जिस मौत पे हस्ती नाज़ करे उस मौत की अज़्मत[22] क्या कहिए

यह मौत न थी क़ुदरत ने तिरे सर पर रक्खा इक ताजे-हयात[23]
थी ज़ीस्त[24] तिरी मेराजे-वफ़ा[25] और मौत तिरी मेराजे-हयात[26]

यकसां[27] नज़दीको - दूर[28] पे था, बाराने - फ़ैज़े - आम[29] तिरा
हर दश्तो - चमन हर कोहो - दिमन[30] में गूंजा है पैग़ाम तिरा
हर ख़ुश्को - तरे - हस्ती[31] पे रक़म[32] है ख़त्ते - जली[33] में नाम तिरा
हर ज़र्रे में तेरा माबद[34] है हर क़तरा तीरथ धाम तिरा

---

1. बुद्धि के नाख़ून, 2. कठिन, 3. बरसात के बादल, 4. प्रकाशमान, 5. दुखी देश, 6. नेता, 7. पूर्वज, 8. एक, 9. स्वप्न और सत्य, 10. स्वर्ण, 11. जर्जर शरीर, 12. जवान और दृढ़ संकल्प, 13. सूरज की सांस वाला, 14. ओस की नरमी का मजा जाननेवाला, 15. विनम्रता, 16. बादशाहों का घमंड, 17. जगह, स्थान, 18. कोमलता, 19. मिठास, 20. प्राण, 21. सुगन्ध, 22. महानता, 23. जीवन का मुकुट, 24. ज़िन्दगी, 25. वफ़ा की पराकाष्ठा, 26. जीवन की मेराज, 27. एक जैसा, 28. निकट और दूर, 29. दया की बारिश, 30. पहाड़, 31. हस्ती का गीला और सूखा, 32. अंकित, 33. बड़े अक्षर, 34. आराधना-घर।

इक लुत्फ़ो - करम[1] के आईं में मरकर भी न कुछ तरमीम[2] हुई
इस मुल्क के कोने - कोने में मिट्टी भी तिरी तक़सीम हुई

तारीख़[3] में क़ौमों की उभरे कैसे कैसे मुमताज़ बशर[4]
कुछ मुल्के-ज़मीं के तख़्तनशीं कुछ तख़्ते-फ़लक[5] के ताज - बसर[6]
अपनों के लिए जामो - सहबा,[7] औरों के लिए शमशीरो - तबर[8]
नर्दे-इंसां[9] पिटती ही रही दुनिया की बिसाते-ताक़त[10] पर

मख़लूक़े - ख़ुदा की बनके सिपर[11] मैदां में दिलावर एक तू ही
ईमां के पयम्बर[12] आए बहुत इंसां का पयम्बर एक तू ही

बाज़ूए-ख़िरद[13] उड़ उड़के थके तेरी रिफ़अत[14] तक जा न सके
ज़िहनों की तजल्ली[15] काम आई ख़ाके भी तिरे काम आ न सके
अल्फ़ाज़ो-मआनी[16] ख़त्म हुए, उनवां[17] भी तिरा अपना न सके
नज़रों के कंवल जल जल के बुझे परछाईं भी तेरी पा न सके

हर इल्मो - यक़ीं[18] से बालातर[19] तू है वह सिपहरे - ताबिन्दा[20]
सूफ़ी की जहां नीची है नज़र शाइर का तसव्वुर[21] शर्मिन्दा

पस्तिए - सियासत[22] को तूने अपने क़ामत[23] से रिफ़अत[24] दी
ईमां की तंगख़याली[25] को इंसान के ग़म की वुसअत[26] दी
हर सांस से दर्से-अम्न[27] दिया, सर जब्र[28] पे दादे-उल्फ़त[29] दी
क़ातिल को भी, गो लब हिल न सके, आंखों से दुआए-रहमत दी

'हिंसा' को अहिंसा का अपनी पैग़ाम सुनाने आया था
नफ़रत की मारी दुनिया में इक 'प्रेम सन्देसा' लाया था

इस प्रेम संदेसे को तेरे, सीनों की अमानत बनना है
सीनों से कुदूरत[30] धोने को इक मौजे - नदामत[31] बनना है

---

1. दया और प्रेम, 2. संशोधन, 3. इतिहास, 4. श्रेष्ठ व्यक्ति, 5. आकाश का सिंहासन, 6. मुकुटधारी, 7. शराब और जाम, 8. तलवार और क़ब्र, 9. चौसर की गोट—इंसान, 10. शक्ति की बिसात, मखलूक, 11. ढाल, 12. नबी, 13. बुद्धि और बाज़, 14. ऊंचाई, 15. प्रकाश, 16. शब्द और अर्थ, 17. शीर्षक, 18. ज्ञान और विश्वास, 19. श्रेष्ठ, ऊंचा, 20. चमकता हुआ आकाश, 21. कल्पना, 22. राजनीति की गिरावट, 23. क़द, 24. ऊंचाई, 25. संकीर्णता, 26. विस्तार, 27. शान्ति का पाठ, 28. अत्याचार, 29. उल्फ़त की दाद, 30. मैल, 31. लाज की मौज।

इस मौज को बढ़ते बढ़ते फिर सैलाबे - महब्बत[1] बनना है
इस सैले - रवां के धारे को इस मुल्क की क़िस्मत बनना है

जब तक न बहेगा यह धारा, शादाब[2] न होगा बाग़ तिरा
अय ख़ाके - वतन[3] ! दामन से तिरे धुलने का नहीं यह दाग़ तिरा

जाते जाते भी तू हमको इक ज़ीस्त का उनवां[4] देके गया
बुझती हुई शमए-महफ़िल को फिर शोलः-ए-रक़्सां[5] देके गया
भटके हुए गामे-इंसां[6] को फिर जादः-ए-इंसां[7] देके गया
हर साहिले - ज़ुल्मत[8] को अपना मीनारे - दरख़्शां[9] देके गया

तू चुप है लेकिन सदियों तक गूंजेगी सदाए-साज़[10] तिरी
दुनिया को अंधेरी रातों में ढारस देगी आवाज़ तिरी

गांधी

हुर्मतुल इकराम

आग़ोश में फूलों की, थिरकता हुआ शोला
अंगारों के गहवारे[11] में सोई हुई शबनम[12]
इक जज़्बा,[13] इक एहसास,[14] इक अन्दाज़, इक आवाज़
निखरा हुआ इक दर्द, तपाया हुआ इक ग़म
इंसान की सूरत में धड़कता हुआ इक दिल
पैकर[15] में अनासिर[16] के कोई दीदः-ए-पुरनम[17]
सीने में समोए हुए गंगा का तमव्वुज[18]
कांधे पे हिमाला का उठाए हुए परचम
नैरंगिए-अफ़्कार[19] का सिमटा हुआ दरिया

---

1. प्रेम की बाढ़, 2. हरा-भरा, 3. देश की मिट्टी, 4. शीर्षक, 5. नाचता हुआ शोला, 6. इंसान के क़दम, 7. इंसानी मार्ग, 8. अन्धकार, 9. प्रकाशमान मीनार, 10. साज़ की आवाज़, 11. पालना, 12. ओस, 13. भावना, 14. अनुभूति, 15. आकृति, 16. तत्त्व, 17. अश्रु-भरी आंख, 18. तूफ़ान, 19. चिन्तन का फ़रेब।

बेताबिए-जज़्बात[1] का ठहरा हुआ तूफ़ां
फ़ारूक़[2] का मतवाला, उख़ूवत[3] का पुजारी
गौतम का दिल आराम, अहिंसा की रगे-जां[4]
अपनी ही ख़ताओं का वह नक़्क़ादे-जवां-फ़िक्र[5]
वह अपने ही असरार[6] का इक सैले-ख़रामां[7]
माहौल के सीने का दहकता हुआ लावा
तारीख़ के माथे पे सजाई हुई अफ़शां

सानिहा

(गांधीजी की मौत से प्रभावित होकर)

अस्रारुल हक़ 'मजाज़'

दर्दो - ग़मे - हयात[8] का दरमां[9] चला गया
वह ख़िज़्रे - अस्र - ओ - ईसा - ए - दौरां[10] चला गया

हिन्दू चला गया, न मुसलमां चला गया
इंसां की जुस्तुजू[11] में इक इंसां चला गया

रक़्सां चला गया, न ग़ज़लख़्वां चला गया
सोज़ो - गुदाज़ो - दर्द[12] में ग़लतां[13] चला गया

बरहम[14] है ज़ुल्फ़े-कुफ़्र[15] तो ईमां है सरनिगूं[16]
वह फ़ख़्रे - कुफ़्रो - नाज़िशे - ईमां[17] चला गया

बीमार ज़िन्दगी की करे कौन दिलदही
नब्बाज़ो - चारासाज़े - मरीज़ां[18] चला गया

---

1. भावनाओं की व्याकुलता, 2. सत्य और असत्य को अलग करनेवाला, 3. बराबरी, 4. प्राण-धनी, 5. चिन्तक और समालोचक, 6. रहस्य, 7. मन्द गति से बहनेवाली बाढ़, 8. जीवन का दर्द और ग़म, 9. इलाज, 10. ज़माने का मार्ग-प्रदर्शक और समय का उपचार करनेवाला, 11. खोज, 12. दर्द और जलन, 13. डूबा हुआ, 14. बिखरी हुई, 15. कुफ़्र की ज़ुल्फ़, 16. नतमस्तक, 17. कुफ़्र का गर्व और ईमान का गर्व, 18. मरीज़ों का इलाज करनेवाला।

किसकी नज़र पड़ेगी अब 'इसियां'[1] पे लुत्फ़ की
वह महरमे - नज़ाकते - इसियां[2] चला गया

वह राज़दारे - महफ़िले - यारां[3] नहीं रहा
वह ग़मगुसारे - बज़्मे - हरीफ़ां[4] चला गया

अब क़ाफ़िरी में रस्मो - रहे - दिलबरी[5] नहीं
ईमां की बात यह है कि ईमां चला गया

इक बेख़ुदे - सुरूरे - दिलो - जां[6] नहीं रहा
इक आशिक़े - सदाक़ते - पिन्हां[7] चला गया

बा चश्मे - नम[8] है आज ज़ुलैख़ाए - कायनात
ज़िन्दांशिकन[9] वह यूसुफ़े - ज़िन्दां[10] चला गया

अय आरज़ू वह चश्मः-ए-हैवां[11] न कर तलाश
ज़ुल्मात[12] से वह चश्मः - ए - हैवां चला गया

अब संगो-ख़िश्तो-ख़ाको-ख़ज़फ़सर[13] बलन्द हैं
ताजे - वतन[14] का लाले - दरख़्शां[15] चला गया

अब अहिरमन[16] के हाथ में है तेग़े - ख़ूंचकां[17]
ख़ुश है कि दस्तो - बाज़ुए - यज़दां[18] चला गया

देवे - बदी[19] से मारिकः - ए - सख़्त[20] ही सही
यह तो नहीं कि ज़ोरे - जवानां[21] चला गया

क्या अहले - दिल[22] में जज़्बः - ए - ग़ैरत[23] नहीं रहा
क्या अज़्मे - सरफ़रोशिए - मर्दां[24] चला गया

---

1. पाप, गुनाह, 2. पाप की कोमलता का मरहम, 3. यारों की महफ़िल का राज़ जाननेवाला, 4. सहयोगियों की बज़्म का ग़मगुसार, 5. दिलबरी की रस्म, 6. दिल और जान के नशे में बेख़ुद, 7. छुपी हुई सच्चाई का आशिक़, 8. अश्रु-भरी आंख लिए हुए, 9. क़ैद तोड़नेवाला, 10. कारागार का यूसुफ़, 11. अमृत का स्रोत, 12. आबे-हयात के स्रोत की जगह, 13. ईंट, पत्थर, धूल और कण, 14. देश का मुकुट, 15. चमकता हुआ लाल, 16. बदी का देवता, 17. ख़ून में डूबी हुई, 18. नेकी के ख़ुदा के हाथ और बाज़ू, 19. बदी का देव, 20. कठिन मारका, 21. जवानों की शक्ति, 22. दिलवाले, 23. लज्जा की भावना, 24. मर्दों का सर कटाने का संकल्प।

क्या बाग़ियों की आतिशे - दिल[1] सर्द[2] हो गयी
क्या सरकशों का जज़्बः - ए - पिन्हां[3] चला गया

क्या वह जुनूनो - जज़्बः - ए - बेदार[4] मर गया
क्या वह शबाबे - हश्र - बदामां[5] चला गया

ख़ुश है बदी जो दाम[6] यह नेकी पे डाल के
रख देंगे हम बदी का कलेजा निकाल के

रौशनी का सफ़ीर

शमीम किरहानी

मैं न ठहरा, क़दम को बढ़ाता गया
वहशते-वक़्त[7] ने अपना चाके-गरीबां[8] सिया भी न था
शाम की काली काली हथेली पे कोई दिया भी न था
सहमी सहमी सी परछाइयों के तले ज़ीस्त[9] हैरान थी
कोई साया न था, कोई आहट न थी, राह सुनसान थी
मुस्कुराता गया, गुनगुनाता गया
मैं न ठहरा, क़दम को बढ़ाता गया

मेरे नग़्मों[10] की नर्म आहटें सुन के ज़र्रों में जान आ गयी
दिल तड़पने लगे, ज़िन्दगी जाग उठी, मौत घबरा गयी
तीरगी[11] कांप उठी, आरज़ुओं[12] के दिल में दिया जल पड़ा
पीछे पीछे मिरे चांद तारों का इक कारवां चल पड़ा
चल पड़ा गो अंधेरा डराता गया
मैं न ठहरा, क़दम को बढ़ाता गया

---

1. दिल की आग, 2. ठंडी, 3. छुपी हुई भावना, 4. जाग्रत भावना और उन्माद, 5. हश्र बरपा करनेवाला यौवन, 6. जाल, 7. वक़्त की बेचैनी, 8. फटा हुआ गरेबान, 9. ज़िन्दगी, 10. गीत, 11. अन्धकार, 12. इच्छाएं।

मुझको रोका गया, मेरे साथी सितारों को रोका गया
रौशनी के मुसाफ़िर जिधर को बढ़े उनको टोका गया
रात के राहज़न,[1] दौलते-कहकशां[2] लूटकर ले गए
लेकिन आज़ाद तारे फ़ना होके भी रौशनी दे गए
जुल्म माना नहीं, उसने ज़ुल्मत[3] का फिर बोलबाला किया
यह समां देखकर मैंने अपने लहू से उजाला किया
चश्मः-ए-नूर[4] में फिर नहाता गया
मैं न ठहरा, क़दम को बढ़ाता गया

एम.एन. राय

गोपाल मित्तल

महर[5] से ताबनाकतर[6] ज़र्रा[7]
देवता से बलन्दतर[8] इंसां
हर अदा उसकी कुफ़्र[9] का अन्दाज़
लेकिन उस पर भी साहबे - ईमां[10]

जाने कितना जमील[11] था वह नक़्श[12]
जो बहर रंग नातमाम[13] रहा
इन्तिहा[14] उसके ज़र्फ़[15] की मत पूछ
ख़ुम लुंढा कर जो तिश्नाकाम[16] रहा

जाने किन मंज़िलों में ले पहुंचा
ज़ौक़े - तकमीले - जुस्तजू[17] उसको
ले उड़ी किन बलन्दियों की तरफ़
उसकी परवाज़े - आरज़ू[18] उसको

---

1. चोर, 2. आकाशगंगा की दौलत, 3. अन्धकार, 4. प्रकाश का स्रोत, 5. सूर्य, 6. प्रकाशमान, 7. कण, 8. श्रेष्ठ, 9. अवज्ञा, 10. ईमान वाले, 11. सुन्दर, 12. मूर्ति, 13. अपूर्ण, 14. सीमा, 15. सहनशीलता, 16. प्यासा, 17. खोज की तकमील का ज़ौक़, 18. उड़ने की तमन्ना।

साज़ हरचन्द टूट जाता है
नग़्म: - ए - शौक़[1] मर नहीं सकता
मौत का सर्द[2] और ज़ालिम हाथ
उसको ख़ामोश कर नहीं सकता

उसकी मानूस[3] नासुबूर[4] निगाह
क़ल्ब[5] को अब भी गुदगुदाती है
ऐसा महसूस[6] हो रहा है मुझे
उसकी आवाज़ अब भी आती है

सरोजनी नायडू

कैफ़ी आज़मी

अज़ीज़[7] मां, मिरी हंसमुख, मिरी बहादुर मां
तमाम जौहरे - फ़ितरत[8] जगा दिए तूने
महब्बत अपने चमन से, गुलों से, ख़ारों से
महब्बतों के ख़ज़ाने लुटा दिए तूने

बना बना के मिटाए गए नक़्शे - अमल[9]
तिरे बग़ैर मुकम्मल न हो सकी तस्वीर
वह ख़्वाब झांसी की रानी को जिसने चौंकाया
तिरा जिहादे - मुसलसल[10] उसी की है ताबीर[11]

इसे हयात का सोला सिंगार कहते हैं
तिरी जबीं[12] पे हैं कुछ सिलवटें भी टीका भी
नज़र में ज़ज्बे - यक़ीं,[13] दिल में सोज़े - आज़ादी[14]
दहकता फूल भी है तू, महकता शोला भी

---

1. शौक़ का गीत, 2. ठंडा, 3. जानी-पहचानी, 4. आतुर, 5. दिल, 6. अनुभव, 7. प्यारी, 8. प्रकृति के जौहर, 9. अमल के चिह्न, 10. निरन्तर धर्मयुद्ध, 11. स्वप्न-फल, 12. ललाट, 13. विश्वास की भावना, 14. आज़ादी की जलन।

ज़रा ज़मीन को महवर[1] पे घूम लेने दे
समाज तुझसे तिरा सोज़ो-साज़ मांगेगी
जमाल[2] सीखेगा ख़ुद - एतमादियां[3] तुझसे
हयाते-नौ[4] तिरे दिल का गुदाज़ मांगेगी

यादे-क़िदवाई

तिलोकचन्द 'महरूम'

मंज़िल को हम रवां थे बसद शौक़ और 'रफ़ी'
हिम्मतफ़ज़ाए - क़ाफ़लः - ए - रहनवर्द[5] था

हर मरहले[6] को उसने तदब्बुर[7] से तै किया
जुरअत[8] में बेमिसाल, ज़िहानत[9] में फ़र्द[10] था

जो मुश्किल आई सामने ठुकरा दिया उसे
हर संगे - राह[11] एक ही ठोकर में गर्द[12] था

अय आह ! उसका काम उसी ने किया तमाम
अहले - वतन के वास्ते जो दिल में दर्द था

हिन्दोस्तां में कौन है अब उसका जांनशीं
'हक़ मग़फ़िरत[13] करे अजब आज़ाद मर्द था'

1. धुरी, 2. सौंदर्य, 3. आत्म-विश्वास, 4. नया जीवन, 5. काफ़ले की हिम्मत बढ़ानेवाला और रास्ता दिखानेवाला, 6. समस्या, 7. बुद्धिमानी, 8. साहस, 9. बुद्धिमानी, 10. व्यक्ति, 11. रास्ते का पत्थर, 12. धूल, 13. मुक्ति।

मौलाना अबुल कलाम आज़ाद

परवेज़ शाहिदी

कौन उभरा मश्रिक़े - हस्ती[1] से मिस्ले - आफ़ताब[2]
ज़र्रे ज़र्रे पर छिड़कता रौशनिए - इंक़िलाब[3]

अज़्मे-रासिख़[4] दिल में कश्ती पै ब पै खेता हुआ
सर में सौदाए - वतन अंगड़ाइयां लेता हुआ

ज़िहने - रौशन की सुनहरी आतिशीं चिंगारियां
अपनी सांसों में लिए मुस्तक़्बिले - हिन्दोस्तां[5]

आंख, आंखों से ख़िराजे - रौशनी[6] लेती हुई
आग दिल की, चेहरः-ए-रौशन पे लौ देती हुई

आंख के रंगीन डोरों में मचलता इंक़िलाब
जुम्बिशे-मिज़गां[7] से गिर गिर के संभलता इंक़िलाब

जगमगाती थरथराती सुर्ख़ कानों की लवें
दिल की ज़िन्दा धड़कनों का जैसे अफ़साना कहें

नुत्क़[8] के सांचे में सहरे-सामरी[9] ढलता हुआ
पर्दः-ए-अल्फ़ाज़[10] में इक तूर[11] सा जलता हुआ

जुम्बिशे-लब[12] हुर्रियत[13] के शोले भड़काती हुई
सुब्हे-आज़ादी जबीं[14] पर रक़्स फ़रमाती हुई

शोलः-ए-गुफ़्तार[15] परचम बनके लहराता हुआ
जल्वः-ए-किरदारे-माहो-ख़ुर[16] को शरमाता हुआ

---

1. हस्ती का पूर्व, 2. सूर्य की तरह, 3. क्रान्ति का प्रकाश, 4. दृढ़ संकल्प, 5. हिन्दुस्तान का भविष्य, 6. प्रकाश का लगान, 7. पलक का झपकना, 8. वाणी, 9. जादू, 10. शब्दों के पर्दे में, 11. एक पहाड़ जहां हज़रत मूसा को ख़ुदा की तजल्ली दिखाई दी थी, 12. होंठों की हरकत, 13. आज़ादी, 14. ललाट, 15. बातचीत की ज्वाला, 16. चांद-सूरज के चरित्र का जल्वा।

नूर दिल का सुब्हे - रौशन की ख़बर देता हुआ
दीदाहाए - कोर[1] को ज़ौके - नज़र[2] देता हुआ

पैकरे - बेरूह[3] में इक रूह सी भरता हुआ
हर नफ़स क़ौमे - हज़ीं[4] को ताज़ादम करता हुआ

शोलः - ए - सोज़े - यक़ीं[5] आफ़त पे आफ़त झेलता
इख़्तिलाफ़ाते - ज़बूं[6] की आंधियों से खेलता

नाज़िशे - ख़ुद - एतमादी[7] रक़्स फ़रमाती हुई
इस्तिक़ामत[8] को तलव्वुन[9] पर हंसी आती हुई

इल्मो - हिकमत[10] को ग़ुरूरे - नौजवानी[11] बख़्शता
क़ुलज़ुमे - अफ़्कार[12] को हुस्ने - रवानी[13] बख़्शता

नब्ज़े मुस्तक़्बिल[14] पे अपनी उंगलियां रक्खे हुए
ज़िहन में जैसे नया हिन्दोस्तां रक्खे हुए

ताज़गी सहने-गुलिस्तां[15] की कली के रूप में
ख़ुद हक़ीक़त[16] जल्वाफ़रमा आदमी के रूप में

बूढ़ा मांझी*

आनन्दनारायण मुल्ला

मांझियो ! साथियो ! अय मेरे रफ़ीक़ो ! यारो
अय जवांसाल मिरे हमसफ़रो !
मुझको धारे से हटाने की यह कोशिश न करो

1. अन्धे की आंखें, 2. नज़र का ज़ौक़, 3. निर्जीव शरीर, 4. दुखी राष्ट्र, 5. विश्वास की जलन का शोला, 6. दयनीय विरोध, 7. आत्मविश्वास का गर्व, 8. दृढ़ता, 9. चपलता, चंचलता, 10. ज्ञान, 11. नौजवानी का घमंड, 12. चिन्तन की नदी, 13. प्रवाह का सौंदर्य, 14. भविष्य की नाड़ी, 15. उपवन का आंगन, 16. सच्चाई।

*हिन्द-चीन जंग के दौरान अन्दरूनी तौर पर ऐसी साज़िश भी की जा रही थी कि नेहरू को हटा दिया जाए जो ज़ाहिर है कामयाब न हो सकी, न हो सकती थी। यह नज़्म उसी साज़िश के पसमंज़र में है।

सालहासाल हुए मैं भी तुम्हारी ही तरह
अपनी किरनों से उजाली हुई कश्ती लेकर
दामने-मौज को देता हुआ चांदी की लकीर
एक उठते हुए सूरज की तरह आया था
चादरे-आब[1] पे चलती थी मिरी कश्ती यूं
फ़र्शे-मख़मल पे क़दम जैसे धरे
नाज़ से कोई हसीं रक़्क़ासा[2]
सीनः-ए-बहर[3] पे जिस तरह खिले नूर[4] का फूल
मेरी सांसों में थी ख़ुशबुए-नसीमे-सहरी[5]
मेरे सीने में फ़रोज़ां थे उमीदों के चराग़
मेरे हर क़तरः-ए-ख़ूं[6] में थी सितारों की तड़प
मेरी नज़रों में थे कुछ क़ौसे-क़ुज़ह[7] रंगे-उफ़क़
और आग़ोशे-उफ़क़[8] में कुछ दूर
रंगो-निकहत[9] के वह पुरकैफ़[10] जज़ीरे[11] थे जहां
सीपी और मूंगे की ख़ुशरंग गुफाओं के क़रीब
बेहिजाबाना[12] फ़क़त ओढ़ के इक चादरे-माह[13]
सो रही थीं मिरे ख़्वाबों की हसीं जलपरियां
और जहां से मिरी दुनियाए-तमन्ना[14] की तरफ़
जगमगाती हुई इक काहकशां[15] जाती थी
और वह रोज़ है और आज का रोज़
मेरी नज़रों में ज़ंजीरें हैं वही
मेरे सीने में है उम्मीद वही, अज़्म[16] वही
कितने साथी मिरे इस राह में मुझसे छूटे
कितने शल[17] होके मिरे साथ सफ़र कर न सके
कितने ग़र्क़ाब[18] हुए
कितने किनारे से लगे
मैं मगर फिर भी उफ़क़ ही पे जमाए नज़रें
उसी जानिब हूं रवां

---

1. पानी की चादर, 2. नर्तकी, 3. समुद्र का सीना, 4. प्रकाश, 5. प्रातः समीर की सुगन्ध, 6. ख़ून की बूंद, 7. इन्द्र-धनुष, 8. क्षितिज की गोद, 9. रंग और सुगन्ध, 10. मस्त, 11. द्वीप, 12. निस्संकोच, 13. चांद की चादर, 14. अरमानों की दुनिया, 15. आकाशगंगा, 16. संकल्प, 17. थककर, 18. डूबा हुआ, जलमग्न।

और अब मुझको यह लगता है कि जैसे मैं हूं
अपने बेड़े की अकेली कश्ती
अपनी कश्ती का अकेला मांझी
और उन सालों में जो बीत गए
जब भी तूफ़ानों ने चाहा मिरा रस्ता रोकें
मिरी ज़रबों[1] ने किया सीनः-ए-तूफ़ां[2] को दो नीम[3]
और मौजों पे रवां यूं था सफ़ीना मेरा
जैसे शाहीं[4] की फ़ज़ा में परवाज़[5]
जैसे सीनों में नहंगों[6] के उतरता है मिरा ख़ंजरे-तेज़
उफ़क़े-शर्क़[7] से लेकर उफ़क़े-ग़र्ब[8] तलक
हुक्मरानी[9] थी मिरी, मैं था अमीरे-क़ुलज़ुम[10]
मैंने इस बहर[11] की हर मौज के सीने पे की सब्त[12]
अपने पतवार की मुहर
क़तरे[13] क़तरे ने बजाया मिरा डंका हर सू
और मिरे बोल बने बहर के गीत
कोई आंधी कभी गुल कर न सकी मेरी निगाहों के चराग़
छीन पाई कोई बिजली न कभी
मेरे होंटों से तबस्सुम मेरा
और किसी शोरिशे-तूफ़ां[14] के दबाए न दबी
मेरी गूंजी हुई ललकार की लै–

और अब फिर है उफ़क़ तीरा-ओ-तार[15]
इक नई और भयानक सी उठी है आंधी
जिससे डर है कि न बुझ जाए हर इक नज्मे-फ़लक[16]
और हर सम्त अंधेरा ही अंधेरा छा जाए
आज इन ताज़ा बलाओं[17] के ख़िलाफ़
तुम समझते हो कि अब मुझमें वह ताक़त न रही
इस उमडती हुई आंधी से जो टक्कर लेकर
खे के ले जाऊं सफ़ीने को किसी मामन[18] में

---

1. चोटों, 2. तूफ़ान का सीना, 3. दो टुकड़े, 4. बाज़, 5. उड़ान, 6. मगरमच्छ, घड़ियाल, 7. पूर्व का क्षितिज, 8. पश्चिम का क्षितिज, 9. राज्य, शासन, 10. क़ुलजुम का सरदार, 11. समुद्र, 12. अंकित, 13. बूंद, 14. तूफ़ान की बग़ावत, 15. अन्धकारमय, 16. आकाश के तारे, 17. विपत्तियां, 18. रक्षा-स्थान।

और तबाही से बचा लूं इसको
मेरे नादान रफ़ीक़ो ! यारो !
इतना कमज़ोर न जानो मुझको
यह तो सच है कि मैं बूढ़ा हूं, जवांसाल नहीं
अब बहुत दूर नहीं मंज़िले-आख़िर मेरी
और कानों में मिरे
तेज़ से तेज़तर आती है समन्दर की पुकार
फिर भी रखता हूं वही हौसला-ओ-अज़्म[1] अभी
मेरे बाज़ू में सकत[2] है, मिरी कश्ती में है दम
और बिफरे हुए गिर्दाबों[3] के ज़ख़्मी सीने
ख़ूंचकां[4] हैं मिरे पतवार के वारों से अभी
आज तक मैं किसी तूफ़ान से हारा तो नहीं
डर के ढूंढा कभी ग़ैरों का सहारा तो नहीं
कभी घबरा के किनारे को पुकारा तो नहीं
और इस साअते-नाज़ुक[5] में भी
अपनी कश्ती किसी साहिल के हवाले तो न की
अपने उड़ते हुए परचम को उतारा तो नहीं
और ताक़त के ख़ुदाओं की ग़ुलामी तो न की
मेरी ग़ैरत को गवारा यह नहीं
मौत मंज़ूर मगर यह मुझे मंज़ूर नहीं
किसी साहिल के पसेपुश्त[6] छुपूं
किसी चौखट पे जबीं[7] घिस के तलबगारे-अमां[8] बन जाऊं
अपने गीतों को भुलाकर किसी आक़ा[9] की ज़बां बन जाऊं
जब तलक दम में है दम मुझसे यह होगा न कभी
छोड़ दूं अपने वह ख़्वाबों के जज़ीरे, वह उफ़क़
और सफ़ीने का किसी और तरफ़ रुख़ फेरूं
दो तरीक़े हैं हर आफ़त से निपटने के लिए
एक बुज़दिल के लिए एक बहादुर के लिए
लड़ के करता है इसे ज़ेर[10] जो है मर्दे-जरी[11]
छूट जाती है मगर हाथ से बुज़दिल के सिपर[12]

---

1. हिम्मत और इरादा, 2. शक्ति, 3. भंवर, 4. ख़ून में डूबे हुए, 5. कोमल घड़ी, 6. पीछे, 7. ललाट, 8. शरण का इच्छुक, 9. मालिक, 10. पराजित, नीचे, 11. शक्तिशाली मर्द, 12. ढाल।

और वह हो जाता है ख़तरे का शिकार
आज तलक मैंने हर इक तूफ़ां को
सीनः-ए-बहर से ललकारा है
एक मांझी के लिए
अब्रो-बादो-महो-ख़ुर्शीदो-कवाकिब[1] के सिवा
न कोई दोस्त न हमराज़ न साथी न अज़ीज़
इसकी कश्ती है फ़क़त इसकी उरूस[2]
और तूफ़ानों की बजती हुई सीटी, दाया
सीनः-ए-बहर है मां की आग़ोश
और इक रोज़ यही उसका मज़ार[3]
अय जवांसाल मिरे सुहराबो !
मुझको मैदां से हटाने की यह कोशिश न करो
वरना फिर मांग के रुस्तम की तरह
मादरे-बहर[4] से अपनी वह पुरानी ताक़त
तुमसे आमादः-ए-पैकार[5] न हो जाऊं कहीं
और तुम्हारे यह सफ़ीने जिन्हें समझे हो तुम आहन[6] के जहाज़
मेरी इक फूंक से अब काग़ज़ी नाव की तरह
मुन्तशिर[7] होके न उड़ जायें कहीं

मांझियो ! साथियो ! अय मेरे रफ़ीक़ो ! यारो !
अय जवांसाल मिरे हमसफ़रो !
मुझको धारे से हटाने की यह कोशिश न करो

दिल तंग न हो

रविश सिद्दीक़ी

न रहा तेशः - ए - फ़रहाद[8] तो दिल तंग न हो
हिम्मते - बाज़ू - ए - मज़दूर[9] अभी बाक़ी है

1. चांद, सूरज, तारे, हवा और बादल, 2. दुल्हन, 3. क़ब्र, 4. समुद्र की माता, 5. लड़ने के लिए तत्पर, 6. लोहा, 7. टुकड़े-टुकड़े, 8. फ़रहाद की कुदाल, 9. मज़दूर की बांहों की हिम्मत।

जुल्फ़े - आशुफ़्तः - ए - गेती[1] भी संवर जाएगी
हमनफ़स इश्क़ की आशुफ़्तासरी[2] बाक़ी है

क्यों हैं दरमान्दः - ए - हसरत[3] तिरे अश्कों के चराग
हल्क़ः - ए - अंजुमने - नीमशबी[4] बाक़ी है

दिल हो बेदार तो हैं शौक़ के पेग़ाम बहुत
सुब्ह बाक़ी है, नसीमे - सहरी[5] बाक़ी है

वादिए - इश्क़[6] से जब बादे - सबा[7] आएगी
दिले - नेहरू के धड़कने की सदा आएगी

जवाहरलाल नेहरू

साहिर लुधियानवी

जिस्म की मौत कोई मौत नहीं होती है
जिस्म मिट जाने से इंसान नहीं मर जाते
धड़कनें रुकने से अरमान नहीं मर जाते
सांस थम जाने से एलान नहीं मर जाते
होंट जम जाने से फ़र्मान नहीं मर जाते
जिस्म की मौत कोई मौत नहीं होती है

वह जो हर दीन से मुनकिर था, हर इक धर्म से दूर
फिर भी हर दीन, हर इक धर्म का ग़मख़्वार रहा
सारी क़ौमों के गुनाहों का कड़ा बोझ लिए
उम्र भर सूरते - ईसा[8] जो सरे - दार[9] रहा
जिसने इंसानों की तक़सीम[10] के सदमे झेले

---

1. धरती की बिखरी हुई लटें, 2. बेचैनी, व्याकुलता, 3. निराशा से निढाल, 4. आधी रात की अंजुमन का हलक़ा, 5. प्रातः समीर, 6. इश्क़ की वादी, 7. हवा, 8. हज़रत ईसा की तरह, 9. फांसी पर, 10. बंटवारा।

फिर भी इन्सां की उख़ूवत[1] का परस्तार रहा
जिसकी नज़रों में था इक आलमी तहज़ीब[2] का ख़्वाब
जिसका हर सांस नए अहद का मेमार[3] रहा
जिसने ज़रदार मईशत[4] को गवारा[5] न किया
जिसको आईने - मुसावात[6] पे इस्रार[7] रहा
उसके फ़र्मानों की, एलानों की ताज़ीम[8] करो
राख तक़सीम की, अर्मान भी तक़सीम करो

मौत और ज़ीस्त[9] के संगम पे परेशां क्यों हो
उसका बख़्शा हुआ सहरंग[10] अलम लेके चलो
जो तुम्हें जादः - ए - मंज़िल[11] का पता देता है
अपनी पेशानी पे वह नक़्शे - क़दम[12] लेके चलो
दामने - वक़्त पे अब ख़ून के छींटे न पड़ें
एक मर्कज़[13] की तरफ़ दैरो - हरम[14] लेके चलो
हम मिटा डालेंगे सरमाया - ओ - मेहनत का तज़ाद[15]
यह अक़ीदा, यह इरादा, यह क़सम लेके चलो
वह जो हमराज़ रहा हाज़िरो - मुस्तक़्बिल[16] का
उसके ख़्वाबों की ख़ुशी, रूह का ग़म लेके चलो

जिस्म की मौत कोई मौत नहीं होती है
जिस्म मिट जाने से इंसान नहीं मर जाते
धड़कनें रुकने से अर्मान नहीं मर जाते
सांस थम जाने से एलान नहीं मर जाते
होंट जम जाने से फ़र्मान नहीं मर जाते
जिस्म की मौत कोई मौत नहीं होती है

1. बराबरी, 2. विश्व-सभ्यता, 3. निर्माता, 4. पूंजीवादी व्यवस्था, 5. सहन, 6. बराबरी का विधान, 7. आग्रह, 8. सम्मान, आदर, 9. ज़िन्दगी, 10. तिरंगा, 11. मंज़िल का मार्ग, 12. पदचिह्न, 13. केन्द्र, 14. मन्दिर, मस्जिद, 15. विरोधाभास, 16. वर्तमान और भविष्य।

नेहरू

मख़दूम मोहिउद्दीन

हज़ार रंग मिले, इक सुबू[1] की गर्दिश में
हज़ार पैरहन आए गए ज़माने में
मगर वह सन्दलो-गुल[2] का ग़ुबार[3] मुश्ते-बहार[4]
हुआ है वादिए-जन्नत निशां में आवारा
अजल[5] के हाथ से छूटा हुआ हयात का तीर
वह शशजिहत[6] का असीर[7]
निकल गया है बहुत दूर जुस्तुजू[8] बनकर

मसीहा

कैफ़ी आज़मी

मैंने तन्हा[9] कभी उसको देखा नहीं
फिर भी जब उसको देखा वह तन्हा मिला
जैसे सहरा में चश्मा[10] कहीं
या समन्दर में मीनारे-नूर[11]
या कोई फ़िक्र[12] औहाम[13] में
फ़िक्र सदियों अकेली अकेली रही
ज़िहन[14] सदियों अकेला अकेला मिला
और अकेला अकेला भटकता रहा
हर नए, हर पुराने ज़माने में वह
बेज़बां[15] तीरगी[16] में कभी
और कभी चीख़ती धूप में
चांदनी में कभी ख़्वाब की

---

1. प्याला, जाम, 2. चन्दन और गुलाब, 3. धूल, 4. बहार की रंगलियां, 5. मौत, 6. विभिन्न दिशाओं, 7. क़ैदी, 8. खोज, 9. अकेला, 10. स्रोत, 11. प्रकाश का मीनार, 12. चिन्तन, 13. भ्रम, 14. दिमाग़, 15. ख़ामोश, 16. अन्धकार।

उसकी तक़दीर थी इक मुसलसल[1] तलाश
ख़ुद को ढूंढा किया हर फ़साने में वह
जिन तक़ाज़ों ने उसको दिया था जनम
उनकी आग़ोश[2] में फिर समाया न वह
ख़ून में वेद गूंजे हुए
और जबीं[3] पर फ़रोज़ां अज़ां[4]
और सीने पे रक़्सां सलीब[5]
बेझिझक सबके क़ाबू में आता गया
और किसी के भी क़ाबू में आया न वह
बोझ से अपने उसकी कमर झुक गयी
क़द मगर और कुछ और बढ़ता रहा
ख़ैर-ओ-शर[6] की कोई जंग हो
ज़िन्दगी का हो कोई जिहाद[7]
या कोई मारिका[8] इश्क़ का
वह हमेशा हुआ सबसे पहले शहीद
सबसे पहले वह सूली पे चढ़ता रहा
हाथ में उसके क्या था जो देता हमें
सिर्फ़ एक कील उसी कील का इक निशां
नशः-ए-मै[9] कोई चीज़ है
इक घड़ी, दो घड़ी, एक रात
और हासिल वही दर्दे-सर
उसने ज़िन्दां[10] में लेकिन पिया था जो ज़हर
उठके सीने पे बैठा न उसका धुआं

---

1. निरन्तर, 2. गोद, 3. ललाट, 4. अज़ान, बांग, 5. क्रास, जिस पर हज़रत ईसा को लटकाया गया था, 6. नेकी और बदी, 7. धर्मयुद्ध, 8. मोर्चा, जंग, 9. मदिरा का नशा, 10. जेल, कारागार।

ख़्वाबों का मसीहा

एजाज़ सिद्दीक़ी

ख़्वाब, जो एक मुदब्बिर[1] ने कभी देखे थे
ख़्वाब वह टूट गए
वह मुदब्बिर न रहा
वह मुदब्बिर, वह मुफ़क्किर,[2] वह सियासत का इमाम
जिसने की अपने तदब्बुर[3] की ज़िया[4] से रौशन
इक नई सुब्ह, नई लौहे - उफ़क़,[5] इक नई शाम
ज़ोमे - ख़ुर्शीद[6] को भी तोड़ गयी जिसकी किरन

जिसकी ताबिश[7] से सितारों की लवें थर्राईं
लम्स[8] से जिसके फ़रोज़ां हुई क़न्दीले - सहर[9]
ज़ुल्मतें[10] अपनी तगो - ताज़[11] से ख़ुद घबराईं
उसने जब डाल दी मस्तूर[12] अंधेरों पे नज़र

ख़्वाब जो एक मसीहा ने कभी देखे थे
ख़्वाब वह टूट गए
वह मसीहा न रहा
वह मसीहा, वही ईसा - नफ़सो - ख़िज़्रे - हयात[13]
फूंक दी जिसने नई रूह तने - मुर्दा में
जिसने दी मश्रिक़ को मग़्रिब की ग़ुलामी से निजात[14]
जिसने ख़ुशियों को बिखेरा रहे - आज़ुर्दा[15] में

जिसने ऐटम के ख़ुदाओं के भी मुंह फेर दिए
शोलः - ए - जंग[16] को हर बार किया जिसने सर्द
जो चहकता ही रहा अम्न का पैग़ाम लिए
जिसने महसूस किया वाक़ई इंसान का दर्द

---

1. राजनीतिज्ञ, 2. चिन्तक, 3. राजनीति, 4. चमक, 5. क्षितिज की तख़्ती, 6. सूर्य का घमंड, 7. गर्मी, 8. छूना, 9. प्रातःकाल की क़ंदील, 10. अन्धकार, 11. दौड़-धूप, 12. गुप्त, 13. जीवन की सांसों का आना-जाना, 14. मुक्ति, 15. दुखों का मार्ग, 16. युद्ध की आग।

ख़्वाब, इक मुहसिने - आज़म[1] ने जो देखे थे कभी
ख़्वाब वह टूट गए
और वह मुहसिन न रहा
मुहसिने - क़ौमो - वतन,[2] मर्जा - ए - तहज़ीबो - कमाल[3]
चारासाज़े - ग़मे - जां,[4] मुल्क का मेमारे - अज़ीम[5]
मर्दे - मैदाने - अमल,[6] वाक़िफ़े - मुस्तक़्बिलो - हाल[7]
जिसके अन्फ़ास[8] से फूटी थी अज़ाइम[9] की शमीम[10]

मंज़िलें जिसकी थीं हर जादः - ए - मंज़िल[11] से अलग
जिसने कांटों से किया प्यार, गुलों को चूमा
अपनी महफ़िल जो सजाता रहा, महफ़िल से अलग
जिसकी दिलसोज़ नवाओं[12] से ज़माना झूमा

ख़्वाब, जो एक मुसव्विर ने कभी देखे थे
ख़्वाब वह टूट गए
वह मुसव्विर न रहा
रंग भरता रहा जो क़ौम की तस्वीरों में
रूहो - जज़्बातो - ख़यालात[13] की यकजिहती का
ख़ूने-दिल जिसका छलकता रहा तक़रीरों में
एक ही रंग अयां जल्वः - ए - सदरंग से था

कुछ मुरक़्क़ों[14] में धड़कता हुआ जम्हूर का दिल
कुछ मुरक़्क़ों में सिसकते हुए चेहरों का जमाल[15]
कुछ मुरक़्क़ों में बफरती हुई मौजे - साहिल[16]
कुछ मुरक़्क़ों में नए हिन्द की सनअत[17] का कमाल

ख़्वाब, एक रहनुमा ने जो कभी देखे थे
ख़्वाब वह टूट गए
रहनुमा भी न रहा

---

1. महान उपकारी, 2. राष्ट्र का उद्धार करनेवाला, 3. सभ्यता और कमाल का शरणस्थल, 4. दुख का इलाज करनेवाला, 5. महान निर्माता, 6. अमल के मैदान का हीरो, 7. वर्तमान और भविष्य से परिचित, 8. सांसें, 9. संकल्प, 10. ख़ुशबू, 11. मंज़िल का रास्ता, 12. आवाज़, गीत, 13. भावनाओं और विचारों की आत्मा, 14. चित्र, 15. सौंदर्य, 16. किनारे की मौज, 17. उद्योग।

ऐसा रहबर कि जो हर पेचो - ख़मे - रह[1] में चला
न ग़मे - कज - सफ़रां[2] था न ग़मे - तन्हाई
जिसका हर लफ़्ज़ था रहरौ के लिए बांगे - दरा[3]
ऐसा राही कि जो मंज़िल का शनासाई था

तेशः - ए - फ़िक्र[4] से राहों के जिगर को चीरा
दस्ते - पुर - अज़्म[5] से हमवार किया यादों[6] को
लाख तूफ़ान थे रस्ते में मुख़ालिफ़[7] थी हवा
लेके चलता ही रहा ख़ानमां बरबादों को

ख़्वाब, इक जौहरे - ताबां ने जो देखे थे कभी
ख़्वाब वह टूट गए
वह जवाहर न रहा
वह जवाहर कि जो चमका गया तक़दीरे - वतन[8]
इर्तिक़ा[9] का जो पयामी[10] था नक़ीबे - तहज़ीब[11]
वह जवाहर, जो बहर रंग था तनवीरे - वतन[12]
दी 'नये हिन्द' की तारीख़ उसी ने तर्तीब[13]

जिसके सीने में महकता ही रहा सुर्ख़ गुलाब
जिसकी आंखों में मचलती रही सहबाए - उसूल[14]
ज़िन्दगी जिसकी थी मुस्तक़्बिले-आलम[15] की किताब
जिसके हर सफ़हे पे है फ़लसफ़ः-ए-रद्दो-क़बूल[16]

वह नए हिन्द का मेमार, नए दौर का ख़्वाब
अपनी ताबीर को इक ज़िन्दा हक़ीक़त देकर
बन गया 'आलमी तारीख़' में आप अपना जवाब
दावते - आश्ती - ओ - अम्नो - महब्बत[17] देकर

ख़्वाब टूटे हैं न टूटेंगे कभी दीवानो
ख़्वाब तो रूकशे - ताबीर[18] हुआ करते हैं

---

1. मार्ग के मोड़, 2. टेढ़े साथी, 3. घंटे की आवाज़, 4. चिन्तन की कुदाल, 5. संकल्प से भरे हाथ, 6. मार्ग, 7. विपरीत, 8. देश का भाग्य, 9. विकास, 10. सन्देशवाहक, 11. सभ्यता का एलान करनेवाला, 12. देश का प्रकाश, 13. सम्पादित, 14. उसूलों की मदिरा, 15. संसार का भविष्य, 16. स्वीकार करने या ठुकराने का फ़लसफ़ा, 17. प्यार, मुहब्बत और दोस्ती का निमन्त्रण, 18. स्वप्नफल से शर्मिन्दा।

ख़्वाब जिसने तुम्हें बख़्शे हैं, उसे पहचानो
क़स्र[1] ख़्वाबों ही से तामीर हुआ करते हैं
उसकी तक़्लीद[2] करो
उसकी ताज़ीम[3] करो
उसकी ताईद[4] करो
उसकी तकरीम[5] करो
जिसने ख़्वाबों के जज़ीरे[6] में हमें छोड़ा है
इक बड़े सब्रशिकन वक़्त पे मुंह मोड़ा है

सुर्ख़ गुलाबों ने कहा

सलाम मछली शहरी

गुफ़्तुगू है आपस में अहमरीं[7] गुलाबों की
हम सहर[8] हैं नेहरू के ताबनाक ख़्वाबों[9] की

किस ख़ुलूसे - शफ़क़त[10] और किस क़दर क़रीने से
वह लगाए रहते थे, हमको अपने सीने से

चाहता था क्या दिल का साज़, हम समझते हैं
उनके ख़्वाबे - ज़रीं[11] का राज़ हम समझते हैं

इक इरम[12] सजाते थे वह हमारी ख़ुशबू से
हम क़रीब रहते थे ख़्वाबहाए - नेहरू[13] से

उनके ख़्वाब का हासिल, इक हसीन दुनिया थी
महफ़िले - बहारां थी, बज़्मे - शेरो - नग़्मा थी

---

1. महल, 2. पीछे चलना, 3. इज़्ज़त, 4. समर्थन, 5. आदर, 6. टापू, 7. लाल, 8. प्रभात, 9. चमकदार स्वप्न, 10. दया की निष्ठा, 11. सुनहरा स्वप्न, 12. स्वर्ग, 13. पंडित नेहरू के स्वप्न।

उनके फ़िक्र की वुसअत,[1] उनके दिल की अज़्मत[2] है
हम उन्हीं के ख़्वाबों का अक्से - नूरो - निकहत[3] हैं

हम तो यह समझते हैं अब नई सहर होगी
और यह सहर बेशक जन्नते - नज़र होगी

अब मिलेगी इक ताबीर उनके दिल के ख़्वाबों की
और अवाम समझेंगे बात हम गुलाबों की

जवाहर ज्योति

रिफ़अत सरोश

मशअले - अम्नो - महब्बत है जवाहर ज्योती
इसकी लौ है कि तबस्सुम है लबे - नेहरू[4] का
इसकी लौ है कि महब्बत का अमर नग़्मा है
इसकी लौ है कि तकल्लुम[5] है लबे - नेहरू का

यह जवाहर की अमर जोत है या मशअले - नूर[6]
मशअले - नूर है या एक तरो - ताज़ा गुलाब
हां यही फूल है पैग़ामे - महब्बत का अमीं[7]
हां यही शोला है गुलशन में निहाले - शादाब[8]

नौजवानों की उमंगों का यह रक़्सां[9] शोला
आलमी अम्न की ज्योती है ग़ज़लख़्वां[10] जिसमें
आंधियां लाख चलें फिर भी नहीं बुझ सकता
नूरे - मुस्तक़्बिले - इंसां[11] है, पर अफ़शां[12] जिसमें

---

1. फैलाव, 2. महानता, 3. प्रकाश और सुगन्ध का प्रतिबिम्ब, 4. नेहरू के होंठ, 5. बातचीत, 6. प्रकाश की मशाल, 7. अमानतदार, 8. हरा-भरा दरख़्त, 9. नृत्य करती हुई, 10. ग़ज़ल गाती हुई, 11. इंसान के भविष्य का प्रकाश, 12. छुपा हुआ।

यह जवाहर की अमर जोत ही वह सूरज है
जिसकी क़िस्मत में है हर लम्हा दरख़्शां[1] रहना
दिन हो या रात इसी शान इसी अज़्मत[2] से
जागना और ज़माने का निगहबां रहना

नेहरू की वसीयत

अख़्तर अंसारी

मैंने इस देश के ख़्वाबों से महब्बत की है
आरज़ूओं के जुलूसों की क़ियादत[3] की है
मसलके - जहदो - कशाकश[4] की हिमायत की है
केशे - तख़्लीक़े - मक़ासिद[5] की इशाअत[6] की है
ख़्वाबे - फ़र्दा[7] के तसव्वुर[8] की इबादत[9] की है

कोई दुनिया में है जन्नत के सराबों[10] पे निसार
कोई क़ुदरत के पुर - असरार[11] हिजाबों[12] पे निसार
कोई मैख़ानः - ए - उल्फ़त की शराबों पे निसार
चश्मे - पुरख़श्म[13] के रंगीन इताबों[14] पे निसार
हम रहे हुर्रियते - मुल्क[15] के ख़्वाबों पे निसार

आह यह दश्तो-जबल,[16] यह चमन ख़ुल्दसवाद[17]
वादिए - गंगो - जमन, ख़ित्तः - ए - फ़िर्दौस - नज़ाद[18]
जिन बहारों से रहा मेरा तख़ैयुल[19] आबाद
ता अबद[20] उनकी महब्बत में रहूंगा दिलशाद
होके बरबाद भी मैं हो नहीं सकता बरबाद

---

1. चमकदार, 2. महानता, 3. नेतृत्व, 4. संघर्ष का मार्ग, 5. उद्देश्य की सृष्टि का धर्म, 6. प्रकाशन, 7. कल की नींद, 8. कल्पना, 9. आराधना, 10. मरीचिका, 11. रहस्यमय, 12. शर्म, संकोच, 13. क्रोधभरी आंख, 14. कोप, 15. देश की आज़ादी, 16. जंगल और पहाड़, 17. स्थायी रहनेवाला स्वर्ग, 18. नज़ाद की जन्नत का भाग, 19. कल्पना, 20. अनन्तकाल तक।

और यह हिन्द के सीने पे मचलती गंगा
नब्ज़े - हस्सास[1] के मानिन्द उछलती गंगा
कभी तूफ़ां कभी सैलाब[2] उगलती गंगा
कभी सिमटी हुई बच बच के निकलती गंगा
हर नई रुत में नया रंग बदलती गंगा

जिसको मैंने कभी इठलाते हुए देखा है
इक अजब नाज़ से लहराते हुए देखा है
और कभी ग़ैज़[3] से थर्राते हुए देखा है
आलमे - क़हर[4] में बल खाते हुए देखा है
ख़ास अदा से कभी सुस्ताते हुए देखा है

इसको तहज़ीबे - मुसलसल[5] की अलामत[6] कहिए
इक कुहनसाल[7] तमद्दुन[8] की रिवायत[9] कहिए
दामने - हाल[10] में माज़ी[11] की अमानत कहिए
रम्ज़े - गीराईए - तारीख़ो - सक़ाफ़त[12] कहिए
जिसपे तशरीह[13] फ़िदा हो वह इशारत[14] कहिए

आरज़ू है इसी मीरास में खो जाऊं मैं
इन्हीं अमवाज[15] की आग़ोश में सो जाऊं मैं
जानो - दिल को इन्हीं लहरों में समो जाऊं मैं
कश्तिए - उम्र[16] यहीं अपनी डुबो जाऊं मैं
जुज़्वे - ख़ाके - वतन[17] इस तौर से हो जाऊं मैं

मेरी मिट्टी सिफ़ते - बाद[18] उड़ा दी जाए
हिन्द की अर्ज़े - मुक़द्दस[19] पे लुटा दी जाए
देस की ख़ाक के ज़र्रों में मिला दी जाए
लहलहाते हुए खेतों में सुला दी जाए
और जो बच रहे गंगा में बहा दी जाए

---

1. भावुक नाड़ी, 2. बाढ़, 3. क्रोध, 4. क्रोध की दशा, 5. सभ्यता, 6. लक्षण, 7. पुराना, 8. संस्कृति, 9. परम्परा, 10. वर्तमान का दामन, 11. भूतकाल, 12. सभ्यता और इतिहास के फैलाव का प्रतीक, 13. विवरण, 14. इशारा करना, 15. मौजें, 16. उम्र की नाव, 17. देश की धूल का अंग, 18. हवा की तरह, 19. पवित्र धरती।

सन्दल-ओ-गुलाब की राख

अली सरदार जाफ़री

मेरे वतन की ज़मीं के उदास आंचल में
न आज रंग न ख़ुशबू, भरी हुई है धूल

ख़बर नहीं कि है किस दिलजले की राख जिसे
झुका के सर को पहाड़ों ने भी किया है क़ुबूल

सुना है जिसकी चिता से यह ख़ाक आई है
वह फ़स्ले-गुल[1] का पयम्बर[2] था अहदे-नौ[3] का रसूल

उसे ख़बर थी ख़िज़ां[4] किस चमन में सोती है
वह जानता था कि क्या है बहार का मामूल[5]

सिखाया कशमकशे - जंगो - अम्न[6] में उसने
जराहतों[7] को चमन - बन्दिए - जहां[8] का उसूल

उन्हीं दिलों में महब्बत की क्यारियां बोईं
उगे हुए थे जहां सिर्फ़ नफ़रतों के बबूल

अता[9] हुई थी उसे रोज़ो - शब की बेताबी
वह उसकी जुरअते - रिन्दाना,[10] उसका शौक़े-फ़ुज़ूल[11]

जो आज मौत के दामन में इक सितारा है
वह ज़िन्दगी के गरीबां में था गुलाब का फूल

वफ़ा का ज़िक्र ही क्या, उसकी बेवफ़ाई ने
ख़िराजे - इश्क़ो - महब्बत[12] किया है हमसे वसूल

वह बिरहमन कि जिसे मस्जिदों ने प्यार किया
वह बुतशिकन कि जो बज़्मे - बुतां[13] में था मक़बूल[14]

---

1. बहार का मौसम, 2. सन्देशवाहक, ख़ुदा का प्रतिनिधि, 3. नवयुग, 4. पतझड़, 5. नियम, 6. शान्ति और युद्ध का संघर्ष, 7. ज़ख़्म, 8. दुनिया के बाग़ को सजाने का, 9. प्रदान, 10. बहादुरी, 11. असीम शौक़, 12. प्रेम की श्रद्धा, 13. सुन्दरियों की महफ़िल, 14. लोकप्रिय।

वह जिस्म आज है जो सन्दलो - गुलाब की राख
वतन की ख़ाक है सज्दों में अब भी है मशगूल[1]

उतर रहा है कुछ इस तरह अपनी धरती पर
कि आसमान से जिस तरह रहमतों का नुज़ूल[2]

अब उसके फ़ैज़ से बंजर भी लहलहाएंगे
खिलेंगे ख़ारे - बयाबां[3] से भी बहार के फूल

अमानते-ग़म

(लालबहादुर शास्त्री की मौत पर)

अली सरदार जाफ़री

वह जब तलक था, उफ़क़ पर हमें ख़याल न था
कि रौशनी की किरण भी है इस अंधेरे में
यह नफ़रतों का अंधेरा जो दिल का दुश्मन है

हज़ारों लाखों सितारे तुलूअ[4] होते हैं
सियाह[5] रात के सीने पे तैरने के लिए
और उसके बाद वह सैलाबे - सुब्ह[6] में जाकर
जो डूबते हैं तो उनका पता नहीं चलता
मगर यह नन्हा सितारा, यह नूर का नुक़्ता[7]
जो दिलफ़िगार भी था और बेक़रार भी था
ग़ुरूब[8] होके जो चमका जो आफ़्ताब[9] बना
ग़रीबो - आजिज़ो - मिस्कीनो - बेज़रो - नादार[10]
वह इंकिसार[11] में डूबा ख़ुलूस[12] का पैकर[13]

---

1. व्यस्त, 2. अवतरण, उतरना, 3. जंगल के कांटे, 4. उदय, 5. अंधेरी, 6. सुबह की बाढ़, 7. बिन्दु, 8. अस्त, 9. सूर्य, 10. दरिद्र, विनम्र और मजबूर, 11. विनम्रता, 12. निष्ठा, 13. आकृति।

जिसे मिली थी शराफ़त दुखे हुए दिल की
न जाहो - हश्मते - हाकिम[1] न दौलते - दुनिया
अता हुआ था उसे सिर्फ़ मुफ़लिसी[2] का ग़ुरूर
वह एक अश्क का क़तरा[3] था, उसका सरमाया

बस एक दर्दे - महब्बत, बस एक दौलते - ग़म
और उसका आख़री तुहफ़ा अमानते - ग़म है
यह बार उठेगा इसी इज्ज़ो - इंकिसार[4] के साथ

अमानते - ग़मे - इन्सां,[5] अमानते - ग़मे - दिल[6]
यह इक चराग़ है, क़न्दीले - महरो - मह[7] की तरह
जो यह न हो तो ज़माने में रौशनी क्यों हो

यह एक फूल है जो ज़ख़्म के गुलिस्तां में
खिला, नहाया, शहीदों के ख़ूं की बारिश में
नहाया ख़्वाहिशे - अम्नो - अमां की शबनम में

यह ताशक़न्द के सीने का सुर्ख़ फूल भी है
इसी को कहते हैं लाहौर की ज़बीं का गुलाब
महक रहा है जो दिल्ली के अब गरीबां में

उठो कि जश्ने - दिलो - जां[8] मनाया जाएगा
हर इक चमन में यही गुल खिलाया जाएगा
यह गुल जो दर्दे - महब्बत, अमानते - ग़म है
यह गुल जो शोख़ भी, ख़ूं गश्ता[9] भी, मलूल[10] भी है
ख़ुदाए - इश्क़ भी है, अम्न का रसूल भी है

---

1. शान-शौकत, 2. दरिद्रता, 3. बूंद, 4. विनम्रता, 5. इंसान के ग़म की अमानत, 6. दिल के ग़म की अमानत, 7. चांद-सूरज, 8. दिल और जान का समारोह, 9. ख़ून में डूबा हुआ, 10. उदास।

ज़ाकिर हुसैन

कुंवर महेन्द्रसिंह बेदी 'सहर'

तेरी फ़ितरत[1] में है गोबिन्द का ईसार[2] मगर
इब्ने - मरियम[3] का मुक़ल्लिद[4] तिरा किरदार, मगर
राम और कृष्ण के जीवन से तुझे प्यार मगर
बादः - ए - हुब्बे - मुहम्मद[5] से भी सरशार मगर
सिख न ईसाई, न हिन्दू न मुसलमान है तू
तेरा ईमान यह कहता है कि इंसान है तू

हिन्दुओं से तुझे लेना है ज़हानत[6] का कमाल
और सिक्खों से शुजाअत[7] कि न हो जिसकी मिसाल
अहले - इस्लाम से लेना है इबादत का जलाल[8]
और ईसाइयों से सब्र, लगन, इस्तिक़लाल[9]
इन अनासिर[10] को महब्बत से मिलाना होगा
किश्वरे - हिन्द का इंसान बनाना होगा

मन के मन्दिर को मुनव्वर[11] करे नूरे - इस्लाम[12]
काबः - ए - दिल[13] में शामो - सहर राम का नाम
कभी गंगा कभी कौसर से मिलें जाम पे जाम
यूं बनें शीरो - शकर[14] तेरी हुकूमत में अवाम
राम हो और, रहीम और न होने पाए
अब कोई बच्चा यतीम और न होने पाए

तुझसे उम्मीद यह है मुल्क में इफ़्लास[15] न हो
तंगदस्ती न नज़र आए कहीं यास[16] न हो

---

1. प्रकृति, 2. क़ुर्बानी, 3. हजरत ईसा, 4. अनुयायी, 5. महम्मद की मुहब्बत की मदिरा, 6. प्रतिभा, 7. बहादुरी, 8. प्रताप, 9. स्थिरता, 10. तत्त्व, 11. प्रकाशमान, 12. इस्लाम का प्रकाश, 13. दिल का काबा, 14. दूध और शक्कर, 15. ग़रीबी, 16. निराशा।

अलमो - रंज का, दुख दर्द का एहसास न हो
और तअस्सुब[1] की किसी क़ौम में बू बास न हो
अंसरे - अम्नशिकन[2] को तहो - बाला[3] कर दे
तू जो आया है तो दुनिया में उजाला कर दे

रौशन चेहरे

(डॉक्टर ज़ाकिर हुसैन की मृत्यु से प्रभावित होकर)

फ़सीह अकमल क़ादरी

वक़्त के साए में जो लम्हे[4] जवां होते हैं
उम्रे - बेमाया[5] के एहसास से ढल जाते हैं
बाज़ लम्हे मगर ऐसे भी हुआ करते हैं
जिनसे सदियों के मिटे नक़्श उभर आते हैं

यह वह लम्हे हैं जो तारीख़[6] के औराक़[7] में भी
ज़ीनते - अस्रे - गरांमाया[8] कहे जाते हैं
यही लम्हात हैं माज़ी[9] के दरख़्शां महताब[10]
इन्हीं लम्हात से आईने चमक पाते हैं

यही लम्हात जो आग़ोशकुशा[11] होते हैं
आदमी को हदे - इम्कां[12] में कहां रखते हैं
यही लम्हात जो देते हैं नफ़स[13] को एहसास[14]
फ़िक्रे-इंसां[15] को हक़ाइक़[16] से गरां[17] रखते हैं

---

1. भेदभाव, 2. शान्ति भंग करनेवाला तत्त्व, 3. नष्ट-भ्रष्ट, 4. क्षण, 5. दरिद्र आयु, 6. इतिहास, 7. पृष्ठ, 8. बहुमूल्य समय की शोभा, 9. भूतकाल, 10. चांद, 11. हाथ फैलाए हुए (गोद में लेने के लिए), 12. सम्भावना की सीमा, 13. सांस, 14. अनुभूति, 15. इंसान की चेतना, 16. सच्चाई, 17. महंगा।

यह गरांबारिए - एहसास[1] यह तख़ईले - हयात[2]
हर नए मोड़ पे तामीर में ढल जाती है
परे - परवाज़े - मलाइक[3] न जहां तक पहुंचे
ऐसे संगीन इरादों में बदल जाती है

इन्हीं संगीन इरादों का उजाला लेकर
मंज़िले-जहदो-अमल[4] में जो क़दम रखता है
इक धनक[5] टूट के राहों में बिखर जाती है
एक सूरज है जो क़दमों का भरम रखता है

यह धनक नस्ल की तामीर[6] में काम आती है
रंग सीनों में उतरते हैं उजाले बनकर
जादुए - तीरगिए - शब[7] नहीं चलता उस दम
रौशनी रक़्स - कुनां[8] रहती है हाले बनकर

यही हाले कई चेहरों पे ठहर जाते हैं
और हर चेहरे को ख़ुर्शीद कहा जाता है
कहीं आज़ादो - जवाहर कहीं ज़ाकिर उनको
ज़ाहिरी लफ़्ज़ों में इक नाम दिया जाता है

नाम का फ़र्क़ कोई फ़र्क़ नहीं होता है
मसलिहत[9] ऐसे कई ख़ोल बना देती है
कोई सूरज भी किसी ख़ोल में छुप सकता है
गर्द क्या चांद के चेहरे को छुपा सकती है

ज़िन्दगी एक हक़ीक़त[10] है मगर सोचता हूं
ख़्वाब बेदारी[11] पे छा जाए यह नामुम्किन है
मौत तो चेहरों का कजला ही दिया करती है
मौत इन चेहरों को कजलाये यह नामुम्किन है

●●●

---

1. एहसास की कठिनाई, 2. जीवन की कल्पना, 3. फ़रिश्तों के पर, 4. संघर्ष और अमल की मंज़िल, 5. इन्द्रधनुष, 6. निर्माण, 7. रात के अंधेरे का जादू, 8. नाचती हुई, 9. समझ-बूझ, 10. सच्चाई, 11. नींद।

हिन्दोस्तां हमारा-1

हिन्दोस्तां हमारा

1

सम्पादक

जां निसार अख़्तर

हिन्दी शब्दावली

मुग़नी अब्बासी

ज़ोया अब्बासी

हिन्दुस्तानी बुक ट्रस्ट

मुम्बई-20

ISBN : 978-93-90971-79-4

मूल्य : ₹2999
(दो खंडों का सम्पूर्ण सेट)

पहला संस्करण : 1973
छठा संस्करण : 2026

प्रकाशक : राजकमल प्रकाशन प्रा. लि.
1-बी, नेताजी सुभाष मार्ग, दरियागंज
नई दिल्ली-110 002
शाखाएँ : अशोक राजपथ, साइंस कॉलेज के सामने, पटना-800 006
पहली मंजिल, दरबारी बिल्डिंग, महात्मा गांधी मार्ग, प्रयागराज-211 001
1, अनमोल सोराबजी सन्तुक लेन, धोबी तलाव, मरीन लाइंस, मुम्बई-400 002
वेबसाइट : www.rajkamalprakashan.com
ई-मेल : info@rajkamalprakashan.com

मुद्रक : यश प्रिंटोग्राफिक्स
नोएडा-201 301 (उत्तर प्रदेश)

HINDOSTAN HAMARA-1
Edited by Jaan Nisar Akhtar

पंडित जवाहरलाल नेहरू की याद में
जिन्होंने हिंदुस्तान को सेक्यूलरिज़्म
और जम्हूरियत प्रदान की

प्रस्तावना

अपनी प्रकृति से ही उर्दू तमाम भारतीय भाषाओं में सबसे अधिक तरक़्क़ीपसंद, उदार और धर्मनिरपेक्ष भाषा है। उर्दू के इतिहास पर एक सरसरी नज़र डालना यह समझने के लिए काफ़ी है कि क्योंकर यह भाषा इतनी निष्पक्ष और समभावपूर्ण है। इस भाषा के बारे में सबसे बड़ी भ्रांति यह है कि इसे मुसलमान शासकों द्वारा लाकर यहां के लोगों पर थोप दिया। सच यह है कि पूरी तरह भारतीय भाषा है और अपनी ग्रहणशील स्वभाव के कारण सही मायने में भारतीय उपमहाद्वीप की सच्ची लोकभाषा कही जा सकती है। वाक्य विन्यास के नज़रिये से इसकी जड़ें खड़ी बोली की ज़मीन में गहराई तक डूबी हैं जबकि इसकी शब्दावली हिंदी और संस्कृत के अलावा फ़ारसी, अरबी, टर्की, अंग्रेज़ी, फ़्रेंच, पुर्तगाली और उन तमाम भाषाओं के शब्दों को समाहित किए हुए है जो अविभाजित भारत में प्रचलित थीं। यह सब मिलकर उर्दू की ज़बान और अदब को शक्ल देते हैं। उर्दू ज़बान के आधारभूत तत्त्व इसकी धर्मनिरपेक्षता और राष्ट्रवाद हैं और वे इसकी कविता और गद्य में प्रभावशाली अभिव्यक्ति पाते हैं। लगभग पैंतीस साल पहले मेरे वालिद श्री जां निसार अख़्तर ने राष्ट्रवादी उर्दू कविता का विस्तृत चयन *हिन्दोस्तां हमारा* किया था जिसे *हिन्दुस्तानी बुक ट्रस्ट* ने दो खंडों में छापा था। इस चयन की ख़ासियत दोनों खंडों के साथ लगे जां निसार अख़्तर के लिखे दो परिचयात्मक लेख हैं। पहले खंड में कवितायें हैं जिनमें भारत की महानता, इसकी प्राकृतिक सुंदरता, मौसम, तीज त्योजार, शहर और गांव, पुरातत्व, कला, धार्मिक नेता, कहानियां और हमारे जीने के अंदाज़ की बातें हैं। दूसरा खंड पूरी तरह राजनीतिक और देशप्रेम की कविताओं को समर्पित है। यह किताब अब लगभग अप्राप्य है। इसलिए इसका पुनर्मुद्रण पूरी तरह न्यायोचित है ताकि आज के भारत में उर्दू को लेकर फैल रही अफ़वाहों और ग़लत धारणाओं को ख़त्म किया जा सके। मुझ पूरा यक़ीन है कि यह किताब हमारे पाठक को उर्दू और उर्दू की मातृभूमि भारत की बेहतर समझ देगी।

–जावेद अख़्तर

13 फ़रवरी, 2006

विषय-सूची

दूसरा अध्याय

हमारे क़ुदरती मनाज़िर

पहला भाग

हमारे क़ुदरती मनाज़िर

दूसरा भाग

तीसरा अध्याय

हमारे सुब्ह-ओ-शाम

चौथा अध्याय

हमारे मौसम

पांचवां अध्याय

हमारे त्योहार

छठा अध्याय

हमारे शहर और इलाक़े

सातवां अध्याय

हमारी तामीरात

आठवां अध्याय

हमारे फ़ुनूने-लतीफ़ा

(ललित कलायें)

नवां अध्याय

हमारे धार्मिक नेता

दसवां अध्याय

हमारी हिकायात

(कथा-माला)

पहला भाग

हमारी हिकायात

दूसरा भाग

ग्यारहवां अध्याय

हमारा अंदाज़े-इश्क़

भूमिका

उर्दू शाइरी शुरू ही से मिली-जुली सभ्यता की अमानतदार रही है। यों तो हिंदू और मुस्लिम सभ्यतायें उस समय से एक-दूसरे को प्रभावित करने लगी थीं जब मुसलमानों ने सिंध में अपने क़दम जमाए। लेकिन वह प्रारम्भिक दौर कहा जा सकता है। शुरू में इस आपसी मेलजोल का ख़ास पहलू मुसलमान सूफ़ियों के आन्दोलन हैं। हिंदुस्तान का वातावरण पहले से इन सूफ़ियों के ईरानी तसव्वुफ़ को स्वीकार करने के लिए तैयार था। हिंदुस्तान ने प्राचीन काल में उपनिषदों का जो फ़लसफ़ा पैदा किया था और जिसे नवीं शताब्दी में शंकराचार्य ने पुनर्जीवित किया, उसमें अद्वैत की कल्पना मौजूद थी। बाद में विष्णु-भक्ति आन्दोलन ने भी अद्वितीय अस्तित्व की प्राप्ति के लिए सूफ़ियों के मार्ग को ही अपनाया था। अतएव एक तरफ़ तसव्वुफ़ का असर भक्ति आन्दोलन पर पड़ा तो दूसरी तरफ़ तसव्वुफ़ भी हिंदू दर्शन से प्रभावित हुआ। तसव्वुफ़ और भक्ति के इन आन्दोलनों के फलस्वरूप सभ्यता और धर्म के वैमनस्य निरर्थक समझे जाने लगे थे। राम और रहीम एक ही कल्पना के द्योतक नज़र आने लगे थे। यही वह रहस्य था जो दोनों मज़हबों की रूह के लिए एक संगम का काम दे सका। मुसलमान सूफ़ियों में ख़्वाजा मुईनुद्दीन चिश्ती (मृत्यु 1226), ख़्वाजा क़ुतबुद्दीन बख़्तियार काकी, ख़्वाजा फ़रीदुद्दीन गंजशकर और निज़ामुद्दीन औलिया वग़ैरा का ख़ास तौर पर नाम लिया जा सकता है। बारहवीं सदी में दक्षिण में भक्ति आन्दोलन का बड़ा ज़ोर था। रामानुज के प्रभाव से यह तहरीक दक्षिण में बहुत लोकप्रिय हुई। तेरहवीं सदी में जब दिल्ली को एक केन्द्रीय हुकूमत की हैसियत प्राप्त होने लगी थी तो जहां तसव्वुफ़ को फूलने-फलने का मौक़ा मिला, वहां भक्ति तहरीक भी परवान चढ़ती गयी। उत्तर भारत में इस आन्दोलन को लोकप्रिय बनाने में रामानन्द और उनके अनुयायी भक्त कबीर, तुलसीदास और मीराबाई का बड़ा हिस्सा है। सम्राट् अकबर का दौर सही मानों में हिंदू-मुस्लिम तहज़ीबों के मिलाप का ज़माना था। उसकी कोशिशों ने मिली-जुली राष्ट्रीयता और मिली-जुली सभ्यता की रफ़्तार को तेज़ कर दिया। यह प्रभाव हर जगह दिखाई देने लगा। चित्रकला, संगीत, वास्तुकला आदि पर भी इस मेलजोल का असर पड़ा। तसव्वुफ़ और भक्ति आन्दोलन के काल में एक और अहम चीज़ जो उभरी थी वह विभिन्न बोलियों की उन्नति थी जिनके द्वारा सूफ़ी और भक्त अपने विचार जन-साधारण तक पहुंचा रहे थे। मुसलमान सूफ़ियों ने अपने विचारों के प्रचार के लिए जो रास्ता निकाला

वह स्थानीय बोलियों में तुर्की, अरबी और फ़ारसी के शब्दों की मिलावट का था। वैसे तो यह मिलावट सिंध के ज़माने ही से शुरू हो चुकी थी, सूफ़ियों की कोशिश से इसे और बढ़ावा मिला। उस वक़्त यह मिली-जुली ज़बान 'रेख़्ता' कहलाई। अमीर ख़ुसरो (1253 से 1325) के कलाम में इस रेख़्ते का स्पष्ट रूप हमारे सामने आता है। यह रेख़्ता खड़ी बोली में फ़ारसी के शब्दों की मिलावट है जिसमें उन्होंने गीत, पहेलियां और मुकरनियां लिखीं। स्थानीय बोलियों पर ज़ोर देने की यही वह प्रवृत्ति थी जिसने तुलसीदास से अवधी में 'रामचरित मानस' और सूरदास से ब्रजभाषा में 'सूर सागर' लिखवाया। मुसलमानों ने भी स्थानीय बोलियों में बहुत से अदबी कारनामे पेश किए, ख़ासतौर पर मलिक मुहम्मद जायसी की 'पद्मावत' जो अवधी भाषा की एक अमर कृति है।

खड़ी बोली में अरबी, तुर्की और फ़ारसी के शब्दों की मिलावट का जो सिलसिला शुरू हुआ था और जो ख़ुसरो के ज़माने में रेख़्ता कहलाया, एक नई हिंदुस्तानी ज़बान को जन्म देने में कामयाब हुआ जिसे शुरू में हिंदी या हिंदवी कहा गया और बाद में जो उर्दू कहलाई।

अकबर के ज़माने में यद्यपि हिंदुओं और मुसलमानों की मिली-जुली सभ्यता ने, जिसे हिंदुस्तानी सभ्यता कहना चाहिए, बड़ी तेज़ी के साथ तरक़्क़ी करना शुरू कर दिया थी, लेकिन इस नई हिंदुस्तानी ज़बान की तरक्क़ी की रफ़्तार बहुत सुस्त थी। अलबत्ता दक्षिण में दकनी उर्दू ने बहुत उन्नति कर ली थी और सुल्तान क़ुली क़ुतबशाह के शासन काल में, जो अकबर का समकालीन था, उसे अदबी दर्जा प्राप्त हो गया था। यों तो दक्षिण में बहमनी सल्तनत ही के ज़माने से दकनी उर्दू की बुनियाद पड़ने लगी थी और सैयद मुहम्मद हुसैन गेसूदराज़ ने अनेक लेख और शे'र दकनी उर्दू में कहे थे। लेकिन इस सल्तनत की समाप्ति पर जब बिदर, बरार, अहमदनगर, बीजापुर और गोलकुंडा के स्वतन्त्र राज्य अस्तित्व में आये तो भाषा और साहित्य की बड़ी सेवा हुई। ख़ास तौर पर आदिलशाही और क़ुतबशाही दौर में अगर एक तरफ़ दक्षिण भाषा और साहित्य की उन्नति हुई तो दूसरी तरफ़ हिंदू और मुसलमानों के सांस्कृतिक मेलजोल से नया समाज दिन-प्रतिदिन उन्नति करता गया। यह मिली-जुली संस्कृति जो एक ओर उत्तर भारत में और दूसरी ओर दक्षिण में उन्नति कर रही थी, दकनी उर्दू और उत्तर भारत की उर्दू में रचती चली गयी। अगर क़ुली क़ुतबशाह के दीवान में हिंदुस्तानी मौसमों, त्योहारों, रीति-रिवाजों और हिंदू पौराणिक कथाओं के हवाले हैं तो उत्तर भारत के प्रारम्भिक शाइरों में 'फ़ाइज़' देहलवी की 'पनघट' हिंदुस्तान के असली दृश्य पेश करती है। शाह आयतुल्लाह 'जौहरी' की मस्नवी 'गौहरे-जौहरी' में कंवलदयी की ज़बानी जो बारहमासा लिखा गया है उसमें 'भाषा' की शाइरी का पूरा अक्स है। इतना ज़रूर है कि जो हिंदुस्तानियत क़ुली क़ुतबशाह की ग़ज़लों में मिलती है या 'वली' दकनी के कलाम में जिस तरह प्रेमिका से सम्बोधन सजन और मोहन शब्दों में नज़र आता है और जिस प्रकार टीके और भभूत का ज़िक्र मिलता है वह उत्तर भारत के उस दौर के शाइरों में

कहीं-कहीं देखने को मिलता है। उत्तर भारत की ग़ज़ल पर फ़ारसी का प्रभाव था। उसे उन मुग़ल शासकों का संरक्षण भी प्राप्त नहीं हुआ जो मिली-जुली संस्कृति के समर्थक थे।

औरंगज़ेब के दक्षिण प्रवास से उत्तर और दक्षिण का संबंध बढ़ा और 'वली' दकनी सन् 1700 ई. में देहली आये। 'वली' के इस सफ़र के बाद से उत्तर भारत में उर्दू शाइरी तेज़ी से क़दम बढ़ाने लगी। अगर हम उस दौर से लेकर आज तक उर्दू के काव्य-रूपों पर गहरी नज़र डालें तो हम इस नतीजे पर आसानी से पहुंचेंगे कि वह ग़ज़ल हो या नज़्म, मस्नवी हो या क़सीदा, यहां तक कि मर्सियों तक में मिली-जुली हिंदुस्तानी सभ्यता और संस्कृति समाई हुई है। ग़ज़ल में यह ज़रूर है कि जो उपमायें, रूपक या प्रतीक आमतौर पर इस्तेमाल हुए हैं वे फ़ारसी अदब से आये हैं, लेकिन इससे इनकार कैसे किया जा सकता है कि इन पर्दों के पीछे हर युग के हिंदुस्तानी जीवन के सामाजिक, सांस्कृतिक और राजनीतिक चित्र उजागर हैं। अगर मीर तक़ी 'मीर' कहता है—

दिल की बरबादी का क्या मज़्कूर है
यह नगर सौ मर्तबा लूटा गया

तो यहां दिल का लफ़्ज़ दिल्ली का पर्यायवाची बन जाता है जो भीतरी और बाहरी हमलों से तहस-नहस होती रहती थी। या 'रिन्द' लखनवी का यह शेर—

खुली है कुंजे-क़फ़स में मिरी ज़बां सैयाद
मैं माजरा-ए-चमन क्या करूं बयां सैयाद

तो दरअसल यह रूपक हिंदुस्तान की उस हालत की तरफ़ इशारा करता है जब दिल्ली और लखनऊ की सल्तनतें ख़्वाबो-ख़याल हो चुकी थीं और हमारा देश ब्रिटिश सत्ता के शिकंजे में जकड़ गया था। आख़िर में आनेवालों में 'हाली' का यह शेर लीजिए—

'हाली' नशाते-नग़्मा-ओ-मै ढूंडते हो अब
आये हो वक़्ते-सुब्ह, रहे रात भर कहां

तो इस शेर के पीछे मुग़ल साम्राज्य की तबाही और बरबादी की पूरी दास्तान छिपी हुई मिलेगी। हमें यह न भूलना चाहिए कि ग़ज़ल में इशारों की ज़बान इस्तेमाल होती रही है। सरसरी तौर पर देखनेवालों को ऐसा लगता है कि ग़ज़ल में रस्मी विषय हैं और उसे हिंदुस्तान या हिंदुस्तानियत से कोई वास्ता नहीं है। मगर ग़ज़ल वास्तव में अपने देश की हर युग की कहानी कहती आई है। सूफ़ियों की तहरीकें हों या मुल्की और सियासी हालात और घटनाओं का बयान हो, ग़ज़ल ने अपने ढंग से सबकुछ कहा है।

उर्दू शाइरी का दूसरा रूप मस्नवी लीजिए। मस्नवी का अंदाज़ वर्णनात्मक है, इसलिए बात खुलकर सामने आती है। कितनी मस्नवियां हैं जिनके विभिन्न भागों में हिंदुस्तान की मिली-जुली सभ्यता रची-बसी है। 'फ़ाइज़' की मस्नवियां 'निहां' और 'जोगन'; शाह 'हातिम' की मस्नवी 'बज़्मे-इश्रत'; 'मीर' की मस्नवी 'जश्ने-होली' और 'कदखुदाई' और 'सौदा' की मस्नवी 'मौसमे-गरमा' ही पर निर्भर नहीं, मीर हसन की 'सहरुलबयान' हिंदुस्तान की सामाजिक और सांस्कृतिक रस्मों और परंपराओं से भरी

पड़ी है। 'मुस्हफ़ी' ने गर्मी और जाड़े की कैफ़ियत बयान की है तो 'रंगीन' की 'दिल-पज़ीर' में जो 'क़िस्स-ए-जबीनो-नाज़नीन : रानी श्रीनगर' के नाम से मशहूर है और दयाशंकर 'नसीम' के 'क़िस्स-ए-गुल बकावली' में हिंदुस्तानी तत्त्वों की कितनी झलकियां मौजूद हैं। बाद के शाइरों की मस्नवियां जिनमें हिंदुस्तानियत का तत्त्व है, उनमें 'इब्रत' की पद्मावत, मूलचन्द मुंशी की 'हीर-रांझा', नवाब मुहब्बत ख़ां 'मुहब्बत' की 'ससी-पुन्नू' और 'राहत' काकोरवी की 'नल-दमन' विशेषतः उल्लेखनीय हैं। वाजिदअली शाह के युग में 'अमानत' के छन्दोबद्ध ड्रामे 'इन्द्र सभा' में भी हिंदुस्तानी झलक नज़र आती है।

मस्नवियों की तरह क़सीदों में भी हिंदुस्तानियत के तत्त्व बिखरे हुए मिलते हैं। दकनी उर्दू में तो ईद, बक़रीद और वसंत या मौसमों पर क़सीदे लिखे ही गये थे। 'वली' दकनी ने जो क़सीदों की तशबीब (प्रारम्भिक भाग) लिखी है उसमें हिंदुस्तानी ज्योतिष विद्या और संगीत का बयान भी लिखा है। 'सौदा' के क़सीदे यद्यपि काल्पनिक उड़ान पर आधारित हैं लेकिन उनके अधिकांश क़सीदों में वसंत ऋतु का ज़िक्र है। उनका मशहूर क़सीदा 'शहर आशोब' उस ज़माने के राजनीतिक पतन और सामाजिक दरिद्रता पर व्यंग्य की हैसियत रखता है। 'मीर' के यहां भी एक क़सीदे में ज़माने की गर्दिश का ज़िक्र यथार्थ के रूप में किया गया है। हम सिर्फ़ उन्हीं क़सीदों की तरफ़ इशारा करना चाहते हैं जिनका विषय या जिनका प्रारम्भिक भाग हिंदुस्तानी सभ्यता का आईनादार है। 'इंशा' के अधार्मिक क़सीदों में हिंदी के शब्द बहुतायत से प्रयुक्त हुए हैं। और हिंदुस्तानी इशारों और परंपराओं का भी नियमित रूप से उपयोग किया गया है। उनके क़सीदों के किसी-किसी टुकड़े में हिंदुस्तानी वातावरण पूर्ण रूप से सांस लेता है। 'दुल्हन ज़ान' की प्रशंसा में जो क़सीदा 'इंशा' ने कहा है उसमें हिंदुस्तानी संगीत की शब्दावली और हिंदुस्तान के उस युग की दरिद्रता और अशांति का नक़्शा खींचा गया है। 'ज़ौक़' के एक क़सीदे के प्रारम्भिक भाग में हमको ज्योतिष, खगोल विद्या, आयुर्वेद, इतिहास, मतलब यह कि पूर्वी विद्याओं और कलाओं का हवाला मिलता है, जिसकी वजह से एक ज्ञान का वातावरण पैदा हो गया है। हिंदुस्तानी संगीत के बारे में सुनिए—

इस क़दर साज़े-तरबसाज़ की आवाज़ बलन्द
छेड़ें गर तार खरज का तो हो पैदा धैवत
लेके अंगड़ाई कहीं हंसने लगी राम कली
उट्ठी मलती हुई आंखों को कहीं अपनी ललत

ग़ालिब ने उस क़सीदे की तशबीब में जो हज़रत अली की स्तुति में है, तसव्वुफ़ और वेदान्त के उस दृष्टिकोण को पेश किया है जो विश्व के प्रारम्भ के बारे में है। एक क़सीदे में प्रातःकाल का दृश्य बहुत जानदार है। यों तो सैकड़ों क़सीदे हैं लेकिन अरमान अली 'सहर' लखनवी के 'क़सीदा-ए-बहारिया' पर हमारी नज़र ठहरती है जिसका शे'र है—

अय हवा जाके बनारस से उड़ा ला बादल
चाहिए हिंदवी सौसन के लिए गंगाजल

'मुनीर' शिकोहाबादी के चन्द क़सीदों में 1857 की क्रांति की घटनायें दर्ज हैं। 'तस्लीम' के क़सीदों के प्रारम्भ में आमतौर पर निजी ग़म मिलता है, लेकिन एक क़सीदे में 'दिले-बरबाद की ख़ानाख़राबी' की आड़ में आम सामाजिक दशा की तरफ़ इशारा कर गये हैं–

घर किया ख़ानाख़राबी ने दिले-बरबाद में
आजकल है अपना सीना ग़ैरते-हिन्दोस्तां

उर्दू के शाइर मिली-जुली हिंदुस्तानी सभ्यता और संस्कृति से कितने प्रभावित थे, इसका अंदाज़ा मर्सियों के अध्ययन से भी आसानी से हो सकता है। कर्बला की घटनाओं की पृष्ठभूमि यद्यपि अरब देश है लेकिन मर्सिए हिंदुस्तानी समाज का चित्र पेश करते हैं। हम अगर सिर्फ़ 'अनीस' के मर्सियों को उठाकर देखें तो काफ़ी है। हद यह है कि 'अनीस' ने इमाम हुसैन की लड़की और भतीजे की शादी के मौक़े पर हिंदुओं के संस्कार बयान किए हैं। संदल, मेहंदी, नथ, कंगना, सेहरा ख़ालिस हिंदुस्तानी चीज़ें हैं। दूल्हा के सिर पर बहनों का आंचल डालना ख़ालिस हिंदुस्तानी रस्म है–

बहनें किधर हैं डालने आंचल बने पे आयें
अब देर क्या है हुजरे से बाहर दुल्हन को लायें

यहां तक तो हमने प्राचीन उर्दू शाइरी में मिली-जुली हिंदुस्तानी सभ्यता की ओर ध्यान आकृष्ट किया है। अब एक उचटती-सी नज़र आधुनिक शाइरी पर भी डाली जाये जो 'आज़ाद' और 'हाली' के दौर से शुरू होती है।

'आज़ाद' और 'हाली' के दौर से आधुनिक नज़्म-निगारी शुरू होती है। यह बदलते हुए हालात का तक़ाज़ा था। अंग्रेज़ी साहित्य का प्रभाव भी उर्दू साहित्य पर पड़ने लगा था। 'आज़ाद' की 'अब्रे-करम' और 'ज़मिस्तां' में और 'हाली' की 'बरखा रुत' में हिंदुस्तानी मौसमों का चित्रण है। नेचुरल शाइरी के इस दौर में हिंदुस्तान के दृश्यों और यहां के मौसमों पर इतना मसाला मिलता है जो अपने सम्पादन के लिए कई ग्रन्थों की अपेक्षा करता है। इसका विस्तृत वर्णन हम उन अध्यायों के अन्तर्गत करेंगे जिनमें प्राकृतिक दृश्यों और मौसमों पर नज़्में दी गयी हैं। अलबत्ता यह जान लेना ज़रूरी है कि यह युग केवल मंज़र-निगारी तक ही सीमित न रहा था बल्कि इस दौर से ही उर्दू शाइरी सीधे-सीधे देशप्रेम और राष्ट्रीयता की भावना से परिपूर्ण होने लगी थी। देशभक्ति की जो लहर 'हाली', 'आज़ाद' और इस्माईल, 'सुरूर' जहानाबादी और 'चकबस्त' से चली उसके पीछे देश के सामाजिक और राजनीतिक प्रभाव काम कर रहे थे। यह लहर ज़माने के साथ-साथ बढ़ती चली गयी और हिंदुस्तान के सारे राजनीतिक आन्दोलनों को अपने में समोती गयी। हर सामाजिक और राजनीतिक घटना जैसे उर्दू शाइरी का अभिन्न अंग हो। कोई मंज़िल और कोई मोड़ ऐसा नहीं है जहां उसने साथ न दिया हो या उसे अपने दिल की आवाज़ में न ढाला हो। इंक़िलाब ज़िंदाबाद तक का नारा

उर्दू ज़बान ही ने हमारी जंगे-आज़ादी को दिया। यह सच है कि जंगे-आज़ादी के इतिहास को उर्दू नज़्मों ने अपने दिल के ख़ून से लिखा है और इसे दोस्त-दुश्मन सभी मानते हैं। 'इक़बाल', 'जोश' और 'फ़िराक़' और उनके समकालीन सभी शाइर और उनके बाद आनेवाली प्रगतिशील शाइरों की नस्ल ने यह जंग अपने क़लम से लड़ी है। उर्दू शाइरी ने मुल्की सियासत को किस तरह अपनाया और क्या सेवा की इसकी व्याख्या हम इस संकलन के दूसरे भाग में करेंगे जिसमें हिंदुस्तान के राजनीतिक आन्दोलनों को सम्मिलित किया जायेगा। इस जगह हम उर्दू के मशहूर लेखक क़ैयूम 'ख़िज़्र' का एक उद्धरण देना काफ़ी समझते हैं : "अगर हिंदुस्तान की तमाम तारीख़ी किताबें (इतिहास) ख़त्म कर दी जायें, तमाम आन्दोलनों के वृत्तान्त गुम कर दिए जायें और सिर्फ़ उर्दू साहित्य बाक़ी रह जाये तो आप हिंदुस्तान की हर युग की लगातार ऐतिहासिक कड़ियों को जोड़ सकते हैं और आपको केवल उर्दू के द्वारा हिंदुस्तान के संपूर्ण इतिहास का ज्ञान प्राप्त हो सकता है।"

हिंदुस्तान की महानता : हमने इस पहले अध्याय में वे चन्द नज़्में दी हैं जो हमारे देश की विशेषता और महानता को उजागर करती हैं। इतिहास गवाह है कि हिंदुस्तान ने सदियों दुनिया को ज्ञान का प्रकाश प्रदान किया है। यह धरती अगर एक तरफ़ दुनिया के कई बड़े धर्मों की जन्मभूमि है तो दूसरी तरफ़ कई विद्याओं और कलाओं का पहला पालना भी सिद्ध हुई है। एक तरफ़ इसने वेद, उपनिषद्, महाभारत, रामायण, गीता और धम्मपद जैसी पवित्र किताबें दुनिया को दीं तो दूसरी तरफ़ गणित, दशमलव प्रणाली, ज्योतिष विद्या, खगोल विद्या और आयुर्वेद में दूसरे देशों का मार्गदर्शन किया। आर्यभट्ट, ब्रह्मगुप्त और वराह मिहिर ने अगर ज्योतिष शास्त्र और गणित शास्त्रों को आगे किया तो वागभट्ट ने आयुर्वेद पर एक बड़ा ग्रन्थ ज़माने के सामने रखा। यही नहीं चित्रकारी, मूर्तिकला और वास्तुकला में अजन्ता, एलौरा, सांची और सारनाथ की बेमिसाल यादगारें क़ायम कीं। अपने मुल्क के महान् कारनामों पर गर्व करना और अपनी धरती के कण-कण से मुहब्बत करना एक नफ़्सियाती बात है। इंसान जिस धरती पर रसता-बसता है, उसके आर्थिक और सांस्कृतिक रिश्तों की जड़ें उस धरती में बहुत गहरी होती हैं। और यही वह बन्धन है जो देशभक्ति की भावना की बुनियाद है। आर्यों से लेकर मुसलमानों तक जितनी भी क़ौमें आईं और यहां रस-बस गईं उनके लिए हिंदुस्तान अपना वतन बन गया। यह भी सत्य है कि हिंदुस्तान में एक संयुक्त राष्ट्रीयता की बुनियाद शुरू ही से पड़ती रही है और हिंदुस्तान की सारी क़ौमें वक़्त के साथ इस उद्देश्य की तरफ़ क़दम बढ़ाती रही हैं। यह बात ध्यान में रखनी चाहिए कि धर्म, नस्ल और इतिहास का सहयोग यद्यपि अहम है लेकिन संयुक्त राष्ट्रीयता के लिए अनिवार्य शर्त की हैसियत नहीं रखता। डॉक्टर आबिद हुसैन ने भी अपनी किताब 'क़ौमी तहज़ीब का मस्अला' में माना है कि केवल भौगोलिक एकत्व, आर्थिक एकत्व और आम

सांस्कृतिक एकत्व ही को हम क़ौमी राष्ट्रीयता की अनिवार्य शर्तें क़रार दे सकते हैं। मिला-जुला इतिहास निश्चित ही एक बड़ी शक्ति है जो एक देश में बसनेवालों को एक करने में मदद देती है। हिंदुस्तान की क़ौमें हज़ारों साल से एक-दूसरे के साथ ज़िंदगी गुज़ारती आई हैं। मुसलमान जो सबके बाद में यहां आकर बसे उन्हें भी साढ़े सात सौ साल से ज़्यादा हो गये हैं। अगर हम उस वक़्त से मुसलमानों के आगमन का हिसाब करें जब उन्होंने सिंध में पहले-पहल अपने क़दम जमाए तो बारह सौ साल से भी ज़्यादा का अरसा होता है। अठारहवीं सदी के मध्य से उन्नीसवीं सदी के मध्य तक के ज़माने में जो हिंदुस्तानियों की राजनीतिक और आर्थिक दासता का दौर था, हिंदुओं और मुसलमानों का इतिहास, जो दरअसल स्वतन्त्रता-युद्ध का इतिहास है, एक रहा है। हिंदुओं और मुसलमानों के सांस्कृतिक मेलजोल की तरफ़ हम पहले ही इशारा कर चुके हैं। उर्दू भाषा जो इस साझे का ही फल थी, हिंदुओं और मुसलमानों की साझे की मीरास है। मौलवी अब्दुल हक़ ने अपने अभिभाषणों में लिखा है कि 'उर्दू के बनाने-संवारने में अगर हिंदुओं की साझेदारी न होती तो यह अस्तित्व ही में न आ सकती थी।' अतएव उर्दू ने जहां इस धरती की एक-एक चीज़ को गले लगाया वहां इस देश की महानता के भी गीत गाए।

जो नज़्में इस विषय पर चुनी गयी हैं उनमें पहली नज़्म डॉक्टर इक़बाल की है जो अखंड हिंदुस्तान में पैदा हुए और अखंड हिंदुस्तान में ही स्वर्ग सिधार गये। इक़बाल की यह नज्म ज़ंगे-आज़ादी के दौरान तराने का रूप धारण कर गयी थी और जब हिंदुस्तान आज़ाद हुआ तो आज़ादी की घोषणा के समारोह में टैगोर के 'जन गण मन' के साथ, जो आज हमारा राष्ट्रगीत है, इक़बाल का यह तराना भी गाया गया था। 'चकबस्त' की 'ख़ाके-हिंद' में हिंदुस्तान की महानता का वर्णन है। एक ओर गौतम, सरमद, अकबर और राणा का ज़िक्र है तो दूसरी तरफ़ गंगा और कश्मीर की ख़ूबसूरत घाटी का बयान है। दुर्गासहाय 'सुरूर' जहानाबादी के यहां देशभक्ति की आत्मा है। 'जोश' की नज़्म व्यक्तिगत अनुभूति लिये हुए है, फिर भी करोड़ों दिलों की बात कहती है। 'फ़िराक़' ने अपनी रुबाइयों में हिंदुस्तान की जो सर्वव्यापी और महान् तस्वीर दी है वह हमारे तारीख़ी, समाजी और इल्मी पहलुओं का ही ज़िक्र नहीं करती बल्कि हमारी नैतिक और आध्यात्मिक ऊंचाइयों को भी अपने में समोये हुए है। महाराज बहादुर 'बर्क़' हिंदुस्तान के नैयरे-इक़बाल के दुबारा चमकने का यक़ीन रखते हैं। इसी तरह 'सीमाब' की नज़्म में अनेक ऐतिहासिक हवाले मिलते हैं और वह हिंदुस्तान की गुज़री हुई महानता को एक बार फिर आवाज़ देते नज़र आते हैं। 'जमील' मज़्हरी, आनंद नारायण 'मुल्ला' और 'तैश' सिद्दीक़ी ने हिंदुस्तानी इतिहास और संस्कृति को सुंदर ढंग से पेश किया है। ख़ासतौर पर 'मुल्ला' और 'तैश' की नज़्मों का कैन्वस काफ़ी विस्तृत है। 'साग़र' निज़ामी का 'तराना-ए-वतन' एक गीत का तास्सुर लिये हुए है। 'अफ़सर' मेरठी, निहाल स्योहारवी और 'एजाज़' सिद्दीक़ी की कोशिशें भी निष्ठा से परिपूर्ण हैं। सरदार जाफ़री की लंबी मस्नवी का एक टुकड़ा भी शामिल किया गया है जिसमें वह बरतानवी क़ब्ज़े

से हिंदुस्तान के सौंदर्य के सारे ख़ज़ाने हमेशा के लिए छीन लेना चाहते हैं। गोपाल मित्तल की संक्षिप्त नज़्म में आज के हिंदुस्तान में विचार-स्वातन्त्र्य और व्यवहार-स्वातन्त्र्य को सराहा गया है। 'नाज़िश' की कृति बहुत सुंदर है। जां निसार अख़्तर के 'बादः-ए-वतन' में हिंदुस्तान के दृश्य, त्योहार, रीति-रिवाज, ललित कलाओं आदि का प्रतिनिधित्व है। आख़िर में सिकन्दर अली 'वज्द' की नज़्रे-वतन' है। यह नज़्म उन भावनाओं का इज़्हार है जो अपने देश को आज़ादी से गले मिलते देखकर शाइर के दिल में मौजें मार रही हैं।

सियाह दौरे-गुलामी ख़यालो-ख़्वाब है आज
बलन्द अज़्मते-इन्सां का आफ़्ताब है आज

ये रचनायें इस बात का खुला सुबूत हैं कि हिंदुस्तान की सदियों की महानता उर्दू शाइरों की कला और चिंतन का अंग बन गयी है।

प्राकृतिक दृश्य : इस अध्याय को हमने दो भागों में बांट दिया है। पहले भाग में चन्द वे नज़्में हैं जो हमारे पहाड़ों और नदियों से संबंधित हैं। हिमालय पर दो नज़्में हैं। एक डॉक्टर इक़बाल की और दूसरी 'मुनव्वर' लखनवी की। हिंदू शास्त्रों में पर्वत को शक्ति का प्रतीक समझा जाता है। सब पर्वतों में हिमालय का स्थान सबसे ऊंचा है। इसकी विभिन्न चोटियों को विभिन्न देवी-देवताओं का निवास-स्थान माना गया है। मसलन मेरु ब्रह्मा का निवास स्थान है, मंदराचल दुर्गा का निवास स्थान है, कैलाश शिवजी का निवास स्थान है। गंगा और पार्वती को हिमालय की बेटियां माना गया है और एक किंवदन्ती के अनुसार हिमालय का नाम हेमावती से लिया गया है जो पार्वती के अनेक नामों में से एक है। हिमालय की पवित्रता का अंदाज़ा इससे भी किया जा सकता है कि बड़े-बड़े ऋषि-मुनि साधना और आराधना के लिए हिमालय या उसकी तराई को अपना स्थान बनाते रहे हैं। इस धार्मिक श्रद्धा से अलग हिमालय की भौगोलिक स्थिति हमारे देश के लिए बड़ी अहम रही है। 'इक़बाल' की नज़्म हिमालय की महानता का राग गाती है और बड़े रोबीले शब्दों में। 'मुनव्वर' लखनवी की नज़्म दरअसल कालिदास के 'कुमारसम्भव' का एक टुकड़ा है। कालिदास ने जिस हुस्न और ख़ूबी के साथ हिमालय का चित्र खींचा है, इसमें शक नहीं कि 'मुनव्वर' ने उसे उर्दू शाइरी के क़ालिब में उसी ख़ूबसूरती से ढाल दिया है। गंगा पर उर्दू में अनेक नज़्में हैं, उनमें से हमने सिर्फ़ पांच नज़्में दी हैं। गंगा हमारे देश की सबसे पवित्र नदी मानी जाती है। प्राचीन काल से लेकर आज तक इसको धार्मिक महत्त्व प्राप्त है। हिंदू शास्त्रों में यह नदी गंगा माई या गंगा माता कही जाती है और इसे देवी का स्थान दिया गया है। पुराणों के युग में कितनी ही कथायें गंगा के संबंध में अस्तित्व में आईं जिनमें गंगा को ब्रह्मा, विष्णु और शिव से एक-न-एक रूप में संबंधित बताया गया है। एक कथा यह भी है कि राजा सगर के बेटे जब एक ऋषि के शाप से भस्म हो गये तो भगीरथ ने उनकी आत्मा की शांति के लिए यही उपाय सोचा कि गंगा स्वर्ग से धरती पर उतरे और उसके पवित्र जल से

उनकी मुक्ति हो। भगीरथ ने अपनी तपस्या से गंगा को राज़ी कर लिया लेकिन डर यह पैदा हुआ कि गंगा धरती पर सीधी गिरी तो धरती धंस न जाये। उस समय शिवजी ने यह बात मान ली कि गंगा उनकी जटाओं पर गिरे और वहां से धरती पर बहे। भगीरथ की तपस्या ही से मानो गंगा धरती पर उतरी इसलिए गंगा को भागीरथी भी कहकर पुकारा जाता है। इस धार्मिक विशेषता के अलावा गंगा का ऐतिहासिक महत्त्व भी बहुत बड़ा है। पंडित जवाहरलाल नेहरू ने अपने वसीयतनामे में गंगा के बारे में महत्त्वपूर्ण बातें कही हैं। वैसे भी गंगा हिंदुस्तान जैसे कृषि-प्रधान देश में अहम है जो हमारे देश की लाखों मील धरती को सींचती और तृप्त करती है। गंगा पर जो नज़्में दी गयी हैं वे उसके विभिन्न पहलुओं का चित्रण करती हैं। विशेषतः 'नज़ीर' बनारसी की नज़्म 'गंगा के तीन रूप' और 'राही' मासूम रज़ा की नज़्म का आख़िरी टुकड़ा बहुत ख़ूबसूरत है। 'साग़र' निज़ामी की नज़्म यमुना पर है। यमुना भी हमारे देश की महत्त्वपूर्ण नदी है। पौराणिक दृष्टि से जमुना या यमुना सूर्य देवता की पुत्री मानी गयी है। भाईदूज के मौक़े पर यमुना के किनारे मेला लगता है जहां बहनें स्नान करके अपने भाइयों के लिए शुभकामनायें करती हैं। यमुना की महानता और विशेषता में बड़ा हाथ कृष्ण और राधा की कथा का है। यमुना जिसके किनारे कृष्ण के पवित्र प्रेम के आज भी राग गाए जाते हैं और जहां सदियों के बाद एक और मुहब्बत की यादगार 'ताजमहल' के रूप में उभरी, उर्दू साहित्य में हमेशा के लिए प्रवाहित हो चुकी है। एक नज़्म संगम या त्रिवेणी पर है। यह हामिदुल्लाह 'अफ़सर' मेरठी की है। इलाहाबाद या प्रयाग में जहां गंगा-यमुना और सरस्वती का मिलाप होता है, उसी को संगम के नाम से याद करते हैं। सरस्वती नदी का उल्लेख हमें ऋग्वेद में मिलता है। उसके ठंडे, निर्मल जल की मां के दूध से तुलना की गयी है। कहा जाता है कि सरस्वती गंगा-यमुना की सतह के नीचे शांति और सुकून से बहती रहती है। संगम हिंदुओं का पवित्र स्थान है। एक पौराणिक कथा के अनुसार अमृत घट की बूंदें तीन-चार स्थानों पर टपक पड़ी थीं। उनमें प्रयाग, हरिद्वार, काशी आदि सम्मिलित हैं। कुम्भ का मेला यहीं लगता है। एक नज़्म रावी पर है। 'इक़बाल' ने इस नदी को जीवन के दार्शनिक दृष्टिकोण से देखा है। आख़िर में जगन्नाथ 'आज़ाद' की संक्षिप्त नज़्म 'चिनाब' है, जिससे हिंदुस्तान की कई रूमानी कहानियां सम्बद्ध हैं।

इस अध्याय के दूसरे भाग में दृश्यों पर चन्द मोहक नज़्में हैं। उर्दू में दरअसल फ़ितरत-निगारी की शुरुआत 1857 के बाद हुई। इस शे'री आन्दोलन के बारे में अगर निश्चयात्मकता से काम लिया जाये तो हम 1857 का साल निश्चित कर सकते हैं। इस साल मुहम्मद हुसैन 'आज़ाद' ने आधुनिक उर्दू शाइरी का नज़रिया पेश किया और मुहम्मद इस्माईल मेरठी ने अंग्रेज़ी नज़्मों के अनुवाद किए। 1874 में यह आन्दोलन लोकप्रिय हुआ और 'आज़ाद' के कन्धे से कन्धा मिलाकर 'हाली' भी इस मैदान में उतर आये। हिंदुस्तान के प्राकृतिक दृश्य, यहां के सुब्हो-शाम और यहां के मौसमों पर नज़्में लिखी जाने लगीं। यद्यपि इससे पहले मस्नवियों और मर्सियों और क़सीदों में भी ये तत्त्व

मिलते हैं जिनकी तरफ़ हम इशारा कर चुके हैं। प्राचीन शाइरी में केवल 'नज़ीर' अकबराबादी एक ऐसा शाइर है जिसने ऐसे विषयों पर अलग-अलग नज़्में कही हैं। फ़ितरतनिगारी हमें 'इक़बाल' और 'चकबस्त' के यहां भी मिलती है। 'जोश' मलीहाबादी ने इस प्रकार की बहुत सुंदर और दिलकश नज़्में कही हैं। उन्हीं के प्रभाव से यह प्रवृत्ति आगे की नस्ल तक पहुंची। 'साग़र' निज़ामी, अहसान 'दानिश', 'अख़्तर' शीरानी, 'नदीम' क़ास्मी, विशेषकर रूमानी शाइरों ने इसे अपनाया। प्रगतिशील आन्दोलन के शाइरों के कलाम में इस प्रकार की नज़्में हैं लेकिन बहुत कम। इस हिस्से में जो नज़्में दी गयी हैं, उनमें दो टुकड़े तो मीर हसन की मस्नवी 'सहरुलबयान' से लिये गये हैं। तीन नज़्में जोश की हैं और निस्सन्देह लाजवाब हैं। ज़िंदा दृश्यों में इंसानी जज़्बात पर दृश्यों की जादूगरी को बड़े ख़ूबसूरत अंदाज़ में पेश किया है। 'फ़ाख़्ता की आवाज़' उर्दू की हसीनतरीन नज़्मों में गिनी जाने के लायक़ है। अब्बास बेग 'महशर' की 'राजहंस', 'अख़्तर' शीरानी की 'चरवाहे की बंसी', जां निसार 'अख़्तर' की 'एक वादी से गुज़रते हुए', 'फ़ैयाज़' ग्वालियरी की 'धान के खेत' और 'शिहाब जाफ़री' की नज़्म 'जज़ीरों का ख़्वाब' इस प्रकार की शाइरी का ख़ूबसूरत सरमाया हैं।

इन नज़्मों में हिंदुस्तान के प्राकृतिक दृश्यों की असली रूह है।

हमारे सुब्हो-शाम : जो नज़्में इस अध्याय में शामिल हैं वे भी फ़ितरतनिगारी ही की प्रवृत्ति की पैदावार हैं। यह वास्तविकता है कि अगर हम ऐसे शाइरों की फ़ेहरिस्त तैयार करें जिनके कलाम में हमारे सुब्हो-शाम का हुस्न और जमाल रचा है तो तादाद सैकड़ों से कम न होगी। जो नाम सहसा हमारे ज़िहन में उभरते हैं वे 'आज़ाद' और 'हाली' के अलावा इस्माईल मेरठी, 'चकबस्त', 'सुरूर', बेनज़ीर शाह, 'नादिर' काकोरवी, अब्दुल हलीम 'शरर', 'नज़्म' तबातबाई, 'शौक़' क़िदवाई, 'औज' गयावी, सैयद मुहम्मद हादी, 'जलाल' मुरादाबादी, कुन्दनलाल 'शरर' वग़ैरा हैं। 'इक़बाल' और 'जोश' के बाद भी मंज़रनिगारी की प्रवृत्ति उर्दू शाइरी में रही, जैसा कि हम ऊपर दिखा आये हैं। इस भाग में जो पहली नज़्म 'तूलू-ए-आफ़्ताब' शामिल है वह ग़ालिब के क़सीदे से ली गयी है। मर्सियों में से हमने मिर्ज़ा अनीस के यहां से 'नूर ज़हूर का वक़्त' और 'नफ़ीस' के यहां से 'सुब्ह का समां' लिया है। 'जल्वा-ए-सुब्ह' के शीर्षक से ब्रजनारायण 'चकबस्त' की नज़्म है जो मिर्ज़ा अनीस ही के रंग में है। एक छोटी मगर ख़ूबसूरत नज़्म 'सुब्ह की बहार' 'उफ़ुक़' लखनवी की है। 'नुमूदे सुब्ह' 'बेनज़ीर' शाह की कृति है जो उनकी लंबी मस्नवी 'अल्कलाम' का एक टुकड़ा है। 'बेनज़ीर' शाह पर मीर हसन का असर साफ़ दिखाई देता है। उनके यहां अवलोकन की बड़ी शक्ति है। इक़बाल की नज़्म 'आफ़्ताब' दरअसल गायत्री से अनूदित है। एक मौलिक नज़्म 'नुमूदे-सुब्ह' भी शामिल है। इक़बाल अपने आलाप से हर दृश्य को वैभवशाली बना देते हैं। सुब्ह पर एक नज़्म 'जोश' की है। उसमें 'जोश' अपनी शाइराना लताफ़तों और जादूगराना उपमाओं के साथ जल्वागर

हैं। दोपहर पर 'अख़्तर' अंसारी की एक छोटी-सी नज़्म है। आख़िरी शे'र में वास्तव में दोपहर सनसनाती हुई अनुभव होती है। शाम पर इक़बाल, 'जोश', 'मख़दूम' और 'निदा' फ़ाज़्ली की नज़्में हैं। 'जोश' की नज़्म उनकी मशहूर नज़्म 'किसान' का प्रारम्भिक भाग है। इक़बाल की 'बज़्मे-अन्जुम' मंज़रनिगारी की हद से गुज़रकर जीवन-दर्शन तक पहुंचती है और उनकी आवाज़ अलग से सुनाई देने लगती है। रात के विषय पर पहली नज़्म मुहम्मद हुसैन 'आज़ाद' की है। दूसरी मुहम्मद इस्माईल मेरठी की। इस्माईल ने शफ़क़ पर भी एक ख़ूबसूरत नज़्म कहीं है लेकिन लंबी होने के कारण उसे शामिल नहीं किया गया। 'बेनज़ीर' शाह की 'चांदनी रात' उनके विशेष रंग की द्योतक है। एक ग़ज़लनुमा नज़्म 'औज' गयावी की है और आख़िर में 'शाज़' तमकनत की 'आख़िरे-शब' है जिसमें ख़ूबसूरत शब्दों और ख़ूबसूरत बन्दिशों की बहुतायत के बावजूद एक जज़्बाती कैफ़ियत रची हुई है।

हमारे मौसम : इस अध्याय में हिंदुस्तानी ऋतुओं पर नज़्में हैं। उर्दू ज़बान जहां अपने विकास की विभिन्न मंज़िलों में स्थानीय भाषाओं से असर क़ुबूल करती रही वहीं स्थानीय साहित्यिक परंपरा और काव्य-रूपों को भी अपनाने में पीछे नहीं रही। अतएव इसमें 'बारहमासा' की शैली को भी अपनाया। बारहमासा की परंपरा के बारे में डॉ. मसूद हुसैन ख़ां का ख़याल है कि 'इसका विकास संस्कृत और अपभ्रंश के प्रबन्धकाव्य के ऋतु वर्णन से हुआ है।' कालिदास की 'ऋतुसंहार' इसका श्रेष्ठ नमूना है और इस अध्याय का आरम्भ हमने उसी के अनुवाद से किया है जो सरदार जाफ़री का किया हुआ है। यही ऋतुओं का ज़िक्र अपने मासिक विवरण में जाकर बारहमासा बन गया। इसके प्रभाव से दूसरी स्थानीय भाषाओं में मौसमों का हाल बयान होने लगा। हिंदी साहित्य में वीरगाथा काल के अधिकाश 'रासो' में ऋतु वर्णन का विधान मिलता है। उर्दू ने भी इस परंपरा का लाभ उठाया। अतएव उर्दू में बारहमासे का पहला नमूना मुहम्मद अफ़ज़ल 'अफ़ज़ल' (मृत्यु 1625 ई.) का लिखा हुआ मिलता है जो 'विकट कहानी' के नाम से मशहूर है। इसकी भाषा बताती है कि इसके लिखनेवाले का संबंध खड़ी बोली या उससे लगे हुए क्षेत्र से है। 'अफ़ज़ल' के बाद आयतुल्ला 'जौहरी', काज़िम अली 'जवां', अब्दुल्ला अंसारी और न जाने कितने शाइरों ने बारहमासे लिखे। इन बारहमासों का यह महत्त्व कम नहीं कि यह मिली-जुली सभ्यता, भाषा और साहित्य का मार्ग निश्चित करने की ओर एक ख़ुशगवार पहल का पता देते हैं। हमने इस अध्याय में 'अफ़ज़ल' के बारहमासे के दो टुकड़े 'सावन और भादों' लिये हैं। हिंदी शाइरी की परंपरा के अनुसार औरत आशिक़ की हैसियत रखती है। वही हैसियत उर्दू के बारहमासों में उसको दी गयी है।

बरसात हिंदुस्तान का सबसे ख़ूबसूरत मौसम माना जाता है। जहांगीर ने अपनी 'तुज़ुक' में लिखा है कि बरसात ही हिंदुस्तान का वसंत है। दक्षिण में इब्राहीम

आदिलशाह द्वितीय ने अपनी किताब 'नौरस' के एक गीत में कहा है कि 'हिंदुस्तान की आदर्श औरत बरसात के समान है क्योंकि उसके दांत दुनिया को रौशन करनेवाली बिजली हैं। रंग-बिरंगे वस्त्र बादल मालूम होते हैं और पसीना घनघोर घटा है जो बरस रही है। शरीर के बाल पौधे हैं और जवानी फल की तरह है।' वह बरसात के आगमन पर जश्न मनाता था। यही हाल सुल्तान क़ुली क़ुतबशाह का था। इस मौसम पर उसकी कोई पन्द्रह नज़्में हैं। इसके अलावा 'वजही' के ज़माने से अदबी मस्नवियों का जो सिलसिला शुरू हुआ उनमें 'मुक़ीमी' की 'चंद्रबदन महियार', जुनैदी की 'माह पैकर', 'सिराज' की 'बोस्ताने-ख़याल,' नुसरती की 'फूलबन' और सैकड़ों मस्नवियों में दृश्यों और मौसम पर अशआर मिलते हैं, लेकिन भाषा की कठिनाई के कारण उनके हिस्से नहीं लिये गये। उत्तर भारत की मस्नवियों से हमने एक-दो टुकड़े लिये हैं। मीर तक़ी 'मीर' ने लगभग बत्तीस मस्नवियां लिखी हैं जिनमें चार मस्नवियां बरसात के बारे में हैं। इनमें से हमने उद्धरण लिये हैं। प्राचीन काल में 'नज़ीर' अकबराबादी का वह एकमात्र व्यक्तित्व है जिसने हिंदुस्तानी मौसमों, त्योहारों बल्कि हिंदुस्तान के हर हुस्न को अपनी शाइरी का विषय बनाया। डॉक्टर 'सलाम' सन्देलवी ने ठीक ही कहा है कि 'अमीर ख़ुसरो के बाद अगर किसी शाइर के कलाम में हिंदुस्तान का गहरा और हसीन अक्स मिलता है तो 'नज़ीर' अकबराबादी की नज़्मों में है।' एक उद्धरण हमने हाली की 'बरखा रुत' से लिया है। 'हाली' की इस नज़्म में सिर्फ़ बरसात की मंज़रकशी ही नहीं बल्कि इंसानों की भावनात्मक प्रतिक्रिया को भी प्रकट किया गया है। इसके अलावा 'सुरूर' जहानाबादी की 'फ़ज़ा-ए-बर्शगाल', 'बेनज़ीर' शाह की 'आमदे-अब्र', 'उफ़ुक़' लखनवी की 'बरसात की बहार' और 'हसरत' मोहानी की 'बरसात' शामिल की हैं। 'जोश' की नज़्म 'बरसात की पहली घटा' सुंदर है। 'जोश' को सूक्ष्म-से-सूक्ष्म बातों के चित्रण में जो कुशलता प्राप्त है उसकी मिसाल 'नज़ीर' अकबराबादी के बाद कहीं और नहीं मिलती। एक छोटी-सी नज़्म 'अख़्तर' शीरानी की है। 'शम्स' अज़ीमाबादी की नज़्म 'बरसात' उनकी मस्नवी 'जल्वा-ए-सदरंग' से ली गयी है जो दरअसल बारहमासे की नवीनता का हुक्म रखती है। इसकी पृष्ठभूमि गया, पटना और आरा के शहरों, विशेषकर उनके आसपास की देहाती ज़िंदगी से गहरा संबंध रखती है। अतएव भाषा पर भी स्थानीय बोलचाल का ख़ासा असर है। फिर भी बारहमासे को ज़िंदा करने की यह कोशिश श्रेष्ठ कही जा सकती है। आख़िर में अख़्तर' शीरानी की एक और नज़्म 'ओ देस से आनेवाले बता' के कुछ बन्द दिए हैं। इसकी पृष्ठभूमि भी बरसात का मौसम और देहाती ज़िंदगी का नक़्शा है और उर्दू की मशहूर नज़्मों में इसका शुमार होता है।

जाड़े पर जो नज़्में हैं उनमें 'सौदा' की एक मस्नवी 'बर्दिया' का एक टुकड़ा है। इसमें कल्पना के रंग की मिलावट है, अलबत्ता 'नज़ीर' अकबराबादी की नज़्म दिलचस्प और हल्का-सा व्यंग्य का अंदाज़ रखती है। एक टुकड़ा 'आज़ाद' की नज़्म 'ज़मिस्तां' से लिया गया है। 'बेनज़ीर' शाह की 'फ़स्ले-सरमा' उनकी विशेष शैली में है। 'जोश'

की नज़्म 'जाड़ा और अंगीठी' बहुत सुंदर है और जाड़े की पृष्ठभूमि में हिंदुस्तान की जागीरदाराना सभ्यता के एक ख़ास पहलू की बड़ी दिलकश नुमाइन्दगी करती है। 'शम्स' अज़ीमाबादी की मस्नवी से जाड़े पर भी एक उद्धरण लिया है और कोई शक नहीं कि बहुत सुंदर है।

गर्मी पर जो शे'र 'अनीस' के एक मर्सिये से लिये गये हैं या 'हाली' की गर्मी का मौसम और इस्माईल की गर्मी से संबंधित नज़्म, सबमें ग्रीष्म ऋतु की प्रचंडता का ज़ोरदार बयान है। अल्बत्ता 'जोश' की नज़्म 'गर्मी और देहाती बाज़ार' उनकी प्रेक्षण-क्षमता का एक और सुंदर उदाहरण है। 'शम्स' की नज़्म भी बैसाख और जेठ की मौसमी हालत को सविस्तार पेश करती है और लगता है उनमें मौसमों पर लिखने का ख़ास सलीक़ा है। इसके बाद हमने बहार के मौसम पर गिनती की चन्द नज़्में दी हैं जिनमें एक 'सौदा' के क़सीदे के प्रारम्भिक भाग के कुछ शे'र हैं। ये शे'र वसंत ऋतु को हमारी आंखों के सामने तो नहीं लाते, सिर्फ़ उनकी शैली की नुमाइन्दगी करते हैं। 'ग़ालिब' का क़तआ 'आमदे-बहार', 'अकबर' इलाहाबादी की नज़्मनुमा ग़ज़ल 'बहार आई', 'बेनज़ीर' शाह की 'बहार', अहमद अली 'शौक' क़िदवाई की 'आमदे-बहार' इस मौसम पर चन्द चुनी हुई नज़्में हैं जो विभिन्न युगों की शाइरी में बहार का समां दिखाती हैं। इस अध्याय के अन्त में 'जोश' और 'शम्स' की दो ख़ूबसूरत नज़्में और जोड़ दी गयी हैं जो हर तरह प्रशंसा के योग्य हैं।

हमारे त्योहार : त्योहारों की बुनियाद आमतौर पर मज़हब पर होती है। लेकिन चूंकि भारत एक कृषि-प्रधान देश है इसलिए इसके त्योहार अगर एक ओर मज़हब से ताल्लुक़ रखते हैं तो दूसरी तरफ़ फ़स्ल की तैयारी और पैदावार के संचय से। हिंदुस्तानी त्योहार अधिकांश इसी प्रकार के हैं। कुछ त्योहार ऐसे अवश्य हैं जिनका कृषि से कोई संबंध नहीं। मस्लन रामलीला या दुर्गा पूजा। इनके अलावा बहुत-से वे त्योहार जो जैन मत, बौद्ध मत, ईसाइयत और इस्लाम वग़ैरा से ताल्लुक़ रखते हैं, विशुद्ध धार्मिक बुनियादों पर मनाए जाते हैं। हम मौसमों के बारे में नज़्में दे चुके हैं। त्योहारों पर भी उर्दू में बहुत-सी नज़्में मिलती हैं। यह बात कम महत्त्वपूर्ण नहीं कि जहां मुसलमान शाइरों ने हिंदुओं के त्योहार होली, दिवाली, वसंत वग़ैरा पर नज़्में लिखीं वहां हिंदू और सिख शाइरों ने इस्लामी त्योहारों पर नज़्में लिखीं। यह दरअसल उसी मिली-जुली सभ्यता का चमत्कार था जो हिंदू, मुसलमान, सिख सभी को प्यारी रही है। शाइर वह चाहे किसी ज़बान का हो यों भी धार्मिक कट्टरपन का शिकार नहीं होता। उसके लिए इनसानियत सबसे महत्त्वपूर्ण है। फिर उर्दू ज़बान जो इसी धरती की पैदावार है, उसके शाइर यहां के सभी त्योहारों को अपना त्योहार कैसे नहीं समझते ! होली जिसे रंगों का त्योहार कहना चाहिए, पूरे भारत में बड़ी धूमधाम से मनाया जाता है। यह धूमधाम आज से नहीं, सदियों से चली आ रही है। दक्षिण के सुल्तानों के दौर में और उत्तर भारत में

मुसलमानों के शासनकाल में हिंदू और मुसलमान मिलकर इस त्योहार को मनाते थे। सुल्तान क़ुली क़ुतबशाह हर त्योहार को, चाहे ईद हो या वसंत, एक जश्न का रूप दे दिया करता था। दरअसल क़ुली क़ुतबशाह हिंदुस्तानियत का पुजारी था। वसंत का त्योहार दक्षिण में ही नहीं उत्तर भारत में भी बड़ी आनबान से मनाया जाता था। वसंत का आरम्भ इसी मौसमी त्योहार से होता है। जब रबी की फ़सल तैयार होने लगती है, एक ओर सरसों फूलती है तो दूसरी ओर आम के बौर महक उठते हैं। इस त्योहार को मुग़लों के युग में मुसलमान भी मनाते थे। शाही क़िले में उस दिन वसंती वस्त्र धारण किए जाते थे। आज तक वसंत पंचमी के दिन अगर एक तरफ़ कालकाजी के मंदिर पर मेला लगता है तो दूसरी ओर मुसलमान सूफ़ी सरसों के फूल हाथ में लिये हुए उस स्थान पर जाते हैं जहां पहले-पहल वसंत पंचमी के अवसर पर ख़ुसरो ने हज़रत निज़ामुद्दीन औलिया की सेवा में सरसों के फूल पेश किए थे। क़ुली क़ुतबशाह के दीवान में इस त्योहार पर नौ नज़्में मिलती हैं तो इस त्योहार से संबंधित गीत ख़ुद शाहआलम ने भी कहे हैं। वसंत और दिवाली पर भी उसके शे'र मिलते हैं। दिवाली का त्योहार भी जो सर्दी की शुरुआत का एलान है जिसे हिंदू धर्मग्रन्थों के अनुसार रामचंद्रजी के चौदह वर्ष बनवास काटकर अयोध्या वापस आने का जश्न माना जाता है, उर्दू शाइरी का प्रिय विषय रहा है। इस त्योहार के अलावा दक्षिण और उत्तर भारत में शबेबरात और ईद भी प्रमुख ढंग से मनाई जाती रही है। फ़िरोज़शाह तुग़लक (1351 ई.) के ज़माने ही से शबेबरात के त्योहार में आतिशबाज़ी का रिवाज हो गया था और गाने-बजाने का भी। ज़ाहिर है जनसाधारण में यह रिवाज लोकप्रिय होता चला गया और आज भी शबेबरात के मौक़े पर आतिशबाज़ी का प्रदर्शन होता है।

हमने इस अध्याय में हर त्योहार पर कुछ नज़्में दी हैं। होली पर पहली नज़्म 'फ़ाइज़' देहलवी की है जो उत्तर भारत का पहला साहिबे-दीवान शाइर था। 'मीर' की 'मस्नवी दरबयाने-होली' से और 'हातिम' की मस्नवी 'बज़्मे-इशरत' से होली पर कुछ शे'र लिये गये हैं। दो नज़्में 'नज़ीर' अकबराबादी की हैं जिनका वातावरण होली की रंगारंग कैफ़ियतों को हमारी आंखों के सामने ला देता है। सआदतयार ख़ां 'रंगीन' की होली पर एक नज़्म है। बाक़ी नज़्में इस युग के शाइरों की कही हुई हैं, जिनमें एक 'सीमाब' अकबराबादी की है और दूसरी मुंशी द्वारकाप्रसाद 'उफ़ुक़' की। वसंत पर 'नज़ीर', 'इंशा', 'अमानत' और 'बेनज़ीर' शाह की नज़्में हैं। 'बसंत बहार' शीर्षक से जो नज़्म 'मुनव्वर' लखनवी की है वह दरअसल जयदेव के 'गीतगोविन्द' के एक टुकड़े का अनुवाद है और इसमें कोई शक नहीं कि बहुत सुंदर अनुवाद है। तीन नज़्में वसंत पर और हैं जो 'नज़ीर' लुधियानवी, 'नुशूर' वाहिदी और 'फ़ैयाज़' ग्वालियरी की कही हुई हैं। एक नज़्म 'नज़ीर' अकबराबादी की राखी पर भी है। दिवाली पर हमने पांच नज़्में चुनी हैं जिनमें आले अहमद 'सुरूर', हुर्मतुल इकराम, 'शमीम' करहानी और 'मख़मूर' सईदी की नज़्में बहुत सुंदर हैं। 'ईदे-मीलादुन्नबी' पर 'हफ़ीज़' जालन्धरी की लंबी नज़्म 'विलादते-रसूले-मक़बूल' से लंबा उद्धरण दिया है। शबेबरात और ईद

पर भी फिर 'नज़ीर' अकबराबादी ही की नज़्में हैं। 'बेनज़ीर' शाह की 'ईद की धूम' और 'अख़्तर' शीरानी की नज़्म 'ईद का चांद देखकर' भी इस अध्याय में सम्मिलित हैं।

इनके अलावा हमने जैनी त्योहार—'छमावनी' पर भी एक नज़्म दी है जो 'नज़ीर' बनारसी की कही हुई है। यह त्योहार धार्मिक से अधिक सामाजिक हैसियत रखता है। जैन सम्प्रदाय के लोग साल में एक दिन एकत्रित होकर एक-दूसरे से साल-भर की बातों के लिए माफ़ी मांगते हैं और गले मिलते हैं। इसीलिए इसका नाम छमावनी (क्षमावाणी) रखा गया है। एक नज़्म आख़िर में 'फूलवालों की सैर' है जो गोपीनाथ 'अम्न' लखनवी की लेखनी की आभारी है। यह मेला हिंदू-मुस्लिम एकता का श्रेष्ठ द्योतक रहा है। बहादुरशाह 'ज़फ़र' के ज़माने में इसकी बड़ी धूम थी और आज उस शानो-शौकत से तो नहीं लेकिन मनाया ज़रूर जाता है। उर्दू शाइरी में हिंदुस्तान के मेलों, प्रदर्शनियों, तैराकी की प्रतिस्पर्धाओं आदि पर न जाने कितनी नज़्में हैं जो इस संकलन में शामिल नहीं की गयी हैं। बहरहाल इन त्योहारों पर उर्दू शाइरों की रचनाओं से प्रतीत होता है कि हिंदुस्तानी समाज के परस्पर मेलजोल और मिली-जुली सभ्यता का प्रतिनिधित्व उर्दू शाइरी सदियों से करती आई है।

हमारे शहर और इलाक़े : इस अध्याय में हिंदुस्तान के कुछ महत्त्वपूर्ण शहरों पर चुनी हुई नज़्में हैं। सबसे पहले ग़ालिब का एक क़ता है कलकत्ता पर। मौलाना आज़ाद मरहूम का ख़याल था कि ग़ालिब कलकत्ते की प्रशंसा सिर्फ़ इसलिए करते हैं कि अंग्रेज़ों की पसन्द को अपनी पसन्द क़रार देना चाहते हैं, लेकिन यह सही नहीं। ग़ालिब सन् 1828 ई. से सन् 1830 ई. तक इस शहर में रहे। उस वक़्त कलकत्ता सचमुच 'जन्नतुल्बलाद' (स्वर्ग की तरह सुंदर शहर) का हुक्म रखता था। अबुल कलाम आज़ाद और कौसर चांदपुरी ने जिन कृतियों का हवाला दिया है वे उस वक़्त की हैं जब कलकत्ता गुंजान आबादी के कारण बीमारियों का घर बनने लगा था। गारसां द् तासी ने अपने व्याख्यानों में लिखा है कि 'इस युग में हिंदुस्तान के मुसलमान बंगाल को जन्नतुल्बलाद ही कहते थे।' बहरहाल ग़ालिब को शहर कलकत्ते से सचमुच लगाव पैदा हो गया था जिसकी पुष्टि उनके कुछ पत्रों से भी होती है। कलकत्ता पर एक उद्धरण हमने हुर्मतुल इकराम की लंबी नज़्म 'कलकत्ता एक रबाब' से भी लिया है। इसमें इस बड़े शहर के सामाजिक, सांस्कृतिक और कल्चरल जीवन के तारीक और रौशन, दोनों पहलुओं की झलकियां मिलती हैं। इलाहाबाद, बनारस और जौनपुर पर 'सफ़ी' लखनवी की नज़्में हैं। 'सफ़ी' मरहूम ने ये तमाम नज़्में 'लख़्ते-जिगर' शीर्षक के अन्तर्गत कही थीं। यद्यपि ये नज़्में ऑल इंडिया शीआ कांफ्रेंस के उद्देश्य से लिखी गयी थीं और विभिन्न जलसों में पढ़ी गईं लेकिन इन शहरों पर उन्होंने गहरी नज़र डाली और किसी नज़्म में उस स्थान का ऐतिहासिक महत्त्व और किसी में उसके प्राचीन खंडहरों का विवरण दिया है। बनारस

पर उर्दू में सैकड़ों नज़्में हैं। हमने 'सफ़ी' की नज़्म के अलावा 'रईस' अमरोहवी की भी एक छोटी-सी नज़्म बनारस पर दी है जो प्रभावशाली है। आगरा की ऐतिहासिक महानता पर मौलाना 'सीमाब' की नज़्म है। गुजरात (पंजाब) जिसकी धरती में सोहनी-महिवाल के प्रेम की ख़ुशबू बसी है उस पर 'अख़्तर' शीरानी मरहूम की लिखी हुई छोटी मगर सुंदर साहित्यिक रचना है। लखनऊ पर भी 'अख़्तर' ही के चन्द शे'र हैं। अलीगढ़ पर 'मजाज़' की नज़्म है जो ख़ालिस रूमानी है लेकिन उसकी भावनात्मक तीव्रता से इनकार नहीं किया जा सकता। इस नज़्म को मुस्लिम यूनिवर्सिटी के विद्यार्थियों ने अपनी यूनियन का तराना बनाया हुआ है और विद्यार्थियों ही की आवाज़ में इस तराने का रेकॉर्ड तैयार हो चुका है। बम्बई पर सरदार जाफ़री की एक नज़्म का उद्धरण दिया गया है। यह नज़्म यद्यपि निजी अनुभव से प्रेरित है लेकिन इसके आईने में बम्बई की ज़िंदगी की बहुत-सी कटु सच्चाइयां बड़ी ख़ूबी के साथ झलक उठी हैं–

तिरी सड़कों पे सोये
तेरी बारिश में नहाये हैं

हैदराबाद का बड़ा ऐतिहासिक महत्त्व रहा है। यह शहर सदियों ज्ञान और साहित्य, सभ्यता और शिष्टता का पालना रहा है। दकनी उर्दू का पहला साहिबे-दीवान शाइर सुल्तान क़ुली क़ुतबशाह इसी धरती पर पैदा हुआ। 'वली' दकनी, जिन्हें उर्दू शाइरी का बाबा आदम कहा जाता है, एक मुद्दत तक इस शहर से वाबस्ता रहे। इस तारीख़ी शहर पर सिकन्दर अली 'वज्द' की छोटी-सी नज़्म है। औरंगाबाद की भी हमारे राजनीतिक, सांस्कृतिक और साहित्यिक इतिहास में कम अहमियत नहीं। 'वज्द' और यूसुफ़ 'नाज़िम' की नज़्मों में बहुत-से साहित्यिक और सांस्कृतिक हवाले मिलते हैं। ख़ुल्दाबाद पर 'मैकश' हैदराबादी मरहूम की नज़्म है। जगन्नाथ 'आज़ाद' ने लाहौर पर नज़्म कही है और वहां के बहुत-से साहित्यकारों के हवाले दिए हैं। देहली पर जो सदियों से हिंदुस्तान का दिल है, नरेशकुमार 'शाद' मरहूम की शास्त्रीय शैली में छोटी-सी साहित्यिक सर्जना है। इस अध्याय में जिन क्षेत्रों पर हमने नज़्में शामिल की हैं उनमें 'नाज़िश' प्रतापगढ़ी की 'वादि-ए-कश्मीर' है। याह्या आज़मी की 'जन्नते-रंगो-बू' भी इसी हसीन और शादाब क्षेत्र का चित्रण करती है। एक नज़्म ब्रज इलाक़े पर है जो मुंशी बनवारीलाल 'शोला' की रचना है। ब्रज को जो धार्मिक पवित्रता प्राप्त रही है उसकी पूरी झलक उनके मुसद्दस में मौजूद है। आख़िर में सरदार जाफ़री की 'अवध की ख़ाके-हसीं' है जो उनकी एक लंबी नज़्म से ली गयी है। इसमें सरदार ने अवध की प्राकृतिक सुंदरता, वहां के खेतों, किसानों और मज़दूरों का चित्रण बड़ी कुशलतापूर्वक किया है।

हमारी इमारतें : इस अध्याय में हमने हिंदुस्तान की चन्द महत्त्वपूर्ण इमारतों पर नज़्में दी हैं। पहली नज़्म 'नालन्दा के खंडहर' के शीर्षक से है। नालन्दा प्राचीन भारत में सबसे

बड़े विश्वविद्यालय की हैसियत रखता था जो मगध में स्थित था। उस समय तक मुद्रण कला का आविष्कार न हुआ था। किताबें हाथ से लिखी जाती थीं। चीनी पर्यटक ह्वेनसांग ने पांच वर्ष तक इस विश्वविद्यालय में रहकर शिक्षा प्राप्त की। उसे गौतम बुद्ध की धरती देखने और बौद्ध मत के साहित्य का अध्ययन करने का शौक़ ही हिंदुस्तान खींचकर लाया था। यह नज़्म उसी नालन्दा के खंडहरों की आवाज़ बनकर हमारे सामने आती है। आज नालन्दा को दुबारा जीवित करने की कोशिश हो रही है लेकिन उर्दू शाइरी ने उस प्राचीन नालंदा की तस्वीर को अपने सीने में सुरक्षित कर रखा है। अजन्ता और एलौरा की गुफायें हमारी शानदार ऐतिहासिक यादगारें हैं और संगतराशी के आश्चर्यजनक चमत्कार की हैसियत रखती हैं। इन गुफाओं को बनाने या बनवाने का सिलसिला हमारे यहां पांचवीं सदी के मध्य से आरम्भ हुआ था और दो सौ वर्षों तक रुक-रुककर काम होता रहा। एलौरा में प्रारम्भिक गुफायें बौद्धमत से संबंधित हैं। हिंदू धर्म ने जब नया रूप धारण किया और बौद्ध मत के मुक़ाबले पर आया तो चट्टानों को काटकर गुफायें बनाने में भी प्रतिस्पर्धा हुई। सातवीं सदी के प्रारम्भ में बौद्ध भिक्षु एलौरा में अपना काम समाप्त कर चुके थे जबकि ब्राह्मणों और जैनियों ने अपना काम अभी आरम्भ ही किया था। एलौरा में हिंदू धर्म और जैन मत से संबंधित गुफायें भी निर्मित हुईं। इन सबमें कैलाश मंदिर संगतराशी का शानदार नमूना है। इन गुफाओं में मूर्तियों को एक विशेष क्रम दिया गया है और इसमें शक नहीं कि कला और धर्म यहां एक आत्मा और एक शरीर नज़र आते हैं। अजन्ता और एलौरा पर उर्दू में कई नज़्में हैं लेकिन सिकन्दर अली 'वज्द' की नज़्मों को प्रधानता प्राप्त है। इनमें एक ऐसी भावनात्मक गहराई और विस्तार मिलता है जो इन नज़्मों को अजन्ता और एलौरा ही की तरह अमर बना देता है। इसके बाद हमने ताजमहल पर कुछ नज़्में दी हैं। ताजमहल का निर्माण जिस युग में हुआ उससे बहुत पहले हिंदू वास्तुकला और ईरानी वास्तुकला का सम्मिश्रण व्यवहार में आ चुका था। हम सरसरी तौर पर एक नज़र डालें तो देखेंगे कि अजमेर की जामा मस्जिद में आबू पर्वत के जैन मंदिर का प्रतिबिम्ब है। रनपुर के मंदिर में मस्जिद के खम्भों का प्रत्यंकन है। क़ुतुबमीनार की सजावट जैन प्रणाली की सजावट की आभारी है। ग्वालियर में मानसिंह के महल हिंदुओं और मुसलमानों की मिश्रित वास्तुकला का नमूना हैं। अकबर और जहांगीर द्वारा निर्मित महल और बाग़ मिली-जुली सभ्यता का संगम हैं। फ़तेहपुर सीकरी की मस्जिद, ख़ासतौर पर उसके गुम्बदों में हिंदू वास्तुकला झलकती है। यह मिश्रित वास्तुकला, जिसे शाहजहां के युग में मुग़ल निर्माण शैली कहा जाता था, ऐसी विशेषताओं की द्योतक बन गयी थी जो न शुद्ध हिंदी वास्तुकला में पाई जाती हैं, न शुद्ध ईरानी शैली में। ताजमहल इसी शैली का श्रेष्ठ नमूना है। यही नहीं बल्कि इसके निर्माण में अगर उस्ताद याहिया, अमानत ख़ां तुग़रानवीस, मुहम्मद ख़ां ख़ुशनवीस का हाथ है तो मोहनलाल पच्चीकार, मनोहरसिंह और मन्नूलाल का भी उतना ही हाथ है। इन नज़्मों के अलावा हुमायूं के मक़बरे पर 'जोश' की नज़्म और अकबर के मज़ार पर 'सीमाब' की नज़्म 'सिकन्दरा' शानदार नज़्में

हैं। एक नज़्म ऐतमादुद्दौला पर भी है। यह उसी मिश्रित वास्तुकला की यादगार इमारतों में से है। जोधाबाई के मंदिर पर 'सीमाब' की एक छोटी-सी नज़्म है। जोधाबाई जहांगीर की पत्नी और जोधपुर-नरेश राजा उदयसिंह की पुत्री थी और उसका असली नाम मानमती था। उसी के पेट से शाहजहां पैदा हुआ था। मौलाना शिबली की नज़्म जिसका यह शेर है :

दुल्हन की पालकी लाए थे जो ख़ुद अपने कांधों पर
वो शाहंशाहे-अकबर और जहांगीर इब्ने-अकबर था

जोधाबाई ही की विदाई के बारे में है। अकबर ने जो राष्ट्रीय एकता का स्वप्न देखा था वह बहुत क़ीमती था और आज की हमारी राष्ट्रीय एकता के लिए एक सुंदर उदाहरण की हैसियत रखता है। अन्त में एक नज़्म भाखड़ा नंगल बांध पर है, जो आधुनिक वास्तुकला का एक शानदार कारनामा है, जिसका उद्घाटन करते हुए पंडित नेहरू ने कहा था कि आज की दुनिया में इनका वही स्थान है जो आराधना-गृह का होता है। यह नज़्म दरअसल इस बात की पुष्टि है कि उर्दू शाइरी अगर अपने देश की प्राचीन धरोहर से मुहब्बत रखती है तो आज के हर उन्नतिशील मंसूबे से भी अनभिज्ञ नहीं और स्वयं को वर्तमान काल के हर संघर्ष में लीन रखती है।

हमारी ललित कलायें : यह मेलजोल और एकता केवल वास्तुकला तक ही सीमित न थी। दूसरी कलायें जैसे संगीत या चित्रकला भी इस रंग से प्रभावित हो रही थीं। भारत में संगीत प्राचीन काल से एक महत्त्वपूर्ण स्थान रखता है। केवल सांस्कृतिक और सामाजिक समारोहों में ही नहीं बल्कि धार्मिक संस्कारों और पूजा-पाठ आदि में भी इसका अपना स्थान रहा है। तेरहवीं सदी ईसवी के बाद से दूसरी ललित कलाओं की तरह संगीत भी मिश्रित सौन्दर्याभिरुचि का प्रतीक बनता गया। अमीर ख़ुसरो की मिसाल तो मशहूर है। उन्होंने विभिन्न राग-रागिनियां और वाद्य ईजाद किए। अधिकांश मुसलमान बादशाहों की भी इस कला से कम दिलचस्पी नहीं रही। फ़रिश्ताकृत इतिहास में तो बाबर तक को संगीत का प्रेमी बताया गया है। अकबर के युग में इस कला का संरक्षण किया गया। तानसेन के अलावा हरिदास और रामदास को देशव्यापी कीर्ति प्राप्त हुई। यह संरक्षण जहांगीर और शाहजहां के दौर में भी जारी रहा। यह बात केवल देहली तक सीमित न थी बल्कि आदिलशाही हुकूमत में इब्राहिम आदिलशाह द्वितीय स्वयं बहुत बड़ा संगीतकार था। उसकी रचना 'नौरस' में राग-रागिनियों को ध्यान में रखकर गीत कहे गये हैं। हिंदू पौराणिक कथाओं का उसे पूर्ण ज्ञान था। शिव, पार्वती, सरस्वती, गणेश, वग़ैरा पर 'नौरस' में गीत शामिल हैं। इब्राहिम आदिलशाह ने सरस्वती के बारे में जो गीत कहा है वह अपरिचित दकनी शब्दों से भरा हुआ है लेकिन उसका अनुवाद डॉ. नज़ीर अहमद के शब्दों में सुनिए : "ज्ञान का रास्ता दिखाई नहीं देता था इसलिए सरस्वती और गणेश चांद और सूरज का प्रकाश बन गये।" यह सच है कि इब्राहिम

आदिलशाह हिंदुस्तानी अभिरुचि और सभ्यता को लोकप्रिय बनाने में उतना ही प्रयत्नशील था जितना महान् अकबर था। क़ुली क़ुतबशाह के दौर में भी संगीत का ख़ासा ज़ोर रहा। हर त्योहार चाहे वह नौरोज़ हो या वसंत या जश्ने-ईदे-मीलादुन्नबी, गाने और नाच के बिना नहीं मनाया जाता था। देहली में शाहआलम द्वितीय ने राग और ताल के अनुसार अपने ख़याल कविताबद्ध किए हैं। मुहम्मद शाह रंगीले के दरबार में संगीतकारों की क़द्र थी। उसके दरबार का प्रसिद्ध संगीतकार सदारंग था जिसने ख़याल को उन्नति के शिखर पर पहुंचाया। मालवा में बाज़बहादुर और लखनऊ गें लगभग सारे शासकों ने इस कला का संरक्षण किया। आसिफ़ुद्दौला के ज़माने में संगीत पर एक महत्त्वपूर्ण रचना 'उसूलुन्नग़मातुल-आसफ़िया' लिखी गयी। वाजिदअली शाह के दौर तक तो संगीत की लोकप्रियता अपनी चरम सीमा तक पहुंच गयी थी। वाजिदअली शाह ने ख़ुद कई रागिनियां, जोगी, जुही वग़ैरा ईजाद की थीं और तानसेन के घराने के कुशल संगीतकारों को अपने दरबार में एकत्र कर लिया था। इसका कारण यह भी था कि अयोध्या और बनारस से, जो पहले ही से संगीत का केन्द्र थे, अवध सल्तनत का ख़ास संबंध था। बहरहाल संगीत के मैदान में भी जो एकता और मेलजोल नज़र आता है वह छिपा हुआ नहीं। गुलाम नबी शऊरी ने टप्पा ईजाद किया तो ख़ुसरो ने क़व्वाली की धुनें। तबला और सितार पर अमीर ख़ुसरो के भजन आज भी गाए जाते हैं। बूअली सीना की आविष्कृत शहनाई आज भी बिस्मिल्लाह ख़ां के होंठों से हिंदू-मुसलमान दोस्तों को मस्त बना देती है। इसी प्रकार अकबर के ज़माने से चित्रकला भी मिश्रित हिंदुस्तानी सभ्यता का द्योतक बनती गयी। भारतीय यथार्थ और ईरानी मृदुलता के सुंदर सम्मिश्रण ने एक नई चित्रकला को जन्म दिया। अजन्ता और दिल्ली स्कूल की चित्रकला में कोई समानता नहीं मिलेगी लेकिन दिल्ली, जयपुर और कांगड़े के चित्रों में समानता स्पष्ट दिखाई देती है। इस कला को मुग़लों का संरक्षण भी प्राप्त रहा और राजपूताना और तंजौर के हिंदू राजाओं की एकता और सद्भाव जो इस कला को अकबर के दौर में प्राप्त हो गया था वह बराबर इन शाहकारों में पाया जाता है।

इस अध्याय में हमने कुछ गिनती की नज़्में संगीत और चित्रकला पर दी हैं जिनमें से कुछ ख़ास महत्त्व रखती हैं। आरम्भ में नृत्य पर कुछ नज़्में हैं। नृत्यकला हिंदुस्तान की प्राचीन कलाओं में से है और हिंदुस्तान के राष्ट्रीय और आध्यात्मिक जीवन में इसका उच्च स्थान रहा है। शास्त्रीय नृत्य में भरतनाट्यम सबसे अहम माना जाता है। इसे दूसरे नृत्यों का उद्गम भी कहा जा सकता है। इस नृत्य में नर्तक अंगों के हाव-भाव से कोई-न-कोई कहानी कहता है। दूसरा मुख्य नृत्य कथकली है जो केरल का महत्त्वपूर्ण लोकनृत्य है। इस नृत्य में आर्य और द्रविड़ प्रभाव मिले-जुले हैं। मणिपुरी नृत्य मणिपुर (असम) का अहमतरीन नृत्य है और यह शिव और पार्वती का नृत्य समझा जाता है। कत्थक का विषय राधा और कृष्ण का अमर प्रेम है। यह नृत्य उत्तर भारत, ख़ासतौर पर अवध के इलाक़े में बहुत लोकप्रिय हुआ। मीर हसन की मस्नवी 'सहरुलबयान' से मुजरे के जो दो टुकड़े लिये गये हैं उनमें कत्थक नृत्य की ही झलक है। अवध में नृत्य

और संगीत की महफ़िलें आम हो चुकी थीं और वेश्या समाज का एक अभिन्न अंग बन गयी थीं। ये वेश्यायें नाच और गाने की कला में निपुण होती थीं और उनके पेशे के लिए यह महारत ज़रूरी भी थी क्योंकि समाज की मानसिक चेतना संगीत के क्षेत्र में बहुत सजग हो गयी थी। अतएव मुजरा स्वयं एक कला का रूप धारण कर गया था। मीर हसन की 'सहरुलबयान' से जो मुजरे के दृश्य दिए गये हैं उनसे पता चलता है कि स्वयं शाइर राग-रागिनियों और नृत्य के विभिन्न पहलुओं का संपूर्ण ज्ञान रखता है। रक़्स पर एक नज़्म 'जोश' की और एक नज़्म 'वज्द' की शामिल है जिसमें रक़्स की तकनीक से बहस न करते हुए उसके जमालियाती तास्सुर को उजागर किया गया है। उदयशंकर पर जो नज़्म 'अख़्तर' अंसारी की दी गयी है उसे हम उदयशंकर के कमाल का एतिराफ़ ही कह सकते हैं। उदयशंकर ने जिस प्रकार हिंदुस्तानी शास्त्रीय नृत्य में खोज करके वर्तमान काल के विषयों और मांगों को समोने का प्रयत्न किया है वह कम महत्त्व नहीं रखता। संगीत के सिलसिले में इस दौर के दो मुख्य कलाकारों पर एक-दो नज़्में हैं। रसूलनबाई और लता मंगेशकर की कला और आवाज़ संगीत की दुनिया में अमर कहे जाने योग्य हैं। संगीत-कला पर हमने चार नज़्में मुख़्तार सिद्‌दीक़ी की दी हैं। 'सरगम', 'ख़याल दरबारी', 'ख़याल एमन कल्याण' और 'केदारा का एक रूप'। शास्त्रीय संगीत दिन-रात की विभिन्न घड़ियों में विभिन्न बन्दिशों और विभिन्न प्रभावों का क़ायल है। इसलिए हर राग-रागिनी अपने उचित समय पर ही वह असर पैदा करती है जिसके लिए उसकी रचना की गयी है। यह तास्सुर 'रस' कहलाता है। उसे इस राग-विशेष का बुनियादी भाव या ख़याल समझना चाहिए। मुख़्तार सिद्‌दीक़ी ने अपनी इन नज़्मों में ऐसे ही बोलों का सहारा लिया है जो राग के बुनियादी तास्सुर और उसकी विषयवस्तु की बेहतर-से-बेहतर तर्जुमानी कर सकें। ख़याल जिस तरह गाया जाता है और जिस तरकीब और क्रम का उसमें ध्यान रखा जाता है, यानी आलाप, फिर अस्थायी, फिर अंतरा, इसके बाद राग के समस्त विस्तार का निरीक्षण और फिर वापसी या अभोग का मरहला। मुख़्तार सिद्‌दीक़ी ने इस क्रम को ध्यान में रखा है। हम कह सकते हैं कि हमारे शास्त्रीय संगीत की आत्मा और उसके शरीर, रस और वर्णन को पहली बार उर्दू शे'र में इस तरह ढाला गया है। इन नज़्मों के अलावा और भी कुछ नज़्में हैं जैसे 'इकतारे का जादू' या 'ढोलक का गीत' जो तास्सुराती रंग लिये हुए हैं। अन्त में इसमें हमने सिर्फ़ एक नज़्म चित्रकला बल्कि आज के सुप्रसिद्ध कलाकार हुसैन पर शामिल की है। हुसैन हमारे राष्ट्रीय चित्रकारों की प्रथम श्रेणी में गिने जाते हैं। वह अपने कैनवस पर नग्न तत्त्वों की सर्जना बाह्य आकृतियों की सहायता से करते हैं। उनका कैनवस यथार्थ और काल्पनिक कृतियों का सुंदर मिश्रण होता है। अनीस फ़ारूक़ी ने उनके आर्ट पर टिप्पणी करते हुए लिखा है कि—वह रहस्य, उपमा और रूपक को रूमानी अंदाज़ में यथार्थ का रूप देने में पूरी कुशलता रखते हैं। हुसैन अपने कलात्मक प्रयोगों में सदैव व्यस्त रहते हैं। सन् 1947 ई. में हुसैन ने हिंदुस्तानी रीति-रिवाज, सभ्यता और संस्कृति, विशेषतः यहां के जीवन की झलकियों को तैलचित्रों में नए ढंग से पेश किया था और

अब सितम्बर में जो नुमाइश ब्राज़ील में होने जा रही है, उसमें हुसैन विशुद्ध शास्त्रीय भारतीय विषय 'महाभारत' पर अपने शाहकार पेश करनेवाले हैं जिसका एलान किया जा चुका है।

हमारे धार्मिक नेता : उर्दू शाइरी ने जहां हिंदुस्तान के सांस्कृतिक, सामाजिक और तहज़ीबी सरमाये को अपने में समोया और उसकी तर्जुमानी की, वहां उसने उन तमाम मज़हबों को, जो हिंदुस्तान में पैदा हुए या जिन्हें हिंदुस्तान में आकर बसनेवाली जातियां अपने साथ लाईं, अपने सर-आंखों पर जगह दी है। इस अध्याय में हमने अवतारों, पैग़म्बरों और धार्मिक नेताओं पर कुछ नज़्में दी हैं जिनके आगे आज भी हिंदुस्तान के करोड़ों जनसाधारण श्रद्धा से सिर झुकाते हैं, जिनकी आराधना और पूजा करते हैं, जिनके बताए हुए उसूलों को अपने लिए मार्ग-दर्शन जानते और मानते हैं। हिंदुस्तानी जीवन का सामाजिक, आर्थिक और नैतिक ढांचा सदियों मज़हबी बुनियादों पर क़ायम रहा है और आज भी हिंदुस्तानी समाज के लिए मज़हब बुनियादी महत्त्व रखता है। आपस का मेलजोल और रवादारी या दूसरे अर्थों में राष्ट्रीय एकता के पीछे मज़हबी रवादारी और मज़हबों की तालीमे-इंसानियत का बड़ा हाथ है। उर्दू अदब और उर्दू शाइरी कभी धर्मान्ध और तंग-नज़र नहीं रही। हर धर्म और हर धार्मिक मार्गदर्शक का सम्मान उर्दू शाइरी का शेवा रहा है। जो चन्द नज़्में इस संकलन में दी गयी हैं वे शिवजी, रामचंद्रजी, कृष्ण, गौतम, महावीर स्वामी और गुरु नानक के अलावा ईसा मसीह और हज़रत मुहम्मद के गुणों और विशेषताओं से संबंधित हैं। रामचंद्रजी अगर बदी के ख़िलाफ़ लड़ते हैं तो श्रीकृष्ण उपद्रव और हंगामे के ख़ात्मे पर तुले नज़र आते हैं ताकि एक स्वस्थ समाज जन्म ले सके जहां किसी के अधिकार न छिन सकें। महात्मा बुद्ध और महावीर स्वामी जंग से नफ़रत करना सिखाते हैं और अम्न, शांति और अहिंसा की शिक्षा देते हैं। हज़रत ईसा अगर पीड़ित मानवता का सहारा बनते हैं तो हज़रत मुहम्मद इंसानी बिरादरी को बराबरी का सुनहरा उसूल बताते हैं और गुलामी की लानत और रंग और नस्ल के अंतर को समाप्त करके मानवता की प्रतिष्ठा को बढ़ाते हैं। गुरु नानक का पैग़ाम उस एकता और मेलजोल का द्योतक है जो बंटी हुई मानवता को एकत्व के रिश्ते में पिरो देना चाहता है। वास्तविकता यह है कि विश्वास और रीति-रिवाज को छोड़कर हर धर्म के संस्थापक का बुनियादी जज़्बा एक ही रहा है कि इंसान सहयोग करे और परस्पर प्रेम और रवादारी के रिश्ते में बंध जाये। उर्दू शाइरी ने न केवल तमाम मज़हबी मार्गदर्शकों पर श्रद्धापूर्ण नज़्में लिखी हैं बल्कि तमाम इलहामी और मज़हबी किताबों के छन्दोबद्ध अनुवाद भी पेश किए हैं।

मुंशी शंकरदयाल 'फ़रहत', मुंशी जगन्नाथ 'ख़ुशतर', मुंशी द्वारकाप्रसाद 'उफ़ुक़', इक़बाल वर्मा 'सहर' हंगामी, रामसहाय 'तमन्ना' के रामायण के अनुवाद; मुंशी तोताराम 'शायां' का महाभारत का अनुवाद; मुंशी लक्ष्मण प्रसाद 'सदर' लखनवी, 'सनोबर'

अज़ीमाबादी, देवकीनन्दन 'मुब्तदी', जाफ़र अली ख़ां 'असर', 'मुनव्वर' लखनवी के गीता के अनुवाद; ख़्वाजा मुहम्मद 'दिल' का 'जपजी साहब' का अनुवाद; विशेश्वर प्रसाद 'मुनव्वर' के 'इंजील', जैनी ग्रन्थ और क़ुराने-पाक की विभिन्न आयतों के अनुवाद या 'सीमाब' की 'वही-ए-मंज़ूम' वग़ैरा उर्दू शाइरी का वह पवित्र सरमाया है जिसे वह गर्व के साथ पेश कर सकती है। इन नज़्मों का अध्ययन हमारा सर ऊंचा कर देता है। जब हम देखते हैं कि मुसलमान शाइरों ने राम, कृष्ण, गौतम, महावीर स्वामी और गुरु नानक पर नज़्में कही हैं, और हिंदू और सिख शाइरों ने हज़रत मुहम्मद, ख़्वाजा मुईनुद्दीन चिश्ती, हज़रत निज़ामुद्दीन औलिया और अमीर ख़ुसरो को अपनी श्रद्धा का मंज़ूम नज़राना पेश किया है। ये रस्मी रचनायें नहीं हैं बल्कि जिस जज़्बे, निष्ठा और श्रद्धा की ओर ये इशारा करती हैं उनमें रूह और दिल की गहराइयां बसी हुई हैं। उर्दू शाइरी के सेक्यूलर मिज़ाज की इससे बढ़कर और क्या दलील हो सकती है ! 'मुहसिन' काकोरवी ने जो क़सीदा 'मदहे-ख़ैरुल-मुरसलीन' हज़रत मुहम्मद की शान में कहा है उसकी तशबीब (प्रारम्भिक भाग) की बुनियाद हिंदुओं के पवित्र स्थानों और उनके धार्मिक संस्कारों पर रखी है। यह क़दम एक ख़ास महत्त्व रखता है और इसे उस मिली-जुली सभ्यता की देन कहना चाहिए जो हर एक रूप में उर्दू शाइरी सदियों से अपनाती चली आ रही है।

हमारी कथायें : इस अध्याय को हमने दो भागों में बांट दिया है। पहले भाग में कुछ धार्मिक कथायें पेश की गयी हैं जो उर्दू मस्नवियों या उर्दू नज़्मों से ली गयी हैं और जिन्हें किताब के कलेवर को ध्यान में रखकर संक्षिप्त करके दिया गया है। इस भाग में 'नज़ीर' का कहा हुआ–'जनम कन्हैयाजी' और 'हर की तारीफ़ में' जो दरअसल 'नरसी की दास्तान' है–शामिल है। 'चकबस्त' की नज़्म 'रामायण का एक दृश्य' है, मुंशी बनवारीलाल 'शोला' का 'सीता-हरण' और 'मुनव्वर' लखनवी द्वारा अनूदित जयदेव कृत गीतगोविन्द से दो टुकड़े, 'राधा आलमे-फ़िराक़ में' और 'कृष्ण और राधा की मुलाक़ात' शामिल किए गये हैं। इन नज़्मों पर नज़र डालिए तो मालूम होगा कि 'नज़ीर' भारतीयता के रंग में पूर्ण रूप से रंगे हुए हैं। यह कहना कुछ बेजा न होगा कि उनकी शाइरी अपने युग की सबसे अधिक सेक्यूलर शाइरी थी। उन्होंने बिला तफ़रीक़ हर मज़हब और मिल्लत को अपने सीने से लगाया है। अगर उन्हें हज़रत मुहम्मद से अक़ीदत है तो शिवजी, राम और नानक से भी लगाव है। भारतीयता के जो गहरे और सुंदर चित्र उनके सारे कलाम में फैले हुए हैं वे हमारे बहुमूल्य विरसे की हैसियत रखते हैं। 'चकबस्त' ने रामायण का जो सीन नज़्म किया है वह उर्दू शाइरी में बहुत सुंदर वृद्धि है। रामायण का महत्त्व भारतीय समाज में असीम है। वाल्मीकि की रामायण संस्कृत में थी, लेकिन तुलसीदास ने संस्कृत के बजाय अवधी भाषा को अपनाकर रामायण के संदेश को करोड़ों दिलों तक पहुंचा दिया। यह बात कम महत्त्वपूर्ण

नहीं कि तुलसीदास ने रामायण में अरबी और फ़ारसी शब्दों को निस्संकोच इस्तेमाल किया है—मस्लन गरीबनवाज (ग़रीबनवाज़) मिस्कीन, जहान, दीवान, बरात, शहनाई, सरताज, रुख़, दफ़ वग़ैरा। हक़ीक़त यह है कि रामचरितमानस या रामायण का प्रभाव भारत की सब भाषाओं पर पड़ा है। हम ऊपर कह आये हैं कि रामायण के कितने अनुवाद गद्य और पद्य में उर्दू में हुए। इनके अलावा कितनी नज़्में रामायण की घटनाओं से प्रभावित होकर लिखी गईं, उन्हीं में से 'चकबस्त' की यह नज़्म है। 'चकबस्त' के अलावा मुंशी दुर्गा सहाय 'सुरूर' जहानाबादी और तिलोकचन्द 'महरूम' और मुंशी बनवारीलाल 'शोला' ने भी रामायण के विभिन्न दृश्य कविताबद्ध किए जिनमें से 'शोला' का 'सीताहरण' इस संकलन में सम्मिलित है। 'मुनव्वर' लखनवी ने जो जयदेव के गीतगोविन्द का अनुवाद किया है उसमें से भी दो टुकड़े लिये गये हैं। जयदेव, जिसकी यह लंबी नज़्म संस्कृत में है, बारहवीं सदी के प्रारम्भ में हुआ था। इसमें राधा और कृष्ण की शारीरिक और आध्यात्मिक मुहब्बत का संगम जिस दैवी पवित्रता से बयान हुआ है उसने इस किताब को अमर प्रेम की दास्तान बना दिया है। उर्दू शाइरी में ऐसी सुंदर नज़्मों का बाहुल्य है। इस अध्याय के दूसरे भाग में हमने केवल कालिदास के ड्रामों या नज़्मों से तीन उद्धरण पेश किए हैं जिसकी हैसियत क्लासिकी है। उर्दू शाइरी ने इन तमाम अदबी जवाहरों को अपने दामन में भर रखा है जिस पर भारतीय साहित्य ही नहीं सारी दुनिया का अदब नाज़ कर सकता है। यह नहीं कि केवल कालिदास ही की नज़्में उर्दू में परिवर्तित हुई हैं बल्कि हिंदुस्तान की कथाओं पर आधारित कितनी ही अनूदित और कितनी ही मौलिक रचनायें मौजूद हैं। मस्लन इक़बाल वर्मा 'सहर' की 'दुष्यन्त-ओ-शकुन्तला' जो 1925 ई. में प्रकाशित हुई; 'मुनव्वर' लखनवी और प्रेमपाल की 'शकुन्तला'; 'जिगर' बरेलवी की मस्नवी 'पयामे-सावित्री' जो सावित्री और सत्यवान की दास्तान है; रंगलाल 'चमन' की 'सिंघासन बत्तीसी' जो सीधी संस्कृत से ली गयी है और 1864 ई. में छपकर सामने आई। इसी के साथ 1886 में मक्खनलाल की 'सिंघासन बत्तीसी' प्रकाशित हुई। 'नल-दमन' के भी कितने मंज़ूम एडीशन उर्दू में मौजूद हैं जिनमें 'राहत', अहमद अली 'अहमद' और कालीप्रसाद का नाम लिया जा सकता है। 'इब्रत' की 'पद्मावत' और मुहम्मद अली क़ासिम की 'पद्मावत' भी उर्दू नज़्म में मौजूद हैं। सन् 1871 ई. में अरोड़ाराय ने 'सोनी-महिवाल' का मंज़ूम तर्जुमा लाहौर से प्रकाशित किया था। मूलचन्द मुंशी और मौलवी करम इलाही भोपाली के मंज़ूम 'हीर-रांझे' भी हमें मिलते हैं। यही नहीं बल्कि ईसाइयों की 'फ़िरदौसे-गुमशुदा', 'फ़िरदौसे-बाज़याफ़्ता' और 'शमज़न महज़ू' का अनुवाद भी ईसाचरन 'सदा' ने उर्दू नज़्म में किया हुआ है। बहरहाल ये तो चन्द नाम हैं वरना इस प्रकार का अदबी सरमाया उर्दू में बेहिसाब है। कालिदास के जो अनुवाद इस संकलन में शामिल हैं उनमें एक तो उनके मशहूर ड्रामे 'कुमारसम्भव' का एक टुकड़ा है जिसके अनुवादक 'मुनव्वर' लखनवी हैं। एक टुकड़ा उनके जगत्-प्रसिद्ध ड्रामे 'शकुन्तला' से लिया गया है। 'अभिज्ञान शाकुन्तल' का अनुवाद लगभग हर सुसंस्कृत भाषा—अंग्रेज़ी, फ्रांसीसी, जर्मन, अरबी,

फ़ारसी वग़ैरा में हो चुका है। 'मुनव्वर' लखनवी के अनुवाद का आधार यद्यपि असली ड्रामे पर है लेकिन उन्होंने राजा लक्ष्मणसिंह के अनुवाद से ख़ासा लाभ उठाया है। इस अनुवाद के बारे में डॉक्टर ज़ाकिर हुसैन ने कहा था–"कहीं यह महसूस नहीं हुआ कि यह एक बाकमाल उर्दू शाइर का कलाम नहीं है।" 'मेघदूत' का अनुवाद हाफ़िज़ ख़लील हसन 'ख़लील' का किया हुआ है जो 1914 ई. में आगरा से प्रकाशित हुआ था। कोई शक नहीं कि ख़लील हसन ने मस्नवी के अंदाज़ में कालीदास की इस हसीन-ओ-जमील नज़्म को मुन्तक़िल करने का हक़ अदा कर दिया है।

हमारा अंदाज़े-इश्क़ : इस पुस्तक का आख़िरी अध्याय हमारे अंदाज़े-इश्क़ के बारे में है। उर्दू शाइरी में इश्क़ का विषय हमेशा से लोकप्रिय रहा है। यह कहना ग़लत न होगा कि उर्दू शाइरी के प्रिय विषयों में भी इस विषय को प्रधानता प्राप्त है। उर्दू की इश्क़िया शाइरी पर तरह-तरह के आरोप लगाए जाते हैं लेकिन चन्द शाइरों के गिरे हुए चिंतन-स्तर को पूरी उर्दू शाइरी पर नहीं थोपा जा सकता। इश्क़ की कल्पना उर्दू शाइरी में उच्चतम मानसिक सतह को छूती रही है। इससे इनकार अन्याय होगा। इश्क़ दरअसल उस तीव्र अनुभूति का नाम है जो बुनियादी तौर पर जिन्सी होते हुए भी इंसानी ज़िंदगी की उच्च नफ़्सियाती और नैतिक सतहों पर असरअंदाज़ होती है और जो स्वभाव, चरित्र और व्यक्तित्व को बनाने और संवारने में अहम रोल अदा करती है। यही आशिक़ाना अनुभूति जब विश्वव्यापी कल्पना से हमआहंग होती है तो उसमें एक महानता आ जाती है। शाइरी की महानता और उच्चता का रहस्य भी इसी में छिपा हुआ है। इश्क़ की जलन जब ज़िंदगी की जलन में ढलती है तो महान शाइरी की बुनियाद बनती है। उर्दू अदब में इश्क़ या इश्क़िया शाइरी की कौन-सी सतहें हमारे सामने आती हैं इस पर एक नज़र डालना जरूरी है। शुरू में दकनी उर्दू में जो ग़ज़ल कही गयी उसमें मर्द और औरत की परस्पर मुहब्बत की ख़ूबसूरत झलकियां मिलती हैं। क़ुली क़ुतबशाह की ग़ज़लें हों या 'वली' की प्रारम्भिक ग़ज़लें, उनमें इश्क़ की एक सभ्य भावनात्मक सतह का अहसास होता है–

वली उस गौहरे-काने-हया की क्या कहूं ख़ूबी
मिरे घर इस तरह आता है ज्यूं सीने में राज़ आवे

दकनी ग़ज़ल में हमें हिंदी लहजा और हिंदुस्तानी तत्त्व साफ़ दिखाई देते हैं। लेकिन यह बात याद रखनी चाहिए कि इश्क़िया ग़ज़ल की बुनियाद अगर कुछ है तो मुहब्बत की रूह है। इसीलिए प्रो. मसूद हसन रिज़वी ने श्रेष्ठ इश्क़िया शेरों को 'रूहे-मुहब्बत की तस्वीरें' कहा है। उर्दू की इश्क़िया ग़ज़ल का एक पहलू तो वह है जो हुस्न और इश्क़ के मामलात और कैफ़ियात से सीधा संबंध रखता है। एक पहलू वह है जिसे फ़लसफ़ियाना (दार्शनिक) या आरिफ़ाना कह सकते हैं। और तीसरा पहलू वह है जो विजदानी सतह पर हयात और कायनात के ब्रह्मज्ञान की आईनादारी करता है। 'मीर'

की ग़ज़ल में इश्क़ फ़लसफ़ियाना या आशिक़ाना अंदाज़ में हमारे सामने नहीं आता। यद्यपि अपनी मस्नवियों में कई जगह 'मीर' इश्क़ को हयात-ओ-कायनात का बुनियादी कारण बताते हैं जिसका एक उद्धरण भी हमने इस अध्याय में एक जगह दिया है लेकिन वास्तव में 'मीर' इश्क़ को आम इंसानी सतह पर देखते थे। यह ज़रूर था कि वह 'मजनूं' गोरखपुरी के शब्दों में—"इश्क़ को हुस्न का परस्तार समझते हुए भी एक प्रमुख और अधिक सुसंस्कृत शक्ति मानते थे।" वह इश्क़ के नाम पर मर मिटने का जज़्बा रखते हैं। 'मीर' ने ग़मे-इश्क़ और ग़मे-ज़िंदगी दोनों का मुक़ाबला करने का हौसला और मानसिक शक्ति दी है। उनके यहां आनंद का पहलू नहीं है तो इसका कारण उनके ज़माने के प्रतिकूल हालात और ख़ुद उनके इश्क़ की नाकामी है। हमने इस संकलन में 'मीर' की ग़ज़लें और कुछ शेर दिए हैं जिनसे 'मीर' के अंदाज़े-इश्क़ पर रौशनी पड़ती है। उर्दू शाइरी में इश्क़िया शेरों की संख्या लाखों से भी अधिक है, इसलिए हर शाइर के कलाम को पेश करना मुम्किन न था। कुछ ग़ज़लों, कुछ नज़्मों और कुछ रुबाइयों पर ही संतुष्टि कर ली गयी है। 'मीर' के बाद ग़ालिब की महान् शाइरी हमारे सामने आती है। उनके यहां 'मीर' की नश्तरियत तो नहीं, अलबत्ता एक ऐसी सलीक़ामंद नज़र मिलती है जो इश्क़, बल्कि पूरी हयात और कायनात से परिचित है। हुस्नो-इश्क़ के विषयगत वार्तालाप की मिसालें ग़ालिब के कलाम में हसीन से हसीनतर मिलती हैं :

नींद उसकी है, दिमाग़ उसका है, रातें उसकी हैं
तेरी ज़ुल्फ़ें जिसके बाज़ू पर परीशां हो गईं

जो ग़ज़ल इस इन्तिख़ाब में शामिल है उसमें इश्क़ के लिए एक ऐसी तड़प का एहसास है जो शोक और हर्ष के पहलुओं को बड़े संतुलित और फ़नकारी के साथ अपने में समोए हुए है। यह न भूलना चाहिए कि ग़ालिब की शाइरी हुस्नो-इश्क़ की नफ़्सियात तक सीमित नहीं बल्कि बक़ौल आले अहमद सुरूर—"उर्दू शाइरी में ग़ालिब से बड़ा ज़िंदगी का आशिक़ और आरिफ़ शायद ही कोई मिले।" ग़ालिब के विपरीत जब हम 'दाग़' की शाइरी पर आते हैं तो हमें जो मिलता है वह 'खुली-खुली इश्क़िया शाइरी' है। 'दाग़' पर विलासिता की भावना का इल्ज़ाम रखा जाता है लेकिन उनकी चुनी हुई आशिक़ाना ग़ज़लें या शे'र उन्हें इश्क़िया शाइरी में एक स्थान देते हैं। यह सच है कि उन्हें आम इश्क़िया शे'रों में उस जागीरदाराना सभ्यता का एहसास होता है जो उर्दू की इश्क़िया मस्नवियों में भी रचा-बसा है। बहरहाल 'दाग़' की शाइरी जिस पाए की भी मानी जाये, वह भी हर एक के बस की बात नहीं। 'हसरत' मोहानी ने आशिक़ाना शाइरी को 'दाग़' की अपेक्षा यक़ीनन शाइस्तातर बनाया है। वह भी इश्क़ को आस्मानी या उलूही चीज़ नहीं समझते। सिर्फ़ एक सच्चे और मुख़लिस आशिक़ के रूप में हमारे सामने आते हैं। वह सादगी, विनम्रता और निष्ठा को इश्क़ का जौहर समझते हैं। हुस्नो-इश्क़ से संबंधित वस्तुगत वार्त्तालाप में उनके यहां भी ख़ूबसूरत तहज़ीबी झलकियां मिलती हैं। 'हसरत' के बाद हमने 'फ़िराक़' की ग़ज़ल और शे'र दिए हैं। 'फ़िराक़' का तसव्वुरे-इश्क़ बुनियादी तौर पर ज़मीनी है लेकिन उनके जमालियाती और विजदानी

एहसास ने उसे एक बलन्द सतह दे दी है। अतएव इश्क़ की कैफ़ियतें हयात और कायनात से हमआहंग नज़र आती हैं और हम ऐसा महसूस करते हैं कि इश्क़ मिलन और विरह की कैफ़ियतों से अलग ज़िंदगी का पर्यायवाची बन गया है। उनके यहां जिंसी जज़्बा एक ऐसी पवित्रता और स्वच्छता लिये हुए हमारे सामने आता है कि तल्लीनता और आश्चर्य की क़ैफ़ियत पैदा हो जाती है। उनके इश्क़िया शे'रों में अक्सर महसूस होता है कि अछूती बलन्दियां और अनजानी वुसअतें सिमट आई हैं।

इश्क़िया नज़्मों में हमने सबसे पहले 'इक़बाल' की नज़्म 'मुहब्बत' दी है जिसमें मुहब्बत या इश्क़ का एक आस्मानी तसव्वुर मिलता है। 'इक़बाल' की शाइरी में इश्क़ दरअसल एक दार्शनिक परिभाषा बन गया है और ऐसी रहस्यमयी शक्ति के समान है जो कायनात की रचना और जीवन के विकास की मंज़िलें तय करने में सहयोगशील है–

सितारों से आगे जहां और भी हैं
अभी इश्क़ के इम्तिहां और भी हैं

'इक़बाल' से जब हम 'जोश' पर आते हैं तो हम फिर ज़मीनी इश्क़ से दो-चार होते हैं। 'जोश' लाख 'शाइरे-इंक़िलाब' कहे जायें लेकिन जहां उनकी शाइरी अपनी चरम सीमा को छूती है वह मंज़र-निगारी या हुस्नो-इश्क़ की वारदातें हैं। इश्क़ का तसव्वुर उनके यहां शारीरिक आकर्षण और नफ़सियाती बारीकियों के दायरे से आगे नहीं बढ़ता। वह बुनियादी तौर पर रूमानियत के शाइर हैं। उनकी नज़्मों में बक़ौल 'फ़िराक़'–''रूमानियत छत्तीसों सिंगार के साथ अपनी छवि दिखाती हुई सामने आती है।'' उनकी नज़्म 'अश्के-अव्वलीं' और उनके शे'र 'हनोज़' से उनके आशिक़ाना तर्ज़ का पूरा अंदाज़ा लगाया जा सकता है। 'अख़्तर' शीरानी भी रूमानी शाइर हैं। उनकी प्रारम्भिक नज़्मों में तो महबूबा से ज़्यादा महबूबा का तसव्वुर प्रिय नज़र आता है। आगे चलकर भी 'अख़्तर' की शाइरी चाहने और चाहे जाने की लज़्ज़त और ख़्वाहिश से आगे नहीं बढ़ी लेकिन इश्क़ और इश्क़ की वारदातें जिस सरशारी और कैफ़ से उनके यहां बयान हुई हैं उनमें एक जादू ज़रूर पाया जाता है जो थोड़ी देर के लिए सबकुछ भुला देता है। 'फ़ैज़' इश्क़ में भी गम्भीरता और गरिमा को ध्यान में रखते हैं। उनके यहां इश्क़ का तसव्वुर विशाल होकर ग़मे-जहां को भी अपने दामन में समेट लेता है। उनकी अक्सर नज़्मों में यह सम्मिश्रण बड़े कलात्मक ढंग से हमारे सामने आता है। 'मजाज़' की आशिक़ाना नज़्मों में कोई चिंतन या दर्शन के तत्त्व की मिलावट तो नहीं अलबत्ता इश्क़ की परिचयात्मक तर्जुमानी ज़रूर है। 'जांनिसार' अख़्तर की नज़्म 'महकती हुई रात' में वह पहलू सामने आता है जब दो चाहनेवाले दिलों ने एक-दूसरे की संगति में ज़िंदगी का लंबा समय गुज़ारा हो और जीवन-संघर्ष में लगातार शरीक रहे हों। यह नज़्म इश्क़ की ज़िंदगी का एक कामयाब और स्वस्थ नज़रिया पेश करती है। इसके प्रतिकूल 'मख़दूम' की नज़्म 'चारागर' सामाजिक बन्धनों के वातावरण में इश्क़ की ग़मगीन कहानी बयान करती है। 'कैफ़ी' की नज़्म 'अंदेशे' भी हमारे समाज के उस निर्दयी रवैये

से संबंध रखती है जो औरत को मुहब्बत की आज़ादी नहीं देता और जहां औरत अपनी मुहब्बत को सीने में दफ़न करके ज़िंदगी से समझौते पर मजबूर हो जाती है। इस नज़्म में औरत की जज़्बाती कैफ़ियात की ख़ूबसूरत अक्कासी की गयी है। इसके अलावा 'मजरूह' की एक हर्षप्रद ग़ज़ल है और कुछ बन्द 'साहिर' की 'परछाइयां' से लिये गये हैं। इनमें चन्द रूमानी क्षणों की हसीन मुसव्विरी है। साथ ही जज़्बाती फ़िज़ा का अहसास भी होता है।

आशिक़ाना रुबाइयात में कुछ रुबाइयां 'फ़िराक़' के कलाम से ली गयी हैं। 'फ़िराक़' की ग़ज़लों में जिस तरह इश्क़ की व्यापकता का एहसास होता है उसी तरह उनकी रुबाइयों में हुस्न अपनी नक़ाब उलट देता है। ऐसा लगता है कि 'फ़िराक़' ने हुस्न को सिर्फ़ देखा ही नहीं अपने सारे अस्तित्व से अनुभव किया है। डॉक्टर गोपीचन्द नारंग ने सही लिखा है कि " 'फ़िराक़' हुस्नो-जमाल की बोलती हुई रूह के शाइर हैं।' उनकी रुबाइयों में जो हिंदुस्तानी सभ्यता और उसकी जमालियाती क़द्रें मिलती हैं वे कहीं और नज़र नहीं आतीं। 'जांनिसार' अख़्तर की रुबाइयां 'फ़िराक़' की तरह शृंगार रस की रुबाइयां नहीं। उनका विषय दाम्पत्य जीवन का रूमान है। 'फ़िराक़' के शब्दों में 'इन रुबाइयों में हिंदुस्तान के लगभग पन्द्रह करोड़ घरों और घरेलू जीवन की नर्म-ओ-नाज़ुक झलकियां दिखाई गयी हैं...ये विषय और उसके हज़ारों पहलू सूरदास के पदों में दिखाए गये हैं। 'जांनिसार' अख़्तर ने यही नेमत हमें इन रुबाइयों में देकर हम सब पर बड़ा एहसान किया है।'

इस अध्याय का मक़सद दरअसल एक झलक पेश करना था उस इश्क़िया शाइरी की जो अपने चित्र-विचित्र और रंगारंग पहलुओं के साथ उर्दू में रची-बसी है और जो हमारे मशरिक़ी या हिंदुस्तानी मिज़ाज की ग़म्माज़ रही है।

हर्फ़े-आख़िर : यह पुस्तक उर्दू शाइरी के उस स्थूल सरमाये की एक झलक है जो हमारी मिली-जुली सभ्यता की आईनादार है। यह यथार्थ है कि इस किताब का हर अध्याय एक अलग ग्रन्थ की रचना चाहता है। इसके अलावा उर्दू शाइरी के कई ऐसे पहलू और भी हैं जिन्हें इस सिलसिले में पेश किया जा सकता था। मसलन उन नज़्मों के चयन का भी एक अध्याय सम्पादित किया जा सकता था जिनमें हिंदुस्तानी रीति-रिवाज, मजलिसी शिष्टाचार, शादी-ब्याह के तौर-तरीक़ों के विवरण मौजूद हैं। हिंदुस्तान के सब धर्मों की पवित्र पुस्तकों के मंज़ूम (पद्यात्मक) अनुवाद के उद्धरण भी शामिल किए जा सकते थे लेकिन फ़िलहाल प्रकाशन की मजबूरियों के कारण ऐसा करना मुमकिन नहीं हो सका। फिर भी यह किताब उर्दू शाइरी के बारे में बहुत-सी बदगुमानियों और ग़लतफ़हमियों को दूर करने में ज़रूर मदद करेगी। वे लोग जो उर्दू को लस्सानी तौर पर हिंदी-उल-अस्ल और हिंदी-उल-नस्ल मानने के बावजूद उसके 'एक विशेष सांस्कृतिक मिज़ाज' की बात करते हैं उनसे हम इस किताब को पेश करते हुए सिर्फ़ इतना ही कहना

चाहते हैं कि बेशक ज़बान का एक सांस्कृतिक स्वभाव होता है लेकिन हमें ऐतिहासिक सत्य को सामने रखने की ज़रूरत है। हम मानते हैं कि जब मुसलमान शासक के रूप में मौजूद थे और फ़ारसी ज़बान सरकारी ज़बान थी तो उर्दू पर फ़ारसी का प्रभाव पड़ा लेकिन यह प्रभाव पड़ना तारीख़ी तौर पर अनिवार्य था। सोलहवीं और सतरहवीं सदी की दकनी शाइरों में जो हिंदीयत असली तत्त्व के रूप में शामिल थी वह सूरत उत्तर भारत में न थी। अलबत्ता इससे इनकार नहीं किया जा सकता कि यहां हिंदीयत और ईरानियत का सम्मिश्रण मौजूद था। आगे चलकर एक समय फ़ारसीयत का आधिपत्य भी हुआ, लेकिन क्या अंग्रेज़ों के शासनकाल में उर्दू भाषा और उर्दू शाइरी पर अंग्रेज़ी साहित्य का प्रभाव नहीं पड़ा ? यह भी ऐतिहासिक तौर पर होना अनिवार्य था और आज जब हमारे ऐतिहासिक हालात बदल चुके हैं; फ़िरंगी सियासत, जो हिंदुस्तानी क़ौमों की ज़िंदगी के एक-एक विभाग को तक़सीम करने पर तुली हुई थी, फ़ना हो चुकी है; नई स्थिति में क्या उर्दू भाषा अपने प्राचीन सांस्कृतिक प्रभाव से बाहर निकलकर आधुनिक सांस्कृतिक प्रभाव न अपनाएगी ? उर्दू अदब और शाइरी का गहरी नज़र से अध्ययन करनेवाले आज भी यह बात अनुभव करते हैं कि उर्दू शाइरी का मिज़ाज बदलने लगा है और हम समझते हैं कि वह दिन दूर नहीं जब उर्दू शाइरी का सांस्कृतिक मिज़ाज सही मानों में संतुलित हिंदुस्तानी मिज़ाज कहा जायेगा। हम 'दाग़' की बात को तो दोहराना नहीं चाहते कि—

कहते हैं उसे ज़बाने-उर्दू
जिसमें न हो रंग फ़ारसी का

क्योंकि यह भी सच है कि फ़ारसी रंग ने भी उर्दू को बहुत कुछ दिया है जो सीने से लगाए रखने के क़ाबिल है। लेकिन हम यह स्वीकार करते हैं कि आज उर्दूवालों को संस्कृत-साहित्य से भी बहुत कुछ लेना है। 'फ़िराक़' गोरखपुरी लिखते हैं कि 'हमारी उर्दू ज़बान में कितनी विशालता और कितनी बड़ी सम्भावनायें पैदा हो जायेंगी अगर उर्दू शब्दकोश में दो-ढाई हज़ार संस्कृत के शब्द भी शामिल कर लिये जायें। कितनी शक्ति और फैलाव, कितनी तहें, कितनी झलकियां और परछाइयां, कितना रस, कितनी सुगंध, कितना रचाव, कितनी सुगढ़ता, कितनी नई गूंजें, कितना सलीक़ा, कितना प्रवाह और ठहराव, कितना लोच और लचक उर्दू में पैदा हो जायेगी अगर संस्कृत शब्दों की किरनों की खनक भी अरबी, फ़ारसी और हिंदी शब्दों की खटक, रस और झंकार के साथ साज़े-उर्दू से सुनाई देने लगे।' हम समझते हैं कि इन शब्दों की मिलावट से केवल उर्दू शब्दकोश ही को लाभ न पहुंचेगा बल्कि इस वृद्धि के द्वारा साहित्य और शाइरी हिंदुस्तान की रूह को और गहरे तौर पर अपने में समो सकेगी।

अन्त में उन चन्द मित्रों का शुक्रिया ज़रूरी है जिन्होंने पुस्तकें एकत्र करने में सहायता दी। उनमें प्रोफेसर अब्दुस्सत्तार दलवी, प्रोफेसर मुग़ीस उद्दीन फ़रीदी, राजनारायण 'राज़', दर्शनसिंह दुग्गल और साबिर दत्त के हम ख़ासतौर पर आभारी हैं।

—जां निसार अख़्तर

पहला अध्याय

हिंदोस्तान की अज़्मत

(भारत महिमा)

तरान-ए-हिंदी

डॉ. मुहम्मद इक़बाल

सारे जहां से अच्छा हिन्दोस्तां हमारा
हम बुलबुलें हैं इसकी, यह गुलिस्तां हमारा
गुरबत[1] में हों अगर हम रहता है दिल वतन में
समझो वहीं हमें भी, दिल हो जहां हमारा
पर्वत वो सबसे ऊंचा हमसाया आसमां का
वो संतरी हमारा, वो पासबां[2] हमारा
गोदी में खेलती हैं इसकी हज़ारों नदियां
गुलशन है जिनके दम से रश्के-जिनां[3] हमारा
अय आबे-रूदे-गंगा[4] वो दिन है याद तुझको
उतरा तिरे किनारे जब कारवां हमारा
मज़हब नहीं सिखाता आपस में बैर रखना
हिंदी हैं हम, वतन है हिन्दोस्तां हमारा
यूनानो-मिस्रो-रूमां सब मिट गये जहां से
अब तक मगर है बाक़ी नामो-निशां हमारा
कुछ बात है कि हस्ती मिटती नहीं हमारी
सदियों रहा है दुश्मन दौरे-ज़मां हमारा
'इक़बाल' कोई महरम[5] अपना नहीं जहां में
मालूम क्या किसी को दर्दे-निहां[6] हमारा

---

1. परदेस, 2. संरक्षक, पहरेदार 3. जिस पर स्वर्ग भी ईर्ष्या करे, 4. गंगा नदी का पानी 5. दोस्त, रहस्य जाननेवाला, 6. छिपा हुआ दर्द।

हिंदोस्तानी बच्चों का क़ौमी गीत

डॉ. मुहम्मद इक़बाल

चिश्ती[1] ने जिस ज़मीं में पैग़ामे-हक़[2] सुनाया
नानक ने जिस चमन में वहदत[3] का गीत गाया
तातारियों[4] ने जिसको अपना वतन बनाया
जिसने हिजाज़ियों[5] से दश्ते - अरब[6] छुड़ाया
मेरा वतन वही है, मेरा वतन वही है

यूनानियों को जिसने हैरान[7] कर दिया था
सारे जहां को जिसने इल्मो-हुनर[8] दिया था
मिट्टी को जिसकी हक़[9] ने ज़र[10] का असर[11] दिया था
तुर्कों का जिसने दामन हीरों से भर दिया था
मेरा वतन वही है, मेरा वतन वही है

टूटे थे जो सितारे फ़ारस[12] के आसमां से
फिर ताब[13] दे के जिसने चमकाये कहकशां[14] से
वहदत[15] की लय सुनी थी दुनिया ने जिस मकां[16] से
मीरे-अदब[17] को आई ठंडी हवा जहां से
मेरा वतन वही है, मेरा वतन वही है

बन्दे[18]-कलीम[19] जिसके, पर्वत जहां के सीना[20]
नूहे-नबी[21] का आकर ठहरा जहां सफ़ीना[22]
रिफ़अत[23] है जिस ज़मीं की बामे-फ़लक[24] का ज़ीना
जन्नत[25] की ज़िंदगी है जिसकी फ़ज़ा[26] में जीना
मेरा वतन वही है, मेरा वतन वही है

---

1. ख़्वाजा मुईनुद्दीन चिश्ती अजमेरी, 2. सत्य का संदेश, 3. अद्वैत, 4. तातार के रहनेवाले, 5. हिजाज़ के रहनेवाले, 6. अरब का जंगल, 7. व्याकुल, 8. ज्ञान और शिल्प, 9. ख़ुदा, 10. सोना, 11. प्रभाव, 12. ईरान, 13. चमक, 14. आकाशगंगा, 15. अद्वैत, 16. घर, मकान, 17. अरब का सरदार, 18. लोग, 19. हज़रत मूसा, 20. तूर नामक पर्वत जिस पर हज़रत मूसा को ख़ुदा का जल्वा दिखाई दिया, 21. हज़रत नूह (जिसके ज़माने में एक तूफ़ान आया था जिसमें सबकुछ डूब गया था, केवल उनकी नाव बची थी), 22. नाव, 23. ऊंचाई, 24. आकाश की छत, 25. स्वर्ग, 26. वातावरण।

ख़ाके-हिंद

पंडित ब्रजनारायण 'चकबस्त'

अय ख़ाके-हिंद[1] तेरी अज़मत[2] में क्या गुमां[3] है
दरिया - ए - फ़ैज़े - क़ुदरत[4] तेरे लिए रवां[5] है
तेरी जबीं[6] से नूरे - हुस्ने - अज़ल[7] अयां[8] है
अल्लाह रे ज़ेबो - ज़ीनत[9] क्या औजे-इज़्ज़ो-शां[10] है

हर सुबह है यह ख़िदमत ख़ुरशीदे-पुरज़िया[11] की
किरनों से गूंथता है चोटी हिमालया की

इस ख़ाके-दिलनशीं[12] से चश्मे[13] हुए वो जारी[14]
चीनो-अरब में जिनसे होती थी आबयारी[15]
सारे जहां पे जब था वहशत[16] का अब्र[17] तारी[18]
चश्मो-चिराग़े-आलम[19] थी सरज़मीं[20] हमारी

शम्ए-अदब[21] न थी जब यूनां की अंजुमन[22] में
ताबां[23] था मेह्रे-दानिश[24] इस वादि-ए-कुहन[25] में

गौतम ने आबरू[26] दी इस मा'बदे-कुहन[27] को
सरमद ने इस ज़मीं पर सदक़े किया[28] वतन को
अकबर ने जामे-उल्फ़त[29] बख़्शा[30] इस अंजुमन को
सींचा लहू से अपने राना ने इस चमन को

सब सूरबीर अपने इस ख़ाक में निहां[31] हैं
टूटे हुए हैं खंडर या उनकी हड्डियां हैं

---

1. भारत की धरती, 2. महानता, 3. शक, 4. प्रकृति की दयारूपी नदी, 5. प्रवाहित, 6. ललाट, 7. आदिकाल के सौंदर्य का प्रकाश, 8. प्रकट, 9. शोभा, 10. ज्ञान और प्रतिष्ठा की ऊंचाई, 11. प्रकाशमान सूर्य, 12. चित्ताकर्षक धरती, 13. स्रोत, 14. प्रवाहित, 15. सिंचाई, 16. पशुता, हैवानियत, 17 बादल, 18 छाया हुआ, 19. संसार के नेत्रों की ज्योति, 20. धरती, 21. साहित्य का दिया, 22. महफ़िल, 23. प्रकाशमान, 24. ज्ञान का सूर्य, 25. पुरानी वादी, 26. मान, प्रतिष्ठा, 27. प्राचीन आराधना-गृह, 28. न्यौछावर, 29. प्रेम का प्याला, 30 प्रदान किया, 31. छुपे हुए।

दीवारो-दर से अब तक उनका असर अयां[1] है
अपनी रगों में अब तक उनका लहू रवां[2] है
अब तक असर में डूबी नाक़ूस[3] की फ़ुग़ां[4] है
फ़िरदौसे-गोश[5] अब तक कैफ़ीयते - अज़ां[6] है

कश्मीर से अयां है जन्नत का रंग अब तक
शौकत[7] से बह रहा है दरिया-ए-गंग[8] अब तक

है जू - ए - शीर[9] हमको नूरे - सहर[10] वतन का
आंखों में रौशनी है, जल्वा[11] इस अंजुमन[12] का
है रश्के - मेहर[13] ज़र्रा[14] इस मंज़िले - कुहन[15] का
तुलता है बर्गे - गुल[16] से कांटा भी इस चमन का

गर्दो-ग़ुबार[17] यां का ख़िलअत[18] है अपने तन को
मरकर भी चाहते हैं ख़ाके - वतन[19] कफ़न को

गुलज़ारे-वतन

दुर्गा सहाय 'सुरूर' जहानाबादी

फूलों का कुंजे-दिलकश[20] भारत में इक बनायें
हुब्बे-वतन[21] के पौदे उसमें नए लगायें
इक-एक गुल में फूंकें रूहे - शमीमे - वहदत[22]
इक-इक कली को दिल के दामन से दें हवायें
मुर्ग़ाने-बाग़[23] बनकर उड़ते फिरें हवा में
नग़्मे[24] हों रूह-अफ़्ज़ा[25] और दिलरुबा सदायें[26]

---

1. प्रकट, 2. प्रवाहित, 3. शंख, 4. आर्तनाद, 5. कानों में समायी हुई, 6. अज़ान की मस्ती, 7. वैभव, ठाठ, 8. गंगा नदी, 9. दूध की नदी, 10. प्रभात का प्रकाश, 11. दर्शन, 12. महफ़िल, 13. सूर्य के समान, 14. कण, 15. प्राचीन मंज़िल, 16. फूल की पत्ती, 17. धूल, मैल, 18. पुरस्कार, 19. देश की धूल, 20. मोहक कुंज, 21. देशभक्ति, 22. अद्वैत की सुगंध, 23. उपवन के पक्षी, 24. गीत, 25. आत्मा को शांति देनेवाले, 26. आवाज़ें।

छायी हुई घटा हो, मौसम तरब-फ़ज़ा[1] हो
झोंके चलें हवा के, अशजार[2] लहलहायें

इस कुंजे-दिलनशीं[3] में क़ब्ज़ा[4] न हो ख़िज़ां का
जो हो गुलों का तख़्ता[5], तख़्ता हो इक जिनां[6] का
बुलबुल को हो चमन में सैयाद का न खटका[7]
ख़ुश-ख़ुश हो शाख़े-गुल[8] पर, ग़म हो न आशियां[9] का
मौसम हो जोशे-गुल[10] का और दिन बहार[11] के हों
आलम अजीब दिलकश[12] हो अपने गुलिस्तां का

मिल-मिलके हम तराने हुब्बे-वतन[13] के गायें
बुलबुल हैं जिस चमन के, गीत उस चमन के गायें

वतन

'जोश' मलीहाबादी

अय वतन, पाक वतन, रूहे-रवाने-अहरार[14]
अय कि ज़र्रों में तिरे बू-ए-चमन[15], रंगे-बहार[16]
अय कि ख़्वाबीदा[17] तिरी ख़ाक में शाहाना वक़ार[18]
अय कि हर ख़ार[19] तिरा रूकशे-सदरू-ए-निगार[20]
रेज़े अलमास[21] के तेरे ख़सो-ख़ाशाक[22] में हैं
हड्डियां अपने बुज़ुर्गों[23] की तिरी ख़ाक में हैं

पाई गुंचों[24] में तिरे रंग की दुनिया हमने
तेरे कांटों से लिया दर्से-तमन्ना हमने[25]

---

1. आनंददायक, सुहाना, 2. वृक्ष, 3. आकर्षक कुंज, 4. अधिकार, 5. क्यारी, 6. स्वर्ग, 7. भय, 8. फूल की डाली, 9. घोंसला, 10. वसंत, 11. वसंत, 12. सुहाना, 13. देशप्रेम, 14. आज़ाद लोगों की रूह (प्राणवायु), 15. चमन की सुगंध, 16. बहार का रंग, 17. सोया हुआ, 18.बादशाहों की गरिमा, 19. कांटा, 20. हज़ारों प्रेमिकाओं के चेहरे की तरह, 21. हीरक, 22. घासफूस, 23. पूर्वज, आदरणीय, 24. कली, 25. अभिलाषा का पाठ।

तेरे क़तरों[1] से सुनी क़िरअते - दरिया[2] हमने
तेरे ज़र्रों[3] में पढ़ी आयते - सहरा[4] हमने

क्या बतायें कि तिरी बज़्म[5] में क्या-क्या देखा
एक आईने में दुनिया का तमाशा देखा

पहले जिस चीज़ को देखा वो फ़ज़ा[6] तेरी थी
पहले जो कान में आई वो सदा[7] तेरी थी
पालना जिसने हिलाया वो हवा तेरी थी
जिसने गहवारे[8] में चूमा वो सबा[9] तेरी थी

अव्वलीं रक़्स[10] हुआ मस्त घटा में तेरी
भीगी हैं अपनी मसें आबो-हवा[11] में तेरी

अय वतन ! आज से क्या हम तिरे शैदाई[12] हैं
आंख जिस दिन से खुली, तेरे तमन्नाई हैं
मुद्दतों[13] से तिरे जल्वों[14] के तमाशाई हैं
हम तो बचपन से तिरे आशिक़ो-सौदाई[15] हैं

भाई तिफ़्ली[16] से हर इक आन[17] जहां[18] में तेरी
बात तुतला के जो की भी तो ज़बां में तेरी

हुस्न[19] तेरे ही मनाज़िर[20] ने दिखाया हमको
तेरी ही सुब्ह के नग़्मों[21] ने जगाया हमको
तेरे ही अब्र[22] ने झूलों में झुलाया हमको
तेरे ही फूलों ने नौशाह[23] बनाया हमको

ख़ंदः-ए - गुल[24] की ख़बर तेरी ज़बानी आई
तेरे बाग़ों में हवा खाके जवानी आई

तुझसे मुंह मोड़के, मुंह अपना दिखायेंगे कहां
घर जो छोड़ेंगे तो फिर छावनी छायेंगे कहां

---

1. बूंद, 2. नदी की कलकल, 3. कण, 4. जंगल की आयत, 5. महफ़िल, 6. वातावरण, 7. आवाज़, 8. पालना, 9. हवा, 10. नृत्य, 11. पानी और हवा, 12. मर-मिटनेवाले, 13. वर्षों से, लंबे अरसे से, 14. दर्शन, 15. प्रेमी, 16. बचपन, 17. अदा, 18. संसार, 19. सौंदर्य, 20. दृश्य, 21. गीत, 22. बादल, 23. दूल्हा, 24. फूल की मुस्कान।

बज़्मे-अग़ियार[1] में आराम यह पायेंगे कहां
तुझसे हम रूठ के जायें भी तो जायेंगे कहां

तेरे हाथों में है क़िस्मत का नविश्ता[2] अपना
किस क़दर[3] तुझसे है मज़बूत यह रिश्ता[4] अपना

अय मादरे-हिंद

'फ़िराक़' गोरखपुरी

अय मादरे-हिंद[5] सुब्ह तेरी, तिरी शाम
हैं साक़ि-ए-दौरां[6] के छलकते हुए जाम
लम्हों में तिरे राज़े - अबद[7] पिन्हां[8] हैं
तेरी हर सांस एक पैग़ामे-दवाम[9]

दरिया, आईना - ए - जहाने - गुज़रां[10]
कुहसार, तिरे सुकूने-दायम[11] के निशां[12]
है तेरी फ़ज़ा[13] में कुछ घुलावट ऐसी
अफ़ज़ूं[14] जो करे रिक़्क़ते - क़ल्बे - यज़्दां[15]

इंसान को इंसान बनाया तूने
विज्दान[16] को विज्दान बनाया तूने
हर फ़न को आईना हक़ीक़त[17] का किया
हर इल्म[18] को इरफ़ान[19] बनाया तूने

शाने-रमे-ज़िंदगी[20] अदाओं में तिरी
पेचो-ख़मे-ज़िंदगी[21], कलाओं में तिरी

---

1. ग़ैरों की महफ़िल, 2. लिखा हुआ, 3. कितना, 4. संबंध, 5. भारतमाता, 6. समय का साक़ी, 7. अनंत काल के रहस्य, 8. छुपे हुए, 9. नित्यता का संदेश, 10. बीते हुए समय के आईने 11. स्थायी शांति 12. चिन्ह, 13. वातावरण, 14. अधिक, 15. ईश्वर के दिल की सूक्ष्मता, 16. आगही, जानकारी, 17. सच्चाई, 18. ज्ञान, 19. ब्रह्मज्ञान, 20. जीवन की दौड़ की शान, 21. जीवन के मोड़।

मूसीक़ि - ए - सय्याल[1] लबो - लहजा[2] तिरा
कैफ़ो-कमे-ज़िंदगी[3] सदाओं[4] में तिरी

बादल का धुआं सरे - फ़राज़े - कुहसार[5]
जल्वागहे[6] देवलोक दश्तो - गुलज़ार[7]
गाती हुई अप्सरायें जैसे गुज़रें
नदियों ने तिरी वो छेड़ रखा है सितार

वो इन्द्रधनुष, वो सात रंगों की फुआर
बहुरूप दिखाते मौसमों की रफ़्तार[8]
आ जाती है झंकार तिरी पायल की
इक रक़्से-सरमदी[9] है, या रुत का सिंगार

रुख़सारों[10] में तेरी ही दमक देखते हैं
हर अज़्व[11] में तेरी ही लचक देखते हैं
पड़ती है आंख अपनी जब ख़लक़त[12] पर
हर चेहरे में तेरी ही झलक देखते हैं

दिन-रात खनक रहे हैं लाखों ही तार[13]
कानों में अज़ल[14] से आ रही है झंकार
अफ़लाके-बरीं[15] पर उंगलियों ने तेरी
लौ देते हुए तारों का छेड़ा है सितार

तेरी हर सांस में जिनां[16] की बू-बास
दामन की हवा तेरे ज़माने को है रास
हासिल हुआ धड़कनों से तेरे दिल की
रूहानियते-माद्दा[17] का यह एहसास[18]

हर फ़िरक़[19]-ओ-हर मिल्लत[20]-ओ-हर मज़हब-ओ-हर दीं[21]
सबने जा-ए-पनाह[22] पाई है यहीं

---

1. प्रवाहित संगीत, 2. उच्चारण, 3. जीवन की न्यूनता की मस्ती, 4. आवाज़, 5. फैले हुए पर्वतों पर, 6. दर्शनस्थल, 7. जंगल और उपवन, 8. गति, 9. अनश्वर नृत्य, 10. कपोल, 11. अंग, 12. सृष्टि, 13. सितार के तार, 14. आदिकाल, 15. सबसे ऊंचा आकाश, 16. स्वर्ग, 17. भूत का अध्यात्म, 18. अनुभूति, 19. सम्प्रदाय, 20. समाज, 21. धर्म, 22. शरण-स्थल।

औलाद[1] में मामता छलकती है तिरी
दुनिया की मादरे - वतन[2] है यह ज़मीं

फेरी तिरे दर की जो लगा जाते थे
सीने की दबी जोत जगा जाते थे
सुनते हैं अलावा दौलते-दुनिया[3] के
साइल[4] तिरे कुछ और भी पा जाते थे

क्या-क्या हमें दे गये हमारे अज्दाद[5]
क्या-क्या हमें कर गये वो शादो-नाशाद[6]
दी दौलते - बेदारे - रमूज़े - हस्ती[7]
गहरी है निशातो-ग़म[8] से जिनकी बुनियाद

पैग़ाम तिरा[9] बात अटल है, अय हिंद
हर दौर तिरा एक ही पल है, अय हिंद
शामों पे तिरी शामे-अबद[10] का साया
हर सुब्ह तिरी सुब्हे-अज़ल[11] है, अय हिंद

वो सैयारों[12] के आने-जाने की सदा[13]
वो क़ल्बे-ज़मां[14] के थरथराने की सदा
पहली आवाज़ थी ज़माने में तेरी
कहते हैं जिसे अलख जगाने की सदा

दिल सांचों में अनवार[15] के ढल जाते थे
आतिश-नफ़सी[16] के लोग बल जाते थे
ज़ुल्मात[17] के सीने में बक़ौले - रावी[18]
सांसों में तिरी चिराग़ जल जाते थे

तू ने ही खिलाए हैं हक़ाइक़[19] के वो फूल
बैठी अब तक न जिन पे क़रनों[20] की धूल

1. संतान, 2. देश की मां, 3. संसार की सम्पत्ति, 4. भिखारी, 5. पूर्वज, 6. प्रसन्न और दुखी, 7. जीवन के रहस्य को जगाने की सम्पत्ति, 8. ख़ुशी और ग़म, 9. संदेश, 10. अनंतकाल की संध्या, 11. अनादिकाल का प्रभात, 12. नक्षत्र, 13. आवाज़, 14. ज़माने का दिल, 15. प्रकाश (ब.व.), 16. गर्म सांस, 17. अंधेरे, 18. रावी के कथनानुसार, 19. सच्चाई, 20. युग।

तारीख़े-बशर[1] है ख़ैरो-बरकत[2] तेरी
तहज़ीबे-जहां[3] का तू इमामो-रसूल[4]

इंसान की तक़दीर बना देती है
हर आह को तासीर[5] बना देती है
पहलू में तिरे दबी हुई है वो आंच[6]
जो दर्द को इकसीर[7] बना देती है

देखा नहीं आंखों ने तिरा कोमल गात
हैं तेरे गवाह ज़िंदगी के लम्हात[8]
तू एक वुजूदे-ग़ैरमरई[9] की तरह
रहती है हमारे साथ, दिन हो या रात

हर गुंच-ओ गुल[10] जामो-सुबू[11] है तेरा
औलाद[12] तिरी जोशे-नुमू[13] है तेरा
हर अहले-वतन[14] को तूने पाला-पोसा
इस क़ौम की रग-रग में लहू है तेरा

कन्यायें, अज़ल[15] की है सबाहत[16] जिनमें
राधा की अदाओं की नज़ाकत[17] जिनमें
तू आज भी जन रही है ऐसे बच्चे
है कृष्ण की शोख़ी-ओ-शरारत[18] जिनमें

शोले[19] से जबीनों से[20] लपक जाते हैं
मुरझाए हुए चेहरे दमक जाते हैं
उन चेहरों में जिन पर है अटी गर्दे-मलाल[21]
रुख़[22] भीष्मो-अर्जुन के झलक जाते हैं

इक नग़्मा[23] हवा अब भी सुना जाती है
इक आग-सी सीनों में लगा जाती है

---

1. मानव का इतिहास, 2. कल्याण, 3. संसार की सभ्यता, 4. नबी, 5. असर, 6. आग, 7. रामबाण, 8. क्षण, 9. अगोचर अस्तित्व, 10. कली और फूल, 11. प्याला और सुराही, 12. संतान, 13. विकास का जोश, 14. देशवासी, 15. आदिकाल, 16. सलोनापन, 17. कोमलता, 18. चंचलता, 19. ज्वाला, 20. ललाट, 21. दुख की धूल, 22. चेहरा, 23. गीत।

हां आज भी सनसनाती हुई बसवाड़ियों से
बंसीवाले की तान आ जाती है

है तेरी क़दामत[1] में भी बरनाई[2] सी
असरारे-नुमू[3] से है शनासाई[4] सी
वो लोच है ज़ावियों[5] में फ़िक्रो-फ़न[6] के
लेता है दवाम[7] जिनमें अंगड़ाई-सी

हर फ़न्ने-लतीफ़[8] की वो नौईयत[9] है
नश्तर[10] ज़दे-विज्दान[11] वो शे'रीयत है
अनदेखी हक़ीक़तों[12] ने सूरत पकड़ी
कितनी दिलकश यह क़ल्बे-माहीयत[13] है

बेज़ारि-ए-चश्मे-ग़ैब[14] की है जो मिसाल[15]
देखा तिरे फ़नकारों[16] ने वो ख़्वाबे-जमाल[17]
जो क़ल्बे-हक़ीक़त[18] से छलक जाता है
शादाब[19] उसी लहू से रंगहा-ए-ख़याल[20]

हर नक़्शे-अजन्ता[21] का वो चलता जादू
वो हुस्नो-जमाल[22] के बदलते पहलू
वो बुतसाज़ी[23] कि जान[24] पत्थर में पड़े
है ताज कि रुख़सारे-ज़मां[25] पर आंसू

पहुंचे हैं कहां-कहां से तेरे फ़नकार
शिव का तांडव है या है सृष्टि-सिंगार
पेशानि-ए-शिव[26] दमे-हलाहलनोशी[27]
वो अबरुओं[28] पे चढ़ी कमानों[29] का उतार

---

1. प्राचीनता, 2. जवानी, 3. विकास के रहस्य, 4. जान-पहचान, 5. कोण, 6. चिंतन, 7. स्थायित्व, 8. ललित कला, 9. प्रकार, 10. चाक़ू, 11. आगही की ज़द, 12. यथार्थ, 13. तत्त्वों का परिवर्तन, 14. ग़ैब की आंख की बेजारी, 15. उदाहरण, 16. कलाकार, 17. सुंदर स्वप्न, 18. सत्य का हृदय, 19. हरी-भरी, 20. कल्पना के रंग, 21. अजन्ता के चित्र, 22. सौंदर्य, 23. मूर्तिकारी, 24. प्राण, 25. संसार के कपोल, 26. शिव का ललाट, 27. विषपान के समय, 28. भृकुटी, 29. धनुष।

फ़ितरत[1] की ख़िल्वतों[2] में डाले डेरे
पेचो - ख़मे - ज़ीस्त[3] के लगाए फेरे
दुनिया के कुतुबख़ानों[4] से जो पिन्हा[5] थे
वो राज़[6] खुले हैं जंगलों में तेरे

तहज़ीब[7] की पहली सुब्ह[8] की पाक[9] दुआयें
गूंजी हुई हैं फ़ज़ा[10] में ऋषियों की सदायें[11]
अय गंगो-जमन[12] की गुनगानाती लहरो
देती हैं सुनाई तुममें वेदों की ऋचायें

वो तेरे मुफ़क्किरों[13] का क़ल्बे-हुशियार[14]
पलकों में जिनकी बन्द रूहे-बेदार[15]
वो जैन और बुद्ध की ग़ायर-नज़री[16]
इनकार को कर दिया है रश्के-इक़रार[17]

शाइर तेरे जिस वक़्त सदा देते हैं
सोए हुए सपनों को जगा देते हैं
आफ़ाक़[18] के मंदिर में वो नग़मे[19] उनके
रह - रहके घंटियां बजा देते हैं

इन रागों का राज़[20] कोई पूछे हम से
अफ़लाक[21] खनक रहे हैं तालो-सम[22] से
मिट्टी तिरी अय हिंद है नरमाई हुई
सीता-ओ-शकुन्तला के अश्के-ग़म[23] से

आग़ोशे-मुलाइम[24] में सुलाया हमको
ख़ामोश[25] आवाज़ से जगाया हमको
कुछ हम भी बनायें तेरे बिगड़े हुए काम
ऐ ख़ाके-वतन[26] तूने बनाया हमको

---

1. प्रकृति, 2. एकान्त, 3. ज़िंदगी के मोड़, 4. पुस्तकालय, 5. छुपे हुए, 6. रहस्य, 7. सभ्यता, 8. प्रातःकाल, 9. पवित्र, 10. शून्य, 11. आवाज़ें, 12. गंगा-यमुना, 13. चिंतक, 14. जाग्रत हृदय, 15. जागती हुई रूह, 16. गहरी उतरनेवाली नज़र, 17. जिस पर स्वीकृति रश्क करे, 18. क्षितिज (ब.व.), 19. गीत, 20. रहस्य, 21. आकाश, (ब.ब), 22. ताल और सम, 23. ग़म के आंसू, 24. कोमल गोद, 25. चुप, मौन, 26. देश की मिट्टी।

अहले-हिंद

महाराज बहादुर 'बर्क़' देहलवी

इन्क़लाबे - दह्र[1] से सब शान वाले मिट गये
रूमवाले मिट गये, यूनानवाले मिट गये
सीरियावाले मिटे तूरानवाले मिट गये
कौन कहता है कि हिंदुस्तानवाले मिट गये
नक़्शे-बातिल[2] हम नहीं जिसको मिटाए आसमां[3]
हम नहीं मिटने के जब तक है बिना-ए-आसमां[4]

ख़ाक से इस देश की पैदा हुए वो नामवर
नक़्श[5] जिनके कारनामे हैं बिसाते-दह्र[6] पर
दबदबे से जिनके झुकते थे सर-अफ़राज़ों[7] के सर
जिनका लोहा मानते हैं हुक्मराने-बहरो-बर[8]
तेग़ो-तरकश[9] के धनी थे, रज़्मगह[10] में फ़र्द[11] थे
इस शुजाअत[12] पर यह तुर्रा[13] है, सरापा[14] दर्द थे

आशना-ए-राज़े-वहदत[15] फ़लसफ़ि-ए-बेमिसाल[16]
गौहरे-दरिया-ए-दानिश[17], नुक्तादाने-बाकमाल[18]
माहिरे-इल्मो-हुनर[19], शेवा-बयां[20], शीरीं-मक़ाल[21]
रास्तबाज़ो-सुल्ह-जू[22], पाकीज़ा-ख़ू[23], रौशन-ख़याल[24]
बाद-ए-तहज़ीब[25] से वो सर-ब-सर[26] मख़मूर[27] थे
क़ल्ब[28] रौशन मारिफ़त[29] के नूर[30] से पुर-नूर[31] थे।

क्या थे अहले-हिंद[32], यह चर्खे-कुहन[33] से पूछ लो
या हिमाला की गुफाओं के दहन[34] से पूछ लो

---

1. विश्वक्रांति, 2. झूठ के निशान, 3. आकाश, समय, 4. आकाश की जड़, 5. चित्रित, 6. संसार की बिसात, 7. ऊंचे सरवाले, 8. धरती और समुद्रों पर शासन करनेवाले, 9. तलवार और तूणीर, 10. रण-स्थल, 11. यकता, एक, 12. बहादुरी, 13. विचित्रता, 14. सर से पैर तक, 15. अद्वैत के रहस्य से परिचित, 16. बेमिसाल दार्शनिक, 17. ज्ञान के समुद्र का मोती, 18. पारखी, 19. ज्ञान और कला के माहिर, 20. कुशल वक्ता, 21. मधुर, 22. सदाचारी और सुलह करनेवाले, 23. अच्छी आदतवाले, 24. उदार, 25. संस्कृति की मदिरा, 26. बिल्कुल, 27. मस्त, 28. हृदय, 29. ब्रह्मज्ञान, 30. प्रकाश, 31. प्रकाशमान, 32. भारतवासी, 33. बूढ़ा आकाश, 34. मुंह।

अपना अफ़साना लबे-गंगो-जमन[1] से पूछ लो
पूछ लो, हर ज़र्र - ए - ख़ाके - चमन[2] से पूछ लो
अपने मुंह से क्या बतायें हम कि क्या वो लोग थे
नफ़्स-कुश[3] नेकी[4] के पुतले थे, मुजस्सम[5] योग थे

हम मुअर्रा[6] होके उन औसाफ़[7] से पस्ती[8] में हैं
दौलते-इल्मो-अमल[9] खोकर तिही-दस्ती[10] में हैं
शुहरः-ए-आफ़ाक़[11] अब मस्ति-ओ-बदमस्ती[12] में हैं
शम्ए-अफ़सुर्दा[13] की सूरत महफ़िले-हस्ती[14] में हैं
दौरे-रफ़्ता[15] का मगर सौदा[16] हमारे सर में है
बादः - ए - हुब्बे-वतन[17] छलके हुए साग़र[18] में है

फिर हमें होगा मुयस्सर[19] दह्र[20] में जाहो - जलाल[21]
चार दिन में गुलशने-हस्ती[22] में फिर होंगे निहाल[23]
'बर्क़' यह ज़र्बुल - मसल[24] होगी हमारे हस्बे-हाल[25]
"हर कमाले रा ज़वाले, हर ज़वाले रा कमाल"[26]
नैयरे - इक़बाल[27] चमकेगा हमारा एक दिन
औज[28] पर इस देश का होगा सितारा एक दिन

हिन्दोस्तां

ज़फ़र अली ख़ां

नाक़ूस[29] से ग़रज़ है न मतलब अज़ां[30] से है
मुझको अगर है इश्क़[31] तो हिन्दोस्तां से है

---

1. गंगा-यमुना के तट, 2. उपवन की धूल का कण, 3. संयमी, 4. भलाई, 5. साकार, 6. वंचित, 7. गुण, (ब.व.), 8. गिरावट, 9. ज्ञान और कर्म की सम्पति, 10. दरिद्रता, 11. सुप्रसिद्ध, 12. नशा, 13 उदास चराग़, 14. जीवन की महफ़िल, संसार, 15. अतीत, 16. उन्माद, 17. देशभक्ति की मदिरा, 18. प्याला, 19. प्राप्त, 20. दुनिया, 21. वैभव, 22. अस्तित्व का उपवन, 23. पौधे, 24. लोकोक्ति, कहावत, 25. स्थिति के अनुसार, 26. उत्थान का पतन और पतन का उत्थान, 27. प्रताप का तारा, 28. उच्चता, ऊंचाई, 29. शंख, 30. अज़ान, 31. प्रेम।

तहज़ीबे - हिंद[1] का नहीं चश्मा[2] अगर अज़ल[3]
यह मौजे - रंग - रंग फिर आई कहां से है
ज़र्रे[4] में गर तड़प है तो इस अर्ज़े - पाक[5] से
सूरज में रौशनी है तो इस आसमां से है

हिन्दोस्तां

'सीमाब' अकबराबादी

वो परस्तिशगाहे - फ़ितरत[6] सिज्दागाहे - आफ़ताब[7]
किर्दगारे - सुब्हे - मशरिक़[8], शामे - गेती[9] का शबाब[10]
था सनमज़ारे - अरब[11] जिसके सनमख़ानों[12] की धूम
आतिशे - बज़्मे - अजम[13] थी जिसके ऐवानों[14] की धूम
बुतकदों[15] में जिसके ज़िंदा थे बुताने - आज़री[16]
इश्क़[17] की परवर्दिगारी[18], हुस्न[19] की पैग़म्बरी
सुर्ख़[20] संदल[21] सी जबीं[22], उनपे क़श्क़ों[23] के चिराग़[24]
बर्ग[25] से नाजुक[26] तबीअत, फूल से नाजुक दिमाग़
जिसके दरिया आईने पिघले हुए, बहते हुए
जिसके पर्बत कायनाते - अब्र[27] को घेरे हुए
जिसकी नदियां मौजे-मय[28] की तरह लहराती हुई
घूमती, गिरती, गुज़रती, गूंजती, गाती हुई
शाम मस्ती - आफ़रीं[29], रंगे - सहर[30] जल्वा-पनाह[31]
इश्क़ की पहली जमाही, हुस्न की पहली निगाह
लहलहाते सब्ज़ाज़ारों[32] में बहार[33] आई हुई
इक घटा बरसी हुई और इक घटा छाई हुई

---

1. भारतीय संस्कृति, 2. स्रोत, 3. अनादि काल, 4. कण, 5. पवित्र धरती, 6. प्रकृति का आराधना-गृह, 7. सूर्य के सिजदा करने की जगह, 8. पूर्व के प्रभात का परमात्मा, 9. धरती, 10. यौवन, 11. अरब का सनमज़ार, 12. मंदिर, 13. अजम की बज़्म की आग, 14. प्रासाद, 15. मंदिर, 16. आज़र की मूर्तियां, 17. प्रेम, 18. ख़ुदाई, 19. सौंदर्य, 20. लाल, 21. चन्दन, 22. ललाट, 23. तिलक, 24. दिये, 25. पत्ते, 26. कोमल, 27. बादलों की दुनिया, 28. शराब की मौज, 29. नशीली, 30. प्रभात का रंग, 31. शरण, 32. हरे-भरे मैदान, 33. वसंत।

जैसे रक़्सां[1] हो फ़ज़ा[2] में हुस्न का रंगीं ख़दंग[3]
मुख़्तलिफ़[4] रंगों का जैसे उड़ रहा हो इक पतंग
देखकर अफ़ग़ानियों[5] ने उसकी परवाज़े जमील[6]
ले लिया आग़ोशे - क़ुव्वत[7] में ब - अंदाज़े - जमील[8]
मिल गयी शम्ए - हरम[9] बुतख़ाने के फ़ानूस से
इब्ने - आज़र[10] ने सदा[11] दी परदः - ए - नाक़ूस[12] से
मसलके - बुद्ध[13] को तहफ़्फ़ुज़[14] का इशारा मिल गया
कृष्ण के मंदिर को मस्जिद का सहारा मिल गया
ज़र्रा-ज़र्रा[15] महफ़िले - ज़ुहरा[16] नज़र आने लगा
ख़ून सा क़श्क़ा[17] सुरैया[18] बनके इतराने लगा
शामे - मग़रिब[19] यह सितारा देख के ललचा गयी
सादः - ओ - बेनूर[20] आंखों में चकाचौंध आ गयी
फ़लसफ़ी[21] भी दाम[22] ले - लेकर बढ़े, तज्जार[23] भी
अपना फंदा लेने उट्ठा देवे - इस्तेमार[24] भी
अर्शे - सतवत[25] पे थीं मौजे - इशरते - अफ़ग़ानियां[26]
जल्वः - ए - साग़र[27] पे थीं चमकी हुई महताबियां[28]
थीं यही दो चार बातें गर्मि - ए - बज़्मे - शबाब[29]
नग़्मः - ए - मुतरिब[30] कनारे - शाहिदो - जामे - शराब[31]
कारवां ग़ाफ़िल हुआ, रोबे-शबे मंज़िल[32] गया
पासबाने[33]-वक़्त को शबख़ूं[34] का मौक़ा मिल गया
शामे-मग़रिब[35] सुब्हे-मशरिक़[36] पर यकायक[37] छा गयी
सुर्ख़[38] इक बदली ज़मीं से आसमां तक छा गयी
अब वो सैयारा[39] जो रिफ़अत[40] पर सुबुक-परवाज़[41] था
पस्ति-ए-हालात[42] से फिर नक़्शे-पा-अंदाज़[43] था

---

1. नृत्य करती हुई, 2. वातावरण, 3. तीर, 4. विभिन्न, 5. अफ़ग़ानिस्तान के रहनेवाले, 6. सुंदर उड़ान, 7. शक्ति का बाहुपाश, 8. सुंदर ढंग से, 9. हरम का चराग़, 10. आज़र का बेटा, 11.आवाज़, 12. शंख का परदा, 13. बुद्ध का धर्म, 14. सुरक्षा, 15. कण-कण, 16. शुक्र ग्रह की महफ़िल, 17. तिलक, 18. कृत्तिका, 19. पश्चिम की शाम, 20. श्वेत और ज्योतिहीन, 21. दार्शनिक, 22. जाल, 23. व्यापारी, 24. साम्राज्य का राक्षस, 25. आतंक का आकाश, 26. अफ़ग़ानिस्तानियों के वैभव की मौज, 27. मधुपात्र का दर्शन, 28. आतिशबाज़ी, 29. यौवन की बज़्म की गर्मी, 30. गीतकार का गीत, 31. शराब के जाम की ख़ुशी, 32. मंज़िल की रात का आतंक, 33. पहरेदार, 34. शत्रु पर अचानक रात में हमला, 35. पश्चिम की संध्या, 36. पूर्व का प्रभात, 37. सहसा, 38. लाल, 39. नक्षत्र, 40. ऊंचाई, 41. उड़ान पर, 42. दुरावस्था, 43. पैरों के निशान पर।

गो[1] बज़ाहिर[2] तू निशाते - नुदरते - अय्याम[3] है
फ़िल - हक़ीक़त[4] बे - सुकूं[5], बेचैन, बे-आराम है
बहरो - बर[6] तेरे वही हैं और तू बे - इक़्तिदार[7]
एक ज़र्रे, एक क़तरे[8] पर नहीं है इख़्तियार[9]
अब भी मैदानों में बिछती है बिसाते - माहताब[10]
तेरी मौजे - ख़ाक[11] से अब भी बरसते हैं गुलाब
रूह[12] से ख़ाली है लेकिन पैकरे - मुर्दा[13] तिरा
जल्वा पज़मुर्दा[14] है तेरा, बातिल[15] अफ़सुर्दा[16] तिरा
जैसे शम्ए-सुब्हे-महफ़िल[17], जैसे छुपता आफ़ताब[18]
जैसे शाइर का बुढ़ापा और बेवा का शबाब[19]
पस्तियों[20] को इर्तिक़ा[21] फिर जल्वः - ए - आग़ाज़[22] दे
काश मुस्तक़बिल[23] तिरा माज़ी[24] को फिर आवाज़ दे

अय मादरे-हिन्दोस्तां

'जमील' मज़हरी

हिन्दोस्तां, हिन्दोस्तां, हिन्दोस्तां, हिन्दोस्तां
तेरी ज़मीं[25] रश्के-फ़लक[26], तेरा चमन रश्के-जिनां[27]

तेरी ज़मीने-पाक[28] से मिहरो-महो-अख़्तर[29] उगे
तेरी मुक़द्दस[30] ख़ाक[31] से नानक उगे, अकबर उगे
इक राख की चुटकी तिरी टैगोर और गांधी बनी
हर ज़र्रा[32] इक सहरा[33] बना, हर मुश्ते-ख़ाक[34] आंधी बनी

---

1. यद्यपि, 2. प्रत्यक्ष रूप से, 3. समय की विचित्रता का सुख, 4. वास्तव में, 5. अशान्त, 6. समुद्र और धरती, 7. सत्ताहीन, 8. बूंद, 9. अधिकार, 10. चांद की बिसात, 11. धूल की मौज, 12. प्राण, आत्मा, 13. मृत आकार, 14. उदास, 15. झूठ, 16. उदास, 17. महफ़िल की सुबह का चिराग़, 18. सूर्य, 19. यौवन, 20. पतन, 21. विकास, उत्थान, 22. आगाज़ का जल्वा, 23. भविष्य, 24. भूतकाल, 25. धरती, 26. जिस पर आकाश भी ईर्ष्या करे, 27. जिस पर स्वर्ग ईर्ष्या करे, 28. पवित्र धरती, 29. चांद, सूरज और तारे, 30. पवित्र, 31. धूल, 32. कण, 33. जंगल, 34. मुट्ठी-भर धूल।

इरफ़ां[1] का इक बादल बना, भारत तिरे दिल का धुआं
हिन्दोस्तां, हिन्दोस्तां, हिन्दोस्तां हिन्दोस्तां

हर क़तर:-ए-रौशन[2] तेरा इक आलमे-इरफ़ां[3] लिये
अय मादरे-गंगा[4] तिरा हर बुलबुला तूफ़ां लिये
अय अर्ज़े-पाके-हिंद[5] हम तेरी कहानी क्या कहें
इक क़ुलज़ुमे-रहमत[6] है तू, तेरी रवानी[7] क्या कहें
हर मौज इक तारीख़[8] है, हर लहर है इक दास्तां[9]
हिन्दोस्तां, हिन्दोस्तां, हिन्दोस्तां हिन्दोस्तां

क़ौमें[10] हुईं शीरो-शकर[11] पलकर तिरी आग़ोश[12] में
मस्जिद तिरी आग़ोश में, मंदिर तिरी आग़ोश में
महफ़ूज़[13] है पूंजी तिरी अब तक ख़ला[14] की गोद में
अय तरबियतगाहे-मलल,[15] तेरी फ़ज़ा[16] की गोद में
हम-सौत[17], हम-आहंग[18] हैं सदियों से नाक़ूसो-अज़ां[19]
हिन्दोस्तां, हिन्दोस्तां, हिन्दोस्तां, हिन्दोस्तां

सोज़े-उख़ूवत[20] की लहर हर शहर में हर गांव में
जुमला[21] मज़ाहिब[22] दह्र[23] के सरसब्ज़[24] तेरी छांव में
तूने तमाम अदयान[25] को मौक़ा दिया तलक़ीन[26] का
पिरथी[27] के राजस्थान में रौज़ा मुईनुद्दीन का
तेरी रवादारी[28] का है पाइंद-ओ-मुहकम[29] निशां
हिन्दोस्तां हिन्दोस्तां, हिन्दोस्तां, हिन्दोस्तां

अय पाक[30] मिट्टी हिंद की तुझसे बना गौतम का दिल
ज़र्रों[31] में तेरे आज भी बेचैन है भीषम का दिल
तूने शऊरे-इश्क़[32] को इक कैफ़े-रूहानी[33] दिया
प्यासी थी रूहे-ज़िंदगी[34], तूने उसे पानी दिया

---

1. ब्रह्मज्ञान, 2. चमकदार बूंद, 3. ज्ञान का संसार, 4. गंगा मैया, 5. भारत की पवित्र धरती, 6. दया की नदी, 7. प्रवाह, 8. इतिहास, 9. कहानी, 10. राष्ट्र, 11. दूध-शक्कर, 12. गोद, 13. सुरक्षित, 14. शून्य, 15. राष्ट्रों का प्रशिक्षण-स्थल, 16. वातावरण, 17. एक आवाज़, 18. एक आवाज़, 19. शंख और अज़ान, 20. भाईबन्दी का दर्द, 21. सब, 22. धर्म, 23. दुनिया, 24. हरे-भरे, 25. दीन, धर्म 26. उपदेश, 27. पृथ्वीराज चौहान, 28. भाईचारा, 29. मज़बूत, 30. पवित्र, 31. कण, 32. प्रेमचेतना. 33. आध्यात्मिक नशा, 34. ज़िंदगी की आत्मा।

तेरे किनारे आ बसा तिश्ना-लबों[1] का कारवां
हिन्दोस्तां, हिन्दोस्तां, हिन्दोस्तां, हिन्दोस्तां

सदियों तलक चौखट तिरी, इक काबः-ए-इरफ़ां[2] रही
चीनो-खुतन[3] के वास्ते सरचश्मः-ए-ईमां[4] रही
झुकती रहीं पेशानियां[5] तेरी ज़ियारतगाह[6] में
तेरी जबीं[7] की भीक है कशकोले-मेहो-माह[8] में
इल्मो-अमल[9] की राह में तेरी तजल्ली[10] ज़ौफ़िशां[11]
हिन्दोस्तां, हिन्दोस्तां, हिन्दोस्तां, हिन्दोस्तां

अय क़ुलज़ुमे-इरफ़ां[12] तिरी हर मौज है कौसर[13] लिये
प्यासों की महफ़िल में गये साक़ी तिरे साग़र[14] लिये
इक आबशारे-ज़िंदगी[15] तेरे चमनज़ारों में है
दिल मामता का मुज़्तरिब[16] इन दूध की धारों में है
तहज़ीबे-इंसानी[17] हुई इस दूध से पलकर जवां
हिन्दोस्तां, हिन्दोस्तां, हिन्दोस्तां, हिन्दोस्तां

हर रंग के, हर बाग़ के हैं फूल दामन में तिरे
नैरंगियां[18] आफ़ाक़[19] की सिमटी हैं गुलशन में तिरे
हर रेत में, हर खेत में, बरसा किया बादल तिरा
है एशिया पर आज भी साया-फ़िगन[20] आंचल तिरा
लहरा रहा है आज भी तेरे तक़द्दुस[21] का निशां
हिन्दोस्तां, हिन्दोस्तां, हिन्दोस्तां, हिन्दोस्तां

---

1. प्यासे होंठ, 2. ज्ञान का काबा, 3. चीन और ख़ुतन, 4. ईमान का स्रोत, 5. ललाट, 6. दर्शन स्थल, 7. ललाट, 8. चांद और सूरज का भिक्षा-पात्र, 9. ज्ञान और कर्म, 10. शुभ दर्शन, 11. प्रकाशमान, 12. ज्ञान की नदी, 13. जन्नत की नहर, 14. प्याले, 15. जीवन का जल-प्रपात, 16. बेचैन, 17. मानव-सभ्यता, 18. इन्द्रजाल, जादूगरी, 19. संसार, उफ़ुक़ का ब.व., 20. छांव किए हुए, 21. पवित्रता।

ज़मीने-वतन

पं. आनंद नारायण 'मुल्ला'

ज़मीने-वतन ! अय ज़मीने-वतन !

अज़ल[1] में जहां से सबसे पहले हयात[2]
लिये अपनी आग़ोश[3] में कायनात[4]
जलाती हुई शम्ए - ज़ातो - सिफ़ात[5]
हिजाबे-अदम[6] से हुई जल्वाज़न[7]
ज़मीने-वतन ! अय ज़मीने वतन !

जहां बिस्तरे-बर्फ़[8] से मस्ते-ख़्वाब[9]
उठा आंख मलता हुआ आफ़ताब[10]
लुटाती हुई जल्व - ए - बेनिक़ाब[11]
जहां आई पहली सुनहरी किरन
ज़मीने-वतन ! अय ज़मीने-वतन !

जहां पहले तख़लीक़े-इन्सां[12] हुई
तिरी रहमत[13] उसकी निगहबां[14] हुई
ख़िरद[15] उसकी गहवारा-जुंबां[16] हुई
बशर[17] ने तमद्दुन[18] के सीखे चलन
ज़मीने-वतन ! अय ज़मीने-वतन !

जहां इब्ने-आदम[19] पला गोदियों
जहां नस्ले-इंसां[20] चली घुटनियों
जहां चश्मे-हैरत[21] के 'क्या' और 'क्यों'
लबे-तिफ़्ल[22] तक आये बनकर सुख़न[23]
ज़मीने-वतन ! अय ज़मीने-वतन !

---

1. अनादिकाल, 2. जीवन, 3. गोद, 4. ब्रह्मांड, 5. व्यक्तित्व और गुण का दिया, 6. शून्य का पर्दा, 7. प्रकट, 8. बर्फ़ का बिस्तर, 9. नींद में डूबा हुआ, 10. सूर्य, 11. खुला हुआ सौंदर्य, 12. मानव-सृष्टि, 13. दया, 14. पहरेदार, 15. बुद्धि, अक़्ल, 16. हिलता हुआ पालना, 17. इंसान, 18. संस्कृति, 19. आदम की औलाद—मनुष्य, 20. इंसान की नस्ल, 21. आश्चर्य की आंख, 22. बचपन के होंठ, 23. बोल।

जहां ख़ैरो - शर[1] में हुआ इम्तियाज़[2]
बनी ज़ीस्त[3] मजमूअ-ए-सोज़ो-साज़[4]
खुला राज़े-ईमां[5] से हस्ती[6] का राज़[7]
तराशे गये एज़दो - अहरमन[8]
ज़मीने - वतन ! अय ज़मीने-वतन !

वो इंसां[9] का बढ़ता हुआ एतिक़ाद[10]
बने देवता आतिशो-आबो-बाद[11]
परस्तिश[12] पे दारोमदारे - मुराद[13]
वो वेदों के मीठे सुरीले भजन
ज़मीने-वतन ! अय ज़मीने-वतन !

जहां इक कंवल पर ब-सद दिलबरी[14]
उठी दूध के कुंड से लक्ष्मी
क़दम शिव के शानों पे धरती हुई
उतर आई गंगा जहां ख़ंदाज़न[15]
ज़मीने-वतन ! अय ज़मीने-वतन !

गये छोड़कर अपने - अपने निशां[16]
हुई बारी - बारी जहां कामरां[17]
जहां आके उतरा हर इक कारवां
मुग़ल, आर्या, तुर्क, तातार, हुन
ज़मीने-वतन ! अय ज़मीने-वतन !

लिए ग़ैर-मुल्कों[18] ने तुझसे सबक़[19]
तिरी दास्तां के उड़ाए वरक़[20]

1. नेकी-बदी, 2. अंतर, फ़र्क़, 3. जीवन, 4. सुख-दुख का मिश्रण, 5. ईमान का रहस्य, 6. अस्तित्व, 7. रहस्य, 8. ख़ुदा और शैतान, 9. मानव, 10. विश्वास, भरोसा, 11. आग, पानी और हवा, 12. पूजा, आराधना, 13. अभिलाषा का आधार, 14. माशूक़ी, 15. मुस्कुराती हुई, 16. चिह्न, निशान, 17. सफल, कामयाब, 18. विदेश, 19. पाठ, शिक्षा, 20. पृष्ठ, पन्ने।

तिरे ख़ोशाचीं[1] अज़ शफ़क़ ता शफ़क़[2]
अरब, मिस्र, यूनान, चीनो-ख़ुतन
ज़मीने-वतन ! अय ज़मीने-वतन !

शबिस्ताने-ईरां[3] का सामानो-साज़[4]
तरक़्क़ि-ए-बाज़ारे-वेनिस[5] का राज़[6]
वो खुद अहले-रूमा[7] को था जिन पे नाज़[8]
तिरे दस्तकार[9] और तिरे अहले-फ़न[10]
ज़मीने-वतन ! अय ज़मीने-वतन !

किसे आयेगा आज इसका यक़ीं[11]
अशोक और अकबर की अय सरज़मीं[12]
तिरे दर पे घिसती थी दुनिया जबीं[13]
कभी तू ही थी सिज्दागाहे-ज़मन[14]
ज़मीने-वतन ! अय ज़मीने-वतन !

तिरे कोहो - दरिया[15] जमाल-आफ़रीं[16]
तिरी वादियां रश्के - ख़ुल्दे - बरीं[17]
किसी ने तुझे यों बनाया हसीं[18]
कि जैसे संवारी गयी हो दुल्हन
ज़मीने-वतन ! अय ज़मीने-वतन !

मिटाकर तिरी गर्मबाज़ारियां[19]
बनीं अहले-यूरप[20] की ज़रदारियां[21]
तिरे ख़ूं[22] से सींची हुई क्यारियां
ये मग़रिब[23] के सब लहलहाते चमन
ज़मीने-वतन ! अय ज़मीने-वतन !

---

1. खेत का फल बीननेवाले, 2. अरुणिमा, 3. ईरान का शयनागार, 4. उपकरण, 5. वेनिस के बाज़ार की उन्नति, 6. रहस्य, 7. रोम के निवासी, 8. गर्व, 9. शिल्पी, 10. कलाकार, 11. विश्वास, 12. धरती, 13. ललाट, 14. समय का सिजदा करने का स्थल, 15. पहाड़ और नदियां, 16. सुंदर 17. जिस पर स्वर्ग भी ईर्ष्या करे, 18. सुंदर, 19. बाज़ार की गर्मी, 20. यूरोपवासी, 21. सरमायादारी, 22. रक्त, 23. पश्चिम।

ये देहली के नक़्शो-निगारे-ख़मोश[1]
यह चित्तौड़ की ख़ाके-लालाफ़रोश[2]
ये कैलाश की चोटियां बर्फ़-पोश[3]
तुझे ढूंडती हैं उरूजे - कुहन[4]
ज़मीने-वतन ! अय ज़मीने-वतन !

तुझे सौलते - बाबरी[5] की क़सम
तुझे इस्मते - पद्मिनी[6] की क़सम
तुझे ख़ाके - पानीपती[7] की क़सम
फिर इक बार दिखला जलाले-कुहन[8]
ज़मीने-वतन ! अय ज़मीने वतन !

बदलने को है मौसमे - रोज़गार[9]
हवाओं में है एक कैफ़े-ख़ुमार[10]
तिरी सिम्त[11] फिर आ रही है बहार[12]
लिए फिर गुलो-लाल-ओ-नस्तरन[13]
ज़मीने-वतन ! अय ज़मीने वतन !

फिर आने को हैं सूए-गुलशन[14] असीर[15]
बरसने को है फिर घटाओं से नीर
चटानों में है मुज़्तरिब[16] जू-ए-शीर[17]
कहां है कहां तेशः-ए-कोहकन[18]
ज़मीने-वतन ! अय ज़मीने-वतन !

उख़ूवत[19] का फिर हाथ में जाम[20] ले
मसावाते-इंसां[21] का फिर नाम ले
रवायाते-माज़ी[22] से फिर काम ले
वतन को बना दरहक़ीक़त[23] वतन
ज़मीने-वतन ! अय ज़मीने-वतन !

---

1. मौन बेल-बूटे, 2. लाले के फूल खिलानेवाली मिट्टी, 3. बर्फ़ से ढकी हुई, 4. प्राचीन उत्थान, 5. बाबर का प्रताप, 6. पद्मिनी का सतीत्व, 7. पानीपत की धरती, 8. पुराना प्रताप, 9. ज़माने की हवा, 10. नशा, 11. ओर, 12. वसंत, 13. गुलाब, लाला और सेवती, 14. गुलशन की ओर, 15. क़ैदी, 16. दुखी, 17. दूध की नदी, 18. कोहकन का कुदाल, 19. भाईचारा, 20. प्याला, 21. इंसानी बराबरी, 22. भूतकाल की रिवायतें, 23. वास्तव में।

तरान:-ए-वतन

'साग़र' निज़ामी

अय वतन, अय वतन, अय वतन
जाने - मन, जाने - मन, जाने - मन

ज़र्रे - ज़र्रे[1] में महफ़िल सजा देंगे हम
तेरे दीवारो - दर[2] जगमगा देंगे हम
तुझको हस्ती[3] का गुलशन बना देंगे हम
आसमानों पे तुझको बिठा देंगे हम
बनके दुश्मन तिरा जो उठेगा यहां
उसको तहतुस्सरा[4] में गिरा देंगे हम
और तहतुस्सरा को फ़ना[5] के समंदर में अर्थी बनाकर बहा देंगे हम
अय वतन, अय वतन

सुन लें ये इंसो - जिन्नो - ज़मीनो - ज़मन[6]
अय वतन, अय वतन, अय वतन
जाने - मन, जाने - मन, जाने - मन

तेरी हस्ती[7] हिमाला की चोटी बनी
माहो - ख़ुरशीद[8] की उस पे बिंदी लगी
रौशनी शर्क़[9] से गर्ब[10] तक हो गयी
सिज्दे में झुक गयी अज़्मते - ज़िंदगी[11]
अज़्मते - ज़िंदगी की क़सम है हमें
तेरी इज़्ज़त पे सर तक कटा देंगे हम
वक़्त आने दे अय मां ! तिरे नाम पर अपनी हस्ती-ओ-मस्ती मिटा देंगे हम
अय वतन, अय वतन

---

1. कण, 2. दीवार और दरवाज़े, 3. अस्तित्व, 4. पाताल, 5. विनाश, 6. इंसान, जिन, धरती और समय, 7. अस्तित्व, 8. चांद-सूरज, 9. पूर्व, 10. पश्चिम, 11. जीवन की महानता।

ख़ून से अपने भर देंगे गंगो - जमन[1]
अय वतन, अय वतन, अय वतन
जाने - मन, जाने - मन, जाने - मन

मस्तो - ख़ुशबू हवाओं से शीतल है तू
माधुरी है, मनोहर है, कोमल है तू
प्रेम - मदिरा की लबरेज़[2] छागल है तू
सर पे दुनिया के रहमत[3] का बादल है तू
आंख उठाके जो देखा किसी ने तुझे
छावनी अपनी लाशों की छा देंगे हम

तेरे पाकीज़ा पैकर[4] को रूहों की बारीक चादर के नीचे छुपा देंगे हम
अय वतन, अय वतन

तुझ पे क़ुरबां[5] ज़रो-माल[6] और जानो-तन
अय वतन, अय वतन, अय वतन
जाने - मन, जाने - मन, जाने - मन

तेरी नदियां रसीली, मधुर नग़्माख़्वां[7]
तेरे पर्बत तिरी अज़्मतों के निशां
तेरे जंगल भी हंसते हुए गुलिस्तां
तेरे गुलशन भी रश्के - बहारे - जिनां[8]
तेरी मिट्टी में ख़ुशबू की फ़िरदौस[9] है
तेरे ज़र्रों को सूरज बना देंगे हम

जो भी पूछेगा जन्नत का हम से पता, राहे-कश्मीर उसको बता देंगे हम
अय वतन, अय वतन

तू चमन दर चमन है, अदन दर अदन
अय वतन, अय वतन
जाने - मन, जाने - मन, जाने - मन

---

1. गंगा और यमुना, 2. परिपूर्ण, भरी हुई, 3. कृपा, दया, 4. आकार, 5, न्योछावर, क़ुरबान, 6. धन-दौलत, 7. गीत गाती हुई, 8. जिस पर स्वर्ग ईर्ष्या करे, 9. जन्नत की बहार।

जिसका पानी है अमृत वो मख़ज़न[1] है तू
जिसके दाने हैं बिजली वो ख़िरमन[2] है तू
जिसके कंकर हैं हीरे वो मादिन[3] है तू
जिससे जन्नत है दुनिया वो गुलशन है तू
देवियों, देवताओं का मस्कन[4] है तू
तुझको सिज्दों से काबा बना देंगे हम
तेरी पाकीज़ा धरती को अम्नो-मुहब्बत का आकाश मंदिर बना देंगे हम
अय वतन, अय वतन,

हर सितारे से फूटेगी तेरी किरन
अय वतन, अय वतन, अय वतन
जाने - मन, जाने - मन, जाने - मन

ये सितारे, यह निखरा हुआ आसमां
आसमां से हिमाला की सरगोशियां[5]
यह तिरी अज़्मतों[6] का अटल राज़दां[7]
मुस्तक़िल[8], मोतबर[9], मुहतशिम[10], जाविदां[11]
इसकी चोटी से मज़लूम दुनिया को फिर
हम, पयामे - हयातो - वफ़ा[12] देंगे हम
हम, मुहब्बत का नग़्मा सुना देंगे हम, हम, जमाने को जीना सिखा देंगे हम
अय वतन, अय वतन

हम बुझा देंगे शम्ए - निज़ामे - कुहन[13]
अय वतन, अय वतन, अय वतन
जाने - मन, जाने - मन, जाने - मन

---

1. ख़ज़ाना, 2. खलिहान, 3. खान, 4. निवास, 5. कानाफूसी, कान में बात कहना, 6. महानता, 7. मर्मज्ञ, रहस्य जाननेवाला, 8. स्थायी, 9. विश्वसनीय, 10. नौकर-चाकरवाला, 11. शाश्वत, 12. प्रेम-निर्वाह और जीवन का संदेश, 13. पुराने शासन का चिराग़।

वतन का राग

'अफ़सर' मेरठी

भारत प्यारा देश हमारा सब देशों से न्यारा है
हर रुत, हर मौसम इसका कैसा प्यारा-प्यारा है
कैसा सुहाना, कैसा सुंदर प्यारा देश हमारा है
दुख में सुख में हर हालत में भारत दिल का सहारा है
भारत प्यारा देश हमारा, सब देशों से प्यारा है

सारे जग के पहाड़ों में बे-मिस्ल[1] पहाड़ हिमाला है
पर्बत सबसे ऊंचा है यह पर्बत सबसे निराला है
भारत की रक्षा करता है, भारत का रखवाला है
लाखों चश्मे[2] बहते हैं, यह लाखों नदियोंवाला है
भारत प्यारा देश हमारा, सब देशों से प्यारा है

गंगाजी की प्यारी लहरें गीत सुनाती जाती हैं
सदियों की तहज़ीब हमारी याद दिलाती जाती हैं
भारत के गुलज़ारों[3] को सरसब्ज़[4] बनाती जाती हैं
खेतों को हरियाली देती, फूल खिलाती जाती हैं
भारत प्यारा देश हमारा, सब देशों से प्यारा है

कृष्ण की बंसी ने फूंकी है रूह हमारी जानों में
गौतम की आवाज़ बसी है महलों में मैदानों में
चिश्ती ने जो मय[5] दी थी, वह अब तक है पैमानों[6] में
नानक की तालीम[7] अभी तक गूंज रही है कानों में
भारत प्यारा देश हमारा, सब देशों से प्यारा है

मज़हब कुछ हो हिंदी हैं हम, सारे भाई-भाई हैं
हिंदू हैं या मुस्लिम हैं या सिख हैं या ईसाई हैं

---

1. अद्वितीय, 2. स्रोत, 3. उपवन, 4. हरा-भरा, 5. शराब, 6. प्याला, 7. शिक्षा।

प्रेम ने सबको एक किया है, प्रेम के हम शैदाई हैं
भारत नाम के आशिक़ हैं हम, भारत के सौदाई हैं
भारत प्यारा देश हमारा, सब देशों से प्यारा है

यह हिन्दोस्तां

अली सरदार जाफ़री

यह हिन्दोस्तां रश्के - ख़ुल्दे - बरीं[1]
उगलती है सोना वतन की ज़मीं
कहीं कोयले और लोहे की कां
कहीं सुर्ख़ पत्थर की ऊंची चटां[2]

कहीं संगमरमर की शफ़्फ़ाफ़ सिल
फिसलता है जिसकी सफ़ाई पे दिल
बहुत - से ख़ज़ीने हैं इस ख़ाक में
हज़ारों दफ़ीने[3] हैं इस ख़ाक में

गुलो-लालः -ओ-यासमन[4] के अयाग़[5]
महकते हुए आम के सब्ज़ बाग़
हरे और भरे जंगलों की बहार
झलाझल चमकते हुए रेगज़ार[6]

यह सूरज की रंगीन किरनों का जाल
कि जिस तरह फ़ितरत[7] ने खोले हों बाल
उफ़ुक़[8] से उबलता हुआ रंगो - नूर
फ़ज़ाओं[9] में परवाज़[10] करते तयूर[11]

कुहिस्तान[12] के ये सुनहरे उक़ाब[13]
हवाओं में उड़ते हुए आफ़ताब[14]

---

1. जिस पर स्वर्ग भी ईर्ष्या करे, 2. चट्टान, 3. गड़ा हुआ धन, 4. गुलाब, लाला और चमेली, 5. प्याला, 6. रेतीले मैदान, 7. प्रकृति, 8. क्षितिज, 9. शून्य, 10. उड़ते हुए, 11. पक्षी, 12. पहाड़ी इलाक़ा, 13. गिद्ध, 14. सूर्य।

कंवल झील में मुस्कुराते हुए
चिरागां[1] का मंज़र[2] दिखाते हुए

ये फूलों से गुल-पैरहन[3] शाखसार[4]
ग़ज़ालों[5] से मामूर[6] ये मर्ग़ज़ार[7]

तड़पती मचलती हुई बिजलियां
समंदर में मिलती हुई नद्दियां

ये नीलम और अलमास[8] के कोहसार[9]
ये चांदी के पिघले हुए आबशार[10]

ये मख़मल में लिपटी हुई वादियां
हिमाला की गुलपोश[11] शहज़ादियां[12]

यह गंगा का आंचल, यह जमुना की रेत
ये धान और गेहूं के शादाब[13] .खेत

मगर ये ख़ज़ाने हमारे नहीं
हमारे नहीं हैं तुम्हारे नहीं।

बादः-ए-वतन

जां निसार अख़्तर

पिला साक़िया, बादः-ए-ख़ानासाज़[14]
कि हिन्दोस्तां पर रहे हमको नाज़[15]

मुहब्बत है ख़ाके-वतन से हमें
मुहब्बत है अपने चमन से हमें

हमें अपनी सुब्हों से शामों से प्यार
हमें अपने शहरों के नामों से प्यार

हमें प्यार अपने हर इक गांव से
घने बरगदों की घनी छांव से

---

1. दीपावली, 2. दृश्य, 3. फूलों के वस्त्र, 4. कुंज, झुरमुट, 5. हिरन, 6. परिपूर्ण, भरा हुआ, 7. हरे-भरे जंगल, 8. हीरक, 9. पहाड़, 10. जल प्रपात, 11. फूलों से ढकी, 12. राजकुमारियां, 13. हरे-भरे, लहलहाते हुए, 14. घर की बनी हुई मदिरा, 15. गर्व।

हमें प्यार अपनी इमारात से
हमें प्यार अपनी रवायात[1] से
हमें प्यार है अपनी तमईज़[2] से
हमें प्यार है अपनी हर चीज़ से

उठाए जो कोई नज़र, क्या मजाल
तिरे रिंद[3] लें बढ़ के आंखें निकाल
सलामत रहें अपने दश्तो - दमन[4]
रहे गुनगुनाता हमारा गगन

निगाहें हिमाला की ऊंची रहें
सदा चांद - तारों को छूती रहें
रहे पाक गंगोतरी की फबन[5]
मचलती रहे ज़ुल्फ़े - गंगो - जमन

रहे जगमगाता यह संगम का रूप
चमकती ख़ुनुक[6] चांदनी, नर्म धूप
झलकती रहे यह अशोका की लाट
ये गोकुल की गलियां, ये काशी के घाट

लुटाती रहें अपने नैनों का मध
यह सुब्हे-बनारस,[7] यह शामे-अवध[8]
नहाता रहे नर्म किरनों में ताज
रहे ता क़यामत मुहब्बत की लाज

एलोरा के बुत रक़्स करते रहें
हसीं ग़ार[9] तारों से भरते रहें
रहें मुस्कुराती हसीं वादियां
रहें शाद[10] जंगल की शहज़ादियां

हरी खेतियां लहलहाती रहें
जवां लड़कियां गीत गाती रहें
लहकता रहे सब्ज़ मैदां में धान
ज़मीनों पे बिछते रहें आसमान

फ़ज़ा में घटायें गरजती रहें
जवां छागलें तट पे बजती रहें

---

1. परंपरा, 2. सभ्यता, शिष्टाचार, 3. शराबी, 4. जंगल, घूरा, 5. शोभा, 6. ठंडी, 7. बनारस का प्रभात, 8. अवध की संध्या, 9. गुफायें, 10. ख़ुश।

उड़ाती रहे आंचलों को हवा
मल्हारों की बूंदों में गूंजे सदा
दहकती रहे पाक होली की आग
रहें खेलती नारियां पी से फाग
सदा गाए राधा कन्हैया के गुन
मचलती रहे बन में मुरली की धुन
रहे यह दिवाली की जगमग बहार
मुंडेरों पे जलते दियों की क़तार
फ़ज़ा[1] रौशनी में नहाती रहे
हमारी ज़मीं जगमगाती रहे
रहे आसमां पर दहकता हिलाल[2]
रहे ईद का मुस्कुराता जमाल[3]
गले से गले लोग मिलते रहें
दिलों के जवां फूल खिलते रहें
रहे यह बसंतों के मेले की धूम
रहें शाद[4] ये गीत गाते हुजूम[5]
हसीनों के लहकें वसंती लिबास
रहे नर्म चेहरों पे हल्की मिठास
हसीं राखियां झलझलाती रहें
झमाझम सितारे लुटाती रहें
रहे अपने भाई पे बहनों को नाज़
यह मासूम नर्मी, यह मीठा गुदाज़[6]
घरों का तक़द्दुस[7] रहे बरक़रार
यह बेटों के माथों पे मांओं का प्यार
रहें शादो-आबाद[8] सहनों की. धूम
रहें आंगनों में 'चमकते नुजूम'[9]
सलामत रहे अंखड़ियों की हया
सलामत रहे घूंघटों की अदा
सलामत दुपट्टों की रंगीं बहार[10]
सलामत जवां आंचलों का वक़ार[11]

---

1. वातावरण, 2. चंद्रमा, 3. सौंदर्य, 4. प्रसन्न, 5. जमघट, समूह, 6. मृदुलता, 7. पवित्रता, 8. ख़ुश, 9. सितारे, 10. शोभा, 11. गरिमा।

सलामत रहे पाक अफ़शां का नूर
सलामत रहे बिंदियों का ग़ुरूर
सलामत रहे काजलों की लकीर
सलामत रहें नर्म नज़रों के तीर

सलामत रहे चूड़ियों की खनक
सलामत रहे कंगनों की चमक
सलामत हसीनों के सोलह सिंगार
ये जूड़े पे लिपटे चमेली के हार

सलामत रहें मृगनयनों के बान
सलामत रहे मरनेवालों की शान
सलामत वफ़ाओं के अरमां[1] रहें
सलामत मुहब्बत के पैमां[2] रहें

सलामत रहें हीर-रांझे के गीत
रहे हार में भी मुहब्बत की जीत
लजाना रहे, मुस्कुराना रहे
मनाना रहे, रूठ जाना रहे

मुहब्बत के चश्मे उबलते रहें
जवां-साल[3] नग़्मों में ढलते रहें
रहे धूम टैगोर - ओ - इक़बाल की
रहे शान पंजाब - ओ - बंगाल की

रहे नाम अपने अदब का बुलंद
दिलों में समाया रहे प्रेमचन्द
सदा ज़िंदगानी ग़ज़लख़्वां[4] रहे
ज़माने में ग़ालिब का दीवां रहे

फ़ज़ाओं में छिड़ते रहें ये सितार
सदा झनझनाते रहें दिल के तार
मचलती रहे मस्त बीना की लय
बरसती रहे सात रंगों की मय

दहकता रहे अपने दीपक का राग
कलेजों में लगती रहे नर्म आग

---

1. अभिलाषा, 2. वचन, अहद, 3. नवयुवक, 4. ग़ज़ल गाते हुए।

रहे गूंजती घुंघरुओं की खनक
दफ़ों की सदा ढोलकों की गमक
ये घूमर, ये कत्थक के तोड़े रहें
जवां नाच दिल को झंझोड़े रहें
रहे साक़िया, बादाख़्वारों[1] की ख़ैर[2]
रहे साक़िया, तेरे प्यारों की ख़ैर
उभरता रहे ज़िंदगानी का जोश
रहे तेरे रिन्दों[3] को दुनिया का होश
सुराही से साग़र रहे मुत्तसिल[4]
न टूटे कभी तेरे शीशों[5] का दिल
उठा जाम, हां, दौर साक़ी रहे
जहां में सदा अम्न[6] बाक़ी रहे

वतन

'निहाल' स्योहारवी

सुरूरे - दीद - ओ - दिल[7] आलमे - दयारे - वतन[8]
हज़ार - ख़ुल्द - दर - आग़ोश[9] है बहारे - वतन[10]
वतन का जब लबे - शाइर[11] पे नाम होता है
तो इक हदीसे - मुहब्बत[12] कलाम[13] होता है
फ़ज़ा - ए - दिल[14] से वफ़ाओं के राग उठते हैं
तमाम इश्क़ के जज़्बात[15] जाग उठते हैं
अगर जहां में मज़ाक़े - हयात[16] पस्त नहीं
वो आदमी ही नहीं जो वतन - परस्त नहीं
वतन के सर्वो - समन[17] की अदायें क्या कहना !
वतन के बाग़, वतन की हवायें क्या कहना !
हर एक हुस्ने - सरापा[18], अरे मआज़ल्लाह ![19]

---

1. शराबी, 2. कुशल, 3. शराबी, 4. लगा हुआ, 5. बोतल, 6. शांति, 7. आंखों और दिल की मस्ती, 8. देश के घर की हालत, 9. हज़ारों स्वर्ग जिसकी गोद में हों, 10. देश की बहार, 11. कवि के होंठ, 12. मुहब्बत की हदीस, 13. कविता, 14. दिल का माहौल, 15. भावनायें, 16. जीवन की अभिरुचि, 17. सरो और चमेली, 18. सर से पांव तक, 19. आश्चर्य-सूचक संबोधन।

वतन के चश्मः - ओ - दरिया, अरे मआज़ल्लाह !
वतन का रूप है हर एक ला-कलाम[1] अज़ीज़[2]
वतन की सुब्ह है दिलकश, वतन की शाम अज़ीज़
अज़ीज़ अपने वतन की हैं चांदनी रातें
पसन्द अपने चमन की हैं चांदनी रातें
बरस रही है पयापय[3] शराब, क्या कहना !
वतन में दिलकशि - ए - आफ़्ताब[4], क्या कहना !
वतन का चांद, वतन के नुजूम अच्छे हैं
वतन के फूलों को जी भरके चूम, अच्छे हैं।

नग़्मः-ए-वतन

एजाज़ सिद्दीक़ी

अय वतन, मेरे वतन, अच्छे वतन, प्यारे वतन

मुस्कुराती तेरी नदियां, गुनगुनाते आबशार[5]
लहलहाते खेत तेरे, नकहत - आगीं[6] लाला - ज़ार[7]
आसमां की रिफ़अतों[8] को छूनेवाले कोहसार[9]
मस्तो - रक़्सां[10] ये घटायें और यह सावन की फुआर
हर तरफ़ इक कैफ़ो - मस्ती[11], हर तरफ़ रंगे - ख़ुमार[12]
गुंचे - गुंचे[13] पर जवानी, पत्ते - पत्ते पर निखार
मोतियों को अपने दामन में सजाये सब्ज़ा - ज़ार[14]
ख़ुश्बुओं को अपने आंचल में लिये सुब्हे - बहार
सर्वो - सुंबुल[15] के नज़ारे, यह चिनारों की क़तार[16]
यह बिसाते - लाल - ओ - गुल[17], ये हवायें ख़ुशगवार[18]
तेरी अर्ज़े - हुस्न[19] पर फ़ितरत[20] के लाखों शाहकार

---

1. बेशक, 2. प्रिय, 3. लगातार, 4. सूर्य का आकर्षण, 5. जल-प्रपात, 6. सुगन्ध फैलानेवाले, 7. कली, 8. ऊंचाई, 9. पर्वत, 10. झूमती-नाचती, 11. नशा, 12. मदिरालस का रंग, 13. कली, 14. हरे-भरे खेत, 15. सरो और बालछड़, 16. पंक्ति, 17. लाले और गुलाब की बिसात, 18. सुहानी हवायें, 19. सुंदर धरती, 20. प्रकृति।

ज़र्रे-ज़र्रे से तिरे कैफ़े - अजल[1] है जल्वा - बार[2]
तू है मयख़ाना मिरा और मैं हूं तेरा मयगुसार[3]
तुझ पे क़ुरबां मेरी हस्ती, तुझ पे जानो-दिल निसार

मेरे सीने में रहे हर वक़्त तेरी ही लगन
अय वतन, मेरे वतन, अच्छे वतन, प्यारे वतन

तेरी मिट्टी से हुआ रूहानियत[4] का इर्तिक़ा[5]
तू कि इक तहज़ीब का सदियों गहवारा[6] रहा
दिलकुशा[7] तेरी हवा तेरे मनाज़िर[8] जां - फ़िज़ा[9]
मुख़्तलिफ़[10] रंगों में भी यक - रंग है तेरी अदा
आग तेरी दौलते - दिल[11], ख़ाक तेरी कीमिया[12]
तुझ से अफ़ज़ल - तर[13] नहीं है कोई शै तेरे सिवा
वो रगो-पै[14] क्या, न जिस में दर्द हो तेरा बसा
ज़ीस्त[15] का हासिल है तू, तू ज़िंदगी का मुद्दआ[16]
तेरा परचम[17] अज़्मते - अफ़लाक[18] को छूता हुआ
तेरे जादे[19] अम्ने - आलम[20] के लिए हैं रहनुमा[21]
एक इक ज़र्रे पे तेरे सब्त[22] है सिज्दा मिरा
तेरी चाहत, तेरी उल्फ़त है इबादत से सिवा[23]
तेज़गामो - तेज़रौ[24] है आज तेरा क़ाफ़िला
एक दिन यह पा ही लेगा अपनी मंज़िल का पता

तेरे दीवानों का कम होगा न अब दीवानापन
अय वतन, मेरे वतन, अच्छे वतन, प्यारे वतन

---

1. अनादिकाल का नशा, 2. दर्शन बिखेरता हुआ, 3. मदिरा पीनेवाला, 4. अध्यात्म, 5. विकास, 6. पालना, 7. दिल खोलनेवाले, 8. दृश्य, 9. जान को बढ़ानेवाला, 10. विभिन्न, 11. दिल की सम्पत्ति, 12. रसायन, 13. श्रेष्ठ, 14. नस, 15. जीवन, 16. उद्देश्य, 17. झंडा, 18. आकाश की ऊंचाई, 19. मार्ग, 20. विश्व-शांति, 21. मार्गदर्शक, 22. अंकित, 23. अधिक, 24. तीव्र गति।

नया साज़, नया अंदाज़

'नाज़िश' परतापगढ़ी

बहोश बाश[1] अय ज़बाने-ख़ामा[2], है आज़माइश मिरे सुख़न[3] की
लबों[4] की हर जुंबिशे-ख़फ़ी[5] पर लगी है आंख अहले-अंजुमन[6] की
हर एक तशबीह[7] सजके निकले, कि लाज रह जाये फ़िक्रो-फ़न[8] की
हर एक मिसरे[9] के आईने में हसीन[10] तस्वीर हो वतन की

इक एक हर्फ़[11] आये नज़्र[12] लेकर ख़ज़ाना लफ़्ज़ों की वुसअतों[13] का
कि मेरी तब्-ए-रवां[14] ने छेड़ा है ज़िक्र भारत की अज़्मतों[15] का

नुक़ूश[16] एलोरा के पत्थरों पर कि चश्मे-गेती[17] में ख़्वाब जैसे
क़ुतब की यह लाट, अज़्मे-आदम[18] की सूरत[19] कामयाब जैसे
यह ताज, इंसां की हुस्नकारी उलट रही हो निक़ाब जैसे
यह जामेअ मस्जिद का हुस्ने-सादा[20] दुआ कोई मुस्तजाब[21] जैसे

यह अर्ज़े-कश्मीर[22] एक शाइर की मुंतहा-ए-ख़याल[23] जैसे
यह लाल क़िल्ए की सुर्ख़ तामीर[24], जम गया हो गुलाल जैसे

उड़ी है संगम से जब भी ख़ुशबू तो आबरू-ए-ख़ुतन[25] गयी है
हंसी है रात जब मालवे की तो रौशनी दिल में छन गयी है
पठार अर्ज़े-दकन के हैं या निगाहे-महबूब[26] तन गयी है
कोई अमावस की रात लहराके ज़ुल्फ़े-बंगाल बन गयी है

निगारे-दिल्ली[27] की यह सजवाट कथाकली का हो रूप जैसे
यह लखनऊ की हसीन शामें, गुलाबी जाड़ों की धूप जैसे

---

1. संभल के, 2. क़लम की ज़बान, 3. कलाम, 4. होंठ, 5. मामूली-सा कम्पन, 6. अंजुमन वाले, 7. उपमा, 8. कला और चिंतन, 9. शे'र की एक लाइन, 10. सुंदर, 11. अक्षर, 12. भेंट, 13. विस्तार, 14. प्रवाहित कल्पना, 15. महानता, 16. चित्र, 17. धरती की आंख, 18. मानव का प्रण, 19. तरह, समान, 20. सादा सौंदर्य, 21. स्वीकार होनेवाली, 22. कश्मीर की धरती, 23. चरम सीमा पर पहुंचा हुआ ख़याल, 24. निर्माण, 25. ख़ुतन की प्रतिष्ठा, 26. प्रेमिका की दृष्टि, 27. दिल्ली के चित्र।

ये धान की बालियां कि जिस तरह कोई नाज़ुक-सी आरज़ू हो
झुके हुए ख़ोशाहा-ए-गंदुम[1] कि जैसे चश्मे-बहाना-जू[2] हो
ये पीले सरसों के खेत, आंगन में जैसे बैठी हुई बहू हो
ये फैली बिखरी हुई-सी बेलें कि जैसे आशिक़ की गुफ़्तुगू हो
ये क्यारियां हैं कि इक मुसव्विर[3] के शाहकारों[4] का सिलसिला है
ये कोंपलें हैं कि सीन-ए-आदमी में जीने का हौसला है

यह रूदे-सरजू[5] है या तक़द्दुस[6] की आंच में रूह[7] गल गयी है
पवित्र जमुना के रूप में बांसुरी की इक तान बह रही है
यह पाक गंगा कि जिससे क़ल्बो-नज़र[8] को आसूदगी[9] मिली है
हमारी धरती ने हाथ फैला के हमको आशीर्वाद दी है
ये नन्ही मौजें हैं या किसी मह-जबीं[10] के अबरू[11] की जुंबिशें हैं[12]
ये नर्म लहरों का है तरन्नुम[13] कि दिल की मासूम[14] धड़कनें हैं

यहां की सन्नाइयों[15] में दस्ते-बशर[16] की मेहनत लहक रही है
बनारसी साड़ियों की तह में हुनर की मस्ती झलक रही है
चिकन की वो चांदनी, कि तख़लीक़े-फ़न[17] की दुनिया चमक रही है
यह जामदानी का रूप है या चमन में जूही महक रही है
ये कामदानी की बूटियां, कहकशां[18] से जिनको ख़िराज[19] आये
ज़री की यह धूप-छांव, जैसे किसी सुहागन को लाज आये

यहां ख़यालों[20] की जल्वागाहों[21] में अम्न के दीप जल चुके हैं
यहां निगाहों की बांसुरी से ख़ुशी के नग़्मे उबल चुके हैं
दयारे-गोकुल में हुस्नो-उल्फ़त[22] के सरमदी[23] गीत पल चुके हैं
यह वो ज़मीं है जहां फ़ज़ा में ग़ज़ल के अशआर[24] ढल चुके हैं
हमारे इस गुलसितां में अब भी हज़ारहा बर्गो-बार[25] होंगे
यहां के बेटों में कितने ही राम और शरवन कुमार होंगे

---

1. गेहूं की बालियां, 2. प्रेमिका की आंख, 3. चित्रकार, 4. श्रेष्ठ कृतियां, 5. सरयू नदी, 6. पवित्रता, 7. आत्मा, 8. दिल और नज़र, 9. तृप्ति, संतुष्टि, 10. चंद्रमुखी, 11. भृकुटी, 12. कम्पन, 13. स्वरमाधुर्य, 14. निष्पाप, 15. कारीगरी, 16. मानव के हाथ, 17. कला की सृष्टि, 18. आकाशगंगा, 19. नज़राना, 20. विचार, कल्पना, 21. दर्शन-स्थल, 22. प्रेम और सौंदर्य, 23. अनश्वर, 24. शेर, 25. पत्ते और फल।

मिलेगा बुद्ध के पयामे-हक़[1] में वो सुकूने-हयात[2] अब भी
गया के ज़र्रे दिखा रहे हैं जहां को राहे-नजात[3] अब भी
अयोध्या की फ़ज़ाओं में है वफ़ा-ए-सीता[4] की बात अब भी
मुसीबतों के घनेरे जंगल में रामो-लछमन हैं साथ अब भी
कुरेदें माज़ी[5] की राख उसमें शऊर[6] का जामे-जम[7] मिलेगा
उन्हीं के रवायात[8] ख़ज़ाने से हमें ज़ोरे - क़लम मिलेगा

वही अदायें हैं गोपियों की तो कृष्ण की बांसुरी वही है
वफ़ा-ए-शाहजहां[9] ने की थी जो मरमरीं शाइरी वही है
हज़ार लुटकर भी अपनी धरती पे जल्वः-ए-ज़िंदगी[10] वही है
फटा है पंजाब का कलेजा मगर लबों पर हंसी वही है
इन्हीं में मौज़ू-ए-नज़्म[11] ढूंडे, यहीं पे मीनारः-ए-अदब[12] है
ज़मीन ही मरकज़े-सुख़न[13] है, वतन ही गहवारः-ए-अदब है[14]

हदीसे-वतन

'तेश' सिद्दीक़ी

मिरा वतन मिरा वतन हयात-ओ-कायनाते-मन[15]

मिरे वतन की सरज़मीं जमील-ओ-दिलकश-ओ-हसीं
मिरे वतन का आसमां अज़ीम-ओ-अज़्म आफ़रीं[16]
ये पुरखुलूस[17] बस्तियां फ़लाह-ओ-ख़ैर[18] की अमीं[19]
ये ज़रफ़रोश[20] खेतियां सिताराख़ेज़[21]-ओ-ख़ुरजबीं[22]
शगूफ़ाबार-ओ-गुल - चकां[23] नज़र - नवाज़-ओ-नाज़नीं[24]

---

1. सत्य का संदेश, 2. जीवन की शांति, 3. मुक्ति-मार्ग, 4. सीता की वफ़ा, 5. अतीत, 6. चेतना, 7. एक रिवायती प्याला जिसमें संसार का हाल दिखाई देता है, 8. परंपरा, 9. शाहजहां का प्रेम-निर्वाह, 10. जीवन का जल्वा, 11. कविता का विषय, 12. साहित्य का मीनार, 13. कलाम का केन्द्र, 14. साहित्य का पालना, 15. जीवन और मन की दुनिया, 16. महान और साहस प्रदान करनेवाला, 17. निष्ठायुक्त, 18. नेकी और भलाई, 19. अमानतदार, 20. सोना उगलनेवाली, 21. सितारे पैदा करनेवाली, 22. सूर्य और ललाट, 23. कलियां और फूल बरसानेवाली, 24. सुंदर और कोमल।

रवां दवां[1] है चारसू[2] फ़ज़ा में रूहे - अंगबीं[3]
मज़ाक़े - दीद[4] चाहिए तजल्लियां[5] कहां नहीं

मिरा वतन मिरा वतन हयात - ओ - कायनाते - मन

मिटा मिटा सा है शबे-सियाह का हर इक समां
लड़ी लड़ी सी हैं अजल[6] की क़ूवतों की धज्जियां
उफ़ुक़[7] उफ़ुक़ हैं मरियमे-सहर की दिलसितानियां[8]
जफ़ाकशी-ओ-तन्दही[9] की मोतरिफ़[10] हैं खेतियां
ख़ुलूसे-कार[11] की गवाह हैं मिलों की चिमनियां
उछल रहे हैं देवता मचल रही हैं देवियां
उबल रहे हैं ज़मज़मे[12] हुमक रही हैं मस्तियां

मिरा वतन मिरा वतन हयात - ओ - कायनाते - मन

यहीं पे राम-ओ-लक्ष्मण पले बढ़े जवां हुए
यहीं पे नानक-ओ-कृष्ण-ओ-बुद्ध गुहरफ़िशां[13] हुए
यहीं पे सूर-ओ-तुलसी-ओ-कबीर नग़्मा[14]-ख़्वां हुए
यहीं मुईन-ओ-वारिस-ओ-निज़ाम हक़बयां हुए
यहीं सलीम-ओ-साबिर-ओ-कलीम नुक्तादां[15] हुए
यहीं नज़ीर-ओ-मीर-ओ-मिर्ज़ा रबाबे-जां[16] हुए
हक़ाइक़ - ओ - बसायर - ओ - नज़र[17] के तर्जुमां हुए
रसूले - ज़िंदगी[18] हुए पयम्बरे - ज़मां[19] हुए

मिरा वतन मिरा वतन हयात-ओ-कायनाते-मन

यह साधुओं की जन्मभूमि सूफ़ियों का यह वतन
तमद्दुनों[20] का मदरसा, सक़ाफ़तों[21] की अंजुमन

---

1. प्रवाहित, 2. चारों ओर, 3. शहद की रूह, 4. दर्शन की अभिरुचि, 5. शुभ दर्शन, 6. मौत, 7. क्षितिज, 8. अत्याचार, 9. परिश्रम और लगन, 10. खेतियां स्वीकार करती हैं, 11. काम की निष्ठा, 12. गीत, 13. मोती बरसाए, 14. गीत गाए, 15. मर्मज्ञ, 16. प्राणों की वाणी, 17. वास्तविकता और परख, 18. ज़िंदगी के रसूल, 19. समय के पैग़म्बर—नबी, 20. संस्कृति, 21. सभ्यता।

ये सब्ज़पोश वादियां हरीफ़े - ख़ित्तः - ए - ख़ुतन[1]
ये चश्मः-हा-ए-ज़ांफ़ज़ां[2], यह गंग और यह जमन
कहीं बहार मुज़्तरिब[3] कहीं शराब मौजज़न[4]
लताफ़तें रविश रविश, नफ़ासतें चमन चमन
ये दिलबराने - शोलारू[5] सहर जमाल - ओ - सीमतन[6]
इशारतें[7] अदा अदा इबारतें[8] सुख़न[9] सुख़न
मिरा वतन मिरा वतन हयात-ओ-कायनाते-मन

ये काश्मिर की नुज़हतें[10] हिमालया की रिफ़अतें[11]
ये सुब्ह-ओ-शामे-काशी-ओ-अवध की जाज़िबियतें[12]
ये देहली और लखनऊ की यादगार अज़्मतें[13]
ये अर्ज़े-ताज[14] का उलुव्व[15], ये सीकरी[16] की शौकतें
ये पुरशिकोह[17] मक़बरे ये ज़ीवक़ार[18] तुर्बतें[19]
ये दीदा ज़ेब[20] बाग़चे ये दिलकुशा इमारतें[21]
ये सीम-ओ-ज़र की बख़्शिशें ये फ़िक्र-ओ-फ़न[22] की बर्कतें
ये आशिक़ी के मोजिज़े[23] ये हुस्न की करामतें
मिरा वतन मिरा वतन हयात-ओ-कायनाते-मन

यह अम्न का पयाम्बर यह आश्ती[24] का देवता
मुवाफ़िक़त[25] का राहबर मुसालहत[26] का रहनुमा
यह बेबसों का ख़ैरख़्वाह[27] बेकसों का हमनवा[28]
रफ़ीक़े - अहले - यूरूप[29] - ओ - अनीसे - आले - एशिया[30]
उठा तो लेके दावते - निशात - ओ - ख़ुर्रमी[31] उठा
बढ़ा तो बहरे-इन्तज़ाम[32] सुलह-ओ-दोस्ती बढ़ा
मिला तो सबसे आजिज़ी-ओ-इनकिसार[33] से मिला
रहा तो सबमें होके सरफ़राज़ - ओ - सुर्ख़रू[34] रहा

---

1. ख़ुतन से टक्कर लेनेवाली, 2. जीवनदायक स्रोत, 3. बेचैन, 4. तरंगित, 5. अग्नि की तरह चमकनेवाले चेहरे, 6. सौंदर्य और चांदी जैसे शरीर, 7. इशारे, 8. विषय, 9. बातचीत, 10. ताज़गी, सुहानापन, 11. ऊंचाइयां, 12. आकर्षण, 13. महानता, 14. ताज की धरती, 15. श्रेष्ठता, 16. फतेहपुर सीकरी, 17. वैभवशाली, 18. गरिमापूर्ण, 19. क़ब्रें, 20. मोहक, 21. भवन, प्रासाद, 22. चिंतन और कला, 23. चमत्कार, 24. शांति, 25. अनुकूलता, 26. समझौता, 27. शुभचिंतक, 28. साथी, 29. यूरोपवासियों का मित्र, 30. एशियाइयों का साथी, 31. सुख और आनंद का निमंत्रण, 32. व्यवस्था, 33. विनम्रता, 34. उच्च और सफल।

मिरा वतन मिरा वतन हयात-ओ-कायनाते-मन

यह फ़लसफ़े का आस्तां[1], हरीमे-दानिश-ओ-ख़बर[2]
यह ज्ञानियों का आश्रम, यह आरिफ़ाने-हक़[3] का घर
कहीं पे इजू़तिमाए-शब[4] कहीं पे महफ़िले-सहर[5]
तिलावतें[6] नफ़स नफ़स[7], इबादतें नज़र नज़र
जुनूं यहां का मुहतरम[8] ख़िरद[9] यहां की मुक़्तदिर[10]
यहां की ख़ाके-राह[11] भी है 'तैश' कीमिया असर[12]
ये बाग़-बन[13] ये बहरो-बर[14] ये काख़ो-कोहो-दश्तो-दर[15]
यह लालाज़ारे-बेकरां[16] यह एक ख़ुल्दे-मुख़्तसर[17]

मिरा वतन मिरा वतन हयात-ओ-कायनाते-मन

अय वतन

गोपाल मित्तल

सलाम हो तिरी गलियों पे अय वतन कि जहां
यह रस्म आम है, जो चाहे सर उठाके चले
कोई भी शर्त बजुज़[18] वज़ - ए - एहतियात[19] नहीं
कोई संभल के चले, कोई लड़खड़ा के चले

सलाम हो तिरी गलियों पे अय वतन कि जहां
मिरे जुनून की पादाश[20] संग - ओ - ख़िश्त[21] नहीं
जहां पे दानः - ए - गंदुम नहीं है वजहे - इताब[22]

1. चौखट, घर, 2. ज्ञान-भवन, 3. सत्य पहचाननेवाले, 4. रात के जमघट, 5. प्रातःकाल की गोष्ठियां, 6. धर्मग्रन्थ का पठन, 7. सांस, 8. आदरणीय, 9. बुद्धि, 10. जिसका प्रभुत्व हो, 11. मार्ग की धूल, 12. रसायन का असर रखनेवाली, 13. उपवन और जंगल, 14. धरती और समुद्र, 15. इमारत, मैदान और पहाड़, 16. असीम उपवन, 17. संक्षिप्त-सा स्वर्ग, 18. सिवाय, 19. सावधानी की रीत, 20. सज़ा, 21. ईंट और पत्थर, 22. क्रोध का कारण।

ज़हे - नसीब[1] मुयस्सर[2] है वो बहिश्ते - बरीं[3]

सलाम हो तिरी गलियों पे जो कुशादा[4] रहें
हमेशा मेरे लिए क़ल्बे - दोस्तां[5] की तरह
मैं एक सरकश[6] - ओ - आवारा था मगर तूने
हमेशा बख़्श दिया है शफ़ीक़[7] मां की तरह
सलाम तेरी हवा को, तिरी फ़ज़ा को सलाम
है जिनकी देन मिरा ज़ौके - शे'र - ओ - नग़्मागरी[8]
ख़ुलूसे - दिल[9] से दुआ है, रहे क़यामत[10] तक
मसर्रतों के सितारों से तेरी मांग भरी

नज़्रे-वतन

सिकन्दर अली 'वज्द'

जिहादे-अम्न-ओ-सदाक़त[11] है शाहकार तिरा
ख़ुलूस-ओ-मेहर-ओ-मुरव्वत[12] रहा शिआर[13] तिरा
हयातबख़्श[14] तमद्दुन[15] सदाबहार तिरा
चमक रहा है नया ताजे-ज़रनिगार[16] तिरा

कहीं उफ़ुक़ पे अंधेरा नज़र नहीं आता
नज़र न हो तो सवेरा नज़र नहीं आता

कहीं जवाब नहीं तेरे कोहसारों का
समां[17] अजीब है गंग-ओ-जमन के धारों का
मिसाले - क़ौसे - क़ुज़ह[18] रंग किश्तज़ारों[19] का
फ़ज़ा में इत्र है तहज़ीब की बहारों का

---

1. सौभाग्य, 2. प्राप्त, 3. स्वर्ग, 4. चौड़ी, 5. मित्रों का दिल, 6. बाग़ी, 7. दयालु, 8. शेर और गीत लिखने की अभिरुचि, 9. हार्दिक निष्ठा, 10. प्रलय, 11. सत्य और शांति का धर्मयुद्ध, 12. निष्ठा, दया, रवादारी, 13. चलन, 14. जीवनप्रद, 15. सभ्यता, 16. स्वर्ण-जटित मुकुट, 17. वातावरण, 18. इन्द्रधनुष के समान, 19. खेत।

ज़माना तेरे फ़साने भुला नहीं सकता
नुक़ूशे-ताज-ओ-अजन्ता[1] मिटा नहीं सकता

बहार साज़[2] हैं तेरे जदीद[3] मैख़ाने
छलक रहे हैं मए - आगही[4] के पैमाने
हक़ीक़तों[5] में जहां ढल रहे हैं अफ़साने
ख़िरद[6] को राह दिखाते हैं तेरे दीवाने

मुजाहिदों का लहू अर्जुमंद[7] होके रहा
तिरे वक़ार[8] का परचम[9] बलन्द होके रहा

बहे जो चश्मः-ए-हिम्मत[10] से नूर के धारे
हक़ीर ख़ाक के ज़र्रात बन गये तारे
हुए मुहीब[11] चटानों के संग महपारे[12]
क़दम क़दम पे चले ज़िंदगी के फ़व्वारे

बशर[13] ने चश्मः-ए-आबे-हयात[14] ढूंड लिया
मआले-कार[15] निशाने-सबात[16] ढूंड लिया

दयारे-लुत्फ़[17] है तू, दोस्ती का मख़ज़न[18] है
हिसारे-अद्‌ल[19] है जम्हूरियत का गुलशन है
हरीमे-अम्न-ओ-अमां[20] है ख़ुशी का मसकन[21] है
कोई हो तफ़रिक़ा - परदाज़[22] तेरा दुशमन है

किसी के ज़ुल्म वफ़ादार सह नहीं सकते
तिरी पनाह में ख़ूंख़्वार रह नहीं सकते

शमीमे-अम्न[23] ज़माने में चलने वाली है
महक रहे हैं चमन रुत बदलने वाली है
हयाते-नौ[24] की सवारी निकलने वाली है
तिरी ज़मीन जवाहर उगलने वाली है

---

1. ताजमहल और अजन्ता के चित्र, 2. बहार बनानेवाले, 3. नवीन, 4. चेतना की मदिरा, 5. वास्तविकता, 6. बुद्धि, 7. सम्मानित, 8. प्रतिष्ठा, 9. झंडा, 10. साहस का स्रोत, 11. तुच्छ, 12. भयानक, 13. इंसान, 14. अमृत का स्रोत, 15. काम का अच्छा परिणाम, 16. स्थायित्व का निशान, 17. आनंद का घर, 18. भंडार, 19. न्याय की चारदीवारी, 20. शांति का घर, 21. निवास-स्थान, 22. फूट डालनेवाला, 23. शांति की सुगंध, 24. नया जीवन।

यह इन्क़िलाबे-करामत[1] नहीं तो फिर क्या है
शिकस्ते-ख़्वाब[2] हक़ीक़त[3] नहीं तो फिर क्या है

पयामे-सब्र-ओ-सुकूं[4] धुन तिरे तराने की
निगाहे-शौक़[5] है तेरी तरफ़ ज़माने की
नवेद[6] तूने सुनाई बहार आने की
सितमकशों[7] को है उम्मीद मुस्कुराने की

"लुटाके हुस्ने-सहर[8] बेक़रार फूलों में
बहार झूल रही है ख़ुशी के झूलों में"

तेरा तरीक़[9] मदावा[10] है दर्दे-आलम का
जहाने-ताज़ा[11] करिश्मा[12] है सई-ए-पैहम[13] का
नज़र नवाज़[14] है अंदाज़ तेरे परचम का
फ़ज़ा[15] में नूर फ़िशां[16] है पयाम[17] गौतम का

सियाह दौरे-ग़ुलामी[18] ख़याल-ओ-ख़्वाब है आज
बलन्द अज़्मते-इन्सां[19] का आफ़ताब है आज

---

1. चमत्कार का इंक़लाब, 2. स्वप्न-भंग, 3. सत्य, सच्चाई, 4. शांति और धैर्य का संदेश, 5. शौक़ (अभिरुचि) की निगाह, 6. खुशख़बरी, शुभ सूचना, 7. अत्याचार सहन करनेवाले, 8. प्रभात का सौंदर्य, 9. नियम, 10. इलाज, 11. नया संसार, 12. चमत्कार, 13. निरन्तर प्रयत्न, 14. प्रियदर्शन, 15. वातावरण, 16. प्रकाश फैलानेवाला, 17. गौतम का संदेश, 18. ग़ुलामी का काला युग, 19. मानव की महानता।

दूसरा अध्याय

हमारे क़ुदरती मनाज़िर

हमारे प्राकृतिक दृश्य

(पहला भाग)

आर्यों की पहली आमद हिंदोस्तान में

वहीदुद्दीन सलीम पानीपती

वो देख कि मौजें रक़्सकुनां[1] हैं सतहे-ज़मीं पर गंगा की
नौवारिद[2] आर्या हैरत में हैं, देख के शान इस दरिया की
गंगोत्री से आती है चली अठखेलियां करती धार इसकी
आज़ादी है तेवर से अयां[3], मतवाली है रफ़्तार इसकी

उत्तर की तरफ़ जब उठती है इस क़ाफ़िलः-ए-मग़रिब[4] की नज़र
पड़ती हुई किरनें सूरज की हैं देखते बर्फ़ के तोदों पर
हर क़िलः-ए-कोहे-हिमाला[5] पर अज़मत[6] के हैं बादल छाए हुए
सीनों को हैं ताने देव खड़े अम्बर से सरों को मिलाए हुए

बर्गद के दरख़्तों के जंगल, फैले हैं पहाड़ के दामन[7] में
शाख़ें[8] हैं जो इनकी साया-फ़िगन[9], ज़ुल्मत[10] का समां[11] है हर बन में
फिरते हैं वो पीले-मस्त[12] यहां, है देव का जिनके क़द[13] पे गुमां[14]
यह काली घटा जब दौड़ती है आता है नज़र हैबत[15] का समां[16]

है रंग बिरंग के फूल खिले, ज़ीनत[17] है चमन[18] की शबाब[19] इनका
खोला है नसीमे-सहर[20] ने अभी किस शान से बन्दे-निक़ाब[21] इनका
आये हैं मुसाफ़िर हिंद में जो ख़ैबर के दर्रों से उतर के अभी
देखे थे उन्होंने लालः-ओ-गुल[22] पामीरी की वादी[23] में न कभी

---

1. नृत्य में लीन, 2. नवागन्तुक, 3. प्रकट, 4. पश्चिम का कारवां, 5. हिमालय पर्वत का क़िला, 6. महानता, 7. आंचल, 8. डालियां, 9. छांव फैलाए हुए, 10. अन्धकार, 11. वातावरण, 12. मस्त हाथी, 13. आकार, लंबाई, 14. भ्रम, 15. आतंक, भय, 16. वातावरण, 17. शोभा, 18. उपवन, 19. यौवन, 2. प्रातः समीर, 21. मुखपट, 22. लाला और गुलाब, 23. घाटी।

ताइर[1] भी यहां पैदा हैं किए, क़ुदरत[2] ने अजब[3] गुलरंग-ओ-हसीं[4]
गर[5] ज़मज़मे[6] इनके ऋषी सुन लें, याद आये उन्हें फ़िरदौसे-बरीं[7]
इन्दर के अखाड़े की परियां, गाती हैं जो दिलकश[8] रागनियां
यह लोच[9] सुरों में उनके कहां, यह सोज़[10] गलों में उनके कहां

सूरज की चमकती हुई किरनें, हैं छेड़ती ठंडी हवाओं को
भर देती हैं नूर-ओ-हरारत[11] से बाग़ों को और उनकी फ़ज़ाओं[12] को
सोती हुई सोतें[13] चश्मों की, उठती हैं सब आंखें मल-मलकर
धारें हैं जो बर्फ़ के पानी की आती हैं पहाड़ों से चलकर

अय आर्यो, आओ क़दम[14] रखो, इन हुस्न[15] भरे गुलज़ारों[16] में
जन्नत[17] के मज़े[18] लूटोगे सदा इस पाक[19] ज़मीं[20] की बहारों में
तुम गंग-ओ-जमन[21] के किनारों पर शहर अपने नए आबाद[22] करो
गा गा के भजन, कर करके हवन, हो जाओ मगन दिल शाद[23] करो

हिमाला

डॉक्टर मुहम्मद इक़बाल

अय हिमाला ! अय फ़सीले-किशवरे-हिन्दोस्तां[24]
चूमता है तेरी पेशानी[25] को झुककर आसमां[26]
तुझमें कुछ पैदा नहीं देरीना रोज़ी[27] के निशां[28]
तू जवां है गर्दिशे-शाम-ओ-सहर[29] के दरमियां[30]

एक जल्वा[31] था कलीमे-तूरे-सीना[32] के लिए
तू तजल्ली[33] है सरापा[34] चश्मे-बीना[35] के लिए

1. पक्षी, 2. प्रकृति, 3. विचित्र, 4. लाल और सुंदर, 5. यदि, 6. गीत, 7. स्वर्ग, 8. मोहक, 9. लचीलापन, 10. तपन, 11. प्रकाश और गर्मी, 12. वातावरण, 13. स्रोत, 14. चरण, 15. सौंदर्य, 16. उपवन, 17. स्वर्ग, 18. आनंद, 19. पवित्र, 20. धरती, 21. गंगा और यमुना, 22. बसाओ, 23. प्रसन्न, 24. भारत देश का प्राचीर, 25. ललाट, 26. आकाश, 27. बुढ़ापा, 28. चिह्न, 29. सुबह-शाम का चक्र, 30. बीच, 31. शुभ दर्शन, 32. हज़रत मूसा, 33. प्रकाश, 34. सर से पैर तक, 35. दृष्टि वाले।

इम्तिहाने-दीदः-ए-ज़ाहिर[1] में कोहिस्तां[2] है तू
पासबां[3] अपना है तू, दीवारे - हिन्दोस्तां[4] है तू
मतलः-ए-अव्वल[5] फ़लक[6] जिसका हो वो दीवां[7] है तू
सू-ए-ख़लवतगाहे-दिल[8] दामन[9] कशे इन्सां[10] है तू

बर्फ़ ने बांधी है दस्तारे-फ़ज़ीलत[11] तेरे सर
ख़न्दाज़न[12] है जो कुलाहे-महरे-आलमताब[13] पर

तेरी उम्रे-रफ़्ता[14] की इक आन है अहदे-कुहन[15]
वादियों में हैं तिरी काली घटायें ख़ेमाज़न[16]
चोटियां तेरी सुरैया[17] से हैं सरगर्मे-सुख़न[18]
तू ज़मीं[19] पर और पहना-ए-फ़लक[20] तेरा वतन

चश्मः-ए-दामन[21] तिरा आईनः-ए-सैयाल[22] है
दामने - मौजे - हवा[23] जिसके लिए रूमाल है

अब्र[24] के हाथों में रहवारे-हवा[25] के वास्ते
ताज़ियाना[26] दे दिया बर्क़े - सरे - कुहसार[27] ने
अय हिमाला कोई बाज़ीगाह[28] है तू भी, जिसे
दस्ते - क़ुदरत[29] ने बनाया है अनासिर[30] के लिए

हाय क्या फ़र्ते - तरब[31] में झूमता जाता है अब्र[32]
फ़ीले - बेज़ंजीर[33] की सूरत[34] उड़ा जाता है अब्र

जुम्बिशे - मौजे - नसीमे - सुब्ह[35] गहवारा[36] बनी
झूमती है नशः-ए-हस्ती[37] में हर गुल[38] की कली

---

1. प्रत्यक्ष, 2. पर्वत, 3. प्रहरी, 4. भारत की दीवार, 5. पहला मतला (ग़ज़ल का पहला शेर), 6. आकाश, 7. दीवान, 8. दिल के एकान्त गृह की ओर, 9. फैला हुआ दामन, 10. मानव, 11. विद्वत्ता की पगड़ी, 12. मुस्कुराता हुआ, 13. प्रकाशमान सूर्य की कुलाह, 14. अतीत, 15. प्राचीनकाल, 16. तम्बू ताने हुए, डेरा डाले हुए, 17. कृत्तिका नक्षत्र, 18. वार्तालाप में व्यस्त, 19. धरती, 20. आकाश का विस्तार, 21. दामन में बहनेवाला स्रोत, 22. बहता हुआ दर्पण, 23. हवा की मौज का दामन, 24. बादल, 25. हवा का घोड़ा, 26. कोड़ा, 27. पर्वत पर की बिजली, 28. खेल का मैदान, 29. प्रकृति के हाथ, 30. तत्त्व, 31. आनंद की अधिकता, 32. बादल, 33. बिना बंधा हाथी, 34. तरह, रूप में, 35. प्रातः समीर, 36. पालना, 37, अस्तित्व का नशा, 38. फूल।

यूं ज़बाने - बर्ग[1] से गोया[2] है इसकी ख़ामुशी[3]
दस्ते - गुलचीं[4] की झटक मैंने नहीं देखी कभी

कह रही है मेरी ख़ामोशी[5] ही अफ़साना[6] मिरा
कुंजे-ख़िलवत ख़ानः-ए-क़ुदरत[7] है काशाना[8] मिरा

आती है नद्दी फ़राज़े-कोह[9] से गाती हुई
कौसर-ओ-तसनीम[10] की मौजों को शर्माती हुई
आईना सा शाहिदे-क़ुदरत[11] को दिखलाती हुई
संगे-रह[12] से गाह[13] बचती, गाह टकराती हुई

छेड़ती जा इस इराक़े-दिलनशीं[14] के साज़[15] को
अय मुसाफ़िर ! दिल समझता है तिरी आवाज़ को

लैलि-ए-शब[16] खोलती है आके जब ज़ुल्फ़े-रसा[17]
दामने-दिल[18] खींचती है आबशारों[19] की सदा[20]
वो ख़मोशी[21] शाम की जिस पर तकल्लुम[22] हो फ़िदा[23]
वो दरख़्तों[24] पर तफ़क्कुर[25] का समां[26] छाया हुआ

कांपता फिरता है क्या रंगे-शफ़क़[27] कुहसार[28] पर
ख़ुशनुमा[29] लगता है यह ग़ाज़ा[30] तेरे रुख़सार[31] पर

अय हिमाला ! दास्तां[32] उस वक़्त की कोई सुना
मस्कने-आबा-ए-इन्सां[33] जब बना दामन तिरा
कुछ बता उस सीधी सादी ज़िंदगी का माजरा[34]
दाग़[35] जिस पर ग़ाज़ः-ए-रंगे-तकल्लुफ़[36] का न था

हां दिखा दे अय तसव्वुर[37] फिर वो सुब्ह-ओ-शाम[38] तू
दौड़ पीछे की तरफ़ अय गर्दिशे-अय्याम[39] तू

---

1. पत्ते की ज़बान, 2. बातचीत करना, 3. मौन, 4. फूल तोड़नेवाले का हाथ, 5. चुप्पी, 6. कहानी, 7. प्रकृति के एकान्त का कुंज, 8. घर, 9. पहाड़ की ऊंचाई, 10. स्वर्ग की नहरें, 11. प्रकृति की प्रेमिका, 12. मार्ग के पत्थर, 13. कहीं, 14. दिल मोह लेनेवाले राग का साज़, 15. वाद्य, 16. रात की दुल्हन, 17. लंबी लटें, 18. दिल का दामन, 19. जल-प्रपात, 20. आवाज़, 21. मौन, सन्नाटा, 22. वार्तालाप, 23. न्योछावर, 24. वृक्ष, 25. चिंता, 26. वातावरण, 27. अरुणिमा का रंग, 28. पहाड़, 29. सुंदर, 30. पाउडर, 31. कपोल, 32. कहानी, 33. इंसान के पूर्वजों का घर, 34. हाल, 35. धब्बा, 36. औपचारिकता का रंग, 37. कल्पना, 38. प्रातःकाल और संध्या, 39. समय का चक्र।

हिमाला

बिशेश्वर प्रसाद 'मुनव्वर' लखनवी

मायः - ए - नाज़[1] - ओ - सरअफ़राज़[2] हिमाला पर्बत
सब पहाड़ों से है मुम्ताज़[3] हिमाला पर्बत

हामिले - ऐश[4] हैं क़ुदरत[5] के मज़ाहिर[6] इस को
क्यों ज़माना[7] न कहे काने - जवाहिर[8] इस को

कभी धुंदला नहीं होता रुख़े-रौशन[9] इसका
बर्फ़ गिरने 'पे भी बेदाग़[10] है दामन[11] इसका

बर्फ़ गिरना है अगर ऐब[12] तो परवा क्या है
बर्फ़ गिरने से हिमाला का बिगड़ता क्या है

दिलफ़रेबी[13] में कभी फ़र्क़[14] नहीं आ सकता
ऐब[15] इक लाख मुहासिन[16] पे नहीं छा सकता

नक़्स[17] कम कसरते-ख़ूबी[18] में नज़र आता है
चांद रौशन हो तो फिर दाग़ भी छुप जाता है

बूटियां इसकी ज़ियाबख़्शे-नज़र[19] हैं कैसी
जल्वा[20] गुस्तर[21] सिफ़ते-मिहर-ओ-क़मर[22] हैं कैसी

दूर इन से जो न हो जाये वो ज़ुलमत[23] ही नहीं
इन चिराग़ों के लिए तेल की हाजत[24] ही नहीं

1. गर्व करने योग्य, 2. उन्नत सर, 3. प्रधान, प्रमुख, 4. ऐश्वर्यवाहक, 5. प्रकृति, 6. दृश्य, 7. संसार, 8. जवाहरों की खान, 9. प्रकाशमान चेहरा, 10. स्वच्छ, 11. आंचल, 12. दोष, 13. आकर्षण, 14. अंतर, 15. दोष, 16. गुण, 17. दोष, 18. गुणों की अधिकता, 19. नज़र को ज्योति प्रदान करनेवाले, 20. दर्शन, 21. फैलानेवाले, 22. चांद-सूरज के गुण, 23. अंधकार, 24. आवश्यकता।

रौशनी[1] इनकी छिटकती है जहां रात के वक़्त
इक अजब लुत्फ़[2] का होता है समा[3] रात के वक़्त

बर्फ़ जमने से चटानों के हैं आसार[4] जहां
इक क़दम रास्ता चलना भी है दुश्वार[5] जहां

एड़ियां बस्तः - ए - आज़ार[6] हुई जाती हैं
उंगलियां टीस से बेकार हुई जाती हैं

किन्नरों[7] की वो हसीनाने - सरापा एजाज़[8]
जिन का हिस्सा है अदा[9], ख़त्म है जिन पर अंदाज़[10]

उड़के इस सिम्त[11] जो बादल कहीं आ जाते हैं
सामने हर दहाने - ग़ार[12] के छा जाते हैं

किन्नरों की सितम-ईजाद[13] हसीनों[14] के लिए
नाज़नीनों[15] के लिए माहजबीनों[16] के लिए

पांव की कुछ न ख़बर, होश न सर का जिनको
चैन से बैठने देता नहीं ग़मज़ा[17] जिनको

सादगी जिनकी तबीअत में है नादानी[18] है
जिनके सरके हुए आंचल से पशेमानी[19] है

यही बादल हैं जो करते हैं निगहबानि-ए-हुस्न[20]
वरना मुमकिन ही नहीं पर्दः-ए-उरियानि-ए-हुस्न[21]

इक अजब कैफ़[22] का आलम[23] है फ़िज़ा[24] में जिसकी
नाज़नीनों[25] की है रफ़्तार[26] हवा में जिसकी

---

1. प्रकाश, 2. आनंद, 3. वातावरण, 4. लक्षण, 5. कठिन, 6. कष्टग्रस्त, 7. एक जाति, 8. साक्षात विनम्रता—सुन्दरियां, 9. हावभाव, 10. नख़रे, 11. ओर, 12. गुफा का द्वार, 13. ज़ुल्म ढानेवाली, 14. सुन्दरियां, 15. कोमलांगिनी, 16. चंद्रमुखी, 17. कटाक्ष, 18. बेसमझी, 19. शर्मिन्दगी, 20. सौंदर्य की देखभाल, 21. सौंदर्य की नम्रता का पर्दा, 22. नशा, मस्ती, 23. दशा, 24. वातावरण, 25. कोमलांगिनी, 26. गति।

उफ़ वो अंदाज़े-निगारी[1] का मज़ा दे जाना
झाग गंगा की तरंगों का उड़ा ले जाना

इसकी हर जुम्बिशे-मस्ताना[2] ग़ज़ब ढाती है
देवदार ऐसे दरख़्तों[3] को हिला जाती है

इसके झोंके जिगर-ओ-दिल[4] में उतर जाते हैं
पर थिरकते हुए मोरों के बिखर जाते हैं

आबे-शफ़्फ़ाफ़[5] से लबरेज़[6] हैं झीलें इसकी
क्या रवानी[7] में जुनूंख़ेज[8] हैं झीलें इसकी

ढेर हैं हलक़ः-ए-सदरंग[9] से छूटे हुए फूल
सप्तऋषियों के यदे-पाक[10] से टूटे हुए फूल

रंग उठती हुई किरनों से जो मिल जाते हैं
और ढलते हुए सूरज से यह खिल जाते हैं

इन पे शीराज़ः-ए-अनवार[11] बिखर जाता है
और भी रंग दमे-शाम[12] निखर जाता है

रोज़े-अव्वल[13] से है बेदार[14] मुक़द्दर[15] इसका
सब से ऊंचा है पहाड़ों में बस इक सर इसका

---

1. माशूक़ों का अंदाज़, 2. मस्त कम्पन, 3. वृक्ष, 4. दिल और जिगर, 5. स्वच्छ पानी, 6. परिपूर्ण, 7. प्रवाह, 8. उन्मादप्रद, 9. सैकड़ों रंग के हल्क़े, 10. पवित्र हाथ, 11. प्रकाश का शीराज़ा, 12. संध्याकाल, 13. प्रथम दिन, आदिकाल, 14. जाग्रत, 15. भाग्य।

कोहे-मसूरी[1]

'साग़र' निज़ामी

इस मंज़रे - रंगीं[2] के आगे अब हर दिलचस्पी[3] खोटी है
इशरत[4] में है हर उज़्वे - तन[5], फ़र्हत[6] में बोटी बोटी है
जिन चन्द बलन्द[7] चटानों पर बिजली रातों को लोटी है
वो सब पाबोसे - शाइर[8] हैं, दुनिया नज़रों में छोटी है
मैं उस चोटी पर बैठा हूं जो सबसे ऊंची चोटी है

बस्ती कुछ धुंदली धुंदली है, आलम[9] कुछ मैला मैला है
दुनिया पे कुहरा तारी[10] है हर सिम्त[11] धुआं सा फैला है
शादाब[12] दरख़्तों[13] की शाख़ें[14] झुककर सिजदे में गिरती हैं
आज़ाद बलन्द[15] फ़ज़ाओं[16] में कुछ चिड़ियां उड़ती फिरती हैं
मैं उस चोटी पर बैठा हूं जो सबसे ऊंची चोटी है

कुछ नाहमवार[17] चटानें हैं उन पर संगीं[18] काशाने[19] हैं
आबादी में हर जा[20] रौशन बिजली से ख़लवतख़ाने[21] हैं
टेढ़ी सीधी ऊंची नीची सड़कें कोसों फैला दी हैं
कुहसार[22] में भी इंसानों ने क्या ज़िंदगियां[23] दौड़ा दी हैं
मैं उस चोटी पर बैठा हूं जो सबसे ऊंची चोटी है

आंखों में किरनें भरने को कुछ काफ़िर[24] सुबहें[25] फिरती हैं
कुहरे की रिदा[26] में छुप छुपकर जन्नत[27] की हूरें[28] फिरती हैं
कुछ रंग हवायें लाती हैं उन पुतलों[29] में भर देने को

---

1. मसूरी पर्वत, 2. सुंदर दृश्य, 3. मनोरंजन, 4. आराम, 5. शरीर का अंग, 6. आनंद, 7. ऊंची, 8. शाइर के पांव चूमना, 9. संसार, 10. छाया हुआ, 11. दिशा, 12. हरे-भरे, 13. वृक्ष, 14. डालियां, 15. ऊंची, 16. शून्य, 17. ऊंची-नीची, 18. पत्थर के, 19. घर, 20. हर जगह, 21. शयनागार, 22. पर्वतीय देश, 23. जीवन, 24. ईमान डुला देनेवाली, 25. प्रभात, 26. चादर, 27. स्वर्ग, 28. अप्सरा, 29. मूर्तियां।

गुलज़ार[1] उभरकर निकले हैं अंगड़ाई फ़ज़ा में लेने को
मैं उस चोटी पर बैठा हूं जो सबसे ऊंची चोटी है

बादल के साए वादी[2] की गोदी में मचले फिरते हैं
मैं पर्दों में छुप जाता हूं अकसर[3] जब बादल घिरते हैं
हर अब्र[4] की आग़ोशे-तर[5] में इक मौजे-तबस्सुम[6] पाता हूं
सब जिसको बिजली कहते हैं, मैं हंस हंसकर कुछ गाता हूं
मैं उस चोटी पर बैठा हूं जो सबसे ऊंची चोटी है

गंगा के चराग़

आनंद नारायण 'मुल्ला'

आबे - गंगा[7] क्या ही मस्ताना तिरा अंदाज़[8] है
झूमकर चलने पे तेरे मुझ को क्या क्या नाज़[9] है
क्या मिरे जज़्बात[10] की दुनिया का तू हमराज़[11] है
तेरी लहरों में मिरी तख़ईल[12] की परवाज़[13] है

अपनी मौजों का तलातुम[14] आ मिरे सीने में देख
अक्स[15] अपनी बेकली[16] का दिल के आईने में देख

आज तक आंखों में है तेरा समां[17] अय हरदुवार
वो हुजूमे - महवशां[18], महवे - तमाशा[19] बरकनार[20]
वो सफ़ा - ए - आबे - अख़ज़र[21] में चराग़ों[22] की बहार
देखकर जिनको यही कहता था दिल बेइख़्तियार[23]

---

1. उपवन, 2. घाटी, 3. अधिकांश, 4. बादल, 5. आर्द्र गोद, 6. मुस्कान की लहर, 7. गंगा का पानी, 8. ढंग, चाल, 9. गर्व, 10. भावनायें, 11. मित्र, भेद जाननेवाला, 12. कल्पना, 13. उड़ान, 14. जोश, 15. प्रतिबिम्ब, 16. व्याकुलता, 17. दृश्य, वातावरण, 18. चंद्रमुखियों का जमघट, 19. तमाशे में लीन, 20. किनारे पर, 21. हरे पानी की निर्मलता, 22. दिया, 23. अचानक, सहसा।

ता-ब-सत्हे-आब[1] हर गौहर[2] उभर आया है क्या
आसमां[3] लेकर सितारों को उतर आया है क्या

क्या शुआ - ए - मिहर[4] के ज़र्रे[5] परेशां[6] हो गये
फ़ैज़[7] से ख़ुर्शीद[8] के ये ख़ुद दरख़्शां[9] हो गये
तेरे आबे - पाक[10] के जौहर नुमायां[11] हो गये
क्या किसी के दाग़े - इसियां[12] नूरे - ईमां[13] हो गये

रक़्स[14] करने के लिए जुगनू निकल आये हैं क्या
फूल जन्नत[15] के फ़लक[16] वालों ने बरसाए हैं क्या

ये मुसाफ़िर कौन हैं कैसा है इनका कारवां
क्या इसी का अक्स[17] है कहते हैं जिसको कहकशां[18]
किस क़दर[19] प्यारी हैं इनकी छोटी छोटी किश्तियां[20]
ये कहां से आये हैं बहरे - तमाशा - ए - जहां[21]

अहले-दुनिया[22] को तिरी अज़मत[23] दिखाने के लिए
स्वर्ग से उतरी हैं क्या परियां नहाने के लिए

घूरने वालों की नज़रों से यह घबराती नहीं
पैकरे - नूरी[24] की उरियानी[25] से शर्माती नहीं
हां, यक़ीं[26] इंसान[27] की बातों का यह लाती नहीं
मौजे - दरिया[28] छोड़कर साहिल[29] तलक आती नहीं

हुस्न[30] दिखलाती तो हैं लेकिन कुछ इस अंदाज़[31] से
अपना जलवा[32] ख़ुद छुपा लेती हैं अपने नाज़[33] से

---

1. पानी की सतह से ऊपर, 2. मोती, 3. आकाश, 4. सूर्य की किरणें, 5. कण, 6. बिखर गये, 7. दया, 8. सूर्य, 9. प्रकाशमान, 10. पवित्र पानी, 11. प्रकट, 12. गुनाहों के दाग़, 13. ईमान का प्रकाश, 14. नृत्य, 15. स्वर्ग, 16. आकाश, 17. प्रतिबिम्ब, 18. आकाश गंगा, 19. कितनी, 20. नावें, 21. संसार के तमाशे के लिए, 22. दुनिया के लोग, 23. महानता, 24. तूती का आकार, 25. नग्नता, 26. विश्वास, 27. मानव, 28. नदी की लहर, 29. किनारा, 30. सौंदर्य, 31. ढंग, 32. दर्शन, 33. नखरे, अदा।

अय चराग़े-आबे-गंगा[1] तुझ में कैसा नूर[2] है
तू किसी आशिक़[3] का दिल है या जबीने-नूर[4] है
इक झलक दिखला के तू मौजों में फिर मस्तूर[5] है
हुस्न[6] का चश्मे - तमन्ना[7] से यही दस्तूर[8] है

तेरा जलवा[9] क्या किसी मज़लूम[10] की तक़दीर[11] है
एक हस्ती के उमीद - ओ - बीम[12] की तस्वीर है

क्या तिरी तक़दीर में इन्सां की रंजूरी[13] भी है
क्या तिरे दिल की तमन्नाओं[14] की मजबूरी भी है
सीनः - ए - नूरी[15] में तेरे ज़ौक़े - महजूरी[16] भी है
क्या तिरे जामे - गिली[17] में आबे - अंगूरी[18] भी है

किसकी उम्मीदों की गुलकारी[19] तिरे दामन में है ?
आर्ज़ू[20] किसकी फ़रोज़ा[21] तेरे पैराहन[22] में है ?

तू किसी के सोज़े-दिल[23] का शोलः-ए-मस्तूर[24] है
तू किसी के दीदः-ए-गिर्या[25] का सारा नूर[26] है
तुझ में सारी इल्तिजा - ए - ख़ातिरे - मजबूर[27] है
तू किसी बेकस[28] की नज़रों में चराग़े-तूर[29] है

इक ख़ुलूसे-दिल[30] की तुझमें इन्तिहाई[31] शान[32] है
जल्वः-ए-ख़ुर्शीद[33] तेरे नूर[34] पर क़ुर्बान[35] है

---

1. गंगा के पानी के दिये, 2. प्रकाश, 3. प्रेमी, 4. प्रकाश का ललाट, 5. गुप्त, 6. सौंदर्य, 7. अभिलाषा की आंख, 8. नियम, 9. दर्शन, 10. पीड़ित, 11. भाग्य, 12. आशा और भय, 13. अप्रसन्नता, 14. आकांक्षा, 15. तूती का सीना, 16. विरह की अभिलाषा, 17. मिट्टी का प्याला, 18. अंगूर का पानी, शराब, 19. चित्रण, 20. अभिलाषा, 21. प्रकाशमान, 22. वस्त्र, 23. दिल की जलन, 24. छुपी हुई ज्वाला, 25. अश्रु-भरी आंख, 26. प्रकाश, 27. मजबूर के दिल की प्रार्थना, 28. दुर्बल, 29. तूर पर्वत का चराग़, 30. दिल की निष्ठा, 31. असीम, 32. वैभव, 33. सूर्य का दर्शन, 34. प्रकाश, 35. न्योछावर।

गंगा-स्नान

'साक़िब' कानपुरी

अय बहारे - गंग[1], अय सरमायाः - ए - पाकीज़गी[2]
तेरी हस्ती[3] तश्नाकामों[4] के लिए मैख़ाना[5] है
दर्सआमोज़े - फ़ना[6] क़तरा क़तरा[7] आब[8] का
या हबाबों[9] की ज़बां[10] पर नारः - ए - मस्ताना[11] है

क्यों न हो ज़ौक़े - रवानी[12] में तलाशे - हक़[13] हमें
आब[14] की चादर में हो जाते हैं पोशीदा[15] गुनाह
नूर[16] का पैकर[17] बना देंगी लकीरें मौज की
दाग़े - ज़ुलमत[18] को मिटा देंगी यह आबी जल्वागाह[19]

ग़ैरमुमकिन[20] है कि दिल में रौशनी पैदा न हो
बुलबुले पानी के हैं अज़हान[21] में वहदत[22] की शम्अ[23]
साधुओं के वास्ते उपदेश है मौजों का राग
हाथ में लेकर खड़े हैं देवता जन्नत[24] की शम्अ

तेरी मौजें - मुज़्तरिब[25] हैं और दिल पुरजोश[26] है
यानी बेताबी[27] में इसका मुद्दआ[28] मिल जायेगा
हलक़ः - ए - गिर्दाब[29] में नक्शे - हक़ीक़त[30] देखकर
गुंचः-ए-गुल[31] की तरह दिल का कंवल खिल जायेगा

---

1. गंगा की शोभा, 2. पवित्रता की दौलत, 3. अस्तित्व, 4. प्यासा, 5. मदिरालय, 6. विनाश का पाठ सिखानेवाला, 7. बूंद, 8. पानी, 9. बुलबुला, 10. वाणी, ज़बान, 11 मस्ती का नारा, 12. प्रवाह की अभिलाषा, 13. सत्य की खोज, 14. पानी, 15. छिपा हुआ, 16. प्रकाश, 17. आकृति, 18. अन्धकार के दाग़, 19. प्रदर्शन की जगह, 20. असम्भव, 21. मस्तिष्क, (ब.व.), 22. अद्वैत, 23. चराग़, दिया, 24. स्वर्ग, 25. व्याकुल, 26. जोश से भरा हुआ, 27. बेचैनी, 28. उद्देश्य, 29. भंवर का चक्र, 30. सत्य के चिह्न, 31. फूल की कली।

बिन्ते-हिमाला[1]

परवेज़ शाहिदी

आह गंगा ! यह हसीं[2] पैकरे[3]-बिल्लौर[4] तिरा
तेरी हर मौजे-रवां[5] जलवः-ए-मग़रूर[6] तिरा
जौरे-मग़रिब[7] से मगर दिल है बहुत चूर तिरा
झांकता है तिरे गिर्दाब[8] से नासूर[9] तिरा

ज़ुल्म[10] ढाए हैं सफ़ीनों[11] ने सितमगारों[12] के
ज़ख़्म[13] अब तक तिरे सीने पे हैं पतवारों के

आह अय कोहे-हिमाला[14] के गुरूरे-सैयाल[15]
तेरी मौजों में जमाल[16] और तिरे तूफ़ां में जलाल[17]
तेरे दामन पे कभी बैठी न थी गर्दे-मलाल[18]
मुंह तिरा पोंछता था चांद का सीमीं[19] रूमाल

ज़ख़्म सीने पे लिये आज हैं धारे तेरे
उफ़ कहां डूब गये चांद - सितारे तेरे

रेगे-दोज़ख़[20] को छुपाए हैं क़बा[21] के अन्दर
हौलनाक[22] आज है कितना यह दहकता मंज़र[23]
शाम ही शाम नज़र आती है क्यों साहिल[24] पर
क्यों तिरी मौजों से छनते नहीं अनवारे-सहर[25]

रौशनी[26] क्यों हुई जाती है गुरेज़ां[27] तुझ से
क्यों अंधेरों के हैं लिपटे हुए तूफ़ां तुझ से

---

1. हिमालय की बेटी, 2. सुंदर, 3. आकार, 4. स्फटिक मणि, 5. प्रवाहित मौज, 6. घमंडी दर्शन, 7. पश्चिम का अत्याचार, 8. भंवर, 9. रिसता हुआ घाव, 10. अत्याचार, 11. नाव, 12. ज़ालिम, 13. घाव, 4. हिमालय पर्वत, 15. बहता हुआ घमंड, 16. सौंदर्य, 17. प्रताप, 18. दुख की धूल, 19. रूपहली, चांदी का, 20. नरक की रेत, 21. लबादा, 22. भयानक, 23. दृश्य, 24. किनारा, 25. प्रातःकाल का प्रकाश, 26. प्रकाश, 27. विरक्त।

लेकिन अय बिन्ते-हिमाला[1] ! तिरी अज़मत[2] की क़सम
सैल[3] के सांचे में ढाली हुई रिफ़अत[4] की क़सम
तेरे जलवों[5] की क़सम, तेरी लताफ़त[6] की क़सम
तेरी मौजों से उभरती हुई हिम्मत[7] की क़सम

अब तिरी आंखों को नमनाक[8] न होने देंगे
दामने - नाज़[9] तिरा चाक[10] न होने देंगे

गंगा के तीन रूप

'नज़ीर' बनारसी

वो सूर्य डूबा, वो दिन ने झुककर बढ़ा दिया रौशनी[11] का डेरा
वो रखके कांधे पे काली कमली हर इक तरफ़ से उठा अंधेरा
उदासियां बढ़के चार जानिब[12] लगाए जाती हैं अपना फेरा
लुटेगा अब सांझ का भी ज़ेवर[13] है घात में रात का लुटेरा

समय ने करवट बदल बदल के जो सूनी कर दी हैं सारी राहें
तो सांस ले ले के लंबी-लंबी हवायें भरने लगी हैं आहें[14]

किए हैं ये दीपदान[15] किसने ठहर ठहरकर मचल रहे हैं
हैं रौशनी के जिगर के टुकड़े हवा से तेवर[16] बदल रहे हैं
नहीं नहीं नहीं ये दिये नहीं हैं जो बहते पानी पे चल रहे हैं
गगन से तारे उतर उतरकर लहर लहर पर टहल रहे हैं

दिये की लौ सहमी जा रही है, हवा का झोंका लपक रहा है
हर इक दिये में है दिल किसी का ठहर ठहरकर धड़क रहा है

---

1. हिमालय की बेटी, 2. महानता, 3. प्रवाह, 4. ऊंचाई, 5. दर्शन, 6. कोमलता, 7. साहस, 8. अश्रुयुक्त, गीली, 9. गर्व का दामन, 10. विदीर्ण, फटना, 11. प्रकाश, 12. चारों ओर, 13. गहना, आभूषण, 14. श्वास, आर्तनाद, 15. दिये जलाकर गंगा में बहा दिये जाते हैं। हिंदू अक़ीदे के अनुसार बुज़ुर्गों की रूहों को रौशनी मिलती है। मन्नत मानने के बाद मुराद पूरी होने पर भी दिये जलाकर बहा दिये जाते हैं। दीपदान के बाद लोग इन दियों को मुड़-मुड़कर देखते हैं और जैसे-जैसे उनकी लवें थरथराती हैं, उनके माथे पर लकीरें बनती-बिगड़ती नज़र आती हैं, 16. भृकुटी।

वो चमचमाते कलस का आलम[1] वो सर उठाए-उठाए मंदिर
वो इतने ऊंचे कि जिन पे अपनी नज़र उठाते हुए उठे सर
हैं कान में कुछ मधुर सदायें[2] नज़र में शयन आरती[3] का मंज़र[4]
पवित्रता की वो मौज जिससे अंधेरा दिल हो उठे उजागर[5]
इधर दबे पांव नींद आई, गयी वो गंगा की बेक़रारी[6]
किवाड़ मंदिर के बन्द करके अभी-अभी सो गया पुजारी

बुझी-बुझी-सी दिखाई देने लगी हैं जलती हुई चितायें
दबी-दबी-सी है अग्नि ज्वाला, है सर्द[7]-सी मौत की सभायें
फ़ज़ाओं[8] में टूटकर गगन से ये गिरती-पड़ती हैं तारिकायें
कि साधनालोक[9] तोड़ने को उतरती आती हैं अपसरायें
वो काला-काला-सा नाग जैसा हर इक तरफ़ झूमता अंधेरा
समय की वो सांय-सांय जैसे बजाये तुमड़ी कोई सपेरा

है रात अब कूच करनेवाली सब अपने ख़ेमे[10] बढ़ा रहे हैं
वो जिनके दम से थी जगमगाहट उन्हीं के दम टूटे जा रहे हैं
निशा की शोभा बढ़ानेवाले सभायें अपनी बढ़ा रहे हैं
बहुत-से डूबे बहुत-से टूटे बचे खुचे झिलमिला रहे हैं
यह कौन पर्दे में छुपके तारों को मात[11] पर मात दे रहा है
ये हिचकियां रात ले रही है कि सांस परभात ले रहा है

सहर[12] की आमद[13] है सर्द[14] झोंके अभी से कुछ गुनगुना रहे हैं
अगर कथा कह रहे हैं तुलसी, कबीर दोहे सुना रहे हैं

---

1. दशा, समां, 2. आवाज़ें, 3. रात की आख़िरी आरती जिसके बाद मंदिरों के दरवाज़े बन्द हो जाते हैं और गंगा के सोने का वक्त हो जाता है। सुबह के तीन बजे तक गंगा सोती रहती है, इस दौरान इसीलिए कोई नई चिता नहीं जलाई जाती। जो चितायें जल चुकी हैं वही जलती रहती हैं, 4. दृश्य, 5. प्रकट, ज़ाहिर, 6. व्याकुलता, 7. ठंडी, 8. शून्य, 9. ऋषि विश्वामित्र की साधना मेनका नामी एक अप्सरा (शकुन्तला की मां) ने तोड़ी थी। लेकिन यहां शाइर हर इक तारिका को अप्सरा मानता है जो तमाम कायनात की साधना में बाधा डालने को पानी की सतह पर उतर आती है, 10. तम्बू, डेरे, 11. पराजय, 12. प्रभात, 13. आगमन, 14. ठंडे।

अमर हैं वो संत और साधू जो मरके भी याद आ रहे हैं
जो काशी नगरी से उठ चुके हैं वो मन की नगरी बसा रहे हैं

यह घाट तुलसी के नाम से है यहीं वो करते थे जाप देखो
जहां पे गंगा वहीं पे तुलसी पवित्रता का मिलाप देखो

मिला है गंगा का जल जो निर्मल उतर के ऊषा नहा रही है
हवा है या रागिनी है कोई टहल के वीणा बजा रही है
अंधेरे करते हैं साफ़ रस्ता सवारी सूरज की आ रही है
किरन-किरन अब कलस-कलस को सुनहरी माला पिन्हा रही है

हुई है कितनी हसीन[1] घटना नज़र की दुनिया संवर रही है
किरन चढ़ी थी जो बनके माला वो धूप बनकर उतर रही है

वो कुछ ब्राह्मण हैं घाट पर जो जमाए बैठे हैं अपने आसन
ये करते आये हैं जाने कितने युगों से सबके दिलों पे शासन
है तख़्त इक और एक छाता यही है हर एक का सिंघासन
यहीं पे गंगा की मौज करती है बढ़के हर पाप का बिनासन

है सामने शीतला का मंदिर लगा है नर-नारियों का मेला
पुकारकर शंख कह रहे हैं हुई सिंगार आरती की बेला

कहीं पे गुजरात की हैं परियां कहीं पे मरवाड़ की निशानी
वो सिंध का हुस्ने-बेतकल्लुफ़[2] वो शोख़[3] पंजाब की जवानी
खुले हुए केश की लटों में महकते बंगाल की कहानी
यह घाट है सामने नज़र के कि देवताओं की राजधानी

न जाने कितनों ने देस छोड़े हैं अपनी मुक्ति की जुस्तुजू[4] में
यहां पे आये हैं जान लेकर यहां पे मरने की आर्ज़ू[5] में

सभी पराई नज़र से अपनी नज़र बचाकर गुज़र रही हैं
ये देवियां हैं मिरे नगर की जो सीढ़ियों से उतर रही हैं

---

1. सुंदर, 2. अनौपचारिक सौंदर्य, वह सौंदर्य जिसमें दिखावा या बनावट न हो, 3. चंचल, 4. खोज, 5. आकांक्षा।

घरों की परियां बदन समेटे उतर के इस्नान कर रही हैं
अभी जो इस्नान कर चुकी हैं किनारे हटकर संवर रही हैं

ये देखनेवाले की नज़र पर यहां की मस्ती[1] यहां का यौवन
कि सृष्टि जैसी हो दृष्टि वैसी, ख़याल जैसा हो वैसा दर्शन

यहां खड़ी होके हर इमारत[2] नसीब[3] अपना जगा रही है
वो जिसकी हालत बिगड़ चुकी है वो अपनी बिगड़ी बना रही है
नए-नए घाट बन रहे हैं नवीनता मुस्कुरा रही है
हर आर्ज़ू[4] जैसे रक़्स[5] में है निगाह मंगल मना रही है

यहां मुहब्बत[6] की छांव देखो यहां मुहब्बत की धूप देखो
यहां का आनंद लेनेवालो, यहां का संपूर्ण रूप देखो

पहन के आबे-रवां[7] की साड़ी, रवां है सीमाबवार[8] गंगा
रवां[9] हैं मौजें कि मां के दिल की तरह से है बेक़रार[10] गंगा
वो छूत हों या अछूत, सबका उठा के चलती है भार गंगा
यहां नहीं ऊंच-नीच कोई उतारे है सबको पार गंगा

'नज़ीर' अंतर नहीं किसी में सब अपनी माता के हैं दुलारे
यहां कोई अजनबी नहीं है न इस किनारे न उस किनारे

गंगा

राही मासूम रज़ा

दुल्हन की तरह नर्म रफ़्तार[11] पानी
शुआओं[12] के गजरे
हसीं[13] चांद सूरज की परछाइयों के करनफूल पहने
हुबाबों[14] की पायल

---

1. नशा, 2. भवन, 3. भाग्य, 4. अभिलाषा, 5. नृत्य, 6. प्रेम, 7. बहता पानी, 8. पारे की तरह, 9. प्रवाहित, 10. बेचैन, 11. मंद गति, 12. किरणें, 13. सुंदर, 14. बुलबुला।

निगाहें[1] झुकाए
तबस्सुम[2] छुपाए
यह गंगा
हिमाला की बेटी
कहीं एक धारा
कहीं एक दरिया
कहीं इक समंदर

यह आमों के जंगल में
केले के झुंडों में

बंसवाड़ियों के जहां में
यह आठों पहर जागती शाहराहों[3]
मिलों, कोठियों और चालों की रंगीनी-ए-दास्तां[4] और महरूमी-ए-बेज़बां[5]
यह बंगाल सागर की लहरों के साये में इन देवहैकल[6] जहाज़ों को लोरी सुनाती हुई

अपने आबे-रवां[7] का दुपट्टा बिछाए हुए
पूछती है यह सबसे
बताओ कि जमना का आबे-रवां किस तरफ़ है
कि सूरज की वो शोख़ि-ए-दास्तां[8] किस तरफ़ है
ब्रह्मपुत्र का तेज़ पानी यहां परफ़िशां[9] किस तरफ़ है
यह गंगा नहीं है
यह दरियाओं का इक बड़ा कारवां है
मगर यक ज़बां[10] है

बहुत दूर तक रास्ते मुख़्तलिफ़[11] थे
न अंदाज़े-रफ़्तार[12] यकसां[13] था इनका
न अंदाज़े-गुफ़्तार[14] यकसां था इनका
यह सब घूमते-घामते शाहराहे-तमन्ना[15] तलक–

1. दृष्टि, नज़रें, 2. मुस्कान, 3. राजमार्ग, 4. दास्तान की सुंदरता, 5. मौन वंचितता, 6. विशाल, 7. प्रवाहित जल, 8. दास्तान की चंचलता, 9. बिखरा हुआ, 10. एक ज़बान, 11. विभिन्न, 12. गति, 13. एक जैसी, 14. बातचीत का ढंग, 15. अभिलाषा का राजमार्ग।

रोदे-गंगा[1] तलक आ गये
और फिर रोदे-गंगा में गुम हो गये
अब न जमना है कोई
न सरजू है कोई
बस इक रोदे-गंगा है हद्दे-नज़र तक

जमुना

'साग़र' निज़ामी

जिसके पा - ए - नाज़[2] मसजूदे - गदा - ओ - शाह[3] थे
जिसके साहिल[4] तीरअंदाज़ों[5] के जौलांगाह[6] थे
जिसने पांडव को सुनाई थी नवेदे - ज़िंदगी[7]
जिसकी बेकल[8] मौज भी तसकीन[9] का इक राग थी
साहिलों[10] पर जिसके सहरा-ए-लक़-ओ-दक़[11] था कभी
जो दरिन्दों[12] और हैवानों[13] का था मलजा[14] कभी
ज़ौक़[15] ने उलफ़त[16] के जिसको रश्के-गुलशन[17] कर दिया
गुल-ब-दामन[18] कर दिया, जन्नत-ब-दामन[19] कर दिया

जिसको पांडों ने संवारा क्या वह दोशीज़ा[20] है तू
सच बता अय मेरी जमुना क्या वही जमुना है तू

सच बता अय मेरी जमुना क्या वही जमुना है तू
जिसके आगे सर्द[21] था क़ुलज़ुम[22], वही दरिया[23] है तू
जिसके पाकीज़ा[24] किनारे मंदिरों के शहर थे
जिसके क़तरे[25] एक दिन चश्म-ओ-चिराग़े-बहर[26] थे

---

1. नदी, 2. सौन्दर्याभिमान के पांव, 3. राजा और रंक के माथा टेकने की जगह, 4. किनारे, 5. तीर चलानेवाला, 6. दौड़ का मैदान, 7. जीवन-संदेश, 8. व्याकुल, 9. तृप्ति, संतोष, 10. किनारा, 11. चटियल मैदान, 12. हिंसक पशु, 13. पशु, 14. रक्षास्थान, 15. अभिरुचि, 16. प्रेम, 17. जिस पर उपवन भी ईर्ष्या करे, 18. जिसके दामन पर फूल हों, 19. जिसका किनारा स्वर्ग हो, 20. कुमारी, 21. ठंडा, 22. अरब और मिस्र के बीच का समुद्र, 23. नदी, 24 पवित्र, 25. बूंदें, 26. समुद्र के पुत्र।

जिसकी गोदी में हज़ारों क़िलए थे लाखों चमन
जिसकी मौजों में बहा करती थी दुनिया और धन
जिसके साहिल[1] पर बहादुर ज़िंदगी पाते रहे
अर्जुन - ओ - भीम - ओ - युधिष्ठिर गुर्ज़[2] चमकाते रहे
आसमां जन्नत[3] के मोती जिसपे बरसाता रहा
आरिया अज़्मत[4] का झंडा जिसपे लहराता रहा

जिसको क़ुदरत[5] ने तराशा[6] है वही हीरा है तू
सच बता अय मेरी जमुना क्या वही जमुना है तू

सच बता अय मेरी जमुना क्या वही जमुना है तू
कृष्ण की बंसी का इक बहता हुआ नग़्मा[7] है तू

याद है अब तक तिरा तूफ़ां उठाना याद है
गोवर्धन को देखकर मौजों पर आना याद है

किस क़दर[8] जादू-भरा था शौक़े-पाबोसी[9] तिरा
तेरी बेताबी[10] पे आख़िर कृष्ण को रहम[11] आ गया
कृष्ण ने अपना क़दम मौजे - रवां[12] पर रख दिया
ताज[13] उलफ़त[14] का वफ़ा[15] के आस्तां[16] पर रख दिया
बोसे[17] देकर कृष्ण के क़दमों[18] को तू बहने लगी
माइले - मक़सूद[19] - ओ - महवे - जुस्तजू[20] बहने लगी
जो मधुर मुरली की लै पर उम्र-भर बहती रही
कृष्ण से अफ़सानः-ए-शाम-ओ-सहर[21] कहती रही
शाम के हलके धुंदलके में ब-अंदाज़े-हिजाब[22]
छेड़ती थी कुंज में राधा मुहब्बत का रबाब[23]
हुस्न[24] का गहवारा[25] थी, दारुलअमाने - इश्क़[26] थी
जिसकी हर मौजे-रवां[27] आरामे-जाने-इश्क़[28] थी

---

1. किनारा, तट, 2. गदा, 3. स्वर्ग, 4. महानता, 5. प्रकृति, 6. काटा, 7. गीत, 8. कितना, 9. पांव चूमने की इच्छा, 10. विकलता, 11. दया, 12. प्रवाहित लहर, 13. मुकुट, 14. प्रेम, 15. प्रेम निर्वाह, 16. चौखट, 17. चुम्बन, 18. चरण, 19. मंजिल की तरफ़, 20. खोज में लीन, 21. सुबह-शाम की कहानी, 22. शर्माते हुए, 23. वीणा, 24. सौंदर्य, 25. पालना, 26. इश्क़ की पनाहगाह, 27. प्रवाहित मौज, 28. प्रेम की जान का सुख।

कृष्ण जिसमें तैरते थे क्या वही दरिया[1] है तू
सच बता अय मेरी जमुना क्या वही जमुना है तू

सच बता अय मेरी जमुना क्या वही जमुना है तू
सुहबते-माज़ी[2] का इक पुरदर्द[3] अफ़साना[4] है तू
शानागीरी[5] शहजहां को तेरे गेसू[6] से मिली
मरके भी की जज़्बः - ए - मुमताज़[7] ने मश्शातगी[8]

एक कोहेनूर दामन[9] पर तिरे टांका गया
जो तिरी आबी[10] दुलाई के लिए तारा बना
ताज से रातों की ख़ामोशी[11] में क्या कहती है तू
आके इसकी गोद में आहिस्ता[12] क्यों बहती है तू
आह वो तेरे ज़माने[13] इक फ़साना[14] हो गये
नाचते थे मोर जिन कुंजों में वो क्या हो गये

यादगारे - हशमते - तारीख़े - देरीना[15] है तू
सच बता अय मेरी जमुना क्या वही जुमना है तू

संगम

हामिदुल्ला 'अफ़सर' मेरठी

परयाग पे बिछड़ी हुई बहनें जो मिली हैं
पानी की ज़मीं[16] पर भी तो कलियां सी खिली हैं
कुछ गंगा का रुकना
कुछ जमुना का झुकना
फिर दोनों का मिलना
वो फूल से खिलना

---

1. नदी, 2. भूतकाल की संगति, 3. दर्द से भरा हुआ, 4. कहानी, 5. कंघी पकड़ना, 6. बाल, जुल्फ़ें, 7. मुमताज़ की भावना, 8. बनाव-सिंगार, 9. आंचल, 10. पानी की, 11. सन्नाटा, 12. धीरे, मंद गति, 13. दिन, 14. कहानी, 15. प्राचीन इतिहास के प्रताप की यादगार, 16. धरती।

किस शौक़[1] से इठलाती हुई साथ चली हैं
ये इश्क़ - ओ - मुहब्बत[2] के नज़ारे[3] अज़ली[4] हैं
कहते हैं कि जन्नत[5] से भी आई है बहन एक
गो तीनों का है अस्ल[6] में घर एक वतन[7] एक
घर जब से छुटा था
दिल सर्द[8] हुआ था
वो कोह[9] से गिरना
वो दश्त[10] में फिरना
रातों को वह सुनसान बयाबान[11] में चलना
सहमे हुए तारों का वो सीने में मचलना

था वो सफ़र दश्त[12] में मैदान में बन में
ख़ामोश पहाड़ों में गुलिस्तां[13] में चमन में
जंगल से निकलना
रुकते हुए चलना
कुछ बढ़ के पलटना
डर डर के सिमटना
मर मर के अकेले यह गुज़ारा[14] है ज़माना
जैसे कोई दुनिया में न हो अपना यगाना[15]

ख़ाली कभी जाती नहीं बेलफ़्ज़[16] सदायें[17]
आख़िर को असर कर गईं ख़ामोश[18] दुआयें[19]
जागा है मुक़द्दर[20]
परयाग पे आकर
अब ग़म न सहेंगे
तनहा न रहेंगे
परयाग पे बहनों को मिलाया है ख़ुदा ने
मुद्दत[21] में यह दिन आज दिखाया है ख़ुदा ने

---

1. अभिलाषा, कामना, 2. प्रेम, 3. दृश्य, 4. आदिकाल से, 5. स्वर्ग, 6. वास्तव में, 7. देश, 8. ठंडा, 9. पर्वत, 10. जंगल, 11. निर्जन स्थान, 12. जंगल, 13. उपवन, 14. व्यतीत, 15. ग़ैर, 16. बिना शब्द, 17. आवाज़ें, 18. मौन, 19. प्रार्थनायें, 20. भाग्य, 21. लंबा समय।

क्या जोशे - मुहब्बत[1] से बग़लगीर[2] हुई हैं
वारफ़्तगि - ए - शौक़[3] की तस्वीर[4] हुई हैं
अल्ला रे मुहब्बत
सरमायः - ए - राहत[5]
यह किसको ख़बर थी
दिल मिलते हैं यूं भी
होंगी न जुदा हश्र[6] तक अब ऐसी मिली हैं
ख़ुश बहनें हैं या पानी पे कलियां सी खिली हैं

कनारे-रावी

डॉक्टर मुहम्मद इक़बाल

सुकूते - शाम[7] में मह्वे - सरोद[8] है रावी
न पूछ मुझसे जो है कैफ़ियत[9] मिरे दिल की

पयामे[10] सज्दः[11] का यह ज़ीर-ओ-बम[12] हुआ मुझको
जहां तमाम[13] सवादे - हरम[14] हुआ मुझको

सरे - कनारः - ए - आबे - रवां[15] खड़ा हूं मैं
ख़बर नहीं मुझे लेकिन कहां खड़ा हूं मैं

शराबे - सुर्ख़[16] से रंगीं हुआ है दामने - शाम[17]
लिये हैं पीरे-फ़लक[18] दस्ते-राशादार[19] में जाम[20]

अदम[21] को क़ाफ़िलः-ए-रोज़गार[22] तेज़गाम[23] चला
शफ़क़[24] नहीं है, यह सूरज के फूल हैं गोया[25]

---

1. प्रेम का जोश, 2. आलिंगनबद्ध, 3. अभिलाषा की शर्मिन्दगी, 4. चित्र, 5. सुख की दौलत, 6. प्रलय, 7. संध्याकाल की निस्तब्धता, 8. गीत में मग्न, 9. दशा, 10. संदेश, 11. नतमस्तक, 12. ऊपर-नीचे, 13. सारा संसार, 14. हरम की सीमा, 15. प्रवाहित जल के तट पर, 16. लाल मदिरा, 17. संध्याकाल का आंचल, 18. बूढ़ा आकाश, 19. कांपते हुए हाथ में, 20. प्याला, 21. यमलोक, 22. समय का कारवां, 23. तीव्र गति, 24. अरुणिमा, 25. मानो।

खड़े हैं दूर वो अज़्मत - फ़िज़ा - ए - तनहाई[1]
मनारे - ख़्वाबगहे[2] शहसवारे - चुग़ताई[3]

फ़सानः - ए - सितमे - इंक़िलाब[4] है यह महल
कोई ज़माने-सलफ़[5] की किताब है यह महल

मक़ाम[6] क्या है, सरोदे - ख़मोश[7] है गोया[8]
शजर[9] ! यह अंजुमने - बेख़रोश[10] है गोया

रवां[11] है सीनः-ए-दरिया[12] पे इक सफ़ीनाः-ए-तेज़[13]
हुआ है मौज से मल्लाह जिसका गर्मे-सतेज़[14]

सुबुक रवी[15] में है मिस्ले-निगाह[16] यह कश्ती[17]
निकल के हलक़ः-ए-हद्दे-नज़र[18] से दूर गयी

जहाज़े-ज़िंदगी-ए-आदमी[19] रवां[20] है युंही
अबद[21] की बहर में पैदा युंही, निहां[22] है युंही

शिकस्त[23] से यह कभी आशना[24] नहीं होता
नज़र से छिपता है, लेकिन फ़ना[25] नहीं होता

---

1. एकान्त की महानता बढ़ानेवाले, 2. शयनागार के मीनार, 3. मुग़ल शहसवार (जहांगीर के मक़बरे के मीनार), 4. क्रांति और अत्याचार की कहानी, 5. प्राचीन काल, 6. स्थान, 7. ख़ामोश गीत, 8. अर्थात्, 9. वृक्ष, पेड़, 10. ख़ामोश महफ़िल, 11. प्रवाहित, 12. नदी का सीना, 13. गतिशील नाव, 14. लड़ने के लिए आमादा, 15. मंद गति, 16. दृष्टि के समान, 17. नाव, 18. दृष्टि की सीमा, 19. मानव जीवन का जहाज़, 20. प्रवाहित, 21. अनंतकाल, 22. गुप्त, 23. पराजय, 24. परिचित, 25. नष्ट।

अय दरिया-ए-चिनाब

जगन्नाथ 'आज़ाद'

शोरिशे-आलम[1] से घबरा के लेके दिले-बेताब[2]
तेरे किनारे आ बैठा हूं, अय दरिया-ए-चिनाब[3]

तेरा ज़ाहिर[4] ऐसा ठंडा जैसा बैरी नाग
लेकिन तेरे दिल में निहां[5] है जनम-जनम की आग

तू इस ख़ाकी दुनिया[6] में है जन्नत[7] की तस्वीर
सोहनी तेरे दामन में है तेरे किनारे हीर

तेरी लहरों की लै[8] में ख़्वाबीदा[9] है फ़रियाद[10]
तेरा आबे-रवां[11] है सस्सी पुन्नू की रूदाद[12]

तेरी मौजों का हर क़तरा[13] एक धड़कता दिल
और धड़कते दिल को तिरी हर मौजे-रवां[14] साहिल[15]

मैं हूं जिस दुनिया का बासी वो है दुनिया और
इस दुनिया का और है सौदा तेरा सौदा और

मेरी दुनिया की ज़ुलमत[16] में नूर[17] हुआ मस्तूर[18]
तेरा तन भी नूर है प्यारे तेरा मन भी नूर

---

1. संसार का कोलाहल, 2. विकल हृदय, 3. चिनाब नदी, 4. प्रत्यक्ष, 5. गुप्त, 6. मिट्टी का संसार, 7. स्वर्ग, 8. सुर-ताल, 9. सुप्त, 10. आर्त्तनाद, 11. प्रवाहित जल, 12. कहानी, 13. बूंद, 14. प्रवाहित मौजें, 15. तट, 16. अंधकार, 17. प्रकाश, 18. विलीन, गुप्त।

दूसरा अध्याय

हमारे क़ुदरती मनाज़िर

प्राकृतिक दृश्य

(दूसरा भाग)

ज़ी-हयात मनाज़िर[1]

'जोश' मलीहाबादी

ख़ामुशी[2] दश्त[3] पे जिस वक़्त कि छा जाती है
उम्र भर जो न सुनी हो वो सदा[4] आती है

भीनी भीनी सी मचलती है फ़ज़ा[5] में ख़ुशबू[6]
ठंडी ठंडी लबे-साहिल[7] से हवा आती है

दश्ते-ख़ामोश[8] की उजड़ी हुई राहों से मुझे
जादा-पैमाओं[9] के क़दमों की सदा[10] आती है

पास आकर मिरे गाती है कोई ज़ुहरा-जमाल[11]
और गाती हुई फिर दूर निकल जाती है

मुस्कुराती है जो रह-रह के घटा में बिजली
आंख सी कोहे-बयाबां[12] की झपक जाती है

करने लगते हैं नज़ारे[13] से जो बादल मायूस[14]
बर्क़[15] आहिस्ता[16] से कुछ कान में कह जाती है

झाड़ियों को जो हिलाते हैं हवा के झोंके
दिले-शबनम[17] के धड़कने की सदा आती है

मुझसे करते हैं, घने बाग़ के साये बातें
ऐसी बातें कि मिरी जान पे बन जाती है

---

1. जीवित दृश्य, 2. सन्नाटा, 3. जंगल, 4. आवाज़, 5. शून्य वातावरण, 6. सुगंध, 7. तट, किनारा, 8. सुनसान जंगल, 9. पथिक, 10. आवाज़, 11. सुंदरी, 12. सुनसान पहाड़, 13. दृश्य, 14. निराश, 15. बिजली, 16. धीरे से, 17. ओस का दिल।

गुनगुनाते हुए मैदान के सन्नाटे[1] में
आप ही आप तबीअत मिरी भर जाती है

यूं नबातात[2] को छूती हुई आती है हवा
दिल में हर सांस से इक फांस सी चुभ जाती है

जब हरी दूब के मुड़ जाते हैं नाज़ुक[3] रेशे
शीशः-ए-क़ल्ब[4] में इक ठेस सी लग जाती है

बांसुरी जैसे बजाता हो कहीं दूर कोई
यूं दबे पांव बयाबां से हवा आती है

हसरतें[5] ख़ाक[6] की गुंचों[7] से उबल पड़ती हैं
रूह[8] मैदान के फूलों से निकल आती है

तबए-शाइर[9] को, रवानी[10] का इशारा करके
नहर शाख़ों के घने साये में सो जाती है

इन मनाज़िर[11] को मैं बेजान[12] समझ लूं कैसे
'जोश' ! कुछ अक़्ल में यह बात नहीं आती है

---

1. निस्तब्धता, 2. वनस्पति, 3. कोमल, 4. हृदय का शीशा, 5. अपूर्ण अभिलाषायें, 6. धूल, 7. कलियां, 8. प्राण, आत्मा, 9. शाइर का मिज़ाज, 10. प्रवाह, 11. दृश्य (ब.व.), 12. निर्जीव।

दो मंज़र

मीर हसन

दरख़्तों[1] की छांव और वो कुछ धूप
वो धानों की सब्ज़ी[2] वो सरसों का रूप

वो लाले[3] का आलम[4], हज़ारे का रंग
वो आंखों के डोरे नशे की तरंग

गुलाबी से हो जाना दीवार-ओ-दर[5]
दरख़्तों[6] से आना शफ़क़[7] का नज़र

वो चादर का छटना वो पानी का ज़ोर
हर इक जानवर का दरख़्तों पे शोर[8]

वो सुनसान जंगल वो नूरे - क़मर[9]
वो बुर्राक़[10] सा हर तरफ़ दश्त-ओ-दर[11]

वो उजला सा मैदां, चमकती सी रेत
उगा नूर[12] से चांद तारों का खेत

दरख़्तों के पत्ते चमकते हुए
ख़स - ओ - ख़ार[13] सारे झमकते हुए

दरख़्तों के साये से मह[14] का ज़ुहूर[15]
गिरे जैसे छलनी से छन छन के नूर[16]

1. वृक्ष, 2. हरियाली, 3. पोस्ते का फूल, 4. दशा, 5. दीवार और द्वार, 6. वृक्ष, 7. अरुणिमा, 8. कोलाहल, 9. चांद का प्रकाश, 10. शुभ्र, उज्ज्वल, 11. जंगल और द्वार, 12. प्रकाश, 13. घास और कांटे, 14. चंद्र, 15. प्रकटन, 16. प्रकाश।

सुब्हे-सहरा[1]

'बेनज़ीर' शाह

फ़लक[2] पर उड़ा वो सुनहरा गुबार[3]
मुनव्वर[4] हुए वादी - ओ - कोहसार[5]

मुतल्ला[6] पहाड़ों की वो चोटियां
दिखाती हैं इस वक़्त क्या क्या समां[7]

हरे नख़्ल[8] उन पर ज़रअफ़शा[9] किरन
शुआओं[10] की वो कोंपलों पर फबन[11]

वो पानी का झरना, वो चांदी के तार
वो शीशे की चादर वो साफ़ आबशार[12]

सरे - शाख़[13] फूलों का गहना[14] कहीं
गले मिलके नहरों का बहना कहीं

वो निखरा हुआ चेहराः - ए - नौनिहाल[15]
वो बिखरे हुए सुम्बुले - तर के बाल[16]

वो गुंजान शाख़ें[17] शजर[18] सायादार
पहाड़ी के दामन में वो सब्ज़ाज़ार[19]

कहीं ताइराने - सहर[20] नग़्माज़न[21]
कहीं चौकड़ी भर रहे हैं हिरन

---

1. जंगल का प्रभात, 2. आकाश, 3. धूल, 4. प्रकाशमान, 5. पहाड़ और घाटियां, 6. जिन पर सोने का काम हो, 7. दृश्य, 8. वृक्ष, 9. सोना बिखेरती हुई, 10. किरण, 11. शोभा, 12. जल-प्रपात, 13. डाल पर, 14. आभूषण, 15. पौधे का चेहरा, 16. गीली बालछड़, 17. डालियां, 18. पेड़, वृक्ष, 19. हरे-भरे मैदान, 20. सुबह के पक्षी, 21. गीत में लीन।

परिंदों[1] के झुरमुट बरंगे - सहाब[2]
कहीं झुंड चिड़ियों का बाला - ए - आब[3]

वो गल्लों का चरना चरागाह में
बिछा सब्ज़[4] क़ालीन हर राह में

वो केले का जंगल वो आबे - रवां[5]
तराई में लाखों जड़ी बूटियां

चटानों पे वो चादरे - आबे - साफ़[6]
हो चांदी के पत्तर का जैसे ग़िलाफ़

सिलें संगे - मरमर की बा - आब - ओ - ताब[7]
दिखाने लगी परतवे - आफ़ताब[8]

फ़ाख़्ता की आवाज़

'जोश' मलीहाबादी

आज तो फ़ाख़्ता की नर्म आवाज़
है कुछ इस तरह ग़र्क़े-सोज़-ओ-गुदाज़[9]

जैसे पीरी[10] में यादे - तिफ़ली[11] आये
जैसे जल - जल के शम्अ बुझ जाये

जैसे याक़ूब[12] ग़र्क़ शेवन[13] में
जैसे सीता की जुस्तजू[14] बन में

---

1. पक्षी, 2. बादलों की तरह, 3. पानी के ऊपर, 4. हरा, 5. प्रवाहित जल, 6. स्वच्छ जल की चादर, 7. चमक-दमक केसाथ, 8. सूर्य का अक्स, 9. जलाकर पिघलाने वाली आवाज़ में गाती हुई, 10. बुढ़ापा, 11. बचपन की याद, 12. एक पैग़म्बर जिनका पुत्र उनसे बिछुड़ गया था, 13. रुदन में लीन, 14. खोज।

शब[1] को जिस तरह दिल में दर्द उठे
बेवगी[2] नौउरूस[3] की जैसे

शाम को ज़ेरे - सायः - ए - कुहसार[4]
जैसे वादी में धीमी - धीमी फुवार

जैसे अश्कों[5] की लहर सीने में
पानी आने लगे सफ़ीने[6] में

जैसे ससुराल में कोई लड़की
देखकर बदलियों को सावन की

सुब्ह पनघट को नीम के नीचे
मायके की घटायें याद करे

राजहंस

अब्बास बेग 'महशर'

यह आबजू[7] के किनारों पे नर्कुलों की क़तार[8]
नदी है बीच में दोनों तरफ़ बहार-बहार[9]

हैं नर्म शाख़ों पे बेलों के इस तरह साये
कि जैसे आशिक़[10] की बांहों में हुस्न[11] घिर जाये

कहीं-कहीं से निक़ाबे - ज़ुमुर्रुदीं[12] हटकर
गुलों[13] की आतिशे - रुख़सार[14] आ रही है नज़र

---

1. रात, 2. वैधव्य, 3. नई नवेली दुल्हन, 4. पहाड़ की छांव के नीचे, 5. आंसू, 6. नाव, 7. नदी, 8. पंक्ति, 9. शोभा, 10. प्रेमी, 11. सौंदर्य, 12. हरे निक़ाब, 13. फूल, 14. कपोलों की अग्नि।

है उनके अक्स[1] से यूं गुलफ़िशां[2] नदी की किताब
भरे शबाब[3] में जिस तरह ज़िंदगी की किताब

ठहर-ठहर के जो हल्की हवा के झोंके आये
कहीं - कहीं यह हिजाबे - ज़ुमुर्रुदीं[4] थर्राए

शराबरेज़[5] नज़ारों[6] से मस्त हैं आंखें
नज़र पसन्द बहारों से मस्त हैं आंखें

सहर[7] के नूर[8] की जलवागरी[9] निकल आई
हिजाबे - सब्ज़[10] हटाकर परी निकल आई

यह राजहंस, यह हुस्ने-मतीन[11] की तनवीर[12]
यह बुत तराशी-ए-क़ुदरत[13] की मरमरीं तस्वीर[14]

खिंची कमान[15]-सी गर्दन, तना हुआ सीना
हसीन[16] अक्स[17] से रौशन नदी का आईना[18]

ग़ुरूर[19] तोड़ रहा है शरीर मौजों का
पलट के होता है वापस जो तीर मौजों का

सुरूरे-फ़त्ह[20] में लेता है बाज़ुओं[21] से काम
लुटा रहा है गुहर[22], शादकाम[23] मस्त-ख़राम[24]

---

1. प्रतिबिम्ब, 2. फूल बिखेरती हुई, 3. यौवन, 4. ज़ुमुर्रुद (पन्ना) की लज्जा, 5. शराब बरसानेवाले, 6. दृश्य, 7. प्रभात, 8. प्रकाश, 9. दर्शन देना, 10. हरा पर्दा, 11. गम्भीर सौंदर्य, 12. चमक, 13. प्रकृति की मूर्तिकारी, 14. संगेमरमर की मूर्ति, 15. धनुष, 16. सुंदर, 17. प्रतिबिम्ब, 18. दर्पण, 19. घमंड, 20. विजय का नशा, 21. बांहें, 22. मोती, 23. ख़ुश, 24. मंद गति।

चरवाहे की बंसी

'अख़्तर' शीरानी

शफ़क़[1] की छांव में चरवाहा जब बंसी बजाता है
तसव्वुर[2] में मिरे माज़ी[3] के नक़्शे[4] खींच लाता है
नज़र में एक भूला बिसरा आलम[5] लहलहाता है

मिरे अफ़कारे-तिफ़्ली[6] को है निस्बत[7] इसके नग़्मों[8] से
मैं बचपन में किया करता था उलफ़त[9] इसके नग़्मों से
जभी बंसी की लै में अहदे-तिफ़्ली[10] झिलमिलाता है

वो खेतों की क़तारें[11] और वो नज़्ज़ारा[12] बाग़ों का
वो दरिया का किनारा और वो गहवारा[13] बाग़ों का
रसीली बांसुरी के हमहमों[14] में झिलमिलाता है

नज़र में झूमता है बनके रंगीं ख़्वाब[15] का आलम[16]
वो सहरा[17] के नज़ारे[18] और वो महताब[19] का आलम
वही अफ़साना[20] इस बंसी के लब[21] पर गुनगुनाता है

एक वादी से गुज़रते हुए

जां निसार अख़्तर

यह वादी किस क़दर शादाब[22] थी अगली बहारों[23] में

कभी यह ख़ाक थी अय दोस्त रंगीं[24] सब्ज़ाज़ारों[25] में
यहां चांदी खनकती थी पिघलते आबशारों[26] में

---

1. अरुणिमा, 2. कल्पना, 3. भूतकाल, 4. चित्र, 5. संसार, 6. बचपन का चिंतन, 7. संबंध, 8. गीत, 9. प्रेम, 10. बचपन का दौर, 11. पंक्तियां, 12. दृश्य, 13. पालना, 14. आवाज़, 15. सुंदर सपना, 16. संसार, 17. जंगल, 18. दृश्य, 19. चंद्र, 20. कहानी, 21. होंठ, 22. हरी-भरी 23. वसंत, 24. सुंदर, 25. हरे-भरे मैदान, 26. जलप्रपात।

वो ख़ुदरौ[1] फूल, वो रंगीं ज़मीं[2] के ख़ुशनुमा[3] तारे
वो सब्ज़े की लहकती मौज पर ख़ुशबू के गहवारे[4]

सुनहरी तितलियां मशगूल[5] थीं रंगीन खेलों में
नज़र से ओझल कोई झूलता रहता था बेलों में

हवा गुंजान[6] झाड़ी में अनोखे गीत गाती थी
यहां शादाब[7] कुंजों में मुहब्बत गुनगुनाती थी

तराने[8] फूटती किरनों पे झरने गुनगुनाते थे
कि कच्ची नै[9] पे चरवाहे पहाड़ी गीत गाते थे

वो चश्मे[10] के किनारे दूब के रेशों में हलका नम
किसी ने दूर तक क़ैंची से कतरा था हरा रेशम

यहां बढ़-बढ़ के घटती थी धड़कते दिल की बेताबी[11]
यहां प्यासी नज़र को सेर[12] कर देती थी शादाबी[13]

बहुत से जाने वाले इस घने जंगल में खो जाते
थके हारे मुसाफ़िर आके इस वादी में सो जाते

यहीं हमने मुहब्बत के हसीं[14] जादू जगाए थे
इन्हीं शादाबियों[15] में दिल के गुंचे[16] मुस्कुराए थे

हम अकसर घास पर साये में लेटे गीत गाते थे
कभी कुछ गुनगनाते थे, कभी कुछ गुनगुनाते थे

कभी हम घूमते फिरते थे ऊंचे सब्ज़[17] टीलों पर
ज़ुमुर्रुद[18] सा बहा करता था मैदानों में झीलों पर

---

1. अपने-आप उगनेवाले, 2. धरती, 3. सुंदर, 4. पालने, 5. व्यस्त, 6. घनी, 7. हरे-भरे, 8. गीत, 9. बंसी, 10. स्रोत, 11. व्याकुलता, 12. तृप्त, 13. हरियाली, 14. सुंदर, 15. सरसब्ज, हरियाली, 16. कलियां, 17. हरे, 18. पन्ना।

वो क़िस्सा[1] उसके मुंह से हंस की सच्ची मुहब्बत का
वो लहरों में मुसर्रत[2] सी वो मौजों में तबस्सुम[3] सा

जवानी बादः - ए - गुलरंग[4] दोनों को पिलाती थी
कोई देवी शफ़क़[5] में मुंह छुपाए मुस्कुराती थी

न अब नग़्मे[6] हैं डालों पर न अब ख़ुशबू[7] है ख़ारों[8] में
बस इक दुखते हुए दिल की सदा[9] है आबशारों[10] में

यह वादी किस क़दर[11] शादाब[12] थी अगली बहारों में

धान के खेत

फ़ैयाज़ुद्दीन अहमद 'फ़ैयाज़'

यह धान के नन्हे पौदे हैं हरियाली के दल बादल में
या काही[13] रंग की गोट लगी है, हलके धानी आंचल में

रिमझिम जो बरसता निकला है इक अब्र[14] का टुकड़ा खेतों पर
क्या ख़ूब नहाकर निखरे हैं फ़ितरत[15] के हसीं[16] गंगा जल में

हर सुबह बिखरते हैं मोती सब्ज़े[17] में निखरते हैं मोती
शबनम[18] का ख़ज़ाना होता है, धानों की ज़ुमुर्रुदी छागल[19] में

खेतों के फ़राज़-ओ-पस्ती[20] में यूं झूम रही है बादे-सहर[21]
जैसे कोई मस्त शराब पिये फिरता हो भटकता जंगल में

---

1. कहानी, 2. ख़ुशी, 3. मुस्कान, 4. फूलों जैसे रंग की मदिरा, 5. अरुणिमा, 6. गीत, 7. सुगंध, 8. कांटे, 9. आवाज़, 10. जलप्रपात, 11. कितनी 12. सुसिक्त, हरी-भरी, 13. गहरा हरा, 14. बादल, 15. प्रकृति, 16. सुंदर, 17. हरियाली, 18. ओस 19. पन्ना जैसी, 20. ऊंचाई-नीचाई, 21. प्रातः समीर।

सुब्हों के सुहाने मंज़र[1] में, रंगीं हैं नज़ारे[2] शामों[3] के
फूली है शफ़क़[4], उट्ठी है घटा, धानों को डुबोने जल-थल में

बढ़ती हुई शामों की ज़ुलमत[5] में यूं अक्स[6] शफ़क़ का डूबा है
जिस तरह किसी दोशीज़ा[7] की मस्ती भरी आंखें काजल में

बरसात की रुत, सावन का महीना और जवानी का मौसम
मैके में उरूसे-फ़ितरत[8] है, मंगल मनते हैं जंगल में

देहात के रंगींपोश[9] यहां, जब खेत को नींदने आते हैं
धानों के हरे-भरे खेतों में सौ गुंचः-ओ-गुल[10] खिल जाते हैं

.ख़ुदरौ[11] पौदों के साथ उगना भाता नहीं नाज़ुक[12] धानों को
यह ग़ैरत[13] कुम्हला देती है इन नन्ही नन्ही जानों को

नींदे जो न जायें खेत कहीं, मिट जाये यह सब तख़लीक़े-हसीं[14]
मेहनत करना ही पड़ती है दिन-दिन भर कुछ इंसानों को

धानों की नज़ाकत[15] कहती है यह काम है सिन्फ़े-नाज़ुक[16] का
इस सिन्फ़[17] के क़दमों में पड़कर मिलती है जवानी धानों को

थक कर वो जब इक लमहे[18] के लिए अंगड़ाई लेती उठती हैं
आ जाती है रौनक़[19] खेतों पर मिलती है तरावट[20] धानों को

अय माल मगन ! कुछ सुनता है, इन धानों की क्या बिपदा है
वो हाथ पकाकर पकते हैं तू खाता है जिन धानों को

सूरज ने सराही कुछ मेहनत, बादल ने बढ़ाई कुछ हिम्मत
लेकिन तिरी नाशुक्री[21] फ़ितरत, भूली सारे एहसानों[22] को

---

1. दृश्य, 2. दृश्य, 3. संध्याकाल, 4. अरुणिमा, 5. अंधकार, 6. प्रतिबिम्ब, 7. कुमारी, 8. प्रकृति की दुल्हन, 9. रंगबिरंगे वस्त्रवाले, 10. फूल और कलियां, 11. .ख़ुद-बख़ुद उगनेवाले, 12. कोमल, 13. शर्म, 14. सुंदर सृष्टि, 15. कोमलता, 16. कोमलांगनियां, 17. जाति, 18. क्षण, 19. सुंदरता, 20. तरी, ताज़गी, 21. कृतघ्न प्रकृति, 22. आभार।

इनसे ही हुकूमत पलती है ख़िल्क़त[1] के यही अनदाता हैं
तन ढकने का मक़दूर[2] नहीं जिन बदक़िस्मत[3] इंसानों को

'फ़ैयाज़' यह धान के खेत नहीं, इक दर्द भरा अफ़साना[4] हैं
मज़्लूम[5] की सूखी रोटी हैं और ज़ालिम[6] का पैमाना[7] हैं

जज़ीरों का ख़्वाब

शहाब जाफ़री

फ़ज़ा[8] की गोद में सिमटा हुआ यह ख़्वाबे - बहार[9]
पहाड़ियों में कहीं चांद मुस्कुराता है

बहुत हसीन[10] है यह चांदनी का शीशमहल
वो सरसराये फ़ज़ाओं में शबनमी[11] आंचल

नदी किनारे सनोबर[12] की शाख़[13] लचकी है
फुवार पड़ती है चम्पा की नर्म टहनी है

छलक रही है वो शबनम[14] कुसुम की प्याली से
उतर रही है वो पर्बत से ख़ामुशी[15] छमछम

नदी के मोड़ पे सोई हुई है तुग़ियानी[16]
परिंद[17] पर को समेटे हैं आशियानों[18] में

मिरी भी लै है इसी राह के तरानों[19] में
यहां कोई नहीं, आवारा घूमता हूं मैं
हर एक शै[20] को मुहब्बत से चूमता हूं मैं

---

1. जन साधारण, 2. साहस, 3. अभागे, 4. कहानी, 5. पीड़ित, अत्याचार सहनेवाला, 6. अत्याचारी, 7. प्याला, शराब का प्याला, 8. वातावरण, 9. बहार का स्वप्न, 10. सुंदर, 11. ओस का, 12. सरो, 13. डाली, 14. ओस, 15. सन्नाटा, 16. तूफ़ान, बाढ़, 17. पक्षी, 18. घोंसला, 19. गीत, 20. वस्तु।

तीसरा अध्याय

हमारे सुब्ह-ओ-शाम

हम ऐसे अहले - नज़र[1] को सबूते - हक़[2] के लिए
अगर रसूल[3] न आते तो सुब्ह[4] काफ़ी थी

'जोश' मलीहाबादी

---

1. समझदार, 2. खुदा का सबूत, 3. नबी, 4. प्रातःकाल

तुलू-ए-आफ़्ताब[1]

मिर्ज़ा 'ग़ालिब'

सुब्हदम[2] दरवाज़ाः - ए - ख़ावर[3] खुला
मिहरे - आलमताब[4] का मंज़र[5] खुला

खुसरवे - अंजुम[6] के आया सर्फ़[7] में
शब[8] को था गंजीनः - ए - गौहर[9] खुला

वो भी थी इक सीमिया[10] की सी नुमूद[11]
सुब्ह को राज़े - मह - ओ - अख़्तर[12] खुला

हैं कवाकिब[13] कुछ नज़र आते हैं कुछ
देते हैं धोका ये बाज़ीगर[14] खुला

सतहे - गर्दूं[15] पर पड़ा था रात को
मोतियों का हर तरफ़ ज़ेवर खुला

सुब्ह आया जानिबे - मश्रिक़[16] नज़र
इक निगारे - आतिशीं - रुख़[17], सर खुला

---

1. सूर्योदय, 2. प्रातःकाल, 3. पूर्व दिशा का द्वार, 4. संसार को प्रकाशित करनेवाला सूरज, 5. दृश्य 6. तारों का बादशाह, 7. काम, 8. रात, 9. मोतियों का ख़ज़ाना, 10. काल्पनिक आकृतियां, 11. प्रकटन, 12. चांद-तारों का रहस्य, 13. तारे, 14. तमाशा दिखानेवाले, 15. आकाश की सतह, 16. पूर्व की ओर, 17. आग जैसे चेहरे की तस्वीर।

नूर ज़हूर का वक़्त

मीर बबर अली 'अनीस'

वो सुब्ह और वो छांव सितारों की और वो नूर[1]
देखे तो ग़श[2] करे अरनी गाये औजे - तूर[3]
पैदा · गुलों[4] से क़ुदरते - अल्लाह[5] का ज़ुहूर[6]
वो जा-ब-जा[7] दरख़्तों[8] पे तसबीह[9] - ख़्वां तयूर[10]

गुलशन[11] ख़जिल[12] थे वादि - ए - मीनूअसास[13] से
जंगल था सब बसा हुआ फूलों की बास से

ठंडी हवा वो सब्जः-ए-सहरा[14] की वो लपक
शरमाए जिससे अतलसे - ज़िंगारी - ए - फ़लक[15]
वो झूमना दरख़्तों[16] का फूलों की वो महक[17]
हर बर्गे-गुल[18] पे क़तरः-ए-शबनम[19] की वो चमक

हीरे ख़जिल[20] थे गौहरे - यकता[21] निसार[22] थे
पत्ते भी हर शजर[23] के जवाहर निगार[24] थे

वो नूर[25] और वो दश्त[26] सुहाना सा, वो फ़ज़ा[27]
दुर्राज[28]-ओ-कब्क[29] तीतर-ओ-ताऊस[30] की सदा[31]
वो जोशे-गुल[32] वो नालः-ए-मुर्ग़ाने-ख़ुशनवा[33]
सर्दी[34] जिगर को बख़्शती[35] थी सुब्ह की हवा

---

1. प्रकाश, 2. बेहोश हो जाय, 3. जल्वे का तक़ाज़ा करनेवाले हज़रत मूसा, 4. फूल, 5. खुदा की क़ुदरत, भगवान की लीला, 6. प्रकटन, 7. कहीं-कहीं, 8. वृक्ष, पेड़, 9. माला जपते हुए, 10. पक्षी, 11. उपवन, 12. लज्जित, 13. स्वर्ग के समान, 14. जंगल की हरियाली, 15. आकाश का नीला अतलस, 16. वृक्ष, 17. सुगंध, 18. फूल की पत्ती, 19. ओस की बूंद, 20. शर्मिन्दा, 21. अद्भुत मोती, 22. न्योछावर, 23. वृक्ष, 24. चित्र, 25. प्रकाश, 26. जंगल, 27. वातावरण, 28. एक पक्षी, 29. चकोर, 30 मोर, 31. आवाज़, 32. फूलों का जोश, 33. मधुर आवाज़ वाले पक्षियों का आर्तनाद, 34. ठंड, 35. प्रदान करती।

फूलों के सब्ज़[1] सब्ज़ शजर[2] सुर्ख़ पोश[3] थे
थाले भी नख़्ल[4] के सबदे-गुलफ़रोश[5] थे

वो दश्त[6] वो नसीम[7] के झोंके वो सब्ज़ाज़ार[8]
फूलों पे जा - बजा वो गुहरहा - ए - आबदार[9]
उठना वो झूम झूम के शाख़ों[10] का बार बार
बाला-ए-नख़्ल[11] एक जो बुलबुल तो गुल[12] हज़ार

ख़्वाहां[13] थे ज़हरे-गुलशने-ज़ुहरा[14] जवाब के
शबनम[15] ने भर दिए थे कटोरे गुलाब के

वो क़ुमरियों[16] का चार तरफ़ सर्व[17] के हुजूम[18]
कू कू का शोर[19] नालः-ए-हक़ सर्रहू[20] की धूम
सुब्हाने-रब्बना[21] की सदा[22] थी अललउमूम[23]
जारी थे वो जो उसकी इबादत[24] के थे रसूम[25]

कुछ गुल फ़क़त[26] न करते थे रब्बे-उला[27] की मद्ह[28]
हर ख़ार[29] को भी नोके-ज़बां[30] थी ख़ुदा की मद्ह

---

1. हरे, 2. वृक्ष, 3. लाल वस्त्रों में, 4. वृक्ष, 5. पुष्प-विक्रेता का टोकरा, 6. जंगल, 7. समीर, 8. हरा-भरा मैदान, 9. चमकदार मोती, 10. डालियां, 11. वृक्ष के ऊपर, 12. फूल, 13. इच्छुक, 14. सुंदरी के उपवन का ज़हर, 15. ओस, 16. एक पक्षी, 17. सरौ, 18. जमघट, 19. कोलाहल, 20. ख़ुदा की तारीफ़, 21. ख़ुदा की तरीफ़ के शब्द, 22. आवाज़, 23. आमतौर से, 24. आराधना, 25. रीति-रिवाज, 26. केवल, 27. ख़ुदा, 28. प्रशंसा, स्तुति, 29. कांटा, 30. ज़बान की नोक।

सुब्ह का समां

'नफ़ीस'

वो समां[1] दश्त[2] का वो नूर[3] का तड़का वो बहार[4]
सनअते-साने-ए-क़ुदरत[5] का वो था नक़्श-ओ-निगार[6]
वज्द[7] में लाती थी ख़ुशबू-ए-गुल-ओ-सौते-हज़ार[8]
कभी शाख़ों[9] का वो झुकना कभी उठना हर बार

शान दिखलाने को जो नख़्ल[10] था आमादा[11] था
ज़ुल्फ़[12] सुम्बुल[13] भी संवारे हुए इस्तादा[14] था

सब्ज़ा[15] वो जिससे ख़जिल[16] रंगे-सिपहरे-अख़ज़र[17]
मोती फैले हुए शबनम[18] के इधर और उधर
सर्द[19] नहरें कि जिन्हें देख के ठंडा हो जिगर
वो हुबाबों[20] की चमक जैसे फ़लक[21] पर अख़्तर[22]

बढ़के गुंचों[23] के दहन[24] मुर्ग़े-चमन[25] चूमते थे
क़ुमरियां[26] बोलती थीं सर्वे-सही[27] झूमते थे

गुले-शब्बो[28] की सहर[29] को वो बहार[30] एक तरफ़
जलवागर[31] एक तरफ़ बर्ग[32] तो बार[33] एक तरफ़
रविशों[34] पर सनोबर[35] की क़तार[36] एक तरफ़
डालियां पहने हुए फूलों के हार एक तरफ़

ख़ुर्रम-ओ-ताज़ा-ओ-तर[37] दश्त[38] भी गुलज़ार[39] भी था
तर ज़बां[40] ज़िक्रे-इलाही[41] में हर एक ख़ार[42] भी था

---

1. वातावरण, 2. जंगल, 3. प्रकाश, 4. वसंत, 5. प्रकृति के कारीगर का उद्योग, 6. चित्र, 7. झूमना, 8. फूल की सुगंध और बुलबुल की आवाज़, 9. डालियां, 10. वृक्ष, 11. तैयार, 12. बाल, 13. बालछड़, 14. खड़ा, 15. हरियाली, 16. शर्मिन्दा, 17. नीला आकाश, 18. ओस, 19. ठंड, 20. बुलबुला, 21. आकाश, 22. तारे, 23. कली, 24. मुंह, 25. उपवन के पक्षी, 26. एक प्रकार की फ़ाख़्ता, 27. सीधे खड़े हुए सरो, 28. एक फूल, 29. प्रभात, 30. शोभा, 31. दर्शन देते हुए, 32. पत्ते, 33. फल, 34. क्यारी, क्यारियों के बीच का मार्ग, 35. चीड़, 36. पंक्ति, 37. प्रसन्न और ताज़ा, 38. जंगल, 39. उपवन, 40 आर्द्र जिह्वा, 41. खुदा का ज़िक्र, 42. कांटा।

शम्अ-ओ-परवाने का वो सोज़-ओ-गुदाज़[1] एक तरफ़
बुलबुल-ओ-गुल[2] में नए राज़-ओ-नियाज़[3] एक तरफ़
तूती-ए-तेज़ज़बां[4] नग़्मा तराज़[5] एक तरफ़
चमनिस्तां[6] के हसीनों[7] का वो नाज़[8] एक तरफ़

नूरे - हंगामे - सहर[9] देख के ख़ुर्सन्द[10] कोई
कोई ख़न्दां[11] था चमन में तो शकरख़ंद[12] कोई

था नया हुस्न[13] जो बाग़ों का तहे-चर्ख़े-कुहन[14]
हर तरफ़ रक़्स-कुनां[15] फिरते थे ताऊसे-चमन[16]
जब चटकने में हंसे गुंचः-ओ-नसरीन-ओ-समन[17]
जाग उठा सब्ज़ः-ए-ख़्वाबीदा[18] मियाने-गुलशन[19]

फूल को समझी थी जो आंखों का तारा नर्गिस
कर रही थी चमनिस्तां का नज़ारा[20] नर्गिस

था हर इक सहने-चमन[21] तानाज़ने-चर्ख़े-बरीं[22]
जा ब जा[23] ताज़ा वो ख़ोशे[24] कि ख़जिल[25] हो परवीं[26]
ख़ाक पर फ़र्शे गुलों[27] का वो निहालों[28] के क़रीं[29]
थी यह बालीदा[30] कि फूली न समाती थी ज़मीं[31]

रंगे-नाज़ुक[32] जो हर इक गुल[33] की कली रखती थी
फूंककर पांव नसीमे - सहरी[34] रखती थी

1. जलन और मृदुलता, 2. फूल और बुलबुल, 3. रहस्य की बातें, 4. वाकपटु तूती, 5. गीत में लीन, 6. उपवन, 7. सुन्दरियां, 8. गर्व, 9. प्रातःकाल का प्रकाश, 10. प्रसन्न, 11. हंसता हुआ, 12. मीठी हंसी, 13. सौंदर्य, 14. बूढ़े आकाश के नीचे, 15. नाचते हुए, 16. उपवन के पक्षी, 17. सेवती और चमेली और कलियां, 18. सोई हुई हरियाली, 19. उपवन में, 20. दर्शन, 21. उपवन, 22. आकाश पर व्यंग्य करता हुआ, 23. जगह-जगह, 24. बालियां, 25. शर्मिन्दा, 26. कृत्तिका, छः छोटे-छोटे तारों का गुच्छा, 27. फूलों, 28. पौधे, 29. तरीक़ा, ढंग, 30. विकसित, 31. धरती, 32. कोमल रंग, 33. फूल, 34. प्रातः समीर।

जलवः-ए-सुब्ह[1]

ब्रजनारायण 'चकबस्त'

जब रंगे-शब[2] आईनः-ए-हस्ती[3] से हुआ दूर
हंगामे-सहर कौन-ओ-मकां[4] हो गये पुरनूर[5]
तबदील[6] हुई सूरते - कोहे - शबे - दैजूर[7]
चमका वो तजल्ली-ए-सहर[8] से सिफ़ते-नूर[9]

बिजली की तरह चर्ख़[10] पे नूरे-सहर[11] आया
आंखों को न फिर ख़िरमने-अंजुम[12] नज़र आया

वो सुब्ह का आलम[13] वो चमनज़ार[14] का आलम
मुर्ग़ाने-हवा[15] नग़्मा - ज़नी[16] करते थे बाहम[17]
हंगामे-सहर[18] बादे-सहर[19] चलती थी पैहम[20]
आराम में सब्ज़ा था तहे-चादरे-शबनम[21]

हर सिम्त[22] बंधी नारः-ए-बुलबुल[23] की हवा थी
गुंचों[24] की नसीमे-सहरी[25] उक़्दाकुशा[26] थी

जो नख़्ल[27] था गुलशन[28] में बरोमंद[29] खड़ा था
दामाने-सहर[30] में गुले-ख़ुर्शीद[31] पड़ा था
क्या ख़ूब मुक़द्दर[32] चमनिस्तां[33] का लड़ा था
हर गुल[34] पे गुहर[35] क़तरः-ए-शबनम[36] का जड़ा था

---

1. प्रभात दर्शन, 2. रात का रंग, 3. अस्तित्व का दर्पण, 4. संसार, 5. प्रकाशमान, 6. परिवर्तित, 7. अंधेरी रात, 8. प्रभात का प्रकाश, 9. आभा की तरह, 10. आकाश, 11. प्रभात का प्रकाश, 12. सितारों का जमघट, 13. समय, 14. हरा-भरा उपवन, 15. पक्षी, 16. गीत गाना, 17. परस्पर, 18. प्रभात का समय, 19. प्रातः समीर, 20. लगातार, निरन्तर, 21. ओस की चादर के नीचे, 22. हर तरफ़, 23. बुलबुल का नारा, 24. कली, 25. प्रातः समीर, 26. रहस्य खोलनेवाली, 27. वृक्ष, 28. उपवन, 29. प्रसन्न, सम्पन्न, 30. प्रभात का दामन, 31. सूर्य का फूल, 32. भाग्य, 33. उपवन, 34. फूल, 35. मोती, 36. ओस की बूंद।

बुलबुल कहीं ताऊस[1] कहीं घूम रहे थे
मस्तों की तरह नख़्ले-चमन[2] झूम रहे थे

था पेशे - नज़र[3] वादि - ए - ऐमन[4] का तमाशा
हर शाख़ - ओ - शजर[5] में शजरे-तूर[6] का नक़्शा
था आतिशे - गुल[7] में असरे - बर्क़े - तजल्ली[8]
मदहोश[9] थे मुर्ग़ाने - हवा[10] सूरते - मूसा[11]

शक्ले-यदे-बैज़ा[12] थी हर इक शाख़[13] नज़र में
एजाज़[14] का गुल था कफ़े - गुलचीने - सहर[15] में

रौनक़[16] पे दमे-सुब्ह[17] था ख़ुमख़ानः-ए-आलम[18]
थम थमके हवा चलती थी सर्दी भी थी कम कम
पैमानाः-ए-महताब[19] था लबरेज़[20] सहर दम[21]
था जामे[22] सुबूही[23] के लिए नैयरे-आज़म[24]

गर्दूं[25] पे शफ़क़[26] की भी अजब जलवागरी[27] थी
मीना - ए - फ़लक[28] में मए - गुलरंग[29] भरी थी

---

1. मोर, 2. उपवन के वृक्ष, 3. नज़र के सामने, 4. तूर पर्वत की वादी, 5. डाली और वृक्ष, 6. तूर (पहाड़ जहां मूसा को ख़ुदा की तजल्ली दिखाई दी थी) का वृक्ष, 7. फूल की आग, 8. तजल्ली की बिजली का असर, 9. मदमस्त, मदोन्मत्त, 10. हवा के पक्षी, 11. मूसा की तरह, 12. सफ़ेद चमकते हुए हाथ की तरह, 13. डाली, 14. चमत्कार, 15. प्रातःकाल फूल तोड़नेवाले के हाथ में, 16. शोभा, 17. प्रातःकाल के समय, 18. संसार का मदिरालय, 19. चंद्रमा का पैमाना 20. परिपूर्ण, 21. सुबह के समय, 22. प्याला, 23. सुबह की शराब, 24. सूरज, 25. आकाश, 26. अरुणिमा, 27. दर्शन दिखाना, 28. आकाश की सुराही, 29. गुलाबी रंग की मदिरा।

सुब्ह की बहार

मुंशी द्वारका प्रसाद 'उफ़ुक़' लखनवी

पुर्ज़े पुर्ज़े[1] है गुल[2] का दामां[3]
सद चाक[4] है सुब्ह का गरीबां[5]

आंखें मलते हैं गुंचः - ए - तर[6]
छींटे देती है ओस मुंह पर

आवाज़े-जरस[7] जगा रही है
शानों[8] को सबा[9] हिला रही है

फूली शफ़क़[10] आसमां पर है
तड़का हुआ नूरे - सहर[11] है

मह[12] ने रहे-इल्तिफ़ात[13] काटी
सुर्ख़ाब[14] ने ग़म की रात काटी

वो चांद जो मारे-शब[15] का मन[16] था
वो चांद जो शम्अ-ए-अंजुमन[17] था

गुम मिस्ले-शरर[18] हुआ चमक के
जुगनू की तरह छुपा चमक के

शबनम[19] थी जो मह्वे-दुरफ़िशानी[20]
है बह्रे-वुज़ू-ए-गुल[21] वो पानी

बाग़ों में नसीम[22] चल रही है
परियों की तरह टहल रही है

1. टुकड़े-टुकड़े. 2. फूल, 3. दामन, 4. सौ जगह से फटा हुआ, 5. गरेबान, 6. ताज़ी कलियां, 7. घंटी की आवाज़, 8. कंधा, 9. हवा, 10. अरुणिमा, 11. प्रातःकाल का प्रकाश, 12. चांद, 13. प्रेम का रास्ता, 14. चकवा, 15. रात का सांप, 16. मणि, 17. महफ़िल का चराग़, 18. चिंगारी की तरह, 19. ओस, 20. मोती बरसाने में लीन, 21. फूल के वुज़ू के लिए, 22. समीर।

गुल[1] लहने-तुयूर[2] सुन के सुन्न है
हर मुर्ग़[3] को भैरवी की धुन है

हर एक कली महक रही है
उंगली की तरह चटक रही है

नुमूदे-सुब्ह[4]

बेनज़ीर शाह वारसी 'बेनज़ीर'

नुजूमे - फ़लक[5] झिलमिलाने लगे
चिराग़े - सहर टिमटिमाने लगे

ज़िया[6] आसमां से उतरने लगी
नज़र दूर तक काम करने लगी

वो शबनम[7] ने छिड़का चमन पर गुलाब
न रह जाये ता कोई सरगर्मे - ख़्वाब[8]

अनादिल[9] गुलिस्तां[10] में गाने लगे
तुयूरे - सहर[11] दिल लुभाने लगे

वो मैना[12] पहाड़ी वो काकातुआ[13]
हुए आके शाख़ों पे नग़्मासरा[14]

शुआयें[15] दिखाने लगीं वो झलक
हुई ज़ाफ़रानी[16] बिसाते - फ़लक[17]

---

1. फूल, 2. पक्षियों का राग, 3. पक्षी, मुर्गा, 4. प्रभात का उदय, 5. आकाश के तारे, 6. आभा, 7. ओस, 8. निद्राग्रस्त, 9. बुलबुल, 10. उपवन, 11. प्रभात के पक्षी, 12. सारिका, 13. एक पक्षी, 14. गाने में लीन, 15. किरणें, 16. केसरी, 17. आकाश की बिसात।

शफ़क़[1] में बसंती किरन ज़ौफ़शां[2]
गले मिल रही है बहार - ओ - ख़िज़ां[3]

वो ज़र्दी[4] ज़रा और गहरी हुई
पहाड़ों की चोटी सुनहरी हुई

मुतल्ला[5] हुआ गुम्बदे - हर - शजर[6]
बरसने लगा हर तरफ़ आबे - ज़र[7]

आफ़ताब

डॉक्टर मुहम्मद इक़बाल

अय आफ़्ताब[8] ! रूह-ओ-रवाने-जहां[9] है तू
शीराज़ा बन्दे[10] दफ़तरे-कौन-ओ-मकां[11] है तू

बाइस[12] है तू वुजूद-ओ-अदम[13] की नुमूद[14] का
है सब्ज़[15] तेरे दम से चमन हस्त-ओ-बूद[16] का

क़ायम[17] यह उंसुरों[18] का तमाशा तुझी से है
हर शै[19] में ज़िंदगी का तक़ाज़ा[20] तुझी से है

हर शै को तेरी जलवागरी[21] से सबात[22] है
तेरा यह सोज़-ओ-साज़[23] सरापा[24] हयात[25] है

वह आफ़ताब[26] जिससे ज़माने[27] में नूर[28] है
दिल है, ख़िरद[29] है, रूहे-रवां[30] है शुऊर[31] है

1. अरुणिमा, 2. चमकी हुई, 3. बसंत और हेमन्त, 4. पीलापन, 5. स्वर्ण-जटित, 6. हर वृक्ष का गुम्बद, 7. सोने का पानी, 8. सूर्य, 9. संसार के प्राण, 10. क्रमबद्ध, 11. संसार, 12. कारण, 13. अस्ति-नास्ति, 14. उत्पत्ति, 15. हरा, 16. अस्तित्व, 17. स्थिर, 18. तत्त्व, भूत, 19. वस्तु, 20. मांग, 21. दर्शन, 22. स्थिर, 23. जलन और वाद्य, 24. सर से पैर तक, 25. जीवन, 26. सूर्य, 27. संसार, 28. प्रकाश, 29. होश, 30. प्राण, 31. चेतना।

अय आफ़ताब[1] ! हमको ज़िया-ए-शुऊर[2] दे
चश्मे - ख़िरद[3] को अपनी तजल्ली[4] से नूर[5] दे

है महफ़िले - वुजूद[6] का सामां-तराज़[7] तू
यज़्दाने - साकिनाने - नशेब - ओ - फ़राज़[8] तू

तेरा कमाल हस्ति - ए - हर - जानदार[9] में
तेरी नुमूद[10] सिलसिलः - ए - कोहसार[11] में

हर चीज़ की हयात[12] का पर्वर्दिगार[13] तू
ज़ाईदगाने - नूर[14] का है ताजदार[15] तू

न इब्तिदा[16] कोई, न कोई इन्तिहा[17] तिरी
आज़ादे-क़ैदे-अव्वल-ओ-आख़िर[18] ज़िया[19] तिरी

('गायत्रीमंत्र' का अनुवाद)

नुमूदे-सुब्ह[20]

डॉक्टर मुहम्मद इक़बाल

हो रही है ज़ेरे - दामाने - उफ़ुक़[21] से आशकार[22]
सुब्ह, यानी दुःख़तरे - दोशीज़ः - ए - लैल - ओ - नहार[23]

पा चुका फ़ुर्सत[24] वुरूदे-फ़स्ले-अंजुम[25] से सिपिह्र[26]
किश्ते - ख़ावर[27] में हुआ है आफ़ताब[28] आईनाकार[29]

---

1. सूर्य, 2. चेतना की आभा, 3. ज्ञान-चक्षु, 4. प्रकाश, 5. ज्योति, 6. अस्तित्व की महफ़िल, 7. सामान करनेवाला, 8. नशेब और फ़राज़ के रहनेवालों का खुदा, 9. प्राणी, 10. बढ़वार, प्रकटन 11. पहाड़ों का सिलसिला, 12. ज़िंदगी, 13. पालनहार, 14. प्रकाश से पैदा होनेवाले, 15. मुकुटधारी, 16. प्रारम्भ, 17. अन्त, 18. आदि और अन्त की क़ैद से आज़ाद, 19. चमक, रोशनी, 20. प्रभात का प्रकटन, 21. क्षितिज के दामन के नीचे, 22. प्रकट, 23. रात दिन की दोशीज़ा की लड़की, 24. अवकाश, 25. सितारों की फ़सल का आगमन, 26. आकाश, 27. पूर्व की खेती, 28. सूर्य, 29. दर्पणकार।

आसमां[1] पर आमदे - ख़ुर्शीद[2] की पाकर ख़बर
महमिले-परवाज़े-शब[3] बांधा सरे - दोशे - गुबार[4]

शोलः-ए-ख़ुर्शीद[5] गोया हासिल[6] इस खेती का है
बोए थे दहक़ाने - गर्दूं[7] ने जो तारों के शरार[8]

है रवां[9] अंजुमे - सहर[10] जैसे इबादतख़ाने[11] से
सब से पीछे जाये कोई आबिदे - शब - ज़िंदादार[12]

क्या समां[13] है जिस तरह आहिस्ता आहिस्ता कोई
खींचता हो मियान[14] की जुलमत[15] से तेग़े-आबदार[16]

मतलः-ए-ख़ुर्शीद[17] में मुज़मिर[18] है यूं मज़मूने-सुब्ह[19]
जैसे ख़लवतगाहे - मीना[20] में शराबे - ख़ुशगवार[21]

है तहे - दामाने - बाद[22] इख़तिलात - अंगेज़ सुब्ह[23]
शोरिशे - नाक़ूस[24] आवाज़े - अज़ां[25] से हमकनार[26]

जागे कोयल की अज़ां[27] से ताइराने - नग़्मा - संज[28]
है तरन्नुमरेज़[29] क़ानूने - सहर[30] का तार तार[31]

---

1. आकाश, 2. सूर्योदय, 3. रात की उड़ान का महमिल, 4. धूल, भंवर के कंधों पर, 5. सूर्य की ज्वाला, 6. प्राप्त, 7. आकाश का किसान, 8. चिंगारी, 9. प्रवाहित, 10 प्रातःकाल के सितारे, 11. आराधना घर, 12. रात भर जागने और जप-तप करनेवाला तपस्वी, 13. वातावरण, 14. तलवार की मियान, 15. अंधकार, 16. चमकती हुई तलवार, 17. सूर्योदय का स्थान, 18. निहित, पोशीदा, 19. प्रभात का अर्थ, 20 सुराही का एकान्त, 21. सुहानी मदिरा, 22. हवा के दामन के नीचे, 23. प्रेम प्रदान करनेवाला प्रभात, 24. शंख-ध्वनि, 25. अज़ान की आवाज़, 26. परिचित, 27. बांग, 28. गीत गानेवाले पक्षी, 29. स्वरमाधुर्य प्रद, 30. सुबह का क़ानून, 31. अस्त-व्यस्त।

अलबेली सुब्ह

'जोश' मलीहाबादी

नज़र झुकाए उरूसे - फ़ितरत[1] जबीं[2] से ज़ुल्फ़ें[3] हटा रही है
सहर[4] का तारा है ज़लज़ले[5] में, उफ़ुक़[6] की लौ थरथरा रही है

रविश रविश[7] नग़्म: - ए - तरब[8] है, चमन चमन जश्ने - रंग - ओ - बू[9] है
तुयूर[10] शाख़ों पे हैं ग़ज़लख़्वां[11], कली कली गुनगुना रही है

सितार: - ए - सुब्ह[12] की रसीली झपकती आंखों में हैं फ़साने[13]
निगारे - महताब[14] की नशीली निगाह जादू जगा रही है

तुयूर[15] बज़्मे-सहर[16] के मुतरिब[17], लचकती शाख़ों पे गा रहे हैं
नसीम[18] फ़िर्दौस[19] की सहेली, गुलों[20] को झूला झुला रही है

कली पे बेले की किस अदा से पड़ा है शबनम का एक मोती
नहीं, यह हीरे की कील पहने, कोई परी मुस्कुरा रही है

सहर[21] को मद्दे-नज़र[22] हैं कितनी रिआयतें[23] चश्मे-ख़ूंफ़िशां[24] की
हवा बयाबां[25] से आने वाली, लहू[26] में सुर्ख़ी[27] बढ़ा रही है

शलोका[28] पहने हुए गुलाबी, हर इक सुबुक[29] पंखड़ी चमन में
रंगी हुई सुर्ख़ ओढ़नी का हवा में पल्लू सुखा रही है

फ़लक[30] पे इस तरह छिप रहे हैं हिलाल[31] के गिर्द-ओ-पेश[32] तारे
कि जैसे कोई नई नवेली जबीं[33] से अफ़शां[34] छुड़ा रही है

खटक यह क्यों दिल में हो चली फिर ? चटकती कलियो ! ज़रा ठहरना
हवा-ए-गुलशन[35] की नर्म रौ में यह किसकी आवाज़ आ रही है

---

1. प्रकृति की दुल्हन, 2. ललाट, 3. लटें, बाल, 4. प्रभात, 5. भूकम्प, 6. क्षितिज, 7. क्यारी, 8. हर्ष का गीत, 9. रंग और सुगंध का समारोह, 10. पक्षी, 11. ग़ज़ल गाते हुए, 12. सुबह का तारा, 13. कहानियां, 14. चंद्रमा की प्रेयसी, 15. पक्षी, 16. प्रभात की महफ़िल, 17. गायक, 18. समीर, 19. स्वर्ग, 20. ओस, 21. प्रातःकाल, 22. ध्यान में, नज़र में, 23. न्यूनता, 24. ख़ून टपकाने वाली आंख, 25. जंगल, 26. ख़ून, रक्त, 27. लाली, 28. वस्त्र, 29. कोमल, 30. आकाश, गगन, 31. चंद्रमा, 32. चारों ओर, 33. ललाट, 34. सिन्दूर, 35. उपवन की हवा।

दोपहर

'अख़्तर' अंसारी

धूप की ताबानियों[1] का राज है
मिहर[2] की उरियानियों[3] का राज है

मिस्ल[4] भट्टी के दहकता है जहां
फट पड़ा है जैसे इक आतिशफ़िशां[5]

जो किरन है मिहरे - आतिश - बार[6] की
धार है जलती हुई तलवार की

तप रहे हैं कूचः-ओ-बाज़ार[7] सब
शोला-अफ़शां[8] हैं दर-ओ-दीवार[9] सब

सुर्ख़ आहन[10] जिस तरह देता है ज़ौ[11]
उठ रही है ख़ाक के ज़र्रों[12] से लौ

दश्त[13] की वीरानियों[14] का ज़िक्र क्या
काख़-ओ-ऐवां[15] से नहीं आती सदा

आसमानों की फ़ज़ा[16] ख़ामोश है
और ज़मीं पर ज़िंदगी रूपोश[17] है

हां इक उजड़े नीम पर बेसाख़्ता[18]
गा रही है अपनी धुन में फ़ाख़्ता

---

1. चमक, 2. सूर्य, 3. नग्नता, 4. भट्टी को तरह, 5. ज्वालामुखी, 6. आग बरसानेवाला सूर्य, 7. बाज़ार और गलियां, 8. आग बरसानेवाले, 9. दीवार और दरवाज़े, 10. लोहा, 11. चमक, 12. कण, 13. जंगल, 14. निर्जनता, 15. गढ़ी और महल, 16. शून्य, वातावरण, 17. छुपी हुई, 18. सहसा।

शाम का एक मंज़र[1]

'जोश' मलीहाबादी

झुटपुटे का नर्म रौ[2] दरिया[3], शफ़क़[4] का इज़तिराब[5]
खेतियां, मैदान, ख़ामोशी, ग़ुरूबे - आफ़ताब[6]

दश्त[7] के काम - ओ - दहन[8] को, दिन की तल्ख़ी[9] से फ़राग़[10]
दूर दरिया के किनारे धुंधले - धुंधले - से चिराग़

ज़ेरे-लब[11] अर्ज़-ओ-समा[12] में, बाहमी[13] गुफ़्त-ओ-शुनीद[14]
मशअले - गर्दू[15] के बुझ जाने से इक हलका - सा दूद[16]

वुसअतें[17] मैदान की सूरज के छुप जाने से तंग
सब्ज़ः-ए-अफ़सुर्दा[18] पर ख़्वाब-आफ़रीं[19] हल्का-सा रंग

ख़ामुशी और ख़ामुशी[20] में सनसनाहट की सदा[21]
शाम की .ख़ुनकी[22] से गोया दिन की गर्मी का गिला[23]

अपने दामन को बराबर क़त्अ[24] सा करता हुआ
तीरगी[25] में खेतियों के दरमियां[26] का फ़ासला[27]

ख़ार-ओ-ख़स[28] पर एक दर्द-अंगेज़[29] अफ़साने[30] की शान[31]
बामे-गर्दू[32] पर किसी के रूठकर जाने की शान

दूब की ख़ुशबू[33] में शबनम[34] की नमी[35] से इक सुरूर[36]
चर्ख़[37] पर बादल, ज़मीं पर तितलियां, सर पर तुयूर[38]

पारा-पारा[39] अब्र[40] सुर्ख़ी[41] सुर्ख़ियों में कुछ धुआं
भूली - भटकी - सी ज़मीं[42], खोया हुआ - सा आसमां[43]

---

1. संध्याकाल का दृश्य, 2. मंदगति, 3. नदी, 4. अरुणिमा, 5. व्याकुलता, 6. सूर्यास्त, 7. जंगल, 8. मुंह, 9. कटुता, 10. छुटकारा, 11. होंठों ही होंठो में, 12. धरती और आकाश, 13. परस्पर, 14. बातचीत, 15. गमन की मशाल, 16. धुआं, 17. विस्तार, 18. उदास हरियाली, 19. नींद लानेवाला, 20. सन्नाटा, 21. आवाज़, 22. ठंडक, 23. शिकायत, 24. काटता हुआ, 25. अंधकार, 26. बीच, 27. अंतर, 28. कांटे और घास, 29. दर्द भरा, 30. कहानी, 31. वैभव, 32. आकाश की छत, 33. सुगंध, 34. ओस, 35. आर्द्रता, 36. नशा, 37. गगन, 38. पक्षी, 39. टुकड़े-टुकड़े, 40. बादल, 41. अरुणिमा, 42. धरती, 43. आकाश।

शाम

'निदा' फ़ाज़ली

सूखे कपड़ों को छत से चुनती हुई
पीली किरनों का हार बुनती हुई

गीले बालों में तौलिया लिपटाए
हाथ में एक कटी पतंग उठाए

दायें बाज़ू पे थोड़ी धूप सजाये
सीढ़ियों से उतर के आई है

किस क़दर बन - संवर के आई है
बजते हाथों से चिमनियां धोकर

घर के हर काम से सुबुक होकर
पालने को झुला रही है शाम

प्यालियों में खिला रही है शाम
चन्दा मामूं उगा रही है शाम

आसमानी लोरियां

'मख़दूम' मोहीउद्दीन

रोज़े - रौशन[1] जा चुका, हैं शाम की तैयारियां
उड़ रही हैं आसमां[2] पर ज़ाफ़रानी[3] सारियां

शाम रुख़सत[4] हो रही है रात का मुंह चूमकर
हो रही हैं चर्ख़[5] पर तारों में कुछ सरगोशियां[6]

1. प्रकाशमान दिन, 2. आकाश, 3. केसरी, 4. बिदा, 5. गगन, 6. कानाफूसी।

जलवे[1] हैं बेताब[2] पर्दे से निकलने के लिए
बन - संवरकर आ रही हैं आसमां की रानियां

नौ - उरूसे - शब[3] ने पहना है लिबासे - फ़ाख़िरा[4]
आसमानी पैरहन में कहकशानी[5] धारियां

कारचोबी[6] शामियाने[7] में रची बज़्मे - नशात[8]
साज़[9] ने अंगड़ाई ली, बजने लगी हैं तालियां

लाजवर्दी[10] फ़र्श[11] पर है मुश्तरी[12] ज़ुहरा का रक़्स[13]
नील तन गिरधर के पहलू में मचलती गोपियां

दस्त-ओ-पा[14] की नर्म-ओ-ख़ुश आहंग[15] हल्की जुम्बिशें[16]
या फ़ज़ा[17] में नाचती हैं गुनगुनाती बिजलियां

सरमदी[18] नग़्मात[19] से सारी फ़ज़ा मामूर[20] है
नुत्क़े[21] - रब्बे - जुलमनन[22] हैं रात की ख़ामोशियां

नींद-सी आंखों में आती है झुका जाता है सर
सुन रहा था देर से मैं आसमानी लोरियां

---

1. दर्शन, 2. विकल, 3. रात की नयी दुल्हन, 4. श्रेष्ठ वस्त्र, 5. आकाश गंगा की, 6. कारचोब के कामवाला, 7. कपड़े की छत, 8. ख़ुशी की गोष्ठी, 9. वाद्य. 10. नीला, 11. ज़मीन पर बिछा कपड़ा, 12. बृहस्पति, 13. शुक्र ग्रह, 14. नृत्य, 15. हाथ-पांव, 16. कोमल और मधुर आवाज़ 17. कम्पन, 18. शून्य, 19. अनश्वर, 20. गीत, 21. परिपूर्ण, 22. ख़ुदा की आवाज़।

बज़्मे-अंजुम[1]

डॉक्टर मुहम्मद इक़बाल

सूरज ने जाते-जाते शामे - सियह - क़बा[2] को
तश्ते - उफ़ुक़[3] से लेकर लाले[4] के फूल मारे
पहना दिया शफ़क़[5] ने सोने का सारा ज़ेवर[6]
क़ुदरत[7] ने अपने गहने चांदी के सब उतारे

महमिल[8] में ख़ामुशी[9] के लैला - ए - ज़ुलमत[10] आई
चमके उरूसे - शब[11] के मोती वो प्यारे - प्यारे
वो दूर रहनेवाले हंगामः - ए - जहां[12] से
कहता है जिनको इन्सां[13] अपनी ज़बां[14] में 'तारे'

महवे - फ़लक - फ़रोज़ी[15] थी अंजुमन फ़लक[16] की
अर्शे - बरीं[17] से आई आवाज़ इक मलक[18] की

अय शब[19] के पासबानो[20] ! अय आसमां के तारो
ताबिन्दा[21] क़ौम सारी गर्दूं - नशीं[22] तुम्हारी
छेड़ो सुरूद[23] ऐसा, जाग उट्ठें सोनेवाले
रहबर[24] है क़ाफ़िलों की ताबे - जबीं[25] तुम्हारी
आईने क़िस्मतों[26] के तुम को यह जानते हैं
शायद सुनें सदायें[27] अहले - ज़मीं[28] तुम्हारी

रुख़सत[29] हुई ख़ामोशी[30] तारों भरी फ़ज़ा[31] से
वुसअत[32] थी आसमां[33] की मामूर[34] इस नवा[35] से

---

1. तारों की महफ़िल, 2. काले वस्त्रवाली शाम, 3. क्षितिक्ष की थाली, 4. पोस्ता, 5. अरुणिमा, 6. आभूषण, 7. प्रकृति, 8. ऊंट का कजाड़ा, 9. मौन, 10. अंधेरी रात, 11. रात की दुल्हन, 12. संसार का कोलाहल, 13. मानव, 14. भाषा, 15. आकाश को चमकाने में व्यस्त, 16. आकाश की महफ़िल, 17. सबसे ऊंचा आकाश, 18. फ़रिश्ता, 19. रात, 20. पहरेदार, 21. प्रकाशमान, 22. आकाश पर विराजमान, 23. गीत, 24. मार्गदर्शक, 25. ललाट की चमक, 26. भाग्य, 27. आवाज़ें, 28. धरती के वासी, 29. विदा, 30. सन्नाटा, 31. शून्य, 32. विस्तार, 33. आकाश, 34. परिपूर्ण, 35. आवाज़।

हुस्ने - अज़ल[1] है पैदा तारों की दिलबरी[2] में
जिस तरह अक्से - गुल[3] हो शबनम[4] की आरसी[5] में
आईने - नौ[6] से डरना तर्ज़े - कुहन[7] पे अड़ना
मंज़िल यही कठिन है क़ौमों की ज़िंदगी में

यह कारवाने - हस्ती[8] है तेज़गाम[9] ऐसा
क़ौमें कुचल गयी हैं जिसकी रवा - रवी[10] में

आंखों से हैं हमारी ग़ायब[11] हज़ारों अंजुम[12]
दाख़िल[13] हैं वो भी लेकिन अपनी बिरादरी[14] में
इक उम्र[15] में न समझे इसको ज़मीनवाले
जो बात पा गये हम थोड़ी - सी ज़िंदगी में

हैं जज़्बे - बाहमी[16] से क़ायम[17] निज़ाम[18] सारे
पोशीदा[19] है यह नुक्ता[20] तारों की ज़िंदगी में

रात की कैफ़ियत

मौलवी मुहम्मद हुसैन 'आज़ाद'

आ अय शबे-सियाह[21] कि लैला-ए-शब[22] है तू
आलम[23] में शाहज़ादि-ए-मुश्की[24] नसब[25] है तू

होना वो बादे-शाम[26] शफ़क़[27] में अयां[28] तिरा
उड़ना वो आबनूस[29] का तख़्ते-रवां[30] तिरा

आलम[31] पे तू जो आती है रंग अपना फेरती
हाथों से मुश्क[32] उड़ाती है अम्बर बिखेरती

---

1. आदिकाल का सौंदर्य, 2. माशूक़ी, 3. फूल का प्रतिबिम्ब, 4. ओस, 5. दर्पण, 6. नया विधान, 7. पुराना ढंग, 8. अस्तित्व का कारवां, 9. तीव्र गति, 10. जल्दी, 11. विलीन, 12. तारे, 13. सम्मिलित, 14. ख़ानदान, कुटुम्ब, 15. मुद्दत, लंबा समय, 16. परस्पर आकर्षण, 17. स्थिर, 18. विधान, 19. गुप्त, 20. मर्म, 21. अंधेरी रात, 22. रात की लैला, 23. संसार, 24. कस्तूरी के ख़ानदान की राजकुमारी, 25. ख़ानदान, 26. शाम के बाद, 27. अरुणिमा, 28. प्रकट, 29. एक काली लकड़ी, 30. गतिशील सिंहासन, 31. संसार, 32. कस्तूरी।

दुनिया पे सल्तनत[1] का तिरी देखकर हशम[2]
खाता है दिन भी तारों भरी रात की क़सम

सोता गदा[3] है ख़ाक[4] पर और शाह[5] तख़्त पर
माही[6] बज़ेरे - आब[7] है ताइर[8] दरख़्त[9] पर

है बेख़बर बड़ा जो बिछौनों पे घर में है
दामाने-दश्त[10] पर कोई सोता सफ़र[11] में है

घोड़े पर अपने औंध गया है सवार भी
चूका है बल्कि राहज़ने-नाबकार[12] भी

जिसको पुकारो वो सू-ए-ख़्वाबे-अदम[13] गया
दरिया[14] भी अब तो चलने से शायद हो थम गया

रात

मौलवी मुहम्मद इस्माईल 'इस्माईल'

गया दिन, हुई शाम, आई है रात
ख़ुदा ने अजब[15] शै[16] बनाई है रात

न हो रात तो दिन की पहचान क्या,
उठाए मज़ा दिन का इंसान क्या

लगे होने अब हाट बाज़ार बन्द
ज़माने के सब कार और बार[17] बन्द

---

1. शासन, राज्य, 2. प्रताप, दबदबा, 3. ग़रीब, दरिद्र, 4. धरती, 5. राजा, 6. मछली, 7. पानी के नीचे, 8. पक्षी, 9. वृक्ष, 10. जंगल के आंचल पर, 11. यात्रा, 12. दुष्ट चोर, 13. यमलोक की निद्रा की ओर, 14. नदी, 15. विचित्र, 16. वस्तु, 17. कारोबार, कामकाज।

हुई रात ख़िलक़त[1] छुटी काम से
ख़मोशी[2] सी छाई सरे - शाम से

मुसाफ़िर ने दिन - भर किया है सफ़र
सरे- शाम मंज़िल पे खोली कमर

दरख़्तों[3] के पत्ते भी चुप हो गये
हवा थम गयी पेड़ भी सो गये

अंधेरा उजाले पे ग़ालिब[4] हुआ
हर इक शख़्स[5] राहत[6] का तालिब[7] हुआ

हुए रौशन आबादियों[8] में चराग़
हुआ सब को मेहनत से हासिल[9] फ़राग़[10]

किसान अब चला खेत को छोड़ कर
कि घर में करे चैन से शब[11] बसर[12]

थपक कर सुलाया उसे नींद ने
तरद्दुद[13] भुलाया उसे नींद ने

ग़रीब आदमी जो कि मज़दूर हैं
मशक़्क़त[14] से जिनके बदन चूर हैं

वो दिन भर की मेहनत के मारे हुए
वो मांदे थके और हारे हुए

निहायत[15] ख़ुशी से गये अपने घर
हुए बाल बच्चे भी ख़ुश देखकर

गये भूल सब बाल बच्चों का ग़म[16]
सवेरे को उट्ठेंगे अब ताज़ा दम

---

1. जनसाधारण, 2. निस्तब्धता, 3. वृक्ष, 4. विजयी, 5. व्यक्ति, 6. आराम, 7. इच्छुक, 8. बस्तियां, 9. प्राप्त, 10. अवकाश, 11. रात, 12. व्यतीत, 13. चिंता, 14. परिश्रम, 15. बहुत, 16. दुख।

चांदनी रात

बेनज़ीर शाह वारसी 'बेनज़ीर'

वो महताब[1] की आसमां[2] पर नुमूद[3]
मुज़ैयन[4] कवाकिब[5] से चर्ख़े - कबूद[6]

वो किरनों की शबनम[7] के अन्दर बहार
उड़ाया है चांदी का गोया गुबार[8]

लरज़ती है पानी पे यह चांदनी
कि दरिया[9] में बिजली की है रौशनी

यह लहरें कहीं तिलमिलाती हुई
चमक आईने की दिखाती हुई

नहीं नाम को भी कहीं तीरगी[10]
कि अक्से - तजल्ली[11] है साये में भी

रवां[12] है यह चारों तरफ़ मौजे-नूर[13]
कि उड़ते हैं दिन की तरह कुछ तयूर[14]

शुआओं[15] की अल्लाह रे तेज़ियां[16]
क़मर[17] के वो जोबन की नौख़ेज़ियां[18]

मगर छोटे - छोटे सितारे हैं मांद
कि आज अपने जलवे[19] में पूरा है चांद

---

1. चंद्रमा, 2. गगन, 3. प्रकटन, 4. सुसज्जित, 5. तारे, 6. नीला आकाश, 7. ओस, 8. धूल, 9. नदी, 10. अंधेरा, 11. प्रकाश का प्रतिबिम्ब, 12. गतिशील, 13. प्रकाश की मौज, 14. पक्षी, 15. किरणें, 16. तीव्रता, 17. चंद्र, 18. जवानी, 19. दर्शन।

शुआओं का वह जगमगाना कहीं
सितारों का आंखें चुराना कहीं

गिरा छन के पत्तों से नूरे - क़मर[1]
कि हीरे के टुकड़े पड़े हैं उधर

हुआ पच्चीकारी[2] का यह एहतिमाम[3]
कि मरमर[4] पे है संगे - मूसा[5] का नाम

यह सायें में औराक़[6] से नूर[7] के
कि गुल[8] संगे - मूसा पे बिल्लौर[9] के

सितारे जो रह रह के टूटे उधर
वो महताब[10] के फूल थे सरबसर[11]

हुई चांदनी यह तजल्लीफ़िशां[12]
कि है आलमे - वज्द[13] में आस्मां[14]

सफ़ा[15] बाम - ओ - दर[16] में समाई हुई
दरख़्तों[17] पे हैरत[18] सी छाई हुई

चांदनी

मुहम्मद याक़ूब 'औज' गयावी

गुंचः - ए - दिल[19] को खिला जाती है आकर चांदनी
है बरंगे - मौसमे - गुल[20] रूह - परवर[21] चांदनी

---

1. चंद्र का प्रकाश, 2. पत्थर का काम, 3. व्यवस्था, 4. एक पत्थर, 5. एक पत्थर, 6. वर्क़, पन्ने, 7. प्रकाश, 8. फूल, 9. स्फटिक मणि, 10. चंद्रमा, 11. सब, तमाम, 12. प्रकाश फैलानेवाली, 13. झूमने का आलम, 14. आकाश, 15. पवित्रता, 16. छत और द्वार, 17. पेड़, 18. आश्चर्य, 19. दिल की कली, 20. फूलों के मौसम की तरह, 21. प्राणवर्द्धक।

आस्मां से है झमाझम बारिशे - नूरे - ज़िया
नूर[1] का दरिया[2] रवां[3] है या ज़मीं[4] पर चांदनी

आस्मां पर है सितारों से फ़रोग़े - नूरे - माह[5]
चारसू[6] सतहे - ज़मीं[7] पर जलवा - गुस्तर[8] चांदनी

गुलशने - दुनिया[9] में यह रंगीं[10] बहारें तुझ से हैं
नूर[11] की मूरत है तू अय माहपैकर[12] चांदनी

इज्ज़[13] कहते हैं इसे है नाम इसका इंकिसार[14]
बिछ गयी सतहे - ज़मीं पर फ़र्श बनकर चांदनी

मरमिटों पर रखती है लुत्फ़-ओ-इनायत[15] की नज़र
डालती है क़ब्र पर रहमत की चादर चांदनी

गुंचः - ए - ख़ातिर[16] खिले जाते हैं कलियों की तरह
किस क़दर है दिलकुशा[17] क्या पुरफ़ज़ा[18] है चांदनी

हर रविश पर क्यों न इतराती फिरे बादे-सबा[19]
शाम ही से बाग़ में रौनक़फ़िज़ा[20] है चांदनी

बाग़ में जोशे - तरब[21] से बुलबुलें हैं नग़्माज़न[22]
मरहबा[23] अय औज क्या इशरत - फ़िज़ा[24] है चांदनी

है नमूना क़ुदरते - साने[25] का हर सू[26] आशकार[27]
मज़हरे - अनवारे - हक़[28] शाने - ख़ुदा[29] है चांदनी

---

1. प्रकाश, 2. नदी, 3. प्रवाहित, 4. धरती, 5. चांद के प्रकाश की चमक, 6. चारों ओर, 7. धरती की सतह, 8. जल्वा बिछानेवाली, 9. संसार का बाग़, 10. सुंदर, 11. प्रकाश, 12. चंद्र का आकार, 13. नम्रता, 14. विनम्रता, 15. दया, कृपा, 16. दिल की कली, 17. आनंददायक, विशाल, 18. खुशगवार, 19. प्रातःसमीर, 20. शोभा बिखेरती हुई, 21. आनंद का जोश, 22. गीत गाती हुई, 23. वाहवाह, 24. आरामदेह, 25. स्रष्टा की प्रकृति, 26. तरफ़, 27. प्रकट, ज़ाहिर, 28. सत्य के प्रकाश का द्योतक, 29. ख़ुदा की शान।

आख़िरे-शब

शाज़ तमकनत

ये हवायें यह सितारों का सुहाना साया
आह यह ख़ुनकी[1] यह ठंडक यह उदासी यह गुदाज़[2]
तैरती फिरती है पिछले की रसीली आवाज़
डालियां ओस की बूंदों से लदी जाती हैं
चांदनी कोह[3] के माथे से उतर आई है
यह घनी रात यह महकी हुई[4] अफ़सुर्दा फ़ज़ा[5]
दूर तालाब के मंज़र[6] की सलोनी रंगत
फ़र्श पे लेटा हुआ नील गगन हो जैसे
यह शबे-माह[7] दुआओं में मगन हो जैसे

सुरमई धुंध में लिपटा हुआ बोझल मंज़र[8]
गुल ज़मीनों की ख़मोशी में यह सुर यह सरगम
ये चटानें यह तराशीदा[9] नगीं[10] फ़ितरत[11] के
यह ख़ुनक नर्म हवाओं की चटीली आवाज़
तूले-हिज्रां[12] वो मसीहा[13] है कि जिसके हाथों
दिल के दुखने का भी अंदाज़[14] बदल जाता है

नुक़रई[15] गर्द[16] में चुपचाप खड़े हैं अशजार[17]
जुगनू उड़ते हैं कि सीले हुए शोलों की लपक
तारे जिस तरह घनी झाड़ियों की गोद भरें
फैलाती जाती हैं सायों की मुक़द्दस[18] महकें[19]
करवटें लेती हैं हरियाली की सोंधी लपटें
यह सिजल रैन यह संगीत यह तारों की फबन

---

1. ठंडक, 2. मृदुलता, 3. पर्वत, 4. सुगंध में डूबी हुई, 5. उदास वातावरण, 6. दृश्य, 7. चांदनी रात, 8. दृश्य, 9. काटे हुए, 10. नगीने, 11. प्रकृति, 12. विरह की लंबाई, 13. इलाज करनेवाल, 14. ठंड, 15. चांदी की, 16. धूल, 17. वृक्ष, 18. पवित्र, 19. सुगंध।

कौन सुन पाएगा फ़ितरत[1] की ज़बाने - मासूम[2]
जाने कब दीदः - ए - इन्सां[3] में धनक[4] उतरेगी
अय मिरी झूमती इठलाती ज़मीं करवट ले
दिले - हर - ज़र्रा[5] धड़कता है कहीं आहट ले

दूर टूटे हुए क़िल्ए का पुर - असरार[6] सुकूत[7]
ख़ामुशी[8] सर को झुकाए हुए मेहराबों में
न कुलाहे - सरे - शाहां[9] न शिकोहे - औरंग[10]
ने गुले - नग़्मा[11] न आहंग[12] पसे - पर्दः - ए - चंग[13]
गुंग[14] है ख़्वाजगि-ए-रक़्स-ओ-तरब[15] बरसों से
ख़न्दाज़न[16] है क़मरे - आख़िरे - शब[17] बरसों से
ने कनीज़ाने - समनफ़ाम - ओ - मसीहानफ़सां[18]
दिलबरां[19] लालरुख़ां[20], मू कमरां,[21] सर्वक़दां[22]
ख़ुशदिलां[23], ख़ुशबदनां[24], ख़ुशदहनां[25], ख़ुशनज़रां[26]
मक़तले - ऐश[27] में मस्लूबे - हवस[28] होके रहीं
गुमशुदा[29] क़ाफ़ले[30] की आहे - जरस[31] होके रहीं

चीख़ते मलबे[32] पे सन्नाटे के क़दमों के निशां[33]
भीगती रातों में चुपचाप लहू देते हैं
पास ही सोए हुए कत्बों[34] के कावाक[35] हुरूफ़[36]
अपने सोए हुए नक़्क़ाश[37] को देते हैं सदा[38]
चांदनी ख़स्ता - ओ - दरमान्दा[39] खड़ी हैं ख़ामोश[40]

---

1. प्रकृति, 2. निष्पाप ज़बान, 3. मानव की आंखें, 4. इन्द्रधनुष, 5. हर कण का दिल, 6. रहस्यमय, 7. सन्नाटा, 8. निस्तब्धता, 9. बादशाह के सर का मुकुट, 10. सिंहासन का दबदबा, 11. श्रेष्ठ गीत, 12. आवाज़, 13. चंग के पर्दे के पीछे, 14. गूंगी, 15. नृत्य और ख़ुशी की हुकूमत, 16. मुस्कुराता हुआ, 17. आख़िरी रात का चांद, 18. हज़रत ईसा जैसी श्वास वाली (कहते हैं कि हज़रत ईसा की सांस से मुर्दे जीवित हो जाते थे) और चमेली के रंग की दासियां, 19. दिल ले जाने वालियां, 20. लाले जैसे मुखवाली, 21. बाल जैसी पतली कमर वालियां, 22. सरो जैसे क़दवाली, 23. प्रसन्नचित्त, 24. सुंदर शरीर, 25. सुंदर मुख, 26. सुंदर नेत्र, 27. ऐश का वधस्थल, 28. अत्यधिक लालसा की सूली पर चढ़ा दी गई, 29. खोये हुए, 30. कारवां, 31. घंटी का आर्तनाद, 32. घूरा, 33. चिह्न, 34. क़ब्र पर, 35. खोखले, 36. अक्षर, 37. नक़्श खोदनेवाला, 38. आवाज़, लगा पत्थर, 39. जर्जर और असहाय, 40. मौन।

दामने - कोह[1] में अलग़ोज़े[2] का लहरा गूंजा
कोई चरवाहा दुखे दिल को लिये जागा है
कितने पुरदर्द[3] हैं सुर कितनी हज़ीं[4] है यह अलाप
जिस तरह चोटें रगे-जां[5] की चमकती जायें
चांद लचकाता है किरनों के चमकते हुए तीर
किस सोयम्बर के रचाने का तमन्नाई[6] है
रसमसे जंगलों की नींद में डूबी हुई लय
रगे - मंज़र[7] में फ़ज़ा - ए - दिले - शब[8] बोलती है
अधखिले गुंचों[9] में शबनम[10] की तरी[11] डोलती है
यह फ़ज़ा[12] रसभरी कलियों की गिरह खोलती है
यह ख़ुनक[13] रात सितारों के गुहर[14] रोलती है
सांवली चांदनी, मदमाती छलक पड़ती है
इन हवाओं में गुलाबी[15] सी छलक पड़ती है

टिमटिमाती हैं कहीं दूर चराग़ों की लवें
रहगुज़र[16] नींद भरी आंखों से यूं तकती है
कि पशेमां[17] न हो मेहमाने - सुबुकगाम[18] कोई
वज़्अ - ए - जादा[19] पे न आये कहीं इलज़ाम[20] कोई
यह सरे - चर्ख़[21] दमकता हुआ महताब[22] नहीं
रात का नाग है काढ़े हुए मुक़्क़ैश[23] का फन
गीत पे सन्नाटे की बदमस्त हुआ जाता है

झूम - झूम उठती है लहराई हुई चंद्रकिरन
यह उदाहट यह धुंधलका यह कसक यह महकार
कुंदनी[24] पंख समेटे हुए तारों के बदन
अर्श[25] के नील में पानी में घुले जाते हैं

---

1. पहाड़ का दामन, 2. बांसुरी, 3. दर्द भरे, 4. शोकातुर, 5. प्राण, धमनी, 6. इच्छुक, 7. दृश्य की रग, 8. रात के दिल का वातावरण, 9. कलियां, 10. ओस, 11. आर्द्रता, 12. वातावरण, 13. ठंडी, 14. मोती, 15. मदिरा, 16. मार्ग, रास्ता, 17. लज्जित, शर्मिन्दा, 18. मंदगति मेहमान, 19. मार्ग की आन, 20. आरोप, 21. आकाश पर, 22. चंद्र, 23. चांदी सोने के तारों का झालर, 24. सुनहरी, 25. आकाश।

ओस खाए हुए रुख़सार[1] सबा[2] की रंगत
पौ का छलका हुआ शफ़्फ़ाफ़[3] लहू है कि नहीं
महका - महका हुआ सोने का धुआं छाया है
क़िस्मते - शर्क़े - हसीं[4] जाग रही है शायद
मेरी महबूब[5] ज़मीं[6] जाग रही है शायद

1. कपोल, 2. हवा, समीर, 3. स्वच्छ, 4. पूर्व का भाग्य, 5. प्रेमिका, 6. धरती।

चौथा अध्याय

हमारे मौसम

मौसमों का गीत

अली सरदार जाफ़री

कितने दिलकश[1] हैं मिरे मुल्क[2] के मौसम, इनमें
हुस्न[3] की बात करें, इश्क़[4] पर इसरार[5] करें
नूरे - महबूब[6] से रौशन[7] करें आंखों के चराग़
फूल की तरह से ज़िक्रे - लब - ओ - रुख़सार[8] करें
मुसहफ़े - हक़[9] की तरह खोलें किताबे - दिल[10] को
जिसमें जंग[11] और जदल[12] का कोई अफ़साना[13] नहीं
फ़स्ले - गुल[14] फ़स्ले - ख़िज़ां[15] फ़स्ले - ज़मिस्तां[16] है मगर
मौसमे - जंग[17] नहीं, मौसमे - वीराना[18] नहीं

गर्मियां आई हैं बरसाती हुई अंगारे
देखना शोला - बदन[19] धूप पे आया है शबाब[20]
लोग तालाबों में उतरे हैं नहाने के लिए
तहनशीं[21] होती चली जाती है हर चादरे-आब[22]
इक ज़रा देर को थोड़ा-सा सुकूं[23] मिलता है
जिस्म[24] को छूता है जिस वक़्त .ख़ुनुक[25] शाम का हाथ
इतनी सोज़िश[26] है कि बस सर्द[27] हुई गर्मिः-ए-इश्क़[28]
प्यार के मुंह से निकलती ही नहीं प्यार की बात

---

1. मोहक, 2. देश, 3. सौंदर्य, 4. प्रेम, 5. आग्रह, 6. प्रेमिका की आभा, 7. प्रकाशित, 8. होंठ और कपोलों का ज़िक्र, 9. क़ुरआन, 10 दिल की किताब, 11. युद्ध, 12. बैर, 13. कहानी, 14. बहार का मौसम, 15. पतझड़, 16. शीतकाल, 17. युद्ध का मौसम, 18. निर्जनता का मौसम, 19. प्रज्वलित शरीर, 20. यौवन, 21. नीचे पैठना, 22. पानी की चादर, 23. शांति, 24. शरीर, 25. ठंडी, 26. जलन, 27. ठंडी, 28. प्रेम की गर्मी।

नींद आ सकती नहीं इश्क़[1] के बीमारों को
इन दिनों जागते रहने के बहाने हैं बहुत
तैरती रहती हैं दुनिया की सुरीली तानें
गीत शीरीं[2] हैं बहुत, नर्म[3] तराने[4] हैं बहुत
आबे - संदल[5] में डुबोए हुए पंखों की हवा
अपने महके[6] हुए हाथों से थपक देती है
और धड़कते हुए सीनों पे धड़कते हुए हार
हर लड़ी मोती की बस जान ही ले लेती है

आग बरसाती हुई धूप की किरनों का जलाल[7]
तेज़ और तुन्द[8] हो जिस तरह हवन का शोला[9]
दुश्मनी सांप की ताऊस[10] से बस ख़त्म हुई
वो भी ताऊस से देरीना[11] अदावत[12] भूला
इतनी गर्मी है कि खुलती नहीं मिनक़ार[13] उसकी
भूक बाक़ी नहीं, क्या जाये ग़िज़ा[14] के पीछे
धूप की जलती हुई आग से बचने के लिए
सांप आ बैठा है रंगीन परों के नीचे

मेरी जां, अय मिरे नग़्मों[15] की जवां[16] शहज़ादी[17]
फ़स्ले - गर्मा[18] सहर - ओ - शाम[19] तुझे रास आये
चांदनी रात सजाये तिरी महकी[20] हुई सेज[21]
जिस्मे-सीमीं[22] के लिए फूलों के तख़्ते लाए
तेरी सुब्हों[23] को रखें सर्द[24] कंवल की झीलें
ठंडे पानी के उछलते हुए फ़व्वारों से
तेरी शामों को तिरे चाहने वाले मिल जायें
जो चुनें फूल तिरे हुस्न[25] के गुलज़ारों[26] से

1. प्रेम, 2. मधुर, 3. कोमल, 4. गीत, 5. चन्दन का पानी, 6. सुगन्धित, 7. प्रताप, प्रचंडता, 8. तीव्र, 9. ज्वाला, 10. मोर, 11. पुरानी, 12. शत्रुता, 13. चोंच, 14. ख़ुराक, 15. गीत, 16. जवान, 17. राजकुमारी, 18. ग्रीष्म ऋतु, 19. सुबह-शाम, 20. सुगन्धित, 21. शैया, 22. चांदी का शरीर, 23. प्रभात, 24. ठंडे, 25. सौंदर्य, 26. उपवन।

धूप बेजान[1] हो गीतों की घटा छाई हो
तू हो, अहबाब[2] हों, और गोशः-ए-तन्हाई[3] हो

देखना मेघ का वो शाह - सवार[4] आ पहुंचा
गूंज उठे कोह-ओ-दमन[5], गूंज उठे दश्त-ओ-जबाल[6]
घन गरज वो है मिरी जान, कि शाही डंके
जिस तरह बजते हैं मैदा[7] में बसद-शाने-जलाल[8]
बिजली लहराती है शोलों[9] का सुनहरी परचम[10]
अब्र[11] के फ़ील[12] पे बारिश[13] का शहंशाह सवार
घर से सब उसके स्वागत को निकल आये हैं
ग़ोल[14] उश्शाक़[15] के बदमस्त[16] हसीनों[17] की क़तार[18]
फ़ौजें बादल की चली आती हैं करती हुई कूच[19]
चोट पड़ती है गरजते हुए नक़्क़ारों[20] पर
आग की डोर है रंगों की कड़कती है कमान[21]
बिजलियां बांधी गईं इन्द्रधनुष पर कसकर
छींटा बारिश का है या तीरों की बौछारें हैं
जो किए देती हैं मतवालों[22] के दिल को छलनी
इश्क़[23] तो ज़ख़्म-रसीदा[24] है, सितम दीदा[25] है
आज तो हुस्न[26] पे भी होती है नावकफ़िगनी[27]

ऐसा लगता है कि हंसने लगा जंगल सारा
और नेपा[28] के दरख़्तों[29] में नए फूल खिले
शाख़ें[30] बेताब[31] हवाओं में निरित करने लगीं
जैसे मदहोशी[32] के आलम[33] में कोई रक़्स[34] करे
आई नौरस्ता[35] शगूफ़ों[36] के लबों[37] पर हलकी
दिलनवाज़ाना[38] तबस्सुम[39] की दिलआवेज़[40] लकीर

---

1. निर्जीव, 2. मित्रगण, 3. एकान्त, 4. घुड़सवार, 5. पहाड़ और टीले, 6. जंगल और पहाड़, 7. मैदान, 8. जलाल और शान से, 9. ज्वाला, 10. झंडा, 11. बादल, 12. हाथी, 13. वर्षा, 14. झुंड, 15. प्रेमी (ब.व.), 16. मदोन्मत्त, 17. सुन्दरियां, 18. पंक्ति, 19. मार्च, रवानगी, 20. नगाड़ा, 21. धनुष, 22. मदमस्त, 23. प्रेम, 24. घायल, 25. अन्याय पीड़ित, 26. सौंदर्य, 27. तीरों की बौछार, 28. वृक्ष विशेष, 29. वृक्षों, 30. डालियां, 31. व्याकुल, 32. नशा, 33. दशा, हालत, 34. नृत्य, 35. नव पक्व, 36. कली, 37. होंठ, 38. मोहक, 39. मुस्कुराहट, 40. आकर्षक।

दर्द बाक़ी है तपिश[1] का न निशां[2] गर्मी का
निकली बरसात जो पहने हुए पोशाके - हरीर[3]

तुझको अय नूर[1] की तस्वीर[5], मुबारक[6] हों ये दिन
लेके आये हैं जो घंघोर घटाओं का पयाम[7]
आतिशे - शौक़[8] में जल जाये जवानी तेरी
नौ[9] उरूसी[10] को तिरी ऐश-ओ मसर्रत[11] का सलाम
ज़िंदगी जिससे तर-ओ-ताज़ा[12] है इस बारिश से
सब्ज़[13] बेलों की तरह तू भी तर - ओ - ताज़ा रहे
मेरी महबूबा[14] पे हो रहमते - हक़[15] की बारिश
जगमगाता हुआ रुख़सार[16] रहे ग़ाज़ा[17] रहे

लो वो आती है ख़िज़ां[18], गांव की क्वांरी जैसे
नाज़-ओ-अंदाज़[19] की जां[20], हुस्न[21] की नाज़ुक[22] मूरत
बालियां धान की बालों में सजा रक्खी हैं
दोनों रुख़्सार[23] दमकते[24] हैं कंवल की सूरत[25]
जिस्म[26] पर घास के फूलों का महकता[27] मलबूस[28]
अपनी रफ़्तार[29] से हंसों को भी शरमाती हुई
इसके स्वागत में चहक उठती हैं चिड़ियां जैसे
किसी माशूक़ा[30] की पायल की सदा[31] आती है

रात की मांग में तारों की सुनहरी अफ़शां[32]
ताजे-महताब[33] से कुछ और भी रौशन[34] है जबीं[35]
पैरहन[36], चांद की किरनों का चमकता रेशम
इतना शफ़्फ़ाफ़[37] कि बादल का कहीं नाम नहीं
हंसती है देख के मुंह चांद के आईने में
पड़ती है सांवले मुखड़े पे तबस्सुम[38] की फुहार

---

1. गर्मी, 2. निशान, 3. रेशमी वस्त्र, 4. प्रकाश, 5. चित्र, 6. मंगलकारक, 7. संदेश, 8. अभिलाषा की आग, 9. नवीन, 10. विवाह, शादी, 11. ख़ुशी और ऐश्वर्य, 12. हराभरा, 13. हरी, 14. प्रेमिका, 15. ख़ुदा की रहमत, 16. कपोल, 17. पाउडर, मेक अप, 18. पतझड़, 19. नखरे और हावभाव, 20. प्राण, 21. सौंदर्य, 22. कोमल, 23. कपोल, 24. चमकते हैं, 25. तरह, समान, 26. शरीर, 27. सुगन्धित, 28. वस्त्र, 29. गति, 30. प्रेमिका, 31. आवाज़, 32. चमक, 33. चंद्र मुकुट, 34. प्रकाशमान, 35. ललाट, 36. वस्त्र, 37. स्वच्छ, 38. मुस्कुराहट।

ऐसा लगता है कि नौ उम्र[1] है, दोशीज़ा[2] है
अभी आने को है भरपूर जवानी की बहार[3]

धान[4] के खेत, वो इस्तादा[5] समरवार[6] दरख़्त[7]
झूम उठते हैं जब आते हैं हवा के झोंके
लेके आग़ोश[8] में जब नाचती है बादे - ख़िज़ा[9]
फूल ही फूल बरस जाते हैं पेड़ों के तले[10]
झुरझुरी लेती हैं आहिस्ता[11] कंवल की झीलें
कलियां मुंह चूम के कलियों के झिझक जाती हैं
इश्क़[12] के मारों को आता है मुहब्बत का ख़याल[13]
ख़्वाहिशें[14] दिल के कटोरों[15] से छलक जाती हैं

इस ख़िज़ां[16] में भी मगर तू है बहारों की बहार[17]
नौजवां[18] जिस्म[19] के गुलरंग[20] शगूफ़े[21] फूटें
प्यार के हाथ मुहब्बत से संवारें तुझको
कभी होंटों कभी मुश्ताक़[22] निगाहों से छुयें
मुस्कुराए तिरे पैरों की हिना,[23] और महके
ज़ाफ़रां[24] जिस्म[25] की सीने का सुनहरा संदल[26]
दिल पे उश्शाक़[27] के ज़ुल्फ़ों[28] की घटायें बरसें
ढूंडें ख़ुद भौंरों को हंसती हुई आंखों के कंवल

जा चुकी फ़स्ले - ख़िज़ा[29] फ़सले - ज़स्मिता[30] आई
कोई तनहा[31] सी कली शाख़[32] पे नमदीदा[33] है
अपने दामन[34] में लिये अपने सुनहरे मोती
ख़ोशः - ए - गंदुमे[35] - नौ खेत में बालीदा[36] है

---

1. कम आयु, 2. कुमारी, 3. वसंत, 4. चावल, 5. खड़े, 6. फलों से लदे, 7. वृक्ष, 8. गोद, 9. पतझड़ की हवा, 10. नीचे, 11. धीरे-धीरे, 12. प्रेम, 13. ध्यान, 14. इच्छायें, 15. प्याला, 16. पतझड़, 17. वसंत, 18. नवयुवक, 19. शरीर, 20. लाल, गुलाबी, 21. कलियां, 22. उत्सुक, 23. मेंहदी, 24. केसर, 25. शरीर, 26. चन्दन, 27. प्रेमी (ब.व.), 28. बाल, लटें, 29. पतझड़ का मौसम, हेमन्त ऋतु, 30. सर्दी का मौसम, 31. अकेली, 32. डाली, 33. सजल नेत्र, 34. आंचल, 35. गेहूं का बाली, 36. विकसित।

ग़म न कर जाने-जहां[1] लुट गयी गर दौलते-गुल[2]
सख़्त जां[3] फूल कोई अब भी नज़र आता है
बर्फ़-ओ-वारां[4] से भी बुझता नहीं शोला उसका
सर्द[5] और तेज़ हवाओं में भी लहराता है

बर्फ़ आलूदा[6] हवाओं में लरज़ती[7] बेलें
याद आती है उन्हें मौसमे-ताबिस्तां[8] की
कुछ तो मिल जाती है यादों से हरारत[9] दिल को
जुस्तुजू[10] दर्द को है खोए हुए दरमां[11] की
ज़िंदगी की वो तड़प है कि अभी ज़िंदा है
फिर भी पीली सी नज़र आती है कुम्हलाई हुई
जिस तरह हिज्र[12] की मारी हो सुहागिन कोई
जैसे दोशीज़ा[13] कोई इश्क़[14] की तरसाई हुई

काश[15] यह फ़स्ले-ज़मिस्तां[16] हो तिरी फ़स्ले-उमीद[17]
हर घड़ी आये मसर्रत[18] के फ़साने[19] लेकर
मुन्तज़िर[20] रहती हैं जिसके लिए दोशीज़ायें[21]
रोज़-ओ-शब[22] आयें वो राहत[23] के ख़ज़ाने लेकर
गांव में शोर[24] है, हंगामा है, आवाज़ें हैं
पक चुके खेत तो खलियान में आता है अनाज
दूर आकाश पे उड़ते हुए बगलों की क़तार[25]
हुस्न[26] को तेरे मिले इश्क़-ओ-मुहब्बत[27] का ख़िराज[28]

अय मेरी जां, मुझे इज़्ने-सुख़न - आराई[29] दे
नौ - बहार[30] आई है, नग़्मों[31] पे बहार आ जाये
नौ - बहाराने - गुल - अन्दाम[32] के दिन हंसने लगें
इनकी बेताब[33] तमन्ना[34] को क़रार[35] आ जाये

---

1. संसार के प्राण, 2. फूलों की दौलत, 3. मज़बूत, 4. बर्फ़ और वर्षा, 5. ठंडी, 6. बर्फ़ में डूबी हुई, ठंडी, 7. कांपती, 8. ग्रीष्म ऋतु, 9. गर्मी, 10. खोज, 11. इलाज, 12. विरह, 13. कुमारी, 14. प्रेम, 15. क्या ही अच्छा हो, 16. शरद् ऋतु, 17. आशाओं का मौसम, 18. खुशी, आनंद, 19. कहानियां, 20. प्रतीक्षा में, 21. कुमारियां, 22. दिन-रात, 23. सुख, चैन, 24. कोलाहल, 25. पंक्ति, 26. सौंदर्य, 27. प्रेम, 28. लगान, राजकर, 29. शाइरी का निमंत्रण, 30. नव वसंत, 31. गीत, 32. फूल जैसे शरीर, 33. व्याकुल, 34. अभिलाषा, 35. चैन।

भर गयी नाज के ढेरों से ज़मीं[1] की गोदी
बढ़ गयी और भी हर सीने की शौक़अंगेज़ी[2]
दूर से आती है सारस के कलेजे की पुकार
ख़्वाबों[3] में होती है, जज़्बात[4] की रंग-आमेज़ी[5]

फ़स्ल[6] यह वो है कि ख़ुश होते हैं सब मिल जुलकर
जमा हो जाते हैं जब जली हुई आग के पास
घर से बाहर जो निकलते हैं तो सूरज के लिए
सर्दि-ए-जिस्म[7] बढ़ा देती है कुछ धूप की प्यास
ज़ेबे-तन[8] अतलस-ओ - पशमीना - ओ - संजाब -ओ-समूर[9]
अब जो चलती हैं चलें सर्द[10] हवायें हरसू[11]
खिड़कियां बन्द हैं और लिपटी हुई है तन से
भीनी भीनी किसी दोशीज़ा[12] बदन की ख़ुशबू

नौबहारों[13] के यह दिन तुझको करें आसूदा[14]
रंगे-आरिज़[15] से तिरे हुस्न[16] की हो गुलपोशी[17]
ख़ुश करे इश्क़[18] की गुस्ताख़[19] निगाही तुझको
तुझको सरशार[20] करे लज़्ज़ते-हमआग़ोशी[21]
नैशकर[22] रस की लताफ़त[23] से दहन[24] को भर दे
लबे-शीरीं[25] में हो चावल के निवालों[26] की मिठास
तेरी हस्ती[27] से रहे दूर बहुत दर्दे-फ़िराक़[28]
तेरी क़िस्मत में नहीं हिज्र[29] की रातों का हिरास[30]

आख़िरश[31] मौसमे-गुल[32] वीर वसंत आ ही गया
अपने हाथों में लिए इश्क़[33] की रंगीन कमान[34]
काले भौंरों की क़तारों[35] की लचकती डोरी
आम के बौर के तीर आते हैं या प्रेम के बान

---

1. धरती, 2. उत्सुकता, 3. स्वप्न, 4. भावनायें, 5. रंग की मिलावट, 6. मौसम, ऋतु, 7. शरीर की ठंडक, 8. शरीर की शोभा, 9. कपड़े के प्रकार, 10. ठंडी, 11. हर तरफ़, 12. कुमारी, 13. नव वसंत, 14. संतुष्ट, तृप्ट, 15. कपोलों का रंग, 16. सौंदर्य, 17. फूलों के ढकना, 18. प्रेम, 19. उद्दंड, 20. तृप्त, 21. आलिंगन का सुख, 22. गन्ना, 23. कोमलता, मृदुलता, 24. मुंह, 25. मधुर होंठ, 26. कौर, ग्रास, 27. अस्तित्व, 28. विरह का दर्द, 29. विरह, 30. निराशा, 31. आख़िर में, 32. वसंत, 33. प्रेम, 34. धनुष, 35. पंक्ति।

छेड़ते हैं ये मिरे दिल को, तिरे सीने को
हम तो अय चंद्रबदन इश्क़[1] के मतवाले हैं
हमने कब इश्क़ के देवता से किया है इनकार
हमने क्या शौक़[2] के पैग़ाम[3] कभी टाले हैं

जोशे-गुल[4] यह है कि शाख़ों[5] की झुकी है गर्दन
और हवा चलती है महकी हुई इतराई हुई
झीलें हैं सुर्ख़[6] कटोरों से कंवल के रौशन[7]
औरतें इश्क़ की किरनों से हैं गदराई हुई
दिल सुबुक[8], नर्म रवां[9] शाम हसीन-ओ-शादाब[10]
दिन के ले लेने का अंदाज़[11] इन्हें आता है
जो भी इस फ़स्ल में बालीदः-ओ-रोईदा[12] है
बू-ए-गुल[13] रंगे-बहारां[14] में बदल जाता है

बेला फूला है कि जलते हैं बयाबां[15] में चराग़
नूर[16] का कुंज नज़र आता है मधुबन जैसे
जिस तरह इश्क़ में हंसती है हसीना[17] कोई
जगमगा उठते हैं रुख़सारों[18] के गुलशन[19] जैसे
ज़ाहिदे-ख़ुश्क[20] की भी ख़ैर[21] नहीं है कि रवां[22]
हर तरफ़ हुस्न की और इश्क़ की तनवीरें[23] हैं
नौजवां सीनों में जज़्बात[24] हैं या आवेज़ां[25]
वस्ल[26] के ख़्वाबों[27] की हंसती हुई तस्वीरें[28] हैं

फ़स्ले-गुल[29] आई है या फ़स्ले-ख़िज़ां[30] आई है
एक माशूक़ः-ए-ख़ुर्शीदि-जमाल[31] आई है
कितने दिलकश[32] हैं मिरे मुल्क[33] के मौसम,[34] इनमें
हुस्न की बात करें, इश्क़ पर इसरार[35] करें

---

1. प्रेम, 2. आकांक्षा, 3. संदेश, 4. फूलों का जोश, 5. डालियां, 6. लाल, 7. प्रकाशमान, 8. नाज़ुक, 9. प्रवाहित, 10. सुसिक्त और सुंदर, 11. ढंग, 12. विकसित, 13. फूल की सुगंध, 14. बहारों का रंग, 15. जंगल, 16. प्रकाश, 17. सुंदरी, 18. कपोल, 19. उपवन, 20. शुष्कविरक्त, 21. कुशल, 22. गतिशील, 23. आभा, चमक, 24. भावनायें, 25. लटकती हुई, 26. मिलन, 27. स्वप्न, 28. चित्र, 29. वसंत, 30. हेमन्त, 31. सौंदर्य के सूर्य की प्रेमिका, 32. मोहक, 33. देश, 34. ऋतुयें, 35. आग्रह।

नूरे-महबूब[1] से रौशन करें आंखों के चिराग़
फूल की तरह से ज़िक्रे - लब - ओ - रुख़सार[2] करें

मुसहफ़े - हक़[3] की तरह खोलें किताबे - दिल[4] को
जिसमें जंग और जदल[5] का कोई अफ़साना नहीं
फ़स्ले - गुल[6], फ़स्ले - खिज़ां[7], फ़स्ले - ज़मिस्तां[8] है मगर
मौसमे - जंग[9] नहीं, मौसमे - वीराना[10] नहीं

(कालिदास की नज़्म 'ऋतुसंहार' से माख़ूज़)

सावन

मुहम्मद अफ़ज़ल 'अफ़ज़ल'

रसीदा[11] बरसरम[12] हंगामे-बरसात[13]
सजन परदेस हैं, हैहात ! हैहात[14]

घटा कारी चहारों ओर छाई
बिरह की फ़ौज ने कीनी चढ़ाई

अरे जब कूक कोयल ने सुनाई
तमामी[15] तन बदन में आग लाई

अंधेरी रात जुगनू जगमगावे
जले तन को मिरे दूना जलावे

सुनी जब मोर की आवाज़ बन सूं
शिकेब[16] अज़ दिल[17] गया, आराम तन सूं

---

1. प्रेमिका की आभा, 2. कपोलों और होंठों का जिक्र, 3. क़ुरान, 4. दिल की किताब, 5. दुश्मनी, 6. वसंत, 7. हेमन्त, 8. जाड़े, 9. युद्ध का मौसम, 10. तबाही व बरबादी का मौसम, 11. आ पहुंचा, 12. सर पर, 13. बरसात का समय, 14. शोक का सम्बोधक–हाय, हाय, 15. सारा, 16. धैर्य, 17. दिल से।

भरे जल थल भया सरसब्ज़[1] आलम[2]
रहा जल वस्ल[3] का सूखा निहालम[4]

हिंडोले चढ़ रहीं सब नार पिऊ संग
हसद[5] की आग ने जारा[6] मिरा रंग

चला सावन मगर साजन न आये
अरी किन दुतियों[7] ने टोने चलाए

भादों

मुहम्मद अफ़ज़ल 'अफ़ज़ल'

सियह[8] बांदर चहारों ओर छाए
लिया मुझ घेर, पिऊ अजहूं न आये

झड़ी पड़ने लगी और रद[9] गरजा
तमामी तन बदन ज्यों जान लरजा[10]

अकेली देख निस[11] कारी डरावे
तमामी रैन दिन बिरहा सतावे

घटा कारी के अन्दर बीज[12] चमके
डरे जिवरा कड़क सुन देह धमके

पिया बिन सेजरी[13] नागिन भई रे
हंसन खेलन की सगरी सुध गयी रे

सभी सखियां पिया संग सुख करत हैं
हमन सी पापियां नित दुख भरत हैं

---

1. हरा-भरा, 2. संसार, 3. मिलन, 4. पौधा, 5. ईर्ष्या, 6. जलाया, 7. लगाने-बुझानेवाली, 8. काली, 9. बादल, 10. कांपा, 11. रात, 12. बिजली, 13. सेज।

पिया परदेश जा हम कूं बिसारा
न जानूं क्या गुनह देखा हमारा

घटा ग़म की उमड़ छाती सूं आई
अरे दो नैन ने बरखा लगाई

कहो पिऊ की ख़बर पूछूं किसे जाय
लिखूं पतियां, किसे देऊं, हाय रे हाय

दुहल[1] रेहलत[2] का भादों ने बजाया
अजहूं लग सांवरा परदेस छाया

('बिकट कहानी' से माख़ूज़)

बरसात

मीर तक़ी 'मीर'

रुत है बरसात की बहुत प्यारी
मौजज़न[3] झीलें नद्दियां सारी

खेत धानों के लहलहे शादाब[4]
कर रहे हैं नज़र की दिलदारी[5]

क्या हरी दूब जंगलों में है
सब्ज़[6] मख़मल से है सिवा प्यारी

हर तरफ़ खिल रहे हैं गुल[7] बूटे
जिनसे शर्मिन्दा बाग़ की क्यारी

1. ढोल, नक़्क़ारा, 2. मृत्यु, 3. प्रवाहित, मौजें मारती हुई, 4. हरे-भरे, 5. हमदर्दी, 6. हरा, 7. फूल-पत्तियां।

नन्ही-नन्ही बरसती हैं बूंदें
रूह[1] पर होती है ख़ुशी तारी[2]

सोंदी सोंदी ज़मीन की मट्टी
भीनी भीनी चमन की बू[3] प्यारी

कोकिला बगला कोयलें ताऊस[4]
अपनी तानें सुनाते हैं प्यारी

क़ाज़ें[5] मुर्ग़ाबियां[6] बते[7] सुर्ख़ाब[8]
झीलों के साथ करती हैं यारी[9]

शफ़क़े - सुर्ख़[10] रंग लाई है
लालागूं[11] है सिपिहरे - ज़ंगारी[12]

बदलियां छा रही हैं गर्दूं[13] पर
ज़र्द[14] ऊदी[15] सुनहरी ज़ंगारी[16]

सैर मछली भवन की चलकर देख
क्या नुमायां[17] है क़ुदरते - बारी[18]

मछलियों की चमक में है छलबल
जैसे रक़्सां[19] बुताने - फ़रख़ारी[20]

---

1. आत्मा, 2. छायी हुई, 3. गन्ध, 4. मोर, 5. जंगली बतखें, 6. जलमुर्ग़ी, 7. बतख़ें, 8. चकवा, 9. दोस्ती, 10. लाल, 11. लाला के फूल जैसा, रक्तवर्ण, 12. ज़ंग लगा हुआ आकाश, 13. आकाश, 14. पीली, 15. भूरी, 16. ज़ंग के रंग की, 17. प्रकट, 18. खुदा की कुदरत, 19. नृत्य करते हुए, 20. मूर्तियां।

कसरते-बारिश[1]

मीर तक़ी 'मीर'

क्या कहूं अबके कैसी है बरसात
जोशे-बारां[2] से बह गये हैं पात

बूंद थमती नहीं है अबके साल
चर्ख़[3] गोया[4] है आब - दर - ग़रबाल[5]

जैसे दरिया उबलते देखे हैं
यां सौ परनाले चलते देखे हैं

वही यकसां[6] अंधेरे बरसे हैं
आसमां[7] चश्मे-वा[8] को तरसे हैं

माह-ओ-ख़ुर्शीद[9] अब निकलते हैं
तारे डूबे हुए उछलते हैं

रोज़-ओ-शब[10] यां हमेशा झमका है
इन दिनों रंगे-बर्क़[11] चमका है

अब्रे-रहमत[12] है या कि ज़हमत[13] है
एक आलम[14] ग़रीक़े-रहमत[15] है

न है जलसा[16] न रब्ते-यारां[17] है
शहर में है तों बाद-ओ-बारां[18] है

---

1. वर्षा की अधिकता, 2. वर्षा का ज़ोर, 3. आकाश, 4. अर्थात्, 5. छलनी में पानी, 6. एक-जैसा, 7. आकाश, 8. खुली आंख, 9. चांद-सूरज, 10. रात-दिन, 11. बिजली का रंग, 12. दया के बादल, 13. कष्ट, 14. संसार, 15. रहमत में डूबा हुआ, 16. महफ़िल, 17. दोस्तों से मेल-जोल, 18. हवा और बारिश।

आदमी हैं सो कब निकलते हैं
मर्दुमे-आबी[1] फिरते चलते हैं

हर तरफ़ हैं नज़र में अब्र सियाह[2]
पानी है जिस तरफ़ को करिये निगाह

लिखिये क्या मीर मेंह की तुग़ियानी[3]
हो गयी है सियाही भी पानी

('जश्ने-होली-ओ-कतख़ुदाई' से माख़ूज़)

बरसात की बहारें

'नज़ीर' अकबराबादी

हैं इस हवा में क्या-क्या बरसात की बहारें
सब्ज़ों[4] की लहलहाहट, बाग़ात[5] की बहारें
बूंदों की झमझमाहट, क़तरात[6] की बहारें
बरसात के तमाशे, हर घात की बहारें
क्या क्या मची हैं यारो बरसात की बहारें

बादल हवा के ऊपर हो मस्त छा रहे हैं
झड़ियों की मस्तियों से धूमें मचा रहे हैं
पड़ते हैं पानी हरजा[7], जल-थल बना रहे हैं
गुलज़ार[8] भीगते हैं सब्ज़े[9] नहा रहे हैं
क्या क्या मची हैं यारो बरसात की बहारें

1. पानी में रहनेवाले मानव, 2. काले बादल, 3. तूफ़ान, 4. हरियाली, 5. बाग़ (ब.व.), 6. बूंदें, 7. हर जगह, 8. बाग़, उपवन, 9. हरियाली।

मारे हैं मौज डाबर दरिया[1] दुवंद[2] रहे हैं
मोर-ओ-पपीहे कोयल क्या-क्या रुमंद[3] रहे हैं
झड़ कर रही हैं झरियां, नाले उमंड रहे हैं
बरसे हैं मेंह झड़ाझड़ बादल घुमंड रहे हैं
क्या क्या मची हैं यारो बरसात की बहारें

जंगल सब अपने तन पर हरियाली सज रहे हैं
गुल, फूल, झाड़, बूटे कर अपनी धज रहे हैं
बिजली चमक रही है, बादल गरज रहे हैं
अल्लाह के नक़ारे नौबत के बज रहे हैं
क्या क्या मची हैं यारो बरसात की बहारें

सब्ज़ों की लहलहाहट, कुछ अब्र[4] की सियाही[5]
और छा रही घटायें, सुर्ख़[6] और सफ़ेद काही
सब भीगते हैं घर घर ले माह ता ब माही[7]
यह रंग कौन रंगे तेरे सिवा इलाही[8]
क्या क्या मची हैं यारो बरसात की बहारें

क्या क्या रखे है यारब[9] सामान तेरी क़ुदरत[10]
बदले है रंग क्या-क्या हर आन तेरी क़ुदरत
सब मस्त हो रहे हैं पहचान तेरी क़ुदरत
तीतर पुकारते हैं "सुब्हान[11] तेरी क़ुदरत"
क्या-क्या मची हैं यारो बरसात की बहारें

बोलें बये, बटेरें, क़ुमरी[12] पुकारे कू कू
पी पी करे पपीहा, बगले पुकारें तू. तू
क्या हुदहुदों[13] की हक़-हक़ क्या फ़ाख़्ता की हू-हू
सब रट रहे हैं तुझको, क्या पंख क्या पखेरू
क्या क्या मची हैं यारो बरसात की बहारें

---

1. नदियां, 2. जोश मारना, 3. शोर मचाना, 4. बादल, 5. अंधकार, 6. लाल, 7. चांद और मछली, अर्थात् ऊपर से नीचे तक, 8. खुदा, 9. या खुदा, 10. लीला, 11. वाह वाह, 12. एक पक्षी, 13. एक पक्षी।

जो ख़ुश हैं वे ख़ुशी में काटे हैं रात सारी
जो ग़म में हैं, उन्हूं पर गुज़रे है रात भारी
सीनों से लग रही हैं जो हैं पिया की प्यारी
छाती फटे है उनकी जो हैं बिरह की मारी
क्या क्या मची हैं यारो बरसात की बहारें

जो वस्ल[1] में हैं उनके जूड़े महक रहे हैं
झूलों में झूलते हैं, गहने झमक रहे हैं
जो दुख में हैं, सो उनके सीने फड़क रहे हैं
आहें निकल रही हैं आंसू टपक रहे हैं
क्या क्या मची हैं यारो बरसात की बहारें

गाती है गीत कोई झूले पे करके फेरा
मारू जी[2] आज कीजो यां रैन का बसेरा
है ख़ुश, किसी को आकर है दर्द-ओ-ग़म[3] ने घेरा
मुंह ज़र्द[4] बाल बिखरे और आंखों में अंधेरा
क्या क्या मची हैं यारो बरसात की बहारें

और जिनको अब मुहैया[5] हुस्नों[6] की ढेरियां हैं
सुर्ख़[7] और सुनहरे कपड़े इशरत[8] की घेरियां हैं
महबूब[9] दिलबरों[10] की जुल्फ़ें[11] बिखेरियां हैं
जुगनू चमक रहे हैं, रातें अंधेरियां हैं
क्या क्या मची हैं यारो बरसात की बहारें

कितनों को महलों अन्दर है ऐश[12] का नज़ारा[13]
या सायबान[14] सुथरा या बांस का ओसारा[15]
करता है सैर कोई कोठे का ले सहारा
मुफ़लिस[16] भी कर रहा है पौले तले गुज़ारा
क्या क्या मची है यारो बरसात की बहारें

---

1. मिलन, 2. जंगजू, लड़ाका, माशूक़ को इस तरह मुख़ातिब किया जाता है, 3. शोक, 4. पीला, 5. प्राप्त, 6. सुंदरी, 7. लाल, 8. ऐश्वर्य, 9. प्रेमिका, 10. दिल लेनेवाला, 11. बाल, लटें, 12. विलास, 13. दृश्य, दर्शन, 14. छज्जा, 15. बरामदा, 16. ग़रीब, निर्धन।

कोई पुकारता है लो यह मकान[1] टपका
गिरती है छत की भट्टी और सायबान[2] टपका
छलनी हुई अटारी,[3] कोठा निदान टपका
बाक़ी था इक ओसारा सो वह भी आन टपका
क्या क्या मची हैं यारो बरसात की बहारें

सब्ज़ों[4] पे बीर बहूटी[5], टीलों उपर धतूरे
पिस्सू से मच्छरों से रोये कोई बिसूरे
बिच्छू किसी को काटे कीड़ा किसी को घूरे
आंगन में कनसलाई, कोनों में कनखजूरे
क्या क्या मची हैं यारो बरसात की बहारें

जिस गुलबदन[6] के तन में पोशाक[7] सौसनी[8] है
सो वह परी तो ख़ासी काली घटा बनी है
और जिसपे सुर्ख़[9] जोड़ा, या ऊदी[10] ओढ़नी है
उस पर तो सब घुलावट बरसात की छनी है
क्या क्या मची हैं यारो बरसात की बहारें

और जिस सनम[11] के तन में जोड़ा है ज़ाफ़रानी[12]
गुलनार[13] या गुलाबी, या ज़र्द,[14] सुर्ख़[15], धानी[16]
कुछ हुस्न[17] की चढ़ाई और कुछ नई जवानी
झूलों में झूलते हैं, ऊपर पड़े है पानी
क्या क्या मची हैं यारो बरसात की बहारें

कोई तो झूलने में झूले की डोर छोड़े
या साथियों में अपने पांवों से पांव जोड़े
बादल खड़े हैं सर पर बरसे हैं थोड़े-थोड़े
बूंदों से भीगते हैं लाल और गुलाबी जोड़े
क्या क्या मची हैं यारो बरसात की बहारें

---

1. घर, 2. छज्जा, 3. कोठा, 4. हरियाली, 5. लाल मख़मल जैसा कीड़ा, 6. फूल जैसे शरीरवाली, 7. वस्त्र. 8. नीली, 9. लाल, 10. भूरी, नीली, 11. मूर्ति, प्रेमिका, 12. केसरी, 13. लाल, अनार के रंग का, 14. लीला, 15. लाल, 16. हल्का, हरा, 17. सौंदर्य।

कितने शराब पीकर हो मस्त छक रहे हैं
मय[1] की गुलाबी[2] आगे प्याले छलक रहे हैं
होता है नाच घर-घर घुंघरू झनक रहे हैं
पड़ता है मेंह झड़ाझड़ तबले खड़क रहे हैं
क्या क्या मची हैं यारो बरसात की बहारें

हैं जिनके तन मुलाइम[3] मैदे की जैसे लोई
वो इस हवा में ख़ासी ओढ़े फिरे हैं लोई
और जिनकी मुफ़्लिसी[4] ने शर्म-ओ-हया[5] है खोई
है उनके सरपे सिरकी या बोरिये की खोई
क्या क्या मची हैं यारो बरसात की बहारें

जो इस हवा में यारो दौलत[6] में कुछ बड़े हैं
हैं उनके सर पे छत्री हाथी उपर चढ़े हैं
हमसे ग़रीब गुर्बा, कीचड़ में गिर पड़े हैं
हाथों में जूतियां हैं और पायंचे चढ़े हैं
क्या क्या मची हैं यारो बरसात की बहारें

है जिन कने मुहैया[7] पक्का पकाया खाना
उनको पलंग पे बैठे झड़ियों का हज़[8] उठाना
है जिनको अपने घर में पान नोन तेल लाना
है सर पे उनके पंखा या छाज है पुराना
क्या क्या मची हैं यारो बरसात की बहारें

कहता है कोई अपने महबूब-सीमबर[9] से
इस मेंह में तुम न जाओ प्यारे हमारे घर से
कोई कहे है अपने दिलदार[10] खुशनज़र[11] से
हाथों से मेरे जानी खा ले यह दो अंदरसे[12]
क्या क्या मची हैं यारो बरसात की बहारें

---

1. शराब, 2. शराब, 3. कोमल, 4. दरिद्रता, 5. लज्जा, 6. धन, 7. प्राप्त, 8. आनंद, 9. चांदी जैसे शरीरवाला, 10. प्रेमिका, 11. सुंदर आंखोंवाला, 12. एक मिठाई।

कीचड़ से हो रही है जिस जा[1] ज़मीं[2] फिसलनी
मुश्किल हुई है वां से हर इक को राह चलनी
फिसला जो पांव, पगड़ी मुश्किल है फिर संभलनी
जूती गिरी तो वां से क्या बात फिर निकलनी
क्या क्या मची हैं यारो बरसात की बहारें

गिरकर किसी के कपड़े दलदल में हैं मुअत्तर[3]
फिसला कोई किसी का कीचड़ में मुंह गया भर
इक-दो नहीं फिसलते, कुछ इनमें आन, अकसर[4]
होते हैं सैकड़ों के सर नीचे पांव ऊपर
क्या क्या मची हैं यारो बरसात की बहारें

यह रुत वो है कि जिसमें ख़ुर्द-ओ-कबीर[5] खुश हैं
अदना[6], ग़रीब, मुफ़्लिस[7], शाह-ओ-वज़ीर[8] ख़ुश हैं
माशूक़[9] शाद-ओ-ख़ुर्रम[10], आशिक़[11] असीर[12] ख़ुश हैं
जितने हैं अब जहां[13] में सब अय 'नज़ीर' ख़ुश हैं
क्या क्या मची हैं यारो बरसात की बहारें

बरखा रुत

ख़्वाजा अल्ताफ़ हुसैन 'हाली'

गर्मी की तपिश[14] बुझाने वाली
सर्दी का पयाम[15] लाने वाली
क़ुदरत[16] के अजाइबात[17] की कान[18]
आरिफ़[19] के लिए किताबे-इरफ़ान[20]

---

1. जगह, 2. धरती, 3. भीगे हुए, 4. अधिकांश, 5. छोटे-बड़े, 6. दरिद्र, 7. निर्धन, 8. राजा और मंत्री, 9. प्रेमिका, 10. प्रसन्न, 11. प्रेमी, 12. क़ैदी, 13. संसार, 14. गर्मी, 15. संदेश, 16. प्रकृति, 17. विचित्रतायें, 18. खान, 19. ज्ञानी, 20. ब्रह्मज्ञान की पुस्तक।

वो शाख़-ओ-दरख़्त[1] की जवानी
वो मोर-ओ-मलख़[2] की ज़िंदगानी[3]
वो सारे बरस की जान[4] बरसात
वह कौने-ख़ुदा की शान[5] बरसात
आई है बहुत दुआओं[6] के बाद
और सैकड़ों इल्तिजाओं[7] के बाद
बरसात का बज रहा है डंका
इक शोर[8] है आसमां[9] पे बरपा[10]
है अब्र[11] की फ़ौज आगे आगे
औ पीछे हैं दल के दल हवा के
हैं रंग-बरंग के रिसाले[12]
गोरे हैं कहीं कहीं हैं काले
है चर्ख़[13] पे छावनी-सी छाती
एक आती है फ़ौज[14] एक जाती
मेंह का है ज़मीं[15] पर दड़ेड़ा[16]
गर्मी का डुबो दिया है बेड़ा[17]
बिजली है कभी जो कौंद जाती
आंखों में है रौशनी-सी आती
घंघोर घटायें छा रही हैं
जन्नत[18] की हवायें आ रही हैं
कोसों है जिधर निगाह जाती
क़ुदरत[19] है नज़र ख़ुदा का आती
सूरज ने निक़ाब[20] ली है मुंह पर
और धूप ने तह किया है बिस्तर
बाग़ों ने किया है ग़ुस्ले-सेहत[21]
खेतों को मिला है सब्ज़ ख़िलअत[22]

---

1. डाली और वृक्ष, 2. टीटरी, एक पक्षी, 3. जीवन, 4. प्राण, 5. लीला, 6. प्रार्थना, 7. विनती, 8. कोलाहल, 9. आकाश, 10. छाया हुआ, 11. बादल, 12. सेना की टुकड़ियां, 13. आकाश, 14. सेना, 15. धरती, 16. हमला, 17. नवसेना, 18. स्वर्ग, 19. प्रकृति, लीला, 20. मुख पट, 21. स्वास्थ्य-स्नान, 22. राज पुरस्कार।

सब्ज़े से है कोह-ओ-दश्त[1] मामूर[2]
है चार तरफ़ बरस रहा नूर[3]
फूलों से पटे हुए हैं कोहसार[4]
दूल्हा से बने हुए हैं अशजार[5]
पानी से भरे हुए हैं जल थल
है गूंज रहा तमाम[6] जंगल
करतें हैं पपीहे पीहू पीहू
और मोर चिंघाड़ते हैं हर सू[7]
कोयल की है कूक जी लुभाती
गोया कि है दिल में बैठी जाती
मेंडक जो हैं बोलने पे आते
संसार को सर पे हैं उठाते
अब्र[8] आया है घिर के आसमां[9] पर
कलमे[10] हैं .ख़ुशी के हर ज़बां[11] पर
जाता है कोई मल्हार[12] गाता
है देस में कोई गुनगुनाता
खम[13] बाग़ों में जा-ब-जा[14] गड़े हैं
झूले हैं कि सू-ब-सू[15] पड़े हैं
कुछ लड़कियां बालियां हैं कमसिन[16]
जिनके हैं ये खेलकूद के दिन
हैं फूल रही .ख़ुशी से सारी
और झूल रही हैं बारी-बारी
जब गीत हैं मिल के सारी गाती
जंगल को हैं सर पे वो उठाती
इक सबको खड़ी झुला रही है
इक गिरने से ख़ौफ़[17] खा रही है
है इनमें कोई मलार गाती
और दूसरी पेंग है चढ़ाती

---

1. हरियाली, 2. जंगल और पहाड़, 3. भरा हुआ, 4. प्रकाश, 5. पहाड़ी क्षेत्र, 6. वृक्ष, पेड़, 7. संपूर्ण, 8. हर तरफ़, 9. आकाश, 10. वाक्य, वचन, 11. वाणी, 12. एक राग, 13. खम्भे, 14. जगह-जगह, 15. जगह-जगह, 16. कम उम्र, 17. भय।

गाती है कभी कोई हिंडोला
कहती है कोई बिदेसी ढोला
नद्दी नाले चढ़े हुए हैं
तैराकों के दिल बढ़े हुए हैं
ज़ोरों पे चढ़ा हुआ है पानी
मौजों की हैं सूरतें डरानी[1]
नावें हैं कि डगमगा रही हैं
मौजों के थपेड़े खा रही हैं
मल्लाहों के उड़ रहे हैं औसां[2]
बेड़े का ख़ुदा ही है निगहबां[3]
मंझदार की रौ यह ज़ोर पर है
मछली को भी जान का ख़तर[4] है

फ़ज़ा-ए-बर्शगाल[5]

मुंशी दुर्गा सहाय 'सुरूर' जहानाबादी

उठा वो झूम के साक़ी[6] चमन में अब्रे-बहार[7]
चटक रहे हैं शगूफ़े[8] बरस रही है फुवार

सहीक़दों[9] का है जमघट कनारे-आबे-रवां[10]
कि ब्रज में लबे-जमुना[11] है गोपियों की क़तार[12]

तराना-रेज़[13] है यूं शाख़े-सर्व[14] पर क़ुमरी[15]
कि जैसे गाती हो मधुबन में कोई सुंदर नार

है मोतियों की लड़ी या क़तार[16] बगलों की
हवा में उड़ते हैं जुगनू कि छूटते हैं अनार

1. भयानक, 2. होश, 3. देखभाल करनेवाला, 4. भय, 5. वर्षा का वातावरण, 6. मदिरा वितरक, 7. बहार का बादल, 8. कलियां, 9. सीधे और लम्बे आकार की, सुन्दरियां, 10. प्रवाहित जल, 11. यमुना के किनारे, 12. पंक्ति, 13. गीत छेड़ रही है, 14. सर्व की डाली, 15. कोयल, 16. पंक्ति।

अजब निशात[1] है बादाकशो[2] चलो तो सही
पयामे-ऐश[3] है लाया चमन में अब्रे-बहार

आमदे-अब्र[4]

'बेनज़ीर' शाह

घटा ऊदी ऊदी[5] क्या छा गयी
बहारे-चमन[6] रंग पर आ गयी

परों को इधर मोर तोले हुए
घटायें उधर बाल खोले हुए

वो कोयल ग़ज़ब नै[7] बजाती हुई
पपीहों से तानें लड़ाती हुई

हवा दोश[8] पर शाल डाले हुए
घटाओं के आंचल संभाले हुए

घटायें, वो बगलों की हर सू[9] क़तार[10]
कि ज़ुलमत[11] में आबे-हयात[12] आशकार[13]

सियाही[14] में यह उजली-उजली लकीर[15]
रवां[16] दामने-कोह[17] में जू-ए-शीर[18]

ज़मीं-ओ-फ़लक[19] पर है मस्ती का शोर[20]
गरजते ही बादल के चिल्लाए मोर

कभी अब्र[21] गिरियां[22] कभी ख़न्दाज़न[23]
है दीवाने का स्वांग चर्ख़े-कुहन[24]

---

1. आनंद, 2. मदिरा पीनेवालो, 3. ऐश का संदेश, 4. बादल का आगमन, 5. भूरी, 6. चमन की शोभा, 7. बंशी, 8. कंधा, 9. हर तरफ़, 10. पंक्ति, 11. अंधकार, 12. अमृत, 13. अकट, 14. अंधेरा, 15. रेखा, 16. प्रवाहित, 17. पहाड़ का दामन, 18. दूध की नदी, 19. धरती और आकाश, 20. कोलाहल, 21. बादल, 22. रोना, 23. मुस्कान, 24. पुराना, गगन।

फ़लक[1] पर गरजता है अब्रे-मुतीर[2]
ज़मीं पर न क्यों रिन्द[3] गायें कबीर

यह बारीक बूंदें यह गहरी घटा
यह सब्ज़ः-ए-ख़ुनक[4] और ठंडी हवा

दरख़्तों[5] से ताइर[6] उड़े क्या मजाल[7]
फुहारों ने डाला है जाली का जाल

गरज बादलों की सुनाती हुई
बहार आई डंके बजाती हुई

जो करता है शोख़ी[8] कुछ अब्रे-रवां[9]
लगाती हैं कोड़े उसे बिजलियां

घटा रक़्स[10] परवाज़े-मस्ती[11] है आज
कि मोरों पे आवाज़ें कसती है आज

बुलंदी[12] को नज़रों में तोले हुए
ये परियां उड़ीं बाल खोले हुए

हर एक अपनी रफ़अत[13] दिखाने लगी
कि गर्दूं[14] में थिगली लगाने लगी

सियह[15] मस्त बादल जो छाए हैं आज
ये पा-बोसे-साक़ी[16] को आये हैं आज

1. आकाश, 2. बरसता हुआ बादल, 3. शराबी, 4. ठंडी हरियाली, 5. वृक्ष, पेड़, 6. पक्षी, 7. साहस, 8. चंचलता, 9. प्रवाहित बाल, 10. नृत्य, 11. मस्ती में, 12. ऊंचाई, 13. ऊंचाई, 14. गगन, 15. काले, 16. साक़ी के पांव चूमने।

बरसात की बहार

मुंशी द्वारका प्रसाद 'उफ़ुक़' लखनवी

रुत आई हुस्न-ओ-इश्क़अंगेज़[1] फ़सले-ख़ुशगवार[2] आई
बहार[3] आई बहार आई बहार आई बहार आई

कभी ऊदी घटा छाई कभी काली घटा उठ्टी
जब उठ्टी दिल लुभानेवाली मतवाली घटा उठ्टी

चमक दिखलाके कौंदा[4] इस तरह ख़ामोश होता है
कोई झलकी दिखाकर जिस तरह रूपोश[5] होता है

गुबारे-दिल[6] ज़मीं[7] का धुल गया बादल के पानी से
जड़ें सींचीं गईं सब्ज़े की आबे-ज़िंदगानी[8] से

हरी खेती हुई शादाबिः-ए-किश्ते-ज़राअत[9] से
पड़ा सूखे हुए धानों में पानी आबे-रहमत[10] से

सितम[11] है नाज़[12] से रखना क़दम ज़ुहरा-जबीनों[13] का
क़यामत[14] है उठाकर पायंचे चलना हसीनों[15] का

है चौथी[16] की दुल्हन की सी जवानी मुर्ग़ज़ारों[17] पर
फ़ज़ा[18] गुलज़ार की क़ुर्बान[19] है इनकी बहारों पर

पपीहे ने कहीं पी पी कहा कोयल कहीं कूकी
कहीं धुन बांध दी शमशाद[20] पर क़ुमरी[21] ने कू कू की

---

1. सौंदर्य और प्रेमप्रद, 2. सुहाना मौसम, 3. शोभा, 4. बिजली, 5. छुपना, 6. दिल का मैल, 7. धरती, 8. जीवन-जल, 9. खेत की सेराबी, 10. खुदा की दया का पानी, 11. अत्याचार, 12. अदा, नखरे, 13. आभायुक्त ललाटवाली, 14. प्रलय, 15. सुन्दरियों, 16. विवाह के दूसरे दिन चौथी की रस्म होती है, 17. बाग़, 18. वातावरण, 19. न्योछावर, 20. सरो, 21. कोयल।

कहीं जंगल में उड़कर नाचती कब्के-दरी[1] आई
यह गोया क़ाफ़[2] से बज़्मे-सुलेमां[3] में परी आई

कहीं ताऊस[4] का गुल[5] है कहीं झंकार झींगुर की
कहीं है जांफ़िज़ाई[6] कोकिला के दिलरुबा[7] सुर की

चमकते हैं नई सज-धज अनोखी शान से जुगनू
चमकते हैं गुलू-ए-यार[8] में जिस शाम से जुगनू

तुयूरे-खुशनवा[9] नख़्लों[10] पे रस लेते हैं फूलों का
फली फूली हुई शाख़ें[11] मज़ा देती हैं झूलों का

दरख़्तों[12] पर फटा पड़ता है जोबन सब्ज़ परियों का
हसीनों का छलावा है हवा-ए-सर्द[13] का झोंका

नसीमे-सुब्ह[14] सहने-बाग़[15] में दिन रात चलती है
परिस्तां की परी है छुप के नज़रों से टहलती है

गुलू-ए-कोकिला[16] से लहने-दाऊदी[17] हरी बोला
हुए गुल सुन वो बुलबुल बोलियां जादू-भरी बोला

हुआ शमशाद को सक्ता[18] वो नग़्मे[19] क़ुमरियां गाईं
मलारें मोर ने बुलबुल ने फ़स्ली ठुमरियां गाईं

कहां तक ज़िक्र हो इस फ़स्ले-ऐशअफ़ज़ा[20] के आलम[21] का
फ़क़त[21] है हिंद में घर इस बहार-अंगेज़[23] मौसम का

---

1. चकोर, 2. एक पर्वत, 3. सुलेमान की महफ़िल, 4.मोर, 5. कोलाहल, 6. आनंद, 7. मधुर, 8. प्रेमिका का गला, 9. मधुर कंठ पक्षी, 10. वृक्ष, पेड़, 11. डालियां, 12. वृक्ष, 13. ठंडी हवा 14. प्रातःसमीर, 15. बाग़ का आंगन, 16. कोकिला का गला, 17. दाऊद पैग़म्बर के गाने की तान, 18. मूर्च्छारोग, 19. गीत, 20. ऐशदायक मौसम, 21. दशा, 22. केवल, 23. शोभाप्रद।

बरसात की उमंग

सैयद फ़ज़्लुल हसन 'हसरत' मोहानी

घिर के आख़िर आज बरसी है घटा बरसात की
मैकदों[1] में कब से होती थी दुआ[2] बरसात की

मूजिबे-सोज़-ओ-सुरूर[3]-ओ-बाइसे-ऐश-ओ-नशात[4]
ताज़गी बख़्शे[5] दिल-ओ-जां[6] है हवा बरसात की

शामे-सरमा[7] दिलरुबा[8] थी सुब्हे-गर्मा[9] ख़ुशनुमा[10]
दिलरुबातर ख़ुशनुमातर है फ़ज़ा[11] बरसात की

सुर्ख़ पोशिश[12] पर है ज़र्द-ओ-सब्ज़[13] बूटों की बहार
क्यों न हों रंगीनियां तुझ पर फ़िदा[24] बरसात की

देखनेवाले हुए जाते हैं पामाले - हवस[15]
देखकर छब तेरी अय रंगीं अदा बरसात की

लाज़िम-ओ-मलज़ूम[16] है अब्रे-तर-ओ-दामाने-तर[17]
दरख़ुरे-रहमत[18] है 'हसरत' यह ख़ता[19] बरसात की

---

1. मदिरालय, 2. प्रार्थना, 3. नशे और गर्मी का कारण, 4. सुख और आनंद का कारण, 5. प्रदान करे, 6. दिल और जान, 7. सर्दी की शाम, 8. मनोहर, 9. गर्मी का प्रातःकाल, 10. सुहावना, 11. वातावरण, 12. वस्त्र, 13. पीले और हरे, 14. क़ुर्बान, न्योछावर, 15. अत्यधिक लालसा से नष्ट, 16. अनिवार्य और आवश्यक, 17. आर्द्र बादल और आर्द्र दामन, 18. दया की पात्र, 19. अपराध, ग़लती।

बरसात की पहली घटा

'जोश' मलीहाबादी

क्या जवानी है फ़ज़ा[1] में, मरहबा[2] सद[3] मरहबा
चल रही है रूह[4] को छूती हुई ठंडी हवा
आ रही है दूर से काफ़िर[5] पपीहे की सदा
हुस्न[6] उठा है ख़ाक[7] से अंगड़ाइयां लेता हुआ

झूमकर बरसी है क्या बरसात की पहली घटा

आर्ज़ू[8] में हैं तलातुम[9], जोश अर्मानों[10] में है
हसरतों[11] में वलवले[12] हैं, ताज़गी जानों में है
नौजवानी का तबस्सुम[13] सर्द[14] मैदानों में है
रौशनी है दश्त[15] में ख़ुशबू बयाबानों[16] में है

झूमकर बरसी है क्या बरसात की पहली घटा

मुतरिबों[17] ने साहिलों[18] पर जाके छेड़े हैं सितार
हल धरे कांधों पे हंसते जा रहे हैं काश्तकार[19]
मस्त है जंगल में चरवाहा चमन में जू-ए-बार[20]
गा रहा है नाख़ुदा[21] दरिया[22] के सीने पर मलार

झूमकर बरसी है क्या बरसात की पहली घटा

बस्तियों में नै[23] है गर्मे-ज़मज़मा[24], जंगल में बांस
जी उठी है धूप के मारे हुए मैदां[25] में घास
ले रहे हैं फूल इत्मीनान[26] से बाग़ों में सांस
अब्र[27] के नाख़ुन ने दिल से खींच ली गर्मी की फांस

झूमकर बरसी है क्या बरसात की पहली घटा

---

1. वातावरण, 2. वाह-वाह, 3. सौ, 4. आत्मा, 5. विधर्मी, ज़ालिम, 6. सौंदर्य, 7. धूल, 8. अभिलाषा, 9. जोश, 10. आकांक्षा, 11. अपूर्ण इच्छा, 12. जोश, 13. मुस्कान, 14. ठंडे, 15. जंगल, 16. निर्जन स्थान, 17. गायक, 18. किनारा, 19. किसान, 20. बहती हुई नदी, 21. नाविक, मल्लाह, 22. नदी, 23. बंसी, 24. गीत, 25. मैदान, 26. संतोष, 27. बादल।

माहपैकर[1] लड़कियां रंगीनियों पर तुल गईं
रंग की पुड़ियां हज़ारों एक दिन में खुल गईं
ली जो गहरी सांस दिल की कुलफ़तें[2] सब घुल गईं
गर्द[3] कुछ इस तरह से बैठी कि आंखें खुल गईं

झूमकर बरसी है क्या बरसात की पहली घटा

भर दिए पानी ने जल थल, नद्दियां बहने लगीं
छोड़कर शानों[4] पे जुल्फ़ें[5] मुस्कुराए नाज़नीं[6]
आज है ग़र्क़े-सफ़ेदी[7], सुर्ख़[8] थी कल जो ज़मीं[9]
सर्द[10] पानी चूसकर ज़र्रों[11] ने आंखें बन्द कीं

झूमकर बरसी है क्या बरसात की पहली घटा

छा गयी लो दफ़अतन[12] आमों के बाग़ों पर बहार[13]
उठ रही है सोंधी-सोंधी सी शमीमे-खुशगवार[14]
शाख़[15] पर कोयल ग़ज़लख़्वां[16] है लबे-जू[16] मैगुसार[18]
गा रहे हैं, रख के डोली नीम के नीचे कहार

झूमकर बरसी है क्या बरसात की पहली घटा

पड़ रहा है तेज़ पानी, पक रही हैं पूरियां
रक़्स[19] करता जा रहा है मौजे-बारां[20] में धुआं
महवशों[21] की ज़ेब-ओ-ज़ीनत[22] अलहफ़ीज़-ओ-अलअमां[23]
हर कलाई में नज़र आती हैं धानी चूड़ियां

झूमकर बरसी है क्या बरसात की पहली घटा

---

1. चांद जैसे सुन्दर डीलडौल वाली, 2. तकलीफ़ें, 3. धूल, 4. कंधों, 5. लटें, बाल, 6. सुन्दरियां, 7. सफेदी में डूबी हुई, 8. लाल, 9. धरती, 10. ठंडा, 11. कण, 12. सहसा, 13. शोभा, फ़सल, 14. सुहानी हवा, 15. डाली, 16. ग़ज़ल गाने में लीन, 17. नदी के किनारे, 18. मदिरा पीनेवाले, 19. नृत्य, 20. बरसात की मौज, 21. चांद जैसी आभा वाली सुन्दरियां, 22. शोभा और शृंगार, 23. खुदा सुरक्षित रखे।

अब्र[1] के सैलाब[2] में डूबा हुआ है जुज़्व-ओ-कुल[3]
ख़ार[4] की नब्ज़ों[5] में भी दौड़ा हुआ है ख़ूने-गुल[6]
सहन में पानी है और पानी में है बच्चों का गुल[7]
इक तरफ़ लकड़ी की कश्ती[8] इक तरफ़ मट्टी का पुल

झूमकर बरसी है क्या बरसात की पहली घटा

बाहमी[9] आवेज़िशें[10] ग़मख़्वारियां[11] सी बन गईं
बेज़री[12] की कुलफ़तें[13] ज़रदारियां[14] सी बन गईं
भर गया पानी, ज़मीं पर धारियां सी बन गईं
जा ब जा मट्टी जो सिमटी क्यारियां सी बन गईं

झूमकर बरसी है क्या बरसात की पहली घटा

ज़िंदगी की सर्द[15] नब्ज़ों[16] में हरारत[17] आ गयी
मुनइमों[18] में ख़ुल्क़[19] कांटों में नज़ाक़त[20] आ गयी
हिज्र[21] के अफ़सुर्दा[22] चेहरों पर बशाशत[23] आ गयी
हद है ख़ुशचश्मों[24] की आंखों में मुरव्वत[25] आ गयी

झूमकर बरसी है क्या बरसात की पहली घटा

---

1. बादल, 2. बाढ़, 3. अंश और संपूर्ण, 4. कांटा, 5. धमनियों में, 6. फूल का रक्त, 7. शोर, कोलाहल, 8. नाव, 9. परस्पर, 10. मेल-जोल, 11. सहानुभूति, 12. निर्धनता, 13. कष्ट, 14. धनाढ्यता, 15. ठंडी, 16. नाड़ी, 17. गर्मी, 18. धनी लोग, 19. शिष्टाचार, 20. कोमलता, 21. विरह, 22. उदास, 23. प्रसन्नता, 24. बेमुरव्वत, 25. लिहाज़।

बरसात

(आसाढ़, सावन और भादों)

अब्दुल मजीद 'शम्स'

आसाढ़ आया, बारिश[1] न आई मगर
हर इक की सू-ए-आसमां[2] है नज़र

है शिद्दत[3] से बरसात का इन्तिज़ार[4]
परेशां[5] बहुत है दिले-काश्तकार[6]

कि अब निकले जाते हैं खेती के दिन
न देखें कहीं .खुश्कसाली[7] के दिन

मकई और कितारी[8] हैं अफ़सुर्दाहाल[9]
झुकाए हुए सर है हर नौनिहाल[10]

हर इक दिन क़यामत[11] हर इक शब[12] बला[13]
अज़ीयत[14] में मख़लूक़[15] है मुब्तिला[16]

यकायक[17] घटा आसमां पर उठी
हर इक सिम्त[18] तेज़ी से बढ़ने लगी

हवा थी जो साकित[19] हुई तेज़-पा[20]
चली दोश[21] पर लेके काली घटा

बरसने लगा अब्रे-तर[22] टूटकर
हुईं किरनें ख़ुर्शीद[23] की बेअसर[24]

---

1. वर्षा, 2. आकाश की ओर, 3. तीव्रता, 4. प्रतीक्षा, 5. व्याकुल, 6. किसान का दिल, 7. सूखा, अकाल, 8. गन्ना, 9. उदास, 10. पौधा, 11. प्रलय, 12. रात, 13. विपत्ति, 14. कष्ट, 15. जनसाधारण, 16. ग्रस्त, 17. सहसा, 18. ओर, तरफ़, 19. स्थिर, 20. तीव्र गति, 21. कंधों, 22. आर्द्र बादल, 23. सूर्य, 24. निर्जीव, निष्प्रभ।

नमी[1] फ़त्ह[2] ख़ुश्की[3] पे पाने लगी
नई ज़िंदगी मुस्कुराने लगी

जो कुछ देर के बाद बारिश रुकी
घरों से निकलने लगे आदमी

जो पानी का बच्चों ने देखा बहाव
चलाने लगे अपनी काग़ज़ की नाव

जो बदला समां[4] आन की आन में
मवेशी[5] निकल आये मैदान में

धुली गर्द[6] पत्ते चमकने लगे
दरख़्तों[7] पे ताइर[8] चहकने लगे

उमंगें किसानों की ताज़ा हुईं
उमीदें[9] नई दिल में पैदा हुईं

जो बारिश से मट्टी में आई तरी[10]
जली घास होने लगी फिर हरी

नहाकर तर-ओ-ताज़ा[11] थीं झाड़ियां
पहनने लगीं फिर नई साड़ियां

ख़ुशी से लगीं झूमने डालियां
बजाने लगीं पत्तियां तालियां

---

1. आर्द्रता, 2. विजय, 3. सूखा, 4. वातावरण, 5. पशु, 6. धूल, 7. वृक्ष, पेड़, 8. पक्षी, 9. आशायें, 10. गीलापन, आर्द्रता, 11. गीली और ताज़ी।

(2)

जो बादल की आमद[1] है अब पै-ब-पै[2]
शब-ओ-रोज़[3] मेंह मूसलाधार है

झड़ी है यह सावन की बादल हैं मस्त
सभी बादाख़्वारों[4] के जागे हैं बख़्त[5]

घने बादलों का लटकना कभी
सिमटना कभी और भटकना कभी

है कजरी का मौसम, हैं झूलों के दिन
"उमंगों की रातें मुरादों[6] के दिन"

जिधर देखिए है ज़मीं[7] सब्ज़पोश[8]
नई दूब हर जा[9] ज़ुमुरुंद-फ़रोश[10]

जिधर देखिए खेत हैं धान के
जो यकसर[11] हैं पानी में डूबे हुए

हो आहर कि पोखर हो नाला कि टाल
फ़रावानि-ए-आब[12] से हैं निहाल[13]

झलकती है पानी की लहरों पे धूप
निराला है बारिश से फ़ितरत[14] का रूप

है दिलकश[15] बहुत धान की रोपनी
ज़रा गांव में जाके देखे कोई

1. आगमन, 2. बार-बार, 3. दिन-रात, 4. शराब, 5. भाग्य, 6. अभिलाषा, 7. धरती, 8. हरी-भरी, 9. हर जगह, 10. पन्ना विक्रेता, हरी-भरी, 11. बिल्कुल, 12. पानी की अधिकता, 13. पौधे, 14. प्रकृति, 15. आकर्षक।

हैं इक झुंड में गांव की लड़कियां
लिए हाथ में धान की मोरियां

वो झुक-झुक के मोरी को हैं रोपतीं
मिलाकर गला गीत गाती हुईं

(3)

महीना है भादों का बादल हैं मस्त
फ़ज़ा में यह रक़्सां[1] हैं बाला-ओ-पस्त[2]

चली आ रही है घटा पर घटा
नमी[3] से है बोझल क़बा-ए-फ़ज़ा[4]

बंधा है कई दिन से बारिश का ज़ोर
है हर सिम्त[5] सैलाब[6] का ज़ोर-ओ-शोर

हो नद्दी कि नाला हो आहर कि डाब
छुपे हैं सभी आजकल ज़ेरे-आब[7]

वो पानी चला बांध को तोड़कर
वो नद्दी बढ़ी अपना रुख़[8] मोड़कर

लबालब[9] है हर खेत अब आब[10] से
ख़ज़ाने हैं पानी के हर जा भरे

नई मट्टी अब आ गयी खेत में
बड़ी ताज़गी आ गयी खेत में

---

1. नृत्य करती हुई, 2. ऊंचे और नीचे, 3. आर्द्रता, 4. माहौल की क़बा, 5. ओर, 6. बाढ़, 7. पानी के नीचे, 8. मुंह, 9. परिपूर्ण, 10. पानी।

मरेगा न अब धान है यह यक़ीं[1]
है उम्मीद उगलेगी सोना ज़मीं[2]

रबी की जो उम्मीद अब बंध गयी
न पूछो किसानों के दिल की ख़ुशी

ओ देस से आने वाले बता

'अख़्तर' शीरानी

ओ देस से आने वाले बता

ओ देस से आने वाले बता
किस हाल[3] में हैं याराने - वतन[4]
आवारः - ए - गुर्बत[5] को भी सुना
किस रंग[6] में हैं कनआने - वतन[7]
वो बाग़े-वतन[8] फ़िर्दौसे - वतन[9]
वो सर्वे - वतन,[10] रेहाने - वतन[11]
ओ देस से आने वाले बता

ओ देस से आने वाले बता

क्या अब भी वहां के बाग़ों में
मस्ताना हवायें आती हैं ?
क्या अब भी वहां के पर्बत पर
घनघोर घटायें छाती हैं ?
क्या अब भी वहां की बरखायें
वैसे ही दिलों को भाती हैं ?

ओ देस से आने वाले बता

---

1. विश्वास, 2. धरती, 3. दशा, 4. मित्रगण, 5. परदेश में भटकने वाला, 6. दशा, हाल, 7. देश की सुंदरियां, 8. देश के उपवन, 9. देश का स्वर्ग, 10. देश के सरौ, 11. देश की घास।

ओ देस से आनेवाले बता

क्या अब भी वतन में वैसे ही
सरमस्त[1] नज़ारे[2] होते हैं ?
क्या अब भी सुहानी रातों को
वो चांद सितारे होते हैं ?
हम खेल जो खेला करते थे, क्या
अब भी वो सारे होते हैं ?

ओ देस से आने वाले बता

ओ देस से आने वाले बता

क्या अब भी शफ़क़[3] के सायों में
दिन रात के दामन मिलते हैं ?
क्या अब भी चमन[4] में वैसे ही
ख़ुशरंग[5] शिगूफ़े[6] खिलते हैं ?
बरसाती हवा की लहरों से
भीगे हुए पौदे हिलते हैं

ओ देस से आने वाले बता

ओ देस से आने वाले बता

शादाब-ओ-शिगुफ़्ता[7] फूलों से
मामूर[8] हैं गुलज़ार[9] अब कि नहीं ?
बाज़ार में मालन लाती है
फूलों के गुंधे हार अब कि नहीं ?

---

1. नशीले, मस्त, 2. दृश्य, 3. लाली, 4. उपवन, 5. सुंदर, 6. कलियां, 7. ताज़े और सुसिक्त, 8. परिपूर्ण, 9. उपवन।

और शौक़[1] से टूटे पड़ते हैं
नौ उम्र[2] ख़रीदार अब कि नहीं ?

ओ देस से आने वाले बता

ओ देस से आने वाले बता

क्या शाम पड़े गलियों में वही
दिलचस्प[3] अंधेरा होता है ?
और सड़कों की धुंधली शम्ओं[4] पर
सायों का बसेरा होता है ?
बाग़ों की घनेरी शाख़ों[5] में
जिस तरह सवेरा होता है ?

ओ देस से आने वाले बता

ओ देस से आने वाले बता

क्या अब भी वहां वैसी ही जवां[6]
और मध भरी रातें होती हैं ?
क्या रात भर अब भी गीतों की
और प्यार की बातें होती हैं ?
वो हुस्न[7] के जादू चलते हैं
वो इश्क़[8] की घातें होती हैं ?

ओ देस से आने वाले बता

ओ देस से आने वाले बता

क्या अब भी महकते[9] मंदिर से
नाक़ूस[10] की आवाज़ आती है ?
क्या अब भी मुक़द्दस[11] मस्जिद पर
मस्ताना अज़ां[12] थर्राती है ?

---

1. अभिरुचि, 2. कमउम्र, 3. मनोरंजक, 4. बत्तियों, 5. डालियों, 6. जवान, 7. सौंदर्य, 8. प्रेम, 9. सुगन्धित, 10. शंख, 11. पवित्र, 12. बांग।

और शाम के रंगीं[1] सायों पर
अज़्मत[2] की झलक छा जाती है?

ओ देस से आने वाले बता

ओ देस से आने वाले बता

क्या अब भी वहां के पनघट पर
पनहारियां पानी भरती हैं?
अंगड़ाई का नक़्शा बन बनकर
सब माथे पे गागर धरती हैं?
और अपने घरों को जाते हुए
हंसती हुई चुहुलें[3] करती हैं?

ओ देस से आने वाले बता

ओ देस से आने वाले बता

बरसात के मौसम अब भी वहां
वैसे ही सुहाने होते हैं?
क्या अब भी वहां के बाग़ों में
झूले और गाने होते हैं?
और दूर कहीं कुछ देखते ही
नौ उम्र दिवाने होते हैं?

ओ देस से आने वाले बता

ओ देस से आने वाले बता

क्या अब भी पहाड़ी घाटियों में
घनघोर घटायें गूंजती हैं?
साहिल[4] के घनेरे पेड़ों में
बरखा की हवायें गूंजती हैं?

---

1. रंगीन, 2. महानता, 30. छेड़छाड़, 4. किनारा।

झींगुर के तराने जागते हैं ?
मोरों की सदायें[1] गूंजती हैं ?

ओ देस से आने वाले बता

ओ देस से आने वाले बता

क्या आम के ऊंचे पेड़ों पर
अब भी वो पपीहे बोलते हैं ?
शाख़ों[2] के हरीरी[3] पर्दों में
नग़्मों[4] के ख़ज़ाने खोलते हैं ?
सावन के रसीले गीतों से
तालाब में अमरस घोलते हैं ?

ओ देश से आने वाले बता

ओ देश से आने वाले बता

क्या अब भी किसी के सीने में
बाक़ी है हमारी चाह[5] बता ?
क्या याद हमें भी करता है अब
यारों में कोई आह बता ?
ओ देस से आने वाले बता
लिल्लाह[6] बता, लिल्लाह बता

ओ देस से आने वाले बता

ओ देस से आने वाले बता

क्या गांव में अब भी वैसी ही
मस्ती भरी रातें होती हैं ?
देहात की कमसिन[7] माहवशें[8]
तालाब की जानिब[9] जाती हैं ?

---

1. आवाज़ें, 2. डालियों, 3. रेशमी, 4. गीतों, 5. मुहब्बत, 6. खुदा के लिए, 7. कमउम्र, 8. चंद्रमुखी, 9. ओर।

और चांद की सादा रौशनी में
रंगीन तराने गाती हैं?

ओ देस से आने वाले बता

ओ देस से आने वाले बता

क्या अब भी गजरदम[1] चरवाहे
रेवड़ को चराने जाते हैं?
और शाम के धुंधले सायों के
हमराह[2] घरों को आते हैं?
और अपनी रसीली बांसरियों में
इश्क़[3] के नग़्मे[4] गाते हैं?

ओ देस से आने वाले बता

ओ देस से आने वाले बता

क्या गांव पे अब भी सावन
में बरखा की बहारें छाती हैं?
मासूम[5] घरों से भोर भए
चक्की की सदायें[6] आती हैं?
और याद में अपने मैके की
बिछड़ी हुई सखियां गाती हैं?

ओ देस से आने वाले बता

ओ देस से आने वाले बता

दरिया[7] का वो ख़्वाब-आलूदा[8] सा घाट
और उसकी फ़ज़ायें[9] कैसी हैं?
वो गांव, वो मंज़र[10] वो तालाब
और उसकी हवायें कैसी हैं?

---

1. तड़के सवेरे, 2. साथ, 3. प्रेम, 4. गीत, 5. निष्पाप, 6. आवाज़ें, 7. नदी, 8. स्वप्निल, 9. वातावरण, 10. दृश्य।

वो खेत, वो जंगल, वो चिड़ियां
और उनकी सदायें[1] कैसी हैं ?

ओ देस से आने वाले बता

ओ देस से आने वाले बता

आख़िर[2] में यह हसरत[3] है कि बता
वो ग़ारते-ईमां[4] कैसी है ?
बचपन में जो आफ़त[5] ढाती थी
वो आफ़ते-दौरां[6] कैसी है ?
हम दोनों थे जिसके परवाने
वो शम्-ए-शबिस्तां[7] कैसी है ?

ओ देस से आने वाले बता

जाड़े की बहारें

'नज़ीर' अकबराबादी

जब माह अगन का ढलता हो, तब देख बहारें जाड़े की
और हंस-हंस पूस संभलता हो, तब देख बहारें जाड़े की
दिन जल्दी-जल्दी चलता हो, तब देख बहारें जाड़े की
पाला भी बर्फ़ पिघलता हो, तब देख बहारें जाड़े की
चिल्ला ख़म ठोंक उछलता हो, तब देख बहारें जाड़े की

दिल ठोकर मार पछाड़ा हो, और दिल से होती हो कुश्ती सी
थर-थर का ज़ोर अखाड़ा हो, बजती हो सबकी बत्तीसी
हो शोर फफू हू हू हू का, और धूम हो सी सी सी की
कल्ले पर कल्ला लग लगकर चलती हो मुंह में चक्की सी
हर दांत चने से दलता हो, तब देख बहारें जाड़े की

---

1. आवाज़ें, 2. अन्त में, 3. अभिलाषा, 4. ईमान को नष्ट करनेवाली—प्रेमिका, 5. मुसीबत, 6. समय की विपत्ति, 7. शयनागार की शमअ।

हर एक मकां में सर्दी ने आ बांध दिया हो यह चक्कर
जो हर दम कप कप होती हो, हर आन कड़ाकड़ और थरथर
वैठी हो सर्दी रग-रग[1] में और बर्फ़ पिघलता हो पत्थर
झड़ बांध महावट पड़ती है और तिस पर लहरें ले-लेकर
सन्नाटा बाव का चलता हो, तब देख बहारें जाड़े की

हर चार तरफ़ से सर्दी हो, और सहन[2] खुला हो कोठे का
और तन में नीमा[3] शबनम[4] का हो जिसमें हुस्न[5] का इत्र लगा
छिड़काव हुआ हो पानी का और ख़ूब पलंग भी हो भीगा
हाथों में प्याला शर्बत का हो आगे इक फ़र्राश[6] खड़ा
फ़र्राश भी पंखा झलता हो, तब देख बहारें जाड़े की

हो फ़र्श बिछा ग़ालीचों का और पर्दे छूटे हों आकर
इक गर्म अंगीठी जलती हो, और शमुअ[7] हो रौशन, और तिस पर
वो दिलबर[8], शोख़[9], परी चंचल, है धूम मची जिसकी घर-घर
रेशम की नर्म निहाली[10] पर, सौ नाज़-ओ-अदा[11] से हंस-हंसकर
पहलू के बीच मचलता हो, तब देख बहारें जाड़े की

तर्कीब बनी हो मजलिस[12] की और काफ़िर नाचने वाले हों
मुंह उनके चांद के टुकड़ें हों, तन उनके रुई के गाले हों
पोशाकें[13] नाज़ुक रंगों की और ओढ़े शाल दुशाले हों
कुछ नाच और रंग की धूमें हों, कुछ ऐश[14] में हम मतवाले हों
प्याले पर प्याला चलता हो, तब देख बहारें जाड़े की

हर एक मकां हो ख़िलवत[15] का और ऐश[16] की सब तैयारी हो
वो जान कि जिससे जी ख़ुश हो सौ नाज़[17] से आ झनकारी हो
दिल देख 'नज़ीर' उसकी छब को हर आन[18] अदा पर वारी[19] हो
सब ऐश मुहैया[20] हो आकर जिस जिस अरमां[21] की बारी हो
जब सब अरमान निकलता हो तब देख बहारें जाड़े की

1. नस-नस, 2. आंगन, 3. एक वस्त्र, 4. ओस, 5. सौंदर्य, 6. फर्श बिछाने वाला, 7. चिराग़, 8. प्रेमिका, 9. चंचल, 10. बिस्तर, 11. नखरे और अदा, 12. गोष्ठी, 13. वस्त्र, 14. विलास, 15. एकान्त, 16. विलास, 17. नख़रे, गर्व, 18. हर समय, 19. न्योछावर, 20. प्राप्त, 21. अभिलाषा।

शिद्दते-सर्मा[1]

मिर्ज़ा मुहम्मद रफ़ी 'सौदा'

सर्दी अबके बरस है इतनी शदीद[2]
सुब्ह निकले है कांपता ख़ुर्शीद[3]

जितना आलम[4] था काश्मीर हुआ
बल्कि कहिए कि ज़महरीर[5] हुआ

इन दिनों चर्ख़[6] पर नहीं है मिहर[7]
गोद में कांगड़ी[8] रखे है पिहर[9]

कुहर पड़ने को कहते हैं सब यार
ठंड से है जहां के दिल में गुबार[10]

लेक[11] देखा जो ग़ौर करके मैं आप
निकले है मुंह से आसमां[12] के भाप

पानी पर जिस जगह कि काई है
सब्ज़[13] वो शाल की रज़ाई है

अक्स[14] पानी में यूं है शक्लपिज़ीर[15]
रहती है ज़ेरे-शीशा[16] जूं तस्वीर[17]

देख गुल[18] पर सबा[19] नहीबे-नबर्द[20]
भरती फिरती है हर तरफ़ दमे-सर्द[21]

सरसरे-सुब्ह[22] जान खोती है
तीर सी दिल के पार होती है

---

1. सर्दी की तीव्रता, 2. तीव्र, प्रचंड, 3. सूर्य, 4. संसार, 5. बेहद ठंडा, 6. आकाश, 7. सूर्य, 8. छोटी-सी मिट्टी की अंगीठी, 9. आकाश, 10. धूल, 11. लेकिन, 12. गगन, 13 हरी, 14. प्रतिबिम्ब, 15. सूरत पकड़ने वाला, 16. शीशे के नीचे, 17. चित्र, 18. फूल, 19. हवा, 20. युद्ध का डर, 21. ठंडी आह, 22. प्रातः समीर।

जिस तरफ़ अब निगाह जावे है
जूही जूं बेद थरथरावे है

दिन की कटती है धूप में औक़ात[1]
काले कम्बल में रात काटे है रात

राद[2] सर्दी के हाथ गर्म फ़रोश[3]
अब्र[4] दोशे-हवा[5] पे बाला पोश[6]

बर्फ़ पड़ती नहीं फ़लक नद्दाफ़[7]
फेंके हैं वास्ते ज़मीं के लिहाफ़[8]

शब[9] जो रख़्शिन्दगी[10] पे बर्क़[11] आये
अब्र[12] में यूं ठिठुर के रह जाये

मुनइमों[13] के घरों में आज और कल
हैं पड़े पर्दे, दहके है मनक़ल[14]

इस पे जाड़े से है यह उनका हाल
नाक से छूटता नहीं रूमाल

कोई अब जा से हिल नहीं सकता
घर से बाहर निकल नहीं सकता

फिर जो कोई निदान[15] निकले है
ठंड के मारे जान निकले है

लिपटे रहते हैं रूई में मजबूर
जिस तरह नाशपाती-ओ-अंगूर

अहले-हिर्फ़ा पे कीजिए जो निगाह
कारोबार[16] उनका हो गया है तबाह[17]

पीटकर सर कहे है भटियारा
हाय अब क्या करूं मैं बेचारा

---

1. प्रतिष्ठा, 2. मेघनाद, 3. विक्रेता, 4. बादल, 5. हवा के कंधे, 6. ढका हुआ, 7. धुनिया, 8. मोटी रज़ाई, 9. रात, 10. चमक, 11. बिजली, 12. बादल, 13. धनी, 14. अंगीठियां, 15. आख़िरकार, 16. कामकाज, 17. नष्ट।

सक़्क़ा[1] बोले है भर के आंख में अश्क[2]
यारो पानी निकालो चीर के मश्क[3]

ग़रज़[4] ऐसी ही कुछ पड़ी है ठंड
मिट गया ज़महरीर[5] का भी घमंड

'सौदा' आख़िर है सर्दी का मज़्क़ूर[6]
शेर भी गर ख़ुनुक[7] हों रख माज़ूर[8]

आगे जाता नहीं है अब बोला
हो गयी है ज़बान भी ओला

शबे-सर्मा[9]

मौलवी मुहम्मद हुसैन 'आज़ाद'

अय ज़मिस्तां[10] कहूं किस तरह तेरी रात का लुत्फ़[11]
तेरी शबहा-ए-दराज़[12] और यह बरसात का लुत्फ़

है कोई छींट का ओढ़े हुए फ़र्गुल[13] बैठा
पर फुलाए हुए जैसे कोई बुलबुल बैठा

ओढ़ बैठा कोई सर्दी से लिहाफ़ अपना है
कोई कर बैठा बिछौने को ग़िलाफ़[14] अपना है

कुछ लिहाफ़ों से अभी मुंह को निकाले हैं पड़े
लेकिन अंगीठी को पहलू में संभाले हैं पड़े

---

1. भिश्ती, पानी भरनेवाला, 2. आंसू, 3. परवाल, 4. अर्थात्, 5. बड़ी सर्दी, 6. जिक्र, बयान, 7. ठंडा, 8. मजबूर 9. सर्दी की रात, 10. शीतकाल, 11. आनंद, 12. लंबी रातें, 13. लबादा, 14. ख़ोल।

मारे सर्दी के जिगर सीनों में थर्राते हैं
बच्चे मां बाप की बग़लों में घुसे जाते हैं

कहीं सू-सू कहीं सी-सी कहीं सीटी है
गिर्द[1] सब बैठे हैं और बीच में अंगीठी है

बज़्मे-अहबाब[2] की सुहबत[3] का मज़ा है तुझ से
साज़े-इशरत[4] के लिए बर्ग-ओ-नवा[5] है तुझ से

शबे-सर्मा[6] ही में है गाने बजाने का मज़ा[7]
पान खाने का, गिलौरी के चबाने का मज़ा

सूफ़ी-ओ-रिन्द[8] के जल्से[9] की तू ही साक़ी[10] है
मायः-ए-ऐश-ओ-तरब[11] दम से तिरे बाक़ी है

बस कर अय दिल कि नहीं लिखने की ताक़त बाक़ी
मारे सर्दी के नहीं हाथ में हालत बाक़ी

मेरे अल्लाह तू ही अब है बचाने वाला
तेरे 'आज़ाद' को पाले[12] से पड़ा है पाला[13]

फ़स्ले-सर्मा[14]

'बेनज़ीर' शाह

ढकीं चोटियां बर्फ़ से सर बसर[15]
कि चांदी चढ़ाई है कुहसार[16] पर

खिले फूल गेंदे के वो ज़र्द - ज़र्द[17]
चली आती है क्या हवा सर्द - सर्द[18]

---

1. आस-पास, 2. दोस्तों की महफ़िल, 3. संगति, 4. ऐश का वाद्य, 5. खाने-पीने का सामान, 6. सर्दी की रात, 7. आनंद, 8. सूफ़ी और शराबी, 9. महफ़िल, 10. मदिरा विक्रेता, 11. ऐश और ख़ुशी का सरमाया, 12. सर्दी, 13. सामना, 14. शीतकाल, 15. बिलकुल, 16. पहाड़, 17. पीले, 18. ठंडी।

वो गुलमेंहदी फूली खिले गुलफ़िरंग[1]
चमकता हुआ वो हज़ारे[2] का रंग

वो नीलम के साग़र[3] लिये कासनी
वो सूरज की हम-शक्ल[4] सूरजमुखी

अनारों में कलियां भी लो आ गईं
वो केलों की फलियां भी गदरा गईं

बिही, सेब, अमरूद पकने लगे
वो शाख़ों[5] में कोले चमकने लगे

लदी हैं दरख़्तों[6] में नारंगियां
झुकी पड़ती हैं बोझ से डालियां

ग़ज़ब इश्क़ पेचां की शाख़ों का मेल
वो नाज़ुक[7] वो बारीक पत्ती की बेल

तराशे[8] हैं क़ुदरत[9] ने क्या बेमिसाल[10]
करन फूल याक़ूत[11] के लाल - लाल

वो कुछ फूल सरसों में आने लगे
ज़रा खेत जोबन दिखाने लगे

कहीं छोटे - छोटे वो चेरी के फूल
कहीं ऊदे - ऊदे वो अलसी के फूल

हवा जब उड़ाती है जंगल की रेत
तो क्या लहलहाते हैं गेहूं के खेत

---

1. अंग्रेज़ी फूल, 2. एक फूल, 3. प्याले, 4. एक जैसी, 5. डालियां, 6. वृक्ष, 7. कोमल, 8. काटे हैं, 9. प्रकृति, 10. अद्वितीय, 11. एक रत्न।

जाड़ा और अंगीठी

'जोश' मलीहाबादी

बचपन की अय उदास अंगीठी ख़ुदा गवाह
क्या कहिए तुझ पर आज पड़ी किस तरह निगाह

तू और ख़ाके - सर्द[1] पे यूं मिस्ले - सोगवार[2]
अफ़सोस अय ज़मानः-ए-तिफ़्ली[3] की यादगार

मेरी ही तरह क्या तिरा पहलू भी सर्द[4] है
क्या तेरे आईने पे भी माज़ी[5] की गर्द[6] है

अफ़सोस वो नशात[7] के मौसम, वो ज़मज़मे[8]
जाड़ों की दिलफ़रेब[9] वो रातें, वो चहचहे

शोलों[10] से तेरे हाथ वो उठता हुआ धुआं
वो क़हक़हों की गूंज, वो शीरीं[11] पहेलियां

ख़ुशबू[12] वो तेरी आंच[13] की जांबख़्श-ओ-दिलनवाज़[14]
वो तीरगी[15] में रंग तिरा जैसे दिल में राज़[16]

शोले[17] वो सुर्ख़[18] - सुर्ख़ दिलों में तुले हुए
वो सुर्ख़ियों[19] में नर्म[20] तबस्सुम[21] घुले हुए

शोलों के बार - बार वो अंदाज़े[22] - दिलनशीं[23]
दम[24] भर में ज़रनिगार[25] तो दम भर में सुर्मगीं[26]

---

1. ठंडी धूल, 2. शोकातुर की तरह, 3. बचपन के दिन, 4. ठंडा, 5. भूतकाल, 6. धूल, 7. आनंद, 8. गीत, 9. सुहानी, 10. ज्वाला, 11. मधुर, 12. सुगंध, 13. गर्मी, 14. मोहक और जीवनप्रद, 15. अंधकार, 16. रहस्य, भेद, 17. ज्वाला, 18. लाल, 19. लाली, लिपस्टिक, 20. कोमल, 21. मुस्कान, 22. ढंग, 23. आकर्षक, 24. क्षण-भर, 25. सुनहरी, 26. सुर्मे के रंग के।

डूबी हुई हयात[1] में तेरी वो गर्मियां
वो गर्मियों में लुत्फ़[2] के क़िस्सों[3] की नर्मियां[4]

वो सादगी की बज़्म[5] में बजते हुए सितार
कलियों का कोयलों की चटकना वो बार बार

वो गुंचगी[6] का अहद[7] वो गुलबारियां[8] तिरी
उड़ती हुई हवा में वो चिंगारियां तिरी

वो नर्म[9] - नर्म जिस्म[10], वो तेरी हरारतें[11]
वो ज़िम्मेदारियों से मुअर्रा[12] शरारतें[13]

वो छोकरे अदब[14] से दरों में खड़े हुए
दायाओं के सरों पे वो आंचल पड़े हुए

मामाओं की सफ़ों[15] में वो मुग़लानियों[16] की शान[17]
रखा हुआ वो तख़्त पे चांदी का पानदान

वो तेरे गिर्द-ओ-पेश[18] बसद[19] शाने-इफ़्तिख़ार[20]
आवाज़ पानदान के खुलने की बार - बार

शायाने-आफ़रीं[21] वो ख़वातीन[22] का शिआर[23]
शोख़ी[24] के रंग में भी वो इक नौअ[25] का वक़ार[26]

वो हैकलें[27] गलों में लबों[28] पर वो लालियां
हिलती हुई वो कानों में सोने की बालियां

वो लौंडियों[29] के रुख़[30] पे निशां[31] ख़ाक धूल के
जूड़े वो ऊंचे - ऊंचे वो मूबाफ़[32] टूल[33] के

---

1. जीवन, 2. आनंद, 3. कहानियां, 4. कोमलता, 5. महफ़िल, 6. कली होने का भाव, 7. युग, 8. फूलों की वर्षा, 9. कोमल, 10. शरीर, 11. गर्मियां, 12. ऊपर, 13. छेड़छाड़, 14. शिष्टता, 15. पंक्तियों, 16. मुग़ल स्त्रियां, 17. वैभव, 18. आसपास, 19. सैकड़ों, 20. गर्व की शान, 21. शाबासी के योग्य, 22. महिलायें, 23. आचरण, 24. चंचलता, 25. प्रकार, 26. गरिमा, 27. हार, 28. होंठ, 29. दासियां, 30. चेहरा, 31. चिह्न, 32. चोटी में बांधने का कपड़ा, 33. टूल, लाल कपड़ा।

वो मर्द-ओ-ज़न[1] लिहाफ़ों के अन्दर घुटे हुए
रोब - आफ़रीं[2] दरों में वो पर्दे छुटे हुए

निचले[3] बैठने से तबीअत का इंतिशार[4]
पहलू रज़ाइयों में बदलना वो बार - बार

हलकी रज़ाइयों की वो अफ़साना - बारियां[5]
अतलस[6] की सुर्ख़ गोट पे वो सुर्ख़[7] धारियां

वो एक बादशाह की बेटी का ज़िक्रे - ख़ैर[8]
वो वलवले जुनूं[9] के वो परियों का शौक़े - सैर[10]

वो मरहमत[11] में ग़र्क़[12] बड़ी बूढ़ियों की ज़ात
वो काटना डली[13] का कहानी के साथ - सात

वो इक अजीब शाने-तरब[14] से मिली हुई
शीरीं[15] हिकायतों[16] में सरौतों की रागनी

क्यों, अब भी याद हैं वो लड़कपन के ज़मज़मे[17]
अय शम्अे - ख़्वाबगाहे - फ़राग़त[18] जवाब दे

जिनको भुला रही हैं हमारी जवानियां
अब उनमें तुझको याद हैं कितनी कहानियां

---

1. स्त्री-पुरूष, 2. रोबीले, 3. शान्त, 4. बेचैनी, 5. कहानियां बनाना, 6. रेशमी कपड़ा, 7. लाल, 8. बयान, 9. उन्माद, 10. सैर का शौक़, 11. दया, 12. डूबी हुई, 13. सुपारी, 14. खुशी की शान, 15. मीठी, 16. वृत्तान्त, 17. गीत, 18. अवकाश।

जाड़ा

अब्दुल मजीद 'शम्स' अज़ीमाबादी

गुलाबी है जाड़ा, सुहानी फ़ज़ा[1]
खुला आसमां और ठंडी हवा
हर इक घर है आसूदा,[2] ग़म[3] है किसे
मकई और मड़बा से मटके भरे
है खेतों में अब धान पककर खड़ा
कहीं बोझ से उसका ख़ोशा[4] झुका
हैं कटनी में मसरूफ़[5] कुछ लड़कियां
झुकी धान पर हैं वो मिस्ले-कमा[6]
कमर में हैं आंचल के पट्टे बंधे
अदा से हैं हाथों में हंसुआ लिये
हैं हाथों में बिजली की जौलानिया[7]
मसर्रत[8] की आंखों में ताबानिया[9]
कोई धान के काटने में लगी
कोई उनके गट्ठों को लेकर चली
है अब जम्अ[10] कुछ धान खलियान में
दमाही[11] के सामान खलियान में
हैं खेतों में गन्ने भी पककर खड़े
सजीले हरे और रस से भरे
हुआ गर किसी का इधर से गुज़र
लगा चूसने एक दो तोड़कर

---

1. वातावरण, 2. समृद्ध, 3. शोक, दुख, 4. बाली, 5. व्यस्त, 6. धनुष के समान, 7. स्फूर्ति, 8. ख़ुशी, 9. चमक, आभा, 10. एकत्र, 11. धान के काटने के बाद खलियान में जमा करते हैं और उसके तनों को ज़मीन पर फैलाकर बैलों से रौन्दवाते हैं जिससे धान के दाने तने से अलग हो जाते हैं।

(2)

बढ़ी और सर्दी जो पूस आ गया
ठिठुरते हैं सर्दी से अब दस्त-ओ-पा[1]
मुसीबत बढ़ी और आया जो माघ
मसल है कि माघ का है बाघ
जो पछवा हवा तेज़ चलने लगी
तो होने लगी जिस्म[2] में कपकपी
सरे-शाम[3] सर्दी से जाती है जां[4]
किसानों को घर में भी कब है अमां[5]
है सर्दी से इस तरह इनका बचाव
जो घर में है बुरसी[6] तो बाहर अलाव
ज़मीं[7] पर बिछाया गया है पयाल
न तोशक[8] न तकिए का कुछ है सवाल
कहीं खेत के पास कुलसार[9] है
जहां सब्ज़ गन्नों का अम्बार[10] है
जो चलती है चक्की निकलता है रस
लगातार मटकों में ढलता है रस
किसान इसको पी पी के होते हैं मस्त
है कुलसार अब उनकी जा-ए-निशस्त[11]
है जाड़े के फूलों की हर सू[12] बहार[13]
नहीं जिनकी क़िस्मों[14] का कोई शुमार[15]
है फूलों पे शबनम[16] की वो आब-ओ-ताब[17]
हो शोलों[18] की मौजों पे जैसे हुबाब[19]
ख़ज़ाने हैं फ़ितरत[20] के हर जा खुले
जिसे ज़ौक़[21] हो सैर इनकी करे
अजब शान से खिल रहे हैं गुलाब
उमंडता है जाड़ों में इनका शबाब[22]

---

1. हाथ-पांव, 2. शरीर, 3. संध्याकाल, 4. प्राण, 5. सुरक्षा, शांति, 6. मिट्टी की अंगीठी, 7. धरती, 8. गदेला, 9. चर्ख़ी, 10. ढेर, 11.बैठक, 12. हर तरफ़, 13. शोभा, 14. प्रकार, 15. गिनती, हिसाब, 16. ओस, 17. चमक, 18. ज्वाला, 19. बुलबुला, 20. प्रकृति, 21. रुचि, शौक़, 22. यौवन।

अलग सबकी ख़ूबी[1] अलग सबकी ख़ू[2]
किसी में है रंगत किसी में है बू[3]
कोई सुर्ख़[4] है और गुलाबी कोई
कोई है सफ़ेद और बसंती कोई
किसी में है रंगे - शफ़क़[5] शोलाबार[6]
किसी में है नूरे-सहर[7] का निखार
नज़ाकत[8], लताफ़त[9], मलाहत[10], चमक
लगावट, सजावट, तरावट, महक[11]
हर इक हुस्न-ओ-ख़ूबी[12] का पैकर[13] गुलाब
फ़रोगे़ - नज़र[14] रूह - परवर[15] गुलाब

गर्मी की शिद्दत[16]

'अनीस'

कोसों किसी शजर[17] में न गुल[18] थे न बर्ग - ओ - बार[19]
एक-एक नख़्ल[20] जल रहा था सूरते - चिनार[21]
हंसता था कोई गुल न लहकता था सब्ज़ाज़ार[22]
कांटा हुई थी सूख के हर शाख़[23] बारदार[24]

गर्मी न थी कि ज़ीस्त[25] से दिल सबके सर्द[26] थे
पत्ते भी मिस्ले-चेहरः-ए-[27]मदक़ूक़[28] ज़र्द[29] थे

शेर उठते थे न धूप के मारे कछार से
आहू न[30] मुंह निकालते थे सब्ज़ाज़ार[31] से

---

1. गुण, 2. आदत, 3. गंध, 4. लाल, 5. शफ़क़ का रंग, 6. आग बरसाने वाला, 7. प्रभात का प्रकाश, 8. कोमलता, 9. मृदुलता, 10. सलोनापन, 11. सुगंध, 12. सौंदर्य और गुण, 13. आकार, 14. नज़र की चमक, 15. प्राणवर्धक, 16. तीव्रता, 17. पेड़, वृक्ष, 18. फूल, 19. पत्ते और फल, 20. पेड़, 21. चिनार की तरह, 22. हरियाली, 23. डाली, 24. फलदार, 25. ज़िंदगी, 26. ठंडे, 27. चेहरे की तरह, 28. क्षयग्रस्त, 29 पीले, 30. हिरन, 31. चारागाह।

आईना मिहर[1] का मुक़द्दर[2] ग़ुबार[3] से
गर्दूं[4] को तप चढ़ी थी ज़मीं के बुख़ार से

गर्मी से मुज़तरिब[5] था ज़माना[6] ज़मीन पर
भुन जाता था जो गिरता था दाना ज़मीन पर

गर्मी का मौसम

ख़्वाजा अल्ताफ़ हुसैन 'हाली'

गर्मी से तड़प रहे थे जानदार
और धूप में तप रहे थे कुसहार[7]
भूबल से सिवा था रेगे-सेहरा[8]
और खौल रहा था आबे-दरिया[9]
थी लूट सी पड़ रही चमन में
और आग सी लग रही थी बन में
आरे थे बदन पे लू के चलते
शोले[10] थे ज़मीन से निकलते
थी सब की निगाह सू-ए-अफ़लाक[11]
पानी की जगह बरसती थी ख़ाक[12]
पंखे से निकली जो हवा थी
वो बादे-समूम[13] से सिवा[14] थी
सात आठ बजे से दिन छुपे तक
जानदारों पे धूप की थी दस्तक
बाज़ार पड़े थे सारे सुनसान
आती थी नज़र न शक्ले-इंसान[15]
चलती थी दुकान जिनकी दिन रात
बैठे थे वो हाथ पर धरे हात
ख़िलक़त[16] का हुजूम[17] कुछ अगर था

1. सूरज, 2. मलिन, 3. धूल, 4. आकाश, 5. बेचैन, 6. संसार, 7. पहाड़ी क्षेत्र, 8. रेगिस्तान की रेत, 9. नदी का पानी, 10. ज्वाला, 11. आकाश की ओर, 12. धूल, 13. लू, 14. अधिक, 15. मानव, 16. जनसाधारण, 17. जमघट।

था पियाऊ पे या सबील[1] पर था
पानी से थी सबकी ज़िंदगानी[2]
मेला था वहां जहां था पानी
थीं बर्फ़ पर नीयतें लपकती
फ़ालूदे पे राल थी टपकती
बच्चों का हुआ था हाल बेहाल
कुमलाए हुए थे फूल से गाल[3]
आंखों में था उनके प्यास से दम
थे पानी को देख करते मम - मम
पानी दिया गर किसी ने लाकर
फिर छोड़ते थे न मुंह लगाकर
तख़सीस[4] थी कुछ न मेरी तेरी
पानी से न थी किसी को सेरी[5]
कल शाम तलक तो थे यही तौर
पर रात से है समां[6] ही कुछ और
पुरवा की दुहाई फिर रही है
पछवा से ख़ुदाई[7] फिर रही है
बरसात का बज रहा है डंका
इक शोर[8] है आसमां[9] पर बरपा[10]

गर्मी का मौसम

मौलवी मुहम्मद इस्माईल 'इस्माईल'

मई का आन पहुंचा है महीना
बहा चोटी से एड़ी तक पसीना
बजे बारह तो सूरज सर पे आया
हुआ पैरों तले पोशीदा[11] साया

---

1. पियाऊ, 2. जीवन, 3. कपोल, 4. विशेषता, 5. तृप्ति, 6. वातावरण, 7. संसार, 8. कोलाहल, 9. आकाश, 10. फैला, 11. छुपा हुआ।

चली लू और तड़ाके की पड़ी धूप
लपट है आग की गोया कड़ी धूप
ज़मीं[1] है या कोई जलता तवा है
कोई शोला[2] है या पछवा हवा है
दर-ओ-दीवार[3] हैं गर्मी से तपते
बनी - आदम[4] हैं मछली से तड़पते
न पूछो कुछ ग़रीबों के मकां[5] की
ज़मीं का फ़र्श है छत आसमां[6] की
न पंखा है न टट्टी है न कमरा
ज़रा सी झोंपड़ी मेहनत का समरा[7]
अमीरों को मुबारक हो हवेली
ग़रीबों का भी है अल्लाह बेली[8]

गर्मी और देहाती बाज़ार

'जोश' मलीहाबादी

दोपहर, 'बाज़ार'[9] का दिन, गांव की ख़िलक़त[10] का शोर[11]
ख़ून की प्यासी शुआयें[12] रूहफ़र्सा[13] लू का ज़ोर

आग की रौ, कारोबारे - ज़िंदगी[14] का पेच - ओ - ताब[15]
तुन्द[16] शोले, सुर्ख़[17] ज़र्रे, गर्म झोंके, आफ़ताब[18]

शोर, हलचल, ग़लग़ला, हैजान[19], लू, गर्मी, गुबार[20]
बैल, घोड़े, बकरियां, भेड़ें, क़तार अन्दर क़तार[21]

---

1. धरती, 2. ज्वाला, 3. दरवाज़े और दीवारें, 4. इंसान, मानव, 5. घर, 6. आकाश, 7. फल, 8. सहायक, मददगार, 9. हाट, 10. जनसाधारण, 11. क़ोलाहल, 12. किरणें, 13. रूह को घटानेवाला, 14. जीवन का कामकाज़, 15. मोड़, 16. प्रचंड, 17. लालकण, 18. सूर्य, 19. कम्पन, 20. धूल, 21. पंक्ति।

धूप की शिद्दत[1], हवा की यूरिशें[2], गर्मी की रौ[3]
कमलियों पर सुर्ख़[4] चावल, टाट के टुकड़ों पे जौ

गर्म ज़र्रों के शदाइद[5], झक्कड़ों[6] की सख़्तियां[7]
झक्कड़ो में खांसते बूढ़ों की चिल्मों का धुआं

मांओं के कांधों पे बच्चे गर्दनें डाले हुए
भूक की आंखों के तारे, प्यास के पाले हुए

बाम-ओ-दर[8] लरज़े[9] हुए ख़ुर्शीद[10] के आफ़ात[11] से
हर नफ़स[12] इक आंच सी उठती हुई ज़र्रात[13] से

मर्द-ओ-ज़न[14] गर्दिश[15] में चीलों की सदा[16] सुनते हुए
चिलचिलाती धूप की रौ में चने भुनते हुए

म्यान से मौसम की तेग़े[17] - बे - अमां[18] निकली हुई
प्यास से इंसान - ओ - हैवां[19] की ज़बां निकली हुई

लू के मारे बाम - ओ - दर[20] की रूह[21] घबराई हुई
दोस्तों की शक्ल[22] पर बेगानगी[23] छाई हुई

यूं शुआयें[24] सायः - ए - अशजार[25] से छनती हुई
बेमुरव्वत[26] की सपाट आंखों की जैसे रौशनी

आसमां पर अब्र[27] के भटके हुए टुकड़ों का रम[28]
नशे में मुमसिक[29] का जैसे वादः - ए - जौद - ओ - करम[30]

---

1. प्रचंडता, 2. वर्षा, हमले, 3. वर्षा, 4. लाल, 5. तीव्रता, 6. तेज़ हवा, 7. कष्ट, 8. छत और दरवाज़े, 9. कम्पायमान, 10. सूर्य, 11. विपत्ति, 12. सांस, 13. कण, 14. नर-नारी, 15. चक्र, 16. आवाज़, 17. तलवारें, 18. बिना सुरक्षा के, 19. मनुष्य और पशु, 20. छत और द्वार, 21. आत्म, प्राण, 22. सूरत, 23. अनजानपन, अनभिज्ञता, 24. किरणें, 25. वृक्षों की छांव, 26. जिनमें लिहाज़ न हो, 27. बादल, 28. भागना, 29. कंजूस, 30. अत्याचार और दया का वचन।

हर रविश[1] पर चिड़चिड़ापन, हर सदा[2] में बेरुख़ी[3]
हर जिगर भुनता हुआ, हर झोपड़ी पकती हुई

सर पे काफ़िर[4] धूप जैसे रूह[5] पर अक्से - गुनाह[6]
तेज़ किरनें, जैसे बूढ़े सूदख़्वारों[7] की निगाह

गर्मी

(बैसाख और जेठ)

'शम्स' अज़ीमाबादी

परेशान[8] है इस वक़्त हर आदमी
कि गर्मी है यह जेठ बैसाख की

ग़ज़ब की है लू और कड़ी धूप है
बला जेठ बैसाख की धूप है

दहकती ज़मीं, आसमां शोला बार[9]
हैं सूखे हुए सरबसर[10] किश्तज़ार[11]

हैं झुलसी हुई हर तरफ़ झाड़ियां
नहीं घास तक का ज़मीं पर निशां

सिमट आये हैं बाग़ में सब चरिन्द[12]
छुपे बैठे हैं पत्तियों में परिंद[13]

हैं खेत इन दिनों सारे सूखे पड़े
भरे इनमें कांटे हैं छोटे बड़े

---

1. पुश्ता, 2. आवाज़, 3. रूखापन, 4. विधर्मी, अत्याचारी, 5. प्राण, 6. पापों का प्रतिबिम्ब, 7. ब्याज खानेवाले, 8. व्याकुल, 9. ज्वाला बरसाता हुआ, 10. बिल्कुल 11. खेत, 12. पशु, 13. पक्षी।

मगर खेत गन्नों के हैं जा ब जा[1]
तर-ओ-ताज़गी जिनकी है दिलकशा[2]

अलग सब से अंदाज़[3] है बाग़ का
हरी पत्तियों और फलों से भरा

ख़ज़ाने हैं पानी के ज़ेरे-ज़मीं[4]
कहीं दूर पर, पास ही में कहीं

इन्हीं से हैं शादाब[5] सारे शजर[6]
इन्हीं से हैं बालीदा[7] बर्ग-ओ-समर[8]

फ़रेबे - नज़र[9] रंग - आराइयां[10]
हैं फ़ितरत[11] की हर सम्त[12] गुलकारियां[13]

कहीं लीचियों के गुलाबी समर[14]
बहार[15] इनसे है बाग़ में रंग पर

कहीं फ़ालसा है कहीं मुलसिरी
कहीं जामुनों से हैं शाख़ें झुकी

कहीं कटहलों से तने हैं लदे
कहीं पेड़ हैं बड़हलों से झुके

है आमों से हर बाग़, बाग़े-जिनां[16]
है नज़्ज़ारे[17] से जिनके दिल शादमां[18]

जो ज़र्द[19] आलुओं से हैं ज़र्री[20] शजर[21]
तो हैं लाल परियों[22] से लालीं शजर

---

1. जगह-जगह, कहीं-कहीं, 2. आनंददायक, 3. अदा, हाव-भाव, 4. धरती के नीचे, 5. हरे-भरे, 6. वृक्ष, 7. विकसित, 8. पत्ते और फल, 9. नज़र का धोखा, 10. सजावटें, 11. प्रकृति, 12. दिशा, 13. फूल बाज़ियां, 14. फल, 15. वसंत, शोभा, 16. स्वर्ग का बाग़, 17. दृश्य, देखना, 18. प्रसन्न, 19. पीले, 20. सुनहरी, 21. वृक्ष, 22. एक आम।

कहीं तोतापरियों[1] से रंगीं है बाग़
कहीं है सफ़ेदों[2] से रौशन चिराग़

चमकते हैं इस तरह रौशन तबाक़[3]
कि हैं क़ुमक़ुमे ज़ेरे-नीली-रवाक़[4]

जो जाती है चौसों[5] की जानिब नज़र
तो कहता है दिल है 'बहिश्ती समर'[6]

कोई आम हैं शक्ल[7] में लाजवाब[8]
ग़रज़[9] जितने हैं आम उतने सिफ़ात[10]

हुई जेठ की सहपहर[11] अब तमाम[12]
गये लू के झोंके, सुहानी है शाम

हवा की हरारत[13] में आई कमी
दरख़्तों[14] पे आने लगी ताज़गी

घरों से निकल आये इंसान भी
थे गर्मी के मारे परेशां[15] सभी

हवा चलते चलते रुकी यक-बयक[16]
फ़ज़ा[17] पुरसुकूं[18] हो गयी यक-बयक

थी साकित[19] हवा और ज़मीं पुरसुकूं
ख़ामोशी[20] दरख़्तों की थी पुरफ़ुसूं[21]

गरजने की बादल के आई सदा[22]
चमकने लगी बिजलियों से फ़ज़ा

---

1. आम की एक प्रकार, 2. एक आम, 3. एक आम, 4. नीले बादलों के नीचे, 5. एक आम, 6. एक प्रकार का आम, 7. देखने में, रूप, 8. बेमिस्ल, अद्वितीय, 9. अर्थात्, 10. गुण, 11. तीसरा पहर, 12. समाप्त, 13. गर्मी, 14. वृक्षों, 15. व्याकुल, 16. सहसा, 17. वातावरण, 18. शान्त, 19. स्थिर, 20. मौन, 21. रहस्यमयी, 22. आवाज़।

हवा थी जो साकित हुई तेज़गाम[1]
कि अब रख़्शे-फ़ितरत[2] हुआ बेलगाम

ज़मीं से उठी गर्द[3] सू-ए-फ़लक[4]
लगे आंख मलने फ़लक पर मलक[5]

हवा हर तरफ़ ख़ाक उड़ाने लगी
दरख़्तों को झूला झुलाने लगी

गिरीं शाख़ें[6] और पत्तियां टूट कर
गिरे डालियों से समर[7] छूट कर

अजब नश्शे में झूमते थे दरख़्त
ख़ुद अपने क़दम चूमते थे दरख़्त

था अब मूसलाधार पानी का ज़ोर
गरज बादलों की हवाओं का शोर[8]

न ठहरा पै[9] पानी बहुत देर तक
फ़ज़ा साफ़ होने लगी यकबयक

हुआ अब्र[10] दोशे-हवा[11] पर रवां[12]
बदलने लगा रंग फिर आसमां[13]

फिर अंदाज़े-मौसम[14] बदलने लगे
वही झोंके पछवा के चलने लगे

जलाने लगी जेठ की धूप तेज़
हुआ मिहरे-ताबिन्दा[15] फिर शोलारेज़[16]

ज़मीं तप के आतिश[17] उगलने लगी
जो सुलगी हवा, दूब जलने लगी

(मसनवी 'जलव-ए-सद-रंग' से माख़ज़)

---

1. तीव्र गति, 2. प्रकृति का घोड़ा, 3. धूल, 4. गगन की ओर, 5. फ़रिश्ते, 6. डालियां, 7. फल, 8 कोलाहल, 9. मगर, 10. बादल, 11. हवा के कंधे, 12. रवाना, 13. आकाश, 14. मौसम का रंग-ढंग, 15. प्रकाशवान सूर्य, 16. आग बरसानेवाला, 17. आग।

मौसमे-बहार

मिर्ज़ा मुहम्मद रफ़ी 'सौदा'

सजदः-ए-शुक्र[1] में है शाख़े - समरदार[2] हर एक
देखकर बाग़े-जहां[3] में करमे-इज़्ज़-ओ-जल[4]

वास्ते ख़िलअते-नौरोज़[5] के हर बाग़ के बीच
आबजू[6] क़त्अ[7] लगी करने रविश[8] पर मख़मल

बख़्शती[9] है गुले - नौरस्ता[10] की रंग - आमेज़ी[11]
पोशिशे-छींट[12] क़लमकार[13] बहरे-दश्त-ओ-जबल[14]

अक्से-गुलबन[15] पे ज़मीं है कि जिसके आगे
कारे-नक़्क़ाशि-ए-मानी[16] है दोयम[17] वो अव्वल[18]

साय-ए-बर्ग[19] है इस लुत्फ़[20] से हर इक गुल[21] पर
साग़रे-लाल[22] में जूं कीजिए ज़मुर्रुद[23] को हल

बार[24] से आबे - रवां[25] अक्से - हुजूमे - गुल[26] के
लोटे है सब्ज़े पे अज़बस[27] कि हवा है बेकल[28]

आबजू[29] गिर्दे-चमन[30] लमअए-ख़ुर्शीद[31] से है
ख़त्ते-गुलज़ार[32] के सफ़हे[33] पे तिलाई[34] जदवल[35]

चश्मे-नर्गिस[36] की बसारत[37] के ज़िबस[38] है दरपै[39]
गुंचः-ए-लाला[40] ने सुरमे से भरी है मिकजल[41]

---

1. आभार मानने का सिज्दा, 2. फलों से लदी डाली, 3. संसार का उद्यान, 4. भगवान की दया, 5. नौरोज़ का पुरस्कार, 6. नदी, नहर, 7. काटना, 8. पुश्ता, क्यारियों के बीच की जगह, 9. प्रदान करती, 10. नया फूल, 11. रंग भरना, 12. छींट का वस्त्र, 13. एक फूलदार नक़्शीं कपड़ा, 14. जंगल और पहाड़ के लिए, 15. सुर्ख़ गुलाब का प्रतिबिम्ब, 16. मानी (एक प्रसिद्ध चित्रकार, 831-881 ई. की चित्रकारी) की कला, 17. दूसरा, 18. प्रथम, 19. पत्तों की छांव, 20. कृपा, 21. फूल, 22. शराब का प्याला, 23. पन्ना, 24. बोझ, 25. बहता पानी, 26. फूलों के जमघट का प्रतिबिम्ब, 27. बहुत, 28. व्याकुल, 29. नदी, 30. उपवन के आसपास, 31. सूरज का प्रकाश, 32. क्यारी, 33. पृष्ठ, 34. सुनहरी, 35. लकीर, रेखा, 36. नर्गिस की आंख, 37. ज्योति, 38. बहुत, 39. पीछे पड़ी हुई, 40. लाले की कली, 41. सुर्मे की सलाई।

लड़खड़ाती हुई फिरती है ख़याबां[1] में नसीम[2]
पांव रखती है सबा[3] सहन में गुलशन[4] के संभल

(माख़ूज़)

आमदे-बहार

'ग़ालिब'

फिर इस अंदाज़ से बहार आई
हो गये मिहर - ओ - मह[5] तमाशाई[6]

देखो ऐ साकिनाने - ख़ित्तः - ए - ख़ाक[7]
इसको कहते हैं आलम - आराई[8]

कि ज़मीं हो गयी है सर ता सर[9]
रूकशे - सतहे - चर्ख़े - मीनाई[10]

सब्ज़े को जब कहीं जगह न मिली
बन गया रू - ए - आब[11] पर काई

सब्ज़ः - ओ - गुल[12] के देखने के लिए
चश्मे - नर्गिस[13] को दी है बीनाई[14]

है हवा में शराब की तासीर[15]
बादा - नोशी[16] है बादा - पैमाई[17]

क्यों न दुनिया को हो .ख़ुशी 'ग़ालिब'
शाहे - दीदार[18] ने शिफ़ा[19] पाई

---

1. क्यारी, 2. हवा, 3. हवा, 4. उपवन, 5. चांद और सूरज, 6. तमाशा देखनेवाले, 7. मिट्टी के क्षेत्र के वासियो, 8. संसार की सजावट, 9. नितान्त, 10. नीले आकाश की तरह, 11. पानी की सतह, 12. फूल और हरियाली, 13. नर्गिस की आंख, 14. ज्योति, 15. असर, 16. मदिरापान, 17. शराबख़ोरी, 18. धर्मात्मा बादशाह, 19. रोग मुक्ति।

बहार आई

'अकबर' इलाहाबादी

बहार आई खिले गुल[1] ज़ेबे-सहने-बोस्ता[2] होकर
अनादिल[3] ने मचाई धूम सरगर्मे - फ़ुग़ा[4] होकर

बिछा फ़र्शे - ज़ुमुर्रुद[5] एहतिमामे-सब्ज़ः-ए-तर[6] में
चली मस्तानावश[7] बादे - सबा[8] अम्बरफ़िशा[9] होकर

उरूजे - नश्शः - ए - नश्व - ओ - नमा[10] से डालियां झूमीं
तराने[11] गाए मुर्ग़ाने - चमन[12] ने शादमां[13] होकर

बलायें शाख़े - गुल[14] की लीं नसीमे - सुब्हगाही[15] ने
हुई कलियां शिगुफ़्ता[16] रू-ए-रंगीने-बुतां[17] होकर

जवानाने - चमन[18] ने अपना अपना रंग दिखलाया
किसी ने यासमन[19] होकर किसी ने अर्ग़ुवां[20] होकर

किया फूलों ने शबनम[21] से वुज़ू[22] सहने-गुलिस्तां[23] में
सदा-ए-नग़्मः-ए-बुलबुल[24] उठी बांगे - अज़ां[25] होकर

हवा-ए-शौक़[26] में शाख़ें[27] झुकीं ख़ालिक़[28] के सजदे[29] को
हुई तस्बीह[30] में मसरूफ़[31] हर पत्ती ज़बां[32] होकर

ज़बाने - बर्गे - गुल[33] ने की दुआ रंगीं इबारत[34] की
ख़ुदा सरसब्ज़ रक्खे इस चमन को महरबां[35] होकर

---

1. फूल. 2. उपवन की शोभा, 3. बुलबुल, 4. आर्तनाद में लीन, 5. पन्ने का फ़र्श, 6. हरियाली के तत्वावधान में, 7. मस्तों की तरह, 8. प्रातः समीर, 9. सुगंध बिखेरती हुई, 10. विकास के नशे का उत्थान, 11. गीत, 12. उपवन के पक्षी, 13. ख़ुश, 14. फूल की डाली, 15. प्रातः समीर, 16. ताज़ी, 17. सुन्दरियों के चेहरे,. 18. उपवन के जवान, 19. चमेली, 20. लाल, 21. ओस, 22. नमाज़ से पहले हाथ-मुंह धोना, 23. उपवन, 24. बुलबुल के गीत की आवाज़, 25. अज़ान की आवाज़, 26. अभिरुचि, 27. डालियां, 28. सृष्टा, 29. नतमस्तक, 30. माला, 31. व्यस्त, 32. ज़बान, जिह्वा, 33. फूल की पत्ती की ज़बान, 34. हरा-भरा, 35. मेहरबान, दयालु।

बहार

'बेनज़ीर' शाह

बहार आई निखरे निहाले[1]-चमन
बदलने लगे नख़्ल[2] रख़्ते-कुहन[3]

वो बूटों में कल्ले[4] लगे फूटने
अनादिल[5] के चुहले लगे छूटने

दरख़्तों[6] ने पहना वो धानी लिबास
लबे-नहर[7] सब्ज़ा[8] ज़ुमुर्रुद असास[9]

नई पत्तियां वो चमकने लगीं
वो खिलखिल के कलियां महकने लगीं

बनफ़शा[10] कहीं सुम्बुले-तर[11] कहीं
कहीं सौसन - ओ - गुल[12] बहार - आफ़री[13]

खिले फूल बेले के वो लाजवाब[14]
वो फूले हज़ारों तरह के गुलाब

वो फूली चम्बेली खिला मोगरा
खिली चांदनी बाग़ में जा - ब - जा[15]

वो फूलों पे उड़ती हुई तितलियां
वो छत्तों से झुकने लगीं टहनियां

भरी गोद शाख़ों की असमार[16] से
टपकने लगा शहद अशजार[17] से

वो गदराए फल रंग लाने लगे
अनार अपना जोबन दिखाने लगे

---

1. पौधे, 2. वृक्ष, 3. पुराने कपड़े, 4. अंकुर, 5. बुलबुल, 6. वृक्ष, 7. नहर के किनारे, 8. हरियाली, 9. बुनियाद, 10. एक फूल, 11. ताज़ी बालछड़, 12. सेवती और गुलाब, 13. बहार दिखानेवाला, 14. अद्वितीय, 15. जगह-जगह, 16. फल, 17. वृक्ष।

वो अंगूर वो रसभरी लीचियां
लटकती हैं आमों में वो कैरियां

वो सह्‌रा[1] की देखे कोई अब बहार[2]
कि फूलों से हर शाख़[3] है शोलाज़ार[4]

वो फूला हुआ ढाक भी हर तरफ़
लगाए है इक आग सी हर तरफ़

वो सरसों के फूलों की बू तेज़-ओ-तुन्द[5]
जिसे सूंघते ही खुले ज़हने-कुन्द[6]

दिखांते हैं इस वक़्त क्या क्या फबन[7]
चमकती हो चांदी की जैसे किरन

किधर से यह आई हवा या - अजीब[8]
मगर है करौंदे का जंगल क़रीब[9]

करनफूल अकोबर[10] लिये बेशुमार[11]
दिखाता है चांदी के घुंगरू मदार[12]

वो सहजन के वो सुर्ख़[13] घुंगची के फूल
अमलतास और मालकंगी के फूल

वो सह्‌रा का हर नख़्ल[14] फूला हुआ
ग़मे-बादे-सरसर[15] को भूला हुआ

नहीं होता यह ज़ोरे-मस्ती[16] कभी
कि हर शै[17] पे छाई है इक बेख़ुदी[18]

मैं इस शाने - क़ुदरत[19] पे हरदम निसार[20]
दिखाई हमें जिसने क्या - क्या बहार

---

1. जंगल, 2. शोभा, 3. डाल, 4. लाल, 5. तीव्र, प्रचंड, 6. बन्द मस्तिष्क, 7. शोभा, 8. विचित्र, 9. निकट, 10. एक वृक्ष, 11. अनगिनत, 12. एक वृक्ष, 13. लाल, 14. वृक्ष, 15. गरम हवा का ग़म, 16. मस्ती का ज़ोर, 17. वस्तु, 18. नशा, बेहोशी, 19. प्रकृति की शान, 20. न्योछावर।

आमदे-बहार[1]

मौलवी अहमद अली साहब 'शौक़' क़िदवाई

हवा चारों तरफ़ अक़्सा-ए-आलम[2] में पुकार आई
बहार आई बहार आई बहार आई बहार आई

बहार आई दिखाई क़ादिरे-मुतलक़[3] की शान उसने
ज़मीं की तह[4] में जो मुर्दे थे, डाली उसमें जान[5] उसने

बहार आई है नेचर अपनी नक़्क़ाशी[6] दिखाता है
बहुत रंगीन नक़्शे सामने आंखों के लाता है

जहां[7] से मिट गया बर्गे-ख़िज़ां[8] का बदनुमा[9] सिक्का
बहार अब ढालती है अशरफ़ी के फूल का सिक्का

हवा-ए-सुब्ह[10] इसके साथ पंखा झलती आती है
हंसी पड़ती हैं कलियां जब यह उनको मुंह लगाती है

पहाड़ों से बहाया उसने बर्फ़े-साफ़ पिघलाकर
रवां[11] होकर वही पानी समुन्दर में मिला जाकर

शमीमे-बाग़[12] ने सीखा चलन इतरा के[13] चलने का
ज़माना आ गया पर्दे से सब्ज़े[14] के निकलने का

दुल्हन की शक्ल[15] हर गुल ने लिबासे-सुर्ख़[16] पहना है
शजर[17] के जिस्म[18] पर क्या ख़ुशनुमा[19] फूलों का गहना है

---

1. वसंत का आगमन, 2. ब्राह्मांड, 3. ख़ुदा, 4. धरती के नीचे, 5. प्राण, 6. चित्रकला, 7. संसार, 8. हेमन्त के सूखे पत्ते, 9. कुरूप, 10. प्रातः समीर, 11. प्रवाहित, 12. बाग़ की सुगंध, 13. इठला के, नखरे से, 14. हरियाली, 15. रूप, तरह, 16. लाल वस्त्र, 17. वृक्ष, 18. शरीर, 19. सुंदर।

हुआ मश्शातगी[1] पर नैयरे-आज़म[2] जो आमादा[3]
संवारा मुख़्तलिफ़[4] रंगों से दुनिया का रुखे़-सादा[5]

तअज्जुब[6] क्या जो हैबत[7] से ख़िज़ां[8] के रुख़[9] पे ज़र्दी[10] है
कि वो फ़ौज उस पे ग़ालिब[11] आई जिसकी सुर्ख़ वर्दी[12] है

निकल आये हिजाबे-अर्ज़[13] से गुल पैरहन[14] लाखों
कहीं हैं सर्व - क़द[15] लाखों कहीं गुंचा-दहन[16] लाखों

पिलाती है शजर[17] को ओस अपना दूध ला - लाकर
मुहब्बत से हवा मुंह चूमती है बार बार आकर

जड़ें अन्दर ही अन्दर फैलकर क़ूवत[18] पकड़ती हैं
ज़मीं इनको जकड़ती है ज़मीं को वो जकड़ती हैं

चमन और दश्त[19] में है हर तरफ़ अम्बार[20] फूलों का
जिधर देखो ज़मीं[21] पहने हुए है हार फूलों का

अयां[22] सब्ज़े[23] पे उलफ़त[24] की अदायें[25] की हैं सूरज ने
बढ़ाकर हाथ किरनों के बलायें ली हैं सूरज ने

हैं रौशन चांदनी के फूल या तारे चमकते हैं
खिले हैं फूल लाला के कि अंगारे दहकते हैं

हज़ारों रंग की चिड़ियां हैं शक्लें[26] ख़ुशनुमा[27] जिनकी
अदायें दिलरुबा[28] जिनकी, सदायें[29] नग़्मा - ज़ा[30] जिनकी

बहार आने से ख़ुश हैं हर तरफ़ इतराती फिरती हैं
हवा तो नाचती फिरती है चिड़ियां गाती फिरती हैं

---

1. सिंगार, 2. सूर्य, 3. तैयार, 4. विभिन्न, 5. सादा चेहरा, 6. आश्चर्य, 7. भय, 8. हेमन्त, 9. चेहरा, 10. पीलापन, 11. छा गयी, 12. लाल वर्दी, 13. धरती की शर्म, 14. वस्त्र, 15. सरो जैसे क़द के, 16. कली जैसे मुंहवाले, 17. वृक्ष, 18. शक्ति, 19. जंगल, 20. ढेर, 21. धरती, 22. प्रकट, 23. हरियाली, 24. प्रेम, 25. हाव-भाव, 26. रूप, 27. सुंदर, 28. मोहक, 29. आवाज़ें, 30. संगीतमय।

दिया है तितलियों को रिज़्क़[1] का सामान फूलों ने
किया भौंरों को जोशे-फ़ैज़[2] से मेहमान फूलों ने

हवा ही ने खिलाए गुल हवा ही फिर गिराती है
ज़मीं जिसने किया पैदा वही फिर उनको खाती है

ग़रज़ अय 'शौक़' इतराना अबस[3] है हुस्ने-फ़ानी[4] पर
घमंड इन्सां[5] को नाज़ेबा[6] है दो दिन की जवानी पर

बहार की एक दोपहर

'जोश' मलीहाबादी

बेचैन हैं हवायें बादल है हल्का-हल्का
भेड़ें चरा रही हैं दोशीज़गाने-सहरा[7]

कुछ लड़कियां चने के खेतों में गा रही हैं
कुछ फूल चुन रही हैं कुछ साग खा रही हैं

बूढ़ा किसान अपनी गाड़ी पे जा रहा है
खेतों को देखता है और सर हिला रहा है

ज़ेरे-क़दम[8] जो बर्गे-पज़मुर्दा[9] आ रहे हैं
हर गाम पर कुचलकर नग़मे[10] सुना रहे हैं

ख़ुर्शीद[11] बादलों में कश्ती[12] जो खे रहा है
कौवों का बोलना तक इक लुत्फ़[13] दे रहा है

खेतों में धुंदली-धुंदली किरनें चमक रही हैं
सरसब्ज़[14] झाड़ियों में चिड़ियां फुदक रही हैं

---

1. भोजन, अन्न, 2. दया का जोश, 3. बेकार, 4. नश्वर सौंदर्य, 5. मानव, 6. अनुचित, अशोभनीय, 7. जंगल की कुमारियां, 8. पांव के नीचे, 9. उदास पत्ते, 10. गीत, 11. सूर्य, 12. नाव, 13. आनंद, 14. हरी-भरी।

सूरज है सर पे, बादल साया किए हुए हैं
ठंडी हवा के झोंके गर्मी लिये हुए हैं

गुंचे[1] चटक रहे हैं गुलज़ारे-ज़िंदगी[2] के
दर खुल रहे हैं दिल पर असरारे-ज़िंदगी[3] के

ख़ुद अपने हाफ़िज़े[4] में जलवे दिखा रहा हूं
खोया गया हूं ऐसा अपने को पा रहा हूं

फागुन

अब्दुल मजीद 'शम्स'

फ़ज़ा[5] में है फागुन की रानाइयां[6]
हवा में बहारों की सरमस्तियां[7]

हर इक सू फ़रावानि-ए-रंग-ओ-बू[8]
है फ़ितरत[9] में हर सिम्त[10] जोशे-नुमू[11]

दिलों में मसर्रत,[12] सरों में सुरूर[13]
मिज़ाजों[14] में बालीदगी[15] का वफ़ूर[16]

न गर्मी, न सर्दी की शिद्दत[17] है अब
दिलों में उमंग और मसर्रत[18] है अब

है दुनिया पे सूरज की तिरछी नज़र
कि फ़स्ले-बहारां[19] की है सहपहर[20]

---

1. कलियां, 2. जीवन-वाटिका, 3. जीवन के रहस्य, 4. याददाश्त, 5. वातावरण, 6. सुंदरता, 7. नशा, 8. रंग और सुगंध की अधिकता, 9. प्रकृति, 10. हर तरफ़, 11. विकास का जोश, 12. ख़ुशी, 13. नशा, 14. स्वभाव, 15. बढ़वार, 16. अधिकता, 17. तीव्रता, 18. ख़ुशी, 19. वसंत, 20. तीसरा पहर।

बढ़ी कुछ हरारत[1] तो अब्र[2] आ गया
फ़लक[3] पर रिदा[4] की तरह छा गया

तमाज़त[5] में सूरज की आई कमी
हवा में तर-ओ-ताज़गी[6] आ गयी

बरसकर खुला है जो अब्रे-बहार[7]
नहीं नाम को अब फ़ज़ा[8] में गुबार[9]

हवा में है इतना नमी[10] का असर
हैं गौहर - बदामां[11] गियाह-ओ-शजर[12]

सुहाना है मंज़र[13] सुनहरी है धूप
कि धुलकर निखर आया फ़ितरत[14] का रूप

ज़मीं पर है बारिश की ताबिन्दगी[15]
उभरने को बेताब[16] है ज़िंदगी

जो ओझल हुआ आंख से आफ़ताब[17]
घटी बामे-गर्दू[18] की वो आब-ओ-ताब[19]

हजर[20] हो, शजर[21] हो कि बर्ग-ओ-गियाह[22]
सभी पर पड़ी इक रिदा-ए-सियाह[23]

चमकने लगा अब रुख़े-माहताब[24]
फ़रोज़ां[25] हैं अंजुम[26] बसद-आब-ओ-ताब[27]

है छिटकी हुई चांदनी हर तरफ़
है चांदी की चादर बिछी हर तरफ़

---

1. गर्मी, 2. बादल, 3. आकाश, 4. चादर, 5. गर्मी, 6. जीवन, सुहानापन, 7. वसंत का बादल, 8. वातावरण, 9. धूल, 10. आर्द्रता, 11. दामन में मोती लिए हुए, 12. घास और पेड़, 13. दृश्य, 14. प्रकृति, 15. चमक, 16. व्याकुल, 17. सूर्य, 18. आकाश की छत, 19. आभा, 20. पत्थर, 21. पेड़, 22. पत्ते और घास, 23. काली चादर, 24. चांद का मुंह, 25. प्रकाशमान, 26. तारे, 27. बड़ी चमक-दमक के साथ।

करौंदे से फूलों की झाड़ी भरी
बबूल और बेरी की शाख़ें[1] हरी

मुअत्तर[2] है फूलों की ख़ुशबू[3] से बन
हर इक पेड़ पर है नई इक फबन[4]

हवा मस्त है झूमते हैं दरख़्त[5]
हर इक शाख़, साक़ि-ए-साग़र-बदस्त[6]

जो रौशन हुआ चर्ख़े-गर्दूं[7] का फ़र्क़[8]
छलकने लगा जामे-ज़र्रीं[9] से शर्क़[10]

चमकने लगी सुब्हे-नौ की[11] किरन
हर इक शै[12] में आने लगा बांकपन

ख़ुशी से फ़ज़ा मुस्कुराने लगी
नसीमे-सहर[13] गुनगुनाने लगी

कहीं शाख़ पर फ़ाख़्ता[14] ख़ुशगुलू[15]
बसद[16] वज्द[17] कहती है 'या पाक तू'

पपीहों ने रट 'पी कहां' की लगाई
कहीं मस्त कोयल ने कू-कू सुनाई

कहीं से सदायें[18] महुकल की आईं
कहीं सीटियां हारियल[19] ने बजाईं

वो तीतर कहीं फड़फड़ाकर उड़े
कहीं मोर झाड़ी में छुपने लगे

हिरन चौकड़ी भर के भागे उधर
गये दूर इतने न आये नज़र

---

1. डालियां, 2. सुगन्धित, 3. सुगंध, 4. शोभा, 5. वृक्ष, पेड़, 6. हाथ में प्याला लिए हुए साक़ी, 7. आकाश, 8. ललाट, 9. सुनहरी प्याले, 10. पूर्व, 11. नई सुबह, 12. वस्तु, 13. प्रातः समीर, 14. पंडुक, 15. मधुर स्वर, 16. सैकड़ों, 17. झूमना, 18. आवाज़ें, 19. एक पक्षी।

नई कोंपलों से सजी झाड़ियां
हरी, सुर्ख़[1] और चम्पई पत्तियां

हो शीशम कि बड़, ताड़ हो या खजूर
सभी हैं बहारों के नश्शे में चूर

निकल आये पीपल से पत्ते नए
चमकदार, चिकने सजीले बड़े

है पाकड़[2] भी इस वक़्त दूल्हा बना
है पहने हुए इक गुलाबी क़बा[3]

सरस के भी हैं फूल क्या ख़ुशनुमा
सफ़ेद और हरे रंग में जलवा-ज़ा[4]

है आमों के बाग़ों में मंज़र[5] की बास
हवा में है नश्शा दरख़्तों[6] के पास

हसीं[7] शाख़ें[8] कचनार की हैं झुकी
है कलियों में इनकी अजब[9] दिलकशी[10]

है ख़ुशरंग[11] फूलों में चम्पा सजा
कोई बन्द है और कोई अधखिला

करौंदे के कांटों पे फूलों का जाल
दिलों को भुलाता है रंज-ओ-मलाल[12]

हैं बेले की कलियों से शाख़ें[13] लदी
हर इक शाख़ है मोतियों की लड़ी

---

1. लाल, 2. यह दरख़्त पीपल से मिलता-जुलता होता है, इसको पाखर भी कहते हैं। इसमें जब नई पत्तियां निकलती हैं तो गुलाबी रंग की होती हैं, 3. वस्त्र, 4. दर्शन देता हुआ, 5. बौर, 6. वृक्ष, 7. सुंदर, 8. डालियां, 9. विचित्र, 10. मोहकता, 11. सुंदर, 12. शोक और दुख, 13. डालियां।

अजब शान से मोगरा है खिला
दिल अफ़रोज़[1] बू, दिलकश-ओ-दिलरुबा[2]

है जकंडा या कोई नीलम परी
फ़रोज़ा[3] चमन में बसद दिलबरी[4]

अमलतास के ज़र्द[5] चमकीले फूल
हों जिस तरह आवेज़ां[6] सेहरे के फूल

कहीं गुलमुहर की क़तारें[7] खड़ी
हसीं सुर्ख़[8] फूलों से शाख़ें[9] लदी

ग़रज़[10] हर शजर[11] पर है हुस्ने-बहार[12]
छुपी दामने गुल[13] से है नोके-ख़ार[14]

हैं कटनी में मसरूफ़[15] पीर-ओ-जवां[16]
मसर्रत[17] है चेहरों पे सब के अयां[18]

हैं मेड़ों पे ग़ल्लों[19] के बोझे धरे
है रक्खा जिन्हें खेत से काट के

इन्हें लड़कियां सर पे रक्खे चलीं
है चाल इनकी दिलकश,[20] अदा दिलनशीं[21]

उठाती हैं अपने क़दम तेज़ - तेज़[22]
जवानी की रानाइयां[23] हश्रख़ेज़[24]

कमर में लचक बाज़ुओं में तनाव
जबीं[25] पर शिकन[26], अबरुओं[27] में झुकाव

---

1. मोहक, 2. आकर्षक, 3. प्रकाशमान, 4. सैकड़ों आकर्षण लेकर, 5. पीले, 6. लटकते हुए, 7. पंक्तियां, 8. लाल, 9. डालियां, 10. अर्थात्, 11. वृक्ष, 12. बहार का सौंदर्य, 13. फूल का दामन, 14. कांटे की नोक, 15. व्यस्त, 16. बूढ़े और जवान, 17. ख़ुशी, 18. प्रकट, 19. अनाज, 20. आकर्षक, 21. दिल में बैठ जानेवाली, 22. जल्दी-जल्दी, 23. शृंगार, 24. प्रलय मचानेवाली, 25. ललाट, 26. बल, 27. भवें।

है सीनों की जुम्बिश[1] से लरज़ां[2] ज़मीं[3]
न हो जाये बरपा[4] क़यामत[5] कहीं

निगाहों में इस्मत[6] की बेबाकियां[7]
मशक़्क़त[8] की चेहरे पे शादाबियां[9]

कोई घूर के देख ले क्या मजाल[10]
है गुर्बत[11] की आंखों में जाह-ओ-जलाल[12]

चलें शहर की सैर को साक़िया[13]
तिरे साथ होली का लूटें मज़ा[14]

हर इक सिम्त[15] होली की है धूमधाम
मसर्रत[16] से सरशार[17] हर ख़ास-ओ-आम[18]

कई रंग की दीदनी[19] है बहार[20]
ज़मीं पर हैं क़ौसे-क़ज़ह[21] बेशुमार[22]

पिलाई है मौसम ने इतनी शराब
कि गालों पे सबके खिले हैं गुलाब

पिये बेपिये सब हैं नश्शे में चूर
ख़ुशी का है सबके दिलों में सुरूर[23]

(मनसवी 'जलवः-ए-सदरंग' से उद्धृत)

---

1. हिलना, 2. कम्पायमान, 3. धरती, 4. उपस्थित, 5. प्रलय, 6. सतीत्व, 7. निर्भयता, 8. श्रम, मेहनत, 9. ताज़गी, 10. साहस, हिम्मत, 11. दरिद्रता, 12. प्रताप, 13. मदिरा विक्रेता, मदिरा पिलानेवाली, 14. आनंद, 15. दिशा, ओर, 16. ख़ुशी, 17. परिपूर्ण, 18. जनसाधारण, 19. दर्शनीय, 20. शोभा, 21. इन्द्रधनुष, 22. अनगिनत. 23. नशा।

पांचवां अध्याय

हमारे त्योहार

होली

'फ़ाइज़' देहलवी

आज है रोज़े-वसंत अय दोस्तां[1]
सर्व क़द[2] हैं, बोस्तां[3] के दरमियां[4]

बाग़ में है ऐश-ओ-इशरत[5] रात दिन
गुलरुख़ां[6] बिन नईं[7] गुज़रती एक दिन

सबके तन में है लिबासे-केशरी[8]
करते हैं सद बर्ग[9] सूं लब[10] हमसरी[11]

ख़ूबरू[12] सब बन रहे हैं लाल ज़र्द[13]
बाग़ का बाज़ार है इस वक़्त सर्द[14]

चांद जैसा है शफ़क़[15] भीतर अयां[16]
चेहरा सब का अज़-गुलाल[17] आतिशफ़िशां[18]

हर छबीली अज़ - लिबासे - केसरी[19]
ताज़ा करती है बहारे - जाफ़री[20]

नाचती गा-गा के होली दम - बदम[21]
ज्यों सभा इन्दर की दर बाग़े-इरम[22]

---

1. मित्रो, 2. सरो जैसी ऊंचाईवाले, 3. उपवन, 4. बीच, 5. भोग-विलास, 6. सुन्दरियां, 7. नहीं, 8. केसरी बाना, 9. सैकड़ों पत्ते, 10. होंठ, 11. बराबरी, 12. सुंदर, 13. पीले, 14. ठंडा 15. अरुणिमा, 16. प्रकट, 17. गुलाल से, 18. ज्वालामुखी, 19. केसरी वस्त्रों में, 20. एक फूल का नाम, 21. क्षण-प्रतिक्षण, 22. स्वर्ण का उपवन।

अज अबीर-ओ-रंगे-केशर और गुलाल[1]
अब्र[2] छाया है सफ़ेद-ओ-ज़र्द-ओ-लाल[3]

ज्यों झड़ी हर सू[4] है पिचकारी की धार
दौड़ती हैं नारियां बिजली के सार[5]

जोशे-इशरत[6] घर-ब-घर है हर तरफ़
नाचती हैं सब तकल्लुफ़ - बर - तरफ़[7]

बयाने-होली

मीर तक़ी 'मीर'

होली खेला आसिफ़ुद्दौला वज़ीर[8]
रंगे-सुहबत[9] से अजब हैं ख़ुर्द-ओ-पीर[10]

जश्ने - नौरोज़ि - ए - अहले - हिंद[11] सब
है यही, तब महवे-इशरत[12] हैंगे अब

शीशा - शीशा रंग सर्फ़े-दोस्तां[13]
सहने - दौलतख़ाना[14] रश्के-बोस्तां[15]

दस्ता दस्ता रंग में भीगे जवां[16]
जैसे गुलदस्ते थे जूओं पर रवां[17]

रंग-अफ़शानी[18] सी पड़ती थी फुआर
रंगे-बारां[19] था मगर अब्रे - बहार[20]

---

1. अबीर गुलाल और केसर का रंग, 2. बादल, 3. सफ़ेद, पीला और लाल, 4. हर तरफ़, 5. तरह, 6. विलास का जोश, 7. लज्जा को छोड़कर, 8. मंत्री, 9. संगीत का आनंद, 10. बच्चे-बूढ़े, 11. हिंदुस्तानियों के नए साल का समारोह, 12. ऐश में लीन, 13. भारत पर न्योछावर, 14. घर का आंगन, 15. जिससे उपवन ईर्ष्या करें, 16. युवक, 17. प्रवाहित, 18. रंग उड़ाना, 19. बरसात का रंग, 20. बहार का बादल।

कुमकुमे[1] जो मारते भरकर गुलाल
जिसके लगता आनकर फिर मुंह है लाल

बर्गे-गुल[2] मिलवां[3] उड़ाते थे अबीर
थी हवा में गर्द[4] ता चर्खे़-असीर[5]

रौशनुद्दौला की थी यह रौशनी[6]
कब हुई थी लेकिन ऐसी रौशनी

वो चराग़ां[7] गर्चे[8] थे दरगाह तक
थे तमाशाई गदा-ओ-शाह[9] तक

राह में तिर्पोलिये[10] मीनार थे
रौशनी के कूचः-ओ-बाज़ार[11] थे

था जहां तक आब-ओ-दरिया[12] का बहाव
वां तलक[13] था इस चराग़ां का दिखाव

एक आलम[14] देखता था दूर से
रात, दिन थी रौशनी के नूर[15] से

इन दिनों के अक्स[16] से दरिया[17] का आब[18]
आईने की सत्ह की रखता था ताब[19]

मुनअकिस[20] जो थे चराग़ां तह तलक[21]
आब[22] की वुसअत[23] थी बर नज़्मे-फ़लक[24]

हर दो जानिब[25] चुन गये नारी अनार[26]
ग़ुलफ़िशानी[27] से उन्हूं की थी, बहार

---

1. बल्ब, 2. फूल की पत्ती, 3. मिलकर, 4. धूल, 5. बन्दी आकाश तक, 6. प्रकाश, 7. दीपोत्सव, 8. यद्यपि, 9. राजा और रंक, 10. तीन दरवाज़ेवाले, 11. बाज़ार और गलियां, 12. पानी और नदी, 13. तक, 14. संसार, 15. प्रकाश, 16. प्रतिबिम्ब, 17. नदी, 18. पानी, 19. चमक, 20. प्रतिबिम्बित, 21. तक, 22. पानी, चमक, 23. विस्तार, फैलाव, 24. आकाश के तारे, 25. दोनों ओर, 26. आतिशबाज़ी का अनार, 27. फूल बरसाना।

इस रविश से थे सितारे छूटते
नागहा[1] जूं होवें तारे टूटते

माहताबी इक तरफ़ से जो दबी
चांद सा निकला, हुए हैरां[2] सभी

आफ़रीं[3] सन्नाअ[4] लोगो आफ़रीं
क्या लगाया बाग़ आकर काग़ज़ीं[5]

गुल[6] कतरकर फूल गुल ही कर दिए
रंग ताज़े, काग़ज़ों में भर दिए

मुत्तसिल[7] तोपें सितारों की दगीं
लोगों की आंखें, फ़लक[8] से जा लगीं

देखियां क्या क्या न शोलाखे़ज़ियां[9]
थीं हवा में से सितारारेज़ियां[10]

नज़्र[11] को नव्वाब की अहले-फ़िरंग[12]
लेके आतिशबाज़ी आये रंग - रंग[13]

अर्सा[14] गुलरेज़ी[15] से गुलशन हो गया
चर्ख़[16] इन तारों से रौशन हो गया

दाग़ियां तोपें हवाई एक बार
फैले तारे आसमां[17] में बेशुमार[18]

क्या ही आतिश दस्तियां[19] देकर गये
शोलों[20] से पानी की लहरें भर गये

रहमत[21] अय आतिश-ज़नां[22] क्या लाग है
कि बिसाते-आबे-दरिया[23] आग है

(माखूज़ अज़ 'कुल्लियाते-मीर')

---

1. अचानक, 2. आश्चर्यचकित, 3. धन्य, 4. कारीगर, 5. काग़ज़ का, 6. फूल, 7. निकट, 8. गगन, आकाश, 9. शोले बरसाना, 10. कण-कण होना, 11. भेंट करने, 12. अंग्रेज़, 13. भांति-भांति की, 14. मैदान, 15. फूलझड़ी, 16. आकाश, 17. गगन, 18. अनगिनत, 19. हस्तकौशल, 20. ज्वाला, 21. दया, 22. आग लगानेवालो, 23. दरिया के पानी की बिसात।

होली

मीर तक़ी 'मीर'

आओ साक़ी[1] बहार घिर आई
होली में कितनी शादियां[2] लाई

जिस तरफ़ देखो मारिका[3] सा है
शुहरा है या कोई तमाशा है

आईन-बस्ता[4] हुआ है सारा शहर
काग़ज़ीं गुल[5] से गुलिस्तां[6] है दहर[7]

ऐसे गुल[8] फूल हैं जो सर्फ़े-कार[9]
राह रस्ते हुए हैं बाग़-ओ-बहार[10]

और बाज़ार रंग लाए हैं
सारे रंगीं सुतूं[11] लगाए हैं

बस्ता - आईं[12] दुकानें हैं अकसर[13]
जिसमें सस्ती मताअ[14] लाल-ओ-गुहर[15]

मेवा नौरस - ओ - रसीदा[16] बहुत
गुले-ख़ुशरंग-ओ-बू-ए-चीदा[17] बहुत

फिर लबालब[18] हैं आबगीरे-रंग[19]
और उड़े है गुलाब किस किस ढंग

---

1. मदिरा पिलानेवाला, 2. ख़ुशियां, 3. मोर्चा, 4. विधानबद्ध, 5. काग़ज़ के फूल, 6. उपवन, 7. संसार, 8. गुलाब, 9. काम के, 10. सुसज्जित, 11. खम्भे, 12. शीशों से सजी हुई, 13. अधिकांश, 14. वस्तुयें, 15. लाल और मोती, 16. ताज़ा और सूखा हुआ, 17. चुनी हुई सुगंध और रंगवाले फूल, 18. पूर्ण, भरे हुए, 19. रंग के पोखर।

पगड़ियां जामे[1] भीगी सौ सौ हैं
उनको गुलहा-ए-तर[2] कहें तो हैं

छड़ियां फूलों की दिलबरों[3] के हाथ
सैकड़ों फूलों की छड़ी है हाथ

क़ुमक़ुमे भर गुलाल जो मारे
महवशां[4] लाला रुख़[5] हुए सारे

ख़्वान[6] भर भर अबीर लाते हैं
गुल की पत्ती मिला उड़ाते हैं

जश्ने-नौरोज़े-हिंद[7] होली है
राग-ओ-रंग और बोली - ठोली है

होली

शाह 'हातिम'

मुहैया[8] सब है अब अस्बाबे-होली[9]
उठो यारो भरो रंगों से झोली

इधर यार और उधर ख़ूबां[10] सफ़आरा[11]
तमाशा है तमाशा है तमाशा

चमन में धूम-ओ-ग़ुल[12] चारों तरफ़ है
इधर ढोलक उधर आवाज़े-दफ़ है

इधर आशिक़[13] उधर माशूक़[14] की सफ़[15]
नशे में मस्त-ओ-हरयक जाम-बर-कफ़[16]

---

1. जिसमें, 2. ताज़ा फूल, 3. प्रेमिका, 4. चंद्रमुखी (ब.व.) 5. लाले के सामने चेहरेवाले, 6. बड़ी थालियां, 7. नए साल का समारोह, 8. प्राप्त, उपलब्ध, 9. होली की सामग्री, 10. सुन्दरियां, 11. पंक्तिबद्ध, 12. धूम और कोलाहल, 13. प्रेमी, 14. प्रेमिका, 15. पंक्ति, 16. शराब का प्याला हाथ में लिये हुए।

गुलाल अबरक से सब भर भर के झोली
पुकारे यकबयक[1] होली है होली

लगी पिचकारियों की मार होने
हर एक सू[2] रंग की बौछार होने

कोई है सांवरी कोई है गोरी
कोई चम्पा बरन उम्रों में थोड़ी

(माख़ूज़ अज़ मसनवी 'बज़्मे-इशरत')

होली की बहारें

'नज़ीर' अकबराबादी

जब फागुन रंग झमकते हों, तब देख बहारें होली की
और दफ़ के शोर खड़कते हों, तब देख बहारें होली की
परियों के रंग दमकते हों, तब देख बहारें होली की
ख़ुम[3] शीशे[4], जाम[5] झलकते हों, तब देख बहारें होली की
महबूब[6] नशे में छकते हों, तब देख बहारें होली की

हो नाच रंगीली परियों का, बैठे हों गुलरू[7] रंग भरे
कुछ भीगी तानें होली की, कुछ नाज़-ओ-अदा[8] के ढंग भरे
दिल भूले देख बहारों को और कानों में आहंग[9] भरे
कुछ तबले खड़कें रंग भरे, कुछ ऐश[10] के दम मुंह चंग भरे
कुछ घुंगरू ताल छनकते हों, तब देख बहारें होली की

सामान जहां तक होता है इस इशरत[11] के मतलूबों[12] का
वो सब सामान मुहैया[13] हो, और बाग़ खुला हो ख़ूबों[14] का
हर आन शराबें ढलती हों, और ठठ हो रंग के डूबों का

1. सहसा, 2. हर तरफ, 3. घड़ा, 4. बोतल, 5. प्याला, 6. प्रेमिका, 7. फूल जैसे मुंह वाले, 8. नख़रे और हाव-भाव, 9. आवाज़, 10. विलास, 11. भोग-विलास, 12. इच्छुक, 13. उपलब्ध, 14. सुन्दरियां।

हर ऐश[1] मज़े के आलम[2] में इक ग़ोल खड़ा महबूबों[3] का
कपड़ों पर रंग छिड़कते हों, तब देख बहारें होली की

गुलज़ार[4] खिले हों परियों के, और मजलिस[5] की तैयारी हो
कपड़ों पर रंग के छींटों से ख़ुशरंग अजब[6] गुलकारी[7] हो
मुंह लाल, गुलाबी आंखें हों और हाथों में पिचकारी हो
उस रंग भरी पिचकारी को अंगिया पर तककर मारी हो
सीनों से रंग ढलकते हों, तब देख बहारें होली की

उस रंग रंगीली मजलिस[8] में वो रंडी नाचनेवाली हो
मुंह जिसका चांद का टुकड़ा हो और आंख भी मय[9] की प्याली हो
बदमस्त[10] बड़ी मतवाली हो, हर आन बजाती थाली हो
मयनौशी[11] हो, बेहोशी[12] हो, 'भड़वे' की मुंह में गाली हो
भड़वे भी भड़वा बकते हों, तब देख बहारें होली की

और एक तरफ़ दिल लेने को महबूब[13] भवैयों के लड़के
हर आन घड़ी गत भरते हों, कुछ घट घट के कुछ बढ़ बढ़ के
कुछ नाज़[14] जतावें लड़ लड़ के, कुछ होली गावें अड़ अड़ के
कुछ लचके शोख़[15] कमर पतली, कुछ हाथ चलें, कुछ तन फड़के
कुछ काफ़िर नैन मटकते हों, तब देख बहारें होली की

यह धूम मची हो होली की और ऐश[16] मज़े का झक्कड़[17] हो
उस खींचा खींच घसीटी उपर भड़वे ख़न्दी का फक्कड़ हो
माजून[18], शराबें, नाच, मज़ा और टिकिया[19], सुलफ़ा[20] कक्कड़ हो
लड़भिड़ के 'नज़ीर' भी निकला हो, कीचड़ में लत्थड़ पत्थड़ हो
जब ऐसे ऐश महकते हों, तब देख बहारें होली की

---

1. विलास, 2. दशा, 3. प्रेमिकाओं, 4. उपवन, 5. महफ़िल, 6. विचित्र, 7. बेलबूटे, 8. महफ़िल, 9. मदिरा, 10. मदोन्मत्त, 11. मदिरापान, 12. मत्तता, 13. प्रिय, 14. नख़रे, 15. चंचल, 16. विलास, 17. तेज़ हवायें, 18. पाक, ताक़त की दवा, 19. नशे की गोली, 20. नहारी, नाश्ता।

होली

सआदत यार ख़ां 'रंगीं'

भर के पिचकारियों में रंगीं[1] रंग
नाज़नीं[2] को खिलाई होली संग

चलती है दो तरफ़ से पिचकारी
मेंह बरसता है रंग का भारी

बादल आये हैं घिर गुलाल के लाल
कुछ किसी का नहीं किसी को ख़याल[3]

हाथ में जिसके वां हज़ारा है
एक आलम[4] को उसने मारा है

हैं जो मसरूफ़[5] सब सग़ीर-ओ-कबीर[6]
उड़ रहा है गुलाल और अबीर

बन गये हैं हवा में वो बादल
और ज़मीं[7] में पड़े हैं थल के थल

सर के बालों का है किसी को ग़म[8]
कोई मलती है आंख ही हरदम

है खड़ी कोई भर के पिचकारी
और किसी ने किसी को जा मारी

कोई जाती है इस तरफ़ से उधर
कोई आती है उस तरफ़ से इधर

---

1. रंग-बिरंगे, 2. प्रेमिका, सुंदरी, 3. ध्यान, 4. संसार, 5. व्यस्त, 6. छोटे-बड़े, 7. धरती, 8. चिंता, शोक।

भर के पिचकारी वो जो है चालाक
मारती है किसी को दूर से ताक

किसी ने भर के रंग का तसला[1]
हाथ से है किसी का मुंह मसला

और मुट्ठी में अपनी भर के गुलाल
डालकर रंग मुंह किया है लाल

जिसके बालों में पड़ गया है अबीर
बड़बड़ाती है यह, वह हो दिलगीर[2]

ऐसी होली का खोजड़ा[3] जावे
कोई नौज[4] ऐसे खेल में आवे

जिसकी आंखों में पड़ गया है गुलाल
वो यह कहती है ठिनक के है, फ़िलहाल[5]

चल गयी मुझ पे आह फ़ौज की फ़ौज[6]
घर से मैं अपने आज आई नौज

जिसने डाला है हौज़[7] में जिसको
वो यह कहती है कोसकर उसको

यह हंसी तेरी भाड़ में जाये
तुझको होली न दूसरी आये

---

1. ताशला, थाली, 2. दुखी, 3. नाम-निशान, 4. ख़ुदा न करे, 5. अभी, 6. सेना, 7. छोटा तालाब।

मेरी होली

'सीमाब' अकबराबादी

काश[1] हासिल[2] हो हक़ीक़ी[3] ज़िंदगी का एक दिन
सरख़ुशी[4] का एक लमहा[5], या ख़ुशी का एक दिन
कर दिया है शोरिशे-आलम[6] ने दीवाना[7] मुझे
है बिसाते-दहर[8], वहशतनाक[9] वीराना[10] मुझे[11]

इक नई दुनिया की ख़िलक़त[12] है मेरी तख़ईल[13] में
जो मुआविन[14] हो सके इंसान[15] की तकमील[16] में
एहतिमामे-ज़िंदगी[17] जिसमें बतौरे-ख़ास[18] हो
आसमां[19] जिसका मुहब्बत हो, ज़मीं[20] इख़लास[21] हो

कृष्ण की अज़ यादे-रफ़्ता[22] महफ़िलें[23] ज़िंदा करो
ब्रज-ओ-गोकुल की बुझी शमओं[24] को ताबिन्दा[25] करो
ख़ुशकि-ए[26]-गंग-ओ-जमन[27] को आबयारी[28] के लिए
दावतें[29] दो गोपियों को रंगबारी[30] के लिए

अज़-सरे-नौ[31], फिर मुरत्तब[32] हो जहाने-रंग-ओ-बू[33]
ख़ार-ओ-ख़स[34] से फिर हो पैदा कारख़ाने-रंग-ओ-बू[35]
प्रेम रस से लाओ भर कर ख़ुशनुमा[36] पिचकारियां
हों नई दामाने-हस्ती[37] पर लताफ़त-बारियां[38]

रूह[39] की आवाज़ हमआहंगे-साज़-ओ-चंग[40] हो
जो पड़े इंसां[41] पे वो इन्सानियत[42] का रंग हो

---

1. क्या ही अच्छा हो, 2. प्राप्त, 3. वास्तविक, 4. मस्ती, 5. क्षण, 6. संसार की बग़ावत, 7. पागल, 8. दुनिया रूपी बिसात, 9. भयानक, 10. निर्जन स्थान, 11. मेरे लिए, 12. सृष्टि, 13. कल्पना, 14. सहयोगी, 15. मानव, 16 पूर्णता, 17. जीवन-व्यवस्था, 18. विशेष रूप से, 19. आकाश, 20. धरती, 21. निष्ठा, 22. बीती याद, 23. गोष्ठियां, 24. चराग़, 25. रौशन, 26. सूखापन, 27. गंगा और यमुना, 28. सिंचाई, 29. निमंत्रण, 30. रंग बरसाना, 31. फिर से, 32. सम्पादित, 33. रंग और सुगंध का संसार, 34. कांटे और घास, 35. रंग और सुगंध, 36. सुंदर, 37. अस्तित्व का आंचल, 38. मृदुलता की वर्षा, 39. आत्मा, 40. आत्मा, 41. साज़ और चंग की आवाज़ के समान, 42. मानव।

चाहता हूं यूं हों रंगीं पैरहन और सारियां
शुस्त-ओ-शू[1] से भी न ज़ाइल[2] हो सकें गुलकारियां[3]

जिस्म[4] की सूरत[5] रहे दिल भी मसर्रत[6] में शरीक[7]
रूहे-आज़ादी[8] भी हो जाये हक़ीक़त[9] में शरीक
चाहता हूं गुलशने-कुहना[10] पर आ जाये शबाब[11]
तिनका-तिनका फूल हो और पत्ता-पत्ता आफ़ताब[12]

ताज़गी वजहे - शिगुफ़्ते - ख़ातिरे - आलम[13] रहे
मेरी दुनिया में हमेशा एक ही मौसम रहे
शाइर-ओ-सन्नाअ[14] हों फ़िक्र-ओ-ख़लिश[15] से बेनियाज़[16]
ख़्वाजः-ओ-मज़दूर[17] में बाक़ी न हो कुछ इम्तियाज़[18]

इर्तिक़ा[19] के रंग से लबरेज़[20] झोली हो मेरी
इंक़िलाब[21] ऐसा कोई हो ले[22] तो होली हो मेरी

बसंत और होली की बहार

मुंशी द्वारका प्रसाद 'उफ़ुक़' लखनवी

साक़ी[23] कुछ आज तुझको ख़बर है बसंत की
हर सू[24] बहार[25] पेशे-नज़र[26] है बसंत की

सरसों जो फूल उट्ठी है चश्मे-क़ियास[27] में
फूले-फले शजर[28] हैं बसंती लिबास[29] में

पत्ते जो ज़र्द-ज़र्द[30] हैं सोने के पात हैं
सदबर्ग[31] से तिलाई[32] करनफूल मात[33] हैं

---

1. धुलाई, 2. नष्ट, 3. बेलबूटे, चित्र, 4. शरीर, 5. सम्मान, 6. खुशी, आनंद, 7. सम्मिलित, 8. आज़ादी की रूह, 9. सचमुच, 10. प्राचीन उपवन, 11. जवानी, यौवन, 12. सूर्य, 13. संसार के लिए ताज़गी का कारण, 14. कारीगर, 15. चिंता और दुख, 16. निस्पृह, 17. मज़दूर और मालिक, 18. फ़र्क़, अंतर, 19. विकास, 20. परिपूर्ण, भरी हुई, 21. क्रांति, परिवर्तन, 22. हो जाये, 23. मदिरा पिलानेवाली, 24. तरफ़, 25. वसंत, 26. नज़र के सामने, 27. कल्पना की आंख, 28. वृक्ष, 29. वस्त्र, 30. पीले, 31. गेंदे का फूल, 32. सोने की, 33. हेच, तुच्छ।

हैं चूड़ियों की जोड़ बसंती कलाई में
बांकें बहारदार[1] हैं दस्ते-निहाई[2] में

मस्ती भरे दिलों की उमंगें न पूछिए
क्या मंतिक़ें[3] हैं क्या हैं तरंगें न पूछिए

माथे पे हुस्नखे़ज़[4] है जलवा[5] गुलाल का
बिन्दी से औज[6] पर है सितारा जमाल[7] का

गेंदों से माइले-गुलबाज़ी[8] हसीन[9] हैं
सर के उभार पर से दुपट्टे महीन हैं

अक्से-निक़ाब[10] ज़ीनते-रुख़सार[11] हो गया
ज़ेवर जो सीम[12] का था तिलाकार[13] हो गया

सरसों के लहलहाते खेत इस बहार में
नर्गिस के फूल फूल उठे[14] लालाज़ार[15] में

आवाज़ है पपीहों की मस्ती भरी हुई
तूती[16] के बोल सुन के तबीअत[17] हरी हुई

कोयल के जोड़े करते हैं चुहलें[18] सुरूर[19] से
आते हैं तान उड़ाते हुए दूर दूर से

बौर आम के हैं यूं चमने-कायनात[20] में
मोती के जैसे गुच्छे हों ज़रकार[21] पात में

---

1. सजे हुए, 2. मेंहदी-लगा हाथ, 3. तर्क, 4. सौंदर्य बढ़ानेवाला, 5. दर्शन, 6. पराकाष्ठा, 7. सौंदर्य, 8. फूल फेंकने को लालायित, 9. सुन्दरियां, 10. निक़ाब का प्रतिबिम्ब, 11. गालों की शोभा, 12. चांदी, 13. सुनहरी, 14. खिल उठे, 15. लाले का उपवन, 16. मैना—एक पक्षी, 17. खुश, प्रसन्न, 18. छेड़छाड़, 19. मस्त होकर, 20 संसार का बाग़, 21. सुनहरी।

भौंरों की गूंज मस्त है हर किश्तज़ार[1] में
बंसी बजाते किशन हैं गोया[2] बहार में

केसर कुसुम की ख़ूब दिलअफ़ज़ा[3] बहार है
गेंदों की हर चमन में दो रूया[4] क़तार[5] है

इक आग सी लगाई है टेसू ने फूल[6] के
क्या ज़र्द - ज़र्द फूल खिले हैं बबूल के

हैं इष्ट देवताओं के मंदिर सजे हुए
हैं ज़र्द - ज़र्द फूलों से कुल दर[7] सजे हुए

बसुदेवजी के लाल[8] की झांकी अजीब[9] है
आनंद बेहिसाब दिलों को नसीब[10] है

बंसी जड़ाऊ सोने की लब[11] से मिली हुई
दिल की कली-कली है नज़र में खिली हुई

पीताम्बर नफ़ीस[12] कमर में कसा हुआ
ख़ुशबू[13] से हार फूल की मंदिर बसा हुआ

शानों[14] पे बल पड़े हुए जुल्फ़े-सियाह[15] के
राधा से बार बार इशारे निगाह के

बांकी अदायें[16] देख के दिल लोट पोट है
रुतकाम स्त्री के कलेजे पे चोट है

कानों में कुंडलों की चमक है जड़ाव से
राधा लजाई जाती हैं चंचल सुभाव से

---

1. खेत, 2. मानो, 3. दिल लुभानेवाली, 4. दोनों ओर, 5. पंक्तियां, 6. खिलकर, 7. दरवाज़े, 8. श्रीकृष्ण, 9. विचित्र, अनोखी, 10. प्राप्त, 11. होंठ, 12. सुंदर, 13. सुगंध, 14. कंधे, 15. काली लटें, 16. हाव-भाव।

प्यारी का हाथ अपनी बग़ल में लिये हुए
आंखें शराबे-हुस्न-जवानी[1] पिये हुए

दिल राधिका का बादः-ए-उलफ़त[2] से चूर है
कुहनी से ठेलने की अदा का ज़हूर[3] है

चुपकी खड़ी हैं किशन के रुख़[4] पर निगाह है
है पहलु-ए-जिगर में जगह दिल में राह है

उलफ़त[5] भरी जो बंसी की जानिब[6] नज़र गयी
गोया[7] बसंत की राग की धुन मस्त कर गयी

इस छब पे, इस सिंगार पे दिल से निसार[8] 'उफ़ुक़'
क़ुर्बान[9] एक बार नहीं लाख बार 'उफ़ुक़'

अय किशन नाज़िरीन[10] को मुबारक बसंत हो
खेला जो आपने वो अबद[11] तक बसंत हो

बसंत

'नज़ीर' अकबराबादी

मिलकर सनम[12] से अपने हंगामे-दिलकुशाई[13]
हंस कर कहा यह अपने अय जां[14] बसंत आई

जब रंग के आई उसकी पोशाक[15] पर नज़ाकत[16]
सरसों की शाख़े-पुरगुल[17] फिर जल्द इक मंगाई

1. यौवन-सौंदर्य की मदिरा, 2. प्रेम-मदिरा, 3. प्रकटीकरण, 4. चेहरा, 5. प्रेम, 6. ओर, 7. मानो, 8. न्योछावर, 9. न्योछावर, 10. दर्शक, 11. अनादिकाल, 12. प्रेमिका, मूर्ति, 13. दिल खोलने के समय, 14. अय जान, 15. वस्त्र, 16. मृदुलता, 17. फूलों से लदी डाली।

इक पंखड़ी उठाकर नाज़ुक[1] सी उंगलियों में
रंगत फिर उसकी अपनी पोशाक[2] से मिलाई

फिर तो बसद - मसर्रत[3] और सौ नज़ाकतों[4] से
नाज़ुक बदन[5] पर अपने पोशाक वो खपाई

चम्पे का इत्र मलकर मोती से फिर ख़ुशी हो
सीमीं[6] कलाइयों में डाले कड़े तिलाई[7]

क्या क्या बयां हो जैसे चमकी चमन - चमन[8] में
वो ज़र्दपोशी[9] उसकी, वो तर्ज़े-दिलरुबाई[10]

बसंत

इंशाअल्ला ख़ां 'इंशा'

•

सदबर्ग[11] गह[12] दिखाए है, गह अर्ग़ुवां[13] बसंत
लावे है एक ताज़ा शिगूफ़ा[14] यहां बसंत

आते नज़र हैं दश्त-ओ-जबल[15] ज़र्द[16] हर तरफ़
है अबके साल ऐसी ही अय दोस्तां[17] बसंत

शादाबि-ए-नसीम[18] से बहरे-सुरूर[19] को
करती है जोश मारके अब बेकरां[20] बसंत

गर शाख़े-ज़ाफ़रां[21] इसे कहिए तो है रवा[22]
है फ़रहबख़्श[23] वाक़ई[24] इस हद को हां बसंत

'इंशा' से शेख़ पूछता है क्या सलाह[25] है
तर्ग़ीबे-बादा[26] दे है मुझे अय जवां[27] बसंत

---

1. कोमल, 2. वस्त्र, 3. बहुत ख़ुशी से, 4. कोमलताओं, 5. शरीर, 6. चांदी की, चांदी जैसी, 7. सीने के, 8. उपवन, वाटिका, 9. पीले पकड़े पहनना, 10. आकर्षक ढंग, 11. गेंदे का फूल, 12. गाह का लघु., कभी, 13. लाल, 14. अचंभे की बात, 15. जंगल और पहाड़, 16. पीले, 17. दोस्तों, 18. मृदु समीर की सुसिक्ति, 19. नशे का सागर, 20. असीम, 21. केसर की डाली, 22. उचित, 23. आनंददायक, 24. सचमुच, 25. इरादा, 26. मदिरापान के लिए उकसाना, 27. जवान।

बसंत

'अमानत' लखनवी

है जलवः-ए-तन[1] से दर-ओ-दीवार[2] बसंती
पोशाक[3] जो पहने है मिरा यार बसंती

क्या फ़स्ले-बहारी[4] ने शिगूफ़े[5] हैं खिलाए
माशूक़[6] हैं फिरते सरे-बाज़ार बसंती

गेंदा है खिला बाग़ में, मैदान में सरसों
सहरा वो बसंती है, यह गुलज़ार[7] बसंती

गेंदों के दरख़्तों[8] में नुमाया[9] नहीं गेंदे
हर शाख़ के सर पर है यह दस्तार[10] बसंती

मुंह ज़र्द[11] दुपट्टे के न आंचल में छुपाओ
हो जाये न रंगे-गुले-रुख़सार[12] बसंती

खिलती है मिरे शोख़[13] पे हर रंग की पोशाक[14]
ऊदी,[15] अगरी, चम्पई, गुलनार[16], बसंती

है लुत्फ़[17] हसीनों[18] की दोरंगी का 'अमानत'
दो चार गुलाबी हों तो दो चार बसंती

---

1. शरीर का दर्शन, 2. दरवाज़े और दीवारें, 3. वस्त्र, 4. बसंत, 5. कलियां, 6. प्रेमिकायें, 7. उपवन, 8. पौधों, 9. प्रकट, 10. पगड़ी, 11. पीला, 12. कपोल के फूल का रंग, 13. चंचल, 14. वस्त्र, 15. हरी, 16. लाल, 17. मज़ा, 18. सुंदरियां।

बसंती रंग की बहार

'बेनज़ीर' शाह

चले साक़िया[1] दौर[2] गुम हों हवास[3]
कि जोबन दिखाए बसंती लिबास[4]
उठा जामे-ज़र्री[5] पिला बेद रंग
कि आशिक़[6] के हिस्से में है[7] ज़र्द रंग
वो बौर आये आमों पे, है क्या समां[8]
चमकती हैं पुखराज[9] की कलग़ियां[10]
दिखाते हैं दो चार फूल अब बबूल
हैं पर दूर तक फूले[11] सरसों के फूल
दिया किसने यह आबे-ज़र[12] बेक़ियास[13]
कि हर खेत का है बसंती लिबास
यह ज़र-बफ़्त[14] और कामदानी[15] का काम
किया किसने मख़मल पे यकसां[16] तमाम[17]
यह मस्ती दिखाई है हर फूल ने
कि आंखों में सरसों लगी फूलने
नज़र तुर्फ़ातर[18] रंग लाने लगी
हथेली पे सरसों जमाने लगी
सुनहरी हुई सन की पक्की फली
छड़े और छागल बजाने लगी
गले में खजूरों की लौ चम्पई
पिन्हाई है मौसम ने चम्पाकली
वो फूला कुसुम ग़ैरते-ज़ाफ़रां[19]
बना रश्के-कश्मीर[20] हिन्दोस्तां
चमकती है वो गोंदनी दूर से
कि यह क़ुदरती[21] ज़र्द मोती फले

. मदिरा पिलानेवाला, 2. शराब का दौर, 3. होश, 4. वस्त्र, 5. सुनहरी प्याला, 6. प्रेमी, . पीला, 8. वातावरण, 9. पीला रत्न, 10. तुर्रे, 11. खिले, 12. सोने का पानी, 13. बेहिसाब, 4. चमकदार कपड़ा, 15. तारकशी, 16. एक जैसा, 17. पूरा, 18. नवीन, अद्‌भुत, 19. केसर ो शरमानेवाले, 20. कश्मीर भी जिससे ईर्ष्या करे, 21. प्राकृतिक, स्वाभाविक।

चमक में वो सींकों की है क्या बहार
कि क़ुदरत ने खींचे हैं सोने के तार
वो हिलती है सरसे की सूखी फली
लटकती है सोने की या पचलड़ी
जो बुन्दे हैं पुखराज के ज़र्द बेर
दिखाते हैं सोने के जुगनू कनेर
मटर की वो फलियां जो कच्ची थीं सब
दिये ज़र[1] के जौशन[2] इन्हें किसने अब
वो क्या-क्या चमकती है कमरख़ की फांक
बिठाई है क़ुदरत ने कुन्दन की डांक
वो लीमू जो थे काग़ज़ी सब्ज़तर[3]
लटकते हैं अब बनके तवीजे-ज़र[4]
पहाड़ी कसौंजी जो है सामने
बुलाक़ उसको सोने के किसने दिए
वो गेंदे की शाख़ें जो हैं सब्ज़फ़ाम[5]
हैं लटकाए कुन्दन के झुमके तमाम
हुई ज़र्द पककर फली सेम की
चमकती हैं क्या बिजलियां चम्पई
वो चम्पा की ख़िजलत[6] दहे-लाजवर्द[7]
मिला क्या ही झूमर उसे ज़र्द ज़र्द[8]
उठाए हुए हाथ सूरजमुखी
दिखाती है सोने की वो आरसी
जो दाऊदी के ज़र्द ग़ुंचे खिले
करनफूल इनको कहां से मिले
हरी गोद केले की थी जो उधर
बनी झाड़ पुखराज का सर - बसर[9]
लिये जामे-ज़र्री[10] बसद-आब-ओ-ताब[11]
वो क्या ज़र्द-ज़र्द आज फूला गुलाब
सुनहरी जो गोभी में फूल आये हैं
कटोरे यह सोने के औंधाए हैं[12]

---

1. सोना, 2. बाजू का गहना, 3. हरे-हरे, 4. सोने के तावीज़, 5. हरी, 6. लज्जा, 7. एक नीला रत्न, 8. पीला, 9. बिल्कुल, 10. सोने का प्याला, 11. बड़ी चमक-दमक के साथ, 12. उलटे हैं।

वो फूलों पे हर सिम्त[1] छाया बसंत
वो बुलबुल भी गाते हैं क्या-क्या बसंत
दरख़्तों[2] से वो उतरी आती है धूप
ज़मीं[3] पर भी सोना चढ़ाती है धूप
पड़ा ज़र्द किरनों का अक्स[4] आब[5] में
हुआ ज़र्द पानी भी तालाब में
बसंती है यह जामः-ए-हर-बशर[6]
कि हलदी भी शर्माती है देखकर
है माशूक़[7] या साहबे-दर्द[8] है
जिसे देखिए ज़र्द ही ज़र्द है
न क्यों इतनी ज़र्दी पे हो अक़्ल[9] दंग[10]
यह छाया है उड़-जड़ के आशिक़[11] का रंग

(माख़ूज़)

बसंत बहार

'मुनव्वर' लखनवी

लौंग की बेल को छूती-छूती मलियागिर की मस्त पवन है
कितनी इसमें चतुराई है कितना इसमें अल्हड़पन है

दल के दल मतवाले भौंरे काट रहे हैं चक्कर क्या-क्या
लेती हैं इनकी झनकारें दिल से हर दम टक्कर क्या-क्या

दूर लता कुंजों के अन्दर कोयल क्या क्या कूक उठती है
टीस सी पैदा हो जाती है दिल में हूक सी हूक उठती है

हिज्र[12] के मारे ग़मकोशों[13] का जिससे और भी ग़म[14] बढ़ता है
दर्द की अफ़ज़ाइश[15] होती है दिल का पेच-ओ-ख़म[16] बढ़ता है

---

1. ओर, 2. वृक्षों, 3. धरती, 4. प्रतिबिम्ब, 5. पानी, 6. हर व्यक्ति के वस्त्र, 7. प्रेमिका, 8. दर्द की मूर्ति, 9. वृद्धि, 10. चकित, 11. प्रेमी, 12. विरह, 13. दुखी, शोकातुर, 14. शोक, 15. वृद्धि, 16. जटिलता, टेढ़-मेढ़।

जब यह आलम[1] दुनिया का है जब गुलरेज़[2] बसंत आया है
जब हैजान बपा करने को वहशतखेज़[3] बसंत आया है

गोपियों को पहलू में लेकर कृष्ण कन्हैया नाच रहे हैं
झूम रही है सारी दुनिया मौज में क्या क्या नाच रहे हैं

राग यह ज़ुहरा-जमालों[4] में है, रंग यह माहजबीनों[5] में है
इक तफ़रीह[6] का आलम[7] जारी[8] इन नौख़ेज़ हसीनों[9] में है

जिनके पति हैं दूर सफ़र में ललनायें वो हिज्र[10] की मारी
दिल के तक़ाज़ों[11] से अफ़सुर्दा[12] महवे-फ़ुग़ां[13] है माइले-ज़ारी[14]

मौसमे-गुल[15] में इनकी हालत ग़ैर[16] नज़र आती है ग़म[17] से
ऐसी रुत में इनकी जुदाई अपने परदेसी प्रीतम से

मौलसिरी में फूल खिले हैं उन पर भौंरे मंडलाते हैं
फूलों के रस की ख़ुशबू में खोकर मस्त हुए जाते हैं

ऐसी रुत में नाच रहे हैं बालाओं में कृष्ण कन्हैया
दिल बहलाते हैं जा - जाकर ललनाओं में कृष्ण कन्हैया

नख़्ले-तमाल[18] के बर्गे-नौ[19] की ख़ुशबू[20] से हैं नाफ़ः-ए-मुश्कीं[21]
फूल पलास के हैं मेहराबी[22] काम के नाख़ुन रंगीं-रंगीं

नौख़ेज़ों[23] के दिल के पर्दे जिससे चाक[24] हुए जाते हैं
सहमे - सहमे जो जज़्बे[25] थे वो बेबाक[26] हुए जाते हैं

काम के चित्र नूरानी[27] हैं फूल नहीं यह नागफनी के
तर्कशे-इश्क़[28] में तीर हैं गोया पर्दः-ए-गुल[29] के अन्दर भौंरे

---

1. दशा, स्थिति, 2. फूल बरसानेवाला, 3. घबराहट पैदा करनेवाला, 4. सुन्दरियां, 5. चंद्रमुखी, 6. मनोरंजन, 7. दशा, 8. चालू, 9. कमउम्र सुन्दरियां, 10. विरह, 11. मांग, 12. दुखी, उदास, 13. आर्तनाद में लीन, 14. रोने पर तत्पर, 15. बसंत, 16. बुरी हालत, 17. शोक, दुख, 18. सफ़ेद फूलवाला एक वृक्ष, 19. नए पत्ते, 20. सुगंध, 21. कस्तूरी-युक्त नाभि, 22. मेहराब के आकार के, 23. नवपक्व, 24. विदीर्ण, 25. भाव, 26. निडर, 27. प्रकाशमान, 28. इश्क़ का तरकश, 29. फूल के पर्दे।

ऐसी रुत में नाच रहे हैं बालाओं में कृष्ण कन्हैया
दिल बहलाते हैं जा जाकर ललनाओं में कृष्ण कन्हैया

पर्दादरी[1] का ज़िक्र[2] करें क्या उरियानी[3] सी उरियानी है
देख के सरमस्ती[4] का आलम[5] हैरानी[6] सी हैरानी है

बन्दे-क़बा[7] की सूरत क्या - क्या गुलशने-हुस्न[8] के दर[9] खुलते हैं
ख़न्दाज़नी[10] पर माइल[11] पैहम[12] फूलों के जौहर खुलते हैं

माधवी बेल की ख़ुशबू क्या क्या हर सू इत्रफ़िशां[13] होती है
मालती और चम्बेली से जब बू-ए-कैफ़[14] रवां[15] होती है

मुनियों का भी हाल बुरा है उनके दिलों को राम किए है
सारे नौउम्रों[16] को अपना बन्दा इक बेदाम[17] किए है

बेल कोई जब आम के पेड़ को बढ़-बढ़कर चिमटा लेती है
रोयें रोयें को मस्ती से इस्तादा[18] सा कर देती है

बृन्दाबन की क़ुर्बत[19] में यह सुंदर - सुंदर जो धरती है
जमुना अपने जल से उसको मनसब[20] पाक[21] अता[22] करती है

फूल चमेली के ये सीमीं[23] चश्मे-नीम-कुशादा[24] से हैं
उनके ज़ीरे की लपटों से सह्रा-दर-सह्रा[25] महके हैं

केतकी की ख़ुशबू के साथी पैके-सबा[26] का जौर[27] तो देखो
काम[28] के रंगीं नावक हैं वह देखो इनके तौर[29] तो देखो

मौसमे-गुल[30] में इक-इक झोंका आग की बारिश[31] करता है
फ़ुर्क़त[32] की मारी रूहों[33] को वक़्फ़े-बेताबी[34] करता है

---

1. पर्दा उठाना, 2. बयान, 3. नग्नता, 4. नशा, 5. दशा, 6. व्याकुलता, 7. चोंगे के बन्द, 8. सौंदर्य, 9. दरवाज़े, 10. हंसी बिखेरना, 11. प्रकृति, 12. निरन्तर, 13. इत्र बिखेरना, 14. नशे की गंध, 15. प्रवाहित, 16. छोटी आयुवाले, 17. बिना मूल्य का, 18. खड़ा, 19. निकट, 20. दर्जा, स्थान, 21. पवित्र, 22. प्रदान, 23. चांदी जैसे, 24. अधखुली आंखें, 25. जंगल, 26. समीर का संदेशवाहक, 27. जुल्म, 28. कामदेव, 29. ढंग, तरीके, 30. बसंत, 31. वर्षा, 32. विरह, 33. आत्मा, 34. व्याकुलता में लीन।

महजूरों[1] के ग़ममीं[2] दिल में आतिशे-फ़ुर्क़त[3] शोलाज़न[4] है
आतिशे-फ़ुर्क़त शोलाज़न है नारे-महब्बत[5] शोलाज़न है

आम के गुच्छों का शीरीं[6] रस भौंरे चूसने को आते हैं
चक्कर सौ - सौ काट रहे हैं चारों जानिब[7] मंडलाते हैं

इन गुच्छों में हलकी-हलकी लरज़िश[8] सी कुछ आ जाती है
इन गुच्छों से भारी डाली हिलती है झोंके खाती है

डाली-डाली पर मतवाली कोयल क्या क्या कूक रही है
मन की मीठी तन की काली कोयल क्या क्या कूक रही है

कोयल की हर कूक में पिन्हां[9] कितने बरछे हैं भाले हैं
इन हथियारों ने महजूरों[10] के दिल ज़ख़्मी[11] कर डाले हैं

मौसमे-गुल के[12] इस आलम[13] में शग़्ले-यादे-गुलरूयां[14] है
मौजे-हवा की इक इक जुम्बिश[15] दफ़्तरे-हश्र[16] का इक उनवां[17] है

महजूरों को महबूबों[18] के ध्यान से राहत[19] मिल जाती है
लम्हे[20] गो ये फ़ुर्क़त[21] के हैं वस्ल[22] की लज़्ज़त[23] मिल जाती है

(जयदेवकृत 'गीत गोविन्द' का उर्दू अनुवाद)

बसंत

'नज़ीर' लुधियानवी

देखो बसंत लाई है गंगा पे क्या बहार[24]
सरसों के फूल हो गये हर सिम्त[25] आशकार[26]

---

1. वियोगी, 2. शोकातुर, 3. विरह की आग, 4. भड़की हुई, प्रज्वलित, 5. प्रेम की आग, 6. मधुर, मीठा, 7. चारों ओर, 8. कम्पन, 9. छिपा हुआ, 10. वियोगी, 11. घायल, 12. बसंत, 13. दशा, 14. सुन्दरियों की याद में लीन, 15. हिलना, 16. हश्र का दफ़्तर, 17. शीर्षक, 18. प्रेमिका, 19. सुख, शांति, 20. क्षण, 21. विरह, 22. मिलन, 23. आनंद, सुख, 24. शोभा, 25. हर तरफ़, 26. प्रकट।

है कितनी ख़ुशगवार[1] हवा कोहसार[2] की
हिन्दोस्तां में है यही इक रुत बहार[3] की

हर कोई कह रहा है कि जाड़ा[4] निकल गया
मौसम बदल गया कि ज़माना बदल गया

आमद[5] बहार[6] की है रहें क्यों उदास हम
पहनेंगे शाद[7] होके बसंती लिबास[8] हम

हिंदोस्तान का यह पुराना शिआर[9] है
सदियों से अपने देस की यह यादगार है

आओ वतन का हक़्क़े-मुहब्बत[10] अदा करें
हम आंसुओं से प्रेम का बूटा हरा करें

बसंत

'नुशूर' वाहिदी

फागुन के गुलाबी छींटों से, हर सू[11] सब्ज़े[12] उग आये हैं
सरसों फूली, कल्ले फूटे, छिटके हुए बादल छाए हैं

खेतों में हवा के चलने से, लहराती है जौ की हरियाली
हलके हलके बादल में छिपी चलती हुई सूरज की थाली
फागुन की हवा-ए-दिलकश[13] से, शादाब[14] है जामुन की डाली

महके हैं मटर के फूल कहीं, आमों में कहीं बौर आये हैं
सरसों फूली, कल्ले फूटे, छिटके हुए बादल छाए हैं

---

1. आनंदप्रद, 2. पर्वत, 3. बसंत, 4. सर्दी, 5. आगमन, 6. बसंत, 7. खुश, प्रसन्न, 8. वस्त्र, 9. तौर-तरीक़ा, 10. प्रेम का हक़, 11. हर तरफ़, 12. हरियाली, 13. मोहक हवा, 14. हरी-भरी।

जलवों[1] का वो झुर्मुट होता है, फागुन के बसंती मेलों में
जैसे कभी जमघट होता है आईना-रुख़ों[2] के रेलों[3] में
दिल हार गये हैं अहले-नज़र[4] इन ज़ौक़े-नज़र[5] के खेलों में

हर गाम[6] पे ऐसे मेलों में, इक पारः-ए-दिल[7] छोड़ आये हैं
सरसों फूली, कल्ले फूटे, छिटके हुए बादल छाए हैं

शफ़्फ़ाफ़[8] जबीनों[9] ने जैसे अफ़लाक[10] से बादल तोड़े हैं
उस शोख़[11] ने आंचल डाला है, इस शोख़ ने बाज़ू तोड़े हैं
चेहरों पे बसंती आलम[12] है, जिस्मों[13] पे बसंती[14] जोड़े हैं

इस रंग ने जाने कितनों के एहसास[15] पे महशर[16] ढाए हैं
सरसों फूली, कल्ले फूटे, छिटके हुए बादल छाए हैं

बसंत

फ़ैयाज़ुद्दीन अहमद ख़ां 'फ़ैयाज़'

हुई पहली किरन, सूरज की यूं रक़्सां[17] हिमाले[18] में
पुजारन जैसे कोई सुब्ह दम[19] आये शिवाले[20] में

गुलाबी सर्दियां आईं, हवा में नर्मियां आईं
सुनहरी साअतें[21] लेकर बसंती गर्मियां आईं

बहुत ख़ामोश[22] और पुरकैफ़[23] तबदीली[24] है नेचर[25] में
कोई जिस तरह कश्ती[26] खे रहा हो प्रेमसागर में

इधर सरसों का सोना, कासनी[27] फूलों में अलसी के
उधर शबनम[28] का झूले झूलना झूलों में अलसी के

---

1. दर्शन, 2. दर्पण के समान चेहरेवाले, 3. जमघट, बहाव, 4. नज़रवाले, 5. अभिरुचि, 6. क़दम, 7. दिल का टुकड़ा, 8. स्वच्छ, 9. ललाट, 10. गगन, 11. चंचल, 12. दशा, 13. शरीर, 14. वस्त्र, 15. भावना, 16. प्रलय, 17. नाची, 18. हिमालय, 19. प्रभात में, 20. मंदिर, 21. क्षण, 22. मौन, 23. नशीली, 24. परिवर्तन, 25. प्रकृति, 26. नाव, 27. जामनी, बैंगनी, 28. ओस।

हवा के साथ जौ की ख़ुशनुमा[1] बालों का लहराना
हरी चादर में लाखों गेसुओं[2] वालों का लहराना

चने के सब्ज़ काही[3] खेत से उठते हुए गेहूं
किनारे पर नदी के रेत से उठते हुए गेहूं

सुनहरी रंग छाता जा रहा है कोने-कोने में
ज़ुमुर्रुद[4] जिस तरह हल[5] कर रहा हो कोई सोने में

राखी

'नज़ीर' अकबराबादी

चली आती है अब तो हर कहीं बाज़ार की राखी
सुनहरी सब्ज़[6] रेशम ज़र्द[7] और गुलनार[8] की राखी
बनी है गोकि[9] नादिर[10] ख़ूब हर सरदार की राखी
सलोनों में अजब रंगीं है उस दिलदार[11] की राखी
न पहुंचे एक गुल को यार जिस गुलज़ार[12] की राखी

अयां[13] है अब तो राखी भी, चमन भी, गुल भी, शबनम[14] भी
झलक[15] जाता है मोती और झलक जाता है रेशम भी
तमाशा है अहाहाहा ! ग़नीमत[16] है यह आलम[17] भी
उठाना हाथ प्यारे वाह वा टुक देख लें हम भी
तुम्हारी मोतियों की और ज़री[18] के तार की राखी

अदा से हाथ उठते हैं गुले-राखी[19] जो हिलते हैं
कलेजे देखनेवालों के क्या-क्या आह ! छिलते हैं

---

1. सुंदर, 2. बाल, लटें, 3. गहरा हरा, 4. पन्ना, 5. घोलना, मिलाना, 6. हरी, 7. पीली, 8. लाल फूल, 9. यद्यपि, 10. अद्भुत, 11. प्रेमिका, 12. उपवन, वाटिका, 13. प्रकट, 14. ओस, 15. चमक, 16. सराहनीय, 17. दशा, 18. सोने का तार, 19. राखी के फूल।

कहां नाज़ुक[1] यह पहुंचे और कहां यह रंग मिलते हैं
चमन[2] में शाख़[3] पर कब इस तरह के फूल खिलते हैं
जो कुछ ख़ूबी[4] में है उस शोख़े-गुलरुख़सार[5] की राखी

फिरे हैं राखियां बांधे जो हरदम हुस्न[6] के तारे
तो उनकी राखियों को देख अय जां चाव के मारे
पहन ज़ुन्नार[7] और क़श्क़ा[8] लगा माथे उपर बारे
'नज़ीर' आया है ब्राह्मन बन के राखी बांधने प्यारे
बंधा लो उससे तुम हंसकर अब इस त्योहार की राखी

दिवाली का सामान

'नज़ीर' अकबराबादी

हर इक मकां[9] में जला फिर दिया दीवाली का
हर इक तरफ़ को उजाला हुआ दिवाली का
सभी के दिल में समां[10] भा गया दिवाली का
किसी के दिल को मज़ा[11] ख़ुश[12] लगा दिवाली का
अजब बहार[13] का है दिन बना दिवाली का

जहां में यारो अजब तरह[14] का है यह त्योहार
किसी ने नक़्द लिया और कोई करे है उधार
खिलौने खीलों बतासों का गर्म है बाज़ार
हर इक दुकां[15] में चिराग़ों की हो रही है बहार[16]
सभों को फ़िक्र है अब जा - बजा दिवाली का

---

1. कोमल, 2. उपवन, 3. डाली, 4. सुंदरता, 5. फूलों जैसे कपोलवाला चंचल, 6. सौंदर्य, 7. जनेऊ, 8. तिलक, 9. घर, 10. वातावरण, 11. आनंद, 12. अच्छा, 13. शोभा, 14. विचित्र प्रकार, 15. दुकान, 16. शोभा।

मिठाइयों की दुकानें लगा के हलवाई
पुकारते हैं कि लाला दिवाली है आई
बतासे ले कोई, बर्फ़ी किसी ने तुलवाई
खिलौने वालों की उनसे ज़ियादा बन आई

गोया उन्हों के वां[1] राज आ गया दिवाली का

सर्राफ़[2] हराम की कौड़ी का जिनका है ब्योपार
उन्होंने खाया है इस दिन के वास्ते ही उधार
कहे हैं हंसके क़र्ज़ख़्वाह[3] से हर इक इक बार
दिवाली आई है सब दे चुकायेंगे अय यार

ख़ुदा के फ़ज़्ल[4] से है आसरा[5] दिवाली का

मकान लीप के ठिलिया जो कोरी रखवाई
जला चिराग़ को कौड़ी वो जल्द झनकाई
असल जुआरी थे उनमें तो जान सी आई
ख़ुशी से कूद उछलकर पुकारे ओ भाई

शगून पहले करो तुम ज़रा दिवाली का

किसी ने घर की हवेली गिरौ[6] रखा हारी
जो कुछ थी जिन्स[7] मुयस्सर[8] ज़रा ज़रा हारी
किसी ने चीज़ किसी की चुरा छुपा हारी
किसी ने गठरी पड़ोसन की अपनी ला हारी

यह हार जीत का चर्चा पड़ा दिवाली का

ये बातें सच हैं न झूठ इनको जानियो यारो
नसीहतें[9] हैं इन्हें दिल में ठानियो यारो
जहां को जाओ यह क़िस्सा बखानियो यारो
जो जुआरी हो न बुरा उसका मानियो यारो

'नज़ीर' आप भी है ज्वारिया दिवाली का

1. उन्हीं के यहां, 2. सुनार, 3. उधार मांगनेवाला, 4. दया, 5. सहारा, 6. गिरवी, बंधक, 7. अनाज, वस्तु, 8. प्राप्त, 9. उपदेश।

दिवाली

आले अहमद 'सुरूर'

यह बाम-ओ-दर[1] यह चरागां[2] यह क़ुमक़ुमों की क़तार[3]
सिपाहे - नूर[4] सियाही[5] से बरसरे - पैकार[6]

यह ज़र्द[7] चेहरों पे सुर्ख़ी[8], फ़सुर्दा[9] नज़रों में रंग
बुझे - बुझे से दिलों को उजालती है उमंग

यह इम्बिसात[10] का ग़ाज़ा[11], परी-जमालों[12] पर
सुनहरे ख़्वाबों[13] का साया, हसीं ख़यालों[14] पर

यह लहर लहर, यह रौनक़[15], यह हमहमा[16], यह हयात[17]
जगाए जैसे चमन[18] को नसीमे-सुब्ह[19] की बात

हर एक शम्अ[20] पे दिल दे रहे हैं परवाने
नज़र नज़र से बरसते हैं कितने अफ़साने[21]

ग़ज़ब[22] है लैलए-शब[23] का सिंघार आज की रात
निखर रही है उरूसे-बहार[24] आज की रात

हज़ार जंग[25] के साए, हज़ार क़हत[26] के भूत
हज़ार शर[27] के दलाइल[28], हज़ार ग़म[29] के सुबूत[30]

हज़ार ख़तरः-ए-रहज़न[31], हज़ार फ़ितनः-ए-ज़र[32]
हज़ार ज़ीस्त[33] के सदमे[34], हज़ार मौत के डर

---

1. छत और दरवाज़े, 2. दीपोत्सव, 3. पंक्ति, 4. प्रकाश की सेना, 5. अंधकार, 6. युद्ध में रत, 7. पीले, 8. लाली, 9. उदास, 10. हर्ष, 11. पाउडर, 12. सुन्दरियों, 13. स्वप्न, 14. सुंदर विचार, 15. शोभा, 16. हंगामा, 17. जीवन, 18. उपवन, 19. प्रातःसमीर, 20.चराग़, 21. कहानियां, 22. विलक्षण, 23. रात की दुल्हन, 24. बहार की दुल्हन, 25. युद्ध, 26. अकाल, 27. बदी, 28. तर्क, 29. शोक, 30. पुरावा, 31. चोर का भय, 32. धन-दौलत का उपद्रव, 33. जीवन, 34. ग़म, शोक।

हज़ार तलख़ि - ए - दौरां[1], हज़ार जौरे-बुतां[2]
हज़ार मरहलाहा - ए - तिलिस्मे - सूद - ओ - ज़ियां[3]

हज़ार ज़ख़्मों की टीसें, हज़ार दाग़ों के दर्द
हज़ार ख़ुश्क[4] लबों[5] पर, हज़ार नालः-ए-सर्द[6]

हज़ार ख़्वाब-ओ-हक़ीक़त[7] की कशमकश[8] का अलम[9]
हज़ार ख़ूने - तमन्ना[10] की महफ़िले - मातम[11]

हज़ारों साल के दुख दर्द में नहाए हुए
हज़ारों आरज़ुओं[12] की चिता जलाए हुए

ख़िज़ां - नसीब[13] बहारों के नाज़ उठाए हुए
शिकस्त-ओ-फ़त्ह[14] के कितने फ़रेब[15] खाए हुए

इन आंधियों में बशर[16] मुस्कुरा तो सकते हैं
सियाह[17] रात में शम्अें[18] जला तो सकते हैं

लवों की रेखा

हुरमतुल इकराम

दूर अशजार[19] के पीछे कहीं सूरज डूबा
शाम की पालकी धरती के क़रीब[20] आके रुकी
उतरी इक शोख़[21] अदा चेहरे पे घूंघट डाले
बिखरी ज़ुल्फ़ें[22] तो महक उट्ठा शबिस्ताने-उफ़ुक़[23]

---

1. ज़माने की कटुता, 2. प्रेमिकाओं के अत्याचार, 3. लाभ-हानि के जादू की समस्यायें, 4. शुष्क, 5. होंठ, 6. ठंडे आर्तनाद, 7. वास्तविकता, 8. संघर्ष, 9. दुख, 10. अरमानों का ख़ून, 11. शोक-गोष्ठी, 12. आकांक्षा, 13. पतझड़, 14. जय-पराजय, 15. धोखा, 16. मानव, 17. अंधेरी, 18. चराग़, 19. वृक्ष (ब.व.), 20. निकट, 21. चंचल, 22. लटें, बाल, 23. क्षितिज का शयनागार।

दिन की एक-एक किरन कह गयी जाते-जाते
रौशनी[1] डूबने वाली नहीं, सूरज डूबे
इतना काफ़ी है कि ऊंची रहें ता-सुब्ह[2] लवें
राख हो जायेगा लंका का ख़याबाने-जलाल[3]

रौशनी आग भी है रौशनी हनुमान भी है
रात रावण है, खिंची रहने दो लमहों[4] की कमां[5]
बान[6] पर बान चलाते रहें मिट्टी के दिये
झिलमिलाता रहे आईने - सदाक़ततलबी[7]

मुस्कुराती रहे किरदार[8] की तनकीं नसबी[9]
यह मुंडेरों के तबस्सुम[10] का दिलआवेज़[11] ग़ुरूर[12]
ख़ीरा सर वक़्त[13] को देता है उजाले का शुऊर[14]
रौशनी पुल है अंधेरों के समंदर के लिए

रौशनी फ़तहे-निशां[15], रौशनी उनवाने-मुराद[16]
जाने-अफ़साना[17] है क़न्दीलों की परतौफ़िगनी[18]
कैकयी जीत के हारी है, अमावस है यही
राम की हार में थी जीत, यह दिवाली है

नाम तुलसी का है, लिखते हैं दीये रामायण
रूह[19] बनवास के शोलों[20] में नुमू[21] पाती है
खेंच दो ख़ाके-बियाबां[22] पे लबों की रेखा
अश्के-यकदाना[23] सी लरज़ां[24] है अकेली सीता

आये किस भेस में रावण, यह किसे है मालूम
क्या हो अंदाज़े-कलाम,[25] इसकी ख़बर है किसको

---

1. प्रकाश, 2. प्रातःकाल तक, 3. प्रताप का बाग़, 4. क्षण, 5. धनुष, 6. बाण, 7. सच्चाई की मांग का विधान, 8. चरित्र, 9. सहनशीलता की विजय, 10. मुस्कान, 11. मोहक, 12. अभिमान, 13. काले दिलवाला समय, 14. चेतना, 15. विजय का निशान, 16. अभिप्राय का शीर्षक, 17. कहानी के प्राण, 18. प्रतिबिम्ब डालना, 19. आत्म, प्राण, 20. ज्वाला, 21. विकास, बढ़वार, 22. जंगल की धूल, 23. अश्रु की बूंद, 24. कम्पायमान, 25. बातचीत का ढंग।

अजब[1] आलम[2] है कि गहनों से भी आरी[3] है बदन
कौन जायेगा तआक़ुब[4] में, किधर जायेगा

गूंगे रस्तों ने दिया है किसे मंज़िल[5] का सुराग़[6]
रौशनी के सिवा रहबर[7] है, न कोई ग़मख़्वार[8]
तोशः-ए-जां[9] है इक-इक लौ, इसे कर लो महफ़ूज़[10]
जैसे-तैसे कटे इक साल तो आती है यह रात

रौशनी इसकी तलब[11], रौशनी इसकी सौग़ात[12]
रौशनी मांगती है, रौशनी दे जाती है
(कितनी तन्नाज़[13] है, किस किस तरह इतराती[14] है !)
ज़रफ़िशां[15], नूर चकां[16], सर से क़दम[17] तक ख़न्दां[18]

(रूप ऐसा कि निगाहों से न ठहरा जाये)
खेलती अपने ही पिन्दारे - ख़ुद - आराई[19] से
लक्ष्मी रहगुज़रे - शब[20] पे है मसरूफ़े - ख़िराम[21]
खोल दो दिल के भी पट, घर के किवाड़ों की तरह
रात दीवाली की आई है उजालो इसको
नींद में कब से यह नगरी है जगा लो इसको

तक़वीमे-नूर[22]

‘शमीम’ करहानी

दिये जलाओ, मुसलसल[23] जलाओ आज की रात
तमाम[24] साल फ़ज़ा[25] से यही सवाल रहा
कि तेरे चेहरे पे शानों[26] पे आस्तीनों पर
यह नागवार[27] सियाही[28] के हाशिए[29] क्यों हैं

1. विचित्र, 2. दशा, 3. विहीन, 4. पीछा करने, 5. गंतव्य स्थान, 6. पता, 7. मार्गदर्शक, 8. हमदर्द, 9. जान का तोशा (मार्ग का भोजन), 10. सुरक्षित, 11. इच्छित, 12. भेंट, 13. शोख़, 14. इतराती, नख़रे करती, 15. सोना बरसानेवाली, 16. प्रकाश फैलाना 17. पांव, 18. प्रसन्न, 19. स्वयं को सजाने का घमंड, 20. रात का मार्ग, 21. चलने में व्यस्त, 22. प्रकाश का पंचांग, 23. लगातार, 24. सब, 25. वातावरण, 26. कंधे, 27. दुखदाई, 28. अंधकार, 29. पट्टियां।

ज़मीं[1] की कोख, अंधेरों का मस्कने-मग़मूम[2]
कभी तो जश्ने-चराग़ां[3] का गाहवारा[4] बने

नसीबे - लमहः - ओ - अय्यामे - ज़िंदगी[5] क्यों हो
नज़र का दर्द, जबीनों[6] की गर्द[7], दिल का ग़ुबार[8]

कोई बताओ कि धरती से क्या क़ुसूर[9] हुआ
क़ुसूर यह कि मुक़द्दस[10] है पाक[11] दामन है
निखर के आई है, शोलों[12] के आबशारों[13] से
यह अपनी फ़त्ह[14] की तारीख़[15] नूर[16] की तक़वीम[17]
कहीं न वक़्त[18] की तारीकियों[19] में खो जाये
बढ़े जो ज़ुल्मते-दौरां[20] तो मुस्कुराते रहो
हवा-ए-तुन्द[21] में दिल का दिया जलाते रहो
दिये जलाओ, मुसलसल[22] जलाओ आज की रात

यह रात

'मख़मूर' सईदी

फिर एक साल की तारीक[23] राह[24] तै[25] करके
मता - ए - नूर[26] लुटाती यह रात लाई है
उफ़ुक़ से ता-ब-उफ़ुक़[27] रौशनी की अर्ज़ानी[28]
यह रात कितने उजालों को साथ लाई है

फिर एक साल की तारीक राह तै करके
मता - ए - नूर लुटाती यह रात आयेगी
मगर मैं सोच रहा हूं जब आयेगी तो हमें
घिरा हुआ फिर इन्हीं ज़ुल्मतों[29] में पाएगी

---

1. धरती, 2. दुखी निवास-स्थान, 3. दीपोत्सव, 4. पालना, 5. जीवन के दिन और क्षणों का नसीब, 6. ललाट, 7. धूल, 8. मैल, 9. अपराध, 10. पवित्र, 11. पूजनीय, 12. ज्वाला, 13. जलप्रपात, 14. विजय, 15. इतिहास, 16. प्रकाश, 17. पंचांग, 18. समय, 19. अंधकार, 20. समय का अंधकार, 21. प्रचंड हवा, 22. निरन्तर, 23. अंधेरा, 24. मार्ग, 25. चलकर, 26. प्रकाश की दौलत, 27. क्षितिज से क्षितिज तक, 28. बाहुल्य, 29. अंधकार।

ये ज़ुल्मतें जो मुसल्लत[1] हैं हम पे सदियों से
ये एक रात में तो दूर हो नहीं सकतीं
सियाहपोश[2] फ़ज़ायें[3] यह दीदः-ओ-दिल[4] की
निशात-ओ-नूर[5] से मामूर[6] हो नहीं सकतीं

मगर यह रात जो मेहमां[7] है चंद लम्हों[8] की
इस एक रात को हम क्यों न जाविदां[9] कर लें
यह रात लाई है साथ अपने जिन उजालों को
न किसलिए इन्हें महफ़ूज़े-क़ल्ब-ओ-जां[10] कर लें

क़दम क़दम पे जो रौशन[11] हैं ये दिये इनसे
फ़क़त[12] निगाह ही क्यों इकतिसाबे-नूर[13] करे
जो कर सकें तो इन्हें क्यों न हम अता[14] कर दें
वो रौशनी जो तकद्दुर[15] दिलों का दूर करे

फिर एक साल की तारीक राह तै करके
मता-ए-नूर लुटाती यह रात आई है
उफ़ुक़ से ता-ब उफ़ुक़ रौशनी की अर्ज़ानी
यह रात कितने उजालों को साथ लाई है

ईदे-मीलादुन्नबी[16]

'हफ़ीज़' जालन्धरी

यह किसकी जुस्तजू[17] में मिहरे-आलमताब[18] फिरता था
अज़ल[19] के रोज़ से बेताब[20] था बेख़्वाब[21] फिरता था

यह किसकी आरज़ू[22] में चांद ने सख़्ती[23] सही बरसों
ज़मीं पर चांदनी बरबाद-ओ-आवारा[24] रही बरसों

1. थोपी हुई, 2. अंधकारपूर्ण, 3. वातावरण, 4. दिल और आंखें, 5. प्रकाश और आनंद, 6. परिपूर्ण, 7. अतिथि, 8. क्षणों, 9. अमर, 10. हृदय और प्राणों में सुरक्षित, 11. जल रहे हैं, 12. केवल, 13. प्रकाश का उपार्जन, 14. प्रदान, 15. मलिनता, 16. हज़रत मुहम्मद साहिब के जन्मदिन की .ख़ुशी, 17खोज, 18. संसार को प्रकाश देनेवाला सूर्य, 19. अनादिकाल, 20. व्याकुल, 21. जिसे नींद न आये, 22. अभिलाषा, 23. कठिनाइयां, 24. व्यर्थभ्रमी।

यह किसके शौक़[1] में पथरा गईं आंखें सितारों की
ज़मीं को तकते - तकते आ गईं आंखें सितारों की

करोड़ों रंगतें किसके लिए अय्याम[2] ने बदलीं
पयापय करवटें किस धुन में सुब्ह-ओ-शाम[3] ने बदलीं

यह सब कुछ हो रहा था एक ही उम्मीद की ख़ातिर[4]
ये सारी काहिशें[5] थीं एक सुब्हे-ईद[6] की ख़ातिर

मशीयत[7] थी कि यह सब कुछ तहे-अफ़लाक[8] होना था
कि सब कुछ एक दिन नज़रे-शहे-लौलाक[9] होना था

मुरादें[10] भरके दामन में मुनाजाते-ज़ुबूर[11] आई
उमीदों की सहर[12] पढ़ती हुई आयाते-नूर[13] आई

नज़र आई बिलआख़िर[14] मानी-ए-इंजील[15] की सूरत[16]
वदीअत[17] हो गयी इंसान को तकमील[18] की सूरत

हवायें पै-बे-पै इक सरमदी[19] पैग़ाम[20] लाती थीं
कोई मुज़दा[21] था जो हर गोशे-गुल[22] में कह सुनाती थीं

तबस्सुम[23] ही तबस्सुम थे नज़ारे[24] लालाज़ारों[25] के
तरन्नुम[26] ही तरन्नुम थे किनारे जू-ए-बारों[27] के

यकायक[28] हो गयी सारी फ़ज़ा[29] तिमसाले-आईना[30]
नज़र आया मुअल्लक़[31] अर्श[32] तक इक नूर[33] का ज़ीना

ख़ुदा की शान रहमत[34] के फ़रिश्ते सफ़-ब-सफ़[35] उतरे
परे बांधे हुए सब दीन-ओ-दुनिया के शरफ़[36] उतरे

---

1. अभिलाषा, 2. समय, 3. प्रातः और सायं, 4. के लिए, 5. कष्ट, दुर्बलता, 6. ईद का प्रभात, 7. ईश्वरेच्छा, 8. आकाश के नीचे, 9. रसूलअल्लाह की उपाधि, 10. अभिलाषायें, 11. ज़ुबूर की ईश-स्तुति, 12. प्रातःकाल, 13. प्रकाश की आयतें 14. अन्ततः, 15. बाइबिल के अर्थ, 16. रूप में, 17. धरोहर, 18. पूर्णता, 19. अनश्वर, 20. संदेश, 21. शुभ सूचना, 22. फूल के कान, 23. मुस्कान, 24. दृश्य, 25. लाले के बाग़, 26. लय, सुर, 27. बहता पानी, 28. सहसा, 29. वातावरण, 30. दर्पण की मूर्ति, 31. अधर में, 32. गगन, 33. प्रकाश, 34. दया, कृपा, 35. पंक्तियों में, 36. प्रतिष्ठा।

सहाबे-नूर[1] आकर छा गया मक्के की बस्ती पर
हुई फूलों की बारिश हर बलन्दी[2] और पस्ती[3] पर

हुआ अर्शे-मुअल्ला[4] से नुज़ूले-रहमते-बारी[5]
तो इस्तक़बाल[6] को उट्ठी हरम[7] की चारदीवारी

मुबारकबाद[8] है उनके लिए जो ज़ुल्म[9] सहते हैं
कहीं जिनको अमां[10] मिलती नहीं, बरबाद रहते हैं

मुबारकबाद बेवाओं[11] की हसरत-ज़ा[12] निगाहों को
असर बख़्शा[13] गया नालों[14] को फ़रियादों को आहों को

ज़ईफ़ों[15] बेकसों[16] आफ़त - नसीबों[17] को मुबारक हो
यतीमों[18] को ग़ुलामों[19] को ग़रीबों को मुबारक हो

मुबारक ठोकरें खा-खा के पैहम[20] गिरनेवालों को
मुबारक दश्ते-ग़ुर्बत[21] में भटकते फिरनेवालों को

मुऐयन[22] वक़्त आया, ज़ोरे-बातिल[23] घट गया आख़िर
अंधेरा मिट गया, ज़ुल्मत[24] का बादल छट गया आख़िर

मुबारक हो कि दौरे-राहत-ओ-आराम[25] आ पहुंचा
निजाते-दाईमी[26] की शक्ल[27] में इस्लाम आ पहुंचा

निदा[28] हातिफ़[29] की गूंज उट्ठी ज़मीनों आसमानों में
ख़मोशी[30] दब गयी अल्लाहो-अकबर की अज़ानों में

हरीमे-क़ुद्स[31] से मीठे तरानों[32] की सदा[33] गूंजी
मुबारकबाद बनकर शादियानों की सदा गूंजी

---

1. प्रकाश का बादल, 2. ऊंचाई, 3. नीचाई, 4. सातवां आसमान, 5. ख़ुदा की रहमत का उतरना, 6. स्वागत, 7. काबा, 8. बधाई, 9. अत्याचार, 10. शांति, 11. विधवा, 12. हसरत भरी, 13. प्रदान किया, 14. आर्तनाद, 15. वृद्ध, 16. निर्बल, 17. क़िस्मत के मारे, 18. अनाथ, 19. दास, 20. लगातार, 21. विदेश का जंगल, 22. निश्चित, 23. झूठ का बल, 24. अंधकार, 25. सुख और शांति का दौर, 26. अमर मुक्ति, 27. रूप, 28. आवाज़, 29. फ़रिश्ता, 30. मौन, 31. काबे की पवित्र चारदीवारी, 32. गीत, 33. आवाज़।

बहरसू[1] नग़्मः-ए-सल्ले-अला[2] गूंजा फ़ज़ाओं[3] में
ख़ुशी ने ज़िंदगी की रूह[4] दौड़ा दी हवाओं में

सलाम अय आमना के लाल,[5] अय महबूबे-सुब्हानी[6]
सलाम अय फ़ख्रे-मौजूदात,[7] फ़ख्रे-नौ-ए-इंसानी[8]

सलाम अय सिर्रे-वहदत[9] अय सिराजे-बज़्मे-ईमानी[10]
ज़िहे[11] यह इज़्ज़त-अफ़ज़ाई[12] ज़िहे तशरीफ़े-अर्ज़ानी[13]

तिरे आने से रौनक़[14] आ गयी गुलज़ारे-हस्ती[15] में
शरीके-हाले-क़िस्मत[16] हो गया फिर फ़ज़्ले-रब्बानी[17]

तिरी सूरत, तिरी सीरत[18], तिरा नक़्शा, तिरा जलवा[19]
तबस्सुम[20], गुफ़्तुगू[21], बन्दानवाज़ी[22], ख़न्दा पेशानी[23]

ज़माना मुन्तज़िर[24] है अब नई शीराज़ाबन्दी[25] का
बहुत कुछ हो चुकी अज्ज़ा-ए-हस्ती[26] की परेशानी[27]

'हफ़ीज़े'-बेनवा[28] भी है गदा-ए-कूचः-ए-उलफ़त[29]
अक़ीदत[30] की जबीं[31] तेरी मुरव्वत से है नूरानी[32]

सलाम अय आतिशीं ज़ंजीरे-बातिल[33] तोड़नेवाले
सलाम अय ख़ाक[34] के टूटे हुए दिल जोड़नेवाले

---

1. हर तरफ़, 2. सल्ले अला (उस पर रहमत हो) का गीत, 3. वातावरण, 4. आत्मा, 5. पुत्र, 6. .ख़ुदा के प्रिय, 7. संसार का गर्व, 8. मानवता का गर्व, 9. अद्वैत का रहस्य, 10. ईमान की बज़्म का चराग़, 11. अहो, 12. मान बढ़ाना, 13. सबको मान देनेवाले, 14. शोभा, 15. अस्तित्व का उपवन, 16. क़िस्मत के हाल में शरीक, 17. .ख़ुदा का फ़ज़्ल, 18. चरित्र, स्वभाव, 19. दर्शन, 20. मुस्कुराहट, 21. बातचीत, 22. बन्दों पर मेहरबानी, 23. विनम्रता, 24. प्रतीक्षा में, 25. तरतीब, 26. अस्तित्व के तत्त्व, 27. अस्तव्यस्तता, 28. बेआवाज़, मूक, 29. प्रेम-गली का भिक्षुक, 30. श्रद्धा, 31. ललाट, 32. प्रकाशमान, 33. झूठ की आग की ज़ंजीर, 34. धूल।

शब बरात

'नज़ीर' अकबराबादी

क्योंकर करे न अपनी नमूदारी[1] शब बरात
चलपक चपाती हल्वे से है भारी शब बरात
ज़िंदों[2] की हैं ज़बाँ[3] की मज़ेदारी[4] शब बरात
मुर्दों की रूह[5] की है मददगारी[6] शब बरात
लगती है सबके दिल को ग़रज़[7] प्यारी शब बरात

शक्कर का जिनके हल्वा हुआ वो तो पूरे हैं
गुड़ का हुआ है जिनके वो उनसे अधूरे हैं
शक्कर न गुड़ का जिनके वो परकट लंडूरे हैं
औरों के मीठे हल्वे चपाती को घूरे हैं
उनकी न आधी पाव न कुछ सारी शब बरात

मुल्ला जो देने फ़ातिहा घर घर को जाते हैं
हल्वा कहीं कहीं वो चपाती उड़ाते हैं
मुफ़लिस[8] कोई बुलावे तो मुंह को छिपाते हैं
शक्कर का हल्वा सुनते ही बस दौड़े आते हैं
कहते हुए यह दिल में अहा हा री शब बरात

आकर किसी के सर पे छछून्दर लगी कड़ी
ऊपर से और हवाई की आकर पड़ी छड़ी
हो गयी गले का हार पटाख़े की हर लड़ी
पाओं से लिपटी शोर[9] मचाकर क़लमतड़ी[10]
करती है फिर तो ऐसी सितमगारी[11] शब बरात

1. प्रकट होना, 2. जीवित, 3. ज़बान, 4. स्वादिष्टता, 5. आत्मा, 6. सहायता, 7. अर्थात्, 8. ग़रीब, 9. कोलाहल, 10. एक प्रकार की आतशबाज़ी, 11. अन्याय।

चेहरा किसी का जल गया आंखें भुलस गईं
छाती किसी की जल गयी बांहें भुलस गईं
टांगें बचीं किसी की तो रानें भुलस गईं
मूंछें किसी की फुंक गईं पलकें भुलस गईं
रक्खे किसी की दाढ़ी पे चिंगारी शब बरात

कोई दोस्तों को दिल में समझता है अपने ग़ैर[1]
कोई दुश्मनों से दिल का निकाले है अपना बैर[2]
कहता है वां 'नज़ीर' भी आतिश[3] की देख सैर
यारब[4] तू सबकी कीजिओ बरसा बरस की ख़ैर[5]
बेतरह[6] कर रही है नुमूदारी शब बरात

ईदुलफ़ित्र

'नज़ीर' अकबराबादी

है आबिदों[7] को ताअत-ओ-तजरीद[8] की ख़ुशी
और ज़ाहिदों[9] को ज़ुहद[10] की तमहीद[11] की ख़ुशी
रिन्द[12] आशिक़ों[13] को है कई उम्मीद[14] की ख़ुशी
कुछ दिलबरों[15] के वस्ल[16] की, कुछ दीद[17] की ख़ुशी
ऐसी न शब बरात, न बक़रीद की ख़ुशी
जैसी हर एक दिल में है इस ईद की ख़ुशी

रोज़े की ख़ुश्कियों[18] से जो हैं ज़र्द-ज़र्द[19] गाल
ख़ुश हो गये वो देखते ही ईद का हिलाल[20]
पोशाकें[21] तन में ज़र्द, सुनहरी, सफ़ेद, लाल
दिल क्या कि हंस रहा है पड़ा तन का बाल-बाल
ऐसी न शब बरात, न बक़रीद की ख़ुशी
जैसी हर एक दिल में है इस ईद की ख़ुशी

1. दुश्मन, 2. दुश्मनी, 3. आग, 4. या खुदा, 5. कुशल, 6. बुरी तरह, 7. इबादत करनेवाला, 8. इबादत और संयम, 9. विरक्त, पारसा, 10. संयम, 11. भूमिका, 12. शराबी, 13. प्रेमी, 14. आशा, 15. प्रेमिका, 16. मिलन, 17. दर्शन, 18. शुष्कता, 19. पीले, 20. चांद, 21. वस्त्र।

पिछले पहर से उठके नहाने की धूम है
शीर-ओ-शकर[1], सिवैयां पकाने की धूम है
पीर-ओ-जवां[2] को नेमतें[3] खाने की धूम है
लड़कों को ईदगाह[4] के जाने की धूम है
ऐसी न शब बरात, न बक़रीद की ख़ुशी
जैसी हर एक दिल में है इस ईद की ख़ुशी

क्या ही मुआनक़े[5] की मची है उलट पलट
मिलते हैं दौड़ दौड़ के बाहम[6] झपट झपट
फिरते हैं दिलबरों[7] के भी गलियों में ग़ट के ग़ट[8]
आशिक़[9] मज़े उड़ाते हैं हर दम लिपट लिपट
ऐसी न शब बरात, न बक़रीद की ख़ुशी
जैसी हर एक दिल में है इस ईद की ख़ुशी

जो जो कि उनके हुस्न[10] की रखते हैं दिल में चाह[11]
जाते हैं उनके साथ लगे ता-ब-ईदगाह
तोपों के शोर और दोगानों[12] की रस्म-ओ-राह[13]
म्याने, खिलौने, सैर, मज़े, ऐश[14] वाह वाह
ऐसी न शब बरात, न बक़रीद की ख़ुशी
जैसी हर एक दिल में है इस ईद की ख़ुशी

रोज़ों की सख़्तियों[15] में न होते अगर असीर[16]
तो ऐसी ईद की न ख़ुशी होती दिलपिज़ीर[17]
सब शाद[18] हैं गदा[19] से लगा शाह[20] ता वज़ीर[21]
देखा जो हमने ख़ूब, तो सच है मियां 'नज़ीर'
ऐसी न शब बरात, न बक़रीद की ख़ुशी
जैसी हर एक दिल में है इस ईद की ख़ुशी

---

1. दूध और शकर, 2. बूढ़े और जवान, 3. स्वादिष्ट पदार्थ, 4. ईद की नमाज़ पढ़ने का स्थान, 5. आलिंगन, 6. परस्पर, 7. सुन्दरियां, 8. झुंड, 9. प्रेमी, 10. सौंदर्य, 11. मुहब्बत, 12. नमाज़, 13. रीति-रिवाज, 14. विलासिता, 15. कठिनाइयों, तकलीफ़ों, 16. गिरफ़्तार, 17. मोहक, 18. खुश, 19. रंक, 20. राजा, 21. मंत्री।

ईद की धूम

'बेनज़ीर' शाह

शफ़क़[1] में सरे-बाम[2] चर्खे़-कुहन[3]
अभी जगमगाती है कुछ कुछ किरन

बसेरों को जाने लगे वो तुयूर[4]
अंधेरा भी छाने लगा दूर दूर

उफ़ुक़[5] की तरफ़ ग़ौर से बार बार
नज़र कर रहा है हर इक रोज़ादार[6]

चढ़े थे फ़सीलों[7] पे जो अहले-सौम[8]
पुकारे ख़लाइक़[9] को वो फ़ख्रे-क़ौम[10]

मुबारक[11] हो अय तालिबाने-विसाल[12]
दिखाता है वो तेग़े-अबरू[13] हिलाल[14]

यह सुनकर हुए शाद पीर[15]-ओ-जवां[16]
मसर्रत[17] का हर सिम्त[18] छाया समां[19]

मिहर[20] तो हुआ जलवागर[21] दहर[22] में
वो बजने लगीं नौबतें[23] शहर में

सलामी की आवाज़ आने लगी
शहाने की धुन क्या रिझाने लगी

---

1. लाली, 2. छत पर, 3. बूढ़ा आकाश, 4. पक्षी, 5. क्षितिज, 6. रोज़े रखनेवाला, 7. प्राचीर, 8. रोज़े रखनेवाले, 9. जनसाधारण, 10. जिस पर क़ौम को गर्व हो, 11. बधाई हो, 12. मिलन के इच्छुक, 13. भौंओं की तलवार, 14. चंद्रमा, 15. ख़ुश, प्रसन्न, 16. जवान और बूढ़े, 17. ख़ुशी, 18. हर तरफ़, 19. वातावरण, 20. सूर्य, 21. प्रकट, 22. संसार, 23. नक़्क़ारा।

है अफ़तार[1] की हर तरफ़ धूमधाम
अज़ानों[2] से गूंज उट्ठी बस्ती तमाम

महे-नौ[3] की ख़ातिर[4] बहुत देर तक
बिछाए रहा सुर्ख़[5] अतलस[6] फ़लक[7]

महे-नौ[8] की कश्ती[9] पे होकर सवार
उतरने लगी शाम क़ुलज़ुम के पार

फ़रीज़े[10] से फ़ारिग़[11] हुए पाकबाज़[12]
उठाने लगा चर्ख़[13] भी जानमाज़[14]

अलाक़द्र हैसीयत[15] अहले-दुवल[16]
सजाने लगे अपने अपने महल

ईद का चांद देखकर

'अख़्तर' शीरानी

उफ़ुक़[17] पे मस्जिद[18] के पास है चांद ईद का महवे-जलवाबारी[19]
कि बहरे-नीली[20] पे तैरती फिर रही है ज़र्री[21] एक अम्मारी[22]
शफ़क़[23] की सुर्ख़ी[24] से मस्त-ओ-मदहोश[25] हो रही हैं फ़ज़ायें[26] सारी
ज़मीं[27] का एक-एक ज़र्रा[28] है महवे-शाने-जमाले-बारी[29]
जहाने-हस्ती[30] का चप्पा चप्पा[31] फ़ज़ा-ए-दामाने-रंग-ओ-बू[32] है
ज़मीं से ता चर्ख़[33] आज हर सिम्त[34] साज़-ओ-सामाने-रंग-ओ-बू[35] है

---

1. रोज़ा खोलना, 2. बांग, 3. नया चांद, 4. के लिए, 5. लाल, 6. रेशमी कपड़ा, 7. आकाश, 8. नवचंद्र, 9. दरिया, 10. धर्म, 11. निवृत्त, 12. पवित्र, 13. आकाश, 14. वह कपड़ा जिस पर खड़े होकर नमाज पढ़ी जाती है, 15. पात्रता के अनुसार, प्रतिष्ठा, 16. धनवान, 17. क्षितिज, 18. मस्जिद, 19. दर्शन देने में लीन, 20. नीला समुद्र, 21. सुनहरी, 22. मुकुट, हौदा, 23. अरुणिमा, 24. लाली, 25. मदोन्मत्त, 26. वातावरण, 27. धरती, 28. कण, 29. खुदा के जमाल की शान में लीन, 30. अस्तित्व का संसार, 31. कोना-कोना, 32. रंग और सुगंध के दामन का वातावरण, 33. धरती से आकाश तक, 34. ओर, 35. रंग और सुगंध का उपकरण।

ख़ुशी के जलवे[1] हैं मुन्तशिर[2] चार सू[3] तरबज़ारे-गुलिस्तां[4] हैं
जहां तहां मौजहा-ए-ख़ुशबू-ए-लाला-ओ-गुल[5] रवां दवां[6] हैं
घनेरी शाख़ों[7] पे जिस तरफ़ देखो बुलबुलें मस्त-ओ-नग़माख़्वां[8] हैं
हसीन[9] कलियां ख़ुशी से फूली नहीं समाती हैं शादमां[10]
चमन[11] का एक एक गुंचः-ओ-गुल[12] बहार[13] के गीत गा रहा है
हिलाल[14] है महवे-जलवाकारी[15], ज़माना[16] खुशियां लुटा रहा है

इलाही[17] तेरा हज़ार शुक्र[18] आज फिर ख़ुशी का ज़माना[19] आया
हिलाले-ईद[20] एक बरस के बाद आज तूने फिर आंख से दिखाया
हर एक ज़र्रे[21] पे हो रहा है मुहीत[22] तेरे करम[23] का साया[24]
ख़ुशी से है महवे-हम्द[25] दुनिया में आज हर अपना पराया
ज़माने भर को ख़ुशी मुबारक यह दौरः-ए-फ़र्रुख़ी[26] मुबारक
जो दिल शिकस्ता[27] हैं ग़म से उनको यह आलमे-ख़ुशदिली[28] मुबारक

हर एक को क़ैदे-रंज-ओ-दर्द-ओ-अलम[29] से आज़ाद कर इलाही[30]
ग़रीब नाशाद[31] हस्तियों को करम[32] से फिर शाद[33] कर इलाही
सितमगरों[34] की सितमगरी को ख़राब-ओ-बरबाद[35] कर इलाही
जहां के उजड़े हुए दिलों के घरों को आबाद कर इलाही
दिलों की बस्ती में हो फ़रोज़ां[36] ख़ुशी की यह रौशनी हमेशा
जहां के एक-एक ज़र्रे के लब[37] पे हो इलाही हंसी हमेशा

---

1. दृश्य, 2. बिखरे हुए, 3. चारों ओर, 4. आनंद का उपवन, 5. लाले और गुलाब के फूलों की सुगंध की लहरें, 6. प्रवाहित, 7. डालियां, 8. गीत गाती हुई, 9. सुंदर, 10. प्रसन्नता, 11. उपवन, 12. कलियां और फूल, 13. बसंत, 14. चंद्रमा, 15. दर्शन देने में तल्लीन, 16. संसार, 17. भगवान, ख़ुदा, 18. धन्यवाद, 19. समय, 20. ईद का चांद, 21. कण, 22. छाया हुआ, 23. दया, 24. छांव, 25. स्तुति में लीन, 26. खुशी का दौर, 27. टूटे हुए दिलवाले, 28. खुशी का अवसर, 29. शोक और कष्ट की कैद, 30. भगवान, खुदा, 31. दुखी और दरिद्र, 32. दया, 33. प्रसन्न, 34. अत्याचारी, 35. नष्ट, 36. प्रज्वलित, 37. होंठ।

छमावनी[1]

'नज़ीर' बनारसी

दिल में नए अरमान[2] बसाने का दिन आया
गुंचे[3] की तरह दिल को खिलाने का दिन आया
फूलों की तरह हंसने हंसाने का दिन आया

आपस में गले मिलने मिलाने का दिन आया
इक साल के बाद आज ठिकाने[4] का दिन आया

यह चम्पा, वो बेला है, यह जूही, वो चमेली
हंस हंस के सब आपस में बुझाती हैं पहेली
हैं एक जगह आज सखी और सहेली

बादल की तरह झूम के छाने का दिन आया
मुस्कान की बरखा में नहाने का दिन आया

कलियों से हर इक आंख हया[5] मांग रही है
गुंचों[6] से ख़मोशी[7] की अदा मांग रही है
हर चूक[8] मुहब्बत से छमा[9] मांग रही है

मुंह अपना सफ़ाई से दिखाने का दिन आया
हर परदे को आईना[10] बनाने का दिन आया

पाकीज़ा[11] तसव्वुर[12] पे है तस्वीर[13] की कृपा
तक़दीर पे है मालिके-तक़दीर[14] की कृपा
फिर क्यों न हो भगवान महावीर की कृपा

आंखों की तरह सर को झुकाने का दिन आया
आदाबे-वफ़ा[15] सबको सिखाने का दिन आया

---

1. जैन सम्प्रदाय के लोग साल में एक दिन एकत्र होकर एक-दूसरे से सालभर की कहा-सुनी के लिए क्षमा मांगते हैं और गले मिलते हैं। इसलिए इसका नाम छमावानी (क्षमावाणी) रखा गया है, 2. अभिलाषायें, 3. कली, 4. उचित ढंग का, 5. लज्जा, 6. कलियां, 7. मौन, 8. ग़लती, 9. क्षमा, 10. दर्पण, 11. पवित्र, 12. कल्पना, 13. चित्र, 14. भाग्य का मालिक, 15. प्रेम-निर्वाह का शिष्टाचार।

हिरदय से हर आकार के झांके है निराकार
हर एक कला में नज़र आता है कलाकार
इस वर्ष की आशाओं के सपने हुए साकार

जो सब में है उसके नज़र आने का दिन आया
भगवान के भी दर्शन दिखाने का दिन आया

फूलवालों की सैर

गोपीनाथ 'अम्न' लखनवी

दिलफ़िज़ा[1] बरसात का मौसम है और फूलों की सैर
हैं कहीं मुतरिब[2] की तानें और कहीं झूलों की सैर

है कभी धूप और कभी ठंडी हवा, बरसात है
वाह क्या मौसम है, कैसा दिन है कैसी रात है

योग माया का है मंदिर, क़ुतब की दरगाह है
दोनों फ़िरक़ों[3] की यहां देरीना[4] रस्म-ओ-राह[5] है

यह वो दिल्ली है कि है मशहूर[6] जिसकी सरज़मीन[7]
यह वो दिल्ली है कि दिलवालों के दिल लेती है छीन

यह वो दिल्ली है हज़ारों ज़ख़्म[8] जिसमें सिल गये
यह वो दिल्ली है जहां पंजाब यूपी मिल गये

सब ज़माने[9] भरके दुखड़े[10] आज के दिन भूलिए
फ़लसफ़ा[11] बाला-ए-ताक़[12], अब गाइए और झूलिए

---

1. आकर्षक, 2. गायक, 3. सम्प्रदाय, 4. पुरानी, 5. जान-पहचान, 6. प्रसिद्ध, 7. धरती, 8. घाव, 9. संसार, 10. दुख-दर्द, 11. दर्शन शास्त्र, 12. ताक़ पर।

वाज़[1] के दिन और भी आयेंगे हज़रत[2] आइए
झूलिए पेंगें बढ़ाकर, बारहमासे गाइए

क़हक़हों से ही इलाजे-दर्द-ओ-ग़म[3] पैदा करें
कड़वे पानी के बग़ैर इक नश्शा हम पैदा करें

1. धर्मोपदेश, 2. महाशय, 3. कष्ट और शोक का उपचार।

छठा अध्याय

हमारे शहर और इलाक़े

कलकत्ता

मिर्ज़ा ग़ालिब

कलकत्ते का जो ज़िक्र[1] किया तूने हमनशीं[2]
इक तीर मेरे सीने में मारा कि हाय हाय

वो सब्ज़ाज़ारहा[3] - ए - मुतर्रा[4] कि है ग़ज़ब[5]
वो नाज़नीं[6] बुताने - ख़ुदआरा[7] कि हाय हाय

सब्र-आज़मा[8] वो उनकी निगाहें कि हफ़ नज़र[9]
ताक़त-रुबा[10] वो उनका इशारा कि हाय हाय

वो मेवाहा-ए-[11]-ताज़ा-ओ-शीरीं[12] कि वाह वा
वो बादाहा-ए-नाब-ओ-गवारा[13] कि हाय हाय

कलकत्ता

हुरमतुल इकराम

लैलाओं के जज़ीरे[14], दिलआराओं[15] के दयार[16]
हर हर क़दम पे फ़िक्र-ओ-नज़र[17] के तिलिस्मज़ार[18]

---

1. चर्चा, वर्णन, 2. मित्र, 3. हरा-भरा मैदान, 4. ताज़ा, 5. प्रकोप, 6. सुंदरी, 7. खुद को सजानेवाली, 8. धैर्य को आज़मानेवाली, 9. व्याकुल कर देनेवाली, 10. निःशक्त करनेवाली, 11. सूखे फल, 12. ताज़े और मीठे, 13. बढ़िया और रुचिकर मदिरा, 14. द्वीप टापू, 15. मन-मोहिनी, 16. घर, 17. ख़याल और दृष्टि, 18. इंद्रजाल।

हल्क़े[1] तजल्लियात[2] के, ज़ुल्मात[3] के हिसार[4]
लेकर कहां कहां न फिरी रूहे - बेक़रार[5]
दिल को मज़ाक़े-ख़ाम[6] का इनआम[7] मिल गया
कांटे चुभे जो पांव में आराम मिल गया

थी रहगुज़र[8] तवील[9] मगर छांव वो मिली
दिल ने कहा, गुज़ार लूं[10] यां भी दो इक घड़ी
गुज़रीं जो चन्द[11] घड़ियां तो दुनिया ही और थी
जैसे उफ़ुक़[12] पे एक किरन जगमगा उठी
कलकत्ता एक मोड़ इसी रहगुज़र[13] का है
इक संगे-मील[14] रहरवे-जां[15] के सफ़र[16] का है

इस मोड़ पर हयात[17] बरंगे - दिगर[18] मिली
दिलदार[19] साअतों[20] की नज़र से नज़र मिली
सौ निकहतें[21] लुटाती नसीमे - सहर[22] मिली
फ़र्दा नवाज़[23] ख़्वाबों[24] की दिल को ख़बर मिली
चेहरों पे बाम-ओ-दर[25] के तबस्सुम[26] बिखर गया
जैसे फ़ज़ा[27] में कोई तरन्नुम[28] बिखर गया

'हुगली' की मौज मौज[29] थी पैमाना - ए - सुरूर[30]
विक्टोरिया की छांव में लौ[31] दे उठा शऊर[32]
आग़ोश[33] थी ईडन की शबिस्ताने - रंग - ओ - नूर[34]
कहता था सर झुका के यह नज़्ज़ारों[35] का ग़ुरूर[36]
हमको वफ़ा-ओ-मिहर[37] से क़ासिर[38] न जानिए
इस सरज़मीं[39] पे ख़ुद को मुसाफ़िर[40] न जानिए

---

1. परिधियां, 2. प्रकाश, 3. अंधकार, 4. चारदीवारी, 5. व्याकुल आत्मा, 6. अपक्व अभिरुचि, 7. पुरस्कार, 8. मार्ग, 9. लंबा, 10. व्यतीत कर लूं, 11. कुछ पल, 12. क्षितिज, 13. सड़क रास्ता, 14. मील का पत्थर, 15. पथिक, 16. यात्रा, 17. जीवन, 18. किसी और ही रंग में, 19. मनमोहक, 20. क्षण, पल, 21. सुगंध, खुशबूयें, 22. प्रातः समीर, 23. आनेवाले कल को नवाज़नेवाले, 24. स्वप्नों, 25. छत और दरवाज़े, 26. मुस्कुराहट, 27. वातावरण, 28. स्वर-माधुर्य, 29. लहर, 30. मस्ती का जाम, 31. ज्योति, 32. चेतना, 33. गोद, 34. रंग और प्रकाश का शयनागार, 35. दृश्य, 36. घमंड, 37. प्रेम-निर्वाह और दया, 38. विवश, 39. धरती, 40. यात्री।

चौरंगी पेशलफ़्ज़[1] है कलकत्ता इक किताब
चौरंगी एक नग़्मा[2] है, कलकत्ता इक रबाब[3]
कलकत्ता मुद्द-ओ-जज़रे[4]-हक़ाइक़[5] का एक ख़्वाब[6]
कलकत्ता ख़ुद सवाल है, कलकत्ता ख़ुद जवाब
यह एक शहर सारे जहां की कमाई है
यह इक ग़ज़ल है जिसका हर इक शे'र इकाई है

टैगोर का दयार यह वहशत[7] की सरज़मीं[8]
यह नज़रुल और सुभाष की अज़्मत[9] की सरज़मीं
यह इल्म-ओ-फ़न[10] की, दानिश-ओ-हिकमत[11] की सरज़मीं
यह गेसुओं[12] का शहर, मलाहत[13] की सरज़मीं
वो शहर जिसने शाहे-अवध[14] को पनाह[15] दी
अपना बना के वज़्ए-मुरव्वत[16] निबाह दी

बिरलाओं का यह शहर, यह मेहनतकशों[17] का शहर
कारों का शहर, रिक्शों, टिरामों, बसों का शहर
यह शाइरों, सहाफ़ियों[18] दानिशवरों[19] का शहर
यह शहर दिलरुबाओं[20] का यह कसबियों[21] का शहर
इक यादगार, हिकमते - अफ़रंग[22] की लिये
यह शहर जलता रहता है रुख़[23] पर हंसी लिये

इक ख़ुशगवार[24] कर्ब[25] में खोया हुआ यह शहर
जागा हुआ कभी, कभी सोया हुआ यह शहर
क़ातिल[26] लताफ़तों[27] में डुबोया हुआ यह शहर
हंगामों[28] की लड़ी में पिरोया हुआ यह शहर
यह शहर एक आईनाख़ाना[29] हयात[30] का
कहता है रोज़ ताज़ा फ़साना[31] हयात का

---

1. भूमिका, प्राक्कथन, 2. संगीत, 3. वीणा, सितार, 4. ज्वार-भाटा, उतार-चढ़ाव, 5. वास्तविकता, यथार्थ, 6. स्वप्न, 7. उर्दू शाइर 'वहशत' कलकतवी, 8. धरती, 9. महानता, 10. ज्ञान और कला, 11. ज्ञान और विज्ञान, 12. केश, लटें, 13. लावण्य, सलोनापन, 14. अवध का बादशाह (वाजिदअली शाह), 15. शरण, 16. शील संकोच का ढंग, 17. मज़दूर, श्रमिक, 18. पत्रकार, 19. बुद्धिजीवी, 20. सुन्दरियों, 21. वेश्या, 22. अंग्रेज़ों की कूटनीति, 23. चेहरा, 24. आनंदप्रद, 25. वेदना, 26. क़त्ल करनेवाली, 27. कोमलता, 28. उपद्रव, 29. शीशे का घर, 30. जीवन, 31. कहानी।

हौड़ा ब्रिज की क़ामते - बाला[1] का बांकपन[2]
जैसे कोई बुज़ुर्ग[3] ऋषि जाप में मगन
सकते[4] में जैसे दफ़अतन[5] आ जाये अहरमन[6]
या नागदेव खुद को समेटे, उठाये फन
फ़ौलाद का यह मोजिज़ा[7] हिकमत[8] की सान[9] पर
अर्जुन हो जैसे तीर चढ़ाए कमान पर

कलकत्ता, अर्ज़े - मग़रिबी[10] बंगाल का सिंगार
ऊंची अटारियों की तब-ओ-ताब[11] का दयार[12]
क्लबों, सिनेमा हाउसों, बारों[13] का हश्रज़ार[14]
इस शहर में कि हिंद के माथे का है वक़ार[15]
शाम आती है तो ज़िंदगी बेदार[16] होती है
रात अपने गेसुओं[17] में उजाले पिरोती है

कलकत्ता, मेरी आर्ज़ुओं[18] का नशातज़ार[19]
कलकत्ता, मेरे ख़्वाबों[20] का कनआने - नौबहार[21]
कलकत्ता, मेरे हुस्ने - तमन्ना[22] का शालामार[23]
कलकत्ता, मेरे प्यार की फ़िर्दौसे - गीर - ओ - दार[24]
बुझते हुए शरारों[25] को जिसने जगा दिया
फिर एक बार दिल को धड़कना सिखा दिया

अय जादुओं के शहरे - दिल - आरा[26] तिरी क़सम
हिम्मत-शिकन[27] हैं लाख ज़माने के पेच - ओ - ख़म[28]
लेकिन सजा सजा के तेरी याद के सनम[29]
रक्खा है दिल ने रिश्तः - ए - इख़लास[30] का भरम[31]
माना कि तुझ से दूर, मैं अपने वतन में हूं
हर रंग से शरीक[32] तिरी अंजुमन[33] में हूं

---

1. ऊंचाई, 2. अकड़, 3. वयोवृद्ध, 4. स्तब्धता, 5. सहसा, 6. शैतान, 7. चमत्कार, 8. विज्ञान, 9. धार निकालने का पत्थर, 10. पश्चिम बंगाल की धरती, 11. वैभव, 12. घर, 13. शराबख़ाना, 14. हश्र का मैदान, 15. महिमा, प्रतिष्ठा, 16. जागना, 17. ज़ुल्फ़ें, बाल, 18. आकांक्षाओं, 19. आनंदघर, 20. स्वप्नों, 21. नई बहार का वतन, 22. आकांक्षा का सौंदर्य, 23. कश्मीर का एक बाग़, 24. जन्नत, 25. चिंगारी, 26. मोहक शहर, 27. साहस तोड़नेवाला, 28. मोड़, 29. मूर्ति, बुत, 30. निष्ठा का संबंध, 31. इज़्ज़त, 32. शामिल, सम्मिलित, 33. महफ़िल।

जौनपुर

'सफ़ी' लखनवी

जौनपुर अय मौलिदे[1]-ए-सुल्तान आदिल[2] शेरशाह
तेरे आसारे - क़दीमा[3] तिरी अज़्मत[4] के गवाह
कह रहा है क़िल्अ - ए - शाही[5] यह बाहाले - तबाह[6]
मुद्दतों[7] तक हिंद की हम भी रहे हैं तख़्तगाह[8]
एक ग़ाफ़िल[9] क़ौम[10] की खोई हुई अज़्मत[11] हैं हम
हमसे इबरत[12] का सबक़ लो, मंज़रे-इबरत[13] हैं हम

जौनपुर ! अरबाबे-इल्म-ओ-फ़ज़्ल के[14] दारुस्सुरूर[15]
कहते थे शीराज़े-हिंद[16] अक्सर तुझे अहले-शुऊर[17]
तुझ में थे शाहाने-शर्क़ी[18] के इमारात-ओ-क़ुसूर[19]
ख़ुद तिरी तारीख़े-आबादी[20] है 'शहरे-जौनपूर'[21]
अब कहां वो बाम-ओ-दर[22] सब हो गये ज़ेर-ओ-ज़बर[23]
नाम तक में है तिरे रंगे-तग़ैयुर[24] का असर[25]

अय महम्मद शाह जौनां की मुकम्मल[26] यादगार[27]
क्या हुए वो फूल जिनसे इस चमन[28] की थी बहार[29]
आह वो तेरे मुशाहिर[30] इंतिख़ाबे - रोज़गार[31]
तेरी बस्ती जिनके ग़म[32] में आज तक है सोगवार[33]
चल बसे यूं मदफ़नों[34] का भी निशा[35] मिलता नहीं
एक यूसुफ़[36] ! कारवां का कारवां मिलता नहीं

---

1. जन्मभूमि, 2. न्यायी, 3. प्राचीन खंडहर, 4. महानता, 5. शाही क़िला, 6. नष्ट-भ्रष्ट दशा में, 7. लंबे समय तक, 8. राजधानी, 9. बेख़बर, 10. राष्ट्र, 11. प्रतिष्ठा, 12. शिक्षा, नसीहत, 13. इबरत के द्योतक, दृश्य, 14. ज्ञानियों-विज्ञानियों, 15. मदिरालय, 16. हिंद का शीराज़, 17. ज्ञानी, 18. पूर्वी बादशाह, 19. इमारतें और महल, 20. बसने की तारीख़, 21. इन शब्दों के अंकों का जोड़, 22. छतें और दरवाज़ें, 23. ऊपर-नीचे, नष्ट-भ्रष्ट, 24. परिवर्तन का रंग, 25. प्रभाव, 26. संपूर्ण, 27. स्मृति, 28. उपवन, 29. बसंत, 30. प्रसिद्ध लोग, 31. ज़माने के चुने हुए, 32. शोक, 33. शोकातुर, 34. क़ब्र, 35. चिह्न, 36. एक पैगम्बर जो अपने क़ाफ़िले से बिछुड़ गये थे।

क़िल्अ - ए - संगी[1] बना दिखला रहा है शाने - तूर[2]
हर जगह है क़ुदरते - हक़[3] के करिश्मों[4] का ज़ुहूर[5]
जब निगाहे - शौक़[6] कर जाती है ख़न्दक़[7] से उबूर[8]
बन रही है गोमती दक्खन की जानिब थोड़ी दूर
आज तक जब इक ज़रा चढ़ता है आबे - गोमती[9]
क़िल्ए के पाबोस[10] को बढ़ता है आबे - गोमती

वो यहीं के फूल थे उनका यहीं था ख़ाना बाग़[11]
समझे जाते थे जो मुल्के-हिंद[12] में रौशन-दिमाग़[13]
क़द्रदां[14] भी पाए थे वैसे ही हासिल[15] था फ़राग़[16]
इन चराग़ों से जला करते थे और अकसर चराग़
क्या हुए वो सूफ़ियाने[17]- पाक[18] तीनत[19] क्या हुए
क्या हुए वो ख़ादिमाने-इल्म-ओ-हिकमत[20] क्या हुए

यह असर[21] खुश-खुल्क़ियों[22] का है इन्हीं की हमनशीं[23]
इत्र[24] ऐसा फूल ऐसे जो नहीं होते कहीं
सैकड़ों ही दफ़्न[25] इस ख़ित्ते[26] में हैं ज़ेरे - ज़मीं[27]
ख़न्दा[28] रू-ओ-दिल[29] शिगुफ़्ता[30], नाज़ुकअन्दाम[31]-ओ-हसीं[32]
'सब कहां कुछ लालः-ओ-गुल[33] में नुमायां[34] हो गईं
ख़ाक में क्या सूरतें होंगी कि पिन्हां[35] हो गईं'

---

1. पत्थर का क़िला, 2. तूर की शान (तूर पहाड़ पर हज़रत मूसा को ख़ुदा का दीदार हुआ था), 3. खुदा की कुदरत, 4. चमत्कार, 5. प्रकटन, 6. लालसा की नज़र, 7. खाई, 8. पार करना, 9. गोमती का पानी, 10. चरण-स्पर्श, 11. घर और बाग़, 12. भारत देश, 13. उज्ज्वल मस्तिष्क, 14. क़द्र करनेवाले, 15. प्राप्त, 16. अवकाश, 17 सूफ़ीगण, 18. पवित्र, 19. प्रकृति, स्वभाव, 20. ज्ञान-विज्ञान के सेवक, 21. प्रभाव, 22. मिलनसारी, शील, 23. मित्र, दोस्त, 24. सुगंध, पुष्पसार, 25. ज़मीन में गड़े हुए, 26. इलाक़ा, क्षेत्र, 27. धरती के नीचे, 28. प्रफुल्ल, 29. मुंह और दिल, 30. ताज़ा, 31. कोमल शरीर, 32. सुंदर, 33. लाले और गुलाब के फूल, 34. प्रकट, 35. विलीन।

इलाहाबाद

'सफ़ी' लखनवी

अय इलाहाबाद अय जौलां-गहे[1]-गंग-ओ-जमन[2]
तेरा दामन[3] तीन त्रिबेनी की है इक अंजुमन[4]
सीखते हैं तुझसे फ़िरक़े[5] मेल मिल्लत[6] का चलन[7]
इत्तिहादे - बाहमी[8] संगम से तेरे मौजज़न[9]
जोशे - हमदर्दी[10] से है लबरेज़[11] पैमाना[12] तिरा
ख़स्ताहालों[13] का शफ़ाख़ाना[14] है मैख़ाना[15] तिरा

अय ज़ियारतगाहे[16]-खुल्क़[17] अय मजम-उल-बहरीने-हिंद[18]
माघ में मेला तिरा मशहूर[19] है माबैने-हिंद[20]
अकबरी क़िलअ सरफ़राज़ी[21] में नस्बुलअैने-हिंद[22]
और ख़ुसरौ बाग़[23] से दो चन्द[24] ज़ेब-ओ-ज़ीने-हिंद[25]
रंग-ओ-बू[26] और ज़ायक़ा[27] वो तेरे अमरूदों में है
सेबे - कश्मीरी[28] सरे बाज़ार[29] मरदूदों[30] में है

जिसकी ख़ुशबू[31] मंज़िलों[32] फैली है वो गुलशन[33] है तू
ताज़ा रस गुलहा-ए-रंगारंग[34] का ख़िरमन[35] है तू
बज़्लासंजों[36] का जवाहरख़ेज़[37] एक मादिन[38] है तू
हज़रते-अकबर[39] लस्सानुल-अस्र[40] का मसकन[41] है तू

---

1. दौड़ का मैदान, 2. गंगा और यमुना, 3. आंचल, 4. महफिल, 5. सम्प्रदाय, 6. प्रेम और एकता, 7. रिवाज, 8. परस्पर एकता, 9. मौजें मारती हुई, 10. सहानुभूति का जोश, 11. भरा हुआ, 12. प्याला, जाम, 13. दरिद्र, 14. अस्पताल, 15. मदिरालय, 16. दर्शन-स्थल, 17. शिष्टता, शील, 18. संगम, 19. प्रसिद्ध, 20. भारत-भर में, 21. ऊंचाई, 22. भारत का उद्देश्य, 23. इलाहाबाद में एक मशहूर बाग़, 24. अधिक, दुगना, 25. भारत की शोभा, 26. रंग और सुगंध, 27. स्वाद, 28. कश्मीर के सेब, 29. खुले आम, बाजार में, 30. अस्वीकृत, बहिष्कृत, 31. सुगंध, 32. दूर तक, 33. उपवन, बाग, 34. रंग-बिरंगे रसभरे फूल, 35. खलियान, 36. विनोदप्रियता, 37. हीरों से पूर्ण, 38. खान, 39. अकबर इलाहाबादी (प्रसिद्ध शाइर), 40. ज़माने की ज़बान, 41. निवास-स्थान।

नुत्क़[1] तेरे सिक्कः - ए - राइज[2] से मालामाल[3] है
हिंद में नक़्दे - ज़राफ़त[4] की यहीं टकसाल[5] है

आज तक क़ायल[6] हैं इसके साकिनाने[7] - हर दयार[8]
थी नुमाइशगाह[9] तेरी इंतिख़ाबे - रोज़गार[10]
अहले-दौलत[11] थे हवा-ए-शौक़[12] से बेइख़्तियार[13]
मनचले[14] पहुंचे तमाशा देखने लेकर उधार
गोशा-गोशा[15] मंज़िले[16]-तफ़रीहे[17]-अहले-होश[18] था
क़िल्ए का दामन[19] ज़ियाफ़तगाहे[20]-चश्म-ओ-गोश था[21]

इस निगारिस्तान[22] का जो नक़्श[23] था वो दिलपज़ीर[24]
सैर करने मंज़िलों[25] से आये थे बरना-ओ-पीर[26]
सीग़ा[27] जाते-मुख़तलिफ़[28] में थे सनाए[29]-बेनज़ीर[30]
जम्अ[31] हर सू[32] ख़ुशनुमा[33] ख़ेमों[34] में इक जम्मेग़फ़ीर[35]
सब तिलिस्मी[36] कारख़ाना था, यहां पर क्या न था
'ख़्वाब[37] था जो कुछ कि देखा जो सुना अफ़साना[38] था'

बनारस

'सफ़ी' लखनवी

अय बनारस हम सवादे[39]-सुरमः-ए-चश्मे-बुतां[40]
देख तेरा बुतकदा[41] है काबः - ए - हिन्दोस्तां[42]

रू-ए-गंगा[43] जिस पे काशी ख़ुशनुमा[44] तामीर[45] है
ख़त्ते-क़ौसी[46] में सरे-जदवल[47] यही तहरीर[48] है

---

1. वाणी, 2. प्रचलित सिक्का, 3. धनी, समृद्ध, 4. हास्य के सिक्के, 5. टंकशाला, 6. सहमत, 7. निवासी, 8. हर जगह, 9. प्रदर्शनी का स्थल, 10. संसार की चुनी हुई, 11. धनवान, 12. अभिलाषा, 13. विवश, 14. दिलफेंक, नवयुवक, 15. कोना-कोना, 16. पड़ाव, 17. मनोरंजन, 18. होशमंद, 19. क़िले का आंगन, 20. दावत की जगह, 21. आंखें और कान, 22. चित्रशाला, 23. बेलबूटा, 24. मनमोहक, 25. दूर-दूर, 26. बच्चे और बूढ़े, 27. क्षेत्र, विभाग, 28. विभिन्न, 29. कारीगर, 30. बेमिसाल, अद्वितीय, 31. एकत्रित, 32. हर तरफ़, 33. सुंदर, 34. तम्बू, 35. जन-समूह, 36. मायाजाल, 37. स्वप्न, 38. कहानी, 39. काला, 40. सुन्दरियों की आंखों का सुर्मा, 41. मंदिर, 42. हिंदुस्तान का काबा, 43. गंगा का किनारा, 44. सुंदर, 45. निर्मित, 46. चंद्राकार, 47. किनारे-किनारे, 48. लेखनी।

पुल हिलाले - ईद[1], गंगा साफ़ जू - ए - शीर[2] है
या बुतों के अबरु - ए - पैवस्ता[3] की तस्वीर[4] है

आसमां[5] था फ़िल्नाबाज़ी[6] में जो मशहूरे - जहां[7]
सरज़मीने - हुस्न[8] ने खेंची है ग़मज़े[9] की कमां[10]
अय हिसारे-आफ़ियत[11] की पुश्तबां[12] इस पुल की नेव[13]
सीना ताने, या है मस्ते-ख़्वाबे-राहत[14] कोई देव

पैकरे-काशी[15] पे है क्या ख़ुशनुमा[16] आड़ा जनेऊ
है कहीं 'हर हर' लबे-साहिल[17] कहीं पर शिव-शिव
है हिलाली ख़त[18] में आबादी बनारस की तमाम[19]
घाट मंदिर सब लबे-दरिया[20] बहुस्ने[21]-इंतिज़ाम[22]

नाव पर चढ़कर उन्हें देखो जो हैं नामी मुक़ाम[23]
माहरूओं[24] का मिलेगा हर जगह पर अज़दहाम[25]
सदक़े[26] इतनी गुलज़मीं[27] पर सौ गुलिस्तां की बहार[28]
आग पानी में लगाती है चराग़ां[29] की बहार

चश्मे-बद्दूर[30] उफ़ बनारस क्या ही बांका शहर है
हर अदा[31] महवश[32] हसीनों[33] की यहां के क़हर[34] है
ग़ैरते - कशमीर[35] में यह इंतिख़ाबे - दहर[36] है
हर गली कूचे में जारी[37] हुस्न[38] की इक नहर है

साफ़ हैं शफ़्फ़ाफ़[39] हैं कितने यहां के बुतकदे[40]
रहते हैं हरदम दुल्हन की तरह फूलों से लदे
वो धुंधलका[41] सुब्ह का, वो दूर तक गंगा के पाट
वो कगारों[42] से नुमायां[43] जा - बजा पानी की काट

---

1. ईद का चांद, 2. दूध की नहर, 3. बैठी हुई भंवें, 4. चित्र, 5. गगन, 6. उपद्रव करना, 7. जग-प्रसिद्ध, 8. सौंदर्य की धरती, 9. कटाक्ष, 10. धनुष, 11. कुशलता की चारदीवारी, 12. पीठ, 13. बुनियाद, 14. चैन की नींद में मस्त, 15. काशी का आकार, 16. सुंदर, 17. किनारे पर, 18. चंद्राकार, 19. सब, 20. नदी के किनारे, 21. सौंदर्य के साथ, 22. व्यवस्था, 23. प्रसिद्ध स्थान, 24. चंद्रमुखी, 25. समूह, 26. न्योछावर, 27. फूलों की धरती, 28. सैकड़ों उपवनों का वसंत, 29. दीपावली, 30. खुदा बुरी नज़र से बजाये, 31. हावभाव, 32. चंद्रमुखी, 33. सुंदरी, 34. प्रलय, प्रकोप, 35. कश्मीर का आत्मसम्मान, 36. दुनिया में श्रेष्ठ, 37. प्रवाहित, 38. सौंदर्य, 39. स्वच्छ, 40. मंदिर, 41. झुटपुटा, 42. किनारा, 43. प्रकट।

वो परीज़ादों[1] के जमघट से परिस्तां[2] राजघाट
दिल बहल जाये तो इंसां[3] की तबीअत हो उचाट
उतरें पानी में गजरदम[4] रोज़ का मामूल[5] है
हर हसीं[6] नाज़ुक बदन[7] गोया कंवल का फूल है

(माख़ूज़)

बनारस

रईस अमरोहवी

काशी के जलवे[8] जलवे नहीं बस
क्या इनको समझें नाफ़हम[9]-ओ-नाकस[10]
क्या गुंचा[11] क्या गुल[12] क्या ख़ार[13] क्या ख़स[14]
शादाब - ओ[15] - रंगीं नौख़ेज़ - ओ - नौरस[16]
सुब्हे - बनारस, सुब्हे - बनारस[17]

वो रोदे - गंगा[18] इक - नज़्मे - मौज़ूं[19]
आसूदा[20] जिससे दिलहा - ए - महज़ूं[21]
साहिल[22] की बंदिश[23] क्या ख़ूब मज़्मूं[24]
वो शशजिहत[25] का ख़ामोश[26] अफ़्सूं[27]
शाइर का जैसे कोई मुसद्दस[28]

ख़ामोश - ओ - रख़्शां[29] पानी का मंज़र[30]
आबे - रवां[31] की फैली है चादर

1. अप्सराओं की संतान, सुन्दरियां, 2. परियों का देश, 3. इंसान, मानव 4. सुबह के समय, 5. नियम, 6. सुंदरी, 7. कोमलांगिनी, 8. दर्शन, 9. नासमझ, 10. नालायक़, 11. कली, 12. फूल, 13. कांटा, 14. घास, 15. हरा-भरा और रंगीन, 16. नौजवान और नवपक्व, 17. बनारस की सुबह, 18. गंगा नदी, 19. संतुलित कविता, 20. संतुष्ट, 21. उदास, 22. किनारा, 23. बंध, 24. विषय, 25. छः दिशायें, (उत्तर, दक्षिण, पूरब, पश्चिम, आकाश, पाताल), 26. मौन, 27. जादू, 28. नज्म, 29. मौन और चमकदार, 30. दृश्य, 31. प्रवाहित जल।

सब्ज़े[1] पे शबनम पाकीज़ा[2] गौहर[3]
मख़मल पे जैसे मोती की झालर
बुर्राक़[4] रेती, शफ़्फ़ाश[5] अतलस[6]

सुब्हे - बनारस दिल का सहारा
गंगा का मंज़र[7] वो प्यारा प्यारा
सोने की लहरें, चांदी का धारा
हो गर मुयस्सर[8] फिर वो नज़ारा
उम्रे - गुज़श्ता[9] आ जाये वापस
सुब्हे - बनारस, सुब्हे - बनारस

बनारस

'रविश' बनारसी

अय मिरे अच्छे बनारस, काबः-ए-अहले-हुनूद[10]
एक दुनिया के लिए तेरी ज़मीं[11] जा-ए-सुजूद[12]
तेरी गलियां जन्नते[13]-आदम की वो राहे-हसीं[14]
अप्सरायें रात की जिस जा[15] झुकाती हैं जबीं[16]
ये मनाज़िर[17], ये मसाजिद[18], ये मुसलमां, ये हुनूद[19]
कारगह[20] में जिस तरह होते हैं रंगे-तार-ओ-पौद[21]
ये खुले बाज़ार, ये ऊंचे मकां, ये तेरे घाट
यह फ़ज़ा[22], यह सब्ज़ाज़ार[23], और यह हसीं[24] गंगा का घाट
तेरे क़दमों[25] पर तिरी गंगा की यह मौजे-रवां[26]
माहे-नौ[27] के पास जैसे आ गयी हो कहकशां[28]
यह तुलू - ए - आफ़ताबे - सुब्ह[29], यह माहे - तमाम[30]

---

1. हरियाली, 2. पवित्र, 3. मोती, 4. उज्ज्वल, 5. स्वच्छ, 6. रेशमी कपड़ा, 7. प्राप्त, 8. दृश्य, 9. गुज़री हुई उम्र, 10. हिंदुओं का काबा, 11. धरती, 12. सज्दा करने की जगह, 13. स्वर्ग, 14. सुंदर मार्ग, 15. जगह, 16. ललाट, 17. दृश्य, 18. मस्जिदें, 19. हिंदू, 20. कारख़ाने, 21. ताने-बाने के रंग, 22. वातावरण, 23. हरे-भरे मैदान, 24. सुंदर, 25. चरणों, 26. प्रवाहित लहर, 27. नवचंद्र, 28. आकाशगंगा, 29. सुबह का सूर्योदय, 30. चौदहवीं का चांद, पूरा चांद।

काश मेरे दिल से पूछे कोई लुत्फ़े-सुब्ह-ओ-शाम[1]
है हसीं[2] फूलों से नाज़ुक़[3] जिनका जिस्मे - मरमरीं[4]
जिनके जल्वों[5] से है रौशन[6] सुब्हे-काशी[7] की जबीं[8]
जिनसे बुतख़ानों[9] की ज़ीनत,[10] जिनसे काशी का सिंघार
दम-क़दम[11] से जिनके क़ायम[12] है बनारस की बहार[13]
यात्री कुल हिंद के इस ज्ञान के रस्ते में हैं
फूल सारे गुलिस्तां[14] के एक गुल - दस्ते में हैं
सादगी इंसान[15] की है देवता के रूप में
हर कंवल खिलता है दिल का मारिफ़त[16] की धूप में
अय वतन[17] तू हुस्ने[18]-ख़ुदआरा[19] से मालामाल[20] है
संगरेज़ा[21] भी तिरे दामन में गोया लाल[22] है

आगरा

'सीमाब' अकबराबादी

यह अर्ज़े - ताज[23] यानी अकबराबाद[24]
अमीने - अज़्मते - हिन्दोस्तां[25] है
इसी के सर पे है वो मरमरीं[26] ताज
जो नाज़िरगाहे - अक़्वामे - जहां[27] है

शबे-महताब-ओ-ताज[28] अल्लाहो-अकबर[29]
यहां रातों को भी दिन का गुमां[30] है
यहां अकबर है महवे-ख़्वाबे[31]-नौशीं[32]
यहां ख़िल्वतगहे- शाहेजहां[33] है

---

1. सुबह-शाम का आनंद, 2. सुंदर, 3. कोमल, 4. संगेमरमर जैसा शरीर, 5. दर्शन, 6. प्रकाशमान, 7. काशी का प्रातःकाल, 8. ललाट, 9. मंदिर, 10. शोभा, 11. जान और चरण, 12. स्थिर, 13. बसंत, 14. उपवन, 15. मानव, 16. ब्रह्मज्ञान, 17. देश, 18. सौंदर्य, 19. खुद को संवारने वाला, 20. सम्पन्न, 21. कण, 22. रत्न, 23. ताज की धरती, 24. आगरा, 25. भारत की महानता का अमानतदार, 26. संगेमरमर का, 27. संसार के राष्ट्रों के लिए वर्ग का स्थान, 28. चांदनी रात और ताज, 29. वाह-वाह (जब किसी चीज़ की प्रशंसा करनी हो तो 'अल्ला हो अकबर' कहते हैं), 30. शक, 31. निद्राग्रस्त, 32. सुंदर, 33. शाहजहां का शयनागार।

ग़यासउद्दीन ईरानी का मदफ़न[1]
क़दीमी[2] सनअतों[3] का तर्जुमां[4] है

यह जामा मस्जिद और यह लाल क़िला
मुग़ल शाहंशही[5] का इक निशा[6] है

यह शाही बाग़, यह चीनी का रौज़ा[7]
बहारे - यादगारे - बास्ता[8] है

यहां शाहे विलायत[9] का है दरबार
जनाबे-बुलअला[10] का आस्ता[11] है

यहां उर्दू बनी भी और पली भी
यह अब तक मरकज़े-अहले-ज़बा[12] है

यह मसकन[13] है मशाहीरे-अदब[14] का
यहां 'मीर' और 'ग़ालिब' का मकां[15] है

यहां बहती है जमना शान्ती से
यहां हम्वारि - ए - आबे - रवां[16] है

हर इक पत्थर यहां है इक फ़साना[17]
यहां हर ईंट में इक दास्तां[18] है

यह है वो यादगारे-अहले-माज़ी[19]
कि दुनिया अब तक इसकी क़द्रदां[20] है

जो इन आसार[21] को नुक़सान पहुंचा
तो यह तारीख़े-आलम[22] का ज़ियां है[23]

(माख़ूज़)

---

1. क़ब्र, 2. प्राचीन, 3. उद्योग, 4. प्रतिनिधि, 5. सल्तनत, 6. प्रतीक, 7. मज़ार, क़ब्र, 8. प्राचीनकाल की यादगार का बसंत, 9. एक औलिया, 10. एक औलिया, 11. चौखट, 12. ज़बान बनानेवालों का केन्द्र, विद्वानों का केन्द्र, 13. निवास-स्थान, 14. प्रसिद्ध साहित्यकार, 15. घर, 16. बहते हुए पानी की सतह, 17. कहानी, 18. कहानी, 19. भूतकाल की यादगार, 20. गुणग्राही, 21. चिह्न, खंडहर, 22. संसार का इतिहास, 23. नुक़सान।

अय सरज़मीने-गुजरात

'अख़्तर' शीरानी

अय सरज़मीने-गुजरात ! अय ख़ुल्दज़ारे[1]-उलफ़त[2]
फूलों में तेरे रक़्सां[3], रूहे-बहारे-उलफ़त[4]
तेरा हर एक ज़र्रा[5] है राज़दारे[6]-उलफ़त
अय यादगारे-उलफ़त[7], अय सरज़मीने-गुजरात

हुस्न-ओ-हिजाब[8] का इक गहवारा[9] कहिए तुझको
शे'र-ओ-शबाब[10] का इक शहबारा[11] कहिए तुझको
फ़ितरत[12] का एक रंगीं[13] नज़्ज़ारा[14] कहिए तुझको
गुलपारा[15] कहिए तुझको, अय सरज़मीने-गुजरात

अय सरज़मीने-गुजरात तू काने-आशिक़ी[16] है
पंजाब के बदन[17] में तू जाने आशिक़ी है
हां, जाने-आशिक़ी है, अर्माने-आशिक़ी[18] है
ईमाने-आशिक़ी[19] है, अय सरज़मीने-गुजरात

वो सोहनी महिवाल, दो इश्क़बाज़[20] तेरे
दो रूहे-आशिक़ी[21] के आवारा राज़[22] तेरे
सोज़-ओ-गुदाज़[23] से दो लबरेज़[24] साज़[25] तेरे
नग़्मा[26] तराज़[27] तेरे, अय सरज़मीने-गुजरात

मातम[28] सरा[29] है जिनके ग़म[30] में चिनाब अब भी
बेताब[31] जिनकी ख़ातिर है माहताब[32] अब भी
और जिनको ढूंडती है हर मौजे-आब[33] अब भी
चश्मे-हबाब[34] अब तक, अय सरज़मीने-गुजरात

---

1. स्वर्ग का बाग़, 2. प्रेम, 3. नृत्य करते हुए, 4. प्रेम के बसंत की आत्मा, 5. कण, 6. प्रेम का राज जाननेवाला, 7. प्रेम की यादगार, 8. सौंदर्य और लज्जा, 9. पालना, 10. शेर ओर यौवन, 11. श्रेष्ठ नमूना, 12. प्राकृतिक, 13. सुंदर, 14. दृश्य, 15. फूल का टुकड़ा, 16. प्रेम की खान, 17. शरीर, 18. प्रेम का अरमान, 19. आशिक़ी का ईमान, 20. प्रेमी, 21. प्रेम की आत्मा, 22. रहस्य, 23. जलन और पिघलाहट, 24. परिपूर्ण, 25. वाद्य, 26. गीत, 27. गायक, 28. शोकालाप, 29. घर, 30. शोक, 31. व्याकुल, 32. चंद्रमा, 33. पानी की लहर, 34. बुलबुला।

मौजों की धीमी-धीमी आवाज़ आ रही है
या रूह सोहनी की दरपर्दा[1] गा रही है
और दर्दे-आशिक़ी[2] के नग़्मे[3] सुना रही है
आंसू बहा रही है, अय सरज़मीने - गुजरात

उरियां[4] है हुस्न[5], तेरे सरसब्ज़[6] गुलशनों[7] में
आवारा इश्क़[8], तेरे शादाब[9] दामनों में
फ़ितरत[10] बरहना[11] तेरे पुरनूर[12] ऐमनों[13] में
रंगीन[14] मसकनों[15] में अय सरज़मीने - गुजरात

लखनऊ

'अख़्तर' शीरानी

अर्श सामां[16] क्यों न हो ख़ाके - दयारे - लखनऊ[17]
है बहारे - ख़ुल्द[18] से बढ़कर बहारे - लखनऊ[19]

मशरिक़ी[20] रंगे-तमद्दुन[21] की है ख़ालिस[22] यादगार
क्यों न हो हर मशरिक़ी[23], दिल से निसारे-लखनऊ[24]

यह महल असलाफ़[25] की तहज़ीब[26] का गहवारा[27] है
हिंद में काफ़ी है यह तनहा[28] वक़ारे-लखनऊ[29]

यह फ़लक[30] रुत्बा[31] मकां[32], यह ख़ुल्द सामां[33] गुलिस्तां[34]
रश्के-मिहर-ओ-माह[35] हैं नक़्श-ओ-निगारे[36]-लखनऊ

---

1. पर्दे के पीछे, 2. प्रेम का दुख, 3. गीत, 4. नग्न, 5. सौंदर्य, 6. हरे-भरे, 7. उपवन, 8. प्रेम, 9. हरा-भरा, 10. प्रकृति, 11. नग्न, 12. प्रकाशमान, 13. सुरक्षित स्थान, मान, 14. सुंदर, 15. घर, 16. आकाश का सामान, 17. लखनऊ की धूल, 18. स्वर्ग का बसंत, 19. लखनऊ का बसंत, 20. पूर्व, 21. सभ्यता का रंग, 22. विशुद्ध, 23. पूर्व का रहनेवाला, 24. लखनऊ पर न्योछावर, 25. पुराने बुजुर्ग, 26. संस्कृति, 27. पालना, 28. अकेला, 29. लखनऊ की प्रतिष्ठा, 30. गगन, 31. दरजा, 32. घर, 33. स्वर्ग का सामान, 34. उपवन, 35. जिस पर चांद और सूरज रश्क करें, 36. बेल-बूटे।

माहे - दर - आग़ोश[1] है हर ज़र्रा[2] इसकी ख़ाक[3] का
अय ज़हे हुस्ने[4] - तरबगाहे[5] - दयारे - लखनऊ[6]

चौंककर ख़्वाबे-लहद[7] से अपने वीरानों को देख
जाने - आलम[8] ! आह ओ[9] जाने-बहारे-लखनऊ[10]

अगली[11] अज़्मत[12] याद आती है यह रौनक़[13] देखकर
हम तो 'अख़्तर' अब भी हैं मातमगुसारे-लखनऊ[14]

अलीगढ़

इसरारुल हक़ 'मजाज़'

सरशार[15] निगाहे-नर्गिस[16] हूं पाबस्त-ए-गेसू-ए-सुम्बुल[17] हूं
यह मेरा चमन[18] है मेरा चमन, मैं अपने चमन का बुलबुल हूं

हर आन[19] यहां सहबा-ए-कुहन[20] इक साग़रे-नौ[21] में ढलती है
कलियों से हुस्न[22] टपकता है फूलों से जवानी उबलती है

जो ताक़े-हरम[23] में रौशन[24] है वो शम्अ यहां भी जलती है
इस दश्त[25] के गोशे[26] गोशे से इक जू-ए-हयात[27] उबलती है

इस्लाम के इस बुतख़ाने[28] में असनाम[29] भी हैं और आज़र[30] भी
तहज़ीब[31] के इस मैख़ाने में[32] शमशीर[33] भी है और साग़र[34] भी

यां हुस्न[35] की बर्क़[36] चमकती है यां नूर[37] की बारिश होती है
हर आह[38] यहां इक नग़्मा[39] है हर अश्क[40] यहां इक मोती है

---

1. चांद की गोद में, 2. कण, 3. धूल, 4. सौंदर्य, 5. आनंद-स्थल, 6. लखनऊ की धरती, 7. कब्र की नींद, 8. एक बादशाह, 9. हाय, 10. लखनऊ की बहार की जान, 11. प्राचीन, 12. प्रतिष्ठा, 13. शोभा, 14. लखनऊ की बर्बादी पर रोनेवाले, 15. संतुष्ट, 16. नरगिस की दृष्टि, 17. सुम्बुल की लटों से बंधा हुआ, 18. उपवन, 19. घड़ी, 20. पुरानी शराब, 21. नया साग़र, 22. सौंदर्य, 23. हरम का ताक़, 24. प्रकाशमान, 25. जंगल, 26. कोना, 27. जीवन-सरिता, 28. मंदिर, 29. मूर्तियां, 30. मूर्तिकार, 31. सभ्यता, 32. मदिरालय, 33. तलवार, 34. प्याला, 35. सौंदर्य, 36. बिजली, 37. प्रकाश, 38. आर्तनाद, 39. गीत 40. आंसू।

हर शाम है शामे-मिस्र[1] यहां, हर शब[2] है शबे-शीराज़[3] यहां
है सारे जहां का सोज़[4] यहां और सारे जहां का साज़[5] यहां

यह दश्ते-जुनूं[6] दीवानों[7] का, यह बज़्में-वफ़ा[8] परवानों[9] की
यह शहरे-तरब[10] रूमानों का यह ख़ुल्दे-बरीं[11] अर्मानों[12] की

फ़ितरत[13] ने सिखाई है हमको उफ़ताद[14] यहां परवाज़[15] यहां
गाए हैं वफ़ा[16] के गीत यहां छेड़ा है जुनूं[17] का साज़[18] यहां

इस फ़र्श[19] से हमने उड़-उड़कर अफ़लाक[20] के तारे तोड़े हैं
नाहीद[21] से की है सरगोशी,[22] परवीन[23] से रिश्ते[24] जोड़े हैं

इस बज़्म[25] में तेग़ें[26] खेंची हैं इस बज़्म में साग़र[27] तोड़े हैं
इस बज़्म में आंख बिछाई है इस बज़्म में दिल तक[28] जोड़े हैं

इस बज़्म में नेज़े[29] फेंके हैं इस बज़्म में ख़ंजर[30] चूमे हैं
इस बज़्म में गिरकर तड़पे हैं इस बज़्म में पीकर झूमे हैं

आ आ के हज़ारों बार यहां ख़ुद आग भी हमने लगाई है
फिर सारे जहां[31] ने देखा है यह आग हमीं ने बुझाई है

यां हमने कमंदें[32] डाली हैं यां हमने शबख़ूं[33] मारे हैं
यां हमने क़बायें[34] नोची हैं यां हमने ताज[35] उतारे हैं

हर आह[36] है ख़ुद तासीर[37] यहां हर ख़्वाब[38] है ख़ुद ताबीर[39] यहां
तदबीर[40] के पा-ए-संगीं[41] पर झुक जाती है तक़दीर[42] यहां

---

1. मिस्र की शाम, 2. रात, 3. शीराज़ (शहर) की रात, 4. जलन, 5. वाद्य 6. उन्माद का जंगल, 7. पागल, 8. प्रेम-निर्वाह की महफ़िल, 9. पतंगा, 10. आनंद का नगर, 11. स्वर्ग, 12. आकांक्षाओं, 13. प्रकृति, 14. पतन, 15. उठान, 16. प्रेम-निर्वाह, 17. उन्माद, 18. वाद्य, 19. धरती, 20. आसमानों, 21. शुक्र ग्रह, 22. कानाफूसी, 23. कृत्तिका, (छः छोटे-छोटे तारों का गुच्छा), 24. संबंध, 25. महफ़िल, 26. तलवार, 27. प्याला, 28. दिल भी, 29. भाला, 30. कटार, 31. संसार, 32. फंदा, पाश, 33. निशाक्रमण, 34. एक विशेष प्रकार का लंबा चोग़ा, 35. मुकुट, 36. आर्तनाद, 37. असर, 38. स्वप्न, 39. स्वप्न-फल, 40. उपाय 41. मजबूत पैरों पर, 42. भाग्य।

ज़र्रात[1] का बोसा[2] लेने को सौ बार झुका आकाश यहां
ख़ुद आंख से हमने देखी है बातिल[3] की शिकस्ते-फ़ाश[4] यहां

इस गुलकदः - ए - पारीना[5] में फिर आग भड़कनेवाली है
फिर अब्र[6] गरजनेवाले हैं फिर बर्क़[7] कड़कनेवाली है

जो अब्र यहां से उट्ठेगा, वो सारे जहां पर बरसेगा
हर जू-ए-रवां[8] पर बरसेगा, हर कोहे-गरां[9] पर बरसेगा

हर सर्व-ओ-समन[10] पर बरसेगा, हर दश्त-ओ-दमन[11] पर बरसेगा
ख़ुद अपने चमन पर बरसेगा, ग़ैरों के चमन पर बरसेगा

हर शहरे-तरब[12] पर गरजेगा, हर क़स्रे-तरब[13] पर कड़केगा
यह अब्र[14] हमेशा बरसा है, यह अब्र हमेशा बरसेगा

बम्बई

अली सरदार जाफ़री

न जाने क्या कशिश[15] है बम्बई तेरे शबिस्तां[16] में
कि हम शामे-अवध[17], सुब्हे-बनारस[18] छोड़ आये हैं

पपीहे बोलते हैं, कूकती हैं कोयलें जिनमें
हमारे दिल पे उन गाते हुए बाग़ों के साए हैं

हमारे जिस्म[19] कुन्दन हो गये हैं तेरी किरनों से
तिरे चश्मों[20] की चांदी ने हमारे मुंह धुलाए हैं

---

1. कण, 2. चुम्बन, 3. झूठ, 4. शर्मनाक पराजय, 5. फूलों का प्राचीन घर, 6. बादल, 7. बिजली, 8. प्रवाहित नदी, 9. पहाड़, 10. सरौ और चमेली, 11. जंगल और घूरा, 12. आनंदनगर, 13. आनंद-महल, 14. बादल 15. आकर्षण, 16. शयनगार, 17. अवध की शाम, 18. बनारस की सुबह, 19. शरीर, 20. स्रोत।

तिरे ज़िंदां[1] की तारीकी[2] में रातें हमने काटी हैं
तिरी सड़कों पे सोए, तेरी बारिश में नहाए हैं

कभी अश्कों[3] के तारे यास[4] की पलकों से टूटे हैं
कभी उम्मीद[5] के दामन में मोती जगमगाए हैं

कभी निकला है आहें[6] लेके मश्अल[7] ज़ुलमते-शब[8] में
कभी नारों ने परचम[9] आसमानों[10] तक उड़ाए हैं

अदा-ए-सरकशी[11] दी है ग़ुरूरे-सरफ़रोशी[12] को
तिरी सफ़्फ़ाकियों[13] ने कितने ख़ंजर[14] आज़माए हैं

मगर फिर भी हमारा आलमे-मिहर-ओ-वफ़ा[15] यह है
कि तुझको लखनऊ की तरह सीने से लगाए हैं

उतारी जा रही है चश्म-ओ-दिल[16] से आरती तेरी
चराग़े-शौक़[17] गीतों की हथेली पर जलाए हैं

मुबारक[18] हमरकाबे[19]-गर्दिशे[20]-शाम-ओ-सहर[21] होना
मुबारक हम से आज़ादों का तुझको हमसफ़र[22] होना

हैदराबाद

सिकन्दर अली 'वज्द'

फ़ज़ा[23] जांफ़िज़ा[24] ज़र्रा ज़र्रा[25] हसीं[26] है
हक़ीक़त[27] में मुल्के-दकन[28] गुल ज़मीं[29] है

---

1. क़ैदख़ाना, 2. अंधकार, 3. आंसू, 4. निराशा, 5. आशा, 6. आर्तनाद, 7. मशाल, 8. रात का अंधकार, 9. झंडा, 10. आकाश, 11. विद्रोह का साहस, 12. सर काटने का गर्व, 13. निर्दयता, 14. कटार, 15. दया और प्रेम-निर्वाह का आलम, 16. आंखें और दिल, 17. शौक का चिराग़, 18. बधाई, 19. पाद-धारिणी, 20. चक्र, 21. सुबह-शाम, 22. सहयात्री, 23. वातावरण, 24. जीवनदायक, 25. कण-कण, 26. सुंदर, 27. सच्चाई, 28. दक्षिण प्रदेश, 29. फूलों की धरती।

हर इक नक़्शे-तहज़ीब[1] जो दिलनशीं[2] है
दिले - हैदराबाद[3] उसका अमीं[4] है

अगर मिहर-ओ उल्फ़त[5] की जन्नत[6] कहीं हैं
तो बेशक यहीं है यहीं है यहीं है

उरूसे - वफ़ा[7], होश आया है जब से
तिरा आस्ताना[8] है मेरी जबीं[9] है

बहिश्ते - नज़र[10], मुर्ग़ज़ारे - ग़ज़ालां[11]
हवा तेरी मौजे - मय - ओ - अंगबीं[12] है

ज़माना[13] दिल आज़ार[14] है भी तो क्या ग़म
मुझे तेरी दिलदारियों[15] का यक़ीं[16] है

तिरे लुत्फ़[17] का मोजिज़ा[18] है कि मेरी
ज़बां गुलफ़िशां[19] है सुख़न[20] आतिशीं[21] है

नफ़ासत[22] बरसती है दीवार-ओ-दर[23] से
तिरी ख़ाक[24] में निकहते-यासमीं[25] है

बहुत ख़ुशनुमा[26] शहर देखे हैं मैंने
मगर तेरा जादू कहीं भी नहीं है

---

1. सभ्यता के निशान, 2. दिल में घर करनेवाली, 3. हैदराबाद का दिल, 4. अमानतदार, 5. दया और प्रेम, 6. स्वर्ग, 7. वफ़ा की दुल्हन, 8. चौखट, 9. ललाट, 10. नज़र का स्वर्ग, 11. हिरनों से भरा जंगल, 12. शराब और शहद की मौज, 13. समय, 14. हृदयविदारक, 15. दिल रखना, 16. विश्वास, 17. मेहरबानी, 18. चमत्कार, 19. फूल बरसाना, 20. कलाम, 21. आग जैसा, 22. पवित्रता, 23. दीवारें और दरवाज़े, 24. धूल, 25. चमेली की सुगंध, 26. सुंदर।

औरंगाबाद दकन

सिकन्दर अली 'वज्द'

तिरी हर सुब्ह[1] पैग़ामे[2]-हयाते-ताज़ा[3] लाती है
तिरी वीरानियों में रूहे-फ़र्दा[4] मुस्कुराती है

नसीमे - जांफ़िज़ा[5] चलती है तेरे सब्ज़ाज़ारों[6] में
शराबे - हुस्न[7] बल खाती है तेरे आबशारों[8] में

दिलों को मस्त करती हैं तिरी बदमस्त[9] बरसातें
हवाओं में लुटाती हैं जवानी, चांदनी रातें

दकन की सरज़मीं[10] पर मौजज़न[11] है जू-ए-ख़ूं[12] तेरी
उगलती है हज़ारों लाल[13] ख़ाके-तीरागूं[14] तेरी

तिरे जुगनू गिरा देते हैं क़िस्मत[15] माहताबों[16] की
तिरी मुट्ठी के ज़र्रों[17] में चमक है आफ़ताबों[18] की

तिरी पाइन्दगी[19] यूं हंस रही है इंक़िलाबों[20] पर
समुन्दर जैसे हंसता है हिक़ारत[21] से हबाबों[22] पर

ज़माने[23] में तिरे आसार[24] की तौक़ीर[25] होती है
तिरी आग़ोश[26] में तहज़ीबे-अहले-हिंद[27] सोती है

तिरे कुहसार[28] में है अज़्मे-ख़िलजी[29] बेक़रार[30] अब तक
फ़ज़ा[31] में हिम्मते-तुग़लक़[32] का उड़ता है गुबार[33] अब तक

---

1. प्रातः काल, 2. संदेश, 3. नवजीवन, 4. कल की सुबह आनेवाले, 5. जीवनदायक, 6. हरे-भरे मैदान, 7. सौंदर्य की मदिरा, 8. जलप्रपात, 9. नशीली, 10. धरती, 11. मौजें मार रही है, 12. ख़ून की नदी, 13. रत्न, 14. अंधकार की धूल, 15. भाग्य, 16. चांद 17. कण, 18. सूरज, 19. अनश्वरता, 20. क्रांति, 21. तिरस्कार, 22. बुलबुला, 23. संसार, 24 अवशेष, 25. मान, 26. गोद, 27. हिंदुस्तान के लोगों की सभ्यता, 28. पहाड़ी इलाका, 29. ख़िलजी का साहस, 30. व्याकुल, 31. वातावरण, 32. तुग़लक़ की हिम्मत, 33. धूल।

तिरे ज़रख़ेज़[1] मैदानों पे क़ब्ज़े[2] के लिए अक्सर[3]
हुआ है, इम्तिहाने[4]-बुर्रिशे-तेग़े-मलक[5] अम्बर[6]

तिरे दामन में 'आलमगीर'[7] मीठी नींद सोता है
जलाले-क़ुतबशाही[8] अपनी बरबादी पे रोता है

हिसारों[9] में तिरी निकला नतीजा[10] सई-ए-पैहम[11] का
तिरे मशरिक़[12] से पहला आफ़ताबे-आसिफ़ी[13] चमका

'वली'[14] के नग़्म-ए-जांसोज़[15] गूंजे तेरी महफ़िल[16] में
'सिराजे'-बज़्मे-इरफ़ां[17] से उजाला है तेरे दिल में

तिरे ही साज़[18] पर मैंने सुने नग़्मे[19] जवानी के
तिरे माहौल[20] में सीखे हैं गुर[21] जादू बयानी[22] के

तख़ैयुल[23] पर मिरे मनक़ूश[24] है तेरी बहार[25] अब तक
मिरे आंसू तिरी उलफ़त[26] के हैं आईनादार[27] अब तक

तिरे दर पर बहारे-नौजवानी[28] छोड़ आया हूं
नियाज़-ओ-नाज़[29] की पहली कहानी छोड़ आया हूं

---

1. उपजाऊ, 2. अधिकार, 3. प्रायः, 4. परीक्षा, 5. फ़रिश्तों की तलवार की धार, 6. आकाश, एक सुगन्धित द्रव्य, 7. औरंगजेब, 8. कुत्बशाही का प्रताप, 9. चारदीवारी, 10. फल, 11. लगातार कोशिश, 12. पूर्व, 13. आसिफ़ ख़ानदान का सूर्य, 14. शाइर (वली दकनी) 15. दर्द-भरे गीत, 16. अंजुमन, 17. ज्ञान की सभा के सिराज (एक शाइर), 18. वाद्य, 19. गीत, 20. वातावरण, 21. रहस्य, 22. वाक्-पटुता, 23. कल्पना, 24. अंकित, 25. बसंत, 26. प्रेम, 27. आईना दिखानेवाले, 28. जवानी की बहार, 29. आकांक्षा और गर्व।

औरंगाबाद

यूसुफ़ 'नाज़िम'

अय शहर ! तेरा नाम है अज़मत[1] का शाहकार[2]
तेरे जसद[3] में अज़मते - मशरिक़[4] है बेक़रार[5]

अहले-नज़र[6] के पाक क़दम[7] का निशान[8] है
तू ख़ाक[9] की ज़मीन[10] नहीं आसमान[11] है

आती है तुझको देख के आवाज़े-दो-जहां[12]
'ज़रबख़्श[13] ज़र ज़री' का रहा है तू आस्तां[14]

'बुरहान[15] दीं ग़रीब' की मसनद[16] है यह ज़मीं[17]
'हमोई शाह' नूर[18] की मर्क़द[19] है यह ज़मीं[20]

सीने में तेरे दफ़्न[21] हैं कितने अज़ीम[22] दिल
तू क़ाबिले-हसीं[23] है अय किश्ते-आब-ओ-गिल[24]

ख़िलजी का ख़ून तेरी रगों[25] में रवां दवां[26]
तारीख़े-आसिफ़ी[27] का जिगर[28] तुझसे ख़ूंफ़िशां[29]

इक राबिआ[30] का मक़बरः-ए-दिलनशीं[31] है तू
फ़र्शे - ज़मीं[32] पे चांद है ज़ुहरा[33]-जबीं है तू

अम्बर[34] की रूह तेरी फ़ज़ा[35] में समाई है
इस सरज़मीं[36] पे अहले-हुनर[37] की ख़ुदाई[38] है

---

1. महानता, 2. अद्वितीय नमूना, 3. शरीर, 4. पूर्व की महिमा, 5. व्याकुल, 6. नज़रवाले, बुद्धिमान, 7. चरण, 8. चिह्न, 9. धूल, 10. धरती, 11. आकाश, 12. दोनों जहान की आवाज़, 13. एक बुज़ुर्ग, 14. चौखट, 15. एक बुज़ुर्ग, 16. गद्दी, 17. धरती, 18. एक बुज़ुर्ग, 19. समाधि, 20. धरती, 21. गढ़े हुए, 22. महान, 23. सुंदर शरीर, 24. मिट्टी और पानी की खेती, 25. धमनियों में, 26. प्रवाहित, 27. आसिफ़ शाह के ख़ानदान का इतिहास, 28. कलेजा, 29. ख़ून में डूबा हुआ, 30. एक तपस्विनी और साध्वी स्त्री, 31. दिल में जगह करनेवाली कब्र, 32. धरती, 33. शुक्र तारे जैसा ललाट, 34. एक सुगन्धित बहुमूल्य द्रव्य, आकाश, 35. वातावरण, 36. धरती, 37. कलाकार, 38. दुनिया।

ख़ुल्दाबाद

मीर मुहम्मद अली ख़ां 'मैकश' हैदराबादी

हैं कौसर-ओ-तसनीम[1] की मौजें[2] हवाओं में तिरी
जन्नत[3] की आसूदा[4] फ़ज़ायें[5] हैं फ़ज़ाओं में तिरी

आंखों में जन्नत का तसव्वुर[6] है तिरी तामीर[7] से
रौशन[8] हुआ है तू चराग़े - अर्श[9] की तनवीर[10] से

फूलों से आती है तिरे जन्नत के फूलों की महक[11]
धोती है ज़र्रों[12] को तिरे मासूम[13] तारों की चमक

है क़ल्ब[14] में तेरे तक़द्दुस[15] रूहे-आलमगीर[16] से
फ़िरदौस[17] भी मांगेगी बेदारी[18] तिरी तक़दीर[19] से

अय जन्नते-अर्ज़ी[20] ! है तू ख़ुल्दे-नज़र[21] मेरे लिए
जन्नत के बाम-ओ-दर[22] हैं तेरे बाम-ओ-दर मेरे लिए

दुनिया की दोज़ख़गीर[23] हदबन्दी से दिल आज़ाद है
जब तक है तू आबाद इस दुनिया में ख़ुल्द[24] आबाद है

लाहौर

जगन्नाथ 'आज़ाद'

ख़ित्तः - ए - लाहौर[25] मंज़िलगाहे[26]-तहज़ीब[27]-ओ-अदब[28]
इल्म[29] के अनवार[30] से रौशन[31] हैं जिसके रोज़-ओ-शब[32]

---

1. स्वर्ग की नहर और सरोवर, 2. लहरें, 3. स्वर्ग, 4. तृप्त, 5. हवा, 6. कल्पना, 7. निर्माण, 8. प्रकाशित, 9. आकाश का चिराग़, 10. आभा, 11. सुगंध, 12. कणों, 13. निष्पाप, 14. दिल, 15. पवित्रता, 16. आलमगीर की रूह, 17. स्वर्ग, 18. जागृति, 19. भाग्य, 20. धरती की स्वर्ग, 21. स्वर्ग की दृष्टि, 22. छत और दरवाज़े, 23. नारकीय, 24. स्वर्ग, 25. लाहौर की धरती, 26. पड़ाव, 27. सभ्यता, 28. साहित्य, 29. ज्ञान, 30. प्रकाश, 31. प्रकाशमान, 32. दिन-रात।

सीनः-ए-पंजाब[1] का दिल बल्दः[2]-ए-मीनू-सवाद[3]
ख़ाक[4] जिसकी अहले-दिल[5] के वास्ते अंजुम-नज़ाद[6]

जिसको बख़्शी[7] है तमद्दुन[8] ने निराली ज़िंदगी[9]
जिसके बाम-ओ-दर[10] पे है तहज़ीब[11] की ताबिन्दगी[12]

किशवरे - महबूब तालिब[13], सरज़मीने[14] - बिरहमन
जिनकी मौजे-नुत्क़[15] से महका[16] गुलिस्ताने-सुख़न[17]

मौलिद[18] ओ-मंशा-ए-रूफ़ी[19] मसकने[20]-मसऊद साद[21]
अज़मतें[22] यह कौन समझेगा अब इस काफ़िर[23] के बाद

जन्नते - दीगर[24] जिसे नूरेजहां कहती रही
जिसकी दुनिया को वो अकसर अपनी जां[25] कहती रही

पीरे-मश्रिक़[26] ने बसर[27] की जिसमें सारी ज़िंदगी[28]
पीरे - मश्रिक़ वो सरापा[29] पैकरे - ताबिन्दगी[30]

जिसकी बादे-सुब्ह[31] में पिन्हां[32] है तासीरे-शराब[33]
जिसके ज़र्रों[34] में निहां[35] है बिजलियों की आब-ओ-ताब[36]

जिसका हर ज़र्रा[37] मिरे जज़्बात[38] की तस्वीर[39] है
जिसके हर ज़र्रे पे मेरे नाम की तहरीर[40] है

---

1. पंजाब का सीना, 2. नगर, 3. स्वर्ग जैसा सुंदर, 4. धुल, 5. दिलवाले, 6. तारों के वंश, 7. प्रदान की, 8. सभ्यता, 9. जीवन, 10. छत और दरवाजे, 11. संस्कृति, 12. आभा, 13. प्रेमिका के देश का इच्छुक, 14. धरती, 15. वाणी की मौज, 16. सुगन्धित हुआ, 17. कलाम का उपवन, 18. जन्मभूमि, 19. फ़ारसी का शाइर, 20. निवास, 21. एक शाइर, 22. महानतायें, 23. विधर्मी, 24. दूसरा स्वर्ग, 25. प्राण, 26. डॉ. इक़बाल, 27. व्यतीत, 28. जीवन, 29. संपूर्ण, 30. साकार प्रकाश, 31. प्रातःसमीर, 32. छुपी हुई, 33. शराब की तासीर, 34. कण, 35. निहित, 36. चमक, 37. कण, 38. भावना, 39. चित्र, 40. लिखावट।

दिल्ली

नरेश कुमार 'शाद'

पूछा गया जब उससे वो है शहर कौन सा
जिसको न इंक़िलाबे-ज़माना[1] मिटा सका
मिट-मिट के और भी जो उभरता चला गया

तारीख़े - रोज़गार[2] ने हंसकर दिया जवाब
'दिल्ली जो एक शहर है आलम[3] में इन्तिख़ाब'[4]

तस्वीरे[5]-हुस्न-ओ-रंग[6] है इसकी गली गली
इसकी रविश रविश[7] में बला[8] की है दिलकशी[9]
इसके जमाल[10] में है ग़ज़ब की शिगुफ़्तगी[11]

इसके जलाल[12] में है क़यामत[13] की आब-ओ-ताब[14]
'दिल्ली जो एक शहर है आलम में इन्तिख़ाब'

जमना सी नेक नाम का फ़र्ज़न्दे-नेक-ख़ू[15]
शाहाने-मुग़लिया[16] के तदब्बुर[17] की आबरू
ग़ालिब की शाइरी का छलकता हुआ सुबू[18]

इल्म-ओ-अदब[19] के बाग़[20] का हंसता हुआ गुलाब
'दिल्ली जो एक शहर है आलम में इन्तिख़ाब'

दिलचस्प[21]-ओ-दिलनवाज़[22] दिलआरा[23]-ओ-दिलपिज़ीर[24]
शाहों[25] का हमसफ़ीर[26] फ़क़ीरों में दस्तगीर[27]
सारे जहां में इसकी नहीं है कोई नज़ीर[28]

---

1. समय की क्रांति, 2. ज़माने का इतिहास, 3. संसार, 4. चुना हुआ, 5. चित्र, 6. सौंदर्य, 7. क्यारियों के बीच का मार्ग, 8. अधिक, 9. आकर्षण, 10. सौंदर्य, 11. ताज़गी, 12. प्रताप, 13. प्रलय, बहुत अधिक, 14. तेज, चमक, 15. आज्ञाकारी पुत्र, 16. मुग़ल बादशाह, 17. दूरदर्शिता, 18. शराब का मटका, 19. ज्ञान और साहित्य, 20. उपवन, 21. रोचक 22. महबूब, 23. दिल को सजानेवाला, 24. दिल को लुभानेवाला, 25. बादशाह, 26. मित्र, 27. हाथ थामनेवाला, 28. उदाहरण।

सारे जहां में इसका नहीं है कोई जवाब
'दिल्ली जो एक शहर है आलम में इन्तिख़ाब'

मिहर-ओ-वफ़ा[1] के फूल की खुशबू[2] कहें जिसे
दश्ते-खुलूस-ओ-ख़ुल्क़[3] का आहू[4] कहें जिसे
रूहे - रवाने - मुस्लिम - ओ - हिंदू[5] कहें जिसे

तहज़ीब[6] के सहपहर[7] का ताबिन्दा[8] आफ़ताब[9]
'दिल्ली जो एक शहर है आलम में इन्तिख़ाब'

माज़ी[10] की सरगुज़श्त[11] का उनवाने[12]-दिलनशीं[13]
सदियों की शानदार रिवायात[14] का अमीं[15]
लेकिन कोई अलामते[16]-बोसीदगी[17] नहीं

दम-ख़म[18] वही, शिकोह[19] वही, और वही शबाब[20]
'दिल्ली जो एक शहर है आलम में इन्तिख़ाब'

जो ज़र्रा[21] है यहां का वो इक कोहे-तूर[22] है
इक जलवागाहे[23]-अहले-निगाह-ओ शुऊर[24] है
मुस्तक़बिले-हयात[25] के चेहरे का नूर[26] है

वाबस्ता[27] इससे हैं नए हिन्दोस्तां के ख़्वाब[28]
'दिल्ली जो एक शहर है आलम में इन्तिख़ाब'

---

1. दया और प्रेम-निर्वाह, 2. सुगंध, 3. शील और निष्ठा का जंगल, 4. मृग, 5. हिंदू और मुसलमानों का प्राण, 6. संस्कृति, 7. तीसरा पहर, 8. चमकदार, 9. सूरज, 10. भूतकाल, 11. कहानी, 12. शीर्षक, 13. दिल में बैठ जानेवाला, 14. परंपरा, 15. अमानतदार, 16. लक्षण, 17. जीर्णता, 18. साहस, 19. प्रताप, 20. यौवन, 21. कण, 22 तूर पहाड़, जहां हज़रत मूसा को खुदा का जलवा दिखाई दिया था, 23. दर्शन स्थल, 24. निगाह और चेतनावाला, 25. जीवन का भविष्य, 26. प्रकाश, 27. संबंधित, 28. स्वप्न।

जन्नते-रंग-ओ-बू[1]

याहया आज़मी

खुल्दे - बहार[2] दरकनार[3] ख़ाके - हसीने[4] - काशमिर[5]
ख़ित्तः-ए-रंग-ओ-बू[6] तिरा क्यों न हो जन्नते-नज़र[7]
तेरे निहाल-ओ-नख़्ले-तर[8] बर्ग-ओ-शगूफ़ा[9]-ओ-समर[10]
मेवा-तराज़[11]-ओ-गुलफ़िशां[12] तैयब - ओ - ताज़ातर[13]

झूम रही है शाख़ शाख़ रक़्स[14] में है शजर शजर[15]
सब्ज़ः[16]-ओ-गुल[17] से हैं ढके वादि-ओ-कोह-ओ-दश्त-ओ-दर[18]

तेरे हसीन[19] मुर्ग़ज़ार[20] दामने-दश्त[21]-ओ-कोहसार[22]
सब्ज़ः-ओ-गुल[23] की वादियां[24], सर्व-ओ-चिनार[25] की क़तार[26]
ज़मज़मा - संज आबशार[27], आबे-रवाने-जू-ए-बार[28]
हुस्ने-अज़ल[29] के शाहकार मज़हरे-शाने-किर्दगार[30]

ख़ित्तः - ए - रंग[31] - आफ़रीं[32] ख़ुल्दे - हसीं[33] ज़ुमुर्रुदीं[34]
सरखुशे[35]-मौजे-बू-ए-गुल[36], जिसकी फ़ज़ा-ए-अम्बरीं[37]

ख़ाक[38] के चप्पे चप्पे पर जन्नते-हुस्न[39] मुर्तसम[40]
यानी नफ़स नफ़स[41] नसीम[42], यानी क़दम क़दम इरम[43]
निहकते-गुल[44] का कारवां, मस्ते-ख़राम[45] दम ब दम[46]
गुलकदः-ए-श्रीनगर[47] तेरे नशात[48] की क़सम

---

1. रंग और सुगंध का स्वर्ग, 2. बसंत का स्वर्ग, 3. एक तरफ़, 4. सुंदर धूल, 5. कश्मीर, 6. रंग और सुगंध की धरती, 7. स्वर्ग पर न्योछावर, 8. नए पेड़ और पौधे, 9. पत्ते और फूल, 10. फल, 11. बनानेवाला, 12. फूल बरसानेवाला, 13. शुद्ध और ताज़े, 14. नाच, 15. वृक्ष 16. हरियाली, 17. फूल, 18. घाटी, पहाड़ और जंगल, 19. सुंदर, 20. हरा-भरा जंगल, 21. जंगल, 22. पहाड़, 23. हरियाली और फूल, 24. घाटियां, 25. सरो और चिनार, 26. पंक्ति, 27. गाते हुए जल-प्रपात, 28. नदी का बहता हुआ पानी, 29. अनादिकाल का सौंदर्य, 30. खुदा की शान के द्योतक, 31. रंगों का क्षेत्र, 32. शाबाश, 33. सुंदर स्वर्ग, 34. पन्ने का, 35. मत्त, 36. फूल की सुगंध की मौज, 37. अम्बर की गन्ध का वातावरण, 38. धूल, 39. सौंदर्य का स्वर्ग, 40. अंकित, 41. श्वास, 42. समीर, 43. स्वर्ग, 44. फूल की सुगंध, 45.मस्त-मंद गति, 46. हर वक़्त, 47. श्रीनगर के फूलों का उपवन, 48. खुशी, आनंद, श्रीनगर का एक बाग़।

सफ़हः-ए-अर्ज़[1] पर तिरा नक्शे-हसीं[2] है लाजवाब[3]
वादि-ए-शर्क़-ओ-ग़र्ब[4] में हुस्न[5] तिरा है इंतिख़ाब[6]

बाग़-ओ-बहार[7] राग़ राग़[8] रश्के-चमन[9] दिमन दिमन[10]
जलवः-ए-रंग[11] रंग से क़ौसे-क़ुज़ह[12] चमन चमन[13]
निकहतों[14] से बसी हुई वादि-ए-गुल[15] ख़ुतन ख़ुतन[16]
अर्ज़े-शफ़ीक़[17]-ओ-अर्ग़ुवां[18] बन गयी है दुल्हन दुल्हन

वादि-ए-रंग-ओ-बू[19] तिरी शाने-जमाले[20] मरहबा[21]
सब्ज़ः-ए-बर्ग-ओ-बार[22] का हुस्ने-कमाल[23] मरहबा

है जो बिसाते-सब्ज़ा[24] पर अब्रे-बहार[25] ख़ेमाज़न[26]
झूम रहे हैं सब्ज़ाज़ार[27] वज्द[28] में हैं नल-ओ-दमन[29]
आतिशे-गुल[30] से आज कुछ और भड़क उठा चमन[31]
और भी शोख़[32] हो गया रंगे-शक़ीक़-ओ-नस्तरन[33]

नग़्मः-ए-नौ[34] की है उमीद ग़ुंचः-ए-नौदमीदा[35] को
नशः-ए-ताज़ा[36] का पयाम[37] सब्ज़ः-ए-आरामीदा[38] को

झील की सतह पर बिछी चादरे-सीम[39] देखिए
शीशः-ए-आब[40] पर रवां[41] क़स्र-ओ-हरीम[42] देखिए
रंगे - निशात[43] देखिए हुस्ने - नसीम[44] देखिए
जन्नते-राह-ओ-रौह-ओ-रूह[45] ख़ुल्दे-नसीम[46] देखिए

---

1. धरती की सतह, 2. सुंदर नक़्श, बेलबूटे, 3. बेमिसाल, 4. पूर्व और पश्चिम की वादियां, 5. सौंदर्य, 6. चुना हुआ, श्रेष्ठ, 7. बसंत और उपवन, 8. हरा-भरा मैदान, 9. जिससे उपवन भी ईर्ष्या करे, 10. घूरा, 11. रंग-रंग का जल्वा, 12. इन्द्रधनुष, 13. हर उपवन में, 14. सुगंध, 15. फूलों की वादी, 16. एक स्थान का नाम (मध्य एशिया का एक क्षेत्र), 17. कृपालु धरती, 18. लाल, 19. रंग और सुगंध की वादी, 20. सौंदर्य की शान, 21. धन्य हो, 22. फल और पत्तियों की हरियाली, 23. कमाल का सौंदर्य, 24. हरियाली, 25. बसंत का बादल, 26. तम्बू लगाए हुए, 27. हरे-भरे मैदान, 28. झूमना, 29. नल-दमयन्ती, 30. फूल की आग, लाल फूल, 31. उपवन, 32. गहरा, 33. सेवती और लाला और गुलाब की बेल का रंग, 34. नया गीत, 35. नवविकसित पुष्प, 36. चढ़ता हुआ नशा, 37. संदेश, 38. आराम करती हुई घास, 39. चांदी की चादर, 40. पानी का शीशा, 41. प्रवाहित, 42. घर और महल, 43. हर्ष का रंग, 44. प्रातःसमीर का सौंदर्य, 45. रंग और सुगंध से परिपूर्ण जीवनदायक स्वर्ग, 46. समीर का स्वर्ग।

उठके फ़राज़े-कोह[1] से डल[2] पे शुआ-ए-आफ़ताब[3]
उफ़ रे फ़रोगे - इरतिआश[4] उफ़ रे जमाले - इज़्तिराब[5]

सुब्ह तेरी बयाज़े - नूर[6] शाम तिरी है ज़ुल्फ़े-हूर[7]
जिस पे फ़िदा[8] सवादे-ख़ुल्द[9] जिसपे फ़िदा रियाज़े-तूर[10]
रू-ए-उफ़ुक़[11] पे चारसू[12] चादरे-सुर्ख़[13] का ज़हूर[14]
जलवानुमा[15] सहर[16] हुई ओढ़े हुए रिदा-ए-नूर[17]

बर्ग-ओ-शजर[18] है जल्वाबार[19] ग़र्क़े - शफ़क़[20] है कोहसार[21]
छाई हुई है हर तरफ़ यानी बहारे-नूर-ओ-नार[22]

अय मिरी ख़ुल्दे-रंग-ओ-बू[23] अय मिरी जन्नते-वतन[24]
यह तिरा आब-ओ-रंग[25] है बाइसे-ज़ीनते-वतन[26]
तुझ से है इज़्ज़ते-वतन[27] तुझ से है अज़्मते-वतन[28]
है तिरे दम से गुल्शने-दहर[29] में शुहरते-वतन[30]

तेरी रगों में है रवां[31] किसकी बहार[32] का लहू
किसके चमन[33] का फ़ैज़[34] है यह तेरा हुस्ने-रंग-ओ-बू[35]

तेरा जमाल[36] रूकशे - ख़ुल्दे - हसीने - हिंद[37] है
तेरा वुजूद[38] अस्ल[39] में नक़्शे-नगीने-हिंद[40] है
रोज़े-अज़ल[41] से तेरी ख़ाक[42] ताजे-ज़मीने-हिंद[43] है
ज़ेवरे - रंग - ओ - बू-[44] तिरा ज़ेबे-जबीने-हिंद[45] है

---

1. पहाड़ की ऊंचाई, 2. डल झील, 3. सूर्य की किरणें, 4. कम्पन की चमक, 5. व्याकुलता का सौंदर्य, 6. प्रकाश की बयाज़, 7. अप्सरा की लटें, 8. क़ुर्बान, न्योछावर, 9. स्वर्ग की सीमा, 10. तूर की तपस्या, 11. क्षितिज, 12. चारों ओर, 13. लाल चादर, 14. प्रकटन, 15. प्रदर्शन, 16. प्रभात, 17. प्रकाश की चादर 18. पत्ते और पेड़, 19. दर्शन देती हुई, 20. लाली में डूबा हुआ, 21. पहाड़, 22. प्रकाश और आग का बसंत, 23. रंग और सुगंध का स्वर्ग, 24. देश का स्वर्ग, 25. पानी और रंग, 26. देश की शोभा का कारण, 27. देश का मान, 28. देश की महानता, 29. दुनिया का उपवन, 30. देश की प्रसिद्धि, 31. प्रवाहित, 32. बसंत, 33. उपवन, 34. दया, 35. रंग और सुगंध का सौंदर्य, 36. सौंदर्य, 37. भारत की सुन्दरियों के स्वर्ग को लुभानेवाला, 38. अस्तित्व, 39. वास्तव, 40. भारत के रत्नों का चिह्न, 41. अनादिकाल, 42. धूल, 43. भारत की धरती का ताज, 44. रंग और सुगंध का आभूषण, 45. भारत के ललाट की शोभा।

गुलकदः-ए-वतन[1] से है तुझको जो निस्बते-हसीं[2]
गर्दिशे - रोज़गार[3] से होती है ख़त्म वो कहीं

वादि-ए-कश्मीर

'नाज़िश' परतापगढ़ी

सलाम वादि-ए-कश्मीर[4] अय उरूसे-ज़मीं[5]
तिरा दयार[6] है या ज़िंदगी[7] का ख़्वाबे-हसीं[8]
जहां[9] हसीन[10] है लेकिन तिरा जवाब नहीं
बजा[11] कहा तुझे जिसने कहा बहिश्ते-बरीं[12]

तिरे वुजूद[13] से क़ायम[14] है नाज़े-मासूमी[15]
तिरे शुहूद[16] पे खुद रूहे-इर्तिक़ा[17] झूमी

ये आबशार[18] हसीनों[19] के गेसुओं[20] की तरह
ये चाके-कोह[21] हैं खुलते हुए लबों[22] की तरह
ये वादियां[23] किसी गुलरू[24] के आरिज़ों[25] की तरह
वसीअतर[26] हैं जो मांओं के आंचलों की तरह

बरंगे-नग़्मा[27] तिरी नद्दियों का यह बहना
कि बज रहा है किसी नौबहार[28] का गहना

यह गोशे गोशे में बिखरी सी मुश्कबू-ए-ख़ुतन[29]
यह ज़र्रे ज़र्रे में घुलती हुई सी चंद्रकिरन
तिरे कनार[30] में ख़्वाबीदा[31] रंग-ओ-बू की दुल्हन
तिरा जवार[32] है या सांस ले रहा है चमन

---

1. देश का उपवन, 2. सुंदर रिश्ता, 3. समय का चक्र, 4. कश्मीर की घाटी, 5. धरती की दुल्हन, 6. आंगन, घर, 7. जीवन, 8. सुंदर स्वप्न, 9. संसार, 10. सुंदर, 11. सही, ठीक, 12. स्वर्ग, 13. अस्तित्व, 14. स्थिर, 15. मासूमियत का गर्व, 16. ज़ाहिर होना, 17. विकास की आत्मा, 18. जल-प्रपात, 19. सुन्दरियों के, 20. लट, बाल, 21. घाटियां, 22. होंठ, 23. घाटियां 24. फूल जैसे चेहरेवाला, 25. कपोल, 26. विस्तृत, 27. गीत के समान 28. नवयौवना, 29. कस्तूरी की गन्ध, 30. गोद, पहलू, 31. सोयी हुई, 32. पड़ौस।

ये जगमगाते चिकारे यह साफ़ सीनः-ए-डल[1]
यह हुस्ने-वादि-ए-गुलमर्ग[2] है कि जाने-ग़ज़ल[3]

इक एक मोड़ पे यह जू-ए[4]-बारे-मस्ते-ख़राम[5]
कि जैसे कृष्ण की नज़रों में प्रीत का पैग़ाम[6]
कुछ इस निखार से आती है इस दयार[7] में शाम[8]
कि जैसे ज़ुहद[9] के लब[10] पर रूबाई-ए-ख़ैयाम[11]

यह रंग-ओ-नूर[12] यह नग़्मा[13] यह ज़िंदगी की तरंग[14]
कि जैसे रक़्से-बहारां[15] में इक हसीं[16] की उमंग[17]

सलाम वादि-ए-कश्मीर रश्के-ख़ित्तः-ए-नूर[18]
तिरा जवार[19] हसीं[20] है जवान तेरे जमहूर[21]
तुझी से ख़ाक[22] की ज़ीनत[23] तू ही ज़मीं[24] का ग़ुरूर[25]
तुझी को कहते हैं धरती की मांग का सिन्दूर

सलाम तुझ पे कि मेरे वतन[26] का ताज़[27] है तू
सलाम तुझ पे कि हिन्दोस्तां की लाज है तू

तुझे ख़िज़ा[28] के हर इक वार[29] से बचा लेंगे
तिरे क़दम[30] पे हम अपना लहू[31] उछालेंगे
बुरी निगाह जो अग़ियार[32] तुझ पे डालेंगे
हम अहले-हिंद[33] दिलों में तुझे बिठा लेंगे

दराज़[34] उम्र[35] हो मैख़ानः - ए - जमाल[36] तिरा
यह मेरी नज़्म है नज़रानः-ए-जमाल[37] तिरा

---

1. डल झील का सीना (सतह), 2. गुलमर्ग की वादी का सौंदर्य, 3. ग़ज़ल की जान, 4. नदी की, 5. मंद, गति, 6. संदेश 7. आंगन, 8. सन्ध्या, 9. संयम, 10. होंठ, 11. खैयाम की रुबाई, 12. प्रकाश और रंग, 13. गीत, 14. उमंग, 15. बसंत का नृत्य, 16. सुंदर, 17. अभिलाषा, 18. प्रकाश के क्षेत्र, 19. पड़ोस, 20. सुंदर, 21. जनता, 22. धूल, 23. शोभा, 24. धरती, 25. गर्व, 26. देश, 27. मुकुट, 28. पतझड़, 29. हमला, 30. चरण, 31. रक्त, 32 दुश्मन, 33. भारतवासी, 34. लंबी, 35. आयु, 36. सौंदर्य का मदिरालय, 37. सौंदर्य का नज़राना।

ब्रज

मुंशी बनवारीलाल 'शोला'

यह वो है ज़मीं[1] जिसको ज़मीं कह नहीं सकते
ऊंचा सही पर अर्शेबरीं[2] कह नहीं सकते
ताबां[3] सही पर मह की जबीं[4] कह नहीं सकते
चुप हैं कि चुनां और चुनीं कह नहीं सकते

रौशन[5] है कि यह सिज्दा-गहे[6]-अहले-यक़ीं[7] है
जो ज़र्रा[8] है यां ख़ातिमे-क़ुदरत[9] का नगीं[10] है

उट्ठा है यहीं आके निक़ाबे - रुख़े - तौहीद[11]
हर वक़्त नज़र आता है यां जलवः - ए - जावीद[12]
छुपता नहीं है शाम को भी बिज[13] का ख़ुर्शीद[14]
इक माह[15] में यां तीस निकलते हैं महे-ईद[16]

आती है हंसी ज़र्रों[17] को तारों की झलक[18] पर
यह वो है ज़मीं[19] पांव न रक्खे जो फ़लक[20] पर

वो साफ़ ज़मीं है कि जो मैली हो नज़र[21] से
जारूबकशी[22] होती है जिबरील[23] के पर[24] से
हर मंदिर मुरस्सा[25] ज़र[26]-ओ-याक़ूत[27]-ओ-गुहर[28] से
ख़ुर्शीद[29] मगसरां[30] है शुआओं[31] की चंवर से

वो भूमि है यह जिस पे फ़लक[32] झूम रहा है
नीलम का है इक छत्र कि जो घूम रहा है

---

1. धरती, 2. आकाश, 3. चमकदार, 4. चंद्र का ललाट, 5. प्रकट, 6. माथा टेकने की जगह, 7. विश्वास रखनेवाले, 8. कण, 9. प्रकृति की अंगूठी, 10. नगीना रत्न, 11. अद्वैतवाद के चेहरे का आवरण, 12. अमर, दर्शन, 13. ब्रज, 14. सूरज, 15. चांद, 16. ईद का चांद, 17. कण, 18. चमक, 19. धरती, 20. आकाश, 21. दृष्टि, 22. झाड़ू देना, 23. एक फरिश्ता, 24. पंख, 25. जटिल, 26. स्वर्ण, 27. लाल रंग का क़ीमती पत्थर, 28. मोती, 29. सूर्य, 30. मक्खी उड़ाना, 31. किरणें, 32. गगन।

अब तक है ज़मीं[1] बिर्ज[2] का गुलज़ारे-हक़ीक़त[3]
हर कुंज में है हुस्ने[4]-पुरआशोब[5] की ख़िलवत[6]
ग़ुंचे[7] में वही बू है वही फूल में रंगत
हर शाख़ है सिजदे[8] में झुकी बहरे - इबादत[9]

सिक्का[10] लबे-शीरीं[11] का है इक एक समर[12] पर
हैं दस्तख़ते[13]-ख़ास हर इक बर्गे-शजर[14] पर

इस हुस्ने-ज़मीं[15] का है मगर आब-ओ-नमक[16] और
.ख़ुर्शीद[17] यहां और है मह[18] और फ़लक[19] और
मिट्टी की दमक[20] और है ज़र्रे की चमक[21] और
सब्ज़े[22] की लहक[23] और है पानी की झलक और

फीके हैं मह-ओ-मिहर[24] के काशाने[25] के जलवे[26]
हैं आंख में बृन्दावन - ओ - बरसाना के जलवे

अवध की ख़ाके-हसीं[27]

सरदार जाफ़री

गुज़रती बरसात, आते जाड़ों के नर्म लम्हे[28]
हवाओं में तितलियों के मानिन्द[29] उड़ रहे हैं
मैं अपने सीने में दिल की आवाज़ सुन रहा हूं
रगों[30] के अन्दर लहू[31] की बूंदें मचल रही हैं

---

1. धरती, 2. ब्रज, 3. यथार्थ का उपवन, 4. सौन्दर्य, 5. कोलाहलपूर्ण, 6. एकान्त, 7. कली, 8. माथा टेकना, 9. आराधना के लिए, 10. मुहर, 11. मधुर होंठ, 12. फल, 13. हस्ताक्षर विशेष 14. पेड़ का पत्ता, 15. धरती का सौंदर्य, 16. नमक और पानी, 17. सूरज, 18. चांद, 19. आकाश, 20. चमक, 21. आभा, 22. हरियाली, 23. छवि, शोभा, 24. चांद-सूरज, 25. घर, 26. दर्शन, 27. सुंदर धूल, 28. क्षण, 29. तरह, समान, 30. धमनियां, 31. रक्त।

मिरे तसव्वुर[1] के ज़ख़्मख़ुर्दा[2]
उफ़ुक़[3] से यादों के कारवां यूं गुज़र रहे हैं
कि जैसे तारीक[4] शब[5] के तारीक आसमां से
चमकते तारों के मुस्कुराते हुजूम[6] गुज़रें

मैं क़ैदख़ाने में इश्कपेचां[7] की सब्ज़[8] बेलों को ढूंडता हूं
जो फैल जाती हैं अपने फूलों के नन्हे नन्हे चिराग़ लेकर
कहां हैं वो दिलनवाज़[9] बांहें
वो शाख़े-सन्दल[10]
कि जिस पे अंगड़ाइयों ने अपने हसीं[11] नशेमन[12] बना लिये हैं
मैं अपनी मां के सफ़ेद आंचल की छांव को याद कर रहा हूं
मिरी बहन ने मुझे लिखा है
नदी के पानी में बेद की झाड़ियां अभी तक नहा रही हैं
पपीहे रुख़सत[13] नहीं हुए हैं
अभी वो अपनी सुरीली आवाज़ से दिलों को लुभा रहे हैं
मैं रात के वक़्त अपने ख़्वाबों[14] में चौंक पड़ता हूं
जैसे मुझको
अवध की मिट्टी बुला रही है
हसीन[15] झीलें कंवल के फूलों की चादरों में ढकी हुई हैं
फ़ज़ाओं में मेघदूत परवाज़[16] कर रहे हैं
न जाने कितनी मुहब्बतों के पयाम[17] लेकर
घटाओं की अप्सरायें अपनी
घनेरी ज़ुल्फ़ों[18] में आख़िरी बार मुस्कुराकर
ख़लीजे-बंगाल[19] और बहरे-अरब[20] के मोती पिरो रही हैं
हरे परों और नीले फूलों के मोर ख़ुश होके नाचते हैं
क़दीम[21] गंगा का पाक[22] पानी ज़मीं[23] के दामन को धो रहा है
वो खेतियां धान से भरी हैं
जहां हवायें अज़ल[24] के दिन से सितार अपने बजा रही हैं

---

1. कल्पना, 2. घायल, 3. क्षितिज, 4. अंधेरी, 5. रात, 6. जमघट, समूह, 7. एक बेल, 8. हरी, 9. मनमोहक, 10. चन्दन की डाल, 11. सुंदर, 12. घोंसला, 13. विदा, 14. स्वप्न, 15. सुंदर, 16. उड़ान, 17. संदेश, 18. लटें, बाल, 19. बंगाल की खाड़ी, 20. अरब सागर, 21. प्राचीन, 22. पवित्र, 23. धरती, 24. अनादिकाल।

हिमालिया की बुलन्दियां[1] बर्फ़ से ढकी हैं
उन आसमां-बोस[2] चोटियों को

सहर[3] के सूरज ने सात रंगों की कलग़ियों[4] से सजा दिया है
शफ़क़[5] की सुर्ख़ी में मेरी बहनों की मुस्कुराहट घुली हुई है
मिरे तसव्वुर[6] में साक़ियों का ख़िरामे-रंगीं[7]
न जाम-ओ-मीना[8] की गर्दिशें[9] हैं
न मैकदे[10] हैं न शोरिशें[11] हैं
मैं छोटे छोटे घरों की छोटी-सी ज़िंदगी में घिरा हुआ हूं
अंधेरे क़स्बों को याद करके तड़प रहा हूं
वो जिनकी गलियों में मेरे बचपन की यादें अब तक भटक रही हैं
जहां के बच्चे पुराने कपड़े की मैली गुड़ियों से खेलते हैं
वो गांव जो सैकड़ों बरस से बसे हुए हैं
किसानों के झोंपड़ों पे तरकारियों की बेलें चढ़ी हुई हैं
पुराने पीपल की जड़ में पत्थर के देवता बेख़बर[12] पड़े हैं
क़दीम[13] बरगद के पेड़ अपनी जटायें खोले हुए खड़े हैं

ये सीधे-सादे ग़रीब इंसान[14] नेकियों के मुजस्समे[15] हैं
ये मेहनतों के ख़ुदा, ये तख़लीक़[16] के पयम्बर[17]
जो अपने हाथों के खुरदरेपन से ज़िंदगी को संवारते हैं
लुहार के घन के नीचे लोहे की शक्ल तब्दील[18] हो रही है
कुम्हार का चाक चल रहा है
सुराहियां रक़्स[19] कर रही हैं
सफ़ेद आटा सियाह[20] चक्की से राग बनकर निकल रहा है
सुनहरे चूल्हों में आग के फूल खिल रहे हैं
पतीलियां गुनगुना रही हैं

---

1. ऊंचाइयां, 2. गगनचुम्बी, 3. प्रभात, 4. मुर्गे की केसर, 5. सुबह की लाली, 6. कल्पना, 7. मोहक मंद गति, 8. सुराही और प्याला, 9. चक्र, दौर, 10. मदिरालय, 11. कोलाहल, हंगामा, 12. बेसुध, 13. प्राचीन, 14. मानव, 15. मूर्तियां, 16. सृष्टि, 17. नबी, संदेशवाहक, 18. परिवर्तित, 19. नृत्य 20. काली।

धुएं से काले तवे भी चिंगारियों के होंठों से हंस रहे हैं
दुपट्टे आंगन में डोरियों पर टंगे हुए हैं
और उनके आंचल से धानी बूंदें टपक रही हैं
सुनहरी पगडंडियों के दिल पर
सियाह[1] लहंगों की सुर्ख़ गोटें मचल रही हैं

यह सादगी किस क़दर[2] हसीं[3] है
मैं जेल में बैठे-बैठे अकसर यह सोचता हूं
जो हो सके तो अवध की प्यारी ज़मीं को गोद में उठा लूं
और इसकी शादाब[4] लहलहाती हुई जबीं[5] को
हज़ारों बोसों[6] से जगमगा दूं

(इन्तिख़ाब)

1. काले, 2. कितनी, 3. सुंदर, 4. हरी-भरी, 5. ललाट, 6. चुम्बन।

सातवां अध्याय

हमारी तामीरात

नालन्दा के खंडहर

'नसीम' सहारनपुरी

अजनबी[1] कौन सी बस्ती है तुम्हारा मस्कन[2]
किसलिए आये हो इस माबदे-दानिश[3] की तरफ़
ये खंडहर देख के क्या सोच रहे हो दिल में
क्या कभी ध्यान गया वक़्त[4] की गर्दिश[5] की तरफ़

मैं वही दर्स - गहे - इल्म - ओ - अदब[6] हूं देखो
रूहे - इंसां[7] ने जहां मंज़िले - तस्कीं[8] पाई
मैंने इस बहरे - हक़ीक़त[9] के चुने हैं मोती
फ़लसफ़ा[10] पा न सका जिसकी कभी गहराई

मेरे पेड़ों के तले बैठ के अरबाबे - नज़र[11]
ज़िंदगी[12] को नये उस्लूब[13] दिया करते थे
गेरुवे कपड़े में मलबूस[14] हज़ारों भिक्षु
दर्स[15] अख़लाक़ - ओ - मुहब्बत[16] का लिया करते थे

साक्य वंश के उस राहिबे - मासूम[17] के बोल
आज भी गूंजते रहते हैं मिरे कानों में
आदमी अंजुमे - उलफ़त[18] से हटाकर नज़रें[19]
ख़ुद को महबूस[20] किया करता है ग़मख़ानों[21] में

---

1. महात्मा बुद्ध, अनजान, 2. निवास स्थान, 3. ज्ञान का आराधनागृह, ज्ञान-मंदिर, 4. समय, 5. चक्र, 6. ज्ञान और साहित्य की पाठशाला, 7. मानव की आत्मा, 8. धैर्य की मंजिल, 9. यथार्थ का समुद्र, 10. दर्शनशास्त्र, 11. ज्ञानी, 12. जीवन, 13. प्रणाली, शैली, 14. सुसज्जित, 15. पाठ, 16. नैतिकता और प्रेम, 17. निष्पाप वैरागी, 18. प्रेम-नक्षत्र, तारे, 19. दृष्टि, 20. बंदी, 21. शोकालय।

मेरे होंटों पे यही अम्न[1] का पैग़ाम[2] रहा
ज़िहने - इंसा[3] में परेशान[4] सवालों के लिए
दुश्मनी[5] सिर्फ़ अंधेरों को जनम देती है
प्यार का दीप है आधार उजालों के लिए

यही पैग़ाम यही प्यार का अमृत था जिसे
दूर देसों से तरसती[6] हुई प्यासी रूहें[7]
मेरे इस दामने - फ़िर्दोसे - निशां[8] तक पहुंचीं
ताकि दो घूंट पियें और तसल्ली[9] कर लें

इन्हीं बेताब[10] तरसती हुई रूहों[11] में कभी
एक सैयाह[12] ग़मे - ज़ीस्त[13] से घबराया हुआ
ज़र्द[14] खेतों से जहां सहम[15] उगा करती है
मेरे आग़ोशे - मुहब्बत[16] में चला आया था

बज़्मे - अफ़कार[17] है पुरनूर[18] ज़िया[19] से जिनकी
फ़हम - ओ - इदराक[20] के वो दीप जलाए मैंने
ज़िंदगी जाग उठी जिनका सहारा लेकर
उसको वो जीस्त[21] के आदाब[22] सिखाए मैंने

अर्ज़े - चीन[23] आज भी मरहूने - करम[24] है मेरी
मेरे सूरज ने उसे नूरे - सहर[25] बख़्शा[26] था
इससे बढ़कर किसी तहज़ीब[27] का एहसां[28] क्या हो
सोज़े - एहसासे - दरूं[29], हुस्ने - नज़र[30] बख़्शा था

---

1. शांति, 2. संदेश, 3. मानव-मस्तिष्क, 4. उद्विग्न, 5. शत्रुता, 6. बेचैन, 7. आत्मायें, 8. स्वर्ग समान दामन, 9. संतोष, 10. व्याकुल, 11. आत्माओं, 12. पर्यटक, 13. ज़िंदगी का ग़म, 14. पीले, 15. भय, 16. प्रेम-पाश, 17. चिंतन-गोष्ठी, 18. प्रकाशमान, 19. चमक, तेज, 20. ज्ञान और विवेक, 21. जीवन, 22. शिष्टाचार, 23. चीन की धरती, 24. दया की बंधक, 25. प्रातःकाल का प्रकाश, 26. प्रदान किया, 27. संस्कृति, सभ्यता, 28. अहसान, 29. छुपे हुए अहसास की जलन, 30. नज़र का सौंदर्य।

अजनबी[1] तुम मिरी बातों से परेशां[2] क्यों हो
ज़र्द[3] माथे पे पसीने के ये क़तरे[4] कैसे
क्या सितम[5] करके सितम से यह पशेमानी[6] है
दोश[7] पर बारे - मलामत[8] के जनाज़े[9] कैसे

अर्ज़े - नालन्दा[10] मिरे दीदः - ओ - दिल[11] की तसकीं[12]
'ज़ांग'[13] अब फिर तिरे क़दमों[14] में चला आया है
दिल में सौ दाग़[15] लिये रूह[16] में नासूर[17] लिये
मुनफ़इल[18] होके गुनहगारे - वफ़ा[19] आया है

मादरे - इल्म[20] मुझे रिफ़अते - गौतम[21] दे दे
मेरे रिसते हुए ज़ख़्मों को तू मरहम दे दे

अजन्ता

सिकन्दर अली 'वज्द'

जहां खूने-जिगर[22] पीते रहे अहले-हुनर[23] बरसों
जहां घुलता रहा रंगों में आहों[24] का असर बरसों
जहां खिंचता रहा पत्थर पे अक्से[25]-ख़ैर-ओ-शर[26] बरसों
जहां क़ायम[27] रहेगी जन्नते-क़ल्ब-ओ-नज़र[28] बरसों

जहां नग़मे[29] जनम लेते हैं रंगीनी बरसती है
दकन[30] की गोद में आबाद वो ख़्वाबों[31] की बस्ती है

---

1. अनजान, 2. व्याकुल, 3. पीले, 4. बूंदें, 5. अत्याचार, 6. लज्जा, शर्मिन्दगी, 7. कंधे, 8. पश्चात्ताप का बोझ, 9. अरथी, 10. नालन्दा की भूमि, 11. आंखें और हृदय, 12. शांति, 13. चीनी पर्यटक, 14. शरण, 15. ज़ख़्म का निशान, 16. आत्मा, 17. रिसता हुआ ज़ख़्म, 18. लज्जित, 19. प्रेम-निर्वाह न करने का अपराधी, 20. विद्या की मां, 21. गौतम की महानता, 22. ज़िगर का खून, 23. कलाकार, 24. आर्तनाद, 25. प्रतिबिम्बित, 26. नेकी और बदी, 27. स्थापित, 28. दिल और दृष्टि का स्वर्ग, 29. गीत, 30. दक्षिण, 31. स्वप्न।

शराब-ओ-शे'र[1] की तासीर[2] है ठंडी हवाओं में
बहारे-ज़िंदगी[3] ग़लता[4] है सब्ज़े[5] की अदाओं[6] में
नवा-ए-सरमदी[7] आती है झरनों की सदाओं[8] में
बयां[9] मुम्किन[10] नहीं वो लुत्फ़[11] आता है दुआओं[12] में

यहां सदियों[13] से राइज[14] पुरसुकूं[15] शीरीं[16] मक़ाली[17] है
यहां का ज़र्रा ज़र्रा[18] मज़हरे-शाने-जमाली[19] है

तजल्ली ज़ारे[20]-इरफ़ां[21], शाहकारे-इब्ने-आदम[22] है
सरे-फ़ितरत[23] अमल[24] की बारगाहे-हुस्न[25] में ख़म[26] है
तमद्दुन[27] मुनअकिस[28] हो जिसमें ऐसा साग़रे-जम[29] है
जमाले-ज़िंदगी[30] रहने[31]-जलाले-अज़्मे-गौतम[32] है

उमीदे-जाने-ताज़ा[33] फिर दिले-बिस्मिल[34] में आई थी
तलाशे-अम्न[35] में तहज़ीब[36] इस मंज़िल[37] में आई थी

कहीं पैदा है सारी कैफ़ियत[38] सेह्ने-गुलिस्तां[39] की
कहीं रौनक़[40] नज़र आती है बाज़ार-ओ-शबिस्तां[41] की
कहीं हैरत[42] ज़बाने-हाल[43] है हाले-परीशां[44] की
लकीरें[45] हैं कि शिरियाने[46]-दिले-इंसान-ओ-हैवां[47] की

कहीं ज़ुल्मत[48] के पीछे रौशनी[49] महसूस[50] होती है
कहीं तो मौत में भी ज़िंदगी[51] महसूस होती है

---

1. मदिरा और काव्य, 2. असर, प्रभाव, 3. जीवन का बसंत, 4. लोट रही है, 5. हरियाली, 6. हाव-भाव, 7. अनश्वर आवाज़, 8. आवाज़ों, 9. विवरण, 10. सम्भव, 11. आनंद, 12. प्रार्थना, 13. शताब्दियों, 14. प्रचलित, 15. शान्त, 16. मीठी, 17. बातचीत, 18. कण-कण, 19. सौंदर्य की शान का द्योतक, 20. प्रकाश-घर, 21. ज्ञान, 22. इंसान का शाहकार, 23. प्रकृति का मस्तक, 24. व्यवहार, 25. सौंदर्य का दरबार, 26. झुका हुआ, 27. सभ्यता, 28. प्रतिबिम्बित, 29. एक रिवायती प्याला जिसमें संसार का हाल दिखाई देता है, 30. जीवन का सौंदर्य, 31. बन्धक, आभारी, 32. गौतम के इरादे का तेज़, 33. जीने की आशा, 34. घायल हृदय, 35. शांति की खोज, 36. सभ्यता, 37. स्थान, 38. हालत, 39. उपवन का आंगन, 40. शोभा, 41. बाज़ार और शयनागार, 42. आश्चर्य, 43. वक़्त की ज़बान, 44. परेशान हाल, 45. रेखायें, 46. धमनियां, 47. इंसान और हैवान का दिल, 48. अंधकार, 49. प्रकाश, 50. अनुभव, 51. जीवन।

हरीफ़े[1] - नग़्मः - ए - जांबख़्श[2] यह ख़ामोश[3] गोयाई[4]
कमाले[5]-फ़िक्र-ओ-फ़न[6], हुस्ने-तनासुब[7], शाने-ज़ेबाई[8]
हक़ीक़त[9] बन गयी जज़्बात[10] की सदरंग[11] रानाई[12]
लबों[13] पर ज़ौफ़िगन[14] है नूरे-एजाज़े-मसीहाई[15]

निगाहों में अजब[16] अंदाज़[17] है ख़ारा[18] गुदाज़ी[19] का
दिलों पर नक़्श[20] रह जाता है जिनकी बेनियाज़ी[21] का

करिश्मा[22] है यह अरबाबेहिमम[23] की सई-ए-पैहम[24] का
जिन्हें एहसास[25] भी होता न था कुछ शादि-ओ-ग़म[26] का
दिलों पर अक्स[27] खिंच आया था जिनके, हुस्ने-आलम[28] का
क़लम को नक़्श[29] अज़बर[30] हो गया था इस्मे-आज़म[31] का

चटानों पर शबाब-ओ-हुस्न[32] की मौजें[33] रवां[34] कर दीं
फ़ुसूंकारों[35] ने रंगों में मुक़ैयद[36] बिजलियां कर दीं

हरीमे-काबः[37]-ए-फ़न[38], माबदे[39] - नाज़ुकख़याला[40] है
जहाने-नूर-ओ-निकहत[41], मस्कने-आशुफ़्ताहाला[42] है
जुनूं-आफ़शां[43] फ़ज़ा[44] में मस्ति-ए-चश्मे ग़ज़ाला[45] है
लबे - जू - ए - कुहिस्तां[46] जल्वागाहे - ख़ुशजमाला[47] है

मिला है ज़िंदगी को बांकपन[48] इन कजकुलाहों[49] से
नज़रवालों पे शमशीरें[50] बरसती हैं निगाहों से

---

1. शत्रु, 2. जीवनदायक गीत, 3. मौन, 4. वाक्‌शक्ति, 5. पूर्णता, 6. चिंतन और कला, 7. अनुपात का सौंदर्य, 8. सुंदरता की शान, 9. यथार्थ, 10. भावनायें, 11. सौ रंग की, 12. सुंदरता, 13. होंठों पर, 14. प्रकाशमान, 15. मसीहाई के चमत्कार का प्रकाश, 16. विचित्र, 17. ढंग, 18. पत्थर को पिघलानेवाला, 19. मृदुलता, 20. अंकित, चिह्न, 21. निस्पृहता, 22. चमत्कार, 23. साहसी लोग, 24. लगातार प्रयत्न, 25. अनुभव, 26. ख़ुशी और ग़म, 27. प्रतिबिम्ब, 28. संसार का सौंदर्य, 29. चित्र, 30. मुखाग्र, 31. खुदा का नाम, 32. यौवन और सौंदर्य, 33. लहरें, 34. प्रवाहित, 35. जादूगर, 36. क़ैदी, बन्दी, 37. काबे की चारदीवारी, 38. कला का काबा, 39. आराधनाघर, 40. कोमल कल्पनावाले, 41. प्रकाश और सुगंध, 42. ख़स्ताहालों का निवास, 43. बिखरा हुआ, 44. वातावरण, 45. मृगों की आंखों की मस्ती, 46. पहाड़ी के किनारे, 47. सुन्दरियों का दर्शन स्थल, 48. अदा, 49. टेढ़ी टोपीवाले, 50. तलवारें।

जिगर के खून[1] से खींचे गये हैं नक़्श[2] लाफ़ानी[3]
तसद्दुक़[4] जिनके हर ख़त[5] पर तहैयुरख़ानः-ए-मानी'[6]
मुशक्कल[7] है शबाब-ओ-हुस्न[8] में तख़ईले-इंसानी[9]
तक़द्दुस[10] के सहारे जी रहा है ज़ौक़े-उरियानी[11]

हसीनाने-ख़ुदआरा[12] का जुनूं[13] सरताज[14] है गोया
यहां जज़्बात[15] के इज़हार[16] की मेराज[17] है गोया[18]

हुनरमंदों[19] ने तस्वीरों[20] में गोया जान[21] भर दीं है
तराज़ू दिल में हो जाती है वो काफ़िर[22] नज़र दी है
अदाओं[23] से अयां[24] है लज़्ज़ते-दर्दे-जिगर[25] दी है
खुलेंगे राज़[26], इस डर से दहन[27] पर मुहर[28] कर दी है

ये तस्वीरें[29] बज़ाहिर[30] साकित-ओ-ख़ामोश[31] रहती हैं
मगर अहले-नज़र[32] पूछें तो दिल की बात कहती हैं

गुलिस्तां[33] में जो गुज़रा क़ाफ़िला[34] फ़स्ले-बहारी[35] का
बहाना मिल गया अहले-जुनूं[36] को हुस्नकारी[37] का
चटानों पर बनाया नक़्श[38] दिल की बेक़रारी[39] का
सिखाया गुर उसे जज़्बात[40] की आईनादारी[41] का

अमानत[42] सीनः-ए-कुहसार में[43] इक दास्तां[44] रख दी
जिगरदारों[45] ने बुनियादे[46]-जहाने-जाविदां[47] रख दी

---

1. रक्त, 2. चित्र, 3. अनश्वर, 4. न्योछावर, 5. रेखा, 6. 'मानी' नामक चित्रकार की आश्चर्यचकित कर देनेवाली चित्रशाला, 7. साक्षात, 8. यौवन और सौंदर्य, 9. मानव-कल्पना, 10. पवित्रता, 11. नग्नता की अभिरुचि, 12. स्वयं को सजानेवाली सुन्दरियां, 13. उन्माद, 14. मुकुट, 15. भावनायें, 16. प्रकटन, 17. पराकाष्ठा, 18. अर्थात्, 19. कलाकार, 20 चित्र, 21. प्राण, 22. अधर्मी, 23. हाव-भाव, 24. प्रकट, 25. जिगर के दर्द का आनंद, 26. रहस्य, 27. मुंह, 28. छाप, 29. चित्र, 30. प्रत्यक्ष, 31. निश्चल और मौन, 32. नज़रवाले, 33. उपवन, 34. कारवां, 35. बसंत, 36. उन्मत्त 37. सौंदर्यकारी, 38. चिह्न, 39. बेचैनी, व्याकुलता, 40. भावनायें, 41. दर्पणकारी, शीशागरी, 42. धरोहर, 43. पहाड़ का सीना, 44. कहानी, 45. साहसी, 46. नींव का आधार, 47. अनश्वर संसार।

जहां छोड़ा ख़ुशी से जाविदां[1] पैग़ाम की ख़ातिर[2]
सफ़-आरा[3] थे शिकस्ते-गर्दिशे-अयाम[4] की ख़ातिर
झुकाया सर न अपना शुह्रत-ओ-इनआम[5] की ख़ातिर
जिये भी काम की ख़ातिर, मरे भी काम की ख़ातिर
ज़माने की जबीं[6] पर अक्स[7] छोड़े हैं निगाहों[8] के
रहेंगे नक़्श[9] इनके, नाम मिट जायेंगे शाहों[10] के

एलौरा

सिकन्दर अली 'वज्द'

मै - ए - ख़याल[11] है संगीन[12] आबगीनों[13] में
दिलों का सोज़[14] निहां[15], पत्थरों के सीनों में
छुपाए नूरे-अज़ल[16] बुत[17] हैं आस्तीनों में
हयात[18] जज़्ब[19] है इन बेशिकन[20] जबीनों[21] में
यहां जो सैर को फ़िक्रे-रसा[22] निकलती है
वुफ़ूरे-शौक़[23] में परबत की सांस चलती है

अया[24] हैं अर्सः-ए-हस्ती[25] के सब नशेब-ओ-फ़राज़[26]
हुई है रू-ए-हक़ीक़त[27] से दूर गर्दे-मजाज़[28]
मिली जो ज़ौक़े-अमल[29] को ख़याल[30] की परवाज़[31]
नशाते-कार[32] ने कर दी हयाते-कार[33] दराज़[34]
कमंदे[35] - गर्दिशे - ऐयाम[36] के असीर[37] नहीं
नुक़ूशे[38] - दस्ते - अक़ीदत[39] फ़ना[40] पिज़ीर नहीं

---

1. अमर, 2. के लिए, 3. संगठित, 4. समय-चक्र, 5. प्रसिद्धि और पुरस्कार, 6. ललाट, 7. प्रतिबिम्ब, 8. दृष्टि, 9. चित्र, आकार, 10. बादशाह, 11. कल्पना की मदिरा, 12. मज़बूत, दृढ़, 13. प्याले, 14. जलन, 15. छुपा हुआ, 16. अनादिकाल का प्रकाश, 17. मूर्तियां, 18. जीवन, 19. डूबी हुई, 20. साफ़, जिस पर बल न हो, 21. ललाट, 22. दूर तक जानेवाला चिंतन, 23. शौक़ की अधिकता, 24. प्रकट, 25. जीवन का मैदान, 26. उतार-चढ़ाव, 27. सत्य का चेहरा, 28. माया की धूल, 29. कार्य की अभिरुचि, 30. कल्पना, 31. उड़ान, 32. काम का आनंद, 33. काम का जीवन, 34. लंबी, 35. पाश, फन्दा, 36. समय का चक्र, 37. क़ैदी, बंधक, 38. निशान, 39. श्रद्धा के हाथ, 40. नश्वर।

अज़ीम[1] अज़्म[2] थे जांबाज़[3] नक़्शकारों[4] के
ख़िज़ां[5] की फ़िक्र[6] न अरमान[7] थे बहारों[8] के
दिलों में ख़्वाब[9] थे बेदार[10] कोहसारों[11] के
नज़र उक़ाब[12] की, तेशे[13] थे बर्क़पारों[14] के
तसव्वुरात[15] के पैकर[16] तराश[17] डाले हैं
दिए वो दिल जो हमेशा धड़कने वाले हैं

बनाई तेशावरों[18] ने ख़याल[19] की दुनिया
खुली हुई है उरूज-ओ-ज़वाल[20] की दुनिया
जुनूं-नवाज़[21] जलाल-ओ-जमाल[22] की दुनिया
रहीने-मिन्नते-माज़ी[23] है हाल[24] की दुनिया
नुजूम[25] डूब गये जल्वः-ए-सहर[26] के लिए
हुआ है ख़ूने-दिल[27] इस जन्नते-नज़र[28] के लिए

निगारख़ानः-ए-आलम[29] का अक्स[30] यह वादी[31]
हज़ार हश्र-बदामां[32] ख़मोश[33] आबादी[34]
हुनरवरों[35] को थी अर्ज़े-हुनर[36] की आज़ादी
यहां नहीं है कोई नक़्शा[37], नक़्शे-फ़रियादी[38]
गुलामे[39] - मर्ज़ि - ए - हालात[40] हुस्नकार[41] नहीं
कमाले-फ़िक्र[42] के शहकार[43] इश्तिहार[44] नहीं

सुकूने - रूह[45] का आग़ोशे - कोहसार[46] में है
यह ज़िंदा ख़्वाब[47] किसी चश्मे-इन्तिज़ार[48] में है

---

1. महान, 2. इरादे, 3. जान पर खेल जानेवाले, 4. कलाकार, 5. पतझड़, 6. चिंता, 7. अभिलाषा, 8. बसंत, 9. स्वप्न, 10. जाग्रत, 11. पर्वतीय देश, 12. गिद्ध, 13. कुदाल, 14. बिजली के टुकड़े, 15. कल्पना, 16. आकार, 17. काटना, खोदना, 18. तेशा चलानेवाले, 19. कल्पना, 20. उत्थान-पतन, 21. उन्माद को सहारा देनेवाली, 22. प्रताप और सौंदर्य, 23. भूतकाल के परिश्रम की आभारी, 24. वर्तमान, 25. तारे, 26. वर्तमान का दर्शन, 27. दिल का ख़ून, 28. नज़र का स्वर्ग, 29. संसार की चित्रशाला, 30. प्रतिबिम्ब, 31. घाटी, 32. दामन में प्रलय लिए हुए, 33. मौन, 34. बस्ती, 35. गुणी, कलाकार, 36. कला को पेश करना, 37. चित्र, निशान, 38. फ़रियाद करनेवाला चित्र, 39. दास, 40. समय की इच्छा, 41. कलाकार, 42. चिंतन की पराकाष्ठा, 43. श्रेष्ठ नमूने, 44. विज्ञापन, 45. आत्मा की शांति, 46. पर्वतों की गोद, 47. स्वप्न, 48. प्रतीक्षा करती हुई आंखें।

ज़िमामे-शाम-ओ-सहर[1] दिल के इख़्तियार[2] में है
ज़माना महव[3] यहां जुस्तुजू-ए-यार[4] में है
निगाह[5] ढूंड रही है निशां[6] नहीं मिलता
गुबार[7] सामने है कारवां[8] नहीं मिलता

शाहंशाह हुमायूं का मक़बरा*

'जोश' मलीहाबादी

अय शहंशाहे-हुमायूं की मुक़द्दस[9] ख़्वाबगाह[10]
देखती है तुझ में इक दुनिया - ए - ग़म[11] मेरी निगाह

आंसुओं से तेरे सक़फ़-ओ-बाम[12] धोने के लिए
तुझ में आया था कोई पोशीदा[13] होने के लिए

झिलमिलाई थी तिरी मेहराब में क़ंदीले - शाह[14]
मौत के दामन में ली थी ज़िंदगानी[15] ने पनाह[16]

उस तरफ़ अग़ियार[17] की फ़ौजें क़तार अन्दर क़तार[18]
इस तरफ़ गुम्बद में इक बीमार बूढ़ा ताजदार[19]

बार[20] इधर फ़र्क़े - जहांबानी[21] पे ताजे - सरवरी[22]
चुस्त[23] उधर ठोकर लगाने के लिए 'सौदागरी'[24]

आसमां[25] था ज़लज़ले[26] में और तलातुम[27] में ज़मीं[28]
इसके आगे क्या हुआ ? मुझसे कहा जाता नहीं

---

1. सुबह और शाम की लगाम, 2. अधिकार, 3. लीन, डूबा हुआ, 4. प्रेमिका की खोज, 5. दृष्टि, 6. निशान, चिह्न, 7. धूल का भंवर, 8. काफ़िला, 9. पवित्र, 10. शयनागार, 11. शोक-संसार, 12. छत और अट्टालिका, 13. छुपना, 14. शाही चिराग़, 15. जीवन, 16. शरण, 17. दुश्मन, 18. अनेक पंक्तियों में, 19. सम्राट् बहादुरशाह ज़फ़र, 20. बोझ, 21. बादशाहत, 22. राजमुकुट, 23. तैयार, 24. अंग्रेज (जो व्यापारी बनकर आये थे), 25. आकाश, 26. कम्पन, 27. तूफ़ान, 28. धरती।

* देहली के आख़िरी ताजदार की गिरफ़्तारी यहीं अमल में आई थी।

इस तिरे गुम्बद के नीचे अय जहाने-इज़्तिराब[1]
ऐसी दो क़ब्रें हैं, दुनिया में नहीं जिनका जवाब

इक मज़ारे-कजकुलाह[2], इक कजकुलाही[3] का मज़ार[4]
शाह की तुर्बत[5] के पहलू[6] में है शाही[7] का मज़ार

उफ़ भरे आते हैं आंसू चश्मे - अलमनाक[8] में
दफ़्न है तातारियों[9] का ताज[10] तेरी ख़ाक[11] में

सिकन्दरा

'सीमाब' अकबराबादी

है यह किस [illegible]हे ज़ी - मरतबत[12] की ख़्वाबगाह[13]
ले रहा है जिसमे अंगड़ाई जलाले - बेपनाह[14]
ज़र्रे ज़र्रे[15] में है जिसके इर्तिआशे[16]-मिहर-ओ-माह[17]
बारयाबी[18] के तख़ैयुल[19] से लरज़ती[20] है निगाह[21]

सितवत[22]-ओ-अज़मत[23] की इब्रतख़ेज़[24] इक तस्वीर[25] है
हामिले[26]-सद जल्वः-ए-माज़ी[27] यह एक तामीर[28] है

इसकी ख़िल्वत[29] में है ख़्वाबीदा[30] वो बज़्म आरा-ए-हिंद[31]
गूंजते थे जिसकी अज़मत[32] से कभी अक़्सा-ए-हिंद[33]
जिसके फ़ैज़े-मरहमत[34] से तंग था पहना-ए-हिंद[35]
हिंद आज उस फ़ैज[36] से महरूम[37] है, अय वाय हिंद[38]

---

1. व्याकुलता का संसार, 2. टेढ़े मुकुटवाले की कब्र, 3. बादशाहत, 4. कब्र, 5. कब्र, 6. बग़ल में; पास, 7. बादशाहत, 8. शोकातुर आंखें, 9. तातार वंश, 10. राजमुकुट, 11. धूल, 12. प्रतिष्ठित, 13. शयनागार, 14. असीम प्रताप, 15. कण-कण, 16. कम्पन, 17. चांद और सूरज, 18. हुजूरी पाना, 19. कल्पना, 20. कांपती है, 21. नज़र, दृष्टि, 22. दबदबा, 23. महानता, 24. शिक्षा देनेवाले, 25. चित्र, 26. वाहक, 27. भूतकाल के सैकड़ों जल्वे, 28. निर्माण, 29. एकान्त, 30. सोया हुआ, 31. हिंद की महफ़िल सजानेवाला, 32. महानता, 33. हिंद की दिशायें, 34. दया की दानशीलता, 35. हिंद का विस्तार, 36. दया, 37. वंचित, 38. हाय हिंदुस्तान।

गोशे गोशे[1] से है पैदा अहदे - अनवर[2] की सदा[3]
आ रही है आज तक अल्लाहो अकबर[4] की सदा

गो[5] किया गर्दिश[6] ने इस रौज़े[7] को वीरां[8] बार बार
सनअतें[9] इसकी मगर अब भी हैं फ़ख़्रे-रोज़गार[10]
रोज़ करती है तवाफ़[11] ईरान-ओ-काबुल की बहार
हर गुले-नौ[12], अहदे-अकबर[13] का है इक आईनादार[14]

इसके पाईं बाग़[15] से नुज़हत[16] टपकती है हनोज़[17]
नाम लेकर अन्दलीब[18] इसका चहकती है हनोज़

सबसे पहली आगरा की यह वही तामीर है
हर इमारत जिसकी इक उतरी हुई तस्वीर है
इसके मीनारों पे फ़ितरत[19] माइले - तकबीर[20] है
इसकी दीवारों पे इक हंगामः - ए - तनवीर[21] है

इसका अक्से-मरमरी[22] बढ़कर जो नूरअफ़शां[23] न हो
आफ़ताबे - सुब्ह[24] ऐसी शान से ताबां[25] न हो

सितवते - हिन्दोस्तां[26], अय अकबरे-आली-वक़ार[27]
मर्ज[28]-ए-इंस[29]-ओ-मलायक[30] आज है तेरा मज़ार[31]
फूल रहमत[32] के हुआ करते हैं रोज़ इस पर निसार
तू है ज़िंदा, अज़मत[33] बाक़ी है तेरी ज़िंदादार[34]

जब तिरे रौज़े की जानिब रुख़[35] किया करते हैं हम
इक 'सलामे-इज्ज़'[36] तुझको कर लिया करते हैं हम

1. कोना-कोना, 2. अति प्रकाशमान युग, 3. आवाज, 4. अल्लाह महान् है, 5. यद्यपि, 6. चक्र, 7. कब्र, 8. वीरान, 9. कला, उद्योग, 10. जिस पर ज़माना गर्व करे, 11. परिक्रमा, 12. ताज़ा फूल, 13. सम्राट अकबर का युग, 14. आईना दिखानेवाला, 15. गृहोद्यान, 16. ताज़गी, 17. अभी तक, 18. बुलबुल, 19. प्रकृति, 20. अल्लाह अकबर कहने के लिए प्रवृत्त, 21. प्रकाश का कोलाहल, 22. मरमर का प्रतिबिम्ब, 23. प्रकाश फैलानेवाला, 24. प्रभात का सूर्य, 25. प्रकाशमान, 26. भारत का प्रताप, 27. प्रतिष्ठित अकबर, 28. शरणस्थल, 29. मानव, 30. फ़रिश्ते, 31. क़ब्र, 32. दया, 33. महानता, 34. बहुत जागनेवाला, 35. मुंह, 36. विनम्र सलाम।

एतमादुद्दौला

'सीमाब' अकबराबादी

देख इस तामीरे-रौशन[1] की दरख़्शानी[2] भी देख
इस तजल्लीगाह[3] के आसारे-केवानी[4] भी देख
अब भी मुत्लक़[5] शाइरी[6] हैं इसके लाफ़ानी[7] नुक़ूश[8]
इनमें संगीनी[9]-ओ-रंगीनी[10] की अर्ज़ानी[11] भी देख
इक फ़रिश्ता है खड़ा ओढ़े हुए रंगीं रिदा[12]
ख़ामुशी[13] भी देख इसकी और हैरानी[14] भी देख
वज्द[15] में आता है दिल यह नक़्शे-अज़्मत[16] देखकर
माद्दी तरकीब[17] का यह क़स्रे - रूहानी[18] भी देख
तूने तस्वीरें बहुत बरबाद देखी हैं मगर
इक मुरक़्क़ा[19] यादगारे - महफ़िले - फ़ानी[20] भी देख

शाम को जिस वक़्त रुख़्सत[21] हो रहा हो आफ़ताब[22]
और हो हर मौज[23] में दरिया[24] की पैदा इंक़िलाब[25]
दस्तबरदिल[26] बैठ जा इस ख़्वाबगह[27] के सामने
ग़ौर से फिर देख इसकी हर अदा-ए-कामयाब[28]
यह दर-ओ-दीवार[29] पर रंगीं सितारों का हुजूम[30]
यह जमाले-मरमरीं[31], जैसे फ़रिश्तों का शबाब[32]
ज़ेरे - साहिल[33] थरथराता है चराग़ाने - बहार[34]
अक्स[35] इसका जब कभी करता है अज़्मे - पा - तराब[36]
इसके जल्वों[37] से मिला करता है मौजों[38] को क़रार[39]
देखने इसको ठहर जाते हैं दरिया में हबाब[40]

---

1. प्रकाशमान निर्माण, 2. आभा, 3. शुभ दर्शन स्थल, 4. शाही चिह्न, 5. स्वच्छन्द, 6. कविता, 7. अनश्वर, 8. चित्र, 9. दृढ़ता, 10. सुंदरता, 11. अधिकता, 12. चादर, 13. मौन, 14. व्याकुलता, 15. झूमना, 16. महानता के चित्र, 17. भौतिक विधि, 18. आध्यात्मिक भवन, 19. चित्र, 20. नश्वर महफ़िल की यादगार, 21. बिदा, 22. सूर्य, 23. लहर, 24. नदी, 25. विद्रोह, क्रांति, 26. दिल पर हाथ रखकर, 27. शयनागार, 28. सफल अदा, 29. दीवार और दरवाज़े, 30. जमघट, 31. संगेमरमर का सौंदर्य, 32. यौवन, 33. साहिल के नीचे, 34. बसंत की दीपावली, 35. प्रतिबिम्ब, 36. शगुन के लिए किसी चीज़ को अलग करने का इरादा, 37. दर्शन, 38. लहरें, 39. संतोष, 40. बुलबुला।

इत्र सा बरसा हुआ है इसकी लौहे - नूर[1] पर
गुलकदा[2] जैसे बनाया हो किसी ने तूर[3] पर
इक सितारा सा है लरज़ां[4] तश्ते - रंगारंग[5] में
शमूअ सी रक्खी हुई है दस्ते - नाज़े - हूर[6] पर
हो गया है मुरतसिम[7] औराक़े - गुल[8] पर रंगे - सुब्ह[9]
मौजे-मय[10] गोया है रक़्सा[11] साग़रे-बिल्लौर[12] पर
संगे - अबयज़[13] पर बने हैं इस अदा से सुर्ख़[14] फूल
लाल[15] गोया[16] जड़ दिए हैं तख़्तः-ए-काफ़ूर[17] पर
इसके रंग-ओ-आब[18] में मख़रूज[19] हैं ताबानियां[20]
चांदनी छिटकी है या अफ़शुर्दा - ए - अंगूर पर[21]
फ़ितरतन[22] तर्जीह[23] है तख़ईले-मानी[24] पर इसे
नाज़[25] है अपनी हयाते-जाविदानी पर[26] इसे

ताजगंज का रौज़ा

'नज़ीर' अकबराबादी

यारों जो ताजगंज यहां का आशकार[27] है
मशहूर इसका नाम ब-शहर-ओ-दयार[28] है
ख़ूबी[29] में सब तरह का इसे एतबार[30] है
रौज़ा जो इस मकान में दरिया[31] किनार है
नक़्शे में अपने यह भी अजब ख़ुशनिगार[32] है

---

1. प्रकाश का पट्ट, 2. फूलों का घर, 3. एक पहाड़ (जहां हज़रत मूसा को खुदा का जल्वा दिखाई दिया था), 4. कम्पायमान, 5. रंग-बिरंगी थाली, 6. अप्सरा के कोमल हाथ पर, 7. लिखते हुए, 8. फूल के पन्नों पर, 9. प्रभात का रंग, 10. शराब की मौज, 11. नृत्य करती हुई, 12. स्फटिक का प्याला, 13. सफ़ेद पत्थर, 14. लाल, 15. रत्न, 16. मानो, 17. काफ़ूर का तख़्त, 18. पानी, 19. निकलती हुई, 20. चमक, 21. अंगूर के रस पर, 22. क़ुदरती तौर पर, 23. श्रेष्ठता, 24. 'मानी' नामक चित्रकार की कल्पना, 25. गर्व, 26. अनश्वर जीवन, 17. प्रकट, 28. शहरों और मुल्कों में, 29. गुण, विशेषता, 30. विश्वास, 31. नदी 32. सुंदर।

रू-ए-ज़मीं[1] पे यूं तो मकां[2] ख़ूब[3] हैं यहां
पर इस मकां की ख़ूबियां[4] क्या-क्या करूं बयां[5]
संगे-सफ़ेद[6] से जो बना है क़मर-निशां[7]
ऐसा चमक रहा है तजल्ली[8] से यह मकां

जिससे बिल्लौर[9] की भी चमक शर्मसार[10] है

गुम्बद है इसका ज़ोरे-बलन्दी[11] से बहरामंद[12]
गिर्द[13] इसके गुमजियां[14] भी चमकती हुई हैं चन्द
और वो कलस जो है सरे-गुम्बद[15] से सर बलन्द[16]
ऐसा हिलाल[17] उसमें सुनहरा है दिलपसन्द

हर माह जिसके ख़म[18] पे महे-नौ[19] निसार[20] है

जो सहन[21] बाग़ का है वह ऐसा है दिलकुशा[22]
आती है जिसमें गुलशने-फ़िर्दौस[23] की हवा
हर सू नसीम[24] चलती है और हर तरफ़ हवा
हिलती हैं डालियां सभी हर गुल[25] है झूमता

क्या क्या रविश रविश[26] पे हुजूमे-बहार[27] है

सर्वे[28]-सही खड़े हैं क़रीने[29] से नस्तरन[30]
कू कू करे हैं क़ुमरियां[31] होकर शकर शिकन[32]
राबेल[33] सेवती से भरे हैं चमन चमन
गुलनार[34] लालः-ओ-गुल-ओ-नसरीनो-नस्तरन[35]

फ़व्वारे छुट रहे हैं रवां[36] जू-ए-बार[37] है

---

1. धरती, 2. घर, 3. बहुतेरे, सुंदर, 4. गुण, 5. बयान, 6. सफ़ेद पत्थर, 7. चांद की तरह, 8. प्रकाश, 9. स्फटिक, 10. लज्जित, 11. ऊंचाई का बल, 12. लाभ उठानेवाला, 13. आसपास 14. छोटी बुर्जियां, 15. गुम्बद की चोटी, 16. ऊंचा, 17. अर्धचंद्र, 18. मोड़, गोलाई, 19. नवचंद्र, 20. न्योछावर, क़ुर्बान, 21. आंगन 22. आनंददायक, 23. स्वर्ग का बाग़, 24. प्रातःसमीर, 25. फूल, 26. पुश्ते-पुश्ते पर, 27. बसंत का जमघट, 28. सरो, 29. ढंग से, 30. सेवती, सफेद गुलाब, 31. फ़ाख़्ता की एक क़िस्म, 32. शकर खानेवाली, 33. मोगरा, बेला, 34. सुर्ख़, फुलवारी, 35. आहे पुष्प और सेवती, 36. प्रवाहित, 37. झरना।

वो ताजदार[1] शाहजहां साहिबे - सरीर[2]
बनवाया है उन्होंने लगा सीम-ओ-ज़र[3] कसीर[4]
जो देखता है उसके यह होता है दिलपिज़ीर[5]
तारीफ़[6] इस मकां[7] की मैं क्या-क्या करूं 'नज़ीर'
इसकी सिफ़त[8] तो मुश्तहरे - रोज़गार[9] है

ताजमहल

'सीमाब' अकबराबादी

आ तुझे मैं अपने फ़िर्दौसे-वतन[10] में ले चलूं
जिसमें हूरें[11] बाग़बां[12] हैं उस चमन में ले चलूं

इक मुकम्मल[13] आईनाख़ाना[14] दिखाऊं मैं तुझे
इक मुजस्सम[15] रंग-ओ-बू[16] की अंजुमन[17] में ले चलूं

जल्वागाहे[18]-लालः-ओ-गुल[19] की मैं दावत[20] दूं तुझे
सुब्ह - ज़ारे - नस्तरीनो - नस्तरन[21] में ले चलूं

ज़िंदगी की जिसके गोशों[22] से उबलती है शराब
जो नई अब भी है उस बज़्मे - कुहन[23] में ले चलूं

ले यह नक्शे-सादः[24]-खाकस्तरे[25]-बरबाद[26] देख
आंख बनकर दुर्रतुत्ताजे[27] - ख़राबआबाद[28] देख

पुरसकूं[29] हुस्न-ओ-मुहब्बत[30] का यह इक तूफ़ान[31] देख
जिसके हुस्न-ओ-इश्क़[32] दो उनवां[33] हैं वो अरमान[34] देख

---

1. सम्राट, 2. सिंहासन, 3. सोना-चांदी, 4. बहुत अधिक, 5. दिलपसन्द, मोहक, 6. प्रशंसा, 7. घर, मकान, 8. गुण, 9, जग-प्रसिद्ध, 10. देश की जन्नत, 11. अप्सरायें, 12. माली, 13. पूर्ण, 14. शीशे का घर, 15. साकार, 16. रंग और सुगंध, 17. महफ़िल, गोष्ठी, 18. दर्शन स्थल, 19. लाल और गुलाब के फूल, 20. निमंत्रण, 21. फूलों से भरी सुबह, 22. कोना, 23. पुरानी महफ़िल 24. सादा तस्वीर, 25. राख से बनी हुई, 26. जो मिट चुकी है, 27. ताज का मोती, 28. मिटी हुई सल्तनत, 29. शांत, 30. सौंदर्य और प्रेम, 31. बाढ़, 32. सौंदर्य और प्रेम, 33. शीर्षक, 34. अभिलाषा।

यह मुसव्विर[1] का तख़ैयुल[2] और ख़्वाबे-मरमरीं[3]
रूह[4] में होता है जिसको देखकर हैजान[5] देख

देख इसके फ़र्श[6] पर हैं अर्श[7] कितने जल्वागर[8]
देख इक अफ़सानः-ए-मुमताज़[9] का उन्वान[10] देख

सब्ज़ा दर सब्ज़ा[11] गुल अन्दर गुल[12] बहार अन्दर बहार[13]
कर नज़र माहौल[14] पर इसके, फिर इसकी शान[15] देख

तकमिला[16] सनअत[17] का है इसका हर इक नक़्श-ओ-निगार[18]
आ गया है खिंच के इक नुक़्ते[19] में हिंदुस्तान देख

क्या मता-ए-दोजहां[20] से यह गिरां-क़ीमत[21] नहीं ?
पूछता हूं कि यह क्या है अगर जन्नत[22] नहीं ?

काश[23] दुनिया और इक शाहेजहां पैदा करे
काश फिर हो ख़ाक से जिस्मे-मुहब्बत[24] जल्वःगर[25]

दीदः-ए-सैयाह[26] में गर हो बसीरत[27] की चमक[28]
अब भी सूरज देख ले, ज़र्रों[29] के सीने चीरकर

यह बहारे-ज़ाहिरी[30] यह इक नशाते[31]-आशकार[32]
जो बहर उन्वान[33] है हैरतफ़िज़ा[34]-ए-हर-नज़र[35]

इसका बातिन[36] है कुछ इससे भी ज़ियादा रूहकश[37]
किसने देखे हैं अभी वो जल्वःहा - ए - मुस्ततिर[38]

---

1. चित्रकार, 2. कल्पना, 3. संगेमरमर का स्वप्न, 4. आत्मा, 5. हलचल, 6. धरती, 7. आकाश, 8. दर्शन देते हुए, 9. मुमताज़ की कहानी, 10. शीर्षक, 11. हरियाली ही हरियाली, 12. फूल ही फूल, 13. बहार ही बहार, 14. वातावरण, 15. वैभव, 16. पूर्ति, 17. कला, 18. निशान, बेलबूटे, चित्र, 19. बिन्दु, 20. दोनों जहान की धन-दौलत, 21. महंगी, 22. स्वर्ग, 23. क्या ही अच्छा होता, 24. प्रेम का शरीर, 25. प्रकट, 26. पर्यटक की आंख, 27. दानाई, 28. आभा, 29. कणों, 30. ऊपरी बहार, 31. हर्ष, आनंद, 32. प्रकट, 33. शीर्षक, 34. आश्चर्य बढ़ानेवाला, 35. दृष्टि, 36. अन्तःकरण, 37. आकर्षण, 38. गुप्त, पोशीदा।

जब मुहब्बत ग़ौर से इस पर करेगी तब्सिरा[1]
रूह[2] के पर्दे नज़र आयेंगे यह बाम और दर[3]

इश्क़[4] उस महफ़िल[5] में है सद नाला[6], सद काविश[7] हनोज़[8]
हुस्न[9] है इन चिलमनों[10] में महवे - आराइश[11] हनोज़

ताजमहल

'उन्वान' चिश्ती

यह दिलआवेज़[12] फ़ज़ा[13] और यह दिलकश[14] मंज़र[15]
जैसे आईनः - ए - फ़ितरत[16] में संवरता[17] हो कोई
यह हसीं[18] नहर, यह सब्ज़ा[19], यह चमन[20] का मंज़र
रंग जैसे किसी तस्वीर[21] में भरता हो कोई

बुततराशी[22] हो कि नक्क़ाशी[23] - ओ - आईनागरी[24]
या वो रंगों से बनाई हुई तस्वीरें हों
साज़[25] की मधभरी[26] आवाज़ हो या प्यार की लै
शोख़[27] ग़ज़लें हों कि संजीदा[28] तहरीरें[29] हों

ज़िंदगी झूम के जब साज़ उठा लेती है
कैफ़[30] ही कैफ़ बरसता है ग़ज़ल की सूरत[31]
ख़ूने-दिल[32] इसमें तास्सुर[33] को बढ़ा देता है
बोलने लगता है फ़न[34] ताजमहल की सूरत
दस्ते - जमना[35] में मुहब्बत के कंवल की सूरत

---

1. आलोचना, 2. आत्मा, 3. छत और दरवाज़े, 4. प्रेम, 5. बज़्म, गोष्ठी, 6. सैकड़ों आर्तनाद, 7. सैकड़ों चिंतायें, 8. अभी तक, 9. सौंदर्य, 10. पर्दे, 11. शृंगार में लीन, 12. आकर्षक, 13. वातावरण, माहौल, 14. मनमोहक, 15. दृश्य, 16. प्रकृति का दर्पण, 17. सजता, शृंगार करता, 18. सुंदर, 19. हरियाली, 20. उपवन, 21. चित्र, 22. मूर्तिकला, 23. चित्रकारी, 24. शीशागरी, 25. वाद्य, 26. मधुर, 27. चंचल, 28. गम्भीर, 29. लेख, 30. नशा, 31. रूप में, 32. दिल का ख़ून, 33. असर लेना, 34. कला, 35. जमुना का हाथ।

ख़्वाबे - मुमताज़[1] की ताबीरे - मुजस्सम[2] की क़सम
हिंद - ओ - ईरान की तहज़ीब[3] का संगम है यह
कितना बेदार[4] नज़र आता है एहसासे - जमाल[5]
इश्क़[6] का राज़[7] है यह हुस्न[8] का महरम[9] है यह

अय मिरी मूनिस-ओ-दमसाज़[10] इसे शौक़ से देख
इक शहंशाह के ख़्वाबों[11] का जज़ीरा[12] है यह
फ़न[13] की मेराज[14] है यह, प्यार की मेराज के साथ
हुस्ने - दिल[15], हुस्ने - नज़र[16], हुस्ने - तमन्ना[17] है यह
इश्क़[18] का बारगहे - हुस्न[19] में सजदा[20] है यह

(माखूज़)

जामा मस्जिद देहली

जगन्नाथ 'आज़ाद'

अय जज़्बे[21]-तहारत[22] की अमीं[23] मस्जिदे जामे'[24]
रौशन दिल[25]-ओ-ताबिन्दा जबीं[26] मस्जिदे जामे'
अय जल्वः - ए - अनवारे - यक़ीं[27] मस्जिदे जामे'
अय ख़ातिमे - देहली[28] की नगीं[29] मस्जिदे जामे'
है आज भी तस्कीने - नज़र[30] तेरा नज़ारा[31]
तू आज भी है रूह[32] की दुनिया का सहारा

---

1. मुमताज़ का स्वप्न, 2. साकार स्वप्न-फल. 3. संस्कृति, 4. जाग्रत, 5. सौंदर्य की अनुभूति, 6. प्रेम, 7. रहस्य, 8. सौंदर्य, 9. राज़दार, परिचित, 10. साथी, 11. स्वप्न, 12. द्वीप, 13. कला, 14. पराकाष्ठा, 15. दिल की सुंदरता, 16. नज़र की सुंदरता, 17. अभिलाषा की सुंदरता, 18. प्रेम, 19. सौंदर्य के दरबार में, 20. माथा टेकना, 21. भावना, 22. पवित्रता, 23. अमानतदार, 24. जामा मस्जिद, 25. प्रकाशमान दिल, 26. सतेज ललाट, 27. विश्वास के प्रकाश का दर्शन, 28. दिल्ली की अंगूठी, 29. रत्न, 30. दृष्टि को तृप्त करनेवाली, 31. दृश्य, 32. प्राण, आत्मा।

दामन में संभाले हुए सदियों[1] की अमानत[2]
पाकीज़गि - ए - क़ल्ब - ओ - नज़र[3] रूह की इफ़्फ़त[4]
शाही में फ़क़ीरी की दरख़्शिन्दा[5] रिवायत[6]
एहसास[7] का इक जज़्बः - ए - सरशारे - हक़ीक़त[8]

इस दौर में तू मम्बः - ए - अनवार[9] है अब भी
तारीकि - ए - आलम[10] में ज़ियाबार[11] है अब भी

इक नक्शे-दिलआवेज़[12] है तू ख़ूने-जिगर[13] का
जल्वा[14] तिरा नज़्ज़ारा[15] है अनवारे-सहर[16] का
तू फ़न[17] की है तस्वीर नमूना है हुनर[18] का
शहपारः - ए - जावेद[19] है तू ज़ौक़े - नज़र[20] का

रक़्सां[21] तिरी दुनिया में है आयाते - तजल्ली[22]
अल्लाह रे तेरे ये मक़ामाते - तजल्ली[23]

तू फ़क़्र[24] की तस्वीर है वो ज़ेरे-समावात[25]
हैं जिससे अयां[26] सीनः-ए-आदम[27] के कमालात[28]
दुनिया को दिखा आज कोई हुस्ने - करामात[29]
तू चश्मः - ए - हैवां[30] है जहां[31] आलमे - ज़ुल्मात[32]

तू आज है इक सोज़े - मुहब्बत[33] का नमूना
अय आदमे - ख़ाकी[34] की करामत[35] का नमूना

---

1. सैकड़ों वर्षों, 2. धरोहर, 3. नज़ीर और दिल की पवित्रता, 4. इज़्ज़त, 5. प्रकाशमान, 6. परंपरा, 7. अनुभूति, 8. सच्चाई से परिपूर्ण भावना, 9. प्रकाश का स्रोत, 10. संसार का अंधकार, 11. प्रकाश बरसानेवाली, 12. मनमोहक नक्श, 13. जिगर का खून, 14. शुभ दर्शन, 15. दृश्य, 16. प्रभात का प्रकाश, 17. कला, 18. गुण, 19. अमर कृति, 20. दृष्टि की अभिरुचि, 21. नृत्य करती हुई, 22. प्रकाश की आयतें, 23. शुभ दर्शन स्थल, 24. फ़क़ीरी, 25. बराबरी के अन्तर्गत, 26. प्रकट, 27. मानव का सीना, 28. चमत्कार, करतब, 29. चमत्कार का सौंदर्य, 30. अमृत-कुंड, 31. संसार, 32. अंधकार की दुनिया, 33. प्रेम की जलन, 34. मिट्टी का पुतला, 35. चमत्कार।

अय माबदे - अनवारे - यक़ीं[1] ! हासिले - इदराक[2]
अय मंज़िले - अनवारे - कुहन[3] जलवागहे - पाक[4]
हस्ती - ए - दवामी[5] से इबारत[6] है तिरी ख़ाक[7]
क्या गर्दिशे - अय्याम[8] है क्या गर्दिशे - अफ़लाक[9]

दुनिया है तेरी नूरफ़िज़ा[10] रोज़े-अबद[11] तक
है साज़[12] तिरा नग़्मा-सरा[13] रोज़े - अबद तक

जामा मस्जिद आगरा

'सीमाब' अकबराबादी

देख यह असलाफ़े[14]-मुस्लिम[15] का इबादतख़ाना[16] है
फ़र्क़े-शाही[17] जिस पे झुकता था, यह वो काशाना[18] है

रिफ़अते-इस्लाम[19] थी रिफ़अत से इसकी आशकार[20]
आह, वो रिफ़अत जो इक भूला हुआ अफ़साना[21] है

वक़्ते - मग़रिब[22] सैकड़ों फ़ानूस जलते थे जहां
अब वहां इक शमूअ, तस्कीने - दिल - परवाना[23] है

आह यह मीनार-ओ-गुम्बद[24] की नुमूद[25] इस दौर में
गर्दिशे - अय्याम[26] की तसबीह[27] का इक दाना है

मिल्लते - मरहूम[28] की तस्वीरे - रूहानी[29] है यह
अज़्मते - इस्लाम[30] का इक नक़्शे - लाफ़ानी[31] है यह

---

1. विश्वास के प्रकाश का आराधनाघर, 2. ज्ञान का प्रतिफल, 3. पुराने प्रकाश की मंजिल, 4. पवित्र दर्शन स्थल, 5. अमर अस्तित्व, 6. समान, 7. धूल, 8. समय का चक्र, 9. गगन का चक्र, 10. प्रकाश बढ़ानेवाली, 11. अनंतकाल, 12. वाद्य, 13. अच्छी आवाज़ से गानेवाला, 14. पूर्वज, 15. मुसलमान, 16. आराधनाघर, 17. बादशाहों के सर, 18. चौखट, 19. इस्लाम की ऊंचाई, 20. परिचित, 21. कहानी, 22. शाम के समय, 23. परवाने के दिल की शांति, 24. मीनार और गुम्बद, 25. बढ़वार, 26. समय का चक्र, 27. माला, 28. स्वर्गीय राष्ट्र, 29. अध्यात्म का चित्र, 30. इस्लाम की महानता, 31. अनश्वर चित्र, निशाना।

जोधाबाई का मंदिर

'सीमाब' अकबराबादी

बुतशिकन[1] भी हिम्मते-इस्लाम[2] है, बुतगर[3] भी है
क़िलूअ-ए-शाही[4] में मस्जिद है जहां, मंदर भी है

फ़िक्र[5] की यकसूई[6] है बहरे-इताअत[7] लाज़मी[8]
अक़्ल में गुंजाइश[9] तअय्युने[10]-बाम-ओ-दर[11] भी है

मावरा[12] क़ैदे-तअय्यु[13] से है नैरंगे[14]-जमाल[15]
मज़हर[16] इसका आग भी है, ख़ाक भी, पत्थर भी है

अय अबूदीयत[17], नज़र[18] में वुसअतें[19] दरकार हैं
बुतकदा[20] कहते हैं जिसको वो .ख़ुदा का घर भी है

बिरहमन और शैख़ है पाबन्दे-औहाम-ओ-रुसूम[21]
इक परस्तिश[22] का तरीक़ा[23] इससे बालातर[24] भी है

होती है आग़ोशे-बातिल[25] से हक़ीक़त[26] की नुमूद[27]
जो ख़लीलुल्लाह है, परवर्दः-ए-आज़र[28] भी है

क्यों मसावात[29] अब नहीं पैरायः-ए-इस्लाम[30] में
कुफ़्र[31] बरसों पल चुका है सायः-ए-इस्लाम[32] में

---

1. मूर्तिभंजक, 2. इस्लाम का साहस, 3. मूर्तिकार, 4. शाही क़िला, 5. चिंतन, 6. एकाग्रता, 7. आज्ञापालन के लिए, 8. अनिवार्य, 9. स्थान, 10. निश्चय, 11, छत और दरवाजे, 12. परे, 13. जीवन-सीमा, 14. मायाजाल, 15. सौंदर्य, 16. प्रकट करनेवाला, 17. खुदा की बन्दगी, 18. दृष्टि, 19. विस्तार, फैलाव, 20. मंदिर, 21. रीति-रिवाज़ों के पाबंद, 22. आराधना, 23. ढंग, 24. ऊंचा, 25. झूठ की गोद, 26. सत्य, 27. बढ़वार, 28. मूर्तिभंजक का पालनहार, 29. बराबरी, 30. इस्लाम का ढंग, 31. विधर्म, 32. इस्लाम की छत्रछाया।

भाकड़ा नंगल

जगन्नाथ 'आज़ाद'

आज़ाद निगाहों में जो है ख़ित्तः-ए-नंगल[1]
कल तक था यह ख़ित्ता कहीं सहरा[2] कहीं जंगल
हिम्मत[3] के तुफ़ैल[4] आज इसी जंगल में है मंगल

सहरा कि जो थे कुश्तः-ए-अन्दोहे-निहानी[5]
मचली हुई अब उनमें है खेतों की जवानी
यूं इल्म[6] के हाथों में है दरिया की रवानी[7]

कब का था यह अरमान[8] कि इंसा[9] ने निकाला
इस तरह चटानों को फ़ज़ाओं[10] में उछाला
लरज़े[11] में है बुनियादे - दुहिस्ताने - हिमाला[12]

मट्टी की चटानें थीं कि पत्थर की चटानें
जब इन पे तराज़[13] हुईं हिम्मत की सनानें[14]
कुछ और ही नक़्शा था यह मानें कि न मानें

पहले तो किया सीनः-ए-दरिया[15] को दोपारा[16]
दोनों को फिर इस तरह सुरंगों से गुज़ारा
हर दीदः - ए - मुश्ताक़[17] था क़ुर्बाने - नज़ारा[18]

दरिया का जिगर[19] चीर गयी अक़्ल बशर[20] की
तफ़्सील[21] कहे कौन अब इस राहगुज़र[22] की
जुल्मत[23] पे मुसल्लत[24] हुई तनवीर[25] सहर[26] की

---

1. नंगल की धरती, 2. कानन, 3. साहस, 4. फलस्वरूप, 5. छुपा हुआ दुख, 6. विद्या, ज्ञान, 7. नदी का प्रवाह, 8. आकांक्षा, 9. मानव, 10. वातावरण, 11. कम्पन, 12. हिमालय का पहाड़ी क्षेत्र, 13. तन गईं, 14. भाले, 15. नदी का सीना, 16. दो टुकड़े, 17. इच्छुक आंखें, 18. दृश्य पर न्योछावर, 19. नदी का कलेजा, 20. मानव, 21. विवरण, 22. मार्ग, 23. अंधकार, 24. छा गयी, 25. आभा, चमक, 26. प्रभात।

सब्ज़ा[1] तिरे माहौल[2] का है मख़मल-ओ-बानात[3]
हीरों से फ़ुज़ूंतर[4] तिरे पहलू के हैं ज़र्रात[5]
क़तरे[6] तिरे दामन के दरख़्शिंदा[7] फ़िलिज़्ज़ात[8]

तामीर[9] तिरी काबः - ए - अरबाबे - नज़र[10] है
तस्वीर तिरी जलवः - ए - अनवारे - सहर[11] है
तू शब[12] के अंधेरे में तजल्ली-ए-क़मर[13] है

क़ायम[14] है तिरी जज़्बः-ए-इख़लास[15] पे बुनियाद
सरगर्मे-अमल[16] तुझपे हैं इस दौर के फ़रहाद[17]
तेरे लिए उट्ठी है दुआ-ए-दिले-'आज़ाद'[18]

पैदा हो तिरी ख़ाक[19] में ख़ासीयते-इकसीर[20]
किरदार[21] तिरा मिहरे-मुनव्वर[22] की हो तनवीर[23]
दुनिया में हो इकमायः-ए-रहमत[24] तिरी तामीर[25]

इदराक[26] के अनवार[27] से ताबां[28] है यही ख़ाक[29]
तनवीर[30] अज़ाइम[31] से फ़रोज़ां[32] है यही खाक
अय दर्दे-वतन[33] हासिले-अरमां[34] है यही ख़ाक

दी इसको हयात[35] अपनी अज़ीज़ाने-वतन[36] ने
जां इस पे फ़िदा[37] की है मुहिब्बाने-वतन[38] ने
सींचा है इसे ख़ूं से शहीदाने-वतन[39] ने

---

1. हरियाली, 2. वातावरण, 3. एक नर्म कपड़ा, 4. बढ़े हुए, 5. कण, 6. बूंदें, 7. चमकते हुए, 8. ऐटम, 9. निर्माण, 10. नज़रवालों का काबा, 11. प्रभात के प्रकाश का दर्शन, 12. रात, 13. चंद्रमा का प्रकाश, 14. स्थिर, 15. निष्ठा की भावना 16. काम में रत, 17. एक प्रसिद्ध प्रेमी, जिसने अपनी प्रेमिका के लिए पहाड़ खोदकर दूध की नहर निकाली थी, 18. आज़ाद (शायर) के दिल की दुआ, 19. धूल, 20. रामबाण की विशेषता, 21. चरित्र, 22. प्रकाशमान चांद, 23. आभा, चमक, 24. दया की सम्पत्ति, 25. निर्माण, 26. ज्ञान, 27. प्रकाश, 28. चमकदार, 29. धूल, 30. चमक, 31. हौसला, साहस, 32. प्रकाशमान, 33. देश का दुख, 34. अभिलाषा का फल, 35. जीवन, 36. देशवासी, 37. न्योछावर, 38. देशभक्त, 39. देश पर शहीद होनेवाले।

आठवां अध्याय

हमारे फ़ुनूने-लतीफ़ा

(ललित कवितायें)

सरस्वती

जगन्नाथ 'ख़ुश्तर'

अजब[1] है नाज़नीनो[2] - नाज़ुक-अन्दाम[3]
नज़ाकत[4] में गुले - तर[5] और दिल आराम[6]

रुख़े - पुरनूर[7] मिस्ले - बर्क़े - ताबां[8]
गुले - सुम्बुल[9] निसारे - ज़ुल्फ़े - पेचां[10]

ख़जिल[11] नूरे - जहां[12] नूरे - जबीं से[13]
बनी क़ौसेक़ुज़ह[14] अबरू[15] की चीं[16] से

(जगन्नाथ ख़ुश्तर द्वारा अनूदित 'रामायण' से लिया गया)

मुजरा

मीर हसन

लगे बजने क़ानून[17]-ओ-बीन[18]-ओ-रबाब[19]
बहा हर तरफ़ जू-ए-इशरत[20] का आब[21]

---

1. अद्‌भुत, 2. सुंदरी, 3. कोमल शरीरवाली, 4. कोमलता, 5. ताज़ा फूल, 6. दिल का चैन, 7. प्रकाशमान चेहरा, 8. चमकदार बिजली की तरह, 9. सुम्बुल का फूल, 10. घुंघराली ज़ुल्फ़ों पर न्यौछावर, 11. शर्मिन्दा, 12. संसार का प्रकाश, 13. ललाट का प्रकाश, 14. इन्द्रधनुष, 15. भौं, 16. बल, सिलवट, 17. एक बाजा, 18. वीणा, 19. सितार, 20. आनंद की लहर, 21. पानी।

लगी थाप तबलों की मृदंग की
सदा[1] ऊंची होने लगी चंग[2] की

लगा मोम तारों पे मोचंग के
मिला सुर तंबूरों के मृदंग के

सितारों के पर्दे बनाकर दुरुस्त[3]
बजाने लगे सब वो चालाक-ओ-सुस्त[4]

गयी बायें की आसमां[5] तक गमक[6]
उठा गुम्बदे - चर्ख़[7] सारा धमक

खुशी की ज़िबस[8] हर तरफ़ थी बिसात[9]
लगे नाचने इस पे अहले - नशात[10]

किनारी के जोड़े[11] चमकते हुए
वह पांवों के घुंघरू झनकते हुए

वो बाले चमकते हुए कान में
फड़कना वो नयनों का हर आन[12] में

वो घटना वो बढ़ना अदाओं[13] के साथ
दिखाना वो रख रख के छाती पे हाथ

कभी दिल को पांव में मल डालना
अदा से कभी देखना भालना

दिखाना कभी अपनी छब मुस्कुरा
कभी अपनी अंगिया को लेना छुपा

किसी पे चमकते हुए नौ रतन
किसी के वो मुखड़े पे नथ की फबन

---

1. आवाज़, 2. सितार के आकार का एक बाजा, 3. ठीक, 4. चालाक और आलसी, 5. गगन, 6. गूंज, 7. आकाश का गुम्बद, 8. बहुत, 9. बैठक, 10. आनंदमग्न, 11. कपड़े, 12. पल, 13. हावभाव।

चमकना गुलों[1] का सफ़ा[2] के सबब[3]
वो गर्दन के डोरे, क़यामत[4], ग़ज़ब[5]

कभी मुंह के तईं फेर लेना उधर
कभी चोरी चोरी से करना नज़र

दुपट्टे को करना कभी मुंह की ओट,
कि पर्दे में हो जाय दिल लोट पोट

कोई फ़न[6] में संगीत के शोला-रू[7]
बरम जोग लछमी लिये पुरमिलू[8]

कोई ढीट गत ही में पांव तले
खड़ी आशिक़ो[10] के दिलों को मले

(माख़ूज़ अज़ मसनवी 'सहरुलबयान')

राग रंग

मीर हसन

करूं राग और नाच का क्या बयां
क़दीमी[10] किसी वक़्त का सा समां[11]

वो एमन की तानें इधर और उधर
मिले सुर तम्बूरों के बा-यक-दिगर[12]

और इस सफ़[13] से इक छोकरी का निकल
जताना[14] हुनर[15] अपना पहले पहल

1. फूल, 2. पवित्रता, 3. कारण, 4. प्रलय, 5. आफ़त, 6. कला, 7. दहकता हुआ मुख, 8. एक प्रकार का नृत्य, 9. प्रेमियों, 10. प्राचीन, 11. वातावरण, 12. एक-दूसरे से, 13. पंक्ति, 14. दिखाना, 15. गुण।

उलटना वो ठोकर को दे देके चाल
वो बूटा[1] सा क़द[2] और कहरवे[3] की चाल

कभी पुरमिलू[4] की दिखाती अदा[5]
कि जूं टूटकर होवे बिजली जुदा[6]

कभी खटसरी[7] नाचना ज़ौक़[8] से
कि त्योरा[9] के आशिक़[10] गिरे शौक़[11] से

(माखूज़ अज़ 'सहरुलबयान')

रक़्स

'जोश' मलीहाबादी

हां उठा ले रूहे - मूसीक़ी[12] रबाबे[13] - ज़रफ़िशां[14]
रक़्स[15] की तशरीह[16] पर माइल[17] है शाइर की ज़बां[18]

रक़्स क्या है ? ख़ाक[19] के दिल में ख़रोशे[20]-कायनात[21]
पैकरे - फ़ानी[22] में गर्मे - नाज़[23], लाफ़ानी[24] हयात[25]

जल्वः - ए - महदूद[26] के दिल में बईमा - ए - शबाब[27]
हुस्ने - लामहदूद[28] बन जाने का शीरीं[29] पेच - ओ - ताब[30]

चांदनी में जू-ए-शीरीं[31] जैसे थम - थमकर[32] बहे
अंखड़ियों की शे'रगोई[33], साइदों[34] के ज़मज़मे[35]

---

1. छोटा-सा, 2. लंबाई, 3. तबले का एक स्टाइल, 4. एक नृत्य, 5. हावभाव 6. अलग, 7. एक नृत्य, 8. शौक़ से, 9. चकराकर, 10. प्रेमी, 11. प्रेम से, 12. संगीत की आत्मा, 13. सितार, वीणा, 14. जिससे सोना झड़े, 15. नृत्य, 16. व्याख्या, 17. उद्यत, तैयार, 18. वाणी, 19. धूल, 20. कोलाहल, 21. दुनिया, 22. नश्वर शरीर, 23. गर्व से उठी हुई, 24. अविनाशी, 25. जीवन, 26. सीमित दर्शन, 27. यौवन के इशारे पर, 28. असीम सौंदर्य, 29. मधुर, 30. आवेग, उलझाव, 31. मीठी नहर, 32. रुक-रुककर, 33. शे'र कहना, 34. बाहु, कलाई, 35. गाना, राग।

महफ़िले - सूरत[1] में लैला - ए - मआनी[2] का बहाव
चश्मके - बेबाक[3] में सय्याल[4] नग़्मों का बहाव

ख़ून में लहरों पे लहरें लहने[5]-बेआवाज़ की
लग़ज़िशों पर लग़ज़िशें[6] मश्क़े - ख़िरामे - नाज़[7] की

ख़ैर समझा दूं ज़रा लाला तो मीना - ए - शराब[8]
रक़्स[9] किस मौक़े[10] पे चेहरे से उलटता है निक़ाब[11]

जब सबा[12] की सनसनाहट और साग़र[13] की खनक
क़ामते-मौज़ूं[14] में बन जाती है, हल्की सी लचक

रक़्स है दरअस्ल[15] बर्नाई[16] का लहने-बेख़रोश[17]
क़ल्बे-नाज़ुक[18] में तमन्ना-ए-हमआग़ोशी[19] का जोश[20]

जुम्बिशे-मिज़गां[21] की रंगीं,[22] मस्त, शीरीं[23] दास्तां[24]
अशवः - ए - तुर्काना[25] की सहरआफ़रीं[26] अंगड़ाइयां

ख़ून की गर्दिश[27] में रह रहकर बरंगे[28]-ज़ीर-ओ-बम[29]
हौसलों[30] की बेक़रारी,[31] वलवलों[32] का पेच-ओ-ख़म[33]

जू-ए-तूफ़ांख़ेज़[34] के सांचे में ढलने की उमंग
भिच के आग़ोशे - तमन्ना[35] में मचलने की उमंग

ख़ाल[36]-ओ-ख़द[37] की नग़्मारेज़ी,[38] अबरूओं[39] की गुफ़्तगू[40]
नर्गिसे - मख़मूर[41] में तुग़ियाने - शर्ह[42] की आरज़ू[43]

---

1. रूप की महफ़िल, 2. अर्थ की प्रेमिका, 3. नज़र के बेबाक इशारे, 4. तरल, द्रव, 5. ध्वनि, 6. डगमगाहट, 7. गर्व की मंदगति का अभ्यास, 8. शराब की सुराही, 9. नृत्य, 10. अवसर, 11. मुखपट, 12. समीर, हवा, 13. प्याला, जाम, 14. मुनासिब क़द, 15. वास्तव में, 16. जवानी, 17. बिना कोलाहल की ध्वनि, 18. कोमल दिल, 19. आलिंगन की अभिलाषा, 20. आवेग, 21. पलकों का हिलना, 22. रंगीन, 23. मधुर, 24. कहानी, 25. तीखी अदा, 26. जादू जगाने वाली, 27. रक्त का चक्कर, 28. की तरह, 29. स्वर का उतार-चढ़ाव, 30. साहस, हिम्मत, 31. व्याकुलता, 32. जोशोख़रोश, 33. मोड़, घुमाव, 34. तूफ़ानी नदी, 35. अभिलाषा का आलिंगन, 36. तिल, 37. कपोल, गाल, 38. गीत छेड़ना, 39. भौं, 40. बातचीत, 41. मस्त आंखें, 42. तूफ़ान की व्याख्या, 43. आकांक्षा।

जज़्बः - ए - बेदार[1] का पाला हुआ ख़्वाबे - गिरां[2]
जुम्बिशे - मिज़गां[3] की गोयाई[4], इशारों की ज़बां[5]

एक ऐसा साज़,[6] माबैने[7] - यक़ीन - ओ-इश्तिबाह[8]
पा सके जिसको न कान और सुन सके जिसको निगाह[9]

'जोश' ! बस ख़ामोश[10] हो पैमाना[11] भरने दे मुझे
झूमकर बरबत[12] उठा और रक़्स[13] करने दे मुझे

रक्क़ासा[14]

सिकन्दर अली 'वज्द'

बदन[15] ज़िंदगी का छलकता पियाला
चमन की बहारों ने फूलों में पाला
जुनूं[16] को नज़ाक़त[17] के क़ालिब[18] में ढाला
उमंगों की लहरों पे बाहर निकाला
निगाहों की जन्नत,[19] दिलों का उजाला
जमाले - अजन्ता[20] जलाले - हिमाला[21]
उठी मौजे-मै[22] की तरह अंजुमन[23] में
तड़पने लगीं बिजलियां जाने-ओ-तन[24] में

क़दे - दिलरुबा[25], हुस्न - बेबाक[26], चंचल
हिलाली भवें[27] रू - ए - रौशन[28] पे बेकल[29]
मदिरा भरे नैन मस्ती[30] से बोझल[31]
लताफ़त[32] मुजस्सम[33], जवानी मुकम्मल[34]
नज़र[35] शेर रफ़्तार[36], नग़्मा मुसलसल[37]

---

1. जाग्रत भावना, 2. बेहोशी की नींद, 3. पलकों का इशारा, 4. वाणी, 5. इशारों की ज़बान, 6. बाजा, वाद्य, 7. बीच में, 8. विश्वास और सन्देह, 9. दृष्टि, 10. चुप, मौन, 11. प्याला, जाम, 12. वाद्य का नाम, 13. नृत्य, 14. नर्तकी, 15. शरीर, 16. उन्माद, 17. कोमलता, 18. गोलंबर, 19. स्वर्ग, 20. अजन्ता का सौंदर्य, 21. हिमालय का तेज़, 22. शराब की लहर, 23. महफ़िल, 24. प्राण और शरीर, 25. आकर्षक क़द, 26. निडर सौंदर्य, 27. चंद्राकार भवें, 28. प्रकाशमान चेहरा, 29. व्याकुल, 30. नशा, 31. झुकी हुई, 32. कोमलता, 33. साकार, 34. पूर्ण, 35. दृष्टि, 36. गति, 37. निरंतर गीत।

छनकते हैं घुंघरू, झनकती है पायल
अजब रंग से रूठकर मन रही है
सरे - बज़्म[1] क़ौसे - क़ुज़ह[2] बन रही है

कभी जोशे - मस्ती[3] में ताऊसे - रक़्सां[4]
कभी चश्मे - नर्गिस[5] के मानिन्द[6] हैरां[7]
कभी सूरते - गुल[8] सरासर[9] परेशां[10]
कभी दुर्रे - ग़लतां[11], कभी मौजे - तूफ़ां[12]
कभी मस्त[13] बादल, कभी बर्क़े - जौलां[14]
कभी सर्वे - सरकश,[15] कभी तेग़े - उरियां[16]
हर इक जल्वा[17] कुछ इस क़दर[18] मुख़्तसर[19] है
तआक़ुब[20] से आजिज़[21] उक़ाबे-नज़र[22] है

अंधेरे में शबताब[23] मशअल[24] जली है
मुख़ालिफ़[25] हवाओं की ज़द[26] पर पली है
अभी खिलनेवाली महकती कली है
जवानी के सांचे में बिजली ढली है
शफ़क़[27] रंग चेहरे पे अफ़शां[28] मली है
दमे - साज़[29] पर जगमगाती चली है
यह भटकी हुई लहर है चांदनी की
तजल्ली[30] में है दिलकशी[31] राज़[32] की सी

ख़याल - आफ़रीं[33] शाहकारे - जवानी[34]
सरापा ख़ुमारे[35] - मए - अर्ग़ुवानी[36]
अदाओं से जज़्बात[37] की तर्जुमानी[38]
निगाहों में गंजीनः[39] हा - ए - मआनी[40]

---

1. महफ़िल में, 2. इन्द्रधनुष, 3. नशे का आवेश, 4. नाचता हुआ मोर, 5. नरगिसी आंख, 6. तरह, प्रकार, 7. आश्चर्यचकित, 8. फूल की तरह, 9. बिल्कुल, 10. व्याकुल, 11. चमकता हुआ मोती, 12. तूफ़ान की मौज, 13. मदोन्मत्त 14. तेज़ बिजली, 15. बाग़ी सरो, 16. नंगी तलवार, 17. दर्शन, 18. इतना, 19. संक्षिप्त, 20. पीछा, 21. विवश, 22. गिद्ध की दृष्टि, 23. चंद्रमा, 24. मशाल, 25. विरुद्ध, 26. लक्ष्य, निशाना, 27. लाल, 28. चमकी, 29. साज़ की लय पर, 30. प्रकाश, 31. आकर्षण, 32. रहस्य, 33. कल्पना जगानेवाली, 34. जवानी का शाहकार, 35. टूटता हुआ नशा, 36. लाल रंग की शराब, 37. भावनायें, 38. प्रतिनिधित्व, 39. ख़ज़ाना, कोष, 40. अर्थ।

हर अंदाज़[1] पर दमबख़ुद[2] नुक़्तादानी[3]
ख़मोशी[4] तकल्लुम[5], तबस्सुम[6] कहानी
छिड़ा राग, धारे[7] मिले हुस्न-ओ-फ़न[8] के
चली नाव संगम पे गंग - ओ - जमन[9] के

कमर ताल के साथ बल खा रही है
नज़र[10] शौक़[11] की आग भड़का रही है
अदा - ए - तबस्सुम[12] ग़ज़ब ढा रही है
सरे - तूरे - दिल[13] बर्क़[14] लहरा रही है
हवा नग़्मः - ए - सरमदी[15] गा रही है
यहां अक़्ल[16] को नींद सी आ रही है
सरापा हक़ीक़त[17] बनी है फ़साना[18]
निशाने - क़दम[19] चूमता है ज़माना[20]

उदय शंकर

'अख़्तर' अंसारी

किसी नग़्मे[21] की लय है तेरा जिस्म[22]
या सितारों की कांपती तस्वीर

किसी सन्नाअ[23] की हसीं[24] सनअत[25] ?
किसी बुतगर[26] के ख़्वाब[27] की ताबीर[28] ?

था मगर इक वुजूदे - रूमानी[29]
जिसकी हो शे'रियात[30] से तामीर[31]

---

1. अदा, 2. स्तब्ध, 3. गुणग्राहकता, 4. मौन, 5. बातचीत, 6. मुस्कुराहट, 7. धारायें, 8. सौंदर्य और कला, 9. गंगा और यमुना, 10. दृष्टि, 11. प्रेम, 12. मुस्कुराहट, 13. दिल के तूर पर, 14. बिजली, 15. शाश्वत गीत, 16. बुद्धि, 17. यथार्थ, 18. कहानी, 19. क़दमों के निशान, पदचिह्न, 20. संसार, 21. गीत, 22. शरीर, 23. शिल्पकार, 24. सुंदर, 25. कलाकृति, 26. मूर्तिकार, 27. स्वप्न, 28. स्वप्न-फल, 29. रूमानी अस्तित्व, 30. काव्यात्मकता, 31. निर्माण।

नर्म[1] आज़ा[2] की जांगुदाज़[3] लचक
दिल पे रह रह के मारती है तीर

हाथ की सहर - आफ़रीं[4] जुम्बिश[5]
खींचती है हवा पे इक तस्वीर[6]

भरते आते हैं आंख में आंसू
हाय रक़्स[7] और इस क़दर[8] दिलगीर[9]

हर अदा - ए - जमील[10] है गोया
दर्द की शरह[11], सोज़[12] की तफ़सीर[13]

फिर भी रक़्क़ास[14] ! जी मलूल[15] नहीं
है तेरे फ़न[16] से रूह[17] लज़्ज़तगीर[18]

सरगम

'मुख़्तार' सिद्दीक़ी

लब[19] पे आ जाते संगीत सहारे साक़ी[20]
वलवले[21] दिल के अगर ग़म[22] से संवरना सीखें
वो ज़बां[23]–जो है शफ़क़[24], फूल सितारे साक़ी
हम भी पा लेते हैं गर ज़िंदगी करना[25] सीखें

बात बन जाती है तरकीब[26] सुरों की साक़ी
हर तास्सुर[27] से नए रूप में ढल जाती है
फिर कोई बात नहीं रहती है बाक़ी साक़ी
और हर बात पे तरकीब बदल जाती है

---

1. कोमल, 2. अंग-प्रत्यंग, 3. कष्टदायक, 4. जादू जगानेवाली, 5. हिलना-डुलना, 6. चित्र, 7. नृत्य, 8. इतना, 9. उदास, 10. सुंदर हाव-भाव, 11. व्याख्या, 12. जलन, 13. टीका, 14. नर्तक, 15. दुखी, उदास, 16. कला, 17. आत्मा, 18. आनंदप्रद, 19. होंठ, 20. शराब पिलानेवाला, 21. जोश, 22. शोक, 23. वाणी, 24. लाली, 25. जीना, 26. क्रम, 27. प्रभावित होना।

ऐसे जज़्बों[1] की उठानें यहीं हैं साक़ी
लफ़्ज़[2]-ओ-मआनी[3] के तिलिस्मात[4] से जो हैं आगे
उन ख़यालों[5] की उड़ानें भी यहीं हैं साक़ी
यूं, कही अनकही हर बात से जो हैं आगे

नाज़ुक[6] एहसास[7] की रंजूरियां[8] सारी साक़ी
और तन्नाज़[9] तमन्ना[10] के तक़ाज़ों[11] की चुभन
नये अरमानों[12] की वो लाग[13] हटीली साक़ी
और वो सांझ सवेरे की दुआओं[14] का चलन

रोज़-ओ-शब[15] रोते हुए दिल की पुकारें साक़ी
रुत[16] के गहवारों[17] में पलते हुए लाखों फ़ितने[18]
और ये सजती संवरती हुई नारें साक़ी
जिनकी सरमस्ति[19]-ओ-रानाई[20] के पहलू इतने

ये सुरें रखती हैं ऐसे कई आलम[21] साक़ी
वो भी हैं जो किसी तख़लीक़[22] की हद[23] में भी नहीं
है वो पहनाई[24] लचकती हुई सरगम साक़ी
वुसअतें[25] जिसकी अज़ल[26] क्या है अबद[27] में भी नहीं

ख़याल दरबारी

'मुख़्तार' सिद्दीक़ी

उनके गाने में है प्रकाश ज़रा देखो तो
एक इक तान से हैं नूर[28] के सोते[29] जारी[30]
तीन सदियों[31] के शब-ओ-रोज़[32] जिलौ[33] में लेकर
सीकरी[34] लाई है गम्भीर, सजिल दरबारी[35]

---

1. भावना, 2. शब्द, 3. अर्थ, 4. जादू, इन्द्रजाल, 5. कल्पना, 6. कोमल, 7 भावना, 8. उदासियां, 9. उल्लासमय, 10. आकांक्षा, 11. मांग, 12. तमन्ना, 13. लगन, 14. प्रार्थना, 15. दिन-रात, 16. मौसम, 17. पालना, 18. उपद्रव, 19. उन्मत्तता, 20. शृंगार, 21. संसार, 22. सृष्टि, 23. सीमा, 24. गहराई, 25. फैलाव, 26. अनादि काल, 27. अनंत काल, 28. प्रकाश, 29. स्रोत, 30. प्रवाहित, 31. शताब्दियों, 32. रात-दिन, 33. दामन, 34. फ़तेहपुर सीकरी, 35. एक राग।

ये दर - ओ - बाम[1] हैं सावंत मुग़ल का परतौ[2]
है सुतूनों[3] की नफ़ासत[4] से अयां[5] संगीनी[6]
ऊंची मेहराबों[7] के घेरे में कुशादा[8] ऐवां[9]
जिसने बेबाक[10] इरादों से बलन्दी[11] छीनी

इसी ऐवान[12] में है अकबरे - आज़म[13] का जुलूस
सोने चांदी के सितारों से छतें हैं आकास
अनगिनत झाड़, दमकती[14] हुई लाखों शम्यें[15]
ख़िलअतें[16] जिनकी हैं बिल्लूर[17] के शफ़्फ़ाफ़[18] लिबास[19]

अहले - दरबार[20] ! ख़बरदार निगाहें नीची !
इन सदाओं[21] में वो हैबत[22] है कि दिल थर्राए
हाथ बांधे हैं हुज़ूरी[23] में अमीराने - कबीर[24]
आई आवाज़ कि तशरीफ़ शहंशाह लाए
हज़रते - गेती - पनाह[25] अकबरे - आज़म आये !
कोई नज़रें न उठाने पाये !
अकबरे-आज़म आये !

स्थायी :

तुर्कमां[26] हजरते-अकबर आयो !
उप बली,[27] तप बली,[28] दुनिया में .ख़ुदा का साया
जिनका दम भरता है इंसां[29], मुल्क[30], चौपाया[31]
उनके हम आप न बलि बलि जइये ?
मरने-जीने का अगर इनसे बन्धनवा[32] बांधो

---

1. दरवाज़े और छतें, 2. अक्स, प्रतिबिम्ब, 3. खम्बा, 4. स्वच्छता, 5. प्रकट, 6. दृढ़ता, 7. दरवाज़ों की गोलाई, 8. लंबे-चौड़े, 9. प्रासाद, महल, 10. निडर, 11. ऊंचाई, 12. महल, 13. महान अकबर, 14. चमकती, 15. चराग़, 16. लिबास, 17. शीशा, 18. स्वच्छ, 19. वस्त्र, 20. दरबारी, 21. आवाज़ों 22. डर, भय, 23. सेवा, 24. धनी-मानी, श्रीमान, 25. संसार को शरण देनेवाला, 26. तुर्की वंश के, 27. गीत का बोल, 28. गीत का बोल, 29. मानव, 30. देश, 31. पशु, 32. बन्धन।

पार बेड़ा हो कि है पीर[1] हमारा सांचो[2] !
तुर्कमां हजरते-अकबर आयो—हजरते-अकबर आयो !!

अंतरा :

आले-तैमूर[3] के सूरज की तजल्ली[4] फैली
दुख दलिद्दर[5] के घटाटोप[6] अंधेरे भागे
वो उजाला कि जुग जुग के नसीबे[7] जागे
एरी जुग जुग के नसीबे जागे
दो जहां[8] मतलः-ए-अनवार[9] हुए हैं देखो
तुर्कमां हजरते-अकबर आयो—हजरते-अकबर आयो !!

फैलाव :

रौशनी[10] तेज़ हुई
रौशनी तेज़ हुई शम्ओं[11] की
रौशनी तेज़ हुई शम्ओं की, फ़ानूसों[12] की
रौशनी तेज़ हुई शम्ओं की, फ़ानूसों की और शब[13] की दुल्हन
रौशनी तेज़ हुई शम्ओं की फ़ानूसों की और शब की दुल्हन
शरमाई

रौशनी तेज़ हुई, शम्ओं की, फ़ानूसों की और शब
की दुल्हन शरमाई, लजाकर सिमटी
रौशनी तेज़ हुई, शम्ओं की, फ़ानूसों की और शब
की दुल्हन शरमाई, लजाकर सिमटी, सिमटकर बैठी
इन्हीं शम्ओं ने दिया चांद का झूमर उसको
दो जहां मतलः-ए-अनवार हुए, देखो तो
तुर्कमां हजरते-अकबर आयो—हजरते-अकबर आयो !!

---

1. मुर्शिद, 2. सच्चा, 3. तैमूर की औलाद, 4. प्रकाश, 5. दरिद्रता, 6. गहरे, 7. भाग्य, 8. दोनों जहान, 9. प्रकाशमान, 10. प्रकाश, 11. चराग़, 12. शीशे का बना हुआ चराग़दान, 13. रात।

जोत[1] गानों की बुझी, बीते ज़माने[2] भागे
खेंच लीं तीन सौ बरसों ने तनाबें[3] अपनी
क़स्रे-वीरां[4] में कहीं बूम[5] का नौहा[6] गूंजा
सौंप दी राग ने इस नौहे को ख़्वाबें[7] अपनी

बेकरां[8] रात से मेहराब[9] की रिफ़अत[10] दूनी[11]
और मैं सायः-ए-मेहराब[12] में हूं उफ़्तादा[13]
ख़ुश्क[14] ख़न्दक़[15] से उधर कोहे-गिरां[16] दीवारें
अब कहां जाऊं कि रहबर[17] न निशाने-जादा[18]
किस ख़राबे[19] में मुझे छोड़ गयी दरबारी ?

ख़याल एमन कल्यान

'मुख़्तार' सिद्दीकी

विलंबित :

दौड़ते जाते हैं हर सिम्त[20] धुंदलकों[21] के नक़ीब[22]
सुरमई[23] धूल में हर शै[24] है न पिन्हां[25] न अयां[26]
बेकरां[27] साये धुले जाते हैं सन्नाटे में
कोई तारा भी अभी निकला नहीं—चांद कहां !

उफ़ यह बेपायां[28] सियाही[29] की तहों की तरतीब[30]
किश्ते - मग़रिब[31] के खिले फूल न यूं कुम्हलायें
कोई तारा भी नहीं, चांद नहीं, वो भी नहीं
इन अंधेरों से कहूं, अब तो सजन घर आयें
ग़म की मारी को न यूं तरसायें
अब तो सजन घर आयें

1. ज्योति, 2. समय, 3. तम्बू की रस्सी, 4. वीरान महल, 5. उल्लू, 6. शोकालाप, 7. नींदें, 8. असीम, 9. दरवाज़े की गोलाई, 10. ऊंचाई, 11. दोगुनी, 12. मेहराब का साया, 13. पड़ा, 14. सूखी, 15. खाई, 16. भारी पहाड़, 17. मार्ग-दर्शक, 18. रास्ते का निशान, 19. खंडहर, 20. दिशा, 21. हल्का अंधेरा, 22. चोबदार, 23. सुरमे के रंग की, 24. वस्तु, 25. गुप्त, 26. प्रकट, 27. असीम, 28. असीम, 29. कालक, अंधेरा, 30. क्रम, 31. पश्चिम की खेती।

काकुलें[1] खोल के बालों को झटकती हुई शाम
मुझसे कहती है कि मैं हूं तो कहीं रात न दिन
शब[2] की वुसअत[3] मेरे सीने के ख़ला[4] से लिपटी
ए री आली[5] न पड़े चैन मुझे तो पी बिन
बेकली[6] डसती है पल पल, छिन छिन
ए री आली पी बिन !

हल्क़ा दर हल्क़ा[7] सियाही,[8] वो हुई पा-ब रकाब[9]
करवटें लेता है हर सिम्त[10] अंधेरों का सराब[11]
ए री आली यह अंधेरों का सराब
चार आंखें कभी इनसे न करेगा महताब[12]
उफ़ ख़लाओं[13] का यह रक़्से - बेताब[14]
कैसी बेताबी[15] इन्हें डसती है पल पल छिन छिन
एरी आली न पड़े चैन उन्हें भी पी बिन
ए री आली पी बिन

द्रुत :

छट गयी तारों की अफ़शां[16] तो पिया घर आये
मोरे पिया घर आये

अब किसी वादे[17] की उलझन न हमें तड़पाए
मोरे पिया घर आये
आ गये मोरे पिहरवा, मैं गयी बलिहारी
नेक नजर पर वारी
अब किसी वादे की उलझन न हमें तड़पाए
मोरे पी आये, मैं औलादे-अली[18], आले-नबी[19] पर वारी
आले-नबी पर वारी

---

1. लटें, बाल, 2. रात, 3. विस्तार, फैलाव, 4. शून्य, 5. सखी, 6. व्याकुलता, बेचैनी, 7. घेरे के अन्दर घेरा, 8. अन्धकार, 9. पांव रकाब में, चलने को तैयार, 10. चारों ओर, 11. मरीचिका, 12. चंद्रमा, 13. शून्य, 14. बेचैन नृत्य, 15. बेचैनी, 16. चमक, 17. वचन, 18. हज़रत अली की संतान, 19. नबी की संतान।

केदारा का एक रूप*

'मुख़्तार' सिद्दीक़ी

रात भीगी, ओट से कुहसार[1] की निकला है चांद
चाक दामानों[2] के सीने भी कता[3] होंगे अभी
खिलती रुत[4] के नर्म[5] झोकों को थपकता है सुकूत[6]
मिटते तारे जुगनुओं के अर्मुग़ा[7] होंगे अभी
सोज़े - ग़म[8] में बस चली हैं, सीमबर[9] रानाइयां[10]
दिल के अरमां[11] दास्तां दर दास्तां[12] होंगे अभी

आलाप :

और सीमा - ए - जहां[13] का अब तो दिल है चांदनी
दमबख़ुद[14] पेड़ों को, साकित[15] झील को, बेगाना[16] सब्ज़े[17] को है
मदहोशी[18] का सामां[19] चांदनी
रात की रानी की मतवाली, घनी ख़ुशबू[20] को मख़मूरी[21] का उनवां[22]
चांदनी
शहर - ओ - सहरा[23] में भटककर, मुज़महिल[24] है चांदनी
और - नींदों की गिरांबारी[25] में आसूदा[26] हुई
ख़स्ता[27] सामां चांदनी
इस ख़मोशी[28] के फ़ुसूं,[29] फैले सुकूं[30] की अब है गोया
जाने-जानां[31] चांदनी

स्थाई ** :

आज सब मुब्हम[32] उमंगें, गुंग[33] शिकवों[34] में निहाल[35]
चांद ने छीना है, अरमानों[36] के मुंह से यह सवाल

---

1. पर्वत, 2. जिनके दामन फट चुके, 3. विच्छेद, 4. मौसम, 5. कोमल, 6. निस्तब्धता, 7. उपहार, भेंट, 8. शोक की जलन, 9. चांदनी जैसा शरीर, 10. सुंदरता, 11. अभिलाषा, 12. कहानियों के अन्दर,· 13. संसार, 14. स्तब्ध, 15. स्थिर, 16. अपरिचित, 17. हरियाली, 18. मदोन्मत्तता, 19. सामान, 20. सुगंध, 21. नशा, 22. शीर्षक, 23. जंगल, 24. शिथिल, 25. बोझल, 26. तृप्त, संतुष्ट, 27. घायल, थकित, 28. मौन, 29. जादू, 30. शांति, 31. प्राण, 32. अस्पष्ट, 33. गूंगे, 34. शिकायतें, 35. मालामाल, 36. आकांक्षा।

* नोट : केदारा चांदनी का राग है जिसमें बुनियादी जज़्बा शिकायत है, इसकी पेशकश में हुस्ने-तरकीब (शृंगार रस) का ख़ास ख़याल रखा जाता है।

** इस सारे बन्द में, सा, मा, की सुरों यानी इन आवाज़ों का ख़ास इलतिज़ाम किया गया है।

हम तो महरूमी[1] की राहें तकते तकते मर चले
मुन्तज़िर[2] है कौन ? जानां[3] तुम जो बन-ठनकर चले !
जानां तुम जो बन-ठनकर चले !!

उजड़े उजड़े दिन, अंधेरी कोर[4] रातें भी वबाल[5]
चांदनी के खेत में भी हाल तुझ बिन है यही
कोई रुत[6] हो, हम हैं और यह ख़ुद कलामी[7] का अज़ाब[8]

जैसे इन हालों[9] जिये जाने[10] का ज़ामिन[11] है यही
हम जो हैं मजबूर[12], यह भी ख़ूबि-ए-तक़दीर[13] है
तुम गुरेज़ां[14] हो, गुरेज़ो-नाज़[15] का सिन[16] है यही !!

फैलाव :

और अब पेड़ों की ऊंची कोंपलें भी हो रही हैं ज़र-निगार[17]
चांद औजे-आसमां[18] पर आ चुका, हर शै[19] हुई आईनादार[20]
साए सिमटे, शाख़ों[21] और पत्तों से छनती आ रही है चांदनी
हुस्न[22] की ज़ोहरावशी[23] का रूप, बेमेहरी[24] का रंगे-नाज़[25] बनती
जा रही है चांदनी
हम इसी आलम[26] में महरूमी[27] की राहें तकते-तकते मर चले
मुन्तज़िर[28] है कौन ? जानां[29] तुम जो बन-ठनकर चले
जानां तुम जो बन-ठनकर चले

---

1. दुर्भाग्य, 2. प्रतीक्षा में, 3. प्यारी, 4. ज्योतिहीन, 5. बोझ, कठिन, 6. मौसम, 7. स्वयं से बात करना, 8. यातना, 9. दशा, 10. जीवित रहने, 11. प्रतिभू, 12. असमर्थ, विवश, 13. भाग्य 14. विरिक्त, 15. विरक्ति और गर्व, 16. उम्र, 17. स्वर्णजटित, 18. गगन की ऊंचाई, 19. वस्तु, 20. जिससे आईना दिखाने की सेवा ली जाये, 21. डालियां, 22. सौंदर्य, 23. शुक्रग्रह जैसी, 24. बेवफ़ाई, 25. सौंदर्य का रग, 26. दशा, 27. दुर्भाग्य, 28. प्रतीक्षा में, 29. प्यारी।

रसूलन बाई की नज़्र

हसन नईम

रागिनी इस्मत - दरीदा[1], राग ख़ंजर - दर - गुलू[2]
जितने सुर थे ताल का दामन पकड़कर सो गये
कौन इस आलम[3] में सुनता नग़्मः-ए-ख़ूने-रवां[4]
शाम के क़दमों पे कटकर सुब्ह का बाज़ू[5] गिरा

दोपहर का जिस्म[6] झुलसा[7]
वक़्त सहन - ओ - बाम[8] पर नंगा फिरा
कूचः-ओ-बाज़ार[9] से बू-ए-रिफ़ाक़त[10] लौट कर आई नहीं
वो विलंबित हो कि धुपद, सबसे मक़तल[11] की फ़ुग़ां[12]
बेनवा[13] की रूह[14] आवारा हवा से पूछने को चल पड़ी
किस समय का राग गाऊं ?
किन धुनों में ग़म[15] कहूं ?
किस कवि का पांव पकड़ूं ?
किस कथा में जा छुपूं ?
कौन आहों[16] की लपक[17] से, हड्डियों के सोज़[18] से
देखना है अब जलाता है दिये
क़ातिलों का हाथ पकड़े साज़ बैठे हैं अभी

---

1. जिसका सतीत्व लूट लिया गया हो, 2. जिसके गले पर छुरी रखी हो, 3. दशा, दुनिया, 4. बहते हुए रक्त का गीत, 5. बाहु, बांह, 6. शरी, 7. जल गया, 8. आंगन और छत, 9. गलियां और बाज़ार, 10. मैत्री की गन्ध, 11. वधस्थल, 12. आर्तनाद, 13. बेआवाज़, 14. आत्मा, 15. शोक, 16. आर्तनाद, 17. आंच, 18. जलन।

लता मंगेशकर

'अख़्तर' अंसारी

जैसे इक हुजरा[1] कि हो तारीक[2] और ठिठरा हुआ
नाचते रहते हों दिन में जहां रातों के साये
खुल पड़े उसमें दरीचा[3] जानिबे[4]-मश्रिक़[5] कोई
और सूरज बनके रंग-ओ-नूर[6] का तूफ़ां[7] दर आये[8]

जैसे सावन की कोई बेहद अंधेरी रात हो
इक भयानक तीरगी[9] हो हर तरफ़ डेरा जमाए[10]
और इस पुरहौल[11] आलम[12] में फ़राज़े-चर्ख़[13] पर
इक शरारा[14] यानी इक नन्हा सा तारा जगमगाए

जैसे एहसासे-तअल्लुम[15] की फ़रावानी[16] के वक़्त
ज़िह्न[17] में हो यक-ब-यक[18] रंगीं[19] ख़यालों[20] का गुज़र[21]
और दिल में बारिशे - अनवार[22] सी होने लगे
दौड़ जाये इक उजाला सा दर - ओ - दीवार[23] पर

यह हमारे रोज़-ओ-शब[24], यह ख़रख़शे[25], यह जद्दोजिहद[26]
जब यह आलम[27] हो तो क्या कोई हंसे क्या रो सके
फ़न[28] की चाहत[29] के लिए दरकार[30] है ग़म[31] से फ़राग़[32]
सच तो यह है जी[33] ठिकाने हो तो सब कुछ हो सके

फिर भी तेरी ज़ोहरा आहंगी[34] नशाते-गोश[35] है
दरखुरे - तौसीफ़[36] है गाना तेरा हर हाल में
जिसकी धुन पर वज्द[37] करता है मज़ाके-सामिआ[38]
लायक़े-तहसीं[39] है वो नग़्मा[40] तिरा हर हाल में

---

1. कोठरी, 2. अंधेरा, 3. खिड़की, 4. ओर, 5. पूर्व, 6. रंग और प्रकाश, 7. तूफ़ान, 8. घुस आये, 9. अंधकार, 10. छाई हुई, 11. भयानक, 12. दशा, 13. गगन की ऊंचाई, 14. चिंगारी, 15. पीड़ा का अनुभव, 16. अधिकता, 17. बुद्धि, मस्तिष्क, 18. सहसा, 19. सुंदर, 20. विचारों, 21. प्रवेश, 22. प्रकाश (ब. व.), 23. दरवाज़े और दीवार, 24. दिन-रात, 25. विघ्न, परेशानी, 26. संघर्ष, 27. हालत, दशा, 28. कला, 29. प्रेम, 30. आवश्यक, 31. शोक, 32. अवकाश, 33. दिल, 34. वीनस जैसी आवाज, 35. कानों का सुख, 36. प्रशंसा के योग्य, 37. झूमना, 38. सुननेवालों का ज़ौक़, 39. सराहना योग्य, 40. गीत।

एक जादू है वो नग़्मा जो क़तार अन्दर क़तार[1]
इम्बिसात[2]-ओ-कैफ़[3]-ओ-बहजत[4] के दिये रौशन करे[5]
एक अफ़्सूं[6] है वो लय जो कारवां दर कारवां
लज़्ज़ते - फ़न[7] की मुहब्बत[8] के दिए रौशन करे

इक बशारत[9] है वो लहने-दिलफ़रेब[10]-ओ-दिलरुबा[11]
लाखों ज़िहनों[12] पर जो फेंके सहरे-मूसीक़ी[13] का जाल
लाखों ज़िहनों को जो बख़्शे[14] एक ख़ुशआयन्द[15] ख़याल[16]
एक पाकीज़ा[17] तहैयुर,[18] एक मासूम[19] इंफ़आल[20]

जिससे लाखों ख़ुफ़्ता[21] रूहें[22] चौंक कर बेदार[23] हों
लाखों ख़्वाबीदा[24] दिमाग़ अंगड़ाइयां लेने लगें
लाखों सीनों में सुलग उट्ठें तमन्नाओं[25] की आंच
लाखों दिल इस तरह जल उठें कि लौ देने लगें

जिसके दम से लाखों इंसानी घरों में रात दिन
बेशुमार[26] इंसान, ग़म[27] से बोझ को हल्का करें
अनगिनत आबादियां[28] इंसान की सुब्ह-ओ-मसा[29]
जिसकी दिलआवेज़[30] गूंजों से पड़ी छलका करें

सहर[31] है वो साज़[32] जिसके पर्दे में यह ज़िंदगी
इक सुहानी दास्ता[33] कहती हुई मालूम हो
वो नवा[34] एजाज़[35] है जिसके असर से कायनात[36]
गीत के तूफ़ान में बहती हुई मालूम हो

---

1. पंक्तियों के अन्दर 2. आनंद, 3. मस्ती, 4. ख़ुशी, आनंद, 5. जलाए, 6. जादू, 7. कला का आनंद, 8. प्रेम, 9. ख़ुशख़बरी, 10. आकर्षक आवाज़, 11. मोहक, 12. मस्तिष्क, 13. संगीत का जादू, 14. प्रदान करे, 15. नेक, अच्छा, 16. कल्पना, 17. पवित्र, 18. विस्मय, आश्चर्य, 19. निष्पाप, 20. लज्जा, शर्म, 21. सुप्त, 22. आत्मायें, 23. जाग्रत, 24. नींद में डूबे हुए, 25. आकांक्षा, 26. अनगिनत, 27. शोक, 28. बस्तियां, 29. सुबह-शाम, 30. मनमोहक, 31. जादू, 32. वाद्य, 33. कहानी, 34. आवाज़, 35. चमत्कार, 36. ब्रह्मांड।

लता मंगेशकर के नाम

'मजरूह' सुल्तानपुरी

मुझसे चलता है सरे - बज़्म[1] सुख़न[2] का जादू
चांद लफ़्ज़ों[3] के निकलते हैं मिरे सीने से
मैं दिखाता हूं ख़यालात[4] के चेहरे सबको
सूरतें[5] आती हैं बाहर मिरे आईने से

हां मगर आज मिरे तर्ज़े - बयां[6] का यह हाल
अजनबी[7] कोई किसी बज़्मे - सुख़न[8] में जैसे
वो ख़यालों के सनम[9] और वो अल्फ़ाज़[10] के चांद
बेवतन हो गये अपने ही वतन[11] में जैसे

फिर भी क्या कम है जहां रंग न खुशबू[12] है कोई
तेरे होंठों से महक[13] जाते हैं अफ़कार[14] मिरे
मेरे लफ़्ज़ों[15] को जो छू लेती है आवाज़ तिरी
सरहदें[16] तोड़ के उड़ जाते हैं अशआर[17] मिरे

तुझको मालूम नहीं या तुझे मालूम भी हो
वो सियहबख़्त[18] जिन्हें ग़म[19] ने सताया बरसों
एक लम्हे[20] को जो सुन लेते हैं नग़्मा[21] तेरा
फिर उन्हें रहती है जीने की तमन्ना[22] बरसों

जिस घड़ी डूब के आहंग[23] में तू गाती है
आयतें[24] पढ़ती है साज़ों[25] की सदा तेरे लिए
दम - ब - दम[26] ख़ैर मनाते हैं तिरी चंग-ओ-रबाब[27]
सीना-ए-नै[28] से निकलती है दुआ तेरे लिए

---

1. महफ़िल में, 2. शाइरी, 3. शब्द 4. विचार, 5. रूप, 6. बयान का ढंग, 7. अपरिचित, 8. कवियों की गोष्ठी, 9. मूर्तियां, बुत, 10. शब्द, 11. देश, 12. सुगंध, 13. सुगंध, 14. विचार, ख़याल, 15. शब्दों, 16. सीमायें, 17. शेर, (ब.व.) 18. अभागे, 19. शोक, दुख, 20. क्षण, 21. गीत, 22. अभिलाषा, 23. आलाप, 24. क़ुरआन का वाक्य, 25. वाद्य, 26. हर वक़्त, 27. चंग और वीणा, 28. बांसुरी का सीना।

नग़्मः - ओ - साज़[1] के ज़ेवर से रहे तेरा सिंगार
हो तिरी मांग में तेरे ही सुरों की अफ़शां[2]
तेरी तानों से तिरी आंख में काजल की लकीर
हाथ में तेरे ही गीतों की हिना[3] हो रख़शां[4]

इकतारे का जादू

'जोश' मलीहाबादी

बर्क़[5] पर्वर[6] ज़िंदगी वाबस्ता-ए-सद पेच-ओ-ताब[7]
अब्र[8] की बारीक चादर, दोपहर का आफ़ताब[9]

हाशिये[10] पर शहर के, इक बाग़, वीरान-ओ-तबाह[11]
बाग़ के दामन में इक उजड़ी हुई सी शाहराह[12]

गामज़न[13] इस रास्ते पर एक पीरे - नातवां[14]
हात में 'इकतारा' लब[15] पर रागिनी की सिसकियां

तुन्दरौ[16] झोंकों के शाने[17] पर हरारत[18] का दबाव
जिनमें इकतारे की आवाज़ों का बे परवा बहाव

लर्ज़िशों[19] से तार की फीकी फ़ज़ा[20] में इक कसक[21]
इब्तिदा-ए-इश्क़[22] में जिस तरह नब्ज़ों[23] की धमक[24]

दे तो दूं तश्बीह[25], लेकिन किसको आयेगा यक़ीं[26]
आंसुओं की रागिनी से अंजुमन[27] वाक़िफ़[28] नहीं

---

1. गीत और वाद्य, 2. चमक, 3. मेंहदी, 4. चमकीला, 5. बिजली, 6. पालनेवाला, 7. सैकड़ों मोड़ों में उलझी हुई, 8. बादल, 9. सूर्य, 10. किनारा, 11. नष्ट-भ्रष्ट, 12. राजमार्ग, 13. गतिशील, 14. दुर्बल वृद्ध, 15. होंठ, 16. तेज़ वेगशील, 17. कंधे, 18. बुख़ार, गर्मी, 19. कम्पन, 20. वातावरण, 21. दर्द, चुभन, 22. प्रेम का आरम्भ, 23. नाड़ी, 24. गति, 25. उपमा, 26. विश्वास, 27. महफ़िल, 28. परिचित।

इस मज़े[1] के साथ जां - अफ़रोज़[2] तानें मुज़्महिल[3]
करवटें सीने में ले जिस कर्ब[4] से शाइर का दिल

यूं लरज़ते[5] साज़[6] के बेचैन शोबे[7] दिलनशीं[8]
पेंग ले जिस तर्ह कोई फ़ितनः[9]-ए-दुनियां-ओ-दीं[10]

अंतरों में झुटपुटे के वक़्त की सी आबेः-जू[11]
ज़ीर - ओ - बम[12] के लोच[13] में रफ़्तारे-नब्ज़े-आरज़ू[14]

रागिनी की नर्म लहरें, जागती सोती हुई
बह रही है पर्दाहा - ए - दिल[15] से मस[16] होती हुई

ज़र्रा ज़र्रा[17] इक नए सांचे में ढलने के क़रीब[18]
आलमे - अस्बाब[19] है गोया पिघलने के क़रीब

ढोलक का गीत

'अख़्तर' अंसारी

यह गीत वो दिलकश[20] सावन है
हो जिससे इबारत[21] दिल की बहार
तख़ईल[22] के ताइर[23] की चहकार
नाज़ुक[24] से हसीं[25] बोलों की फुआर
यह गीत वो दिलकश सावन है

1. आनंद, 2. प्रकाशमान करनेवाला, 3. शिथिल, सुस्त, 4. कष्ट, 5. कांपते, 6. वाद्य, 7. विभाग, 8. मनमोहक, 9. उपद्रव, 10. दीन और दुनिया, 11. नदी, 12. उतार-चढ़ाव, 13. लचक, 14. आरज़ू की नाड़ी की गति, 15. दिल के पर्दे, 16. छूना, स्पर्श, 17. कण-कण, 18. निकट, 19. संसार, 20. आकर्षक, 21. वर्णन, 22. कल्पना, 23. पक्षी, 24. कोमल, 25. सुंदर।

यह गीत वो रंगीं दामन है
जिसमें हों भरे रूमान[1] के फूल
अश्कों[2] के गुहर[3], अरमान[4] के फूल
इदराक[5] के गुल,[6] इरफ़ान[7] के फूल
यह गीत वो रंगीं दामन है

यह गीत वो बजता झांझन है
हो जिसमें निहां[8] इक ज़मज़माज़ार[9]
इठलाती जवानी की रफ़्तार[10]
बदमस्त[11] अदाओं[12] की झंकार
यह गीत वो बजता झांझन है

यह गीत वो क़ातिल[13] चिल्मन[14] है
मस्तूर[15] हो जिसमें कोई हीर
नाहीद ख़िसाल[16] - ओ - माहे - मुनीर[17]
इक बांकी छुरी तीखी शमशीर[18]
यह गीत वो क़ातिल चिलमन है

यह गीत वो ताबां[19] गुलशन[20] है
हो जिसमें बहारों की रौनक़[21]
रावी के नज़ारों[22] की रौनक़
झेलम के किनारों की रौनक़
यह गीत वो ताबां गुलशन है

पंजाब के दिल की धड़कन है
यह अहले - ग़िना[23] की जीत नहीं
यह साज़ नहीं, संगीत नहीं
यह गीत नहीं, यह गीत नहीं
पंजाब के दिल की धड़कन है

---

1. मुहब्बत, 2. आंसू, 3. मोती, 4. आकांक्षा, 5. ज्ञान, बुद्धि, 6. फूल, 7. ब्रह्मज्ञान, 8. गुप्त, छुपे हुए, 9. गीतों-भरा उपवन, 10. गति, 11. नशे में मस्त, 12. हाव-भाव, 13. बधिक, क़त्ल करनेवाला, 14. परदा, 15. पोशीदा, छिपी हुई, 16. ज़ोहरा तारे की तरह खूबसूरत, 17. प्रकाशमान चांद, 18. तलवार, 19. उज्ज्वल, चमकदार, 20. उपवन, 21. शोभा, 22. दृश्य, 23. संगीतज्ञ।

हुसैन का आर्ट

सिकन्दर अली 'वज्द'

बेहिजाब[1] तस्वीरें, बेपनाह[2] शम्शीरें[3]
दिलफ़रेब[4] ख़्वाबों[5] की बेलिहाज़[6] ताबीरें[7]

शहरे - शादि - ओ - ग़म[8] के शानदार[9] वीराने
फ़िक्र-ओ-फ़न[10] की महफ़िल[11] के जानदार अफ़साने[12]

आरज़ू[13] का हंगामा[14], पैकरों[15] की बेदारी[16]
परफ़शां[17] अदाओं[18] में सादगी - ओ - पुरकारी[19]

मिस्ले-सुब्ह[20] रौशन[21] हैं रम्ज़-ओ-राज़[22] फ़ितरत[23] के
रंग-ओ-ख़त[24] में लर्ज़ां[25] हैं रूप देखे अनदेखे

नग़्माख़्वां[26] लकीरों से दिलकशी[27] बरसती है
ताबनाक[28] रंगों में रक़्से - रूहे - हस्ती[29] है

फूल का तबस्सुम[30] है, तिफ़्ल[31] का तकल्लुम[32] है
शेर का तरन्नुम[33] है, सैल[34] का तलातुम[35] है

दिलनशीं[36] निगाहों[37] में, दिलफ़िगार[38] आहें[39] हैं
मंज़िले - तमन्ना[40] की दिलनवाज़[41] राहें[42] हैं

नक़्श[43] हैं नए अरमां[44], नौबहार[45] चेहरों पर
लोचदार[46] जिस्मों[47] में जज़्बे[48] - वस्ल[49] का जौहर[50]

---

1. बेपर्दा, 2. अत्यधिक, 3. तलवारें, 4. आकर्षक, 5. स्वप्न, 6. निस्संकोच, 7. स्वप्न-फल, 8. हर्ष और शोक का नगर, 9. भव्य, 10. चिंतन और कला, 11. गोष्ठी, 12. कहानियां, 13. आकांक्षा, 14. कोलाहल, 15. आकार, 16. जागना, 17. पर फैलाए हुए, 18. हावभाव, 19. चालाकी, 20. सुबह की तरह, 21. प्रकाशमान, 22. रहस्य और भेद, 23. कुदरत, प्रकृति, 24. रंग और रेखायें, 25. कम्पायमान, 26. गाती हुई, 27. आकर्षण, 28. आभायुक्त, 29. अस्तित्व की आत्मा का नृत्य, 30. मुस्कुराहट, 31. शिशु, 32. बातचीत, 33. माधुर्य, 34. प्रवाह, बहाव, 35. वेग, बाढ़, 36. दिल में घुस जानेवाली, 37. नज़र, 38. हृदय-विदारक, 39. आर्तनाद, 40. आकांक्षा की मंज़िल, 41. मोहक, आकर्षक, 42. मार्ग, रास्ते, 43. अंकित, 44. आकांक्षायें, 45. नये, ताजा, 46. लचकदार, 47. शरीर, 48. भावना, 49. मिलन, 50. रत्न।

वलवलों[1] की रंगानी[2], हौसलों[3] की बरनाई[4]
इस तिलिस्मे - हैरत[5] में दमबख़ुद[6] है दानाई[7]

ख़ैर - ओ - शर[8] की आवेज़िश[9], दास्तोन-बेपायां[10]
गुलफ़िशां[11] कई मंज़र[12], ख़ूंचकां[13] कई उनवां[14]

दर्द-ओ-ग़म[15] के जादे[16] पर उम्र[17] का सफ़र[18] तनहा[19]
हर क़दम पे हंगामा[20], आदमी मगर तनहा

सैकड़ों मआनी[21] हैं सरसरी[22] इशारों में
हुस्नकार[23] करता है बात इस्तआरों[24] में

ज़िंदगी की नक़्क़ाली, एक शग़्ले-तिफ़्लां[25] है
ज़िंदगी की तब्दीली[26] सिर्फ़ कारे-मर्दां[27] है

---

1. जोश, 2. सुंदरता, 3. साहस, 4. जवानी, यौवन, 5. आश्चर्य का जादू, 6. सांस रोके हुए, 7. बुद्धिमत्ता, 8. कल्याण और उपद्रव, 9. लाग-डांट, संघर्ष, 10. असीम कहानी, 11. फूल बरसानेवाले, 12. दृश्य, 13. ख़ून टपकानेवाले, 14. शीर्षक, 15. कष्ट और शोक, 16. राह, मार्ग, 17. आयु, 18. यात्रा, 19. अकेले, 20. कोलाहल, 21. अर्थ, 22. मामूली, आम, 23. सौंदर्य का ज्ञाता, 24. इशारों, 25. बच्चों का खेल, 26. परिवर्तन, 27. मर्दों का काम।

नवां अध्याय

हमारे धार्मिक नेता

शंकर-दर्शन

मुंशी द्वारका प्रसाद 'उफ़ुक़' लखनवी

ओम रुद्राय नमः नोके - ज़ुबां[1] से निकले
बम महादेव लबे-किल्ले-रवां से[2] निकले
जय सतीपत की सदा नुत्क़[3]-ओ-दहां[4] से निकले
शब्द शिव-शिव का हर अंदाज़े-बयां[5] से निकले

जागते सोते लगे कंठ को रट हर हर की
साथ हर सांस के आवाज़ हो जयशंकर की

वाह-वाह वा है किस शान का अरधंक सरूप
जगत् मात एक तरफ़ एक तरफ़ है सर भूप
रात शिव, गौर हैं दिन, छांव हैं शिव, गौर हैं धूप
इनका अंदाज़ निराला है तो सजधज है अनूप

कहूं अफ़ज़ल[6] किसे, हैं हुस्न में ग़ालिब[7] दोनों
एक क़ालिब[8] में हैं यकजान-ओ-दो क़ालिब[9] दोनों

जिस्म[10] का रंग चमकते हुए नीलम की मिसाल
चांद की रुख़[11] में चमक चेहरे पे सूरज का जलाल[12]
चांद पेशानि-ए-रौशन[13] पे ज़ियाबख़्श[14] हिलाल[15]
जा-ए-मलबूसे-बदन[16] बैल हिरन शेर की खाल

नाज़[17] कानों को है आवेज़ा[18]-ए-नूरानी[19] पर
बन्द एजाज़[20] भरी आंख है पेशानी[21] पर

---

1. ज़बान की नोक, 2. गतिशील कलम के होंठ, 3. वाणी, 4. मुख, 5. बयान का अंदाज, 6. श्रेष्ठ, 7. छाए हुए, 8. शरीर, 9. एक प्राण दो शरीर, 10. शरीर, 11. चेहरा, 12. प्रताप, तेज़, 13. प्रकाशमान, ललाट, 14. ज्योतिर्मय, 15. नवचंद्र, 16. वस्त्र, 17. गर्व, 18. बुन्दे, 19. चमकते हुए, 20. चमत्कार, 21. ललाट।

हैं श्री पार्बती जुज़्वे-बदन[1] जान के पास
चांद से मुखड़े की ज़ौ[2] से है मुनव्वर[3] कैलास
नूर[4] बरसाता है ज़रकार[5] उरूसाना लिबास[6]
ज़ेवरों में हैं जड़े नीलम-ओ-लाल-ओ-अल्मास[7]

चांदनी छिटकी हुई चेहरः - ए - पुरनूर[8] से है
शफ़फ़े - शाम[9] अयां[10] मांग के सिंदूर से है

क्या कहें मोजिज़ा[11] क्या जिन-ओ-बशर[12] देखते हैं
एक ही वक़्त बहम[13] शाम-ओ-सहर[14] देखते हैं
इस तरफ़ देखते हैं ख़्वाह[15] उधर देखते हैं
क़ुदरते-लैल-ओ-निहार[16] अहले-नज़र[17] देखते हैं

परतवे-रुख़[18] से सफ़ेदी बनीं और आंखों की
अक्स[19] से शिव के सियाही बढ़ी और आंखों की

अब्र[20] शिव पार्वती साइकः[21] - ए - नूर - फ़िशां[22]
रुख़[23] यह वो गेसू-ए-शबरंग[24] यह शोला[25] वो धुआं
क़ुदरतें[26] दोनों की, एजाज़[27] हैं दोनों के अयां[28]
महे-शाम[29] इनसे तो मिहरे-सहर[30] उनसे ताबां[31]

क्यों न मालिक हों सफ़ेद और सियह[32] के दोनों
मस्त-ओ-मसरूर[33] हैं कैलास में रह के दोनों

---

1. शरीर का अंग, 2. प्रकाश, 3. प्रकाश, 4. प्रकाश, 5. सुनहरी काम का, 6. शादी का जोड़ा, 7. हीरा, 8. प्रकाश से पूर्ण चेहरा, 9. सायंकाल की लाली, 10. प्रकट, 11. चमत्कार, 12. जिन्न और इंसान, 13. परस्पर, एक साथ, 14. सायं और प्रातःकाल, 15. चाहे, 16. दिन-रात, 17. समझदार, पैनी दृष्टिवाले, 18. चेहरे का प्रतिबिम्ब, 19. प्रतिबिम्ब, 20. बादल, 21. बिजली, 22. प्रकाश देनेवाला, 23. चेहरा, 24. काले बाल, 25. ज्वाला, 26. शक्ति, सामर्थ्य, 27. विलक्षणता, 28. प्रकट, 29. शाम का चंद्रमा, 30. सुबह का सूरज, 31. प्रकाशमान, 32. काला, 33. मदोन्मत्त और प्रफुल्ल।

शिवजी की तारीफ़ में

'मुनव्वर' लखनवी

चांद आधा है नमूदार[1] जबीं[2] पर जिनकी
क़ौसे-ज़र्री[3] है ज़ौबार[4] जबीं पर जिनकी

ज़ात है जिनकी बड़ी नाम बड़ा है जिनका
बात है जिनकी बड़ी काम बड़ा है जिनका

सबसे मुम्ताज़[5] जो हैं जिनसे बड़ा कोई नहीं
जिनसे तौक़ीर[6] में अज़मत[7] में सिवा[8] कोई नहीं

जिनकी अज़मत का ठिकाना नहीं नामी जो हैं
जगत ईश्वर हैं जो, संसार के स्वामी जो हैं

ख़ुर्द[9] से ख़ुर्द हैं बारीक से बारीक जो हैं
दूर से दूर हैं नज़दीक से नज़दीक[10] जो हैं

जामः-ए-ख़ाक[11] में है जल्वातराज़ी[12] जिनकी
है तमाशः - ए - नज़र[13] शोब्दाबाज़ी[14] जिनकी

सूरतें ज़ेब - दहे - आलमे - इमकां[15] हैं कई
एक अफ़साना-ए-तौहीद[16] के उनवां[17] हैं कई

है इसी रब्त[18] का मुहताज[19] क़यामे-दुनिया[20]
मुनहसिर[21] है इन्हीं शक्लों[22] पे निज़ामे-दुनिया[23]

---

1. प्रकट, 2. ललाट, माथा, 3. स्वर्णधनुष, 4. प्रकाशमान, 5. श्रेष्ठ, 6. प्रतिष्ठा, 7. महानता, 8. अधिक, 9. छोटा, 10. निकट, 11. भभूत, 12. दर्शन, 13. नज़र का खेल, 14. चमत्कार, 15. संसार को विभूषित करनेवाली, 16. अद्वैतवाद की कहानी, 17. शीर्षक, 18. संबंध 19. ज़रूरतमंद, 20. दुनिया का अस्तित्व, 21. अवलम्बित, निर्भर, 22. रूप, 23. संसार का विधान।

जिनकी तहरीक[1] से चलता है यह दिलचस्प[2] निज़ाम[3]
जिस तरह हाथ में थामे हुए घोड़ों की लगाम

रथ को अपने कोई रथवान रवां[4] रखता है
उसकी रफ़्तार[5] पे चश्मे - निगरां[6] रखता है

ऐशे - जावेद[7] के अस्बाब[8] हैं पैदा जिनसे
इशरताबाद[9] है दिल अहले - सफ़ा[10] का जिनसे

जिनके दीदार[11] की रखते हैं तमन्ना[12] जोगी
ध्यान करते हैं बड़े शौक़ से जिनका जोगी

जल्वा-अफ़रोज़[13] पसे-परदा-ए-बातिन[14] जो हैं
हर नफ़स[15] आलमे-असरार[16] में साकिन[17] जो हैं

मोक्ष जो मोक्ष के तालिब[18] को अता[19] करते हैं
रूह को क़ैदे-तनासुख़[20] से रिहा[21] करते हैं

हमातन लुत्फ़[22] हैं मसरूफ़े-करम[23] रहते हैं
मग़्फ़िरतबख़्श[24] जिन्हें अहले-नज़र[25] कहते हैं

(कालिदासकृत 'कुमारसंभव' का अनुवाद)

---

1. प्रेरणा, 2. रोचक, 3. विधान, 4. गतिशील, 5. गति, 6. निरीक्षक की आंख, 7. शाश्वत सुख, 8. सामान, 9. रतिगृह, 10. पवित्र आत्मा, 11. दर्शन, 12. अभिलाषा, 13. दर्शन दे रहे हैं, 14. अंतरात्मा के पर्दे के पीछे, 15. सांस, 16. रहस्यमय संसार, 17. निवासी, 18. इच्छुक, 19. प्रदान, 20. आवागमन, 21. छुटकारा, 22. साकार प्रेम, 23. दयादान में व्यस्त, 24. मुक्ति दिलानेवाला, 25. समझदार।

राम

डॉक्टर मुहम्मद इक़बाल

लबरेज़[1] है शराबे - हक़ीक़त[2] से जामे - हिंद[3]
सब फ़लसफ़ी[4] हैं ख़ित्तः-ए-मग़रिब[5] के रामे-हिंद[6]

यह हिन्दियों की फ़िक्रे-फ़लकरस[7] का है असर[8]
रिफ़अत[9] में आसमां से भी ऊंचा है बामे - हिंद[10]

इस देस में हुए हैं हज़ारों मलक[11] सिरिश्त[12]
मशहूर जिनके दम से है दुनिया में नामे-हिंद

है राम के वुजूद[13] पे हिन्दोस्तां को नाज़[14]
अहले-नज़र[15] समझते हैं उसको इमामे-हिंद[16]

एजाज़[17] इस चिराग़े - हिदायत[18] से है यही
रौशनतर[19] अज़ सहर[20] है ज़माने में शामे - हिंद[21]

तलवार का धनी था शुजाअत[22] में फ़र्द[23] था
पाकीज़गी[24] में, जोशे - मुहब्बत[25] में फ़र्द था

---

1. भरा हुआ, 2. सत्य की मदिरा, 3. भारत का प्याला, 4. दार्शनिक, 5. पश्चिमी क्षेत्र, 6. हिंद के राम, 7. गगनचुम्बी चिंतन, 8. प्रभाव, 9. ऊंचाई, 10. अट्टालिका, 11. देवता, 12. पैदा, 13. अस्तित्व, 14. गर्व, 15. नज़रवाले, 16. भारत का नेता, 17. चमत्कार, 18. उपदेश, 19. प्रकाशमान, 20. प्रातःकाल से भी अधिक, 21. भारत की शाम, 22. बहादुरी, साहस, 23. अद्वितीय, 24. पवित्रता, 25. प्रेम-उत्साह।

श्रीरामचंद्र

ज़फ़र अली ख़ां

न तो नाक़ूस[1] से है और न असनाम[2] से है
हिंद की गर्मि - ए - हंगामा[3] तिरे नाम से है

मैं तिरे शेवः - ए - तसलीम[4] पे सर धुनता हूं
कि यह इक दूर की निसबत[5] तुझे इस्लाम से है

हो वो छोटों की इताअत[6] कि बड़ों की शफ़क़त[7]
ज़िंदा दोनों की हक़ीक़त[8] तिरे पैग़ाम[9] से है

तेरी तालीम[10] हुई नज़्रे - ख़ुराफ़ाते - फ़िरंग[11]
बिरहमन को यह गिला[12] गर्दिशे-अय्याम[13] से है

नक़्शे - तहज़ीबे - हुनूद[14] अब भी नुमायां[15] है अगर
तो वो सीता से है, लक्ष्मण से है और राम से है

राम

'साग़र' निज़ामी

जिसका दिल था एक शम्ए - ताक़े - ऐवाने - हयात[16]
रूह[17] जिसकी आफ़ताबे - सुब्हे - इरफ़ाने - हयात[18]

ज़िंदगी की रिफ़अतों[19] से मंज़िलों[20] ऊंचा था वो
आस्माने-मारिफ़त[21] का एक सय्यारा[22] था वो

---

1. शंख, 2. मूर्तियां, 3. समय का जोश, धूमधाम, 4. आज्ञाकारिता, 5. संबंध, रिश्ता, 6. आज्ञापालन, 7. वात्सल्य, दया, 8. वास्तविकता, 9. सन्देश, 10. शिक्षा, 11. अंग्रेज़ के झूठ की भेंट, 12. शिकायत, 13. समय का चक्र, 14. हिंदू सभ्यता के निशान, 15. प्रत्यक्ष, ज़ाहिर, 16. जीवन-भवन के ताक़ का चिराग़, 17. आत्मा, 18. जीवन-ज्ञान के प्रातः का सूर्य, 19. ऊंचाइयों, 20. अत्यधिक, 21. अध्यात्म का आकाश, 22. नक्षत्र।

सामने जिसके लरज़ उट्ठा शिकोहे - सरवरी[1]
वो बहादुर जिसने बातिल[2] को शिकस्ते - फ़ाश दी[3]

जिसका हर जल्वा शुआ-ए-हक़[4] का मज़हर[5] हो गया
ज़र्रा ज़र्रा जिसके परतव[6] से मुनव्वर[7] हो गया

हिन्दियों के दिल में बाक़ी है मुहब्बत राम की
मिट नहीं सकती क़यामत तक हुकूमत राम की

ज़िंदगी की रूह था, रूहानियत की शान था
वो मुजस्सम[8] रूप में इंसान के, इरफ़ान[9] था

श्रीकृष्ण

मुंशी बनवारीलाल 'शोला'

श्री जगदीश वृन्दाबन बिहारी
श्री राधारमन माधव मुरारी

श्री गोबिन्द राधा कृष्ण गोपाल
मदनमोहन श्री घनश्याम नन्दलाल

श्री मुरली मनोहर श्यामसुंदर
श्री भगवान गोपीनाथ गिरिधर

मुकुटधारी मदनगोपाल मोहन
नवल सुंदर छबीले लाल मोहन

तु ही है हुस्ने - रुख़सारे - हक़ीक़त[10]
तु ही है परदा बरदारे - हक़ीक़त[11]

---

1. अधिपति का प्रताप, 2. झूठ, 3. पराजय, 4. सत्य की किरणें, 5. द्योतक, 6. अक्स, प्रतिबिम्ब, 7. प्रकाशमान, 8. साकार, 9. ब्रह्मज्ञान, 10. सत्य के कपोलों का सौंदर्य, 11. सत्य का झंडा ऊंचा करनेवाला।

तु ही है काशिफ़े - असरारे - अज़ली[1]
तु ही है रूनुमा - ए - हुस्ने - अबदी[2]

तु ही है जल्वाफ़रमा - ए - दो आलम[3]
तु ही है ख़ुद तमाशा - ए - दो आलम[4]

तु ही लौहे - तिलिस्मे - जान - ओ - तन है[5]
तु ही बख़्शिन्दा - ए - रूह - ओ - बदन है[6]

तु ही वहशत[7] फ़िज़ा - ए - इश्क़े - रुसवा[8]
तु ही नक़्शो - निगारे - हुस्ने - ज़ेबा[9]

तु ही है मूजिदे - ईजादे - कौनैन[10]
तु ही है बानि - ए - बुनियादे - कौनैन[11]

तु ही है रौनक़े - गर्मि - ए - बाज़ार[12]
तु ही ख़ुद जिंस[13] तू ही ख़ुद ख़रीदार

तु ही है नग़्मः-ए-बुलबुल[14] चमन में
तु ही है गुंचा[15] तू ही गुल[16] चमन[17] में

तु ही परवाना[18] तू ही शम्ए - महफ़िल[19]
तु ही गुलबन[20] तु ही शोरे - अनादिल[21]

तु ही लक्ष्मण तु ही सीता तु ही राम
तु ही गोपी तु ही राधा तु ही श्याम

---

1. अनादिकाल के रहस्य खोलनेवाला, 2. शाश्वत सौंदर्य को प्रकट करेनवाला, 3. दोनों आलम में जल्वा दिखानेवाला, 4. दोनों लोकों का तमाशा, 5. शरीर और प्राण का जादू, 6. आत्मा और शरीर प्रदान करनेवाला, 7. घबराहट, 8. बदनाम इश्क़ का वातावरण, 9. सुशोभित सौंदर्य के बेलबूटे, 10. संसार की सृष्टि का आविष्कारक, 11. संसार की बुनियाद रखनेवाला, 12. बाज़ार की गर्मी की रौनक़, 13. वस्तु, पदार्थ, 14. बुलबुल का संगीत, 15. कली, 16. फूल, 17. उपवन, 18. पतंगा, 19. महफ़िल की शाम, 20. सुर्ख़ गुलाब, 21. बुलबुल का शोर।

ज़मीन[1]-ओ-चर्ख़[2]-ओ-मिहर[3]-ओ-माह[4] तेरे
दो आलम[5] हैं तमाशागाह[6] तेरे

फ़ना[7] तर्ज़े - ख़रामे - नाज़[8] की आन[9]
बक़ा[10] है एक लब[11] की तेरे मुस्कान[12]

बुते[13] - चितचोर माखन के लुटेरे
हयात - ओ - मौत[14] दोनों खेल तेरे

नुमूदे - आफ़रीनश[15] है तुझी से
वुजूदे - आफ़रीनश[16] है तुझी से

तू ही ख़ल्लाक़[17] है कौन-ओ-मकां[18] का
तू ही रज़्ज़ाक़[19] है हर इंस-ओ-जां[20] का

अलग कब तुझसे तेरी गुफ़्तुगू[21] है
ग़रज़[22] इक तू ही तू है, तू ही तू है

कृष्ण

'हसरत' मोहानी

मथुरा कि नगर है आशिक़ी[23] का
दम भरती है आरज़ू[24] इसी का

हर ज़र्रः - ए - सरज़मीने - गोकुल[25]
दारा[26] है जमाले - दिलबरी[27] का

---

1. धरती, 2. आकाश, 3. सूरज, 4. चांद, 5. दोनों लोक, 6. क्रीड़ास्थल, 7. मृत्यु, 8. सौंदर्य की मंद गति, 9. इज़्ज़त, 10. अस्तित्व, 11. होंठ, 12. मुस्कुराहट, 13. मूर्ति, 14. जीवन-मृत्यु, 15. सृष्टि को बढ़ानेवाला, 16. सृष्टि का अस्तित्व, 17. स्रष्टा, 18. संसार, 19. अन्नदाता, 20. मानव जाति, 21. वार्तालाप, बातचीत, 22. अर्थात्, यानी, 23. प्रेम, 24. अभिलाषा, 25. गोकुल की धरती का हर कण, 26. बादशाह, 27. मोहक सौंदर्य।

बरसाना - ओ - नन्दगांव में भी
देख आये हैं जल्वा[1] हम किसी का

पैग़ामे - हयाते - जाविदां[3] था
हर नग़्मा[4] कृष्ण बांसुरी का

वो नूरे - सियाह[5] या कि 'हसरत'
सरचश्मा[6] फ़रोग़े - आगही[7] का

श्रीकृष्ण

'सीमाब' अकबराबादी

हुआ तुलूअ[7] सितारों की दिलकशी[8] लेकर
सुरूर[9] आंख में नज़रों में ज़िंदगी[10] लेकर
ख़ुदी[11] के होश उड़ाने बसद-नियाज़[12] आया
नये पियालों में सहबा - ए - बेख़ुदी[13] लेकर
फ़ज़ा-ए-दहर[14] में गाता फिरा वो प्रीत के गीत
नशातख़ेज़[15] - ओ - सुकूरेज़[16] बांसुरी लेकर
जहाने-क़ल्ब[17] सरापा[18] गुदाज़[19] बन ही गया
हर एक ज़र्रा[20] मुहब्बत का साज़[21] बन ही गया

जमाल-ओ-हुस्न[22] के काफ़िर[23] निखार से खेला
रियाज़े - इश्क़[24] की रंगीं[25] बहार से खेला
पयमबरों[26] की कभी रस्म की अदा उसने
ग्वाला बनके कभी सब्ज़ाज़ार[27] से खेला
बहा दिए कभी ठोकर से प्रेम के चश्मे[28]
कभी जमन, कभी गंगा की धार से खेला

---

1. दर्शन, 2. शाश्वत जीवन का संदेश, 3. संगीत, 4. सांवला प्रकाश, 5. स्रोत, 6. चेतना का प्रकाश, 7. उदय, 8. मोहकता, 9. नशा, मस्ती, 10. जीवन, 11. अहं, 12. सैकड़ों विनम्रतायें लेकर, 13. बेख़ुदी की शराब, 14. संसार का वातावरण, 15. आनंदायक, 16. शांतिप्रद, 17. दुनिया का हृदय, 18. सर से पांव तक, 19. मृदुल, 20. कण, 21. बाजा, 22. सौंदर्य, 23. ज़ालिम, निर्दयी, 24. प्रेम तपस्या, 25. रंगीन, सुंदर, 26. ईश्वर-अवतार, संदेशवाहक, 27. हरे-भरे मैदान, 28. स्रोत।

हंसी हंसी में वो ख़ुद दर्द झेलता ही रहा
करिश्माबाज़[1], ज़माने से खेलता ही रहा

किया ज़माने को मामूर[2] अपने नग़्मों[3] से
सिखाए इश्क़[4] के दस्तूर[5] अपने नग़्मों से
सदाक़त[6] और मुहब्बत की उसने दी तालीम[7]
अंधेरियों में भरा नूर[8] अपने नग़्मों से
लताफ़तों[9] से किया अर्ज़े-हिंद[10] को लबरेज़[11]
कसाफ़तों[12] को किया दूर अपने नग़्मों से
फ़लक[13] को याद हैं उस अहदे-पाक[14] की बातें
वो बांसुरी, वो मुहब्बत की सांवली रातें

दिलों में रंगे-मुहब्बत[15] को उस्तुवार[16] किया
सवादे-हिंद[17] को गीता से नग़्माबार[18] किया
जो राज़[19] कोशिशे-नुत्क़-ओ-ज़बां[20] से खुल न सका
ओ राज़ अपनी निगाहों से आश्कार[21] किया
उदासियों को नई ज़िंदगी अता[22] कर दी
हर एक ज़र्रे[23] को दिल देके बेक़रार[24] किया
जो मशरब[25] उसका न इस तरह आम हो जाता
जहां से मह्व[26] मुहब्बत का नाम हो जाता

1. चमत्कार दिखानेवाला, 2. परिपूर्ण, 3. गीत, 4. प्रेम, 5. रीति-रिवाज, 6. सच्चाई, 7. शिक्षा, 8. प्रकाश, 9. पवित्रता, 10. भारत की धरती, 11. परिपूर्ण, 12. अपवित्रता, 13. आकाश, 14. पवित्र युग, 15. प्रेम का रंग, 16. दृढ़, मज़बूत, 17. भारत की बस्ती, 18. संगीतमय, 19. रहस्य, 20. ज़बान और वाणी का प्रयत्न, 21. प्रकट, जाहिर, 22. प्रदान, 23. कण, 24. बेचैन, 25. धर्म, 26. लुप्त।

श्रीकृष्ण

'निहाल' स्योहारवी

इंतिज़ारे-जल्वः-ए-हक़[1] में था तूरे-ज़िंदगी[2]
दीने-आदम[3] भूल बैठा था शुऊरे-ज़िंदगी[4]

आगही[5] से हल न होता था मुअम्मा-ए-हयात[6]
तिश्नः-ए-अब्रे-करम[7] था यानी सहरा-ए-हयात[8]

क़तरगी[9] को दावा-ए-पहनाइ-ए-दरिया[10] न था
ज़हने-इंसा[11] मानि-ए-तौहीद[12] से बेगाना[13] था

पैकरे-बेरूह[14] सा यह आलमे-अस्बाब[15] था
दीदावर[16] के वास्ते हुस्ने-जहां[17] बेताब[18] था

आ गया फिर हुस्न[19] दुनिया-ए-अजल-आबाद[20] पर
ज़िंदगी मथुरा से बरसी आलमे-ईजाद[21] पर

कायनाते-जुज्व-ओ-कुल[22] का राज़दां[23] पैदा हुआ
मुख़्तसर[24] यह है कि आक़ा-ए-जहां[25] पैदा हुआ

नूर[26] से मामूर[27] ज़ुल्मतख़ानः-ए-आदम[28] हुआ
किस तजम्मुल[29] से तुलू-ए-नय्यरे-आज़म[30] हुआ

---

1. भगवान के दर्शन की प्रतीक्षा, 2. ज़िंदगी का तूर (पर्वत), 3. संसार का धर्म, 4. जीवन की चेतना, 5. बुद्धि, 6. जीवन की पहेली, 7. दया के बादलों का प्यासा, 8. जीवन का जंगल, 9. बूंद, 10. दरिया की गहराई का दावा, 11. मानव-मस्तिष्क, 12. अद्वैतवाद का अर्थ, 13. अनभिज्ञ, 14. निष्प्राण आकार, 15. संसार, 16. आंखवाला, पारखी, 17. संसार का सौंदर्य, 18. व्याकुल, 19. सौंदर्य, 20. मौत से भरी हुई दुनिया, 21. दुनिया-संसार, 22. संपूर्ण ब्रह्मांड, 23. रहस्य जाननेवाला, 24. संक्षिप्त, 25. संसार का मालिक, 26. प्रकाश, 27. परिपूर्ण, 28. मानव का अंधकारपूर्ण घर, 29. वैभव, शानो-शौक़त, 30. महान सूर्य का उदय।

जिस क़दर[1] परदे जहालत[2] के थे सारे हट गये
ज़ुल्म-ओ-इस्तब्दाद[3] के तारीक[4] बादल छट गये

क़तरा[5] उसकी बारिशे-अल्ताफ़[6] से तूफ़ां[7] हुआ
फ़ाश[8] इंसानों पे राज़े - हस्ति - ए - इंसा[9] हुआ

उसने समझा था कि बहरे-बेकरा[10] है ज़िंदगी
आरज़ी[11] इसको न कहना, जाविदां[12] है ज़िंदगी

रिश्तः - ए - अनफ़ासे - हस्ती[13] टूटनेवाला नहीं
जिसके दाने हों परागन्दा[14] यह वो माला नहीं

वहमे-बातिल[15] नक्शबन्दे-हल्कः-ए-सैयाद[16] है
ज़िंदगी वर्ना[17] फ़ना[18] से मुत्लक़न[19] आज़ाद है

रहनुमा-ए-ज़ुल्मते-आफ़ाक़[20] है क़न्दीले-फ़र्ज़[21]
ज़िंदगी की ग़ायत-ओ-मक़सूद[22] है तकमीले-फ़र्ज़[23]

है बक़ा-ए-आलमे-इम्कां[24] बक़ा-ए-फ़र्ज़[25] से
ज़िंदगी की शान खिलती है अदा-ए-फ़र्ज़[26] से

मौत के ख़तराते-बातिल[27] में न आना चाहिए
मौत से आंखें मिलाकर मुस्कुराना चाहिए

क्यों हिरासां[28] है फ़ना[29] से तू, फ़ना कुछ भी नहीं
मौत इक नक़्ले-मकानी[30] के सिवा कुछ भी नहीं

---

1. जितने, 2. अज्ञान, 3. अत्याचार, 4. काले, अंधेरे, 5. बूंद, 6. दया की वर्षा, 7. तूफ़ान, 8. प्रकट, 9. इंसान की हस्ती का रहस्य 10. अथाह समुद्र, 11. अस्थायी, 12. शाश्वत, 13. सांसों का रिश्ता, 14. अस्त-व्यस्त, 15. झूठ का वहम, 16. बहेलिया के जाल के फंदे, 17. अन्यथा, 18. मृत्यु, 19. बिलकुल, 20. आकाश के अंधेरे में मार्गदर्शक, 21. कर्तव्य का चराग़, 22. अभिप्राय और उद्देश्य, 23. कर्तव्य-पालन, 24. संसार का अस्तित्व, 25. कर्तव्य की नित्यता, 26. कर्तव्य पालन, 27. झूठे ख़तरे, 28. निराश, 29. मौत, 30. गृह-परिवर्तन।

कौन कहता है रहीने - खतरः - ए - सय्याद[1] रह
कारगाहे - दहर[2] में आज़ाद रह, आज़ाद रह

इश्क़ है आफ़तगहे - दौरां[3] से सामाने - नजात[4]
इश्क़ वालों ही को कुछ हासिल है इरफ़ाने-नजात[5]

चश्मे-बीना[6] हो तो इस आफ़ाक़[7] में उरियां[8] है हुस्न[9]
इन्तिहा-ए-हुस्न[10] है यह, जल्वः-ए-यज़दां[11] है हुस्न

छोड़कर ज़र्रों[12] को मोती रोल अय हिन्दोस्तां
सोएगा ताचंद[13], आंखें खोल अय हिन्दोस्तां

बेकरां[14] हो अपनी ही मौजों में बहना सीख ले
सीख ले क़ुलज़ुमसिफ़त[15] आज़ाद रहना सीख ले

गौतम बुद्ध

'सीमाब' अकबराबादी

हुस्न[16] जब अफ़्सुर्दा[17] फूलों की तरह पामाल[18] था
जब मुहब्बत का ग़लत दुनिया में इस्तेमाल[19] था

बेख़ुदी[20] के नाम पर जब दौरे - जामे - बादा[21] था
तब तजल्ली-ए-हक़ीक़त[22] से हर इक दिल सादा[23] था

ज़ीस्त[24] का और मौत का इदराक[25] दुनिया को न था
जुल्म[26] का एहसास[27] जब बेबाक[28] दुनिया को न था

1. बहेलिया के ख़तरे से भयभीत, 2. दुनिया, 3. ज़माने की विपत्तियां, 4. मुक्ति का सामान, 5. मोक्ष का ज्ञान, 6. पारखी आंख, 7. क्षितिज, (ब.व.), 8. नग्न, 9. सौंदर्य, 10. सौंदर्य की अधिकता, 11. ख़ुदा का जल्वा, 12. धूल के कण, 13. कब तक, 14. असीम, 15. दरिया की तरह, 16. सौन्दय, 17. उदास, 18. नष्ट, 19. उपयोग, 20. मस्ती, 21. शराब के प्याले का दौर, 22. सत्य का प्रकाश, 23. साफ़, 24. जीवन, 25. ज्ञान, 26. अत्याचार, 27. अनुभव, 28. निडर।

बन्द आंखें करके इस दुनिया के मकरूहात[1] से
तू ने हासिल[2] की ज़िया-ए-दिल[3], तजल्लीयात[4] से

बर्फ़ज़ारों[5] को तिरे अनफ़ास[6] ने गरमा दिया
तेरे इस्तग़ना[7] ने तख़्ते-सल्तनत[8] ठुकरा दिया

याद तेरी आज भी हिन्दोस्तां में ताज़ा है
चीन, जापान और तिब्बत तक तिरा आवाज़ा[9] है

रौशनी[10] जिसकी न होगी मांद[11], वो मशअल है तू
सरज़मीने-हिंद[12] का इरफ़ानि-ए-अव्वल[13] है तू

गौतम बुद्ध

'साग़र' निज़ामी

अय मुहब्बत के पयामी[14], रहम के पैग़ाम्बर[15]
तूने पहुंचाई ज़माने[16] को हक़ीक़त[17] की ख़बर

ज़िंदगी का राज़े-अस्ली[18] तुझ पे उरियां[19] हो गया
शांति और हक़[20] का हासिल[21] तुझको इरफ़ां[22] हो गया

तेरी ताक़त[23] से हुआ कम इक़्तिदारे[24]-बरहमन
टुकड़े टुकड़े हो गया हिस्ने - वक़ारे[25] - बरहमन[26]

सल्तनत[27] तेरे लिए इक तोदः - ए - ख़ाशाक[28] थी
माद्दीयत[29] तेरे नूरानी क़दम[30] की ख़ाक[31] थी

---

1. घृणित काम, 2. प्राप्त, 3. दिल की ज्योति, 4. प्रकाश, 5. बर्फ़ से ढके मैदान, 6. सांस (ब. व.), 7. निस्पृहता, 8. राजसिंहासन, 9. आवाज़, उपदेश, 10. प्रकाश, 11. मद्धम, धीमी, 12. भारत की धरती, 13. प्रथम ब्रह्मज्ञानी, 14. संदेशवाहक, 15. पैग़ाम देनेवाला, 16. संसार, 17. सच्चाई, 18. असली रहस्य, 19. प्रकट, नग्न, 20. सत्य, 21. प्राप्त, 22. ज्ञान, 23. शक्ति, 24. हुकूमत, 25. प्रतिष्ठा, 26. ब्राह्मण, 27. राजपाट, हुकूमत, 28. कूड़े-करकट का ढेर, 29. भौतिकता, 31. प्रकाशमान चरण, 31. धूल।

जुज़्वे-आला[1] तेरे दीने - आशिक़ी[2] अफ़रोज़[3] का
एतिक़ादे[4] - नेक-ओ-फ़ेले[5] - नेक-ओ-क़ौले[6]-नेक था

तेरे साग़र[7] में शराबे - इश्क़े[8] - आलमगीर[9] थी
तेरे मैख़ाने[10] की अदना[11] ख़ाक[12] भी अकसीर[13] थी

सर - ब - सज्दा[14] हो गयी दुनिया हुज़ूरे - एशिया[15]
छा गया तारीकि - ए - आलम[16] पे नूरे - एशिया[17]

अय मिरे प्यारे वतन[18] के राहिबे - आली मुक़ाम[19]
आज भी कलमा[20] तिरा पढ़ती है दुनिया सुब्हो-शाम[21]

अम्न[22], सरनामा[23] तिरे क़ानूने-अख़्लाक़ी[24] का है
रहम[25] इक उन्वां[26] तिरी तालीमे-रूहानी[27] का है

तेरी तालीमात[28] पर हिन्दोस्तां को नाज़[29] है
हिंद को क्या नाज़ है, सारे जहां[30] को नाज़ है

तिफ़्ले-मग़रिब[31] जेहल[32] ओ-मदहोशी में जब आलूदा[33] था
सारा मशरिक़[34] तेरी तालीमात[35] से आसूदा[36] था

जाग ख़्वाबे-नाज़[37] से और अम्न[38] का इक गीत गा
फिर तिरा मस्कन[39] निशाना है सितम और ज़ुल्म[40] का

जिस ज़मीं[41] से तूने आवाज़े-विला[42] की थी बलन्द[43]
जिस ज़मीं से तूने इक बांगे-दरा[44] की थी बलन्द

---

1. श्रेष्ठ अंग, 2. प्रेम-धर्म, 3. प्रकाश फैलानेवाला, 4. विश्वास, श्रद्धा, 5. कर्म, 6. वचन, 7. प्याला, 8. प्रेम-मदिरा, 9. विश्वव्यापी, 10. शराबख़ाना, 11. तुच्छ, 12. धूल, 13. रामबाण, 14. नतमस्तक, 15. एशिया के कदमों में, 16. दुनिया का अंधकार, 17. एशिया का प्रकाश, 18. देश, 19. श्रेष्ठ वैरागी, 20. तेरे नाम की माला जपती है, 21. सांझ-सवेरे, 22. शांति, 23. शीर्षक, 24. सदाचार का क़ानून, 25. दया, 26. शीर्षक, 27. आध्यात्मिक शिक्षा, 28. शिक्षा (ब.व.), 29. गर्व, 30. संसार, 31. पश्चिम का बचपन, 32. अज्ञान, 33. डूबा हुआ, 34. पूर्व, 35. शिक्षा, 36. सम्पन्न, 37. घमंड की नींद, 38. शांति, 39. आवास, 40. अत्याचार, 41. धरती, 42. प्रेम की आवाज़, 43. ऊंची, 44. घंटे की आवाज।

वो ज़मीं अग़ियार[1] के हाथों से फिर बरबाद है
ज़ुल्म-ओ-बातिल[2] और निफ़ाक़-ओ-किज़्ब[3] से आबाद है

कोना कोना, गोशा गोशा[4] ज़र्रा ज़र्रा[5] है ग़ुलाम
अय मिरे गौतम ! तिरी आज़ाद दुनिया है ग़ुलाम

कर गुलामी से रिहा[6] हमको फिर अरमां[7] है यही
आज हिंदुस्तान में मफ़्हूमे - निर्वां[8] है यही

तस्वीरे-हक़ीकत

'मुनव्वर' लखनवी

यह किसका पैकरे-ज़ुल्मत-रुबा[9] एजाज़[10] फ़रमा है
समाया जा रहा है कौन यह चश्मे - मुनव्वर[11] में

तसव्वुर[12] किसकी बन्द आंखों को रंगे-ख़ास[13] देता है
निहां[14] हैं जन्नतें[15] किसके सुकूने[16]-रूहपरवर[17] में

गुलिस्तां[18] देखकर किसको हुए जाते हैं शर्मिन्दा[19]
हुवैदा[20] यह लताफ़त[21] हो नहीं सकती गुले-तर[22] में

मशामे-जां[23] मुअत्तर[24] है हवा से किसके दामन की
शिगुफ़्ता[25] फूल है गोया कंवल का हौज़े-कौसर[26] में

जुज़-ओ-कुल[27] का तअल्लुक़[28] आईना है ज़ात से किसकी
ये क़तरे[29] मिल रहे हैं किसकी काविश[30] से समंदर में

---

1. दुश्मन, ग़ैर, (ब.व.), 2. झूठ और अत्याचार, 3. झूठ और वैमनस्य, 4. कोना-कोना, 5. कण-कण, 6. छुटकारा, 7. तमन्ना 8. निर्वाण का मतलब, 9. अंधकार को भगानेवाला, 10. चमत्कार करनेवाला, 11. प्रकाशमान आंखें, 12. कल्पना, 13. विशेष रंग, 14. गुप्त, छिपा हुआ, 15. स्वर्ग, 16. शांति, 17. प्राणदायक, 18. उपवन, 19. लज्जित, 20. प्रकट, 21. कोमलता, 22. ताज़ा फूल, 23. रोम-रोम, 24. सुगंधित, 25. ताज़ा, 26. स्वर्ग की एक नहर, 27. अंग और पूर्ण, 28. संबंध, 29. बूंद, 30. प्रयत्न।

बदल देता है फ़ितरत[1] आदमी की यह फ़ुसूं[2] किसका
यह किसके सहर[3] से राशा[4] सा है दस्ते - सितमगर[5] में

यह किसके जल्वः[6] - ए - बेदार से पैदा है कैफ़ीयत[7]
जलाले - मिहरे - ताबां[8] में जमाले - माहे - अनवर[9] में

ख़ुदा लाखों का है यह देवता है गो[10] हज़ारों का
न मस्जिद में मुक़ैयद[11] है न है महबूस[12] मंदिर में

यह किसकी जुंबिशे-लब[13] माने-ए-पैकारे-बाहम[14] है
यह सन्नाटा सा क्यों छाया है जांबाज़ों[15] के लश्कर[16] में

उड़ाई हैं यह किसने धज्जियां मलबूसे-शाही[17] की
मिला किसको निशाने-ख़ाक-ओ-ख़ूं[18] दैहीमो[19]-अफ़सर में

तनआसानी[20] हुई किसके लिए वजहे[21] - गिरांजानी[22]
नज़र आये निहां[23] कांटे किसे फूलों के बिस्तर में

न कर पाया किसे काशी का इल्म-ओ-फ़ज़्ल[24] आसूदा[25]
किसे उलझन हुई वेदों की तफ़सीरों[26] के चक्कर में

रुलाया एक मर्दे - ज़ार[27] ने बरसों लहू किसको
अजब[28] तासीर[29] थी बेकस[30] की बीमारी के मंज़र[31] में

तड़प उट्ठा मुसीबत देखकर यह कौन पीरी[32] की
भरी थी मिस्ले-शोला[33] आग किसके क़ल्बे[34]-मुज़्तर[35] में

जनाज़ा देखना किसके लिए इक दर्से-इबरत[36] था
मआले - ज़िंदगी[37] से दर्द पैदा हो गया सर में

---

1. मनुष्य का स्वभाव, 2. अभिचार, 3. जादू, 4. कम्पन, 5. ज़ालिम के हाथ, 6. दर्शन, 7. मस्ती, 8. चमकदार सूर्य का तेज, 9. चंद्रमा के प्रकाश का सौंदर्य, 10. यद्यपि, 11. क़ैद, 12. बंदी, 13. होंठों का कम्पन, 14. परस्पर युद्ध में बाधक, 15. जान न्योछावर करनेवाले, 16. सेना, फ़ौज़, 17. राजकीय लिबास, 18. धूल और रक्त का निशान, 19. राजमुकुट, 20. राहत, आराम, 21. कारण, 22. सख़्ती, 23. छुपे हुए, 24. ज्ञान, 25. तृप्त, संतुष्ट, 26. व्याख्या, टीका, 27. दुःखी व्यक्ति, 28. विचित्र, 29. प्रभाव, असर, 30. बेचारा, 31. दृश्य, 32. बुढ़ापा, 33. अंगारों की तरह, 34. दिल, 35. बेचैन, 36. शिक्षा, 37. जीवन का परिणाम।

फ़रिश्ते दस्त - बस्ता[1] किसके गिर्दो-पेश[2] फिरते हैं
यह हस्ती क्या है वो, सब जिसको गौतम बुद्ध कहते हैं

(माख़ूज़ अज़ 'कायनाते-दिल')

रूहे-गौतम

राजनारायण 'राज़'

मैं समझा था बन्धन टूटे
जनम मरन से मैं छूटा हूं
लेकिन आज मिरी ख़्वाहिश[3] है
इन्सां के क़ालिब[4] में ढलकर
मैं उनके हमराह[5] चलूं फिर
जिनकी रूह[6] दुखी बेहद[7] है
लेकिन यह इन्सां[8] कैसे हैं ?
अपने आप में गुम रहते हैं !
इनको पता कब इसका है कुछ
जिस जा हैं मेरी तस्वीरें[9]

सजे सजाये हैं बुत[10] मेरे
और किताबें जिनमें लिखी हैं
बातें मेरी मेरी गाथा
मेरी ज़ात[11] की एक किरन भी
इनमें नहीं है, इनमें नहीं है

मै हूं वहां जिस जा[12] होती है
इंसानी[13] अनवार[14] की बारिश[15]
जिससे कसाफ़त[16] धुल जाती है

1. हाथ जोड़े हुए, 2. आसपास, 3. इच्छा, 4. रूप, ख़ोल, 5. साथ, 6. आत्मा, 7. अत्यधिक, 8. मनुष्य, 9. चित्र, 10. मूर्तियां, 11. अस्तित्व, 12. जगह, स्थान, 13. मानवीय 14. प्रकाश, 15. वर्षा, 16. मैल।

मिलती है राहत[1] इन्सां को
जिसमें परेशां[2] कर नहीं पाते
देव लड़ाई के झगड़े के
मैं हूं वहां, जिस जा[3] सदमे[4] से
आंखें हो जाती हैं पुरनम[5]
उजड़े जब सिंदूर किसी का
मैं हूं वहां जिस जा पिघले है
बर्फ़ हज़ारों साल की जब जब
गर्म लहू[6] इन्सां[7] का गिरे है

मैं हूं वहां, जिस जा समझे है
आदम[8] अपने आप को इन्सां
अपना मसलक[9] प्यार मुहब्बत

श्रद्धा के फूल भगवान महावीर के चरणों में

दर्शनसिंह दुग्गल

अय मुहब्बत के पयामी[10], शान्ती के देवता
मंज़िले[11] - इरफ़ां के हादी,[12] रास्ती[13] के रहनुमा[14]

दिल चमक उट्ठे तिरे हुस्ने - सफ़ा[15] की धूप में
मिल गया भगवान गोया[16] आदमी के रूप में

सल्तनत[17] को छोड़कर, ठुकराके तख़्त[18]-ओ-ताज़[19] को
रख लिया तूने जहां में मारिफ़त[20] की लाज को

---

1. आराम, 2. व्याकुल, 3. जगह, 4. दुख, 5. गीली, अश्रुयुक्त, 6. रक्त, 7. मनुष्य, 8. मानव, 9. धर्म, 10. संदेशवाहक, 11. ज्ञान की मंजिल, 12. नेता, उपदेशक, 13. सत्यता, सच्चाई, 14. मार्गदर्शक, 15. पवित्रता का सौंदर्य, 16. अर्थात्, यानी, 17. राजपाट, 18. सिंहासन, 19. राजमुकुट, 20. अध्यात्म।

नौजवानी को है रिश्ता[1] क्या, ख़ुशी के त्याग से
दिल ने लज़्ज़त[2] ली मगर इश्क़े - ख़ुदा[3] की आग से

दुख सहे तन पर तो पाकीज़ा[4] तिरा मन हो गया
आग में इतना तपा सोना कि कुन्दन हो गया

रूहे - पाकीज़ा[5] पे नश्शा ज्ञान का तारी[6] हुआ
फिर तिरी हिक्मत[7] का दरिया[8] हर तरफ़ जारी[9] हुआ

चांद तारों से सिवा[10] रौशन[11] हैं यह ज़र्री[12] उसूल[13]
आदमी कांटों में भी घिरकर रहे जिस तरह फूल

अम्न से इंसान की रूहों[14] को मिलता है सुरूर[15]
और अहिंसा दिल को कर देता है इक शोले[16] से तूर[17]

एक है ख़ल्क़े - ख़ुदा[18] इक़रार[19] करना चाहिए
आदमी को आदमी से प्यार करना चाहिए

आत्मा परमात्मा की ही तो जल्वादार[20] है
आदमी सब फूल हैं संसार इक गुलज़ार[21] है

त्याग क्या ? क़िस्मत बना लेने की इक तदबीर[22] है
हाथ में इन्सां[23] के ख़ुद इंसान की तक़दीर[24] है

अम्न के अय देवता है यह घड़ी आलाम[25] की
छा गयी है सुब्हे-आलम[26] पर सियाही शाम की

दे सदा - ए - रूहपरवर[27] इक नई तंज़ीम[28] की
फिर ज़रूरत है ज़माने को तिरी तालीम[29] की

---

1. संबंध, 2. आनंद, स्वाद, 3. ख़ुदा का प्रेम, 4. पवित्र, 5. पवित्र आत्मा, 6. छा गया, 7. बुद्धि, विज्ञान, 8. नदी, 9. शुरू, 10. अधिक, 11. प्रकाशमान, 12. सुनहरी, 13. नियम, 14. आत्मा, 15. नशा, 16. अंगारा, 17. एक पहाड़ जहां हज़रत मूसा को ख़ुदा की तजल्ली नज़र आई, 18. ख़ुदा की सृष्टि, 19. स्वीकार, 20. दर्शन देनेवाली, 21. बाग़ीचा, उपवन, 22. उपाय, 23. मनुष्य, 24. भाग्य, 25. कष्ट (बहु.व.), 26. विश्व का प्रातःकाल, 27. आत्मा को शान्त करनेवाली आवाज़, 28. संगठन, 29. शिक्षा।

महावीर स्वामी

'उन्वान' चिश्ती

बहुत दिन हुए इक थी ज़ाते-गिरामी[1]
ज़माने में है जिसकी शुहरत[2] दवामी[3]
जगत का सहारा, अहिंसा पयामी[4]
वो ख़ल्क़े - मुजस्सम[5] मुहब्बत का हामी[6]
अभी तक यह दुनिया है जिसकी सलामी[7]
सिधारत का बेटा, महावीर स्वामी
महावीर स्वामी

इन्हीं की विलादत[8] के फ़ैज़-ओ-असर[9] से
हुआ हुक्म यह क़ुदरते - दादगर[10] से
कि अब इस क़दर[11] हुन[12] ज़माने में बरसे
न हरगिज़ कोई माल-ओ-दौलत को तरसे[13]
लिखा है मुअर्रिख़[14] ने भी आबे-ज़र[15] से
हुरूफ़े - जली[16] में वो इस्मे - गिरामी[17]
महावीर स्वामी

लिखा है कि जब आप तशरीफ़[18] लाए
ज़मीं[19] हंस पड़ी, आसमां जगमगाए
एरावत[20] से हाथी का मरकब[21] उड़ाए
हज़ार आंखें चश्मे - तमन्ना[22] बनाए
ज़ियारत[23] को ख़ुद इन्द्र भी जिसकी आये
वो था हुस्न में रश्के - माहे - तमामी[24]
महावीर स्वामी

---

1. भव्य हस्ती, 2. प्रसिद्धि, 3. अमर, सदैव बनी रहनेवाली, 4. सनन्देश देनेवाला, 5. साकार शिष्टता, 6. समर्थक, 7. सलाम करनेवाली, 8. जन्म, 9. दया और प्रभाव, 10. खुदा की क़ुदरत, 11. इतना, 12. सोना, 13. ललचाए, 14. इतिहासकार, 15. सोने के पानी, 16. बड़े अक्षरों में, 17. पवित्र नाम, 18. पधारे, 19. धरती, 20. इन्द्र का हाथी, 21. यान, 22. अभिलाषा की आंखें, 23. दर्शन, 24. जिससे पूर्णिमा का चांद भी ईर्ष्या करे।

महावीर ही के क़दम की बदौलत[1]
चमक उट्ठी गोया[2] ज़माने की क़िस्मत
ज़मीं[3] बनने की आस्मां[4] की थी हस्रत[5]
बसद शान-ओ-शौकत,[6] बसद जाह-ओ-हशमत[7]
जिलौ[8] में चले जिसके इन्द्र-ओ-इरावत[9]
वो पांडक शिला की तरफ़ ख़ुश ख़िरामी[10]
महावीर स्वामी

सरअन्दीप क़दमों पे सर पे हिमाला
जगत में न हो उसका क्यों बोलबाला
अहिंसा को परमोधरम कहने वाला
यही है वो अरहंत[11] जग में निराला
जो मशहूर[12] है ज्ञान दर्शन उजाला
उसी का है मुमताज़[13] इस्मे - गिरामी[14]
महावीर स्वामी

इब्ने-मरियम
(हज़रत ईसा)

दर्शनसिंह दुग्गल

इब्ने-मरियम[15] ! रूह[16] की अज़्मत[17] का आईना है तू
तू अहिंसा का पयामी[18], अम्न का तू राहबर[19]

हक़[20] की ख़ातिर[21] अहले-बातिल[22] से कभी खाया न खौफ़[23]
मर्दुमआज़ारी[24] को तूने जुर्मे - बेपाया[25] कहा

---

1. प्रताप से, 2. यानी, अर्थात्, 3. धरती, 4. आकाश, 5. अपूर्ण इच्छा, 6. सैकड़ों वैभव के साथ, 7. सैकड़ों ऐश्वर्य और वैभव के साथ, 8. दामन, 9. इन्द्र और उनका हाथी, 10. मंद गति से चलना, 11. अरिहन्त, 12. प्रसिद्ध, 13. उच्च, प्रमुख, 14. पवित्र नाम, 15. मरियम का बेटा, हज़रत ईसा, 16. आत्मा, प्राण, 17. महानता, 18. संदेशवाहक, 19. मार्गदर्शक, 20. न्याय, सत्य, 21. के लिए, 22. झूठे, 23. भय, 24. सबको कष्ट देना, 25. सबसे बड़ा अपराध।

चीरादस्ती[1] से तुझे हल्का सा भी रिश्ता[2] न था
कितनी जुरअत[3] से नवा-ए-हक़[4] किया तूने बलन्द[5]

ताज कांटों का तिरे सर के लिए ज़ीनत[6] बना
तेरी हिम्मत मुस्कराई रंज - ओ - ग़म[7] के दार[8] पर

तेरा अज़्मे - सरफ़रोशी[9] रूह के मैदान में
जिस्मे-इन्सां[10] को सिखाता है दिल आसाई[11] की बात

वक़्त की रफ़्तार[12] से आगे तिरा पैग़ाम[13] है
सुब्ह[14] जब बेदार[15] होगी तो वही हंगाम[16] है

जिस सहर[17] को जाग उठेगी रूहे-इन्सां[18] ख़्वाब[19] से
आम होगा दहर[20] में मिहर-ओ-मुहब्बत[21] का रिवाज

सारी दुनिया रिश्तः-ए-इख़लास[22] में गुंध जायेगी
यह ज़मीं इक दिन जवाबे - आसमां हो जायेगी

क़सीदा नातिया[23]

'मोहसिन' काकोरवी

सिम्ते-काशी[24] से चला जानिबे-मथरा[25] बादल
अब्र[26] के दोश[27] पे लाती है सबा[28] गंगा जल

घर में अशनान करें सर्वक़दाने-गोकुल[29]
जाके जमुना पे नहाना भी है इक तूल अमल[30]

---

1. अन्याय, जबरदस्ती, 2. संबंध, 3. हिम्मत, साहस, 4. सत्य की आवाज, 5. ऊंचा, 6. शोभा, 7. शोक और दुख, 8. फांसी, 9. सर काटने का संकल्प, 10. मानव शरीर, 11. सबको सुख पहुंचाना, 12. गति, 13. संदेश, 14. सवेरा, प्रातःकाल, 15. जाग्रत, 16. कोलाहल, 17. प्रातः, 18. मानव की आत्मा, 19. नींद, स्वप्न, 20. दुनिया, 21. दया और प्रेम, 22. निष्ठा का बन्धन, 23. छन्दोबद्ध स्तुति, 24. काशी की दिशा, 25. मथुरा की ओर, 26. बादल, 27. कंधे, 28. हवा, प्रातःसमीर, 29. गोकुल की लंबे क़द की नारियां, 30. लंबा काम।

ख़बर उड़ती हुई आई है महाबन में अभी
कि चले आते हैं तीरथ को हवा पर बादल

न खुला आठ पहर में कभी दो चार घड़ी
पन्द्रह रोज़ हुए पानी को मंगल मंगल

देखिए होगा श्रीकृष्ण का क्योंकर दर्शन
सीनः-ए-तंग[1] में दिल गोपियों का है बेकल[2]

राखियां लेके सलोनो[3] की बिरहमन निकले
तार बारिश का तो टूटे कोई साअत[4] कोई पल

डूबने जाते हैं गंगा में बनारस वाले
नौजवानों का सनीचर है यह बुढ़वा मंगल

तह-ओ-बाला[5] किए देते हैं हवा के झोंके
बेड़े भादों के निकलते हैं भरे गंगा जल

जोगिया भेस किए चर्ख़[6] लगाए है भभूत
या कि बैरागी है पर्बत पे बिछाए कम्बल

लहरें लेता है जो बिजली के मुक़ाबिल[7] सब्ज़ा[8]
चर्ख़ पे बादला[9] फैला है ज़मीं[10] पे मुख़मल

जुगनू फिरते हैं जो गुलबन में तो आती है नज़र
मुसहफ़े-गुल[11] के हवाशी[12] पे तिलाई[13] जदवल[14]

तख़्ते-ताऊसि-ए-गुलशन[15] पे है साया किए अब्र[16]
चत्र खोले हुए फ़र्के - शहे - गुल पर[17] सेंमल

---

1. तंग सीने, 2. व्याकुल, 3. रक्षा-बन्धन, श्रावन-पूर्णिमा, 4. घड़ी, 5. नष्ट, बरबाद, 6. आकाश, 7. सम्मुख, 8. हरियाली, 9. चमकीला तार, 10. धरती, 11. फूलों का ग्रन्थ, 12. हाशिया, 13.सुनहरी, 14. लकीर, 15. उपवन का मोर के आकार का सिंहासन, 16. आकाश, 17. फूल के ललाट पर।

कितना बेक़ैद[1] हुआ किस क़दर आवारा फिरा
कोई मंदिर न बचा इससे न कोई स्थल

कभी गंगा पे भटकता है कभी जमना पर
घाघरा पर कभी गुज़रा कभी सू-ए-चम्बल[2]

गिरते पड़ते हुए मस्ताना[3] कहां रक्खा पांव
कि तसव्वुर[4] भी वहां जा न सके सर के बल

यानी उस नूर[5] के मैदान में पहुंचा कि जहां
ख़िर्मने[6]-बर्क़े[7]-तजल्ली[8] का लक़ब[9] है बादल

कहीं तूबा[10] कहीं कौसर[11] कहीं फ़िर्दौसे[12]-बरीं
कहीं बहती हुई नहरे-लबन[13]-ओ-नहरे-असल[14]

कंजे-मख़फ़ी[15] के किसी सिम्त[16] निहां[17] तहख़ाने
इक तरफ़ मज़हरे-क़ुदरत[18] के अयां[19] शीशमहल

कहीं जिबरील[20] हुकूमत पे कहीं इसराफ़ील[21]
कहीं रिज़वां[22] का कहीं साक़ि-ए-कौसर[23] का अमल[24]

बाग़े - तंज़ीह[25] में सरसब्ज़[26] निहाले-तश्बीह[27]
अंबिया[28] जिसकी हैं शाख़ें उरफ़ा[29] हैं कोंपल

गुले-ख़ुशरंग[30] रसूले - मदनी - ए - अरबी[31]
ज़ेबे-दामाने[32]-अबद,[33] तुर्रः - ए - दस्तारे-अज़ल[34]

---

1. आज़ाद, 2. चंबल की ओर, 3. मदोन्मत्त, 4. कल्पना, 5. प्रकाश, 6. खलिहान, 7. बिजली, 8. प्रकाश, 9. उपाधि, 10. स्वर्ग का एक वृक्ष, 11. स्वर्ग में बहनेवाली नहर, 12. स्वर्ग, 13. दूध की नहर, 14. शहद की नहर, 15. छुपा हुआ ख़जाना, 16. ओर, 17. छुपे हुए, 18. प्रकृति का द्योतक, 19. प्रकट, 20. एक फ़रिश्ते का नाम, 21. एक फ़रिश्ते का नाम, 22. स्वर्ग का दारोग़ा, 23. कौसर का साक़ी, 24. शासन, 25. निर्गुण का बाग़, 26. हरा-भरा, 27. चित्र से भरा वृक्ष, 28. रबी, पैगम्बर, 29. ज्ञानी, 30. सुंदर फूल, 31. हज़रत मुहम्मद, 32. शोभा, 33. अनंतकाल का दामन, 34. अनादि काल की पगड़ी का तुर्रा।

न कोई उसका मुशाबा[1] है न हमसफ़र[2] न नज़ीर[3]
न कोई उसका मुमासिल[4] है न मुक़ाबिल[5] न बदल

औजे-रफ़अत[6] का क़मर[7] नख़्ले-दोआलम[8] का समर[9]
बहरे-वहदत[10] का गुहर[11] चश्मः-ए-कसरत[12] का कंवल

मेहरे-तौहीद[13] की ज़ौ[14] औजे-शरफ़[15] का महे-नौ[16]
शम्‌-ए-ईजाद[17] की लौ बज़्मे-रिसालत[18] का कंवल

हफ़्त[19] इक़लीमे - विलायत[20] में शहो - आलीजाह[21]
चार अतराफ़[22] हिदायत[23] में नबी - ए - मुर्सिल[24]

जी में आता है लिखूं मतलः - ए - बर्जस्ता[25] अगर
वज्द[26] में आके क़लम हाथ से जाये न उछल

मुन्तख़ब[27] नुस्ख़ः-ए-वहदत[28] का यह था रोज़े-अज़ल[29]
कि न अहमद[30] का है सानी[31] न अहद[32] का अव्वल[33]

दौरे - ख़ुरशीद[34] की भी हश्र[35] में हो जायेगी सुब्ह[36]
ता अबद[37] दौरे - मुहम्मद का है रोज़े - अव्वल[38]

शबे - अस्रा[39] में तजल्ली[40] से रुख़े - अनवर[41] की
पड़ गयी गर्दने - रफ़रफ़[42] में सुनहरी हैकल[43]

लुत्फ़[44] से तेरे हुई शौकते - ईमां[45] मुहकम[46]
क़हर[47] से सल्तनते - कुफ़्र[48] हुई मुस्तासल[49]

---

1. तुल्य, समान, 2. बराबर, 3. उदाहरण, 4. उस जैसा, 5. स्पर्धी, 6. ऊंचाई की चरम सीमा, 7. चांद, 8. दोनों लोकों का वृक्ष, 9. फल, 10. एकत्व का समुद्र, 11. मोती, 12. अधिकता का स्रोत, 13. अद्वैत का सूरज, 14. प्रकाश, 15. प्रतिष्ठा की ऊंचाई, 16. नया चंद्र, 17. आविष्कार का चिराग़, 18. पैग़म्बरी महफ़िल, 19. सात, 20. दुनियायें, 21. बादशाह, 22. चारों तरफ़, 23. आदेश, 24. वह नबी जिन पर ख़ुदा ने किताब भेजी, 25. तुरंत, 26. मस्ती, झूमना, 27. चुना हुआ, 28. अद्वैत का नुस्ख़ा, 29. पहला दिन, 30. हज़रत मुहम्मद, 31. द्वितीय, 32. अल्लाह, 33. प्रथम, 34. सूर्य का चक्कर, 35. प्रलय, 36. सवेरा, 37. अनंतकाल तक 38. प्रथम दिन, 39. मेराज की रात, 40. प्रकाश, 41. प्रकाशमान मुख, 42. बुर्राक़, 43. ज़ंज़ीर, 44. प्रेम, दया, 45. ईमान की शान, 46. मज़बूत, 47. प्रकोप, 48. अधर्म का राज्य, 49. उन्मूल।

जिस तरफ़ हाथ बढ़ें कुफ़्र[1] के हट जाये क़दम
जिस जगह पांव रखे सज्दा करें लात-ओ-हुबल[2]

है हक़ीक़त[3] को मजाज़[4] आपका हैरत[5] का मुक़ाम[6]
बेनियाज़ी[7] को नियाज़[8] आपका नाज़िश[9] का महल

रफ़्अ[10] होने का न था वहदत-ओ-कसरत[11] का ख़िलाफ़[12]
मीम[13] अहमद ने किया आके यह क़िस्सा फ़ैसल[14]

'मोहसिन'[15] अब कीजिए गुलज़ारे-मुनाजात[16] की सैर
कि इजाबत[17] का चला आता है घिरता बादल

सबसे आला[18] तिरी सरकार है सबसे अफ़ज़ल[19]
मेरे ईमाने - मुफ़स्सिल[20] का यही है मुजमल[21]

है तमन्ना[22] कि रहे नात[23] से तेरी ख़ाली
न मिरा शेर न क़तआ[24] न क़सीदा[25] न ग़ज़ल

दीन-ओ-दुनिया[26] में किसी का न सहारा हो मुझे
सिर्फ़ तेरा ही भरोसा तिरी क़ुव्वत[27] तिरा बल

आरज़ू[28] है कि रहे ध्यान तिरा ता - दमे - मर्ग[29]
शक्ल[30] तेरी नज़र आये मुझे, जब आये-अजल[31]

सफ़े - महशर[32] में तिरे साथ हो तेरे मद्दाह[33]
हाथ में हो यही मस्ताना क़सीदा[34] यह ग़ज़ल

कहें जिब्रील[35] इशारे से कि हां बिसमिल्ला[36]
सिम्ते - काशी[37] से चला जानिबे - मथुरा[38] बादल

---

1. अधर्म, 2. इस्लाम से पूर्व के दो अरबी देवता, 3. सत्य 4. अधिकार, 5. आश्चर्य, 6. स्थान, 7. निस्पृहता, 8. परिचय, 9. गर्व, 10. दूर, 11. एक और अनेक, 12. मतभेद, 13. हज़रत मुहम्मद, 14. फ़ैसला, 15. एहसान करनेवाला, 16. खुदा की तारीफ़ का उपवन, 17. स्वीकृति, 18. श्रेष्ठ, 19. श्रेष्ठ, 20. विस्तृत ईमान, 21. संक्षिप्त, 22. इच्छा, 23. स्तुति, प्रशंसा, 24. कवित्त, 25. प्रशंसा-गीत, 26. दुनिया और परलोक, 27. शक्ति, 28. आकांक्षा, 29. मरते समय तक, 30. सूरत, 31. मौत, 32. महशर की सफ़, 33. प्रशंसक, 34. प्रशंसा-गीत, 35. एक फ़रिश्ता, 36. साथ नाम अल्लाह के, 37. काशी की ओर से, 38. मथुरा की ओर।

हज़रत मुहम्मद सलअम

अल्ताफ़ हुसैन 'हाली'

वो नबियों[1] में रहमत[2] लक़ब[3] पाने वाला
मुरादें[4] ग़रीबों की बर[5] लाने वाला
मुसीबत में ग़ैरों[6] के काम आने वाला
वो अपने पराए का ग़म खाने वाला

फ़क़ीरों का मलजा[7] ज़ईफ़ों[8] का मावा[9]
यतीमों[10] का वाली ग़ुलामों का मौला[11]

ख़ताकार[12] से दरगुज़र[13] करने वाला
बदअन्देश[14] के दिल में घर करने वाला
मुफ़सिद[15] का ज़ेर-ओ-ज़बर[16] करने वाला
क़बाइल[17] को शीर-ओ-शकर[18] करने वाला

उतरकर हिरा[19] से सू - ए - क़ौम[20] आया
और इक नुस्ख़ः-ए-कीमिया[21] साथ लाया

मिसे - ख़ाम[22] को जिसने कुन्दन बनाया
खरा और खोटा अलग कर दिखाया
अरब जिस पे क़रनों[23] से था जहल[24] छाया
पलट दी बस इक आन में उसकी काया

रहा डर न बेड़े को मौजे-बला[25] का
इधर से उधर फिर गया रुख़[26] हवा का

---

1. पैग़म्बरों, 2. दया, 3. उपाधि, 4. इच्छायें, 5. पूरी करनेवाला, 6. परायों, 7. रक्षास्थान, 8. वृद्ध, 9. शरण, 10. अनाथ, 11. स्वामी, 12. अपराधी, 13. टाल जाना, 14. बुरा चाहनेवाला, 15. उपद्रवी, 16. नष्ट, 17. समुदाय, 18. एक, 19. एक पहाड़, 20. क़ौम की तरफ़, 21. कीमिया का नुस्खा, 22. तांबा, 23. युगों से, 24. अज्ञान, 25. विपत्ति की लहर 26. बहाव।

वो बिजली का कड़का था या सौत-ए-हादी[1]
अरब की ज़मीं[2] जिसने सारी हिला दी
नई इक लगन सबके दिल में लगा दी
इक आवाज़ में सोती बस्ती जगा दी

पड़ा हर तरफ़ गुल[3] यह पैग़ामे-हक़[4] से
कि गूंज उट्ठे दश्त-ओ-जबल[5] नामे-हक़[6] से

सबक़ फिर शरीअत[7] का उनको पढ़ाया
हक़ीक़त[8] का गुर[9] उनको इक इक बताया
ज़माने[10] के बिगड़े हुओं को बनाया
बहुत दिन के सोते हुओं को जगाया

खुले न जो राज़[11] अब तक जहां[12] पर
वो दिखला दिए एक परदा उठाकर

किसी को अज़ल[13] का न था याद पैमां[14]
भुलाए थे बन्दों ने मालिक के फ़रमां[15]
ज़माने में था दौरे - सहबा - ए - बतलां[16]
मै-ए-हक़[17] से मरहम[18] न थी बज़्मे-दौरां[19]

अछूता था तौहीद[20] का जाम[21] अब तक
ख़ुमे-मारिफ़त[22] का था मुंह ख़ाम[23] अब तक

न वाक़िफ़[24] थे इन्सां[25] क़ज़ा और जज़ा[26] से
न आगाह[27] थे मब्द - ओ - मुनतेहा[28] से
लगाई थी एक इक ने लौ[29] मासिवा[30] से
पड़े थे बहुत दूर बन्दे[31] ख़ुदा से

यह सुनते ही थर्रा गया गल्ला[32] सारा
यह राई[33] ने ललकार कर जब पुकारा

1. मार्गदर्शक की आवाज, 2. धरती, 3. शोर, कोलाहल, 4. ख़ुदा का संदेश, 5. जंगल और पर्वत, 6. ख़ुदा का नाम, 7. धर्मशास्त्र, 8. सत्य, 9. रहस्य, 10. समय, 11. रहस्य, 12. संसार, 13. अनादिकाल, 14. वादा, 15. शाही हुक्म, 16. झूठ की शराब का दौर, 17. सत्य की मदिरा, 18. परिचित, 19. समय की महफ़िल, 20. अद्वैतवाद, 21. प्याला, 22. अध्यात्म का घड़ा, 23. अपक्व, 24. परिचित, 25. मनुष्य, 26. भाग्य और प्रत्युपकार, 27. परिचित, 28. आरम्भ और अन्त, 29. ध्यान, 30. माया, 31. भक्त, 32. रेवड़, 33. भेड़ें चरानेवाला।

कि है ज़ाते-वाहिद[1] इबादत[2] के लायक़[3]
ज़बां और दिल की शहादत[4] के लायक़[5]
उसी के हैं फ़रमान[6] ताअत[7] के लायक़
उसी की है सरकार ख़िदमत[8] के लायक़
लगाओ तो लौ[9] उससे अपनी लगाओ
झुकाओ तो सर उसके आगे झुकाओ

उसी पर हमेशा भरोसा करो तुम
उसी के सदा इश्क़[10] का दम भरो तुम
उसी के ग़ज़ब[11] से डरो गर[12] डरो तुम
उसी के तलब[13] में मरो जब मरो तुम
मुबर्रा है[14] शिरकत[15] से उसकी ख़ुदाई
नहीं उसके आगे किसी को बड़ाई

इसी तरह दिल उनका एक इक से तोड़ा
हर इक क़िबलः-ए-कज[16] से मुंह उनका मोड़ा
कहीं मासिवा[17] का इलाक़ा[18] न छोड़ा
खुदावन्द से रिश्ता बन्दों का जोड़ा
कभी के जो फिरते थे मालिक से भागे
दिए सर झुका उनके मालिक के आगे

('मद्‌दो-जज़्रे-इस्लाम' से उद्‌धृत)

---

1. एकमात्र अस्तित्व, 2. आराधना, 3. योग्य, पात्र, 4. धार्मिक मनुष्य का वध, गवाही, 5. योग्य, 6. आदेश, 7. आज्ञापालन, 8. सेवा, 9. ध्यान, 10. प्रेम, 11. प्रकोप, 12. यदि, 13. याचना, इच्छा, 14. पाक, 15. साझा, 16. ग़लत, क़िब्ला, 17. माथा, 18. रिश्ता।

हज़रत मुहम्मद

दर्शनसिंह दुग्गल

रूहे-इन्सां[1] को हक़ीक़त[2] से मिलाने वाले
मरहबा[3] ! नग़्मः-ए-तौहीद[4] सुनाने वाले

दौर पर दौर चले वाद-ए-इख़लास[5] का फिर
मुन्तज़िर[6] बैठे हैं सब पीने पिलाने वाले

कर दे बेदार[7] ज़रा फिर से ज़मीरे-इन्सां[8]
ख़्वाबे-ग़फ़लत[9] से ज़माने[10] को जगाने वाले

अहले-दिल[11] भूल नहीं सकते हैं एहसां[12] तेरा
ग़म की मारी हुई दुनिया को हंसाने वाले

क्यों न दम तेरा भरें अहले-विला[13] अहले-वफ़ा[14]
नक्श[15] उलफ़त[16] का हर इक दिल में बिठाने वाले

कश्ति-ए-ज़ीस्त[17] है तूफ़ां[18] में बचा ले इसको
डूबती नाव को साहिल[19] पे लगाने वाले

ख़ाके-पा[20] को तिरी अय नूरे-ख़ुदा[21] के हामिल[22]
सुर्मः - ए - चश्म[23] बनाते हैं बनाने वाले

हम फ़क़ीरों पे भी हो जाये तिरा लुत्फ़-ओ-करम[24]
बार[25] हंस हंस के ग़रीबों का उठाने वाले

लौ[26] लगाए हुए बैठे हैं गुज़रगाहों[27] में
नक़्शे-पा[28] को तिरे आंखों से लगाने वाले

---

1. इंसान की रूह, 2. सत्य, ख़ुदा, 3. धन्य, 4. अद्वैत का गीत, 5. निःस्वार्थता का वादा, 6. प्रतीक्षा में, 7. जाग्रत, 8. मनुष्य का अन्तःकरण, 9. बेहोशी की नींद, 10. संसार, 11. दिलवाले, 12. एहसान, 13. प्रेमी, 14. वफ़ादार, 15. निशान, 16. प्रेम, 17. जीवन-नैया, 18. तूफ़ान, 19. किनारा, 20. पैर की धूल, 21. खुदा का प्रकाश, 22. वाहक, उठानेवाला, 23. आंखों का सुरमा, 24. दया, प्रेम, 25. बोझ, 26. ध्यान, 27. मार्ग, 28. पैरों के निशान।

बन्दगी[1] तेरी करूं मुझको यह तौफ़ीक़[2] तो बख़्श[3]
वादः - ए - रोज़े - अज़ल[4] याद दिलाने वाले

बख़्ते - 'दर्शन'[5] पे भी इक बार नज़र हो जाये
बिगड़ी तक़दीर ज़माने की बनाने वाले

हुसैन अलैहिस्सलाम

'जोश' मलीहाबादी

तारीख़[6] दे रही है यह आवाज़ दम ब दम[7]
दश्ते-सबात-ओ-अज़्म[8] है दश्ते-बला-ओ-ग़म[9]
सब्रे-मसीह[10]-ओ-जुरअते-सुक़रात[11] की क़सम
इस राह में है सिर्फ़ इक इंसान का क़दम
जिसकी रगों[12] में आतिशे-बदर-ओ-हुनैन[13] है
जिस सूरमा का इस्मे - गिरामी[14] हुसैन है

जो साहिबे - मिज़ाजे - नबूवत[15] था वो हुसैन
जो वारिसे - ज़मीरे - रिसालत[16] था वो हुसैन
जो ख़िलवति - ए - शाहिदे - क़ुदरत[17] था वो हुसैन
जिसका वुज़ूद[18], फ़ख़्रे - मशीयत[19] था वो हुसैन
सांचे में ढालने के लिए कायनात[20] को
जो तोलता था नोके-मिज़गां[21] पर हयात[22] को

जो इक निशाने - तिश्नःदहानी[23] था वो हुसैन
गेती[24] पे अर्श[25] की जो निशानी था वो हुसैन

---

1. इबादत, आराधना, 2. साहस, हिम्मत, 3. प्रदान कर, 4. हश्र के दिन का वादा, 5. दर्शन का भाग्य, 6. इतिहास, 7. हर समय 8. साहस और दृढ़ता का मैदान, 9. विपत्ति और शोक का मैदान, 10. हज़रत ईसा का धैर्य, 11. सुकरात का साहस, 12. धमनियां, 13. इस्लाम की दो बड़ी लड़ाइयां, 14. पवित्र नाम, 15. नबियों का स्वभाव रखनेवाला, 16. रसूल की अंतरात्मा का उत्तराधिकारी, 17. क़ुदरत का गवाह, 18. अस्तित्व, 19. ईश्वरेच्छा का गर्व, 20. ब्रह्मांड, 21. पलक की नोक, 22. जीवन, 23. प्यास का प्रतीक, 24. धरती, 25. आकाश।

जो ख़ुल्द[1] का अमीरे-जवानी[2] था वो हुसैन
जो इक सने-जदीद[3] का बानी[4] था वो हुसैन

जिसका लहू तलातुमे - पिन्हां[5] लिये हुए
हर बूंद में था नूह[6] का तूफ़ां[7] लिये हुए

जो कारवाने-अज़्म[8] का रहबर था वो हुसैन
ख़ुद अपेन ख़ून का जो शनावर[9] था वो हुसैन
इक दीने-ताज़ा[10] का जो पयम्बर[11] था वो हुसैन
जो कर्बला का दावरे-महशर[12] था वो हुसैन

जिसकी नज़र पे शेवः-ए-हक़[13] का मदार[14] था
जो रूहे - इंक़िलाब[15] का परवर्दिगार[16] था

हां, अब भी जो मिनारः-ए-अज़मत[17] है वो हुसैन
जिसकी निगाह, मर्गे - हुकूमत[18] है वो हुसैन
अब भी जो महवे-दर्से-बग़ावत[19] है वो हुसैन
आदम[20] की जो दलीले-शराफ़त[21] है वो हुसैन

वाहिद[22] जो इक नमूना है ज़िबहे-अज़ीम[23] का
शाहिद[24] है जो ख़ुदा के मज़ाक़े-सलीम[25] का

पानी से तीन रोज़[26] हुए जिसके लब[27] न तर[28]
तेग़-ओ-तबर[29] को सौंप दिया जिसने घर का घर
जो मर गया जमीर की अज़मत[30] के नाम पर
ज़िल्लत[31] के आस्तां[32] पे झुकाया मगर न सर

ली जिसने सांस रिश्तः-ए-शाही[33] को तोड़कर
जिसने कलाई मौत की रख दी मरोड़कर

---

1. स्वर्ग, 2. जवानी का सरदार, 3. वर्तमान काल, 4. प्रवर्तक, 5. छुपा हुआ तूफ़ान, 6. एक पैग़म्बर, 7. तूफ़ान, 8. संकल्प का कारवां, 9. तैराक, 10. नया धर्म, 11. नबी, 12. हश्र के दिन न्याय करनेवाला, 13. सत्य का चलन, 14. आधार, 15. क्रांति की रूह, 16. ख़ुदा, 17. महानता की मीनार, 18. हुकूमत की मौत, 19. बग़ावत के पाठ में लीन, 20. मानव, 21. शराफ़त का सबूत, 22. एकमात्र, 23. महान् क़ुरबानी, 24. गवाह, 25. श्रेष्ठ अभिरुचि, 26. दिन, 27. होंठ, 28. गीले, 29. तलवार और फरसा, 30. महानता, 31. अपमान, 32. चौखट, 33. राजपाट का संबंध।

जिसकी जबीं[1] पे कज[2] है खुद अपने लहू[3] का ताज[4]
जो मर्ग-ओ-ज़िंदगी[5] का है इक तुरफ़ा[6] इम्तिज़ाज[7]
सर दे दिया मगर न दिया ज़ुल्म[8] को ख़िराज[9]
जिसके लहू ने रख ली तमाम अम्बिया[10] की लाज

सुनता न कोई दहर[11] में सिद्क़-ओ सफ़ा[12] की बात
जिस मुर्दे-सरफ़रोश[13] ने रख ली खुदा की लाज

हां अय हुसैन तिश्नः-ओ-रंजूर[14] 'अस्सलाम'[15]
अय मेहमाने - अर्सा - ए - बेनूर[16] 'अस्सलाम'
अय शम्ए - हल्क़ः - ए - शब आशूर[17] 'अस्सलाम'
अय सीनः-ए-हयात[18] के नासूर[19] 'अस्सलाम'

अय साहिले - फ़ुरात[20] के प्यासे, तिरे निसार[21]
अय आख़िरी नबी[22] के नवासे,[23] तिरे निसार

हां अय हुसैन ! इब्ने - अली,[24] रहबरे - अनाम[25]
अय मिम्बरे - ख़ुदी[26] के हयातआफ़री[27] पयाम[28]
अय नुत्क़े-ज़िंदगी[29] के मुक़द्दसतरीन[30] नाम
अय चर्खे-इंक़िलाब[31] के अब्रे-जवां[32] ख़िराम[33]

ग़ाज़ा[34] है तेरा ख़ून, रुख़े - कायनात[35] का
हर क़तरा[36] कोहे-नूर है ताजे - हयात[37] का

फिर हक़[38] है, आफ़ताबे-लबे[39]-बाम अय हुसैन
फिर बज़्मे-आब-ओ-गिल[40] में है कोहराम[41] अय हुसैन

---

1. ललाट, 2. टेढ़ा, 3. रक्त, 4. मुकुट, 5. जीवन-मृत्यु, 6. विचित्र, 7. सम्मिश्रण, 8. अत्याचार, 9. लगान, 10. नबी (ब.व.), पैगम्बर, 11. दुनिया, 12. सच्चाई और पवित्रता, 13. बहादुर, 14. प्यासा और बीमार, 15. नतमस्तक, 16. अंधेरे मैदान का मेहमान, 17. इमाम हुसैन के जीवन की आख़िरी रात, 18. जीवन का वक्षस्थल, 19. बहता हुआ जख़्म, 20. फ़रात नदी का किनारा, 21. न्यौछावर, 22. पैग़म्बर, 23. नाती, 24. अली का बेटा, 25. जन नेता, 26. अहं का मिम्बर, 27. जीवनदायक, 28. संदेश, 29. जीवनवाणी, 30. पवित्र, 31. इंक़लाब का गगन, 32. जवान बादल, 33. मंद गति, 34. पाउडर, 35. ब्रह्मांड का चेहरा, 36. बूंद, 37. जीवन का मुकुट, 38. सत्य, 39. डूबता हुआ सूरज, 40. पानी और मिट्टी की महफ़िल—दुनिया, 41. कोलाहल।

फिर ज़िंदगी है सुस्त-ओ-सुबुकगाम[1] अय हुसैन
फिर हुर्रियत[2] है मूरिदे-इल्ज़ाम[3] अय हुसैन
ज़ौक़े-फसाद[4]-ओ-वल्वलः-ए-शर[5] लिये हुए
फिर अस्रे-नौ[6] के शिम्र[7] है ख़ंजर[8] लिये हुए

अय जानशीने[9] - हैदरे - करार[10], अलमदद[11]
अय मनचलों के क़ाफ़लासालार[12] अलमदद
अय अम्रे-हक़[13] की गर्मि-ए-बाज़ार[14] अलमदद
अय जिन्से - ज़िंदगी[15] के ख़रीदार[16] अलमदद
दुनिया तिरी नज़ीरे - शहादत[17] लिये हुए
अब तक खड़ी है शम्अ-ए-हिदायत[18] लिये हुए

('हुसैन और इंक़िलाब' से उद्धृत)

आवाज़े-हक़

(हज़रत ख़्वाजा मुइनुद्दीन चिश्ती)

दर्शनसिंह दुग्गल

मिली थी खा़क[19] के पैकर[20] को रूहे-इश्क़[21]-ओ-दिलदारी[22]
ज़मीनों-आसमां[23] से ज़ीस्त[24] रखती थी शनासाई[25]
सलाम अय रूहे-दानाई[26]

तिरे दरबार[27] में धुलती थी गर्दे - जिस्मे - इंसानी[28]
तेरी निकहत[29] से जाग उठता था अरमाने-दिलआसाई[30]
सलाम अय रूहे-दानाई

---

1. मंद गति, 2. आज़ादी, 3. अपराधी, दोषी, 4. फ़साद की रुचि, 5. उपद्रव का जोश, 6. वर्तमान, 7. इमाम हुसैन का क़ातिल, 8. छुरा, 9. उत्तराधिकारी, 10. हज़रत अली, 11. हमारी मदद कर, 12. क़ाफ़ले का सरदार, 13. सच्चा काम, 14. बाज़ार की गर्मी, 15. जीवन-रूपी वस्तु, 16. ग्राहक, 17. शहादत की मिसाल, 18. आदेश का चिराग़, 19. धूल, 20. आकार, 21. प्रेम की आत्मा, 22. धैर्य, दिलासा, 23. धरती और आकाश, 24. जीवन, 25. जान-पहचान, 26. अक़्लमंदी की रूह, 27. घर, 28. मानव-शरीर की धूल, 29. सुगंध, 30. दिल रखने का अरमान।

दयारे-हिंद[1] के हर फूल में ख़ुशबू[2] मिली तेरी
कि यह धरती हर इक ख़ुशबू को ख़ुद[3] में जज़्ब[4] करती है
इसी बाइस[5] तो है यह सरज़मीं[6] तस्वीरे - रानाई[7]
सलाम अय रूहे-दानाई

यह धरती पाक रूहों[8] की तमन्नाओं[9] का मसकन[10] है
यह धरती गर्म भी है सर्द[11] भी, शोला[12] भी शबनम[13] भी
हज़ारों अहले - दानिश[14] से हैं बढ़कर यां के सौदाई[15]
सलाम अय रूहे-दानाई

मुबारक[16] यह ज़मीं जिसमें तिरा जिस्म[17] आरमीदा[18] है
तिरे मदफ़न[19] से है चश्मा[20] रवां[21] वहदतपरस्ती[22] का
तिरे ज़र्रों को चूमे, सुब्हे - गर्दूं[23] है तमन्नाई[24]
सलाम अय रूहे-दानाई

रौशनी की लकीर

'रौनक़' दकनी सीमाबी

जबीने[25]-इज्ज़ पे नख़वत[26] की खिंच गयी जो लकीर
हुई अंधेरों में गुम सरज़मीने - बर्रे - सग़ीर[27]

रही न फिर कोई तम्ईज़े-नेक-ओ-बद[28] बाक़ी
पड़ी ख़िरद[29] के जो पांवों में जहल[30] की ज़ंजीर

हुआ जो माइले - ईज़ा[31] ग़ुरूरे-फ़ितनातराज़[32]
सियाही[33] किब्र[34] की छाने लगी बरू-ए-ज़मीर[35]

---

1. भारत की धरती, 2. सुगंध, 3. स्वयं, 4. सोख लेना, 5. कारण, 6. धरती, 7. सौंदर्य का चित्र, 8. पवित्र आत्मा, 9. आकांक्षा, 10. घर, निवास-स्थान, 11. ठंडी, 12. ज्वाला, 13. ओस, 14. बुद्धिमान, विद्वान, पढ़े-लिखे, 15. पागल, 16. धन्य, 17. शरीर, 18. दफ़्न, 19. क़ब्र, 20. स्रोत, 21. जारी, 22. अद्वैत की पूजा, 23. आकाश से आनेवाली सुबह, 24. आकांक्षी, 25. विनम्र ललाट, 26. अहंकार, 27. महाद्वीप की धरती, 28. अच्छे-बुरे का बोध, 29. बुद्धि, 30. मूर्खता, जहालत, 31. दुख देने की ओर प्रवृत्त, 32. धूर्त का घमंड, 33. अंधेरा, 34. अहंकार, 35. अन्तःकरण के चेहरे पर।

हुई जो खोखली तक़वा[1] की सारी बुनियादें[2]
तो ज़ुहद[3] भी हुआ बेमग़ज़[4] और बेतासीर[5]

गिरी अंधेरों पे बातिल[6] की बर्क़[7] आख़िरकार
उफ़ुक़[8] से उभरी बसदजाह[9] रौशनी की लकीर

मक़ामे[10] - हज़रते - ख़्वाजा मुईनुद्दीन चिश्ती
हुआ जो ख़ित्तः[11]-ए-अजमेर पर ज़हूरपिज़ीर[12]

फ़ज़ा[13] में परचमे - इस्लाम[14] लहलहाने लगा
तो गूंज उट्ठा हर इक सिम्त[15] नारः -ए-तकबीर[16]

मिला है क़ुत्बे-मशाइख़[17] का हक़नवाज़[18] लक़ब[19]
लक़ब वो जिसका बमुश्किल है इस जहां में नज़ीर[20]

रवां[21] था फ़ैज़े - क़दूमे - बुख़ारी - ओ - मख़दूम[22]
तुम्हारा फ़ैज़[23] मगर था बलीग़[24]-ओ-पुरतासीर[25]

तुम्हारा सोज़े - दरूं[26] लाइलाहाइल्लल्ला[27]
तुम्हारे दिल का सुकूं[28] है क़ुरआन की तफ़्सीर[29]

अता[30] हुआ वो तुम्हें इक़्तिदारे - रूहानी[31]
वो इक़्तिदार जो लुत्फ़-ओ-करम[32] से है ताबीर[33]

---

1. संयम, 2. जड़ें, 3. परहेज़गारी, निस्पृहता, 4. बिना मस्तिष्क, 5. बेअसर, 6. झूठ, 7. बिजली, 8. क्षितिज, 9. सौ जगह, 10. स्थान, 11. क्षेत्र, 12. प्रकट, 13. वातावरण, 14. इस्लाम का झंडा, 15. दिशा, 16. अल्लाहोअकबर का नारा, 17. शेखों का ध्रुवतारा, 18. उपयुक्त, 19. उपाधि, 20. उदाहरण, मिसाल, 21. प्रवाहित, 22. बुख़ारी और मख़दूम के चरणों का प्रभाव, 23. प्रताप, 24. खुश बयान, 25. प्रभावपूर्ण, 26. दिल का दर्द, 27. अल्लाह एक है, 28. शांति, 29. व्याख्या, 30. प्रदान, 31. आध्यात्मिक प्रभुत्व, 32. दया, 33. विवरण।

निज़ामुद्दीन औलिया

डॉक्टर मुहम्मद इक़बाल

फ़रिश्ते पढ़ते हैं जिसको वो नाम है तेरा
बड़ी जनाब[1] तिरी, फ़ैज़[2] आम[3] है तेरा

तिरे वुजूद[4] से रौशन[5] है राहे-मंज़िले-शौक़[6]
दियारे-इश्क़[7] का मुसहफ़[8] कलाम[9] है तेरा

निहां[10] है तेरी मुहब्बत में रंगे-महबूबी[11]
बड़ी है शान, बड़ा एहतिमाम[12] है तेरा

ख़रोशे[13]-मैकद:-ए-शौक़[14] है तिरे दम से
तलब[15] हो फ़क्र[16] को जिसकी वो जाम[17] है तेरा

सितारे इश्क़[18] के तेरी कशिश[19] से हैं क़ायम[20]
निज़ामे-मिहर[21] की सूरत निज़ाम[22] है तेरा

अगर सियाह दिलम दाग़े-लालाज़ारे तो अम[23]
वगर कुशादा जबीनम गुले-बहारे तो अम[24]

---

1. ड्योढ़ी, द्वारा 2. उदारता, 3. सबके लिए, 4. अस्तित्व, 5. प्रकाशित, 6. अभिलाषा की मंज़िल का मार्ग, 7. प्रेम का घर (ब.व.), 8. धर्म-ग्रन्थ, 9. कथन, प्रवचन, 10. गुप्त, 11. प्रेमपात्र का रंग, 12. व्यवस्था, 13. कोलाहल, 14. शौक़ की मधुशाला, 15. प्यास, 16. फ़क़ीरी, 17. प्याला, 18. प्रेम, 19. आकर्षण, 20. स्थित, 21. सूरज का विधान, 22. व्यवस्था, 23. अगर मेरा दिल काला है तो मैं तेरे बाग़ के लाले के फूलों के दिल का दाग़ हूं, 24. अगर मेरा ललाट चमक रहा है तो मैं तेरी बहार का फूल हूं।

महबूबे-इलाही[1]

(हज़रत निज़ामुद्दीन औलिया)

दर्शनसिंह दुग्गल

हर एक फ़क़्[2] की ख़ातिर[3] है आस्ताना[4] तिरा
सभी ने दिल की मुरादें[5] यहां से पाई हैं
तिरे क़दम की बदौलत[6] ज़मीने - पाके - वतन[7]
दियारे[8] - शम्स - ओ - क़मर[9] से भी सर बुलंद[10] हुई
दिया वो रूह[11] का पैग़ाम[12] अहले - दुनिया[13] को
कि ज़िंदगी के अंधेरों में रौशनी[14] जागी,
हयात[15] क्या है, तबस्सुम[16] ख़ुलूसे-बातिन[17] का
ज़माना क्या है, सहर[18] आरिफ़ाना[19] मस्ती की
तिरे पयाम[20] से रौशन[21] है महफ़िले - हस्ती[22]
तिरे कलाम[23] से सरशार[24] है बशर[25] की हयात[26]
कोई तो बात है जिसने दिलों को राम किया[27]
कोई तो जज़्ब[28] है जिसने जहान को खींचा

ख़ुदा करे कि दिल उल्फ़त[29] का जाम[30] हो जाये
तिरी शराब ज़माने में आम[31] हो जाये

---

1. ख़ुदा का महबूब, 2. माथा, ललाट, 3. के लिए, 4. चौखट, 5. अभिलाषायें, 6. प्रताप से, 7. देश की पवित्र धरती, 8. देश, नगर, 9. चांद-सूरज, 10. ऊंची, 11. आत्मा, 12. संदेश, 13. दुनियावाले, 14. प्रकाश, 15. जीवन, 16. मुस्कुराहट, 17. अन्तःकरण की निष्ठा, 18. जादू, 19. ज्ञान की मस्ती, 20. संदेश, 21. प्रकाशमान, 22. अस्तित्व की महफ़िल, 23. कथन, प्रवचन, 24. परिपूर्ण, 25. इंसान, 26. जीवन, 27. वशीभूत, 28. आकर्षण, 29. प्रेम, 30. प्याला, 31. हर एक के लिए।

गुरु नानक

'नज़ीर' अकबराबादी

हैं कहते नानक शाह जिन्हें वो पूरे हैं आगाह[1] गुरु
वो कामिल[2] रहबर[3] जग में हैं, यूं रौशन जैसे माह[4] गुरु
मक़सूद[5], मुराद[6], उमीद[7] सभी बर लाते हैं दिलख़्वाह[8] गुरु
नित लुत्फ़-ओ-करम[9] से करते हैं हम लोगों का निर्बाह गुरु

इस बख़्शिश[10] के इस अज़मत[11] के हैं बाबा नानक शाह गुरु
सब सीस नवा अर्दास[12] करो और हर दम बोलो वाह गुरु

हर आन दिलों विच पायां[13] अपने जो ध्यान गुरु का धरते हैं
और सेवक होकर उनके ही, हर सूरत[14] बीच कहाते है
गुरु अपनी लुत्फ़-ओ-इनायत[15] से सुख चैन उन्हें दिखलाते हैं
खुश रखते हैं हर हाल उन्हें सब मन का काज बनाते हैं

इस बख़्शिश के, इस अज़मत के हैं बाबा नानक शाह गुरु
सब सीस नवा अर्दास करो और हर दम बोलो वाह गुरु

दिन रात जिन्होंने यां दिल विच है याद गुरु से काम लिया
सब मन के मक़सद[16] भर पाए, ख़ुशवक़्ती[17] का हंगाम[18] लिया
दुख दर्द में अपने ध्यान लगा जिस वक़्त गुरु का नाम लिया
पल[19] बीच गुरु ने आन उन्हें ख़ुशहाल किया और थाम लिया

इस बख़्शिश के इस अज़मत के हैं बाबा नानक शाह गुरु
सब सीस नवा अर्दास करो और हरदम बोलो वाह गुरु

---

1. परिचित, 2. पूर्ण, दक्ष, 3. मार्गदर्शक, 4. चांद, 5. उद्‌देश्य, 6. इच्छा, 7. आशा, 8. दिल की ख़्वाहिश, 9. दया और प्रेम, 10. उदारता, 11. महानता, 12. प्रार्थना, 13. दिलों के बीच, दिल में, 14. हर हाल में, 15. प्रेम और कृपा, 16. उद्‌देश्य, 17. अच्छा वक्त, 18. समय, 19. क्षण-भर में।

जो हर दम उनसे ध्यान लगा उम्मीद[1] करम[2] की करते हैं
वो उन पर लुत्फ़-ओ-इनायत[3] से हर आन[4] तवज्जुह[5] करते हैं
अस्बाब[6] ख़ुशी और ख़ूबी के घर बीच उन्हूं के भरते हैं
आनंद इनायत[7] करते हैं, सब मन की चिंता हरते हैं

इस बख़्शिश के इस अज़मत के हैं बाबा नानक शाह गुरु
सब सीस नवा अर्दास करो और हर दम बोलो वाह गुरु

जो लुत्फ़-ओ-इनायत[8] उनमें है कब वस्फ़[9] किसी से उनका हो
वो लुत्फ़-ओ-करम[10] जो करते हैं हर चार तरफ़ हैं ज़ाहिर[11] वो
अल्ताफ़[12] जिन्हूं पर हैं उनके, सो ख़ूबी हासिल[13] है उनको
हर आन[14] 'नज़ीर' अब यां तुम भी बाबा नानक शाह कहो

इस बख़्शिश के इस अज़मत के हैं बाबा नानक शाह गुरु
सब सीस नवा अर्दास करो हर दम बोलो वाह गुरु

नानक

डॉक्टर इक़बाल

क़ौम[15] ने पैग़ामे - गौतम[16] की ज़रा परवा न की
क़द्र[17] पहचानी न अपने गौहरे - यकदाना[18] की

आह, बदक़िस्मत रहे आवाज़े-हक़[19] से बेख़बर[20]
ग़ाफ़िल[21] अपने फल की शीरीनी[22] से होता है शजर[23]

आशकार[24] उसने किया जो ज़िंदगी[25] का राज़[26] था
हिंद को लेकिन ख़याली[27] फ़लसफ़े[28] पर नाज़[29] था

---

1. आशा, 2. दया, 3. प्रेम और दया, 4. क्षण, 5. ध्यान, 6. सामान, 7. दया, 8. प्रेम और दया, 9. प्रशंसा, गुणगान, 10. प्रेम और दया, 11. प्रकट, 12. मेहरबानियां, 13. प्राप्त, 14. हर पल, 15. राष्ट्र, 16. गौतम का संदेश, 17. मूल्य, 18. अमूल्य मोती, 19. सत्य की आवाज़ 20. अपरिचित, 21. अनभिज्ञ, 22. मिठास, 23. वृक्ष, 24. प्रकट, व्यक्त, 25. जीवन, 26. रहस्य, 27. काल्पनिक, 28. दर्शन, 29. गर्व।

शम्एः-हक़[1] से जो मुनव्वर[2] हो यह वो महफ़िल[3] न थी
बारिशे-रहमत[4] हुई लेकिन ज़मीं[5] क़ाबिल[6] न थी

आह शूदर[7] के लिए हिन्दोस्तां ग़मख़ाना[8] है
दर्दे - इंसानी[9] से इस बस्ती का दिल बेगाना[10] है

बिरहमन सरशार[11] है अब तक मए-पिन्दार[12] में
शम्ए-गौतम[13] जल रही है महफ़िले-अग़ियार[14] में

बुतकदा[15] फिर बाद मुद्दत[16] के मगर रौशन[17] हुआ
नूरे-इब्राहीम[18] से आज़र[19] का घर रौशन हुआ

फिर उठी आखिर सदा[20] तौहीद[21] की पंजाब से
हिंद को इक मर्दे-कामिल[22] ने जगाया ख़्वाब[23] से

तस्वीरे-रहमत[1]

तिलोकचन्द 'महरूम'

तिरी तौक़ीर[25] से तौक़ीरे - हस्ती[26] है गुरु नानक
तिरी तनवीर[27] हर ज़र्रे[28] में बसती[29] है गुरु नानक
तिरी जागीर में इरफ़ां[30] की मस्ती है गुरु नानक
तिरी तहरीर[31] औजे[32]-हक़-परस्ती[33] है गुरु नानक
तिरी तस्वीर[34] से रहमत[35] बरसती है गुरु नानक

---

1. सत्य का चिराग़, 2. प्रकाशमान, 3. गोष्ठी, 4. दया की वर्षा, 5. धरती, 6. योग्य, 7. शूद्र, 8. दुखों का घर, 9. इंसान का दुख-दर्द, 10. अपरिचित, 11. संतुष्ट, तृप्त, 12. अहंकार की मदिरा, 13. गौतम बुद्ध की शमा, 14. ग़ैरों की महफ़िल में, 15. मंदिर, 16. लंबे समय के बाद, 17. प्रकाशित, 18. हज़रत इब्राहीम का प्रकाश, 19. इब्राहीम के चचा, 20. आवाज़ 21. अद्वैतवाद, 22. सिद्धहस्त पुरुष, 23. नींद, 24. दया की मूर्ति, 25. प्रतिष्ठा, 26. संसार की प्रतिष्ठा, 27. आभा, चमक, 28. कण, 29. रहती है, 30. ब्रह्मज्ञान, 31. लेखनी, 32. ऊंचाई, 33. खुदा की पूजा, 34. चित्र, 35. दया, कृपा।

ज़हूरिस्ताने - रहमत[1] है कि यह तस्वीर है तेरी
कोई नक़्शे - हक़ीक़त[2] है कि यह तस्वीर है तेरी
अयां[3] सुब्हे - सआदत[4] है कि यह तस्वीर है तेरी
दिले - मुज़्तर[5] की राहत[6] है कि यह तस्वीर है तेरी

तिरी तस्वीर से रहमत बरसती है गुरु नानक

ख़ामोशी[7] से हुवैदा[8] है अजब[9] अंदाज़े-गोयाई[10]
कि है मुंह बोलता पैकर[11] यह नक़्शे-नाज़े-यकताई[12]
हर इक अज़्वे-बदन[13] से है अयां[14] एजाज़े-रानाई[15]
ज़मीं[16] पर है मगर नज़रों में है परवाज़े - बालाई[17]

तिरी तस्वीर से रहमत बरसती है गुरु नानक

शबीहे-पाक[18] है या इक तिलिस्मे-ज़ांफ़िज़ाई[19] है
झलक ख़ुद जल्वः-ए-हुस्ने-अज़ल ने यां दिखाई है
सफ़ा-ए-क़ल्बे-आरिफ़[20] से सिवा[21] इसमें सफ़ाई है
रुख़े - अनवर[22] है या महताबे - चर्ख़े - पारसाई[23] है

तिरी तस्वीर से रहमत बरसती है गुरु नानक

नज़र अफ़रोज़[24] है ऐसी अदा-ए-जांफ़िज़ा[25] इसमें
गुले-फ़िर्दौस[26] का हर रंग गोया भर दिया इसमें
नज़र आता है मजमा[27] सरबसर[28] औसाफ़[29] का इसमें
कि हैं सिद्क़-ओ-सफ़ा[30], फ़क्र-ओ-गिना[31], लुत्फ़-ओ-अता[32] इसमें

तिरी तस्वीर से रहमत बरसती है गुरु नानक

---

1. वह स्थान जहां रहमत का आविर्भाव हो, 2. सत्य की मूर्ति, 3. प्रकट, 4. सौभाग्य का सवेरा, 5. व्याकुल हृदय, 6. चैन, सुख, 7. मौन, 8. प्रकट, जाहिर, 9. विशेष, 10. बोलने का अंदाज, 11. आकार, 12. ऐसे गर्व का नक्श जिसकी मिसाल न मिले, 13. शरीर का अंग-प्रत्यंग, 14. प्रकट, 15. सुंदरता का चमत्कार, 16. धरती, 17. ऊंची उड़ान, 18. पवित्र तस्वीर, 19. जान को बढ़ानेवाला जादू, 20. ब्रह्मज्ञानी के दिल की पवित्रता, 21. अधिक, 22. प्रकाशमान चेहरा, 23. पारसाई के आकाश का चांद, 24. नज़रों को रौशन करनेवाली, 25. जान को बढ़ानेवाली अदा, 26. स्वर्ग का फूल, 27. जमघट, 28. तमाम, 29. खूबियां, विशेषतायें, 30. सच्चाई और पवित्रता, 31. दरिद्रता और समृद्धि, 32. दया और बख़्शिश।

बाबा गुरु नानक देव

कुंवर महेन्द्रसिंह बेदी 'सहर'

एक जिस्मे-नातवां[1] और इतनी वबाओं[2] का हुजूम[3]
इक चराग़े - सुब्ह[4] और इतनी हवाओं का हुजूम
मंज़िलें[5] गुम, और इतने रहनुमाओं[6] का हुजूम
एतक़ादे-ख़ाम[7] और इतने ख़ुदाओं का हुजूम

कशमकश[8] में अपने ही माबद[9] से कतराता हुआ
आदमी फिरता था दर-दर ठोकरें खाता हुआ

हक़[10] को होती थी हर इक मैदां में बातिल[11] से शिकस्त[12]
सरनगूं[13] सर दर गरीबां[14] सरबसर[15] थे ज़ेर[16] दस्त[17]
फ़न[18] था इक मतलब बरआरी[19] लोग थे मतलबपरस्त[20]
इस क़दर बिगड़ा हुआ था ज़िंदगी का बन्दोबस्त[21]

हामि-ए-ज़ोर-ओ-सितम[22] हर तरह मालामाल था
जिसकी लाठी थी उसी की भैंस थी यह हाल था

क्या ख़ुदा का ख़ौफ़[23] कैसा जज़्बः-ए-हुब्बे-वतन[24]
बरसरे - पैकार[25] थे आपस में शेख़-ओ-बिरहमन
बाग़बां[26] जो थे वो ख़ुद थे महवे-तख़रीबे-चमन[27]
अलग़रज़[28] बिगड़ी हुई थी अंजुमन की अंजुमन[29]

मज़हबे-इन्सायिनत[30] का पासबां[31] कोई न था
कारवां लाखों थे मीरे-कारवां[32] कोई न था

---

1. दुर्बल शरीर, 2. महामारी, 3. जमघट, 4. सवेरे का चराग़, 5. गंतव्य, 6. मार्ग-दर्शक, 7. कच्चा विश्वास, 8. संघर्ष, 9. आराधना-गृह, 10. सच्चाई, 11. झूठ, 12. हार, पराजय, 13. नतमस्तक, 14. उदास, शर्मिन्दा, 15. बिल्कुल, 16. नीचे, 17. हाथ, 18. कला, 19. काम निकालना, 20. स्वार्थी, 21. व्यवस्था, 22. अत्याचार का समर्थक, 23. भय, 24. देशभक्ति की भावना, 25. लड़ने-मरने को तैयार 26. माली, 27. उपवन को उजाड़ने में व्यस्त, 28. अर्थात्, 29. महफ़िल, 30. मानव-धर्म, 31. पहरेदार, 32. कारवां का सरदार।

रूहे-इन्सां[1] ने ख़ुदा के सामने फ़रियाद की
जो ज़मीं[2] पर हो रहा था सब बयां[3] रूदाद[4] की
और कहा हद हो चुकी हैं कुफ्र[5] की इलहाद[6] की
एक दुनिया मुन्तज़िर[7] है आपके इरशाद[8] की

तब यह फ़रमाया[9] ख़ुदा ने सबको समझाऊंगा मैं
आदमी का रूप धारण करके ख़ुद आऊंगा मैं

इस तरह आख़िर[10] हुआ दुनिया में नानक का ज़हूर[11]
फ़र्शे[12]-तलवंडी पे उतरा अर्श[13] से रब्बे-ग़फ़ूर[14]
उठ गया ज़ुल्मात[15] का डेरा, बढ़ा हर सिम्त[16] नूर[17]
मम्बा:ए - अनवार[18] से फैलीं शुआयें[19] दूर - दूर

मेहरे-ताबां[20] ने दोआलम[21] में उजाला कर दिया
आदमी ने आदमी का बोल बाला कर दिया

•

गुरु नानक देवजी

दर्शनसिंह दुग्गल

तिरे जमाल[22] से अय आफ़ताबे[23]-ननकाना
निखर निखर गया हुस्ने-शऊरे-रिन्दाना[24]
कुछ ऐसे रंग से छेड़ा रबाबे[25]-मस्ताना
कि झूमने लगा रूहानियत[26] का मैख़ाना[27]

तिरी शराब से मदहोश[28] हो गये मैख़्वार[29]
दुई मिटा के हमआग़ोश[30] हो गये मैख़्वार

---

1. इंसान की रूह, 2. धरती, 3. बयान की, बताई, 4. कहानी, 5. अधर्म, 6. नास्तिकता, 7. प्रतीक्षक, 8. आज्ञा, 9. कहा, 10. अन्त में, 11. प्रकटन, 12. धरती, 13. आकाश, 14. दयालु परमात्मा, 15. अंधकार, 16. चारों ओर, 17. प्रकाश, 18. प्रकाश का स्रोत, 19. किरणें, 20. प्रकाशमान चांद, 21. धरती और आकाश, 22. सौंदर्य, 23. सूरज, 24. रिन्दों की चेतना का सौंदर्य, 25. वीणा, 26. अध्यात्म, 27. मदिरालय, 28. मदमस्त, 29. शराबी, 30. लिपट जाना।

तिरा पयाम[1] था डूबा हुआ तबस्सुम[2] में
भरी थी रूहे-लताफ़त[3] तिरे तकल्लुम[4] में
नवा-ए-हक़[5] की कशिश[6] थी तिरे तरन्नुम[7] में
यक़ीं[8] की शमअ जलाई शबे-तवह्हुम[9] में
दिलों को हक़[10] से हम आहंग[11] कर दिया तूने
गुलों को गूंध के यकरंग[12] कर दिया तूने

तिरी नवा[13] ने दिया नूर[14] आदमीयत[15] को
मिटा के रख दिया हिर्स-ओ-हवा[16] की ज़ुल्मत[17] को
दिलों से दूर किया सीमा-ओ-ज़र[18] की रग़बत[19] को
कि पा लिया था तिरे दिल ने हक़[20] की दौलत[21] को
हुजूमे-ज़ुल्मते-बातिल[22] में हक़ पनाही[23] की
फ़क़ीर होके भी दुनिया में बादशाही की

तिरी निगाह में क़ुरआनो-वेद का आलम[24]
तिरा ख़याल था राज़े-हयात[25] का मरहम[26]
हर एक गुल[27] पे टपकती थी प्यार की शबनम[28]
कि बस गया था नज़र में बिहिश्त[29] का मौसम
नफ़स[30] नफ़स से कली रंग-ओ-बू[31] की ढलती थी
नसीम[32] थी कि फ़रिश्तों की सांस चलती थी

तिरी शराब से बाबा फ़रीद थे सरशार[33]
तिरे ख़ुलूस[34] से बेख़ुद[35] थे सूफ़ियाने-किबार[36]
कहां-कहां नहीं पहुंची तिरे क़दम की बहार[37]
तिरे अमल[38] ने संवारे जहान के किरदार[39]
तिरी निगाह ने सहबा-ए-आगही[40] दे दी
बशर[41] के हाथ में क़न्दीले-ज़िंदगी[42] दे दी

---

1. संदेश, 2. मुस्कुराहट, 3. पवित्रता की आत्मा, 4. बातचीत, 5. सच्चाई की आवाज़, 6. आकर्षण, 7. स्वर-माधुर्य, 8. विश्वास, 9. भ्रम की रात, 10. सदाक़त, सच्चाई, 11. एक आवाज़, 12. एक रंग, 13. आवाज़, 14. प्रकाश, 15. मानवता, 16. लोभ, 17. अंधकार, 18. सोना-चांदी, 19. लगाव, प्रेम, 20. सच्चाई, 21. धन, 22. झूठ और अंधेरे के जमघट में, 23. सत्य का साथ, 24. संसार, 25. जीवन का रहस्य, 26. जानकार, 27. फूल, 28. ओस, 29. स्वर्ग, 30. सांस, 31. रंग और गंध, 32. मंद समीर, 33. मस्त, 34. निष्ठा, 35. मदहोश, 36. बड़े-बड़े सूफ़ी, 37. बसंत, 38. कर्म, व्यवहार, 39. चरित्र, 40. चेतना, 41. इंसान, 42. ज़िंदगी की क़ंदील।

तिरे पयाम[1] में ईसा की थी मसीहाई[2]
तिरे सुख़न[3] में हबीबे - ख़ुदा की रानाई[4]
तिरे कलाम[5] में गौतम का नूरे-दानाई[6]
तिरे तराने[7] में मुरली का लहने-यक्ताई[8]
हर एक नूर[9] नज़र आया तेरे पैकर[10] में
तमाम[11] निकहतें[12] सिमटी हैं इक गुले-तर[13] में

जहां जहां भी गया तूने आगही[14] बांटी
अंधेरी रात में चाहत[15] की रौशनी[16] बांटी
अता[17] किया दिले-बेदार[18], ज़िंदगी बांटी
फ़साद-ओ-जंग[19] की दुनिया में शान्ती बांटी
बहार[20] आई खिली प्यार की कली हर सू[21]
तिरे नफ़स[22] से नसीमे-सहर[23] चली हर सू

रज़ा-ए-हक़[24] को नजाते[25]-बशर[26] कहा तूने
तऐयुनाते - ख़ुदी[27] को ज़रर[28] कहा तूने
वफ़ा[29] नगर को हक़ीक़त[30] नगर कहा तूने
ज़हूरे - इश्क़[31] को सच्ची सहर[32] कहा तूने
जहाने-इश्क़[33] में कुछ बेश[34]-ओ-कम का फ़र्क़ न था
तिरी निगाह में दैर-ओ-हरम[35] का फ़र्क़[36] न था

बताया तूने कि इरफ़ां[37] से आशना[38] होना
कभी न आशिक़े-दुनिया-ए-बेवफ़ा[39] होना
बदी[40] से शाम-ओ-सहर[41] जंगआज़मा[42] होना
ख़ुदा से दूर न अय बन्दः-ए-ख़ुदा[43] होना

---

1. संदेश, 2. ईसा की तरह बीमारों को अच्छा और मुर्दों को ज़िंदा करना, 3. वाणी, 4. खुदा के हबीब की शोभा, 5. वाणी, 6. समझदारी का प्रकाश, 7. गीत, 8. मधुर स्वर, 9. प्रकाश, 10. आकार, 11. सब, 12. खुशबू, सुगंध, 13. ताज़ा फूल, 14. चेतना, 15. प्रेम, 16. प्रकाश, 17. प्रदान, 18. जागृत हृदय, 19. उपद्रव और युद्ध, 20. बसंत, 21. हर तरफ़, 22. सांस, 23. प्रातःसमीर, 24. ख़ुदा की मरज़ी, 25. मुक्ति, 26. इंसान, 27. अहं के बंधन, 28. हानि, 29. प्रेम-निर्वाह, 30. सच्चाई, 31. इश्क़ का प्रकटन, 32. प्रातःकाल, 33. प्रेम संसार, 34. अधिक, 35. मंदिर और काबा, 36. अंतर, 37. ब्रह्मज्ञान, 38. परिचित, 39. बेवफ़ा दुनिया का प्रेमी, 40. बुराई, 41. सुबह-शाम, 42. लड़ना, 43. ख़ुदा के बन्दे।

नशे में दौलत-ओ-ज़र[1] के न चूर हो जाना
क़रीब आये जो दुनिया तो दूर हो जाना

जो रूह[2] बनके समा जाये हर रग-ओ-पै[3] में
तो फिर न शहद में लज़्ज़त न सागरे-मै[4] में
वही है साज़[5] के पर्दे में, लहन[6] में, लय में
उसी की ज़ात[7] की परछाइयां हर इक शै[8] में

न मौज है न सितारों की आब[9] है कोई
तजल्लियों[10] के उधर आफ़ताब[11] है कोई

अबद[12] का नूर[13] फ़राहम[14] किया सहर[15] के लिए
दिया पयाम[16] बहारों का दश्त[17]-ओ-दर के लिए
दिये जला दिए तारीक[18] रहगुज़र[19] के लिए
जिया बशर[20] के लिए, जान दी बशर के लिए

दुआ यह है कि रहे इश्क़ हश्र[21] तक तेरा
ज़मीं[22] पे आम हो यह दर्दे-मुश्तरक[23] तेरा

ख़ुदा करे कि ज़माना सुने तिरी आवाज़
हर इक जबीं[24] को मुयस्सर[25] हो तिरा अक्से-नियाज़[26]
जहां में आम हो तेरे ही प्यार का अंदाज़[27]
ख़ुलूसे-दिल[28] से हो पूजा, ख़ुलूसे-दिल से नमाज़

तिरे पयाम[29] की बरकत[30] से नेक हो जायें
ये इम्तियाज़[31] मिटें, लोग एक हो जायें

---

1. धन-दौलत, 2. प्राण, आत्मा, 3. धमनियां और गोश्त, 4. शराब का प्याला, 5. गाने-बजाने का सामान, 6. मधुर स्वर, 7. अस्तित्व, 8. चीज़, 9. चमक, 10. झलक, (ब. व.), 11. सूर्य, 12. अनंतकाल, 13. प्रकाश, 14. एकत्र, संचित, 15. सवेरा, प्रातःकाल, 16. संदेश, 17. जंगल, 18. अंधेरी, 19. राह, मार्ग, 20. इंसान, 21. क़यामत, 22. धरती, 23. सम्मिलित, 24. ललाट, 25. प्राप्त, 26. श्रद्धा का प्रतिबिम्ब, 27. ढंग, 28. हार्दिक निष्ठा, 29. संदेश, 30. विभूति, 31. अंतर।

एक जिस्म दो तुर्बतें[1]

'अख़्तर' बस्तवी

सुब्ह को मैं आज इक मुद्दत[2] पे, साथ अहबाब[3] के
शहर की मश्ग़ूलियत[4] से भागकर आया यहां

दिन कटा, सैर-ओ-शिकार-ओ-शग्ले-नावनोश[5] में
शाम के लम्हात[6] गुज़रे क़हक़हों के दर्मियां[7]

अब फ़ज़ाओं[8] पर अंधेरे और ख़मोशी[9] का है राज
निस्फ़[10] शब का सहर[11] है माहौल पर छाया हुआ

मेरे साथी बेख़बर सोये हैं गहरी नींद में
मैं मगर बैठा हूं तन्हा[12], सोच में डूबा हुआ

पुश्त[13] पर आमी[14] की लहरें गुनगुनातीं, नाचतीं
जाने किस मंज़िल की जानिब[15] हौले हौले हैं रवां[16]

सामने गुमसुम खड़ा है इक पुराना मक़बरा[17]
जिसकी ख़ामोशी सुनाती है अजब सी दास्तां[18]

लोग कहते हैं कि यह मदफ़न[19] है उस फ़नकार[20] का
जिसने शेरों में किया था रूहे-मज़हब[21] को असीर[22]

शैख़ से थी जिसको उल्फ़त[23] और ब्रहमन से था उंस[24]
प्यार था इन्सा[25] से जिसको, नाम था जिसका कबीर

मक़बरे[26] के पास लेकिन इक इमारत और है
जिसको कुछ लोगों ने बख़्शा[27] है 'समाधि' का लक़ब[28]

---

1. कब्रें, (यह नज़्म कबीर की समाधि पर लिखी गयी है), 2. लंबा समय, 3. मित्रगण, 4. व्यस्तता, 5. सैर-सपाटे, शिकार खाने-पीने, 6. क्षण, 7. बीच, 8. वातावरण, 9. मौन, 10. आधी, 11. जादू, 12. अकेला, 13. पीठ, 14. नदी का नाम, 15. ओर, 16. बह रही हैं, 17. क़ब्र, 18. कहानी, 19. समाधिस्थान, 20. कलाकार, 21. धर्म के प्राण, 22. क़ैद, 23. मुहब्बत, 24. प्रेम, 25. मानव, 26. क़ब्र, 27. प्रदान किया, 28. उपाधि।

यह इमारत भी उसी के नाम से मंसूब[1] है
यह समाधि भी उसी की वज्ह से जा-ए-अदब[2]

अजनबी[3] मुल्कों[4] के जब सैयाह[5] आते हैं यहां
सख़्त हैरत[6] उनको होती है यह मंज़र[7] देखकर

सोचते हैं वो कि यह किस तरह मुम्किन[8] है भला
एक ही इन्सां[9] के दो मर्क़द[10] हों फ़र्शे-ख़ाक[11] पर

मुझको लेकिन यह नज़ारा[12] देखकर हैरत[13] नहीं
क्योंकि मैंने परवरिश[14] पाई है ऐसे देश में

रूह[15] जिसकी एक होकर भी कई क़ालिब[16] में है
हुस्न[17] जिसका कारफ़र्मा[18] है हज़ारों भेस में

यह वो महफ़िल[19] है जहां वहदत[20] में कसरत[21] है अयां[22]
इसका नग़्मा[23] एक है लेकिन धुनें हैं बेशुमार[24]

एक ही मंज़र[25] में इस गुलशन[26] के सदहा[27] रंग हैं
इस चमन में एक ख़ुशबू है मगर गुल[28] हैं हज़ार

हिंद के इस वस्फ़[29] की अक्कास[30] थी ज़ाते-कबीर[31]
जिसको हम इक संत भी कहते हैं और एक पीर भी

जिसकी आंखों में झलकता था तक़द्दुस[32] राम का
और जबीं[33] पर थी ख़ुदा के नाम की तनवीर[34] भी

अपने पुरतासीर[35] दोहों की ज़बां[36] में उम्र भर
उसने दुनिया को सुनाई बस यही एक रागनी

---

1. संबंधित, 2. आदर का स्थान, 3. अपरिचित, 4. देशों, 5. पर्यटक, 6. आश्चर्य, ताज्जुब, 7. दृश्य, 8. सम्भव, 9. मनुष्य, 10. कब्रें, 11. धरती, 12. दृश्य, 13. आश्चर्य, 14. पालन पोषण, 15. आत्मा, प्राण, 16. शरीर, 17. सौंदर्य, 18. फैला हुआ, 19. गोष्ठी, अंजुमन, 20. एकत्व, 21. बाहुल्य, 22. प्रकट, व्यक्त, 23. संगीत, 24. असंख्य, 25. दृश्य, 26. उपवन, 27. सैकड़ों, 28. फूल, 29. गुण, 30. प्रतिनिध, 31. कबीर का व्यक्तित्व, 32. पवित्रता, 33. ललाट, 34. आभा, चमक, 35. प्रभावशाली, 36. वाणी।

ज़र्रे - ज़र्रे[1] से है ज़ाहिर[2] सरज़मीने - हिंद[3] के
इख़्तिलाफ़े - ज़ाहिरी[4] में इत्तिहादे - बातिनी[5]

उसको यह ख़ूबी[6] थी अपने मुल्क[7] की बेहद अज़ीज़[8]
इसलिए बाद-अज़-फ़ना[9] भी इससे वाबस्ता[10] रही

एक ही था जिस्म[11] लेकिन तुर्बतें[12] दो दो मिलीं
है समाधि में भी वो और मक़बरे[13] में भी वही

बज़्मे-ख़ुसरो में

गोपीनाथ 'अम्न'

कोई पीताम्बर या जामः - ए - एहराम[14] में आये
मुहम्मद की गली या कूचः[15]-ए-घनश्याम में आये
ख़ुदा शाहिद[16] कि सर झुकता है अहले-दिल[17] के क़दमों पर
मए-साफ़ी[18] से मतलब है किसी भी जाम[19] में आये

नियाज़-आगीं[20] जबीं[21] लेकर जो बज़्मे-नाज़[22] में आये
न क्यों फिर वो शुमारे[23]-अहले-सोज़ो-साज़[24] में आये
तसव्वुफ़[25] की निगाहें[26] तो इसे पहचान ही लेंगी
किसी भी भेस में आये, किसी अंदाज़ में आये

मुबारक[27] उसका जीना जो तिरी सरकार में आये
सफ़ा-ए-क़ल्ब[28] लेकर सिद्क़[29] से दरबार में आये
निगाहे-अहले-आलम[30] में जो इज़्ज़त हो तो क्या इज़्ज़त
वो क़िस्मत का धनी है जो निगाहे-यार[31] में आये

---

1. कण-कण, 2. प्रकट, 3. भारत की धरती, 4. प्रत्यक्ष विरोध, 5. दिलों की एकता, 6. विशेषता, 7. देश की, 8. अतिप्रिय, 9. मृत्यु के बाद, 10. संबंधित, 11. शरीर, 12. क़ब्रें, 13. कब्र, 14. हज का लिबास, 15. गली, 16. गवाह, 17. दिलवाले, 18. पवित्र शराब, 19. प्याला, 20. विनम्र, 21. ललाट, 22. प्रेमिका की महफ़िल, 23. गिनती, 24. दिलवाले, 25. अध्यात्म, 26. दृष्टि, 27. सफल, अभिनन्दनीय, 28. दिल की पवित्रता, 29. सच्चाई, 30. दुनिया वालों की दृष्टि, 31. प्रेमिका की नज़र।

मक़ाम[1] उनका भी ऊंचा है जो तेरी राह में आये
और उनकी बात ही क्या जो तिरी दरगाह[2] में आये
इबादत[3] और सिज्दों[4] की भी इज़्ज़त दिल में है लेकिन
इबादत वो इबादत है मज़ा[5] जब आह[6] में आये

---

1. स्थान, 2. चौखट, मज़ार, 3. आराधना, 4. सर टेकनां, 5. आनंद, 6. आर्तनाद।

दसवां अध्याय

(पहला भाग)

हमारी हिकायात

(कथा-माला)

जन्म कन्हैयाजी

'नज़ीर' अकबराबादी

है रीत जनम[1] की यूं होती जिस घर में बाला होता है
उस मंडल में हर मन भीतर सुख चैन दुबाला होता है
सब बात बिथा[2] की भूलें हैं, जब भोला भाला होता है
आनंद मंदीले बाजत हैं, नित भवन उजाला होता है
यूं नेक निछत्तर[3] लेते हैं, इस दुनिया में संसार जनम
पर उनके और ही लच्छन हैं जब लेते हैं औतार जनम

सुभ साइत से यूं दुनिया में औतार गरभ में आते हैं
जो नारद मुनि[4] वां, पहले ही सब उनका भेद बताते हैं
वो नेक महूरत से जिस दम इस शिष्ट[5] में जनमे जाते हैं
जो लीला रचनी होती है वो रूप यह जा दिखलाते हैं
यूं देखने में और कहने में वो रूप तो बाले होते हैं
पर बाले ही पन में उनके उपकार निराले होते हैं

यह बात कही जो मैंने अब यूं उसको तू अब ध्यान लगा
है पंडित पुस्तक बीच लिखा, था कंस जो राजा मथरा का
धन ढेर बहुत, बल[6] तेज़[7] निपट, सामान अनेक[8] और डील बड़ा
गज[9] और तुरंग[10] अच्छे नीके, अमबारी हौदे ज़ीन सजा
जब बनठन ऊंचे हस्ती पर वो पापी आन निकलता था
सब साज़ झलाझल करता था और संग कटक दल[11] चलता था

---

1. ज़माना, 2. रंज-ओ-ग़म, 3. साअत, 4. रौशन ज़मीर, 5. मोहज़्ज़ब अवतार, 6. ताकत, 7. रोब, 8. तरह-तरह, 9. हाथी, 10. घोड़े, 11. बेशुमार फ़ौज।

इक रोज़[1] जो अपने भुजबल पर वो कंस बहुत मग़रूर[2] हुआ
और हंसकर बोला दुनिया में है दूजा कौन बली मुझ सा
इक बान लगाकर पर्बत को, चाहूं तो अभी दूं पल में गिरा
इस देस के बढ़बल जितने हैं, है कौन जो होवे मुझसे सिवा

जो दुष्ट कोई आ युद्ध करे, जब मों पर वा का वार चले
वो सामने मेरे ऐसा हो जूं चींटी हाथी पांव तले

वो ऐसे ऐसे कितने ही जो बोल गरब से कहता था
सब लोग सभा के सुनते थे क्या ताब[3] जो बोले कोई ज़रा
था एक परख सो यूं बोला, तू भूला अपने बल पर क्या
जो तेरा मारन हारा है सो वो भी जनम अब लेवेगा

तू अपने बल पर हाय मूर्ख इस आन अबस[4] हुंकार लिया
वो तुझको मार गिरा देगा यूं जैसे भुनगा मार लिया

यह बात सुनी जब कंस ने वां, तब सुनकर उसके होश उड़े
भौ, मन के भीतर आन भरा और बोल गरब सिगरे बिसरे
यूं पूछा वो किस देस में है और कौन बनों आकर जनमे
कौन उसके माता-पिता होवें जो पालें उसको चाहत[5] से

वो बोला मथरा नगरी में इक रोज़ जनम वो पाएगा
जब स्याना होगा तब तुझको इक पल में मार गिराएगा

इस बात को सुनकर कंस बहुत तब मन में अपने घबराया
जब नारद मुनि उस पास गये, तब उनसे उसने भेद कहा
तब नारद मुनि ने उसको भी कुछ और तरह से समझाया
फिर कंस को वां इस बात सिवा कुछ और न मारग बन आया

जो अपनी जान बचाने का कर सोच यह उसने छन्द किया
बुलवा बसुदेव औ' देवकी को इक मंदिर भीतर बन्द किया

1. दिन, 2. घमंडी, 3. साहस, 4. बेकार, व्यर्थ, 5. प्रेम।

भौ बैठा था जो कंस के मन वह भर कर नींद न सोता था
कुछ बात सुभाती ना उसको, नित अपनी पलक भिगोता था
उस मंदिर में उन दोनों के जब कोई बालक होता था
कंस आन उसे छब मारे था, मन मात-पिता का रोता था

इक मुद्दत[1] तक उन दोनों का उस मंदिर में यह हाल रहा
जो बालक उनके घर जन्मा, सो मारता वो चंडाल रहा

फिर आया वां इक वक़्त ऐसा जो आये गरभ में मनमोहन
गोपाल, मनोहर, मुरलीधर, स्रीकिश्न, किशोरन कंवल नयन
घनश्याम, मुरारी, बनवारी, गिरधारी, सुंदर श्याम बरन
प्रभुनाथ बिहारी कान लला, सुखदायी जगत के दुखभंजन

जब साअत परगट होने की वां आई मुकुट धरैया की
अब आगे बात जनम की है, जय बोलो किशन कन्हैया की

था नेक महीना भादों का और दिन बुध गिनती आठन की
फिर आधी रात हुई जिस दम और हुआ निछत्तर रोहनी भी
सुभ साइत नेक महूरत से वां जन्मे आकर किशन जभी
उस मंदिर के अंधियारे में जो और उजाली आन भरी

बसुदेव से बोलीं देवकीजी मत डर भौ मन में ढेर करो
इस बालक को तुम गोकुल में ले पहुंचो और मत देर करो

जब देवकी ने बसुदेव से वां रो रोकर तब यह बात कही
वो बोले क्योंकर ले जाऊं, है बाहर तो चौकी बैठी
और द्वार लगे हैं ताले कुल, कुछ बात नहीं मेरे बस की
तब देवकी बोलीं ले जाओ मन ईशर की रख आस अभी

वो बालक को जब ले निकले सब सांकर पट पट छूट गये
थे ताले जितने द्वार लगे उस आन झड़ाझड़ टूट गये

---

1. लंबा समय।

जब आये चौकीदारों में तब वां भी यह सूरत देखी
सब सोते पाए उस साअत, हर आन जो देते थे चौकी
जब सोता देखा उन सबको हो निर्भो निकले वां से भी
फिर आये जमुना पे जूहीं, फिर जमुना देखी बहुत चढ़ी

यह सोच हुआ मन बीच उन्हें पैर इस जल में कैसे धरिये
है रैन अंधेरी, संग बालक, इस बिपता में अब क्या करिये

यूं मन में ठहरा फिर चलिये, फिर आप ही मन मज़बूत हुआ
भगवान दया पर आस लगा, वां जमुनाजी पर ध्यान धरा
यह जूं जूं पांव बढ़ाते थे, वो पानी चढ़ता आता था
यह बात लगी जब होने वां, बसुदेव गये मन में घबरा

तब पांव बढ़ाए बालक ने जो आपसे और भीगे जल में
जब जमुना ने पग चूम लिए जा पहुंचे पार वो इक पल में

जब आन बिराजे गोकुल में सब फाटक वां भी पाए खुले
तब वां से चलते चलते वो फिर नन्द के द्वारे आ पहुंचे
वां नन्द महल के द्वारे भी सब देखे पट पट दूर खड़े
जो चौकी वाले सोते थे, अब कौन उन्हें रोके टोके

जब बीच महल के जा पहुंचे सब सोते वां घर वाले थे
हर चार तरफ़ उजियाली थी जूं सांझ में दीवे बाले थे

इक और अचंभा यह देखो जब जन्म स्रीकिरशन की थी
उस रात जसोदा के घर में थी जन्मी यारो इक लड़की
वां सोते देख जसोदा को और बदली कर इस बालक की
उस लड़की को वो आप उठा ले निकले, आये मथरा जी

जब लड़की लाए मंदिर में, सब ताले मंदिर लाग उठे
जो चौकी देने वाले थे फिर वो भी उस दम जाग उठे

जब भोर हुई तब घबराकर सुध कंस ने ली उस मंदिर की
जब ताले खुलवा बीच गया, तब लड़की जन्मी इक देखी
ले हाथ फिराया चक्कर दे तो टपके वो बिन टपके ही
यूं जैसे बिजली कौंदे है, जब छूट हुआ परजा पहुंची

यह कहती निकली अय मूरख क्या तूने सोच बिचारा है
वो जीता अब तो सीस मुकुट जो तेरा मारनहारा है

अब नंद के घर की बात सुनो, वां एक अचंभा यह ठहरा
जो रात को जन्मी थी लड़की और भोर को देखा तो लड़का
घड़नालें छूटीं, नाच हुआ और नौबत[1] का गुल[2] शोर मचा
फिर किशन गरब से नाम रखा, सब कुनबे के मिल बैठे आ

नन्द और जसोदा और क्वात करने वां हेराफेर लगे
पकवान मिठाई मेवे के हर नारी आगे ढेर लगे

सब नारी आईं गोकुल की और पास पड़ोसन आ बैठीं
कुछ ढोल मंजीरे लाती थीं, कुछ गीत जच्चा के गाती थीं
कुछ हरदम मुख उस बालक का, बलिहारी होकर देख रहीं
कुछ थाल पंजीरी के रखतीं, कुछ सोंठ संठोरा करती थीं

कुछ कहती थीं हम बैठे हैं नेग[3] आज के दिन का लेने को
कुछ कहतीं हम तो आये हैं आनंद बधावा देने को

कोई घुट्टी बैठी गर्म करे, कोई डाले अस्पन्द और भूसी
कोई लाए हंसली और खड़वे, कोई कुर्ता टोपी, मेवा घी
कोई देखे रूप उस बालक का, कोई चूमे माथा मेहर भरी
कोई भौओं की तारीफ़ करे, कोई आंखों की, कोई पलकों की

कोई कहती उम्र बड़ी होवे अय बीर तुम्हारे बाले की
कोई कहती बियाह बहू लाओ इस आस मुरादों वाले की

कोई कहती बालक खूब हुआ अय भैना तेरी नेक रति
यह बाले उनको मिलते हैं जो दुनिया में हैं बढ़ भागी
इस कुनबे की भी शान बढ़ी, और भाग बढ़े इस घर के भी
ये बातें सबकी सुन सुनकर यह बात जसोदा कहती थी

अय बीर यह बालक जो ऐसा अब मेरे घर में जनमा है
कुछ और कहूं मैं क्या तुमसे भगवान की मो पर किरपा है

थी कोने कोने ख़ुशवक़्ती[4] और तबले ताल खनकते थे
कोई नाच रही, कोई कूद रही, कोई हंस हंस के, कोई रूप सजे

---

1. नक़्क़ारा, 2. कोलाहल, 3. हक़, 4. आनंद, हर्ष।

हर चार तरफ़ आनंदें थीं वां घर में नन्द जसोदा के
कुछ आंगन बीच बिराजें थीं, कोई बैठी कोठे और छज्जे
सौ ख़ूबी और खुशहाली से दिखलाती थी सामान खड़ी
सच बात है बालक होने की है दुनिया में आनंद बड़ी

फिर और ख़ुशी की बात हुई जब रीत हुई दोकांदों की
रखवाई दूध की मटकी भर और डाली हल्दी बहुतेरी
यह उस पर फेंके भर भर कर वो उस पर डाले घड़ी घड़ी
कोई पोंछे मुख और बाहन को, कोई सखरनी[1] फेंके और मठड़ी
उस दूध की रंगरलियों में रूप और हुआ हर नारी का
और तन के अबरन यूं भीगे जौ रंग हो केसर क्यारी का

जो नेगी जोगी थे उनको उस आन निपट ख़ुशहाल किया
पहराये बागे रेशम के और ज़र[2] भी बख़्शा[3] बहुतेरा
और जितने नाचनेवाले थे अस्बाब[4] उन्हें भी ख़ूब दिया
मेहमान जो घर में आये थे, सब उनका भी अरमान[5] रखा
दिन रात छटी के होने तक मन ख़ुश किया लोग लुगाई का
भर थाल रुपये और मोहरें दीं जब नेग चुकाया दाई का

नन्द और जसोदा बालक को वां हाथों छांव में थे रखते
नित प्यार करें, तन मन वारें, सुथरी अबरन, गहने तन के
जी बहलाते, मन परचाते, और खूब खिलौने मंगवाते
हर आन झुलाते पालने में वो ईधर और उधर बैठे
कर याद 'नज़ीर' अब हर साअत उस पालने और उस झूले की
आनंद से बैठो, चैन करो, जय बोलो कान्ह झंडूले की

1. ख़रबूजे, केले और दही से शक्कर और चन्द मसाले मिलाकर बनाई जाती है, 2. सोना, 3. प्रदान किया, 4. सामान, 5. आकांक्षा।

हरि की तारीफ़ में

'नज़ीर' अकबराबादी

मैं क्या क्या वस्फ़[1] कहूं यारो उस श्यामबरन[2] औतारी के
स्रीकिशन, कन्हैया, मुरलीधर, मनमोहन, कुंजबिहारी के
गोपाल, मनोहर, सांवलिया, घनशाम, अटल बनवारी के
नन्दलाल दुलारे सुंदर छब, ब्रज चन्द मुकुट झलकारी के
कर धूम, लुटइया दूध माखन अझवार नवल गिरधारी के
बन कुंज फिरैया, रास रचन, सुखदाई कान्ह मुरारी के
हर आन दिखैया रूप नए, हर लीला न्यारी न्यारी के
पति लाज रखइया, दुखभंजन हरी भगती भगताधारी के

नित हरि भज हरि भज रे बाबा, जो हरि से ध्यान लगाते हैं
वो हरि की आसा रखते हैं, हरि उसकी आस पुजाते हैं

जो भगती हैं सो उनको तो नित हरि का नांव सुहाता है
जिस ज्ञान में हरि से नेह बढ़े वो ज्ञान उन्हें ख़ुश आता है
नित मन में हरि हरि भजते हैं हरि भजना उनको भाता है
सुख मन में उनके लाता है, दुख उनके जी से जाता है
मन उनका अपने सीने में दिन रात भजन ठहराता है
हरि नाम की सुमिरन करते हैं, मुख चैन उन्हें दिखलाता है
जो ध्यान बंधा है चाहत का, वो उनका मन बहलाता है
दिल उनका हरि हरि कहने से हर आन नया सुख पाता है

हरि नाम के जपने से मन को खुश नेह जतन से रखते हैं
नित भगत जतन में रहते हैं और काम भजन से रखते हैं

स्रीकिशन की जो जो किरपा है कब मुझसे हो उनकी गिनती
हैं जितनी उनकी किरपायें, इक यह भी किरपा है उनकी
मज़कूर[3] करूं जिस किरपा का वो मैंने है इस भांत सुनी
जो इक बस्ती है जूनागढ़ वां रहते थे मेहता नरसी

---

1. गुण, 2. सांवला रंग, 3. ज़िक्र।

थी नरसी की उस नगरी में दूकान बड़ी सर्राफ़ी[1] की
व्योपार बड़ा सर्राफ़ी का था, बस्ता लेखन और बही
था रूप घना और फ़र्श बिछा, परतीत बहुत और साख बड़ी
थे मिलते-जुलते हर इक से और लोग थे उनसे बहुत ख़ुशी

कुछ लेते थे कुछ देते थे, और बहियां देखा करते थे
जो लेन और देन की बातें हैं, नित उनको लीखा करते थे

दिन कितने में फिर नरसी का स्रीकिशन चरण का ध्यान लगा
जब भगती हर के कहलाये, सब लेखा-जोखा भूल गया
सब काज बिसारे, काम तजे हरि नांव भजन से मन लागा
जा बैठे साधु और संतों में, नित सुनतें रहते किशन कथा
था जो कुछ दूकां बीच रखा वो दूब जमा और पूंजी का
मध प्रेम के होकर मतवाले, सब साधौं को हरि नांव दिया
हो बैठे हरि के द्वारे पर सब मीत कुटुम से हाथ उठा
सब छोड़ बखेड़े दुनिया के, नित हरि सुमिरन का ध्यान लगा

हरि सुमिरन से जब ध्यान लगा फिर और किसी का ध्यान कहां
जब चाहत की दूकान हुई फिर पहली वो दूकान कहां

नित मन में हर की आस धरे ख़ुश रहते थे वां यूं नरसी
इक बेटी आंख जन्मी थी, सो दूर कहीं वह ब्याही थी
और बेटी के घर जब शादी[2] वां ठहरी बालक होने की
तब आई ईधर उधर से सब नारियां उसके कुनबे की
मिल बैठीं, घर में ढोल बजा, आनंद ख़ुशी की धूम मची
सब नाचीं गाईं आपस में है रीत जो शादी की होती
कुछ शादी की खुशवक़्ती[3] थी, कुछ सोंठ संठोरे की ठहरी
कुछ चमक झमक थी अबरन की, कुछ ख़ूबी[4] काजल मेंहदी की

है रस्म[5] यही घर बेटी के जब बालक मुंह दिखलाता है
तब बालक उसकी छूछक का ननिहाल से भी कुछ जाता है

1. सुनार, 2. खुशी, 3. अच्छा समय, 4. विशेषता, 5. रिवाज़।

वां नारियां जितनी बैठी थीं समध्याने में आ नरसी के
जब नरसी की वां बेटी से यह बोलीं हंसकर ताना[1] दे
कुछ रीत नहीं आई अब तक अय लाल तिहारे मैके से
और दिल में थीं यह जानती सब वह क्या हैं और क्या भेजेंगे
तब बोली बेटी नरसी की उन नारियों के आकर आगे
वो भगती हैं, बैरागी हैं, जो घर में था सो खो बैठे
वो बोली कुछ तो लिख भेजो, यह बोली क्या उनको लिखिए
कुछ उनके पास धरा होता तो आप ही वह भिजवा देते

जो चिट्ठी मैं लिख भेजूंगी, वो बांच उसे पछतावेंगे
इक दमड़ी उनके पास नहीं, वो छूछक क्या भिजवावेंगे

उन नारियों को तो करनी थी उस वक़्त हंसी वा नरसी की
बुलवाके लिखइया जल्दी से, यह बात उन्होंने लिखवा दी
सामान हैं जितने छूछक के सब भेजो चिट्ठी पढ़ते ही
वो चीज़ें इतनी लिखवाईं बन आये न उनसे एक कभी
कुछ जेठ जिठानी का कहना, कुछ बातें सास और नन्दों की
कुछ देवरानी की बात लिखी, कुछ उनके जो, जो थे नेगी
थी एक टहलनी घर की जो सब बोलीं 'तू भी कुछ कहती'
वो बोली उनसे हंसकर वां, मंगवाऊं मैं क्या पत्थर जी

वो लिखना क्या था, वां लोगों मन चुहल हंसी पर धरना था
इन चीज़ों के लिख भेजने से शर्मिन्दा उनको करना था

जो चिट्ठी नरसी पास गयी तब बांचते ही घबराय गये
लजियाये मन में और कहा, यह हो सकता है क्या मुझसे
यह एक नहीं बन आता है, हैं जो जो चिट्ठी बीच लिखे
है यह तो काम कठिन इस दम, वां क्यों कर मेरी लाज रहे
वो भेजे इतनी चीज़ों को यां कुछ भी हो मक़दूर[2] जिसे
कुछ छोटी सी यह बात नहीं, इस आन भला किससे कहिये
इस वक़्त बड़ी लाचारी है, कुछ बन नहीं आता क्या कीजै
फिर ध्यान लगा हरि आसा पर औ' मन को धीरज दे अपने

1. व्यंग्य, 2. सामर्थ्य।

वो टूटी सी इक गाड़ी थी चढ़ उस पर बेबिस्वास चले
सामान कुछ उनके पास न था, रख श्याम की मन में आस चले

हरि नाम भरोसा रख मन में चल निकले वां से जब नरसी
गो पल्ले में कुछ चीज़ न थी, पर मन में हरि की आसा थी
थी सिर पर मैली सी पगड़ी और चोली जामे की मसकी
कुछ ज़ाहिर[1] में अस्बाब[2] न था, कुछ सूरत भी लजियाई सी
थे जाते रसते बीच चले थी आस लगी हरि किरपा की
कुछ इस दम मेरे पास नहीं, वां चाहियें चीज़ें बहुतेरी
वां इतना कुछ है लिख भेजा, मैं फ़िक्र करूं अब किस किसकी
जो ध्यान में अपने लाते थे, कुछ बात नहीं बन आती थी

जब उस नगरी में जा पहुंचे, सब बोले नरसी आते हैं
और लाने की जो बात कहो, इक टूटी गाड़ी लाते हैं

कोई बात न आया पूछने को जब जाके देखा नरसी को
और जितना जितना ध्यान किया, कुछ पास न देखा उनके तो
जब बेटी ने यह बात सुनी कह भेजा क्या क्या लाए हो
जो छूछक के सामान किए सब घर में जल्दी भेजवा दो
दो हंस हंस अपने हाथों से यां देना है अब जिस जिसको
यह बोले तब उस बेटी से, हरि किरपा ऊपर ध्यान धरो
था पास तुम्हारे क्या बेटी, अब लाने की कुछ मत पूछो
कुछ ध्यान जो लाने का होवे सीकिशन कहो सीकिशन कहो

इस आन जो हरि ने चाहा है, इक पल में ठाठ बना देंगे
है जो जो यां से लिख भेजा इक आन में सब भिजवा देंगे

स्रीकिशन भरोसे जब नरसी यह बात जो मन में कह बैठे
क्या देखते हैं वां आते ही सब ठाठ वो उस जा आ पहुंचे
कुछ छकड़ों[3] पर अस्बाब[4] कसे, कुछ भैंसों पर कुछ ऊंट लदे
थे हंसुली खड़वे सोने के, और ताश की टोपी और कुर्ते
कुल कपड़ों का अमबार हुए, और ढेर किनारी गोटे के

1. प्रकट, 2. सामान, 3. गाड़ी, 4. सामान।

कुछ गहने झुमके चार तरफ़, कुछ चमकें चीर झलाझल के
था नेग में देना एक जिसे सो उसको बीस और तीस दिये
अब वाह वाह की इक धूम मची, और शोर[1] आ हा हा के ठहरे

थी वो जो टहलनी उसकी मां वह भोली जिस दम ध्यान पड़ी
सो उसके लिए फिर ऊपर से, इक सोने की सिल आन पड़ी

वां जिस दम हरि की किरपा ने यूं नरसी की तब लाज रखी
उस नगरी भीतर घर घर में तब नरसी की तारीफ़[2] हुई
बहुतेरे आदर-मान हुए और नाम बड़ाई की ठहरी
जो लिख भेजी थी ताने से हरि माया से वो सांच हुई
सब लोग कुटुम के शाद[3] हुए खुशवक़्त[4] हुई फिर बेटी भी
वो नेगी भी खुशहाल हुए तारीफ़ें कर कर नरसी की
वां लोग सब आये देखने को, और द्वारे ऊपर भीड़ लगी
यह ठाठ जो देखे छूछक के, सब बस्ती भीतर धूम पड़ी

जो हरि से काम रखे उनका फिर पूरा क्यों कर काम न हो
जो हर दम हरि का नाम भजे, फिर क्योंकर हरि का नाम न हो

स्रीकिशन ने वां जब पूरी की सब नरसी की मन की आसा
इक पल में कर दी दूर सभी जो उनके मन की थी चिंता
यह ऐसी छूछक ले जाते सो उनमें था मक़दूर[5] यह क्या
यह आदर-मान वहां पाते, यह उनसे कब हो सकता था
जो हरि किरपा ने ठाठ किया, वो एक न उनसे बन आता
यह इतनी जिसकी धूम मची सो ठाठ वो था हरि किरपा का
यह किरपा उन पर होती है जो रखते हैं हरि की आसा
हरि किरपा का जो वस्फ़[6] कहूं वो बातें हैं सब ठीक बजा[7]

हैं शाद[8] 'नज़ीर' अब हरदम वो जो हरि के नित बलिहारी हैं
सीकिशन कहो सीकिशन कहो, सीकिशन बड़े औतारी हैं

---

1. कोलाहल, 2. प्रशंसा, 3. प्रसन्न, 4. समृद्ध, 5. सामर्थ्य, 6. गुण, 7. सच, 8. ख़ुश।

रामायण का एक सीन
(राजा रामचंद्र का मां से रुख़्सत होना)

ब्रजनारायण 'चकबस्त'

रुख़्सत[1] हुआ वो बाप से लेकर ख़ुदा का नाम
राहे-वफ़ा[2] की मंज़िले[3]-अव्वल[4] हुई तमाम[5]
मंज़ूर[6] था जो मां की ज़ियारत[7] का इन्तिज़ाम[8]
दामन से अश्क[9] पोंछ के दिल से किया कलाम[10]

इज़्हारे - बेकसी[11] से सितम[12] होगा और भी
देखा हमें उदास तो ग़म[13] होगा और भी

दिल को संभालता हुआ आख़िर वो नौनिहाल[14]
ख़ामोश[15] मां के पास गया सूरते-ख़याल[16]
देखा तो एक दर[17] में है बैठी वो ख़स्ताहाल[18]
सक्ता[19] सा हो गया है यह है शिद्दते-मलाल[20]

तन में लहू का नाम नहीं ज़र्द[21] रंग है
गोया[22] बशर[23] नहीं कोई तस्वीरे-संग[24] है

क्या जाने किस ख़याल[25] में गुम[26] थी वो बेगुनाह[27]
नूरे-नज़र[28] पे दीदः-ए-हस्रत[29] से की निगाह[30]
जुम्बिश[31] हुई लबों[32] को, भरी एक सर्द[33] आह[34]
ली गोशाहा-ए-चश्म[35] से अश्कों[36] ने रुख़[37] की राह

चेहरे का रंग हालते-दिल[38] खोलने लगा
हर मू-ए-तन[39] ज़बां[40] की तरह बोलने लगा

---

1. बिदा, 2. प्रेम-मार्ग, 3. पड़ाव, 4. शुरू में, 5. समाप्त, 6. मान्य, 7. दर्शन, 8. व्यवस्था, 9. आंसू, 10. बातचीत, 11. बेचारगी प्रकट करना, 12. अत्याचार, 13. दुःख, 14. बालक, 15. मौन, 16. ध्यान के रूप में, 17. दरवाज़ा, 18. दुर्दशाग्रस्त, 19. मूर्च्छा रोग, 20. दुख की अधिकता, 21. पीला, 22. अर्थात, 23. इंसान, 24. पत्थर की मूर्ति, 25. ध्यान, विचार, 26. डूबी हुई, 27. निष्पाप, 28. आंखों की ज्योति, पुत्र, 29. अपूर्ण अभिलाषा भरी आंख, 30. नज़र, दृष्टि, 31. कम्पन, 32. होंठ, 33. ठंडी, 34. आर्तनाद, 35. आंख का कोना, 36. आंसुओं ने, 37. चेहरा, 38. हृदय की दशा, 39. शरीर का रोम-रोम, 40. ज़बान, वाणी।

आख़िर[1] असीरे-यास[2] का क़ुफ़्ले[3]-दहन[4] खुला
अफ़सानः - ए - शदायदे - रंज - ओ - मुहन[5] खुला
इक दफ़्तरे - मज़ालिमे - चर्ख़े - कुहन[6] खुला
वा[7] था दहाने - ज़ख़्म[8] कि बाबे - सुख़न[9] खुला

दर्दे - दिले - ग़रीब[10] जो सर्फ़े - बयां[11] हुआ
ख़ूने-जिगर[12] का रंग सुख़न[13] से अयां[14] हुआ

रोकर कहा ख़मोश[15] खड़े क्यों हो मेरी जां[16]
मैं जानती हूं जिस लिए आये हो तुम यहां
सब की खुशी यही है तो सहरा[17] को हो रवां[18]
लेकिन मैं अपने मुंह से न हर्गिज़ कहूंगी हां

किस तरह बन में आंखों के तारे को भेज दूं
जोगी बना के राजदुलारे को भेज दूं

दुनिया का हो गया है यह कैसा लहू[19] सपेद[20]
अन्धा किए हुए है ज़र-ओ-माल[21] की उमेद[22]
अंजाम[23] क्या हो कोई नहीं जानता यह भेद
सोचे बशर[24] तो जिस्म[25] हो लरज़ां[26] मिसाले-बेद[27]

लिक्खी है क्या हयाते-अबद[28] इनके वास्ते
फैला रहे हैं जाल यह किस दिन के वास्ते

लेती किसी फ़क़ीर[29] के घर में अगर जनम
होते न मेरी जान को सामान यह बहम[30]
डसता न सांप बनके कुछ शौकत-ओ-हशम[31]
तुम मेरे लाल थे मुझे किस सल्तनत[32] से कम

---

1. अन्त में, 2. निराशा का क़ैदी, 3. ताला, 4. मुंह, 5. दुख और दर्द की अधिकता की कहानी, 6. आसमान के अत्याचारों का विवरण, 7. खुला, 8. घाव का मुंह, 9. बातचीत का द्वार, 10. ग़रीब के दिल का दर्द, 11. बयान में ख़र्च, 12. जिगर का ख़ून, 13. बातचीत, 14. प्रकट, 15. मौन, 16. प्राण, 17. जंगल, 18. रवाना, 19. रक्त, 20. सफ़ेद, श्वेत, 21. धन- सम्पति, 22. आशा, 23. अन्त, 24. इंसान, 25. शरीर, 26. कम्पायमान, 27. वेद की तरह, 28. अमर जीवन, 29. भिखारी, 30. मुहैया, प्राप्त, 31. वैभव और नौकर-चाकर, 32. राजपाट।

मैं ख़ुश हूं फूंक दे[1] कोई इस तख़्त-ओ-ताज[2] को
तुम ही नहीं तो आग लगाऊंगी राज को

किन किन रियाज़तों[3] से गुज़ारे हैं माह-ओ-साल[4]
देखी तुम्हारी शक्ल[5] जब अय मेरे नौनिहाल[6]
पूरा हुआ जो ब्याह का अरमान[7] था कमाल
आफ़त[8] यह आई मुझ पे हुए जब सफ़ेद बाल

छुटती हूं उनसे जोग लिया जिनके वास्ते
क्या सब किया था मैंने इसी दिन के वास्ते

ऐसे भी नामुराद[9] बहुत आयेंगे नज़र
घर जिनके बेचिराग़[10] रहे आह उम्र भर
रहता मिरा भी नख़्ले-तमन्ना[11] जो बेसमर[12]
यह जा-ए-सब्र[13] थी कि दुआ[14] में नहीं असर[15]

लेकिन यहां तो बन के मुक़द्दर[16] बिगड़ गया
फल फूल लाके बाग़े - तमन्ना[17] उजड़ गया

सरज़द[18] हुए थे मुझसे ख़ुदा जाने क्या गुनाह[19]
मंझधार में जो यूं मिरी कश्ती[20] हुई तबाह[21]
आती नज़र नहीं कोई अम्न-ओ-अमां[22] की राह[23]
अब यां से कूच हो तो अदम[24] में मिले पनाह[25]

तक़सीर[26] मेरी ख़ालिक़े-आलम[27] बहल[28] करे
आसान मुझ ग़रीब की मुश्किल अजल[29] करे

सुनकर ज़बां[30] से मां की यह फ़रियाद[31] दर्दख़ेज़[32]
इस ख़स्तःजां[33] के दिल पे चली ग़म[34] की तेग़े-तेज़[35]

---

1. आग लगा दो, 2. सिंहासन और राजमुकुट, 3. तपस्या, 4. महीने और वर्ष, 5. सूरत, 6. बालक, 7. अभिलाषा, 8. विपत्ति, 9. अभागे, 10. औलाद से वंचित, 11. आशाओं का वृक्ष, 12. बिना फल का 13. संतोष की जगह, 14. प्रार्थना, 15. प्रभाव, 16. भाग्य, 17. अभिलाषाओं का उपवन, 18. घटित, 19. पाप, अपराध, 20. नाव, 21. बरबाद, 22. शांति, 23. मार्ग, 24. परलोक, 25. शरण, 26. अपराध, 27. संसार का स्रष्टा, 28. माफ़, 29. मृत्यु, 30. ज़बान, वाणी, 31. आर्तनाद, 32. दुःखभरा, 33. जर्जर शरीर, 34. दुःख, 35. तेज़ तलवार।

आलम यह था क़रीब[1] कि आंखें हों अश्करेज़[2]
लेकिन हज़ार ज़ब्त[3] से रोने से की गुरेज़[4]

सोचा यही कि जान से बेकस[5] गुज़र न जाये
नाशाद[6] हमको देख के मां और मर न जाये

फिर अर्ज़[7] की यह मादरे-नाशाद[8] के हुज़ूर[9]
मायूस[10] क्यों हैं आप अलम[11] का है क्यों वफ़ूर[12]
सदमा[13] शाक़[14] आलमे-पीरी[15] में है ज़रूर
लेकिन न दिल से कीजिए सब्र-ओ-क़रार[16] दूर

शायद ख़िज़ां[17] से शक्ल[18] अयां[19] हो बहार[20] की
कुछ मस्लेहत[21] इसी में है परवर्दिगार[22] की

यह जाल यह फ़रेब[23] यह साज़िश[24] यह शोर-ओ-शर[25]
होना जो है सब इसके बहाने में सर बसर[26]
अस्बाबे-ज़ाहिरी[27] हैं न इन पर करो नज़र
क्या जाने क्या है पर्दः-ए-क़ुदरत[28] में जल्वागर[29]

ख़ास उसकी मस्लेहत[30] कोई पहचानता नहीं
मंज़ूर क्या उसे है कोई जानता नहीं

राहत[31] हो या कि रंज़[32] खुशी हो कि इंतिशार[33]
वाजिब[34] हर एक रंग में है शुक्रे[35] किर्दगार[36]
तुम ही नहीं हो कुश्तः - ए - नैरंगे - रोज़गार[37]
मातमकदे[38] में दहर[39] के लाखों हैं सोगवार[40]

सख़्ती[41] सही नहीं कि उठाई कड़ी[42] नहीं
दुनिया में क्या किसी पे मुसीबत[43] पड़ी नहीं

---

1. निकट, 2. आंसुओं से पूर्ण, 3. सहनशीलता, 4. नफ़रत, 5. दुर्बल, 6. दुःखी, 7. निवेदन, 8. दुःखी मां, 9. सेवा में, 10. निराश, 11. दुःख, 12. आधिक्य, 13. दुःख, 14. जानलेवा, कष्टप्रद, 15. बुढ़ापा, 16. धीरज, 17. पतझड़, 18. सूरत, 19. प्रकट, 20. बसंत, 21. रहस्य, राज, 22. खुदा, 23. धोखा, 24. षड्यन्त्र, 25. कोलाहल, 26. बिलकुल, सब, 27. प्रकट उपकरण, 28. प्रकृति के पर्दे में, 29. प्रकट, ज़ाहिर, 30. राज़, 31. सुख, 32. दुःख, 33. अस्त-व्यस्तता, 34. उचित, 35. धन्यवाद, 36. ख़ुदा, 37. ज़माने के मायाजाल के शिकार, 38. शोकगृह, 39. दुनिया, 40. शोकातुर, 41. विपत्ति, मुसीबत, 42. कठिनाई, 43. विपत्ति।

देखे हैं इससे बढ़के ज़माने के इंक़िलाब[1]
जिनसे कि बेगुनाहों की उम्रें[2] हुईं ख़राब
सोज़े-दरू[3] से क़ल्ब-ओ-जिगर[4] हो गये कबाब[5]
पीरी[6] मिटी किसी की किसी का मिटा शबाब[7]

कुछ बन नहीं पड़ा जो नसीबे[8] बिगड़ गये
वो बिजलियां गिरीं कि भरे घर उजड़ गये

मां बाप मुंह देखते थे जिनका हर घड़ी
क़ायम[9] थीं जिनके दम से उमीदें बड़ी बड़ी
दामन पे जिनके गर्द[10] भी उड़कर नहीं पड़ी
मारी न जिनको ख़्वाब[11] में भी फूल की छड़ी

महरूम[12] जब वो गुल हुए रंगे-हयात[13] से
उनको जलाके ख़ाक किया अपने हाथ से

कहते थे लोग देख के मां बाप का मलाल[14]
इन बेकसों[15] की जान का बचना है अब मुहाल[16]
है किबरियाई[17] शान गुज़रते ही माह-ओ-साल[18]
खुद दिल से दर्दे-हिज्र[19] का मिटता गया ख़याल

हां कुछ दिनों तो नौहः-ओ-मातम[20] हुआ किया
आख़िर[21] को रोके बैठ गये और क्या किया

पड़ता है जिस ग़रीब पे रंज-ओ-मुहन[22] का बार
करता है उसको सब्र[23] अता[24] आप किर्दगार[25]
मायूस[26] होके होते हैं इंसां[27] गुनाहगार[28]
यह जानते नहीं वो है दाना - ए - रोज़गार[29]

इंसान उसकी राह में साबित[30] क़दम रहे
गर्दन वही है अम्रे-रज़ा[31] में जो ख़म[32] रहे

---

1. परिवर्तन, 2. जीवन, आयु, 3. गुप्त जलन, 4. हृदय, 5. भुन गये, 6. बुढ़ापा, 7. जवानी, 8. भाग्य, 9. स्थिर, 10. धूल, 11. स्वप्न, 12. वंचित, 13. जीवन का रंग, 14. दुःख, रंज, 15. दुर्बल, 16. कठिन, 17. ख़ुदा की शान, 18. महीने और वर्ष, 19. विरह का दुःख, 20. शोक-विलाप, 21. अन्त में, 22. शोक, 23. धीरज, धैर्य, 24. प्रदान, 25. ख़ुदा, 26. निराश, 27. मनुष्य, 28. पापी, 29. ज्ञानी, 30. दृढ़, 31. स्वीकृति, 32. झुकी।

और आपको तो कुछ भी नहीं रंज[1] का मुक़ाम[2]
बादे-सफ़र[3] वतन[4] में हम आयेंगे शादकाम[5]
होते हैं बात करते में चौदह बरस तमाम
क़ायम उमीद ही से है दुनिया है जिसका नाम
और यूं कहीं भी रंज-ओ-बला[6] से मफ़र[7] नहीं
क्या होगा दो घड़ी में किसी को ख़बर नहीं

अक्सर रियाज़[8] करते हैं फूलों पे बाग़बां[9]
है दिन की धूप रात की शबनम[10] इन्हें गिरां[11]
लेकिन जो रंगे-बाग़[12] बदलता है नागहां[13]
वो गुल हज़ार पर्दों में जाते हैं रायेगां[14]
रखते हैं जो अज़ीज़[15] इन्हें अपनी जां की तर्ह
मलते हैं दस्ते-यास[16] वो बर्गे-ख़िज़ां[17] की तर्ह

लेकिन जो फूल खिलते हैं सहरा[18] में बेशुमार[19]
मौक़ूफ़[20] कुछ रियाज़[21] पे उनकी नहीं बहार
देखो यह क़ुदरते - चमन - आरा - ए - रोज़गार[22]
वो अब्र - बाद[23] - ओ - बर्फ़[24] में रहते हैं बेक़रार[25]
होता है उनपे फ़ज़्ल[26] जो रब्बे - करीम[27] का
मौजे - समूम[28] बनती है झोंका नसीम[29] का

अपनी निगाह[30] है करमे[31] - कारसाज़[32] पर
सहरा[33] चमन बनेगा वो है मेहरबां[34] अगर
जंगल हो या पहाड़, सफ़र[35] हो कि हो हज़र[36]
रहता नहीं वो हाल से बन्दे के बेख़बर[37]
उसका करम[38] शरीक[39] अगर है तो ग़म[40] नहीं
दामाने - दश्त[41] दामने - मादर[42] से कम नहीं

---

1. दुःख, 2. स्थान, 3. यात्रा के बाद, 4. देश, 5. ख़ुश, 6. शोक और विपत्ति, 7. बचाव, छुटकारा, 8. मेहनत, परिश्रम, 9. माली, 10. ओस, 11. महंगी, भारी, 12. बाग़ का रंग, 13. अचानक, 14. व्यर्थ, 15. प्रिय, 16. निराशा के हाथ, 17. पतझड़ के पत्ते, 18. जंगल, 19. अनगिनत, 20. निर्भर, 21. परिश्रम, तपस्या, 22. प्रकृति का चमन को सजाने का काम, 23. बादल और हवा, 24. हिम, 25. बेचैन, 26. दया, कृपा, 27. दयालु भगवान, 28. लू की लहर, 29. प्रातःसमीर, 30. दृष्टि, 31. दया, 32. भगवान, 33. जंगल, 34. दयालु मेहरबान, 35. यात्रा, 36. देश में निवास, 37. उदासीन, 38. दया, 39. सम्मिलित, 40. दुःख, 41. जंगल का दामन, 42. मां का आंचल।

सीताहरण

मुंशी बनवारी लाल 'शोला'

इतने में एक आहू - ए - ज़र्री[1] पड़ा नज़र
ख़ुश रंग रूप[2] जिस्म[3] तिलाकार[4] सीमबर[5]
मर्जां[6] की शाख़ें सींग थे खुर सूरते - गुहर[7]
आंखें तिलस्म-ज़ा[8] थीं छलावा था फ़ितनागर[9]

तिनके थे सब्ज[10] दूब के मुंह में ग़ज़ाल[11] के
दुम्बाले[12] जैसे चश्म[13] बुते - ख़ुशजमाल[14] के

दिलकश[15] मिसाले-हल्क़ः-ए-गेसू[16] ख़मीदा[17] दुम
दिलहा-ए-पुरशिगाफ़[18] की मानिन्द[19] चारों सुम्ब
गर्दन में घूंघरू थे कमर थी शिकम[20] में गुम
रफ़्तार[21] की सदा[22] थी छमा छूम छूम छम

जिस्मे-जवाहरी[23] पे खिले सब्ज़[24] बाग़ थे
नीलम की तख़्ती पुश्त[25] थी अल्मास[26] दाग़[27] थे

जंगल में सामने से गुज़र कर ! निकल चला
करता हुआ किलोल ! उभर कर ! निकल चला
मौजे-हवा[28] से बिगड़ा ! संवर कर निकल चला
चौंका ज़रा ! तो चौकड़ी भर कर निकल चला

देखा श्री सिया ने तो कुछ जी लुभा गया
आहू[29] का मृगनयनी को अंदाज़ भा गया

---

1. सुनहरी हिरन, स्वर्ग-मृग, 2. सुंदर रूप, 3. शरीर, 4. सुनहरी, 5. चांदी का, 6. मूंगा, प्रवाल, 7. मोती, 8. जादूगरी, 9. उपद्रवी, 10. हरी, 11. हिरन, 12. आंख का कोया, 13. आंखें, 14. सुंदर मूर्ति, 15. मोहक, 16. लटाओं की गोलाई की तरह, 17. मुड़ी हुई, 18. कट, दरार, 19. तरह, प्रकार, 20. पेट, 21. गति, 22. आवाज़, 23. रत्नजटित शरीर, 24. हरे, 25. पीठ, 26. हीरे, 27. धब्बे, 28. हवा का झोंका, 29. हिरन।

रघुबर से बोलीं देख के आहा है क्या हिरन
क्या रंग मीनाकार[1] है ? क्या ख़ुशनुमा[2] बदन[3]
सोसन[4] के फूल का कोई ग़ुंचा[5] है या दहन[6]
साये से भागता है यह शोख़ी[7] का है चलन

हे नाथ लाओ गर यह ग़ज़ाले-ख़ुतन[8] मिले
क्या अच्छी मिरगछाला हो जो यह हिरन मिले

रघुराई सुनके इतनी उठे ! मुस्कुरा चले
तीर-ओ-कमां[9] को दोश[10] के ऊपर सजा चले
सब राक्षसों के भैव कपट छल बता चले
भाई लखन को बहरे-हिफ़ाज़त[11] बता चले

माया रची हुई थी कहां का शिकार था
सब जानते थे आप जो कुछ होनहार[12] था

क़स्दे-शिकार[13] आहु-ए[14] शोख़-ओ-शरीर[15] है
अंदाज़े-शस्त[16] आप ही अपनी नज़ीर[17] है
दिलदोज़[18] है ख़दंग[19] मगर दिलपिज़ीर[20] है
एक हाथ में कमान[21] है चुटकी में तीर है

हल्का सा है पसीना रुख़े - ताबदार[22] पर
आंखें लड़ी हुई हैं हिरन के शिकार पर

नावक की इक सदा[23] थी जो सन से निकल पड़ी
आंखों की पुतली ! रूह[24] बदन से निकल पड़ी
इक जलती शमअ थी ! जो लगन से निकल पड़ी
घबरा गया ! ज़बान[25] दहन[26] से निकल पड़ी

एक देने मोक्ष ! दूसरा लेने को जां गिरा
तीरे-नज़र[27] के साथ ही ! तीरे-कमां[28] गिरा

---

1. जड़ाऊ काम, 2. सुंदर, 3. शरीर, 4. कुमुदनी, 5. कली, 6. मुंह, 7. चंचलता, 8. ख़ुतन का हिरन, 9. धनुष और बाण, 10. कंधा, 11. सुरक्षा के लिए, 12. होनेवाला, 13. शिकार का संकल्प, 14. मृग, 15. चंचल, चपल, 16. निशाने का ढंग, 17. उदाहरण, 18. दिल में घुस जानेवाला, 19. तीर, 20. मोह, 21. धनुष, 22. तेजपूर्ण, 23. आवाज, 24. आत्म, प्राण, 25. जीभ, 26. मुंह, 27. नज़र का तीर, 28. धनुष का तीर।

चौकन्ना ईस्तादा[1] था ! आहू[2] रवां[3] कभी
पिन्हां[4] कभी नज़र से ! नज़र में अयां[5] कभी
फुर्ती से मिस्ले - बर्क़े - जहिंदां[6] तपां[7] कभी
तड़पा ज़मीं[8] पे ! उछला सू - ए - आस्मां[9] कभी

खाते ही तीर ! दर्शनों को मेहरा फिर गया
भाई लखन चलो ! यह सदा[10] देके गिर गया

आवाज़ सुनके जानकी ब्याकुल हुईं इधर
बोली लखन से देखो हे तात ! लो ख़बर
तुमको पुकारते हैं ! कोई बात है मगर
आवाज़ उधर से आई है स्वामी गये जिधर

संकट कोई ज़रूर है ! जो पेच-ओ-ताब[11] है
आवाज़ में है दर्द सा ! कुछ इज़्तिराब[12] है

बोले लखन सिया से यह चरणों में धर के सर
इक सहल[13] सा शिकार था ! माता नहीं ख़तर[14]
हैं रामचंद्र मालिके - कोनैने - बहर - ओ - बर[15]
सबकी ख़बर जो लेते हैं, कौन उनकी ले ख़बर !

दुख उनको नाम मात्र भी मिल सकता ही नहीं
बे हुक्म[16] जिनके पत्ता तो हिल सकता ही नहीं

माना श्री सिया ने लखन का न इक बचन
ताना[17] भरे जवाब दिये क्या ही दिलशिकन[18]
इक दम कलेजा बैठ गया कांप उठा बदन
बढ़ता था और दर्द जो समझाते थे लखन

रिक़्क़त[19] के जोश, रंज-ओ-अलम[20] से उबल पड़े
जल मात्र नेत्र हो गये आंसू निकल पड़े

---

1. खड़ा हुआ, 2. हिरन, 3. गतिशील, 4. छुपा हुआ, 5. प्रकट, 6. तड़पती हुई बिजली की तरह, 7. जलती हुई, 8. धरती, 9. गगन की ओर, 10. आवाज़, 11. अकड़, 12. बेचैनी, व्याकुलता, 13. सरल, आसान, 14. भय, 15. धरती और सागर की दुनिया, 16. बिना आज्ञा, 17. व्यंग्य, 18. दिल तोड़नेवाला, 19. रुदन, 20. दुःख और शोक।

आख़िर लखन उठे ही धनुष बान को संवार
हल्क़ा[1] श्री सिया का किया खींचकर हिसार[2]
बाहर चरण न रखना ! यह समझा के बार बार
अंगड़ाई लेके शेर बढ़ा जानिबे - शिकार[3]

पड़ता कहीं भी फ़र्क़ है ! बिधना[4] की बात में
रावण लगा हुआ था यहां ! अपनी घात में

जाना पड़ा लखन को कुटी छोड़कर ज़रूर
मौक़े[5] की ताक में था वह चालाक पुर ग़ुरूर[6]
भर बिरहमन का रूप गया सीता के हुज़ूर[7]
हे माई भिक्षा दीजियो ! आया हूं चलके दूर

दाता समझके घर से चला ! नाम सुन तेरा
भूका बिराहमन हूं ! बड़ा होगा पुन तेरा

वो कन्दमूल फल जो लगीं देने दिलपिज़ीर[8]
बोला श्री सिया से भिकारी सियह-ज़मीर[9]
देनी अगर है भीक तो दो छोड़कर लकीर
भिक्षा बंधी हुई ! नहीं लेते कभी फ़क़ीर

बाहर जो कुंडली से चलीं धोका खा गईं
रावण के छल[10] में ! हाय महारानी आ गईं

---

1. चक्र, 2. परिधि, 3. शिकार की ओर, 4. भाग्य, 5. अवसर, 6. घमंडी, 7. सेवा में, 8. मनमोहक, 9. काले दिल वाला, 10. जाल।

आलमे-फ़िराक़ में[1]

(एक राज़दार सखी का राधा की कैफ़ियत कृष्ण के सामने बयान करना)

'मुनव्वर' लखनवी

जज़्बः-ए-शौक़[2] से बेताब[3] हैं क्या क्या राधे
आपके वस्ल[4] की रखती हैं तमन्ना[5] राधे

दम बदम[6] आपकी क़ुर्बत[7] का गुमां होता है
यही राधा की अदाओं[8] से अयां[9] होता है

हो गया आपसे मस[10] पैकरे-सीमीं[11] उनका
हो गया वक़्फ़े-मसर्रत[12] दिले-ग़मगीं[13] उनका

इसी आलम[14] में यह मासूम[15] को महसूस[16] हुआ
इस तसव्वुर[17] से बहुत ख़ुश दिले-मायूस[18] हुआ

लब[19] श्रीकृष्ण के रक्खे हैं लबों पर उनके
छीनने के लिए दिल आये हैं दिलबर[20] उनके

इनके उभरे हुए सीने की अदा[21] है कुछ और
उनके नाखुन की ख़राशों[22] का मज़ा[23] है कुछ और

सनसनाहट से फिर आज़ा[24] की हिरासां[25] होना
लब[26] से ताकीद[27] के पहलू का नुमायां[28] होना

चश्मे-महबूब[29] की शोख़ी[30] का नज़ारा[31] करके
रोकना पासे-हया[32] से वो इशारा करके

कहके 'यह क्या है' ज़रा खुद को संभालें सरकार
जो तक़ाज़े[33] भी हों दिल के उन्हें टालें सरकार

---

1. विरह की हालत, 2. प्रेम भावना, 3. व्याकुल, 4. मिलन, 5. आकांक्षा, 6. हर क्षण, 7. निकटता, 8. हावभाव, 9. प्रकट, 10. स्पर्श, 11. चांदी का आकार, 12. खुशी पर समर्पित, 13. दुखी दिल, शोकातुर हृदय, 14. हालत, दशा, 15. निष्पाप, निस्पृह, 16. अनुभव, 17. कल्पना, 18. निराश दिल, 19. होंठ, 20. मनमोहक, 21. हावभाव, 22. रगड़, 23. आनंद, 24. अंग-प्रत्यंग, 25. निराशा, 26. होंठ, 27. चेतावनी, 28. प्रकट, 29. प्रियतम की आंख, 30. चंचलता, 31. दर्शन, 32. लज्जा से, 33. मांगें।

यूं ही आता है ज़बां[1] पर जो कहा करती हैं
आपके ध्यान में ग़र्क़ाब[2] रहा करती हैं

(2)

एक पत्ता भी अगर बन में खड़क जाता है
यही मायूसे - मुहब्बत[3] को ख़याल[4] आता है

किसी जानिब[5] से हुज़ूर आप चले आते हैं
माइले - बारिशे - नूर[6] आप चले आते हैं

ज़ेवरों से तने - ज़ेबा[7] को सजा लेती हैं
ख़ुद को महबूब[8] की महबूब बना लेती हैं

सेज[9] फूलों की सजाने में लगी रहती हैं
घर को गुलज़ार[10] बनाने में लगी रहती हैं

कुछ न कुछ सोचती रहती हैं मुसलसल[11] राधे
हैं ग़म-ओ-फ़िक्र[12] की तस्वीर मुकम्मल[13] राधे

दिल में उठते हैं बहर शक्ल[14] ख़यालात[15] हज़ार
लबे-ख़ामोश[16] पे आते हैं सवालात[17] हज़ार

आपके ध्यान से रहती नहीं ग़ाफ़िल[18] दम भर
क्या करें राह[19] पर आता ही नहीं दिल दम भर[20]

जो न आप आये तो है रात का कटना मुश्किल[21]
है बहुत चादरे-हिर्मां[22] का सिमटना मुश्किल

सुब्ह होते रुख़े - अय्याम[23] जो मुड़ जायेगा
ताइरे-जां[24] क़फ़से - हुस्न[25] से उड़ जायेगा

(जयदेवकृत 'गीत गोविन्द' का उर्दू अनुवाद)

---

1. ज़बान, 2. डूबी हुई, 3. प्रेम में निराश, 4. ध्यान, 5. ओर, 6. प्रकाश की वर्षा, 7. सुंदर शरीर, 8. प्रेमिका, 9. बिस्तर, बिछौना, 10. उपवन, 11. लगातार, 12. चिंता और शोक, 13. संपूर्ण, 14. हर हालत में, 15. विचार, 16. मौन होंठ, 17. प्रश्न (ब.व.), 18. बेख़बर, 19. मार्ग, 20. क्षण-भर, 21. कठिन, 22. निराशा की चादर, 23. ज़माने का रुख़, 24. आत्मा, 25. सौंदर्य का पिंजरा।

कृष्ण और राधा की मुलाक़ात

'मुनव्वर' लखनवी

(1)

जिस तरह रात की आमद[1] पे समंदर उमड़े
देखकर चर्ख़[2] पे शक्ले - महे - अनवर[3] उमड़े

वो समंदर जो हो बेताब[4] उमंगों वाला
वो समंदर जो हो पुरशोर[5] तरंगों[6] वाला

एक मुद्दत[7] से वो ख़ूं करदः - ए - अरमाने-विसाल[8]
तालिबे - क़ुर्बते - महबूब[9] वो ख़्वाहाने-विसाल[10]

बहरे-इशरत[11] में वो ग़र्क़ाब[12] निहायत[13] हर वक़्त
आतिशे-शौक़[14] से बेताब[15] निहायत हर वक़्त

कृष्ण की दिल के तक़ाज़ों[16] से अजब[17] हालत[18] थी
जिससे आईना भी शशदर[19] था यह वो सूरत थी

दीदनी[20] थी सिफ़ते-शमूअ[21] तजल्ली[22] उनकी
राधिका की तरफ़ अब आंख उठी थी उनकी

(2)

राधिका ने भी श्रीकृष्ण की जानिब[23] देखा
जो था मग़लूबे-मुहब्बत[24] उसे ग़ालिब[25] देखा

---

1. आगमन, 2. गगन, 3. प्रकाशमान चंद्र के रूप में, 4. बेचैन, 5. कोलाहलपूर्ण, 6. मौज, लहर, 7. अरसा, लंबा समय, 8. मिलन की अभिलाषा, 9. प्रियतम की निकटता का इच्छुक, 10. मिलन का इच्छुक, 11. ऐश का समुद्र, 12. डूबा हुआ, 13. बहुत, 14. प्रेम-अग्नि, 15. व्याकुल, 16. मांग, 17. विचित्र, 18. दशा, 19. अचम्भित, 20. देखने योग्य, 21. चिराग़ की विशेषता, 22. दर्शन, 23. ओर, 24. प्रेम-पराजित, 25. छाया हुआ, विजयी।

उनकी गर्दन के थे जो हार कमर तक पहुंचे
सिलसिले शौक़[1] के पायाने-नज़र[2] तक पहुंचे

उनमें जमना की तरंगों का कफ़-आईना[3] था
कहकशां[4] हुस्न[5] में हर बार सरे - सीना[6] था

(3)

मनहरन कृष्ण की थी कितनी सलोनी मूरत
ज़र्द ज़ीरे[7] से भरी नील कंवल की सूरत

उनको राधा ने मुहब्बत की नज़र से देखा
दिलरुबाई[8] का सरापा[9] थे जिधर से देखा

(4)

बिजलियां थीं कि यह कानों में तिलाई[10] कुंडल
था हसीं[11] चेहरः-ए-नाज़ुक[12] कि शिगुफ़्ता[13] था कंवल

दीद[14] रुख़[15] की जो तमन्ना[16] में यह हिल जाते थे
कुंडल आपस में बड़े शौक़[17] से मिल जाते थे

मुस्कुराहट लबे-लाली[18] की थी मौजे-गुलनार[19]
जिनसे पैदा था हसीनों[20] की तबीअत का उभार

(5)

जिस तरह अब्र[21] में हो नूरफ़िशां[22] माहे-मुबीं[23]
फूल बालों में कुसुम के थे बला के रंगीं[24]

ज़ीनते - ज़ुल्मते - शब[25] चांद का हाला[26] जैसे
और फैला हो अंधेरे में उजाला जैसे

---

1. प्रेम के सिलसिले, 2. दृष्टि की सीमा, 3. दर्पण, 4. आकाश-गंगा, 5. सौंदर्य, 6. सीने का उभार, 7. पराग, 8. आकर्षण, 9. सर से पैर तक, साक्षात्, 10. सोने के , 11. सुंदर, 12. कोमल चेहरा, 13. ताज़ा, खिला हुआ, 14. दर्शन, देखना, 15. चेहरा, 16. आकांक्षा, 17. प्रेम, 18. सुर्ख होंठ, 19. सुर्ख़ फुलवार, अनार जैसी, 20. सुन्दरियां, 21. बादल, 22. प्रकाश फैलानेवाला, 23. पूर्णचंद्र, 24. खूबसूरत, 25. रात के अंधेरे की शोभा, 26. परिधि।

मलयागिरि[1] का है यह चन्दन सरे-पेशानि[2]-ए-नूर[3]
इस हसीं[4] लौह[5] पे क्या ख़ूब है क़शक़े[6] का ज़हूर[7]

मर्कज़े - हुस्ने - नज़र[8] जाने - तमन्ना[9] के थे
कृष्ण इस शान से अब सामने राधा के थे

(6)

शिद्दते-शौक़[10] से इस्तादा[11] थे जिनके रोयें[12]
दिल की ताईद[13] पे आमादा[14] थे जिनके रोयें

लुत्फ़े-सोहबत[15] के लिए हौसले[16] उकसाते थे
ज़ब्त[17] दुश्वार[18] था बेताब[19] हुए जाते थे

इस क़दर[20] गौहर-ओ-अलमास[21] में ताबानी[22] थी
ज़ेवरों की तने - नीली[23] पे दरख़्शानी[24] थी

गुम थीं इस कसरते-अनवार[25] में राधे क्या क्या
महूव[26] थीं कृष्ण के दीदार[27] में राधे क्या क्या

(7)

राधिका पर हुई इक तुरफ़ा[28] मुसरत[29] तारी[30]
कृष्ण को देख के ऐसी हुई रिक़्क़त[31] तारी

चंचल आंखों में मचलती हुई रानाई[32] से
दिल के उमडे हुए जज़्बात[33] की गहराई से

कान तक अश्क[34] गये बहके पसीने की तरह
चमक उट्ठे रुख़े - रंगी[35] पे नगीने की तरह

---

1. एक पर्वत का नाम, 2. ललाट पर, 3. प्रकाश, 4. सुंदर, 5. ललाट, 6. तिलक, 7. दर्शन, 8. नज़र के सौंदर्य का केन्द्र, 9. अभिलाषा की जान, 10. प्रेम की अधिकता, 11. खड़ा, 12. रोम, 13. अनुमोदन, 14. तैयार, 15. संगत का आनंद, 16. साहस, हिम्मत, 17. नियन्त्रण, 18. कठिन, 19. बेचैन, 20. इतना, 21. हीरे, 22. चमक, 23. सांवला शरीर 24. चमक, 25. प्रकाश की अधिकता, 26. तल्लीन, 27. दर्शन, 28. विचित्र, 29. प्रसन्नता, 30. छाई हुई, 31. रुदन, 32. शुभ दर्शन, 33. भावनायें, 34. आंसू, 35. सुंदर चेहरा।

(8)

राधिका देख के पहले तो उन्हें शर्माईं
दूर ही उनसे रहीं पास न उनके आईं

हौसले[1] खुल गये सखियों के चले जाने से
काम बनता था न कुछ दिल का हिजाब[2] आने से

शर्म अब दिल से थी मादूम[3] हया[4] रुख़सत[5] थी
अब वो पलकों के झपकने की अदा[6] रुख़सत थी

(9)

जा पहुंची जब कुंज भवन के बाहर सखियां जल्द से जल्द
हो गये ख़ुद ही फ़राहम[7] क्या क्या ऐश[8] के सामां[9] जल्द से जल्द

काम[10] के तीरों से बेबस[11] थीं राधे का था हाल अजीब[12]
उनके सहने-दिल[13] में बिछा था इस ज़ालिम[14] का जाल अजीब

फिर भी लब[15] थे महवे-तबस्सुम[16] गुंचः-ए-नौरस[17] की सूरत
बन गयी ख़ुद पूजा के क़ाबिल[18] कृष्ण के प्रेम की यह मूरत

ताज़ा ताज़ा फूलों पत्तों से थी सेज[19] सजी क्या क्या
राधा ने इस सेज की जानिब[20] ख़ास[21] अदाओं[22] से देखा

देखा अपनी आंखों से जब यह राधा का अल्हड़पन
अपनी जाने-तमन्ना[23] से यूं कृष्ण हुए मसरूफ़े-सुख़न[24]

राधे तुम हो कितनी राना[25] ख़त्म[26] है तुम पर हुस्न ओ-जमाल[27]
बस में तुम्हारे अब तो मैं हूं दम भर को हो मेरा ख़याल[28]

---

1. साहस, 2. लज्जा, 3. लुप्त, 4. लज्जा, 5. ग़ायब, 6. हाव-भाव, 7. उपलब्ध, 8. विलास, 9. सामान, उपकरण, 10. कामदेव, 11. विवश, 12. विचित्र, 13. दिल का आंगन, 14. अत्याचारी, 15. होंठ, 16. मुस्कुराहट में तल्लीन, 16. नयी कली, 18. योग्य, 19. बिस्तर, 20. ओर, 21. विशेष, 22. हावभाव, 23. प्रेमिका, 24. बातचीत में व्यस्त, 25. ख़ूबसूरत, 26. समाप्त, 27. सौंदर्य, 28. ध्यान।

(10)

चांद से रौशन[1] मुखड़ेवाली अब हो मुझसे मह्वे-कलाम[2]
दिलदारी[3] की बातें कुछ हों अय दिलदारे-शोरीं कलाम[4]

मैं भी तुम्हारे सीने का यह आंचल राधे दूर करूं
सैरे - जहाने - मरहम[5] करके आंखों को मसरूर[6] करूं

(11)

हुस्न[7] का तुम मख़्ज़न[8] हो राधे मुझ पर हो बेकार गरम
दिल क्यों सख़्त[9] बना रक्खा है अब तो तुम बन जाओ नरम

उस पर ग़लबा[10] शर्म-ओ-हया[11] का कर देता है आंखें बन्द
वो भी अदा मरग़ूब[12] थी मुझको है यह भी अंदाज़[13] पसन्द

अच्छा ग़ुस्सा ख़त्म करो अब ग़म[14] से फ़रागत[15] हासिल[16] हो
हम तुम दोनों हमपहलू[17] हों लुत्फ़े-सुहबत[18] हासिल हो.

(जयदेवकृत 'गीत गोविन्द' का उर्दू अनुवाद)

---

1. प्रकाशमान, 2. वार्तालाप में लीन, 3. दिलों की, 4. मीठी-मीठी बातें करनेवाला प्रियतम, 5. जानी-बूझी दुनिया, 6. मदमस्त, 7. सौंदर्य, 8. ख़ज़ाना, 9. कठोर, 10. आधिपत्य, 11. लज्जा, 12. पसन्द, 13. अदायें, हाव-भाव, 14. शोक, 15. छुटकारा, 16. प्राप्त, 17. बग़लगीर, 18. सम्भोग का आनंद।

हमारी हिकायात

(दूसरा भाग)

हमारी हिकायात

(कथा-माला)

शिवजी और पार्वती

(कामदेव का शिवजी को अपने तीर का निशाना बनाना)

'मुनव्वर' लखनवी

काम[1] तैयार हुआ इन्द्र से रुख़्सत[2] के लिए
सरे-तस्लीम[3] ख़मीदा[4] था इताअत[5] के लिए

पांव जब काम ने चलने को उठाया अपना
इन्द्र ने हाथ मुहब्बत से बढ़ाया अपना

सख़्त[6] था हाथ यह सहलाने से इरावत[7] के
इससे आसार[8] नुमाया[9] थे मगर शफ़क़त[10] के

काम का दोस्त बसंत उसकी रफ़ाक़त[11] में चला
सर के बल जादा-ए-इख़्लास-ओ-मुरव्वत[12] में चला

शोबदे[13] अपने दिखाने को रति साथ गयी
हाथ शौहर[14] का बटाने को रति साथ गयी

इसी आलम[15] में सरे-बामे-हिमाला[16] पहुंचे
आश्रम शिव का जहां था यह वहीं जा पहुंचे

कुछ अजब शान से था ज़ीनते-गुलज़ार[17] अशोक[18]
बन गया और भी ग़ैरतदहे-अशजार[19] अशोक

---

1. कामदेव, 2. बिदा, 3. विनम्र मस्तक, 4. झुका हुआ, 5. आज्ञापालन, 6. कड़ा 7. इन्द्र का हाथी, 8. लक्षण, 9. प्रकट, 10. कृपा, दया, 11. मैत्री, दोस्ती, 12. निष्ठा और मुरव्वत की राह, 13. चमत्कार, 14. पति, 15. दशा, 16. हिमालय की चोटी पर, 17. उपवन की शोभा, 18. अशोक वृक्ष, 19. वृक्षों की लाज रखनेवाला।

टहनी टहनी में सितमकोश[1] थी झूलों की बहार
हामिले-नग़्मः-ए-ख़ामोश[2] थी फूलों की बहार

यह किसी शोख़[3]-सितमगार[4] के मुहताज[5] न थे
यानी पाज़ेब[6] की झनकार के मुहताज न थे

आम के बौर नए आलः-ए-तसख़ीर[7] बने
काम की फ़ितनातराज़ी[8] के लिए तीर बने

पत्तियां उनकी परे - तीर नज़र आती थीं
हुस्ने - मक़बूल[9] की तस्वीर नज़र आती थीं

हो गयी बौर की जब नश्व-ओ-नमा-ए-कामिल[10]
दिलरुबाई के हुए और भी जौहर[11] शामिल

मस्त भौंरों को बसंत उस पे बिठा देता था
आम के बौर का दीवाना बना देता था

नाज़नीं[12] फ़र्ते-नज़ाकत[13] से थे गुलहा-ए-कनेर[14]
आतिशीं[15] हुस्ने-लताफ़त[16] से थे गुलहा-ए-कनेर

नाशिगुफ़्ता[17] से वो टेसू के दहकते हुए फूल
शोला-सां[18] आतिशे-पिन्हां[19] से भड़कते हुए फूल

थी चकाचौंद निगाहों में चमक से उनकी
नूर[20] था दश्त[21] की राहों में दमक से उनकी

---

1. सितम ढानेवाली, 2. मौन संगीत का रखनेवाला, 3. चंचल, 4. अत्याचार करनेवाली प्रेमिका, 5. ज़रूरतमंद, 6. एक गहना, 7. वशीकरण का साधन, 8. उपद्रव खड़ा करना, 9. लोकप्रिय सौंदर्य, 10. बढ़वार, 11. रत्न, 12. कोमलांगिनी, 13. नज़ाकत की अधिकता, 14. कनेर के फूल, 15. आग जैसा, 16. पवित्रता का सौंदर्य, 17. बिन खिले, 18. शोले जैसा, 19. छुपी हुई आग, 20. प्रकाश, 21. जंगल।

गर्द[1] हो काहकशां[2] जिनसे ये वो राहें थीं
शाहिदे - फ़स्ले - बहारी[3] की गुज़रगाहें[4] थीं

दिले - मुज़्तर[5] की तरंगों से हिरन मतवाले
उसकी बेताब उमंगों से हिरन मतवाले

ज़ीरः-ए-गुल[6] से चिरौंजी[7] की नज़र उलझी थी
कुछ उलझने की न थी बात मगर उलझी थी

दश्ते-पुरकैफ़[8] में जिस रुख़ से हवा आती थी
और पतझड़ से मर-मर की सदा[9] आती थी

दिल लुटाते थे उसी सम्त[10] परेशां होकर
दौड़ जाते थे उस आवाज़ पे हैरां[11] होकर

ख़त्म शोख़ी[12] जो हसीनाने-गुलअन्दाम[13] की थी
इस परिंदे की सदा[14] थी कि सदा काम की थी

क़ौसे-गुल[15] तान के उस बन की तरफ़ काम चला
शान से रुद्र के मस्कन[16] की तरफ़ काम चला

साथ ही उसके गयी उसकी गुलअन्दाम[17] रति
सिफ़ते[18]-बादे-बहारी[19] थी सुबुकगाम[20] रति

उसकी आमद[21] से मअन[22] रंग फ़ज़ा[23] का बदला
देखते-देखते ही रुख़ वो हवा का बदला

---

1. धूल, 2. आकाश-गंगा, 3. बसंत की फसल, 4. मार्ग, 5. बेचैन दिल, 6. फूल का पराग, 7. एक सूखा मेवा, 8. मादक जंगल, 9. आवाज़, 10. ओर, दिशा, 11. व्याकुल, 12. चंचलता, 13. फूल जैसे शरीरवाली सुन्दरियां, 14. आवाज़, 15. फूल का धनुष, 16. निवास-स्थान, 17. सुंदर, कोमलांगिनी, 18. गुण, 19. बसंत की हवा, 20. मंद गति, 21. आगमन, 22. सहसा, 23. वातावरण।

दिल के जज़्बात[1] की तक़दीर चमक उट्ठी थी
हर तरफ़ आग मुहब्बत की भड़क उट्ठी थी

मुज़तरिब[2] सूरते - सीमाब[3] था जोड़ा - जोड़ा
ख़्वाहिशे - वस्ल[4] से बेताब[5] था जोड़ा - जोड़ा

मस्त भौंरे का दिल अंजाम[6] से बेगाना था
अपने जज़्बात से मजबूर था, दीवाना था

काले काले वो हिरन मस्त नज़र आते थे
हिरनी - हिरनी का बदन सींग से खुजलाते थे

हिरनियां और भी दिल उनका बढ़ा देती थीं
बन्द आंखों से मुहब्बत का मज़ा लेती थीं

दुल्हनें शर्म से महजूब[7] थीं बेलें ये न थीं
हुस्न[8] में शाहिदे-महबूब[9] थीं बेलें ये न थीं

इन हसीनों को दिल - आराम[10] बनाने के लिए
अपने पहलू-ए-मुअम्बर[11] में बिठाने के लिए

अपनी शाख़ों से दरख़्तों ने पकड़ रक्खा था
बाज़ु-ए-शौक़े-मुसलसल[12] से जकड़ रक्खा था

था लताकुंज पे नन्दी का मुक़र्रर[13] पहरा
रोज़ होते थे शरफ़याब[14] यह देकर पहरा

काम नन्दी की मगर आंख बचाकर आया
ख़ुद को पर्दे में लताफ़त[15] के छुपाकर आया

---

1. भावना, 2. बेचैन, 3. पारा, 4. मिलन की इच्छा, 5. आतुर, 6. नतीजा, फल, 7. लज्जित, शर्मिन्दा, 8. सौंदर्य, 9. चहेती, प्रेमिका, 10. दिल का चैन, 11. सुगन्धित, 12. लगातार प्रेमपाश, 13. नियुक्त, 14. प्रतिष्ठित, 15. कोमलता।

अब कमींगाह[1] में बेवहम-ओ-गुमां[2] जा पहुंचा
महव[3] शिवजी थे रियाज़त[4] में जहां जा पहुंचा

राजकन्या जो हिमांचल की इधर आ निकली
जज़्बः-ए-शौक़[5] की देने को ख़बर आ निकली

मौसमे-गुल[6] में थी कुछ और ही आराइशे-तन[7]
आज हर रंग के फूलों से थी ज़ेबाइशे-तन[8]

औज[9] पर क़िस्मते-अंदाज़-ओ-अदा[10] थी इससे
और भी हुस्न[11] की तौक़ीर[12] सिवा[13] थी इससे

ज़र्दि-ए-रंग[14] से था मिहरे-ज़ियाबार[15] कनेर
जिस्मे-पुरनूर[16] पे था मतलः-ए-अनवार[17] कनेर

सिंधवार[18] अपनी जगह ख़ास असर रखता था
इसका हलक़ा[19] शरफ़े-सिल्के-गुहर[20] रखता था

इक तरफ़ थी यह सजावट यह दिलआवेज़[21] सिंगार
दूसरी सिम्त बलाख़ेज़[22] था सीने का उभार

झुक के चलने पे जो मजबूर किए देता था
सर्वअंदाम[23] को माज़ूर[24] किए देता था

रंग ख़ुर्शिदे - सहर[25] पैरहने - नूर[26] में था
एक शोला[27] था जो लिपटा हुआ काफ़ूर[28] में था

---

1. घात लगाने का स्थान, 2. जिसकी शंका न थी, 3. तल्लीन, 4. तपस्या, 5. प्रेम-भावना, 6. बसंत, 7. शरीर की सजावट, 8. शरीर की शोभा, 9. उन्नति, 10. हावभाव की क़िस्मत, 11. सौंदर्य, 12. प्रतिष्ठा, 13. अधिक, 14. रंग का पीलापन, 15. प्रकाशमान चंद्रमा, 16. प्रकाशमान शरीर, 17. प्रकाश का क्षितिज, 18. एक जंतु विशेष, 19. परिधि, 20. मोतियों की लड़ी, 21. मनमोहक, 22. जुल्म ढानेवाला एक जंतु विशेष, 23. सुडौल और लंबे शरीर वाला, 24. असमर्थ, 25. प्रातःकाल के सूर्य का रंग, 26. प्रकाश के वस्त्र, 27. लपट, ज्वाला, 28. कपूर।

झूमती नाज़[1] से अंदाज़ से बल खाती थी
चलती फिरती-सी कोई बेल नज़र आती थी

सहर अंगेज़[2] बकुल की वो निगारीं[3] ज़ंजीर
मोजज़ाखेज़[4] वो फूलों की बहारीं ज़ंजीर

दमे-रफ़्तार[5] कमर से जो खिसक जाती थी
और भी आग जवानी की भड़क जाती थी

फ़ितनः-ए-महशरे-जज़्बात[6] की बानी थी यह
काम की क़ौस[7] का इक चिल्लः-ए-सानी[8] थी यह

बिम्ब फल की लबे-लालीं[9] से थी रंगत पैदा
बढ़के अंगूर से भी कुछ थी हलावत[10] पैदा

भौंरे आ आ के मज़ा इसका लिया करते थे
तंग मासूम[11] को हद दर्जा[12] किया करते थे

हाथ में था जो कंवल उससे हटाती थीं उन्हें
पास आते थे वो जब दूर भगाती थीं उन्हें

उसकी हर मौजे-नफ़स[13] इत्र लुटा जाती थी
प्यास उड़ते हुए भौंरों की बढ़ा जाती थी

कुछ नज़र काम की इस तरह दमे-दीद[14] बंधी
अब उसे कार[15] बरारी[16] की फिर उमीद बंधी

दूसरी सिम्त थे शिव आलमे-अनवार[17] में गुम
हमातन-चश्म[18] थे उस ज़ात के दीदार[19] में गुम

---

1. अदा, 2. जादू जगानेवाली, 3. सचित्र, सुंदर, 4. चमत्कार दिखानेवाली, 5. चलते समय, 6. भावनाओं की क़यामत की विपत्ति, 7. कामदेव का धनुष, 8. दूसरा चिल्ला, 9. सुर्ख़ होंठ, 10. मिठास, 11. निष्पाप, 12. बेहद, 13. सांस की मौज, 14. दर्शन के समय, 15. काम, 16. बन आना, 17. नूर की दुनिया, प्रकाश का संसार, 18. साक्षात आंखें, 19. दर्शन।

मालिके-कुल[1] जिसे मुख़्तारे-जहां[2] कहते हैं
बानी[3]-ए-सिलसिलाः-ए-कौन-ओ-मकां[4] कहते हैं

जो था मदहोश[5] उसे होश अब आया कुछ-कुछ
आपने दिल को समाधि से हटाया कुछ-कुछ

जिस्म में सांस का इजरा[6] हुआ रफ़्ता-रफ़्ता[7]
बीर आसन जो था ढीला हुआ रफ़्ता-रफ़्ता

पेशवाई[8] के लिए शौक़ से नन्दी उट्ठा
जब्बासाई के लिए शौक़ से नन्दी उट्ठा

अर्ज़[9] की आपसे मिलने को उमा आई है
जो है गिरिराज की बेटी वो यहां आई है

कर लिया आमदे-मेहमां[10] को गवारा शिव ने
कर दिया जुम्बिशे-अबरू[11] से इशारा शिव ने

सर झुकाए हुए थीं साथ की सखियां दोनों
शोख़-फ़ामी[12] से थीं हमशक्ले-गुलिस्तां[13] दोनों

लेके गिरिराजकुमारी को यहां आईं थीं
फूल पत्ती वो चढ़ाने के लिए लाईं थीं

ज्यों ही महबूब[14] के क़दमों पे झुका सर उसका
और भी कुछ चमक उट्ठा रुख़े-अनवर[15] उसका

कसरते-शौक़[16] का शिव ने जो यह आलम[17] देखा
अपने क़दमों पे जो यूं पा-ए-उमा[18] ख़म[19] देखा

---

1. कुल का मालिक, ख़ुदा, 2. संसार का स्वामी, 3. बुनियाद रखनेवाला, 4. संसार, दुनिया, 5. मदमस्त, मदोन्मत्त, 6. प्रवेश, 7. धीरे-धीरे, 8. स्वागत, 9. प्रार्थना, निवेदन, 10. अतिथि का आगमन, 11. भृकुटी का इशारा, 12. रंग की शोख़ी, 13. उपवन की सूरत, 14. प्रियतम, 15. प्रकाश का चेहरा, 16. प्रेम की अधिकता, 17. दशा, 18. उमा का पांव, 19. झुका हुआ।

लबे-ख़ामोश[1] पे फ़ौरन यह दुआ आ ही गयी
सहर[2] यह कर ही दिया मोजिज़ा[3] फ़रमा ही गयी

जिससे क़िस्मत तेरी ताबां[4] हो वो गौहर[5] मिल जाये
जिस पे जी-जान से क़ुर्बां[6] है वो शौहर[7] मिल जाये

बख़्त[8] होने को था बेदार[9] कंवलगट्टों का
दस्ते-गुलगूं[10] में था इक हार कंवलगट्टों का

दे दिया शिव को उमा ने वहीं नज़राने[11] में
हुस्न[12] ने रंग भरा इश्क़[13] के अफ़साने[14] में

कर लिया शौक़[15] से मंज़ूर[16] उमा का तुह्फ़ा[17]
पेशकश[18] हार की थी या दिल-ओ-जां[19] का तुह्फ़ा

आप इस सिम्त[20] से इज़हारे-करम[21] पर माइल[22]
काम उस सिम्त हुआ जौर-ओ-सितम[23] पर माइल

वार करने के लिए पांव बढ़ाया उसने
क़ौस[24] पर नावके-रंगीं[25] को चढ़ाया उसने

शाम के वक़्त तुलू - ए - महे - नूरानी[26] से
जैसे हैजान[27] समंदर में हो तुग़यानी[28] से

आ गया फ़र्क़[29] सदाशिव के सुकूं[30] में कुछ-कुछ
फंस गये काम के नैरंग-फ़ुसूं[31] में कुछ-कुछ

---

1. बन्द होंठ, 2. जादू, 3. चमत्कार, 4. चमक उठे, 5. हीरा, 6. न्योछावर, 7. पति, 8. भाग्य, 9. जाग्रत, 10. फूल-सा सुंदर, 11. भेंट, 12. सौंदर्य, 13. प्रेम, 14. कहानी, 15. प्रेम, स्वेच्छा, 16. स्वीकार, 17. भेंट, 18. उपहार, प्रस्ताव, 19. दिल और जान, 20. ओर, 21. दया का प्रदर्शन, 22. प्रवृत्त, 23. जुल्म और अत्याचार, 24. धनुष, 25. रंगीन तीर, 26. प्रकाशमान चंद्रोदय, 27. प्रचंडता, 28. तूफ़ान, 29. अंतर, 30. शांति, 31. माया का जादू।

दिले - साकित[1] में हुवैदा[2] हुई बेताबी[3] सी
कैफ़ियत[4] अब थी इस आईने में सीमाबी[5] सी

बेक़रारी थी तबीअत में परेशानी थी
दिल से जो मौज भी उठती थी वो तूफ़ानी थी

कसरते - शौक़[6] से चेहरे पे उमा के जमकर
रह गयी थीं लबे-लालीं[7] पे निगाहें थमकर

सोचते थे सबबे - नुक़्से - तबीअत[8] क्या है
किसने ढाई है क़यामत[9] यह मुसीबत क्या है

दिल के अन्दर कभी देखा कभी बाहर देखा
आपने चार तरफ़ आंख उठाकर देखा

आंख उट्ठी तो अजब[10] शोब्दाबाज़ी[11] देखी
हर तरफ़ काम की हंगामा[12] तराज़ी[13] देखी

क़ौसे-गुलरेज़[14] के चिल्ले[15] पे थी चुटकी उसकी
दाहिनी आंख के गोशे[16] पे थी मुट्ठी उसकी

एक मरकज़[17] पे थमे से वो रुके से शाने[18]
थे कुछ आगे की तरफ़ उसके रुके से शाने

क़ाबिले-दीद[19] था यह कारे-नुमायां[20] उनका
और आगे की तरफ़ पांव था बायां उनका

---

1. ठहरा हुआ दिल, 2. प्रकट, 3. व्याकुलता, 4. हालत, दशा, 5. पारे जैसी, 6. प्रेम की अधिकता, 7. सुर्ख़ होंठ, 8. तबीअत ख़राब होने का कारण, 9. प्रलय, 10. विचित्र, 11. इंद्रजाल, 12. उपद्रव, दंगा-फ़साद, 13. मचाना, 14. फूलझड़ी का धनुष, 15. धनुष की तांत, 16. कोने, 17. केंद्र, 18. कंधे, 19. देखने योग्य, 20. विशेष काम।

क़ौस[1] को हलक़ा[2] बनाए हुए इस्तादा[3] था
वार करने को महादेव पे आमादा[4] था

जब यह हंगामा[5] यह तूफ़ान यह फ़ितना[6] उट्ठा
तीसरी आंख से इक आग का शोला[7] उट्ठा

काम को आपने महरूमे-बक़ा[8] कर ही दिया
तीसरी आंख के शोले से फ़ना[9] कर ही दिया

उस लई[10] को ख़बरे - रोज़े - क़यामत[11] देकर
ओझल आंखों से हुए साथ गणों को लेकर

मुज़तरिब[12] शोमिः-ए-क़िस्मत[13] से थी अब पार्वती
मुन्फ़इल[14] फ़र्ते-नदामत[15] से थी अब पार्वती

दिल पे वह चोट लगी थी कि बुझा जाता था
पै[16] ब पै साथ की सखियों से हिजाब[17] आता था

होके तक़दीर से मायूस उमा घर को चली
ख़स्ता-दिल[18] आह-बलब[19] महवे-फ़ुग़ां[20] घर को चली

दिल था बरबाद किसी ख़ानः-ए-वीरां[21] की तरह
कपकपी जिस्म[22] में थी शोलाः-ए-लरज़ां[23] की तरह

बाइसे - रंज[24] थी नाकामि - ए - अर्मां[25] ऐसी
रुद्र के क़हर-ओ-ग़ज़ब[26] से थी हिरासां[27] ऐसी

---

1. धनुष, 2. परिधि, 3. खड़ा था, 4. तैयार, 5. उपद्रव, 6. उपद्रव, 7. ज्वाला, 8. अस्तित्व से वंचित, 9. नष्ट, 10. शैतान, धिक्कृत, 11. क़यामत के दिन की ख़बर, 12. बेचैन, 13. दुर्भाग्य, 14. लज्जित, 15. पश्चात्ताप की अधिकता, 16. बार-बार, 17. शर्म, लज्जा, 18. जर्जर दिल, 19. होंठों पर आर्तनाद, 20. आह में गुम, 21. वीरान घर, 22. शरीर, 23. कांपती हुई ज्वाला, 24. शोक का कारण, 25. अरमान की असफलता, 26. प्रकोप, आफ़त, 27. निराश।

नज़र आती थी भलाई की न कोई सूरत
बंद आंखें हुई जाती थीं कली की सूरत

जैसे गजराज बहुत जिस्म को फैलाके चले
दांत में शाख़ कंवल की कोई लिपटाके चले

दोनों हाथों से बहर तौर[1] संभाला उसको
चल दिया गोद में .ख़ुद लेके हिमाला उसको

(कालिदासकृत 'कुमार संभव' का अनुवाद)

आश्रम से शकुन्तला की रुख़्सत का समां[2]

'मुनव्वर' लखनवी

(कण्व ऋषि तपोबन के दरख़्तों[3] से मुख़ातिब[4] हैं)

तुमसे उसकी लगन लगी थी
पहले तुमको यह सींचती थी
पीती थी उसके बाद पानी
था उसका यह दर्द जाविदानी[5]
शृंगार की गर्चे[6] आरज़ू[7] थी
रंगीं फूलों की जुस्तुजू थी
थी तुमसे उसे मुहब्बत इतनी
तुमसे मानूस[8] थी यह कितनी
तुमको न यह हाथ भी लगाती
छूती भी अगर तो कांप जाती

---

1. हर तरफ, 2. आश्रम से शकुंतला की बिदाई का दृश्य, 2. वृक्षों, 3. संबोधित, 4. शाश्वत, 5. यद्यपि, 6. तमन्ना, आकांक्षा, 7. हिलगी हुई।

थी उंस-ओ-वफ़ा[1] का इक नमूना
इक बर्ग[2] को था मुहाल[3] छूना
फूली न बरंगे - गुल[4] समाती
होकर सरमस्त[5] झूम जाती
नौरस[6] जो देखती थी कलियां
करती थी ख़ुशी से रंगरलियां
तुम भी देकर जवाबे-उल्फ़त[7]
कर दो इसको बख़ैर[8] रुख़्सत[9]

बन में हैं पेड़ सारे साथी शकुन्तला के
उनमें है उंस[10] बेहद[11] पुतले हैं ये वफ़ा[12] के
कोयल की कूक से वो यह काम ले रहे हैं
मासूम[13] को इजाज़त[14] जाने की दे रहे हैं

(आसमां को देखकर कहते हैं)

यात्रा हो शकुंतला की सफल
आज जंगल में भी मने मंगल
हों भलाई के हर तरफ़ सामान
हर तरह इससे उसका हो कल्यान
हर क़दम पर हों राह में तालाब
बार पायें निगाह में तालाब
ता ब लब[15] जो मिलें भरे ही भरे
नौ - शिगुफ़्ता[16] कंवल के फूलों से
हर क़दम पर हों सायादार दरख़्त
सायादार और बेशुमार[17] दरख़्त

1. लगाव और निर्वाह, 2. पत्ता, 3. कठिन, 4. फूल की तरह, 5. उन्मत्त, 6. नवपक्व, नई खिली हुई, 7. प्रेम का उत्तर, 8. कुशलपूर्वक, 9. बिदा, 10. लगाव, 11. असीम, 12. प्रेम-निर्वाह, 13. निस्पृह, निष्पाप, 14. अनुज्ञा, 15. ऊपर तक, 16. नए खिले हुए, 17. अनगिनत।

छाओं में जिनकी धूप से हो अमां[1]
हो समां[2] इनका दिलनवाज़[3] समां

उड़ रही हो अजीब ढंग से धूल
जिस पे ज़रपाश[4] हों कंवल के फूल

चार जानिब[5] फ़ज़ा[6] हो नुज़्हतबख़्श[7]
रास्ते की हवा हो फ़र्हतबख़्श[8]

उगले देती हैं चबाई सी कुशा[9] को हिरनियां
झुंड में मोरों के अब वो रक़्स[10] का आलम कहां
पत्ते बेलों के झड़े जाते हैं अश्कों[11] की तरह
नर्म-ओ-नाज़ुक[12] दिल को बरमाते[13] हैं अश्कों की तरह

(कण्व ऋषि शकुन्तला से मुख़ातिब होते हैं)

थी तमन्ना[14] जैसे शौहर[15] की तुम्हारे वास्ते
ढूंडता था जैसा मैं साथी तुम्हारे वास्ते

मुद्दतों[16] जिसका तसव्वुर[17] ज़िह्न[18] में करता रहा
रंग सौ सौ जिसके नक़्शे-नाज़[19] में भरता रहा

तुमको वैसा ही पति हुस्ने-अज़ल[20] से मिल गया
जाग उठी तक़दीरे-अरमां[21], गुंचा-ए-दिल[22] खिल गया

वैसे ही बन ज्योत्सना इस बन में है आराम से
उसको जीने का सहारा है मुयस्सर[23] आम से

मुझको इन दोनों के बारे में कोई उलझन नहीं
चाक[24] ख़ाके-फ़िक्र[25] से अब नाम को दामन नहीं

कांटे से कुशा के ज़ख़्मी मुंह तुम जिसका अच्छा करती थीं
हंगोट के तेल की मालिश से तुम जिसका मदावा[26] करती थीं

---

1. सुरक्षा, हिफ़ाज़त, 2. वातावरण, 3. मोहक, 4. सोना बिखेरना, 5. चारों ओर, 6. वातावरण, 7. ताज़गी देनेवाला, 8. हर्षप्रद, 9. घास 10. नृत्य, 11. आंसू, 12. कोमल, 13. छेद करना, 14. इच्छा, 15. पति, 16. लंबा समय, 17. कल्पना, 18. मन, 19. चित्र, 20. सौभाग्य, 21. अरमानों का भाग्य, 22. दिल का फूल, 23. प्राप्त, 24. फटा हुआ, 25. चिंता की धूल, 26. इलाज।

मुट्ठी भर-भर कर चावल हर रोज़ खिलाती थीं जिसको
आंखों के तारे की सूरत सीने से लगाती थीं जिसको

ख़ुशमंज़र[1] वो महबूब[2] हिरन रस्ता रोके इस्तादा[3] है
शोख़ी से दामन पकड़े है, तर्रारी[4] पर आमादा[5] है

सब्र[6] करो पोंछो अश्कों[7] को मेरी बेटी भोलीभाली
इनके अन्दर छुपकर आंखें उभरे उभरे अबरू[8] वाली

ताक़त[9] दीद[10] की खो बैठी हैं देख नहीं सकती हैं कुछ भी
पांव नहीं सीधे पड़ते हैं, राह बहुत है ऊंची नीची

बनना शौहर[11] के घर की ज़ीनत[12] जब तुम
होना आगाहे - राज़े - ख़िल्वत[13] जब तुम

हों जितने बुज़ुर्ग[14] उनकी इज़्ज़त करना
इज़्ज़त के साथ साथ ख़िदमत[15] करना

सौतों से हो मेहर[16] का मुहब्बत का सुलूक[17]
बरताओ ख़ुलूस[18] का, मुरव्वत[19] का सुलूक

शौहर की तरफ़ से कुछ जो बेक़दरी[20] हो
परवा न ज़रा भूल के भी उसकी हो

अच्छा नहीं तुमको उस पे ग़ुस्सा आना
झगड़े का न ज़िक्र भी ज़बां पर लाना

हर ऐब[21] को, हुस्न[22] को परखना होगा
दिल अपने मुलाज़िमों[23] का रखना होगा

---

1. सुंदर, 2. प्रिय, 3. खड़े, 4. तेज़ी, 5. तैयार, 6. धीरज, 7. आंसू, 8. भौं, 9. शक्ति, 10. देखना, 11. पति, 12. शोभा, 13. एकान्त के रहस्य से परिचित, 14. वयोवृद्ध, 15. सेवा, 16. दया, 17. व्यवहार, 18. निष्ठा, 19. शील, 20. अनादर, 21. अवगुण, 22. सौंदर्य, 23. नौकर-चाकर।

करना न ग़ुरूर[1] ख़ुशनसीबी[2] पे कभी
हर्गिज़ हर्गिज़[3] नहीं रविश[4] यह अच्छी

जिस घर में चलन यह औरतों का होगा
उसका दुनिया में नाम ऊंचा होगा

और इसके ख़िलाफ़[5] होगा शेवा[6] जिनका
अखरेगा ज़माने को वतीरा[7] उनका

डसने वाली वो सबको कहलायेंगी
वो नागिनी कुल के हक़ में बन जायेंगी

मेरी बेटी ! यह नादानी है कैसी
यह हैरानी परेशानी है कैसी
कहां तक यह मुसलसल अश्कबारी[8]
यह इतनी किसलिए है बेक़रारी
तुम ऊंचे ख़ानदान में जा रही हो
यह इज़्ज़त, मंज़िलत[9] यह, पा रही हो
तुम्हारे जिस्म-ओ-जां[10] हैं माल जिनका
है पूरे औज[11] पर इक़बाल[12] जिनका
तुम उसके घर में पटरानी बनोगी
दुर्रे - सिल्के - जहांबानी[13] बनोगी
पहुंच जाओगी जब शौहर के घर में
चढ़ोगी अपने मालिक की नज़र में
मिलेगी कब वहां कामों से फ़ुर्सत
न होगी ख़ानादारी[14] से फ़राग़त[15]
रहोगी रोज़-ओ-शब[16] कामों में उलझी
न पल भर भी तुम्हें छुट्टी मिलेगी

1. घमंड, 2. सौभाग्य, 3. बिलकुल, 4. चलन, 5. विपरीत, 6. व्यवहार, 7. आचरण, 8. आंसू बहाना, 9. सम्मान, प्रतिष्ठा, 10. शरीर और प्राण, 11. ऊंचाई, 12. प्रताप, 13. शासन के हार का चमकता मोती, 14. घर का कामकाज, 15. अवकाश, 16. दिन-रात।

बरंगे - मेहरे - ख़ावर[1] होगी औलाद
तुम्हारी गोद हो जायेगी आबाद
तुम्हारा बत्न[2] जब ज़ौबार[3] होगा
तुम्हें फ़रज़न्द[4] का दीदार[5] होगा
खुशी इस तरह जब होगी फ़राहम[6]
सताएगा न फिर तुमको मिरा ग़म
रहेगा ग़म[7] न यह जांसोज़[8] बेटी
भुला दोगी मुझे इक रोज़ बेटी

सौतिया डाह से धरती के परेशां रहकर
ता ब मुद्दत[9] सिफ़ते-आईना हैरों[10] रहकर

राज बेमिस्ल[11] मिरे लख़्ते-जिगर[12] को देकर
कार-ओ-बार अपनी हुकूमत का पिसर[13] को देकर

अपने कुनबे का निगहबान[14] बनाकर उसको
शान से तख़्ते - हुकूमत[15] पे बिठाकर उसको

आओगी लौट के जब शौहरे-मुख़्तार[16] के साथ
नाज़[17] हो जायेगा वाबस्ता[18] जब अंदाज़[19] के साथ

हमको तस्कीन[20] यह बख़्शेगा[21], मुसर्रत[22] देगा
आश्रम राहत - ओ - आराम[23] निहायत[24] देगा

(कालिदास कृत 'अभिज्ञान शाकुन्तल' का उर्दू अनुवाद)

---

1. पूर्व के सूरज के समान, 2. उदर, 3. चमकेगा, 4. पुत्र, 5. दर्शन, 6. संचित, 7. दुख, 8. जान लेनेवाले, 9. लंबे समय तक, 10. परेशान आईने की तरह, 11. जिसकी मिसाल न मिले, 12. जिगर का टुकड़ा, 13. पुत्र, 14. संरक्षक, 15. राज सिंहासन, 16. पति परमेश्वर, 17. गर्व, 18. संलग्न, नत्थी, 19. हावभाव, 20. शांति, 21. प्रदान करेगा, 22. ख़ुशी, आनंद, 23. सुख-चैन, 24. अत्यधिक।

मेघदूत

हाफ़िज़ ख़लील हसन 'ख़लील'

हां मिरे दोस्त मिहरबां बादल
मेरे फ़ैयाज़[1] दरख़्शां[2] बादल
तू ज़माने में सबका प्यारा है
ग़म के मारों का तू सहारा है
मुझ पे सख़्ती कबीर ने की है
बेख़ता[3] मुझको बददुआ[4] दी है
रंज[5] में जब से मुब्तिला[6] हूं मैं
राम गिरि पर पड़ा हुआ हूं मैं
तुझसे उम्मीद है मुझे बादल
होगा मेरा क़लक़[7] तुझे बादल
मेरी हालत पे रहम खाएगा
मेरे घर तू ज़रूर जायेगा
रहती वो मेरी दिलरुबा[8] है जहां
यक्ष ही हर जगह बसे हैं जहां
होगी मुज़्तर[9] बहुत ही वो कमसिन[10]
गिनती होगी मुफ़ारक़त[11] के दिन
होगा उसका बहुत रद्दी अहवाल[12]
एक इक रात होगी इक इक साल
काली काली घटा घिरी पाकर
घन गरज की सदा[13] पे ललचाकर
राजहंसों का होगा पैदा शौक़[14]
मानसरोवर का ले उड़ेगा शौक़
फिर कंवल नाल मुंह में ले लेकर
लेके मादा[15] को सब करेंगे सफ़र

---

1. उदार, 2. प्रकाशमान, 3. निर्दोष, 4. शाप, 5. दुःख, 6. ग्रस्त, 7. क्षोभ, दुःख, 8. प्रेमिका, 9. बेक़रार, 10. कम उम्र, 11. विरह, 12. दुर्दशा, 13. आवाज़, 14. इच्छा, 15. स्त्री प्राणी।

साथ उन सबका और तिरा होगा
तय बहुत जल्द रास्ता होगा
तुझको अब कुछ पता मैं घर का दूं
राह अल्कापुरी की बतला दूं
राह में हो थकन अगर मालूम
और सफ़र का हो कुछ असर मालूम
तो पहाड़ों पे तू ठहर जाना
बैठकर चोटियों पे सुस्ताना
जाना उस सिम्त[1] पहले अय बादल
है जहां वेद का बड़ा जंगल
इज़्ज़[2] गो वो दिखाते रहते हैं
और सब थरथराते रहते हैं
पर हवा से कभी नहीं डरते
उस से सब हैं मुक़ाबला[3] करते
जाना उत्तर की सिम्त[4] फिर बादल
हाथियों के वहां मिलेंगे दल
तू गुरूर[5] उनका तोड़ता जाना
नीचा उन सरकशों[6] को दिखलाना
होके दूर उनकी फिर निगाहों से
और निकलकर पहाड़ी राहों से
गांव के रास्ते से तू जाना
और शक्ल[7] अपनी सबको दिखलाना
औरतें सीधी उन किसानों की
मेहनती और जांफ़िशानों[8] की
बार बार अपना वो उठाकर सर
तुझको देखेंगे ललचा ललचाकर
कि मुरब्बी[9] यही हमारा है
यही खेती का इक सहारा है
इससे कुछ दूर आगे फिर चलकर
तुझको आयेगा मालदेस नज़र

---

1. दिशा, 2. नम्रता, 3. सामना, 4. ओर, 5. घमंड, 6. बाग़ी, 7. सूरत, 8. परिश्रमी, 9. पोषक।

खेत सारे कुसुम के ख़ुशबूदार
तुझको कर लेंगे अपना आशिक़ज़ार[1]
उनकी बू ही न तुझको भाएगी
दिल को रंगीनी भी लुभाएगी
तू तवज्जुह[2] न पर उधर करना
मेरी बेताबी[3] पर नज़र करना
साफ़ अमरकोट देगा दिखलाई
होगी इक उस पे ताज़गी छाई
है यह आमों के पेड़ से छाया
ख़ूब हर सिम्त[4] है घना साया[5]
पके आमों से ज़र्द[6] वो होगा
लुत्फ़[7] में अपने फ़र्द[8] वो होगा
तू जो छाएगा उसकी चोटी पर
आयेगा इस तरह पहाड़ नज़र
जैसे कोई हसीन हो पहने
सोने के सर से पांव तक गहने
और खोले हो अपने सर के बाल
काले काले वह लंबे लंबे बाल
आगे उसके है फिर रवां नद्दी
है अजब यह भी दिलकुशा नद्दी
विंधियाचल में यूं यह बहती है
और यूं लुत्फ़ देती रहती है
काले हाथी के जैसे माथे पर
खरिया मिट्टी को फ़ीलबान[9] लेकर
ख़ूब उसका सिंगार करता है
साफ़ उसमें सफ़ेदी भरता है
तू जो बरसेगा हर तरफ़ बादल
लुत्फ़[10] दिखलाएगा बड़ा जंगल
फूल दिखलायेंगे कदम के बहार
काले पीले महीन[11] रोयेंदार

---

1. प्रेमी, 2. ध्यान, 3. व्याकुलता, 4. चारों ओर, 5. छांव, 6. पीला, 7. आनंद, 8. अकेला, 9. महावत, 10. आनंद, मज़ा, 11. बारीक।

फूलकर गुंडली ख़ारज़ारों[1] में
लुत्फ़ दिखलायेंगी कछारों में
सूंघ कर मोर फूलों की ख़ुशबू
और कूकेंगे जोश में हर सू[2]
नाचकर तुझको वो रिझायेंगे
राह उड़ उड़के सब बतायेंगे
जी पपीहे भी तुझ पे देते हुए
मुंह में बूंदों का रस वो लेते हुए
दूर तक साथ उड़ते जायेंगे
लुत्फ़ तेरा बहुत बढ़ायेंगे
और बगले तो साथ ही देंगे
वो कहीं राह में न दम लेंगे
गर्चे[3] उम्मीद है यह अब्र[4] मुझे
दिल से मेरा बहुत क़लक़[5] है तुझे
यह भी लेकिन है इसके साथ ख़याल
कि कहीं केतकी और अर्जुन साल
दिल न फूलों से लें लुभा तेरा
और न पहुंचे पयाम वो मेरा
और यह भी ख़याल आता है
नहीं यह शक[6] भी दिल से जाता है
कि पपीहे की पुरअसर[7] आवाज़
दिल में वो करनेवाली घर आवाज़
ख़ैर आगे जो इसके तू चलकर
तीन मंज़िल का तै करेगा सफ़र
तो मिलेगा तुझे विशारन देस
सबसे इस देस का नया है भेस
होगा पानी की वां पुकार बहुत
और तिरा होगा इन्तिज़ार बहुत
दुख में बगले भी सब पड़े होंगे
जाके झीलों में अब पड़े होंगे

1. कांटों का जंगल, 2. हर तरफ़, 3. यद्यपि, 4. बादल, 5. क्षोभ, दुःख, 6. शंका, 7. प्रभावशाली।

देखते ही तुझे वो खोलके पर
पास पहुंचेंगे तेरे उड़ उड़कर
चाहेंगे जोश अपना दिखलायें
जाके तेरे गले वो लग जायें
और मिलेंगे जो सब वो उड़ उड़कर
आयेंगे यूं वो तेरे साथ नज़र
जैसे पैवन्द[1] उजले कपड़े का
काले कम्मल में हो किसी के लगा
वां के बाग़ों में कोहसारों[2] में
जंगलों और सब्ज़ाज़ारों[3] में
केतकी फूलती है यूं हर सू
जाती उसकी है दूर तक ख़ुशबू
इन्हीं फूलों से हर तरफ़ बादल
ज़ाफ़रानज़ार[4] होगा कुल जंगल
ख़ुश सिवा[5] हद से दिल तिरा होगा
तुझको धाका बसंत का होगा
आगे अब इसके राजधानी है
उसी रजहट की हुक्मरानी[6] है
यां है नद्‌दी वतीरती बहती
और तेरी है मुन्तज़िर[7] रहती
है बहुत धीमी धीमी वो बहती
पड़ी माथे पे है शिकन[8] रहती
तू जो यकबारगी[9] वहां जाकर
देखकर उसको जोश में आकर
झुक पड़ेगा गले लगाने को
अपने आग़ोश[10] में उठाने को
तो सकत[11] वो न इतनी पाएगी
नातवानी[12] बहुत दिखाएगी
काम लेना कहीं न उज्लत[13] से
चूसना लब[14] तो इस सहूलत[15] से

---

1. जोड़, 2. पर्वतीय प्रदेश, 3. हरे-भरे मैदान, 4. केसर का बाग़, 5. अत्यधिक, 6. राज़, शासन, 7. प्रतीक्षा में, 8. बल, 9. सहसा, 10. गोद, 11. शक्ति, 12. दुर्बलता, 13. शीघ्रता, जल्दी, 14. होंठ, 15. सुगमता।

जैसे कोई किसी के माथे से
पोंछे उसका पसीना हलके से
सीधे फिर पंचगिरि को जाना तू
जाके चोटी पे उसके छाना तू
हद से बढ़कर है यह जगह दिलकश[1]
इसपे हैं ऐश[2] करने वाले ग़श
दिल वो अपना दिए हुए हैं ज़िन्हें
दिल का मालिक किए हुए हैं जिन्हें
दूर से उनको लेके आते हैं
रंगरलियां यहीं मनाते हैं
अब करेगा जो चलने में जल्दी
तो मिलेगी तुझे नगद नद्‌दी
उसके नज़दीक आगे कुछ चलकर
आयेंगे अच्छे अच्छे बाग़ नज़र
दिल चंबेली तिरा लुभाएगी
उसकी ख़ुशबू बहुत ही भाएगी
उनमें कुछ होंगी मुंहबन्द ही कलियां
और कुछ खिलके होंगी इत्रफ़िशां[3]
अपने साये में उनको ले लेना
नन्ही बूंदों से सींच भी देना
मालिनें फूल चुन रही होंगी
गीत चिड़ियों के सुन रही होंगी
वक़्त यह धूप का अगर होगा
मालिनों पर पड़ा असर होगा
उनके फूलों के सारे वो गहने
होंगी कानों में अपने जो पहने
सब वो पज़मुर्दा[4] हो चले होंगे
ताज़गी अपनी खो चले होंगे
तेरी छींटों से ताज़ा हो होकर
फिर वो झूमेंगे उनके गालों पर

1. सुंदर, मोहक, 2. भोग-विलास, 3. सुगन्ध फैलाने वाली, 4. मुरझाए हुए, मलिन।

हां है जाना तुझे यहां से जिधर
इस जगह से वो शहर है उत्तर
चाहिए फेर से न घबराना
होते उज्जैन लुत्फ़ से जाना
तुझको उज्जैन देखना है ज़रूर
शहर यह कुल जहां[1] में है मशहूर[2]
औरतें शहर की हसीं सब हैं
नाज़ुक-अन्दाम[3] नाज़नीं[4] सब हैं
ख़ूबियां सब इन्हीं में आई हैं
आंखें हिरनों की सबने पाई हैं
तेरी बिजली के वां चमकने से
उनकी आंखें मअन[5] झपकने से
होगी उस वक़्त जो अदा पैदा
और तू होगा जिस तरह शैदा[6]
इसको तुझसे बता नहीं सकता
और वो नक्शा दिखा नहीं सकता
फिर चलेगा जो करके तू जल्दी
तो मिलेगी नरविंध्या नद्दी
आयेगी उसके इन किनारों पर
टुकड़ी हंसों की ऐसी बैठी नज़र
जैसे कोई हसीं[7] हो शोख़-ओ-शरीर[8]
और कमर में हो चांदी की ज़ंजीर
जब हटाती हवा है चल चलकर
उसके सीने से पानी की चादर
नाफ़ उसकी है यूं नज़र आती
कि तबीअत बहुत है ललचाती
इस भंवर का फंसा हुआ लेकिन
कभी उभरे, नहीं है यह मुम्किन
कहीं फंसना न तू उधर जाकर
नैन खाएगा उम्र भर चक्कर

---

1. संसार, 2. प्रसिद्ध, 3. कोमल शरीरवाली, 4. सुंदरी, 5. तुरन्त, 6. मोहित, 7. सुंदरी, 8. चंचल।

सन्द नद्दी मिलेगी बाद इसके
तू है आगाह[1] हाल से जिसके
जेठ बैसाख के वो जलते दिन
काटना जिनका यूं न था मुम्किन[2]
काटे उसने हैं जैसे मुश्किल से
पूछे उसके कोई ज़रा दिल से
होगी इस तरह सूखकर पतली
जैसी जानां[3] की हो कमर पतली
उसके नज़्दीक[4] के पहाड़ों पर
महल आयेंगे ऊंचे - ऊंचे नज़र
इनमें रहती हैं औरतें वो हसीं[5]
मिस्ल[6] जिनका कहीं जहां[7] में नहीं
जब निखरती हैं सब यह जी भर के
तो धुयें से अगर के केसर के
करती बालों को सब हैं खुशबूदार
रहते हर वक़्त हैं वो अंबरबार
रानियों के वहां के पालू मोर
देखकर तुझको कर उठेंगे शोर
उससे हो जायेगा अयां[8] तुझ पर
है महाकाल का यहीं मंदिर
गंदवती उसके नीचे बहती है
हर घड़ी पाक साफ़ रहती है
जितनी यां औरतें हैं गुंचादहन[9]
ज़ाफ़रानी[10] लगाती हैं उबटन
और उसमें वो सब नहाती हैं
आबरू[11] इसकी वो बढ़ाती हैं
शाम पहुंचेगी आके फिर जिस दम
उसका भी होगा इक नया आलम

---

1. परिचित, 2. सम्भव, 3. प्रेमिका, 4. निकट, 5. सुंदर, 6. मिसाल, उदाहरण, 7. संसार, 8. प्रकट, 9. कली जैसे मुंहवाली, 10. केसरी, 11. इज़्ज़त, मान।

रंग इसमें तिरा करेगा असर
आयेगी और वो सियाह नज़र[1]
पर जो उस वक़्त कोई माहजबीं[2]
ग़ैरते - हूर[3] रश्के - लाबते - चीं[4]
कहीं जाने को बैठी हो तैयार
कर चुकी वो किसी से हो इक़रार[5]
तो तुझे चाहिए ठहर जाना
नहीं वाजिब[6] है पानी बरसाना
नद्दी बाद इसके अब घनेरा है
साफ़ पानी बहुत ही इसका है
वो सफ़ाई है पानी को हासिल[7]
क्वांरी लड़की का साफ़ जैसे दिल
उसके नज़दीक[8] एक है मंदिर
पूजा होती वहां है शाम-ओ-सहर[9]
नद्दी बाद इसके चरमवन्ती है
लुत्फ़ देती सफ़ाई इसकी है
शहर विशपूर उस पे है आबाद[10]
रहते बाशिन्दे[11] हैं यहां के शाद[12]
औरतें हद से बढ़के हैं बेबाक[13]
शोख़[14], तर्रार, फ़ितनागर[15], चालाक
इनकी चरबाकियां[16] ग़ज़ब की हैं
फ़ितनाअंगेज़[17] आंखें सबकी हैं
तेरे टुकड़े जो छायेंगे सर पर
आयेगी यह बहार सबको नज़र
भौंरे फूलों पे हैं ये मंडलाते
उन पे क़ुर्बान[18] हैं हुए जाते
यां से तू ब्रह्मावर्त[19] होते हुए
दिल का अपने ग़ुबार[20] धोते हुए

---

1. काली नज़र, 2. चंद्रमुखी, 3. अप्सरा का आत्मसम्मान, 4. चीन की सुंदरी से अधिक सुंदर, 5. वादा, 6. उचित, 7. प्राप्त, 8. निकट, 9. सुबह-शाम, 10. बसा हुआ, 11. वासी, 12. प्रसन्न, 13. निःसंकोच, 14. चंचल, 15. शरारती, 16. वाक्शक्ति, 17. उपद्रवकारी, 18. न्योछावर, 19. एक स्थान, 20. मैल।

कुरुक्षेत्र अपने तू निकल जाना
वां से गंगा पे जाके तू छाना
इस ज़मीं पर बरसती है इब्रत[1]
कि हुई थी यहीं महाभारत
अब जो तू यां से रास्ता लेगा
रास्ता यह बड़ा मज़ा[2] देगा
जाके गंगा पे अब रुकेगा तू
पानी पीने को जो झुकेगा तू
तो तिरा अक्स पानी में पड़कर
आयेगा इस तरह हर इक को नज़र
जिस तरह से प्रयाग में बाहम[3]
गंगा जमुना का है हुआ संगम
क़िस्मत अच्छी हिमालिया की है
जिसको दौलत .ख़ुदा ने यह दी है
तू उसी अपनी राह से जाना
सीधे पच्छिम के रुख़ चले जाना
जिसमें तू जल्दी वां पहुंच जाये
और चक्कर न राह में खाए
वहीं घाटी करो चरन्धर है
सख़्त[4] घाटी यह सबसे बढ़कर है
तू पहुंच कर और उस जगह छाकर
लंबा पतला धुआं सा बल खाकर
जल्द इस राह से गुज़र जाना
सख़्तियों[5] से न इसकी घबराना
तू धुआं सा वहां जो छाएगा
और कुछ वां नज़र न आयेगा
हंस हो जायेंगे बहुत मुज़्तर[6]
तुझसे टकरायेंगे सब उड़ उड़कर
और हिरनों से कुछ न हो सकना
तुझको घबराई आंखों से तकना

1. शिक्षा, नसीहत, 2. आनंद, 3. आपस में, परस्पर, 4. कठिन, 5. कठिनाइयों, 6. बेक़रार।

दिल को हद से सिवा[1] मज़ा देगा
हुस्न[2] तेरा बहुत बढ़ा देगा
सीधे आना मगर वहां से चले
और आना हिमालिया के तले
वहीं राहत[3] से रात को रहना
काला कम्बल बिछाके सो रहना
है बड़ा यह पहाड़ रुतबे[4] में
ख़ूबियां हैं इसी के हिस्से में
अब मिलेगा तुझे यहीं कैलास
उसके नज़दीक और उसके पास
बर्फ़ ही से ढका यह रहता है
और रुतबे में सबसे ऊंचा है
अब जो अपनी अख़ीर कोशिश पर
ग़ौर[5] के साथ तू करेगा नज़र
तो खुशी दिल तिरा बढ़ाएगी
कामयाबी[6] झलक दिखाएगी
इसी गंगा के फिर किनारे पर
बस्ती आयेगी एक ऐसी नज़र
जिस तरह कोई नाज़नीं[7] गुलफ़ाम[8]
गुंचःलब[9] गुलअज़ार[10] गुलअन्दाम[11]
ज़ेबतन[12] हो किए बहुत गहने
और सारी[13] सफ़ेद हो पहने
और करके सिंगार जी भर के
बैठी आग़ोश[14] में हो शौहर[15] के
यही अलकापुरी[16] है अय बादल
शहर मेरा यही है अय बादल
औरतें अपने सहन में आकर
तुझको देखेंगी घबरा घबराकर
उनके कानों में कुंद की कलियां
होंगी सब झूम झूमकर ख़न्दां[17]

---

1. अत्यधिक, 2. सौंदर्य, 3. आराम, 4. दर्जा, प्रतिष्ठा, 5. ध्यानपूर्वक, 6. सफलता, 7. सुंदरी, 8. फूल जैसे रंगवाली, 9. कली जैसे होंठ, 10. जिसके कपोल फूल जैसे हों, 11. फूलों जैसे शरीरवाली, 12. पहने हुए, 13. साड़ी, 14. गोद, 15. पति, 16. स्वर्ग, 17. प्रफुल्ल।

सुब्ह को जब ये सब नहाती हैं
माथे पर ज़ाफ़रां[1] लगाती हैं
गोल टीका है वो मज़ा देता
और हुस्न[2] उनका है बढ़ा देता
झुमके कानों में झूमते होंगे
उनके गालों को चूमते होंगे
फूल चोटी में भी गुंधे होंगे
लुत्फ़ वो और दे रहे होंगे
मांग के पिछले हिस्से वाले फूल
हुस्न को और देते होंगे तूल[3]
ऐसे अय्याम[4] में मिरी प्यारी
मेरी फुर्क़त[5] के सदमों[6] की मारी
आयेगा यह भी रास्ते में नज़र
जाती हैं कुछ हसीनें[7] छुप छुपकर
तो जिधर से वो जायेंगी होकर
सुब्ह को राह देगी उनकी ख़बर
फूल चोटी के ढीले हो होकर
गिर पड़े होंगे राह में अक्सर[8]
पायेंगी जो किसी की वो आहट
शर्म से दिल में जायेंगी सब कट
सर को अपने मअन[9] झुका लेंगी
अपने हाथों से मुंह छुपा लेंगी
इसी हालत में हाथ से इक बार
टूट जायेगा वो गले का हार
मोती सब गिर के फैल जायेंगे
चमक अपनी बहुत दिखायेंगे
मुत्तसिल[10] घर के इक मेरा है बाग़
और बहुत ही हरा - भरा है बाग़

---

1. केसर, 2. सौंदर्य, 3. विस्तार, लंबाई, 4. दिन (ब.व.), 5. विरह, 6. रंज, ग़म, 7. सुंदरियां, 8. अधिकांश, 9. फ़ौरन, तुरंत, 10. निकट, लगा हुआ।

है वहीं इक चबूतरा ऊंचा
ख़ुशनुमा[1] और बहुत ही रूहअफ़्ज़ा[2]
उस पे चौकोर ख़ूबसूरत सी
चौकी बिल्लूर[3] की है एक बिछी
उसी चौकी पे शाम को हर रोज़
बैठती आके है वो दिलअफ़रोज़[4]
आती है अपने मोर को लेकर
जिसको पाले हुए है वो गुले-तर[5]
बीन फिर ताल से बजाती है
और उस मोर को नचाती है
यही बादल हैं मेरे घर के निशान
पाएगा तू इन्हीं पतों से मकान
तू जो मेरे मकान पर जाना
जल्द घिरकर न हर तरफ़ छाना
वरना डर जायेगी वो ग़ुंचः-दहन[6]
थरथराने लगेगा उसका बदन
बैठी होगी वहीं मिरी प्यारी
मेरी दर्दे - फ़िराक़[7] की मारी
वही अब होगी ग़म से यूं रहती
यूं जुदाई का होगी ग़म सहती
जैसे बे - नर[8] के मादः-ए-सुर्ख़ाब[9]
मछली बालू में जिस तरह बेताब[10]
होगी अफ़सुर्दा[11] यूं वो होके मलूल[12]
पाले से जिस तरह कंवल का फूल
रोते - रोते वो सुर्मगीं[13] आंखें
ख़ुशनुमा[14] सहरआफ़रीं[15] आंखें
सूजकर बार हो गयी होंगी
और बीमार हो गयी होंगी

---

1. सुंदर, 2. आत्मा को शांति प्रदान करनेवाला, 3. शीशा, 4. मनमोहिनी, 5. फूल जैसी, 6. कली जैसे मुंहवाली, 7. विरह का दुःख, 8. बिना नर के, 9. चकवी, 10. व्याकुल, 11. दुखी, 12. दुखी, 13. सुरमा लगी हुई, 14. सुंदर, 15. जादू-भरी।

हो गयी होगी गालों से रुख़्सत[1]
सुर्ख़ी-माइल[2] वो चम्पई रंगत[3]
टेके इक हाथ पर वो होगी गाल
तुझको गुज़रेगा देखकर यह ख़याल
कि यह शायद गहन[4] लगा है चांद
कुछ गहन में है कुछ खुला है चांद
और यह भी अजब[5] नहीं अय अब्र[6]
मेरी फ़ुर्क़त[7] में होके वो बेसब्र[8]
मेरी तस्वीर वो बनाती हो
उसको अपने गले लगाती हो
आंखें खोलेगी जब वो रश्के-क़मर[9]
और पड़ेगी मअन[10] नज़र तुझ पर
तो झिझक कर वो और घबराकर
फेर लेगी तिरी तरफ़ से नज़र
तब तू आहिस्तगी[11] से शफ़क़त[12] से
उससे कहना बड़ी मुहब्बत से
तेरे शौहर[13] का ग़मगुसार[14] हूं मैं
उसका क़ासिद[15] हूं राज़दार[16] हूं मैं
मुझको आज़िम[17] किया सफ़र के लिए
और भेजा तिरी ख़बर के लिए
बातें तेरी ये प्यार की सुनकर
अपना तकिये से वो उठाकर सर
तुझको देखेगी इक मुहब्बत से
सच्ची उल्फ़त[18] से सच्ची चाहत से
दिल में अपने तुझे दुआ देगी
कान तेरी तरफ़ लगा देगी
तू यह कहना कि अय हसीं[19] प्यारी
अपने शौहर की हिज्र[20] की मारी

---

1. बिदा, 2. लाली लिये हुए, 3. चम्पा के रंग की, 4. ग्रहण, 5. आश्चर्यजनक, 6. बादल, 7. विरह, 8. अधीर, 9. चांद को शरमानेवाली, 10. सहसा, 11. धीरे से, 12. दया, कृपा, 13. पति, 14. दुःख बंटानेवाला, 15. संदेशवाहक, 16. राज़ जाननेवाला, दोस्त, 17. तैयार, 18. प्यार, 19. सुंदर, 20. विरह।

ज़िंदा तेरा ग़रीब शौहर है
ख़ैरियत[1] से वो रामगिरि पर है
रंज-ओ-ग़म[2] का तिरे वो करके ख़याल
है बहुत ही वो ख़स्तादिल[3] बेहाल
करके क़िस्मत ने दफ़अतन[4] बेदाद[5]
कर दिया उस ग़रीब को बरबाद
और ऐसा किया है ख़्वार[6] तबाह[7]
रोक रक्खी है वापसी की राह
पर है उम्मीद अब ये दिन जायें
वही फिर पहले वाले दिन आयें
हाय वो तेरी आंखें मोतीचूर
और उनकी वो चितवनें[8] मग़रूर[9]
सामने मेरे फिरती रहती है
दिल पे इक बिजली गिरती रहती है
तिरे इक एक अज़्ब[10] का नक़्शा
मेरे दिल पर है अब तलक लिक्खा
अब तो ढाने लगा है और सितम[11]
आके बारिश का ज़िंदादिल[12] मौसम
आती उत्तर से हैं हवायें अगर
पेड़ को देवदार के छूकर
तो मैं सीने पे उसको लेता हूं
दिल को तस्कीन[13] अपने देता हूं
यही होता ख़याल है मुझ को
छू के आती है यह हवा तुझ को
चांद चौदस का देखता हूं अगर
होता क़ायम[14] ख़याल है इस पर
तू भी वां इसको देखती होगी
तेरी भी आंख पड़ रही होगी

---

1. कुशलपूर्वक, 2. दुखी, 3. दुखी हृदय, 4. सहसा, 5. अत्याचार, अन्याय, 6. ज़लील, अपमानित, 7. बरबाद, 8. नज़र, दृष्टि, 9. घमंडी, 10. अंग, 11. जुल्म, 12. खुश मिज़ाज, विनोदी, 13. शांति, 14. स्थिर।

कट गये अब तो ग़म के दिन हैं सब
बाक़ी हैं चार ही महीने अब
इसका कटना नहीं बहुत दुश्वार[1]
सब्र[2] है इसके वास्ते दरकार[3]
राज़ी क़िस्मत पे चाहिए रहना
होगा बेहतर यह दिल पे ग़म सहना
ख़ुशी सच्ची उसी को है हासिल[4]
ग़म के जो इम्तिहा[5] में हैं कामिल[6]
यही ईमान और यही इस्मत[7]
सब से बढ़कर जहां में है दौलत
एक दिन हम बहम[8] मिलेंगे ज़रूर
ग़म यह हो जायेगा दिलों से दूर

(कालिदासकृत 'मेघदूत' का उर्दू अनुवाद)

1. कठिन, 2. धीरज, 3. ज़रूरी, 4. प्राप्त, 5. परीक्षा, 6. कुशल, निपुण, 7. सतीत्व, 8. परस्पर।

ग्यारहवां अध्याय

हमारा अंदाज़े-इश्क़

मुहब्बत ने ज़ुल्मत से काढ़ा है नूर
न होती मुहब्बत न होता ज़ुहूर

–मीर तक़ी 'मीर'

मुहब्बत

डॉक्टर मुहम्मद इक़बाल

उरूसे - शब[1] की ज़ुल्फ़ें थीं अभी नाआशना[2] ख़म[3] से
सितारे आसमां के बेख़बर थे, लज़्ज़ते - रम[4] से

क़मर[5] अपने लिबासे-नौ[6] में बेगाना सा लगता था
न था वाक़िफ़ अभी गर्दिश[7] के आईने-मुसल्लम[8] से

अभी इमका[9] के ज़ुल्मतख़ाने[10] से उभरी ही थी दुनिया
मज़ाक़े-ज़िंदगी पोशीदा था पहना - ए - आलम[11] से

कमाले - नज़्मे - हस्ती[12] की अभी थी इब्तिदा गोया
हुवैदा[13] थी नगीने की तमन्ना चश्मे - ख़ातम[14] से

सुना है आलमे - बाला[15] में कोई कीमियागर[16] था
सफ़ा[17] थी जिसकी ख़ाके-पा में बढ़कर साग़रे-जम[18] से

लिखा था अर्श[19] के पाए पे इक इकसीर[20] का नुस्ख़ा
छुपाते थे फ़रिश्ते जिसको चश्मे - रूहे - आदम[21] से

निगाहें ताक में रहती थीं लेकिन कीमियागर की
वो इस नुस्ख़े को बढ़कर जानता था इस्मे - आज़म[22] से

---

1. रात की दुल्हन, 2. अपरिचित, बेख़बर, 3. मोड़, 4. पलायन का स्वाद, 5. चंद्रमा, 6. नए वस्त्र, 7. चक्कर, 8. प्रमाणित विधान, 9. संभावना, 10. अंधेरा घर, अंधकार, 11. संसार का विस्तार, 12. जीवन-व्यवस्था, 13. प्रकट, 14. अंगूठी की आंख, 15. परलोक, 16. रसायनशास्त्र विशेषज्ञ, 17. पवित्रता, 18. एक विख्यात प्याला जिसमें संसार का हाल दिखाई देता था, 19. आकाश, 20. रामबाण रसायन, 21. आदम की आत्मा की आंख, 22. महामंत्र।

बढ़ा तस्बीह - ख़्वानी[1] के बहाने अर्श की जानिब
तमन्ना-ए-दिली आख़िर बर आई सई-ए-पैहम[2] से

फिराया फ़िक्रे - अज्ज़ा[3] ने इसे मैदाने - इम्कां[4] में
छुपेगी क्या कोई शै बारगाहे-हक़[5] के महरम[6] से

चमक तारे से मांगी, चांद से दाग़े - जिगर मांगा
उड़ाई तीरगी[7] थोड़ी सी शब की ज़ुल्फ़े - बरहम[8] से

तड़प बिजली की पाई, हूर से पाकीज़गी[9] पाई
हरारत[10] ली नफ़सहा-ए-मसीहे-इब्ने-मरियम[11] से

ज़रा सी फ़िर रबूबियत[12] से शाने-बेनियाज़ी[13] ली
मलक[14] से आजिज़ी,[15] उफ़्तादगी[16] तक़दीरे-शबनम[17] से

फिर इन अज्ज़ा[18] को घोला चश्मः-ए-हैवां[19] के पानी में
मुरक्कब[20] ने मुहब्बत नाम पाया अर्शे-आज़म[21] से

मुहव्विस[22] ने यह पानी हस्ति-ए-नौख़ेज़[23] पर छिड़का
गिरह खोली हुनर ने इसके गोया कारे-आलम[24] से

हुई जुम्बिश[25] अयां[26], ज़र्रों ने लुत्फ़े-ख़्वाब[27] को छोड़ा
गले मिलने लगे उठ उठ के अपने अपने हमदम से

ख़िरामे - नाज़[28] पाया आफ़ताबों[29] ने सितारों ने
चटक ग़ुंचों[30] ने पाई दाग़ पाए लालाज़ारों[31] ने

---

1. माला जपना, 2. लगातार प्रयत्न, 3. प्रत्युपकार, 4. संसार, 5. खुदा का दरबार, 6. जानकार, मर्मज्ञ, राज़दां, 7. अंधकार, 8. बिखरी हुई अलकें, 9. पवित्रता, 10. गरमी, 11. हज़रत ईसा (जो मुर्दों को जीवित कर देते थे) की श्वास, 12. पालनहार, 13. निस्पृहता का गर्व, 14. फ़रिश्ता, 15. नम्रता, 16. नीचे गिरना, 17. ओस का भाग्य, 18. भाग, तत्व, 19. अमृत-कुंड, 20. मिश्रण, 21. आखिरी आसमान, सबसे ऊंचा आकाश, 22. रसायनविद, कीमियागर, 23. किशोर, नवयुवा, 24. संसार का कारोबार, 25. कम्पन, थरथराहट, 26. प्रकट, जाहिर, 27. स्वप्न का आनंद, 28. इठलाती हुई चाल, 29. सूरज, 30. कली, 31. अहि पुष्प (पोस्ते के फूल) का खेत।

इश्क़-ओ-महब्बत

(मुख़्तलिफ़ मसनवी निगार)

महब्बत ने ज़ुल्मत[1] से काढ़ा है नूर[2]
न होती महब्बत न होता ज़ुहूर[3]

महब्बत ही इस कारख़ाने में है
महब्बत से सब कुछ ज़माने में है

महब्बत लगाती है पानी में आग
महब्बत से है तेग़[4]-ओ-गर्दन में लाग

महब्बत की आतिश[5] से अख़गर[6] है दिल
महब्बत न होवे तो पत्थर है दिल

–मीर तक़ी 'मीर'

✯

बहुत इश्क़ में लोग रोगी हुए
बहुत ख़ाक मल मुंह पे जोगी हुए

किया इश्क़ में तर्क[7] सौम-ओ-सलात[8]
गये अहले-मस्जिद सू-ए-सोमनात[9]

न सुब्ह:[10] न जुन्नार[11] न कुफ़्र-ओ-दीं[12]
जहां सब है इश्क़ और कुछ भी नहीं

–मीर तक़ी 'मीर'
(मसनवी इश्क़िया)

✯

---

1. अंधकार, 2. प्रकाश, 3. प्रकटन, प्रकट होना, 4. तलवार, 5. आग, 6. चिंगारी, 7. त्याग, 8. रोज़ा और नमाज़, 9. सोमनाथ की ओर, 10. जयमाला, 11. जनेऊ, 12. अधर्म और धर्म।

कुछ हक़ीक़त न पूछो क्या है इश्क़
हक़[1] अगर समझो तो ख़ुदा है इश्क़

इश्क़ आली जनाब रखता है
जिबरईल[2] - ओ - किताब रखता है

इश्क़ ने छातियां जलाई हैं
आगें किस किस जगह लगाई हैं

ख़स्तः-ए-इश्क़[3] कुछ न 'मीर' हुए
बादशाह इश्क़ में फ़क़ीर हुए

–मीर तक़ी 'मीर'
(मसनवी 'मुआमलाते-इश्क़')

☆

इश्क़ है जौहरे - मुहीते - जहां[4]
इश्क़ है जिस्मे - आदमी में जां

इश्क़ है कायनात[5] का मफ़हूम[6]
गर न हो इश्क़ तो है सब मादूम[7]

–ग़ुलाम हमदानी 'मुसहफ़ी'
(मसनवी जज़्बः-ए-इश्क़)

☆

इश्क़ आफ़ाते - आसमानी[8] है
बरसों लोगों ने ख़ाक छानी है

शम्अ होके कहीं पिघलता है
कहीं पर्वाना हो के जलता है

कहीं ख़ंजर है दस्ते - क़ातिल[9] का
कहीं मरहम जराहते - दिल[10] का

---

1. सत्य, उचित, ईश्वर, 2. एक फ़रिश्ता, 3. प्रेम में जर्जर, 4. संसार रूपी समुद्र का जवाहर, 5. ब्रह्मांड, 6. अर्थ, 7. लुप्त, अनस्तित्व, 8. आकाश से आनेवाली विपत्तियां, 9. क़ातिल का हाथ, 10. मन का घाव।

सैकड़ों जी से खो दिए इस ने
लाख बेड़े डुबो दिए इसने

ये करिश्मे इसी के सारे हैं
कैसे कैसे जवान मारे हैं

जिगर-ओ-दिल का ख़ून होता है
रफ़्ता रफ़्ता[1] जुनून[2] होता है

–'शौक़' लखनवी

('बहारे-इश्क़')

☆

इश्क़ से कौन है बशर[3] ख़ाली
कर दिए इसने घर के घर ख़ाली

मार डाला तमाशबीनों[4] को
ज़हर खिलवा दिया हसीनों को

बस में डाले न किब्रिया[5] इसके
रहम[6] दिल में नहीं ज़रा इसके

–'शौक़' लखनवी

(ज़हरे-इश्क़)

☆

अज़ल[7] से इश्क़ काफ़िर माजरा है
बला-ए-जाने-सुल्तान-ओ-गदा[8] है

हज़ारों के जिगर पानी किए हैं
बहुत दिल इसने तूफ़ानी किए हैं

हर इक के लब पे शोरे-अलअमां है
ज़माना इससे लबरेज़े-फ़ुग़ां[9] है

–अमीरुल्ला 'तस्लीम'

('शामे-ग़रीबां')

---

1. धीरे-धीरे, 2. उन्माद, पागलपन, 3. इंसान, मनुष्य, 4. तमाशा देखनेवाला, 5. ख़ुदा, ईश्वर, 6. दया, 7. अनादिकाल, 8. राजा और रंक की जान के लिए विपत्ति, 9. आर्तनाद से भरा हुआ।

☆

दिल बना है इसी मज़े के लिए
मैंने ये लुत्फ़ जान दे के लिये

दिल इसी से जवान रहता है
मरमिटों का निशान रहता है

इश्क़ क्या क्या बहार देता है
यह दिलों को उभार देता है

इश्क़ से आदमीयत आती है
आदमी को मुरव्वत आती है

–'दाग़' देहलवी
('फ़रियादे-दाग़')

ग़ज़लें

'वली' दकनी

किया तुझ इश्क़ ने ज़ालिम ख़राब आहिस्ता आहिस्ता
कि आतिश[1] गुल कूं[2] करती है गुलाब आहिस्ता आहिस्ता

वफ़ादारी ने दिलबर की बुझाया आतिशे-ग़म[3] कूं
कि गरमी दफ़्अ[4] करता है गुलाब आहिस्ता आहिस्ता

अजब कुछ लुत्फ़ रखता है शबे-ख़िल्वत[5] में गुलरू[6] सूं
सवाल आहिस्ता आहिस्ता, जवाब आहिस्ता आहिस्ता

मिरे दिल कूं किया बेख़ुद तिरी अंखियां ने अय ज़ालिम
कि ज्यों बेहोश करती है शराब आहिस्ता आहिस्ता

---

1. आग, 2. फूल को, 3. दुख की आग, 4. हटाना, निवारण, 5. तन्हाई (एकांत) की रात, 6. फूल सा चेहरा।

अदा-ओ-नाज़[1] सूं आता है वो रौशन जबीं[2] घर सूं
कि ज्यों मश्रिक़ से निकले आफ़ताब आहिस्ता आहिस्ता

'वली' मुझ दिल में आता है ख़याले-यारे - बेपरवा
कि ज्यों अंखियां मनें आता है ख़्वाब आहिस्ता आहिस्ता

☆

सरोदे-ऐश[3] गावें हम, अगर वो इश्वासाज़[4] आवे
बजावें तब्ल शादी[5] के, अगर वह दिलनवाज़ आवे

ख़ुमारे - हिज्र[6] ने जिसके दिया है दर्दे - सर मुजकूं
रखूं नश्शा नमन अंखियां में गर वो मस्ते - नाज़ आवे

जुनूने - इश्क़[7] में मुजकूं नहीं ज़ंजीर की हाजत[8]
अगर मेरी ख़बर लेने कूं वो ज़ुल्फ़े - दराज़[9] आवे

'वली' उस गौहरे-काने-हया[10] की क्या कहूं ख़ूबी
मिरे घर इस तरह आता है ज्यूं सीने में राज़[11] आवे

☆

मीर तक़ी 'मीर'

आलम आलम[12] इश्क़-ओ-जुनूं[13] है दुनिया दुनिया तुहमत[14] है
दरिया दरिया रोता हूं मैं सहरा[15] सहरा वहशत[16] है

हम तो इश्क़ में नाक़िस[17] ठहरे कोई न ईधर देखेगा
आंख उठाकर वो देखे तो यह भी उसकी मुरव्वत है

---

1. हाव-भाव और गर्व, 2. प्रकाशित मुख, 3. खुशी का गीत, 4. हाव-भाव और गर्व दिखानेवाला (माशूक़), 5. खुशी की दुंदुभि (नक़्क़ारा), 6. विरह का नशा, 7. प्रेम-उन्माद, 8. इच्छा, आवश्यकता, 9. लंबी अलकोंवाला, 10. लज्जा (शर्म) की खान का हीरा, 11. भेद, मर्म, 12. संसार, 13. प्रेम और उन्माद, 14. आरोप, 15. मरुस्थल, 16. उपेक्षा, घबराहट, 17. अपूर्ण, निकम्मा।

हाय ग़यूरी[1] जिसको देखे जी ही निकलता है अपना
देखे उसकी ओर नहीं फिर इश्क़ की यह भी ग़ैरत[2] है

सुब्ह से आंसू नौमीदाना[3] जैसे विदाई आता था
आज किसू ख़्वाहिश की शायद दिल से हमारे रुख़्सत[4] है

★

पत्ता पत्ता बूटा-बूटा हाल हमारा जाने है
जाने न जाने गुल ही न जाने बाग़ तो सारा जाने है

आशिक़ सा तो सादा कोई और न होगा दुनिया में
जी के ज़ियां[5] को इश्क़ में उसके अपना वारा जाने है

चारागरी[6] बीमारि - ए - दिल की रस्मे - शहरे - हुस्न[7] नहीं
वर्ना दिलबर नादां भी इस दर्द का चारा[8] जाने है

मेहर[9]-ओ-वफ़ा[10]-ओ-लुत्फ़[11]-ओ-इनायत[12] एक से वाक़िफ़ इनमें नहीं
और तो सब कुछ तंज़-ओ-किनाया[13] रम्ज़[14]-ओ-इशारा जाने है

★

हाथ से तेरे अगर मैं नातवां[15] मारा गया
सब कहेंगे यह कि क्या इक नीमजां[16] मारा गया

इक निगह से बेश[17] कुछ नुक़सां न आया उस तईं[18]
और मैं बेचारा तो अय मेहरबां मारा गया

वस्ल-ओ-हिज्रा[19] सी जो दो मंज़िल[20] हैं राहे-इश्क़[21] में
दिल ग़रीब इनमें ख़ुदा जाने कहां मारा गया

दिल ने सर खींचा[22] दयारे-इश्क़[23] में अय बुल्हवस[24]
वो सरापा आरज़ू[25] आख़िर जवां मारा गया

---

1. आत्मसम्मान, 2. आत्मसम्मान, 3. निराशापूर्ण, 4. विदा, 5. नुक़सान, 6. इलाज, चिकित्सा, 7. सौंदर्य-नगर की रीत, 8. इलाज, 9. प्रेम, 10. प्रेम-निर्वाह, 11. शिष्टाचार, 12. दया, 13. व्यंग्य और इशारा, 14. रहस्य, 15. दुर्बल, 16. अधमुआ, 17. अधिक, 18. उसके भाग में, 19. मिलन और विरह, 20. पड़ाव, 21. प्रेम-मार्ग, 22. सर उठाया, 23. प्रेम-नगर, 24. अत्यंत लोभी, 25. साकार अभिलाषा।

कब नियाज़े - इश्क़[1] नाज़े - हुस्न[2] से खींचे है हाथ
आख़िर - आख़िर 'मीर' सरबर - आस्तां[3] मारा गया

★

मुतफ़र्रिक़ अशआर

मीर तक़ी 'मीर'

हमारे आगे तिरा जब किसू ने नाम लिया
दिले-सितमज़दा[4] को हमने थाम - थाम लिया

जब नाम तिरा लीजिये तब चश्म[5] भर आवे
इस ज़िंदगी करने को कहां से जिगर[6] आवे

★

दिले-पुरख़ूं[7] की इक गुलाबी[8] से
हम रहे उम्र भर शराबी से

★

मैं तौरे-इश्क़[9] से तो वाक़िफ़[10] नहीं हूं लेकिन
सीने में कोई जैसे दिल को मला करे है

★

याद उसकी इतनी ख़ूब नहीं 'मीर' बाज़[11] आ
कमबख़्त फिर वो दिल से भुलाया न जायेगा

★

आवारगाने-इश्क़[12] का पूछा जो मैं निशां
मुश्ते-गुबार[13] लेके सबा[14] से उड़ा दिया

★

पासे - आदाबे - इश्क़[15] था वर्ना
कितने आंसू पलक तक आये थे

1. प्रेम-श्रद्धा, 2. सौन्दर्याभिमान, 3. चौखट पर सर रखे हुए, 4. दुखी हृदय, 5. आंख, 6. साहस, 7. ख़ून-भरा दिल, 8. शराब, 9. प्रेम की रीत, 10. परिचित, 11. मान जा, 12. प्रेम की राह में भटकनेवाले, 13. मुट्ठी-भर धूल, 14. हवा, प्रातःसमीर, 15. प्रेम के शिष्टाचार का लिहाज।

दूर बैठा गुबारे - मीर[1] उससे
इश्क़ बिन यह अदब नहीं आता

☆

हिज्र[2] में क्या क्या समय देखे हैं इन आंखों से मैं
ज़र्द रुख़[3] पर लालागूं[4] आंसू बहा करता था रात

☆

अबके जुनूं[5] में फ़ासला शायद न कुछ रहे
दामन के चाक और गरीबां[6] के चाक में

☆

लुत्फ़[7] पर उसके हमनशीं[8] मत जा
कभू हम पर भी मेहरबानी थी

☆

दीदनी[9] है शिकस्तगी[10] दिल की
क्या इमारत ग़मों ने ढाई है

☆

मसाइब[11] और थे पर दिल का जाना
अजब इक सानिहा[12] सा हो गया है

☆

ग़ज़लें

मिर्ज़ा ग़ालिब

मुद्दत[13] हुई है यार को मेहमां किए हुए
जोशे-क़दह[14] से बज़्म[15] चरागां[16] किए हुए

---

1. 'मीर' की राख, 2. विरह, 3. पीला मुख, 4. लाल रंग का, 5. उन्माद, 6. वस्त्र का गला, 7. मेहरबानी, 8. दोस्त, मित्र, 9. देखने योग्य, 10. जर्जरता, 11. विपत्तियां, 12. दुर्घटना, 13. अधिक समय, 14. मदिरा का उबाल, प्यालों का उत्सव, 15. गोष्ठी, 16. दीपोत्सव (शराब को पिघली हुई आग कहते हैं)।

करता हूं जमा फिर जिगरे - लख़्त लख़्त[1] को
अर्सा[2] हुआ है दावते - मिज़गां[3] किए हुए

फिर वज़् - ए - एहतियात[4] से रुकने लगा है दम[5]
बरसों हुए हैं चाक[6] गरीबां किए हुए

फिर गर्मे नालाहा - ए - शररबार[7] है नफ़स[8]
मुद्दत हुई है सैरे - चरागां[9] किए हुए

फिर पुर्सिशे - जराहते - दिल[10] को चला है इश्क़
सामने - सद - हज़ार नमकदां[11] किए हुए

फिर भर रहा है ख़ामः - ए - मिज़गां[12] बख़ूने-दिल[13]
साज़े - चमन तराज़ि - ए - दामां[14] किए हुए

बाहम दिगर[15] हुए हैं दिल-ओ-दीदा[16] फिर रक़ीब[17]
नज़्ज़ारा - ओ - ख़याल[18] का सामां किए हुए

दिल फिर तवाफ़े-कू-ए-मलामत[19] को जाये है
पिन्दार[20] का सनमकदा[21] वीरां[22] किए हुए

फिर शौक़[23] कर रहा है ख़रीदार की तलब[24]
अर्ज़े-मता-ए-अक़्ल-ओ-दिल-ओ-जां[25] किए हुए

दौड़े है फिर हर एक गुल-ओ-लाला[26] पर ख़याल
सद गुलिस्तां निगाह[27] का सामां किए हुए

---

1. टुकड़े-टुकड़े जिगर, 2. लंबा समय, 3. माशूक़ की पलकों की दावत, 4. सावधानी की रीति, 5. सांस, 6. विदीर्ण, 7. आग बरसानेवाले आर्तनाद में लीन, 8. सांस, 9. दीपोत्सव की सैर, 10. दिल के जख़्म का हाल पूछना, 11. लाखों नमकदान लिये हुए, 12. पलकों की लेखनी 13. दिल के खून से, 14. दामन पे फूलों के चमन खिलाने का सामान, 15. आपस में, 16. हृदय और आंख, 17. प्रतिद्वन्द्वी दुश्मन, 18. अवलोकन और कल्पना, 19. धिक्कार की गली की परिक्रमा, 20. अहं, 21. प्रतिमाशाला, 22. उजाड़, 23. चाव, 24. मांग, 25. बुद्धि, मन और प्राण की सम्पत्ति का समर्पण, 26. गुलाब और लाला, 27. ऐसी दृष्टि जिसमें सैकड़ों फुलवारियों का रंग बसा हुआ हो।

फिर चाहता हूं नामः - ए - दिलदार[1] खोलना
जां नज़्रे - दिलफ़रेबि - ए - उन्वां[2] किए हुए

मांगे है फिर किसी को लबे-बाम[3] पर हवस[4]
ज़ुल्फ़े - सियाह[5] रुख़[6] पे परेशां[7] किए हुए

चाहे है फिर किसी को मुक़ाबिल[8] में आरज़ू[9]
सुरमे से तेज़ दशनः - ए - मिज़गां[10] किए हुए

इक नौबहारे - नाज़[11] को ताके है फिर निगाह
चेहरा फ़रोग़े - मै[12] से गुलिस्तां[13] किए हुए

फिर जी में है कि दर पे किसी के पड़े रहें
सर ज़ेरे - बारे - मिन्नते - दरबां[14] किए हुए

जी ढूंडता है फिर वही फ़ुर्सत[15] के रात दिन
बैठे रहें तसव्वुरे - जानां[16] किए हुए

'ग़ालिब' हमें न छेड़ कि फिर जोशे-अश्क[17] से
बैठे हैं हम तिहैयः - ए - तूफ़ां[18] किए हुए

मोमिन ख़ां 'मोमिन'

आंखों से हया[19] टपके है अंदाज़ तो देखो
है बुल्हवसों[20] पर भी सितम, नाज़ तो देखो

इस बुत के लिए मैं हवसे-हूर[21] से गुज़रा
इस इश्क़े-खुशअंजाम[22] का आग़ाज़[23] तो देखो

---

1. प्रेमिका का पत्र, 2. शीर्षक की सुंदरता को भेंट, 3. छत के किनारे, 4. तीव्र लालसा, 5. काली अलकें, 6. मुख, कपोल, गाल, 7. बिखराए हुए, 8. सम्मुख, 9. कामना, 10. पलकों के नश्तर, 11. सौन्दर्याभिमान की नई बहार में डूबा हुआ आकार, 12. शराब की चमक, 13. फूल ही फूल, 14. दरबान के आभार के बोझ से दबा हुआ, 15. अवकाश, 16. प्रेमिका की कल्पना, 17. आंसुओं का उबाल, 18. तूफ़ान का दृढ़ निश्चय, 19. लज्जा, 20. अत्यन्त लोभी, 21. हूर (अप्सरा) की लालसा, 22. प्रेम का सुखान्त, 23. आरंभ।

चशमक[1] मिरी वहशत[2] पे है क्या हज़रते - नासेह[3]
तर्ज़े - निगहे - चश्मे - फ़ुसूंसाज़[4] तो देखो

मज्लिस में मिरे ज़िक्र के आते ही उठे वह
बदनामि - ए - उश्शाक़[5] का एजाज़[6] तो देखो

उस ग़ैरते - नाहीद[7] की हर तान है दीपक
शोला सा पलक जाये है आवाज़ तो देखो

दें ताकि -ए - दामन[8] की गवाही मिरे आंसू
उस यूसुफ़े - बेदर्द का एजाज़ तो देखो

'दाग़' देहलवी

(1)

लुत्फ़[9] वो इश्क़ में पाए हैं कि जी जानता है
रंज भी ऐसे उठाए हैं कि जी जानता है

जो ज़माने के सितम[10] हैं वो ज़माना जाने
तूने दिल इतने सताए हैं कि जी जानता है

सादगी, बांकपन, इग़माज़,[11] शरारत, शोख़ी[12]
तूने अंदाज़ वो पाए हैं कि जी जानता है

इन्हीं क़दमों ने तुम्हारे इन्हीं क़दमों की क़सम
ख़ाक में इतने मिलाए हैं कि जी जानता है

'दाग़'-वारफ़्ता[13] को हम आज तिरे कूचे[14] से
इस तरह खींच के लाए हैं कि जी जानता है

1. मनमुटाव, 2. उपेक्षा, घबराहट, 3. उपदेशक महोदय, 4. जादूगर की आंख का देखने का ढंग, 5. आशिक़ की बदनामी, 6. विचित्रता, चमत्कार, 7. शुक्र ग्रह का आत्मसम्मान, 8. दामन की पवित्रता, 9. आनंद, 10. अत्याचार, 11. कटाक्ष, 12. चुलबुलापन, 13. बेसुध, अचेत, 14. गली।

★

ख़ातिर[1] से या लिहाज़[2] से मैं मान तो गया
झूटी क़सम से आपका ईमान तो गया

दिल लेके मुफ़्त कहते हैं कुछ काम का नहीं
उल्टी शिकायतें हुईं एहसान तो गया

अफ़शा-ए-राज़े-इश्क़[3] में गर ज़िल्लतें[4] हुईं
लेकिन उसे जता तो दिया जान तो गया

होश-ओ-हवास[5]-ओ-ताब-ओ-तवां[6] 'दाग़' जा चुके
अब हम भी जानेवाले हैं सामान तो गया

'हसरत' मोहानी

तासीरे-बर्क़े-हुस्न[7] जो उनके सुख़न[8] में थी
इक लरज़िशे-ख़फ़ी[9] मिरे सारे बदन में थी

वां से निकल के फिर न फ़राग़त[10] हुई नसीब
आसूदगी[11] की जान तिरी अंजुमन[12] में थी

इक रंगे-इल्तिफ़ात[13] भी उस बेरुख़ी में था
इक सादगी भी उस निगहे-सहरफ़न[14] में थी

मुहताजे-बू-ए-इत्र[15] न था जिस्मे-बू-ए-यार[16]
.ख़ुशबूए-दिलबरी[17] थी जो उस पैरहन[18] में थी

1. शील, 2. मुरव्वत, 3. प्रेम के रहस्य का प्रकटन, 4. अपमान, 5. चेतना, विवेक, 6. सामर्थ्य, 7. सौंदर्य की बिजली का प्रभाव, 8. बातचीत, 9. हल्का-सा कम्पन, 10. अवकाश, 11. संपन्नता, इत्मीनान, 12. महफ़िल, 13. आकर्षण का रंग, 14. जादूगर आंखें, 15. इत्र की सुगंध का ज़रूरतमंद, 16. प्रेमिका के शरीर की गंध, 17. आकर्षक गंध, 18. वस्त्र, कपड़ा।

मुख़्तलिफ़ अशआर

'हसरत' मोहानी

इश्क़ की कुछ हवा लगी जब उन्हें
कुछ उड़ा रंग कुछ निखर भी गये

हुस्न[1] पर भी कुछ आ गये इलज़ाम[2]
गो बहुत अहले-दिल[3] के सर भी गये

☆

चुपके चुपके रात दिन आंसू बहाना याद है
हमको अब तक आशिक़ी का वो ज़माना याद है

बा - हज़ारां इज़्तिराब[4] - ओ - सद - हज़ारां इश्तियाक़[5]
तुझ से वो पहले - पहल दिल का लगाना याद है

बार - बार उठना उसी जानिब निगाहे-शौक़[6] का है
और तिरा ग़ुर्फ़े[7] से वो आंखें लड़ाना याद है

तुझ से कुछ मिलते ही वो बेबाक हो जाना मिरा
और तिरा दांतों में वो उंगली दबाना याद है

खेंच लेना वो मिरा पर्दे का कोना दफ़्अतन[8]
और दुपट्टे से वो तेरा मुंह छुपाना याद है

जानकर सोता तुझे वो क़स्दे - पाबोसी[9] मिरा
और तिरा ठुकरा के सर वो मुस्कुराना याद है

ग़ैर की नज़रों से बचकर सबकी मर्ज़ी के ख़िलाफ़
वो तिरा चोरी छुपे रातों को आना याद है

दोपहर की धूप में मेरे बुलाने के लिए
वो तिरा कोठे पे नंगे पांव आना याद है

---

1. सौंदर्य, 2. आरोप, 3. दिलवाले (प्रेमी), 4. हज़ारों व्याकुलतायें, 5. हज़ारों उत्सुकतायें, 6. प्यार-भरी दृष्टि, 7. झरोखा, 8. अचानक, 9. पांव चूमने का इरादा।

आज तक नज़रों में हैं वो सुहबते-राज़-ओ-नियाज़[1]
अपना जाना याद है तेरा बुलाना याद है

देखना मुझको जो बर्गश्ता[2] तो सौ-सौ नाज़[3] से
जब मना लेना तो फिर ख़ुद रूठ जाना याद है

बावुजूदे - इद्दिआ - ए - इत्तिक़ा[4] 'हसरत' मुझे
आज तक अहदे-हवस[5] का वो फ़साना याद है

अश्के-अव्वलीने-आरज़ू

'जोश' मलीहाबादी

ख़ुशा[6] वो दिन कि शादाबी[7] थी दिल में जब लड़कपन की
बहारें लूटती थीं जब वो मेरे साथ गुलशन[8] की

कली रूहों की खिलती थी ख़ुनुक[9] जाड़ों की रातों में
अंगीठी के किनारे नींद उड़ जाती थी बातों में

जब औजे-चर्ख़[10] पर सावन के बादल घिर के आते थे
हवा-ए-नर्म[11] में क्या क्या न हम धूमें मचाते थे

मैं पहरों नीम के नीचे उसे झूला झुलाता था
वो गाती थी, मगर उसको न कुछ आता न जाता था

ख़फ़ा होते थे तो इक दूसरे का मुंह चिढ़ाते थे
घरौंदे सहन में बन बन के अक्सर टूट जाते थे

---

1. एकान्त मिलन, 2. विमुख, 3. हावभाव, 4. संयम के दावे के बावजूद, 5. लालसा का ज़माना, 6. अहो, बहुत अच्छा, 7. सुसिक्ति, 8. पुष्पवन, 9. ठंडी, 10. आकाश की ऊंचाई, 11. कोमल वायु।

न दिन को दिल धड़कता था न शब को आंख रोती थी
महब्बत इतनी नाज़ुक थी कि मुतलक़[1] हिस[2] न होती थी

✯

किसे मालूम था इक रोज़ होगी सरगरानी[3] भी
दबे पांव चली आती है तेज़ी से जवानी भी

जवानी सीनः-ए-तिफ़्ली[4] में इठलाती रही बरसों
कोई मुब्हम तमन्ना[5] दिल को गरमाती रही बरसों

ज़मीने-बर्फ़[6] में तुख़्मे-शरर[7] बोती रही बिजली
तने-नाज़ुक[8] में रफ़्ता[9]-रफ़्ता हल[10] होती रही बिजली

नज़र अब जो उठाई तो यकायक देखता क्या हूं
कि मैं तन्हा हज़ारों बिजलियों की ज़द[11] पे बैठा हूं

नज़र पहले तो आई इक चमक आंसू के महमिल[12] में
यकायक खुल गया फिर एक दरिया सा मिरे दिल में

सदायें[13] गूंज उठीं दिल में हज़ारों आबशारों[14] की
हवा चलने लगी सीने में लाफ़ानी बहारों[15] की

मअन[16] इक आग सी सोज़े-दरूं[17] ने दिल में भड़काई
तमन्ना[18] कुनमुनाई, ग़म ने ली सीने में अंगड़ाई

मिरे पहलू[19] में पहली मरतबा इक फांस सी खटकी
घटा सी छा गयी दिल पर, कली-सी रूह में चटकी

निराला ख़ौफ़[20], अनोखी कशमकश[21], नाआशना हलचल[22]
गरजते हों कहीं कुछ दूर जैसे ख़्वाब में बादल

---

1. तनिक, बिल्कुल, 2. इंद्रियों द्वारा किसी चीज़ का ज्ञान, 3. नाराज़गी, 4. बचपन, 5. संदिग्ध कामना, 6. बर्फ़ की धरती, 7. आग का बीज, 8. कोमल शरीर, 9. धीरे-धीरे, 10. विलयन, 11. निशाना, लक्ष्य, 12. परदा, 13. आवाज़ें, 14. जल प्रपात, 15. अमर बहारें, 16. सहसा, 17. अन्तःकरण की तपन, 18. कामना, 19. पार्श्व, 20. अनोखा भय, 21. संघर्ष, 22. अपरिचित हलचल।

दिखाई इक नई दुनिया ने कुछ यूं बज़्मआराई[1]
यकायक आये चश्मे-कोर[2] में जिस तरह बीनाई[3]

जहां का ज़र्रा ज़र्रा[4] दीदः - ए - हैरां[5] नज़र आया
मैं ख़ुद अपने को इक बदला हुआ इन्सां नज़र आया

वो भड़की आग सीने में, रग-ओ-पै[6] को तपा डाला
ज़बां से यह मिरी बेसाख़्ता[7] निकला, 'जला डाला'

यह सुनते ही जबीने-हुस्न[8] पर पहली शिकन[9] आई
जिलौ[10] में सैकड़ों जल्वे[11] लिये ताज़ा दुल्हन[12] आई

ग़ुरूरे - हुस्न[13] ने बिगड़े हुए अंदाज़ से देखा
नियाज़े-इश्क़[14] सदक़े[15] हो गया, इस नाज़ से देखा

कहा कुछ ज़ेरे-लब[16], ज़ुल्फ़ें हटाकर रू-ए-ताबां[17] से
महक दोशीज़गी[18] की आई लाले-इत्र-अफ़्शां[19] से

नज़र में आ गया रंगे-तमन्ना[20] खिंच के सीने से
गुलाबी हो गया कुछ और भी चेहरा पसीने से

हया[21] की शम्अ[22] जल उट्ठी हरीमे-दिलरुबाई[23] में
झुकाकर सर घुमाया देर तक कंगन कलाई में

बचाकर आंख परखा उसने मेरे दिल की हालत को
अदा से फेर कर आंखों पे अंगुश्ते - शहादत[24] को

सितम ही ढा दिया भूले से उरियां[25] होके बांहों ने
बक़द्रे-इक नज़र[26] तक़रीर[27] की नीची निगाहों ने

---

1. महफ़िल, सजाना, 2. अंधी आंख, 3. ज्योति, 4. कण-कण, 5. चकित आंखें, 6. धमनी और मांस, 7. सहसा, अचानक, 8. सौंदर्य का ललाट, 9. बल, 10. दामन, 11. छवि, 12. नई दुल्हन, 13. सौन्दर्याभिमान, 14. प्रेम की आकांक्षा, 15. वारी, 16. होंठों ही होंठों में, 17. प्रकाशमान चेहरा, 18. कौमार्य, 19. महकते हुए होंठ, 20. कामना का रंग, 21. लज्जा, 22. मोमबत्ती, 23. मोहकता का अन्तःपुर, 24. हाथ के अंगूठे के पास की उंगली, 25. नग्न, नंगी, 26. एक नज़र के बराबर, 27. भाषण।

गले पर हमदमे-तिफ़्ली[1] के तेग़े-ख़ूंफ़िशां[2] फेरी
ज़रा सा मुस्कुराकर सुर्ख़ होंटों पर ज़बां फेरी

मिटा डाला है जिस ज़ालिम ने मेरी शादमानी[3] को
इलाही[4] ! ख़ैर[5] की तौफ़ीक़[6] दे उसकी जवानी को

हनोज़

'जोश' मलीहाबादी

नक़्शे-ख़याल[7] दिल से मिटाया नहीं हनोज़[8]
बेदर्द मैंने तुझको भुलाया नहीं हनोज़

यादश बख़ैर[9] जिस पे कभी थी तिरी नज़र
वो दिल किसी से मैंने लगाया नहीं हनोज़

मेहराबे-जां[10] में तूने जलाया था ख़ुद जिसे
सीने का वो चराग़ बुझाया नहीं हनोज़

बेहोश होके जल्द तुझे होश आ गया
मैं बदनसीब होश में आया नहीं हनोज़

दुनिया ने तुझको ख़्वाबे-गरां[11] से जगा दिया
लेकिन मुझे किसी ने जगाया नहीं हनोज़

तू कार-ओ-बारे-शौक़ में तन्हा नहीं रहा
मेरा किसी ने हाथ बटाया नहीं हनोज़

गर्दन को आज भी तिरी बांहों की याद है
यह मिन्नतों का तौक़[12] बढ़ाया नहीं हनोज़

मरकर भी आयेगी यह सदा क़ब्रे-'जोश' से
बेदर्द मैंने तुझ को भुलाया नहीं हनोज़

---

1. बचपन का मित्र, 2. ख़ून में डूबी हुई तलवार, 3. ख़ुशी, 4. ईश्वर, 5. कल्याण, 6. सामर्थ्य, 7. यादों का चिह्न, 8. अभी तक, 9. उसकी याद की ख़ैर हो, 10. शरीर की मेहराब, 11. बहुमूल्य सपना, 12. हार।

ग़ज़लें और अशआर

'फ़िराक़' गोरखपुरी

(1)

सर में सौदा[1] भी नहीं दिल में तमन्ना[2] भी नहीं
लेकिन इस तर्के-महब्बत[3] का भरोसा भी नहीं

दिल की गिनती न यगानों[4] में न बेगानों[5] में
लेकिन उस जल्वागहे-नाज़[6] से उठता भी नहीं

मेहरबानी को महब्बत नहीं कहते अय दोस्त
आह अब मुझसे तिरी रंजिशे - बेजा[7] भी नहीं

एक मुद्दत[8] से तिरी याद भी आई न हमें
और हम भूल गये हों तुझे ऐसा भी नहीं

(2)

नर्म फ़ज़ाओं[9] की करवटें दिल को दुखा के रह गईं
ठंडी हवायें भी तिरी याद दिलाके रह गईं

शाम भी थी धुआं धुआं हुस्न भी था उदास उदास
दिल को कई कहानियां याद सी आके रह गईं

मुझको ख़राब कर गईं नीम-निगाहियां[10] तिरी
मुझसे हयात-ओ-मौत[11] भी आंखें चुराके रह गईं

साज़े-नशाते-ज़िंदगी[12] आज लरज़ लरज़[13] उठा
किसकी निगाहें इश्क़ का दर्द सुना के रह गईं

---

1. उन्माद, पागलपन, 2. इच्छा, अभिलाषा, 3. प्रेम का त्याग, 4. अपना, रिश्तेदार, 5. अपरिचित, ग़ैर, 6. प्रेमिका की महफ़िल, 7. अनुचित वैमनस्य, 8. लंबा समय, 9. कोमल वातावरण, 10. आंख बचाकर देखना, 11. जीवन-मृत्यु, 12. जीवन के आनंद का साज़, 13. कांपना।

कौन सुकून दे सका ग़मज़दगाने - इश्क़[1] को
भीगती रातें भी 'फ़िराक़' आग लगाके रह गईं

(3)

शामे-ग़म[2] कुछ उस निगाहे-नाज़[3] की बातें करो
बेखुदी[4] बढ़ती चली है राज़ की बातें करो

निकहते - जुल्फ़े - परीशां[5], दास्ताने शामे - ग़म[6]
सुब्ह होने तक इसी अंदाज़ की बातें करो

हर रगे-दिल[7], वज्द[8] में आती रहे दुखती रहे
यूंही उसके जा-ओ-बेजा नाज़[9] की बातें करो

जो अदम[10] की जान है जो है पयामे-ज़िंदगी[11]
उस सुकूते-राज़[12] उस आवाज़ की बातें करो

नाम भी लेना है जिसका इक जहाने-रंग-ओ-बू[13]
दोस्तो उस नौबहारे - नाज़[14] की बातें करो

कुछ क़फ़स[15] की तीलियों से छन रहा है नूर[16] सा
कुछ फ़ज़ा[17] कुछ हसरते-परवाज़[18] की बातें करो

जिसकी फ़ुर्क़त[19] ने पलट दी इश्क़ की काया 'फ़िराक़'
आज उस ईसा नफ़स[20] दमसाज़[21] की बातें करो

☆

तू याद आये तिरे जौर-ओ-सितम[22] लेकिन न याद आयें
तसव्वुर[23] में यह मासूमी बड़ी मुश्किल से आती है

---

1. प्रेम के मारे हुए, 2. दुख की शाम, 3. गर्व-भरी दृष्टि, 4. बेहोशी, 5. बिखरी हुई लटों की सुगन्ध, 6. दुख की शाम की कहानी, 7. हृदय की रग, 8. झूमना, 9. उचित-अनुचित गर्व, 10. अनस्तित्व, 11. जीवन-संदेश, 12. रहस्यमय नीरवता, 13. रंग और सुगन्ध का संसार, 14. नवयौवन के रंगों से लहलहाता रूप, 15. पिंजरा, 16. प्रकाश, 17. वातावरण, 18. उड़ान की अपूर्ण कामना, 19. जुदाई, विरह, 20. जिसकी सांस से जीवन मिले, 21. दोस्त, मित्र, 22. अत्याचार, 23. कल्पना।

मासूम है महब्बत लेकिन इसी के हाथों
यह भी हुआ कि मैंने तेरा बुरा भी चाहा

★

कहां हर एक से बारे - नशात[1] उठता है
बलायें[2] यह भी महब्बत के सर गयी होंगी

★

दिल दुखे रोए हैं शायद इस जगह अय कू-ए-दोस्त[3]
ख़ाक का इतना चमक जाना ज़रा दुशवार[4] था

★

तुझे तो हाथ लगाया है बारहा लेकिन
तिरे ख़याल को छूते हुए मैं डरता हूं

★

ग़रज़ कि काट दिए ज़िंदगी के दिन अय दोस्त
वो तेरी याद में हों या तुझे भुलाने में

★

किया है सैरगहे-ज़िंदगी[5] में रुख़[6] जिस सिम्त[7]
तिरे ख़याल से टकरा के रह गया हूं मैं

★

रफ़्ता-रफ़्ता इश्क़ मानूसे - जहां[8] होता गया
ख़ुद को तेरे इश्क़ में तन्हा[9] - झ बैठे थे हम

★

कोई समझे तो एक बात कहूं
इश्क़ तौफ़ीक़[10] है गुनाह[11] नहीं

★

हुस्न सरतापा[12] तमन्ना[13], इश्क़ सरतापा ग़ुरूर[14]
इसका अंदाज़ा नियाज़-ओ-नाज़[15] से होता नहीं

★

---

1. सुख का बोझ, 2. आपत्तियां, 3. दोस्त की गली, 4. कठिन, 5. जीवन का क्रीड़ास्थल, 6. मुख, 7. ओर, 8. संसार से परिचित, 9. अकेला, 10. साहस, 11. पाप, 12. सर से पैर तक, 13. कामना, 14. गर्व, 15. गर्व और आकांक्षा।

न रहा हयात[1] की मंज़िलों में वो फ़र्क़े-नाज़-ओ-नियाज़[2] भी
कि जहां है इश्क़ बरहनापा[3] वहीं हुस्न ख़ाक-बसर[4] भी है

☆

बहुत दिनों में महब्बत को यह हुआ मालूम
जो तेरे हिज्र[5] में गुज़री वो रात रात हुई

☆

कड़े हैं कोस बहुत मंज़िले - महब्बत[6] के
मिले न छांव मगर धूप ढल तो सकती है

☆

हासिले-हुस्न-ओ-इश्क़[7] बस है यही
आदमी आदमी को पहचाने

☆

हुस्न को इक हुस्न ही समझे नहीं और अय 'फ़िराक़'
मेहरबां नामेहरबां क्या-क्या समझ बैठे थे हम

एतिराफ़े-महब्बत

'अख़्तर' शीरानी

लो आओ कि राज़े-पिन्हां[8] को रुसवा-ए-हिकायत[9] करता हूं
दामाने-ज़बाने-ख़मोशी[10] को लबरेज़े-शिकायत[11] करता हूं
घबराके हुजूमे-ग़म[12] से आज अफ़शाए-हक़ीक़त[13] करता हूं
इज़हार[14] की जुरअत[15] करता हूं, मैं तुम से महब्बत करता हूं

फ़िक्र-आबादे-दुनिया[16] में मिरी इक मसजूदे-अफ़कार[17] हो तुम
शे'रिस्ताने-हस्ती[18] में मिरी इक माबूदे-अशआर[19] हो तुम
और मेरे परस्तिशज़ारे-दिल[20] में इक बुते-शीरींकार[21] हो तुम
मैं जिसकी इबादत[22] करता हूं, मैं तुम से महब्बत करता हूं

---

1. जीवन, 2. गर्व और आकांक्षा का अंतर, 3. नंगे पांव, 4. मिट्टी में रहने वाला, 5. विरह, 6. प्रेम की मंज़िल, 7. सौंदर्य और प्रेम का निष्कर्ष, 8. छुपा हुआ रहस्य, 9. कहानी सुनाकर बदनाम करना, 10. ख़ामोशी की ज़बान का दामन, 11. शिकायत से भरपूर, 12. दुखों का समूह, 13. वास्तविकता प्रकट करना, 14. प्रकट करना, 15. साहस, 16. चिंतन का संसार, 17. विचारों का आराध्य, 18. शायरी की दुनिया, 19. शेरों का ख़ुदा, 20. दिल का आराधना-गृह, 21. मधुर मूर्ति, 22. आराधना।

रातों को मिरे रोने का समां[1] बेदार[2] सितारे देखते हैं
और मिरे जुनूं[3] के आलम[4] को आलम के नज़ारे[5] देखते हैं
बाग़ों के मनाज़िर[6] देखते हैं नहरों के किनारे देखते हैं
यूं शरहे - महब्बत[7] करता हूं, मैं तुमसे महब्बत करता हूं

तुम चांद से बढ़कर रौशन[8] हो, ज़ुहरा[9] की क़सम, तारों की क़सम
तुम फूल से बढ़कर रंगीं हो, दुनिया के चमनज़ारों[10] की क़सम
तुम सबसे हसीं हो दुनिया की, दुनिया के नज़्ज़ारों की क़सम
दुनिया से भी नफ़रत करता हूं, मैं तुमसे महब्बत करता हूं

इस मक्र[11] की दुनिया में कि जहां मेयारे-सदाक़त[12] कुछ भी नहीं
दो अश्कों[13] से बढ़कर सच्चा और इज़हारे-महब्बत[14] कुछ भी नहीं
रोता हूं तुम्हारी याद में गो रोने की शहादत[15] कुछ भी नहीं
पेश[16] इतनी शहादत करता हूं, मैं तुमसे महब्बत करता हूं

गर हुक्म दो रौशन तारों को, मैं ला के झुका दूं क़दमों पर
जन्नत के शिगुफ़्ता[17] फूलों की जन्नत सी बसा दूं क़दमों पर
सज्दागहे-महर-ओ-माह[18] को भी सज्दे में गिरा दूं क़दमों पर
नाचीज़[19] हूं, हिम्मत करता हूं, मैं तुमसे महब्बत करता हूं

एतिराफ़

असरारुलहक़ 'मजाज़'

अब मिरे पास तुम आई हो तो क्या आई हो
मैंने माना कि तुम इक पैकरे - रानाई[20] हो
चमने - दहर[21] में रूहे - चमन आराई[22] हो
तलअते - मेहर[23] हो फ़िर्दौस की बरनाई[24] हो
बिन्ते-महताब[25] हो गर्दूं[26] से उतर आई हो

1. दृश्य, 2. जाग्रत, 3. उन्माद, 4. हालत, 5. संसार के दृश्य, 6. दृश्य, 7. प्रेम की व्याख्या, 8. प्रकाशित, 9. शुक्र ग्रह, 10. उपवन, 11. फ़रेब, 12. सच्चाई, 13. आंसुओं, 14. प्रेम का इज़हार, 15. गवाही, 16. सम्मुख, 17. ताज़ा खिले हुए, 18. चांद-सितारे, 19. तुच्छ, 20. साकार सौंदर्य, 21. दुनिया का बाग़, 22. उद्यान की आत्मा, 23. दया का रूप, 24. स्वर्ग की जवानी, 25. चंद्रमा की बेटी, 26. आकाश।

मुझसे मिलने में अब अन्देशः-ए-रुसवाई[1] है
मैंने ख़ुद अपने किए की यह सज़ा पाई है

ख़ाक में आह मिलाई है जवानी मैंने
शोलाज़ारों[2] में जलाई है जवानी मैंने
शहरे-ख़ूबां[3] में गंवाई है जवानी मैंने
ख़्वाबगाहों[4] में जगाई है जवानी मैंने

हुस्न ने जब भी इनायत[5] की नज़र डाली है
मेरे पैमाने-महब्बत[6] ने सिपर[7] डाली है

उन दिनों मुझपे क़यामत[8] का जुनूं[9] तारी[10] था
सर पे सरशारि-ए-इशरत[11] का जुनूं तारी था
माहपारों[12] से महब्बत का जुनूं तारी था
शहरयारों[13] से रक़ाबत[14] का जुनूं तारी था

बिस्तरे-मख़मल-ओ-संजाब[15] थी दुनिया मेरी
एक रंगीन-ओ-हसीं ख़्वाब[16] थी दुनिया मेरी

जन्नते-शौक़[17] थी बेगानः-ए-आफ़ाते-समूम[18]
दर्द जब दर्द न हो काविशे-दरमां[19] मालूम
ख़ाक[20] थे दीदः-ए-बेबाक[21] में गर्दूं के नजूम[22]
बज़्मे-परवीं[23] था निगाहों में कनीज़ों का हुजूम[24]

लैलः-ए-नाज़[25] बरअफ़गन्दा निक़ाब[26] आती थी
अपनी आंखों में लिये दावते-ख़्वाब[27] आती थी

संग[28] को गौहरे-नायाब-ओ-गरां[29] जाना था
दश्ते-पुरख़ार[30] को फ़िरदौस-जवां[31] जाना था

---

1. बदनामी का डर, 2. आग का बाग़, 3. सुन्दरियों का नगर, 4. शयनागार, 5. दया, कृपा, 6. प्रेम का वादा, 7. ढाल, 8. प्रलय, 9. उन्माद, पागलपन, 10. छाया हुआ, 11. ऐश्वर्य की तृप्ति, 12. चांद का टुकड़ा, सुन्दरियां, 13. बादशाह, 14. दुश्मनी, प्रतिद्वन्द्विता, 15. मख़मल और संजाब का बिस्तर, 16. रंगीन और सुंदर सपना, 17. आकांक्षाओं का स्वर्ग, 18. विपत्तियों की ज़हरीली हवा से बेख़बर, 19. इलाज की कोशिश, 20. मिट्टी, 21. निर्भय आंख, 22. आकाश के सितारे, 23. सितारों की महफ़िल, 24. दासियों का समूह, 25. गर्व की देवी, 26. निक़ाब उलटकर, 27. स्वप्न का निमंत्रण, 28. पत्थर, 29. अप्राप्य और बहुमूल्य मोती, 30. कांटों से भरा जंगल, 31. जवान स्वर्ग।

रेग[1] को सिलसिलःए-आबे-रवां[2] जाना था
आह यह राज़[3] अभी मैंने कहां जाना था

मेरी हर फ़त्ह[4] में है एक हज़ीमत[5] पिन्हां[6]
हर मसर्रत[7] में है राज़े-ग़म-ओ-हसरत[8] पिन्हां

क्या सुनोगी मिरी मजरूह जवानी[9] की पुकार
मेरी फ़रियाद[10] जिगरदोज़[11], मिरा नालः-ए-ज़ार[12]
शिद्दते - कर्ब[13] में डूबी हुई मेरी गुफ़्तार[14]
मैं कि ख़ुद अपने मज़ाक़े-तरबआगीं[15] का शिकार[16]

वो गुदाज़े[17] - दिले - मरहूम[18] कहां से लाऊं
अब मैं वो जज़्बः-ए-मासूम[19] कहां से लाऊं

मेरे साए से डरो तुम मिरी क़ुर्बत[20] से डरो
अपनी जुरअत[21] की क़सम अब मिरी जुरअत से डरो
तुम लताफ़त[22] हो अगर मेरी लताफ़त से डरो
मेरे वादों से डरो मेरी महब्बत से डरो

अब मैं अलताफ़-ओ-इनायत[23] का सज़ावार[24] नहीं
मैं वफ़ादार नहीं हां मैं वफ़ादार नहीं

अब मिरे पास तुम आई हो तो क्या आई हो

तुम्हारे हुस्न के नाम

फ़ैज़ अहमद 'फ़ैज़'

सलाम लिखता है शाइर तुम्हारे हुस्न के नाम

बिखर गया जो कभी रंगे-पैरहन[25] सरे-शाम[26]
निखर गयी है कभी सुब्ह, दो पहर, कभी शाम

---

1. रेत, 2. बहते हुए पानी का सिलसिला, 3. रहस्य, 4. विजय, जीत, 5. पराजय, 6. छुपी हुई, 7. ख़ुशी, आनंद, 8. अपूर्ण कामनाओं और दुखों का रहस्य, 9. घायल जवानी, 10. आर्तनाद, 11. हृदय-विदारक, 12. आर्तनाद, 13. दुख की अधिकता, 14. बातचीत, 15. हंसने-खेलने की आदत, 16. आखेट, 17. कोमलता, 18. स्वर्गीय दिल, 19. निष्पाप भावना, 20. सामीप्य, 21. साहस, 22. कोमलता, 23. दया और कृपा, 24. योग्य, पात्र, 25. वस्त्रों का रंग, 26. सायंकाल से।

कहीं जो क़ामते-ज़ेबा पे[3] सज गयी है क़बा[4]
चमन में सर्व-ओ-सनोबर[5] संवर गये हैं तमाम
बनी बिसाते-ग़ज़ल[6] जब डुबो लिये दिल ने
तुम्हारे सायः-ए-रुख़सार-ओ-लब[7] में साग़र-ओ-जाम[8]

सलाम लिखता है शाइर तुम्हारे हुस्न के नाम

तुम्हारे हाथ पे है ताबिशे-हिना[9] जब तक
जहां में बाक़ी है दिलदारि - ए - उरूसे - सुख़न[10]
तुम्हारा हुस्ने - जवां[11] है तो मेहरबां है फ़लक[12]
तुम्हारा दम है तो दमसाज़[13] है हवा-ए-वतन[14]
अगरचे तंग[15] हैं औक़ात[16] सख़्त हैं आलाम[17]
तुम्हारी याद से शीरीं[18] है तलख़ि - ए - अय्याम[19]

सलाम लिखता है शाइर तुम्हारे हुस्न के नाम

तुम नहीं आये थे जब

अली सरदार जाफ़री

तुम नहीं आये थे जब, तब भी तो मौजूद थे तुम
आंख में नूर[20] की और दिल में लहू[21] की सूरत
दर्द की लौ[22] की तरह, प्यार की ख़ुशबू की तरह
बेवफ़ा वादों की दिलदारी का अंदाज़ लिये

तुम नहीं आये थे जब तब भी तो तुम आये थे
रात के सीने में महताब[23] के ख़ंजर[24] की तरह
सुब्ह के हाथों में ख़ुर्शीद[25] के साग़र[26] की तरह
शाख़े-ख़ूं रंगे-तमन्ना[27] में गुले - तर[28] की तरह
तुम नहीं आओगे जब, तब भी तो तुम आओगे
याद की तरह धड़कते हुए दिल की सूरत

---

3. सुशोभित आकार, 4. वस्त्र, 5. चीड़ और सरौ, 6. ग़ज़ल की बिसात, 7. होंठ और कपोल की छाया, 8. प्याला, 9. मेंहदी की गर्मी, 10. काव्य की प्रेमिका की दिलदारी, 11. जवान सौंदर्य, 12. आकाश, 13. मित्र, 14. देश की हवा, 15. थोड़ा, 16. समय (वक़्त का बहुवचन), 17. वेदना, 18. मधुर, 19. ज़माने की कटुता, 20. प्रकाश, 21. ख़ून, 22. ज्योति, 23. चांद, 24. कटार, 25. सूर्य, 26. मधुपात्र, 27. आकांक्षा की ख़ून जैसी लाल डाली, 28. ताज़ा फूल।

ग़म के पैमानः-ए-सरशार[1] को छलकाते हुए
बर्गहा - ए - लब - ओ - रुख़सार[2] को महकाते हुए
दिल के बुझते हुए अंगारे को दहकाते हुए
ज़ुल्फ़ दर ज़ुल्फ़[3] बिखर जायेगा फिर रात का रंग
शबे-तन्हाई[4] में भी लुत्फ़े-मुलाक़ात[5] का रंग
रोज़ लाएगी सबा[6] कू-ए-सबाहत[7] से पयाम[8]
रोज़ गाएगी सहर[9] तहनियते - जश्ने - फ़िराक़[10]

आओ आने की करें बात कि तुम आये हो
अब तुम आये हो तो मैं कौन-सी शै[11] नज़्र[12] करूं
कि मेरे पास बजुज़[13] मेहर-ओ-वफ़ा[14] कुछ भी नहीं
एक ख़ूंगश्ता तमन्ना[15] के सिवा कुछ भी नहीं

महकती हुई रात

जां निसार अख़्तर

यह तिरे प्यार की ख़ुशबू से महकती हुई रात
अपने सीने में छुपाए तिरे दिल की धड़कन
आज फिर तेरी अदा से मिरे पास आई है

अपनी आंखों में तिरी ज़ुल्फ़ का डाले काजल
अपनी पलकों पे सजाये हुए अरमानों के ख़्वाब
अपने आंचल पे तमन्ना के सितारे टांके

गुनगुनाती हुई यादों की लवें जाग उठीं
कितने गुज़रे हुए लम्हों[16] के चमकते जुगनू
दिल को हाले[17] में लिये कांप रहे हैं कब से

कितने लम्हे जो तिरी ज़ुल्फ़ के साये के तले
ग़र्क़[18] होकर तिरी आंखों के हसीं सागर[19] में
ग़मे - दौरां[20] से बहुत दूर गुज़ारे मैंने

---

1. परिपूर्ण मधुपात्र, 2. होंठ और कपोल रूपी पत्ते, 3. अलकें, 4. एकान्त की रात, 5. मिलन का आनंद, 6. हवा, 7. सौंदर्य की गली, 8. संदेश, 9. सुबह, 10. विरह उत्सव की स्तुति, 11. चीज़, 12. भेंट, 13. अतिरिक्त, 14. प्रेम और प्रेम-निर्वाह, 15. ख़ून में डूबी हुई कामना, 16. क्षणों, 17. घेरे, 18. डूबकर, 19. प्याला, 20. ज़माने का ग़म।

कितने लम्हे कि तिरी प्यार भरी नज़रों ने
किस सलीक़े[1] से सजाई मिरे दिल की महफ़िल
किस क़रीने[2] से सिखाया मुझे जीने का शऊर[3]

कितने लम्हे कि हसीं नर्म सुबुक[4] आंचल से
तूने बढ़कर मिरे माथे का पसीना पोंछा
चांदनी बन गयी राहों की कड़ी धूप मुझे

कितने लम्हे कि ग़मे-ज़ीस्त[5] के तूफ़ानों में
ज़िंदगानी की जलाए हुए बाग़ी मशअल[6]
तू मिरा अज़्मे-जवां[7] बन के मिरे साथ रही

कितने लम्हे कि ग़मे-दिल[8] से उभरकर हमने
इक नई सुब्हे-महब्बत[9] की लगन अपनाई
सारी दुनिया के लिए, सारे ज़माने के लिए

इन्हीं लम्हों के गुलआवेज़[10] शरारों[11] का तुझे
गूंधकर आज कोई हार पहना दूं आ जा
चूमकर मांग तिरी तुझको सजा दूं आ जा

चारागर

'मख़दूम' मोहीउद्दीन

इक चंबेली के मंडवे तले
मैकदे[12] से ज़रा दूर उस मोड़ पर

दो बदन
प्यार की आग में जल गये
प्यार हर्फ़े-वफ़ा[13]
प्यार उनका ख़ुदा
प्यार उनकी चिता

1. ढंग, 2. ढंग, 3. तमीज़, ज्ञान, 4. कोमल, 5. जीवन का ग़म, 6. बाग़ी मशाल, 7. जवान प्रतिज्ञा, 8. हृदय का दुख, 9. प्रेम की सुबह, 10. फूलों से लदे, 11. चिंगारियां, 12. शराबख़ाना, 13. प्रेम-निर्वाह का शब्द।

दो बदन
ओस में भीगते, चांदनी में नहाते हुए
जैसे दो ताज़ा रू[1] ताज़ा दम फूल पिछले पहर
ठंडी ठंडी सुबुक रौ[2] चमन की हवा
सर्फ़े-मातम[3] हुई
काली काली लटों से लिपट गर्म रुख़सार[4] पर
एक पल के लिए रुक गयी

दिन में और रात में
नूर-ओ-ज़ुल्मात[5] में
मस्जिदों के मिनारों ने देखा उन्हें
मंदिरों के किवाड़ों ने देखा उन्हें
मैकदे की दराड़ों ने देखा उन्हें

यह बता चारागर[6]
तेरी ज़ंबील[7] में
नुस्ख़ः-कीमिया-ए-महब्बत[8] भी है ?
कुछ इलाज-ओ-मदावा-ए-उल्फ़त[9] भी है ?

इक चंबेली के मंडवे तले
मैकदे से ज़रा दूर उस मोड़ पर
दो बदन
चारागर !

ग़ज़ल

'मजरूह' सुल्तानपुरी

मुझे सहल[10] हो गयी मंज़िलें वो हवा के रुख़[11] भी बदल गये
तिरा हाथ, हाथ में आ गया कि चराग़ राह में जल गये

---
1. चेहरा, 2. मंदगति से बहने वाली, 3. विलाप में व्यय, 4. कपोल, 5. प्रकाश और अंधकार, 6. उपचारक, 7. झोली, 8. प्रेम का रासायनिक नुस्खा, 9. प्रेम का इलाज, 10. आसान, 11. दिशा।

वो लजाये मेरे सवाल पर कि उठा सके न झुका के सर
उड़ी ज़ुल्फ़ चेहरे पे इस तरह कि शबों के राज़[1] मचल गये

वही बात जो न वो कह सके मिरे शे'र-ओ-नग़्मे[2] में आ गयी
वही लब न मैं जिन्हें छू सका, क़दहे-शराब[3] में ढल गये
वही आस्तां[4] है वही जबीं[5] वही अश्क[6] है वही आस्तीं
दिले-ज़ार[7] तू भी बदल कहीं कि जहां के तौर[8] बदल गये

तुझे चश्मे-मस्त[9] पता भी है कि शराब[10] गर्मि-ए-बज़्म[11] है
तुझे चश्मे-मस्त ख़बर भी है कि सब आबगीने[12] पिघल गये
मिरे काम आ गईं आख़िरश[13] यही काविशें[14] यही गर्दिशें[15]
बढ़ीं इस क़दर मेरी मंज़िलें कि क़दम[16] के ख़ार[17] निकल गये

अंदेशे

'कैफ़ी' आज़मी

रूह[18] बेचैन है इक दिल की अज़ीयत[19] क्या है
दिल ही शोला[20] है तो यह सोज़े-महब्बत[21] क्या है
वो मुझे भूल गयी इसकी शिकायत क्या है
रंज तो यह है कि रो रो के भुलाया होगा

वो कहां और कहां काविशे-ग़म[22] सोज़िशे-जां[23]
उसकी रंगीन नज़र और नुक़ूशे - हिर्मां[24]
उसका एहसासे-लतीफ़[25] और शिकस्ते-अर्मां[26]
तानाज़न[27] एक ज़माना नज़र आया होगा

दिल ने ऐसे भी कुछ अफ़साने सुनाए होंगे
अश्क[28] आंखों ने पिए और न बहाए होंगे

---

1. रातों के रहस्य, 2. शेर और गीत, 3. शराब का प्याला, 4. चौखट, 5. माथा, 6. आंसू, 7. रोता हुआ दिल, 8. ढंग, 9. मस्त आंखें, 10. यौवन, जवानी, 11. महफ़िल की गर्मी, 12. शीशे, 13. अंततः, 14. परिश्रम, 15. चक्कर, घूमना, 16. पैर, 17. कांटा, 18. आत्मा, 19. कष्ट, तकलीफ़, 20. अंगारा, 21. प्रेम की जलन (तपन), 22. ग़म की तलाश, 23. शरीर की जलन, 24. निराशा के चिह्न, 25. कोमल भावना, 26. अरमानों की पराजय, 27. व्यंग्य करता हुआ, 28. आंसू।

बन्द कमरे में मिरे ख़त जो जलाए होंगे
एक - इक हर्फ़[1] जबीं[2] पर उभर आया होगा

उसने घबरा के नज़र लाख बचाई होगी
मिट के इक नक़्श[3] ने सौ शक्ल दिखाई होगी
मेज़ से जब मिरी तस्वीर हटाई होगी
हर तरफ़ मुझको तड़पता हुआ पाया होगा

बेमहल[4] छेड़ पे जज़्बात[5] उबल आये होंगे
ग़म पशेमान तबस्सुम[6] में ढल आये होंगे
नाम पर मेरे जब आंसू निकल आये होंगे
सर न कांधे से सहेली के उठाया होगा

परछाइयां

'साहिर' लुधियानवी

तसव्वुरात[7] की परछाइयां उभरती हैं
तुम आ रही हो ज़माने की आंख से बचकर
नज़र झुकाए हुए और बदन चुराए हुए
.ख़ुद अपने क़दमों की आहट से झेंपती डरती
.ख़ुद अपने साए की जुम्बिश[8] से ख़ौफ़[9] खाए हुए
तसव्वुरात की परछाइयां उभरती हैं

रवां[10] है छोटी-सी कश्ती हवाओं के रुख़ पर
नदी के साज़ पे मल्लाह गीत गाता है
तुम्हारा जिस्म हर इक लहर के झकोले से
मिरी खुली हुई बांहों में झूम जाता है
तसव्वुरात की परछाइयां उभरती हैं

---

1. शब्द, 2. माथा, 3. चिह्न, 4. अनुचित, 5. भावनायें, 6. शर्मिन्दा मुस्कराहट, 7. कल्पनाओं, 8. कम्पन, 9. भय, डर, 10. गतिशील।

मैं फूल टांक रहा हूं तुम्हारे जूड़े में
तुम्हारी आंख मसर्रत[1] से झुकती जाती है
न जाने आज मैं क्या बात कहने वाला हूं
ज़बान ख़ुश्क[2] है आवाज़ रुकती जाती है
तसव्वुरात की परछाइयां उभरती हैं

मिरे गले में तुम्हारी गुदाज़[3] बांहें हैं
तुम्हारे होंटों पे मेरे लबों[4] के साए हैं
मुझे यक़ीन कि हम अब कभी न बिछड़ेंगे
तुम्हें गुमान[5] कि हम मिल के भी पराए हैं
तसव्वुरात की परछाइयां उभरती हैं

मिरे पलंग पे बिखरी हुई किताबों को
अदा-ए-इज्ज़-ओ-करम[6] से उठा रही हो तुम
सुहाग रात जो ढोलक पे गाए जाते हैं
दबे सुरों में वही गीत गा रही हो तुम
तसव्वुरात की परछाइयां उभरती हैं

(इक़्तिबास)

(रुबाइयां)

रूप

'फ़िराक़' गोरखपुरी

(1)

हर जल्वे[7] से इक दर्से-नुमू[8] लेता हूं
छलकते हुए सद जाम-ओ-सुबू[9] लेता हूं
अय जाने-बहार[10] तुझ पे पड़ती है जब नज़र
संगीत की सरहदों को छू लेता हूं

1. प्रसन्नता, खुशी, 2. सूखी हुई, 3. भरी हुई, पिघलाने वाली, 4. होंठ, 5. शंका, 6. विनय और दया की अदा, 7. दर्शन, 8. विकास का पाठ (सबक़), 9. सैकड़ों प्याले और सुराहियां, 10. बहार की जान।

(2)

क़ामत[1] है कि अंगड़ाइयां लेती सरगम
हो रक़्स[2] में जैसे रंग-ओ-बू का आलम[3]
जगमग जगमग है शबिस्ताने - इरम[4]
या क़ौसे - कुज़ह[5] लचक रही है पैहम[6]

(3)

रंगत है कि घुंघरुओं की मद्धम झंकार
जोबन है कि पिछली रात बजता है सितार
सरशार[7] फ़ज़ाओं[8] की रगें टूटती हैं
चटकाता है उंगलियां जवानी का ख़ुमार[9]

(4)

वो मस्त नज़र कि मौजे-सहबा[10] थर्राए
वो हंसती जबीं[11] कि सुब्हे-सादिक़[12] शरमाए
इक मौजे - हयात[13] नर्मगामी[14] तेरी
बेहिस[15] राहों में जान जैसे पड़ जाये

(5)

मोती की कान, रस का सागर है बदन
दर्पन आकाश का सरासर[16] है बदन
अंगड़ाई में राजहंस तोले हुए पर
या दूध भरा मानसरोवर है बदन

(6)

यह रंगे - नशात[17] लहलहाता हुआ गात
जागी जागी सी काली ज़ुल्फ़ों की यह रात
अय प्रेम की देवी यह बता दे मुझको
यह रूप है या बोलती तस्वीरे-हयात[18]

---

1. आकार, क़द, 2. नृत्य, 3. रंग और सुगंध का संसार, 4. स्वर्ग में सोने का कमरा, 5. इंद्रधनुष, 6. लगातार, 7. परिपूर्ण, 8. वातावरण, 9. मदिरालस, 10. शराब की लहर, 11. ललाट, 12. ऊषाकाल, 13. जीवन की लहर, 14. मंदगति, 15. निर्जीव, 16. नितान्त, 17. खुशी का रंग, 18. जीवन का चित्र।

(7)

संगीत की पंखड़ी को शबनम धो जाये
जैसे शोलों की जगमगाहट खो जाये
पिछले पहर को जिस्मे - ख़ुमारे - रंगीं[1] जैसे
कलियों के लबों पर मुस्कुराहट सो जाये

(8)

अय रूप की लक्ष्मी यह जल्वों का राग
यह जादु-ए-कामरूप[2] यह हुस्न की आग
ख़ैर-ओ-बरकत[3] है जहां में तेरे दम से
तेरी कोमल हंसी, महब्बत का सुहाग

(9)

हर सांस में गुलज़ार[4] से खिल जाते थे
हर लम्हे में जन्नत की हवा खाते थे
क्या तुझको महब्बत के वो अय्याम[5] हैं याद
जब परदः-ए-शब[6] बजते थे दिन गाते थे

(10)

रंगत तिरी कुछ और निकल आती है
यह आन तो हूरों[7] को भी शरमाती है
कटते ही शबे-विसाल[8] हर सुब्ह कुछ और
दोशीज़गी - ए - जमाल[9] बढ़ जाती है

(11)

जब तारों भरी रात ने ली अंगड़ाई
नमनाक मनाज़िर[10] ने पलक झपकाई
जब छा गयी पुरकैफ़[11] उदासी हर सिम्त[12]
सरशार फ़ज़ाओं[13] को तिरी याद आई

---

1. नशे से टूटता हुआ सुंदर शरीर, 2. कामरूप का जादू, 3. कल्याण और विभूति, 4. पुष्पवन, 5. समय, 6. रात के परदे, 7. अप्सरा (ब.व.), 8. मिलन की रात, 9. सौंदर्य का कौमार्य, 10. भीगे हुए दृश्य, 11. नशे से ओत-प्रोत, 12. दिशा, 13. परिपूर्ण वातावरण।

घर आंगन

जां निसार अख़्तर

(1)

यह तेरा सुभाव, यह सलीक़ा[1] यह सुरूप
लहजे[2] की यह छांव, गर्म जज़्बे[3] की यह धूप
सीता भी शकुन्तला भी, राधा भी तू ही
युग युग से बदलती चली आई है तू रूप

(2)

हाथों में यह गाती हुई सिंगर की मशीन
क़तरों[4] से पसीने के शराबोर[5] जबीन[6]
मसरूफ़[7] किसी काम में देखूं जो तुझे
तू और भी मुझको नज़र आती है हसीन

(3)

नज़रों से मिरी ख़ुद को बचा ले कैसे
खुलते हुए सीने को छुपा ले कैसे
आटे में सने हुए हैं दोनों ही तो हाथ
आंचल को संभाले तो संभाले कैसे

(4)

हर सुब्ह को गुंचे[8] में बदल जाती है
हर शाम को शम्अ बन के जल जाती है
और रात को जब बन्द हों कमरे के किवाड़
छिटकी हुई चांदनी में ढल जाती है

(5)

हर एक घड़ी शाक़[9] गुज़रती होगी
सौ तरह के वहम[10] करके मरती होगी

---

1. योग्यता, ढंग, 2. उच्चारण-शैली, 3. जोश, 4. बूंद, 5. भीगी हुई, 6. पेशानी, ललाट, 7. लीन, 8. कली, 9. कठिन, कष्टप्रद, 10. आशंका।

घर जाने की जल्दी तो नहीं मुझको मगर
वो चाय पे इन्तज़ार करती होगी

(6)

कहती है कि वहशत[1] की भी हद होती है
कपड़ों का भी होश तुम भुला देते हो
जब देखूं गरीबान[2] खुला रहता है
क्या जाने बटन कहां गिरा देते हो

(7)

दरवाज़े की खोलने उठी है ज़ंजीर
लौटा हूं कहीं से जब भी पीकर किसी रात
हर बार अंधेरे में लगा है ऐसा
जैसे कोई शमूअ जल रही हो मिरे सात

(8)

हर एक मुसीबत से बचाने को तुम्हें
हर तरह की बात ख़ुद पे ले सकती हूं
कहती है कभी कभी तो यूं लगता है
मैं मां का भी प्यार तुमको दे सकती हूं

उनकी ज़बानी

(9)

मैं चाहे जहां भी जाऊं उनकी नज़रें
इस तरह से गिर्द[3] घूमती हैं मेरे
लगता है कि जैसे कोई लक्ष्मण रेखा
चलती है हर एक क़दम पे मुझको घेरे

(10)

मैं वह ही करूं जो वो कहें वो चाहें
मुझको तो इसी बात में चैन आता है

1. उन्माद, पागलपन, 2. कुरते का गला, 3. आसपास।

मनवा भी लूं उनसे अपनी मरज़ी जो कभी
हफ़्तों को मिरा सुकून मर जाता है

(11)

ख़ुद हिल के क्या मजाल वो पानी पी लें
हर रात बंधा हुआ है यह ही दस्तूर
सिरहाने पे चाहे भरके छागल रख दूं
सोते से मगर मुझको जगायेंगे ज़रूर

(12)

वो ज़िद[1] पे उतर आते हैं अक्सर औक़ात[2]
हर चीज़ पे वो बहस करेंगे मिरे सात
हर्गिज़ भी न मानेंगे जो मैं चाहूंगी
लेकिन जो मैं चाहूंगी करेंगे वही बात

(13)

बाहर वो जहां भी काम करते होंगे
रहते ही तो होंगे वां झुकाए हुए सर
घर में भी न सर उठा सकेंगे तो भला
रह जायेगा उनका दम न सचमुच घुट कर

(14)

हर बार तपस्या से जीता है उन्हें
वो ही मेरे स्वामी हैं वही मेरे पती
उनका है मिरा जनम-जनम का नाता
उमा हूं कभी मैं तो कभी पार्वती

●●●

1. हठ, 2. समय।